古文字詁林編纂委員會編纂

古文字詁林

修訂本

上海教育出版社

第五册

第一版出版工作人員

責任編輯　夏　軍
封面設計　郭偉星
版式設計　侯雪康　俞　弘
特約審校　俞　良　王慧敏
校　　對　王　瑩　劉順菊　蔡鑫龍
出版統籌　王爲松　談德生
出版指導　陳　和
印刷監製　周鎔鋼
總 監 製　包南麟

修訂本出版工作人員

責任編輯　徐川山　毛　浩
封面設計　陸　弦
責任校對　馬　蕾　魯　妤　陳　萍　何懿璐
　　　　　丁志洋　方文琳　任換迎　宋海云
印刷監製　葉　剛
技術支持　楊錤應

封面題簽　王元化

上海市古籍整理出版規劃重點項目

古文字詁林學術顧問

以姓氏筆劃爲序

朱德熙　李學勤　胡厚宣　馬承源

張政烺　裘錫圭　戴家祥　顧廷龍

古文字詁林編纂委員會

主　編　李　圃

副主編　汪壽明

編　委　以姓氏筆劃爲序，有*號者爲常務編委

*王元鹿　王文耀　*王世偉　王　鐵　史舒薇　吳　平

吳振武　*李　圃　李露蕾　何　崝　*汪壽明　徐時儀

*徐莉莉　*傅　傑　華學誠　董　琨　*詹鄞鑫　*臧克和

*劉志基　*鄭　明

资料工作人员

張春華

張友榮

袁根娣

凌玉泰

目録

第五册檢字表

部首表

部首	楷書	頁碼
曰	曰	一
乃	乃	一九
丂	丂	二九
可	可	三八
兮	兮	四二
号	号	五一
亏	亏	五四
旨	旨	六八
喜	喜	七三
壴	壴	七七
鼓	鼓	八九
豈	豈	九五
豆	豆	九七
豊	豊	一〇六
豐	豐	一一四
䖒	䖒	一二三
虍	虍	一二五
虎	虎	一四三
虤	虤	一六四
皿	皿	一六七
凵	凵	二三一
去	去	二三三
血	血	二三八
丶	丶	二四九
丹	丹	二五五
青	青	二六〇
井	井	二六四
皀	皀	二七八
鬯	鬯	三〇〇
食	食	三一五
亼	亼	三七七
會	會	四〇〇

部首檢字表

饛　三五九
⿰食豈　三五九
餬　三五九
飶　三五九
⿰食芺　三六〇
飽　三六〇
⿰食員　三六二
饒　三六二
餘　三六二
餀　三六三
餞　三六三
餫　三六四
館　三六四
饕　三六七
飻　三七一

饖　三七一
饐　三七二
餲　三七二
饑　三七三
饉　三七三
⿰食尼　三七四
餧　三七四
飢　三七五
餓　三七五
餽　三七六
餟　三七六
⿰食兌　三七七
⿰食夌　三七七
⿰食末　三七七
餿　三七七

⿰食差　三七七

【亼部】

亼　三七七
合　三八〇
僉　三八四
侖　三八六
今　三八七
舍　三九五

【會部】

會　四〇〇
朇　四〇七
⿱辰會　四〇七

【倉部】

倉　四〇七
牄　四一七

【入部】

入　四一八
内　四二四
⿱山入　四三〇
糴　四三二
仝　四三二
从　四三五

【缶部】

缶　四三五
㱿　四四一
匋　四四一
罌　四四五
䍃　四四六
⿰缶啇　四四八
缾　四四八

椯	椋	檍	⿰木費	梬	楀	蘽	桋	栟	椶	檟	椅	梓	楸	槢
椯	椋	檍	⿰木費	梬	楀	蘽	桋	栟	椶	檟	椅	梓	楸	槢
七六〇	七六〇	七六〇	七六一	七六一	七六一	七六一	七六一	七六一	七六二	七六二	七六三	七六三	七六四	七六四

柀	檆	榛	杬	杶	橁	桵	棫	㮩	椐	樻	栩	柔	樣	杙
柀	檆	榛	杬	杶	橁	桵	棫	㮩	椐	樻	栩	柔	樣	杙
七六五	七六五	七六五	七六六	七六六	七六七	七六七	七六七	七六九	七六九	七六九	七六九	七七〇	七七〇	七七〇

枇	桔	柞	枰	橬	椽	椵	橞	楛	櫅	朷	櫇	樲	樸	橪
枇	桔	柞	枰	橬	椽	椵	橞	楛	櫅	朷	櫇	樲	樸	橪
七七三	七七三	七七四	七七五	七七五	七七五	七七六	七七六	七七七	七七七	七七八	七七八	七七八	七七八	七七九

柅	梢	櫟	⿰木寽	椱	樺	椡	枸	樜	枋	橿	樗	檗	橯	檄
柅	梢	櫟	⿰木寽	梭	樺	椡	枸	樜	枋	橿	樗	檗	橯	檄
七七九	七七九	七七九	七七九	七八〇	七八〇	七八〇	七八〇	七八一	七八一	七八二	七八二	七八三	七八三	七八三

械 械 七八三
楊 楊 七八三
樫 樫 七八四
桺 柳 七八四
樛 樛 七八八
欒 欒 七八八
移 移 七八八
棣 棣 七八九
枳 枳 七八九
楓 楓 七九〇
權 權 七九〇
柜 柜 七九三
槐 槐 七九三
穀 穀 七九四
楮 楮 七九四

檵 檵 七九四
杞 杞 七九五
枒 枒 八〇〇
檀 檀 八〇〇
櫟 櫟 八〇〇
梂 梂 八〇一
楝 楝 八〇一
檿 檿 八〇一
柘 柘 八〇一
榔 榔 八〇二
櫰 櫰 八〇二
梧 梧 八〇二
榮 榮 八〇三
桐 桐 八〇五
橎 橎 八〇六

榆 榆 八〇六
枌 枌 八一〇
梗 梗 八一〇
樵 樵 八一一
松 松 八一一
樠 樠 八一三
檜 檜 八一三
樅 樅 八一三
柏 柏 八一三
机 机 八一三
枯 枯 八一三
梇 梇 八一三
楰 楰 八一三
栬 栬 八一三
杒 杒 八一四

𣝮 𣝮 八一四
榙 榙 八一四
某 某 八一四
櫾 櫾 八一八
樹 樹 八一八
本 本 八一九
柢 柢 八二三
朱 朱 八二三
根 根 八二八
株 株 八二九
末 末 八二九
樓 樓 八三〇
果 果 八三〇
橡 橡 八三三
杈 杈 八三三

格 格 八六九
欂 欂 八七〇
櫨 櫨 八七〇
枅 枅 八七一
栵 栵 八七三
栭 栭 八七三
櫽 櫽 八七三
橑 橑 八七三
桷 桷 八七四
椽 椽 八七四
榱 榱 八七四
楣 楣 八七四
梠 梠 八七五
⿰木毘 ⿰木毘 八七五
櫋 櫋 八七六

檐 檐 八七六
橝 橝 八七八
樀 樀 八七八
植 植 八七九
樞 樞 八八〇
槏 槏 八八〇
樓 樓 八八〇
⿱龍木 ⿱龍木 八八一
楯 楯 八八一
櫺 櫺 八八二
杗 杗 八八二
棟 棟 八八三
杇 杇 八八三
槾 槾 八八三
椳 椳 八八三

⿰木冒 ⿰木冒 八八四
梱 梱 八八四
梋 梋 八八四
柤 柤 八八四
槍 槍 八八五
楗 楗 八八五
櫼 櫼 八八六
楔 楔 八八六
柵 栅 八八六
杝 杝 八八七
欜 欜 八八七
桓 桓 八八八
楃 楃 八八九
橦 橦 八八九
杠 杠 八九〇

桯 桯 八九〇
桱 桱 八九一
牀 牀 八九一
枕 枕 八九四
椷 椷 八九四
櫝 櫝 八九四
櫛 櫛 八九五
梳 梳 八九五
枱 枱 八九五
槈 槈 八九六
⿱東木 ⿱東木 八九六
⿱丷未 ⿱丷未 八九七
桕 桕 八九八
梠 枱 九〇〇
楎 楎 九〇一

櫌 櫌 九〇二
欘 欘 九〇二
[木朁] 櫡 九〇二
杷 杷 九〇二
椵 椵 九〇三
柃 柃 九〇三
柫 柫 九〇三
枷 枷 九〇三
杵 杵 九〇四
槩 概 九〇四
杚 杚 九〇五
楮 楮 九〇五
柶 柶 九〇六
桮 桮 九〇六
槃 槃 九〇七

榹 榹 九一一
案 案 九一一
檈 檈 九一二
椷 椷 九一二
枓 枓 九一三
杓 杓 九一三
櫑 櫑 九一三
椑 椑 九一五
榼 榼 九一五
橢 橢 九一五
槌 槌 九一六
[木寺] [木寺] 九一六
栚 栚 九一六
槤 槤 九一七
櫎 櫎 九一七

㯟 㯟 九一七
檕 檕 九一八
檷 檷 九一八
機 機 九一九
榺 榺 九一九
杼 杼 九一九
椱 椱 九二〇
楥 楥 九二〇
核 核 九二一
棚 棚 九二三
棧 棧 九二三
栫 栫 九二三
槶 槶 九二三
梯 梯 九二三
棖 棖 九二三

桊 桊 九二四
椯 椯 九二四
櫪 櫪 九二四
櫼 櫼 九二五
杖 杖 九二五
柭 柭 九二五
棓 棓 九二五
椎 椎 九二六
柯 柯 九二七
梲 梲 九二七
柄 柄 九二八
柲 柲 九二八
欑 欑 九二九
杘 杘 九三〇
榜 榜 九三〇

椢	楄	楅	枼	檦	休	櫃	椷	杼
椢	楄	楅	枼	標	休	桓	椷	杼
九七八	九七九	九七九	九七九	九八三	九八四	九八九	九九〇	九九〇

桱	梏	櫪	㯕	檻	櫳	柙	棺	櫬
桱	梏	櫪	㯕	檻	櫳	柙	棺	櫬
九九一	九九二	九九三	九九四	九九四	九九四	九九五	九九八	九九九

槽	椁	楬	梟	棐	梔	樕	槼	椸
槽	椁	楬	梟	棐	梔	榭	槊	椸
九九九	九九九	一〇〇一	一〇〇二	一〇〇二	一〇〇三	一〇〇三	一〇〇六	一〇〇六

榻	櫝	櫂	槔	櫄	櫻	梀
榻	櫝	櫂	槔	椿	櫻	梀
一〇〇七	一〇〇七	一〇〇七	一〇〇七	一〇〇七	一〇〇七	一〇〇七

筆劃檢字表

字	頁
【一劃】	
丶	二四九
【二劃】	
乃	一九
丂	二九
凵	三三一
入	四一八
冂	五二二
【三劃】	
亏	五四
亼	三七七
夊	六三九
夂	七一四
午	七一七
久	七一八
【四劃】	
曰	一
亡	三八
兮	四二
丹	二五五
井	二六四
今	三八七
內	四二四
从	四三五
冘	五二〇
夃	七一七
木	七二八
【五劃】	
可	三八
叵	四二
乎	四七
号	五一
平	六四
皿	一六七
去	二三三
主	二四九
丹	二五五
井	二六四
[illegible]	四三〇
全	四三一
矢	四五五
市	五一七
央	五三一
本	八一九
末	八二九
札	九四九
【六劃】	
吁	六三

旨	旨	六八
虍	虍	二三五
血	血	二二八
主	主	二四九
㓞	㓞	二七五
合	合	三八〇
全	仝	四三一
缶	缶	四三五
巿	市	五一七
舛	舛	六八五
弚	弟	七一〇
夅	夅	七一六
朷	朷	七七八
机	机	八一三
朱	朱	八二三

朴	朴	八三四
朵	朵	八四二
杓	枓	八四五
朸	朸	八五六
朾	朾	九七一
休	休	九八四

【七劃】

甹	甹	三
旨	旨	六八
豆	豆	九七
彤	彤	二五九
阱	阱	二七〇
㓞	㓞	二七五
皀	皀	二七八
即	卽	二八四

矣	矣	四八八
旱	旱	五六〇
良	良	五七三
夋	夋	六四〇
弟	弚	七一〇
夆	夆	七一四
夆	夆	七一五
夅	夅	七一六
杏	杏	七四二
李	李	七四六
杜	杜	七五一
杙	杙	七七〇
杞	杞	七九五
杒	杒	八一四
杈	杈	八二三

朴	朴	八四七
杕	杕	八四八
材	材	八五六
朶	宋	八八二
杇	杇	八八三
杝	杝	八八七
杠	杠	八九〇
茉	茉	八九七
杚	杚	九〇五
杓	杓	九一三
杖	枝	九二五
杘	杘	九三〇
极	极	九五三
朾	朾	九七一

【八劃】

冒	冒	二
沓	沓	三
鹵	鹵	一三
奇	奇	四〇
虎	虎	一四二
盍	盍	一六九
甹	甹	二三三
卹	卹	二四〇
音	音	二五四
彤	彤	二五九
青	青	二六〇
栅	栅	二七六
侖	侖	三八六
舍	舍	三九五
匋	匋	四四一
弦	弦	四八六
知	知	四八七
京	京	五三五
亩	亩	五八一
來	來	六〇九
麦	麦	六五〇
夎	夎	六五八
叜	叜	六五九
夆	夆	七一五
枏	枏	七四一
杶	杶	七六六
柔	柔	七七〇
枇	枇	七七三
柞	柞	七七四
枋	枋	七八一
柜	柜	七九三
枒	枒	八〇〇
枌	枌	八一〇
松	松	八一一
果	果	八三〇
枝	枝	八三三
枝	枚	八三七
枖	枖	八四〇
杪	杪	八四二
枉	桂	八四六
枎	枎	八四七
杲	杲	八五八
杳	杳	八五九
枅	枅	八七一
牀	牀	八九一
枕	枕	八九四
茉	茉	八九七
杷	杷	九〇二
杵	杵	九〇四
料	料	九一三
杼	杼	九一九
枝	杖	九二五
柾	柾	九五三
极	极	九五三
柳	柳	九五五
采	采	九六三
柿	柿	九六九
析	析	九七五
枰	枰	九九〇

【九劃】

【十一劃】

盛	盛	一七四
盇	盇	一七九
卽	即	二八四
既	既	二八八
飤	飤	三三九
飢	飢	三七五
鈷	鈷	四五三
鈹	缺	四五三
鈇	鈇	四七〇
就	就	五四三
啚	啚	五九四
麥	麥	六二九
夏	复	六四八
梬	梬	七四〇
梅	梅	七四一

亲	亲	七四八
梫	梫	七五〇
梣	梣	七五七
梓	梓	七六三
柀	柀	七六五
桵	桵	七六七
梢	梢	七七九
桴	桴	七七九
梭	椶	七八〇
榜	榜	七八三
柳	柳	七八四
棣	棣	八〇一
梧	梧	八〇二
梗	梗	八一〇
梇	梇	八一三

棍	根	八二八
條	條	八三四
梎	梎	八四三
栽	栽	八六〇
桴	桴	八六六
桶	桶	八七四
梠	梠	八七五
棟	棟	八八三
梱	梱	八八四
柵	栅	八八六
桯	桯	八九〇
桱	桱	八九一
梳	梳	八九五
椴	椴	九〇三
柃	柃	九〇三

梧	梧	九〇六
核	核	九一二
梯	梯	九一三
棁	棁	九一七
栝	栝	九二一
桶	桶	九三八
桂	桂	九五三
梁	梁	九五七
楫	楫	九六一
梜	梜	九七〇
椓	椓	九七一
梡	梡	九七八
械	械	九九〇
梏	梏	九九二
梟	梟	一〇〇二

字	隸定	頁碼
梔	梔	一〇〇三

【十二劃】

字	隸定	頁碼
朁	朁	二三
粵	粵	六一
喜	喜	七三
尌	尌	八二
彭	彭	八四
豋	豋	一〇三
虞	虞	一二五
虘	虘	一五二
虒	虒	一五五
盌	盌	一七三
飪	飪	三一六
飯	飯	三三八
飷	飷	三三八
飧	飧	三四七
鉼	鉼	四四八
銗	銗	四五四
䠶	䠶	四七〇
短	短	四八五
高	高	四九五
就	就	五四三
覃	覃	五六二
厚	厚	五六七
愛	愛	六五七
舜	舜	六九〇
韌	韌	七〇九
椉	乘	七二三
棃	棃	七四〇
梅	梅	七四一
棠	棠	七五一
棆	棆	七五五
棓	棓	七五六
椆	椆	七五七
棳	棳	七五八
棪	棪	七五九
椋	椋	七六〇
楀	楀	七六一
椅	椅	七六三
棫	棫	七六七
椐	椐	七六九
栩	栩	七六九
椽	椽	七七五
楛	楛	七七七
棣	棣	七八九
楓	楓	七九〇
楮	楮	七九四
椾	椾	八一三
柍	柍	八一三
栬	栬	八一三
棨	棨	八三九
桂	桂	八四六
椙	椙	八四八
棟	棟	八六六
極	極	八六七
椡	椡	八七三
椷	椷	八七四
植	植	八七九
楗	楗	八八五
梠	梠	九〇〇

椲 椲 七五三
楢 楢 七五四
楈 楈 七五五
楑 楑 七五六
楀 楀 七六一
椶 椶 七六二
楸 楸 七六四
椽 椽 七七五
椵 椵 七七六
栯 梢 七七九
楋 楋 七八〇
楊 楊 七八三
楓 楓 七九〇
槐 槐 七九三
楝 楝 八〇一

楡 楡 八〇六
梗 梗 八一〇
榙 榙 八一四
梟 梟 八四九
楨 楨 八五三
榜 柝 八五五
極 極 八六七
楹 楹 八六八
榕 栝 八六九
橡 椽 八七四
楣 楣 八七四
楯 楯 八八一
椳 椳 八八三
㮘 㮘 八八四
楇 楇 八八四

楔 楔 八八六
楃 楃 八八九
械 械 八九四
楎 楎 九〇一
概 槩 九〇四
椙 椙 九〇五
椷 椷 九一二
榼 榼 九一五
槌 槌 九一六
暴 暴 九一七
椱 椱 九二〇
楥 楥 九二〇
椯 椯 九二四
棊 棊 九二三
椄 椄 九二四

棃 棃 九五三
楇 楇 九五五
梁 梁 九五七
椶 椶 九六一
楫 楫 九六一
槎 槎 九七四
梱 梱 九七八
楄 楄 九七九
楅 楅 九七九
椻 椻 九八九
楬 楬 一〇〇一
椸 椸 一〇〇六

【十四劃】

寧 寧 三五
嘗 嘗 七二

嘉	嘉	八六
愷	愷	九六
豋	豋	一〇三
𢍜	𢍜	一〇三
盡	盡	二一二
碣	堨	二二八
監	監	二三八
峪	峪	二四二
靜	靜	二六二
粦	粦	二七〇
餅	餅	三三二
養	養	三三五
餉	餉	三五一
䬯	䬯	三五八
飶	飶	三五九

飽	飽	三六〇
飻	飻	三七一
䭲	䭲	三七四
䬴	䬴	三七七
牄	牄	四一七
錇	錇	四四八
鋮	鋮	四五一
婸	婸	四八五
麧	麧	六三六
麩	麩	六三九
要	要	六八五
舞	舞	六八五
韎	韎	七〇一
柟	柟	七四一
梫	梫	七五〇

梠	枊	七五四
棆	棆	七五五
槅	楈	七五五
栟	栟	七六一
榛	榛	七六五
槵	槵	七六九
榗	榗	七七五
椶	梭	七八〇
樺	樺	七八〇
橃	橃	七八三
樛	樛	七八八
槐	槐	七九三
榖	榖	七九四
榮	榮	八〇三
樓	樓	八三〇

槙	槙	八四一
樞	根	八四三
榣	榣	八四四
稾	槁	八五二
榑	榑	八五八
榔	榔	八六〇
榦	榦	八六四
構	構	八六五
模	模	八六六
檜	檜	八六九
榕	榕	八六九
榱	榱	八七四
櫆	櫆	八七五
槏	槏	八八〇
槍	槍	八八五

【十五劃】

械	械	七八三
樫	樫	七八四
榖	榖	七九四
榆	榆	八〇六
樠	樠	八一二
樅	樅	八一二
標	櫻	八四二
樛	樛	八四四
槮	槮	八四八
槷	槷	八五一
榦	榦	八六四
樘	樘	八六八
樀	樀	八七八
樞	樞	八八〇
樓	樓	八八〇

槾	槾	八八三
榅	棍	八八三
棡	棡	八八四
槩	概	九〇四
楣	楷	九〇五
槶	槶	九二三
桊	桊	九二四
槽	欂	九三六
樂	樂	九三九
槧	槧	九四九
槅	槅	九五四
樸	樸	九六三
横	横	九七〇
楄	楄	九七九
檦	檦	九八三

槽	槽	九九九
樕	樹	一〇〇三
椿	椿	一〇〇七

【十六劃】

義	義	四五
憙	憙	七六
虢	虢	一五四
虥	虥	一六二
䖘	䖘	一六四
虤	虤	一六四
盧	盧	一八二
䀋	䀋	一九三
盦	盦	二一四
盥	盥	二一六
盬	盬	二三八

餿	餿	三一五
餳	餳	三二一
餈	餈	三二二
養	養	三三五
餔	餔	三四八
餐	餐	三四八
餘	餘	三六二
餞	餞	三六三
館	館	三六四
餧	餧	三七四
餓	餓	三七五
餟	餟	三七六
䬈	䬈	三七七
餕	餕	三七七
榖	榖	四四一

【十七劃】

【二十二劃】

【二十三劃】

【二十四劃】

曰

甲九三三　甲二三九三　乙三三八〇反　朱書縮印　乙七六七三反　乙七七九五　乙八二〇二反　朱書　鐵二四六·三　鐵二四七·二　前七·一七·四　前七·一九·一　前七·三三·二　前七·三四·一　佚六〇　福三二　甲五九七　鐵一四五·一　後二·七·一三　菁九·八　前一·四三·三　前五·三〇·三　前六·四八·五　前五·五一·一　前七·一七·四　甲二四·九八　甲二九〇七　乙八八九六　燕三　燕七五〇　前一·四二·二　前二·三三·二　前二·三四·四　後一·一八·九　佚五四　燕一〇八　乙七七·三六　朱書　【甲骨文編】

甲51　347　2040　2286　2369　2393　2498　3422　乙6315　6400　6549　6664　6669　6691　6692　6702　6724　6726　6880　7122　7204　7231　7289　7311　7736　7762　7765　7795　7976　8464　8688　8896　8936　珠187　193　243　620　810　1144　1430　卜530　零23　佚21　60　323　386　401　428　524　537　546　586　860　874　923　974　續1·9·9　1·23·5　1·25·9　1·50·5　2·6·2　2·31·6　3·28·1　4·29·1　4·31·1　5·2·4　5·6·4　5·18·8　徵2·33　2·58　2·61　3·39　3·115　3·150　3·185　4·109　4·111　5·5　8·36　8·99　8·115　9·20　10·15　10·50　10·51　10·116　11·21　11·29　11·52　11·55　11·60

11・62　11・80　京3・11・1　3・11・2　3・13・4　3・15・2　古2・6　2・7　2・8
録115　116　450　451　509　555　586　709　739　836　895　鄴
33・4　40・1　天10　16　摭88　龜卜58　59　68　124　六中10　六清1
六清139外231　續存551　1489　1594　1715　外43　粹376　789　新1188
1596　3000　【續甲骨文編】

曰 古伯尊　螽卣　農卣　矢尊　矢方彝　令鼎　師旂鼎　井侯簋
盂鼎　沈子它簋　讎簋　趞尊　應公鼎　諫簋　弔向簋　無曩簋　牆盤
大作大仲簋　豆閉簋　師虎簋　師嫠簋　君夫簋　縣妃簋　芇伯簋　曶鼎　曶壺
善鼎　鬲攸比鼎　散盤　克鼎　虢弔鐘　井人妄鐘　師寰簋　頌鼎　頌簋
毛公𢑴鼎　虢季子白盤　禹鼎　召伯簋　不𡢁簋　㝨弔多父盤　晉公𥁰　中山王嚳鼎
中山王嚳壺　魚顛匕　𪒠鎛　陳猷釜　晉公𥁰　邾公華鐘　邾大宰簠　𠑇兒鐘　伯晨鼎
者沪鐘　【金文編】

3・584　豆里曰土　5・384　瓦書「四年周天子使卿大夫……」共一百十八字　5・384　同上　秦1125　獨字　6・8　曰山　3・421　塙闈棋里曰臧　3・422　塙闈棋里曰臚　3・432　東酷里曰眢㤺　3・493　子袓子里曰乙　3・495　子袓子里曰黯　3・172　蔓圆匋里曰成　【古陶文字徵】

〔六七〕【先秦貨幣文編】

刀弧背　冀滄　【古幣文編】

222 238 246 【包山楚簡文字編】

曰　秦一六八　十五例 秦一七一　七例 法一二一　八十五例【睡虎地秦簡文字編】

帝—(甲9—30)、—女𡜵(乙2—7)、倀—青棹(乙4—13)、二—未四習(乙4—17)、三—習黄難(乙4—22)、四—咮墨棹(乙4—27)、—(乙6—20)、—(丙1:1—1)、—(丙2:1—1)、—(丙4:1—1)、—(丙5:1—1)、—(丙6:1—1)、—(丙7:1—1)、—(丙8:1—1)、—(丙9:1—1)、—(丙10:1—1)、—(丙11:1—1)、—(丙12:1—1)　又讀為粵　曰故即粵古　—故☐熏霝虐(乙1—1)【長沙子彈庫帛書文字編】

天璽紀功碑　帝曰大吳 泰山刻石　皇帝曰  品式石經　咎繇謨　禹拜曰都 詛楚文　曰某萬子孫 禪國山碑　文曰吳真☐帝  石經多士　有命曰割殷 開母廟石闕　重曰【石刻篆文編】

曰【汗簡】

古孝經 汗簡 古老子【古文四聲韻】

◉許　慎　詞也。从口。乙聲。亦象口气出也。凡曰之屬皆从曰。王伐切。【説文解字卷五】

◉羅振玉　説文解字曰。詞也。从口。乙聲。亦象口出气也。卜辭从一不作乙。散盤亦作。晚周禮器乃有象口出气形者。【增訂殷虚書契考釋】

◉馬叙倫　沈濤曰。皇侃論語義疏一引。開口吐舌謂之為曰。與今本不同。疑當作象開口吐舌之形。翟云升曰。爾雅釋詁疏引作從開口象氣出於口也。王筠曰。鐘鼎文曰字作。繹山碑猶然。蓋乃指事字。非乙聲也。羅振玉曰。卜辭作。從一不作乙。散盤亦作。晚周禮器乃有象口出氣形者。倫按既曰乙聲。又曰亦象口气出也。明有校語摻入矣。證

以皇疏邢疏所引。知猶有挩譌也。餘詳曰下。不娶啟作曰。邾公華鐘作曰。周公敢作曰。者沪鐘作曰。【說文解字六書疏證卷九】

◉楊樹達　龜甲獸骨文字卷貳柒之叁云：「貞勿曰侯奠？」書契前編卷柒壹貳之壹云：「ΔΔ，卜，卒貞，曰雀翌乙酉至于[glyph]？」增訂殷虛書契考釋下卷叁肆葉引一辭云：「戊戌，卜，㱿貞，王曰侯虎毋歸。」金璋甲骨卜辭伍貳伍片云：「己丑，卜，㱿貞，令戉來，曰戉：宊伐舌方？七月。」卜辭通纂別録貳之陸葉下桃山獸骨云：「戊子卜，[glyph]貞，王曰：余其曰多尹：其列二侯上幺衆[glyph]侯其ΔΔΔΔ周。」按曰字義與謂同，勿曰侯奠，勿謂侯奠也。曰雀翌乙酉至于[glyph]，謂雀翌乙酉至于[glyph]也。以貞曰連讀者，非是。王曰侯虎毋歸者，王謂侯虎毋歸也。令戉來曰戉宊伐舌方者，令戉來，謂戉宊伐舌方也。余其曰多尹，余其謂多尹也。金文大段云：「王令善夫鷹曰[glyph]睽曰『余既錫大乃里。』睽賓鷹章、帛束。睽令鷹曰天子，余弗敢𢿢。」此二曰字，郭沫若君皆釋為謂。是也。令善夫薦曰[glyph]睽者，令善夫薦謂[glyph]睽也。睽令鷹曰天子者，睽命鷹謂天子也。甲文與金文用法相合矣。【釋曰　積微居甲文說】

◉陳夢家　卜辭的「曰」字有兩種用法：一是一般的動詞，如：

王其㞢曰多尹，若　乙八六六七

勿曰之　佚五二四

「曰」義為「謂」，而「王曰」「王占曰」之「曰」則義為「說」。一是介於兩個名詞之間，表示等同的關係，如：

月一正曰食麥　下一・五

兒先且曰吹……雀子曰壹，壹弟曰攸……　庫一五〇六

帚妥子曰亩　乙四八五六

帚妥子亡若——帚妥子曰羅若　粹一二四〇

貞帝于東方曰析，風曰劦　合二六一

此又可分為二：（甲）有動詞「叫」義，如正月叫做食麥，雀之子叫做壹，⊘近乎繫詞「是」；（乙）由繫詞而發展為近乎連詞而表示同位關係者，如：「帚妥子曰羅」是「若」的主詞，「東方曰析」「風曰劦」是帝的間接賓詞，⊘以上「曰」字的用法，和西周金文相同。【殷墟卜辭綜述】

◉高鴻縉　段氏曰。各本作从口。乙聲。亦象口出气也。非是。孝經音義曰。从乙在口上。乙象人將發語。口上有气。今

據正。

按甲文篆文俱象聲气在口上。金文與隸楷俱象聲气在口中。均得以示曰字之意。然聲不可象。气之形不必為一。而以一表之者。假想之象也。假象非實象。故為指事而非象形。動詞。曰與後起之說應是同音同義之古今字。說文。□。說釋也。从言。兑聲。一曰談說。弋雪切。今按說應以談說為本義。以其从言也。以悅懌為通叚意。論語。不亦說乎。說實通以代兑。兑即後世悅字之次初字也。最初字為□。【中國字例三篇】

◉李孝定　說文「曰。詞也。从口乙聲。亦象口气出也。」段注改「乙聲」以下八字為「□象口气出也」六字。較許說為長。即篆形上亦非从乙也。惟栔文作□。於口上着一短橫畫。似亦不能謂為气上出。王筠句讀云。「此字屬形聲。亦兼指事也。乙在口上。與牟芈同法。」又釋例云。「段氏刪乙聲是也。改乙為□非也。非字者例不出曰。當是以會意定指事。字其從口與牟芈從牛羊同意。□亦與□~同例。且既云諧聲。又云象气。騎牆之見。吾誰適從。」又曰。「鐘鼎文曰字作□。繹山碑猶然。是小篆未改古文。蓋□乃指事字。非乙聲也。其所以作□者。甘字古文有□□二形。故□字以『一』記于口旁。不正在口上。許君作□者。蓋如大徐說□字中『一』上曲則字形茂美。漢之作小篆者。偶然曲之以為姿。許君即據以為說。非李斯本然。」王氏謂此為指事字。殊具卓識。口上一短橫畫。蓋謂詞之自口出也。曲之作□。乃書者徒逞姿媚。非篆體本然也。【甲骨文字集釋第五】

◉徐中舒　□周甲探一五七象木鐸倒置之形，□為鐸身，一為鐸舌。木鐸倒置，表示振鐸者將發語以告人。《周禮・小司徒》:「循以木鐸。」《淮南・時則》:「振鐸以令於兆民。」故振鐸宣令為曰之本義，與告、言、舌為同源之字。【甲骨文字典卷五】

◉趙　誠　曰，甲骨文寫作□，或寫作□，从口从一，一在口，表示人說話要从口出聲，為會意字，也可以看成指事字。卜辭用作虛詞，則為借音字：

東方曰析，雈曰𠯑。（掇二・一五八）——雈用作風。衹從這一個例子來看，可以把本辭理解為「東方叫做析，風叫做𠯑」，因為後世文獻的曰就有這種意思。如果參考下列的一條卜辭，就會發現上面那樣的看法不符合當時的語言實際：

貞，帝于東方曰析，雈曰劦。（合二六一）——帝用作禘祭之禘。劦是𠯑的異體。

這一條辭的意思是對「東方曰析」和「風曰劦」進行「禘」祭，則「東方曰析」或「風曰劦」都是一個整體。在每一個整體中，「曰」的上下兩項是同位關係，因此應該理解為「東方即析」、「風即劦」，而不是「東方叫做析」、「風叫做劦」。很顯然，曰是表示同位關係

的虛詞，近似於文獻的「即」，為副詞。【甲骨文虛詞探索　古文字研究第十五輯】

◉于豪亮　《甲編》一〇六九：所移觻得書：它縣民為部官吏卒與妻子在官。是曰字。《甲編》誤釋為山。【釋漢簡中的草書　于豪亮學術文存】

◉戴家祥　說文五篇「，詞也。从口，乙聲。亦象口气出也。」段玉裁改為「从口，乚象口气出也。」注云：「詞者，意內而言外也。有是意而有是言，言謂之曰，亦謂之云。云曰雙聲也。釋詁粵、于、爰、曰四字可互相訓，以雙聲疊韻相假借也。」按段說是也。曰本象形，加旁从欠，則為形聲。欠象氣从人上出之形。唐韻曰讀「王伐切」，喻母祭部，欥讀「余律切」，喻母脂部，聲同韻近。說文八篇「欥，詮詞也。从欠从曰，曰亦聲。詩曰欥求厥寧。」今毛詩大雅文王有聲作「遹求厥寧」，遹讀餘律切，不但同母而且同部。同聲通假曰亦通聿。豳風七月「曰為改歲」，漢書食貨志作「聿為改歲」。小雅角弓「見晛曰消」，釋文引韓詩作「聿消」。荀子非相篇、漢書劉向傳亦作聿消。大雅緜「予曰有先後，予曰有奔奏」，王逸楚辭注引作「予聿」。大雅抑「曰喪厥國」，韓詩作「聿喪厥國」。是曰聿聲同字通之證。經典聿亦通遹。禮記禮器「聿追來孝」，大雅文王有聲作「遹追來孝」。孔穎達毛詩正義引爾雅「曰，述也」，今本爾雅釋言作「律遹，述也」，郭璞注「皆叙述也，方俗語耳」。周書康誥「今民將在祇遹乃文考」，馬融注「遹，述也」。大雅文王「聿修厥德」，漢書東平王思王宇傳作「述修厥德」，述讀「食律切」，牀母脂部，同部相通叚也。【金文大字典上】

曹

珠六五五　說文曹告也从曰从冊　卜辭从曰之字皆从口　隹舊曹用　簠人二九　曹五牛　甲八八四　甲一一五三

甲一二六九　甲二六一九　乙三二五一　乙三三五九　乙三三八三　乙三四一二　河三六七

鐵一七六・二　鐵一七六・三　鐵一八五・二　前一・三四・六　前一・四四・七　前二・二八・一

前四・四五・一　前七・二五・三　前八・一二・六　後一・二三・一　後一・二三・一一　林一・六・一五

佚二一八　佚二五五　福一八　燕二八　燕二八八　燕七〇五　鄴三下・四一・七

粹一〇九八　珠三九四　京津一〇四七　京津一〇四九　京津二二四二　文管四二　無

想一四六　明藏八〇　續二・二四・五　天五九　掇二・一七一　乙一〇三三　珠一　京津四一七

七

【甲骨文編】

甲221　536　726　814　974　1153　1269　1343　1510　2123　2423
3374　3400　3868　乙696　751　2023　2296　3383　3412　6062　6438
6580　6723　6746　6960　7573　8462　8585　珠1　7　86　394
655　1188　福18　佚46　132　218　225　810　889　續1・28・7　1・44・4
1・45・4　2・24・5　4・22・2　掇66　徵3・223　4・29　11・89　京1・32・4　1・36・2
3・22・2　凡14・2　録367　539　540　541　542　天48　59　鄴42・18
誠278　285　343　摭116　六束38　續存264　349　693　1803　外92
146　180　粹27　36　116　162　230　387　517　578　777　859
1098　1190　新1049　3918　4177　【續甲骨文編】

◉許　慎　曹告也。从曰。从冊。冊亦聲。楚革切。【説文解字卷五】

◉羅振玉　説文解字。曹。告也。从曰。从冊。冊亦聲。卜辭此字从口。口之意與曰同。【增訂殷虚書契考釋】

◉商承祚　亦曹字。文曰。羊卯一牛栅用賁𡆥丝。从示。以示曹于神也。今曹行而栅廢矣。【殷虚文字類編第五】

◉孫詒讓　卜辭之為龢省。又省則成曹。説文冊部。嗣。諸侯嗣國也。从冊口。司聲。竊疑古自有品字。曹即品之變文。古龢字或即从品。後世孳益。乃變从龠耳。【栔文舉例卷下】

◉吳其昌　「曹艮」者,「曹」即説文曰部之「曹」:从「曰」从「口」,卜辭及金文固無別也。説文:「曹,告也」,告即祭告,是曹亦殷代之祭名也。但諦詳卜辭「亜」與「曹」屢屢對舉，本片即其一例。又如「亜羊，曹牢」，「亜十勿牛，曹百勿牛」，「亜三勿牛，曹廿勿牛，」「亜三牛，曹卅□」，「亜三羊，曹五十五牢」等，列舉比較，即可知曹牲之義，畧等于亜牲，但按其數，則往往十倍于亜牲耳。「曹」之誼，又畧等于「伐」，故「曹」「伐」在卜辭中又屢屢對舉。如云：「三宰，曹。伐卅」（前・八・一二・六）。「三羊，……曹。伐廿」（後・一・二一・一〇）。「曹卅□，伐卅牢」（佚・八八九）。「曹□，伐□」（鐵・一一一・三）。此其證一。亦有更進而直以「曹」字通假以為「伐」字之用者。如直云「曹[illegible]囙」⊘（前・七・二五・三）即「伐[illegible]方」也。直云「𠕋土方」（林・一・六・一五）即「伐土方」也。直云「曹正（征）衛」（後・二・四〇・二）即「征伐衛」也。「曹」「伐」同義至可通假互用，益更明碻。此其證二。由是可知曹牲即伐牲也。曹牲所以十倍于亜牲者，所伐之牲，生薦者十九，烹飪登簋豆而薦者僅十一也。（至最近郊天、享廟、祀孔，牲皆不烹，但籩豆有脯耳，猶古制也。）如此則見卜辭之文，皆委曲可解，同條而共貫矣。但伐牲之義，何以而表以「曹」字？此則但借其聲耳，所以知者，其字亦或作「栅」，如云「□牢，其即栅」（拾遺・三・一五）。亦或作「冊」，如云「冊卅宰」（佚・四九八）。故知借聲以外，無它義已。【殷虛書契解詁】

◉馬叙倫　承培元曰。此即書金縢史乃册祝之册。唐蘭曰。從凵盧之凵。倫按從曰。册聲。甲文作[illegible]。從口。【説文解字六書疏證卷九】

◉楊樹達　殷虛文字甲編壹伍陸零版云：「册至，又（有）雨？」又壹肆捌叁版云：「貞△册至，右（有）大雨？」⊘按以上諸辭之至，皆謂大甲也。册㝉皆讀為𠕋。説文云：「𠕋，告也。从曰，从册，册亦聲。」甲文字或作𠕋，从口與从曰同。鐵云藏龜壹柒陸頁貳版云：「乎雀𠕋兄丁。」文例同。【竹書紀年所見殷王名疏證　積微居甲文説卷下】

◉于省吾　甲骨文冊與曹習見，曹字説文作𠕋訓告。甲骨文于征伐言爯冊，于祭祀言𠚤冊者，均指簡冊而言，猶為人所易知。其于征伐言曹某方，以及祭祀于人牲和物牲言曹者，並非曹告之義，則為舊所不解。

清代宋保諧聲補逸：「删，王先生（按指王念孫）曰，冊聲，説文删珊狦姗四字皆从冊得聲，冊在支部，删珊狦姗四字皆在元部，支與元通故也。今本説文删从刀冊，冊，書也，而珊狦姗三字並从删省聲，由于後人不知古音妄改者也。」因此可知，説文珊狦姗三字並非从删省聲，古讀冊字本如删削之删。漢書刑法志：「不若删定律令」，顔注：「删，刊也，有不便者，則刊而除之。」周禮柞氏：「夏日至，令刊陽木而火之。」鄭注：「謂刊去次地之皮。」删刊疊韻，二字音既相通，義也相涵。曹以冊為音符，應讀如删通作刊，俗作砍。篇海謂「砍，斫也」，説文謂「斫，擊也。」甲骨文于祭祀用人牲和物牲之言曹者習見，例如：

一、貞，卯于父乙，[illegible]三牛，𠕋丗伐丗宰（佚八八九）。

二、𠕁且丁十伐十宰（丙三二）。

三、貞，𠕁且乙十伐㞢五，卯十宰㞢五（綴合二五四）。

四、來庚寅，酒盟三羊于匕庚，𠕋伐、廿𢀛、卌牢、卌艮、三[illegible]（後上二一·一〇）。

五、丁丑卜，㝑貞，子雍其钔王于丁[illegible]二匕己，𣂔羊三，𠕋羌十（佚一八一）。

六、甲戌卜，亘貞，钔婦好于父乙，𠕋艮（庫一七〇一）。

七、𠕋匕庚十艮，卯十宰（乙七五一）。

以上所列七條，其言𠕋若干伐或𠕋伐，以伐為名詞，伐指以戈斷頭的人牲為言。其既言伐又言𠕋者，這是說，已被斷頭的人牲而又砍斷其肢體。第五條的𠕋羌十，是說砍斷羌俘的肢體，與言𠕋伐者有別。其于物牲言𠕋者，則物牲的肢體也同樣被砍斷。其言𠕋艮或𠕋若干艮者，指砍斷降虜之肢體言之。

綜上所述，甲骨文于祭祀用人牲和物牲之言𠕋者，凡二百餘見。𠕋从冊聲，古讀冊如删，與刊音近字通，俗作砍。【釋𠕁

甲骨文字釋林】

◉張筱衡 [illegible]，或釋作嗣、作侖、作龢，疑當作𠕋。說文：「𠕋，告也。从曰从冊。冊亦聲。」又說文之吅音宣。則𠕁者，謂宣告所貞之神意于众有司。【散盤考釋上 人文雜志一九五八年第三期】

◉李孝定 段注謂以簡告誡曰𠕋。栔文𠕁从冊从𠙵。𠙵當為笑。意謂以笑盧盛冊以告神也。當與「工典」「爯冊」之意相近。

⊘𠕁之對象多為人鬼。非泛指之告。與許訓小異。【甲骨文字集釋第五】

◉王宇信 一、確如于省吾先生所說，「甲骨文冊與𠕁習見，𠕁字說文作𠕋訓告。甲骨文于征伐言稱冊，于祭祀言侑冊者，均指簡策而言。」甲骨文冊、𠕁、典意義基本相同，都有典策意。「稱冊」、「稱𠕁」、「稱典」都與征伐方國時的「稱冊述命」有關。

二、凡「稱冊，𠕁某方」連言時，所稱之冊、典與𠕁某方之𠕁多不相混，說明它們連用時是有區别的。于省吾先生謂：「其于征伐言𠕁某方，以及祭祀于人牲和物牲言𠕁者，並非𠕁告之意。」「𠕁以冊為音符，應讀如删，通作刊，俗作砍。」考察「𠕁某方」、「册方」卜辭，無疑都與征伐方國的戰争有關。與其辭例相同的周原廟祭甲骨「𠕁周方伯」、「□典𠕁周方伯」的詮釋也應相近，即與對周方伯的軍事行動有關。

三、殷人殺伐被俘方國首領祭祀祖先時，用牲之法多稱用、又、酓、尋、奚（戉）等。𠕁祭之法行用對象多為牲畜和身分較低的人牲，諸如艮、垂、伐（殺頭人牲）、羌、妾等等，尚未見有某方伯被「𠕁」砍的卜辭。故周原「𠕁周方伯」、「□典，𠕁周方伯」二辭不

曷 [glyph]

應解釋為「曶」砍周方伯為祭牲事。

四、金文中的「冊」字省去了「口」符，用于冊封、冊命較為習見。但這是較周原廟祭甲骨時間為後的材料，而且文字性質也不盡相同。而與第(1)辭、第(2)辭時代相近、性質相同的殷墟甲骨文中，沒有用冊、曶字于冊命、冊封某方伯的具體實例。因此，「曶周方伯」、「□典，曶周方伯」也不是指冊命、冊封周方伯之事。【周原廟祭甲骨「曶周方伯」辨析　文物一九八八年第六期】

◉何琳儀　黃錫全　段玉裁謂：「簡牘曰冊，以簡告誡曰曶。冊行而曶廢矣。」汗簡引尚書冊亦作[glyph]（卷上之一）。古文四聲韻引裴光遠集綴冊亦作[glyph]（入聲麥韻二十一）。鄭珍謂：「一切經音義履云『曶，古文冊。』蓋漢以後字書有之，裴氏所本。」按曶非漢以後文字，甲骨通常作[glyph]形。羅振玉謂：「从口，口與曰同意。」卜辭「再冊曶某」句式習見。「冊」「曶」連文，前者為名詞，後者為動詞，正與段注吻合。曶實乃冊之分化字，曶从冊得聲，音義相因。甲骨文洲或作潛，亦可資佐證。值得注意的是第五期卜辭有一[glyph]字（前五·二一·五），舊不識。按當隸定為贊。啟卣的[glyph]應是甲骨文與汗簡之間的過渡形體。

其遭變之跡如次：[glyph]　[glyph]　[glyph]　[glyph]

總之，不同時代和同時代「[glyph]」和「○」的形體都有相混的現象，然則隸[glyph]為曶殆無疑義，又由甲骨及後代字書推知曶、冊本一字之分化，啟卣之遭即𨘋。【啟卣啟尊銘文考釋　古文字研究第九輯】

◉徐中舒　《說文》：「曶，告也。从曰从冊，冊亦聲。」甲骨文從[glyph]冊從ㅂ，象以笠盧盛冊之形，蓋以冊告神也。ㅂ象笠盧形，《說文》篆文譌為[glyph]曰。或從冊從[glyph]示作[glyph]，同。【甲骨文字典卷五】

[glyph]石碣　避水石　害不余□　害曷古今字　【石刻篆文編】

[glyph]曷　林罕集　【汗簡】

[glyph]林罕集　【古文四聲韻】

◉許　慎　[glyph]何也。从曰。匃聲。胡葛切。【說文解字卷五】

◉馬叙倫　何也者。以假借字為訓。曷亦詞也。曰音喻紐三等。曷音匣紐。同為次濁摩擦音。聲又同脂類。蓋轉注字。【說文解字六書疏證卷九】

曶曶 說文从匚曶聲之𠚕曾侯乙墓出土漆器作𠚕是知𠚕即曶說文曶籀文作𠚕从口 曶曶尊 曶史曶爵 曶師害簋 曶 曶大師虘簋 曶曶卣 曶虫曶鼎 曶姞曶母鼎 曶曶鼎 曶曶壺 曶儹匜 曶克鐘 【金文編】

曶籀韻 曶 曶竝崔希裕纂古 【古文四聲韻】

◉許慎 曶出气詞也。从曰。象气出形。春秋傳曰。鄭太子曶。呼骨切。曶籀文曶。一曰。佩也。象形。【說文解字卷五】

◉阮元 獻之又云。論語有仲忽。漢書古今人表作仲曶。說文無曶字。有曶字。曶應亦曶字古文。【曶鼎 積古齋鐘鼎彝器款識卷四】

◉劉心源 說文作曶。云出气䛐也。从曰。象气出形。春秋傳曰。鄭太子曶。曶籀文曶。从口。一曰佩也。象形。案。今左傳作忽。許之後解即笏字。此从𠃌。反勿字也。【曶鼎 奇觚室吉金文述卷二】

◉林義光 倏忽之忽本字如此。象口出气形。與瞬息俄頃同意。瞬目一瞬。息鼻一息。俄頃頭一敧側。皆謂速也。【文源卷五】

◉高田忠周 說文。曶出气詞也。从曰。象气出形。曶籀文曶。一曰佩也。象形。此說甚誤。出气詞義字。實从曰。回為象形。已詳見上。而如此篆。明从曰从爪。爪。丮也。覆手曰爪。作𠃌亦同意。半𠃌也。爪為執持義。佩曶即所執持者也。禮記玉藻。凡有指畫于君前。用笏造。受命于君前。則書于笏。君有命臣有對。故从曰。笏所執持為用。故从曰又从爪。會意之指顯然矣。𠃌與勿相反而形自似。故以隸釋古者誤从勿作曶。又曶之用。主于記事。猶竹策也。故後世字亦變作笏。俗體也。【古籀篇五十二】

◉馬叙倫 鈕樹玉曰。繫傳作曶。倫按從曰回聲也。回即回之反文。鄭太子曶今傳作忽。忽從心。勿聲。四篇。歾。或從𠬛作𣨋。𠬛從又回聲。則此從回得聲益可證矣。籀文作曶。從口。回聲。倫謂曶即曶之省。本部朁字朁字甲文皆從口。可證也。曰回聲同脂類。曶音今在曉紐。或古讀在匣紐。則與曰音喻紐三等者為同次濁摩擦音。亦可證其為一字矣。此蓋曶省為曶後之譌文。出詞气也及象气出形皆非許文。字蓋出字林。

曶 鈕樹玉曰。玉篇廣韻竝無。段玉裁曰。一曰佩也象形。當作一曰佩曶也五字。系於象气出形之下。春秋傳之上。

淺人改易之。致不通耳。不得謂◻象笏形。亦不得謂笏可從口不可從曰也。倫按一曰佩也者。周書王會穆天子傳所謂搢笏之笏字義也。本書無笏字。儀禮士喪禮。竹笏。注。笏所以書思對命者。然則古自有笏字。為象形文。蓋象前詘後詘之形作◻。傳寫與◻字相混。校者因加一曰六字。玉篇曰部汩下曰。説文古文曶字也。今汩字在水部末。明是後增。而此捝古文。【説文解字六書疏證卷九】

朁 朁

◻ 朁 不从曰 散盤 兓字重見 【金文編】

◻ 朁震之印 ◻ 北海劇朁澄敬憙私印 【漢印文字徵】

◻ 開母廟石闕 【石刻篆文編】

◉許　慎　朁曾也。从曰。兓聲。詩曰。朁不畏明。臣鉉等曰。今俗有昝字。蓋朁之譌。七感切。【説文解字卷五】

◉高田忠周　説文。朁曾也。从曰。兓聲。詩民勞曰。朁不畏明。毛本以憯為之。傳。憯曾也。古字省文。亦當借兓為之耳。愚又按。朁實古文譖字。从曰與从言同意。从兓者意兼聲。兓解曰。朁朁鋭意也。从二旡。旡是簪字。亦可刺之物也。朁朁即兓兓也。然字从曰从兓。兓亦聲。譏譖中傷之義顯然可見矣。已从曰又从言。為重複者。猶沓又作誻。而曾也者。叚借為語詞。唯取其音耳。【古籀篇五十一】

◉馬叙倫　朁音清紐。曾音從紐。同為舌尖前破裂摩擦音。轉注字也。【説文解字六書疏證卷九】

◉湯餘惠　◻177　䋚·朁　字上从兓，古璽潛作◻2584、◻2585，可參看。簡文「～妾」用為姓氏之潛。《姓氏考略》：「古潛國在楚地，以地為氏。」【包山楚簡讀後記　考古與文物一九九三年第二期】

沓 沓

◻ 趙沓 ◻ 趙沓 ◻ 邯鄲沓 【漢印文字徵】

◉許　慎　沓語多沓沓也。从水。从曰。遼東有沓縣。臣鉉等曰。語多沓沓。若水之流。故从水。會意。徒合切。【説文解字卷五】

◉林義光　从曰猶从水。口上如流水。言多之象。【文源卷八】

◉馬叙倫　桂馥曰。遼東沓縣地理志作沓氏縣。鈕樹玉曰。韻會引作從水曰聲。翟云升曰。六書故引沓沓下有如水二字。是。

故從水也。沈乾一曰。唐寫本玉篇引作語交沓沓也。倫按此譗之初文。從曰。水聲。水音審紐。古讀歸透。故沓以水為聲而入定紐。透定同為舌尖前破裂音也。孟子。泄泄猶沓沓也。泄從世得聲。世音亦審紐。可證也。語多沓沓也非本訓。韻會引作從水曰聲。則鍇本原作從曰水聲。校者謬改之。遼東五字蓋字林文。字見急就篇。顏師古本作鞜。【說文解字六書疏證卷九】

◉于省吾　甲骨文第三期地名有⿱水口字，作□也作□、□，舊不識。甲骨文編謂「說文所無」，續甲骨文編混⿰彳⿱水口于⿱水口。按⿱水口即沓字的初文。說文：「沓，語多沓沓也，从水曰。遼東有沓縣。」說文在偏旁中往往譌从口為从曰。例如：甲骨文𣍃字說文作朁，𣍃字說文作朁，是其證。今將甲骨文以⿱水口或⿰彳⿱水口為地名者擇録數條于下，並畧加解釋。

一、叀⿰彳⿱水口田，亡𢦏〇其逐⿱水口鹿自西東北，亡𢦏〇自西東北逐⿱水口鹿，亡𢦏（綴合編一七六）。

二、辛子卜，貞，王其田⿰彳⿱水口，亡𢦏（京都二五〇五）。

三、叀⿰彳⿱水口田，亡𢦏（鄴初三三・九）。

四、其田⿰彳⿱水口于□，亡𢦏，𢼄（後上一四・一一）。

第一條⿱水口與⿰彳⿱水口互見，均為地名，故知二字同用，其地望待考。第四條于字應訓為與，詳經傳釋詞。□也為地名。這是說，其田⿰彳⿱水口與□亡𢦏，並有所擒獲。又甲骨文稱：「戉其歸，乎□，王弗每（悔）」（京都二一四二）。□字从馬⿱水口聲，玉篇馬部作騇，並訓駁騇為「馬行皃」。按甲骨文于馬每言乎（呼），則騇當為馬名。【釋⿱水口、⿰彳⿱水口　甲骨文字釋林中卷】

◉裘錫圭　甲骨文裏有一個从口从水的字，作□、□等形，《甲骨文編》把這個字當作未識字附在口部之末。甲骨文的□旁，在較晚的古文字裏往往變作□、□等形，在《說文》的篆文裏又往往變作□（曰）旁。〇《說文・曰部》有沓字：

□，語多沓沓也。从水，从曰。

這個字六國古文寫作□、□等形，漢印篆文寫作□、□等形，都从□不从曰，情況與上舉曹、昌等字相類。由此可知甲骨文的⿱水口字就是沓的初文。

甲骨文裏還有一個从彳从⿱水口的字，作□、□等形，《甲骨文編》把這個字當作未識字附在彳部之末。甲骨文从彳與从辵無別，例如逆與𢓜，遘與㝅，通（通）與㣑，都是一字異體。所以⿰彳⿱水口字應該釋為遝。《玉篇・辵部》：「遝，遝遝，行皃。」這個字《說文》失收。

沓、⿰彳沓二字在卜辭裏都用作地名：

叀(惠，用法與「唯」相近)⿰彳沓田，亡(無)𢦏(災)。

其逐沓麋自西東北，亡𢦏。

自東西北逐沓麋，亡𢦏。 粹九八〇十九五七

弜(勿)逐⿰彳沓麋，其每。

王其東逐⿰彳沓麋，毕(擒)。 安明二〇二一

叀沓田，亡𢦏。 安明一九八一

叀⿰彳沓田，亡𢦏。 鄴初下三三・九，京津四四六八

叀⿰彳沓田，亡𢦏。 人文二〇四七

叀⿰彳沓田，[亡]𢦏，毕。 戩一一・四

王其田⿰彳沓，叀☐ 甲八九二

其田⿰彳沓，焚，亡𢦏，毕。 後上一四・一一，菁九・一六

辛子(巳)—鼎(貞)：王其田⿰彳沓，亡𢦏。 人文二五〇五

《殷契粹編》第九八〇片，一條卜辭的地名作沓，另一條作⿰彳沓，《考釋》認為二者是同一地名的不同寫法，其說可信。《春秋・文公十三年》：「冬，公如晉，衛侯會公于沓。」沓當為衛地，卜辭之沓疑即此地，可惜確切地望已不可考。

甲骨文裏還有一個从馬从沓的字：

戍其徲(遲)母(毋)歸于之，若，𢦏羌方。

戍其歸，乎(呼)⿰馬沓，王弗每。 人文二一四二

《玉篇・馬部》：「⿰馬沓，馺⿰馬沓，馬行皃。」《說文・馬部》未收⿰馬沓字，馺字的解釋是「馬行相及也」。馺又可以當馬馳或馬行疾講。《方言》十三：「馺，馬馳也」，郭注：「馺馺，疾貌也。」《廣韻・合韻》：「馺，馬行疾。」⿰馬沓也有類似意義。《集韻・合韻》：「⿰馬沓，馺⿰馬沓，馬行疾也。」《漢書・禮樂志》郊祀歌第十五章「騎沓沓」，顏注：「沓沓，疾行也。」沓、⿰馬沓通。按照卜辭文例，上引兩辭裏「戍其遲毋歸于之」與「戍其歸呼⿰馬沓」這兩句話的意思應該是相對的。後一句的意思很可能就是讓「戍」(擔任防戍等工作的一種人)迅速馳歸。【甲骨文字考釋(八篇) 古文字研究第四輯】

曹

◉裘錫圭 「弋韋沓一兩」條的「弋」字,《居》和《甲》誤釋為「它」。陳直《「居延漢簡甲編」釋文校正》曾對此條作過解釋。他說:「韋是皮臂鞲,它為袘字假借,廣雅作袖字解,一兩是一副……全簡大義是皮袖臂鞲一副……」(《考古》1960年4期43頁)陳說不可信。此簡「沓」字應讀為「鞜」。《急就篇》「履舄鞜裒絨緞紃」,顏注:「鞜,生革之履也。」皇象本「鞜」作「沓」,與簡文合。沓是一種鞋,所以以兩為單位。「弋」疑當訓為黑。《漢書·文帝紀贊》「身衣弋綈」,顏注:「弋,黑色也。」「弋」說明沓的顏色,「韋」說明沓的質料。

大灣所出498·14號簡,上記戍卒衣物,其中一項《居》7860釋作「牛革鞜二兩」。「鞜」也許就是「鞜」的簡略寫法。《羅》54号簡背記「絡沓一兩」。這個「沓」字也應讀為「鞜」。黃文弼沒有認出「沓」字,把「絡」解釋為生絲,「一兩」解釋為絲的重量(《羅》208頁),不確。《說文·革部》:「鞮,革履也」,段注據《韻會》所引《說文》,補「胡人履連脛謂之絡鞮」九字。鞮和鞜都是革履,絡沓當與絡鞮同義,應是皮靴一類東西。【漢簡零拾 文史第十二輯】

◉于豪亮 《甲編》1374A:

竇此丈五尺,直三百九十。

它韋沓一兩,直八百五十。

韋沓的沓讀為鞜。《漢書·揚雄傳下》「躬服節儉,綈衣不敝,革鞜不穿」,師古注:「鞜,革履。」《三國志·魏書·烏丸鮮卑東夷傳》:「在國衣尚白,白布大袂,袍褲,履革鞜。」字亦作靸,《說文·革部》:「靸,小兒履也,从革及聲,讀若沓。」因為靸讀若沓,所以沓可以寫靸。《釋名·釋衣服》:「靸,韋履深頭者之名也。靸,襲也,以其深襲覆足也。」《急就篇》「靸鞮卬角褐襪巾」,顏注:「靸謂韋履頭深而兑平底者也。今俗謂之跣子。」《廣雅·釋器》:「靸,履也。」履或作韡。蓋沓、鞜、靸音近相通。韋沓就是皮靴。【居延漢簡叢釋 文史第十二輯】

前二·五·五 从口 珠四一四 【甲骨文編】

珠414 前2·5·5 【續甲骨文編】

曹 从甘 國名 姬姓 伯爵 武王克商封弟振鐸于曹 後為宋所滅 曹公子戈 趞曹鼎 曹公塍孟姬悆母盤 从東

孳乳為遭　中山王譽壺　適遭郾君子噲不顧大義　【金文編】

3·793　𣍘不悴　說文曹篆作𣍘　3·775　𣍘☐　3·795　𣍘市　3·794　𣍘虡　3·1060　獨字　9·90

𣍘繒　【古陶文字徵】

曹　雜一七　十例　雜二五　【睡虎地秦簡文字編】

1612　5415　0304　1616　1613　1615　1614　或从邑　【古璽文編】

曹丞仲承　曹辟兵印　曹係　曹恭私印　曹誼　【漢印文字徵】

開母廟石闕　户𣍘史夏效　少室石闕　石經僖公　𣍘伯襄復歸于𣍘　汗簡引石經同　【石刻篆文編】

曹立石經　𣍘出演說文　【汗簡】

崔希裕纂古　【古文四聲韻】

◉許　慎　𣍘獄之兩曹也。在廷東。从棘。治事者。从曰。徐鍇曰。以言詞治獄也。故从曰。昨牢切。【說文解字卷五】

◉林義光　獄兩曹在廷東。不得从二東。古作趞曹鼎。本義當為偶。小爾雅廣言。曹。偶也。从。轉注。象物形。東即束字。見東字條。兩東相比。象偶形。或作趞曹鼎。象物形而譌从甘。猶象物形亦譌从月也。見外字望字各條。【文源卷六】

◉羅振玉　此从口。與从曰同意。【增訂殷虚書契考釋】

◉郭沫若　嫝字原作，从女，从棗，此字最為正確，即邾姓曹之本字也，以棗為聲。它器嫝字所从棗旁，頗與𠦃字相近，舊誤釋為⿰女𠦃，故不得其解。然棗與𠦃有皎然不相紊之處，試就𠦃⿰扌𠦃執⿰食𠦃等字以比較之即得。【邾友父鬲　兩周金文辭大系攷釋】

◉高田忠周　說文。𣍘。獄之兩曹。在廷東。从棘。治事者。从曰。蓋曰亦言也。此字本義今尚行矣。又轉義。小爾雅廣言。曹偶也。楚辭招魂。分曹並進。注。偶也。史記黥布傳。率其曹偶。索隱。輩也。又詩公劉。乃造其曹。傳。羣也。叚借託名幖識字。詩曹風譜。周武王封弟叔振鐸於曹。今濟陰定陶是也。但國名字。實當从邑。然初唯用曹為之。其義今不可識耳。又按曹在廷東。字唯作𣍘足焉。下文或為正字。若夫从兩東增緐別體。然元無二東棘字。許氏泥𣍘字形而補棘耳。

曹銘為人名。音義無可徵者。然審篆形。棘正與上文合。亦自與口同。口曰意近。故古文口部字多从曰也。此亦𣍘字耳。唯移自在上。頗為奇異。而其意無異。且他字亦往往見此變例也。【古籀篇五十一】

◉馬叙倫　鈕樹玉曰。韻會引作從棘在廷東也。从曰。治事者也。翟云升曰。六書故引作治獄者。以言故從曰。沈乾一曰。唐寫本玉篇引作獄之兩曹治事者也。倫按獄之兩曹非本義。亦非本訓。漢之諸曹不專治獄。曹從曰當屬於詞。與㬪曷曶朁同例。亦不得為治獄處之名。詩公劉。乃造其曹。傳。曹。羣也。史記鯨布傳。率其曹偶。索隱。輩也。曹偶謂儔伴。曹即儔之借字。錢坫謂心部之慒即今籌畫字。是其例證。儔音澄紐。古讀歸定。曹音從紐。古讀亦歸定也。史記。遣吏分曹逐捕。分曹即分儔。漢之曹制。亦謂分儔治事也。曹者。戴侗以為即嘈字。從曰。棘聲。丁山據卜辭以棘為曹。證曹從曰棘聲。倫檢七篇。槽。籀文作𣍘。蓋從酉。棘聲。棘字今闕其音。俞先生樾以為東之籀文。體多重複耳。倫謂東東一字。東音端紐。東音審紐。古讀歸透。端透定皆舌尖前破裂音。而𣍘音古在定紐。明從棘得聲矣。甲文從口作曹。趞𣍘鼎作曹。今說解盡非許文。字見急就篇。【說文解字六書疏證卷九】

◉高鴻縉　曹通叚以棘偶字。久而返。故後人又造嘈字以還其原。嘈行而曹之本義亡。【中國字例五篇】

◉李孝定　說文，以獄之兩曹釋曹，段玉裁氏注云：「今俗所謂原告被告也」，似失許意，許書下言：「在廷東」，許意蓋以獄吏治事之所釋曹，故有定所，訴訟之兩造兩曹蓋其引申義，兩造對簿，恆在獄吏治事之所也。吳志「張温父允為東曹椽」，魏志：「蔣濟辟丞相主簿西曹屬」，稱東西曹，是其本義，漢制在廷東，三國則分東西曹矣。以上皆漢魏官制，許君援以說字，恐非制字本義，林義光氏謂本義當為偶，其說較有理致，曹之本義為偶、為羣、為輩，後世多用此義，東者橐也，二橐為偶，猶二鹿為麗也。【金文詁林讀後記】

◉張亞初　劉　雨　(1) 大曹爵一作大棘，二字分書。一作□，大曹二字合書。後者似為一字，但與前者比較，可知確為二字。棘之分為東、東，猶㿝之分隔□為□、□。這是合文的另一種形式。

(2) 東為橐之本字(徐中舒先生說，詳《甲骨文字集釋》2029)，假橐為東方之東，久假不歸，遂作橐以區別於東。《說文》：「棘，二東，曹從此，闕。」許氏對此字無說，僅指明其與曹有關，其實它就是曹之本字。《說文》：「曹，獄之兩造(曹)也。在廷東，從棘。治事者，從曰。」許氏「獄之兩造」，「在廷東從棘」，「治事者，從曰」之說，皆不可取。但曹於文獻訓偶、輩、羣則與兩造之意合。二東(橐)相併，故有偶、輩、兩造、羣之意，「獄之兩造」非其本義。𣍘，亦作曹，曹從口(從口之字後作曰者，其例甚多)，殆即槽之本字。

(3) 曹在第一期卜辭中就以國族地名出現：「貞𢀛伐𣍘其𢦏」(後上15·15)，第五期卜辭有：「壬寅卜，才𣍘貞，王步於瀑，亡巛」(前2·5·5)。文獻上有曹國，傳為周文王子叔振鐸所封國，地在山東境內。由商代的甲骨文和族氏銘文可知，曹國早就存在，周武王滅商以後，曹被滅國，後改封給曹叔振鐸，這當可補文獻之不足。【商周族氏銘文考釋舉例　古文字研究第七輯】

◉王獻唐　鉨文曹字作□，小篆作□，説文，獄之兩曹也，在廷東，从𣍘，治事者，从曰。唐寫本玉篇，𣍘下引説文，獄之兩曹治事者也。漢有東西二曹，未聞尽在廷東，即在廷東，从二東義亦未瑩，以不能指東代曹也。字从𣍘，𣍘又从東。説文，東動也，从木，官溥説，从日在木中。繫傳無从木官溥説五字。古文日皆作⊙，不作□，小篆亦然。金文小篆之東，例从木从□作□，木中并不為日。契文作□作□，其非日益明。以形求之，乃象縛木，與束字作□例同，當為緫之古文。説文，緫聚束也。以絲縷束結，故字从糸，實屬後起，音讀與東相通，初蓋以東當之。

⊘東字之義既明，則言一東者，猶言一束也。兩東並列為𣍘，義猶兩束並列也。𣍘體久見契文，今字書音曹，為曹字所从，亦即曹之初文。汗簡卷中之一，引演説文，曹正作𣍘，可證也。沈氏説文古本考，謂汗簡演字，諦視刊本，乃後來羼入，本文當作出説文三字。其言刊本，殆指汪氏一隅草堂本。今以景印馮已蒼手寫本校之，亦作演説文。汪刊出于朱竹垞本，馮抄又在其前，知非後來羼入矣。楚辭招魂注，小爾雅廣言，均訓曹為偶。史記黥布傳、扁鵲倉公傳，亦以曹偶連稱。字从兩東並列，即偶也。字與二豕為豩，二水為林，二魚為𩺰，二木為林例同。曹既為偶，偶訓牉合，為雙數，故又訓輩，史記黥布傳索隱。訓群。詩公劉傳，韋昭辨釋名。群而治事，更號其治事之所亦曰曹，此獄曹所由起。而職官分部治公，亦皆謂之曹也。韋昭辨釋名，功曹吏所群聚，户曹民所群聚也。義亦相近。曹緫雙聲音轉，緫集之意，更與羣輩相通，音訓相承，先後可見。許君但執獄曹為言，實後起義也。

曹从二東，訓偶，形義已明，無庸別加曰字。其从曰作曹者，乃嘈之本字，六書故説。初不訓羣偶也。嘈為喧嘈，故从曰會義，其聲嘈雜，依聲為名，故从𣍘得音。聲杂由于群聚，義固引伸相貫。然字既从曰，嘈義已見，加口實為緟复，乃後人不明形義者為之。體或作譖，加言猶加口也。古曹字契文从口作□，口亦作□作□。因之金文字又作□趞曹鼎。魏三體石經古文作□，陶文作□。其後兩漢印文作□、作□，隸書作□作□。皆一系相承。【周曹這鉨考　那羅延稽古文字】

◉戴家祥　金文□或作□，甲骨文作□，从口从曰通，如金文魯或作魯，□□象器皿之形。从𣍘，徐中舒、丁山認為□為橐之初文。𣍘从二東，並重結構的字，大都因本義相加而孳生出多的含義。如雙木成林，巜為「水小流也」，巜則為「水流澮澮也」等。𣍘的本義當為橐所囊之物衆多。𣍘字从𣍘从曰，即槽的本字。説文：「槽，畜獸之食器。」會意字。从曰取食器義，从𣍘取

乃

槽食之多義。詩大雅公劉「氏造其曹」，國語周語「民所曹好，鮮其不濟也，民所曹惡，鮮其不廢也。」毛傳韋注皆訓曹為羣。古籍曹字用作多義，為了保持本義，曹字添加木旁，表示器皿之材質。例同甲骨文㱿後作磬，金文鬲或作䰙，說文典或作籅，玉篇弋或作杙等。畜獸同曹槽，其音紛雜，故曹字加口旁又孳乳作嘈。金文曹皆用作國名或人名。【金文大字典中】

甲一三二五 甲一五五三 甲二一二二 乙五六八九 前四四五·二 前五·三〇·三 前七·三一·三 前七·三六·一 前八·一二·一 後二·三六·二 菁三·一 菁四一 菁七·一 甲三〇七九 粹八四五 掇一·四五四 明藏二一一 明藏二一二 明藏二一三 寧滬一·四五 燕一七三 庫一〇八八 庫一一二四 金六七〇 陳三一 珠一八九背 甲三〇七九 京都一八八六 京都二二四〇 【甲骨文編】

甲1553 2121 3079 乙5689 掇454 珠187 古2·8 粹845 甲404 532

761 1235 1343 1437 1505 1578 1626 1780 1902 2215 2489

2827 3045 3532 3638 乙3299 3635 4729 6735 8676 8896 珠3

292 佚34 522 852 896 續1·18·1 2·2·4 4·21·4 4·23·1 5·30·6 6·7·1 徵10·68 12·48 京2·7·4 2·28·4 4·14·1 凡23·1 録132

529 804 鄴38·3新1686 鄴40·3 摭25 東方13 六中265 續存68 1732

外44 102 摭續121 197 粹140 285 493 659 682 835 847 984

999 1036 1067 新3073 3080 3561 4107 4536【續甲骨文編】

乃 汝之也 乃孫作且己鼎 盂鼎 令鼎 矢方彝 沈子它簋 弔趞父卣 寡子卣 應公鼎 辛伯鼎 彔伯簋 茻伯簋 師虎簋 師奎父鼎 伯晨鼎 君夫簋 師酉簋 大作大仲簋 大簋 卯簋 善鼎 豆閉簋 封簋 咢侯鼎 師嫠簋 曶鼎 曶壺 克鼎 毛公鼎 元年師兑簋 不嬰簋 縣妃簋 鄦侯簋 者沪鐘 胸簋 簷平鐘【金文編】

5·384 瓦書「四年周天子使卿大夫……」共一百十八字 5·398 秦詔版「廿六年皇帝盡并兼天下諸侯……」共四十字 5·392 秦詔版殘存「為皇帝乃詔丞相」七字 5·393 秦詔版殘存「帝乃詔丞」四字【古陶文字徵】

〔一九〕【先秦貨幣文編】

乃 秦八八 三十五例 通仍 —孫 為二一 法二七 十四例 雜四一 七例 秦六五【睡虎地秦簡文字編】

—又鼠☐(甲4—28)、☐☐—兵(甲5—4)、戠季—☐(甲8—1)、五正—明(甲9—15)、羣神—惪(甲9—27)、是於—取虞☐□子之子(乙1—35)、𦥑—卡〃朕逾(乙3—1)、—命山川四峕(乙3—9)、—步㠯為戠(乙4—3)、炎帝—命祝融㠯四神降(乙6—3)、帝夋—為冃〃之行(乙6—35)、—𦥑冃〃㠯逾相☐思(乙7—30)、……司☐□逾—☐……(丙9:2—5) 殘 四神—乍(?)至于逷(乙5—13)【長沙子彈庫帛書文字編】

邵乃始 解乃 尹乃始 羊乃始印 趙乃始 毛乃始 王乃始印【漢印文字徵】

詔權 乃詔丞相 石經無逸 人乃訓之 石經殘石 祀三公山碑 乃來道要 天璽紀功碑 乃是天讖廣

多 石碣乍邍 徵=卣罟【石刻篆文編】

乃林罕集字 乃 乃亦及字 乃見石經 乃裴光遠集綴 乃張揖古文 乃籀文【汗簡】

並汗簡 並古老子 朱育集字 石經 裴光遠集綴 張揖集 華嶽碑

古尚書 雲臺碑 並崔希裕纂古 籀韻 並說文 並崔希裕纂

古【古文四聲韻】

◉許慎 曳詞之難也。象气之出難。凡乃之屬皆从乃。奴亥切。臣鉉等曰。今隸書作乃。古文乃。籀文乃。【說文解字卷五】

◉林義光 乃本義為曳。假借為詞之難。象曳引之形。廣雅。扔。引也。釋詁一。老子則攘臂而扔之。釋文。引也。以扔為之。古作大敦。作師兑敦。作大敦。【文源卷三】

◉陳獨秀 乃 甲文作，金文作諸形，篆文作，皆象乳形。日常語音，古今恒不變，今字加女作奶，雖字書所不收之俗字，而形聲義俱切當。母乳曰奶，母亦稱奶，集韻嬭訓乳，又云：嬭古作乳，音女蟹切；博雅云：楚人呼母曰嬭，嬭為借音，乳不成字，當以今字奶為正。乃用為語詞，說文訓曳詞之難者，奶擠之乃出也。說文云：，因也；博雅扔訓引，訓就。一切經音義引說文：孕，乃聲；凡二見，今本說文孕字篆文作，解說从几，徐鍇謂取象于懷妊，則包字矣；實為乃之譌形，隸作孕，是也，婦人有孕則奶發動。【小學識字教本】

◉商承祚 說文「乃。曳詞之難也。象气之出難。古文乃。」案甲骨文金文石經之古文皆同篆文。此三折之者。示難意也。【說文中之古文攷】

◉馬叙倫 鈕樹玉曰。玉篇引作離。蓋辭之譌。桂馥曰。埤雅。乃字說文以象气出之難。龔橙曰。象出气。曳詞非許說也。沈乾一曰。唐寫本玉篇引作乃者申辭之難也。乃者二字疑野王所定。又引周禮。乃施邦典于邦國。鄭玄曰。乃者更申勑之也。倫按張行孚謂乃為難易之難本字。倫謂乃為于之初文。象形。此象徵時代之文。說解本作難也以聲訓。呂忱加申詞之難也。改象形為象气出之形。今誤申為曳。又誤乙難也之難字於出下。并捝也字形字。而出之誤作之出。不嬰鼎作𠄎。曶鼎作𠄎。大敦作𠄎。甲文作𠄎𠄎。

𢎥古文乃。

𠧧鍇篆作𠧧。𠧧。籀文乃。鈕樹玉曰。宋本及繫傳韻會作𠧧。倫按此𠄎之茂文。【說文解字六書疏證卷九】

◉朱芳圃　乃即繩之初文。說文糸部：「繩，索也。从糸，蠅省聲。」此正象繩索之形。考从乃从蠅得聲之字，音同用通。說文子部：「孕，裹子也。从子，乃聲。」一作繩，周禮秋官薙氏：「秋繩而芟之。」鄭注：「含實曰繩。」釋文：「繩，音孕。」孫詒讓曰：「草之含實，猶人之懷孕，故謂之繩。」一作䐵，管子五行篇：「䐵婦不銷棄。」尹注：「䐵，古孕字。」又作𡠟，太玄經：「好𡠟惡粥。」范注：「𡠟，懷也。」是乃之為繩，猶孕之為繩、為䐵、為𡠟矣。再從聲類求之，古音乃讀泥聲之韻，繩讀定聲蒸韻。旁紐雙聲，陰陽對轉。【殷周文字釋叢卷中】

◉郭沫若　乃者汝之也。金文用乃為代名詞第二人稱之領格，用迺為接續詞於是字，然亦偶有用乃為迺者。如令鼎「令眔奮，乃克至」，鄂侯鼎「噩侯駿方納食于王，乃僳祼之」，又「王休匽，乃射」，均是。又曶鼎「求乃人，乃弗得，汝匡罰大」，上乃字為汝之，下乃字則用為如，此為僅見之一例。

但乃用為汝之，用為於是，用為如，決非乃之本義。金文乃字多見，大抵與本器文相同。小篆作𠄎，形亦未失。說文云「𠄎曳詞之難也，象气之出難也」，古文作𢎥，籀文作𠧧。今案此籀文及古文之形均古器銘中所無。許以虛詞為乃字之本義，說為「象气之出難」，亦覺難乎其象。諦案其字，自當為象形之文，唯所象之形，余以為當是人形，象人側立，胸部有乳房突出。是則乃蓋奶之初文矣。奶固俗字，然此等字非外來語，且當與民族而俱來。今知乃即奶之象形，則其字古矣。

知乃為奶之初文，於孕字之構成可得一的解。段注說文「孕，裹子也，从子乃聲」，云「乃聲二字各本作从几，誤，今正。艸部艿字、人部仍字，皆乃聲。管子孕作䐵，案見「五行篇」。从繩省聲，可證也。」今案「从几」當是「从乃」之譌，孕从乃从子者，謂將以奶乳子也。乃亦聲，乃孕迺之蒸對轉，此固可證从几之決誤。然「亦聲」之例多省，未可竟如段改。【壴卣釋文　器銘考釋　金文叢考】

◉李孝定　郭沫若氏謂乃為奶之初文，其說可从。說文孔訓通，解云：「从乙子」，說殊迂曲，孔，金文作𡥒邾大宰簠、𡥒曾伯簠、𡥒虢季子白盤，所從「乚」，即乃之省文，字象嬰兒吮乳之形，奶有孔，故引申訓通也。孔不可象，故託哺乳之事以明之，古人制字，恆有精意如此。【金文詁林讀後記第五卷】

卣

明藏六三四 說文卤驚聲也从乃省卤聲 卜辭卤从乚 其義與乃同 于父己父庚既[illegible]卤彫 續二·二·四 王入卤各于[illegible] 存二六五 寧滬一·一七九 寧滬一·五〇一 甲四〇四 甲七一六 甲七六一 甲一二二五 甲一五〇五 甲二四八九 甲三五九〇 乙五三九九 鐵一七九·一 鐵二四〇三 前四·三五·一 前六·五八·五 簠游六八 前六·六一七 後二·二〇四 後二·二二·一六 戩四四·一七 粹一四〇 鄴初下·三八·三 鄴初下·四〇·一 京津一五五七 【甲骨文編】

迺 於是也 經典多假乃為之 毛公厝鼎 迺敄鰥寡 毛公厝鼎又云 迺唯是喪我國 史䛐簋二 史䛐簋 盂鼎 師旂鼎 沈子它簋 𩰫盤 舀鼎 永盂 散盤 曾伯陭壺 伯家父簋 𩐗匜 𣪘鐘 曾仲大父𧊒簋 鬲比簋 禹鼎 多友鼎 鬲攸比鼎 農卣 矢方彝 【金文編】

薛迺始 【漢印文字徵】

卤 【汗簡】

◉許　慎　卤驚聲也。从乃省。西聲。籀文卤不省。或曰。卤。往也。讀若仍。臣鉉等曰。西非聲。未詳。如乘切。古文卤。

【說文解字卷五】

◉王國維　卤　此字說文不重籀文。而其字又與篆文無別。疑有脱誤。段注以本書之例正之曰。卤。籀文𠧪是也。【史籀篇疏證　王國維遺書第六册】

◉高田忠周　朱駿聲云。莊子庚桑楚。吾洒然異之。李注驚皃。以洒為之。别義。說文。或曰往也。讀若仍。蒼頡篇。迺往也。廣雅。乃往也。以乃為之。叚借為乃。爾雅。迺乃也。詩緜。迺慰迺止。此說是。銘意亦叚借為乃者也。葢謂說文卤卤二字並入乃部者誤矣。乃古文作。豈與乚形相涉耶。此卤即从廴西聲也。古文廷字作。繹山碑建字作。卤亦从廴。尤顯然矣。廴為行步義。人行有驚。謂之卤也。莊子所云為字本義。許氏所傳誤為从乃而訓驚聲。非古形古義也。

但秦漢之際已有从乃說。故繹山篆文作迺。乁即乃省也。然李尚知乚即乃。故建迺並从乚。又古乃迺兩部通用。故漢隸皆作迺。今本經傳亦因襲不改也。又說文曰。籀文。卥不省。不舉本文。注中言之。殊為異例。卤為籀文卣。籀文卥字固當作迺。此必有轉寫之誤。今改上加一籀字。从朱氏也。又古文作卥。卣蓋卣省。卣「古文叀字。叀西聲相通。叀亦字聲無疑矣。又別訓徃也者。叚借為卤也。卤卤形近音亦通。故古者以卤為卤也。此例亦不尟矣。【古籀篇六十四】

◉商承祚 卥 漢袁良碑「卥刊石作銘」。楊統碑「後卥徵拜議郎」。從古文西。尹宙碑「迺迄于周」。則逕寫作西。爾雅釋詁。「仍迺侯。乃也」。注。「迺即乃。」以卥為乃。始于漢人。金文訓於是之迺。與語辭之乃絶不相混。如毛公鼎。「卥秋鱞寡。」又云。「卥唯是喪我國。」作卥卥。盂鼎。「卥紹陝」。作卥。可證。此增⊖。無取義。鍇本作卥。从⊠。非也。【說文中之古文攷】

◉強運開 卥此篆與第三鼓君子卣樂之卣字相同。細審石刻。兩卣字初無差別。乃。張氏德容於彼則讀若攸。於此又引說文卤驚聲也以為即籀文迺字。殊誤。【石鼓釋文】

◉馬叙倫 翟云升曰。二徐本各有譌。當作從乃卤省聲。卤古文西。朱駿聲曰。或曰。卤往也。讀若仍。按此謂從栖省。乃省聲。栖。古文遷字。疑此後人所增。隸體西作迺。似從辵。故增往訓。徐灝曰。卤即乃之異文。劉秀生曰。朱謂往也讀若仍後人所增。是也。莊子庚桑楚。吾洒然異之。釋文。洒。素殄反。又悉禮反。崔李云。驚皃。向蘇俱反。洒乃西之譌。此古聲古義之僅存者。夏敬觀曰。大小徐本均為寫者譌。當作從卤省乃聲。從卤省者。從古文卤省一畫而作卤也。卤籀文西也。不言從卤者。以籀文西本已省古文卤作卤。而籀文卤轉不省。不別出籀文於次。而見諸說解。其意更明。乃聲故讀若仍。倫按諸家於此字多致疑。鈕樹玉桂馥宋保許棫張文虎以為乃亦聲。蓋校讀若仍也。然則從西取何義。孔廣居張文虎以為宿鳥有驚懼意。此曲說也。吳夌雲謂乃是驚聲。鼎大者為鼐。俗稱芋為乃。又稱乳為乃。皆見其大而驚之之詞也。倫謂乃音泥紐。乳音日紐。古讀日歸泥。乳房之本字為母。母從女得聲。古音亦在泥紐。今音則入明紐。明泥同為邊音。故俗呼母為乃。芋下曰。大葉實根駭人者也。故謂之芋。尋芋音喻紐三等。喻三與日同為舌前音。故俗呼芋為乃。鼎音端紐。端泥同為舌尖前音。故鼎之轉注字作鼐。實皆與驚義無涉。金文中以卤為于是義者。于是以同為次濁摩擦音連緜。于音喻三。是音禪紐也。以乃為于是。猶芋稱乃矣。然則乃無大與驚義。乃為于之初文。以丂從乃而甹寧皆從丂。則乃即甹寧之初文。亦丂之初文。而卤為乃之轉注字。卤音日紐。古讀歸泥也。經典多以乃為卤。而金文絶不相混。詩緜。迺慰迺止。乃召司空。亦不同用。秦刻石亦乃卤兼用。似乃卤之義不同。倫謂古人用字。各隨其方音。其用卤不用乃。或用乃不用卤。

必取其與方音合者也。若一文兼用而其義殊者。則取異形異聲以為觀聽之美。其義若殊者。則為假借。於本字無嫌也。金文𠧪皆作□。或作□。散盤西字作□。國差𦉜作□。而𠧪字無從□□者。𠧪蓋從鹵得聲。十二篇鹵下曰。從西省。不可據。詳鹵字下。免𣪘作□。晉姜鼎作□。而𩫖字從鹵。父乙尊□字。高田忠周釋覃。鹵字作□。□與宗周鐘□字所從之□正同。則此三卣即鐘文所從之□之異文。魯公鍾令□字。周𢓊簋□字。周𣎴生敦□字。甲文□字。皆鹵之變。鹵從宁得聲。詳鹵字下。卣即宁之異文。宁音澄紐。古讀歸定。定泥同為舌尖前音。故𠧪從卣得聲。而為乃之轉注字。周明公𣪘。□令曰。從鹵得聲。鹵音來紐。古讀歸泥也。乃鹵音竝泥紐。仍音亦在泥紐。故𠧪讀若仍。如是則形聲義俱得之矣。驚聲也非本義。亦非本訓。驚聲疑唶字義。唶從昔得聲。昔音心紐。西音亦心紐。校者或呂忱見説解言西聲。遂增此訓。籀文五字鈕樹玉以為後人加之。𠧪乃從乃省。非卣省也。王國維謂不重籀文而其字與篆文無別。疑有挩譌。倫謂此五字不可通。蓋説解有挩譌。未可詳訂。然是校者加之。玄應一切經音義引倉頡。迺。往也。達也。蓋𠧪音如仍。得與止通。聲同之類。古以□為止。故倉頡以為往字。字亦見急就篇。毛公鼎作□。又作□。鬲攸比鼎作□。

□ 周雲青曰。唐寫本玉篇乃部𠧪注。迺。説文古文𠧪。蓋古本如此。今本篆文古文無別。誤。段玉裁王筠謂宜補籀文迺。不知迺乃古文。非籀文也。倫按迺字是隸變。寫本多誤。不可盡信。使迺為古文。豈𠁩為亦古文耶。𠁩字從𠁩。鍇本作𠁩。𠁩蓋𩫖字。𩫖聲也。覃音定紐。定泥同為舌尖前音。而覃從鹵得聲。益可明𠧪之從鹵或宁得聲矣。餘詳覃下。

【説文解字六書疏證卷九】

◉高鴻縉　廼矢令彝作□。毛公鼎作□。作□。本銘作□。疑為鹵字之異文。周人用為於是意。連詞。如詩廼陟南岡。又周人叚乃為汝之意。代詞。如書盤庚。古我先王暨乃祖乃父。兩字不相掍。漢以後兩義通用。乃迺遂少用。【散盤集釋】

◉高鴻縉　金文□字。見免盤及小臣謎𣪘鹹字偏旁。俱象鹽鹵結晶之形。不从西。□其或加□於其下者。與卣之下加□同。王静安考以為□字之省。蓋鹽鹵常盛在皿中也。故作□與作□無别。而其作□作□亦其省變。後□獨鹽傳其意。其作□或□者。周人俱借用為於是意。連詞。與乃字周人借用為汝之意(代詞)者有別。秦漢以後乃亦用為於是意。而廼字少用矣。漢時廼亦變作迺。後遂沿之。説解驚聲也。經傳無徵。所釋兩形構造俱非。後人又於鹵加監為聲符作鹽。説文。鹽。鹹也。从鹵。監聲。古者宿沙初作煮海鹽。余廉切。今按讀監聲如藍聲。則鹵迺鹽乃一聲之轉。故三字原為一字。【中國字例二篇】

卣

◉朱芳圃　卣當為甕之初文，說文豆部：「甕，蠡也。从豆，蒸省聲。」廣雅釋器：「瓠、蠡、甕、𧇊，瓢也。」經傳作巹，儀禮士昏禮：「實四爵合巹」，鄭注：「合巹，破匏也」，釋文：「巹，字林作甕，居敏反，蠡也。」禮記昏義：「合巹而酳」，孔疏：「巹謂半瓢，以一瓠分為兩瓢謂之巹。壻之與婦，各執一片以酳，故云合巹而酳」，釋文：「巹，徐音謹，破瓢為杯也。」考匏瓠同物，瓜名也，熟後破而為二以作飲器，謂之甕，亦謂之瓢。象其形，其薦也。古音卣讀mi̭eng，甕讀ti̭eng，聲近韻同。經傳作巹，音義俱乖，當係傳寫之誤。【殷周文字釋叢卷下】

◉李孝定　金文乃廼分用，絕少相混，郭沫若言之是也，予曩編集釋時，亦嘗論契文「乃」「廼」二字，⊘高鴻縉氏謂字或从，乃卣字，遂得讀奴亥切，說似可通，惟金文作此形者僅一見，張日昇氏已辨其非。朱芳圃氏謂此當為甕之初文，而字从，亦與匏瓠不類，說不可从。按「」金文借為「西」字，其本義當象器形，契文「西」作「」，乃借「甾」為之，然則「」當亦為「甾」之形變，唯「」象侈口，「」象斂口斜流為異耳，「廼」字何以从「甾」，聲義俱無可說，不敢妄肊。又與下文卣字作、者字形幾於全同，唯器腹花紋稍異，甾之與卣均為液體容器，形製稍異，器名遂殊，卣殆即甾之斂口有流者之異稱，其字形相同，原不足異。所不可解者，二字形體相同，何以一為「廼」，一為「卣」，予不解音韻，姑識之以俟通人。【金文詁林讀後記第五卷】

卣之重文【續甲骨文編】

卣　不从乃　盂鼎　卣字重見
經典作卣中尊也　毛公厝鼎　錫女鬯鬯一卣
臣辰卣
臣辰盉
伯晨鼎
彔伯簋
呂鼎
吳方彝
曶鼎
師兌簋
虢弔鐘　卣天子多錫旅休　義與迺同　【金文編】

西　封一七　三例　【睡虎地秦簡文字編】

◉許慎　卣，气行皃。从乃。卣聲。讀若攸。以周切。【說文解字卷五】

◉羅振玉　古金文作。作。卜辭又省。其文曰。鬯六卣。故知為卣矣。【增訂殷虛書契考釋】

◉羅振玉　古文卣迺殆一字。或省乚爾。其中或从丨。或从丄。或从土。古金文中鬯卣之卣。盂鼎作。彔伯戎敢及吳尊

作逌。此鼓之逌作逌。均即許書之卣。許書从乃。乃由土致譌也。【石鼓文考釋】

◉王國維 周禮春官鬯人。廟用脩。鄭注。脩讀曰卣。中尊。案。經本字蓋作逌。説文解字。卣。氣行貌。从卣。乃聲。讀若攸。又卣。草木實垂卣卣然。象形。讀若調。經典中中尊之字多借逌字為之。其於隸也為卣。然古文多借逌字。殷虚卜辭云。鬯六逌。殷虚書契前編卷一弟十八葉。毛公鼎韓侯伯晨鼎師兑敦彔伯敦吳尊蓋皆云秬鬯一逌。均以逌為中尊字。惟盂鼎作卣。用卣字耳。則卣字古作逌也。漢書地理志引夏書。陽鳥逌居。豐水逌同。九州逌同。今尚書逌皆作攸。石鼓文。君子逌樂。與詩小雅。君子攸芋。君子攸躋。君子攸寧。句例正同。而石鼓作逌。毛詩作攸。則逌字又通攸也。周禮脩字蓋本作逌。寫書者因逌攸通假。遂書作攸。而攸脩二字古又通用。史記秦始皇本紀所載會稽刻石。文之德惠脩長。索隱引張徽所録會稽南山秦始皇碑文。脩作攸。今傳世申屠駉覆刻本亦作攸。是又攸變為脩之證也。鄭君讀脩為卣。由其聲類得之。不知此字由逌而攸。由攸而脩。其變化尚得由古文證明之也。【説卣 古禮器略説】

◉高田忠周 此(劉心源)攷是。但説文收卣卣兩字于乃部。謂乚為乃變勢。誤矣。今審卣卣字並皆从廴。説文往字。吉金古文作往。秦刻繹山建作建。卣亦作逌。可證。卣為往義。字固當从廴。若从乃。為迂遠也。古文廴辵得通用。故卣亦作逌。見漢書。又卣由為同字。逌迪亦同字無疑。説文。廸。道也。从辵由聲。爾雅。迪。進也。亦往義一轉耳。字亦或可作廸。又辵彳通用。迪油亦當同字。説文。油。行油油也。从彳由聲。與攸下曰行水攸攸也釋例正同。而與卣義亦合矣。又由繇古通用字。然迪遜亦元當同字。説文。遜行遜徑也。从辵繇聲。此義經傳以由為之。行由徑者。即卣字轉義耳。許氏誤謂字从乃者故訓气行。非古形古義也。若夫轉義。當訓气行。與以攸字為助語之詞亦同例耳。【古籀篇六十四】

◉唐蘭 第十九片甲

甲 兆面

雨。

其亦盧

貞今夕

乙 灼面

□□

之夕

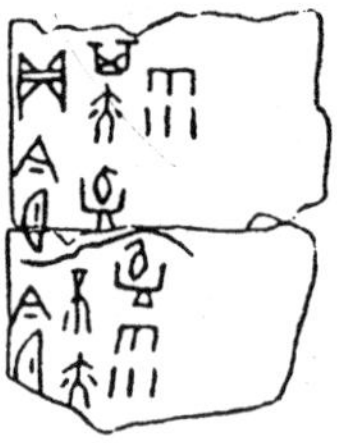

下半見鐵一九三・四

雨。 盧雨。

其亦盧 不亦

貞今夕 今夕

按此與鐵雲藏龜一片為一甲之折，今合之如次。惜彼片之灼面未被注意拓印耳。盧即𠧪字，盧雨疑與□雨鐵六・四・一同。□當釋卣。𠧪卣並叚為脩。周禮鬯人「廟用脩」脩即卣也。脩長也，久也，蓋謂雨之緜長者。【天壤閣甲骨文存考釋】

●馬叙倫　嚴章福曰。乃下當有省字。劉秀生曰。𠧪部𠧪讀若調。調從周聲。在定紐蕭部。攸讀如條㔶等字。則亦在定紐蕭部。故𠧪從𠧪聲得讀若攸。木部。椆。從木。周聲。讀若丩。目部。䀺。從目。攸聲。或從丩聲作𥄂。是其證。又𠧪今隸作卣。書禹貢。陽鳥攸居。史記夏本記作卣居。又澧水攸同。漢書地理志作卣同。洪範。我不知其彝倫攸叙彝倫攸斁。漢書五行志攸皆作卣。木部。條。小枝也。從木。攸聲。𠧪訓艸木實垂𠧪𠧪然。條理字正當作𠧪。今通用條。亦音借也。竝其證。見部。覷。從見。𠧪聲。讀若攸。同。倫按此字經典皆作𠧪。金文皆作□。無從𠧪者。七篇。㮚。古文作㮚。石鼓文則作□。甲文有□。蓋亦㮚字。如石鼓正與金文□字所從之□同。然則羅振玉謂此從∧乃由土致誤。是也。然卤從土為何義。陳壽祺以𠧪為即詩江漢秬鬯一卣之卣。卣又何以得為秬鬯一卣之卣。卣是器名。卣無器形也。虢叔鐘□字與毛公鼎□字。甲文有□□□□諸形。王國維謂其字從皿。是也。倫謂即金文之□字。亦即爾雅釋器卣中尊也之卣本字。字從皿□聲。□即鹵字。從土。宁聲。鹵從水而卤從土者。鹵為鹽之初文。鹵出於地則從土。煮海為鹽則從水。甲文之□□□皆從鹵也。盂鼎作□。或從土或從水。皆可。蓋以甲文土水二字皆有作□□□者。省之成□也。盂鼎等及經記皆以卤為盧。借卤為盧。以盧從卤得聲也。下文盧之籀文作𥃳。從皿。膚省聲。婁次盧作□。可證也。□從□而盧從囟。正與金文作□而甲文作□同。此自從卤不從𠧪。從乃。卤聲。卤音來紐。此讀若攸。音在喻紐四等。古讀來歸泥。喻四歸定。同為舌尖前音。鹵為鹽之初文。鹽音固亦喻四也。讀若攸者。金文卣字音及經記卣字音皆如酉。八篇。歔。從欠。𠧪聲。讀若酉。周禮鬯人。廟用脩。注。脩讀曰卣。是其證。然則卣𠧪直異文。後世異其音讀。亦必有一字出字林也。彔伯敦作□。師兑敢作□□。【説文解字六書疏證卷九】

●高鴻縉　卣字乃卣之附承舟者。仍是卣字。卣。盛酒之器也。小於罍壺之屬。而大於爵觶之屬。故釋器曰。卣。中尊也。

有提梁。提梁為卣之特徵。【毛公鼎集釋】

前一・一九・三　後二・四三・二　佚七四二　乙二三一六　存下三四〇　鄴三下・三四・一一　甲二三八九　廩辛康丁時貞人象人荷戈即荷字初文卜辭河字从此今定為丂字別體　甲二四〇七　甲二四六四　甲二四六五　甲二四七六　甲二四八一　甲二四九〇　甲二五〇二　甲二五一三　甲二五二四　甲二五五六　甲二五八二　甲二五九三　甲二六〇四　甲二六一二　甲二六五七　拾一〇・一二　前三・二六・三　前四・四一・四　前六・四四・二　後一・八・一一　後二・一六・一八　林一・二〇・九　林一・三〇・一二　前四・三三・六　前六・五六・四　林二・八・四　前五・二八・一　佚二八二　佚二八四　燕三九四　燕七九五　京津四七二　京津四八二〇　乙九〇七三　坊間四・一七七　坊間四・四一〇　明藏四三三　前一・四七・三　京津二二〇八　京都一七四一　乙二六五九　人名　乙三七九五　乙六八八三　京津一六六三　前六・一〇・七　後二・二二・三　武丁晚期貞人　乙一二二一　燕一二八　或从日　人名　續一・一五・一　撫續一〇七　金六一六　号叔　前六・一〇・六　師友二・六八　【甲骨文編】

前1・19・3　後下43・2　【續甲骨文編】

丂　丂隻鼎　散盤　孳乳為考　同簋　文考　司徒司簋　乎考　仲枏父鬲　皇且考　仲枏父簋　皇且考

㝬弔多父盤 壽考 都公簋 皇考 黝鎛 皇考 又云 用求考命彌生 【金文編】

〔六七〕〔六七〕〔一九〕〔六七〕〔六七〕〔六七〕〔二八〕〔六七〕〔六七〕

〔六七〕〔三六〕〔六七〕〔六七〕〔六七〕【先秦貨幣文編】

刀尖 典一一五二 刀尖 亞五・一四 刀尖 亞五・一五 刀尖 亞五・一五 【古幣文編】

丂 苦杲切 【汗簡】

◉許 慎 丂气欲舒出。勹上礙於一也。丂。古文以為亏字。又以為巧字。凡丂之屬皆从丂。苦浩切。【說文解字卷五】

◉邵 瑛 丂都公敄人𣪘 此乃稽考之本字。氣欲舒出勹上礙於一。即稽留考察之意。本字作丂。今經典通用考字。易履。視履考祥。復。中以自考也。書舜典。詢事考言。三載考績。周官。考制度于四岳。詩文王有聲。考卜維王。禮記月令。物勒工名。以考其誠。大傳。考文章。國語魯語。日中考政。晉語。考省不倦之類。又作攷。見周禮。據說文正字當作丂。考。說文老部。考。老也。从老省。丂聲。此壽考之考。攷。說文攴部。敂也。从攴丂聲。此攷擊之攷。與稽丂義異。以壽考為丂。其端蓋始漢孔宙靈臺等碑。以攷擊為丂。實始周禮。蓋丂字廢不用。而攷字稍近古。古周禮用之。其實非古六書字也。陸元朗遂以攷為古考字。亦不細審說文矣。【說文解字羣經正字】

◉林義光 古作丂司徒司尊彝。引也。从一而丿引之。方言。考引也。十二。以考為之。說文云。丂反丂也。讀若呵。按。說文可字从此。古可作可師嫠敦。从丂。是丂即丂字。【文源卷三】

◉高田忠周 阮云叚借以丂為考。是。說文。丂气欲舒出勹上。礙于一也。勹即乚之省變。一者指事也。又曰。古又以為亏字。又以為巧字。巧考並从丂聲。此為音通。亏丂即形近通用。亦省文耳。【古籀篇六】

◉柯昌濟 丂古當訓朽。象物朽氣出狀。朽考音誼皆近。故相假借也。【司土彝 韡華閣集古録跋尾】

◉馬叙倫 鈕樹玉曰。玉篇引勹作丂。古文上無丂字。王筠曰。ㄣ即丂字也。乃雖作乃。而卣卣從之作ㄣ。丂之下半正同之矣。丂乃相次。正以此故。乃本難詞。丂亦气不舒。故從之也。饒炯曰。气欲舒出ㄣ上礙於一也。此釋丂形。非釋丂義也。丂之義當為稽也。稽之意為留督。商承祚曰。據注。則壁中書又以于為丂者矣。齊子仲姜鎛皇丂字正與于同。倫按王謂勹即乃字。饒謂气欲舒出ㄣ上礙於一為說字形。是也。本訓捝矣。然气欲舒出勹上礙於一也亦呂忱或校者改之。气欲舒出勹上礙於一而音苦浩切。似為欬之初文。然倫疑丂即如之何之何本字。故粤寧二字從之。亦乃之轉注字。從乃。二聲。與于一字。二為地之初文。地音定紐。猶乃之轉注字或為卤。從宁得聲。宁音古亦定紐也。芋從于得聲。而俗呼芋乃。是其例證矣。此從一者。一亦地之初文也。二聲而音入溪紐者。二音喻紐三等。以同次濁摩擦音轉匣紐為何。以同舌根音轉溪紐為丂耳。說解蓋本作某也。從乃。象形。呂忱或校者加气欲舒出勹上礙於一也。玉篇引古文上無丂字。蓋隸書複舉字而譌乙於下者也。以中下古文以為艸字例之。亦不當有此字。古文以為于字。明丂于本一字。蔡太師鼎可字作可。大克鼎寧字作寧。余義編鐘考字作考。並其證。又以為巧字者。巧從丂得聲也。然皆校語。司土敢作丁。齊鎛作丂。散盤作丂。【說文解字六書疏證卷九】

◉唐桂馨　勹上礙於一。不能舒出。如人懷鬱悶之狀。此字有久留意。有執著意。故工丂則為巧。毛丂則為考。木丂則為朽。盜丂則為願也。【說文識小録　古學叢刊三期】

◉商承祚　丂　說文「丂。气欲舒出。勹上礙於一也。丂。古文以為亏字。又以為巧字。」案據注語。則此字于壁中書有以為亏為巧者矣。金文借為考妣字。同殷。文丁。嗣土嗣殷。乎丁。齊子仲姜鎛。皇丂。其形正與丂同。而知許說之有自也。【說文中之古文攷】

◉朱芳圃　許(慎)說丂曲,與字形全不相應。余謂丂,傢具也。上為橫梁,下承以足,釘於牆上,用以庋物。今時鄉間遺制猶存,其形如左:

儀禮士昏禮:「笲緇被纁裏加于橋」。鄭注:「橋,所以庋笲,其制未聞」。按橋即丂之同音假借,蓋器之有橫梁者。【殷周文字釋叢卷上】

◉高鴻縉　字从⺄。象气欲舒之形。而上礙於一。一為物之通象。气為物所礙。不能舒出。故丂有稽留攷察之意。為指事字。動詞。說解謂古文以為于字。甲金文皆未見此例。以意推之。于為吁之初文。亦叚為迂。稽丂之丂。亦得引申而有迂迴意。說文又謂古文以為巧字。今甲金文雖未見此例。然同音相代。為通叚之通例。巧。技也。从工。丂聲。故丂可叚為巧。今人常因同音之故。用考或攷代丂。其寖。考。老也。从老省。丂聲。攷。敂也。从攴。丂聲。皆與稽丂之義異。自考或攷代丂。而丂字廢。【中國字例三篇】

◉李孝定　說文:「丂,气欲舒出,勹上礙於一也。丂,古文以為亏字,又以為巧字」。段玉裁氏云:「亏與丂音不同,而字形相似,字義相近，故古文或以丂為亐」。蓋壁中古文或有誤書「亐」為「丂」者，只以形近而譌，許君遂有「古文以為亐字」之說，實為蛇足，後世注者又從而推演之，異說滋多，段氏之說，最為通達，猶不免為許說所囿，王筠說文句讀云「此古文从『一』，小篆从『二』之例」。釋例又云：「丂為釋例原文「為」作「亦」，以節引故，為改一字气不舒，是以古人借為亐字者，乃借其義而為于嗟之于也；气出難，故長吁以發之。」是則視借「丂」為「于」為當然，一若六書中真有借義之假借，疑誤後生，莫此為甚，故一為辨之。丂字金文作□，契文作□，與契文「何」字作□所从之「亻」形近，疑即「柯」之象形古文，「何」字象人肩「何」荷枝柯之形，聲借為考妣、壽考之考，肯可之可耳，許君不得其故，遂有「气欲舒出，㇉上礙於一」之說，迂曲甚矣。【金文詁林讀後記第五卷】

甹

□ 京津二六五二【甲骨文編】

□ 甹　从二由　班簋　甹王位　□ 𤔲盤　上帝降懿德大甹　□ 番生簋　甹王位　□ 从口　毛公厝鼎　嗙朕位　孫詒讓曰此當為𧬊之古文　說文㥔从𧬊聲而言部無𧬊字　蓋誤挩也　𧬊从言此从口者小篆从言之字古文多从口【金文編】

□ 崔希裕纂古【古文四聲韻】

◉許　慎　甹亟詞也。从丂。从由。或曰。甹。俠也。三輔謂輕財者為甹。臣鉉等曰。由。用也。任俠用气也。普丁切。【說文解字卷五】

◉林義光　丂由非義。甹為㥔之古文。使也。古作□宗婦彝娉字偏旁。从丂由。由。缶也。丂。引之。此使役之事。與卑僕同意。又作□番生敦。經傳或以伻為之。【文源卷十】

◉高田忠周　說文。甹。亟詞也。从丂。从由。或曰。甹。俠也。三輔謂輕財者為甹。後義即叚借為俜字也。甹本義謂詞言。故字从丂。上即从□。□者□之省。□是庚字。庚甹古音轉通。甹元从庚省聲也。小篆誤作由。非。此从二□。籀文增䌛。□亦作□。又按說文無𧬊。金文作㖬。實亦同甹。丂為言氣。又从口从言為複。亦猶㇈呵訶也。【古籀篇六】

◉郭沫若　㖬王位語亦見番生段。又毛公鼎云。嗙朕位。孫詒讓毛公鼎攷釋初以為說文㥔𢔁字所从之𧬊字。後又改釋為甹。云。𧬊字無義。此云。嗙朕位。疑與甹通。說文血部。甹。定息也。从血甹省聲。讀若亭。言定朕位也。前見古籀拾遺末附。後見籀高述林卷七。案仍當以釋𧬊為是。說文雖無𧬊嗙字。乃偶奪佚也。本器與番生段之㖬。正分明甹之䌛文。乃叚為屏。左傳哀十六年閔天不弔。不憖遺一老。俾屏予一人以在位。句法與此相近。又德律字周頌小毖莫予荓蜂作荓蜂。毛傳作荓夆。爾雅釋訓作甹夆。荓亦正从并聲。故知器銘甹噂均叚為屏也。【班𣪘　兩周金文辭大系圖録考釋】

◉郭沫若　噂字孫詒讓初釋諤。後改釋㽬。云諤字無義。此云。噂朕位。疑與㽬通。説文血部。㽬。定息也。从血甹省聲。讀若亭。言定朕位也。今案以後釋為是。班𣪘及番生𣪘之甹王立位。則假甹為定。【毛公鼎　兩周金文辭大系圖録考釋】

◉馬叙倫　從丂。由聲。由即十二篇東楚名缶曰甾之甾。金甲文作甴。番生敢。甹王位。毛公鼎。噂朕位。可證也。甾音照紐。古讀歸端。甾之轉注字為缶。缶即今北方謂煮物之器曰沙包之包本字。缶音非紐。古讀歸封。包音正封紐也。封端皆清破裂音。是甾音入照者聲轉也。此讀普丁切入滂紐者。以同雙脣音轉耳。亟詞也者。非本訓。甹即晉人語寧馨之馨。三篇。㲈。讀若馨。可證也。今江蘇吴縣語曰那亨。即晉人語之甯馨。馨音曉紐。亨音許兩切。亦音普庚切。其證也。或曰以下校語。甹俠也者。俜字義。字或出字林。【説文解字六書疏證卷九】

◉強運開　噂　毛公鼎噂朕位。孫詒讓以為即諤之古文。説文德从諤聲。而言部無諤字。蓋誤敚也。諤从言。此从口者。小篆从言之字。古文多从口。運開按。此噂字非从口。亦非从言之省。乃从可耳。古丂可音近相通用。多父盤。釁壽可使之。可字作丂。可證。是从可與从丂無殊。仍即古甹字也。【説文古籀三補卷五】

◉李孝定　𤔲　疑與甹為一字，增并為聲耳。高田氏以為𥝽字，𥝽為器名，从甾、并聲，無取於从丂，而此字从丂，明是从甹、并聲也。【金文詁林讀後記第五卷】

◉連劭名　帝乙、帝辛時代的關于征伐的卜辭中經常使用甴字。⊘卜辭中也見有「甴伐」，⊘應該説，「甴伐」與「甴正」是同義詞。今按「甴」字見于説文解字卷十二下：「甴，東楚名缶曰甾，象形。」徐鉉音「側詞反」，玉篇引説文甾音云：「側字反」。這裏徐鉉的注音可能有訛誤，王國維曾經指出二書的注音「皆甾之音，則以甾、甾為一字，自六朝以來然矣」。

其實在商周古文中，還有一些以甴為偏旁的字，例如金文中有：

甹　噂

此字當釋為甹，説文解字卷五上：「甹，亟詞也。从丂，从由，或曰甹俠也。三輔謂輕財見義為甹。」徐鉉曰：「由，用也，任俠用气也。普丁切。」今按：甹字字義與現代漢語的「拚」有相近之處。徐鉉認為此字从由是錯誤的，因為甴不是由字。隸書中甴與由相近，故徐氏相混，但他保留了這個字的讀音，卻是很寶貴的。甹，普丁切，屬幫母，陽部字。甹字在金文中見于下列青銅器銘文：

番生簋：甹王位。

班　簋：甹王位。

史牆盤：上帝降懿德大甹。

毛公鼎：嗙朕位。

這句話是西周時代的常語，指王室的大臣們以及各方的諸侯猶如周王的藩屏，保護周王。⊘因此可以推斷，甹當从由得音，古與从并聲之字通。所以，由字讀音于上古音部當屬并母，是一個唇音字。⊘現在我們試釋甲骨卜辭中「由伐」「由正」的含義。

「由伐」應讀為「薄伐」。

詩小雅六月：薄伐玁狁，以奏膚公。薄伐玁狁，至于太原。

詩小雅出車：赫赫南仲，薄伐西戎。

薄字讀音屬并母，鐸部。「薄伐」一詞屬金文中寫作「搏伐」「戭伐」。⊘其字或从尃聲，或从菐聲。菐、尃聲本同。又金文中从菐聲的僕字，也多加由為聲符，表明這些字的讀音，在上古時代的確是相近似的。【甲骨文字考釋　考古與文物一九八八年第四期】

◉戴家祥　⿱⿰由由丂从丂从二由，見宋時出土聘鐘，又見番生𣪘、班𣪘。毛公鼎作⿱⿰由由可，从可。薛尚功釋聘。歷代鐘鼎彝器款識法帖卷六。徐同柏釋甹，讀荓。从古堂款識學卷十六。吳大澂愙齋集古録四册劉心源奇觚室吉金文述卷二从之。孫詒讓初釋謣，古籀拾遺下。後又云謣字無義，改釋甹，讀若亭，言「定朕位也」。述林卷七。郭沫若云：「仍當以釋謣為是，乃假為屏。左傳哀公十六年『閔天不弔，不憖遺一老，俾屏予一人以在位』，句法與此相近。」兩周金文辭圖録考釋二二葉。

按以上諸説俱未確切，此蓋當時所見未廣，限于「甹王位」、「甹朕位」兩句之故。徐同柏所以取信于人，因甹字从兩由，亦猶漁之古文作𩽿，敗之古文作𣀑，星之古文作曐。説文以小篆為主。倉頡、爰歷、博學皆取諸史籀大篆，或頗省改。小篆變兩由為一由，殆亦省改之一例耳。竊疑⿱⿰由由丂即甹字。説文「甹，木生條也。从𢎘，由聲。商書曰若顛木之有甹枿，古文言由枿」。徐鍇曰：「説文無由字，今尚書只作由枿，蓋古文省𢎘而後人因省之，通用為因由等字」。徐鉉説文注引。遍查卜辭、金文，未見𢎘字。説文𢎘部之圅字訓舌也，金文卜辭作圅，象倒矢在函中，藏矢所用者為圅。圅象函形，𠂊其緘處，且所以持之也。略本静安先生不嬰𣪘蓋銘考釋。既不象舌，亦不从𢎘。再看甬字，説文「艸木華甬甬然也。从𢎘，用聲」。金文作甬，上象鐘懸，下象鐘體，中二

寧

横劃象鐘帶，本楊樹達積微居金文說。既不象屮木華，亦不从丂。玉篇一七九「甹，戈周切」，唐韻「以州切」。玉篇九四「甹，普經切」，唐韻「普丁切」。兩者都从由，未始不可讀甹。丂由同隸幽部。毛公鼎「𤰈朕位」，變从丂為从可。多父盤「眉壽可使」，可作丂，丂可韻同，𤰈字仍當讀由。方言六「由，輔也」，廣雅釋詁「助也」。「由王位」、「由朕位」言助我之統治地位也。說文二篇辵部「迪，道也。从辵，由聲」。魏三體石經君奭篆文作迪，古文作𨑳，偏旁由與𤰈之偏旁田形頗近似。禮記聘義「天下莫不貴者，道也」。鄭玄注：「道者，人無不由之。」由義為道。周書君奭「我迪惟寧文王德延」，今本尚書迪作道，迪字訓道，由義亦訓道。仲尼弟子仲由字子路，孟子萬章下「惟君子能由是路」，道亦路也。周書康誥「乃由裕民」，由裕亦作猷裕，聲同義通。君奭「告君乃猷裕」，方言三「猷、裕，道也，東齊曰裕，或曰猷」。故分言曰猷、曰裕，合言曰猷裕，皆道也。禮記禮器「匪革其猶」，鄭玄注：「猶，道也。」古者由猶不分。左傳莊公十四年「由有妖乎」，荀子富國「猶將不足以勉也」，孟子公孫丑上「欲齊王由反手也」，又離婁下「我由未免為鄉人也」，皆由猶通用之證。「懿德大甹」乃動詞降字以下之兩個平列名詞短語，且係具有特定內容之政治術語。屏風、屏障都與「懿德」之義不協，釋甹亦覺牽強。

文選褚淵碑文「德猷靡嗣」，李善注「令德徽猷也」。小雅小旻「匪先民是程，匪大猶是經」，又巧言「秩秩大猷，聖人莫之」，毛傳皆訓大猷為大道，文選幽通賦「漠先聖之大猷兮」，曹注亦訓猷為道。是大甹之為大由，亦即大猷，形聲義靡不通也。【金文大字典上】

甲二七二二　卜辭寧从甹得聲　用為安寍之寍　前三・二五・四　前四・二七・三　前四・三一・四　前五・一八　菁一〇・一　林一・二七・八　林二・一・一三　粹一二〇二　粹一二〇三　粹一二〇五　粹一二〇六　京津五三五〇　京津五三五二　京津五三五三　京津五三五六　京津五三五七　京津五三五八　京津五三五九　續四・三六・一・一二　兩片原為一片　簠征五〇　簠征五一　明藏二二九　龜卜八五　金五一九　金六二一　前四・一五・二　下部殘缺　前二・一八・一　京都二八六八　京都二九一四　【甲骨文編】

續4·36·1　4·36·2　5·13·6　徵9·50　9·51　龜卜85　粹1202　1203　1205

新5350　5352　5353　5356　5358　甲2722　【續甲骨文編】

寧　不从心　寧女父丁鼎　亞卣　盂爵　寧遺簋　寧簋　中山王𠼝鼎　寧汋於淵　蚉壺　不能寍處　又云不敢寧處　【金文編】

秦1213　寧秦　秦1385　鼈寧　5·313　寧秦　【古陶文字徵】

〔六八〕　〔七四〕　〔六八〕　〔六八〕　〔二六〕　【先秦貨幣文編】

布空大　豫伊　仝上　豫孟　布方小　典二九四　仝上背　按同一貨幣面背互證知為一字　【古幣文編】

寧　日乙一九二　二例　為三九　四例　為三七　日乙八〇　封九一　【睡虎地秦簡文字編】

寧陽丞印　寧侯邑丞　楨翰寧部司馬　里君寧印　【漢印文字徵】

祀三公山碑　以寧其神　石經君奭　我迪惟寧王德　汗簡引石經同　為譌變　【石刻篆文編】

寧　出裴光遠集綴　【汗簡】

王庶子碑　王惟恭黃庭經　古老子　裴光遠集綴　古老子　石經　【古文四聲韻】

◉許　慎　願詞也。从丂。寍聲。奴丁切。【説文解字卷五】

◉羅振玉　説文解字。寍。願詞也。从丂。寍聲。此从寍省心。从丂。寍母父丁鼎亦省心。與此同。卜辭此字皆訓安。【增訂殷虚書契考釋】

◉林義光　丂。引也。見丂字條。所願故引而進之。古作盂尊彝。作寧母父丁器。説文云。定息也。从血甹省聲。按形似寧省。又與寍同義。疑即寧之省文。或借為寍也。【文源卷十一】

◉高田忠周　晉姜鼎余不叚妄寧。嘯堂。按銘意叚借為安寍之寍也。凡經傳亦然矣。說文。寧，願詞也。从丂寍聲。蓋言外而意內也。甯訓所願也。意在于內也。寧。願詞也。外見于言也。二字為轉注。依老考例。寧先出。甯後出。甯从寧省。【古籀篇六】

◉朱芳圃　寧，甲文作甹，象甹在宀中。義與甹同。卜辭云：「癸酉卜，巫甹鳳」後下四二·四，周禮春官小祝云：「寧風旱」，一作甹，一作寧，是其證矣。古人以心為形之主，心安則形静，故金文增心為義符。許君訓為願詞，蓋借義也。

金文又有作左列形者：

弔⿱宀盂毁　克鼎

从宀，从于，从皿。說文丂部丂下云「丂，古文以為亏字」，是丂亏同字，从亏猶从丂也。亏在皿上，與丂在皿下同。古人作字，位置常有變易，不足為異。【殷周文字釋叢卷上】

◉馬叙倫　寧甹疊韻。單言曰寧。兼言寧甹。寧為乃之音同泥紐轉注字。願詞也當作願也詞也。願也以聲訓。願音疑紐。泥疑皆邊音也。寧即孟子願聞其詳之願本字。詞也校者加之。或願詞也為字林文。本訓捝矣。字見急就篇。寧女父丁鼎作。盂爵作。甲文作。【說文解字六書疏證卷九】

◉楊樹達　⿱宀盂字，近代治金文諸家吳大澂、吳闓生並釋為寧，方濬益、孫詒讓、劉體智並釋為寍，劉心源釋甯，郭沫若、于思泊如字書之，無釋，王静安考釋亦云⿱宀盂未詳。蓋王、郭、于三氏皆不以舊釋為是，故不從也。余按二吳釋者是也，然皆無說，故人多不之信。余考說文七篇下宀部云：「寍，安也，从宀，心在皿上，人之飲食器，所以安人。」又五篇上丂部云：「寧，願詞也，从丂，寍聲。」銘文以⿱宀盂與静連文，蓋假為寍，義為安静，殆無疑義。其字作⿱宀盂者，⿱宀盂實寧之或作也。知者，古丂與于同字，說文五篇上丂部云：「丂，古文以為于字」，是也。丂于同字。故說文及金文盂爵寧毁之寧字並从丂，而此器銘文則从于，从于猶之从丂也。特从丂者丂字皆在皿下，而此銘于在皿上，位置既異，而又省去心字，故人遂多不覺耳。龜甲文此字作甹，金文寧母父丁鼎同，字皆不从心，此⿱宀盂字與甹字實同。異者，彼从丂在皿下，此从于在皿上耳。【善夫克鼎三跋　積微居金文説】

◉徐中舒　丁五期　前三·二五·四　從丁丂從皿從宀，與《說文》寧字篆文略同，唯不從心，或省丁作。《說文》：「寧，願詞也。从丂，寍聲」。卜辭中皆為安義，與《說文》寍字義同，實為寍字初文。從皿在宀下，故會室家之安。而《說文》以寧為願詞專字，與寍遂分為二字。【甲骨文字典卷五】

丂 可

刀弧背 或為丂之反書 冀滄 刀尖 亞五・一五 仝上 仝上 【古幣文編】

◉許 慎 反丂也。讀若呵。虎何切。【説文解字卷五】

◉馬叙倫 桂馥曰。呵當作訶。説文無呵。何治運曰。即今言呀之正字。倫按説解當曰。某也。從反丂。此字疑出字林。讀若呵校者加之。【説文解字六書疏證卷九】

摭續一〇 摭續一四九 甲一五一八 甲三三二四 甲三三二六 乙五一九九反 乙八四八九反 京津二二四七 京津二二四八 京津四八四二 坊間三・二七 輔仁一八 金二〇二 京都四三B 【甲骨文編】

甲1518 乙8489 摭續10 摭續149 新4830 【續甲骨文編】

可 師嫠簋 可侯簋 美爵 儹匜 黝鎛 林氏壺 子可戈 中山王嚳鼎 中山王嚳壺 盗壺 蔡大師鼎 蔡侯龖殘鐘 【金文編】

3・428 孟棠匋里可 6・62 喜可 陶文編5・32 陶文編5・32 【古陶文字徵】

〔六二〕【先秦貨幣文編】

刀大 齊厺化背十可 鉨文作 阿作 所从同此形 魯掖 【古幣文編】

一九八：一 宗盟類參盟人名 【侯馬盟書字表】

138 【包山楚簡文字編】

可 雜二四 三百一十三例 通何 —謂駕罪 法一 秦一〇二 四十七例 日甲一三七背 十二例 日甲一二八 二十六例 日甲一一七背 【睡虎地秦簡文字編】

不—吕叹殺(丙1:1—7)、—吕出帀覦邑(丙2:1—3)、不—吕豢女取臣妾(丙2:2—2)、不—吕乍大事(丙4:1—4)、不—吕亯祀(丙5:2—7)、不—出帀(丙6:1—4)、不—吕亯(丙6:1—8)、不—吕川〼(丙7:1—4)、不—吕籔室(丙8:1—4)、不—[吕]〼(丙8:2—1)、—吕笞室(?)……(丙9:1—3)、—[吕]……(丙10:1—6)、—吕攻成(丙11:1—6)、—吕聚衆(丙11:2—1)、不—吕攻……(丙12:1—4) 【長沙子彈庫帛書文字編】

0572 2631 4852 1327 2632 與蔡大師鼎可字同 3221 4854 4860 4861 4857 【古璽文編】

林可置印 牛步可之印 □可 侯步可 李可置 【漢印文字徵】

泰山刻石 制曰可 禪國山碑 不可稱而數也 石碣汧殹 可何古今字 何字重文 石經君奭 天不可信 【石刻篆文編】

可 【汗簡】

古老子 汗簡 古孝經 竝雲臺碑 【古文四聲韻】

◉許 慎 可肎也。从口丆。丆亦聲。凡可之屬皆从可。肯我切。【説文解字卷五】

◉林義光 古作可師嫠敦。作可美尊彝。从口丂。與号同意。當為訶之古文。大言而怒也。訶古通何。史記萬石張叔傳。歲餘不譙呵綰。索隱云。譙呵音誰何。石鼓。其魚維何。何作可。則訶古文亦只當作可。何為問詞。乃譙訶之義引伸。可為肯。則譙訶者所許。亦訶之引伸義也。【文源卷十】

◉高田忠周 説文。可。肎也。从口丆。丆亦聲。銘意本義之一轉也。今審篆形。丆亦丂字。與丆相反。又下文悉从丁。丁說文之丂字。可字元从丂不从乚。許君所傳蓋誤矣。說文。丂。气欲舒出。上礙於一也。丂古文以為亏字。蓋可字所从乚。亦疑亏字之義。而可古文訶字。猶若諾古詁同字也。說文訶下曰。大言而怒也。字或作呵。大言而怒者。可字本義之一轉。肎可者許可也。其語气舒亏矣。故从亏。可或作可。可證也。可字與号吁二字皆合口亏為形也。吁訓驚語也。号訓痛聲。亦皆聲气出于口外者也。但可口在丂下。号口在丂上。吁从丂聲。自有分別。或云大言而怒也者。為乚字義。訶與乚通。可字變作訶。又變作謌。叚借為歌。實為哥。說文謌即歌字異文。而金文歌舞之歌作訶可證矣。又許氏別出哿字。恐亦可字異文。加可古音同部。毛傳。哿。可也。以正字釋異文也。【古籀篇六】

◉強運開　可說文。可。肎也。从口乚。乚亦聲。人部。何。儋也。一曰。誰也。从人。可聲。此叚可為何。亦猶持媘作寺。惟媘作隹之例。【石鼓釋文】

◉馬叙倫　此篆明從丂字。金文可字亦然。乃說解中二丂字皆作乚。徐灝以為從丂之反文。倫謂今乚字下無義。甲文兮或作乚。金甲文篆體反正不拘。則丂乚實一字。作乚亦無不可。然字從口。丂聲。此可否之可。故說解曰肯也。可肯雙聲。以假借字釋正字也。字見急就篇。師嫠敢作可。齊鎛作可。蔡大師鼎作可。石鼓作可。【說文解字六書疏證卷九】

◉李孝定　說文謂可从乚，而金、篆皆从丂，契文有从乚者，古文正、反每不別，丂乚本同字也。高田氏論可字，兼及号吁二篆，可号所从偏旁相同，惟位置各異，兼論之是也。吁字从于，與「可」實不相涉，蓋亦沿許說「丂，古文以為于字」之誤也。【金文詁林讀後記第五卷】

◉戴家祥　說文五篇「可，肯也。从口丂，丂亦聲。」按許氏分析可的結構是正確的，但訓釋尚可商榷。疑可是歌的初文。素問陰陽應象大論「在聲為歌」，注「歌，嘆聲也」。釋名釋樂器「人聲曰歌。歌，柯也。」可从口丂聲，字的結構足以表示人的「嘆聲」。集韻歌古作可，歌為後起字。金文可字用作副詞，或用作人名，如鄀公敄人鐘、僉匜、黏鎛等。【金文大字典上】

奇

5·93 咸蒲里奇　4·139 獨字　4·169 ☒奇　【古陶文字徵】

（一九）　（一九）　（二三）　（五二）　（二五）　（五二）　（三六）　【先秦貨幣文編】

布方　奇氏　晉高　　仝上　　仝上　晉祁　　布方　奇氏　晉祁　　布方　奇氏　典一七三　　仝上　亞四·三〇

布方　氏奇　反書　仝上　【古幣文編】

奇　法一六一　七例　通踦　連行—立　日甲二六背　通倚　為桑丈—户内　日甲四五背　日甲四五背　二例　【睡虎地秦簡文字編】

1686　1680　1681　1684　3942　1685　3342　1682　0716　【古璽文編】

趙奇印　奇勝時　陳奇　董奇印　【漢印文字徵】

禪國山碑　命世殊奇　【石刻篆文編】

道德經　汗簡　【古文四聲韻】

◉許　慎　奇，異也。一曰不耦。从大。从可。渠羈切。【説文解字卷五】

◉林義光　説文云。奇，異也。从大从可。按从大。大象人形。从大猶从人也。可聲。【文源卷十一】

◉馬叙倫　孔昭曰。從大。可聲。徐灝曰。戴侗曰。奇從尢。可省聲。一足立也。別作踦。引之為奇耦。灝按戴説是也。方言。倚踦。奇也。自關而西秦晉之間。凡全物而體不具謂之倚。梁楚之間謂之踦。雍梁之西郊凡獸體不具者謂之踦。蓋奇之本義謂一足。故謂之奇特。引申為凡奇隻之稱。而物體不具者亦謂之奇。倫按玉篇引作異也。謂傀異也。此字林文。本訓捝矣。字從尢。可聲。尢大形近。故譌為大。十篇。尢。跛曲脛也。此與方言説合。奇為尢之轉注字。尢音影紐。轉注為跛。跛音封紐。封影同為清破裂音也。跛轉注為奇。聲同歌類。尢之重文作尪。從㞷得聲。㞷可同為舌根音。亦轉注字。奇為踦之初文。後人不疑其從尢。更加足旁耳。可音溪紐。旁轉羣為奇。其得可聲甚明。旖旎或作猗儺。或作阿那。是其證也。當入尢部。一曰四字玉篇引字書。校者加之。字見急就篇。【説文解字六書疏證卷九】

◉唐　蘭　⿱林夸鬯　⿱林夸字從林從夸，即奇字，象騎在人背上，後來騎馬的騎，就是由此發展的，⿱林夸即椅字，從林和從木同。《説文》「椅，梓也」，是梓木的一類。此處借作⿱巨鬯鬯的⿱巨鬯。金文常見⿱巨鬯鬯，吕壺和⿰亞瓦医鼎並作⿰酉巨，從巨聲。⿱林夸從奇聲，奇巨一聲之轉。《書·文侯之命》：「用賚爾秬鬯一卣。」《説文》：「⿱巨鬯，黑黍也，一稃二米以釀也。」秬是⿱巨鬯的或體。實則秬是黑黍，⿱巨鬯則是用黑黍來做的𠭯。陳夢家據《集韵》鬱作𩰪而釋𣡕為鬱，實則𣡕和𩰪，除從林外，毫不相似。𤔲彝有「𤰈亩」，𤰈是𢟍字之省，實即鬱𠭯之鬱的本字，而𣡕𠭯則是𩰪𠭯，釋為鬱是錯的。【論周昭王時代的青銅器銘刻　古文字研究第一輯】

哿

◉許　慎　哿可也。从可。加聲。詩曰。哿矣富人。古我切。【説文解字卷五】

◉林義光　説文云。哿可也。从可加聲。按詩哿矣富人。正月。傳云。可也。此可之聲借。哿可同音。既非同字。則當別有本義。加可皆聲也。加古音亦如可。【文源卷十二】

◉馬叙倫　哿為可之轉注字。可加同舌根破裂音。又聲同歌類也。【説文解字六書疏證卷九】

哥

哥　日甲四〇　三例　通歌　飲食―樂　日甲四〇【睡虎地秦簡文字編】

◉許　慎　哥聲也。从二可。古文以為謌字。古俄切。【説文解字卷五】

◉林義光　説文云。哥聲也。从二可。古文以為歌字。按口丂為歌。亦口引聲之意。二可謂有倡和也。儀兒鐘飲飤訶遌。以訶為之。【文源卷十】

◉馬叙倫　此余之重文作𠎀之例。當為可之茂文。古文六字校語。【説文解字六書疏證卷九】

叵

◉徐　鉉　叵不可也。从反可。普火切。【説文解字卷五新附】

◉林義光　説文無叵字。三蒼。叵。不可也。説文叙云。雖叵復見遠流。是當有叵字。徐鉉新附作叵。从反可。【文源卷九】

兮

甲二五四二　甲六九〇　甲三四七三　乙五三三三　鐵五・一　鐵七四・三　拾二九　前二・一・一・三　前八・一〇・一　粹七一五　甲二三八四　後二・三・一六　後二・四一・一六【甲骨文編】

甲547　690　2542　2572　珠1110　續6・21・10　續存2222　粹715　717　新

3948 𠔃 摭續2 【續甲骨文編】

兮 兮 盂爵 兮 兮仲簋 兮 兮仲鐘 兮 豐兮簋 兮 兮敖壺 兮 兮吉父簋 兮 兮甲盤 【金文編】

兮 兮 【汗簡】

兮 汗簡 兮 道德經 【古文四聲韻】

◉許　慎　兮語所稽也。从丂八。象气越亏也。凡兮之屬皆从兮。胡雞切。【說文解字卷五】

◉阮　元　兮。語詞也。古無以為氏者。字通猗。古文尚書兮為猗。見禮大學疏。又通傒。高祖過沛。詩三兮之章。史記樂書作三傒之章。路史云。河東猗氏。夏世傒伯國。左傳鄭有傒羽。此兮仲未詳何出。【兮仲敦　積古齋鐘鼎彝器款識卷六】

◉吳榮光　兮乃羲之省文。舊釋為平者。誤也。【周羲敖壺　筠清館金文卷四】

◉高田忠周　說文。兮。語所稽也。从丂八。象气越亏也。廣雅釋詁四。兮。詞也。禮記大學。斷斷兮。是也。朱氏駿聲云。詩伐檀。河水清且漣猗。借猗為之。老子。淵兮似萬物之宗。河上本作乎。古亦多以也字殹字為之。蓋依金文。古乎兮互相借用耳。【古籀篇六】

◉林義光　气越亏不可曉。兮與稽同音。當即鉤稽本字。从八丂。八。分也。丂。引也。凡稽覈者區分而紬引之。故从八丂。古作兮兮田盤。同。【文源卷十】

◉高鴻縉　八非文字。只象氣越于形。丂聲。兮為語尾聲。【中國字例五篇】

◉陳　直　金文有兮仲敦，攈古録吕為猗字之假借，予疑為羲字省文。羲，妣鬲作𦏳，羲又為戲字之假借，金文又有戲伯鬲右司戲仲鬲。案：伏羲氏，管子輕重篇、漢武梁祠畫像皆作伏戲氏，是其明證。史記秦本紀云：「秦武公元年伐彭戲氏至於華山之陽。」正義云：「蓋同州彭衙故城是也。」是兮、羲、戲三器為一國所鑄無疑。【金文拾遺】

◉馬叙倫　嚴可均曰。韻會引作語有所稽也。倫按越亏之亏字當作丂。然兮與乎似一字。音固同在匣紐。而甲文兮字作丷。乎寫作丷作丷。金文吳尊乎字作兮。師遽敢作乎。八川皆气之異文。气音溪紐。從气得聲之齕欸皆在匣紐。則兮從气得聲也。從丂猶從乃也。語所稽也者。蓋本作稽也。以聲訓。呂忱或校者加此文。八象气越丂也。疑本作八聲。校者不得其聲而改之。丂為形聲字。自不得復有八象气越丂。餘詳乎下。兮仲盤作[古文字形]。豐兮敢作[古文字形]。【說文解字六書疏證卷九】

◉董作賓　兮與昏，新派所增之紀時字。卜辭云「𩫖兮至昏，不雨？」（《粹》七一五）「昏至□（𩫖）兮，其雨？」（《粹》七一六）⊘郭沫若說之云：「𩫖，殆叚為彤，明日也。兮叚為曦昏字，《說文》云：『日冥也。』」郭釋此兩辭甚諦。兮至昏為全日，昏至兮為全夜，猶言翌日不雨，今夕不雨也。惟兮字似亦即《說文》之昕，《說文》：「昕，旦明，日將出也。从日，斤聲。讀若希。」兮與昏每相對舉，《儀禮・士昏禮》：「凡行事必用昏昕。」蓋昕在日出之前，昏在日沒之後，一則前乎朝，一則後於暮耳。【殷曆譜上編卷一】

◉楊樹達　兮字以丂為基字，丂為氣欲舒出上礙於一，又古文以丂為于字。于象氣之舒于，八象氣分散，則舒于之氣復分散也。八為能動之事，明矣。【文字形義學】

◉李孝定　說文兮訓語所稽，蓋謂語氣稽留停頓之意，林義光氏以稽覈說之，恐非許意。金文兮氏或以為猗、羲、義之省，難以深信。要之，其結構實難于索解，闕之可也。【金文詁林讀後記第五卷】

◉徐中舒　[甲骨文字形]四期　佚三七四　從丁丂上有[古文字形]或[古文字形]，與《說文》兮字篆文略同。【甲骨文字典卷五】

⿱旬兮 [篆文]

[甲骨文字形]　摭續二　人名　[甲骨文字形]　庫一六四四【甲骨文編】

[古文字形]　惸出字指【汗簡】

◉許　慎　[篆文]驚辭也。从兮。旬聲。思允切。[篆文]⿱旬兮或从心。【說文解字卷五】

◉林義光　⿱旬兮非詞。本訓驚貌。兮。稽也。見兮字條。稽覈而後惸然驚。經傳皆以恂為之。禮記。瑟兮僩兮恂栗也。大學。莊子。衆狙見之恂然棄而走。徐无鬼。【文源卷十一】

◉于省吾　栔文⿰兮勺字作[甲骨文字形][甲骨文字形][甲骨文字形]等形。舊不識。後下三六・三。[古文字形]來于⿰兮勺𣪊。拾二・九。其𠦪禾于⿰兮勺于[古文字形]。⿰兮勺原作[甲骨文字形]。右已殘。庫一六四四。□𠦪禾于⿰兮勺。曾毅公詒余景本有辭云。乙亥。其𠱾𪓐于⿰兮勺。按⿰兮勺字右从兮作[甲骨文字形]。時期較早。佚三七四。于南兮之兮作[甲骨文字形]。晚期栔文地名之兮通作[甲骨文字形]。⿰兮勺字右从勹作[甲骨文字形]。即旬字。其作[甲骨文字形]者。變體也。⿰兮勺字隸定應作⿰兮旬。今作⿱旬兮。說文。⿱旬兮。驚辭也。从兮旬聲。重文作惸。今譌作惸。經傳惸獨之惸。亦以煢為之。栔文於⿰兮勺言𠱾𪓐言𠦪禾。且與[古文字形]同列於一辭。又與汅同列於一骨。當係殷代旁系先公之不見於載籍者。然其字作⿰兮勺。即說文⿱旬兮字。至明塙矣。【釋⿰兮勺　雙劍誃殷

契騈枝】

◉馬叙倫　鈕樹玉曰。繫傳辭作辤。段玉裁曰。辭當依篇韻作詞。倫按疑本訓詞也。驚詞也蓋字林文。傳寫易詞為辭耳。兮音匣紐。⿱旬丂從旬得聲。旬音邪紐。同為次濁摩擦音。聲又脂真對轉轉注字。

⿰忄⿱旬丂　王筠曰。當云⿱旬丂或从恂。倫按此恂慄字。驚義之字當作此。與⿱旬丂非一字。當入心部。從心。⿱旬丂聲。【説文解字六書疏證卷九】

◉裘錫圭　有些跟農田有關的卜辭提到⿱旬丂：

叀上田⿱旬丂延，受年。

癸卯卜：王其延气（迄？）盂田⿱旬丂，受禾。　存上1973

「⿱旬丂」字從于省吾先生釋（見《甲骨文字釋林》42頁），在此疑當讀為「耘」。「⿱旬丂」從「旬」聲。甲骨文「旬」皆作「力」。金文「軍」字从「力」聲，而不少从「軍」聲之字，如「運」、「鄆」、「暈」等字的古聲母和古韻部，都跟「耘」字相同。可見「⿰忄⿱旬丂」、「耘」二字的古音一定很接近。上引卜辭裏的「⿱旬丂」如果的確應該讀為「耘」的話，有可能是指作物生長過程中耘除雜草的工作而言的。不過这個字也有可能應該讀為「均」。《夏小正》正月「農率均田」，傳：「均田者，始除田也。」【甲骨文所見的商代農業　殷都學刊一九八五年增刊】

羲 羲

羲 詛楚文【石刻篆文編】

羲 古孝經　羲 崔希裕纂古【古文四聲韻】

◉許　慎　羲气也。从兮。義聲。許羈切。【説文解字卷五】

◉林義光　古作羲義妣尊彝。从丂即丂之變。師望鼎兮作丂。丂。引也。見丂字條。【文源卷十一】

◉馬叙倫　桂馥曰。气下疑有闕文。伏羲或作虙虧。于部。虧。气損也。翟云升曰。韻會引作從義兮聲。譌。倫按唐寫本切韻殘卷五支引同。但捝義字。羲為兮之同舌根摩擦音轉注字。气蓋兮之譌。秦詛楚文羲。【説文解字六書疏證卷九】

◉施謝捷　甲骨文中有辭稱：

……在羲……王步于……亡戈？

王……獲犷。(《前》2・7・5)

乙卯卜，貞：在□……(《佚》937)

辭中「□」字舊不識。商錫永先生《殷契佚存考釋》隸定為「羛」，《甲骨文編》把它歸入附録。此字上部所从是我字，無疑。關鍵在于下部所从的「□」為何字。我們認為「□」即「兮」字異構。甲骨文「兮」字作□、□等形，金文作□、□等形，是學界公認的。《説文・兮部》：「兮，語所稽也。从丂、八，象气越亏也。」《丂部》：「丂，气欲舒出，□上礙于一也。丂，古文以為亏(于)字，又以為巧字。」《于部》：「亏(于)，於也。象气之舒。从丂，从一，一者其气平之也。」又「虧，气損也。从亏，雐聲。虧，虧或从兮。」从亏與从兮作為形旁相通。據此，則亏、兮、丂三字之義相近，亏、兮均以丂作為形旁，丂、亏古為一字，只不過後來用各有異而分為二文。甲骨文中「考」字作□、□等形，从丂或作□，因此有人釋甲骨文中的「□」字亦為兮，《牆盤》的「□」也有人釋為兮，我們認為这在字形上是有根據的，猶如「方」甲骨文可作□，也可作□，因而是可以信从的。

然則，我們同意將甲骨文「□」字隸定為「羛」，即後來的「羲」字初文。《説文・兮部》：「羲，气也。从兮，義聲。」古羲、我同音，均疑母歌部字，且在偏旁中作為聲符从我从義或可通用。《古文四聲韻・紙韻》下引《古禮記》蟻作「蛾」，引《古爾雅》从義，不省。《爾雅・釋蟲》：「蚍蜉，大螘。」《釋文》云：「螘，本亦作蛾，俗作蟻。」漢《陳球後碑》「蜂聚蛾動」，蛾即後世「蟻」字。这些都是从我从義相通之證。金文中也有此字，作□、□形，新版《金文編》入于附録，並謂此字「舊釋羲」。我們認為舊釋「羲」是正確的。與甲骨文不同處，从我變成从義，从□變成从□，實際上也是相通的，説見前文，與虧或作虧例同。發展到秦詛楚文作□，結構與《説文》完全相同。

在上引卜辭中，言「在羲」，知此字用為地名。在金文中「羲」字用為地名，文作「羲夷」，曰：

嗣羲夷陽佃事(《南宮柳鼎》)

即是。唯後世不見此名。文獻中「羲」、「戲」二字多通借混用，《荀子・成相》：「文武之道同伏戲。」注：「戲與羲同。」《莊子・人間世》：「伏戲九蘧之所行終。」《釋文》：「戲，崔本作羲。」《左傳・僖公二十一年》：「大皞伏戲。」《釋文》：「戲，本作羲。」均是其證。後世有戲地，春秋時屬晉，其地在今河南省內黄縣北，與殷墟相距極近。【甲骨文字考釋十篇　考古與文物一九八九年第六期】

◉劉　釗　甲骨文有下列二辭：

(1)乙卯……貞王……□……　《合集》三六七二四(《續》三・二七・五)

(2)……在……王步于……亡災王……隻……　《合集》三七五〇四(《前》二・七・五)

其中「」字《甲骨文編》入於附録(附録上一三〇)、《甲骨文字集釋》列入待考(四六一六頁)、《殷墟卜辭綜類》列字後(三五六頁)，又割裂形體將「」字下部「」字列亥字後(四五八頁)，未免自相矛盾。

按「」字从我从「」，「」應該是「兮」字的異體。

金文有字作「」(羲妣鬲)、「」(柳鼎)，吳大澂釋為「羲」，他說：「，古羲字。从義从丂。丂當即兮之省文。」按吳說至確，甲骨文之「」與金文之「」當為一字。金文「」所从之「丂」即甲骨文「」之省，兩字互證，可見甲骨文之「」為「羲」字無疑。　【釋甲骨文𣏟、羲、蟺、敖、𨝅諸字　吉林大學社會科學學報一九九〇年第二期】

甲六二一　卜辭乎用為評　甲一三二五　甲一三三二　甲二四八九　乙六九四五　乙七三六〇　乙
八五〇五　乙八八九六　鐵一一四・三　鐵一二〇・一　鐵一六二・二　鐵一七四・三　餘四・一
拾一・一　前一・二五・二　前七・一・三　前七・二一・一　前四・一七・四　菁六・一　林一・二
九・二二　林二・一四・一一　戩一一・一一　戩四〇・一　燕一八〇　燕五四　佚三四八　佚七
四三　福七　京津二二二三　京津二二二四　明藏四一　明藏二六二　掇二・三九四　師友二・八
三　坊間四・九四　粹四九五　粹五一一　粹八四六　甲四四〇　雀伐乎侯　【甲骨文編】

甲1　57　108　235　332　427　1554　1951　乙6273　6300　6310
6397　6402　6587　6649　6684　6697　6709　6732　6750　6879　6945
6948　6962　7630　7360　7396　7425　7438　7476　7490　7492　7600
7676　7750　7751　7793　7808　7919　8021　8075　8392　8461　8462

8505 8730 8896 珠19 84 144 168 170 193 395 443

620 726 1189 佚348 378 544 962 續1·53·4 2·28·6 3·2·3

4·26·2 4·27·5 4·28·4 4·29·2 4·31·6 徵2·40 2·41 2·44 3·33

3·184 3·186 4·37 4·56 4·57 4·58 4·59 4·72 4·73 4·75

4·80 4·83 4·84 4·85 5·23 8·16 8·108 8·109 9·4 9·5

9·6 9·8 9·9 9·11 9·21 10·68 10·130 11·48 凡1·1 天56

66 摭續91 粹425 【續甲骨文編】

乎 乎簋 南宮乎鐘 竈乎簋 周乎卣 孳乳為評為呼 說文評召也 經典作呼 說文呼外息也 頌鼎 王評史

虢生册命頌 頌簋 頌壺 通簋 師奎父鼎 師艅簋 元年師旋簋 伊簋 師嫠簋

師酉簋 師虎簋 無叀鼎 大鼎 利鼎 師晨鼎 曶壺 克鼎 克鐘

大簋 寰盤 揚簋 弭弔簋 柳鼎 師遽簋 師遽方彝 吳方彝 井鼎 趩簋

豆閉簋 史懋壺 師湯父鼎 卯簋 諫簋 封簋 元年師兑簋 休盤 【金文編】

文字4·68 乎平 【古陶文字徵】

古孝經 道德經 崔希裕纂古 王存乂切韻 崔希裕纂古 王惟恭黃庭經 同上 【古文四聲韻】

◉許 慎 乎語之餘也。从兮。象聲上越揚之形也。户吳切。【說文解字卷五】

◉王 筠 兮部。乎。語之餘也。是以乎為語助也。言部。評。召也。兩字較然。然積古齋師遽敦王乎。師卯敦乎令卯曰。

筠清館周望敦蓋文云王乎。史季器則作乎。周大鼎作乎。他器皆同。案皆作評字用。卽呼字。恐古亦但作乎也。許説似未確。【説文釋例卷八】

◉羅振玉 乎乎 説文解字。乎。語之餘也。从兮。象聲上揚越之形也。古金文作乎頌鼎頌敲。乎師遽敦。與此同。【增訂殷虛書契考釋】

◉高田忠周 説文。乎。語之餘也。从兮。丿。象聲上越揚之形。此篆上一筆作乀者是也。又兮下解曰。語所稽也。从丂从八。八象气越亏也。又丂下解曰。气欲舒出也。丂上礙於一也。蓋丂以象气也。又亏下解曰。於也。象气之舒亏。从丂从一。一者。其气平也。然乎亏兩字義甚相似。而形與聲亦甚相近也。昔者壬寅九月訪清國老儒吳摯甫先生。先生教余曰。文王命癘鼎。有王呼號叔之文。此吾國釋之者妄也。呼為俚言。起自後世。古書無有。尚書帝曰來禹。王曰格汝有衆。皆呼詞。而文不言呼。直至譔論語時。如參乎賜也。子曰之類。亦皆無呼文。惟左氏有蒼葛呼曰之語。彼自謂大叫為呼。非相呼之詞也。鐘鼎古文。安得有王呼某人之俚俗語哉。僕意此鼎文之乎。乃于之異體。穆公鼎于作乎。二點在下。此二點在上。稍不同。要是一字。爾雅。于。曰也。王于云者。猶言王曰也。此説千古未發之確論也。又吳東發羣經字考曰。論語子曰書云孝乎。蔡邕石經作孝于者。古字通也。袁鼎呼作乎。牧敦作乎。焦山鼎作乎。即乎字也。南宮中鼎于作乎。亦即乎字。秦公鼎作乎。齊侯鎛作乎。始少變。論語吾十有五而志於學。石經于作乎。乎于一音之轉。古皆通用。故石經作孝于。陸德明釋文云。于。一本作乎也。此論亦詳。因謂乎字義訓語所稽也。而字从八無謂。八即分散之意。尒字豕字皆从八可證。蓋兮字上形作八小。象其所稽留之語气也。即知一旦稽留之气。平舒上達謂之亏也。故亏字亦从乎作乎。或作于者。亍亦與乎同意。亦或省略从丂作亏。然乎為語之餘聲。越揚之气。甚於亏矣。故上形作凵。以象上越。此篆即乎字正形也。而乎于二字。形聲義皆近。故金文往往借于為乎。經傳亦然。乎于从兮。故金文或以兮為于為乎。金文之乎不必為亏字也。又大敦及文王命癘鼎作乎。明从亏从八。如此則平字也。説文。平。語平舒也。从亏八。八。分也。爰禮説金文多作乎。亦从亏也。然平與乎亏音不通。二器之作乎。偶筆者之誤。變體涉他字者也。又按。乎為語之餘。口气出于外也。故轉為烏乎之義。烏乎亦於乎也。説文口部。呼。外息也。从口乎聲。呼蓋乎字。後出遺文。乎从兮口气意。亦不須从口。乎呼古今字無疑矣。又言部。評。召也。从言乎聲。凡言部字古文多从口。呼評亦同字。召也者。為虖字轉義。召訓評也。號亦訓嘑。嘑號可以召致也。評字亦作謼。言部。謼。評也。是也。从言虖聲。亦複矣。又虍部。虖。哮虖也。从虍乎聲。虍即虎省。虖為號叫義。又口部。嘑。號也。从口虖聲。或是从虎省。呼聲。虖嘑固古今字也。然則初有乎字。變為呼為評。又有虖字。變為嘑。乎虖通用。而後評亦作謼。其實元唯乎虖二字而已。詩蕩。式號式呼。禮記曲禮。城上不呼。莊子讓王。仰天而呼。此皆以呼為嘑。實以乎為虖也。又廣雅。評。嗚也。此以評為嘑。亦實以乎為虖。漢書賈山傳。一夫大謼。叙傳。式號式謼。此以謼為虖。亦以乎為虖耳。若夫史記漢書。多以虖為語餘之詞。及烏虖字。却以虖為乎者也。又孟子。嘑爾而與之。注。猶呼爾。咄啐之皃。此以嘑為呼。實以虖為乎者也。如此。乎呼評謼與虖嘑互相通用。古人假借之煩。與異文頻出之擾。學者不可不能察而知之也。【古籀篇六】

◉高鴻縉　乎。即呼之初字。小。原象气越於形。非文字。丂聲。動詞。後世借為語餘聲。乃加口為意符作呼。或加言旁為意符作評。或加虍(虎省)為聲符作虖。説解構造就小篆之變體立言。又以借意為本意。失之。【中國字例五篇】

◉林義光　乎為詞非造字本義。古以乎為呼。字作□克鐘。作□師𠂤敦。从丂示。示字齊侯鎛祀字偏旁作□。丂。引也。欲有所示而召引人。為呼之象。省作□吴尊彝。作□克鐘。變作□頌敦。【文源卷十】

◉明義士　乎、呼、評、謼，皆有召呼之意。考吾人當在山中時，遠遠呼人，則用紆緩之woo-hoo音相呼，其音頗當於「嗚呼」，蓋召呼之音，各國頗同也。羅振玉《殷虚書契前編》卷六第六十葉第六片以下簡稱《前編》「癸卯卜賓，貞叀圃乎令沚𢀛羌方。十一月」。予藏《殷虚卜辭後編》第二四九一片重見《殷契佚存》四五四片「貞叀多臣乎从沚馘」。羅振玉《殷虚書契後編》卷上第二十二葉五片以下簡稱《後編》「乎多尹往□」。又卷下第五葉十片「乎从侯□」。(□字亦見金文商□觚等器)。《儀禮・特牲饋食禮》「凡祝呼佐食許諾」注，「呼猶命也」。《續編》卷五第十五葉六片「貞乎□令事」，(□為武丁時之重臣，即《殷虚書契菁華》第三葉「六日戊子子司□囚」之□也)。與金文師兑敦「王呼内史尹册命師兑」，頌鼎「王乎史虢生册命頌」等，皆同為召乎而命之也。又呼人曰乎，呼天亦曰乎，如《莊子・讓王》「仰天而呼」。《後編》卷上第二十四葉十片「丙子卜㱿，貞乎告酒□，𡿪二豕三羊卯五牛」，知商人於告祭時亦乎也。【柏根氏舊藏甲骨文字考釋】

◉馬叙倫　丁福保曰。慧琳音義四十一引作語之餘聲也。倫按玉篇引作語之舒也。金文用為評字。頌鼎作□。無叀鼎作□。大敢作□。頌敢作□。揚敢作□。師遽敢作□。甲文作□□。無從□者。後人以與乎字無別。乃改一為□耳。乎兮實一字。毛公鼎虖字作□。效尊作□。可證。移一筆於上耳。無叀鼎作□者是也。後復誤於□上增一筆作□。故克鼎作□又作□矣。借為召評字。故音轉為户吴切。語之餘聲也非本訓。乎從丂猶從乃。故乎為問詞。【説文解字六書疏證卷九】

◉楊樹達　許君以語之餘釋乎，説者通以為語末之詞。然愚竊有疑者：《三篇上・只部》云：「只，語已詞也。从口，象气下引之形。」《詩・鄘風・柏舟》云：「母也天只！不諒人只！」此只字為語已詞之例也。然只字象气下引，其為語已之詞固宜也。若乎字字形象聲上越揚，而亦為語末之詞，則與義不相比附。乎與只義同而形相反，非其理也。《說文三篇上・言部》云：「呼，召也，从言，乎聲。」考之《尚書》及古金文，乎字絶少作語末詞用者，而甲文金文乎字皆用作評召之評。甲文云：「庚午，卜，韋貞：乎師般㞢王於□。」《凡將齋》藏片。「戊辰，卜，賓貞：乎師般癸大□。」《後編》上拾壹葉。「貞乎師般。」王襄《徵人》陸拾肆葉。「乎師般取。」《前編》壹之肆拾捌葉。「庚寅，卜，貞：乎雀伐猷。」林泰輔書貳之拾伍葉。金文《師虎𣪘》云：「王乎內史吳曰：册命虎！」《頌鼎》云：「王乎史虢生册命頌。」《牧𣪘》云：「王乎內史吳册命牧。」《豆閉𣪘》云：「王乎內史册命豆閉。」其他類此之例至多，絶未見有作評者，以此知乎本評之初文，因後人久借用為語末之詞，乃有後起加言旁之字。古但有乎而無評，説金文者往往謂乎為評字之假，非也。呼召必高聲用力，故字形象聲上越揚，猶曰字表人發言，字形象气上出也。許君以後起語餘之義為訓，故與字形齟齬不合矣。王筠撰《說文釋例》，頗疑許說之非矣，而不能就字形深究其說，故具言之。《書・堯典》云：「嚚訟，可乎？」此用乎字為語餘詞者也。今文《尚書》二十八篇之中乎字如此用者絶少見。《西伯戡黎》云：「我生不有命在天？」此於文勢宜有乎字為助者也，而竟無之。《史記・殷本紀》、《宋世家》句末并有乎字。據此知《堯典》為書時代至晚，王靜安《古史新證》謂至晚亦周初人作者，說殊不然也。【釋乎　積微居小學述林卷二】

号 号

[glyph] 号 【汗簡】

[glyph] 籀韻 【古文四聲韻】

◉許　慎　号痛聲也。从口在丂上。凡号之屬皆从号。胡到切。【說文解字卷五】

◉林義光　丂。引也。見丂字條。口引聲而號。故从口丂。【文源卷十】

◉馬叙倫　徐灝曰。丂當為聲。倫按從口。丂聲。号之與可。猶吿之與咅也。【說文解字六書疏證卷九】

◉曹錦炎　《彙》0269著録下揭一方楚官璽：

《彙》釋為「吁昜□鉢」，按首字寫作⿱口于，釋「吁」不確。臨沂銀雀山漢簡《尉繚子》：「發号出令」之号字寫作⿱口于，與此構形正同。又，馬王堆帛書《老子》甲本號字作⿰⿱口于虎、《黃帝書・九主》號字作⿰⿱口于虎；銀雀山漢簡《王兵》篇號字作⿰⿱口于虎，所从号旁均作⿱口于，亦可為證。小篆作号，與⿱口于形相比，後者僅多增了一横畫而已。可見⿱口于即号字無疑。

號

「号」，可讀為「鄡」。《晏子春秋・內篇雜下》：「鴞當陛布翌」，《說苑・辨物》引「鴞」作「梟」；《楚辭・七諫》「近習鴟梟」，《考異》：「梟一作鴞」。此均鴞、梟相通之例。鄡，是以「梟」為聲的地名專用字，而「鴞」从「号」聲，可見号、鄡音同可通。所以，璽文中的「号易（陽）」當即「鄡陽」，楚地名。故城在今江西省鄱陽縣西北，漢置鄡陽縣，屬豫章郡，見《漢書・地理志》，戰國時正屬楚。【戰國古璽考釋 第二屆國際中國文字學研討會論文集】

◉湖北省文物考古研究所 北京大學中文系 号 馬王堆帛書《老子》甲本卷後佚書《九主》篇「號」字左旁作号，臨沂銀雀山西漢墓所出竹書「号」字亦作「号」，與簡文同。此「号」字疑當讀為「䖒」。《說文》：「䖒，土鍪也。」【二號墓竹簡考釋 望山楚簡】

 5・391 秦詔版殘存「立號為皇」四字  5・398 秦詔版「廿六年皇帝盡並兼天下諸侯……」共四十字  秦1550 秦詔版殘存「黔首大安立號為皇帝」九字  秦1578 秦詔版殘存「立號為皇」四字  5・390 秦詔版殘存「黔首大安立號為皇帝」九字  秦1607 秦詔版殘存「侯□☒大□☒號」三字 【古陶文字徵】

 號 法九八 二例 【睡虎地秦簡文字編】

 上尊號奏領陽識  禪國山碑 紀號天璽  詔權 立號為皇帝 【石刻篆文編】

 古老子   並崔希裕纂古   並籀韻 【古文四聲韻】

◉許慎 呼也。从号。从虎。乎刀切。【說文解字卷五】

◉林義光 从虎号。本義當為獸嗥。經傳以為号字。【文源卷十】

◉馬叙倫 鈕樹玉曰。韻會引作從号虍聲。段玉裁曰。呼也當作嘑也。宋保曰。虎聲。孔廣居曰。謼。號也。謼號二字音義

同。倫按號為号之雙聲轉注字。虎聲也。虎音曉紐。轉匣為號耳。【説文解字六書疏證卷九】

◉張世超　金文中有□（十三年瘐壺），也作□（奢虢盨），此字還見於鮮鐘與同簋，三版《金文編》作為未識字列於附録九五八頁，一九八五年版《金文編》隸定為「虒」，附於虎部之後三三六頁。對於同篇銘文中的此字，強運開認為字「从水从虎，當是古滮字」，吳闓生釋「佫」讀為「洛」，楊樹達釋「沍」，郭沫若釋「滮」，謂「殆即陝西之洛水」，于省吾隸定為「虢」而無説。此字釋「佫」與原字形相去太遠，釋「虢」也是由於字形辨識上的疏忽。同篇銘中此字作□，于先生據之隸定為「丂」的□形，實際上是把虎頭形中像虎牙的一短畫誤連在□形上而成。這一點，比較一下奢虢盨銘中此字所从之虎形，便十分清楚。不過字中的□形在後來的篆文中確實變作了「丂」（詳後文），于先生的隸定還是很有啓發意義的。

現在學術界比較易於接受的釋「滮（沍）」釋「虒」兩種説法也是不確切的。睡虎地秦墓竹簡《封診式》中有□字，可隸定為「□」，簡文曰：「今□，其音氣敗。」又曰：「聞□寇者不殹？」據文意，「□」即「號」之古字是没問題的。整理小組釋為「滮」和「□」。問題是簡文中凡从水之字，水旁皆作三點，無作□、□者，此字隸作「滮」或「□」都是不正確的。結合上文提到的西周金文字形，可知秦簡的「□」就是金文「□」增加義符「言」而成的。金文「□」字以十三年瘐壺字最為近古，象聲氣自虎口而出之形，構字之意與「牟」字相同，當為獸類號叫的象意初文。字所从之「□」既非「水」，亦非甲乙之「乙」。戰國文字在「□」上增加義符「言」，可能有標志為人評號之意。

《説文》言部：「謼，號也，从言从虎。」現在看來，這個「謼」就是戰國時的「□」字省去□符而成的。秦漢間的漢字已經開始部件化了，□作為漢字的一個部件太少見，所以被省去了。不過這樣省後的「謼」字便失去了它最初的六書意義，致使後來的文字學家産生種種的猜測。

馬王堆漢墓帛書《老子》甲本三七行：「終日號而不发」，「號」字作□，銀雀山漢墓竹簡《尉繚子》四八六簡：「發号出令」，「号」字作□，前者左旁與後者的形體，表明它並不从「丂」，而其增二短飾畫的形式，與上述曾侯乙鐘字相似。銀雀山漢簡《守法守令等十三篇》八六〇簡：「故號令行」，「號」字作□，「虎」「号」二旁對换了位置。受「号」字獨立使用的影響，漢代人已經將「號」看作从「虎」「号」聲的形聲字了。【金文考釋二題　于省吾教授百年誕辰紀念文集】

亏

鐵一四五・三　拾一一・一　拾五・一四　前一・四三・四　前一・四四・二　前一・五三・一　前六・三〇・三　前八・一四・二　戩四・一　戩三七・三　甲三〇二　甲四三六　乙三四〇〇　骨橋朱書　佚三七六　佚三八三　福八　乙六六八七　乙六六九〇　乙七七九五　乙六六七三　前八・一・五　前八・二・七　前八・四・七　前八・六・三　前八・九・三　前八・一一・三　後二・四一・九　後二・四一・一六　後二・四二・九　後二・四三・一　菁一一・一九　菁一一・二〇　戩二一・一三　甲三九三九　牛頭刻辭　甲三九四一　鹿頭刻辭　佚四二六　佚五一八　乙九〇六七　京津三〇八三　掇二・四九　人頭骨刻辭　甲二九〇七　【甲骨文編】

甲3　6　10　392　411　413　414　427　436　539　2418　2907

3041　3089　3939　3941　乙200　396　1474　2577　6310　6396　6546

6583　6681　6687　6702　6705　6732　6988　7030　7061　7288　7289

7310　7336　7348　7575　7779　7795　7808　7889　8024　8462　8519

8658　8670　8688　8714　8896　8897　9067　珠8　325　338　340

610　622　733　790　1036　ㄥ259　福7　8　26　零1　佚11　14

21　46　76　113　132　146　148　184　337　340　383　392

401　413　426　524　525　531　532　535　558　570　582　647

832　870　874　878　883　886　891　909　910　926　937　938

990　續1·8·8　1·44·3　1·52·5　2·19·3　2·30·3　3·1·2　3·7·8

3·14·1　3·14·2　3·15·6　3·16·3　4·11·3　4·21·4　4·21·10　5·19·8

6·21·4　徵1·81　1·91　2·31　2·34　2·35　2·40　2·41　2·44　2·46

2·53　2·55　2·57　2·59　3·4　3·5　3·8　3·9　3·20　3·25

3·27　3·28　3·34　3·35　3·37　3·40　3·41　3·63　3·79　3·171

3·184　3·201　3·202　3·203　3·204　3·205　3·207　3·208　3·209

3·210　3·213　3·217　3·237　4·3　4·8　4·37　4·86　5·17　5·22

5·24　8·18　8·19　8·20　8·36　8·94　8·109　8·113　8·114　10·60

10·62　10·68　京3·14·1　3·16·1　4·8·3　4·17·3　凡7·1　7·4

9·1　11·3　20·1　24·4　古2·6　2·9　録299　377　誠149　東方4401

新5282【續甲骨文編】

于　切卣二　婦未于鼎　天亡簋　何尊　保卣　大保簋　𢐗鬲　康侯簋　女嬃鼎　肄簋　匽侯鼎　史䧅簋　史䧅簋二　麥鼎　井侯簋　矢尊　矢方彝　弔䚄方彝

揚鼎　競卣　王子午鼎　毓且辛卣　戍甬鼎　𠨘卣　臣辰卣　師旂鼎　盂爵

盂鼎 沈子它簋 令簋 呂鼎 周窓鼎 趞鼎 剌鼎 通簋 𤔲伯簋 啟卣

牆盤 曶壺 曶鼎 師奎父鼎 咢侯鼎 克鼎 散盤 追簋 史頌簋 㝬簋

弔皮父簋 番生簋 禹鼎 毛公厝鼎 虢季子白盤 兮甲盤 不嬰簋 曾伯霥匿 𩰫鎛

秦公鎛 殳季良父壺 趙孟壺 王孫鐘 沇兒鐘 郘王嵩 邾公牼鐘 酓章作曾侯乙鎛

陳侯午錞 陳猷釜 𪒠羌鐘 者沪鐘 中山王譽鼎 中山王譽壺 盗壺 貉子卣

静簋 格伯簋 史獸鼎 胸簋 倒書 鬲比簋 至于二字合文 命瓜君壺 至于萬億年 工𠭯大子

劍

【金文編】

1·23 5·100 咸市陽于 【古陶文字徵】

〔四七〕〔二八〕〔一〕〔二〇〕〔三八〕〔六七〕〔六七〕〔六七〕〔六七〕

〔一六〕〔六七〕〔六七〕〔六七〕〔六七〕〔六七〕〔三七〕〔三六〕〔三六〕〔一〕

〔三七〕〔二二〕〔二二〕【先秦貨幣文編】

刀直甘丹背 冀靈 刀弧背 冀滄 仝上 布方平于 晋祁 布空大 歷博 布空大 典五四〇

仝上 典五四四 【古幣文編】

一：一 二百三十七例 宗盟類于晋邦之地者 委質類出入于趙尼之所 或復入之于晋邦之地者 【侯馬盟書字表】

163 【包山楚簡文字編】

于 法二二九 四例 秦二五 十一例 【睡虎地秦簡文字編】

降—亓[四]方(甲2—15)、囗—亓王(甲5—7)、尻—霰囗(乙1—12)、四神乃(?)乍(?)至—復(乙5—16)、取—下(丙1:目2)、大不訓—邦(丙7:2—2)、故不羕—四……(丙10:2—6)、又䀠內—卡〃∴(丙7:2—7)【長沙子彈庫帛書文字編】

4033 與沇兒鐘于字同 【古璽文編】

謝于私印 淯于安世 淯于嬰 淯于傢 淯于子紺 鮮于賢 淯于涂印 鮮于當時 于宗私印 淯于就印 【漢印文字徵】

泰山刻石 陻亏後嗣 漢夏承碑領陽識 開母廟石闕 芬茲楙亏圃疇 石碣田車 遊目陵亏遼 石經多士 罔非有辭亏罰 開母廟石闕 亏胥樂而罔極 天璽紀功碑 下步亏日月 【石刻篆文編】

于 【汗簡】

古孝經 汗簡 【古文四聲韻】

◉許 慎 亏於也。象气之舒亏。从丂。从一。一者。其气平之也。凡亏之屬皆从亏。羽俱切。今變隸作于。【説文解字卷五】

◉劉心源 字皆于也。若輩寢饋鐘鼎疏於篆灋。持作赶。仞為刊。亦同斯謬。良可歎矣。此字不作音則已。若作音則當讀若盂汙等字。宋君夫人鼎云作𨥁。𨥁鼎博古圖釋作釪。考古圖篆作𨥁。釋作釬。又云疑作銗省。此薛氏所本。其謬均也。然因此知𨥁釪同字矣。【古文審卷二】

◉劉心源 相承釋作刊。案。篆法干犯字从丫一會意。丫倒入字。決不作亍。惟隸書作干。刀字古刻偏旁作。小篆作。決不作。凡古刻作者。即于。説文作亐。云於也。象气之舒。亏。从丂从一。一者。其气平也。説文。丂。气欲舒出上。礙於一也。古文以為亏字。舒亏即紆餘。謂舒展也。亏以象气舒。古刻于旁加。以象气舒。仍是于字。以文義言之。此銘乃是見事于彭也。彭。地名。【奇觚室吉金文述卷一】

◉羅振玉　于𠂉亐𠀉　説文解字。亏。於也。象气之舒。亏。从丂。从一。一者。其气平也。古金文皆作于盂鼎散盤等。或作亐己亥鼎聃鼎亐且子鼎。與此同。【增訂殷虚書契考釋】

◉高田忠周　於即烏字。以於為詞者。叚借為于也。許氏此解以借字釋正字也。凡詩書用亏字。古正文也。論語用於字。後人通用字也。段氏云。蓋于於二字在周時為古今字。凡言於皆自此之彼之詞。其气舒于。檀弓。易則易。于則于。論語。有是哉子之于也。于皆廣大之義。左傳。于民生不易。杜云。于。曰也。此謂假于為曰。與釋詁于曰也合。此説為是。又雙聲連語者。詩于嗟乎騶虞。箋。美之也。此義用烏似正。又朱駿聲云。凡為廣大義者。叚借為訏。檀弓是也。然愚謂訏亦元于字異文轉義。許氏本部收吁字云。驚語也。又收于口部。為重出。吁訏亦同。芋下曰。大葉實根駭人。故謂之芋也。此于即驚語之證。要气舒于者。大聲也。驚語者亦大聲耳。此皆一義之轉。于為語气。又从口从言為複矣。朱氏又云。叚借為乎。呂覽審應。然則先王聖于。又為捕。詩七月。晝爾于茅。三之日于耜。一之日于貉。或云借為舉。亦通。又為吳。淮南原道。于越生葛絺。又為如。詩桃夭。之子于歸。雨無正。維曰于仕。傳。往也。又為曰。詩六月。王于出征。于曰一聲之轉。又疊韻連語。公羊哀六傳。陳乞使人迎陽生于諸其家。注。于諸。寘也。劉氏古文審云。亐字。本銘中數見。凡古器中此字。自宋以來率釋為刊。文气無一協者。惟古籀補讀為于。識超前人矣。説文。亏。象气之舒。从丂从一。一者其气平也。知亏以丂象气舒。此亐以⺄象气舒。左非干。右非刀也。以文義求之。如册命鼎。父癸宅亐桓。寠鼎。省亐乃身。父己鬲鼎。王徙亐作册。南宫方鼎。對揚亐王。井侯彝。啚亐釐宫。及此尊數亐字。舊皆釋作刊。語遂不通。讀為于。乃能文從字順。讀者細審之。自得矣。此説愈詳。此銘雩字。析文作雨亐。此亐明是于聲也。然亦按于从丂以象气舒。又以⺄為重複。且⺄乚雖屈猶宛曲也。真气舒之象。如⺄甚過詰屈。不可謂舒于之象矣。愚謂亐是紆字異文。紆訓詘也。曲也。縈也。回也。⺄實象其意。紆于同聲。故古文通用。于亦叚借為紆。禮記文王世子。況于其身以善其君乎。注讀為迂。論語。子之于也。鄭注枉也。朱駿聲説。然于紆互通用。【古籀篇六】

◉林義光　于為詞。此依聲假借。其本義當為紆曲。古作于陳猷釜。作于貉子尊彝癸。二象徑直。丂象紆曲。以二之直見乚之曲也。或作亐庚奉彝。作亐寠尊彝。⺄亦象紆回。今字多以紆以迂為之。【文源卷三】

◉陳邦福　卜辭亐亐亐，邦福案皆當釋于，有吁氣之象，蓋吁之本字假作于者。聃敢「王祀亐大室」，可證。【殷契瑣言】

◉胡光煒　凡言于皆示所在，爾雅曰「于，於也。」於為于之假借字，秦以後始用之，是以叚借字釋本字也。卜辭用于有三例，一以示地，二以示時，三以示人。【甲骨文例卷下】

◉強運開　亏張德容云此亦古文。運開按。段注云。釋詁毛傳皆曰。于。於也。凡詩書用于字。論語用於字。蓋于於二字在周時為古今字。故釋詁毛傳以今字釋古字也。凡言于皆自此之彼之詞。【石鼓釋文】

◉陳獨秀　于　説文篆文从丂作亏；甲骨文作𢀜或于，金文作𢀜或于，石鼓文作亏，中畫均上通，隸作于者，用古文也；金文迂字作𨑒，説文謂𨑒字从于，亦上通。説文汙訓薉，一曰小池為汙，隸作污或汙，污為污穢，汙為汙積，實則污汙一字，汙積則污穢也，廣雅及荀子富國篇注皆云：汙，濁也。孟子：暴君汙吏；尚書胤征：舊染汙俗，汙皆即污。説文：杇，所以塗也，戰國策作杅，論語作圬，襄三十一年左傳作圬。説文：盂，飯器也；荀子君道篇，宣十二年左傳均作杅。隸書亏、于、亐三形並用，皆一字也。説文、玉篇皆云：丂古文以為亏字。齊鎛之皇考、考命字均作丂，其彤句鑃之考字作𦒱，此皆丂、于一字之証。于亦象呵腰曲背扶杖之形，故孳乳為迂、汙、盂、盂下凹似曲池。杅、紆、圩史記孔子世家謂孔子生而首上圩頂，故因名丘(丘)，索隱曰：圩頂，言頂上窊也等字。宣二年左傳：于思于思，杜注云：于思多鬢之貌。釋文云：思又音西才切。賈逵云：白頭貌。鬢又作鬚。謂腮多髭鬚如老人也，此用于為考老之義。莊子齊物論：前者唱于，而隨者唱喁；此用于為衆人共力負重之聲也。訓於之于，龜甲卜辭或作𢀜，古金文或作𢀜，即弙字。説文云：弙，滿弓有所鄉也，从弓于聲；滿弓弦背皆彎曲，故从于，有所嚮，故用為介系詞；訓於，用于者，弙之省，戰國始假用同音之於，故詩、書、易用于，論語用於。【小學識字教本】

◉馬叙倫　鈕樹玉曰。韻會引舒下無于字。平下無之字。倫按於也者。以聲訓。古者于於通借。儀禮士喪禮注引禮喪大記。遷尸于堂。作遷尸於堂。左定十四經。於越敗吳於檇李。荀子勸學於越作于越。左哀二年傳之晉董安于。風俗通王霸劉勰新論和性皆作安於。是其證。史記刺客傳其姊乃於邑曰。索隱引劉氏曰。於邑。煩冤愁苦也。漢書成帝紀贊。言之可為於邑。中山靖王勝傳。孟嘗君為之於邑。注。于邑。短气皃。揚雄傳。雖增欷以於邑。注。於邑。短气也。於邑為雙聲連緜詞。單言之即曰於。於當作于。下文。虧。從亏訓气損也。今言气虧。正謂气損不能申足。亦即短气。亏即於乎之於本字。於乎今言阿育。今人煩冤愁苦則呼阿育。古言於邑也。然丂為形聲字。不得於丂上增一為于。且气損與象气之舒正相反。既曰從丂從一。不得更有象气之平矣。説解自有校語誤入。丂從一無説。而此乃曰一者其气平也。可證必非許文。【説文解字六書疏證卷九】

◉楊樹達　書契前編卷肆廿壹之柒云：「貞卿事于寮北宗，不遘大雨？」按古音事與士同，卿事即卿士也。于當訓往，于寮北宗，謂往寮祭於北宗也。他辭云：「辛丑卜，行貞，王步，自𢀜于雇，亡巛？」殷契類纂𢀜字下引。自𢀜于雇者，自𢀜往雇也。甲編貳壹捌片云：「△未卜，令雀先于△。」先于△者，先往△也。前編卷柒肆之叁云：「辛卯卜，𡿺貞，勿令望乘先歸？九月。」此云先于，猶彼云先歸矣。詩桃夭云：「之子于歸。」雨無正云：「維曰于仕。」毛傳並云：「于，往也。」金文令㲃云：「隹王于伐楚白」，于伐楚白即往伐楚白也。塱鼎云：「唯周公于征伐東夷」，于征伐東夷即往征伐東夷也。䣄彝云：「䣄白于遘王」，遘與覯通，于遘王謂往見王也。【釋于　積微居甲文説】

◉白玉崢　考甲骨文字中之于字，結體雖有二焉，然其為吁之初文則一。説文解字將于、吁歧之為二，又將吁字分列二部，非是。蓋于字之結體，當為从〓，〓，張口之象也；从丿，示气之舒也。故其字作于，狀張口舒气也。久之，本誼漸晦，遂於其旁增亐形。故其為用，二字不別。甲金文中，皆如是也。至吁字，乃後起之形聲字也。【契文舉例校讀　中國文字第三十四册】

◉尤仁德

玨，从于从土，為于字別構。戰國文字中凡地名者，每每增土旁為義符，以示與正字相區別。如平阿左廩璽的阿字，武平君鐘的平字，皆屬同類。玨字是否可讀為「平」，進而把「長于君」釋為趙國的「長平君」呢？否。因為古文于平二字雖字形相近，但其通用之例迄今尚所未聞。查甲骨文雩字，有〓、〓、〓各形（見《甲骨文編》11·12—13），其于字中所設的二點或四點，實際是雨字點畫的下移，並非平字，與平阿左廩璽的平字作〓（見故宮博物院新出版，羅福頤先生主編的《古璽文編》附録60，以下簡稱為《古璽文編》）、平陵陳史之璽的平字作〓（見《簠齋手拓古印集》11下）、平陵緇(?)左廩璽之平字作〓（同上43上）不可等同看待。【春秋戰國八璽考釋　考古與文物一九八二年第三期】

◉徐中舒　〓從于從丂，于象大圓規，上一橫畫象定點，下一橫畫可以移動，從丂表示移動之意。或作亍，為〓之省。《説文》：「于，於也。象气之舒亏。从丂从一，一者其气平之也。」《説文》説形不確。【甲骨文字典卷五】

虧

虧義雲章【汗簡】

虧義雲章【古文四聲韻】

粤

◉許　慎　虧气損也。从亏。雐聲。去為切。虧虧或从兮。【說文解字卷五】

◉林義光　虧。損也。當以或體从兮為正。兮。稽之本字。見兮字條。耗損須稽覈乃見也。或譌从亏。【文源卷十一】

◉馬叙倫　气損也非本義本訓。气損而字不從气。段玉裁謂亏兮皆謂气。然造字不用委曲引申之義也。詩魯頌毛傳。虧。損也。爾雅釋詁。虧。毀也。易謙。天道虧盈而益謙。馬本作毀盈。則虧毀通借。皆舌根音也。此气損也气字或涉上文亏下說解而誤演。或此為字林文。或字出字林。虧為于之聲同魚類轉注字。

虧　鈕樹玉曰。玉篇虧引說文。下云俗作虧。廣韻亦同。並無虧字。疑後人增。【說文解字六書疏證卷九】

□　林一・一〇・一〇【甲骨文編】

□　獸1・10・10【續甲骨文編】

雩　粤　从雨　盂鼎　雩字重見【金文編】

□　粤見石經【汗簡】

□　石經【古文四聲韻】

◉許　慎　粤亏也。審慎之詞者。从亏。从寀。周書曰。粤三日丁亥。王伐切。【說文解字卷五】

◉吳大澂　雩。古粤字。【毛公鼎釋文】

◉羅振玉　□□□□　說文解字。粤。亏也。審慎之詞者。从亏从寀。古金文皆从于。从雨作□盂鼎。作□靜敢。作□毛公鼎。吳中丞曰。从雨。从㠯省。卜辭中或从雨省从□。或从雨从于。與古金文同。【增訂殷虛書契考釋】

◉劉心源　雩即于即於。亦即粤曰越。皆一聲之轉。鐘鼎家從未加察。多不得解。惟貞隱園法帖釋叔弓鎛□厥行師□生叔弓云二粤字。於文義甚明。舊作雩。非。案。此㠯从□者為粤。與从雨之雩異。故斥博古圖釋文為非。然知有粤仍未知雩即粤也。□古文雨字。見說文。□□實一字。⊘古文止㠯雩為粤。亦从□作□。小篆仿□變从□。遂分為二。後人但知雩為旱祭。為地名。今㠯古刻證之。可悅然矣。【盂鼎　奇觚室吉金文述卷二】

◉林義光 粤音本如于。毛公鼎粤之庶出入事。散氏器粤㪤遷𨹧以西。静敦粤八月初吉。皆以雩為之。字作雩毛公鼎。因音轉如越。故小篆別為一字。其形由雩而變。非从宷也。或作雩毛公鼎。亐亦于字。象紆曲形。【文源卷十一】

◉馬叙倫 鈕樹玉曰。繫傳詞作辝。韻會引作辭。從亏從宷作從宷從于。篆當作粤。今召誥作越三日丁巳。劉心源曰。金文雩字往往借為于。雩或作雩。因譌為粤也。林義光曰。粤音本如于。金文皆以雩字為之。毛公鼎作雩。因音轉如越。故小篆別為一字。其形由雩而變。非從宷也。倫按甲文作[illegible]。亦從雨。蓋從于雨聲。為于之雙聲轉注字。經典用為語詞。則借為曰。審慎之詞者。玉篇引作亦審慎之詞也。明非許文。盖校者以字從宷。而宷審一字。因加此注。引書亦校語。字或出字林。【説文解字六書疏證卷九】

◉于省吾 三月：「越有小旱」，《傳》「越，于也，記是時恆有小旱」；四月：「越有大旱」，《傳》：「記時爾。」洪震煊《夏小正疏義》：「越，古通作粤。《爾雅・釋詁》云，粤，于也。《説文》云，粤，審慎之詞者，從亏從宷，亏，於也，宷，悉也。馬融注《書・微子》「越至于今」云：「越，于也，于是至矣，于今到矣。此越有小旱，猶言于是有小旱云爾。」雷學淇《夏小正本義》：「于是時恆有小旱，承上祈麥實言之也。因小旱而祈雨，以實此麥也。古禮有大雩有小雩，小雩在季春，在《周禮》卽男巫之春招弭以除疾病，女巫之掌歲時，祓除釁浴。旱暵則舞雩也。」王筠《夏小正正義》：「此及四月越有大旱，皆為常雩記也，不記雩祭，亦小正不記大禮也。《周禮・司巫》，若國大旱，則帥巫而舞雩，此無定期者也。惟三四月往往有小旱大旱，於麥有害，故常雩定在四月，今禮猶然。而《月令》仲夏乃大雩，故鄭君以龍見而雩駁之。」

《傳》訓「越」為「于」，以為語詞，自來解者並無異議。上引洪氏説解作「于是有小旱」，然則「越有大旱」，亦自然應解作「于是有大旱」，「于是」二字的用法，令人感到突然。而且，除此之外，《小正》中言「有」者數見不鮮，未見言「越有」者，看來，「越」作「于是」解，就大有問題了。其實，越通作粤，經傳習見，洪氏已經有了説明，以金文驗之，則均作雩（卽雩）。今將古籍中作「粤」或「越」和金文中作「雩」者略舉數例于下：

粤 《書・武成》：「粤來若三月」，「粤五日甲子」，「粤六日庚戌」，「粤五日乙卯」。（據《漢書・律曆志下》引今文《尚書》）

越 《書・高宗肜日》：「越有雊雉。」

《書・微子》：「越至于今。」

《書・召誥》：「越六日乙未」，「越若來三月，惟丙午朏，越三日戊申」，「越三日庚戌」，「越五日甲寅」，「越三日丁巳」（《説文》引作「粤三日丁亥」，亥當作巳），「越翼日戊午」，「越七日甲子」。

《逸周書・世俘》:「越若來二月」,「越五日甲子」,「越六日庚戌」,「越五日乙卯」。

雩 《小盂鼎》:「雩若翊乙酉。」

《麥尊》:「雩若二月」,「雩王在厈」。

《魖卣》:「雩四月既生霸庚午。」

《靜簋》:「雩八月初吉庚寅。」

《毛公鼎》:「雩四方死母動。」

根據上面所列,古籍中作「粵」者係「雩」字的形訛;作「越」者係「雩」字的通借。以金文證之,則均應作「雩」。王國維《毛公鼎銘考釋》謂「雩,古粵字,小篆作粵,猶霸之譌為𩃬」,甚是。因此可知,《小正》之「越有小旱」和「越有大旱」之「越」本應作「雩」,是毫無疑問的。「雩有小旱」,「雩」字應逗,「有小旱」為句;「雩有大旱」,「雩」字應逗,「有大旱」為句。左桓五年傳:「龍見而雩」,服注:「龍,角亢也,謂四月昏,龍星體見,萬物始盛,待雨而大,故雩祭以求雨也。」按于三月言「雩」,則「有小旱」,于四月再言「雩」,則「有大旱」,前後文義本相承。各家舊説亦往往引典籍中祈雨之雩祭以釋此文,但仍以「越」為語詞,不知「越」之本應作「雩」,即指雩祭言之。王筠《夏小正正義》竟謂「不記雩祭」為「小正不記大禮」,其意以為必須「夏大正」才能記雩祭。【《夏小正》五事質疑 文史第四輯】

◉李孝定 周書曰。「粵三日丁亥」。栔文从雨从于。或从(字形)。與金文同。羅氏釋粵是也。小篆从宷。乃从雨之譌。文編五卷六葉下續文編五卷十葉上並收甲・一・十・十之(字形)。作粵。非是。字當釋㝅。説見三卷㲉下。卜辭粵字辭義不明。辭云「貞其(字形)(字形)医(字形)粵□卯一牢。」前・五・三九・六。「囗气自粵囗婦。」後・下・八・十六。「戊戌粵示九屯。」後・下・十三・九。二三兩辭為骨臼刻辭。三辭粵為語辭。與爰同義。釋詁「粵于爰曰也。爰粵于也。爰粵于那都繇於也。」可証。另二辭殘泐。其義不詳。金文粵字已見羅氏引。【甲骨文字集釋第五】

(字形) 吁帶之印 【漢印文字徵】

◉許慎 吁驚語也。从口。从亏。亏亦聲。臣鉉等案。口部有吁。此重出。況于切。【説文解字卷五】

平

平　厵羌鐘　郘公鼎　簷平鐘　拍敦蓋　十年陳侯午錞　中山王嚳兆域圖　平阿右戈【金文編】

3·783　匋币平　3·776　郗平　3·800　匋平　5·90　咸平沃貪　5·103　咸陽平兆　5·169　平市　6·49　平匋　合證13　夻平之印　3·703　平都邑左安口男鈢　3·34　平門內口齎左里敀亳☐口　3·41　閶門外陳导平陵緒稟豆佾☐倉　3·22　平陵陳导不☐王釜　3·624　丘齊平里王閒　3·21　平陵陳导立事歲☐公　3·39　陳☐立事歲平陵稟釜　3·707　平里曰☐【古陶文字徵】

〔一八〕〔四二〕〔四七〕〔二〕〔四二〕〔二五〕〔三八〕〔五〇〕〔一九〕

〔七四〕〔二〇〕〔七四〕〔六八〕〔四〕〔三八〕〔四二〕〔三三〕〔二〇〕〔一九〕

〔二〇〕〔二五〕〔二〇〕〔五〇〕〔四七〕〔四七〕〔三三〕〔四二〕〔二〇〕

〔一八〕〔三六〕〔三七〕〔二〇〕〔二五〕〔二〇〕〔二五〕〔一九〕〔一八〕

〔一九〕〔七四〕〔二五〕〔四七〕〔三八〕〔二〇〕〔二〕〔五四〕〔三六〕

〔七〕〔三八〕〔三六〕〔二〕〔四七〕〔三六〕〔四〕〔四二〕〔二〇〕〔三三〕

〔三六〕〔二〕〔二〇〕〔四二〕〔七四〕〔四二〕〔二〇〕〔二〇〕〔三三〕

〔一九〕〔三六〕〔三三〕〔一八〕〔三六〕〔一九〕〔七四〕〔三八〕〔一九〕〔一九〕〔二〇〕〔七四〕〔四六〕〔七四〕〔二二〕〔四七〕〔三八〕〔三六〕〔三八〕

〔四六〕〔二二〕〔八二〕〔七四〕〔二〕〔四七〕〔三九〕〔四二〕〔五七〕
〔五〇〕〔三七〕〔一九〕〔二六〕〔一九〕〔二〕〔五八〕〔二〕〔四二〕〔四七〕
〔五五〕〔一九〕〔三七〕〔二〕〔五〇〕〔三七〕〔二五〕〔四六〕〔二八〕十
〔五七〕【先秦貨幣文編】

布方 平陽 晉洪 仝上 布方 平陽 晉襄 仝上 布方 平陽 晉洪 布方 平陰 晉原 布方 平陰 晉祁 仝上 布方 平陰 晉芮 布方 平陽 晉盂 布尖 平州 晉盂 仝上 布方 平陽 晉祁 仝上 晉襄 仝上 晉洪 布尖 平州 晉交 布尖 平州 晉高 仝上 仝上 仝上 晉原 仝上 布方 平陽 晉祁 布方 平陽 晉浮 仝上 布方 平陽 晉祁 布方 平陽 晉交 仝上 晉洪 布方 平陰 晉高 布方 平窖 晉朔 仝上 布方 平陽 晉芮 仝上 仝上 布方 平陽 晉襄 仝上 仝上 仝上 仝上 仝上 仝上 仝上 仝上 仝上 布方 平陽 晉洪 仝上 仝上 仝上 布方 平陽 晉祁 仝上 仝上 仝上 仝上 仝上 布尖 平州 晉高 布尖 平州 晉高 仝上 布尖 平窖 晉高 布尖 平窖 晉原 布方 平陽 晉祁 布方 平陽 晉浮 仝上 布尖 平窖 晉原 仝上 布方 平陽 晉祁 仝上 晉高
仝上 布方 陽平反書 典七三 【古幣文編】

一五六：一 二百四十二例 宗盟類定宮平時之命 三：六 三例 【侯馬盟書字表】

平 平 日甲一七　日甲二三 九例　秦一七五 四例　日乙一九　效三五 二例【睡虎地秦簡文字編】

2165　2088　0662　0663　0866　2215　3133　0116　0125　0092　3636

3310　2406　0013或从土 坪字重見　0003【古璽文編】

西平令印　平狄中司馬　冷平　平壽　臣平　徐平私印　夏平　良平之印　金平

郭容平印　過平　正離平　臣平　譚平國【漢印文字徵】

袁安碑 永平三年　袁敞碑 袁敞口平　泰山刻石 既平天下　蘇君神道闕　天璽紀功碑 才仁中平　禪

國山碑 宣言天平　石經君奭 天壽平格【石刻篆文編】

平　平【汗簡】

古孝經亦貝丘長碑　古老子　義雲章　説文　竝崔希裕纂古【古文四聲韻】

◉許慎 亏語平舒也。从亏。从八。八。分也。爰禮説。符兵切。𠀭古文平如此。【説文解字卷五】

◉劉心源 平从二。古文上字。説文平古文作𠀭。古平陽幣作。即此。【奇觚室吉金文述卷八】

◉柯昌濟 。舊釋癸。誤。齊癸姜敔亦有此字。説文。亏。語平舒也。从于从八。八。分也。爰禮説。𠀭。古文平如此。案。古平字當祇作此形。殆象物平衡之狀。其後迻體作小篆形而古字遂不易識矣。攻盧王子鐘之平字作中。與此字正同。特出其下耳。至説文所引古文。乃戰國時體。其字下或从土。亦見於金文者。若古文之癸。皆作側形。與此字有別。【韡韡華閣集古録跋尾】

◉林義光 平無語平舒之義。古作平陽劍。二象平形。采聲。平青韻采寒韻雙聲旁轉。詩平平左右。采菽。左傳作便蕃。襄十一。是平音亦轉為蕃也。蕃从采得聲。與采同音。變作拍彝。【文源卷三】

◉高田忠周 説文凡从亏字。古文必作亏。故此篆亦作也。又按。説文訓語之餘。乎字在兮亏部。作。與亏相類。唯上

畫作丆為異也。而鐘鼎古文有作乎者。遂與此平字同。此亦古文變形偶涉他字之例。宜臨文知其義耳。【古籀篇六】

◉周慶雲　陳邦福云。平陽即平陽。堯所都也。見史記秦本紀。在六國時為趙地。慶雲見朢齋藏二戈。一作平陽。一作平陽。西蠡藏一戈作平陽。字體不同。未必同時所作也。【周平陽矛　夢坡室獲古叢編】

◉商承祚　金文古鉨作平。此中筆寫斷。應从石經古文作平。平與釆部之古文平近。故後人又誤以平為平也。【説文中之古文考】

◉強運開　[illegible]　拍舟作平。平陽幣作平。都公鉦作平。乃平之反文。均與鼓文近似。可以為證。【石鼓釋文】

◉馬叙倫　桂馥曰。爰禮説者。本書叙。孝宣皇帝時。召通蒼頡讀者。張敞從受之。涼州刺史杜業沛人爰禮講學大夫秦近亦能言之。孝平時徵禮等百餘人。令説文字未央廷中。以禮為小學元士。翟云升曰。類篇引平舒作平尚。王筠曰。爰禮説三字。李燾作又正也。可見凡一曰字多係後人增改。韻會竝無。而引廣韻。正也。倫按平字見急就篇。則自出蒼頡矣。然經記無用為語平舒者。倫謂平為乎之異文。大敨克鐘乎字皆作平。可證也。乎音匣紐。以同次濁摩擦音轉入奉紐耳。此古文作平。而魏石經虖之古文作虖。蓋從乎虍聲。亦可證也。或此為于之轉注字。從于。八聲。故都公鉦作平。平陽幣作平平。石鼓作平。平音奉紐。于音喻紐三等。亦同次濁摩擦音也。古書平注字借為辯。平原字借為坪。平正字即借為正。平從八得聲。八音封紐。正音照紐。古讀歸端。封端同為清破裂音也。説解蓋為呂忱或校者所改增矣。

　平　商承祚曰。金文古鉨作平。此中筆寫斷。應從石經古文作平。與釆部之古文平近。故後人又誤以平為平也。李杲曰。平陸戈作平。倫按此即二篇之釆字。古文經傳借為平也。亦或從于八八聲。如此二字校語。鍇本作古文平字。字字非例。【説文解字六書疏證卷九】

◉楊樹達　八象气之分，不足示平舒之意，疑許君説非也。今按五篇上兮部云：「乎，語之餘也，从兮，象聲上越揚之形。」尋乎上畫上揚，故象聲上越揚，以形課義，義不得為語之餘。余前撰釋乎篇，定乎為評召之評本字，義與形較合。今謂平之構造當與乎字相似，字蓋从兮，上一平畫，象氣之平舒，此猶乎之上畫象聲上越揚也。亏下云「从丂，从一，一者，其气平也」，正其義也。【釋平　積微居小學述林卷三】

◉高鴻縉　从一。一。平之意象也。釆聲。釆即説文訓辨別。讀若辨之釆。石鼓作平者。从一。釆省聲。又説文釆下録古文釆作平。則石鼓平字从古釆聲也。後世更復譌變。形不易曉。爰禮説拘迂不清。且平字之意不必涉于語舒。許訓以語平舒。蓋牽於兮字之説解。説文。兮。語所稽也。从丂。八象氣越于也。【中國字例五篇】

◉嚴一萍 各家所釋皆誤。平安君鼎作，古璽文平君作，皆叚坪為平。繒書乃平之繁文。說文平之古文作，正始石經平古文作，與說文古文同。六國兵器，如平阿右戈、平阿左戈、口平左庫之造劍，平字皆作，與繒書尤近。商氏云：「塝字在此應讀作滂，姚釋為重，作𡑡字解(遺篆重文)。考金文从甬之字如『通』从，無一字例外，而旁字則作，或省作。石鼓文滂、鰟皆从，帛書雖省去一筆，仍是旁字。姚讀『不』如字，自會聯想其字為𡑡，為『不𡑡塞』。廣雅釋詁：『滂滂，流也。』『丕滂滂』謂九州之水，滂薄暢達無阻流。金文『夜君之載鼎』同此(鼎文當為春秋之防邑。知其為防者，旁、方通用。說文魴，或从旁作鰟；防，或从土作埅，故其字可寫為塝、塝，又可寫為防、坊)。」案此亦平字，容希白入金文編附録(下四二)，吳大澂疑墉字。今以繒書證之，乃坪字叚為平無疑。【楚繒書新考 中國文字第二十六册】

◉蔡運章 平用 在M7058:25號陶瓮的腹部刻有「平」二字。《報告》未釋。我們認為當是「平用」二字。平，通作便。《史記·五帝本紀》云：「便章百姓」，《索隱》曰：「便，《古文尚書》作平，……古平字亦作便」，可資佐證。因此，「平用」當讀作「便用」，就是便于使用的意思。【洛陽西郊漢墓陶器文字補釋 中原文物一九八四年第三期】

旨

甲三〇六五 人名 乙一〇五四 乙一九一八 乙二二六六 乙四五〇二 乙四五〇六 乙四五三六 西吏旨 鐵一九一·四 前四·三五·七 前四·三六·一 前七·一五·一 後二·一·四 續三·二六·三 續三·三七·一 京都七三A【甲骨文編】

甲810 2958 乙1054 2592 4536 4643 7509 佚292 520 865 續2·24·5 3·26·3 3·27·1 5·29·5 6·17·6 掇450 徵4·29 4·98 4·99 4·101 4·102 録498 書1·10·E 摭續144 粹1125 1126 1127 新4387【續甲骨文編】

旨 从口 匽侯旨鼎 匽侯鼎 盞駒尊 伯旅魚父匿 殳季良父壺 國差𨪕 者旨𣏌盤

越王劍　越王者旨於睗劍　越王者旨於睗矛　【金文編】

3·320　蔓圖中里人𠭯旨　陶文編5·31　【古陶文字徵】

旨　日乙二四三　通嗜　—酉　【睡虎地秦簡文字編】

3418　3559　【古璽文編】

旨　旨　【汗簡】

王存乂切韻　汗簡　籀韻　崔希裕纂古　【古文四聲韻】

◉許　慎　美也。从甘。匕聲。凡旨之屬皆从旨。職雉切。古文旨。【說文解字卷五】

◉劉心源　為下从甘。甘篆作甘。非从曰。曰篆作曰。甘為口含一。旨从匕从甘。篆作旨。亦或省作。从口與从甘同意。甘原从口取義。以古刻偏旁證之。如師遽方尊𩰫从。康鼎𩰫从。皆即。麦鼎𩰫从。師奎父鼎𩰫从。皆即。是此銘為旨字無疑矣。旨非銘意所用。當是詣省。【奇觚室吉金文述卷五】

◉吳式芬　許印林說。說文旨。古文作。段注云。從千甘。謂甘多也。此作再見。同。勺長柄形。蓋以勺注口之意。今所傳卣銘亞中有。象以勺挹酒。其上端之即此字上體之。小篆从匕从曰。亦同此意。知段說為鑿矣。【齊國差𦉜　攈古録金文卷三】

◉羅振玉　說文解字。旨。古文作。此从匕从口。所謂嘗其旨否矣。【增訂殷虛書契考釋】

◉林義光　旨匕不同音。古作匽侯見事尊彝。作侯氏𦉜。象以匕入口形。【文源卷六】

◉高田忠周　說者皆云从千甘會意。然今依此篆。齊侯𦉜古文不从千。為千者即譌形也。蓋亦匕字變形。猶人字作耳。【古籀篇五十一】

◉商承祚　甲骨文作。金文殳季良父壺作。國差𦉜作。與古篆文兩體同。甘口古同字同意。如嘗。金文从甘亦从口。「嘗其旨否」意也。【說文中之古文考】

◉柯昌濟　卜詞曰盀雨。其字从旨从皿。與金杞伯盁𥁰字同。杞伯盁字訓為器。其器似壺。後人遂釋此字為壺。然卜詞所云

旨雨者當謂甘雨之誼。其字即旨字之異體也。【殷虛書契補釋】

◉楊樹達　殷虛文字甲編八一零片云：「己酉卜，旨方來，告于父丁。」殷契粹編一一二四片云：「甲辰貞，卓以衆□伐旨方，受又？」一二二六片云：「……王登……往伐旨，受又？」一二二七片云：「己酉卜，旨方……于△告。」按據上記諸辭，旨方為殷之敵國，其事甚明，然經傳未見有旨方之稱，余疑其為尚書西伯戡黎之黎也。知者，尚書黎字或作耆。尚書大傳云：「文王一年質虞芮，二年伐邘，三年伐密須，四年伐畎夷，紂乃囚之，四友獻寶，乃得免于虎口，出而伐耆。」又云：「五年之初得散宜生等獻寶而釋文王，文王出則克耆。」史記周本紀云：「諸侯聞之，曰：西伯蓋受命之君。明年，伐犬戎，明年伐密須，明年敗耆國，明年伐邘，明年伐崇。」今按尚書大傳之伐耆與克耆，史記之敗耆國，皆即尚書之戡黎也。說文八篇上老部說耆字从老省，旨聲，甲文作旨，尚書大傳及史記作耆，其音一也。黎與耆為一事，旨與耆為一音，故知甲文之旨即耆，亦即黎矣。

黎說文作𨞚，六篇下邑部云：「𨞚，殷諸侯國，在上黨東北。从邑，㓨聲，㓨，古文利。商書：西伯戡𨞚。」漢書地理志上黨郡壺關下應劭注云：「黎侯國也，今黎亭是。」按壺關故城在今山西長治縣東南，然則旨方為殷西北方之敵國矣。【釋旨方　積微居甲文說】

◉郭沫若　䭫疑旨之緐文。旨。美也。善也。【師𩛥𣪘　兩周金文辭大系考釋】

◉馬叙倫　美也非本義。亦非本訓。此嗜之初文。從口不從甘。金文口或作□。甚之古文作□。可證也。

□倫按金甲文旨字作□□甲文。□匽侯鼎。□殳季良父壺。唯國差𦉜作□。與此略同。蓋移一於口外。非從千也。此蓋□之變譌。【說文解字六書疏證卷九】

◉李孝定　契文旨字與許書篆體形近。疑當解云「美也。从匕从口。匕亦聲。」皀下云「从匕所以扱之。」以匕扱物。口味之而甘也。是从匕从口會意。卜辭旨或為方國之名。如「丙子卜今日𢦏旨方𡴘」後・下・二四・十三是也。後下・一・四辭乃紀田獵之事。皆言獲旨。與狼豕並舉。陳說或是。陳又說旨千為遲任。待考。金文作□匽侯旨鼎□匽侯鼎□殳季良父壺□國差𦉜□伯旅魚父簠□越王劍。𦉜文與許書古文同。【甲骨文字集釋第五】

◉陳雄根　「旨」字殆為「詣」的初文。從字形方面分析，「旨」見於第一期甲骨，多作□或□形，其構形上半部象人，不象匕，下半部从□，不从甘。□或□象人俯首恭敬之狀，而□則與「各」字下部結構相同，象處所或目的地。「旨」字从□（或□）从□，象人恭敬地到達某處所。《說文》：「詣，候至也。」段注：「候至者，節候所至也。……凡謹畏精微深造以道而至曰詣。」「候至」就是古時到朝廷或上級、尊長處所之稱。古書中「詣」的文例如：

1. 乃命宋昌參乘，張武等六人乘傳詣長安。（《史記・孝文本紀》）

2. 後數歲，買臣隨上計吏為卒，將重車至長安，詣闕上書，書久不報。（《漢書・朱買臣傳》）

從「旨」字結構觀之，釋為「候至」，最為得之。

「旨」在金文除借作人名或訓為「美」外，也有訓作「至」，見於《馬形盠尊》銘文：

王親□盠，駒錫兩。

□字郭沫若釋作「旨」，云：

旨殆讀為詣，言王親到盠處。「駒錫兩」者錫駒二匹。

李學勤將本銘「親」下一字定作□，並以「王親□盠駒」為句，云：

「王親□盠駒」，「親」下一字即卜辭的□，應釋為「載」。

《說文》：「載，乘也」，所以這一句的意思是王親自駕盠的小馬于車。

白川靜則云：

旨為䭬之省頁之字。……䭬字在此場合當解作致贈之義。

按：據郭氏所依此器拓本，「親」下一字當為□，不作□，故不得訓為「載」。白川靜以「旨」即「䭬」之省，訓作「致」，說亦不妥，除了上面所說以「旨」作「䭬」，於義不協外，在《馬形盠尊》銘文中，有「旨」字，也有「䭬」字，不省，安有同一銘中「䭬」有省體和不省兩種寫法？此銘當如郭沫若隸作「旨」，讀為「詣」，訓作「到」。《匽侯旨鼎》「旨」字寫作□，與本銘「旨」字形近。又金文「䭬」字所从「旨」旁的寫法，不少亦作□形，如：□（《□簋》）、□（《吴方彝》）、□（《曶鼎》）、□（《諫簋》）、□（《師酉簋》）等，另《盠尊》銘文「䭬首」之「䭬」，其「旨」旁作□，與本銘作□形亦近，故□當隸作「旨」。

金文「旨」既可訓「到」，而甲文「旨」形作□或□，從其初文觀之，訓「旨」本義為「到」，似無不可，然甲文訓作「到」的已有「各」和「至」字，實不必另以「旨」字表示相同的概念，故訓「旨」為「候至」較為穩妥。金文《馬形盠尊》「旨」（詣）釋為「到」，當是「旨」義的引申。⊘

《說文》謂「詣」字「从言，旨聲。」然根據上文「旨」的分析，「詣」當為「旨」的分別字，其結構應是从言从旨，旨亦聲。【釋旨　第三屆國際中國古文字學研討會論文集】

嘗

嘗 从旨从尚省 效卣 姬鼎 召伯簋 蔡侯𪊲盤 十年陳侯午錞 陳侯午錞 陳侯因資錞 【金文編】

嘗 封九三 【睡虎地秦簡文字編】

嘗 嘗 嘗義雲章 嘗孫強集字 【汗簡】

義雲章 竝同上 孫彊集 【古文四聲韻】

●許慎 口味之也。从旨。尚聲。市羊切。【說文解字卷五】

●劉心源 嘗吳本作。上多兩橫點。非寶字。吾收此入古文審。係從阮本。今得此拓。又以吳本校之。再釋于此。【奇觚室吉金文述卷四】

●孫詒讓 字阮釋為寶。孫釋為嘗。以字形審之。竝不甚塙。然嘗從旨尚聲。此中從。于形略近。孫釋或可備一說也。【古籀拾遺卷中】

●郭沫若 嘗即秋祭之嘗之本字。【楚王鼎 兩周金文辭大系考釋】

●柯昌濟 卜詞曰之出□自北于妣乙。又曰之來媗。疑即古嘗字。象人以口嘗酒形也。金文癸卣文亦有此字。作。其文曰癸。與此字大同。亦象人以舌嘗形。疑古文最初之嘗字象形。其後乃从尚聲作嘗。癸嘗者為癸作器。如祖癸父癸類省稱之。以烝嘗也。嘗于妣乙。此卜詞紀殷祭禮者。【殷虛書契補釋】

●馬叙倫 嚴可均曰。廣韻韻會引作口之味也。王筠曰。小徐作曰味之也。倫按疑本作味也。吕忱或校者加此文。旨音照紐三等。嘗音禪紐。同為舌面前音。轉注字。與甚雙聲。或同語原。或轉注字。陳侯因資敢作。召伯敢作。效卣作。陳侯午敢作。【說文解字六書疏證卷九】

●商承祚 ⿱尚示，从示，尚聲。第八二簡又稱⿱尚示祭。《爾雅·釋天》：「秋祭曰嘗。」楚酓肯鼎及酓忎盤作歲⿱尚示，則⿱尚示為嘗之本文，後世廢。【江陵望山一號楚墓竹簡疾病雜事劄記考釋 戰國楚竹簡彙編】

喜

甲一七八 王其喜 甲九三〇 貞人名 甲一〇七六 甲一六五二 乙一六七一 鐵四八・四 鐵一八二・三 喜餗 祭名 前一・一・三 前四・一八・一 前四・四三・二 前五・一八・二 後二・二一・四 戩四五・七 河一一四 喜貞 河一五六 河三四八 粹一二一一 地名 粹一四八六 婦喜 粹一四八七 河三六四 乙四五九七反 【甲骨文編】

甲178 930 1076 2043 3331 3913 乙1652 1671 1786 4307 4597 7401 珠804 續4・12・2 5・29・13 6・25・10 掇362 徵7・6 京3・19・3 録114 156 348 364 412 524 681 鄴41・1 續存398 外445 摭續242 粹212 1211 新3639 3640 【續甲骨文編】

喜 弔妣簋 伯喜簋 伯喜父簋 兮仲鐘 士父鐘 伯嘉父簋 史喜鼎 屓弔多父盤 王孫鐘 沇兒鐘 子璋鐘 邾公牼鐘 陳喜壺 郾王喜矛 郾王喜劍 郘王子鐘 王孫真鐘 孳乳為饎 酒食也 天亡簋 事饎上帝 于省吾謂為酒食之祭 【金文編】

3・115 蘇衢東匋里喜 3・435 東酷里孟喜 3・878 獨字 3・880 同上 3・881 獨字 3・882 同上 3・877 同上 3・879 同上 3・883 獨字 3・884 同上 4・166 同上 5・119 咸芮里喜 5・120 同上 5・265 獨字 秦914 宮水喜 【古陶文字徵】

〔六八〕 〔六八〕 【先秦貨幣文編】

布空大　豫伊　仝上　【古幣文編】

二〇〇：五〇　三例　宗盟類參盟人名　一：一〇〇　【侯馬盟書字表】

170　【包山楚簡文字編】

喜　語一一　二十一例　日甲九七背　日甲九八背　四例　【睡虎地秦簡文字編】

1371　2102　0395　0890　1372　【古璽文編】

李喜　共喜　張喜　臣喜　顏喜　臣喜　李常喜印　高喜　高喜印　【漢印文字徵】

喜　喜義雲章　【汗簡】

義雲章　汗簡　説文　竝籀韻　【古文四聲韻】

◉許　慎　喜樂也。从壴。从口。凡喜之屬皆从喜。虚里切。古文喜从欠。與歡同。【説文解字卷五】

◉劉心源　喜。饎省。説文。饎或作𩚬糦。詩。吉蠲為饎。傳。饎。酒食也。大糦是承。箋。糦。黍稷也。饎上帝者。言上帝也。【奇觚室吉金文述卷四】

◉孫詒讓　「□卜出□辛卯」，百八十二之三。此當為「喜饙」二字。《説文·喜部》「喜，樂也。从壴，从口。」《食部》：「餴，脩飯也。从食，奉聲。或作饙，从賁。或作餴，从奔。」「饎，酒食也。从食，喜聲。《詩》曰：『可以饙饎』，或作糦，从米。」《毛詩·大雅·泂酌》作「餴糦」。《詩·七月》：「田畯至喜」，鄭箋喜讀為饎。「饎，酒食也。」《爾雅·釋詁》：「饎，酒食也。」《釋文》引舍人本饎作喜，此「」即喜字，其讀亦當為饎，與《詩》箋及舍人本《爾雅》合。饙左从，即食，右从，奉之變體。金文叔夜鼎饙作，變為，从。《説文·夲部》「奉，从夲，卉聲」，「从夲，从、从屮。」二字迥異，此从似與字相近。古文變易不拘恒例如此。此省从，篆意略同，唯金文變為，而此變為，則古文之異也。「辛卯喜饙」蓋亦卜日祭祀為酒食之事。又有「」十四之二「」二百六十六之一，亦皆「喜」字。唯上下文並摩滅，其義未必與此同耳。【契文舉例卷下】

◉羅振玉　説文解字。喜。樂也。从壴从口。古文作。此與篆文合。【增訂殷虚書契考釋】

◉林義光　□象豆豐滿上出形。與豈同意。从口。轉注。喜兼有酒食義。説文。饎。酒食也。饎當以喜為古文。古作□大豐尊彝。作□兮仲鐘。説文云。□。陳樂立而上見也。从屮豆。按。从豆非陳樂之義。經傳無壴字。當即喜省。鼓字古作□師嫠敦。亦作□沇兒鐘。【文源卷五】

◉陳邦懷　卜辭曰喜□。王徵君釋喜下一字為餗。是也。余謂喜餗之喜當是饎之省文。按詩甫田。田畯至喜。大田。田畯至喜。鄭箋皆曰。喜讀為饎。饎。酒食也。爾雅釋訓饎釋文云。舍人本作喜。釋云古曰饎。集韻饎之重文亦省食作喜也。又聃敦。喜帝文王。陳簠齋説即饎禘省文。説見説文古籀補。其説至碻。可與卜辭互證。【殷墟書契考釋小箋】

◉商承祚　□　欠部有歖字。訓「卒喜也」。不當重出。故段氏改古文為歖。謂是轉寫之誤。是也。甲骨文金文鉨文皆不从欠。與篆文同。【説文中之古文考】

◉馬叙倫　嚴可均曰。樂也。樂字後人校改。釋詁疏引作不言而説也。御覽四百六十七引作不言而説曰喜。嚴章福曰。喜從口而曰不言。不可通。憙從心從喜。故曰不言而説。大徐憙下作説也。止脱不言而三字。邢疏御覽皆誤認喜憙為一字。而以憙下説解釋喜耳。唐蘭曰。從口。豈聲。卜辭□字今作䓇。□字今作憙。可證。又卜辭有其□來□。凡此辭下每言邦國之變故。則□即嬉字。借為䓇字。亦其證。口非口舌字。從凵盧之凵。倫按嚴章福説是也。樂字當讀為禮樂之樂。喜為豈之轉注字。從豈。口聲。豈為鼓之初文。豈音知紐。以同清破裂音轉見紐為鼓。古讀知歸端。而兜兆一字。正其例證。口音溪紐。見溪同為舌根破裂音。故豈轉注為喜。鼓之籀文作鼔。而沇兒鐘鼓字作□。則鼔或鼓之譌。而喜為豈之轉注字亦得其證矣。甲文䓇作□。憙作□。亦由此故。豐姞敦。窒叔作豐姞□旅毁。□即憙字。從心。鼓聲。又足證也。字見急就篇顏師古本。皇象本作憙。叔妣敢作□。兮仲鐘作□。沇兒鐘作□。史喜鼎作□。甲文作□□。

□　倫按此憙之異文。別見欠部。從欠。喜聲。古文書喜説字作歖耳。諸經籍作喜。乃憙或歖之省。嚴段諸家斷改歖為歖。由認喜歖為一字。從欠五字校語。玉篇欠部。歖。字書古文喜字也。字書謂字林也。【説文解字六書疏證卷九】

◉唐　蘭　説文：「喜，樂也，從壴，從口」。往日學者俱以此為會意字，謂：「聞樂則樂，故從壴，樂形於談笑，故從口」，見朱駿聲説文通訓定聲。其迂曲可笑，與春秋元命苞「兩口銜士為喜」之説，亦僅伯仲之閒耳。按説文從口之字，於古文字當分兩組，其一為口齒之口，如：嗚、吠、聞、啟之類是；其一為凵盧之凵，如：吉本作□、喜之類是。後者之作□形，多象盛物之狀，喜者象以□盛壴，壴即鼓形也。

以象意字聲化例推之，喜當從口壴聲。壴喜二字，後世讀音迥異，然卜辭□或作嬉，□、□、□等字，後世作□、僖及䓇，金文鼓字，沇兒鐘作鼓，說文古籀文作鼖，當本作鼓，後人誤改從古聲。皆可證古音壴喜相近也。

喜今音虛里切，在曉母，古音當在溪母，溪曉二母，古多通流，猶虛之與墟矣。壴字古讀如鼓，在見母，音轉入溪母，又轉為曉母，因為今音，而與壴鼓之聲似不相屬，後人遂不知喜為形聲字矣。豈字見於金文者，尸鎛（嘯堂七八）剴字偏旁作豈，趙毁趙字偏旁作豈，似即壴字之變。豈字今音墟喜切，在溪母，古讀當如凱或愷。疑壴音初變為豈，更變為喜，後世從壴之字多改從喜，而溪母之豈，則變其形而為豈耳。【殷虛文字記】

◉楊樹達 段氏注云：「樂者五聲八音總名。樂記曰：樂者，樂也。古音樂與喜樂無二字，亦無二音。」樹達按：段說是也。喜訓樂，樂謂音樂。字从壴者，壴即今鼓字。鼜訓夜戒守鼓，彭訓鼓聲，二字皆从壴而意為鼓，是其證也。字又从口者，樂歌以口，吹笙亦以口也。壴表樂器，口表樂歌，故喜字从之。聞音樂則人喜樂，喜之為歡喜，樂之為歡樂，皆後起之引申義也。【文字形義學】

◉李孝定 契文與小篆同。从壴。即鼓之初文。字象以凵笶盧盛鼓。段注謂「樂者。五聲八音之總名。」其說是也。喜樂之義即由音樂之義所引申。朱駿聲通訓定聲謂「聞樂則樂」。說固不誤。而唐氏乃以迂曲譏之。誠如唐氏之言。則从鼓形之喜何緣得有喜樂之義乎。金文作喜沇兒鐘喜子璋鐘喜叔氏鐘喜兮仲鐘喜史喜鼎喜王孫鐘喜𠨘叔多父盤喜匽王喜劍。後二文稍有譌變。餘均與契文同。【甲骨文字集釋第五】

憙 憙

憙5·85 咸高里憙 【古陶文字徵】

憙7 憙198 憙215 【包山楚簡文字編】

憙 憙 日乙二〇二 六例 憙 日乙二一一 憙 日乙二二一 憙 日乙二一九 【睡虎地秦簡文字編】

憙3223 【古璽文編】

憙 陳憙 憙 任常憙 憙 殷憙 憙 高憙 憙 劉憙 憙 日有憙 【漢印文字徵】

憙 韓仁銘額 【石刻篆文編】

◉許　慎　憙説也。从心。从喜。喜亦聲。許記切。【説文解字卷五】

◉馬叙倫　鈕樹玉曰。韻會作悦也。從心喜。倫按嚴章福謂當依爾雅釋詁疏及御覽四百六十七引作不言而説也。是也。然是校語。此喜説字。見急就篇皇象本。疑急就止作喜。傳寫以字林字易之。此字出字林。從心。喜聲。喜聲者。蓋壴為樂之長。聞鼓聲而喜。故即以壴為聲。當入心部。【説文解字六書疏證卷九】

◉許　慎　嚭大也。从喜。否聲。春秋傳吳有太宰嚭。匹鄙切。【説文解字卷五】

◉林義光　説文云。嚭。大也。从喜。否聲。朱氏駿聲云。史記伍子胥傳伯嚭。論衡作帛喜。禮記檀弓有陳太宰嚭。漢書古今人表作太宰喜。當从丕。喜聲。集韻作嚭。【文源卷十一】

◉馬叙倫　大也者。丕字義。然此字林訓。見集韻引。字或出字林也。嚭為喜之轉注字。嚭音滂紐。喜音溪紐。同為次清破裂音也。禮記檀弓陳太宰嚭。漢書古今人表作太宰喜。史記伍子胥傳伯嚭。論衡逢遡作帛喜。不作否而作喜。明否喜聲同也。否喜聲同之類。莊有可謂不古丕字。此當是喜聲。朱駿聲據集韻作嚭。謂當從丕喜聲。方合大義。不悟大即丕字義耳。【説文解字六書疏證卷九】

甲五二八　貞人名　甲一一　甲一九八八　甲二二九五　甲二三九六　甲二四〇七　甲二四三六　甲二四六八　甲二五七八　甲二六二一　甲二六九四　甲二七四四　甲二七五〇　甲二七七〇　甲二七七三　乙一六六一反　乙一八八九反　前四・四五・一　後二・二六・一三　林一・九・七　佚七五　佚二三三　佚二九九　佚三〇四　佚三一八　佚六一一　佚八七〇　粹五三三　粹五三九　燕四〇九　燕六一七　續五・一二・三　鄴三下・三七・九　京津三二三二　京津三九三二　乙七二九一反　輔仁九三　乙四七七〇　亦古文壴　後二・三二・九　京都一三六九

【甲骨文編】

甲528 1111 1312 1988 2110 2295 2407 2436 2694 2744 2764 2869 3918 乙133 2027 4504 5350 5436 7205 7378 8935 佚75 233 278 299 304 319 870 續1·6·7 1·39·3 1·47·2 4·26·1 4·35·3 5·17·5 5·20·2 5·24·5 徵3·27 4·108 5·24 11·128 京2·28·2 3·32·2 録547 682 鄴 40·6 六中268 粹533 539 新2506 【續甲骨文編】

壴 女壴方彝 孳乳為彭 王孫鐘 永保鼓之 【金文編】

6·110 壴口 【古陶文字徵】

2 【包山楚簡文字編】

5274 與王孫鐘壴字同 【古璽文編】

壴竹句切 【汗簡】

汗簡 【古文四聲韻】

◉許　慎　陳樂立而上見也。从屮。从豆。凡壴之屬皆从壴。中句切。【説文解字卷五】

◉孫詒讓　「□申卜貝鼉囚之疥它之二日鼉允囚□丁日之甲它之鼉□之疥□」。五之三十二之一有「」字，上下文不可辨。「乙丑□貝」百十三之三，「癸亥卜亘貝立之詎」二百五十八之三，「」即「壴」字，「」即其省也。《説文·壴部》：「壴，陳樂，立而上見也，从屮豆」。此形正合。又或為喜之省。詳後。金文鼓作師𩞁父敨，左形與此相近。卌八之三有「」字，上下文闕，似即《説文·攴部》之鼓字，文義無可推，附識于此。【栔文舉例卷下】

◉郭沫若　壴字羅釋為佸，謂即「後世僕豎之豎字。」案乃鼓之初文也，象形。泉屋清賞有古銅鼓一具，上有飾而下有腳，與此字酷肖。又此片與上片之內容文例均相同，而一作鼓，一作壴，尤鼓壴為一之明證。【卜辭通纂】

◉唐　蘭　說文云：「陳樂立而上見也，從中，從豆」。徐鍇繫傳曰：「壴，樹鼓之象，中，其上羽葆也，象形」。戴侗六書故曰：「壴，樂器類，艸木𥫗豆，非所取象。其中蓋象鼓，上象設業崇牙之形，下象建鼓之虡。伯曰：『疑此即鼓字，鼓，擊鼓也，故從支』」。徐灝說文段注箋云：「楚金仲達說是也。鼓、鼖、彭，皆從壴，是其明證。壴上從㞢與㞷同意。中□象鼓，下象虡，與樂同意。至戴伯以為壴即鼓字，雖無明據，然其說自通。蓋樂器之興，必先有鼓，然後建之虡而立崇牙焉。若先有壴立字，乃加支以為鼓，非其序矣」。按徐戴二說均近是，徐灝說壴即鼓字，尤得文字發生之真，後人但憑空想，其成績亦往往可驚也。郭沫若曰：「壴當為鼓之初字，象形，作𢻸乃伐鼓之意。卜辭二字通用，如：『辛亥卜，出，貞其鼓彡告於唐九牛。一月。』餘十葉。『丁亥卜，大，貞告其壴於唐，衣，亡尤。九月。』後下三九葉。二辭同例，而一作鼓，一作壴，此其明證」甲骨學文字編五·五引。其卜辭通纂攷釋又引泉屋清賞古銅鼓以證與壴形酷肖，皆極確。簠帝二七片云：「癸丑卜，史，貞其隮壴告於唐，牛」，與餘九片一辭更相近，可謂郭說佳證。然則壴為鼓之本字，殆為不可移動之鐵案矣。

壴既鼓之象形，則其本讀當如工户切，今說文音中句切者，乃其轉音耳，卜辭壴字大抵用為鼓。其云：「貞𠦪口不於壴」簠歲二四片，「王固曰：『壴』」續六·十三·一片，「貞王𢦏不隹壴」絜四〇九片，則並叚為𪔅，即艱，今音古閑切，與鼓音相近。然則卜辭時代之壴字，固無中句之音矣。【殷虛文字記】

◉丁　山　愷所从豈，先秦金石文字無徵，意者壴即豈之別體，許君據漢人音讀，強別為二字也。豈之見于金文偏旁者，約如：

喜 今仲鐘喜字　尌 封仲段　彭 彭女甗　鼓 克鼎鼓字

大抵作壴豈諸形，與甲骨文所習見的：

壴 鐵·258·3.　壴 前·5·36·5.　壴 林·1·9·7.　壴 續·4·35·3.

諸形相近，豆與豆，非豆字，皆象鼓形，屮象鼓飾，猶厂為磬之本體，加飾則成𠂆形，磬飾之屮，未嘗譌為散省，我所以敢言「還師振旅」之愷，就是「陳樂立而上見」之豈的別寫。从豈的鼖字、彭字，皆有鼓誼，我所以又敢言豈即鼓之本字。僖公二十八年左傳：「振旅愷以入于晉。」這正是形容晉文公戰勝楚國之後，班師回晉，用鼓隊領導入城，以誇張勝利之果。愷字，古文應該作豈，今本从心，那也是漢代的俗字。有甲翼「豈入」為證，我們可以斷定豈鼎，應是武丁時代豈氏的遺物。豈氏最為武丁所親信，所以常為武丁貞卜：

癸亥卜，豈貞，巽其左于宊。鄴羽·初，下·40·6

辛酉卜，豈貞，王穷杋舞……。院·2436

壬戌卜，豈貞，王穷辛、壬、丁、舞、隹吉。院·2764　此與上辭應為一片之折。

豈，雖然常為王貞課，他不一定是卜官。我們再從卜辭看：

貞，將于豈。粹·533

貞，令豈歸。續·5·12·3

庤豈其衆熹□尊。○弜尊。粹·539

戊辰貞，其征豈，又若。續·4·35·3

叀豈令省亩。粹·915

壬申卜，亘貞，𡆥囚，不于豈，甾八人，甾五人。徵文·歲時·24

豈又該釋為采地之名。然而，文公十八年左傳稱：「高陽氏有才子八人，天下之民，謂之八愷。」八愷之中，有名「隤敳」者，與武丁時代的豈氏，其字相同，其韻亦近，我很懷疑這「八愷」的故事，即自豈氏傳説而誤。在豈氏，「甾八人，甾五人」，甾蓋讀為封，謂封殖五穀也；甾古文塊字，或讀為隤。隤其土者八人，殖穀者五人，此左傳所謂：「舜舉八愷，使主后土」也。后土，周時謂之司徒。司徒掌邦教，而音樂為本，意者八愷故事，即由「振旅愷」，用八佾的制度傳説而來。甲翼所稱豈氏，殆即商之司徒矣。

豈氏，卜辭一稱「𠂤溰」云：

甲戌卜，王在𠂤溰卜。文録·180

貞，亡尤，在𠂤溰。文録·561

溰為水名，今本水經注獨無徵。趙一清補滋水篇云：「寰宇記，鎮州鼓城縣下云，雷源中山記，雷河溝水，源出鼓城縣。名勝志晉州下引水經注云，滹沱水流入雷河溝水，過舊曲陽北。據此，則衛水與滋水，通波沿注，隨地易稱矣。」山按，雷河溝水所從出的鼓城縣，即水經濁漳水注所謂鼓聚。注云：「白渠枝水，俗謂之泜水。其水東逕昔陽城南，本鼓聚矣。春秋左傳昭公十五年，晉荀吳帥師伐鮮虞，圍鼓。三月，鼓人請降，以鼓子鳶鞮歸。京相璠曰，白狄之别也。下曲陽有鼓聚，故鼓子國也。」此白渠枝水，朱箋本作「俗謂之祇水」。祇滋音近字通，祇水，宜即趙補之滋水矣。滋豈古音同部，水經注所佚滋水，疑即卜辭所見溰水之音譌。豈、鼓，古本一字，故居澧水流域者，春秋時猶謂之鼓氏。戰國趙策四：「三國攻秦，趙攻中山，取扶柳。……齊人效鼓。」鼓，吳師道國策注疑即濟南土鼓。程恩澤地名考辯其誤云：「六國時，樂毅破齊，趙取齊昔陽。應劭曰，鉅鹿郡下曲陽，今鼓聚昔陽亭是。是時，齊地，北與趙鄰，則此鼓或指昔陽言。」卷五。鼓在戰國時，或齊或趙，所屬不定，要其地在衡漳流域。漳水，殷人謂之滴水，如卜辭云：

在𠂤滴卜。文録・682

在𠂤豈卜。五月。文録・682

𠂤豈，即𠂤澧。澧、滴相邇，與水經注所謂「祇水入斯洨水，斯洨水入衡漳」密合。然則，豈氏故地，當求之于祇水流域之鼓聚，祇正豈之聲譌，趙戴諸家之校酈注，必改祇水為泜水，未為得也。按祇當作祇。【豈 殷商氏族方國志】

◉馬叙倫 徐鍇曰。豆樹鼓之象。中其上羽葆也。象形。戴侗曰。疑此即鼓字。鼓。擊鼓也。沈濤曰。廣韻十遇引作陳樂也。無立而上見四字。玉篇亦云。壴。陳樂也。當本許書。立而上見也疑在從中從豆之下。今本殆為二徐所妄乙。又龍龕手鑑引亦無立而上見四字。徐灝曰。所謂樂者。蓋取中〇象鼓也。饒炯曰。豈為鼓之古文。鼓為壴之轉注。本象鼓及筍虡崇飾等形。倫桉父辛鼎有豈字即豈也。甲文鼓字所從之豈作豈。金文鼓字所從之豈作豈。竝以〇或⊡象鼓面。上下為虡也。蠢訓夜戒守鼓。彭訓鼓聲。皆豈即鼓之明證。象形文止當作⊡。篆文變省作〇或⊡。疑與日月之日及肉之異文作⊡者同。乃並其虡作豈為後起字。於六書無可附麗。依初文為象形耳。說解為呂忱或校者所改增。【說文解字六書疏證卷九】

◉高鴻縉 豈為鼓之初文。無可致疑。三代吉金文存卷二六頁鼎文有壴字。乃前期金文。應為甲文之所本。後人用字以鼓琴瑟之鼓代鐘壴之壴。久之而壴字廢。壴之音讀應與鼓同。而大徐本作中句切。小徐本作陟具反。乍視之。似不相同。然段注說文。居。从尸。古聲。知古聲之可諧居聲。居。九魚切。則知壴聲之變為中句切陟具反矣。綜上各說。則壴字說解之文。易之以今語。應為壴。戰陳之樂也。立於架而上見其飾也。象形。不从豆。【中國字例二篇】

◉田倩君 周金文豈字與甲文略同，下及小篆、隸、草、楷等字體其形未變。⊘

說文：「豈，陳樂立而上見。」徐說：「壴，樹鼓之象，殷人置鼓。」觀上諸說其意則一，即置鼓於樹立鼓架之上。今之樹鼓依然沿用殷人置鼓之法，其形狀極為明顯。其上从屮是所飾之羽葆，中⊡象冒(蒙)以皮革之鼓面，其下象虡。此乃静立之鼓也。

壴、鼓原為一字，自加偏旁則變作此，直至今日之鼓字，則自成一系。其讀音亦異，壴字則不復用。壴本為一象形字，加手持木棒作擊鼓姿勢，表示此為棒擊樂器，於是則變成象形而兼會意之鼓字。【釋鼓　中國文字叢釋】

◉李孝定　　此為鐘鼓本字。名詞。鼓則擊鼓本字。動詞。又後以鼓為鐘鼓字而別製从攴之鼓為擊鼓字。於字形強為分別而音讀仍同。實則古文从攴从攴从殳每得通。鼓鼓本為一字也。羅王瞿諸家之說並非。字非从豆。更非豆字也。金文壴作文考日癸卣。王孫鐘。鐘文云「永保壴之」。用為動詞。知壴鼓之音義本無別也。容庚金文編五卷十三葉壴字下云「孳乳為鼓」。說有未諦。壴鼓亦本一字也。【甲骨文字集釋第五】

封 

封　封仲簋【金文編】

封　日甲一〇五　二例　通樹　|木　日甲一〇五

日乙一二七

日乙一二八【睡虎地秦簡文字編】

古文【古文四聲韻】

◉許　慎　立也。从壴。从寸。持之也。讀若駐。常句切。【說文解字卷五】

◉丁佛言　封中敢。許氏說生植之總名。案封樹豎古通。【說文古籀補補卷六】

◉高田忠周　似中艸之中而小異。蓋為變勢也。說文。。立也。从壴。从寸。持之也。讀若駐。凡言樹立。封為正字。樹為借字也。但寸可以為法度之意。不可以為執持之意。古文从又。又者手也。可為持意也。籀文多變又作。為形近之通用也。今隸从寸。出于籀篆焉。又按。說文豈下曰。陳樂立而上見也。从中从豆。其說非是。今審壴。古鼓字。象形。說詳壴鼓兩字下。抑陳樂立而上見者。叀字義也。立之不得不用手。故字从又。而借壴為凡樂器總象耳。本義如此。轉為凡封立義也。【古籀篇二十五】

◉林義光　古作封仲敦。壴為喜饎省。見壴字條。手持饎。當即廚之古文。【文源卷六】

◉馬叙倫　宋保曰。豈亦聲。劉秀生曰。封聲之字在矦部。駐從主聲亦在矦部。故封得讀若駐。木部。樹。從木。封聲。人部。侸。從人。豆聲。讀若樹。頁部。頭。從頁。豆聲。釋名釋形體。頭。獨也。於體高而獨也。頭獨以同聲為訓。犬部。獨。從犬。蜀聲。尾部。屬。從尾，蜀聲。周禮考工記匠人。水屬不理遜謂之不行。注。屬讀為注。函人。犀甲七屬。注。

屬讀如灌注之注。注亦從主聲。是其證。倫按尌。從寸。壴聲。甲文作尌。封仲𣪘作尌。石鼓作尌。並從又。三篇。豎。從臣。豆聲。見豎字下。亦作豆。寸為肘之初文。從又與從寸同意。此為樹立之樹本字。古凡樹立其音如壴。故人立曰侸。不行曰遷。讀若住。馬不行曰駐。置物而立之曰豆。當入又部。或寸部。立也非本訓。從壴以下亦呂忱或校者所增改。或字出字林。【説文解字六書疏證卷九】

◉高鴻縉　字為樹植之意。動詞。石鼓文从又(手)植木。豆聲。豆聲古與尌聲同。甲文(尌後上·13·二。尌前二·7·八。尌前二·8·二)从力植屮。或从力植木。或从力植華。从力與从又同。而植屮植華意無別也。均以豆為聲。小篆變又為寸(即古肘字)。其意仍與又同。或誤以為尺寸之寸字。其意遂不可説。秦漢以後更加木旁作樹。仍為動詞。如漢以後所鈔經籍。詩樹之榛栗。孟子樹藝五穀。均用後起之樹而尌字廢矣。【中國字例五篇】

◉王獻唐　燭以直立，譬況孳乳為尌字。尌由形容詞亦用為動詞。凡欲植之使立，皆可曰尌。草木如此，一切器物亦如此。⊘尌字初文，為埶為埶，本象手持燭，後加豆聲。此燭形有从雙手者，單手執者，可用為尌，雙手執者亦可用為尌。⊘藝為後起字，説文作埶，訓種。石鼓文作埶，从土从丮，丮即卜辭之埶也。卜辭後有埶字(前六·一三·二)，亦為埶，从土从丮，仍是雙手持燭，與丮形異義同。【古文字中所見之火燭】

鼜　鼜音戚古周易【汗簡】

鼜【古文四聲韻】

◉許　慎　鼜夜戒守鼓也。从壴。蚤聲。禮。昏鼓四通為大鼓。夜半三通為戒晨。旦明五通為發明。讀若戚。倉歷切。【説文解字卷五】

◉郭沫若　鼓字孫詒讓疑嬉，又疑為歖喜，羅振玉釋侸，謂即豎字。案卜辭用此字有一定之義例，大抵於癸日卜旬之吉凶，而繫之以「王固乩曰虫有希祟，其虫有來鼓」之文，下紀其應，則云「若干日某干某支允虫有來鼓自□東西南北等字」，而繫之以事變，以關於疆理之事為多。是此鼓字必與希字相貫而含凶咎之意。釋嬉歖既不適，釋豎亦難通，諦審其字形，象於壴即鼓字旁有人跽而戍守之，乃象形之文，非形聲之字，蓋古鼜字也。説文「鼜，夜戒守鼓也，从壴，蚤聲。禮『昏鼓四通為大鼓，夜半三通為戒晨，旦明五通為發明』，讀若戚。」周官作鼜，地官鼓人「凡軍旅夜鼓鼜」，鄭注「鼜，夜戒守鼓也。司馬法曰『昏鼓四通為大鼜，夜半三通為晨戒，旦明五通為發响。』」釋文云「响本又作眗，亦作煦」，說文明字蓋誤。春官眡瞭「鼜愷獻亦如之」，注云「杜子春讀鼜為憂戚之戚：謂戒守鼓也。擊鼓聲疾數，故曰戚。」又鎛師「凡軍之夜，三鼜皆鼓之，守鼜亦如之」，注引杜子春云「一夜三擊備守鼜也，春秋傳所謂『賓將趨』者，昭二十年。音聲相似。」夏官掌固「夜三鼜以號戒」，注引杜子春云「讀為造次之造，謂擊鼓行夜戒守也，春秋傳所謂『賓將趣』者與？趣與造，音相近。」賈疏云「昭二十年衛侯如死鳥，齊侯使公孫青聘衛，賓將掫，注謂『行夜』。不作趣者，彼賈服讀字與子春異。」案今本左傳亦作掫，說文云「掫，夜戒守有所擊也，从手取聲，春秋傳曰『賓將掫』。」是掫與𧒒若鼜為一字，讀戚若造者乃𧒒之音，作掫者乃𧒒之異，趣趨均假借字也。然𧒒掫均形聲字，例當後起，則卜辭之鼓蓋其初文矣。字在卜辭當讀為戚，「其有來戚」、「允有來戚」，上與言「有祟」同條，下與言異變共貫，決為𧒒字無疑。又蚤與咎聲同在幽部，鼓讀為咎，義亦暢適。【天象 卜辭通纂】

◉馬叙倫 鈕樹玉曰。韻會昏作昬。旦下無明字。王筠曰。鄭注鼓人引此為司馬法。許引為禮者。藝文志列司馬法于禮家也。劉秀生曰。蚤聲在精紐。戚從尗聲在清紐。精清皆齒音。故𧒒從蚤聲得讀若戚。周禮春官眡瞭。鼜愷獻亦如之。注。杜子春云。讀鼜為憂戚之戚。是其證。夏官掌固。夜三鼜以號戒。注。杜子春云。讀鼜為造次之造。賈子保傳。戚然易容。大戴禮戚作造。亦其證。倫按此字或出字林。倫疑鼜為𪔂之轉注字。蚤聲幽類。𪔂聲談類。古幽宵為一類。若讀鼜入宵。與談對轉也。蚤戚聲同幽類。故鼜讀若戚。【說文解字六書疏證卷九】

彭

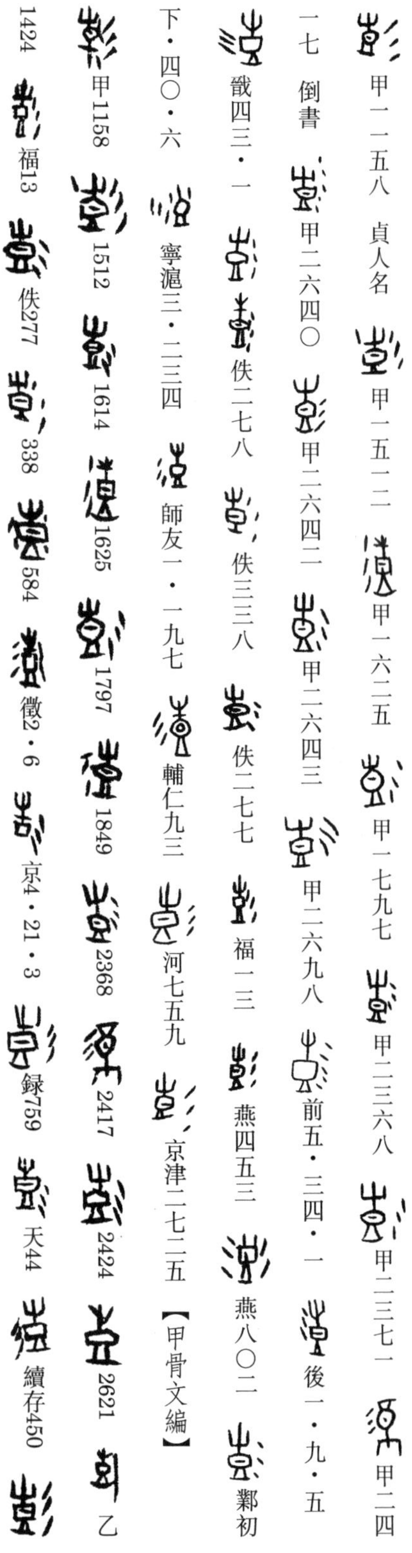

甲一一五八 貞人名　甲一五一二　甲一六二五　甲一七九七　甲二三六八　甲二三七一　甲二四一七 倒書　甲二六四〇　甲二六四二　甲二六四三　甲二六九八　前五・三四・一　後一・九・五　戩四三・一　佚二七八　佚三三八　佚二七七　福一三　燕四五三　燕八〇二　鄴初下・四〇・六　寧滬三・二三四　師友一・一九七　輔仁九三　河七五九　京津二七二五　【甲骨文編】

甲1158　1512　1614　1625　1797　1849　2368　2417　2424　2621　乙1424　福13　佚277　338　584　徵2・6　京4・21・3　錄759　天44　續存450

2097 六清186 外385 外18 摭續147 新4828 【續甲骨文編】

彭　揚鼎　彭女鼎　彭女簋　彭女甗　彭史尊　魚伯彭卣　彭姬壺　廣簋

伯彭盉　鄂君啟舟節　彭弢　地名　伯彭父卣　【金文編】

3·737 彭　考古1974:1 彭祖　【古陶文字徵】

133 【包山楚簡文字編】

彭澤令印　彭城丞印　彭城丞印　焦彭私印　申彭祖印　王彭　彭遂之印　彭子尉印

彭光　胡彭祖印　左彭沮　彭君俠印　彭如意印　彭終根　彭忠　樊彭祖印　王彭私印

彭慶之印　彭里　彭將來印　彭安臣　臣彭　【漢印文字徵】

石經文公　戰于彭衙　【石刻篆文編】

◉許　慎　彭鼓聲也。从壴。彡聲。臣鉉等曰。當从形省乃得聲。薄庚切。【說文解字卷五】

◉羅振玉　說文解字。彭。鼓聲也。彡聲。徐鉉曰當从形省乃得聲。段先生刪聲字。卜辭从彡。或作。乃从彡曰之彡。【增訂殷虛書契考釋】

◉葉玉森　羅説至塙。許書訓鬃為門內祭先祖。所以彷徨。从示。彭聲。詩曰。祝祭于鬃。彭乃彡形日祭禮之一。故从彡。鬃為後起字。卜辭彭从壴。乃鼓之初文。肜日用鼓樂祭先祖。當即鬃之本誼。許君因鬃一作祊。故訓彷徨。似迂。盩巳殷契鉤沈本辭彭為國名或地名。【殷虛書契前編集釋卷五】

◉高田忠周　段氏改省聲字。謂為會意。愚謂當从彰省聲。或借逢為之。詩靈臺。鼉鼓逢逢。是也。字亦作韸。見書大傳。【古籀篇二十五】

◉林義光　壴。鼓省。彡。象枹落鼓中形。古作彭女彝。【文源卷七】

◉馬叙倫　彡聲者。段玉裁孔廣居王筠朱駿聲皆以為從彡。鼓以三通為率也。檢甲文作諸形。然則非以三通為節明矣。從壴。彡部。彡即九篇毛飾畫文之彡。彡為髮之初文。故或二或三或五或六不等也。詳彡字下。髮音非紐。故彡音轉為所銜切入審紐。皆次清摩擦音也。古讀髮如拔。則音入並紐。故彭音並紐也。字見急就篇。己亥鼎作。彭女甗作。許當以聲訓。鼓聲蓋字林文。【説文解字六書疏證卷九】

◉李孝定　彭之音讀即象伐鼓之聲。从壴。即鼓之初字。彡。卜辭或作彡。為鼓聲之標幟。許君解為彡形聲。雖略失初誼。然亦可通。段氏以三鼓説之。因改「彡聲」為「从彡」。未免流于傅會矣。卜辭彭為國名。「辛丑卜亘貞乎取彭。」前・五・三四・一。「卜彭亡禍」前・五・三四・四是也。或為人名。「乙卯卜彭貞今夕亡禍」甲編・一一五八是也。或為祭名。「甲申其彭。」佚・五八四。當即鬃之初字。謂伐鼓而祭也。彭。本為鼓聲。詩靈臺「鼉鼓逢逢」。以逢為之。逢彭音近也。又北山「四牡彭彭」。傳。「彭彭然不得息。」烝民「四牡彭彭」。箋。「行皃。」出車「出車彭彭」。傳。「四馬皃。」駉「以車彭彭」。傳。「有力有容也。」載驅「行人彭彭」。傳「多皃。」同一彭彭而傳箋之解各異。竊謂當以行聲解之。蓋本義為鼓聲。引申之則車馬行人之聲亦得云「彭彭」也。【甲骨文字集釋第五】

嘉　嘉

嘉　不从壴　虢季子白盤　加字重見　伯嘉父簋　右走馬嘉壺　齊鞄氏鐘　王孫鐘　沇兒鐘　陳侯作嘉姬簋　邾公釛鐘　郘王子鐘　哀成弔鼎　王子申盞盂　中山王譽鼎　嘉賓鐘　【金文編】

5・264　左嘉　秦1114　獨字　【古陶文字徵】

三六：三　三例　宗盟類序篇女嘉之　宗盟類而敢不盡從嘉之盟　委質類參盟人名　顥嘉之身　一九五：一　一五六：二〇　八例　一五六：一　八例　一九四：一　一：三五　一五六：四　一七九：一三　一五二：二　二〇〇：五　二例　三：二〇　一：九五　九八：三　二例　一：四一　二〇〇：二九　九二：五　一六：九　三：六　四例　三：一一　三例　二〇〇：八　一八五：二　二例　探一二㊂：一　九六：三

三：二 二例 三：二五 一六：三 一六：二五 一八五：七 三例 九八：一一 九八：八 九二：四六 九二：三二 一六：二 二〇〇：二八 一九五：八 七七：七 二〇〇：二五 一：四 一：五 二例 一五六：二二 八八：四 一五二：三 二例 三：一三 一六：一八 一九四：四 二〇〇：四八 三：一八 五例 一：四七 一六：三二 三：一 二〇〇：一一 七例 三：三 十一例 一：六一 七五：一 二〇〇：二 七例 三：二二 七七：一九 一五六：一〇 二例 一：五五 一：二〇 一：一八 一：七 一：九 一：一〇 七七：八 三例 七七：六 一九五：七 一五六：一九 三五：一 七例 一：三 一五六：一八 一六：一三 一：四五 二〇〇：三〇 二〇〇：五七 一六：一七 二〇〇：六五 一：一〇四 二例 二〇〇：六六 三例 一：一九 二例 一五六：一一 四九：一 九二：一一 一：二七 探八㉒：一 八八：一一 二例 七七：一四 二例 九八：二 二例 八八：一 九八：五 二〇〇：三 三六：一 一六：一〇 二〇〇：六八 一：三二 一九八：一三 二例 九二：一八 一：七八 一五六：三 三例 一五六：五 二〇三：九 一：八七 一：六四 一：七三 七五：六 二〇〇：一 九八：六 一五六：一六 一七九：二 一九四：三 一九四：一一 一：三二 一：四三 一七九：七 二例 【侯馬盟書字表】

159 166 【包山楚簡文字編】

嘉 嘉任嘉 嘉王嘉 嘉胡毋嘉印 嘉梁嘉 嘉任嘉成 嘉竺嘉 嘉股嘉 【漢印文字徵】

嘉石碣避水 嘉敹則里 嘉四時嘉至磬 【石刻篆文編】

嘉義雲章 【古文四聲韻】

◉許　慎　嘉美也。从壴。加聲。古牙切。【説文解字卷五】

◉張燕昌　嘉薛作嘉。鄭氏章氏皆釋喜。施云。説文喜字如此寫。昌按。石本是嘉字。諸家釋喜非。【石鼓文釋存】

◉強運開　嘉薛趙施楊均釋作嘉。説文。嘉。美也。从壴。加聲。攺奄公鐘作嘉。沇兒鐘作嘉。均與鼓文相近。可以為證。【石鼓釋文】

◉馬叙倫　美也非本義亦非本訓。爾雅釋詁。嘉。美也。又善也。詩載馳。既不我嘉。東山。其新孔嘉。箋皆訓嘉為善。周禮大宗伯。以嘉禮親萬民。儀禮士冠禮。嘉薦令芳。鄭注亦皆訓嘉為善。然嘉從壴無美善義。八篇。佳。善也。淮南説林。佳人不同體。注。佳。美也。嘉佳雙聲。美也蓋佳字義。古書借嘉為佳耳。詩禮及金文每言嘉賓。今則言佳賓。是其證。金文嘉字多從𠂇作嘉齊𩨢氏鐘。即為之古文作者。亦即金文字所從之。皆為左右兩手。實即手字。猶目之與䀠耳之與聑也。從。喜聲。喜音溪紐。以同為舌根破裂音轉入見紐為古牙切。此敼之異文。或從尌加聲。為尌之轉注字。尌音知紐。知見同為清破裂音。嘉音見紐也。尌之轉為嘉。正猶壴之轉為鼓矣。士冠禮之嘉薦令芳。嘉當訓持。尌從寸也。左定十年傳。嘉樂不野合。注。嘉樂。鐘磬也。倫謂古鐘鼓皆植之。有虡。故有定位。不便野合。嘉樂蓋謂此也。嘉亦尌義。石鼓文。嘉樹則里。古者樹以表道。嘉樹則里。謂植木以分道里。此尤嘉尌同字之證。由嘉篆作壴下加而其義遂昧。許以從壴而附於壴部。或字出字林。宜為尌之重文。陳侯作嘉姬敦作嘉。【説文解字六書疏證卷九】

◉高鴻縉　字意為善美。古作嘉。从華在豆(籩豆)上。省。加聲。古力字亦作。【中國字例六篇】

◉李孝定　卜辭叚𡠧為之。𡠧字重文説詳十二卷𡠧下。金文作嘉齊𩨢氏鐘嘉陳侯作嘉姬簋嘉沇兒鐘嘉嘉賓編鐘。均與篆文同。號季子白盤作。叚加為之。加字重文。段注嘉下云「經有借『假』為嘉者。如大雅周頌毛傳皆曰『假嘉也』是也。有借『賀』為嘉者。覲禮古文『余一人嘉之』今文嘉作賀是也。」蓋嘉美之義古無正字。作𡠧。作加。作假。作賀。賀从加聲。均取其音近。至金文作嘉。始以為嘉美本字。鐘鼓所以祀鬼神。所以樂賓客。故从壴鼓取義。以加為聲也。【甲骨文字集釋第五】

◉陳漢平　卜辭有地名字作（seal）、數、數、數、數、數、數諸體。羅振玉釋樹。郭沫若隸定為㔹，釋為㽙，云：「《漢書・地理志》平原郡有枋縣，今山東商河縣治也。」按此字應釋為嘉，羅、郭所釋俱誤。

義」，可證。

金文嘉字从豆、从木（或來字頭𠦍，亦或从木）、从爪、从加（加聲）。金文嘉字或借加字為之。如虢季子白盤銘：「王孔加子白義」，可證。

《漢書・郊祀志上》集注引應劭：「嘉，穀也。」《爾雅・釋詁》：「嘉，美也。」金文嘉字造形所从之𣏌象來（麥子象形）在豆中，表示食器中盛有麥、禾、黍之類食物。所謂「嘉，美也」，即指食物之美味。《國語・鄭語》：「將以淫德而加之焉？」注：「加，遺也。」遺字在此為饋贈之義，此即「嘉獎」之「嘉」的本義。《說文》：「加，語相增加也。」「嘉，美也。」由此看來，「加」的本義為口頭嘉獎，而「嘉」之本義則為以食物之嘉獎，引申而為食物之美。

又侯馬盟書人名嘉字諸體中所从之來可通作𠦍、朩、朩、朩、㐄等諸形，所从加字復可省去口形與爪形而僅作力。由此可知嘉字所从豆上之形可作來、禾、木、中諸形，嘉字所从加可省去口而單作力；金文嘉字所从爪形亦可省去。故上舉甲骨文地名字數體俱當釋為嘉字。

甲骨文所見嘉字可隸定為三體：鼓、鼓、鼓。字从力从豆作，豆形之上所从來、木、中諸體俱為植物之象形，所表示之義即為食器中之食物。【釋甲骨文嘉字　古文字論集】

鼓 鼓

甲一一六四　甲二二八八　乙六六六二　乙六六六三　乙一四二四　乙四六八四　乙五八〇二　乙六一二一　鐵三八・三　餘一〇・二　前四・一・四　前五・一・一　後二・一四・一五　後二・二八・三　乙六三一〇　京津一五六〇　京津二二一二　甲二四〇　簠雜一一七　珠二七七　珠八七六　掇一・三六四　曾藏・六　零九一　柏四四　佚一〇六　京都一八三九　京都一八八六　【甲骨文編】

甲1164　1971　乙5802　6111　6310　8810　珠388　876　1017　佚106

續1·7·4 5·22·1 徵11·117 六曾6 粹1296 新2212 5633 【續甲骨文編】

鼓 不从支 王孫鐘 壴字重見 觶文 鼓𦎫觶 克鼎 瘨鐘 師嫠簋

洹子孟姜壺 邵鐘 子璋鐘 蔡侯𪔂鐘 从喜 沇兒鐘 郤王子鐘 王孫真鐘 【金文編】

95 【包山楚簡文字編】

鼓 為二二 七例 【睡虎地秦簡文字編】

鼓 鼓 義雲章 上同 演說文 【汗簡】

義雲章 演說文 汗簡 說文 崔希裕纂古 【古文四聲韻】

◉許　慎　鼓郭也。春分之音。萬物郭皮甲而出。故謂之鼓。从壴。支象其手擊之也。周禮六鼓。靁鼓八面。靈鼓六面。路鼓四面。鼖鼓皐鼓晉鼓皆兩面。凡鼓之屬皆从鼓。徐鍇曰。郭者。覆冒之意。工戶切。𡔷籀文鼓。从古聲。【說文解字卷五】

◉羅振玉　說文解字。鼓。籀文作𡔷。从古聲。卜辭與古金文畧同。皆不从古。其增宀者。殆亦鼓字。【增訂殷虛書契考釋】

◉王國維　殷虛卜辭與古金文皆作鼓。與篆文同。無如籀文从古者。知此為後起之字。足證李斯等所省改者多从古字矣。【史籀篇疏證　王國維遺書第六册】

◉林義光　壴者喜省。見壴字條。从喜省。轉注。支象手持枹形。古作　師嫠敦。作　克鼎彝。或作　沇兒鐘。不省。說文云。鼔。擊鼓也。从攴。壴聲。按。鼓鼔二字古通用無別。字作　洹子器。【文源卷六】

◉商承祚　此與磬誼同。从宀者鼓室也。金文師嫠𣪘作　。克鼎作　。沇兒鐘變而从喜作　。說文籀文从古聲作𡔷。【甲骨文字研究下編】

◉唐　蘭　說文以鼓為鐘鼓字，而以鼔為擊鼓，讀若屬。小徐本。戴侗六書故謂鼓不應有二字，擊鼓為鼔，猶箸衣為衣，非分為二。又云當從攴為是，攴乃支之譌。蘭按戴所據本鼓譌作鼔，故云。徐灝說文段注箋謂：「鼓從壴，從又，持半竹擊之，其始蓋專為考擊之稱，後為鼓鼙之名，故又改攴為支，為鼓擊之鼓，實一字耳。」較戴説為勝。金文鼓字，或從攴，或從支，殊無別。卜辭則有從攴從殳二體，又竅字偏旁從支。蓋古文字凡象以手執物擊之者，從攴、殳或支，固可任意也。壴為鼓之正字，為名詞，鼓、鼔、㲀為擊鼓之正字，為動詞。説文既以鼓為名詞之鼓，遂以鼓專動詞，而所謂「讀若屬」者，乃後世之變音，與壴轉音為中句切同科矣。【殷虛文字記】

◉明義士 鼓从壴，象鼓形，从攴，象手持物擊之也。與磬毃同意。篆文誤攴為支，猶磬毃誤攴為殳也。【柏根氏舊藏甲骨文字考釋】

◉馬叙倫 鈕樹玉曰。廣韻引皐作鼛。無八面六面四面皆兩面九字。周禮鼓人文本無八面等説。鄭注始詳言之。丁福保曰。慧琳音義十二及卅三引作從壴從支。象旗手擊之也。今本篆作鼓。旗誤作其。旗謂中也。倫按甲文有鼓鼓鼓諸文。故本書支部之鼓即從攴也。此從攴與鼓字同。慧琳引作從支。與鼓字同。皆傳寫之異。以鼓為正。蓋由初文之○或⊙。以有所疑而增為壴。壴復似於豆諸文而增支。正殸字之例也。餘見支部鼓下。春分以下至兩面皆呂忱或校者增改矣。本書説解中屢及鄭玄經注。蓋呂忱治古文又習鄭學者與。字見急就篇。克鼎邵鐘作鼓。師嫠敢作鼓鼓。沇兒鐘作鼓。從喜。

鼛 徐鍇曰。古聲。王筠曰。聲字蓋鉉據鍇説加之。倫按古鼓雙聲。爾雅釋艸。紅。蘢古。郭注。俗呼紅草為蘢鼓。是其例證。故鼓轉注為鼛。然金文無從古之鼛。以沇兒鐘作鼓證之。或此譌也。汗簡引庾儼默演説文作鼛。此蓋呂忱所加而庾襲之。呂既列籀文。必不漏此也。【説文解字六書疏證卷九】

◉田倩君 綜觀各家對於鼓字之解釋，雖衆説紛繁，大體望去，仍形不離宗。殷商之古文可謂純象形文字，亦即圖畫文字，以今日之楷書，溯源到先殷金文，在形體上曾有許多變化，但變化雖多，卻只在其擊鼓棒上演化而已。如「𡕒、𡖄、𡔮、支、攴、支、攴、支、皮等，並有許多異議，唯壴字（飾物稍有變化）卻屹然未動，亦從無異説，下圖可作參閲：

（一）殷金文 （二）殷甲骨文 （三）周金石文 （四）秦漢魏晉文字 （五）唐宋至今文字

【釋鼓 中國文字一九六一年第三期】

●李孝定　栔文从壴。另一偏旁則从攴从殳从攴𣪊字偏旁任作。唐氏之説是也。卜辭𣪊為地名。與他鼓字義別。然其始當為同字。辭云「辛亥卜出貞其鼓彡告于唐牛一」。餘・十・二。「乙亥彡鼓」。前・四・一・四。「貞其酒彡勿鼓十月」。前・五・一・一。言彡祭或用鼓。或不用鼓也。郭謂鼓壴一字。其説是也。金文作壴王孫鐘「永保壴之」。壴鼓通用。與卜辭同鼓克鼎鼓鼓師嫠簋从支从攴从支不拘鼓邵鐘鼓鼓𩏂觶鼓鼓齊侯壺鼛沇兒鐘从口。當為許書籀文所自譌鼓齊侯鎛鼓觶文。【甲骨文字集釋第五】

●黃錫全　鞁鼓義雲章　鼓字籀文作𡔷，从古。此从革作，類似鞭字本作㝗(𠑇匜)、㝗(𦟪録3・2)、㝗(璽文3・9)，後从革作鞭，《説文》鞀字或作鞉，籀文又作磬。鞁蓋鼓字別體，《説文》失收。《正字通》鞁同鼓蓋本於此。鄭珍認為「俗加革，非古也」。此形鼓同部首。【汗簡注釋卷二】

●戴家祥　鼛沇兒鐘　鼛即鼓之別構。加口或有兩個原因：一、鼓屬樂器，與歌唱相關。周禮小師「掌教鼓鼗柷敔塤簫管絃歌。」即鼓歌均屬教學內容。二、用口吹奏，作動詞。詩小雅「鼓瑟吹笙，吹笙鼓簧。」鄭箋：「簧，笙也。吹笙而鼓簧矣。」「鼓簧」之鼓，當是鼛的本義。沇兒鐘「永保鼛之」，鼛正用作動詞。金文往往加口構成別體而字義不變，如豊作豐，廝作廝等等。

尌封中𣪘　字从壴从又。壴字上从屮，與屮从屮同，中口象鼓形，下象簴，金文从又與从攴同，在此表示敲擊之義，疑𣪊乃鼓之省。舊釋作尌，丁佛言等認為與樹通，非。樹的本字應作尌。从又持木以植，豆聲。此从屮，不能與木相混。【金文大字典卷下】

●徐中舒　鼓從壴從攴，與鼓鼓形近，疑為鼓之異文。【甲骨文字典卷五】

鼛　鼛

鼛詛楚文　邵鼛布愍【石刻篆文編】

●許　慎　鼛大鼓也。从鼓。咎聲。詩曰。鼛鼓不勝。古勞切。【説文解字卷五】

●馬叙倫　鼛實鼓之音同見紐轉注字。大鼓者。後人別之。此蓋字林文。或字出字林。秦詛楚文作鼛。【説文解字六書疏證卷九】

鼖　鼖

●許　慎　鼖大鼓謂之鼖。鼖八尺而兩面。以鼓軍事。从鼓。賁省聲。符分切。鞼鼖或从革。賁不省。【説文解字卷五】

●唐　蘭　壴　當是鼖之本字也。壴為鼓形，説已見上。此作壴者，多其賁飾，以顯大鼓也。後世樂器之鼓，以鼓為之，壴字

鼖　鼕　鼘

遂變而作鼖矣。說文：「鼖，大鼓謂之鼖，鼖八尺而兩面，以鼓軍事，從鼓卉聲」。從小徐本，大徐作賁省聲，非。古或借賁為之，詩靈臺：「賁鼓維鏞」。或又孳乳為鞼，說文：「鼖或從革賁聲。」亦從小徐。【殷虛文字記】

◉馬叙倫　朱士端曰。鍇本作卉聲。是也。賁亦從卉聲。廣韻收入八微。古音微尾亦同列支部。倫按校者以或體作鞼。而賁聲近卉聲遠。故改耳。字蓋出字林。卉音曉紐。見曉同為舌根音。是鼓鼛之轉注字也。

　　鞼　朱士端曰。鍇本作或從革賁聲。是也。鉉不詳鼖從卉聲。而云賁省聲。因於此下增不省二字。【說文解字六書疏證卷九】

◉李孝定　壴从屮。象設業崇牙。即許所謂「立而上見」者。鼖為大鼓。飾多。故从卉。栔文之乃鼖之本字。唐說極塙。辭僅餘殘文。其義不詳。【甲骨文字集釋第五】

◉許　慎　鼙騎鼓也。从鼓。卑聲。部迷切。【說文解字卷五】

◉馬叙倫　任大椿曰。文選藉田賦注引字林。鼙。小鼓也。倫按騎鼓亦疑校語。許當以聲訓。或止作鼓也。鼙從卑得聲。卑音封紐。封見同為清破裂音。是亦鼓之轉注字。卑賁同雙脣音。鼖鼙亦轉注字。字見急就篇。【說文解字六書疏證卷九】

◉許　慎　鼕鼓聲也。从鼓。隆聲。徒冬切。【說文解字卷五】

◉馬叙倫　鼕為彭之轉注字。彭音竝紐。鼕音定紐。竝定皆破裂濁音。又聲同侵類。鼓聲也非本訓。【說文解字六書疏證卷九】

◉許　慎　鼘鼓聲也。从鼓。𣶒聲。詩曰。鼗鼓鼘鼘。烏玄切。【說文解字卷五】

◉馬叙倫　鈕樹玉曰。韻會引作鼘鼘鼓聲也。蓋黃氏加。繫傳無。倫按鼓聲也非本訓。鼙鼛下同。鼕下諸文或竝出字林。【說文解字六書疏證卷九】

鼞

◉許　慎　鼞鼓聲也。从鼓。堂聲。詩曰。擊鼓其鼞。土郎切。【說文解字卷五】

䶀

◉許　慎　䶀鼓聲也。从鼓。合聲。徒合切。鞈古文䶀。从革。【說文解字卷五】

◉商承祚　鞈說文鞈。古文䶀。从革。案革部鞈。防汗汗。扞之譌也。玉篇鞈。櫜也。以防捍也。荀子議兵篇。鞈如金石。注。鞈。堅貌。不以為䶀之古文。惟史記司馬相如傳。鏗鎗鐺䶀。注。鐺䶀。鼓音。漢書作闛鞈。則鞈信為䶀之古文矣。革部篆文當刪。【說文中之古文考】

◉馬叙倫　鼞從堂得聲。堂䶀音同定紐。蓋轉注字。亦為鼛之聲同談類轉注字。

鞈　鈕樹玉曰。玉篇廣韻並無。革部有鞈。訓防汗。則此疑後人增。倫按古文經傳以鞈為䶀也。【說文解字六書疏證卷九】

䶅

◉許　慎　䶅鼓無聲也。从鼓。咠聲。他叶切。【說文解字卷五】

◉馬叙倫　鼓無聲者。非謂鼓不能發聲。乃謂擊鼓至於無聲。鼓聲以彭彭為盛。擊其中也。漸擊面邊。乃成䶅䶅。此可實證也。然此非本訓。或無為缶譌。缶字步下文缶聲而衍。若謂鼓缶聲。則從鼓當作從鼓。鼓是名詞。鼓為動詞。【說文解字六書疏證卷九】

𪔵

◉許　慎　𪔵鼓䶀聲。从鼓。缶聲。土盍切。【說文解字卷五】

◉馬叙倫　鈕樹玉曰。缶聲與土合切不近。疑是鼓缶聲。从鼓缶會意。段玉裁曰。缶聲不得土盍切明矣。玉篇。鼕。鼓聲也。七盍切。廣韻。鼕。鼓聲也。倉褋切。皆即其字。缶蓋去之譌。然皆磬之誤字。桂馥曰。鄭注大司馬引書曰。前師乃鼓𪔵譟。釋文。𪔵音符。又芳甫切。馥謂磬之異文。王筠曰。經義述聞曰。說文䶀乃鼕之譌。玉篇亦誤作磬。後人乃加鼕字。筠按在後收字中。是以知之。音七盍切。而不知磬即鼕之譌也。廣韻有鼕無磬。是其證矣。又曰。鼕從去聲而音土盍切。厺居竝從去聲而音口荅切。其義同也。筠按玉篇鼕下云。或作鞈。然鼛下云。鼓無聲。與鼓意正相反。已為本部結尾矣。而又以鼕之訓鼓鼛者從其下。殊乖全書之例。上文。鼞。土郎切。䶀。徒合切。兩字雙聲而相從出之。鼞䶀合是連語。䶀磬亦雙聲。吾恐即是一字。即作鼕亦未必是古字也。倫按桂說𪔵即磬之異文。倫謂轉注字也。蠹之重文作蜉。稃之重文作柎。可為例證。然則從缶得聲無疑。特土盇切之音誤耳。説解中鼛字亦誤演。或鼓聲二字誤合之譌。而校者據一本坿注。傳寫誤入也。或曰。本有䵒篆。從鼓。去聲。傳寫挩其篆解。而音切尚存。罄則挩其音切也。不然則段王説是。自鼖以下六字皆鼓聲。而鼛磬以下四字皆古雙聲。蓋鼓聲由大而細。亦雙聲轉變。象聲為字。不必如考老之為轉注字也。【説文解字六書疏證卷九】

豈 

 妙如51 【古陶文字徵】

 豈 為一〇 【睡虎地秦簡文字編】

 2850 【古璽文編】

 樂豈里附城 【漢印文字徵】

 豈他本切 【汗簡】

 汗簡 【古文四聲韻】

◉許　慎　還師振旅樂也。一曰。欲也。登也。从豆。微省聲。凡豈之屬皆从豈。墟喜切。【説文解字卷五】

◉唐桂馨　許訓振旅樂乃後起義。本字蓋象形兼會意字。豆祭享盛食器上必有蓋。蓋有飾。山即蓋飾也。山作斜立形。象蓋飾不整或斜啟其蓋。非禮也。俗語不應有而有之事為豈有。豈者。反詰語气。實从豈形而引申。豈有張皇意。有振奮意。故凱旋奏樂曰豈。飲酒宴樂曰豈。○段注引曾子問周公曰。豈不可。漢書丙吉傳。豈宜褒顯。凡言豈皆庶幾之意。據段此説意者。豆而啟其蓋有欲登薦之意歟。【説文識小録】

◉馬叙倫　鈕樹玉曰。繫傳重一旅字。衍。桂馥曰。一曰欲也者。本書。覬。钦𠅗也。通作闓。廣雅。闓。欲也。詩載驅箋。豈讀為闓。段玉裁曰。微當作敳。見敳下。徐鉉説。饒炯曰。還師振旅樂。謂揚旆而返。鼓譟而還。歌以樂之。如左傳僖二十八年云。振旅愷以入于晉。是也。其篆不從微省。從豆甚明。豆當為豈。豈者。鼓之古文。微省者。當是徽省之誤。徽下説。識也。後漢書注云。徽號。旌旗之名也。倫按饒謂從豈是也。謂從徽省以會意。非也。且徽號字當作徽。而徽徵字亦皆得聲於微。會意字無以形聲字比類合誼者。還師振旅樂也非本訓。一曰欲也桂説是。登也者。登當作登。汪憲本即作登。登即下文之𡔷。蓋以豈從㞶得聲。登音亦端紐。古或借豈為登乎。此六字皆校語。文選曹子建朔風詩注引倉頡。豈。冀也。則倉頡有豈無覬。本書覬字出字林矣。【説文解字六書疏證卷九】

◉黄錫全　豈他本切　鄭珍云「『本』字誤」。古璽豈作（璽彙2850），《説文》正篆作。此形从古豆。【汗簡注釋卷二】

愷

愷古孝經【汗簡】

◉許　慎　愷康也。从心豈。豈亦聲。苦亥切。【説文解字卷五】

◉馬叙倫　段玉裁曰。愷康雙聲。倫按從心。豈聲。十一篇。愷。樂也。此愷樂愷弟字。當以心部為正。此重出。徐灝朱駿聲以豈愷為一字。非也。豈為樂名。而愷乃安樂。語原於豈。故得豈聲。爾雅釋詁。康。安也。康即以雙聲借為愷。當删此字。【説文解字六書疏證卷九】

◉黄錫全　愷古孝經　夏韻海韻録《古孝經》一形作，一形作。此形上部寫譌，从古豆。心移下作，類似惕字作（蔡侯尊），也作（趙孟壺）；忍字作，也作（𠭯録3・2）。【汗簡注釋卷二】

⿰豈幾

王存乂切韻【古文四聲韻】

◉許　慎　⿰豈幾⿹气幾也。訖事之樂也。从豈。幾聲。臣鉉等曰。説文無⿹气幾字。从幾从气義無所取。當是訖字之誤尔。渠稀切。【説文解字卷五】

◉馬叙倫　徐鍇曰。爾雅。⿰豈幾。汔也。故為訖。徐鉉曰。説文無⿹气幾字。從幾從气。義無所取。當是訖字之誤耳。鈕樹玉曰。廣韻引無⿹气幾也二字。玉篇注無。則傳寫誤增矣。倫按⿹气幾為⿰豈幾訖二字之合。傳寫之誤。本作⿰豈幾訖也。⿰豈幾為隸書複舉字。訖也以聲訓。訖事之樂也。呂忱加之。然玉篇引埤蒼。⿹气幾。⿰豈幾也。則⿹气幾字之誤已久。⿹气幾也或字林文。呂忱依埤蒼加之。訖事之樂也校語。然⿹气幾字絶無旋師振旅之樂義。或埤蒼本是⿰豈幾⿹气幾也。⿹气幾為訖誤。傳寫譌乙。⿰豈幾為豈之轉注字。同舌根音。又聲同脂類。史記鯨布傳。而王幾是乎。徐廣曰。幾一作豈。是其例證。今作凱字。由俗書幾作几也。【説文解字六書疏證卷九】

甲一六一三 地名 乙七九七八反 後一・六・四 【甲骨文編】

甲879 1613 乙7978 【續甲骨文編】

豆 宰甾簋 豆閉簋 周生豆 大師虘豆 散盤 【金文編】

3・720 公豆 3・584 豆里曰土 3・586 豆里迲 3・548 豆里賹 3・603 豆里宔 3・592 同上 3・561 豆里㝵 3・554 豆里圝 3・550 豆里安 3・457 匋里人臧之豆 3・583 豆里繞 3・581 同上 3・551 豆里安 3・607 豆里賞 3・606 豆里乘 3・558 豆里× 3・570 豆里正 3・518 甗圝里豆 3・46 □□立事歲□□亳豆 3・26 痯都陳㝵再左里敀亳豆 3・28 昌櫅陳圝南左里敀亳豆 3・36 誾陳齎叁立事左里敀亳豆 3・508 王卒陳南左里敀亳豆 3・831 □□之廩□□豆 【古陶文字徵】

〔二五〕 〔二二〕 〔二二〕 〔一九〕 〔三六〕 〔一九〕 【先秦貨幣文編】

刀弧 背右豆 晉原 刀弧 背右豆冀靈 刀弧 背右豆 亞五・五二 仝上 【古幣文編】

豆 法二七 【睡虎地秦簡文字編】

豆 【汗簡】

竝崔希裕纂古 【古文四聲韻】

◉許 慎 豆古食肉器也。从口。象形。凡豆之屬皆从豆。徒候切。古文豆。【說文解字卷五】

◉方濬益 說文所收古文豆作。其下从。今以此銘證之。當作。殆寫官傳鈔之誤。汗簡因之。并喜豐等字通改从。謬矣。【桓豆 綴遺齋彝器款識考釋卷二十五】

◉高田忠周　説文。[字形]古食肉器也。从口象形。古文作[字形]。蓋豆之為器。口其體也。故或作[字形]。一所盛之肉意。指事也。又口上一横即象蓋也。又口下作冂或作[字形]。以象骹。骹。豆脛也。或以校為之。禮記祭統。夫人薦豆執校。注。校。豆中央直者是也。又曰。執醴授之執鐙。注。授醴之人。授夫人以豆則執鐙。鐙。足下跗也。跗同柎。然豆字下一横即下柎也。鐙也。豆之器。細分有四名。而併稱曰豆也。字或省蓋作[字形]。又或省鐙作[字形]。又如[字形]篆。骹上重二豆也。亦緐文耳。

【古籀篇二十二】

◉商承祚　[字形]　説文豆。古食肉器也。从口。象形。[字形]。古文豆。案鍇本作[字形]。玉篇作[字形]。是也。此形當作[字形]。金文宰出𣪘作[字形]。散盤作[字形]。豆閉𣪘作[字形]。與篆文同。今證以原器。極得豆之形狀。一其蓋也。王筠説文釋例。謂一象盛物。非是。

【説文中之古文考】

◉馬叙倫　王筠曰。從口舌字及音圍之□皆不合。且下云象形。是通體象形也。倫按本以聲訓。或作器也。校者加古食肉器也。從口二字疑上文䜟下從豈之爛文誤演於此。字見急就篇。豆閘𣪘作[字形]。

[字形]　徐鍇曰。象形。鈕樹玉曰。韻會作[字形]。王筠曰。小徐亦作[字形]。玉篇作昱。當作[字形]。李杲曰。古匋作[字形]。與此近。倫按郘比父豆作[字形]。大師虘豆作[字形]。散盤作[字形]。無作[字形]者。蓋本作[字形]也。

【説文解字六書疏證卷九】

◉高鴻縉　豆為籩豆之豆。象豆有蓋形。秦漢時造豈字以代菽字。(豆聲與叔聲古同。)後人又省豈作豆。於是豆為菽之通稱。而菽字浸不用矣。籩豆之豆。又或以其木製也。亦加木旁作梪。詩。于豆于登。解者以木豆謂之豆。瓦豆謂之登。

【中國字例二篇】

◉楊樹達　段玉裁曰:「上一象幎,中‖象校,下一象八。」樹達按:鬲豆二字之〇,皆象中空實物之處。在字為平面,在物則為立體。以文字不能表立體,止能以平面表之。

【文字形義學】

◉李孝定　絜文作[字形]。與絜文𢍜字从[字形]者合。釋豆是也。卜辭豆或為地名。辭云。「甲子卜叀豆田于之禽」。甲編・一六一三。它辭不完。不詳其義。金文作[字形]豆閉簋[字形]周生豆[字形]大師虘豆[字形][字形]散盤[字形]宰出簋。

【甲骨文字集釋第五】

◉姚孝遂　肖　丁　「乙巳卜,叀豆令。」

卜辭「豆」作為人名,乃首見。甲1613「叀豆田,于之𡚁」,「豆」乃地名。

卜辭「[字形]」、「[字形]」乃「豆」字,與「[字形]」、「[字形]」(𣪘)有別,不能相混。

【小屯南地甲骨考釋】

◉湯餘惠　[字形](《季木》79・12)甲骨文作[字形]、[字形],是簠豆的獨體象形字,陶文此篆析為三部分,顧廷龍《孴録》釋「良」(5・4)。按戰國楚器鑄客鼎瓸字从豆作□，十三年戈(《三代》20・20・2)戲字从豆作□，可知確是豆字。【略論戰國文字形體研究中的幾個問題　古文字研究十五輯】

◉喬志敏等　「□」字陶文一件。陰刻於陶豆盤內底上，車站烟廠春秋墓出土。此文應為「豆」字之省筆。

「□」「□」字陶文五件。均是陰文，刻寫在陶豆盤內底上，其中兩件分別是唐户M26和M13出土的，一件是車站春秋墓出土的，另兩件是鄭韓故城出土的。此種陶文與「□」字陶文基本相同，僅是字頭缺一點。我們把它隸定為豆字。【新鄭館藏東周陶文簡釋　中原文物一九八八年第四期】

◉菏澤市文化館等　豆录，豆作□，蓋銘豆字。《金文編》誤摹作□，多出的小點為鑄造缺陷，非字畫。豆為地名。見於卜辭：「甲子卜，叀豆田，于止禽。」【殷代長銘銅器宰甫卣的再發現　文物一九八六年第四期】

◉朱歧祥　□象盛食器，隸作豆。《説文》：「古食肉器也。」古文作□。僅於武丁卜辭中一見，與酌(酒祭)同辭對文，用為動詞，當指持豆內盛牲肉以祭之意。

《人83》丙午卜，賓貞：□八羊眔酌卅牛。八月。用。

「豆八羊」即用豆盛羊祭。【殷墟甲骨文字通釋稿】

梪 梪

 250  266【包山楚簡文字編】

◉許　慎　梪木豆謂之梪。从木豆。徒候切。【説文解字卷五】

◉顧廷龍　□梪。吳大澂云。説文豆部。梪。木豆謂之梪。从木豆。豋。禮器也。从廾持肉在豆上。讀若鐙。同此。从木从□亦豋字。【古陶文孴録】

◉馬叙倫　鈕樹玉曰。繫傳不加音切。是也。此亦豆之重文。釋器。木豆謂之豆。釋文云。豆。如字。本又作梪。玉篇豆引説文。下即古文豆。下即梪。注云。同上。則非二字明矣。嚴可均曰。韻會引以為豆之或體。倫按蓋校者以爾雅文記於下。傳寫誤入正文。又捝豆或二字耳。【説文解字六書疏證卷九】

◉楊樹達　豆加木為梪。許誤分之。【文字形義學】

豋

【汗簡】

豋 説文【古文四聲韻】

◉許　慎　豋䖭也。从豆。蒸省聲。居隱切。【説文解字卷五】

◉劉心源　豋用為丞。或釋勞。非。案𣪘敢云。有𤔲于我家。舊釋婚。余向釋眷。非。説文女部。婚籀文作䁗。季良父壺。婚媾作𡟰。彔伯𢦚敢。晝轙作𤔲。省韋。詳後。攷説文爵作𤕤。象爵之形。中有鬯酒。又持之也。所目飲器象雀形者。取其鳴節節足足也。許目𤕤象雀形。則古刻从者亦然。其从。即卩即節。从尸亦卩字。从。即止即足。古刻从止之字亦作。象足形。詳若癸鼎。已寓節足之義。其从巨者為鬯省。小篆存鬯省矩。意實同此。於爵字形義已葡。説文觴籀文作。从爵省。仲多壺作。从亦爵省。盂鼎即爵即雀。用為截。皆古刻爵字之證。又从中。女字也。中亦女字。知古刻婚字从爵女會意。詩有齊季女疏云。女將行嫁。父醴女而俟迎者。婚从爵。義蓋取此。許書籀文从。即。从止。乃之變。从。為巨譌。从。為中譌。必寫者涉於䁗字而誤。當據此訂之。此銘余非𦎫又昏無唯正昏。皆用籀文婚為昏。又晝轉晝與寅簋晝同。即轙也。説文車部。轙。車伏兔革也。从車。𢑱聲。玉篇作軓。廣韻作輴。小篆从車。古刻从輂。當亦籀文之繁也。若𣪘敢之與此銘勤大命竝从爵省。非婚字。皆不从女。乃豋也。説文。豋。䖭也。一瓢劙為二謂之䖭。昏禮合巹字當用豋。今所用巹字乃借巹而誤从巳也。从豆蒸省聲。蒸从艸丞聲。丞从火丞聲。丞从𠬞从卩从山。山高奉承之義。此銘从。為爵省。小篆从卩。益省也。卩即卩。後人用為合巹字。而音讀亦變。許云蒸省聲。徐作居隱切。目蒸部字挹入真部。非也。彔伯𢦚敢自厥祖考有于周邦。从即𠀠即鬯。𠀠詳後。鬯詳前。凡𣪘敢彔伯𢦚敢之有豋。與此銘豋勤皆用為丞。豋从爵省。从豆。从𠬞奉之。即丞祭字。爾雅釋詁。丞。進也。廣雅釋詁一。丞。美也。是其義。釋者輒與婚字相掍。故詳説之。【毛公鼎一　奇觚室吉金文述】

◉馬叙倫　錢坫曰。此合巹字。王筠曰。朱筠本作𦭡省聲。當作𦭡聲。蒸下蓋有重文作𦭡。徐灝曰。當從𦭡聲。後人罕見𦭡字。故以為蒸省。倫按瓠部瓢亦訓䖭也。然䖭訓蠡𧓍木中也。䖭蓋以雙聲借為豊。然此字林訓。見儀禮士昏禮釋文引。或字出字林也。豋得聲於丞。丞音禪紐。古讀歸定。是豋實豆之轉注字【説文解字六書疏證卷九】

◉黄錫全　豋釋文脱。夏韻隱韻録《説文》豋作。《説文》正篆豋作，此形豆同部首。寫譌。【汗簡注釋卷二】

鐵二三〇・一　說文䜭豆屬从豆𠂹聲卜辭及金文䜭字皆从米知小篆从𠂹乃米形之譌䜭烝聲近卜辭用此為烝春秋繁露曰烝者以十月進初稻也此作以豆盛米兩手奉而進之之形說文釋為豆屬非其朔矣　前二・一六・四　續一・二六・三　珠六四六　誠明二二　佚六六三　甲一九九〇　無想四九五　前四・二〇・二或从禾　前一・一五・六　前四・二〇・三　前四・二〇・四　前四・二〇・五　前四・二〇・六　前四・二〇・七　前四・二〇・八　林一・八・二　坊間四・四三九　燕二八〇　燕三一七　燕七一二　甲八九九　甲三〇四九　存下八八六【甲骨文編】

𥂴　从米从豆像載米于豆从廾進之義當訓為登為進　盂鼎　有𥂴祀　經典以烝為之說文譌米為𠂹汗簡米部釋為烝　省廾　盂鼎又云　夙夕召我一人𥂴四方　大師盧豆　大師盧作𥂴尊豆　段簋　王貞畢𥂴　𢼸簋【金文編】

◉許　慎　䜭豆屬。从豆。𠂹聲。居倦切。【說文解字卷五】

◉馬敘倫　桂馥曰。豆屬者。桊或作棬。玉篇。棬。屈木盂也。嚴章福曰。孟子告子疏引作屈木盂也。章炳麟曰。䜭登從豆。此六國以後俗篆。錢桂森曰。本部豆訓古食肉器。乃忽廁以桊䜭二字。從𠦍豆之豆。末又列以禮器之𧯷。許書未必襍亂如此。案方言。盂或謂之桊。廣雅亦云。桊。椀。盂也。玉篇作𧯠。此曰豆屬。或即𧯠也。至䜭下豆飴之說必有譌誤。䜭或亦豆器之屬。容庚曰。大師盧作𥂴尊豆有字。段敨有字。皆即䜭字。從米。從豆。象載米於豆。從廾進之。誼當訓進訓登。經典以烝為之。說文誤米為𠂹。訓為豆屬。而𥂴義亡矣。陳邦懷曰。契文有。從禾。從米。𢍏聲。及盂鼎烝祀之烝作者。從米。𢍏聲。倫按蓋本有𢍏𩰫𥂴䕅䜭五字。𢍏字甲文作。當從廾兩手。即手字豆聲。蓋𠬪之轉注字。今杭縣謂取水曰兜水。當作此字。𩰫則從豆𠬪聲。詳𩰫字下。𥂴為從米𢍏聲。或䔲有聲。此烝嘗之烝本字。以為祭名。別作。見甲文。䕅則𥂴之後起字。從禾。𥂴聲。或別為一字。其義已矣。經典烝祀。傳注皆訓冬祭。春秋繁露祭義。冬上敨實。敨實。稻也。四祭冬曰蒸者。以十月進初稻也。此所以從米也。從起字復從禾也。知容說非者。敨實稻也。豆非敨也。古以俎豆連言。俎借為椹。椹以割肉。溥之於豆。故豆為食肉器。敨即簠簋。簠簋所以盛稻粱黍稷。此皆古有明文。器有定用。字可借假。義則殊科。然則豋自是鮝之異體。與登轉注。聲同元類。登則盌之異文。章謂從豆為六國後俗字。倫謂豆皿皆盛器。義自得通。且今盌形實古豆之遺制。杭縣所謂高脚盌即豆。而𥁓亦𧯞之變形。鮝登二字之從豆。亦或皿之變體。非即俎豆字也。此訓豆屬。蓋字林文。字林每言屬也。孟子疏引者乃豆屬下文。亦字林文。獨孟子疏引者。正明是字林字。宋人引說文有為唐人或唐以前人所不引者。類為字林字。或新字林字。【說文解字六書疏證卷九】

◉張日昇　說文云：「䒼。豆屬。从豆𠦒聲。」金文从米从豆。實米於豆。从廾進之。與𢍏同意。容庚謂說文譌米為釆。說至精審。段玉裁以大豆黃卷說豆屬。非是。𢍏為禮器。則䒼亦當為豆器之屬也。釆為米之形譌。𠦒聲之說不可據。經典以烝為䒼。音同通叚。吳大澂等直釋䒼為烝則非。烝字从火丞聲。烝䒼各自為一字。桂馥說文義證謂豋即棬。錢桂森段注訂亦謂即鮝器。然棬鮝玉篇作𥂕。古音並在元部。而烝䒼在蒸部。䒼本不讀居願切。因譌為𠦒聲而有此讀。䒼雖為載米之盛器以進奉於鬼神。然不必即棬鮝也。【金文詁林卷五】

◉李孝定　字當隸定作䒼，與𢍏當為一字，𢍏字象實豆以肉，兩手進之，䒼則易肉以米耳。𢍏字今作登，俗與豊登混，䒼祀，經傳作烝祀，用借字也。自小篆譌米為釆，許君復解為𠦒聲，遂讀居願切，形音俱失矣。強運開氏三補引容庚說甚精審。【金文詁林讀後記卷五】

◉李孝定　說文。豋。豆屬。从豆。𠦒聲。段玉裁王筠朱駿聲均以為即本艸經之大豆黃卷。說非。桂馥云。豆屬者。豋。定按。豋之隸體。或作棬。玉篇。棬。屈木盂也。廣韻。棬。器似升。屈木為之。見義證卷下。錢桂森段注訂云。許書凡一字兩義者。必分別說之。此豆部首但說為古食肉器。乃忽厠以豋登二字。指為尗豆之豆。末又列以禮器之𢍏。恐許書未必如是雜亂也。森案。方言。盂或謂之鮝。廣雅亦云。鮝。椀盂也。玉篇作𥂕。說文皿部無鮝字。此豋下云豆屬。或即鮝器。許所見从豆未可知也。按桂錢二氏之說是也。許所云豆屬。乃器用之豆。非尗豆之豆。方言廣雅作鮝。玉篇作𥂕。均从皿。與卜辭字或从皿者前·四·二十·二及四片合。惟卜辭豋多从豆。仍當以說文為正也。蓋豆為專名。皿為通偁。間亦通用也。字象實米於豆。収以進之。其意與春秋繁露訓烝之義合。然豋之與烝形體懸遠。羅氏說此字之意是也。然逕釋為烝則誤。孫氏之說已進一境。然仍囿於羅說。謂許君析豋烝為二為非。甚矣其敝也。蓋豋自是豋。烝自是烝。截然二字。烝字从火丞聲。許訓本不誤。以火气上行。故引申有進義。春秋繁露之解乃由烝之引申義得之也。豋字象實米於豆収以進奉神明。卜辭用之為祭名。辭云。甲辰卜貞王宊豋□亡尤。前·四·二十·四。癸卯卜貞王宊豋☐前·四·二十·五。癸卯卜貞王宊二必豋按

此即于省吾氏隸定為𢍜釋為蒸者亡尤。前・四・二十・六。辛酉卜貞王宓𢍜亡尤。前・四・二・十・七是也。又為地名。⊘金文作
孟鼎「省粢𢍜祀」 孟鼎「𢍜四方」 大師虘作𢍜尊豆。 段簋「王貞畢𢍜」。【甲骨文字集釋第五】

◉許　慎　𧯠豆飴也。从豆。夗聲。一丸切。【説文解字卷五】

◉馬叙倫　錢坫曰。倉頡解詁。𩜁。飴中箸豆屑也。方言注以豆屑雜餳曰𩜁。即此字。王筠曰。投壺篇有小豆字。知古亦名菽為豆。但部首説中未見此義。而突收𢍜𧯠二字。令人駭異。若爾雅則有此例。許書無之。朱駿聲曰。此後出字。許書附豆部。倫按豆飴乃𩜁字義。今本書捝𩜁字。此蓋一曰下文。或呂忱加此字。而不明其本義。乃箸此訓。𧯠為盌之異文。為盂之音同影紐轉注字。餘見卷下。【説文解字六書疏證卷九】

鐵三八・四説文𤼷禮器也从𠬞持肉於豆上卜辭不从肉用為蒸進之蒸　鐵四八・四　前五・二・二　前五・二・三
前五・二・四　前五・二・五　後一・五・三　後二・一一・四　後二・二九・一五　戩三七・三
戩三七・五　甲三五三　甲八五五　鐵三八・四　甲九〇三　甲二六八七　甲二七七九　乙一一二七
七　粹一六六　粹二六九　鄴初下四〇・二　佚二六六　佚五六三　佚五六八　京津四〇
二五　林一・二六・一七　通別二・一一・一　中大七七　京都一九〇一　京都二三三一四【甲骨文編】

甲353　642　657　855　899　903　2407　2687　2779　2799　3049
3089　乙751　1277　3024　3152　3274　3317　4598　5002　5630　6581
6723　7766　珠535　1185　福36　佚19　51　266　323　410　568
877　續1・2・1　1・10・3　1・37・1　1・43・9　1・46・1　2・5・7　2・8・2

2・30・10　3・3・1　3・3・3　3・4・4　3・27・4　掇123　385　438　456　徵3・87　3・198　9・9　9・21　9・27　9・47　9・48　9・49　12・49　京1・33・4　鄴40・12　天51　續存707　1495　外53　粹166　269　324　432　749　908　909　910　912　913　1126　新3420　3973　4002　4008　4025【續甲骨文編】

◉許　慎　禮器也。从廾持肉在豆上。讀若鐙同。都滕切。【説文解字卷五】

◉羅振玉　曰𢍚　說文解字。𢍚。禮器也。从廾持肉于豆上。讀若鐙同。此殆即爾雅瓦豆謂之登之登字。卜辭从兩手奉豆形。不从肉。由其文觀之。乃用為烝祀字。【增訂殷虛書契考釋】

◉林義光　説文云。禮器也。从廾持肉在豆上。按古作太師虘豆。作姬𡚱彝登字偏旁。从米不从肉。或作段敦。作孟鼎。省廾。亦作异伯氏壺。省米。𢍚烝古同音。烝嘗之烝。諸彝器皆以𢍚為之。【文源卷六】

◉商承祚　作。亦𢍚字。从亍。象奉豆于神前。【殷虛文字類編第五】

◉馬叙倫　諸家皆謂此為詩生民于豆于登之登。即爾雅釋器瓦豆謂之登也。豆登皆舌尖前破裂音。故經傳竝作登。借字也。倫謂此從豆廾聲。豆音定紐。廾音羣紐。定羣同為濁破裂音。故豆從廾得聲。轉注為𢍚。𢍚為禮器。則是器名。安得字從廾持肉在豆上乎。禮器也以下俱非許文。或字出字林也。讀若鐙同者。鐙從登得聲。登從𤼷得聲也。儀禮公食大夫禮。大羹湆不和實于鐙。即以鐙為瓦豆之名。段玉裁疑許書本無此篆。倫疑本部許止有部首。【説文解字六書疏證卷九】

◉楊樹達　廾為能名，肉為所名。如云手持盛肉之豆，則亦可視豆為所名。【文字形義學】

◉李孝定　説文。𢍚。禮器也。从廾持肉在豆上。讀若鐙同。契文作上出諸形。羅氏釋𢍚。其説是也。孫詒讓於並釋豐。葉王諸氏从之。説竝非。契文豐作。説詳二卷豊下。至字當從唐蘭説釋饔。説詳本卷下饔字條下。陳氏説𤼷字之義是也。惟隷定作登則誤。登為𤼷之隷體。當隷定作𤼷。依篆體當寫作𢍚。今隷當作𤼷。與登字迥別。不容淆混也。

登𢍰於卜辭為薦新之禮。除陳氏所舉諸例明標品物者外。亦有但言𢍰于祖某。𢍰于父某𢍰于兄某之辭。是則𢍰之字義蓋已為薦新之祭之專名。後世假烝為之。楊氏謂𢍰福當讀為烝。其說實稍有未諦也。辭云。喜貞其𢍰祖辛于☐卯一牛。藏四·八·四。戊午卜貞𢍰自上甲夫大示𢍰隹牛小示㞢☐。前·五·二·四。☐貞☐父甲𢍰□亡尤。後·上·五·三。☐䎽聲□其𢍰兄辛。後·上·七·十。貞㞢子漁𢍰于大丁。後·上·二八·十一。☐𢍰于祖乙。甲·一·二六·十七。凡此𢍰皆為祭名。即烝嘗之烝。烝字當以火气上行為本義。用為烝嘗字者皆當讀為𢍰也。𢍰烝古音同在六部。【甲骨文字集釋第五】

◉朱歧祥 𢍰，从収持豆以祭，隸作𢍰。《說文》作𢍰：「禮器也。从廾持肉在豆上，讀若鐙同。」卜辭多用為動詞，示用𢍰載禾黍稻米以獻祭。字有增示作禣，由辭例得證同字。

〈粹910〉 ☐其𢍰新鬯、二牛，用？

〈戩25·10〉 ☐其𥜽新鬯二升一卣，王☐？

字復合「米」、「來」作𥜽、𥜽，示獻穀物之形。

(a)〈粹909〉 癸巳貞：乙未王其𢍰米？

〈遺646〉 丁丑卜，其𥜽☐？

(b)〈庫1021〉 庚辰卜，即貞：王賓兄庚𢍰眔歲，亡尤？

〈續1·26·3〉 甲申卜貞：王賓𥜽祖甲，亡尤？【甲骨學論叢】

◉朱歧祥 𢍰 𢍰 𢍰 𢍰

从豆从止，隸作𢍰，即𢍰字。从止从収意同，均表人。參𢍰字。《說文》作𢍰：「禮器也，从廾持肉于豆上，讀若鐙同。」卜辭用意亦為舉豆以祭。

《存1·1785》弜酌河，𡆥其𢍰。

《後下26·7》丙申卜，𢍰伐，不用。

伐，殺人牲以祭。𢍰伐，即獻伐之意。

《甲2123》甲午卜貞：𢍰。翌于甲寅酌。

《續2·1·5》丁未卜，爭貞：勿𢍰先以歲𢻮，在涂。【殷墟甲骨文字通釋稿】

豐 豊

甲一九三三古豐豐同字 甲二七四四 甲三六二九 鐵二三八·四 後二·八·二 前五·五·四 粹二三二 粹二三六 粹五四〇 粹一三二三 明藏四四五 明藏五四九 明藏六九九 京津四二二八 京津四九六八 佚二四一 乙八六九六 乙八六九七 乙八八六一 鐵二六〇·二 前六·六一·三 後一·一〇·九 菁五·一 簠典四〇 續一·四四·五 京津一五五 寧滬一·三一 寧滬三·四 存五一 無想一六 師友一·二二 京都八七〇B 京都一四六五 【甲骨文編】

甲1933 乙4770 粹232 236 540 新1644 4228 4229 【續甲骨文編】

豐 伯豐方彝 豐尊 豐卣 孳乳為醴 長甶盉 穆王饗醴 仲夏父作醴鬲 【金文編】

9·64 司寇豐 【古陶文字徵】

21 【包山楚簡文字編】

1883 【古璽文編】

秦豐 王豐私印 尹豐私印 李豐 田豐 【漢印文字徵】

石經君奭豐禮同字 禮字重文 【石刻篆文編】

豐了弟切 【汗簡】

◉許慎 豊行禮之器也。从豆。象形。凡豊之屬皆从豊。讀與禮同。盧啟切。【說文解字卷五】

◉吳榮光 即豊。古通禮。見古文奇字。說文解云。禮。所以事神致福也。史記樂書。俎豆。禮之器也。尊敬也。禮。尊豆是明此器用以敬事先人也。【筠清館金文卷三】

◉劉心源　豊固可釋豐。惟㠯大豐為豐邑。則下文不貫。古刻豐豊篆形無別。戲狄鐘。𪓐𪓐熊熊作豐。豐兮尸敢作豐。而仲多壺醴作豐。師遽方尊醴作豐。則釋此為豊讀禮自協方事也。見易后不省方注。王有大禮凡三事。即下文祀天室祀文王饎上帝也。【奇觚室吉金文述卷四】

◉羅振玉　說文解字。豊。行禮之器也。从豆象形。卜辭从𡏳。與許書同。或从𡏳。或从玨。案卜辭玉字作丰。亦作丰。詳下玉注。象三玉連貫之。作丰者。殆亦二玉連貫之形。卜辭殆从玨也。古者行禮以玉帛。故从玨。【增訂殷虛書契考釋】

◉王國維　說文示部云：「禮，履也，所以事神致福也。从示，从豊，豊亦聲。」又豊部：「豊，行禮之器也。从豆，象形。」案殷虛卜辭有豊字，其文曰：「癸未卜貞醻豊。」（後下八）古𡏳玨同字，卜辭玨字作丰丰𡏳三體，則豊即豐矣。又有曲字（前六・卅九）及曲字（後下・廿九），曲曲又一字。卜辭凵字（後下・四）或作凵（藏一四三），其證也。此二字即小篆豐字所从之曲，古凵𠙴一字，卜辭凵或作凵，知曲可作曲曲矣。豊又其繁文。此諸字皆象二玉在器之形，古者行禮以玉，故說文曰，豊，行禮之器，其說古矣。惟許君不知𡏳字即玨字，故但以从豆象形解之，實則豐从玨在凵中，从豆乃會意字，而非象形字也。盛玉以奉神人之器謂之曲若豐，推之而奉神人之酒醴亦謂之醴，又推之而奉神人之事通謂之禮。其初當皆用曲若豐二字，其分化為醴、禮二字，蓋稍後矣。【釋禮　觀堂集林卷六】

◉王　襄　古禮字。《中𣏟父鬲》禮作豊與此文同。豊醴重文。【簠室殷契類纂】

◉林義光　禮器不謂之豊。實禮之古文。象豆有所盛形。【文源卷六】

◉商承祚　說文解字。豊。行禮之器也。从豆象形。卜辭又借為酒醴字。作豊者。與戲仲鬲同。其作曲曲者。王徵君謂即豐之省文。【殷虛文字類編第五】

◉葉玉森　豊殷虛文字第三十六葉第十五版。缺寅貞豊叀缺曰其缺。豊疑豊之古文。象古代行禮之器。王靜安釋弗其二字殆誤。【說契　學衡第三十一期】

◉商承祚　豐乃酒醴之本字。說文訓為行豐之器。乃引申之後。復孳乳為豐滿之豐。【殷契佚存】

◉郭沫若　珏亦豊字，與卜辭之作曲者同。「豊卹」讀為「體恤」。【縣妃𣪘　兩周金文辭大系考釋】

◉孫海波　說文。豊。行禮之器也。从豆。象形。卜辭豊豐一字。孳乳為禮。為醴。【甲骨文編五卷】

◉容　庚　金文醴之偏旁形與豐同。豐與豊為一字。豆之豐滿者所以為豐也。漢隸豐豊二字皆作豊。【金文編三卷】

◉郭沫若　「新豊」「舊豊」相對為文，豊當讀為醴。【殷契粹編第二三二片】

◉馬叙倫　沈濤曰。九經字樣云。豊從册。從豆。佩觿云。説文。豊。從𠚕。不從册。云從册者。出林罕字原。是唐本説文有從册者。乃林氏之謬説也。阮元曰。從豆。凵象形。玨聲。何以明玨之為聲也。丰。古拜切。古音與豊同部。玨當作玨。今譌。莊有可曰。古禮字豆上從凵。承二丰。朱駿聲曰。此字經傳無考。疑與豐字略同。饒炯曰。凵者。器也。玨者。實也。即禮所謂鉶芼。從二丰者。用芼非一物。以器貯物。加豆以明禮器。章炳麟曰。觶訓爵之次弟。則豊亦爵類。許書𧯛瓢皆訓蠡。方言作𧓎。蓋本嬴之轉語。嬴可受水。因以為杯器之稱。聲轉脂。因製豊字。曹松葉曰。從豆。上象蛤蜊作⿴囗丰。者。倫按豊之初文為⿱玨凵。或作⿱玨凵。從凵即本書之凵。器皿之器本字也。從工或從玨即珏字。王國維所謂凵中盛玉。所以奉神也。尋周禮玉府。王齊則共食玉。齊者。戒潔以事神。齊則食玉。是古有食玉之俗。以玉奉神。即供其食。於禮可成。且周禮禮天地以璧。而巫字所以從玉。則即非以玉共食。亦如今之贈遺以幣矣。可證古行禮用玉也。倫謂⿱玨凵即⿶凵玨字。知者。禮記有曲禮。陸德明謂委曲説禮之事曰曲禮。孔穎達謂以其行屈曲則曰曲禮。蓋望文為義。故陸孔已異其説。尋十二篇⿶凵玨凵同音。凵今字作曲。倫謂曲非凵之今字。實𠚕之異體。禮記禮器。經禮三百。而中庸則曰。禮儀三百。禮是器服之類。儀為踐履之文。儀禮之名即由此立。曲禮所記。雖偏於踐履之文。固是記禮之一端耳。曲禮者。本是大名。古但署其器服踐履之册曰𠚕。𠚕即豊。豊即禮之省也。𠚕或作𠚕。後人以禮字旁注於𠚕下。明為禮音。或明其即是禮字。傳寫譌為曲禮。後人又誤以為曲即凵字。則曲禮之名不可解矣。魯詩説。古有梁騶。梁騶。天子獵之。田曲也。田曲即田𠚕。謂田獵之禮也。是其例證。儀禮燕禮聘禮之賓為苟敬。昔人讀苟為本書九篇自急敕也之苟。而不悟苟為敬之初文。詳苟字下。敬亦校者旁注以明苟即敬字者。此又曲禮即𠚕禮之例證也。⿶凵玨從玉在凵中。與𠚕從玨在凵中同。王玨一字。凵凵一字也。玉音疑紐。豊音來紐。古讀歸泥。泥疑同為邊音。故𠚕音轉為盧啟切。然則以玉行禮。故𠚕音即得於玉。而禮固通於神人。特禮字乃為事神而增示旁耳。此從豆𠚕聲。為後起字。然畬敔作⿱林豆。窒叔敔作⿱林豆。蓋從豐省林聲。為豐之轉注字。亦或林是譌字。甲文玉字或作丰。則玨字可省成林也。其字皆從豆。豆為皿之異文。則豊或⿱林豆之譌。許當以聲訓。呂忱或校者加行禮之器也。其實此非器名也。若作⿱林豆為會意。豐則形聲。【説文解字六書疏證卷九】

◉郭沫若　⿰玨凵字亦見辛鼎，彼銘云「虔用⿰玨凵氒剌」。剌有朋儕之義，叔夷鐘：「造爾朋剌」。此與卜辭之⿱玨凵⿱玨凵等為一字。王國維云：「⿱玨凵⿱玨凵一字，卜辭⿴冂玨字後編卷下弟四葉或作⿴冂玨「鐵雲藏龜」一四三葉，其證也。此二字即小篆豐字所从之𠚕。古凵凵一字，卜辭出或作⿱玨凵或作⿱玨凵，知𠚕可作⿱玨凵⿱玨凵矣。豐又其緐文。此諸字皆象二玉在器之形。古者行禮以玉，故説文曰『豊，行禮之器』，其説古矣。惟許君不知玨字即珏字，故但以『从豆象形』解之，實則豐从珏在凵中，从豆，乃會意字而非象形字也。盛玉以奉神人之器謂之曲若豐，推之而奉神人之酒醴亦謂之醴，又推之而奉神人之事通謂之禮。其初當皆用曲若豐二字，其分化為醴禮二字蓋稍後矣。」「觀堂集林」卷六釋禮。今金文二例均从[glyph]，與卜辭同，从丰與小篆同，即豐禮字也。【臣辰盉銘考釋　器銘考釋　金文叢考】

◉楊樹達　徐灝曰：「[glyph]象器中有物」。王國維曰：「丰者，玉也。」樹達按：豆為外形，[glyph]為內形。【文字形義學】

◉饒宗頤　癸丑卜，爭貞：旬亡囚。三日乙卯，㞢媗(艱)。單[glyph]豊，亖于彔(麓)。……丁巳，[glyph](貍)子豊，亖(于)……鬼，亦得疒。癸丑卜，爭貞：旬亡囚。王固曰：㞢帬㞢夢！甲寅，允㞢來媗。屮(左)告曰㞢往芻自[glyph]，十人㞢二……。(菁華五)

按豊字作[glyph]，與金文戲仲醴鬲同。(詳殷虛文字類編。)或釋豐，非是。豊即禮或醴。此辭之「豊」，用為動詞。說文「禮，履也。所以事神致福也。」事神曰禮。辭言「單兄(祝)禮」、「貍子禮」，殆謂單貍兩地之宗祝來致禮。【殷代貞卜人物通考卷六】

◉李孝定　說文。豐。行禮之器也。从豆。象形。讀與禮同。又。豐。豆之豐滿者也。从豆。象形。一曰。鄉飲酒有豐侯者。[glyph]。古文豐。二字篆體相近。其下从豆亦相同。其上所从各家說者紛紜。莫衷一是。而揆之字形。二篆之上半亦殊相類。徐灝段注箋豊下云。[glyph]象器中有物也。王筠說文句讀豐下云。[glyph]。但象豐滿之形也。但是指事而非象形耳。二說實為得之。豊豐古蓋一字。豆實豐美所以事神。以言事神之事則為禮。以言事神之器則為豊。以言犧牲玉帛之腆美則為豐。其始實為一字也。商容孫諸氏謂豊豐一字。其說可从。惟孫氏文編於上出諸形仍分收為豊豐二字。今諦審諸文辭例。除部分可知其當釋為豊讀為醴者外。無一辭可以確證其當釋為豐者。故本書但收作豊。辭云。癸未卜貞醲豊叀㞢有酉用十二月。後・下八・二。丙戌卜叀新豊用叀舊豊用。粹・二三二。貞曰于祖乙其作豊。粹・二三六。貞其作豊于伊[glyph]粹・五四〇。弜☒辛☒豊☒　叀兹豊用弜用兹豊　叀兹豊用王受祐　用豊。佚・二四一。凡此皆當釋為豊讀為醴。其字皆作[glyph]。惟甲編二五四六有[glyph]字。其辭云。☒叀[glyph]公乍作[glyph]虒于文正王受□祐。言作豊。與粹・二三六、五四〇之辭例全同。而其字一作[glyph]一作[glyph]。知二者實為一字。諸家釋前者作豊後者作豐。實有可商也。它或為地名。如。癸未卜王在[glyph]貞亡禍在六月甲申工典其酒後・上・十・九是也。或為人名。如。壬寅帚[glyph]示二屯岳續五・一・七是也。字當釋豊抑當釋豐。未可塙指。菁・五・一辭言子[glyph]亦人名。前六・六一・三之[glyph]與[glyph]連文。殘餘二字。疑係酒字。若然。則[glyph]亦當釋豊讀為醴也。它辭殘泐不完。不詳其義。此不具舉。

又鄉射禮。命弟子設豐。鄭注。豐形蓋似豆而卑。公食大夫禮。加于豐。注。如豆而卑。聘禮記。醴尊于東廂瓦大一有豐。注云。豐承尊器如豆而卑。三注略同。並以豐為器名。如豆而卑是與豊訓禮器同意。【甲骨文字集釋第五】

◉孫稚雛  大下一字，舊多讀為豐。徐同柏《從古堂》、陳介祺《聃敦釋説》、方濬益《綴遺齋拾遺》、吳大澂《愙齋集古録》等皆以豐為地名。劉心源曰：「以大豐為豐邑，則下文不貫。古刻豐、豊篆刻無別……釋此為豊，讀禮自協。」（《奇觚室》）孫詒讓也説：「又大豐」「疑當讀為『有大禮』」。」（《餘論》）柯昌濟曰：「豊疑讀禮，大禮謂宗廟郊祀之事，或為古代禮制中之專名詞，未敢定。王有大豐或當讀如王有大禮，亦未能定。」（《韡華閣》九頁）

郭沫若讀「大豐」作「大封」，《大豐𣪘韻讀》説：「所謂『大豐』乃田役蒐狩之類，或係操習水戰。《周禮·春官·大宗伯》：『以軍禮同邦國：大師之禮用衆也，大均之禮恤衆也，大田之禮簡衆也，大役之禮任衆也，大封之禮合衆也。』封豐本同聲字，所謂大豐當即大封。鄭注大封云：『正封疆溝塗之固，所以合聚其民』，恐不免望文為訓矣。」《大系考釋》又説：「大豐亦見麥尊，彼銘云：『王乘于舟為大豐』，余意當即大封，《周禮》『大封之禮合衆也』。」聞一多非其説曰：「郭謂大豐即大封似未確」，「大封者，告於后土，祭於宗廟，封建諸侯之禮也。邦國初建，封疆溝塗，容有錯互不正者，當合軍以治之，故又為軍禮。因之，建國之後，境界侵削，而以兵征之，亦謂之大封。」又引麥尊銘説：「麥尊言王在辟雝為大豐，射大鴻，明是饗射之類，與大封不侔也。因疑麥尊及此器之『大豐』，仍當從孫詒讓讀為大禮。《周禮》大宗伯之職：『治其大禮詔相王之大禮』，小宗伯之職：『治相祭祀之小禮，凡大禮佐大宗伯』。注皆謂羣臣之禮為小禮，則人君之禮為大禮可知。饗射亦大禮之一也。」（《大豐𣪘考釋》）陳夢家《西周銅器斷代》繼承孫、聞二氏之説謂：「『王又大豐』應從孫氏讀作『有大禮』。」「大禮是饗射之禮，行於辟雍。」接着引麥尊等銘文及《詩·靈臺·正義》所引《五經異義》、《史記·封禪書》等詳細論證明堂辟雍之制，結論是「王有大禮」「是王有大禮於辟雍池中，所以王凡三方是汎舟於大池中的三方。『王祀於天室』是王祀於辟雍内水中丘上的明堂，所祀者是文王與上帝。周先王中衹有文王祀於明堂，以配上帝。」（《斷代》一，一五二頁）

楊樹達以為大豐乃遊娱之事，不關典禮。他説：「大豐亦見麥尊，彼文云：『迨（會）王客莽京彭祀，雩若翊日，才（在）璧雝，王乘於舟，為大豐，王射大龏（鴻），禽。』據彼文觀之，似大豐乃遊娱之事，不關典禮也。或疑此銘所記為祭享之事，不得涉及娱遊，此自是後人見解。麥尊記莽京彭祀之次日為大豐，此文記衣祀天室之前有大豐，事正相同，不得以此為疑也。惜書闕有間，無由以載籍證明耳。」（《積微居》二五八頁）

黄盛璋則以為「大豐」應是一種封侯的典禮。根據是，麥尊「前後都是記王封井侯於井之事」，「特别是下文記載賞賜那些東西，全是封侯授官的典禮中所必有」，而「賞賜都在『為大豐』之後，據此可確知大豐為一種封侯典禮。」「本銘大豐既與麥尊大豐文字相同，行禮程序也大致相似，『王有大豐』之前也舉行祭祀，後來也有賞賜，特別是王賞給天亡的有爵和囊，而爵在周初也是一種最隆重的賞賜，應與封侯有關。據此，我們斷知本銘之『大豐』和麥尊中的大豐意義一樣，無論讀『禮』讀『封』，它必與封賞有關，最初應是一種封矦的典禮。『豐』『封』同音，可以互假，金文有康侯豐，《尚書》、《史記》俱作『封』，『丰』『豐』音義並同，『丰』即『豐』之初文；又古『邦』、『封』不別，豐鎬之豐，『載大夫始鼎』作邦，這些都可證豐、封互假，絕無滯碍，郭氏讀『大豐』為『大封』是正確的。」（《大豐𣪘銘製作的年代地點與史實》八二頁）。孫常叙不同意黃氏之説，他列舉了三點理由：（一）麥尊開頭一句就説：「王令辟井侯出矸侯于井」，既稱「辟井侯」，可見「早在這次王命之前就已經被封為侯了。何況麥尊『唯天子休于麥辟侯之年』已經明言其事只是天子嘉美邢侯，給於榮寵的禮遇，而不是始封。」（二）「封侯同時會有一些與之相應的賞賜，可是不能由此得出一個結論，説凡是有貴重賞品時就必然是封侯。」（三）「黃先生據以成説的『爵』字在天亡𣪘上是不存在的。那個字乃是从从的（𠩺）字！」他認為「大豐」仍當從郭説作「大封」，是「以軍禮同邦國的會同之禮的一個組成部分。」（《天亡𣪘問字疑年》）

此外，赤塚忠釋「大豐」作「大醴」，讀又為侑，謂「豐乃醴酒之意」。聯繫下文「王凡三方」，認為是在祊祭之前舉行饗醴就叫做大豐。白川靜進一步解釋説：「大豐是本祭中舉行的奠醴或祼鬯之儀禮，大概是因為在主祭中舉行的，所以附上一個『大』字。」（《金文通釋》一）

稚雏按：長由盉「穆王卿豊（饗醴）」之豊，與本銘大下一字形同。豐、豊古本一字，後世才將它們分別開來。據此，孫詒讓讀為「大禮」是正確的，至於這種「大禮」的內容指什麼，為什麼麥尊銘文説在舟中舉行，則還有待於進一步探討。【天亡簋銘文彙釋】

◉田倩君　金文和甲骨文中的豊字形體略有不同。因為周代的文字盡求形體美化。常是於原來的字形有所增減。下列金文散盤豊和仲□父鬲豊。

散盤　孳乳為醴。右戲仲□父作醴鬲

甲骨文中的豊。上部是一器物。其中放着兩串玉（玨）。下部是豆。如果不加豆。只書作令人難以認出是祭祀用的什物。但金文上部器物中放的不像玨。也許是別的東西。若像半璧的形狀。因為用玉比較合造字的初義。玉在古時價值最高。是尊貴的象徵。【釋禮　中國文字叢釋】

◉李孝定　古豊豐同字，契文作諸形，審其辭例，除部分可知當釋豊、讀為醴外，未見有當釋為豐者，金文則二義俱有，其字象以器盛玉閒亦盛他祭物事神，以言事神之事則為禮，以言事神之器則為豊，以言犧牲玉帛之腆美則為豐，其始蓋只一字，及後始

異字異讀耳。【金文詁林讀後記卷五】

◉白玉崢　説文豐(峥按：當作豊)豊二部相次，篆形亦相近。龜文別有豐字，則與豊字大異。如云：「貝弗豐」、「其豐」。説文：「豐，豆之豐滿也，从豆，象形。一曰：鄉飲酒有豐侯者」。金文聃敔作豐、兮敔作豐，與此形相近。此文云：「弗豐」、「其豐」，或即祈年之事與？【契文舉例校讀二十　中國文字第五十二册】

◉林　澐　《説文》：「豊，行禮之器也，从豆，象形。」又：「豐，豆之豐滿者也，从豆，象形。豐，古文豐。」許慎據已訛之篆形立説，其誤有二。第一，從比較原始的字形可明顯看出，豊豐二字並非「从豆」，而均係从壴，作壴、壴、壴等形。郭沫若先生在《卜辭通纂》中已引殷末周初之銅鼓以證古鼓的形制與甲骨文壴字相近。然該鼓之上僅有兩人面鳥而無植羽。《詩經》中所謂「植其鷺羽」的鼓，於山彪鎮一號墓出土銅鑑上的水陸攻戰圖中可見之(左圖之A)。漢代畫像石上有許多這種植羽之鼓的形像，均為壴、壴乃象古代鼓形之佳證(左圖之B—D)。

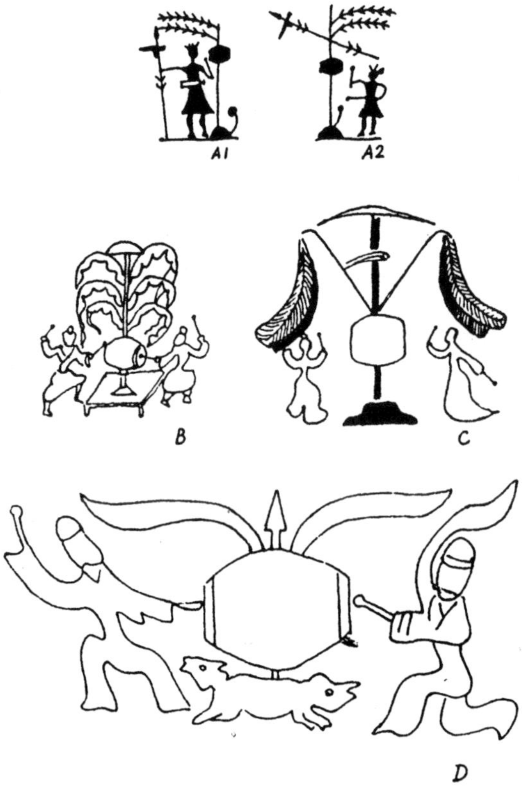

故鼓字之作鼓(解文　三代十四・三三)實象持槌擊鼓之形，而封字之作封(封仲簋　三代八・三八)乃就持羽飾植於鼓上而造字。但西周中期以後，象鼓之壴逐漸背離原形，其上部正中的一豎多與鼓體脱離關係，而且或省畧、或訛變。如豐井叔簋之豐作

豑 豑

豊，已接近於《説文》之豐；曾伯陭壺之醴字从豊作豊，與《説文》之豊相仿。這才造成了豐豊从豆的誤解。第二，許慎既誤析壴傍之下部為「从豆」，則對豐豊二字的構形當然無法正確理解。遂臆斷為「象形」，又説不清所象究竟是什麽，却由此而引起後代文字學家的許多無謂的揣測。但是，許慎所録篆體，畢竟仍保持了豐豊二字的根本區別。即豐字从丰，豊字从玨。而且，根據這一綫索，我們在先秦古文字中確實可以區分豐豊二字的不同起源。【豐豊辨　古文字研究第十二輯】

◉湯餘惠　《小校》2·24·3著録的鼎銘豎刻三字：

客豊𩰫

筆勢圓轉流麗，非楚文字莫屬。「客」下一字，舊皆釋「鑄」，但審視其形，字下从豆不从皿，和鑄字古文寫法有異，舊釋恐誤。按其字與1960年發現的一枚鄂君啟舟節澧字所从正同（參見商承祚先生摹本），可知應即豊字。

商周古文豊字作豊、豊等形，晚周趨於簡易。中山方壺作豊（體字所从），中山王墓玉璜作豊（西庫：225），古璽或作豊（1883），上考鼎銘及舟節銘文此字上部离析，為僅見於楚文字的一種變體。【略論戰國文字形體研究中的幾個問題　古文字研究十五輯】

◉黄錫全　豑豊了弟切　古作豊（甲2744）、豊（後下8·2），象豆盤中盛兩玉形，變作豐（何尊）、豊（璽彙1883），再變作豊（石經古文），此形同。【汗簡注釋卷二】

◉戴家祥　豊縣妃𣪘　郭沫若曰：豊亦豊字，與卜辭之作豊者同。豊卹讀為體恤。兩周金文辭大系考釋。按郭釋可備一説。説文五篇「豊，行禮之器也。从豆象形。」金文豊作豐，玨象兩串玉，玨亦可作丰解。豆皿均為器，可以互易。孫詒讓謂琴之古文，其説可商。【金文大字典中】

◉許　慎　豑爵之次弟也。从豊。从弟。虞書曰。平豑東作。直質切。【説文解字卷五】

◉馬叙倫　徐鍇曰。今尚書作秩。倫按爵之次弟也。當作爵也次弟也。次弟也者。叙字義。叙從余得聲。余音喻紐四等。豑從弟得聲。弟夷一字。弟音定紐。而夷音亦喻四。古讀喻四歸定也。爵也者。非本義。王制。王者之制爵禄。注。爵。秩次也。蓋此字林文。吕忱本鄭説也。其實爵禄字借為叙穀。古讀爵如雀。雀得聲於小。小音心紐。叙得聲於余。余音喻四。同為次清摩擦音。禄穀則聲同矦類也。此從豊弟聲。鍇本作從豊弟。捝聲字耳。豑為豊之轉注字。豑音澄紐。古讀歸定。豊音來紐。古讀歸泥。定泥同為舌尖前音。聲又同脂類也。字蓋出字林。【説文解字六書疏證卷九】

豐 豐

◉楊樹達 豐為領名，弟為屬名。【文字形義學】

甲3629 乙8696 8697 8861 佚241 續1·44·5 徵11·61 續5·11·7 徵8·40

京3·30·1【續甲骨文編】

豐 金文醴之偏旁形與此同與豐為一字豆之豐滿者所以為豐也漢隸豐豊二字皆作豊 天亡簋 王有大豐 小臣豐卣 豐鼎 何尊 豐簋 牆盤 瘨鐘 孳乳為酆酆文王所都 宅簋 同公在酆 作冊魖卣 公大史在酆 豐井弔簋 窒弔簋 申簋 輔伯鼎 憻季遽父卣 衛盉 王盉 元年師旋簋 豐兮簋 散盤 夆簋 豐器【金文編】

陶文編5·34【古陶文字徵】

145反【包山楚簡文字編】

新豐丞印 靳豐私印【漢印文字徵】

祀三公山碑 國界大豐【石刻篆文編】

豐芳公切 豐古周易 豐義雲章【汗簡】

竝汗簡 古周易【古文四聲韻】

◉許慎 豐豆之豐滿者也。从豆。象形。一曰鄉飲酒有豐侯者。凡豐之屬皆从豐。敷戎切。豐古文豐。【說文解字卷五】

◉方濬益 豐 儀禮聘禮記注。豐。承尊器。如豆而卑。公食大夫禮注。豐。所以承觶者也。大射儀注。豐。可奠射爵者。又豐以承尊也。說者以謂若井鹿盧。近似豆。大而卑矣。據此是康成未嘗親見豐之形制。所云似豆及井鹿盧。疑皆未確。

而此兩字均有豐字。自是器名。此尺寸差小。當為承觶奠爵之用。今坿觶後。【輔文豐　綴遺齋彝器款識考釋卷二十四】

◉吳大澂　豐古豐。器文如此。儀禮大射膳尊兩甒在南有豐。鄭注。豐以承尊也。説者以為若井鹿盧。其為字从豆曲聲。近似豆。大而卑矣。即此器也。【説文古籀補】

◉孫詒讓　《説文》豐、豐二部相次，篆形亦相近。龜文別有「豐」字則與「豊」字大異。如云「□貝弗豐」。二百卅八之四。「其豐」。二百六十之二。《説文》：「豐，豆之豐滿也。从豆，象形。一曰鄉飲酒有豐侯者。」金文聑敢作豐、豐兮敢作豐，與此形相近。此文云「弗豐」、「其豐」或即祈豐年之事與。【契文舉例卷下】

◉孫詒讓　「説文豐部豐豆之豐滿也。从豆象形。儀禮大射儀鄭注則云。豐其為字从豆曲聲。近似豆大而卑矣。依鄭説則別有曲字。與許説象形不同，治小學者多以鄭為非。今攷龜甲文實有曲字。云余𣑦文有闕義未詳。其字从山从林。與説文从丰丰不同。攷金文豐姞敢豐字作□。豐𡢁敢作豐，與此正同。甲文別有豐字作豐。與曲又小異。不知孰正也。此字瑑畫明塙。並無闕漫。足徵古自有是字。許君偶未見。故説文不載。而豐字説解亦失其恉。鄭君禮注蓋隱破許義。其説固足馮矣。【名原下】

◉高田忠周　此篆許氏元有誤。或亦係轉寫之失。未可識也。故各家皆有異議。朱氏駿聲云。按从豆从山會意。山取其高大。丰丰象滿形。儀禮大射儀注。从豆曲聲。六書故引唐本説文蜀本説文从籀文𡳾聲皆非。此説似是實非。此豐字元不从山。山即𡳾之省。𡳾為象形。與豈同意。此借豈為字形字義也。又丰丰為籀文𡳾。此説不可易者。丯有盛大義。故从以為聲。又以為義也。

豐之豊自是象形。非从豆也。陶齋藏器有禁棜與諸器並存者。其後列左右有卣。中央有一器。形殊大。殆與尊類而侈口。與豊形殆近。口內有立飾。丰丰二然並聳。亦與丰丰形相似。此即豐器也。元謂為豆屬。斷非。豐非从豆。故或作豐。然則从山之説固非。此唯象形。从丰丰者。取于聲亦取于形耳。【古籀篇二十二】

◉強運開　豐𢾅狄鐘。吳愙齋云。从攴从豐。讀若豐。運開按。説文無此字。豐豐熊熊。蓋皆狀鐘聲之宏大。或即為豐之古文也。【説文古籀三補卷三】

◉郭沫若　大豐亦見麥尊。彼銘云。王乘于舟為大豐。余意當即大封。周禮大封之禮合衆也。春官宗伯。」【大豐𣪕　兩周金文辭大系考釋】

◉馬叙倫　徐鍇曰。陽冰云。山中之𡳾。乃豐聲也。鍇以為象豆滿形足矣。山是何義字。戴侗曰。唐本曰。從豆。從山。丯丯聲。蜀本曰。丰聲。鈕樹玉曰。繫傳袪妄篇及韻會引無也字。李注文選劉越石詩引作滿也。韻會豆下有從曲二字。豐矦下無者字。今鄉飲酒無此文。沈濤曰。御覽七百六十二引作俎豆貴豐厚也。則今本有誤。宋保曰。儀禮大射儀鄭注。豐。從豆。𠁩聲。嘉定錢大昭得古瓦作⿰丰丰字。上下左右作四神形。為之考曰。周豐宮之瓦。⿰丰丰即豐之聲也。引大射儀鄭注證之。阮元亦曰。豐從豆從山象形。⿰丰丰聲。故古文□字無山。明可省去也。鄭注三禮多用說文。此當許君舊說。鄭引之也。王筠曰。鄉飲酒有豐矦者。者字起下之詞。必有詳說。蓋唐試明字科者以為煩文難讀。删之矣。而又不删者字。遂成不了之語。翟云升曰。從豆。象形。是。唐本作從山⿰丯丰聲。蜀本作丰聲。山取其高大。非。文選答盧諶詩注引作滿也。集韻引飲酒下有禮字。案滿也是。見廣雅釋詁。當補入豆之豐滿者也上。禮字亦當有。胡培翬曰。鄭注燕禮。豐形似豆。此云從豆象形。為其近似籩豆之形。故取豆形。而上從𠁩。則取⿰丯丰聲。⿰丯丰即丰字。陳慶鏞曰。大射儀。膳尊兩甒在南。有豐。鄭注。豐以承尊也。其為字從豆𠁩聲。案承尊之豐。字當作𠁩。經典借豐為𠁩。豐行而𠁩廢。豐從⿰丰丰與豐從⿰丯丰字異。豐當是⿰丰丰聲而山象形。豐當是⿰丯丰聲而山象形。一從艸盛之丰。一從艸蔡之丰也。陶方琦曰。𠁩盛豐滿皆當是𠁩之本義。山中艸木豐故謂之𠁩。與豆中丵嶽纍疊象𠁩之形亦謂之豐。一義之孳生也。豐姑敦又從林作□。山中艸木叢襍。從艸從林。義無一定。豐下則當補入𠁩聲二字。義乃足。丰下當依六書故補入古文⿰丰丰字。孫詒讓曰。甲文有□。其字從山從林。與此從⿰丯丰不同。考金文豐姑敦作□。豐嫊敢作□。與甲文正同。足徵古自有此字。王廷鼎曰。大射儀鄭注。豐。從豆。𠁩聲。知古文又有𠁩字。篆當作□。其省為□。為峯之本字。饒炯曰。𠁩。山名。𠁩水所出。今名萬華山。其從山。⿰丰丰聲。古文豐作□。亦從豆⿰丰丰聲。可證。六書故引唐本謂從⿰丰丰聲。蓋本古文□為說。而不知豐上之𠁩為一字。即山名。而豐字從之為聲。非從山。可從⿰丰丰也。儀禮大射儀鄭注。豐。其為字從豆𠁩聲。是其證。但許書無⿰丰丰字。丰下曰。艸盛丰丰也。即滿厚之義。豐為豆之豐滿者。古文因從并丰為聲。⿰丰丰即丰篆文之緐者。如宜古文作𡧯。皀籀文作□之比。漢器有⿰丰丰字。亦是證⿰丰丰固有其文。然則豐豊皆形聲字。王元稺曰。儀禮大射儀。膳尊兩甒在南。有豐。注。豐篆尊也。其為字從豆𠁩聲。賈疏其為字從豆𠁩聲者。此謂上聲下形之字。豐者。承尊之器。象形也。是以豐年之字𠁩下著豆。今諸經皆以承尊爵之𠁩。不用本字之𠁩。而用豐年之豐。故鄭還依豐字解之。故云其為字從豆𠁩聲。今考說文無𠁩字。故段玉裁疑鄭注𠁩聲。聲是賸字。竊謂古當有𠁩字。且為初文。古本說文豐下亦當作從豆𠁩聲。蓋疏雖無駁注之理。然賈疏五言𠁩。其辯豐與𠁩甚詳。若不知說文之無𠁩字。是所見本尚有𠁩字。其證一也。小徐本說文久亡。然鍇傳多見韻會。韻會豐下引說文云。豆之豐滿者。從豆。從𠁩。是黃公紹所見說文尚有𠁩字。其證二也。說文又云。鄉飲酒有豐矦者。豐為國名。國名之字當從邑。或從山。如郊或作岐㟚。邠或作豳。是也。今豐是國名。其本字即𠁩也。最初制字豐滿字當作丰。似艸之豐滿。其後以艸之豐滿者莫過於山。

故又加山為豊耳。倫按說豐字衆矣。饒說較為成理。然許書無丵字亦無豊字。丵自為丵之茂體。獨豊字僅鄭注中一見。而諸家說此字亦唯以為山名者。理可得成。然丵止為聲。而不得兼義如王說也。顧倫檢儀禮鄉射禮。命弟子設豐。注曰。設豐。所以承其爵也。豐形蓋似豆而卑。公食大夫禮。飲酒。實於觶。加於豐。注。豐。所以承觶者也。如豆而卑。聘禮記。醴酒於東廂。瓦大一。有豐。注。豐。承尊器。如豆而卑。燕禮。有豐。注。豐。形似豆。卑而大。大射儀。膳尊兩甒在前。有豐。注。豐以承尊也。說者以為若井鹿盧。其為字從豆。豊聲。近似大而卑矣。倫謂鄭注謂豐為承尊之器。大射儀注獨更詳其形。且及豐字之冓造。若然。則豐之義非豆之豐滿者也。當是器名。今以說解曰。從豆當形言之。則與豐下說解同。然豐為□之後起字。□為□之異文。從凵。玨聲。王玨一字。凵即凵字。凵為器具之器本字。豆乃後人加之。今豐字豆上增以豊形。謂凵為器。則與豆複。謂從山。則徐鍇所謂山是何物。謂丯為豆中所盛。又是何物。皿部。益。饒也。食部。饒。飽也。飽即謂食已滿。於字從水見於皿上。會意。轉注為盈。則從皿。夃聲。為形聲字矣。若復欲以指事之方式冓造之。以概一切豐滿之義。必於豆或皿或凵之中。加以不成字而為察而見意之標幟。則丯之形不足概一切之物。謂本作豊。後乃加豆。豊為山中丯為豊盛義。加豆為豆之豐滿者。則亦從豆豊聲。為形聲字。倫謂豐為豆之豐滿者。將謂豆器之形耶。抑謂豆中所實耶。是其詞義實不甚可通。蓋本作滿也。以聲訓。呂忱或校者因加此解耳。鄭謂豐似豆而卑。則非即豆也。何以言豆之豐滿者。明此說決不可從矣。然鄭一曰蓋似豆而卑。又曰。說者以為若井鹿盧。則豐為承尊之器。鄭本舊說。而鄭實未見其器。漢三公山碑以豐為豊。蔡邕亦以豐同豊。蓋漢時已無此器。以鄭謂說者以為若井鹿盧推之。其形當作□。杭縣舊式茶器為□形。而以銅或錫所為之器俗偁茶船者承之。其形為□。上下無當。與此相類。倫以為此豊之遺制。杭縣良渚鎮出土之黑匋。有器□為者。亦有作□者。其中○或□乃空也。空亦有作□□形者。倫以萬泉縣荆村所得古匋有作□形而下有□形之器承之者相校。□即金甲中之□□。則□之為凷無疑。蓋古之盛水器。初或以蠡或角。本書觵觴觚觶諸文皆從角可證。角底籖鋭不能自立。故必以凷承之。凷之用既為承尊。則此說解必非本義明矣。倫謂禮經之豐實本作豊。即此古文作□者也。其□非豆。正即良渚鎮之□。象形文變為篆文。遂近俎豆之豆。乃加丯為之聲。至於豐字。或□之譌。或豊又作□。從凵。丯聲。傳寫誤并□為一字。凷即大射儀所謂從豆凷聲之字。詩文王有聲。作豐伊匹。周禮大宗伯疏引作築地伊匹。地豐形遠。蓋地為凷之譌。是唐初本詩禮皆有凷字。凷字嫌與豐之初文作豊者同。乃加□於凷下作□。古鉩文□即□之異文。本書槃字籀文作□。從□。盤聲。可證也。又變則為□豐兮敦由□與□之變則為豐矣。□□亦即金甲文受字與字所從之□或□。形譌為舟。周禮司尊彝。注。舟。尊下臺。若今時承槃。可證也。□變為月。譌為舟。故造從木或從金般聲之槃鎜。盤則於初文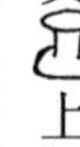上加般為聲。尋槃音竝紐。而般音封紐。豐音古在滂紐。皆雙脣破裂音。然則豐槃一字。音以時或地而異耳。儀禮饋食禮壹禁在西序。鄭注士冠禮曰。禁。承尊之器。則借禁為槃。禁音見紐。槃從般得聲。般音封紐。封見皆清破裂音。禮又作棜字。禮記玉藻。大夫側尊。用棜。鄭注。棜。斯禁也。言側尊。明非以槃承之不可也。棜音當在影紐。影亦清破裂音也。說解當依選注引作滿也。從。𠁽聲。豐盛義字當作䒠。豐滿字當作飽或饛一曰鄉飲酒有豐侯者。段玉裁曰。鄉當作禮。謂鄉射燕大射公食大夫之禮也。禮但云豐。許云豐侯。蓋漢時說禮家之語。竹書紀年。成王十九年。黜豐侯。阮諶曰。豐。國名也。坐酒亡國。崔駰酒箴曰。豐侯沈湎。荷罌負缶。自戮於世。圖形戒後。李尤豐侯銘曰。豐侯荒謬。醉亂迷迭。乃象其形。為禮戒式。後世傳之。固無正說。三君皆後漢人。諶譔之禮圖者。漢人附會禮經有豐侯之說。李尤以為無正說。鄭不之用。許則襲禮家說也。倫謂此明是呂忱或校者所加也。唐寫本切韻殘卷一東引作豆之滿者也。從豆。則此豐字為隸書後舉字之譌乙者。周易豐卦釋文引字林。豐。匹忠反。

　胡承珙曰。儀禮多古文。鄭注大射儀據古文。故但云。從豆。䒠聲。傳寫譌加山。王筠曰。朱筠本作。鄭珍曰。以儀禮大射儀鄭注推之。豐下當有兩古文。一作。一作。乃最先象形字。倫按見豐字下矣。【說文解字六書疏證卷九】

◉聞一多　郭沫若曰「『大豐』亦見麥尊，彼銘云『王乘于舟為大豐。』余意當即大封，周禮『大封之禮合衆也。』」案郭謂大豐即大封，似未確。「大封」之文見於經典者：

周禮大宗伯之職「〔軍禮〕大封之禮，合衆也。」注「正封疆溝塗之固，所以合聚其民。」

同上「王大封則告后土。」疏「謂封建諸侯也。」

同書大卜「凡國大貞，卜立君，卜大封則眡高作龜。」注「卜大封，謂竟界侵削，卜以兵征之，若魯昭元年秋，叔弓帥師彊鄆田是也。」

左傳昭三十年「〔吳〕二公子奔楚，楚子大封而定其徙。」注「大封，與土田定其所徙之居。」

詩周頌賚序「大封于廟也。」箋「大封，武王伐紂時，封諸臣有功者。」

據此，則大封者，告于后土，祭于宗廟，封建諸侯之禮也。邦國初建，封疆溝塗，容有錯互不正者，當合軍以治之，故又為軍禮。因之，建國之後，境界侵削，而以兵征之，亦謂之大封。

大豐者，麥尊曰：

迨王客莾京彡祀。 霨若曧日，才璧雝，王桒玚舟為大豐，王䠶大龔鶩禽。 厌桒玚赤旂舟，從。詩靈臺正義引五經異義「韓詩説曰：辟雍者，……所以教天下春射秋饗，尊事三老五更。」辟廱即泮宮，詳下。 説文「泮，諸侯饗射之宮。」麥尊言王在辟廱為大豐，射大鸗，明是饗射之類，與大封不侔也。 因疑麥尊及此器之「大豐」仍當從孫詒讓讀為大禮。 周禮大宗伯之職「治其大禮詔相王之大禮」，小宗伯之職「詔相祭祀之小禮，凡大禮佐大宗伯。」注皆謂羣臣之禮為小禮，則人君之禮為大禮，可知。 饗射亦大禮之一也。 【大豐殷考釋 聞一多全集二】

◉周名煇 王又有大豊 豐

郭沫若云，大豐前人以為地名。 或疑當是大禮。 余案此二字，亦見邢侯尊。 彼銘云。 粤若翌日在璧廱。 王乘于舟。 為大豐。 王射大龔禽。 侯乘于赤旂。 舟從𠭯咸旨。（猶言屠殺之。）觀此，則所謂大豐，乃田役蒐狩之類，或係操習水戰。 周禮春官，宗伯以軍禮同邦國。 大師之禮，用衆也。 大均之禮，恤衆也。 大田之禮，簡衆也。 大役之禮，佐衆也。 大封之禮，合衆也。 封豐本同聲字，所謂大豐，當即大封。 鄭注大封云，正封疆溝塗之固，所以合聚其民。 恐不免望文生訓矣。 名煇案，郭君之説，僅舉其聲同，未列其實證。 今補論之。 尋説文豐部云，豐，豆之豐滿者也，从豆象形。 一曰鄉飲酒有豐侯者。 𧯷古文豐。 又土部云，封，爵諸侯之土也。 从㞢从土。 从寸守其制度也。 公侯百里。 伯七十里。 子男五十里。 𡉚，古文封省。 是許君之説，以豐為象形，以封為會意，不言為從聲字者，許君當時所見古代遺文不若今日之富，一閒未達，職是之故也。 今考殷虚卜辭，封字作丰（書契後編卷上第二葉），古金文作丰（康侯封鼎）。 王君國維及郭君已證明其與封邦為一字矣。 則封字古文作𡉚者，乃丰形之譌，而非从㞢从土。 許君誤解，不辨自明。 而篆文封，亦當為从寸丰聲字。 【大豐簋銘考釋 學原第二卷第四期】

◉唐 蘭 左傳昭公四年「康有酆宮之朝」，服虔説：「酆宮，成王廟所在也。」稱為酆宮，可能是建在豐邑，也可能用豐邑的名稱來作為成王宗廟的專名。」（傳世有豐字器，形狀像門上的鋪首。 一器寫作𧯷，是王旁豐字。 从康王時的盂鼎上文王武王寫作玟珷，都有王字旁來看，這些豐字器可能就是康王時代酆宮裡所用的。）【西周銅器斷代中的康宮問題 考報第二九册】

◉馬叙倫 「豊從𠙹林聲」𠙹為豐之初文。 豐其轉注字也。 豐從玤得聲。 此從林者。 蓋由豊豐兮敢而變。 或此本是豐之轉注字。 從林木之林得聲。 豐豐二字形近相亂。 【豊嫊敦 金器詞一六五頁至一六六頁】

◉陳夢家 王又大豐應从孫氏讀作有大禮。 周禮大行人注云。 大禮曰饗餼也。 司儀注云。 小禮曰飧。 大禮曰饗餼。 大禮是饗射之禮。 行於辟雍。 詩靈臺正義引五經異義云。 韓詩説曰辟雍者……所以教天下春射秋饗……此説與西周金文相合。

麥尊 才璧雝。 王乘于舟為大豐。 王射……

適毁　乎漁于大池。王鄉酉。

静毁　射于大池。

古有射魚之法。而大池即辟雍。所以漁于大池。射于大池和王乘于舟為大豐而射于辟雍。應是同類之事。【天亡毁　西周銅器斷代】

◉張筱衡　豐，釋作豐，同醴。或釋為豐盛的豐字，或釋為豐鄗的豐字，都屬可疑。試就這個豐字與説文的豐字及小學家的説解考證如下：

説文：「豐，豆之豐滿者也。从豆，象形。」這個豐字下體上一平，有一豎畫貫徹上下，並且直通上體，則所从不是豆。

唐本説文説：「丯聲。」這個豐字从丯不丯，不能説从丯得聲。

蜀本説文説：「丰聲。」這個豐字从丰，从不能説从丰聲。

宋本與今通行本説文：「豐篆都作豐，唐本説：「从山。」蜀本説：「山取其高大。」這個豐字所从的是中決不是山。

唐宋以後直到清代，對豐字的解釋，異説紛紜，終無定論。我以為豐、豐原來本是一字一義，後來纔分為二字二義。【井伯盉考釋　人文雜誌一九五七年一月】

◉饒宗頤　豐即豐。金文戲仲□父作豊鬲字如此作，實用為醴字。卜辭云：「貞：曰于祖乙，其乍豊。」(粹編二三六)「乍豊」文同，而字中从玨作豐。故豐豐無別。卜辭豊亦作動詞用，如「戊亞其隮其豊。」(南北明四四五)「丁亥鼎：(貞)豐示□兂不。丁亥鼎：豐示□兂不。」(屯乙八六九六)此亦以豐為醴。豐又為地名，如「癸未卜，王在豐貞：旬亡囚，在六月。甲申，古典其彫。」(後編上一〇・九)可與漢城大學此骨互證豐蓋殷之侯甸。」【殷代貞卜人物通考上册】

◉黄盛璋　「大豐」，孫詒讓讀為「大禮」，郭沫若讀為《周禮》「大封之禮合衆也」之大封。但「大豐」究為何禮，郭、孫都未詳。案金文中的「大豐」除此毁外，還有一個見于「麥尊」。彼銘中之「大豐」意思不難確知。⊘仔細審釋銘文，前後都是記王封井侯于井之事。井侯至宗周見王，繼隨王至莽京，完全為此事而行，所以事畢即回去。王客莽京並于前一日舉行彫祀，自與此事有關。特別是下文記載賞賜那些東西，全是封侯授官的典禮中所必有。如錫瑚戈即授權征伐。錫二百家踝跣之臣的契劵和「宜侯夨毁」記虞侯夨被封于宜賞錫一大批臣民意思一樣。錫王所乘用的車馬也是很隆重的賞賜。倘使不是封侯典禮，賞錫了這許多最貴重的東西即不能解釋。賞錫都在「為大豐」之後，據此可確知大豐為一種封侯典禮。

本銘之大豐既與「麥尊」大豐文字相同，行禮程序也大致相似，「王有大豐」之前也舉行祭祀，後來也有賞賜，特别是王賞給天亡的有爵和囊，而爵在周初也是一種最隆重的賞賜，應與封侯有關（詳後）。據此我們斷知本銘之「大豐」和「麥尊」中的「大豐」意義一樣，無論讀「禮」讀「封」，它必與封賞有關，最初應是一種封侯的典禮。「豐」、「封」同音，可以互假，金文有康侯丰，《尚書》、《史記》俱作「封」。「丰」、「豐」音義並同，「丰」即「豐」之初文。又古「邦」、「封」不別，豐鎬之豐，「載大夫始鼎」作「邦」，這些都可證豐、封互假，絶無滯碍，郭氏讀「大豐」為「大封」是正確的。

「大封」古初確有其禮，于文獻有徵，其起源即來自周初大封諸侯。不過它的內容雖不限于封侯，但它却是從封侯這一件事發展而來，其演變之迹還不難推尋，舉證如次。

《詩·賚》序：「賚，大封于廟也。賚，予也。言所以錫予善人也。」箋：「大封，武王伐紂時封諸侯有功」，孔疏：「此言大封于廟」。《樂記》記武王克殷之事云：「將帥之士使為諸侯」，下文則云「虎賁之士脱劍祀乎明堂」。注云「文王之廟為明堂制，是大封諸侯于文王廟也。」武王克殷之後，確實舉行過大封諸侯之禮，不獨《樂記》一書云然。《論語》「周有大賚，善人是富。」此大賚亦即大封。康王以後分封之制已定，土地已封賞得差不多，大封之禮自不能限于封諸侯，凡封錫土田、爵禄，甚至于定封疆，亦襲用此禮，這種發展應該認為是很合理的。《周禮》中之大封，內容不止一種。此即出于後來之演變擴展，所以很多與封侯無關，但多與封賞有關。《周禮·大宗伯》「大封之禮合衆也」，鄭注謂「正封疆」。此大封雖與封賞無關，但分封首授疆土（封即封疆之意），其初當為「大封」典禮內容之一。後來「大封」之禮既有演變，封疆有問題，也就舉行此禮，從演變上看並不能認為沒有關係。左傳昭三十年「吴二公子奔楚，楚子大封而定其徙。」杜注：「大封與土田而定其所徙之居」。此大封與「定其徙」有關，可能即舉行大封之禮。

【大豐𣪘銘制作的年代、地點與史實　歷史研究一九六〇年六期】

◉張日昇　金文豐豊為一字。高鴻縉謂即籩豆之籩之初字象形。孫詒讓从儀禮鄭注謂字从豆𠁧聲。𠁧从山从林。並舉豐姞敨作□為證。田倩君謂象豆上置玨。諸説皆有可疑。豐原非从山。山乃屮之譌。而从林从□乃□之變。戴侗六書故引唐本説文有𡴀字。據元熊忠古今韻會當為丰之籀文。豐从壴𡴀聲。與數原為一字。狀擊鼓之聲。丰有盛意。遂引申豐為豐滿。而以數為鼓聲之專字。數説文所無。金文恆有數數𥷑𥷑一語。狀鐘聲之宏大。【金文詁林卷五】

◉李孝定　豐　高鴻縉氏釋籩，無據，又謂借籩為禮、為醴，其説尤非。又謂大豐弓名，弓形如□，横之則如籩云云，其説乃莫可究詰矣。張日昇氏引古今韻會説，謂豐為从壴，𡴀聲，其誼為鼓聲，與數為一字，説似未安，金文數數𥷑𥷑為習見成語，其誼為壯盛，多以形容豐功偉業，其字从攴，豐聲，亦不能證其為鼓聲；經籍中形容鼓聲者，如逢逢、韸韸，均彭彭之轉語，數數固亦得以狀鼓聲，然其字與逢、韸俱無鼓義；且金文豐字偏旁，雖均作□，似與壴字相類，而其上所从，作「□」、「□」、「□」、「□」、

「林」、「仆」諸形，明示「山」中所盛，品類各殊，故所从者不一其形，不得同以「丰」聲解之，其上既不得解為「丰」聲，則其下自非从壴明矣。【金文詁林讀後記】

豔　豔

豔 義雲章　豔 同上 【古文四聲韻】

◉許　慎　豔好而長也。从豐。豐。大也。盍聲。春秋傳曰。美而豔。以贍切。【説文解字卷五】

◉馬叙倫　沈濤曰。一切經音義一引作好而長曰豔。美也。此傳寫有奪譌。倫按從豐無好而長義。疑本作好也長也。好也乃嬮字義。厭盍聲同談類。長也者。嫣字義。嬮嫣音皆影紐。豔音喻紐四等。皆喉音也。豔或即禮禁之本字。如玄應引則本作美也。好而長曰豔乃校語。或字林文。豐。大也。明是校語。豔音喻四。豐音敷紐。同為摩擦次清音。轉注字。字蓋出字林。【説文解字六書疏證卷九】

䖒　䖒

3・948　獨字　【古陶文字徵】

曰故□能霝䖒　甲一・六　䖒乃古戲字，與義、犧通。金祥恆氏《霝䖒解》廣羅古籍有關包犧記載六十多條，不同寫法十餘種，最早見于《易繫辭傳》。謂䖒古字，戲今字。帛書之作霝䖒，為傳世文獻之外又多一書法。【長沙子彈庫帛書文字編】

䖒 【汗簡】

汗簡 【古文四聲韻】

◉許　慎　䖒古陶器也。从豆。虍聲。凡䖒之屬皆从䖒。許羈切。【説文解字卷五】

◉馬叙倫　段玉裁曰。陶音作匋。書多通用。承培元曰。陶鍇本作祠。誤。當作陶。玉篇同。倫按下文。虝。土鍪也。十四篇。鍪。鍑屬也。又下文。䖔。與盌一字。詳䖔字下。則此安得曰古匋器乎。古失本訓。字或出字林。【説文解字六書疏證卷九】

◉嚴一萍　金文戲作「(豆閉𣪘)(曶鼎)(戲仲鬲)」。繒書之即䖒，惟商氏釋同。䖒，説文讀「許羈切」，戈部「戲，从戈虘聲」。淮南俶真訓曰：「至伏羲氏，其道昧昧芒芒。」繒書下文曰：「夢夢墨墨」，適相吻合。故知「雹虘」伏羲無疑。商氏謂「□羸雹虘，又可能為一神」者，「黄熊伏羲」確為伏羲一神之號。漢書補注律歷志下，據錢大昕引帝王世紀曰：「太皡氏有聖德為百王先。帝出于震，未有所因，故位在東，主春，象日之明，是以稱太皡。作罔罟以田漁，取犧牲，故天下號曰庖犧氏，一號黄熊氏。」(本文寫竟，祥恒兄舉此條見告，益證釋虙虘之確不可易矣。)【楚繒書新考　中國文字第二十六册】

◉黄錫全　虘虘　古璽戲作䖒(璽彙2961)，楚帛書虘作虘，此形乃由其譌變。【汗簡注釋卷二】

◉許　慎　䖒土鍪也。从虘。号聲。讀若鎬。胡到切。【説文解字卷五】

◉馬叙倫　翟云升曰。類篇引作土釜也。葉德輝曰。玉部。琥。從玉。號聲。讀若鎬。與此同。口部。唬。從口。從虎。讀若暠。亦與此同。劉秀生曰。号聲匣紐豪部。鎬從高聲。亦在匣紐豪部。故䖒從号聲得读若鎬。木部。枵。從木。号聲。左襄二十八年傳。枵。秏名也。爾雅釋天。元枵。虚也。注。枵之言秏。秏亦虚意。枵秏虚竝以聲訓。周禮考工記輪人。則轂雖敝不藃。注。鄭司農云。藃當作秏。藃亦得高聲。是其證。倫按虘從豆虍聲。則必豆屬之器。而鍪為鍑屬。非豆也。字安得從虘。疑土鍪也非本義。䖒蓋虘之同舌根摩擦音。轉注字。字或出字林。【説文解字六書疏證卷九】

◉黄錫全　最後一字為器名，依字形可硬行隸作鋠。劉彬徽引李家浩説釋為鋠。河南固始侯古堆M1出土類似的器物名為盉，銘曰「鋠(似)之飤盉」。鋠盉二字應該音近可通。

鋠字金文首見，按照文字學的一般原理，金、皿應是義符，右上号是音符。号字上部从口，應該説是没有疑問的，關鍵是下面部分。

古文字中的考、可等字均是从丂，作丁、𠄎(古柯字)二形。如考字。甲骨、金文作下列諸形：

考　考　考《甲骨文編》357頁　考沈子它毁　考天亡毁　考　考毛公旅鼎　考　考杜伯盨　考弔角父毁　考曾仲大父蝨毁

後來筆劃逐漸綫條化而帶有裝飾的意味，或彎曲，或增一劃，如丂、可、考等字作下列諸形：

丂散盤　丁郘公毁　丂𨛭鎛　可中山王壺哥子可戈　考盄仲卣　考邾公華鐘　考王子午鼎　考蔡侯申盤

因此，我們認為，号字所從的丂即由丁、𠄎(丂)形演變。号字从口从丂，即号字。《説文》正篆作号，以為會意字，其實，應該是形聲字(或者會意兼形聲)。《説文》解釋「丂」是「气欲舒出丂上礙於一也」，是僅據已變化之小篆為説解，因此是不可信的。古文字丂或从丂之偏旁作亻、丅、卜、卜等，無「气欲舒出」之象。

曾侯乙編鐘銘文有一字作下列諸形：

依文義可讀為「号」或「也」（詳《音樂研究》1981年1期）。如是「号」字，所从的□、□、□、□等乃是「丂」字的變體或省體。其與「□」形大同小異。

江陵望山二號墓遣策号字作□，所从之「□」，正與上舉□鎛丂、邾公華鐘與王子午鼎考字所从之「□」形同。

「号」屬匣母宵部，丂、考屬溪母幽部，可屬溪母歌部，柯屬見母歌部。匣、溪二聲相近（喉牙通轉），幽、宵、歌諸部相通。如可屬溪母，从可得聲的「苛」屬匣母。貴屬見母，从貴得聲的「潰」屬匣母。「考」古與槁通（見《文選》潘安仁《河陽縣作詩》「類如槁石火」李注），《說文》號、琥均讀若「鎬」。考屬幽部，槁、鎬、號琥屬宵部。《列子・湯問》：「歺其肉而棄之。」《釋文》云：「歺本作咼，音寡，剔肉也。」歺（朽）屬幽部，咼（剮）屬歌部。此類例子甚多，不勝枚舉。

⿰金⿱号皿从号聲，号从丂聲。⿱可皿从可聲，可从丂聲。⿰金⿱号皿、⿱可皿均从「丂」聲，於古相通應該說是沒有多大疑問的。因此，⿰金⿱号皿、⿱可皿實一物而異寫。

⿰金⿱号皿為豆形器，从号得聲，可能就是豐，即虧。《說文》「虧，土鍪也。从虍，号聲。讀若鎬」。朱駿聲「按，大口土釜，字亦作𨢑、作號、作豐」。《說文》「錡，鉏鋤也。从金，奇聲。江淮之間謂釜曰錡」。說虧、錡均為釜形器，顯然與此類器形不合。虧讀若鎬或高，高有高長之義。奇有長義。因此，⿰金⿱号皿、⿱可皿可能是專指一種高柄或長柄的方形豆。方豆稱⿰金⿱号皿或⿱可皿，如同高足鼎稱鐈。《說文》「鐈，似鼎而長足」。而銅器銘文或稱「喬（鐈）鼎」（楚王酓肯、酓忎鼎），或祇稱「鐈」（鄧子午鼎）。鐈即指鐈鼎。所以，⿰金⿱号皿即指⿰金⿱号皿豆，⿱可皿即指⿱可皿豆，因南、北方位不同，故用字略有小別。當時的方言可能就是這樣。【湖北出土商周文字輯證】

⿰虘盅

◉許　慎　⿰虘盅器也。从虘盅。盅亦聲。闕。直呂切。【說文解字卷五】

◉馬叙倫　嚴可均曰。此何所闕。蓋舊本闕反切。鈕樹玉曰。闕字蓋後人所加。玉篇。⿰虘盅。或作盅。沙木曰。⿰虘盅盅音訓皆同。王筠曰。疑即盅之重文。闕者下文尚有篆。傳述說文者據本殘闕。不可辨識。故加闕字。徐灝曰。與皿部盅疑本一字。倫按從虘。盅聲。字蓋出字林。【說文解字六書疏證卷九】

虍

乙八〇一三　地名　【甲骨文編】

文字5・69　【古陶文字徵】

3447　【古璽文編】

虍　【汗簡】

◉許　慎　虎文也。象形。凡虍之屬皆从虍。徐鍇曰。象其文章屈曲也。荒烏切。【説文解字卷五】

◉馬叙倫　鈕樹玉曰。繫傳有讀若春秋傳曰虍有餘九字。今三傳並無此文。王紹蘭曰。即公羊昭三十一年傳人未足而盱有餘也。盱虍聲相近。蓋許所見本作虍。何本作盱。孔廣居曰。虍即虎之省文。而以為偏傍之用者。章炳麟曰。虍虎一字。劉秀生曰。王紹蘭謂虍有餘即盱有餘。是也。虍聲為曉紐模部。盱從于聲。亦在曉紐模部。故虍今公羊本作盱。倫按或虍字譌耳。篆當作毛公鼎追敦。説解當曰。虎也。或如彑下言豕頭也例作虎頭也。為字林文。丫彑虍即羊豕之省文。皆對面正視形也。麼些文每以獸頭表其獸。與此同。本部諸文從虍而皆言虎事。不謂虎文。虞為白虎黑文。而虞實虎類。可證也。虎文也者。廣韻引字林。蓋字林訓。【説文解字卷五】

◉徐中舒　虍：《説文》：「虎文也」。此字原形作，非虎文，乃虎皮或獸皮。古人在屋頂上端蒙以虎皮或獸皮以避風雨。盧、膚等字即從此而來。盧，上面象屋頂蒙以獸皮，下面是火爐食具；膚字引申為皮膚。如果不從這種意義去探求，這兩個字就講不通。【怎樣研究中國古代文字】

◉黄錫全　虍　《説文》虍字古文二形並从，本書从，郭見本與今本異。虍與从虍之字古作（乙8103）、（師虎毁）、（者沪鐘）、（爾彙3447、2477）等。與並當古虍形省變。本書虍形多如此。【汗簡注釋卷二】

虞

甲2658　2772　佚255　268　掇391　六中264　【續甲骨文編】

虞　國名姬姓公爵武王克商求太伯仲雍之後時仲雍曾孫周章已君吳因而封之後為晉所滅　虞司寇壺　虞侯政壺　散盤

恆簋 子孫虞寶用 義如永 【金文編】

〔四〇〕 〔五六〕 〔二三〕 〔二〕 〔四〕 〔三二〕 〔二〕 〔一九〕 〔一九〕 〔五〇〕 〔二〕 〔四〕 〔二〕 〔四〕 〔二〕 〔七八〕 〔七八〕 〔一九〕 〔七八〕 〔四〇〕 〔四〕 〔二三〕 【先秦貨幣文編】

虞 秦一二五 【睡虎地秦簡文字編】

上虞馬丞印 虞女印 宋虞人 繆温虞印 田不虞 虞憲私印 虞如意 虞恭私印 虞成私印 虞常私印 高虞君印 虞敞私印 虞稱 【漢印文字徵】

禪國山碑 虞翻 石碣吳人 吳人憖亟 古文不从虍 吳字重文 【石刻篆文編】

虞見尚書 【汗簡】

雲臺碑 竝古尚書 王存乂切韻 【古文四聲韻】

◉許 慎 騶虞也。白虎黑文。尾長於身。仁獸。食自死之肉。从虍。吳聲。詩曰。于嗟乎騶虞。五俱切。【說文解字卷五】

◉葉玉森 諸家釋為虞。引吳方尊蓋虞作為證。似塙。森按殷虚卜辭第二千零三十版之。予亦疑為虞字。古之虞人乃掌田獵之官。獵時或被虎首以懾羣獸。故其字从虍从大。大乃人形。【說契 學衡三十一期】

◉馬叙倫 鈕樹玉曰。繫傳篆作。沈濤曰。御覽八百九十引之肉下有名曰騶虞。有至信之德。不食人。凡十二字。無仁獸二字。蓋古本如是。詩毛傳云。騶虞。義獸也。白虎黑文。不食生物。有至信之德則應之。許正用毛傳。今本有節矣。廣韻十虞引作騶虞。仁獸。白虎黑文。尾長於身。不食生物。亦不與今本同。商承祚曰。甲文有。疑即虞字。倫按五經異義。今詩韓魯說。騶虞。天子掌鳥獸官。古毛詩說。騶虞。義獸。白虎黑文。食自死之肉。不食生物。人君有至信之德則應之。周南經麟趾。召南經騶虞。俱稱嗟歎之。皆獸名。謹案古山海經鄒衍書云。騶虞。獸。説與毛詩同。然則此當訓獸也。或虎也。或以聲訓。吕忱依詩毛傳加騶虞以下並引詩。今本有挩耳。本部屬字唯此為名詞。字見急就篇。甲文作者。從虍。聲。可以證吳為之譌矣。金文虎父戊卣之倫謂即虞人之徽幟。散盤作。虞司寇壺作。【説文解字六書疏證卷九】

◉郭沫若　虞，説文云「騶虞，白虎黑文，尾長於身，仁獸，食自死之肉。」淮南道應訓「散宜生乃以千金，求天下之珍怪，得騶虞雞斯之乘」，注云「騶虞，白虎黑文而仁，食自死之獸，日行千里」。其見于它種書説者大抵相同。古與麟鳳龜龍為五瑞，乃古人所想像之動物，不必實有也。今字亦正作奇獸形，周遭有迴文者，蓋象其能騰云駕霧之意，所謂能「日行千里」者也。是則蓋即虞之初文矣。【齊侯盤　兩周金文辭大系考釋】

◉強運開　薛趙楊均釋作吳。運開按。此吳字非吳越之吳。乃古虞字。吳人即虞人也。虞人掌山澤之官。亦主苑囿田獵。禮。乃命虞人入山行木。毋有斬伐。孟子。招虞人以皮冠。是也。周師酉敢。王在吳格吳太廟。阮文達公案云。古籍周王無適吳事。此吳字乃古虞字。詩周頌。不吳不敖。史記孝武紀引作不虞不驁。左僖五年傳虞仲。吳越春秋作吳仲。漢書地理志云。武王封周章弟中於河北。是為北吳。後世謂之虞。又史記吳世家每以中國之虞蠻夷之吳分別言之。亦以吳虞同字也。均可為此吳字當讀若虞之塙證。【石鼓釋文】

◉張筱衡　，或釋作鵜、作娛者，誤。王、阮、吳並釋作虞，是。而訓為司林麓之虞人，則誤。竊謂即「毛詩」之會與大人，毛傳之會人，司圖籙之官也。

「毛詩・小雅・杕杜」：「卜筮偕止，會言近止。征夫邇止。」傳：「卜之，筮之，會人占之。」鄭箋：「偕，俱，會，合也。或卜之，或筮之，俱占之，合言于繇為近，征夫如今近耳。」孔疏：「傳以會之言是會聚人占之。箋以上句言偕之，若不為占，則文皆空設。偕既為占，則會當為合，故易之。合言于繇，謂合言于占卦之繇。」按：此與衛侯之占夢同，亦是兼用卜、筮、貞三種占法。「傳」以會人釋會，則會人猶卜人、筮人。傳云會人占之，猶言會人貞卜耳。然則盤文之虞，即「毛詩」之會矣。虞之即會，猶文言之娛樂，即今語之快樂；盤文之吳□□。虞即周初之鄶國，周世之虞人，即秦漢之駔會也。康成不知會為貞卜之官，故易「毛傳」，然其説已支離不可通。而「孔疏」又謂傳意為會聚人，更非毛恉。【散盤考釋　人文雜誌一九五八年三期】

◉高鴻縉　此應从虎省吳聲。入轉注。【中國字例六篇】

◉商承祚　石碣吳人：「吳人憐亟」。吳人即虞人，掌山澤之官。《孟子・滕文公下》：「招虞人以旌」。王國維兮甲盤跋云：「虘古文魚字……《周禮・天官・䲣人》釋文『本或作魰』。䲣（祚案沇兒鐘亦作䲣與此同）、魰同字，知䲣魚亦同字矣」（《觀堂集林・別集二》）。案甲骨文魚亦作□，與齊子仲姜鎛、兮甲盤同。虍于書法可增減，如《詩・絲衣》「不吳不敖」，《史記・孝武本紀》作「不虞不驁」，《公羊傳》定公四年「伐鮮虞」，釋文：「本作吳」，《論語・微子》：「虞仲」，《吳越春秋・太伯傳》作「吳仲」，《集韻》：吳「古文虞」，皆其證也。敦煌本《尚書・西伯戡黎》：「不虞天性」，虞《六書統》作𡗜，云「古文虞字」，不知所自。【石刻篆文編字說　古文字研究第五輯】

◉王獻唐　鉨文虞作□，从□从吳。金文篆文虍不作□，體近隸書之声，金文篆文鹿字所從，亦不如此。汗簡上二虍部，部首作□，下引古論語虐作□，古樂章箎作□。虎部部首作□，下引說文虎作□，義云切韻作□。又上一口部，引尚書唬作□中一冊部，引張揖集古文虜作□，㡀部引義雲章齇作□，丘部引王存乂切韻虛作□，中二文部引李商隱字略虔作□，鼠部引義雲章鼶作□。所録古文，虍類作□，與鉨文正合，彼上作□，此作□，筆有轉折小變。固無抵觸。以前引唬文，知此字體出古文尚書。中二心部，引尚書噫作□，亦从虍作□，尤可證也。汗簡書體，類就原書移寫，不自更張。如上二于部，引義雲章虧作□，中二思部，引石經慮作□，下二阜部，引林罕集字罅作□，義雲章早此據一隅草堂本，疑為甲誤作□，並非一體作□，知凡作□者，皆其原本如此也。□為□形之變，□又□形之變。初省前一足作□，繼省背毛作□。後省後足作□，僅存一尾，演而為□。觀下所引金文各體，形義自明。凡此皆由虎之全體衍出，若□祇為虎首。詳後。當時古文从虎諸字，本有二支，一作全體虎形，一作虎首。全體虎亦繁省不一，汗簡皆從原書箸録，故形制微殊。此與後代篆隸諸文，有从虎者，有从虍者，同一事也。今出魏三體石經，古文盧作□从□，汗簡引石經慮从□。同為石經，體有繁省。以石經所刻古文經傳，原非一書，書或異體，即一經字體，亦或不同。如詩鄭風𢎘弓，秦風作韔。左傳薳氏，或作蔿氏，箴尹亦作鍼尹。見顧氏日知録四。石經各依原本字體，撫寫上石。此書虎作□，彼書或作□。汗簡所采之慮，與今石經之膚，不出一書，故筆畫各別。如說文虐古文作□，虍與所引古文虎首殊異，亦坐此故。同屬古文，不為一經，說文所引古文：為易孟氏、書孔氏、詩毛氏、禮周官、春秋左氏、論語、孝經，見許君後叙。同屬石經，不為一體。說詳舊著漢魏石經殘字叙。各采一經，各書一體。故說文古文，與石經古文，汗簡古文，或合或不合。不能盡以說文繩石經，或以石經繩汗簡。此而既明，則汗簡古文□，不妨亦作□、作□、作□。體雖雜，各有祖述。鉨文从□，正與所引古文尚書、古論語、古孝經、義雲切韻、字略及說文古文同條共貫者也。

復次，今本說文虎，古文作□，作□，凡為二體。所引本非一經，經各異書，因從並録，與前義例正同。虎从虍作□，體與鉨符，惟左筆較短，不聯上橫。汗簡引說文作□，則接聯書之。同書下一弓部，又引說文古文施作□，从弓从虎，今說文奪此字。參合比證，知説文古文，虍固作□，與鉨文無殊。今本作□，殆傳写筆誤。兩周遺文，凡書此體，未有左畫短聯□下者也。説文古文，多出壁中書，汗簡尚書亦然。壁經原于東魯，其書虍作□，當為東方字體。此鉨舊出齊都臨淄，魯齊接壤，故書體相通。臨淄復出周陶，文為食是□□虞酒□非□。虞作□，从□从吳。□即□省。知東土陶文，亦作是體。鉨文有□戲鉨作□，戲字鉨作□說文古籀補引。筆畫結構，亦皆相仿。兩鉨出土地域雖不可知，陶則確屬齊物。其地同，故字體亦同。且齊魯鉨陶文字，陽類作昜，如陽郈邑鉨，成陽埸陶器，例證甚多。他處則每作陽。訊鉨訊字，又類从言，他處則每从廾。此則陽作昜，訊从言。與上述書體地域，無不絲絲入扣，更復何疑乎。

若是東土虍體作□，義又何在，曰，此象虎首之形，從西土一支，演而自變者也。契文虎作□，作□，作□，作□。横視皆象虎形，前為首，首或有耳，或無耳，下為巨口，口作□，内象牙齒，後此則為身，為足，為尾，足或有爪，或無爪，身或有文，或無文，而足皆二數，側視祇見前後兩足故也。洎後周代金文作□師虎敵，作□召伯虎敵，上仍為首，首下之口，牙外向作□，已失本意。旁作□者，契文虎耳之遺，師袁敵虔作□，耳形最顯。首下背上，或作□，或不作□，象脊上之毛。其趾五，故足下作□，或省作□。契文本有此數體，要之無多變異也。又後石鼓文作□，司馬射虎鉨作□，變耳形為□，次筆右出，不與下聯，寖失原形。□之右方，又展垂筆畫作□，虎首之意，益不可見。然石鼓虎體作□，尚留跡象，鉨則無存，而鉨文作□。又漢人隸書虎字作虎所從出也。更後秦嶧山石刻，及權量詔文，號字偏旁作□，□雖似人，猶與上聯，存石鼓原意。小篆歷變為□，與上不接，直是人字。此自司馬射虎鉨已然，要皆由□蜕出，愈演愈厲者也。石鼓之□，初見虢叔大父鼎，鼎文虢作□，已具形似。本為虎形後軀。前足後尾，既變作人，則形象弗存。許君求其義不得，説文虎下乃云虎足似人足，就訛變之形，從而為説，殊失真諦。凡此皆西土一支，契文而後，演為酆鎬伊洛之金文，又演為岐陽之石鼓，秦篆襲之，漢篆亦襲之。字形雖變，體制相因。其地域支系，固了了可見也。

虍為虎省，去其足尾，存其首部。東土鉨文作□，即虎而僅存首部者也。其體原從金文演出，金文虎或作□毛公鼎，作□師酉敵，虞司寇壺虞作□，邵鐘虡作□，虢叔大父鼎虢作□，以虎耳次筆伸展而下，初尚與背毛不聯，繼則接聯成□。東土沿之，復將虎口牙形二畫寫作一畫為□，更漸展虎耳上畫，與相接，遂成□形。虎首至是，殆已全失本義。任筆增減伸縮，與石鼓作□，其失均也。惟□字一體，雖從金文變出，而西土文字，不見此制，祇東土魯壁古文用之，鉨文用之，陶文又用之，知乃東方自造。迨後嬴秦混一區宇，刊定書體，采其西土一支作□，奕世相承，□體遂廢。幸説文汗簡及鉨陶文字得存一二。然僅為東土新體，證以説文石經汗簡，从□□古文。固亦兼用西土全體虎字，王朝制作，各國皆能通行故也。

上論虍為虎之省體，从虎諸字，如虞如虔，以筆畫繁重，但圖首見意。猶𦍌从羊，省為羊角，彑从㣇，省為豕頭。非如說文部首，虍自為字，許君釋作虎文象形，又云讀若春秋傳曰虍有餘，段注：有訛字不可通。疑是賈子餘勇之賈。殆失之矣。至□為虎首，本東方書體。東方亦有自造之全體虎字，據說文所引古文，體作□，上為虎首，下似篆文要字。殆象蹲踞形，□為前二足，□則後二足，兼具虎爪者也。說文古文，字又作□。王氏釋例，謂仍即□字，寫者訛□為□，左□訛為□，右□訛□，遂分為兩字，校者並録之，故玉篇祇收古文𧆨云云。案王據玉篇為言，玉篇作𧆨，得為是解。而說文固明作□，左方□無訛變，右□實為別加，王說似未中的。以形象求之，□象手爪，殆示搏虎之意。如為字，象以手牽象也。□為本字，□屬後加。既加之後，遂成別體，故說文亦一並録之。汗簡虎本說文，彼時即具二體，知其由來久矣。說文古文，類出淹中，內若孟易毛詩，雖非壁經舊簡，要皆原于洙泗，轉相授受，書體移寫，大率從同。如春秋左傳，本為北平侯張蒼所獻，不出魯壁。魏書江式表言，字體與壁經相類，可證也。說詳舊著漢魏石經殘字敘。是古文二虎，雖不識所出，亦必孔門舊文，為東土書體。虎首脱胎西方，稍變形制，身則各不相同，彼為橫立之形，此則蹲踞之狀。蓋又參合變化，別以意匠，自成一體者也。

古文虎有全體及虎首二形，自契文已然，虎字作□作□，虘字作□作□，虎首原出全體，以配合造字，演作繁簡兩形。就字論體，契文最為得真。洎後西周金文，尚無大失。東遷而降，逐漸判為兩支，各自省變。西土全形虎字，至石鼓作□，虎首至司馬射虎鉩作□。為秦漢篆體所從出，又為隸楷虎虍所從出。東土虎首，初尚參用西體，歷省全形為□，後別變□。更造全形虎字作□，為淹中古文所從出，又為鉩文陶文所從出。執與西體相較，幾判若不侔。設無初期契金文字探得原形，則全體之□、□，虎首之□□，將莫由會解。無怪許君執秦漢以來字體研索而不得其義也。【周虞陽鉩考 那羅延稽古文字】

◉銀雀山漢墓竹簡整理小組 今吾虞……宋本作「今吾漁甚有似也，殆非樂之也」。從竹簡缺字地位看，簡本似無下句。「虞」「漁」古音相近，「虞」疑當讀為「漁」。但簡本上下文皆有「漁」字，唯此句及下一句用「虞」字，似以此二「虞」字為思虞之「虞」，而不以為「漁」之借字。【銀雀山漢墓竹簡〔壹〕】

◉黄錫全 从从虞見尚書 《左氏隱元年傳疏》「石經古文虞作从从」。古寫本《尚書》虞多作从从。从从與一部麗字作□形類似。【汗簡注釋卷二】

◉唐　蘭 第四行「虞」字，各家都釋成「虔」，如果是虔，下半應該从文。這個字上从虍，下从矢，矢字頭向左傾，頭部中間為銹隔斷。但筆畫很清楚。从矢虍聲，應該是虞字的早期寫法。【唐蘭先生金文論集】

虙 虔

◉許　慎　虙虎兒。从虍。必聲。房六切。【説文解字卷五】

虙 師䄉鼎　毛公厝鼎　追簋　師寰簋　番生簋　㝬鐘　秦公簋　秦公鎛　蔡侯𩰫鐘　者沪鐘【金文編】

3·1357　獨字　5·154　咸虙【古陶文字徵】

虙喜【漢印文字徵】

虙出李商隱字略【汗簡】

李商隱字略　崔希裕纂古【古文四聲韻】

◉許　慎　虔虎行兒。从虍。文聲。讀若矜。臣鉉等曰。文非聲。未詳。渠焉切。【説文解字卷五】

◉吳大澂　从虎从卜。與古文畏字同意。許氏説畏鬼頭而虎爪可畏也。古文作。亦作。畏从卜。象以卜禦鬼形。亦从卜。象以卜禦虎形。疑即古虔字。虔有敬畏之意。見龍則龔。見虎則畏。此虔共之義也。為虔之緐文。此其省文與。【己侯鐘　愙齋積古録二册】

◉劉心源　虔字从虍从文與小篆同。即知古刻凡言康者決非虔字。【追敢　奇觚室吉金文述卷四】

◉馬叙倫　劉秀生曰。文聲本在痕部。矜即矝字。矝從令聲。在先部。痕先旁轉。故虔從文聲得讀若矜。書多士。予惟率肆矜爾。論衡雷虛作予惟率肆憐爾。爾雅釋獸。麐。麕身。牛尾。一角。釋文。麐本作麟。麟憐並從粦聲。麐從吝聲。吝亦從文聲。是其證。倫按走部之𧻓。亦疑虎行兒。當為虎也。行兒。行兒即𧻓字義。字當從虍。大聲。大或作。故譌為文。大音定紐。故虔音入羣紐。定羣同為濁破裂音也。大聲脂類。矜聲脂類。脂真對轉。故讀若矜。追敢作。師寰敢作。【説文解字六書疏證卷九】

◉黄錫全　虔出李商隱字畧　毛公鼎虔作，蔡侯鐘作，者沪鐘作，古陶作（香録5·2）。此虍形同目録。【汗簡注釋

卷四】

◉張　頷　虔奉——虔字殘損，筆畫不全。詛辭中或作膚，應為虔字的古體，下部所發聲部，與箝、鉗聲同，《説文》以為「从虍文聲」是不確的。　虔奉，誠心奉事的意思。　【「侯馬盟書」類例釋注　張頷學術文集】

◉施謝捷　來(?)[glyph]盤銘説：

來(?)[glyph]乍(作)鋒般(盤)，孫＝子＝其寶用。(《三代》17·5·1)

銘中「乍」上一字(下文用「△」代替此字)，過去不識，新版《金文編》將它歸入附録下(1244頁448號)。

我們認為，「△」應該釋為「虔」。　金文「虔」數見，或作下揭諸形：

[glyph]師望鼎　[glyph]毛公鼎　[glyph]師寰簋　[glyph]蔡侯申鐘　(《金文編》332頁)

由此可見，「△」字下半所从無疑就是「文」；至於上半所从[glyph]則應是[glyph]、[glyph]之省形，這種省變情形亦見於其他「从虍」之字，如

「虖」或作：

[glyph]班簋　[glyph]沇子它簋　(《金文編》333頁)

「盧」或作：

[glyph]者旨型盤　[glyph]嬰次盧　(《金文編》340頁)

「[illegible]」、「[illegible]」或作：

[glyph]欒書缶　[glyph]沇兒鐘　(《金文編》758頁)

「壚」字作：(此從湯餘惠釋，見《古文字研究》17輯，《略論戰國文字形體研究中的幾個問題》)

[glyph]蒦圖匋里人壚　(《鐵雲藏陶》三冊87·1)

這樣看來，我們將「△」釋為「虔」字之異構，顯然是很合適的。　【金文零釋　于省吾教授百年誕辰紀念文集】

[glyph] 虘

[glyph]鄴三下·四三·四　方國名伐及虘方　[glyph]京津三四五一　【甲骨文編】

[glyph]虘　虘簋　[glyph]虘爵　[glyph]盂鼎二　[glyph]大師虘豆　[glyph]大師虘簋　[glyph]𪒠盤　[glyph]伯椃虘簋　[glyph]啚君鉦　[glyph]孳乳為叡

虘鐘　編鐘作䖑　【金文編】

0260　【古璽文編】

◉許　慎　虘虎不柔不信也。从虍。且聲。讀若鄌縣。昨何切。【說文解字卷五】

◉方濬益　彝器銘虘字習見。或从又作䖑。皆作器者名與字。乃經傳中初不一見。攷史記孔子世家黎鉏。韓非子內儲說作黎且。意林引韓子作黎沮。左宣公三年傳鉏麑。呂覽過理篇作沮麛。且沮鉏三字互相通。而左傳多作鉏。所載如魯齊邾皆有公子鉏。魯侍人僚鉏。齊隰鉏。宋樂朱鉏。衛孔烝鉏等。不可勝數。是經傳之鉏即彝器銘之虘也。又按汗簡引王存乂切韻組作䋮。說文䢐或从彳作徂。籀文作𨒪。據此知虘正且之籀文。且部又有𠭖字。云且往也。錢辛楣少詹謂即詩且往觀乎之且。則𠭖又虘之緐文矣。【太師虘豆　綴遺齋彝器款識考釋卷二十五】

◉馬叙倫　鈕樹玉曰。玉篇廣韻竝虎不柔也。則柔下當有也字。不信或別是一義。嚴可均曰。鄌縣小徐作酇縣。邑部。鄌。沛國縣。地理志作酇。師古曰。此縣本為鄌。借酇字為之。則大徐為長。莊有可曰。不柔不信未詳。恐非。王筠曰。不信恐係羨文。朱駿聲曰。不柔者。怚字之訓。不信者。謯字之訓。字從虎而曰虎不柔不信。似迂曲傅會。徐灝曰。虘與狙音近。漢書張良傳。良與狙擊秦始皇帝。顏注。狙謂密伺之。字本作覰。然則虘者。虎伏伺人也。許云不柔不信。未塙。倫按十篇狚下一曰犬不齧人也。犬不齧人亦柔意。字皆從且得聲。則語原同。疑本作虎柔皃。不字及不信二字竝涉上文虞下說解傳寫誤入。字蓋出字林。讀若鄌鍇本作酇者。劉秀生曰。鄌聲從紐。酇聲精紐。皆齒音。故虘亦得讀若酇也。【說文解字六書疏證卷九】

◉高鴻縉　說文。虘。虎不柔不信也。从虍。且聲。讀若鄌縣。昨何切。按字應从虎省。且聲。入轉注。【中國字例六篇】

◉陳世輝　「虘镸伐尸」(第三行)，虘讀組。《說文》：「退，往也。」或作徂、遽。遽即从虘聲。【牆盤銘文解說　考古一九八〇年第五期】

◉李孝定　許君以虎不柔不信說虘，此義於古籍無徵，朱駿聲氏說文通訓定聲以為迂曲傅會，是也。金文虘多為人名。方濬益氏說諸从且聲之字，但可證其音同，以為人名可互用，不得謂諸字互通也。【金文詁林讀後記卷五】

◉朱歧祥　

，从虎省，且聲。隸作虘。字多見於第四期以後的卜辭，屬方國名，與玆方見於同條卜辭。《春秋》襄公十年有鄌地，《說

文》：「鄘，沛國縣。从邑盧聲。今酇縣。」段注：「今河南歸德府永城縣縣西南有故酇縣城。」其地接淮河，為古代淮夷出没地。金文有𠭯淮夷〈録卣〉、𠭯東夷〈小臣謎簋〉。字復增又作，增屮作，增茻作。由以下諸「盧方」辭例互較可證。

〈鄴3·43·4〉㒸方，叀盧方作☐？

〈甲807〉戌，及方，𢦏？

〈金493〉乙卯王卜在𢍰師貞：余其𦎫，叀十月戊申𢦏？王占曰：吉。在八月。

〈後上18·9〉☐卜，在𢍰貞：☐方，余从☐？王占曰：大吉。【甲骨學論叢】

虖

虖 何尊 烏虖今作嗚呼　沈子它簋　班簋　㦰鼎　弔䟭父卣　效卣　寡子卣　毛公𢉅鼎　禹鼎　中山王𠨬鼎 讀為乎 而皇才於学君虖　中山王𠨬壺 於虖　𧊒壺【金文編】

3·816 虖興之☐　秦1209 ☐城☐虖　季木1:3【古陶文字徵】

虖婁丞印　虖則　虖豎【漢印文字徵】

開母廟石闕 祀聖母虖山隅　石經顧命 王曰烏虖 今本作呼　無逸 周公曰烏虖【石刻篆文編】

◉許　慎　哮虖也。从虍。乎聲。荒烏切。【説文解字卷五】

◉高田忠周　説文。哮虖也。从虍乎聲。叚借為乎。史記漢書多以為語餘之詞。又漢書司馬遷傳注。古字或作烏虖。今字作烏乎。與此銘可互證。最古唯當作烏乎也。【古籀篇九十一】

◉馬叙倫　鈕樹玉曰。韻會引作哮也。段玉裁曰。口部。唬。虎聲。通俗文曰。虎聲謂之哮唬。疑此哮虖當作哮唬。漢書多假虖為乎字。倫按徐鍇曰。哮虖從此。語不可通。王筠謂似當作哮嘑從此。韻會引鍇本作哮也。蓋本作哮也。故鍇謂哮嘑字從此。虖字乃隸書複舉字之譌乙於下者也。哮也以雙聲為訓。此實乎之轉注字。從乎。虍聲。故亦音荒烏切。金文皆以虖為烏呼字。可證也。當立乎部而屬之。或為虎聲。即通俗文虎聲謂之哮唬之唬本字。毛公鼎作。效尊作。【説文解字六書疏證卷九】

3·1091 獨字 汗簡引古論語虐作與此同 【古陶文字徵】

3831 汗簡作與璽文近似 1524 2477 0945 1376 3299 【古璽文編】

詛楚文 內之則暴虐不辜 【石刻篆文編】

虐 虐 虐古論語 【汗簡】

林罕集 古論語 竝汗簡 【古文四聲韻】

◉許　慎　殘也。从虍。虎足反爪人也。魚約切。古文虐如此。【説文解字卷五】

◉劉心源　虐。阮釋孚。非。从即。从反爪即。牧敢亦多庶民。是虐字也。【奇觚室吉金文述卷四】

◉孫詒讓　金文又有从虎从□字。如紀侯鐘云。己侯乍寶鐘。又□司土敢云。□司乍寶尊敢。二字皆不可識。今以畏从□證之。疑□即虐之古文。从者。即許注所謂反爪之省。金文宗周鐘亦有虐字。作。止作爪形而小變之。小篆變為。於義亦尚可通。以相參證。小篆□字實當作□與虐下正同。傳寫整齊之。變畏下反爪為一下止。與説解不相應。足知其非也。【名原下】

◉孫詒讓　字从虎从卜。考後司土敢云。□司土作寶障敢。字亦同。(攈古)二之一。舊並闕釋。今攷卜疑當為爪之省。後盂鼎畏字作。毛公鼎畏字作(攈古)三之三。此从卜與彼畏字偏旁同。説文由部。畏。从由虎省。鬼頭而虎爪。可畏也。又虍部。虘。殘也。从虎爪人。虎足反爪人也。是虘畏並从虎爪。此當即虘字。【紀侯鐘　古籀餘論卷二】

◉高田忠周　亦已侯名也。其作卜。殆卜占之卜。然畏字所从匕形亦有與此似者。知亦同。又右省虎作虍。為略體。虢字亦有此例。知此篆為上文(虐字)省無疑矣。然小篆析虎形。以為字从虍。所原可知耳。此篆舊釋為俿為虒。劉云虢字。皆誤。【古籀篇九十二】

◉商承祚　説文。「虐。殘也。从虍。虎足反爪人也。。古文虐如此。」案殆象人在虎口。有虐意也。金文宗周鐘。「敢臽虐我土。」作。古鉨作。與此近。【説文中之古文考】

◉馬叙倫　鈕樹玉曰。韻會無虍字。王筠曰。朱文藻朱筠本篆作。倫按殘也非本義。亦非本訓。反字與爪形近而譌羨。虎足句亦非許文。倫謂虐從印虍聲。為搦之轉注字。猛獸爪人。自是常性。何便為虐。此許不知虐從虍得聲而譌入之虎部耳。十二篇。搦。按也。按為抑之轉注字。亦皆印之後起字。九篇。印。執政所持信也。從爪。從卪。□。按也。從反印。印□實一字。從爪從□。詳印字下。書呂刑。五虐之刑曰治。以虐為治。與𠬝訓治也義同。賈子道術。兄敬愛弟謂之友。反友為虐。友義為助。反友為虐。謂不助而反抑之也。此可證虐之本義。而引申為暴虐也。廣雅釋詁。虐。惡也。以惡釋虐者。惡從亞得聲。虍亞聲同魚類。又亞音影紐。虍音曉紐。古讀曉歸影。此虐從虍得聲之證一也。虍聲宵類。号之轉注字為號。從号。虎聲。唬。從口。虎聲。讀若暠。暠号聲亦宵類。此虐從虍得聲之證二也。謔從虐得聲。而音在曉紐。此虐從虍得聲之證三也。今虐入疑紐者。疑曉同為舌根音也。搦音日紐。古讀歸泥。與疑同為邊音。是搦虐為轉注字也。虐當入印部。為印之轉注字。甲文有□字。金文阜禾鼎亞形中有□字。亦即虐字。以金之亞形中箸字之例言之。□或為捕虎者之徽識。豈周禮服不氏或禁暴氏之職之徽與。如為服不氏之徽。則從爪虎會意。聲即得於虍。字見急就篇。以為瘧字。顏師古本作瘧。宗周鐘。敢臽□我土作□。秦詛楚文作□。

□　朱孔彰曰。汗簡有□字。入口部。言虎口傷人也。倫按古文書以唬為虐耳。虐從虍得聲也。【說文解字六書疏證卷九】

◉馬叙倫　□　倫按舊釋亞中阜禾形。非也。□明是虎字。彔伯𣪘作□。師寰𣪘作□。甲文作□。可相證也。□為說文之爪字。爪非手甲。乃扭之初文也。甲文有□與此同。尤可證也。此即說文之虐字。從爪虎者捕虎也。說文訓為殘也。非本義。亦非本訓也。古書暴虐字蓋借為報殺。書。五虐之刑曰治。墨子作五殺之刑。殺是本字。虐是借字。虐即得聲於虎。虎音曉紐。殺音審紐。同為次清摩擦音也。此虐得借為殺之證。虐之本義止為捕虎。引申則為按止之義。鼎文作此。蓋製器者業捕虎也。虎父丁鼎亞中作□形。則以虎為族徽者也。【讀金器刻詞卷上】

◉葛英會　《說文》虍部虐字，篆如圖六・4所揭之形。解云：「殘也。从虍爪人，虎足反爪人也。」其下出圖六・6所揭之字，謂「古文虐如此」。此古文虐字所从為虍口人，與正篆有別。正篆虐字《玉篇》隸定如圖六・5所揭，古文虐字《玉篇》隸定如圖六・8所揭之字，仍保留着二者的差别。

《汗簡》、《古文四聲韻》並録《古論語》虐字（圖六・2・3），从虍止人，與《說文》古文、正篆均不合。按《古陶文彙編》3・1091（圖六・1）著録的陶文與《汗簡》、《古文四聲韻》所録《古論語》虐字當為一字。這種構形的虐字的虍字頭，與圖六・9・10所揭金文虎字或所从虍字旁有着直接的承襲關係。此體虐字所从止字，為趾之本字。足趾乃爪之所附，故从止與从爪寓義相當。老虎殘噬生靈，憑借的是爪牙之利，常常口齒足爪並用。《説文》以「虎足反爪人也」釋其本義，不過執其一端而已。

古之虐字，或从爪，或从止，或从口，其寓義則是一致的。因此，保存在我國古代字書、古代典籍中的虐字有三種構形，如圖六諸例：1・2・3从止，4・5从爪，6、7、8从口。現在通行的虐字，是从爪虐字的簡省，僅从虍爪，略去人字。

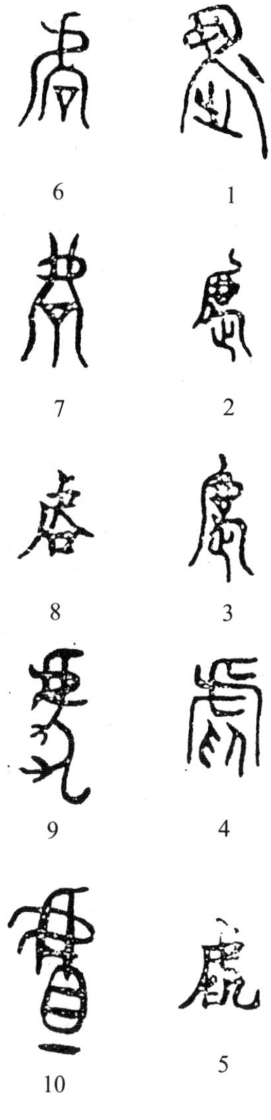

圖六

1.《簠齋瓦器拓本》、《古陶文彙編》3・1091　2.《汗簡》引《古論語》　3.《古文四聲韻》引《古論語》　4、6.《説文》虍部　5、8.《玉篇》虍部　7.《古文四聲韻》引《林罕集字》　9.毛公鼎　10.萬君鉦　【古陶文研習劄記　考古學研究一】

◉裘錫圭　甲骨文裏有一個从虎从人的字：

鼎（貞）：今夕其□。乙五五八九

鼎：不隹（唯）□。

鼎：不［隹］□。續五・三三・六

鼎：王𡆥其□。佚六六四

丙子卜囗蠱□囗。拾一三・一〇

這個字象虎抓人欲噬形，應是「虐」的初文。《説文・虍部》：「□，殘也。从虍，虎足反爪人也。」《詛楚文》虐字作□，會稽刻石作□，與《説文》相合。西周金文作□、□，没有突出虎爪，與甲骨文虐字相近。

葉玉森把這個字釋作虒，以為「即牝之異體」，《甲骨文編》從之，實不可信。

虐字在卜辭裏多與蠱、𡆥、□等災禍字並用，例已見上。有的卜辭貞問「王𡆥隹（唯）蠱」，文例與上引「王𡆥其虐」一辭相類。由此可見這個字的意義一定與災禍有關。從這一點看，把這個字釋作虐也是合理的。《尚書・盤庚》：「殷降大虐，先王不懷，厥攸作，視民利用遷」，同書《金縢》：「史乃册祝曰：惟爾元孫某遘厲虐疾……」，虐字的用法都與卜辭相近。【甲骨文字考釋　古文字研究第四輯】

◉胡厚宣　3辭説，「乙未卜，今日王□，㞢。允隻：虒二，兕一，鹿廿一，豕二，麑百廿七，虎二，兔廿三，雉廿七。十一月。二」⊘虒即虐，《説文》：虐，殘也，从虍，虎足反爪人也。段玉裁于「从虍」之下，補「爪人」二字，説，「虍爪人三字會意」。又説，「虎反爪向外攫人足曰虐。」徐鍇《説文繫傳》作「虐，殘也，从虎足反爪人也」。又説「臣鍇曰，言虎反足以爪人也。今案爪為虎之一部分，不應分為二字，由甲骨文字觀之，虐字是从虎从匕。甲骨文匕人不分，故《説文》以為人字。葉玉森以為「虒即牝之異體。」李孝定説，「疑為牝虎專字。」其實字當為虍，意為母虎，引申為殘暴。今彪字在此用為獸名，正為母虎，史籍以為乳虎。《説文繫傳》説，「《漢書》寧成為虐，人謂之乳虎也。」《漢書·義縱傳》，「寧見乳虎，無直寧成之怒」，顏師古注，「猛獸産乳，養護其子，則搏噬過常，故以喻也」。虐字用為名詞，則為乳虎、母虎，意為殘暴之虎。全辭大意説，殷武丁某年十一月乙未日占卜，問今天殷王武丁要到光地去狩獵，是否有所擒獲。允隻以後乃記占驗，意思是果然擒獲了乳虎二頭，兕牛一頭，鹿廿二頭，豕一頭，麑鹿一百廿七頭，虎二頭，兔子廿三只，雉鷄廿七只。【釋王懿榮早期所獲半龜腹甲卜辭　殷都學刊一九八七年第一期】

◉黄錫全　虐古論語　此形□當是爪或口形譌，也可能就是从□，義同爪。今本《論語》作虐，郭見本蓋如此。【汗簡注釋卷二】

◉湯餘惠　□163　虐、虐，古文虐字多从口，參《古璽文編》卷五第五頁。【包山楚簡讀后記　考古與文物一九九三年第二期】

虨 [篆文]

◉許　慎　[篆文]虎文彪也。从虍。彬聲。布還切。【説文解字卷五】

◉馬叙倫　鈕樹玉曰。玉篇有音無義。段玉裁曰。彪下曰。虎文也。二字雙聲。王筠曰。虎文為句。倫按彪為隸書複舉虨字之爛文。誤乙於下。或如王説。彪虨轉注字。虎文也非本訓。而虍之義非虎文。益可證矣。字或出字林。【説文解字六書疏證卷九】

虡 [篆文]

[金文] 虡　邵鐘　[金文] 吉日壬午劍　[金文] 蔡侯䜌殘鐘　【金文編】

◉許　慎　[篆文]鐘鼓之柎也。飾為猛獸。从虍。異象其下足。其吕切。[篆文]虡或从金。豦聲。[篆文]篆文虡省。【説文解字卷五】

◉吳大澂　說文。虡。鐘鼓之柎也。飾為猛獸。从虍異。象其下足。篆文作虡。詩靈臺虡業維樅。傳。植者曰虡。橫者曰栒。此从□正象縣鐘之植木。下从吳當从虞得聲。【愙齋集古録第一册】

◉鮑　鼎　□釋文釋爵。考釋云當釋虡。按以釋虡為是。方與武鉊堵鼓且叶韻。【愙齋集古録校勘記】

◉吳式芬　許印林說……梚乃虡字。玉篇虡古文虡即从木从虎。而虎下體誤支也。从支無義。集韻虡亦作樝。即从木从虎而虎誤為虛也。虎虛易誤。李氏摭古遺文既以梚為據。又以為鐻。云。形似夾鐘。削木為之。義本廣韻引埤倉而不知鐻即虡之重文。林氏萃篆知鐻即虡而仍兼以梚為據。則沿宋人釋伯據敦之誤也。【庚申父丁角　攈古録金文卷二之三】

◉孫詒讓　□　說文虍部「虡，鐘鼓之柎也。飾為猛獸，从虍□，象形。其下足。」其，疑當作丌。或作鐻，从金豦。篆文作虡。依許說□象猛獸之形，則□非田字可知，其象義殊不可解。篆文則省□而存□，蓋象獸足攫拏之形，亦非収字也。金文邵鐘云：「大鐘八聿肆，其竈篚四鍺堵，喬=其龍，既壽思虡。」虡字作□，虍下从□，上□形即□，下形甚奇詭，似亦足形之變。竊謂古文虡，下半當象猛獸四足形，小篆从□，疑當為□，兩足相向。後合並之為□，譌舛失其象義。下無丌者，文之省也。鐘文此二句，承大鐘之下皆說簨虡，「龍」即簨虡之飾，禮記明堂位夏后氏之龍簨虡。「喬喬」讀為蹻蹻，謂刻龍之形。「既壽」，義未詳，壽或當為鑄之叚借。「思」語詞，猶詩魯頌駉云：「思馬斯作」，謂既作此簨虡，舊釋為䍃爵，謬。故下繼之云：「大鐘既縣，玉鐳說文無此字，當即玉磬。漢晉人所謂璈，即此。鼉鼓」，磬鼓亦有虡也。以均及上下文義校之，其為虡字，無疑矣。

此文从□，象猛獸四足形，依篆文整齊寫之，則當作□。猶說文共部共，古文作□。彼重「収」象人手，此則象獸足，形敓異而意略同。古文龜黽形，亦具四足作□，象義並可互證。古文作□，拘曲之則成□，故今篆文變為□，猶□之變為黽也。既變為□，又涉異字而誤，小篆多依相近字改竄象形文，大氏如是矣。

又道光閒蘇州所出句鑃文云「姑□昏同之子，睪乃吉金，自乍商句鑃。」□形奇詭，諦宷之，當亦即虡字。舊釋為馮非。上半从□，即虍形。楚良臣余義鐘「於嘑」嘑字作□，編鐘又作□，晉公盦虔字作□，形並相邇。下作□，亦即四足形。師虎敦「虎」作□，兩足形同。虎足即猛獸足，其象一也。邵鐘虡从□，下作□，與此亦相類。姑虡疑吳越地名，虡或豦渠之叚字。惜今不可攷耳。

金文虡字又有从木从虎者，如庚申父丁角云：「王各格宰□从。」□為梚字，許瀚謂即虡之古文，玉篇虡古文虡，集韻虡亦作樝，並異。是也。又伯梚敢字作□亦从許釋，舊釋為據非。字亦同。此與說文虡古文鐻相近。角文虎形兩足作□，亦有指爪形。攷說文虎古文作□，从□，亦即兩足形，但誤以虍為鹿耳。詳前。竊意□與□形略同，許書虡篆文作虡，疑即沿古文虎而變。

梚字易丌為木，亦古文之變體也。師酉敨虎作□，兩足亦作□形，但不橫列相向耳。【名原】

◉林義光　古作□邵鐘。□象虡上巀嶭如鋸齒之形。虡聲。虡古音當與虡同。【文源卷一】

◉丁佛言　□邵鐘。既酬□虡。虡。鐘鼓之柎也。从虍。內象猛獸爪牙。篆文从異。係傳寫之誤。原書以為爵字。非是。

【說文古籀補補卷五】

◉高田忠周　此篆舊釋作爵。非是。禮記明堂位。夏后氏以龍簨虡。與銘意合。又周禮小胥。凡縣鐘磬。半為堵全為肆注。編縣之。二八十六枚。而在一簴。謂之堵。全陳之在一簴。謂之肆。亦與銘意相合。說文。□鐘鼓之柎也。飾為猛獸。从虍。異象其下足。或作鐻。从金豦聲。篆文作□。亦虡之省。虡字从虍。此篆亦从虍。異象其足。與殊異字不同。此作□為其形原。然則此篆。於形於義。明晢虡字也。又按說文或从金作鐻。虡或用金。故銘云鑄虡。可證矣。【古籀篇九十二】

◉馬叙倫　沈濤曰。後漢書董卓傳注引作鐘鼓之柎以猛獸為飾也。與玉篇合。蓋古本如是。今書義雖得通。而非許書真面目矣。光武紀注引仍作飾為猛獸。疑後人據今本改。北堂書鈔樂部引。筍簴。縣鐘鼓之器。飾猛獸之象於其足。又與章懷所據本不同。鈕樹玉曰。廣韻韻會引鐘作鍾。韻會引象下有形字。而無其下足三字。宋保曰。虍亦聲。孫詒讓曰。虡下異字。邵鐘作□。象猛獸四足之形。凡許書象某形者。皆不成字。今作異者。乃後人誤改。林義光曰。邵鐘作□。象虡上巀嶭如鋸齒之形。虡聲。倫按考工記梓人為簨虡。天下之大獸五。臝者羽者鱗者以為筍虡。禮記明堂位。夏后氏以龍虡。西京賦辥注。當筍下為兩飛獸以背負。書舜典。鳳皇來儀率舞。馬融以為虡飾。然則虡非獨以虎。以邵鐘既鑄□檢之。正合辥說。鐘鼓之柎。本可象形作字。□其初文。後以變為篆文。形與異字相混。加虎為聲。乃後起字矣。知虍為聲者。或體從金豦聲作鐻。豦亦從虍得聲可證也。林以為虡聲。於邵鐘文未諦也。當自為部。或以重文入金部。而此為其重文。說解為呂忱或校者所改矣。字或出字林。

□　嚴章福曰。五經文字云。虡。說文也。虡。隸省也。若然。則此篆為校者所加。倫按蓋江式所加。【說文解字六書疏證卷九】

◉郭沫若　伯㯱毀「伯㯱虘肇作皇考剌公尊毀，用亯用孝。下畧」周三·五五。㯱當是鐻之異，說文「虡，鐘鼓之柎也，飾為猛獸，从虍、異象其下足。鐻，虡或从金。虡，篆文虡省。」蓋虡有以金為之者，故从金作鐻，然古之虡多以木為之，詩靈臺「虡業維樅」，爾雅釋器「木謂之虡。」攷工記「梓人為筍虡……厚唇弇口，出目短耳，大胸燿後，大體短脰，若是者謂之贏屬，恒有力而不能走，其聲大而宏，有力而不能走則於任重宜，大聲而宏則於鍾宜，若是者以為鍾虡。」莊子達生篇「梓慶削木為鐻。」此均木虡之證。然則虡亦可从木作⿰木虡矣。虘者，說文云「虎不柔不信也」，此正猛獸，亦即攷工記所謂贏屬。故名虘字⿰木虡，正⿰木虡鐻為一之確證矣。廣雅釋室訓⿰木虡為籬，殆是後起之義。【彝銘名字解詁　金文叢考】

◉加藤常賢　虡是⿱虍異的省形字。所以⿱虍異的分析。可以決定這個字的意義。據說文。虍為猛獸之形。而異也象下足的猛獸。說文始終急於說明⿱虍異柎也就是下足飾有猛獸的事。鐘鼓之柎其物本身雖然說對了。文字結構的部分卻無正解。因為它沒考慮到其呂切的音在表達着什麼樣的意義。

宋保諧聲補逸卷五⿱虍異。从虍。異象其下足。虍亦聲。篆作虡。聲同。說⿱虍異字的虍是意符而兼司聲符。但我認為虍是全作聲符用的。虍聲所表的意義在說文見於豦字下。即。

豦。鬥相丮不解也。豕虎之鬥不相捨。讀若蘮蒘草之蘮。司馬相如說。豦。封豕之屬。一曰虎兩足舉巨居切。

豦字的本義。司馬相如封(巨)豕之屬的說法是對的。而拿會意解虎豕相鬥雖不正確。解為相鬥倒是有由來的。它是⿱虍異字的虍聲所表達的引申義。所以我們不能不研究一下鐘鼓的柎(足)的構造了。這。翻閱古籍各注家的各種說明。雖然概括性地還算可以。但總好像欠正確的居多。我倒認為文選張衡西京賦的。

洪鐘萬鈞。猛虡趪趪劉良曰作力貌負筍業。而余怒乃奮騰驤。

無遺無憾地表現着虡背負筍(栒)和業而使力張踏四足的樣態。無論那個古籍的注釋。也未見過這樣無保留地說明了虡有關的一切的。到底文學者的描寫力優秀多了。栒是懸列鐘鼓的橫木。業是豎立左右以持受這橫木的柱子。而虡是指把作為業的柱子高負背上。四足匐伏張踏着的猛獸而言。知道了這個事實。該就知道說文豦字下鬥相丮不解也的解釋不過是虍字所表的聲符的引申義而已。另外朱駿聲的話或可備參。戲假借為豦。左傳(僖公二十八年)請與君之士戲。晉語聞牛談有力。請與之戲。注角力也。又戲不過所復。左傳作夷吾能鬥不過。亦同。按鬥相丮不解為豦。是戲猶言劇鬥也。(通訓定聲戲字下)。那麽虡⿱虍異就是表現業柱下部猛獸樣態的字了。據考工記梓人。這柱下不僅有猛獸。可以知道還刻了種種動物的形態。只因鐘鼓的柎背負的東西重。所以被刻上猛獸了。我們認為這猛獸是四足匐伏着的。所以通常當讀如踞。把這種形狀唸成踞音。並非只限於這一場合。於是關於⿱虍異字。剩下的就是異這部份了。異。我們認為王國維說得對。

此疑戴字。金文及卜辭作。象頭上戴由之形。(六書疏證引。)異就是載戴的意思。於是⿱虍異虡就成了从異(戴)虍聲的形聲字。就是四足匐伏着力。背上高高負戴物件的東西的意思了。以上。我們判明了虡字是⿱虍異的省形。意為蹲踞而背上高高負

戴着物件。此刻我們想提一下的是。説文的豦字解中出了這樣的讀音。

豦。讀如蘮蒘草之蘮。

此語見爾雅釋草。而爾雅釋文説。蘮。居例反。這是不錯的。因為説文有。

罽。魚網也。籒文鋭。居例切。

由這兒可以明白的是其呂切的豦音跟蘮音是相轉的音。【[glyph] 中國文字十三册】

◉張日昇　金文作[glyph]吳大澂謂[glyph]象縣鐘之植。虡聲。丁佛言謂从虍。內象猛獸爪牙。孫詒讓謂虡下半象猛獸四足形。小篆从[glyph]。乃兩足相合之形譌。加藤常賢謂字从異虍聲。取猛獸四足匐伏。背負重物之意。諸説並囿於許書飾為猛獸一語。均有可商。金文从虍从[glyph]。篆或作虡。乃其譌變。[glyph]象人兩足左右展開。可與匽公匜乘字从[glyph]比較。兩手高舉托物之狀。虡為鐘鼓之柎。所以托負筍業。故从[glyph]虍聲。篆文从異。亦兩手相合之形譌也。飴金文从[glyph]。與虞所从相同。説文亦云「[glyph]籒文飴。从異省。」【金文詁林卷五】

[glyph] 虎

[glyph]甲二四二二　[glyph]甲三〇一七反　[glyph]乙三三〇　[glyph]乙四一　[glyph]乙四六　[glyph]乙三三二　[glyph]乙二四〇九　[glyph]乙二六〇六　[glyph]乙二八四四　[glyph]乙二九〇八　[glyph]乙九〇八五反　[glyph]餘一七・一　[glyph]拾六・一三　[glyph]前四・四四・五　[glyph]佚九〇八　[glyph]佚一〇九　[glyph]燕六四三　[glyph]　[glyph]　[glyph]粹九八七　[glyph]粹一五五八　[glyph]師友二・一六　[glyph]鐵六二・三　[glyph]鄴三下・四六・九　[glyph]拾三・一　[glyph]拾一〇・七　[glyph]拾一三・三　[glyph]前四・四五・一　[glyph]前四・四五・二　[glyph]前七・三六一　[glyph]菁七一　[glyph]佚三七五　[glyph]佚五三七　[glyph]前四・四四・六　[glyph]京津一四九八　[glyph]乙四四四　[glyph]甲二・三三六　[glyph]　[glyph]掇二・七七　[glyph]存七六八　[glyph]甲一四三三　[glyph]菁一〇・一三　[glyph]佚六七一　[glyph]佚九四三　[glyph]前六・六三・六　从人與説文篆文同　[glyph]甲一三七九　[glyph]燕一九八　[glyph]存下二五四　[glyph]京都二一一五　【甲骨文編】

[glyph]甲1433　[glyph]2336　[glyph]2422　[glyph]3584　[glyph]乙30　[glyph]41　[glyph]42　[glyph]46　[glyph]47　[glyph]110　[glyph]332

364　444　2409　2844　2908　5394　7190　7310　8519　9085　珠852　1024　佚109　新1497　佚907　943　945　945　續1·13·2　3·12·6　4·7·2　5·11·6　5·33·5　徵3·37　3·63　3·203　10·121　京1·22·2　3·19·2　摭續36　續存768　粹987　1558　新1459　4786　【續甲骨文編】

虎　大師虘簋　虎裘　或方鼎　虎臣　九年衛鼎　虎冟　衛盉　赤虎兩　彔伯簋　師酉簋　師虎簋　吳方彝　伯晨鼎　師寰簋　番生簋　毛公㫃鼎　訇簋　召伯簋　召伯簋二　師兑簋　無㠱鬲　滕虎簋　散盤　旅虎匿　【金文編】

季木3·85　5·173　虎沽　季木3·85　【古陶文字徵】

149　271　【包山楚簡文字編】

虎　雜二五　五例　日甲七一背　【睡虎地秦簡文字編】

虎步安捜司馬　保虎圈　虎威將軍司馬　史虎　臣虎　玄史虎　周虎私印　【漢印文字徵】

石碣鑾車　□迂如虎　【石刻篆文編】

虎　虎見說文　虎義雲切韻　【汗簡】

說文　義雲章　汗簡　【古文四聲韻】

◉許　慎　山獸之君。从虍。虎足象人足。象形。凡虎之屬皆从虎。呼古切。古文虎。亦古文虎。【說文解字卷五】

◉薛尚功　虎方彝

虎方

右銘上一字象虎皮之形。乃虎字也。銘曰虎方。博古云。虎方猶鬼方也。周南宮中鼎兩器皆云伐反虎方之年。豈謂是歟。

【歷代鐘鼎彝器款識法帖】

◉孫詒讓　說文虍部「□，虎文也。象形。」又虎部「□段若膺校从儿。山獸之君。从虍，从人。虎足象人足也。」古文作□，作□。許書兩古文，於古未見。攷金文師虎敢作□，然虎彝作□，彔伯敢作□，師酉敢作□，毛公鼎略同。又偏旁从虍之字或作□，追敢虔字，吳尊虢字偏旁。作□頌鼎虢字偏旁。若然，虍當為虎頭，猶彑為豕首，別為一字。葢象其侈口形，下則象腹背足尾形，皆不為人足，此與許書篆文、古文咸不同。雖較之原形已有省變，然相去猶不甚遠也。

龜甲文云：「丙申卜□令口角挪疑讀為梁侯丞𥝤。」此象形獸特奇偉。竊疑當為原始象形虎字，首為□，葢象其巨頭侈口形，金文虍形之从□、□，似即濫觴於此。身長而尾碩大，又通體為斑文，與虎皮有文正相應。兩足有蹏，亦與彔敢虎字同，參互推證，似尚近是。甲文此條，文頗奧衍，以意求之，虎似是將帥名，挪國名，侯爵。角猶捍禦之義，甲文又有云：「角其夷」義亦如是。𥝤者，衆也。爾雅釋詁文。甲文又有云：羌𥝤之奴，猶書立政云：「夷微盧𥝤」，孔安國傳云：「夷、微、盧之衆帥」，是其義也。葢挪侯以衆入寇，而虎令捍禦之也。【名原】

◉羅振玉　□□□□□□□□□　說文解字虎古文作□□二形。此象巨口脩尾身有文理。亦有作圓斑如豹狀者。而由其文辭觀之仍為虎字也。【增訂殷虛書契考釋】

◉商承祚　作□者亦虎字。象蹲踞之形。【殷虛文字類編】

◉丁　山　翼辭所見：

虎入百。甲編·3017。骨裏。

虎氏。善齋藏片。

按，虎氏常見卜辭，曰：

翌辛丑，王在虎。燕大·416。

丁丑卜，狄貞，其用茲卜，異其涉虎。同，吉。〇貞，叀衆涉虎，大吉。〇貞，叀馬亞涉虎、吉。〇貞，其涉虎，囟𣎆。〇貞，其兄，允𣌭，乙，王其𡆥兄虎。吉。侯家莊、4・甲。

……東𣏟，其涉虎。前・6・63・6。

……在滮……步于……。後・上・11・9。

是地因水名也。郭沫若先生嘗將殘骨綴合云：

貞，令𡰚乘眾輿𡧊虎方。十一月。

……輿其𡧊虎方，告于大甲，十一月。

……輿其𡧊虎方，告于丁。十一月。

……輿其𡧊虎方，告于祖乙。十一月。見古代銘刻彙考10葉。

是畿外獨立國也。此國，周初尚在，如宋徽宗宣和元年蔡京所進安州六器中之中鼎銘云：

「隹王令南宮伐反虎方之年。王令中先省南國串行𫓯。王居在䕫陮。中乎歸生鳳于王。𫓯于寶彝。」

虎方在南國，其地望，則宋以來金石考古家俱不能言。山謂，虎方，殆即春秋時代的「夷虎」。哀公四年左傳：「楚人既克夷虎，乃謀北方。」杜注云：「夷虎，蠻夷叛楚者。」既不能實指當晉時何地，由是春秋學家及古地學家亦不能碻指夷虎地望。今按，夷尸兩字古文通用，如周官淩人：「共夷槃冰。」注云：「夷之言尸也。寒尸之槃曰夷槃，牀曰夷牀，衾曰夷衾，移尸曰夷于堂，皆依尸而為言者也。」尸者，陳死人也。周官大司樂云：「屍出入則令奏肆夏。」則假屍字為之；漢書陳湯傳云：「求谷吉等死。」則又假死字為之。由是言之：「夷、尸、屍、死，古本一字也，左傳所謂夷虎，應即死虎。」水經肥水注：「肥水北逕芍陂東。又北，逕死虎塘東。又北，右合閤澗水。水積為陽湖，陽湖水自塘西北逕死虎亭南，夾橫塘西注。宋泰始初，豫州司馬劉順帥衆八千據其城地以拒劉勔。趙叔寶以精兵五千送糧死虎，劉勔破之此塘。」死虎，當今安徽壽縣東南四十餘里，則中鼎所謂「䕫陮」者，可能即夏肥水；而虎方則為夷虎，殆無可疑。是虎方者，宗周所謂淮夷，春秋所謂羣舒矣。又按，水經陰溝水注：「過水又東，逕鹿邑城北，世謂之虎鄉城，非也。」虎鄉，當亦因虎方得名。頗疑過水，在商名為虎水。

若廩辛康丁時代卜辭所見「涉虎」與「在滮」，滮為水名，疑即虎溪水矣。水經渠水注：「七虎澗水出華城南岡，亦謂之為華水也。華水又東，逕棐城北，即北林亭也。春秋宣公元年，諸侯會于棐林以伐鄭，楚救鄭，遇于北林。服虔曰，北林，鄭南地也。又東北逕鹿臺南岡，期水注之。期水北逕期城西，又北，與七虎澗合，謂之虎溪水。」此虎溪水，位今河南新鄭縣之北，中牟縣之西，而西北入虎牢，不過二百里。莊公廿一年左傳：「王與鄭伯武公之略，自虎牢以東。」杜注：「虎牢，今河南城皋縣。」王應麟通鑑地理通釋因謂：「虎牢之險，天下之樞也，在虢曰制，在鄭曰虎牢，在韓曰成皋。」虎牢所以為名者，穆天子傳曰：「虎在乎葭中，天子將至，七萃之士高奔戎，生捕虎而獻之。天子命為之柙，而畜之東虢，號曰虎牢。」此晚周讆言也。虢與虎牢，誼本相因。說文：「虢，虎所攫畫明文也。从虎寽。」虢，从寽，金文則竝書作虢文公鼎。然則卜辭所見：

乙未……貞，乎眔受，八月。粹編・1573。

當是象兩手搏虎形，虢之初文也。虢地為虢，既始于商，則虎牢為虎，疑因商末虎氏居此得名。虎牢以來，有七虎澗，有虎溪水，當亦商氏遺跡，以卜辭「涉虎」與夫滮字从水證之，知虎氏地望，當在今虎牢、中牟、新鄭三角地帶。即卜辭所見「東朿」，亦可以左傳所謂「棐林」或「北林」解之。【殷商氏族方國志　甲骨文所見氏族及其制度】

◉葉玉森　医右行　虎為医名。卜辭繪虎紋或作點綫。或作圓斑。殆先哲造字之初誤仞虎豹為一物歟。【鐵雲藏龜拾遺考釋】

◉戴家祥　叔皮父𣪘云：「隹一月初吉，乍鑄叔皮父隮𣪘，其子用亯孝于叔皮父，子子孫孫寶皇萬年永用」。字龔定盦釋民，何子貞釋仲，朱建卿釋妻，許印林釋弟，(並見攈古録二之三引，吴式芬闕釋。)孫籀公曰：「今攷字下從女，則與𡉚仲弟諸文並不相應，上從亦非妻字。吳庼諸釋皆不確，信然。竊曰當為由。後虞彝甲胄字作，上從，韓侯伯晨鼎作，盂鼎殘字貝胄字作，並以為由，與此字上從相類。此從女從由，當為妯之變體。說文女部，『妯，動也，從女，由聲』，即此字也。依聲類當為胄之借字。書舜典『教胄子』，偽孔傳，『胄，長也』。說文肉部云：『胄，胤也。』古重宗法，以適長子主祭祀；故云其胄子用亯孝于叔皮父矣。」(古籀餘論卷二)家祥案：孫說非也。字上從，與形絕異。諦審拓本上半當為虍字。古文虍皆作，象虎頭形，或變為，盂鼎字作，虞𣪘虞字作，不䙳𣪘獻字作，上文虍並與形近，殆非妯之變體。下文從女，則確不可易。今就此字，以形定之，當為虔形無疑。然字書無此字，聲義不可攷。以意求之，實即虎之別構，形義互易字也。許書：「虎，山獸之君，從虍，虎足象人足，象形」。按虎古本象形，小篆從虍從儿，則形聲字也。由象形變形聲，亦合古文書嬗之通例。易從儿為從女，則以形義相屬故也。說文八篇，人部：「倎，妗也；從人，疾聲，倎或從女」，十二篇女部：「婧，耦也；或從人作倩」。漢碑姒皆作似。金文郳伯鬲伯作敀，齊子仲姜鎛百姓作百性，子禾釜⿰示鬼作⿰衣鬼，不䙳𣪘厥允作厥夋，並人女互易之證，魚匕有字，從虍從女從几，前儒並釋為處，由此而知虎字以象形變為從女虍聲，猶鬼之由象形變為㚇也，然則叔皮父𣪘之為虎字異文，於字例殆無乖戾矣。虎子疑作器者名。上文云，「隹一月初吉作鑄叔皮父隮𣪘」，下文云，「其虎子用亯孝于叔皮父」，則作器者必屬叔皮之子；為其父作祭器，故云「其虎子用亯孝于叔皮父」矣。人名之上冠其字，為發語辭，非指物辭，金文本有此例。句鑃銘云：「隹正初吉丁亥，其□□，其吉金鑄句鑃，以言以孝，用𣄰萬壽子子孫孫永保用之」。□亦作器者名，而冠以其字，與此云其虎子，文例正同。虎子疑承其父之名為名，猶齊子仲姜鎛之𪒠子鈴，（據上文鈴為𪒠叔之孫，此以王父氏冠其名也。）陳子匜之陳子子。由是觀之，叔皮名虎，殆與漢班叔皮名彪義同（說文：彪，虎文也。）古人名虎，多取皮為字。左傳鄭罕虎字子皮，即其例也。然則叔皮名虎，其子名虎子，以意推之，亦足以定其說矣。諸家讀弟子婁子胄子，率望文生訓，不足據也。【□字說　國立中山大學語言历史研究所周刊第十集一百十一期】

◉葉玉森　□　羅振玉氏曰圓斑如豹狀者。由其文辭觀之仍為虎字。增訂書契考釋中三十。王襄氏釋豹。類纂第九第四十四葉。森按。羅氏仍釋虎是也。「□医虎」即「□医虎」。□医固名虎也。先哲造字時疑虎豹為一物。作豹斑者亦呼為虎。于字形可推知焉。【殷虛書契前編集釋卷四】

◉孫海波　甲骨金文皆象形。說文所从之虎殆由□□形變出。从人殆由□形變出。【甲骨金文研究】

◉郭沫若　虎方亦見卜辭。「銘刻彙攷」十葉綴合例第三。此屬南國，當在江淮流域，疑即徐方。【中齋其二　兩周金文辭大系考釋】

◉強運開　□　⊘虎小篆作□。而此篆作□。乃筆跡小異耳。又按。毛公鼎作□。彔伯𢿅作□。師寰𢿅作□。師虎𢿅作□。滕虎𢿅作□。散氏盤作□。召伯𢿅作□。□侯鼎作□。與鼓文或同或不同。但無一不象虎形。覺許君虎足象人足之說未為塙解。所列兩古文虎字均作从鹿。恐傳寫不免有譌誤處。並塙正之。【石鼓釋文】

◉馬叙倫　鈕樹玉曰。韻會引作從虍從儿。虎足象人足也。徐曰。象形。王筠曰。當作山獸之君。象形。虎足象人足乃校者望文為義改之也。孫詒讓曰。虍字以金文甲文證之。全為象形。後人省其足而存其尾。與人字略近。遂以為從虍從人會意。而有虎足象人足之說。不知虎足固不似人。虍為虎頭。亦非虎文也。強運開曰。金文虎字無不象虎形。許云虎足象人足。未為碻解。兩古文皆從鹿。恐亦傳寫之譌。高田忠周曰。毛公鼎作□。象形。與人無涉。倫按彔伯𢿅作□。師寰𢿅作□。石鼓文作□。可以知□之由來矣。甲文作□□。骨文有□。唐蘭釋虎。然則金甲文作□□者。象虎之張口露其齒舌形也。山獸之君以下十一字皆非許文。象形二字則錯語也。然許當訓獸也。象形。呂忱或校者改之。字見急就篇。

□　鈕樹玉曰。玉篇廣韻竝無。疑後人增。倫按汗簡引古今字詁虜字作□。虎字偏傍與此同。此實象形虎字傳寫之誤。非從鹿也。二古文或呂忱據字詁加之。

□　王筠曰。此字可疑。玉篇祇一古文作□。即此字也。吾恐上字為是。本字乃離析為之。既譌之後如此耳。汗簡作

[illegible]。則於上字之外加[illegible]。更不足信。孫詒讓曰。兩古文皆從鹿從爪。乃因古文從[illegible]與[illegible]相近而誤。鹿虎種類迴別也。倫按羅振玉龜甲文獸骨二有[illegible]字。即上[illegible]篆所由來。此其更譌者也。【説文解字六書疏證卷九】

◉王　祥　虎臣見于尚書顧命和毛詩常武。據西周金文，虎臣是由諸夷族構成的。周禮師氏之職，除了教育國子以外，也「使其屬帥四夷之隸各以其兵，服守王之門外且蹕」。所謂「屬」是指司隸。周禮記司隸掌「五隸」即罪隸、蠻隸、夷隸、貉隸、閩隸。這五種隸，據周禮説，都是守王宮的，而隸僕、閽人也是罪隸、刑人而守王宮、王門的。周禮的這段記録和金文相印證是十分可貴的。而且，守王宮、王門的除四方之夷以外，還有罪隸和刑人，這和金文的「新」相同，郭氏釋新和側新為鬼薪，是正確的。

但是周禮又把「虎臣」和「四隸」分化對立起來，又把「虎臣」分化為「虎士」與「旅賁」：虎士是卒，執戈盾守王閑王宮王門，屬于虎賁氏；旅賁是甲士，執戈盾守王車，屬于旅賁氏。所謂賁就是奔走。凡此文獻中的虎臣、虎士、爪士、爪牙之士、虎賁、旅賁都是從金文「虎臣」一詞衍化出來的：臣指其為臣僕，士指其為衛士甲士，賁指其為奔走之士，旅指其為保護王車的。名詞雖異，其為保衛王身、王宮則一。周禮一書大致采集了西周以來的真實史料，又參酌了周末、秦、漢的制度而加以系統化、整齊化。在編撰過程中，不免把若干先後時代的相類似的官職揉和為一，同時也把同一源流的官職分化為數。只要我們根據了每個時代的當時材料，便可以分別開來。周禮所述的司隸、虎賁和旅賁並見于西漢官制中，漢書百官公卿表説「司隸校尉，周官」乃指其在先秦已行。

上述虎臣出自四夷之隸與罪隸，周末，秦、漢又有司隸之官。但奴隸之「隸」實是後起之字，詩書所無，始見左傳和國語。説文以為從隶奈聲，但廣州及客家話則仍讀隶聲。周禮師氏注云「故書隸作肆」，説文肆字從長隶聲而金文或假隶為之，是隸古音作隶，其義為尸為殺。金文尸、夷一字，夷、隶同音。古代之隸來自夷族，故隸實即是夷。金文的「夷僕」即周禮的「隸僕」，而夷字也有尸義殺義。

詢毁列舉王命詢所管理的三種人：邑人、虎臣和庸，是有次秩的。邑人，郭沫若氏也以為是奴隸(大系考釋125)。邑人和虎臣、庸應有所別，他們是高于夷族之「虎臣」和降人服夷之「庸」的。

虎臣是可以用以征伐的，常武之詩記虎臣從王征徐，師寰毁記其征淮夷。虎臣亦可以作為賞錫之物的，如左傳僖公二十八年周王錫晉侯(重耳)虎賁三百人，而師詢毁王錫師詢「夷臣三百人」即是虎臣。夷臣二字，郭沫若院長釋夷允。左傳宣公十五年「晉侯賞桓子狄臣千室」，以狄臣千家賞荀林父，報其伐狄之功，狄臣猶夷臣。

虎臣和庸是由夷族和降人服夷所構成的，他們就很象古代斯巴達所征服的黑勞士人。作為希臘的奴隸的一種，黑勞士有以下特征：(1)他們由聚居一處的一個氏族因被征服而全體降為奴隸，(2)他們是屬于奴隸主全體的國家奴隸，在戰時充當戰士與奴隸主的衛士；(3)他們主要的是生產奴隸，附箸于個別奴隸主的土地上從事耕作，向奴隸主繳納一定的土地生產物。（轉引奴隸制時代111—112頁）。這和我們金文中所見到的情形，有相同相似之處。應該注意的，是周禮司隸説四翟之隸「皆服其邦之服，執其邦之兵」守王宮，這和突厥之「黑民還須自備兵器馬匹服務役戰」是一樣的（參科學通報一卷八期游牧的封建社會）。【説虎臣與庸　考古一九六一年第五期】

◉斯維至　詩書均見虎臣。周禮謂之虎賁氏。其職文云。王在國。則守王宮。國有大故。則守王門。大喪。亦如之。案此與無叀鼎所見甚合。銘云官嗣□王逌側虎臣。□字不識。逌或即貞字。貞。正也。貞側猶言左右。此虎臣殆即王之侍衛之類。此外亦有參與戰爭者。如師寰殷左右虎臣征淮夷是也。孟子盡心篇王之伐殷也。革車三百兩。虎賁三千人。國語楚策秦虎賁之士百餘萬。與師寰殷之虎臣亦合。【兩周金文所見職官考　中國文化研究彙刊七卷】

◉高鴻縉　金文有□字。見代・七・1簋文。又有□字。見代・七・1簋文與虎字甲文。俱象巨口利齒。文身。長尾之形。而虍為虎首之變形。非文字也。説文立虍為部首。誤。故凡説解以為从虍之字。實皆从虎省也。【中國字例二篇】

◉李孝定　虎字契文有省作□者，其下身足尾形簡作□，與人字全同，為篆文从「□」所自昉，許君據以為言，其説雖誣，惟亦不為無據也。【金文詁林讀後記卷五】

◉王獻唐　戈文四字，釋曰虎段賊戈。虎作□，虍首從□，金文類作□作□。此與虞司寇壺虞字虍從□，王孫鐘䖒字從□相合。東土鉨文亦十九如是，已詳周虞易鉨考。□象虎尾，上為毛，與句鑃盧字虍尾形同。金文多作□，無毛。□為虎足，散盤虎作□，形亦相符，象虎爪拳抱之狀，與鹿蹄後抑者意異。然金文他器亦多不如此也。【周虎段賊戈考記　那羅延稽古文字】

◉方述鑫　殷商第一期武丁時代的甲骨卜辭裏有「□」字，前人解説分歧。唐蘭説是「象」字；王襄説是「八虎」的合文；郭沫若説：「□字不解何義，蓋用為迫薄等動詞耶！」按均不確。現在加以考釋。

　　□字從虎，八聲，讀若班，蓋即虎之異體字。《説文》三上龹字也是從八得聲：「八亦聲，讀若頒。」朱駿聲《説文通訓定聲》：「經傳皆以頒以班為之。」王念孫《廣雅疏證》：「《方言》：『虎，陳、魏、宋、楚之間或謂之李父，江淮、南楚之間謂之李耳，或謂之於䖘，自關東西或謂之伯都』……於䖘與虍，聲近而義同。單言之則為虍，重言之則為於䖘耳。於䖘李耳皆疊韻字。李耳李父，語之變轉，而《御覽》引《風俗通義》云：『俗説虎本南郡中廬李氏公所化為，呼李耳因喜，呼班便怒。』」又《漢書・叙傳》第七十上説楚人「謂虎『於檡』……楚人謂虎『班』。」殷商甲骨卜辭裏的「虎」是象形字，「⿸虍凡」是形聲字，正如甲骨文有象形字的「星」，也有加聲符「生」而形成的形聲字的「星」。古無輕脣音，⿸虍凡讀若班，作虎講，在卜辭中文從字順，無往而不通。下面引卜辭作證：

(1)　癸亥卜，事貞：旬亡禍？一日⿸虍凡。　《合集》6・18793

(2)　〔癸〕亥卜，賓貞：旬〔亡〕禍？一日⿸虍凡。　《合集》6・18787

(3)　一日⿸虍凡，丁亥王往……　《合集》6・18791

(4)　丙辰卜，㱿貞：帚好疾？二日⿸虍凡。　《合集》5・13712

(5)　乙酉子雝有禍，三日⿸虍凡。　《合集》2・3123

(6)　……又五〔日〕⿸虍凡，戊小子死。一月。　《通×》14

(7)　癸未卜，賓貞：七日⿸虍凡？　《合集》4・8554

(8)　〔癸□卜〕，旬亡禍？九日⿸虍凡，辛有災，王墜。　《合集》6・18789

(9)　丙午卜，㱿貞：乎𠂤往見，佑𠂤？王曰：隹老隹人，匃菁若。卜隹其匃？二旬又八日⿸虍凡。　《合集》6・17055正

(10)　□□卜，古貞：旬亡⿸虍凡？　《合集》6・18788

(11)　〔癸〕亥〔卜〕貞：旬亡⿸虍凡？　《合集》6・18794

(12)　〔癸〕亥〔卜〕貞：旬亡⿸虍凡？　《合集》6・18795

(13)　癸〔酉卜〕，旬亡禍！有⿸虍凡，己卯日大雨。　《合集》6・18792

(14)　〔王占曰：有祟？〕乙卯有設，⿸虍凡，庚申亦有設，有鳴雉，疛圉羌戎。　《綴》36反

(15)　擒⿸虍凡？允擒。獲麋八十八，兕一，豕卅又二。　《合集》4・10350

(16)　貞王勿往狩从⿸虍凡？　《合集》4・10939

(17)　貞王勿狩从⿸虍凡？　《合集》4・10940

(18)　王往狩⿸虍凡？　《合集》4・10942

按上引前十四條卜辭裏的「⿸虍凡」皆表示災害的意思，常與「死」、「疾」、「禍」、「大雨」、「災」、「墜」、「設」、「鳴雉」、「羌戎」等表示災害的詞語連用，特別是第八和第十四兩條卜辭最能説明問題。第八條是卜旬辭，于旬末癸日貞卜有無禍害，結果在離癸日九天的辛日「⿸虍凡」，「有災，王墜」。第十四條是「有設」、「⿸虍凡」、「鳴雉」、「疛圉羌戎」等四種表示災害的詞語連用的卜辭。其中「有設」為卜

辭中常見之災害用語。「有鳴雉」，古籍中亦為不祥之兆。《史記・殷本紀》：「武丁祭成湯，明日有飛雉登鼎而呴，武丁懼。」張守節正義：「呴，雉鳴也。」《史記・封禪書》：「有雉登鼎而雊，武丁懼。祖己曰：『修德』。武丁從之，位以永寧。」《左傳》襄公三十年：「鳥鳴于亳社，如曰：『譆譆』。甲午，宋大災。」《漢書・五行志》：「《書序》又曰，高宗祭成湯，有蜚雉登鼎而雊。劉歆以為羽蟲之孽。野鳥自外來，入為宗廟器主，是繼嗣將易也。」「疛圍羌戎」，則「是疛地監獄羌奴發生暴動」，對商王說來，也「是一件極不尋常的禍事。」因為虎是一種兇猛大獸，所以古人視之為不祥之物，作為圖騰加以崇拜。《玉篇》謂虎「惡獸也。」《尚書・君牙》：「心之憂危，若蹈虎尾，涉于春冰。」《周易・履》：「履虎尾，咥人，凶。」「履虎尾，愬愬。」《後漢書・南蠻傳》：「廩君死，魂魄世為白虎，巴氏以虎飲人血，遂以人祠焉。」又上引十五至十八的四條卜辭，是記商王狩獵的事情。其中「虍」蓋即虎，用的是本義。【甲骨文字考釋兩則 考古與文物一九八六年第四期】

◉黃錫全 □ □ 其形與金文的□大師虘毀□師虎毀□師酉毀等形類同，強調的是虎尾上捲，整個形體與□字根本不同。至于□形象虎爪，乃部分類似，不等于是同字。这就好比金文丮形作□、□，我們不能說这個字是□、□的省形。認中鼎的虎為荆，源于吳其昌《金文歷朔疏證續補》，他認為虎乃荆之本字。唐蘭先生也釋為荆。這在學術界已有一定影響，故在此略作辨解。

這裏的「虎方」，應該就是商代的虎方，見于殷墟甲骨文：

《合集》三・六六六七

……貞，令望乘眔輿途虎方？十一月。

……輿其途虎方？告于大甲。十一月。

……輿其途虎方？告于丁。十一月。

……輿其途虎方？告于祖乙。十一月。

丁山先生曾考證卜辭的「虎方」就是春秋時代的「夷虎」，亦即「死虎」，地在今安徽壽縣東南20餘公里。郭沫若先生曾認為「當在江淮流域，疑即徐方」。上列輿字作□，李學勤先生認為「象衆手共舉沉重的囊橐」，應為「舉」字古體，其地應在漢東舉水流域。眔即暨，義為與。「途」讀如屠。《漢書・高帝紀》「令屠沛」注：「屠，謂破取城邑，誅殺其人，如屠六畜然。」「望乘」是商朝的方國，經常奉王命出征。上列卜辭記載的是，商王武丁命令望乘與舉征伐虎方。據此，則「虎方」距漢東舉水流域不遠。【湖北出土商周文字輯證】

⿰毄虎　䖘

◉莊淑慧　⿰月虎=虎

1. 簡文詞例

8 號簡：「彔(綠)魚之韔，⿰月虎(虎)幕之聶。」

16 號簡：「⿰月虎(虎)韔，屯彔(綠)魚聶。」

28 號簡：「䨾紳，⿰月虎(虎)首之霥。」

117 號簡：「三椉(乘)洛(路)車，屯⿰月虎(虎)韞(褞)。」

2. 考釋

簡文「⿰月虎」字乃「虎」之異體字，62號簡有「虎韔」，80號簡有「虎霥」，均作「虎」而不作「⿰月虎」。「虎韔」即以虎皮製成之弓韔。《詩·秦風·小戎》：「虎韔鏤膺」，《鄭箋》：「虎，虎皮也。韔，弓室也。」簡文除「虎韔」外，尚有「綠魚之韔」、「紫魚之韔」、「豻韔」等，由此可知弓韔亦有以魚皮、豻皮等為之者。

簡文之「⿰月虎」字，應為「虎」字增繁偏旁而成。所增形旁「肉」字，或用以強調毛皮之性質。【曾侯乙墓出土簡考　國研所集刊第四十號】

◉許　慎　⿰毄虎虎聲也。从虎。毄聲。讀若隔。古覈切。【說文解字卷五】

◉馬叙倫　鈕樹玉曰。繫傳無下聲字。蓋挩。劉秀生曰。讀若隔。詳一篇璬下。倫按虎聲無證。字亦不當次此。蓋本訓虎也。乃虎名。鍇本無下聲字者。傳寫譌乙於上。此虎下聲字蓋校者據鍇本補也。【說文解字六書疏證卷九】

◉許　慎　䖘白虎也。从虎。昔省聲。讀若鼏。莫狄切。【說文解字卷五】

◉馬叙倫　沈濤曰。晉書音義七十七引。甝。白獸也。下甘反。唐諱虎。改為獸。蓋古本從甘不從日。爾雅釋獸。甝。白虎。釋文云。甝。字林。下甘反。又亡狄反。文選蕪城賦。伏虣藏虎。注云。虣或為甝。爾雅曰。甝。白虎。甝。户甘反。是唐人無不讀甝為酣。雖元朗有亡狄一音。而下甘則未之或改。徐鍇謂今人多音酣。惟曹憲作爾雅音云。音覓。是楚金就曹憲之音改甘為日。其昔省聲讀若鼏六字。疑皆二徐妄竄。唐以前無從日之䖘也。又玉篇二字竝收。皆不引說文。然說文云。虥。䖘屬。玉篇作甝屬。是希馮所見本不從日矣。邵瑛曰。釋獸。甝。白虎。蓋即䖘之譌字。釋文。甝。字林下甘反。又亡狄反。按下甘反為虥字作音。亡狄反為虪字作音。呂忱蓋見爾雅本有作虥作虪者。故作此二音。元朗不察。遂以虥字有此二音也。説文無虥。斷宜作虪為證。玉篇兼收二字。並訓白虎。虥。胡甘切。虪。亡狄切。其故實淵源字林。不知虥實虪之譌也。段玉裁曰。昔當為冥字之譌。水部。汨。從水。冥聲。玉篇。虪。俗虪字。可證。翟云升曰。篆當作虥。苗夔曰。昔非聲。當作甘聲。王筠曰。虦乃虪之譌文。後人所羼入也。玉篇。虦。虚甘切。虪屬。又虎怒皃。虪。忘狄切。虥。胡甘切。皆云。白虎也。廣韻四十九敢。虦。口敢切。虥屬。五十四闞。虦。呼濫切。虎怒。廿三錫虪下引説文曰。白虎也。廿三談虥下亦曰。白虎也。爾雅釋獸。虥。白虎。陸氏釋文。虥。字林。下甘反。又亡狄反。故億虪一訛而成虥。虥再訛而成虪。其呼暫呼濫口敢三切。則由從甘訛為從去而音未變也。陸氏不引説文而引字林。則是自晉時已訛虪為虥。而呂氏依字作音也。然陸既云下甘反而又云亡狄反者。甘聲豈得有亡狄反。郭璞有爾雅音一卷。恐亡狄反即出其中。陸氏兼存之。如喪大記。北牖。陸曰。依注音酉。舊音容。唐人墨守注義。安敢駁經而知古人之無北牖也。知字當作墉。故存舊音以待學者之用心。猶虪字既訛為虥。而猶以説文自作虪。遂成此亡狄反也。後人偶見有虪字。遂以訛字冒舊音而入之説文。而又見説文自有虪白虎也。遂支綴其詞曰虪屬。不然。爾雅廣雅皆無虪字。其為不典不亦明矣。是以呼濫等切定虪為虥之譌。再以亡狄切定虥為虪之訛。於爾雅改虥為虪。徐灝曰。爾雅虥虪連文。吴都賦亦云虦虥虪。説文此二篆正相接。是虪當作虥。居然可知。又虦音呼濫切。則虪屬乃虥屬之譌。玉篇類篇虦下竝作虥屬。是其明證。説文既有虥屬之虪。不應反無虥字。然則虪篆之當為虥譌。更無疑矣。抑虦即虥之或體。虥之重讀為呼濫切也。章敢彝曰。日聲。倫按知此篆不譌者。又可證於昴之為白虎宿星。由其語原同也。昴音明紐。虪音亦明紐。蓋從日得聲。日音古在泥紐。明泥同為邊音也。文選蕪城賦注。虪或為虥。虦字見周禮。其音同暴。在竝紐。竝明同為雙脣音。虦蓋從虎武聲。武音微紐。古讀歸明。則虦為虪之轉注字。故虪或作虦。若作虥。不得作虪也。此讀若鼏。而玉篇以虪為俗虪字。鼏冥皆從冂得聲。曹憲音覓。即亡狄切之音。若作虥。俗字不得作虪也。以此相證。虥為虪之譌。皎然而明。蓋古日字有作者。故譌為甘也。此作昔省聲者。蓋古本作聲。傳寫譌為井形。校者注日字於下。并為昔耳。後校者以昔聲不近而增省字。爾雅釋文。虪。字林。下甘反者。晉時已譌書虪字為虥而讀下甘反音。然不能即證字林中字作虥不作虪也。以字林又音亡狄反。而下文虦訓虪屬。虪屬為字林文。則字林作虪不作虥也。呂知虪本音如覓。故出又音耳。爾雅虥字或亦本作虪。傳寫誤作虥。或在陸前已譌。至今之玉篇廣韻。則經宋人增改。不足盡據矣。此字疑出字林。【説文解字六書疏證卷九】

◉陳夢家　字應是説文「虪，白虎也……讀若鼏。」【殷墟卜辭綜述】

䖑

◉許　慎　䖑甝屬。从虎。去聲。臣鉉等曰。去非聲。未詳。呼濫切。【說文解字卷五】

◉馬叙倫　徐鉉曰。去非聲。錢坫曰。舊音呼濫切。即以為闞如虓虎之闞。但以去為聲。以甝為義。皆不相通。未必是也。或以為法省聲近之。王筠曰。上文。甝。白虎。爾雅釋獸文也。吕忱所校本誤為虘。其作字林。輒音下甘反。此再譌從去。而云呼濫切。仍是甝之音也。重紕貤繆之字。又可求其聲之諧乎。倫按錢謂法省聲為長。法音非紐。古讀歸封。封明同為雙脣音。此蓋甝之轉注字。當訓甝也。王說亦可從。則吕時已有此譌字。故録此字而訓為甝屬。凡言屬者字林文也。【說文解字六書疏證卷九】

虪

◉許　慎　虪黑虎也。从虎。儵聲。式竹切。【說文解字卷五】

◉馬叙倫　黑虎也非許文。或字出字林也。【說文解字六書疏證卷九】

虦

◉許　慎　虦虎竊毛謂之虦苗。从虎。戔聲。竊。淺也。昨閑切。【說文解字卷五】

◉馬叙倫　鈕樹玉曰。繫傳苗作貓。說文無貓。倫按詩韓奕。鞹鞃淺幭。傳。淺。虎皮淺毛也。蓋借淺為虦。淺毛即此竊毛。盜竊之本字為俴。詳俴字下。故古書借竊為俴。雙聲也。禮記月令。其蟲倮。注。虎豹之屬恒淺毛。儀禮既夕記。薦乘車鹿淺幦。注。鹿淺。鹿夏毛也。周禮巾車。藻車藻蔽鹿淺𧝓。注。以鹿夏皮為覆笭。疏。夏時鹿毛新生為淺毛。倫謂諸淺毛皆謂細毛。淺細皆舌尖前。語原為小。虎竊毛謂之虦貓。爾雅釋獸文。蓋虦是虎名。以毛小而得虦名也。然此非本訓。或字出字林。竊淺也校語。四篇雇下不出。可證也。【說文解字六書疏證卷九】

彪

彪　毛弔盤　 郙伯彪戈【金文編】

傳彪　 萇彪印信【漢印文字徵】

◉許　慎　彪虎文也。从虎。彡象其文也。甫州切。【說文解字卷五】

◉馬叙倫　虎毛自有文。當從虎彡聲。彡音審紐。彪音非紐。非審同為次清摩擦音也。彪或為虨之異文。虨從彬得聲。彬亦從彡得聲也。彡象其文也校者改之。嚴可均謂彡亦聲。非也。彡為毛之異文。不得象其文也。【說文解字六書疏證卷九】

𧆞 𧆞

◉楊樹達 彡為毛飾畫文，故虎文之彪从虎从彡。虎為領名，彡為屬名。【文字形義學】

◉林清源 𢦏 戈銘第三字，从虎、从彡，當隸定為「彪」，乃無伯之私名也。【無白彪戈 兩周青銅句兵銘文彙考】

◉戴家祥 許慎所釋可从。法言「君子以其弸中而彪外也。」注：「文也」。易蒙「鄭本彪蒙古」注：「文也」。漢班彪字伯皮，即為此證。金文作人名，無義可説。【金文大字典下】

◉許 慎 𧆞虎皃。从虎。乂聲。魚廢切。【説文解字卷五】

◉陳漢平 甲骨文有字作𧆞（《乙編》5703），舊未釋。按此字从虎省，乂聲。《説文》：「𧆞，虎皃。从虎，乂聲。」知甲骨文此字當釋𧆞。【屠龍絶緒】

𧆸 𧆸

◉許 慎 𧆸虎皃。从虎。气聲。魚迄切。【説文解字卷五】

◉馬叙倫 𧆸號雙聲亦疊韻轉注字。【説文解字六書疏證卷九】

虓 虓

◉許 慎 虓虎鳴也。一曰師子。从虎。九聲。許交切。【説文解字卷五】

◉馬叙倫 鈕樹玉曰。韻會引一曰師子在九聲下。沈濤曰。一切經音義五引作怒聲也。十一引虎鳴也。一曰師子也。廿三引虎鳴也。大怒聲。廿二引虎鳴也一曰師子大怒聲。詩常武傳。虎之自怒虓然。後漢書馮緄傳注。虓。怒聲也。蓋古本當如玄應書廿三引。丁福保曰。慧琳音義四十八引作虎鳴也。一曰。師子大怒聲。倫按此今言虎嘯是此字。虎鳴當作虎聲。一曰師子大怒聲者。師子大怒其聲亦然也。今作吼。吼從孔得聲。孔從好得聲。好音亦曉紐。本書無吼。此其字也。然此是校語。字或出字林。【説文解字六書疏證卷九】

𧆶王存乂切韻【古文四聲韻】

𧆤 𧆤

◉許 慎 𧆤虎聲也。从虎。斤聲。語斤切。【説文解字卷五】

◉馬叙倫 字或出字林。【説文解字六書疏證卷九】

虢

◉戴家祥 囂莆父癸角 説文㗊部「囂，聲也。氣出頭上。从㗊从頁。頁，首也。」囂為人之喧聲。此字从㗊从虎，本意乃虎之喧聲。以聲類求之，當是虩字。説文虎部「虩，虎聲也。從虎斤聲。」葡父癸角「王賜葡亞囂奚貝」，作為賞賜之物，通作器。【金文大字典下】

 虢 毛公厝鼎  秦公簋  秦公鎛 【金文編】

◉許　慎 虢易。履虎尾。虢虢恐懼。一曰。蠅虎也。从虎。𡧍聲。許隙切。【説文解字卷五】

◉林義光 虢為蠅虎未知所據。本義當為恐懼。从虎。所懼者也。古作虢毛公鼎。【文源卷一】

◉馬叙倫 鈕樹玉曰。易履釋文。馬云。恐懼也。説文同。則此懼下當有也字。玉篇注。恐懼也。王玉樹曰。樸園先生曰。虢虢恐懼是漢注。並見李氏周易集解中。倫按如陸説。則易上挩恐懼也三字。然非本義本訓。使虢義為恐懼。為虎自懼邪。宜其不然。為人懼虎耶。不見人懼之義。為人懼邪。恐懼字皆從心。何独此從虎。倫謂此亦虎聲。為虒之雙聲轉注字。恐懼也者。愬字義。今易正作愬愬。一曰蠅虎也者。疑蜋字義。虫部。蜋。蝨蜋。一曰。蜉蝣。朝生暮死者。方言。蜉蚢。秦晉之間謂之蝶蠪。爾雅釋蟲。蜉蝣。渠略。蝨蜋渠略聲近。諸家皆以為一物。太平御覽九百四十五引一曰作一名。故沈濤據之謂蜉蝣即蝨蜋。非通異訓也。倫疑蜋與蝨蜋為二物。蜋是蠅虎。蝨蜋即蝨蠗。蜉蝣之別名也。此校語。字或出字林。毛公鼎作虢。秦公敨作虢。【説文解字六書疏證卷九】

◉郭沫若 「虢許」乃疊韻聯綿字。淮南道應訓「前呼邪許，後亦應之」，呂氏淫辭篇「今舉大木，前呼輿謣，後亦應之」，莊子齊物論「前者唱于，而隨者唱喁」，邪許、輿謣、于喁即此虢許，但此用為動詞，殆是抗舉之意。【毛公鼎　兩周金文辭大系考釋】

◉饒宗頤 「虢虢」謰詞，兩見于易，履九四爻辭「履虎尾虢虢。」震卦辭「震來虢虢」，子夏傳云「恐懼貌」，馬、鄭、王皆同。説文虎部虢字引易履亦訓恐懼，從虎𡧍聲，許隙切。廣雅釋訓：「虢虢，懼也。」「虢虢」呂氏春秋引易作「愬愬」。公羊宣六年傳：「靈公望見趙盾，愬而再拜。」何休注「愬者驚貌，知其欲諫，欲以敬拒之。」故虢虢有戒慎恐懼之義，所以敬其事也。東周鐘銘尗夷鎛云「虡虡成唐，又敢（有嚴）在帝所。」晉公盞云：「虢虢在（上）。」其單言虢者則曰「虢事」，如秦公𣪘云：「保䢅（業）厥秦，虢事繇（蠻）夏」。寶鷄新出土秦公鐘云「憲公不豕（墜）于上，邵合皇天，以虢事繇方。」（文物一九七八・一一）夕惕從事謂之虢事，敬懼之至也。虢虢重言見于易，「許許」語則未之聞，余謂即莊子之「頊頊」也。天地篇述子貢見漢陰丈人之後，「卑陬（愧懼）失色，頊頊然

不自得，行三十里而後愈。」(項項亦作旭旭。)説文頁部：「項，頭項項，謹貌，從頁玉聲，許玉切。」項音許玉切，毛公鼎作許許，正與項項同音。風俗通引書大傳訓。「項云信也，慤也。白虎通號篇解顓項云「項者正也」。西周大克鼎「項于上下，亡畋得屯(純)。」「項于上下」猶言「謹于上下」，項項為謹貌而虢為驚貌。虢許隙切，項許玉切，互為雙聲，言虢虢項項于上下臧否之務，即敬事而信。西周以敬為寶訓，故諄諄誥誡如此！「亡畋」者，畋即暋，書康誥「暋不畏死罔弗憝」。説文「愍，冒也，引周書此語」。(孟子引康誥作「閔不畏死」。)偽孔傳「暋，強也，自強為惡而不畏死。」得屯猶言得「純」，純謂之備，「純白不備則神生不定」(莊子天地篇)，得純則無冒而無違矣，惟項項然謹于上下者能之，此克鼎之彝訓也。【中山君𰯼考略　古文字研究第五輯】

◉李孝定　毛公鼎銘為虢許，王静安氏以虢虢若虢愬讀之，是也；高氏虢許分釋二義，謂猶褒貶奬懲，則亦未之前聞。竊謂虢虢、愬愬，馬注均云恐懼，則虢許但當解為戒懼，言戒慎恐懼，則上下若也。【金文詁林讀後記卷五】

◉湯餘惠　□173　虡·虢　虡即虢字省文。叔夷鎛作□，180簡作□，繁簡略有不同。【包山楚簡讀後記　考古與文物一九九三年第二期】

◉高鴻縉　吳清卿曰：易·震「來虢虢」，釋文引馬注「虢虢，恐懼也」。履「愬愬終吉」，馬注亦云：「恐懼也」。……虢許，即虢虢愬愬之意。許愬聲相近。王静安曰：「易，震來虢虢」，鄭注：「虢虢，恐懼貌」。許許，猶虢虢也。近人讀虢許二字無重文。謂虢許猶邪許、于喁也。此為動詞，有抗舉之意。縉按虢許二字無重文，為動詞，極是。但謂有抗舉之意，則未之前聞。兩字實為相反之兩動詞。虢為儆懼，許為嘉許，「虢許上下，若否于四方」，即凡對於邦國之上下臣僚順於朝廷者嘉許之，逆於朝廷者儆懼之，虢許連文，猶言勸戒褒貶奬懲也。【毛公鼎集釋】

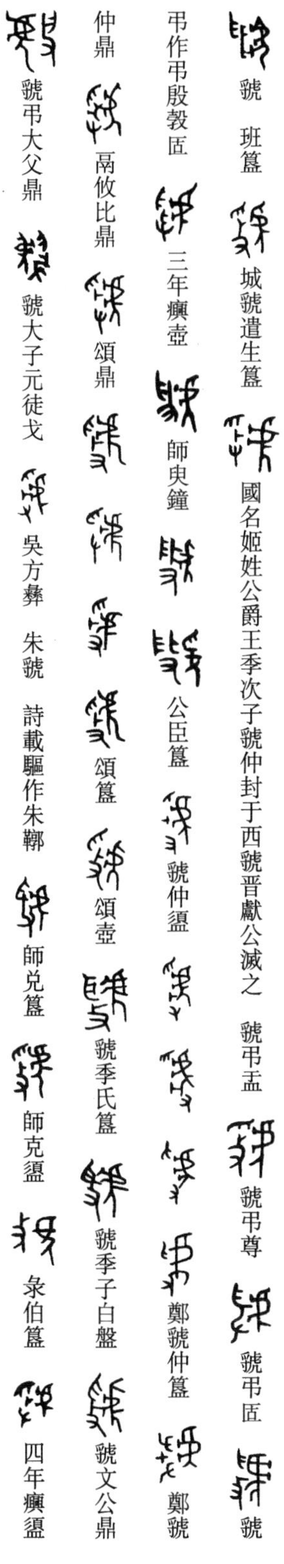

虢　班簋　城虢遣生簋　國名姬姓公爵王季次子虢仲封于西虢晉獻公滅之　虢弔盂　虢弔尊　虢弔匜　虢弔作弔殷穀匜　三年癲壺　師㝨鐘　公臣簋　虢仲盨　鄭虢仲簋　鄭虢仲鼎　鬲攸比鼎　頌鼎　頌簋　頌壺　虢季氏簋　虢季子白盤　虢文公鼎　虢弔大父鼎　虢大子元徒戈　吳方彝　朱虢　詩載驅作朱鞹　師兌簋　師克盨　彔伯簋　四年癲盨

虢敄【金文編】

□虢丞之印　□虢縣馬丞印【漢印文字徵】

□虢【汗簡】

◉許　慎　□虎所攫畫明文也。从虎。寽聲。古伯切。【説文解字卷五】

◉阮　元　朱虢即朱鞹。虢郭二字古通用。詩載驅毛傳。諸侯之路車有朱革之質而羽飾。【吴彝　積古齋鐘鼎彝器款識】

◉徐同柏　□己侯虓鐘　虢古文作虢。此虓即虢之省。【周紀侯鐘　從古堂款識學】

◉林義光　虢為虎攫。無他證。當為鞹之古文。去毛皮也。古作□虢文公子鼎。作□虢叔作叔殷匡。變作□。虢叔匡。从虎。□象手有所持以去其毛。凡朱鞹諸彝器以虢為之。【文源卷六】

◉高田忠周　説文。□虎所攫畫明文也。从虎寽聲。今依此諸文。字从虎从爪。从攴聲也。古文雖攴又寸皆通用。此虢。殊非从寽。爪者覆取也。即虎攫之意也。又按虢字叚借。託名標識字。書君奭。亦惟有若虢叔。傳。國名。正與銘意合。公羊傳以郭為之。或以漷為之。郭虢通用。故𩏑古文。以□為象形。从虢聲也。【古籀篇九十一】

◉丁　山　□粹一五七三　字當是象兩手搏虎形。虢之初文也。【殷商氏族方國志】

◉郭沫若　虢與鞹通。「朱虢圅」即詩之「鞹鞃」。鞹，皮也；鞃，柔皮也。圅即是鞃，鞃者軾中也。「朱虢圅」或「朱鞃圅」者，蓋言軾中以皮鞔之而塗之以朱。【毛公鼎之年代　器銘考釋　金文叢考】

◉馬叙倫　此字説解不可通。當有譌。寽聲亦非。頌鼎作□。頌敢作□。虢季子白盤作□。虢叔盂作□。殆無從寽者。倫謂此從虎。𠬪聲。𠬪從爪。攴聲。本書無𠬪字耳。己侯鐘有□字。容庚疑虢字從此。彔伯敢□字。吴式芬釋虢。倫謂皆虢之省文。而字從卜或攴聲可證也。卜音封紐。封見皆清破裂音。故虢音入見紐。今本書無𠬪字而虢形又誤為虢。遂以為寽聲耳。其義蓋亦虎文也。今為校語所亂。或有上文虓字説解譌入。或曰。從攴。虐聲。其義亡矣。或曰。從虐。攴聲。為虐之轉注字。皆舌根音也。【説文解字六書疏證卷九】

◉馬叙倫　虢蓋從虎𠬪聲。𠬪從爪攴聲。故□字徑從攴得聲。説文謂攴從又卜聲。然倫證得殳攴一字。殳從又几聲。几乃伯也執殳之殳本字。而杸之初文也。以金甲文從殳之字證得杸之象形文實為□。清代儀仗中有之。嬉劇中武士所持之錘即其遺制。特儀仗中之杸柄長。而□亦長而細。嬉劇中之錘則柄長而□巨。北方偁□形為骨都。促之成杸。轉聲成度。周禮司市。凡市。入則胥執鞭度守門。注度謂殳也。殳即杸之省文。度為杸之借字。廣雅釋詁。度。杖也。亦借度為杸。古書皆以殳字為之。其實殳為打之初文。方言五。今江東呼打為度。可證也。甲文作□或作□。□中之□即□也。作□者省耳。古讀殳如度。度音定紐。定竝同為濁破裂音。度音轉如撲。説文。撲。挨也。申鑒。桎梏鞭撲以加小人。鞭撲猶鞭度。則撲即攴之轉注字也。攴音本如撲。在竝紐轉滂紐為普木切耳。攴雖不從卜得聲。而書言撲作教刑。則古音自與卜同。卜虢則同為清破裂音。卜音封紐。虢音見紐也。左昭元年。會于虢。穀梁作會于郭。説文。𩫏。度也。郭從𩫏得聲。此亦可為虢從攴得聲之證。【讀金器刻詞卷下】

◉陳　槃　西周彝器有奠虢中鼎者。彼文曰。奠虢中仲悆□用乍作皇且祖文考寶鼎。子=孫=永寶用。小校二·八一。又有奠虢中𣪘者。彼文曰。奠虢中乍寶𣪘。貞五·三二、周三·六十。此奠虢仲𣪘。商周彝器通考以為厲王時器。奠虢仲即虢仲遝蓋之虢仲。字體亦相似。彼遝蓋銘云。虢仲以王南征。伐南淮夷。與後漢書東夷傳云。厲王無道。淮夷入寇。王命虢仲征之。不克。相合。再以無㠱𣪘證之。知南征在十三年。今本竹書紀年云。三年。淮夷侵洛。王命虢公長父征之。不克。疑脱十字。同上通考葉五四。參金文辭大系考釋葉一二〇上、下。虢仲則東虢公是也。蓋淮夷侵洛。東虢首當其衝。故王命率師征之耳。東虢而稱奠虢者。蓋虢之初祖始封虢。其地與今鄭縣接鄰。滎陽。虢之東境。在今滎澤縣西南十七里。東距鄭縣不過二三十里。鄭地之一部分。殆旋復為虢所併。或本益封。因並食其邑。故曰奠虢矣。又邢國一稱奠井。即鄭邢。此則懿王時周公後邢國也。亦因兼有鄭國之邑。故並系以鄭。詳下參壹邢國。案國君由于益地或遷居而有二氏。自古固有其例。商曰殷商。大雅大明。自彼殷商。殷商之旅。周曰岐周。佚周書作雒。武王既歸。乃歲十二月崩。建于岐周。楚曰楚荆。或曰荆楚。荆非貶辭。別詳下壹貳楚國。杜曰唐杜。別詳下壹參貳杜國。樊曰陽樊。別詳下柒拾樊國。田敬仲之後曰齊田。齊策。趙未救於齊田侯。又韓氏請救於齊田侯。大夫亦然。吳公子季札初食延陵稱延陵季子。繼食州來稱延州來季子。襄三十一年昭二十七年左傳。是也。以此例之。則奠虢奠井二辭之由來。亦可知也。【春秋大事表列國爵姓及存滅表譔異一冊】

◉張日昇　説文云。虢。虎所攫畫明文也。从虎寽聲。段注云。各本衍聲字。今正。寽在十五部。虢在五部。非聲也。寽部曰。寽。五指寽也。虎所攫畫。故从虎寽會意。段氏去聲字。是也。然金文不从寽而从𤔔。馬叙倫謂从虎𤔔聲。亦非。林義光謂虢即鞹之古文。是也。彝器朱虢即詩經之朱鞹。虢象一手執虎。一手持兵去其皮毛。鞹从革郭聲。乃後起形聲字。【金文詁林卷五】

◉李孝定　林義光氏以虢為鞹之古文，似有未安。按鞹隸革部，義與革同，實為革之轉注字，各本説文作「去毛皮也」，段注逕改為

「革也」，去毛皮與革之訓「獸皮治去其毛」亦同。金文以虢為鞹，用借字耳，如林氏言，是古人為虎皮去毛制專字，衡之常情，虎皮以毛之文理見重，自古迄今，未聞有去毛之虎皮，林氏未之思耳。【金文詁林讀後記】

◉戴家祥 戜方鼎 戜方鼎「朱⿴衣虒裣」，彔伯戜殷作「朱虢靳，裣即靳，詳見釋靳。」⿴衣虒虢皆从虎，古音虢隸見母鐸韻，戈隸見母歌韻，兩字聲同韻近。⿴衣虒字从衣，乃是由下文字的衣旁類化而來的。⿴衣虒即虢的異體字。阮元謂朱虢即朱鞹，虢鞹兩字古通用。鞹者革也。【金文大字典下】

虒

 虒 日甲一六一 六例  日甲一六六 四例 【睡虎地秦簡文字編】

  竝王存乂切韻 【古文四聲韻】

◉許 慎 委虒。虎之有角者也。从虎。厂聲。息移切。【說文解字卷五】

◉馬叙倫 鈕樹玉曰。集韻類篇引及玉篇注無也字。嚴可均曰。韻會四支引角者下有能行水中。有也字。翟云升曰。韻會引委字。倫按邵晉涵謂委虒即爾雅釋獸之威夷。然威夷無角亦不能行水中。然委虒以下八字字林文或校語。邵說亦或然也。字或出字林。【說文解字六書疏證卷九】

◉黃盛璋 卅五年虒鼎（盉同）：

卅五年虒令周共，視吏秋、冶期鑄，胸（容）半齋，下官。

「虒」舊誤釋為「安」，其實它明確從「厂」、從「虎」，虒為魏地，《漢書·地理志》上党郡銅鞮下有上虒亭、下虒聚，《水經注·漳水注》尚記「東逕故城北，城在山阜之上，……世謂之斷梁城，即故縣之上虒亭」，上、下虒顯皆因虒得名，原來為縣，後廢為亭，上虒亭既為故縣，自為虒之舊治，戰國屬魏。【新出信安君鼎、平安君鼎的國別年代與有關制度問題 考古與文物一九八二年第二期】

◉朱德熙 「考釋」釋46號等簡所記的器名為「椑榹」，定為一種盤的名稱（134頁），這是正確的。這一器名後來也見於馬王堆三號墓遣策、雲夢大墳頭一號墓木牘和鳳凰山八號、一六七號等墓遣策。「考釋」的説法已為絕大多數人所接受。但是根據有關材料看，「卑」下一字以釋「虒」為妥，我們最初把這個字釋作「⿷匸虒」，為「考釋」所採用，應該糾正（89號簡的「⿷匸虒」也應改釋為「虒」）。

關於椑榹得名的由來，「考釋」講得不清楚，應該補充一下。「卑虒」是疊韻連語，音或轉為「匾⿷匸虒」。玄應《一切經音義》六：

「《纂文》云：匾㔸，薄也。今俗呼廣薄為匾㔸，關中呼㼰㔸。」與此音近的聯綿詞還有「椑㯕」。《廣雅·釋木》：「下支謂之椑㯕」，王念孫《疏證》：「支與枝同。……椑之言卑也，以其卑下也。」「斯」、「虒」皆支部心母字，椑榹、㼰㔸、匾㔸、椑㯕，顯然都是一語之轉。㼰㔸訓廣薄，椑㯕為下枝，以椑榹命名的器皿也必然有卑下淺平的特點。《説文·木部》：「榹，槃也。」《方言》五：「甂，陳魏宋楚之間謂之㼭，自關而西謂之甂。」郭璞注：「今河北人呼小盆為㼭子。」《廣雅·釋器》：「㼭、甌，甂也。」《説文·瓦部》：「甌，小盆也。」「㼭」、「虒」古音亦極近。椑榹和榹、㼭應該是同類的器皿。對照出土實物，可以肯定椑榹是一種較淺的盆盤類器皿的名稱。【馬王堆一號漢墓遺策考釋補正 朱德熙古文字論集】

◉朱歧祥 象獸形，露利齒，具爪垂尾，屬虎；八示角。相當《説文》虒字：「虎之有角者也。从虎厂。」《廣韻》：「似虎有角，能行水中。」卜辭用為田狩地名，始見於第一期甲文。

《續3.40.1》 貞：王勿往狩，从。

禽虒，即擒於虒地，省介詞「于」。謂殷王狩獵於虒地，而果有所獲。

《粹1580》 ☒旬亡禍。九日。辛☒㞢災，王墮。

卜辭乃謂該旬第九日在虒地卜問吉凶。

從虎，首有角，或即《説文》虒字；參。卜辭用本義，字多見於第三期以後的卜辭。

《掇2·77》 乙未卜。其于父甲。

此言用角虎祭先王父甲。

《乙8519》 辛卯卜，𠂤，自今辛卯至于乙未陷。

《合387》 甲☒賁于☒⿱罒虒。

⿱罒虒，用網捕虎，屬動詞。

从虎，示角。或即虒字。《説文》：「虎之有角者也。」與字同。卜辭屬孤證，見第一期甲文。

《續5·7·9》 癸酉卜，㞢貞：呼侃取于殺鄙。

侃，屬殷西邊族。卜辭言「取虒」，即獵獲角虎於殺地的邊鄙。【殷墟甲骨文字通釋稿】

黱

◉許　慎　黱黑虎也。从虎。騰聲。徒登切。【説文解字卷五】

◉馬叙倫　段玉裁曰。此篆當與虪篆為伍。今非其次。或轉寫失而補之。或後人羼綴。倫按十篇。黱。從黑朕聲。此訓黑虎。從騰得聲。騰亦從朕得聲。蓋語原然也。騰音定紐。虪從攸得聲。攸音喻紐四等。古讀歸定。蓋轉注字。黑虎也非本訓。或字出字林也。【説文解字六書疏證卷九】

虣

詛楚文　內之則虣虐不辜　説文虣虐也唐韵薄報切類篇虣同虣虣虣異體為暴虐專字　【石刻篆文編】

竝義雲章　【古文四聲韻】

◉徐　鉉　虣虐也。急也。从虎。从武。見周禮。薄報切。【説文解字卷五新附】

◉裘錫圭　扶風莊白村新出土的戜方鼎銘文有如下一句：

　　王羌事（使）內史友員易（錫）戜玄衣朱襮衾（裣）（見文物七六年九期五七頁）

玄衣朱襮衾就是有朱襮衾的玄衣。裣是衿、襟的古字，説文：「裣，交衽也」。襮字从衣从戲，是個前所未見的新字，需要加以研究。

　　從古書和古文字資料來看，戲應該是虣字的古體。古代釋搏虎為暴。詩小雅小旻説：「不敢暴虎，不敢馮河」，鄭風大叔于田也有「襢裼暴虎」之語。古書裏有時把疾暴的暴寫作虣，例如周禮的「暴」字就大都寫作虣。文選蕪城賦李善注引字書説虣是古暴字。從字形上看，虣字從虎，應該就是暴虎之暴的本字。這個字也見於西周晚期的𤔲盨和戰國時代的詛楚文，但寫法與古書略有出入：

　　勿事（使）虣虐从獄（𤔲盨，見歷代鐘鼎彝器款識一五·一五一，原稱寅簋）

　　內　則虣虐不辜（詛楚文，見絳帖）

集韻、類篇都收虣字異體虣，大概就是根據詛楚文的。郭沫若先生在詛楚文考釋裏説：「虣即暴虎憑河之暴，字不從戎，實象兩手持戈以搏虎。周禮古文作虣，從武，殆系譌誤。」（見天地玄黄）這是很正確的。𤔲盨虣字從戌，戌本象戈鉞之類武器，從戌與從戈同意。這兩個虣字或從廾，或不從廾。這跟金文「執」字有執、𡠗二體（見金文編五五七頁）是同類的情況。由此可以斷定，戜方鼎襮字所從的戲也是虣字。襮字顯然是從衣虣聲的形聲字，應該就是古書裏的「襮」字的異體。

說文：「襮，黼領也。從衣，暴聲。」爾雅釋器：「黼領謂之襮」。詩唐風揚之水：「素衣朱襮」，毛傳：「襮，領也。諸侯繡黼丹朱中衣」，鄭箋：「繡當為綃(此讀可能不確)。綃黼丹朱中衣，中衣以綃黼為領，丹朱為純也(純指衣緣)」。袊(衿)在古代也訓為領。詩鄭風子衿：「青青子衿」，毛傳：「青衿，青領也」，正義：「釋器云：『衣皆(今本爾雅作「眥」)謂之襟』，李巡曰：『衣眥，衣領之襟』，孫炎曰：『襟，交領也』。衿與襟音義同。衿是領之別名，故云青衿青領也」。顏氏家訓書證謂「古者斜領下連於衿，故謂領為衿。」方鼎銘的「朱襮袊」，應該是指以黼紋裝飾的有丹朱純緣的下連於衿的斜領。「玄衣朱襮袊」，就是有這種斜領的玄色上衣。

認識了金文的虣字，甲骨文的虣字也就可以連帶認出來了。甲骨卜辭裏也有一個從戈從虎的字：

壬辰卜，爭鼎(貞)：其虣，隻(獲)？九月。

壬辰卜，爭鼎(貞)：其虣，弗其隻(獲)？　(乙編六六九六)

☐虣浸虎？　(殷契卜辭六四三)

鼎(貞)：乎(呼)从虣侯？　(乙編二六六一)

這個字所從的戈旁倒寫在虎旁之上，以戈頭對准虎頭，顯然是表示以戈搏虎的意思，無疑也應該釋作虣。上引前二條卜辭，卜問如去搏虎能否有獲。第三辭說「虣浸虎」，就是搏浸地之虎的意思。第四辭的虣是侯國名。

甲骨卜辭裏還有一個從水從虣的地名字：

壬申卜，才(在)曹，鼎(貞)：王步于瀧，亡(無)𢦏(災)？　(前編二·五·五)

☐才(在)瀧〔貞〕：〔王〕步于□，亡(無)𢦏(災)？　(後編上十一·九)

殷人往往在有水之地的地名字上加水旁，例如地名函也作涵，地名妻也作浸之類，舉不勝舉。虣無疑就是虣侯的封地。古有暴國。爾雅釋樂塤字下釋文：「世本暴國暴辛公所作也」。太平御覽卷五九一等引世本文均注謂姜太公是周平王時諸侯。暴國之地後來為鄭國所有，說是春秋文公八年公子遂會雒戎于暴的暴，故地在今河南陽武縣一帶。甲骨文的瀧跟古書的暴應該是一個地方。上引第一辭是殷王在曹地所卜的，卜問從曹步于瀧，會不會逢到災禍。郭沫若先生認為卜辭的曹「當是衛之曹邑……今河南滑縣白馬城即其地」(卜辭通纂七四三片)。滑縣在陽武之北，兩地相距不過一、二日程。殷王在曹地卜步于暴，是非常合理的。

甲骨文裏還有一個象以手執仗搏虎的字：

☒小臣☒（此字上端似略殘）？（甲編九一四）
□子卜王其龔（此當是地名）☒？　（京都一八四五）

這很可能也是虣的異體。

根據甲骨、金文裏虣字的字形，還可以糾正古人訓詁上的一個錯誤。詩鄭風大叔于田毛傳：「暴虎，空手以搏之。」呂氏春秋安死及淮南子本經高誘注也都以「無兵搏虎」解釋「暴虎」。從古文字字形看，暴虎可以使用兵仗。認為只有「空手」「無兵」而搏虎才叫暴虎，是不正確的。古書裏又常常把暴虎解釋為「徒搏」（見爾雅釋訓、詩小雅小旻毛傳、論語述而集解引孔注）。這大概是比較早的古訓。很可能最初說徒搏是指不乘田車徒步搏虎，漢代人錯誤地理解為徒手搏虎了。【說玄衣朱襮裣——兼釋甲骨文虣字　文物一九七六年十二期】

䖘　虤

◉徐　鉉　楚人謂虎為烏䖘。从虎。兔聲。同都切。【說文解字卷五新附】

後二・三・八　說文虤虎怒也从二虎此从二虎相背舊釋贙从虤對爭　存下五一七　七卩九二　師友一・八九　京都二三三九【甲骨文編】

虤　說文所無　即簋　𤔲啇宮人虤旛用事【金文編】

虤【汗簡】

汗簡【古文四聲韻】

◉許　慎　虎怒也。从二虎。凡虤之屬皆从虤。五閑切。【說文解字卷五】

◉羅振玉　說文解字。虤。虎怒也。从二虎。段君曰。此與犾兩犬相齧也同意。案。段說是也。此从二虎顛倒怒而將相鬥之狀。篆文作兩虎並立。則失怒而相鬥之狀矣。唐李勣碑贙字尚从此。知唐人尚存其初形也。【增訂殷虛書契考釋】

◉商承祚　[glyph]　䶒象兩虎相爭之形。即說文贙之本字。後世寫正之為虤。遂加貝以別之。唐李英公碑贙字作贙。从䶒。尚存遺意。楷書中每存古文。此其一也。【甲骨文字研究下編】

◉馬叙倫　從二虎不見虎怒之義。一虎亦能發怒。何必二虎。且虎怒之義。亦惟形聲字可以表之。下文。贙。兩虎爭聲。然贙實從口虤聲。其義蓋為爭聲。兩虎二字本此說解。傳寫誤入贙下。此猶二犬為㹜二豕為豩。皆茂文也。虎怒也蓋本作二虎也怒聲。怒聲為下文贙字義。虎音曉紐。以同舌根摩擦音轉入匣紐。故贙從此得聲音胡畎切。由匣以同舌根音轉入疑紐。故此音五閑切而贙音語巾切也。甲文有[glyph]。疑即虤字。【說文解字六書疏證卷九】

◉李孝定　許書虓下解云。虎鳴也。一曰師子。从虎九聲。沈濤說文古本考引一切經音義四引說文虓字。而其說解皆不同。卷五引作虓怒聲也。詩曰闞如虓虎是也。卷廿三引作虓虎鳴也。大怒聲。另卷十一、廿二兩引又不同。从䖏。沈氏謂當如卷廿三所引。惟大當作又。其說是也。虓下段注云。大雅闞如虓虎。毛曰虓虎虎之自怒虓然。按自怒猶盛怒也。是虓為虎之自怒。虤則虎之相怒也。栔文作[glyph]。正象兩虎相鬥之形。與許訓虎怒相怒之義正合。當即虤之本字。其字當作䶒。象隸作虤者取便書寫耳。商說甚是。惟以為即贙之本字則稍有未安。說文。贙。分別也。从虤對爭貝。讀若迴。夫虎何愛於貝而至對爭。此解殊背恆情。諸家於此義及其音讀頗多致疑。竊謂虤贙當為同字。貝从乃後增。猶商或作賁之比。般甗王商作冊般貝即書賚誓我商賚爾之商。容希白金文編卷六第十六葉上商字條之說如此。可從也。他器賞(賁)賜字皆作賁。知商賁同字也。許書贙下說解乃虤贙別為二字後之新訓。二者音義並近。實為一字。虤古音十五部。刪韻。贙則十四部。霰韻。並不相遠也。栔文字不从貝。當以收作虤為是。字在卜辭為地名。辭云。貞旬亡禍在虤。後・下・三・八是也。卜・七九八與此重出。金文有贙字作[glyph]贙母鬲。即虤之繁變。从鼎與从貝同。【甲骨文字集釋第五】

◉于豪亮　「䶒膾」。䶒字應為虤字之初文。《殷虛文字類編》以為是贙字，非是。金文別有贙字，即贙字，見贙母鬲。故䶒字實為虤字。虤字音五閑切，為元部字，以聲音求之，當讀為翰、鶾或雗。《說文・羽部》：「翰，天雞也，赤羽。從羽倝聲。《逸周書》曰：文翰若翬雉，一名鷐風。周成王時蜀人獻之。」《鳥部》云：「鶾，雉肥翰音者也。從鳥倝聲。魯郊以丹雞祝曰：以斯翰音赤羽，去魯侯之咎」。《說文・隹部》云：「雉，有十四種」，其中一種名「雗雉」。《爾雅・釋鳥》亦有「雗雉」，《釋文》云：「雗，字又作翰。」虤讀為翰、鶾或雗，乃是雉的一種。【陝西省扶風縣强家村出土虢季家族銅器銘文考釋　古文字研究第九輯】

䖒

甲542 675 1963 粹339【續甲骨文編】

◉許慎 䖒兩虎爭聲。从虤。从曰。讀若憖。臣鉉等曰。曰。口气出也。語巾切。【說文解字卷五】

◉羅振玉 說文解字。䖒。兩虎争聲。从虤。从曰。此从口。與曰同意。【增訂殷墟書契考釋】

◉馬叙倫 桂馥曰。憖當為猌。本書。猌。犬張猌怒也。翟云升曰。宜入曰部。劉秀生曰。憖從猌聲。讀若銀。䖒似當從曰。虤聲。未詳。倫按甲文作。從口。虎本有口。何以從口以表爭聲。蓋從口虤聲。為訢之轉注字。三篇。訢。諍語訢訢也。廣雅。訢。怒也。今篆誤從曰。由篆文口或作而誤也。秦始皇廿六年詔殘量文作䖒。檢廿六年詔量權文皆作皆明壹之。此獨作䖒。蓋借為皆。同舌根音也。【說文解字六書疏證卷九】

◉朱德熙 裘錫圭 方壺銘30行說：

天子不忘其有勛，使其老策賞中(仲)父，諸侯虘賀。

甲骨卜辭有「䖒」字，或省作「虘」。壺銘「虘」字亦當是「䖒」字的簡化。《說文》「䖒，兩虎争聲。从虤从曰會意。讀若憖」當即此字。秦始皇二十六年統一度量衡詔書「皆明壹之」句的「皆」字，故道殘板作「䖒」(《金文續編》4·2)。「皆」見母字，上古音在脂部，「憖」疑母字，上古音在文部，脂、文二部陰陽對轉，所以「䖒」和「皆」可以相通。壺銘「虘」字亦當讀為「皆」。【平山中山墓銅器銘文的初步研究 文物一九七九年第一期】

◉陳邦懷 「虘」，即䖒字之省變。《說文解字》：「䖒，兩虎爭聲，从虤、从曰，讀若憖。」此字音義均與帛書不協，尋繹帛書文意，係用「䖒」為皆。秦故道殘量：「䖒明壹之」，中山王嚳壺：「諸侯虘(此亦䖒之省變)賀」(此據張政烺同志釋文)，均以「䖒」為皆。「同」，《說文解字》：「同，合會也。」帛書上句云「日月皆亂」，故下句云星晨不合會也。【戰國楚帛書文字考證 古文字研究第五輯】

◉曹錦炎 䖒，人名，原篆作。虍字偏旁嬰次盧作，諮尹鉦作，與此字上部所從相近，故隸定為䖒。古文字从口从曰往往可通，所以此字即《說文》之䖒，讀若憖。【紹興坡塘出土徐器銘文及其相關問題 文物一九八四年第一期】

◉朱歧祥

从虎从ㅂ，或譌从火；字或增从二虎，示設陷擒虎。相當《說文》䖒字：「兩虎爭聲也。从虤从曰。讀若憖。」卜辭用為田狩地名。【殷墟甲骨文字通釋稿】

後下3·8　卜798　【續甲骨文編】

贙　从鼎　贙母鬲　【金文編】

◉許　慎　贙分別也。从虤對爭貝。讀若迴。胡畎切。【說文解字卷五】

◉林義光　說文云。贙分別也。从虤對爭貝。讀若回。按从虤謂二人分貝對爭如兩虎。古作贙王𢍰彝。从鼎即貝之譌。貝與鼎古多相混。寶字則字或从鼎。鼎字鼒字或从貝。【文源卷八】

◉馬叙倫　鈕樹玉曰。說文無迴。嚴章福曰。讀若迴。蔣維培疑迴當作迴。形近而誤。王筠曰。虤而爭貝。無是事也。苟以貝為主義。當入貝部。蓋此字義可疑。據五經文字曰。俗贙以二虎顛倒。與說文字林不同。竊意似俗作是也。則字當作贙。如贙字之比。以其難寫。乃作贙。後復改之。而說文亦因而改易。朱駿聲曰。虎不爭貝。當是貴省聲。商承祚曰。卜辭有 。象兩虎對爭之形。即許書贙之本字。後世傳寫誤正成虤。遂加貝字以別於虤。微此。幾晦其初形。唐李英公碑贙字正從虤。當存遺意。倫按贙字母鬲作贙。從兩虎首相對。故篆文即從虎作虤。甲文作 。當以自前向後觀之。仍與相對者同。如鬲文當可坿會於相爭。若甲文則是以背相對矣。爾雅。贙有力。則從為獸名。從虤猶從虎矣。以鬲文證之。蓋從鼎得聲。故讀若迴。然虤音疑紐。則虤聲亦得讀若迴。是從貝虤聲也。其義已矣。說解盡非許文。字或出字林。【說文解字六書疏證卷九】

◉商承祚　後編下第三葉

虤象兩虎對爭之形。即許書贙之本字。後世傳寫誤正成虤。遂加貝字以別虤。微此幾晦其初形。唐李英公碑贙字作贙。从虤。尚存遺意。楷書中尚存古文。此其一也。【殷虛文字考　國學叢刊第二卷第四期】

◉楊樹達　虤為二虎，能名，貝為所名。【文字形義學】

甲二四五四　甲二四七三　甲二六一三　乙六四〇四　乙八六六二　前五·三·七　前五·一九·五　燕七九八　【甲骨文編】

乙6404　7288　佚144　826　續5·13·6　京1·37·3　續存242　粹563　1182　【續甲骨文編】

皿　皿屖簋　皿□全父　己方彝　从金　廿七年皿　【金文編】

1·72　獨字　1·73　同上　1·71　獨字　陶文編5·34　3·43　陳□陵□皿□　【古陶文字徵】

〔一九〕　〔六八〕【先秦貨幣文編】

布空大　豫伊　仝上　布空大　典六〇九　仝上　典六一〇　【古幣文編】

皿　【汗簡】

汗簡　【古文四聲韻】

◉許　慎　飯食之用器也。象形。與豆同意。凡皿之屬皆从皿。讀若猛。武永切。【說文解字卷五】

◉羅振玉　說文解字。皿。飯食之用器也。象形。與豆同意。卜辭中皿字或作。若豆之有骰。故許云與豆同意。【增訂殷虚书契考释】

◉林義光　古作孟辛父鬲孟字偏旁作洹子器孟字偏旁。亦作魯大司徒匜孟字偏旁。象皿有所盛形。與血字相混。【文源卷二】

◉商承祚　金文从皿之字亦有與此同者(如杞伯卣盂字偏旁)。但以作形者為最多。【甲骨文字研究下編】

◉郭沫若　「□□卜其皿鳳方,叀……」「大吉」

後漢書東夷傳言「夷有九種」,中有風夷。此鳳方當卽風夷矣。皿字殆假為朢。卜辭每見「朢某方」之語,蓋謂偵伺之也。【殷契粹編】

◉馬叙倫　鈕樹玉曰。韵會引用器二字譌到。無意字。沈濤曰。毛本作飲食之用器也。宋本作飯食。言食即可該飯。古無飯食竝偁者。作飲為是。御覽七百五十六引作飲食。可見毛本不誤。吳善述曰。本作。象形。葉德輝曰。猛。從犬。孟聲。孟。從子。皿聲。穴部。盜。從穴。皿聲。同。倫按飲食之用器蓋字林文或校語。許或以聲訓。或作器也。与豆同意讀若猛皆校語。禮記雜記釋文。字林又音猛。然則讀若亦有出於校者。不盡為字林文矣。甲文作□。金文從皿之字皆作□。無作□者。初形蓋如吳說。中為繩文。初制匋器。以繩縛土燒之也。金器有錳。蓋皿之後起字。字亦作⿰金皿。【說文解字六書疏證卷九】

◉馬叙倫　皿鬲爵　舊作鬳爵。

□　倫按孫詒讓釋皿鬲二字。是也。爵文作此二字。蓋以造皿鬲為業者所作器也。皿凵實一字異文。詳疏證。凵即器皿之器本字。鬲即今所謂鍋也。今北方往往二物同賣也。【讀金器刻詞卷上】

◉胡吉宣　說文。皿。飯食之用器也。象形。篆作□。毛公鼎□从凵。甲文作□。與之同。或从皿作□。皿凵魚陽對轉。蓋凵為最簡之象形。□□則兼象編製之條紋。□則兼變為有足之形。□象反緣之狀。或象兩耳。與今流傳銅簠之形正合。【釋簠　中山大學研究院文科研究所輯刊第二册】

◉高鴻縉　皿為飲食之器，豆為食肉之器，其下皆有骹跗，惟豆有蓋、皿有耳不同。皿本專器之名，故有形可象，後通為凡器之稱。【中國字例二篇】

◉張國碩　需要指出的是，把□字也釋為皿字不可取。參照金文□字字形，若把□字□形內兩點也釋為雙耳，那麼現今考古發現的任何器物，包括簋、盂、盤、豆之類還未見例證。衆所周知，器耳的作用主要是便于搬拿和懸掛，常位于器皿兩側或口沿之上。而在盤內兩壁中部增設雙耳是極不合情理的，古今中外也是不見的。此外，或曰□字盤內兩點不是代表雙耳，而是表示飯食，那麼能否斷定□字即皿字？回答仍是否定。因簋、豆之屬不裝飯食仍屬器皿，有無飯食並不能決定器物的名稱。因此，□不能釋為皿字，而應釋為與皿字有關的其它字。【釋□□與□　殷都學刊一九九四年第三期】

◉戴家祥　□寧皿　金文壺作⿰金壺，鬲作⿱鬲金，皆添加了表示器物材質的金旁。以此例之，則⿰金皿當為皿之加旁字。說文五篇「皿，飯食之用器也，象形，與豆同意」。【金文大字典中】

□甲三五七　方國名　□甲五〇五　□甲五〇六　□甲一三五四　□甲一六五〇　□甲二三九五　□甲二四一六

□前二·三八·二　□後一·一八·八　□後一·二〇·九　□戩一一·七　□粹七七九　□粹八三五　□京津四

四三七　甲三九三九　佚八〇〇　京都二四九三　前五・五・六　盂之或體【甲骨文編】

甲360　394　405　445　505　506　537　692　767　793　837
1354　1476　1782　1955　1967　2395　2416　3404　3919　3939　珠124
193　669　670　677　零23　佚68　183　254　288　292　442
800　880　971　續3・18・6　3・23・6　3・23・7　3・25・5　3・25・6　掇385
460　徵10・51　10・78　10・79　10・80　録6・88　鄴三48・11　六清17　外312　六清192
外416　續存2369　書1・12・E　摭續1　137　粹779　780　835　929　966
968　969　972　975　978　981　983　1015　1016　1023　1028　1067
1189　1190　1547　新3819　4421　4574【續甲骨文編】

盂　伯盂　盂鼎　盂爵　盂卣　匽侯盂　衛鼎　遞盂　永盂　大鼎　虢
弔盂　寍桐盂　強伯匄井姬尊　盂鑊　器名　白公父盂　魯元匜歆盂　王子申盞盂　齊良壺　蘇公
作王妃盂簋　子旨盆　曩其行盂【金文編】

盂牟【漢印文字徵】

◉許　慎　盂飯器也。从皿。亏聲。羽俱切。【説文解字卷五】

◉方濬益　積古齋款識釋為盨䵼。謂䵼古文或从皿。意為盂敨同類之物。今以下一器證之。字皆从芌。不从羊。當是盂之別體異文。【王子申盞盂蓋　綴遺齋彝器款識考釋卷二十八】

◉劉心源　此器在都市。其身長圓而淺。有流。四足。侶匜。賈人遂名之曰匜。而銘云□□。古刻于字多作□。詳玐鼎。此从□。即于。否則从□為□。亦是邘。則此銘為盂。決非盅字矣。【奇觚室吉金文述卷六】

◉羅振玉　□□□□說文解字。盂。飯器也。从皿。亏聲。古金文从于。盂鼎。與此同。卜辭或从□凵。□亦于字。凵即皿省。【增訂殷虛書契考釋】

◉高田忠周　說文。盂飲器也。从皿亏聲。大徐作飯器也。方言。盌謂之盂。葢从于聲字。皆有大義。盂必當為大器皿之義也。

□即芓字。芓又作釪。合釪芓為此形。亦从芓聲。與作鋘同。廣雅。盞盂也。知盂盞同類。銘意云。作盞及盂。與下文云作壺盂同。阮氏云。鬲古文或从皿。亦見周市師鼎。或釋作蓋。蓋即葢之俗字。斷非。古籒補釋盂為長。並辨之。【古籒篇二十二】

◉馬叙倫　鈕樹玉曰。廣韵引及玉篇注同。韵會引作飲器。沈濤曰。後漢書明帝紀注御覽七百六十。皆引作飲器。儀禮既夕禮注。杅。盛湯漿。公羊宣十二年傳注。杅。飲水器。杅即盂之假借。小徐亦作飲。則此飯字譌。然一切經音義十四廣韵十虞皆引同今本。疑古本亦有如是作者。倫按本作器也。或以聲訓。飲器也蓋字林文。字見急就篇。甲文有□字。即盂也。又作□□。盂鼎作□。齊侯盂作□□。鄀公鋊作□。【說文解字六書疏證卷九】

◉楊樹達　說文五篇上皿部云：「盂，飲器也。从皿，于聲。」按于聲字多含汙下之義。孟子公孫丑上篇云：「汙，不至阿其所好。」趙注云：「汙，下也。」說文水部云：「小池為汙。」小池，汙下之地也。淮南子說山篇云：「文王污膺。」注云：「污膺，陷匈也。」史記孔子世家云：「孔子生而首上圩頂，故因名曰丘，字仲尼云。」索隱云：「圩頂，言頂上圩也，故孔子頂如反宇。反宇者，若屋宇之反，中低而四傍高也。」樹達按爾雅釋丘云：「水潦所止，泥丘。」郭注云：「頂上圩下者。」說文八篇上丘部云：「㞷，反頂受水丘。」繫傳云：「頂當高，今反下，故曰反頂。」蓋爾雅之泥丘及仲尼之尼，字皆當作㞷。盂之為器，中低而四傍高，故字从于聲，盂猶言汙言圩矣。【增訂積微居小學金石論叢卷第一】

◉陳夢家　水經注沁水注「其水南流逕邘城西。故邘國也。城南有邘臺，……京相璠曰今野王西北三十里有邘城，邘臺是也。」今沁陽西北。案此盂亦即左傳隱十一周王取於鄭、鄔、劉、蔿、邘之田的邘，亦即定八「劉子伐盂」之盂，可證邘原作盂。【殷墟卜辭綜述】

◉李孝定　本書收諸盂字，其義符或从斗、从鼎、从金，而以从皿者為正例，諸家或以所从不同而釋為別字者，非也，古文義符聲符

多複亦多變，不足為異。【金文詁林讀後記卷五】

◉張光裕　1975年春，河南潢川縣文化館收集得⿱艹⿱其皿、鑪、盉三件銅器（《文物》1980年1期46—50頁），其中⿱艹⿱其皿銘蓋、器各4行16字，原報告釋文作：

隹子丌舌鑄
皿其行寧子
孫永年壽
用之　（圖一，3）

按，首行丌字或讀作「其」，丌下一字似乎可釋為「言」，今姑暫據原報告寫作「舌」，第二行第四字，原銘作□，則應是「盂」字，非「寧」字，□是皿形，而「乇」乃「于」字反文，置于皿下，並利用皿字下一橫畫，借為「于」字頂上一筆，足見書手之匠心獨運，這與泉幣文字中的「武」、「露」、「閑」等布幣，利用該布本身正面中間的直紋，配合字形的結構，作為該字的筆畫，同屬創意之作（參拙著《先秦泉幣文字辨疑》1970年146—149頁），只是⿱艹⿱其皿銘的盂字更具變化罷了。其實，類似這種書寫形式，還常見于東周晚期的一些合文，例如：

至于——□（命瓜君壺，見《三代》12・28—29）

公子——□（公孫褱壺，見《三代》12・5・6）　【從□字的釋讀談到⿱艹⿱其皿、盆、盂諸器的定名問題　考古與文物一九八二年第三期】

◉孫稚雛　《文物》一九八〇年第一期報導了河南省潢川縣老李店磨盤山出土的一批青銅器，其中一件⿱艹⿱其皿形器極為引人注目，（圖象見該刊五十頁圖一一；銘文拓本見圖一四・一五。）蓋器上的銘文，雖然衹有短短的十幾個字，卻頗難通讀（圖一）。

圖一　下器銘　上蓋銘

根據同類器銘行文的通例，本銘第二行「行」下一字，當為器名。這個字不是「寧」而是盂字，盂字一般的寫法是將「皿」擺在「于」的下邊，本銘却倒轉來寫，上從皿，下從于，這是盂字的一種異構，《金文編》五・一九引蘇公作王妃盂簋，盂字即如此作。所以，這件銅器根據它的自名應叫作「行盂」。【金文釋讀中一些問題的探討(續)　古文字研究第九輯】

◉李　零　王子申盞盂(楚共王右司馬王子申器，約？—571年，當楚共王？—20年)

王子申乍(作)嘉嬭
盞盂，其釁(眉)壽
無碁(期)，永保用之。

「盞盂」，「盞」字所從二戈横書，盂字原銘作，與齊良壺同(齊良壺自銘「壺盂」)。《方言》、《玉篇》、《廣雅》等書皆以盌盞為盂之別名(參看王念孫《廣雅疏證》)。阮元指出此器的「盞」字即「盌盞」之「盞」，這是很對的，但可惜的是他沒有認出「盞」字的下一字就是「盂」，反而把它錯釋為「羹」。【楚國銅器銘文編年彙釋　古文字研究一九八六年第十三輯】

盌

盌　从金　右里盌　【金文編】

香録5・3　盌公　顧廷龍釋　【古陶文字徵】

盌　【汗簡】

演説文　【古文四聲韻】

◉許　慎　小盂也。从皿。夗聲。烏管切。【説文解字卷五】

◉高田忠周　説文。。小盂也。从瓦夗聲。段氏注云。盂者飲器也。方言曰。盂。宋楚魏之間或謂之盌。盌甇同。俗作椀。愚私謂字从皿者。義取於器之用也。从瓦者。義主于器之體。而古者器皆質。故多用瓦。故字从瓦。後世貴美。故多用金。字亦改从金。其亦略者用木。字又變从木。如槃字作鎜又作盤。簠簋之簋。或作匭作朹皆是同一例耳。匜字作盄作鉈亦同。然許書甇盌別出。又見皿部。【古籀篇二十九】

◉馬叙倫　沈濤曰。瓦部。甇。小盂也。從瓦。夗聲。與盌同聲同訓。蓋即一字。汗簡引説文盌字作。是古本有重文。蓋即罂字。倫按方言五。盂。宋楚魏之閒或謂之𥂕。似𥂕盂為雙聲轉注字。然急就篇注。𥂕。似盂而深長。此訓小盂。則異器。倫謂初實盂𥂕同器。為轉注字。後以時地所制有殊。㠯而異之。小盂也蓋字林文。字見急就篇顏師古本。皇象作椀。蓋傳寫易之。右里𥂕從金作鋺。【説文解字六書疏證卷九】

◉楊樹達　説文云：「𥂕，小盂也。从皿，夗聲。」按爾雅釋丘云：「宛中，宛丘。」詩陳風宛丘傳云：「四方高中央下曰宛丘。」𥂕形四方高而中央下，與宛丘形同，故字从夗聲也。【增訂積微居小學金石論叢卷第一】

◉商承祚　鋺即𥂕，因是銅質，古从金作鋺。【信陽長臺關一號楚墓竹簡第二組遺策考釋　戰國楚竹簡彙編】

◉黃錫全　𥁨盌　鄭珍云：「《説文》本从夗，此當作𥁨，『更篆』从古卪。𥂕盌竝訓『小盂』，是二字同。」夏韻緩韻注出《演説文》。今本《説文》正篆作𥁨。【汗簡注釋卷五】

盛

 後二・二四・三【甲骨文編】

 盛　不从皿　弔家父匡　成字重見  曾伯霥匡  史免匡  殳季良父壺  盛季壺  𥂕壺　先王悳行盛生【金文編】

 125  132  197【包山楚簡文字編】

 1319  1318　與盛季壺盛字相近。【古璽文編】

 盛熾里附城  謝盛  盛歖之印【漢印文字徵】

 郎邪刻石　不稱成功盛德  開母廟石闕  詛楚文　奮士盛師【石刻篆文編】

◉許　慎　盛黍稷在器中以祀者也。从皿。成聲。氏征切。【説文解字卷五】

◉孫海波　後編卷下第二十四葉三版：「貞丁宗□▢亾匄。」▢字商承祚先生釋益戊二字合文，竊疑當是盛字。説文：「盛黍稷在器中以祀者也，从皿成聲。」金文曾伯簠作▢，右𠇍鼎作▢，史免匡作▢，殳季良父壺作▢，並从皿从成省，與此同。㠯外加四點作∴者，示盛黍稷以祀豐滿外溢之意。文曰「貞丁宗□盛，」盛亦祭名，殆盛黍稷以祀之禮歟。【卜辭文字小記 考古社刊第三期】

◉馬叙倫 沈濤曰。御覽七百五十六引。盛。黍稷在器中也。齍。黍稷之器以祀者。蓋古本如是。王筠曰。以祀者三字由齍下有此三字而益之也。盛字義廣。齍字義狹。小徐是也。倫按今説解乃字林文或校語。上下文皆為器名。而此及齍字獨為動詞。既失類次之義。而黍稷在器中以祀者。似為古書黍稷齊盛連文者作説。是皆可疑也。薛尚功鐘鼎欵識有王伯齍。又有趫齍。則齍是器名。沈濤以為鼎屬。未審何據。周禮九嬪。凡祭祀贊玉齍。注。玉齍。玉敦也。大宗伯。奉玉齍。注無文。蓋亦謂玉敦。戎右。盟則以玉敦解盟。注。敦。器。玉府。則供珠盤玉敦。注。玉敦。歃血玉器。禮記明堂位。有虞氏之兩敦。注。敦。黍稷器。內則。敦牟卮匜。注。敦牟。黍稷器也。儀禮少牢饋食禮。執一金敦黍。有蓋。注。敦有首者。尊者器飾也。士喪禮。敦啟會面足。注。敦有足。則敦之形。如今酒尊。爾雅釋丘。如覆敦者。敦丘。孫炎注。敦。器似盂。尋敦以歃血。自如盂尊。然歃血之敦。必與黍稷器異。倫謂歃血之敦。乃以音同端紐。借為鍾。鍾音照紐。古讀歸端。鍾即酒尊之尊本字。尊敦聲同真類。則借敦為鍾。猶以尊為鍾矣。若黍稷器之敦。則是本義。敦即簋也。鄭以玉齍為玉敦。蓋齍敦為脂真對轉。借齍為敦。實借為簋。然使九嬪之玉齍。非盛黍稷器而為飲器。則非玉簋。左哀十三年傳。旨酒一盛兮。注。一盛。一器也。禮記喪大記。食粥於盛。注。謂今時杯杅也。周禮掌蜃。共白盛之蜃。此皆盛亦器名之證。而盛以盛酒以盛粥。盛酒者與歃血者同。鍾音照紐三等。盛音禪紐。豈盛為鍾之同舌面前音轉注字邪。盛粥者與孫炎説器似盂者同。盂從于得聲。于音喻紐三等。喻三與禪紐同為次濁摩擦音。是盛亦得為盂之轉注字。此古器不可見。無由審定者也。此訓黍稷在器。蓋古亦或以盛為敦。敦從𦎫得聲。𦎫音禪紐也。呂忱或校者不審而為此説。字見急就篇。曾伯簠作□。盛侼壺作□。史免匡作□。殳季良父壺作□。【説文解字六書疏證卷九】

◉李孝定 竊疑盛之朔誼為滿。與益同誼。此殆象水外溢之形。盛為形聲。益則為會意耳。辭云。貞丁宗日盛亡匄。後・下・二四・三。其義不明。金文作□曾伯簠。□史免匡。□盛季壺。或从成省。與栔文同。【甲骨文字集釋第五】

◉嚴一萍 □盛 殳季良父壺作□，與繒書同而微有譌變。當是盛字無疑。【楚繒書新考 中國文字第二十六册】

◉張日昇 甲骨文作□。从戍。與金文同。戍成兩字每有互易。如頌簋成周之成作戍。而甲戌之戌作成。李孝定謂盛之朔誼為滿。與益同誼。盛為形聲。益為會意。甲骨文字集釋頁一七〇五。彝器銘中皆用作裝載義。豐滿之偁乃其引申義也。【金文詁林卷六】

齍

◉金祥恒　盛，說文：「盛，黍稷在器中以祀者也。从皿成聲」。段注：「盛者實於器中之名也，故亦評器為盛。如左傳『旨酒一盛』（哀公十三年），喪大記『食粥於盛』」。蓋簡文「四盛」即四器也。後漢書禮儀志下：「東園武士執事下明器，筲八盛，容三升，黍一、稷一、麥一、粱一、稻一、麻一、菽一、小豆一。」其盛亦器也件也。天子八而軑矦六，天子與諸矦之制分別甚明。【長沙漢簡零釋　中國文字第四十六冊】

齍　仲𨥯父鬲　戍甬鼎　用作父乙齍　从鼎　趠鼎　甲鼎　中鼎　鼈鼎　寡長鼎　呂鼎　尹姞鼎　仲𠂤父鼎　尚鼎　榮有嗣爯鼎　大粱鼎　敄伯鬲　姬芀母鬲　榮有嗣爯鬲　伯邦父鬲　微伯鬲　伯汃父鬲　戲伯鬲　呂雒䚄鬲　或从妻　猲壼鼎　季無鼎　弔鼎　白六鼎

【金文編】

3·1017　獨字　3·1018　同上　3·1019　同上【古陶文字徵】

齍子詞切出古禮記【汗簡】

古禮記【古文四聲韻】

◉許　慎　黍稷在器以祀者。从皿。齊聲。即夷切。【說文解字卷五】

◉阮　元　齎。齍也。字从鼎者。凡从貝之字古每从鼎。鼎古貝字也。齍有二義。周禮小宗伯辨六齍之名物注。六粢謂六穀。是齍作粢字解也。說文云。齍。黍稷在器以祀者。是齍作盛字解也。周禮鬯人云。禜門用瓢齎。杜子春注云。齎。盛也。鬲為盛黍稷之器。故曰齎。【戲伯鬲　積古齋鐘鼎彝器款識卷七】

◉劉心源　齍字皿上从𪗉。乃𪗉字。說文齊部。𪗉。等也。从齊。妻聲。心源目為古文齊字。石鼓文。吾目隮于原。隮从𪗉可證。禮郊特牲。壹與之齊。終身不改。故夫死不嫁。即此从齊从妻之義。說文妻下云。婦與夫齊者是也。鄦敢。𪗉黃即齊黃。益可證𪗉為齊也。从𪗉从皿仍是齍。說文。齍。黍稷在器。目祀者也。乃齊盛字。鼎非其用。當是鼐。从皿與从

鼎同意。宗齍猶言宗彝宗器耳。【叔鼎宝鼎　奇觚室吉金文述卷一】

◉劉心源　鼒。説文未收。吴子苾引徐籀莊説云。易序卦傳注。鼎所目和齊𠜂生物成新之器也。目鼒仍是鼎字。心源案。此字器刻中婁見。字既从鼎。當是鼎名。或即鼒。幺與才聲同。爾雅釋器圜掩上謂之鼒。郭注。鼎斂上而小口。説文。鼎之圜掩上者。玉篇。小鼎也。叔鼎云。作宗□。从𩰫从皿。即齍字。而其銘云作則是器名矣。【趙鼎　奇觚室吉金文述卷二】

◉高田忠周　齍訓黍稷在器以祀者。又周禮甸師。以共齍盛。注齍盛祭祀所用穀也。此字之本義。主于盛穀。故从皿也。引伸當為盛黍稷器名。周禮九嬪贊玉齍。注。齍。玉敦。受黍稷之器也。可證。其器或似敦或似鼎。無常形也。故器似鼎者字亦从鼎。盛周文字固从鼎耳。又按。盉字或从鼎作𪔂。鼐字或从皿作𥁕。古文皿鼎互通用字也。

古籀補分皿字。唯收□形云。妻字。蓋未察篆形也。此从皿𩰫聲。即齍字異文也。𩰫妻古音同部。固當通用。説文。齍。黍稷在器以祀者也。从皿齊聲。古祭祀。黍稷盛以簠簋。簠簋字皆从皿。與齍字从皿均是同意。鼎和五味之器。祭祀之重物也。銘云。齍鼎。其義甚顯矣。【古籀篇二十二】

◉郭沫若　本器乃所謂方鼎而自銘為齋。此外器形之可攷見者，如博古圖之王伯鼎，銘曰「王白乍寶齋」；長安獲古編之揚鼎銘曰「𤞞妻鼎」；善齋吉金録之叔遺齍，銘曰「弔□乍宮白凄」；季瑟齍銘曰「季無乍宮白寶𬯀齍」；「白六辭齍銘曰「白六辝乍瀟寶𬯀齋」，均是方鼎。齋妻齍齋自是一字，凄乃叚借字也。圓鼎銘無作此字者，知雖鼎屬而別為一類，鼎之有齋猶𣪘之有簋也。善齋於方鼎均别名為齍，以次于鼎，甚有見地，今從之。齍字説文謂「黍稷在器以祀者」，大小徐本皆同，信如此解，則是以齍為粢；而韻會則引作「黍稷器，所以祀者」，段氏從之，則正是器名。周官多見玉齍之名，鄭玄於九嬪職文「贊玉齍」下注云「玉齍、玉敦，受黍稷器」，與後説合。此外則大抵説為粢之借字，然如大宗伯之「奉玉齍」與九嬪文同例，小宗伯之「辨六齍之名物」與「辨六彝之名物」、「辨六尊之名物」相對為文，自應同是器物。今有器銘可徵，此字已不成問題，且足證玉敦之説亦有誤。敦乃圓器，並有整圓如球形者，俗稱為「西瓜鼎」，與齍之為方鼎判然不同。又盛黍稷之説亦有可疑，蓋古者𣪘盛黍稷，簠盛稻粱，于彝銘已有明徵。𣪘制甚古，簠則在方鼎絶跡以後逮宗周中葉始出現，二者正相替禪，則方鼎蓋以充簠之用也。攷之周官，如「甸師掌帥其屬而耕耨王藉，以時入之以供齍盛」，又「舂人掌供米物，祭祀共其齍盛之米」，齍盛者齍之所盛也。據此，足知齍之所盛實為稻粱而非黍稷。【厚趠齋　兩周金文辭大系考釋】

◉馬叙倫　鈕樹玉曰。韻會引無在字。以上有所字。倫按説解當作盛也。黍稷在器以祀者校語。校者以古書言齍盛黍稷器。又以齊盛為黍稷。故合而為之詞。不悟古書以齊盛為黍稷者。實借齊為齋。借盛為秫。秫音咻紐三等。盛音禪紐。同為舌面前音。古讀並歸於定。或借為黍。黍音審紐三等。亦舌面前音也。齍盛轉注字。齍從齊得聲。齊音從紐。古讀從禪皆歸於定也。金器甲作寶鼒。從鼎。然疑為鼒之轉注字。季無作宮白寶隩𥁕。從皿。妻聲。妻亦齊聲也。仲□鬲作𪔂。【說文解字六書疏證卷九】

◉馬叙倫　鴋齍方鼎　孫詒讓曰。說文齊部。齋。等也。從齊。妻聲。皿疑別為一字。吳大澂釋為揚妻皿鼎。倫按鴋字說文所無。以音推之。蓋狂獷之轉注字也。齋皿當為𥁕字。此說文齍之異文。鴋齍者。齍為器名。鴋是作器者之名。鼎者。字本欲作𪔂。而書為𥁕。因復加鼎也。金文譌書。多有其例。𪔂與尚鼎鼒字同例。彼從𠫹聲。此從齋聲耳。【讀金器刻詞卷上】

◉馬叙倫　䵎鼎　倫按鼒即說文之齍。為盛器。從鼎為異文。然不必鼒下再箸鼎字。金文每多於銘文復有鼎字或言字者。此蓋其類。不與鼒字連讀也。中自父鼎但作中自父乍鼒可證。然此二器舊皆題為鼎。若果是鼎。則齍亦鼎類。豈即說文之鼒耶。才齊音皆從紐也。然說文。鼒。鼎之圜掩上者。而薛尚功鐘鼎彝器款識有王伯鼒。薛言其器方而有四足。則與簠類為盛器也。倫疑此鼒字借為齍。【讀金器刻詞卷中】

◉楊樹達　𥁕字从皿妻聲。乃齍之或體字也。說文五篇上皿部云。齍。黍稷器。所以祀者。从皿。齊聲。尋妻與齊古音同。說文十一篇下雨部云。霽。雨止也。从雨齊聲。又云。霋。霽謂之霋。从雨。妻聲。按二字音義皆同。實一字也。許君誤分為二耳。古訓通以齊訓妻。說文七篇上齊部齋字从齊妻聲。而訓為等。實齊之加聲旁字。此皆齊妻二字古同音之證也。𥁕與齍同从皿。而齊𥁕為同音。其為一字。顯白無疑。䵎鼎云。䵎作寶鼒鼎。此銘云𥁕鼎。猶彼云鼒鼎也。季𥁕鼎云。季𥁕作宮伯寶隩𥁕。以𥁕為器名。又其明證也。且齍為方鼎。而此器形方。故以𥁕鼎為名。吳大澂釋𥁕為妻皿二字。孫詒讓謂妻即齋字。皆誤。【鴋𥁕鼎跋　積微居金文說】

◉李孝定　說文。齍。黍稷在器以祀者。从皿。齊聲。與簠訓黍稷圜器義近。其為器形制當亦略同。許書簠之古文作𠥚。从匚夫聲。與金文簠字作𠤱作𠥩从匚缶聲或吾聲者同。此作𠥓。从匚與簠之古文从匚同意。从𠫹為𠫹之省。當釋齍字。在卜辭為地名。金文作𪔂仲𣪕父鬲。【甲骨文字集釋第五】

◉唐　蘭　鼒和齍是一個字，《說文》：「齍，黍稷在器以祀者也。」這個解釋是錯的，但《善齋吉金録》把方鼎都叫做齍，和鼎分開也是錯誤的。最原始的齍字作𪔂，見宜子鼎，容庚《金文編》釋齍是對的，從㫃在翼中，其旁有匕。㫃是齋的本字，《說文》「稷也」。翼作𩰲是鬲類而深腹的，下面有火。那末，這種器本來是煮黍稷的，是鼎鬲一類，而不是盛黍稷的簠簋一類，漢儒只看見

盔

從皿的一種寫法，就錯誤地認為是盛器了。《說文》另外有齌字，解為「炊餔（本誤餔，依桂馥說改正，《玉篇》作「炊釜」）疾也」，就由齍字所分化出來的。金文一般都作齋，從鼎，只有仲𨷧父鬲作齍字。也有從妻聲作𪔂的。銅器用齋或齍字只限於鼎鬲兩種，但並不限於方鼎。宜子鼎未見，銘文三行，行很長，約十三公分，不知是不是方鼎。白六辝鼎說「作寶隮齋」，則是分襠式的圓鼎。[𤔲]伯鬲、公姞鬲都是鬲而自稱為齋鼎，穆公鬲自稱為寶齋，應弔鬲自稱為寶隮齋，戲白鬲自稱為餴齋，而姬莽母鬲白汱父鬲和呂□姬鬲均稱為齋鬲，中𨷧父鬲作齍鬲。這些鬲又都是圓的。古代鼎和鬲實際不很分，其分得很清楚的大概在西周後期，由此可見把齍限於方鼎是沒有根據的。其實齍這個名稱是由用途來的，齍鼎、齍鬲是用作鼎鬲等器的限制詞，而把鼎鬲等省掉後就成為名詞，實際仍指鼎鬲，這和鬻本當煮字講，例如「鬻牛鼎」，而銅器常把鼎就叫做鬻是一個道理。是不能單從形體的方圓來作區別的。【論周昭王時代的青銅器銘刻　古文字研究第二輯】

◉許　慎　小甌也。从皿。有聲。讀若灰。一曰若賄。于救切。𥁕或从右。【說文解字卷五】

◉郭沫若　盔字說文以為𥁕之或体，謂「讀若灰，一曰若賄」。本銘似即讀為賄，所謂分宥薄罪之類。然言「賸以□犀」，則又似視為重罪，蓋時代相懸，制度已有改易也。【子禾子釜　兩周金文辭大系考釋】

◉郭沫若　其下乃盔字，稍泐。說文「𥁕，小甌也，从皿有聲，讀若灰，一曰若賄。盔，𥁕或从右」。銘中此字殆即讀為賄。【丘關之釜考釋　器銘考釋　金文叢考】

◉馬叙倫　小甌也蓋字林訓。本訓器也。或此字出字林。灰有聲同之類。故𥁕讀若灰。

右𥁕音皆喻紐三等。聲皆之類。故𥁕轉注為盔。【說文解字六書疏證卷九】

◉金祥恆　甲骨卜辭有。

葉玉森殷虛書契前編考釋云：

羅振玉釋羹云：說文解字鬻，五味盉羹也。从𩰲从羔，此从匕从肉，有湆汁在皿中，當即鬻字。从皿與从鬲同。鬻字篆文从鬲，叔夜鼎从皿，其例矣。許書之鬻，疑是後起之字。（殷虛書契考釋中）余永梁云：卜辭「貞王宊盬亡尤」，與鬻盲之鬻同誼，从皿與从鼎同意，其與鬻同字與否，則未可定矣。（殷虛文字考）森按此字異體作等形，羅氏釋鬻，似于字形不合，卜辭為祭名。

葉氏以此字異體繁多，而疑羅氏釋鬻，似不確。其實葉氏所舉之異體中第一，乃葉氏自誤耳。與口相連，而缺其中一直而已，查其原片作□，與其他各片無異，惟因原拓漫漶不清而已。又疑羅氏釋饗，于字形不合，是也。以余考之，疑為說文之「䀁」。許氏訓「小甌也，从皿有聲，讀若灰，一曰若賄，□，或从右。」䀁之或體从右，非也，右即甲骨文之□之訛。訛匕為ナ，訛□（肉）為口。何以知之，說文酉部醢，从䀁，訓「肉醬也」。說文「醬，醢也」，為轉注。甲骨文之䵼，或書□或書□，或从□或从□，與醬醢之从爿、从右同例。故余永梁謂「與䵼盲之䵼同誼，从皿與从鼎同意。其與䵼同字與否，則未可定矣。」余氏不從羅釋羹，而疑與䵼為一字。今以字形言之，為說文䀁之異體字䀁。義與醢同，詩大雅行葦：

或獻或酢，洗爵奠斝，醓醢以薦，或燔或炙。

正義「釋器云，肉謂之醢。李巡曰，以肉作醬曰醢。天官醢人注云，醓，肉汁也。蓋用肉為醢，特有多汁。故以醓為名。」說文段注云：「周禮醢人，掌醓醢、麋臡、鹿臡、麇臡、蠃醢、蠯醢、蚳醢、魚醢、兔醢、鴈醢，凡醢皆肉也。」故字从□，或加……者，湆汁也。所謂肉羹，爾雅釋器：「肉謂之羹。」左傳桓公二年：「大羹不致。」禮記郊特牲：「大羹不和，貴其質也。」儀禮士虞、特牲皆言設大羹湆。鄭注：「大羹湆，煑肉汁也。」是祭祀之禮有大羹矣。大羹者，大古，初食肉者煑之而已，未有五味之齊。祭神設之，所以敬而不忘本也。

大羹孰飪，盛於皿曰䀁，盛於鼎曰䵼，鼎雖為食器，且可爨煑。皿器僅能盛物，而不作爨器。故䀁必為孰飪，禮記郊特牲：

郊血，大饗腥，三獻爓，一獻孰。至敬，不饗味而貴氣臭也。

陳直殷契卜辭賸義云：

卜辭有羹祭，案禮記禮器云：「羹定，詔於堂。」鄭注云：「肉謂之羹。」孔穎達疏云：「羹肉湆也，定熟肉也，謂煑既熟，將迎尸主入室，乃先以俎盛之，告禮於神，是薦熟未食之前也。」據此，羹祭為迎尸入室時之祭，知殷禮與周禮同也。禮固有薦熟者，熟飪實於皿為䀁，入於鼎為䵼，或原始薦腥以鼎爨之故。

說文䀁，次於齍。許氏訓「齍，黍稷器，所目祀者」。䀁疑為盛肉羹器，所以祭祀者也，故許氏訓「小甌」。又云「甌，小盆也」，豈非今人所謂湯盆乎。字或作侑。詩小雅楚茨：以亨以祀，以妥以侑。注「侑，勸也」。鄭箋「以黍稷為酒食，獻之以祀先祖，既又迎尸，使處神坐而食之，為其嫌不飽。祝以主人之辭勸之，所以助孝子受大福也」。孔疏謂「妥侑當饋食之節」，孔疏是也。爾雅釋詁「侑，報也」，報其恩，不忘本也。於卜辭為祭名：卜辭

貞：王宓𣪘，亡尤？

貞：王宓□（䀁），亡尤？

𣪊，羅氏云：

从手持木於示前，古者卜用燋火，其木以荆，此字似有卜問誼，許書有𣪊字，注「楚人謂卜問吉凶曰𣪊，从又持祟」。祟非可持之物，出殆木之譌，叙即許書之𣪊。然字卜辭中皆為祭名，豈卜祭謂之叙與？（考釋中十八頁）

叙，羅氏考為祭名，𥁕（盍）與之對文。亦為祭名。王宓之賓為儐迎神也。竹書紀年后荒（今本竹書為帝芒）元年「以玄圭賓于河」。尚書洛誥「王賓，殺、禋咸格，王入太室祼」。其證也 王宓盍者，王迎神而後盍（侑）之也。與卜辭祭名又、㞢同誼，惟帝乙帝辛卜辭書盍而已。【釋𣪊 中國文字第二十四册】

◉朱歧祥 𥁕从卣皿，卣象水酒容器。隸作𥁕。或即《説文》盍字，从有从卣，二字古韻屬之、幽二部旁轉：「小甌也。」《廣韻》：「抒水器也。」卜辭用為祭品，與羊、𡆥同辭。

《金31》 戊申□旅貞：王賓大戊，𡚶五牛□𥁕，亡尤。在十月。

《戩25・9》 □旅□𡆥、五𥁕。

卜辭復習言：「𥁕雨」，字或叚作有字；或作地名解。

《庫1559》 癸丑卜，亘貞：亦𥁕雨。

《林2・11・3》 貞：不其𥁕雨。【殷墟甲骨文字通釋稿】

◉戴家祥 𥁕當釋盍。説文五篇皿部「盍，小甌也。从皿，有聲。讀若灰。一曰若賄。」或體作㿽。金文多以𦏲為友。説文四篇智字者字从曰，金文曰口混用。三體石經君奭殘石古文智作𥁕，更旁从皿。者沪鐘者字作𥁕，更旁从皿，是从曰从口與从皿同義，知𥁕即盍㿽之或體字也。以聲義求之，亦即婟、侑、宥、囿、醢之或體字。説文十二篇女部「婟，耦也。从女，有聲，讀若祐。」祐侑聲同。易繫辭「可與祐神矣。」祐當訓侑。婟侑性別更旁字也。亦通作宥，儀禮聘禮「有司徹」，鄭玄注並云古文侑皆作宥。宥或為囿，禮記禮器「詔侑武方」，鄭玄注「詔侑或為詔囿」。小雅楚茨「以妥以侑」，毛傳「侑，勸也。」孔穎達正義云：「已飲食，而後勸之。」其説是也。鄂侯馭方鼎「馭方𥁕王」，盍王者，侑王也。侑勸必有器物，盍字从皿，義殆在此。文子守弱篇「三皇五帝有勸戒之器，命曰侑危。」其言或有所本。爾雅釋詁「酬、酢、侑，報也。」集韻四十九宥醢侑同字。更旁从酉，酉亦盛器，義與皿同。【金文大字典中】

盧

粹一〇九 郭沫若釋盧與金文趙曹鼎盧字同 甲八八六 甲一六二六 林二・二二・五 鄴三下・三六・九 京津四七六九 庫九八六 鄴三下・四一・九 甲三六五二 存一九四九 拾四・一八 方國名 佚九三五 京津七一 庫一九〇三 【甲骨文編】

拾4・18 新71 【續甲骨文編】

盧 嬰次盧 者旨𥂝盤 自作盧盤 伯公父匿 隹鐈隹盧 【金文編】

3・680 盧里安 3・681 盧里𠃊 香録3・3 盧里宔 3・682 盧里乘 3・676 盧丘衢 3・1109 獨字 鐵雲17:3 3・764 盧漁 【古陶文字徵】

〔四〕 〔二〕 〔二五〕 〔四七〕 〔一九〕 〔一九〕 〔七〕 〔六八〕 〔二〇〕 〔五四〕 〔六九〕 〔二〇〕 〔一三〕 〔六八〕 〔七〕 〔二〕 〔三六〕 〔四〕 〔三六〕 〔三六〕 〔二五〕 〔二〕 〔二〕 〔二〕 〔三九〕 〔二〕 〔三九〕 〔二〇〕 〔四七〕 〔二八〕 〔〇二〕 〔三六〕 〔五〇〕 〔二〕 〔五四〕 〔一九〕 〔三六〕 〔二〇〕 〔二〇〕 〔一三〕 〔一八〕 〔一九〕 〔四〕 〔八二〕 〔四七〕 〔七七〕 【先秦貨幣文編】

布空大 盧氏 豫洛 仝上 布空大 盧氏 豫宜 仝上 仝上 豫洛 鉼盅金 皖壽 按古鉨盧字有作者此字乃省體作 仝上 布空鏟 盧氏 展啚版玖 布空大 盧氏 展啚版拾肆2 布空大 盧氏 典八一八 仝上 典八一九 布空特大 盧氏全涅 典八二四 布空大 盧氏 典八二〇 布空大 盧氏 典八二一 仝上

典八二二 仝上 典八二三 布方大 盧氏全涅 典三三一 仝上 展啚版拾捌6 布方 盧氏斗釿 展啚版拾捌3

布空小 盧氏 歷博 布方大 盧氏全涅 亞四・五五 仝上 亞四・五六 布方大 盧氏全涅 亞四・五六 【古幣文編】

3418 【古璽文編】

盧平丞印 盧丘丞印 雛盧徒丞印 漢盧水仟長 趙盧 祝父盧 盧弄弓 王盧 盧丙

屋盧安印 屋盧霸印 【漢印文字徵】

石經僖公 介葛盧來 金文籚从膚說文臚之籀文作膚膚盧同聲通叚 【石刻篆文編】

盧出郭顯卿字指 【汗簡】

華嶽碑 義雲章 王存乂切韻 說文 【古文四聲韻】

◉許 慎 飯器也。从皿。𧇡聲。洛乎切。籀文盧。 【說文解字卷五】

◉王國維 盧。說文云。飯器也。又云。凵盧。飯器。以柳為之。盧者。凵盧之畧也。字亦作筥。說文云。筥。𥳓也。又云。𥳓。飯筥也。受五升。秦謂筥為𥳓。又作𥲤。方言云。𥲤。南楚謂之筲。趙魏之郊謂之笿𥲤。笿𥲤即凵盧。合言之又謂之筥笿籚。士昏禮注云。笲蓋如今之筥笿籚矣。余謂筥𥲤盧籚本是一字。隸釋所録魏三字石經。春秋筥之古文作。篆隸二體作筥者。籚字之譌畧。上虞羅氏藏鄘侯敦。鄘侯亦即筥侯。又藏闔丘□□戈。闔丘亦即閭丘。足證筥盧之為一字矣。詩采蘋傳。方曰筐。圓曰筥。今世所傳古簠簋。皆長方形。惟四隅則簠方而簋圓。而簠亦有匡名。定邸藏叔家父簠。其銘曰叔家父作中姬匡。海豐吳氏藏史冘簠。其銘曰史冘作旅匡。尹氏銘曰尹氏貯□作旅匡。此三器余皆未得見。然諸家著録皆謂之簠。則形之類簠可知。類簠者謂之匡。則類簋者自當為筥。此器形下歛上侈似簠。而四角橢則似簋。其四旁有耳而下無跗。又與簠簋均異。不知定邸及吳氏之匡。其形制如何。疑亦類此而鋭其角者。要之。筐筥二字本不从竹。故不必以

竹為之。又筐方筥圓。亦如簠方簋圓。皆以其角言之。非正方正圓之器也。【王子嬰次盧跋 觀堂集林】

◉葉玉森 [古文字]从虍从皿。許書無之。或盧之古文。盧國即書牧誓微盧彭濮之盧。許書虘盧乃一字。彼省皿此省由耳。【鐵雲藏龜拾遺考釋】

◉高田忠周 [古文字]屛敖簋 此字書所無。當盧異文。説文盧又从鹵聲。而鹵或借魯。魯从魚聲。魚鹵古音同部。盧亦當从魚聲也。【古籀篇二十二】

◉郭沫若 又其一為「王子方器」，其銘為：「王子𡢁次之庻盧」。

盧字原銘本作𧆨，從皿膚聲。此固應釋為盧字，斷無釋盤之理。然王氏據許書以盧為飯器，則非也。此方器之不適為飯器，一望可知，關馬二氏之釋盤卽由其形似之臆測。器制似盤或盆而銘之以盧，余謂此乃古人爇炭之鑪也。許書：「鑪，方鑪也；从金盧聲」，今器為方器與許説正合。鑪字金文多作鏞，如邾公華鐘「玄鏐赤鏞」，曾伯霥簠「吉金黄鏞」，均鑪字也。邵鐘「玄鏐鏞鋁」，邾公牼鐘「玄鏐鏞呂」，則以鋁呂為鑪；鏞與玄為對文，與赤黄同例，乃用為黑色之意。鏞又可作𧆨者，從皿從金，古字不拘。如盤可作鎜（伯侯父盤），盨可作𨯂（叔姞盨），盘可作鋬（右里盘），匜可作盄（叔上匜、匽公匜），亦可作鉈（史頌匜）之類是也。漢人又省作盧，如菑川太子家金熗鑪、陽泉使者熏鑪、齊安宮銅熏鑪，又「蓋重九兩」之熏鑪，均作盧。是可知鏞𧆨盧鑪實係一字，鑪字其後起者也。（今人作爐，又其後起。）至許書之釋盧為飯器者，蓋假借之義。古書必有假盧為筥者，故許氏云然。

【新鄭古器之一二考核 殷周青銅器銘文研究卷二】

◉郭沫若 兩盧字均作[古文字]，乃省文，叚為𧇊。師湯父鼎有「王才周新宮，才射𧇊」之語，彼字正作[古文字]，可證。或釋本銘文為膚，非也。【趙曹鼎其二 兩周金文辭大系考釋】

◉郭沫若 「盧彡力自上甲」。周恭王時趙曹鼎「王射于射盧𧇊」字作[古文字]，與此作[古文字]者相同，故知此亦盧字。案此乃鑪之初文，下象鑪形，上從虍聲也。唯「盧彡力」不明何義。

盧當卽盧字，金文師湯父鼎「射盧」字作□，所從盧字與此形近。盧殆假為廬，言于廬中行雩祭也。【殷契粹編】

◉馬叙倫　徐灝曰。凵盧疾言之則曰盧。去笯疾言之則曰笯。由部。盧。𤮺也。盧從由。蓋本竹木之器。後以陶瓬為之。故又從皿作盧。倫按盧為盧之後起字。亦凵之轉注字。聲同魚類也。亦笘之音同來紐聲同魚類轉注字。故訓飯器也。然非許文。字見急就篇。

□鈕樹玉曰。玉篇重文不云籀文。倫按十二篇盧下有籀文盧作□。亦作由。不從囟。金文盧氏涅金作□。其由即由之變。猶由之變為由也。嬰次盧作□。其□與取盧盤之□同。所從之□即金文□字所從之□。乃囟之異文。故此從囟。即金文之□也。嬰次盧從皿。膚聲。此從皿膚省聲。取盧盤則省形存聲字。或本非盧字。乃從虍□聲或從□虍聲之字。膚字從之得聲。【説文解字六書疏證卷九】

◉于省吾　粹一百九片。膚彡力自上甲。郭沫若云。周恭王時趞曹鼎。王射于射盧。字作□。與此作□者相同。故知此亦盧字。案此乃鑪之初文。下象鑪形。上从虍聲也。唯盧彡力不明何義。省吾按郭説是也。栔文有因字。作□□□等形。上象鑪之身。下象款足。即盧之象形初文。商器形制甚繁。多有不可名狀者。鑪器雖未能塙指。然此字之象鑪形。殆無可疑。如善齋彝器圖録圖四五之我方鼎。係橢圓形。四足。其蓋在黄濬處。蓋形似盨。與普通鼎制迥異。疑即古之鑪也。盧鑪古並省作膚。因又為膚之初文。因字本象鑪形。加虍為聲符。乃由象形孳乳為形聲。栔文獻字作□。不从虍。又膚字栔文作□。金文膚戈作□本象膚形。見膚作□。加虍則為繁文矣。又如金文同毁吳之即虞。説文処之或體作處也。膚字後世作盧。从皿已為緐增字。更無論盧鑪矣。卜辭膚因並見。稍晚則膚行而因廢。再晚則盧行而膚廢矣。[阝膚]尊。[阝膚]字从因作□。鬲比盨濾字从因作□。形已簡化。師湯父鼎。膚字从因作□。猶與栔文相仿。金文鑪字。曾伯簠作□。王子嬰次盧作□。邵鐘作□。邾公華鐘作□。从膚从盧一也。小篆作□。古化盧氏幣。盧字作□。或从卣。或从田。或从白。或从甾。並為因形所譌變。説文。𥂓。𤮺也。从甾虍聲。讀若盧。又盧飯器也。从皿𥂓聲。盧籀文盧。按𥂓盧同字。𥂓不从皿。為盧之初文。不應岐為二字。凡此皆盧字孳變之幸較也。玆將卜辭膚因二字之用法。分述於下。

一膚字通旅。甲二·二六·五有膚字。惟其辭已殘。輔大藏骨有辭云。庚辰卜。□。翌日甲申。膚為祭名無疑。當即周人之所謂旅祭也。膚經傳通用盧。盧旅音近相借。伯晨鼎。旅弓旅矢。書文侯之命。盧弓一。盧矢百。旅弓旅矢即盧弓盧矢。周禮司儀。皆旅擯注。旅讀為鴻臚之臚。儀禮士冠禮。旅占注。古文旅作臚也。士昏禮。婦執笲注。笲竹器而衣者。

其形蓋如今之莒筊簏矣。方言十三。簏趙魏之郊謂之筊簏。是筊簏即筊簏。漢書叙傳。大夫臚岱。侯伯僭時。鄭氏曰。臚岱。季氏旅於太山是也。師古曰。旅陳也。臚亦陳也。臚旅聲相近。其義一耳。按中尊。王大省公族。于庚辰旅。周禮掌次。王大旅上帝。大宗伯。國有大故則旅上帝及四望注。旅陳也。陳其祭事以祈焉。按旅謂陳列祭品以祭。然卜辭言膚。非如周禮專就上帝山川為言也。前舉粹編一辭。膚彡力自上甲。膚彡力為三種祭名。膚即旅。彡即彤。力即劦即劦也。

一因字之義為剥割。為豕肉之膚美。佚三一。庚申。叀因□。三八三背。壬辰卜。㞢母癸。畀豕。癸子卜。㞢母甲。畀豕。甲午卜。㞢母乙。罡豕。罡形下多一横畫。余在厰肆曾見扁足商鼎。三足之下部有盤相連。其器已著録於河南吉金圖志賸稿。鑪形或亦如是也。乙未卜。㞢母。罡豕。三九二。庚午卜。㞢母甲。因豕。以上所列因豕之因。均應讀如後世之盧。盧膚同字。後世岐化為二。金文金名之鑪通作鏞。鑪器之鑪作盧。論語顔淵。膚受之愬。即盧受之愬。詳論語新證。説文。臚之籀文作膚。均其左譣。廣雅釋言。膚。剥也。釋詁。剥膚皮離也。王氏疏證云。説文云。剥取獸革者謂之皮。韓策云。因自皮面抉眼。自屠出腸。鄭注内則云。膚切肉也。是皮膚皆離之義也。按王説是也。皮膚皆係名詞。皆就外言。作動字用則有剥離之義。禮記内則。麋膚注。膚或為胖。按膚胖雙聲。説文。胖。半體肉也。周禮腊人。凡祭祀共豆脯薦脯膴胖注。鄭大夫云。胖讀為判。是胖乃分割之義。儀禮聘禮。膚鮮魚鮮腊設扃鼏注。膚。豕肉也。唯燖者有膚。胡氏正義云。鄭意蓋謂唯豕有膚耳。燖字或有譌誤。牛羊有腸胃而無膚。豕則有膚而無腸胃。少牢饋食禮。雍人倫膚九實于一鼎注。膚脅革肉。胡氏正義云。膚革膚之近脅骨者。其肉最美。馬融注噬嗑卦云。柔脆肥美曰膚。此膚為豕膚。故鄭注聘禮云。膚。豕之肉也。按以上所舉經傳言膚之義有二。剥割為膚。豕脅骨肉之肥美者亦曰膚。就已發現之卜辭言之。均云因豕。而未言他牲。因作動字用。蓋謂割豕膚肉之肥美者。當兼二義言之。

一因為人名為地名。前一・三七・六・畀貞。甲二・二二・九。畀貞。殷虚卜辭一一一四。丙戌卜。畀貞。因均係貞人名。前六・六・四。貞。弓用畀氏羌。畀人名。氏致也。詳駢枝。此言勿用畀致羌也。畀作畀。上無豎畫。猶甾之作甾矣。粹九三四。辛卯貞。从旛涉。辛卯貞。从獸因涉。以上一辭證之。从獸因涉。當即獸从因涉之倒文也。是因當係地名或水名也。

綜之。畀為鑪之象形初文。上象器身。下象款足。作膚者。加虍為聲母。由象形孳乳為形聲。膚與因之用法。卜辭有别。其言膚。謂旅祭也。其言因豕。謂割豕膚肉之肥美者以祭也。【釋盧　雙劍誃殷契駢枝續編】

◉饒宗頤　庚申卜，散貞：伐虓。屰戈。（京津七一）

按唬卽盧，說文，䖍篆文作𧆑，殆盧字。牧誓羌、盧、彭、濮人之盧，史記「盧」作「纑」。左桓十三年：「屈瑕伐羅，羅與盧戎兩軍之，大敗之。」杜注：「盧戎南蠻。」【殷代貞卜人物通考卷四】

◉饒宗頤　陳夢家讀因為界字，非也。按字亦作虜，如：

庚辰卜虜：羽日甲申……（鄴中三下四一・九）

其字卽虜之省形，蓋卽盧字。他辭亦稱虜伯。

虜白渫其徙，乎鄉（饗）。（鄴中三下三六・九）

……卜翌日乙，王[glyph]（爰）虜白……（屯甲三六五二）

又言「伐虜」，（遺珠二九八，林二・二六・五重），盧當卽牧誓髳微盧彭濮之盧人。（參駢枝）

因又訓陳牲，蓋讀為臚。故卜辭屢見「因豕」（如屯甲二九〇二、屯乙三五二一、四六〇三、四九一一、四九二五、五三九四）及「因羊豕」（「至[glyph]，由因羊豕」。見屯乙五五九六）之語，亦言「因用」（屯乙三八〇三），則借為臚陳字。【因　貞卜人物事輯九】

◉張日昇　說文云。盧。飯器也。从皿𥂰聲。𥂰籀文盧。𥃝从皿膚聲。容庚釋許書訓飯器之盧。郭沫若謂許訓非是。以嬰次盧器形較之。盧實方鑪之鑪。鏞𥃝盧鑪實係一字。其說得失參半。金文𥃝即說文方鑪之鑪。金文鏞即說文訓㽤銅鐵之鏞。容庚釋鑪非。說文盧訓飯器。乃笑之同音叚借。徐鍇本訓飲器。此其本誼也。彝器膚𥃝鏞諸文虍下皆从甶。甶為酒器。載籀作卣。从甾乃形誤。籀文盧从[glyph]。亦[glyph]西矢方彝與[glyph]形近致譌。䖍為𦉜。𥃝盧一字。甶𥂁同意。猶甶卣彝器並為卣。乚其薦。皿亦其薦也。或謂皿為後加意符。以言其類。亦通。【金文詁林卷六】

◉郭沫若　兩「𥁕豕」字，原文作因，在卜辭中多見，舊未能識。今案卜辭中有從此之字作[glyph]，我于一九三七年春纂述殷契粹編時，根據周恭王時趞曹鼎「王射于射𢍉」字作[glyph]，釋定為盧，以為「乃鑪之初文，下象鑪形，上从虍聲也。」（粹一〇九）然于因字亦未能解釋。其實因既象鑪形，即古鑪字。要這才真是「鑪之初文」。今隸定此字為「𥁕」。說文「盧，飯器也」，故「𥁕豕」猶言「鼎犬」。【安陽新出土的牛胛骨及其刻辭　考古一九七二年二期】

◉涂書田　「盧金」金幣印銘作「[glyph]」形，為過去所罕見。《說文》、金文、甲骨文中均無此字，是個初見的古字，各家較為一致地釋為「盧金」。殷滌非同志認為銘之右字從西從皿，當隸寫作「𥁕」字。從西之字有鹵，《說文》：「鹵，西方鹹地也，從西省。」四點象鹽形。《說文》盧，從皿甶聲，盧「籀文從皿鹵省聲」。鹵省四點，即籀文[glyph]（西）字，而古文西作鹵，與金幣右一字的上半部同，故認為是「盧」字。此說與一些同志認為當釋「盧金」的意見相合，是可信的。但釋「盧金」二字的含意不同。殷說「盧金」之盧，應是地名或國名，此幣為春秋時盧國(今湖北襄陽附近)鑄造，故自銘為「盧金」；而與殷説不同的解釋認為盧字之意為爐，是煉金的工具，標明「盧金」意為爐煉金質實足。我認為「盧金」為爐精煉之説較為可信，因為戰國末年，楚國受西北秦國的威脅，都郢漸次東移，直到公元前223年秦軍攻破壽春的前夕，政治動搖，貨幣制度勢必引起混亂，造成「郢爰」金質成分下降，有失信用，因而將金幣改鏨成「盧金」印記，以表此金為「足赤」。【安徽省壽縣出土一大批楚金幣　文物一九八〇年第十期】

◉殷滌非　每圓印銘作「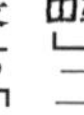」二字。全塊整個鈐印銘文基本上是平分每塊作兩排倒、兩排順的鈐印。印銘左一字，正如《説文》説：「五色金也，黃為之長」，「生於土，從土左右注象金在土中形，今聲」，即會意兼象形諧聲的「金」字。銘右一字，很明顯的從「西」從「皿」，《説文》所無，金文、甲骨文中也沒有發現，是個初出土的新字。安徽省博物館舊藏一小塊這種金幣，安志敏同志説：「『覃金』作圓形鈐印，風格稍異。『覃』當即郯，《淮南子・兵略訓》：『東裹郯淮』，則郯屬楚地當確無疑義，其地望在今山東郯城附近」。我意則不以為然。覃字從鹹省聲，古文、篆文皆從省，作或，其下部都不從皿。友人韓自強君近函我説，字殆為盈。按《説文》盈從皿夃，其上部又不從西，故釋「覃」或「盈」皆非是。此字結構既從西從皿，當隸寫作「盙」字。從西之字有鹵，《説文》「鹵，西方鹹地也，從西省」，∴四點象鹽形。《説文》盧，從皿虐聲・朱駿聲《説文通訓定聲・豫部》盧，「籀文從皿鹵省聲」。鹵省象鹽形∴的四點，便是籀文作卤的西字，而古文西作卤，正與圓印金幣在一字的上半部全同。郭沫若氏釋蔡矦⿱鹵皿説：當是盧字，可為「盙」是「盧」字的最好例證。據此，我認定它是「盧」字。這新發現的完整四塊和一小塊殘印金幣，就是「盧金」。張頷同志來合肥道及此金幣，也以為「盧金」説為正確。

古代貨幣，多以鑄地作幣銘。如布錢銘「晉陽一釿」、「安邑二釿」、「梁半釿」；刀貨銘：「齊法化」、「節鄤之法化」、「安陽之法化」；圓錢(又稱圜法)銘：「共屯赤金」、「虞釿」、「周化」；方塊金幣銘：「郢爰」、「陳爰」等。此「盧金」之盧，也當是鑄造地名。盧在何地，今就手頭文獻可考者記之。

1.《書・牧誓》及《史記・周本紀》載：「及庸、蜀、羌、髳、微、盧、濮人」。盧，《史記》作纑，就是周武王所率蠻夷戎狄八國中之一。《括地志》説：「房州竹山縣，及金州古盧國」。

2.《左桓十三年傳》：「春，楚屈瑕伐羅。及羅，羅與盧戎兩軍之，大敗之。莫敖縊于荒谷，羣蠻囚于冶父以聽刑。楚子曰：孤之罪也，皆免之。注：盧戎，南蠻，即今中盧故城。羅在宜城縣西山中，後徙南郡枝江縣。《水經注》卷三十四也説：江水，又東過枝江縣南，註：「地理志曰：江沱出西，東入江是也，其地故羅國，蓋羅徙也。羅故居宜城西山」。荒谷：楚地，《荊州記》州東三里有三湖，東有水名荒谷。冶父，楚地，《水經注》荒谷東岸有冶父城。

按伐羅之役，時當楚武王四十三年，即公元前四九八年，「楚師之盡行」，「楚子使賴人追之，不及」，莫敖則宣令于師，仍傾國大舉伐之，及羅，羅與盧戎聯合夾擊楚，楚兵大敗。《水經注》卷二十八沔水「又南過宜城縣東」，注：「夷水導源中盧縣康狼山，山與荆山相鄰，其水東南流，歷宜城西山，謂之夷溪，又東南逕羅川城，故羅國也」。是知羅在宜城附近，盧在中盧縣，兩國相鄰，聯合夾擊楚而獲大勝，説明當時羅與盧戎的勢力是很強大的。【盧金與龜幣　古文字研究第八輯】

◉曹定雲　我認為：殷代「盧方」的後裔應是武王伐紂時候的盟邦——「盧」。尚書牧誓：「王曰：嗟，我友邦(史記周本紀引作有國)冢君，御事，司徒，司馬，司空，亞旅，師氏，千夫長，百夫長及庸，蜀，羌，髳，微，盧(史記引作纑)，彭，濮人，稱爾戈，比爾干，立爾矛，予其誓。」這裏，千夫長、百夫長以上是周武王的部屬；而自庸、蜀以下八國，則是周的盟邦。當時周的實際盟邦比這還要多，庸，蜀等八國不過是見之于史籍的其中最重要者，「盧」是其中之一。史記集解引孔安國曰：「八國皆蠻夷戎狄」，大概是指這些國家皆為當時少數民族部落，處于殷之邊境，文化落後。這裏的「羌」，其祖輩就是卜辭中的「羌方」；這裏的「盧」，其祖輩就是卜辭中的「盧方」。他們在殷王朝的統治下，有着共同的經歷和遭遇，在殷代後期，共同的不滿和仇恨，使他們聯合在周的旗幟之下，一起反抗殷王朝的統治。這是「盧方」與殷王朝關系發展的必然結果。

「盧」既是周的盟邦，它當在西方，而且距周應不遠。可是，關于此「盧」的地望，歷來的注釋家們有着不同的解釋：一：認為盧在西北，史記集解引孔安國曰：「八國皆蠻夷戎狄。羌在西。蜀，叟。髳、微在巴蜀。纑、彭在西北。庸、濮在江漢之南。」二、認為盧在西南，正義引括地志云：「房州竹山縣及金州，古庸國。益州及巴、利等州，皆古蜀國。隴右、岷、洮、叢等州以西，羌也。姚府以南，古髳國之地。戎府之南，古微、纑、彭三國之地。濮在楚西南。」三、認為盧在湖北南漳縣東，孫星衍尚書今古文注疏云：「盧者，春秋左氏桓十三年傳云，屈瑕伐羅，羅與盧戎兩軍之，大敗。杜注云，盧戎，南蠻。」後劉文淇在春秋左氏傳舊注疏證中對文十六年，楚伐庸，「自盧以往」作過考證，認為此「盧」在今湖北南漳縣東五十里之中盧鎮。據此，有人將此「盧」認為是周武王伐紂時之「盧」。此外，對于孔安國所云「纑、彭在西北」，亦有人認為是「在東蜀之西北」等等。總之，衆説紛紜，莫衷一是。

以上解釋中，第二種解釋目前很少有人接受；而第三種解釋則頗能迷惑人，接受者不少，其原因在於劉文淇的名望和他的春秋左氏傳舊注疏證一書的影響。誠然，劉文淇對文十六年，楚伐庸，「自盧以往」中之「盧」的考證是準確的，但此是春秋之「盧」，而非周武王伐紂時之「盧」。理由是爵位不符：周武王伐紂時之「盧」是殷代「盧方」的後裔，卜辭記載明白，其爵位是「伯」，隨着周武王伐紂戰爭的勝利，其爵位如果不上昇，至少不會下降；而湖北南漳之「盧」據清人顧棟高考證屬「子」爵。所以，第三種解釋亦是應當否定的。如此，只剩下第一種解釋可供我們考慮。……

渭河的北面有它的一條重要支流——涇河。它發源于今寧夏回族自治區南部，經甘肅隴東高原，流入陝西入渭。涇河上游的支流，東北面有馬蓮河、蒲河等，南面有黑河。水經注于涇水無注，趙一清作補注曰：「彈箏峽下引水經注云：涇水經都盧山，山路之内常有彈箏之聲，行者聞之鼓舞而去。又云，弦歌之山，峽口水流，風吹滴崖，響如彈箏之韻，因名」「……漢書地理志安定郡烏氏縣都盧山在西。師古曰：氏音支。九域志曰：都盧峽即彈箏峽。」都盧山在今平涼縣西境，漢之烏氏縣亦在今平涼縣西。另平涼縣志云：「城北里許涉源，北五里坂曰虎原，又北十里曰小蘆河原，又北十里大蘆河，……」由此看來，今平涼縣境，山水名中名「蘆」和「都盧」者好幾處，「都盧」亦即「盧」，因古代國名，單稱和連稱往往一樣，如「夏后」稱「夏」，「徐吾」稱「徐」，「邾婁」稱「邾」，「滕賁」稱「滕」，「昆吾（虞）」稱「虞」等等。據此，「都盧」應即「盧」之全稱。所以，我認為今之平涼縣境應是殷時「盧方」之所在。以地理條件觀之，它處于周的西北面，與周緊緊相鄰。「盧」既稱「盧方」，自不會是一隅之地，平涼縣境只不過是活動中心，它的活動範圍可能涉及今寧夏回族自治區南部和甘肅隴東高原，亦即整個涇河流域的上游。【殷代的「盧方」社會科學戰線一九八二年二期】

◉饒宗頤　婦好墓出土玉戈四十件，其一後端刻辭云：

盧方皆入戈五。（頁一三五。《考古學報》一九七七年二期，附圖十九）

卜辭亦見盧伯及盧方伯，其辭如下：

盧白（伯）溧，其征（延），乎鄉（饗）。（《鄴中》三下・三六・九）

甲戌卜，翌日乙，王其𢦏盧白沬，不雨叀父甲彡日，□（禱），又正，大吉。（《屯甲》三六五二）

盧方白溧……王□（《小屯南地》六六七）

以上三條，盧伯私名沬，與溧、溧當是一字繁簡之異寫，從《鄴羽》則其字可定為從水從栗之溧，從《屯甲》則其字乃為從水從未之沬（益又旁為繁形）。總之，此正是盧伯之私名。父甲謂祖甲，《屯甲》一條，蓋第三期之卜辭，餘二條應相同。婦好為武丁之世婦，則盧方皆應為武丁時人，在溧之前。

《路史・國名紀》己：夏世侯伯有盧氏，云「今之盧氏縣，有盧氏山。」今知殷確有方伯曰盧，則盧之為國尚矣，武丁時以玉戈入貢，後被封為伯爵。

《書・牧誓》從武王伐殷八國，盧與微、彭、濮並列。四川彭縣近年有殷代二觶出土，説者謂為蜀人參與伐殷戰役之物證。

又《書・立政》云：「夷微盧烝，三亳阪尹。」盧即盧方矣。《路史・國名紀》：商世侯伯有瀘，蓋即《牧誓》八國之一，羅沁為之説云：「盧戎也，古文作纑。齊之長清南五十里有盧城，齊鄭尋盧之盟者，然非此。」《佚周書・王會》「卜、盧以羊」。孔晁注：「西北戎也，今盧水是。」按卜即濮，則此盧仍是伐殷八國之盧。春秋有盧戎，《水經・沔水注》作廬，殷之盧方，地望或在此。《周語》中：「盧由荆，嬀。」韋昭注：「盧，嬀姓之國」，以盧為舜後，盧之與荆，必有密切關係。

甲文□字，省虍，于省吾以為即盧之古文。盧方之盧，字形作□及□（《屯南》），下半之□，與殷周銅器銘文習見之□字，應是同一文之變形。

卜辭有□字，如：□羊歲……（《乙》一〇六二），□豕用（《屯乙》九七五），㞢歲於□（天）庚，用，□豕卅。（《乙》五三八四）各□、□字，有繁有簡，與金文□字全同，正宜釋盧，謂臚（列）羊臚豕。可證□字當釋盧，可無疑義。

□器出於安陽侯家莊一五五〇大墓　山東膠縣出土有□父癸爵，遼寧北洞出有□父辛鼎。近年荆湘地區亦屢有出土。

㈠　湖北江陵萬城，位於沮漳河北岸，一九六二年出下列各器：

□（北）子冈鼎

孟北子□甗

□乍北子□毁，用□□月□（力）□（妣）乙，其萬年子子孫孫永寶（寶）。（以上見拓本，《文物》一九六三年二期）

《三代》一二・一四有□父辛卣，其蓋銘作□，由此一組器可見岡、□（盧）氏在商末周初有加封北子者。北當即邶鄘之邶，《説文》：「邶，故商邑，自河内朝歌以北是也。」一九七六年小屯之北殷墓出土朱書玉戈，文云：「在□（沘）執□□在入」七字（《考古學報》一九八一年四期）。沘從北益水旁，卜辭屢見「在沘」（《鐵》二二七・二；《續》六・二四・四），「勿呼令沘」（《乙》三七六八），北子封地當在沘。

㈡　湖南寧鄉

已□鼎及爵（收集品）　三見。

癸□提梁卣、蓋及底皆有□字，又一面有□（秋）字。

【婦好墓銅器、玉器所見氏姓方國小考　古文字研究第十二輯】

◉孫　華　1979年8月，安徽省壽縣東津公社花園大隊門西生產隊的農民在該村東南水渠北坡邊緣取土時，發現了戰國時期楚國金幣，在這批金幣中，除去無銘金版和金餅外，還有「郢爰」金版二塊，□金版五塊。□金版系首次大宗出土，最引人注目。涂書田先生《安徽壽縣出土大批楚金幣》一文對其情況作了較詳細的介紹，使我們知道：□金版與「郢爰」金版大致相同，所不同的是：「郢爰」印記為方形，鑪印記為圓形。對于鑪金版的幣文，涂先生稱作「盧金」，殷滌非先生並有《盧與金龜幣》專文加以討論。下面，筆者就對這種金幣的名稱和含義問題，談幾點自己的看法。

1. 關于鑪金版的名稱：

鑪字，殷滌非先生不同意安志敏先生將其釋作「覃金」的看法。⊘筆者認為，殷先生釋「盙」為盧，其意見是正確的。盧字在甲骨文中作□或□形（《拾》4・18，《粹》109），其字從皿虍聲。或從□即鑪的象形。于省吾先生指出：「□字，又為盧與鑪之初文。上象鑪之身，下象款足」。甲骨文中有「□彡力，自上甲」（《粹》109）的卜辭，□字係祭名，郭沫若先生指出：「周恭王時趞曹鼎『王射于射盧（盧），』字作□，與此作□者相同，故知此亦盧。案此乃櫨之初文，下象鑪形，上從虍聲也」。盧之初文用象鑪形，虍乃後加的聲符，而盧字的異體□字所從之□（皿），也是當時用于冶煉青銅的坩鍋的象形。在鄭州商城和安陽殷墟出土的坩鍋——「將軍盔」，其形狀正是如此。由此可知，盧字無論從虍聲還是從皿虍聲，其字符組合構思和字的音義都是相同的。根據形聲字的演變規律，楚金幣的「盙」字，應是甲骨文「盧」字演變過程中的一種變體，即以西（鹵）代替虍作聲符。故《說文》皿部盧字作□，籀文作□，其字皆從皿，而聲符已經重覆，既以虍為聲，又以鹵省為聲。由此可以推知盧字的演變過程當為：

□（《佚》383背）→□（《粹》109）→□（《禹從盨》）

□（《前5・3・7》）→□（《拾4・18》）→□（「盧金」幣）□（籀文）□（小篆）

至于「金」字，當然就是黃金。1957年在湖南省長沙農學院3號墓出土的西漢金版，其上幣文就作「黃金」。因此，將鑪釋作「盧金」應是沒有問題的。

2. 關于「盧金」的含義：

盧「金」一詞的含義，殷滌非先生根據「郢爰」、「陳爰」等楚國金幣以及先秦時期其它諸侯國貨幣多以鑄地為幣名，以為「盧金」之盧也是地名，其地在春秋以前屬盧國，春秋中期以後屬楚，也就是今湖北省襄陽市附近。「盧金」就是楚在盧地鑄造的金幣。書田先生認為，「盧字之意為鑪，是煉金的工具，標明『盧金』意為爐煉金質實足。」筆者認為，以上兩種意見都是不準確的。關于殷說，有兩點難以解釋。首先，楚國金幣幣文如「郢爰」、「陳爰」、「鄗（蔡？）爰」等，「爰」字前所冠的地名都是楚國重鎮：郢、陳皆為楚都，系楚國政治、經濟和文化的中心，楚在郢、陳鑄金幣是可以理解的。至于蔡地它雖不是楚國都邑所在，但蔡本周王族封地，其地有上蔡、下蔡之分，上蔡在今河南省上蔡縣，下蔡在今安徽省鳳臺縣，都為楚國重要的商業經濟發達的大城市，楚在其地鑄幣也是自然的。然而，盧乃是楚國一個普通城邑，《左傳·文十四年》杜注以其地在「今襄陽中盧縣」；《括地志》也説，盧在「義清縣北二十里，本春秋時盧戎之國也，秦謂之伊盧，漢為中盧縣。」也就是今湖北省襄樊市與南漳縣之間。盧地在歷史上並未見有産黄金的記載，其地又不是楚國商業經濟的重鎮，楚國是不大可能在盧地鑄造金幣，並以盧字為幣文的。再説，自秦滅巴蜀以後，公元前312年，秦在今陜西省秦嶺以南、湖北省隕縣和保康縣以西、大巴山以北地區設置了漢中郡，郡治南鄭。公元前279年，白起拔鄢郢以後，秦又在今湖北省武漢以西、襄樊市以南，監利縣以北及四川省巫山縣以東地區設置了南郡，郡治郢。「盧金」目前只發現于安徽省，當為戰國後期楚都陳或壽春時所鑄。這時的盧地已為秦所據有，楚是絶無在盧地鑄幣的道理的。因此，即便「盧金」之盧是用作地名，此盧也不應當在湖北省西北部，而應當在戰國末期楚國疆域内去尋找。

關于涂説，也就是「盧金」為鑪精煉的説法，也有欠妥之處。黄金鑄作貨幣，均要冶煉，不只是「盧金」如此。「盧金」的盧字如果不是地名，它也不會再是冶煉爐的本義，而應是引申義。《韓非子·説林下》所説的「煉金」正是如此。《説文》「鍊，冶金也」。段玉裁《注》：「湅，治絲也；練，治繒也；鍊，冶金也。皆謂簡湅欲其精，非第冶之而已」。「煉金」之煉實際上正是取「簡湅欲其精」之義，「盧金」意思應與「煉金」相近。「盧金」它很可能是對黄金鑄幣的美稱，其義乃美金之類。盧字古音與魯字同，盧、魯同為來母魚部，二字音同可通。魯字古有嘉美之意，如甲骨文：「□□卜，王隹征商，允魯」(《佚》693)；《邢侯𣪕》「拜穎首，魯天子」；《史記·周本記》引《尚書·嘉禾篇》「旅天子之命」作「魯天子之命」，《魯世家》則引作「嘉天子之命」等，都是明證。

綜合分析以上兩種可能，筆者以為後者(「盧金」即美金)的可能性更大。在楚地出土的泥版冥幣中有幣文作「賜上金稱□郢」，幣文自比「上金」，猶幣文自稱「盧金」，都是標榜質地優良的文字。【先秦貨幣雜考　考古與文物一九九〇年第二期】

◉徐中舒　[glyph]續六·一〇·七　[glyph]甲三六五二　從[glyph]從[glyph]火，或從[glyph]虍從[glyph]，或徑作[glyph]、[glyph]、[glyph]。[glyph]表猛獸之革，用以覆屋頂者，[glyph]表室内之火塘，[glyph]、[glyph]象爐身及款足之形。穴居時代，一室之内，中置爐火，晝則圍爐而食，夜則圍爐而卧。故甲骨文盧實為爐之初文。【甲骨文字典　卷五】

◉許　慎　[glyph]器也。从皿。从缶。古聲。公户切。【説文解字卷五】

◉馬叙倫　此俗字。或鈷⿱古皿二字之合文也。【説文解字六書疏證卷九】

◉高　明　瑚亦寫作胡，乃文獻中所載古代禮器的名稱，以實物考察，自名多作匿。此種禮器一般皆作長方形如斗狀，侈口兩耳，器與蓋同形，可互相扣合。唯蓋口四周各有小獸紐下垂，加于器上，可保穩定。時代稍晚的，器腹以上作直頸。

諸器自名異體字甚多，據初步統計，繁簡字體不下十多種。為了便于討論，这裏也把各種不同字體搜集到一起，製為下表以備參考。

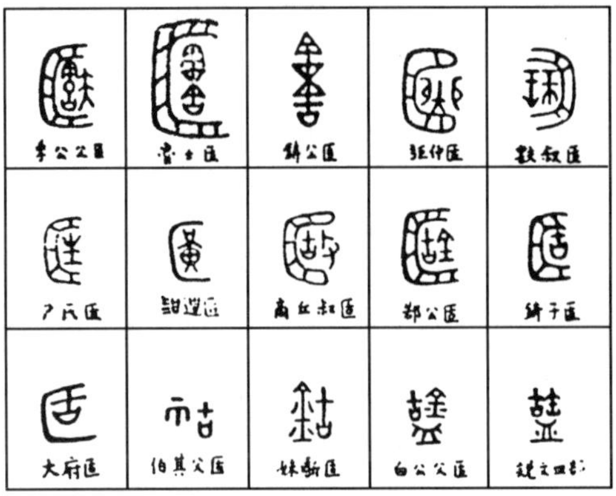

表中所列諸字，分別采用了五種不同的聲符，其中除偶然所見之從犾音者難以考訂音讀之外，其他從㝬得聲之⿷匚㝬，從㞷得聲之匡，從黃得聲之⿷匚黃，以及從古得聲之⿷匚古，皆可同胡字音讀相互對應。⿷匚㝬字，唐蘭在《周王㝬鐘考》一文中曾講：「『季宮父簠』自稱其器為⿷匚㝬，其所從之㝬，亦即㝬字也，銅器之簠，銘中多作⿷匚古字，從匚古聲，即經傳瑚璉之瑚也。『季宮父簠』以⿷匚㝬為⿷匚古，則㝬可讀為胡也。」㝬胡古為雙聲疊韻，可通用。從㞷得聲之匡，《說文》謂為「飯器」。匡字古之聲在溪紐，韻在陽部；胡字在匣紐魚部，溪匣同是舌根音，魚陽屬于陰陽對轉。從黃得聲之⿷匚黃，古聲屬匣，與胡同紐，韻在陽部，與魚部之胡亦乃一聲之轉。從上古音韻考查，各種字體所從聲符雖不一致，而古代讀音卻完全相同，皆同胡字聲韻對應，同為一種禮器名稱，即經傳所載「胡簋」之「胡」。

胡字作為禮器名稱，亦是來自假借，並非它的本義。從銅器銘文分析，以名⿷匚古者數量最多，約占全數的百分之八十以上，但此字字書未收。而從此種禮器出土數量之多，經傳又不斷記述的情況來看，應是比較常用的器物，字書不當把本字遺漏。可能本名被某些混亂現象掩蓋了。宋代學者把文獻中的胡和銅銘中的⿷匚古均解釋為簠，如薛尚功于「杜嬬鋪」銘考釋中講：「以愚考

盄

之，簠作鋪者，鋪非器物之名也。簠字小篆作，籀文作。」尤其是再依鄭玄《周禮·舍人》注「方曰簠」的説法，把这種自名為匠的方器考訂為簠，在當時看來，似乎更加確切無疑。但是，這不僅把器名搞錯，而且把真名掩蓋了。自宋至今，各地出土而見于著録的銅匠，約有一百二十余器，銘中自名猶如第二表所列諸形，皆為胡之同音字，而從未發現過一件自名為簠的。反之，凡銘文中自名為甫、笛、匩、鋪的禮器皆作圓形，也從未發現過一件與銅匠相似的方器。这一現象表明，匠和簠不僅名稱不同，而且是兩種完全不同的器類，宋代學者强把它們捏合在一起，顯然是搞錯了。

匠字在銅器銘文中有十多種形体，如果排除掉宋人考訂之簠，本字應当是哪一个呢？這是我們過去經常留意，而長期未能解決的問題。

1977年陝西省扶風縣黄堆公社北云塘生産隊偶然出土了一些西周晚期的銅器，其中有一件名為「白公父匠」的禮器，形如圖一中之「鑄之叔黑臣匠」。銘文中之匠字，與以往所見的不同，而寫作「䀇」。這就為我們解決長期懸而未解的問題提供了極好的線索。此字就是《説文》中長期不被人注意、許慎謂為「器也」的䀇字，从而使我們認識到那種方形斗狀器物的真正名稱。銅銘中的匠，以及《説文》中的䀇，互相聯系起來，从而可以確定此種禮器的真正名稱当作「䀇」，或可寫作「䀇」，而并不是宋人所講的簠。【䀇、簠考辨　文物一九八二年第六期】

盄　史盄鼎　經典作淑善也　卯簋　莽人不盄　井人鐘　克鼎　命瓜君壺　【金文編】

◉許　慎　器也。从皿。弔聲。止遥切。【説文解字卷五】

◉馬叙倫　朱駿聲曰。今蘇俗煎茶器曰弔子。即此字。徐灝曰。今此人謂酒器曰弔子。即此字。容庚曰。金文多從。説文從。傳寫之譌。倫按盄為鎏鎬銚之轉注字。聲同宵類。今南北所謂弔子。皆温器也。卯敢作。井人鐘作。【説文解字六書疏證卷九】

◉馬薇廎　⿱召皿　杏白⿱召皿

从皿召聲，⿱召皿音昭，集韻「同盄」，説文解字注「器也，从皿弔聲」，但不知為何器。愚意召假為調，从皿从調，調味之器也，與盉同意。

「杞白每亡作姝嬶寶」杏白⿱召皿（三代一八六〇）【從彝銘所見彝器之名稱　中國文字第四十二冊】

◉李孝定 □釋盄，是也，器銘多讀為淑，善也。古弔叔同字，父之弟曰叔，字作□，己之弟曰弟，字作□，其字與弔，形音皆近，義亦相因，頗疑二字同文。【金文詁林讀後記卷五】

盎

盎 封八八　日甲五八背　【睡虎地秦簡文字編】

盎出王存乂切韻　【汗簡】

王存乂切韻　王存乂切韻　【古文四聲韻】

◉許　慎　盎盆也。从皿。央聲。烏浪切。□盎或从瓦。【説文解字卷五】

◉馬叙倫　此盆之轉注字。盆從分得聲。分音古在封紐。盎音影紐。封影同為清破裂音也。亦缶之轉注字。缶音古亦封紐也。缶從凵。凵即皿之異文。其象形文當作□或作□或作□。□以疑於口舌字之作□者。省變為凵。今所謂盆者。形正如□。音變為鉢。今南方通用之鉢頭。其形作□。其口邊向外翻。正與□字同。□缶固一物也。爾雅釋器。盎謂之缶。急就篇盆甇。顔師古本作盎。【説文解字六書疏證卷九】

◉商承祚　盎，作□，从皿，从□。□即央。《説文》：「央，中央也。从大在冂之內。大，人也。」又云：「盎，盆也。從皿，央聲。甇，盎或从瓦。」《詩·陳風·宛丘》傳：「盎謂之缶。」釋文：「盎，本亦作甇。」顔師古注《急就篇》卷三：「缶盆盎一類耳。缶即盎也，大腹而斂口。」古籍有羊鑊、豕鑊之稱，《儀禮·少牢饋食禮》：「三鼎在羊鑊之西，二鼎在豕鑊之西」，為盛羊、盛豕之鑊。以此推之，疑豕盎乃用以盛肉的瓦器。【江陵望山二號楚墓竹簡遣策考釋　戰國楚竹簡彙編】

◉黄錫全　□盎出王存乂切韻　《説文》盎字或體作□，夏韻宕韻録作□，是，此央形豎筆寫誤。【汗簡注釋卷五】

盆

盆　曾大保盆　鄧子中盆　曾孟嬶諫盆　鄎子行盆　樊君夔盆　鄀子宿車盆　【金文編】

盆唐印信　【漢印文字徵】

雲臺碑　【古文四聲韻】

盅 盅

◉許　慎　盅器也。从皿。分聲。步奔切。【説文解字卷五】

◉陳夢家　鑒之小者為盆。顏師古注急就篇説「盆則歛底而寬上」。善100曾大保盆自名為盆而形與顏説同。盆為小鑒，所以其功用亦大同于鑒。(1)士喪禮鄭注「盆以盛水」。(2)喪大記「沐用瓦盤」。士喪禮「浴用巾」，正義引作「沐用瓦盆」。喪大記又曰：「浴水用盆」。(3)士喪禮「淅米于堂南用盆」。(4)周禮牛人注「盆所以盛血」。周禮玉人注「古者以盤盛血，以敦盛食」。凡此盆為盛水器浴器均同于鑒。盛冰之鑒亦可以盤代替。士喪禮「士有冰用夷槃可也」。喪大記「大夫設夷槃造冰焉」。周禮凌人「大喪出夷槃冰」。所謂夷槃即尸槃。古夷、尸一字，所以士喪禮注云：「夷槃，承尸之槃」，既夕禮夷床注云：「夷之言尸也。」【壽縣蔡侯墓銅器　金文論文選】

◉李孝定　陳夢家氏所引士喪禮喪大記夷槃，鄭注：「一承尸之槃」云云，士喪禮喪大記傳自漢儒，漢時屍體字衹用「死」，不用尸屍，則所謂夷槃者，當作死槃，及後始以「尸」為「死」，又後始有「屍」字，夷則尸本義之後起字，漢儒不當用夷槃，疑為傳鈔譌亂。【金文詁林讀後記卷五】

盅 盅

◉許　慎　盅器也。从皿。宁聲。直吕切。【説文解字卷九】

◉馬叙倫　此字不言何器。疑即䍜之異文。十四篇。䍜。㡌也。所以載盛米。從甾。即東楚名缶曰甾之甶。甶皿皆𠙴之變也。亦疑與盧一字。竝得聲於宁也。亦䀈之初文。字或出字林。【説文解字六書疏證卷九】

盨 盨

盨　不从皿器名歛口而橢圓　周雒盨　須字重見
鄭義羌父盨
延盨
伯庶父盨
曼龔父盨
曼龔父盨二
伯寬父盨
鑾盨
為甫人盨
弔倉父盨
伯沙其盨
仲義父盨
鬲比盨
虢仲盨
虢弔盨
改盨
克盨
白大師盨
單子伯盨
遲盨
翏生盨
伯車父盨
中伯盨
伯筍父盨
筍伯盨
弔盨
魯司徒仲齊簋
弔賓父盨
鄭登伯盨
从米　杜伯盨
史 盨
弔尃父盨

从木　鄭井弔盨　从升　師克盨　省皿　曩伯盨　鬲弔盨　从金　弔姞盨

仲彤盨　弭弔盨　攸鬲盨　仲自父盨　仲鑠盨　伯夸父盨　【金文編】

◉許　慎　橨盨。負戴器也。从皿。須聲。相庾切。【説文解字卷五】

◉強運開　叔倉父盨。説文。橨盨。負戴器也。从皿。須聲。容庚云。器名。斂口而楕圜。宋以來定為簋。容氏於竹部簋下僅引仲義父盨一篆。並云。盨字重文。蓋以説文本有盨篆而未敢遽信宋人以盨乍簋之為當也。運開按。説文。簋。黍稷方器也。从竹皿皀。。古文簋。从匚食九。古文簋。从匚軌。亦古文簋。段玉裁云。按簋古文或从匚或从木。蓋本以木為之。大夫刻其文為龜形。諸侯刻龜而飾以象齒。天子刻龜而飾以玉。其後乃有瓦簋。乃有竹簋。方因製从竹之簋字。據此則簋實為後起字。古時之簋以木以瓦以竹。初無笵銅為之者。是今所傳彝器之盨斂口而楕圜者。實別一器。製既不同。決非簋也。自宋人以盨為簋。習非成是。延誤幾及千載。故特為攷而正之。。周貉盨省皿。叚須為盨。益可證盨之不應讀乍簋音也。【説文古籀三補卷五】

◉馬叙倫　段玉裁曰。橨。小栝也。見匚部。此橨盨之橨乃別一義。東方朔傳。是寠數也。師古曰。寠數。戴器也。以盆戴物盛於首者。則以寠數薦之。今賣白團餅人所用者也。楊敞傳。鼠不容穴銜寠數。師古曰。寠數。戴器也。橨寠盨數皆雙聲。一語之轉也。負戴器者。謂藉以負戴之器。倫按匚部。匵。小栝也。六篇。栝。匵也。栝下即次槃篆。槃之大者。即禮之禁。小者即禮之豐。見豐字下。皆所以藉尊罍之類者也。大戴禮曾子父如母。執觴觚栝豆而不敢醉。盧注。栝。盤盎盆盞之總名。倫謂栝若是今所謂茶栝酒栝之類。安得為盤盎盆盞之總名。禮以栝豆與觴觚竝舉。又言不敢醉。而豆為食肉器。不曰俎豆。而曰栝豆。不曰醉飽而僅曰醉。以此知豆為初文豐字作者之譌。豐是承尊之器。見豐字下。栝連文。猶觴觚連文。則栝同器。故栝槃相次為得倫矣。執栝觴觚而不敢醉。與禮記玉藻母沒而栝圈不能飲口澤存焉者正同。以此知孟子順杞柳之性而以為栝棬者。棬是飲食之器。即方言之盎。玉藻之圈。圈借字。而本豆部作卷者也。卷為盎之譌。栝是承棬之器。故栝棬連文。栝字於史始見史記宋世家。紂始為象箸。箕字歎曰。彼為象箸。必為玉栝。索隱曰。杯箸事相近。周禮。六樽。有犧象箸壺大山。箸尊者。箸地無足。是也。倫檢周禮司尊彝。辨六尊之名物。以待祭祀賓客。鄭玄引鄭司農云。六尊。獻尊。象尊。壺尊。箸尊。大尊。山尊。然則箕子言紂既以象牙為箸尊。則必以玉為承尊之栝矣。知箸非今之飯持者。蓋古用匕而尚不知用飯持。是古無以栝為盛酒之器者。急就篇。橢。杅。盤。案。栝。閜。盌。以栝次槃案之下。則梧亦或是承尊之器。然方言五。㼜。椷。盞。温。閜。㰾。㽀。梧也。以盞㰾為梧。則梧是飲食之器。班彪啟事。官吏二千石以白木梧飲食。其證也。蓋西漢之末始以梧為飲食器之名。或方言有之。而至漢末始為通名。梧音封紐。盌音影紐。同為清破裂音。故或名盌為梧。蓋方言多假借。淮南萬畢術。方諸形若梧無耳。則漢時梧有耳。淮南窺面於槃水則圓。於梧則橢。校此則梧是橢形。益可證其非盛酒之器。而淮南與槃竝舉。特異其形。是又可證本書梧盤之相次非偶然也。然𩠹互訓。其器一也。漢書所謂寠數。顔注謂為薦盆之器。今賣白團餅者所用。倫幼時見賣白團餅及油條等者。以木盤或方或圓戴之於首。而盤下以稻稈束而屈之為規形。外裹以青或黑之布。置於盤首間。使盤得安而首不傷。此正漢書所謂寠數。鼠不容穴銜寠數。若是瓦木之器。鼠安能銜乎。然則謂寠數與櫝盨有語原上之關係則可。以盨為寠數之本字則不可。金器有盨字。前人率釋為簋。以文每言用亯孝于皇申且考而杜伯簋盨字作□。從米者。蓋以盛稻粱而增之。此類俗字。金文多有。盨音心紐。簠簋一器而二名。轉注字也。簠音非紐。同為次清摩擦音。簠簋為盛黍稷稻粱者。則盨非櫝梧而為簠之轉注字。然容庚謂盨斂口而橢圓。徐鍇謂盨似槃。檢傳世之簠。形亦似盤。特盨狀如槃而橢圓。則與淮南説合。豈盨為梧之轉注字。梧從不得聲。不音非紐也。以簠之異制偶同於盨。而方言又有謂簠為須者。故金文借盨為簠。或盨為簠之轉注字。而此訓櫝者。晉時借盨為梧乎。此則今不易證矣。櫝盨負器也者。蓋本盨。櫝也。負戴器也。盨為隸書復舉字。櫝也字林文。知者。櫝為𩠹之重文。出字林也。負戴器也蓋校語。叔滄父簋作□。鬲叔簋作□。從□。□蓋皿之異文而㬎書之。或從肉之異文。須聲。自為一字。而借為簠。若然。蓋為脯之轉注字。叔姞簋從金作□。鄭井叔簋從木作□。

【説文解字六書疏證卷九】

◉徐中舒　簋敦之分既明，則所謂盨者果為何物？王懿榮翠墨園語於黄紹箕説毁後跋云：

自陳壽卿(介祺)一言，而自宋至今之所謂彝者，皆變稱為敦，自黄仲弢(紹箕)一言，而自宋至今之所謂敦者，又變稱為簋矣；然則盨者，又果何屬哉？吾欲為之説而不得也。

容氏殷周禮樂器考略繼此而為説云：

盨之為器，不見於三禮，惟説文皿部「盨，櫝盨，負戴器也」。宋以來稱此為簋。錢坫定毁為簋，而於此仍以簋稱之；故謂古人於簠簋二器多溷稱。然盨簋二器，其制各别。且盨毁有連言者：如伯庶父盨云：「伯庶父作盨毁」，叔樂父盨云：「叔樂父作盨毁」，尤足證二者之非一。然其為用，則大抵相同。

容氏此説，惟於盨毁之形制與文字嚴加分别，而於盨之為物，依然無説。余疑戰國以下之梧，即盨之遺制。梧之形橢，匋齋吉金錄載漢史侯家染梧，及山都梧，其制皆與盨近。其證一。說文於梧下云：「𥂕也」，又於𥂕下云：「小梧也」，「𥂕或從木作欂」，𥂕作欂與欂盨字同。𥂕及欂盨不見於經傳，而說文屢稱之，漢代必有其物，當為古語之僅存者。疑𥂕即欂盨之省稱。或為飲器，或為負戴器，要當以橢得名。其證二。梧或作杯，古音在之部，古不音字多與幽部孚音字通，如罘或作罦，罘罳或作浮思。盨古音在侯部，古幽侯部字多相通，故盨得與梧通。其證三。銅器盨𣪘連言，猶之杯圈（禮記玉藻）梧棬（孟子告子）連言，盨之遺制為杯，𣪘之遺制為圈棬（圈棬皆從器圜得名，梋錔盉盌椀碗皆其異文）。其證四。綜此四證言之，盨之為梧蓋無可疑。【陳侯四器考釋 歷史語言研究所集刊第三本四分】

◉吳闓生 簠。金文皆作盨。或省作須。亦作頪鎮。或疑盨為盥器。須即頮字。其字象人盥濯須眉之形。考卑匜云。卑肇其作盨鬲。以匜為盨。鬲則盥器之說。似有據。然以今所錄各器驗之。寅簋乃典制大文杜伯遲簋。亦皆祭享之器。而虢仲簋十有二。皆不可以為盥器也。又有伯庶父作盨敦。盨敦並稱。而京叔簋則稱饙盨。其非盥器。明矣。今仍從舊釋。【寅簠 吉金文錄卷四】

◉李孝定 金文又有盨字。習見作□曼龏父盨□虢叔盨諸形。為飲食器名。如克簋實當定名克盨云……用作旅盨。隹用獻于師尹朋友。婚遘。克其用朝夕亯于皇祖考。皇祖考其數數熊熊。降克多福……見小校經閣金石文字卷九第四十一頁。說文皿部。盨。欂盨。負戴器也。从皿。須聲。漢書東方朔傳。是寠數也。師古曰。寠數。戴器也。以盆盛物戴於頭者。則以寠數薦之今賣白團餅人所用者也。按字在金文為食器之名。在漢為負戴器。即當時俗語所謂寠數。其義已有衍變。就字形言。與甲文之□。金文之□。極為相近。疑為古釁盤之專字。惟金文中已用此為食器之名。又苦無他佐證。姑附及之。以俟異日之考訂。【釋釁與沫 歷史語言研究所集刊外編第四種】

◉郭沫若 「盨」：盨之為器，向來不知作何用。今觀本器銘，可以肯定盨乃盛羹之器。西安所藏與故宮所藏之蓋，均作𥃤，从勹从皿須聲，而故宮所藏之器則省皿作頪，均从勹。盛羹，故从勹。此與簠簋等盛黍稷稻粱者有異。【師克盨銘考釋 文物一九六二年第六期】

◉于省吾 原文說：「西安所藏與故宮所藏之蓋，均作𥃤，从勹从皿須聲；而故宮所藏之器則省皿作頪，均从勹。盛羹，故从勹。此與簠簋等盛黍稷稻粱者有異。」按原文𥃤字所从之勹作⿱彐十，段紹嘉同志釋升，甚是。⿱彐十字又見友簋。㠱伯盨盨字作頚，左从⿱彐十，下不从皿，⿱彐十乃古斗字。契文禨字从⿱彐十也从⿱彐十（詳拙著殷契駢枝三編釋禨）。由此可見，古文字偏旁中升斗二字往往無別。原文誤釋⿱彐十為勹。古文字偏旁中本有勹字，例如：我鼎的礿（禴）字兩見，一从□，一从□。古鉨文的狗字从勹作□。是升與勹之

⿱漻皿

形制迴乎不同。史□盨的盨字从米；傳世杜伯盨凡五器，據三代吉金文存所著録者，有的器蓋對銘，有的只存其一。其中盨字从米者共四見。總之，盨字有的或从升，有的或从米，米為黍稷稻粱之去皮者，升為量米以盛于盨者。這就足以證明古人用盨以盛米，其非盛羹之器是可以肯定的。【師克盨銘考釋書後　文物一九六二年第十一期】

◉李孝定　徐中舒氏謂盨為栝，引説文：「匴，小栝也」，及説文：「贑盨，負戴器」為證，因謂盨即匴，説似可商。按贑盨二物，負戴二事，負以肩而戴以頭，許書盨下作贑盨云者，實連類及之，非謂盨一曰贑盨也；段注説文盨下謂贑非栝，乃別一義，然引廣韻玉篇説，仍以贑為載器，載器即戴器也，竊疑仍有未諦。贑蓋即今楨之異體，所以擔物於兩端，負之於肩者，即負器也；盨為戴器，漢人亦謂之為寠數，此義與金文盨字應不相涉，必欲求其相似，則兩者同為圜形耳。盨是何物，其用惟何，終莫能定，余嘗引克簋銘云：「……用作旅盨，隹用獻于師尹朋友婚遘，克其用朝夕亯于皇祖考，皇祖考其數數梟梟，降克多福。……」以證其為食器，見集刊前編第四種，九九二頁釋釁與沬。然它銘又類盥器，如吴闓生氏所引卑匜。豈盨字之用，亦為通稱乎？【金文詁林讀後記卷五】

◉戴家祥　□尊　⿱穴盨，即盨之繁。金文常有「盨毁」魯伯悆盨「盨盤」般穀盤「盨匜」魯伯愈父匜之稱，與此「⿱穴盨障」同例。

　　曩伯盤　⿱漻皿乃盨之繁飾。金文用作眉。【金文大字典中】

◉馬叙倫　廣韻。⿱漻皿。溫器。蓋盄鎬之轉注字。十四篇。鎬。溫器也。⿱漻皿鎬同舌根音。⿱漻皿鎬盄聲竝幽類。【説文解字六書疏證卷九】

◉許　慎　⿱漻皿器也。从皿。漻聲。古巧切。【説文解字卷五】

𥁑

◉許　慎　𥁑械器也。从皿。必聲。彌畢切。【説文解字卷五】

◉馬叙倫　鈕樹玉曰。廣韻注。拭器。集韻類篇引械作拭。恐譌。周雲青曰。唐寫本唐韻五質𥁑注引作拭器也。倫按六篇。械。桎梏也。一曰。器之總名。一曰。有盛為器。無盛為械。械器也不可通。段玉裁王筠朱駿聲始從廣韻作拭器。豈古專為拭物用而造器曰𥁑乎。蓋不然矣。倫謂當作械也器也。械也者校者加之。蓋借為柲。𥁑之為何器今不可證知。然從必得聲。必音封紐。盆從分得聲。分音古亦在封紐。豈其轉注字邪。【説文解字六書疏證卷九】

◉裘錫圭　金548　京津2231　後下7.13　存上1592　文録301

上揭甲骨文，《甲骨文編》當作未識字收在附録裏（七四二頁），其實就是「𥁑」字。《説文·皿部》：「𥁑，械器也。从皿，必聲。」

甲骨文往往在字的兩側增添小點，例如（示）字加點而成，（束）字有時也寫作。上引「𥁑」字後兩例所從的也在兩側加上了小點，最末一例在兩側各加一點，跟金文的「必」字很相似。「必」字大概就是由這類加點的字變來的。

鐵42.1　續5.33.4　京津4865　前4.47.6

上揭甲骨文，《甲骨文續編》當作未識字收在附録裏（八五二頁），其實就是「𥁑」的簡體。甲骨文从「皿」之字往往略去「皿」旁象圈足的部分，例如「盡」字可以省作等形，「蓋」字可以省作等形。

上引「𥁑」字及其簡體所从的或作等形。甲骨文從「戈」之字，「戋」字或作，「武」字或作，象戈柲的部分省去下端横畫，情況與此相類。【釋柲　古文字研究第三輯】

醯

醯　日甲二六背　【睡虎地秦簡文字編】

◉許　慎　醯酸也。作醯以鬻以酒。从鬻酒並省。从皿。皿，器也。呼雞切。【説文解字卷五】

◉馬叙倫　嚴可均曰。文選祭古冢文注引酸作酢。孔廣居曰。鬻省太多。可疑。昭孔謂從酉從皿充聲。充音他骨切。轉去則他對反。王筠曰。字在皿部。而不先言從皿。已於通例不合。酉部收酒字。而兩字説解大同。則酉酒是古今字。亦不當云從酒省。玉篇在酉部。是也。皿部皆械器。醯乃酒類也。説解中皿器也三字亦可疑。將以部首説云飯食之用器。故加此句以別之耶。則部中單訓為器者正多。且有負戴器。固不但飯器也。若在酉部。則此三字尚可通矣。或説文酉部爛脱醯字。後人掇拾於此耶。翟云升曰。文選祭古冢文注引酸也作醋也。倫按充為育之初文而毓之省文。育音喻紐四等。故醯從之得聲入曉紐。同為次清摩擦音也。鬻本鬻之重文。而鬻從毓得聲。抑更可證充聲矣。倫謂醯本作酼。從酉之假借義。與酸酢諸文同。俗加皿字。猶菹之作葅䰈從缶又從皿矣。作醯以下蓋呂忱或校者加改也。字見急就篇。【説文解字六書疏證卷九】

◉楊樹達　謂鬻酒盛於皿也。鬻酒為主名，皿為處名。【文字形義學】

【金文編】

籒韻【古文四聲韻】

◉許　慎　盉調味也。从皿。禾聲。户戈切。【説文解字卷五】

◉王國維　盉見於宋人書中為最早。歐陽公集古録已著録一器。其銘曰伯玉敦子作寶盉。然古未嘗知有是器。亦未嘗有是名也。説文。盉。調味也。不云器名。自宋以後知其為器名。然皆依傍許氏之説。以為調味之器也。余觀浭陽端氏所藏殷時斯禁上列諸酒器。有尊二卣二。皆盛酒之器。古之所謂尊也。有爵一觚一觶二角一斝一皆飲酒之器。古之所謂爵也。有勺二。則自尊挹酒於爵者也。諸酒器外惟有一盉。不雜他器。使盉謂調味之器。則宜與鼎鬲同列。今廁於酒器中。是何説也。余謂盉者。蓋和水於酒之器。所以節酒之厚薄者也。古之設尊也。必有玄酒。故用兩壺。其無玄酒而但用酒若醴者。謂之側尊。乃禮之簡且古者。惟冠禮父之醴子。昏禮贊之醴婦酳媵。及聘禮禮賓等用之。其餘嘉禮賓禮吉禮。其尊也無不有玄酒。此玄酒者。豈真虚設而但貴其質乎哉。蓋古者賓主獻酢。無不卒爵。又爵之大者恆至數升。其必飲者禮也。其能飲或不能飲者量也。先王不欲禮之不成。又不欲人以成禮為苦。故為之玄酒以節之。其用玄酒奈何。曰。和之於酒而已矣。昏禮記婦人入寢門。贊者徹尊冪。酌玄酒。三屬於尊。此和之於尊者也。周禮春官司尊彝。凡六尊六彝之酌。鬱齊獻酌。醴齊縮酌。盎齊涗酌。凡酒脩酌。鄭注。凡酒。謂三酒也。脩讀如滌濯之滌。滌酌以水和而泲之。今齊人命浩酒曰滌。是脩酌用水也。郊特牲云。明水涗齊。貴新也。是涗酌亦用水也。此和之於酌時者也。和水於尊者。挹彼注兹而已。至於酌酒時以水和而泲之。於尊則已鉅。於爵則已細。此盉者。蓋用以和水之器。自其形制言之。其有梁或鋬者。所以持而蕩滌之也。其有蓋及細長之喙者。所以使蕩滌時酒不泛溢也。其有喙者。所以注酒於爵也。然則盉之為用。在受尊中之酒與玄酒而和之。而注之於爵。故端氏銅禁所列諸酒器中有是物。若以為調味之器。則失之遠矣。【説盉　觀堂集林卷三】

◉高田忠周　説文。盉。調味也。从皿禾聲。此篆从皿。實从皿一。一者指事也。五味在中也。如此而初可見調味之意也。又禾為嘉穀。調味者也。故為含滋液。見春秋説題辭。又和為相應也。唱和也。調聲也。又龢為樂曲之調。然則龢咊盉三字音同義亦相近。故經傳或借㕭為盉。詩烈祖。亦有和羹是也。和羹可酌也。故此等諸篆。以禾字兼扚形以寓意。盉亦鑄器也。故从金鼎者。㕭五味之寶器也。故从鼎。然唯从金鼎以會意。實鼎義耳。故此存禾聲以分別。晚出異文也。【古籀篇二十二】

◉馬叙倫　王筠曰。廣川書跋引作調味器也。當依補器字。積古齋冗盉平安館敗盉筠清館伯鼻父盉兹女盉。其詞曰般盉。曰寶盉。其為器名無疑。王國維曰。目諭盉乃與尊卣一類。蓋和水於酒之器。所以節酒之厚薄者也。倫按金文函父敔作。伯角父盉作。蓋從亞。伯春盉作從酉。有耳。金器文亞形中有作者。皆從酉。蓋以亞是酒器。酉本是盛酒之器。故或從亞或從酉。阮元亦以為器名。而謂煮薦體之器。謂古之饗祭。爨在廟門之東。初陳鼎於盉。後陳鼎於阼階。爨為竈。盉即煮薦體之器。升食者自盉以受於鼎。鼎陳阼階。則薦食食於上矣。故實鼎曰脀。實俎曰㦸。肩臂臑謂之前體。膊胳謂之後體。正挺橫脊謂之體薦。短正代脅謂之體解。故體各異盉。盉別一鼎。盉中肉孰。各升於鼎。故取於盉以實鼎。取於鼎以實俎。然後可以饗食。可以薦孰。蓋由陸法言以盉為調五味鑊。孫强以盉為大鑊。又謂鑊大鼎。故阮如此釋。其實盉借為鑊耳。伯□父盉字作。蓋調味鑊之本字。亦即阮説煮薦體之器。盉則調酒味之器。字本從亞。誤為皿耶。調味器也非許文。或字出字林。免盤作。仲皇父盉作。季良父盉作。亦從亞而復從又。以調味故增之。猶之從米。皆古俗字也。【說文解字六書疏證卷九】

◉郭沫若　盉。王國維以為和酒之器。殊不盡然。金文盉从禾者乃象意而兼諧聲。故如季良父盉。字作。象以手持麥稈以吸酒。則盉之初義殆即如少數民族之咋酒罐耳。【伯庸父盉　長安張家坡西周銅器羣】

◉馬叙倫　。説文作盉。從皿。而函皇父敔作。伯角父盉作。伯春盉作。金文亞形中多箸形。説文。盉。調味也。廣川書跋引作調味器也。倫謂説文之例。止訓器也。調味器也本作器也。調味者也。調味者也。蓋字林文。今本説文非許慎原本。實字林附於説文。又經唐人習明字科者所删節之本。（詳疏證。）唐人始删為調味器也。後復經删如今文。則本名詞而似為動詞矣。王國維謂目諭盉乃尊卣一類。蓋和水於酒之器。所以節酒之厚薄者也。倫謂伯春盉字從。酉之異文。金文卣字皆鹵之隸變。（許瀚説。）而借為酉。左僖廿八年傳注引李巡。卣。卣之罇也。釋文。卣。本或作攸。周禮卣人。廟用脩。鄭司農云。脩。器名。後鄭云。脩讀曰卣。説文。鹵。讀若攸。猷。讀若酉。可證也。酉即今之紹興酒罎。故李巡云。卣之罇也。卣為醖釀之釀本字。從從米。會意。其聲即得於。即説文之亯。變譌為也。金文多作。甲文其形至緐。大氏作諸形。金文之與甲文之同。甲文之為一類。皆從省。而甲文則兼從屮。□其省者也。□之□蓋從鼎。其從屮者乃從屮𠧞聲。為𠧞艸本字也。詩及金文皆有秬𠧞一卣之文。即謂黑黍釀酒一罈也。釀則酒母也。以此可證盉之從酉之故。而王説為塙。呂時蓋猶有其器也。𠭯皇父敨伯角父盉所從之□及□。皆是説文鋞之重文作𨦺者也。蓋𨦺本象酒器之形。後以金屬所為而增金旁。【丝女盉　讀金器刻詞】

◉金祥恆　近年陝西省長安縣張家坡出土一大批青銅器，有簋盤、壺、盉、鬲、豆、杯、枓、匕等五十餘件，其中一件編號三八，口內有銘文：

伯百父作孟姬朕鎣

碩腹歛口，前有流，後有鋬，上有蓋，下有三款足。八字。其鎣字，郭鼎堂釋為鎣，云：

鎣與罃同，以銅鑄之，故从金，以陶為之，故从缶耳。集韻：「鎣，器名。」説文：「鎣，備火長頸瓶也。」急就篇亦有鎣字，顏師古注云：「罃，長頸瓶也」。今以此器按之，器不甚大，僅如今之中等茶壺，類盉而非盉，頸確長，則説文解字為「備火長頸瓶」者，乃油壺耳。段玉裁注云：「謂備火之汲瓮也，長其頸者，以多盛水，且免傾覆也。」案乃臆説。

郭氏之釋非是。其字分明从二禾从金，二禾相交作□，猶金文榮伯鬲之榮作□。方濬益考釋云：

榮伯鬲銘十一字，陳壽卿編修所藏器，據拓本摹入積古齋款識，卯敦銘𤇾季𤇾伯為艾，引路史艾為侯爵，蓋本薛氏款識敔敦舊釋也。後來諸家并從其説。今按此字當釋榮，𤇾即榮之古文。説文榮从木，熒省聲。熒，屋下鐙燭之光，从焱冂。諸部中鎣、營、罃、榮等十餘文多同。蓋以篆文無𤇾字，故不得不从熒省，今觀此文作𤇾，乃象木枝柯相交之形，其端从炏，木之華也，炏為焱之省。説文焱，火華也，木之華與火同，故从炏以象形。而華之義為榮，爾雅釋木，榮桐木，郭注即梧桐。郝蘭皐户部曰：説文榮，桐木也，桐榮也，是桐一名榮。月令季春桐始華，桐華尤繁茂，故獨擅榮名矣。説文以榮為熒省聲，豈知古文作𤇾，熒固从𤇾聲耶。

方氏之説，容希伯從之。郭氏兩周金文大系卯𣪕、同𣪕考釋「𤇾季入右卯立中廷」「𤇾白右同立中廷」。將金文□字隸寫為𤇾，與方氏同。考□與□字形迥異，顯然二字。而今郭氏同之，其前後矛盾，不待辯而明矣。故以其字之結構言，从秝从金，乃鉌也。从二禾與禾相通，古籀金甲文字，所謂重疊象形每多相通。如屮古文以為艸，虫䖵蟲甲文無别。金文如楚从木从林相同。鉌，集韻歌部「鉌鑾，鈴也。通作和」。鉌即説文盉，説文云：

盉，調味也，从皿禾聲。户戈切。

金文作□（免盤）□（吴盉）□（季良父盉），从皿从禾與説文合。伯百父簋盉从金，乃以金屬鑄之，猶盤或从金也。説文解字：盉，調味也。董卣盉銘（廣川書跋二・八）引説文謂「調味器也，即煮薦禮之器也，升食者自盉以升于鼎」。然不知其為酒器，至王國維始考訂其用途，闡明為酒器。⊘容希伯於商周彝器通考略加補充云：

余以為盉有三足或四足，蓋兼温酒之用也。

今考伯百父鉌，其形制與季良父盉同。三足特短，腹與鳳蓋盉相似。郭氏謂「類盉而非盉」，其實亦盉也。又云「頸確長，則説文解字鎜，備火長頸瓶者，乃油壺耳」。其「頸確長」之頸，係指流頸，非盉頸也。然盉之流，其頸都長，無短者，故以伯百父鉌之器形言之，亦為盉，非鎜也。

伯百父鉌之形制類季良盉、鳳蓋盉，而季良盉、鳳蓋盉容氏以為約在春秋時期，則伯百父鉌亦必在春秋時期，或戰國初期之器。【釋鎜　中國文字第二十九册】

◉張日昇　郭沫若謂象以麥稈从器吸酒。王國維謂用以和水之器。郭説字形。王釋其用。並皆可从。大抵初民已知虹吸方法。以稈自尊皿中引酒。金文□字所从□亦有此意。盉之為器有細長之喙。蓋即濫觴於麥稈也。盉與酒器並列。用以和水。不較許説為優。盉或从金和聲。左關鉌子禾子釜並作鉌。从和。和即和。木禾互用。金文屢見。如休或作休。曆或作曆。不勝枚舉。清儒釋鍨。謬甚。【金文詁林卷五】

◉彭静中　□　此銘見于《三代吉金文存》五・二。李孝定云：「金文簋字多見，率皆作□。此字亞中所从，疑仍簋之異構。」或隸此字為㠭，但《説文》所無，意仍不明。今謂亞形中之字乃盉字之省文也。□為皿已習知，而□則是禾之省文。以手執禾于皿，示盉飲之事也。習見之盉字不从手，故諸家惑之，然盉字本有从手者。《季良父盉》之盉，字作□，較之此字，只禾字不省。因此可比較而得識此字。【金文新釋（九則）　四川大學學報一九八三年第一期】

鐵二二三·四　拾八·三　前五·八三·一　有缺筆　掇二·二二九　後二·二四·三　佚七五九
珠三九三　珠五八九　續五·一九·四二　乙四八一〇　京津三三一一　陳一四一　京都一三三九　【甲骨文編】

甲3219　乙4810　珠155　393　589　佚357　759　續5·19·4　摭50　六清164
外398　粹12　496　新3211　【續甲骨文編】

益　五經文字云謚說文謚字林　益公鐘　芇伯簋　休盤　班簋　盠方彝　盠尊　元年師旋簋
永盂　匍簋　申簋　王臣簋　畢鮮簋　孳乳為鎰鎰說文所無　𠭯成侯鍾　重十鈞十八鎰　少府小器　二鎰
【金文編】

106　116　【包山楚簡文字編】

益　雜一五　五例　秦五七　五例　【睡虎地秦簡文字編】

1551　嗌字重見。【古璽文編】

益長之印　蘇益壽　臣益　楊益壽　益光　益光　田益壽印　郭益昌　【漢印文字徵】

景君銘領　品式石經咎繇謨　泉益奏庋鮮食　【石刻篆文編】

益林罕集字　益見尚書　【汗簡】

古老子　竝古老子　古尚書　林罕集　【古文四聲韻】

◉許　慎　益饒也。从水皿。皿。益之意也。伊昔切。【説文解字卷五】

◉方濬益　此文益與畢鮮敢同。空首布作益。皆古文。从水消。蓋象水在皿中半見於外欲溢之形也。本書水部。溢。器滿也。从水益聲。滿之誼與饒通。意古只以益為溢。後世始有溢字耳。故其誼又為增為多為富為長為過為大為裕。是其證也。又言部謚。行之迹也。从言兮皿。闕。謚。笑皃。金壇段氏玉裁説文注據一切經音義及六書故所引唐本説文刪謚存謚。改謚為行之迹也。其説當矣。今按五經文字曰。謚説文也。謚字林也。字林以謚為笑聲。音呼益反。以此銘益字證之。謚从古文益。與謚為古今字。是呂忱所據真古文。特不審何故訓為笑聲。後人既據之以改説文。乃譌謚為謚。又以謚為行之迹也。謚為笑皃。分為二字。實則祖述字林而互舛者也。段氏知其誤而不知其致誤之由。今得此文為證。昭然若發矇矣。【益公鐘　綴遺齋彝器款識考釋卷一】

◉孫詒讓　「申卜出□日征益」，二百廿三之四。此疑即「益」字。《説文·皿部》：「益，饒也。从水皿，益之意也。」此从皿即皿形，从八即水之省。金文益公鐘益作益，畢鮮敢益公作益，形亦相近，此云「征益」疑亦國名。【契文舉例卷上】

◉孫詒讓　金文益公鐘益作益。畢鮮敢作益。龜甲文云。□申卜出□日征益。亦益字也。綜覈三文。上皆从水省。與小篆不同。攷説文口部谷。从口从水敗皃。又谷部谷。从水半見出於口。又酉部酉。从酉水半見於上。竊意古文益字。蓋从水半見。與谷谷酉三字略同。凡水在皿中。平視不可見。至斛挹極滿乃敚見於上。正是饒益之意。古文形意相兼。義例至精。小篆變从水不省。則是水全見將溢出皿外。不得長有其饒矣。殆非倉沮造字之初恉也。【名原下】

◉羅振玉　益益益益益益象皿水益出之狀。∴象水形。或从皿者。所謂盂圓則水圓。皿則象涌益者也。又卜辭中有益字。象注水皿中之狀。疑是注字。未敢確定。附記於此。【增訂殷虚書契考釋】

◉林義光　古作益歸夆敦。益。皿中盛物。八象上溢形。或作益畢鮮敦。【文源卷五】

◉高田忠周　説文。益饒也。从水皿。皿益也。蓋皿可以盛也。故為多益之義。此篆殆似八皿合形。然益字所無。此為益異文明矣。又按説文。溢訓器滿也。从水益聲。或云。益溢同字。然顧野王曰。按爾雅。溢盈也。孝經。滿而不溢者謂盈而出也。説文。洫器滿也。从水从皿。溢。聲類。亦洫字也。然古本説文。水在皿上為益。水在皿旁為洫。二字義自分別。由是即知。此篆水形作八者。與酉字同。酉下曰。繹酒也。从酉。水半見于上。蓋酉者尊也。酒久熟而將溢出也。故從半水而見其意。水在于皿而豐饒將溢。故从皿。从半水見上。以見其意。造字之恉全同。又谷下曰。泉出通川為谷。从水半見出于口。即知谷上作仌。亦為同意也。然則。益字作益益却為異文也。【古籀篇二十二】

◉陳邦福　兴即益省。首即首䭾之省也。卯敦蓋䭾手作頁手可證。證經典通用稽。後來之字義矣。⊘益䭾。人名。據歸夆敦。益公征苜敖。益公鐘。益公為楚氏。龢鐘。益稽或即益公之後歟。【周益陽鐸　夢坡室獲古叢編】

◉馬叙倫　徐鍇曰。會意。孔廣居曰。正譌曰。益。器滿也。從水在皿上。會意。別作溢。贅。倫按益下即次盈字。盈。滿器也。盈音喻紐四等。然從及得聲。及音見紐。益音影紐。見影同為清破裂音。是益盈為轉注字。彼訓滿器也當作器滿也。即益字義。十一篇。溢。器滿也可證。饒也蓋字林文。皿益之意也校語。字見急就篇。【説文解字六書疏證卷九】

◉丁福保　空首布有作𦤎者，當釋作益，舊釋作寶省，非也。考説文嗌之籀文𦤎，玉篇作嗌，云籀文本亦作𦤎，又説文以𦤎為籀文嗌字。案漢書百官公卿表，𦤎作朕虞，應劭曰，𦤎，伯益也，顏師古曰，𦤎，古益字也，段玉裁説文注云，此段借籀文嗌為益，趙宋時古文尚書，益作𦤎，此本諸漢表耳。益為漢武帝元朔二年所封，菑川懿王子劉胡之侯國，故屬北海郡，故城在今山東壽光縣西，益都在壽光北十五里，蓋今之益都，在漢為益國也(即益縣)，見漢書地理志北海郡益注，後漢書郡國志平原郡益注，酈道元水經注，及漢書王子侯表。【古泉學綱要　説文月刊二卷一期】

◉聞一多　𢼄叔段有𦤎字，即益之古文𦤎字，漢書百官公卿表伯益字作𦤎，説文嗌籀文作𦤎是𦤎即益字明甚。説文乃𦤎為嗌之籀文，非是。化布曰「賹六化」，「賹四化」，賹即賹，與鎰同。字從𦤎即𦤎之訛變，𦤎又訛為𦤎也。

𦤎從〇從𦤎。𦤎與朋（朋）相似，象貫貝之形，疑古賏字。説文「賏，頸飾也，从二貝。」「嬰，頸飾也，从女賏。賏，貝連也，賏亦聲。」案賏嬰一字。荀子富國篇「是猶使處女嬰寶珠也」，注「嬰，繫於頸也。」賏為女子之飾，故字或從女。𦤎从〇𦤎（賏），古音賏在耕部，𦤎（益）在支部，支耕為陰陽對轉，是𦤎乃從𦤎得聲。𦤎從古文賏，賏為繫頸之飾，故𦤎孳乳為縊，以繩繫頸以自殺也；又為搤，以手捉喉也。韓非子説難篇「夫龍之為蟲也，柔可狎而騎也。然其喉下有逆鱗徑尺，若有人嬰之者，則必殺人。」嬰猶搤也。呂覽本生篇「始生之者天也，養成之者人也，能養天之所生而勿攖之謂之天子。」案攖之扼之也。

捉喉之義又孳乳為嗌，噎也；又為齸，麋鹿屬吞芻而反出嚼之也。嗌又訓咽喉，乃噎義之引伸，去𦤎之本義已遠。説文乃以𦤎為嗌之籀文，云「上象口，下象頸脈理也」，其誤甚顯。

至段文曰「隹王三月初吉癸卯，𢼄叔□□于西宮，𦤎貝十朋。」字則讀為易。易益音同義通。廣雅釋詁二「益，加也。」易損六五「或益之十朋之龜，弗克違，元吉」，益六二「或益之十朋之龜，弗克違永貞吉」。益之即易之也。孟子萬章下篇「賜之則不受」，注「賜者謂禮之橫加也。」易錫予之義與加相近，故益可假為易。

益從水皿，乃溢之本字，與𦤎迥别。從益之縊、搤、齸、隘，皆段益為𦤎。惟謚之義為死後加號，為益之本義。鎰蠲二文未詳。以上皆見説文。

他若士虞禮記「取諸左膉上」，注「膉，脰肉也」，亦假益為䅬。儀禮喪服傳「朝一溢米，夕一溢米」，釋文引王肅、劉逵、袁準、孔倫、葛洪並云「滿手曰溢」。

小爾雅廣量「一手之盛謂之溢」，案猶握也，亦假為䅬。【璞堂雜識 中國文字四十九册】

◉楊樹達 羅氏云：「此器銀質。……銘曰二益，殆亦古量器歟」。今按羅說是也。儀禮喪服傳及既夕禮並云「歠粥，朝一溢米，夕一溢米」，鄭注並云：「二十兩曰溢，為米一升二十四分升之一」。釋文引王肅云：「滿手曰溢」。小爾雅廣量云：「一手之盛謂之溢」。經傳字或作鎰。銘文作益，與溢鎰為同音字也。【分廥量器跋 積微居金文說】

◉楊樹達 說文五篇上皿部云：「益，饒也。从水皿，水皿，益之意也。」伊昔切。又十一篇上水部云：「溢，器滿也。从水，益聲。」夷質切。按益字已从水，溢字又从水，明溢為後起之加旁字。益从水在皿上，正是器滿之義。今許君以器滿之訓屬之溢，而泛訓益為饒，是初形據後義，後形據初義也。【積微居小學述林卷五】

◉郭沫若 「㿻」即謚或謐，號也。褱石磬「□之配厥㿻曰鄴子」，又「自作遣磬，厥名曰褱石」，與此同例。號曰「大政」乃祭器之名號。【班毀的再發現 文物一九七二年第九期】

◉唐 蘭 銘文記周王分土地給永的事情，但王不在場，傳達周王的命的人是益公。益公在銅器銘文裡是常見的，有益公鐘三代吉金文存一卷二葉、休盤同上十七卷十八葉和乖伯簋愙齋集古録十一卷二十三葉。銘文說「厥㠯公出厥命」意思是這次和益公一起出這個王命的人，說文「㠯，衆與詞也。虞書曰。㠯咎繇。」今尚書作「暨皋陶」。㠯有與或及的意思。是邢伯、榮伯、尹氏、師俗父遣仲等五個人。這五個人在銅器銘文裏都不是陌生的。在趞曹鼎三代吉金文存四卷二十四葉、走簋西清續鑑甲編十二卷四十四葉、利鼎三代吉金文存四卷二十七葉、師虎簋同上九卷二十九葉、師毛父簋嘯堂集古録下卷五十二葉、豆閉簋三代吉金文存九卷十八頁、師全父鼎同上四卷三十四葉。全字舊釋奎。誤等器裏有邢伯；在：敔簋嘯堂集古録下卷五十五葉、康鼎三代吉金文存四卷二十五葉、卯簋同上九卷三十七葉、同簋同上九卷十七葉等器裏有榮伯。尹氏的名字又見于敔簋，在休盤、走簋和師晨鼎攈古録三之二卷二十一葉都叫做作册尹。師俗又見于師晨鼎，在南季鼎三代吉金文存四卷二十四葉叫做伯俗父。在㝬鼎同上四卷二十一葉裏有遣仲。這些重要人物都是同時的，因此這些器銘是可以綜合起來研究的。

益公鐘是屬于益公本人的，鐘的出現較晚，說明他不是西周初期的人，但他既和邢伯同時而邢伯是共王時人，就不可能是厲王以後的人。有關益公的另外兩件銅器，乖伯簋裏的文武兩字寫作玟珷，和康王時的盂鼎一樣，說明它的時代是接近的。休盤是二十年正月既望甲戌做的，而西周中期的四個王裏，只有共王懿王在記載裏有二十年，孝夷兩王都不到二十年，共王太平御覽八十四卷引帝王世紀説「在位二十年」，通鑒外紀引皇甫謐説「二十五年」，懿王太平御覽作二十五年，孝王太平御覽引史記十五年，夷王史記正義引帝王世紀十六年。因此他應該是共懿時期的人。【永盂銘文解釋　文物一九七二年第一期】

◉張秉權　，象皿中水溢之狀，是益字。説文五上皿部：「益，饒也，从水皿，水皿益之意也。」金祥恆續甲骨文編第五，第一六葉第一行收此字，作形，是摹寫錯了的。【殷虚文字丙編考釋】

◉李孝定　説文：「益，饒也，从水皿，皿益之意也」。契文作，从皿，小點象水，與説文合，金文皆不从水，其作人名「益公」解者，無義可説，而旻成侯鐘銘云：「重十鈞十八益」，是以益為鎰，則此字釋「益」不誤，然余頗疑之，古文从水之字，未見作「八」者，孫詒讓氏舉㕣、谷、酉三字从「八」者為言，謂是水半見，殊見彌縫苦心，其意蓋亦未嘗無疑也。周名煇氏从吳其昌氏説釋畢，除从八聲外，亦無他證。周萼生氏釋盄，與周宜卣盟字作為證，此銘未見，所舉是否盟字，未敢肊定。高鴻縉氏釋泌，除與所从「八」字音近外，亦無佐證。張日昇氏亦疑釋「益」之不可从，改釋為「皿」，果如其言，必先確定「皿」之與「血」無別，次復確定从「八」與不从「八」無別，此兩者皆屬偶有之例外，何以作此「皿」字時必作此異體？此理實未易明也。【金文詁林讀後記卷五】

盈

盈　效三　二例　法一六六　十例　秦五八　四例　日甲一五　效二〇　十二例　效五八　日甲三

日甲一六　二例　法一六三　日甲一八　八例【睡虎地秦簡文字編】

盈睦子印章　莊盈願　仁盈之【漢印文字徵】

石碣霝雨　盈湈濟〓【石刻篆文編】

古老子　三方碑　雲臺碑【古文四聲韻】

◉許　慎　滿器也。从皿夃。臣鉉等曰。夃。古乎切。益多之義也。古者以買物多得為夃。故从夃。以成切。【説文解字卷五】

◉趙烈文　盈。孫作盄。烈按。譌也。即盈字。【石鼓文纂釋】

◉強運開　楊升庵作有重文。非是。説文。盈。滿器也。从皿夃。段注云。秦以市買多得為夃。故从夃。【石鼓釋文】

◉葉玉森　森曩因後編卷下第三葉「不雨」之象皿中有水。其異體作。竝為瓜形。

盡

象瓜。象蔓。水滿瓜浮。其意為盈。或古盈字。辭言不盈雨者。即雨不足也。異體省水。瓜形雖顯意稍晦矣。說契。復考他辭有云「貞岳」殷虛卜辭第百四十四版者。為祭名。雨亦祭雨。釋肆釋盅釋卣釋莁釋盈似均未塙。本辭之則為地名。【殷虛書契前編集釋卷二】

◉馬叙倫　丁福保曰。慧琳音義十二引作器滿也。從皿。從夃。夃亦聲。蓋古本如是。倫按夃從夂乃聲。無市買多得之義。盈為器滿。從夃亦無義。況夃為形聲字耶。乃音泥紐。定泥同為舌尖前音。盈音喻紐四等。古讀歸定也。【說文解字六書疏證卷九】

前一・四四・六　象人手持牛尾滌器之形食盡器斯滌矣故有終盡之意說文云㶳聲非　前八・五・一　前一・四四・七　人名盡戊　前一・四五・一　簠人九一　盡戊　天六五　乙三八五三　乙四五二九　前一・四五・二　後二・一三・一〇　後二・一三・一一　京津一二二七　珠六一〇　【甲骨文編】

乙3853　4529　珠610　續1・46・6　徵4・91　外451　天65　新1227　京2・24・3【續甲骨文編】

盡　中山王嚳壺　竭志盡忠　【金文編】

5・386　秦詔版殘存「廿六年皇帝盡并兼」八字　5・398　秦詔版「廿六年皇帝盡并兼天下諸侯……」共四十字　秦1567　秦詔版殘存「帝盡并兼天下」六字　秦1570　秦詔版殘存「年皇帝盡并兼天下」八字　秦1608　秦詔版殘存「廿六□□□盡并」四字　【古陶文字徵】

三：二　八十二例　宗盟類而敢不盡從嘉之盟　一五六：一七　五例　二〇〇：三九　三：七　六十七例　一：

三一　十七例 二〇〇：五一 二〇〇：五七 一：二　二十一例 一：三 一：七　二例 一五六：一
五　四例 一五六：一二　六例 一九八：一五　五例 九八：一一 一：四五 一：四一　十一
例 一：七八　四例 一〇六：四　三例　【侯馬盟書字表】

盡　秦四六　十一例 法八一　五例 法一三六　二例 日乙一九七　八例　【睡虎地秦簡文字編】

泰山刻石　盡始皇帝所為也 詔權　皇帝盡并兼天下諸侯　【石刻篆文編】

◉許　慎　盡器中空也。从皿。㶳聲。慈刃切。【說文解字卷五】

◉羅振玉　从又持从皿。象滌器形。食盡器斯滌矣。故有終盡之意。說文解字云。从皿。㶳聲。殆不然矣。【增訂殷虛書契考釋】

◉葉玉森　之異體作等形。羅氏釋盡是也。本辭盡戉為人名。【殷虛書契前編集釋卷一】

◉馬叙倫　羅振玉曰。卜辭有字。從又持以滌器。盡意也。倫按甲文又作。皆鬻之異文。非即皿字。字從鬻者。明亯調已畢。器須滌也。蓋今所謂洗帚之象形文。玉篇廣韻籀下均訓飯帚。古自有此類之器。其或有者。水之異文。從又持於有水之器中。會意。此蓋篆譌。亦或初文譌後。以其音與㶳同。遂作盡為其轉注字。此例亦廣。盡為滌器。今江浙猶有此音。盡音從紐。古讀歸定。滌音定紐。是語原同也。今杭縣言蕩。下文。盪。滌器也。盪音亦定紐。是轉注字。今言竭盡者。醯字義。醯盡脂真對轉也。墨子經。盡。莫不然也。亦醯字義。字見急就篇。器中空也非許文。【說文解字六書疏證卷九】

◉于豪亮　居延漢簡中，某年盡某年和某月盡某月的簡文（如26、42、119各簡）很常見。《小爾雅·廣言》：「盡，止也。」這裏的盡字正作止字解。所謂「四月盡六月」（26簡），即從四月至六月止，所謂「元康三年十月盡四年九月」（42簡），即元康三年十月到四年九月止。《小爾雅》書雖晚出，但尚存古訓，釋盡為止，即是一例。【居延漢簡甲編補釋　考古一九六一年第八期】

◉戴家祥　中山王嚳方壺　說文五篇「盡，器中空也。从皿㶳聲。」按說文十篇「㶳，火餘也。从火聿聲。一曰薪也。」疑㶳乃灰燼之燼的本字。包含燃薪火滅留燼之意。故㶳本有完、空的意思。盡當是从皿从㶳，㶳亦聲，會意兼形聲。金文用作動詞。如中

盅 盅

山王罍方壺等。【金文大字典中】

盅 鄧子午鼎 蓋銘為盅子𡿨自作飤鐈　盅子臣匿　盅鼎　从邑 𨚵子賓缶 𨚵子賓之赼缶【金文編】

◉許　慎　盅器虛也。从皿。中聲。老子曰。道。盅而用之。直弓切。【說文解字卷五】

◉馬叙倫　器虛也即器中空也。若是許文。何以二字相次而異訓。蓋上文器中空也即此說解中語。此本作虛也器中空也。器中空也蓋校語。此字呂忱加之。范應元注老子古本作盅。又大滿若盅。范注。王弼同古本。忱弼時代相接。所見本同。故忱引以證字也。【說文解字六書疏證卷九】

盦 盦

佚771　前6·41·8【續甲骨文編】

一五六：二〇　委質類參盟人名盦章【侯馬盟書字表】

5275　0199　0201　0200　0202　0294【古璽文編】

◉許　慎　盦覆蓋也。从皿。酓聲。臣鉉等曰。今俗别作罯。非是。烏合切。【說文解字卷五】

◉商承祚　卷六第四十一葉　晉邦盦盦字作。與此畧同。【殷虛文字類編第五】

◉馬叙倫　桂馥曰。考古圖有伯戔饋盦。通作盒。廣韻。盒。盤覆也。王筠曰。盦蓋與罯通。网部。盦蓋與罯通。即盒字。倫按覆蓋也當作覆也蓋也。此葢字義。或即葢字義。亦或罯罨字義。盦字見於晉邦盦者作。甲文有字。蓋即盦字。或從酉或從奠。酉音喻紐四等。古讀歸定。奠音定紐。是初文不從酓得聲也。歙從酓得聲。而其初文作。聲蓋即得於酉。猶飲之初文作。聲亦得於食也。聲轉為烏含切。本書徐鉉本無酓字。鍇本有之。訓酒味苦。而飲字從之得聲。盦為盌之雙聲轉注字。【說文解字六書疏證卷九】

𥁕

□0408 □0198 或釋𥁕之省 【古璽文編】

□ 王存乂切韻 【古文四聲韻】

◉許　慎　𥁕仁也。从皿。以食囚也。官溥說。烏渾切。【說文解字卷五】

◉唐桂馨　此字乃温之本字。上囚非囚字。乃象皿蓋上之紐文形。皿而加蓋。保存食物之温度。使不至冷。故謂之温。許訓以食囚。誤認口中紐形𠃊為人字故也。方以智曰。字當从日。亦未解囚之形故也。【說文識小録】

◉林義光　囚皿為𥁕。義迂曲。古作□。據古録一之三𥁕卣。漢尚浴府燭盤作□。本義當為煖。象气自皿中上騰形。□象气。非囚字。𥁕聲之字多取義於湮鬱。如說文。熅。鬱煙也。薀。積也。醖。釀也。愠。怒也。廣雅。轀。裹也。釋詁四。是也。氣鬱不洩。與煖義近。仁柔之義。亦從和煖引伸。【文源卷五】

◉馬叙倫　翟云升曰。九經字樣引食作飼。容庚曰。𥁕。弘卣作□。從囚從皿。官溥說。從皿以食囚。非。倫按剌觀日辛鼎。剌觀乍寶隮。其用□𪕂。□即𥁕字。𥁕者。温食之器。仁也非本義。字次盦下。則亦非本訓。不然。則以聲訓也。字從皿。囚聲。漢步高宮行鐙。温字作温。亦明不從囚也。金文父癸鼎□字。倫謂亦即此字。此器止□父癸三字。則亦𥁕器耳。以此證知實從□得聲。囚譌為囚。官溥因為食囚之說。囚音見紐。故𥁕音入影紐。同為清破裂音也。弘卣□字。從囧。囚聲。蓋變體俗字。然可證𥁕是温器也。甲文有□字。羅振玉釋俗。漢魯峻碑。内懷□潤。王念孫謂□為温省。陳邦懷據□字謂從𥁕必有所本。非省也。倫謂温聲真類。則𥁕自可從人得聲作□。疑本有□□二字。後譌為一。說解盡非許文。【說文解字六書疏證卷九】

◉楊樹達　以皿食囚，皿為具名，囚為賓名。【文字形義學】

◉劉　桓　金文有一習語作：

□龏[言夫]遟（王孫誥編鐘銘）

□龏[火害]屖（王子午鼎銘）

□龏[火害]屖（王孫遺者鐘銘）

□龏二字，舊釋被誤讀為弘龏，主要是從字形上與從弓的□（毛公鼎銘）相混淆，這樣一來，這一習語便不可通了。其實□即甲骨文的□字，本象人的腹内懷孕形、卜辭中常用做地名讀為温，字本即温字之所從。因之，我們可以判定温龏當讀為典籍中習見的「温恭」。《書・堯典》：「濬哲文明温恭」，僞孔傳：「舜有深智文明温恭之德」。《詩・商頌・那》：「温恭朝夕」，《漢書・王嘉傳》：「孝元皇帝温恭少欲」。温恭的温，典籍訓為柔和或寬柔，《詩・小雅・賓之初筵》：「温温其恭」，鄭箋：「温温柔和也」。又《大雅・抑》：「温温恭人」，毛傳：「温温，寬柔也」。恭，典籍有肅敬義，如《説文》：「恭，肅也」。《爾雅・釋詁》：「恭，敬也」。並其證。總起看來，温恭一詞的含義，與「温良恭敬」（《儀禮・喪服傳》）或者「恭敬而温文」（《禮記・文王世子》）意思相近，《論語・學而》記子貢説：「夫子温、良、恭、儉、讓以得之」。則以温、恭分言，意思也一樣。

附帶提一下，前幾年在紹興坡塘出土徐器中有郤瞰尹譬鼎銘：「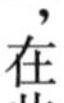良聖每」，在此亦當讀為「昷（温）良聖敏」。【文博一九九二年第三期】

盥 

 拾一三・一三　 拾一三・一四　 前六・六一・八　 後二・四一・一〇　 京津三〇八五　 前六・四二・一

【甲骨文編】

 乙6901　 7064　 8077　 新3085　【續甲骨文編】

 盥　夆弔匜　 公孫詒父匜　 齊侯盂　 齊侯盤　 鄧伯吉射盤　  蔡侯龖缶　 客鑄盥鼎　 盥鼎　【金文編】

◉許　慎　盥澡手也。从臼水臨皿。春秋傳曰。奉匜沃盥。古玩切。【説文解字卷五】

◉吳大澂　古盥字。从水。从皿。从廾。象二人共盥形。中子化盤。【説文古籀補】

◉羅振玉　  

説文解字。盥。澡手也。从臼水臨皿。此象仰掌就皿以受沃。是盥也。【增訂殷虚書契考釋】

◉林義光　古作齊侯盂。从水在皿中。上兩手象盥形。或作仲子化盤。从四手。象沃盥形。【文源卷六】

◉馬叙倫　徐鍇曰。會意。鈕樹玉曰。廣韻引匜作匜。是也。沈濤曰。御覽三百九十五引作洒面也。乃傳寫之譌。左僖廿三年正義一切經音義諸卷華嚴經音義引皆同今本。王筠曰。玄應引作字從臼水臨皿上也。又引作從水在皿上。羅振玉曰。

卜辭作。象仰掌就皿以受沃。倫按從非𣬉手也之。即手字也。從臼水臨皿上也非許語。澡手也亦或非許訓。甲文又作。齊侯盂作。中子化盤字。容庚釋盥。倫謂當是二止之譌。則是浴字。歸父盤字。容亦釋盥。倫謂即頮字。【說文解字六書疏證卷九】

◉楊樹達　叉手曰臼。臼為能名，水為所名。【文字形義學】

◉饒宗頤　甲戌卜，穷貞：，伐，王事。（屯甲三三三七）

按象倒水于皿，疑盥字，謂盥浣而啓奏，以協王事。【殷代貞卜人物通考卷五】

◉高鴻縉　前六四二・一。按字原倚（手）畫其於皿水中澡之之形。由文生意。故託以寄澡手之意。動詞。周人變水形為水字。又增隻手為雙手。意自不殊。但可從臼水皿中會意。後世承之。不知其初文為象形也。【中國字例二篇】

◉金祥恆　甲骨文之（前六・四三・一）（前六・六一・八）（拾一三・一四），羅叔言殷虛書契考釋云：「說文解字：盥，澡手也。从臼水臨皿，此象仰掌就皿以受沃，是盥也。」而又有如：

貞：叀臣言戈令？　前六・九・二

貞：其㞢疾？　録八四一

叀……中……帚　京都四一七

（貞）勿…………豕十……㞢　甲編考釋圖八一

庚戌卜，隻？网雉隻五十

庚戌卜，隻，网雉隻八。

甲戌卜，，㞢禽，隹六十八。

囲戌卜，，㞢不其□禽，十一月。

甲寅卜，乎鳴网隹隻？丙辰鳳，隻五。　甲編考釋圖一七八

貞□……，　佚九四七

乙……　南北坊四・二三〇

辛未卜，爭貞：帚好其从沚伐巴方，王自東，伐𢀛，䨘于帚好立？

□：帚好其㘝㘡伐巴方，王自東伐𢀛，䨘于帚好立？　乙二九四八

□以往不識為何字，皆列諸待問編。今以其字之形義考之，殆與□為一字。說文解字「盥，澡手也，从𦥑水臨皿也」。皿者何，槃也。禮記內則「子事父母，雞初鳴，咸盥漱」，又「進盥，少者奉槃，長者奉水，請沃盥，盥卒授巾。」鄭注「槃承盥水者」。國語吳語：「一介嫡男，奉槃匜以隨諸御。」韋注「槃，承盥器。」儀禮公食大夫禮：「小臣具槃匜，在東堂下。」既夕：「用器弓矢耒耜，兩敦兩杅，槃匜。」槃，說文「承槃也。𨱿古文从金，𥁕籀文从皿」。段注：「承槃者承水器也……」。槃，禮經謂之洗。如儀禮鄉飲酒禮「水在洗東」，注「洗，承盥洗者，棄水器也」。𦥑水者乃沃盥者之兩手沐於水也。澡手之法或雙手入於槃水中，而盥洗者，如甲文□金文□，或以匜沃水而沖洗者，如甲文□金文□（師𧻚𣪘蓋假借為眉）。甲文有匜，如：

甲戌卜，穷貞：□□攺協王事？　甲三三三七

貞：□犬百，九月。　前六・四二八

貞：□及……

乙巳卜，㱿貞：弓芻于□？　乙二二六六

貞：……于□　新二四四九　前六・四三・一

王……□　録七六八

□正象一匜一槃也。匜，說文「佀羹魁，柄中有道，可以注水酒」。匜以勺水，槃以承水。故書多以槃匜連言。如吳語：「一介嫡男奉槃匜。」儀禮公食大夫禮「小臣具槃匜。」既夕：「兩敦兩杅，槃匜。」匜有鋬無圈足者如□，有鋬有圈足者如□，有圈足無鋬者如□，殆與槃皿之形相近矣。甲文□正象奉匜注水於槃，春秋左氏傳僖公二十三年：「秦伯納女五人，懷嬴與焉，奉匜沃盥，既而揮之。」奉匜沃盥者奉匜注水盥洗也。

金文仲子化盤：「用□其吉金，自乍盥盤」（攗古齋集古録二・二・七四）。作□，王筠說文釋例云：

盥从𦥑水臨皿，此順遞為意而兼指示者也。然筠清館周仲子化盤曰「自作盥盤」，其篆作□，乃為完備，上半𦥑水之𦥑，乃沃盥之人之兩手也，此奉匜之狀，古匜字作□，乃不从匜而从水者，其事主乎水也。中央之□即□字，乃澡手之人之兩手也。下有皿以承其水，其事乃備。小篆省下兩手，許君始以𦥑為澡手者之手矣。

馬叙倫說文六書疏證說解與王筠不同，云：「中子化盤□字，容庚釋盥，倫謂當是二止之譌，則是浴字」。馬氏說非，王氏說是也。與甲文□，象雙手奉匜，而金文□象奉槃之雙手移於槃上，馬氏謂之足也。甲文作□乃省奉匜之手而以水沖洗之，且省槃也。蓋與金文邵鐘沬作□，齊侯盂作□，壽鼎作□之比。金文之沬不省者如毛叔盤作□，金文曶壺作□，猶甲文之□，

如：

貞……◻……　前六・四二・一

◻　前六・六一・八

◻　拾一三・一四

王固……◻　乙七〇六四

王……◻　新三〇八五

皆斷簡殘片，不詳其義，惟乙編八〇七七：

貞：勿□◻屮于河？

◻殆為人名，為第一期武丁卜辭，與甲骨文録八四一：「貞：◻其屮疾？」同為武丁卜辭，殆為一人。乙編二九四八：「辛未卜，爭貞：帚好其从沚◻伐巴方，王自東◻伐𢀛，𨶹于帚好立。」亦為武丁卜辭。東盥殆為地名，其地望不詳，或即◻之封邑。甲編考釋圖一七八「庚戌卜◻隻网雉隻八」，為廩辛康丁卜辭，唯◻歷三朝耳。甲文正倒之例如矦、王、至等亦屢見不尠，◻似◻之倒文，實如金文◻(壽鼎)與◻(曾壺)例同。　【釋盥　中國文字十二期】

◉秦士芝　內底刻篆書銘文一行九字「工䱷季生乍(作)其盥會盥」。工䱷見于者減鐘。工䱷王即吳王。工䱷季應為吳季。古兵器銘文亦有吳季子逞之劍。銘文中會或作𨗨。𨗨盥見于王子匜。◻、◻二字從字形看均係盥字變體，從字意推斷，讀盥可通，亦符合金文讀法。

【盱眙縣王莊出土春秋吳國銅匜　文物一九八八年第九期】

◉黄錫全　甲骨文中又有作◻、◻、◻、◻等形之字，《甲骨文編》列入附録上七二。我們認為，這些字也是盥字，是◻、◻、◻等形的省作。因為甲骨文中器皿之◻每每可以省作◻，如盡字作◻、省作◻、◻，蓋字作◻，省作◻、◻，盂字作◻、省作□，㞷字可作□，盂字可作□等。因此，□自然可以省形作□，倒書作□、□等。「□伐呂方」、「□伐西土」、「□伐土方」，與「□伐戋」辭例也相同。□、□均是□字的倒書之形當是問題不大的。

甲骨文的盥字除用作人名、地名外，多與「伐」字連文，指戰爭的性質。如：

《乙》2948：辛未卜，爭貞，帚好其比沚戠伐□方，王自東□伐戋，𢦏于帚好立。

《金》525：己丑卜，㱿貞，令戉來，曰：戉，□伐呂方。才十月。

《前》6·30·1：貞，……王□伐土方，受……。

《卜》80：……□伐西土。

過去，或以為「東盥」連讀，指地名，是不確切的。盥的本義是「洗手」，引伸之則與洒、滌、洗、浣、濯等字義近。《說文》「盥，澡手也」。「澡，洒手也」。「洒，滌也」。《後漢書·獻帝紀》注謂「洗」謂蕩滌也。《孟子音義上》引丁音：「洒之謂洗雪其耻也。」《儀禮·鄉飲酒禮》「盥洗」，鄭注：「今文盥皆作浣。」因此，「盥伐」意即蕩滌、洗劫性的進伐，表明戰爭的徹底或殘酷，類似于後來的「掃蕩」、「雪洗」之義，與卜辭的「逆伐」、「敦伐」、「征伐」、「往伐」同類，表示不同性質的戰爭。【甲骨文字釋叢　考古與文物一九九二年第六期】

盪　盪

□乙5789　□東方107　□摭續290　□粹1172　□1173　□1294　□新2325　□續3·31·11【續甲骨文編】

◉許　慎　盪滌器也。从皿。湯聲。徒朗切。【說文解字卷五】

◉葉玉森　□□□　森桉。上二字象舟人手持物。象篙楫形。疑均古文盪字。論語奡盪舟。古誼當訓推盪。宜从舟。乃引申為盪滌。故變从皿。古文舟形與皿形近也。下一字□尤近湯。蜕嬗之迹可證。殷契鈎沈。从□。疑象張口歌形。□則表其歌聲自口出。盪舟之人且盪且歌。先哲造字殆如繪矣。【殷虛書契前編集釋卷六】

◉馬叙倫　翟云升曰。文選琴賦注引作除去也。一切經音義十六引無器字。倫按除去也校語。倫疑盪即方言櫐桮也。吳趙之間謂之櫐。今紹興正曰湯椀。滌器也即蓋字義。字蓋出字林。【說文解字六書疏證卷九】

◉徐　鉉　盋盋器。盂屬。从皿。犮聲。或从金。从本。北末切。【說文解字卷五新附】

凵　凵【汗簡】

汗簡　王存乂切韻【古文四聲韻】

◉許　慎　凵凵盧。飯器。以柳為之。象形。凡凵之屬皆从凵。去魚切。笒凵或从竹去聲。【說文解字卷五】

◉馬叙倫　鈕樹玉曰。繫傳為作你。蓋作之譌。桂馥曰。本書㔭字從凵。王筠曰。凵或之古文。固匚之籀文矣。雖凵口弆上似不同者。然既為飯器。弆上則不適用。必後人改之。以與二篇口犯切之凵相避耳。詩小戎以驅曲為韻。凵與驅音相近。凵與曲亦本雙聲。今下脱去說義之辭。但存說形之辭曰。象器曲受物之形。上文匚部曰。受物之器。象形。可以推知亦受物之器也。許君又引或說。曲。蠶簿也。雖仍是受物之器。然既區為別義。則知形如仰盂。當是飯器。此以字義推之而知其可合也。匚有籀文作。則當依尊彝作。即是籀文凵。同向右。凵同向上。然簠之古文作医。簠之古文作匭及匧。籩之籀文作。梧之籀文作。論其器則口必向上。論其字則口皆向右。則一側一仰。當可通假。何同此向上者不為一字乎。此以字形推之而知其可合也。乃許君分為兩字。蓋以凵部無屬。部祇有兩字從之者。無所據以合之也。章炳麟曰。凵盧本一語。字有重音。乃複製盧字。盧得聲於虍。則與凵皆喉音也。倫按王謂凵一字。是也。不知凵即匚也。凵匚魚陽對轉聲變耳。不然。何以簠簋籩梧之古籀皆從邪。凵為盧之初文。當作盧也。凵乃隸書複舉字。盧下不言凵盧。可證也。以盧釋凵。以轉注字釋本字。亦許書大例。許當以柳為之呂忱或校者所加。凵皿亦一字異形。皿讀若猛。聲在陽類。與凵為魚陽對轉也。凵為器皿之器本字。今江浙通言去音有如器者。

笒　倫按古從凵得聲。故凵之或體作笒。後起字耳。【說文解字六書疏證卷九】

◉楊樹達　十三篇下土部云:「坎,陷也。从土,欠聲」。苦感切。凵即坎之初文。許說非是。【文字形義學】

◉劉彬徽等　凵,借作鏶,朱駿聲云:「金銀銅鐵之椎薄成葉者」。面,指馬頭。墓中有以皮革做的馬頭護甲,當為鏶面。【包山楚簡】

◉艾蔭範　凵(音kǎn或qiǎn)是一個重要的漢字部件,由它充作義符,孳乳了一批漢字。但是,由於凵的形、義從許慎《說文》開始即遭曲解，在漢字整體演化中它又變化出幾種形態，致使與其相關的許多字至今得不到科學說明，殊為憾事。

《說文》：「凵，張口也。象形。」朱駿聲《說文通訓定聲》：「一說坎也，塹也，象地穿。凶字從此。」楊樹達《積微居小學述林》卷二：「凵象坎陷之形，乃坎之初義。」蔭範按：朱、楊之說近之，然仍略差一間。凵乃遠古房坑之形。大量考古發掘證實，遠古人類居室，多於平地挖數尺淺坑，夯實、置柱，再沿周邊壘短牆，然後苫蓋。凵即象此淺坑（考古學稱房坑）之縱剖面形。

大約如今日格式塔心理學家所論，人類知覺在綜合客觀物象時有一種本能的「完形壓強」，即不僅努力簡化原物象，而且必使之對稱、和諧、統一，達到簡約合宜。凵字形體是不完滿的。因此，當它與其它漢字部件配合組建新字時，除非其它部件可以嵌入其開張的上口（如「凶」），否則就要它增簡筆劃使之達到圓足。因此，從甲骨文時起，凵就有凵形變體，隸化成口，乃與口舌之口混淆，後又在口中加短橫繁化為曰，與表言談之曰和日、月之日混淆。它也有簡化之變體，如在「正」字中即以一短橫的形式出現。

唯因凵象房坑之形，故而它的本義即不是一般穿地而成之坑塹，而是人類居室之符號，由此引申而為人類居住區域和古代邦國的表義符號。【說凵　遼寧大學學報一九九四年第五期】

厺

甲七六四　甲二三八七　甲三〇七三　乙三〇二九　鐵七一·四　前一·四七·七　前六·三七·三　前七·九·三　林一·一〇·九　戩四五·五　佚二一七　佚三八二　佚五三七　存下三八七

京津四六三四　珠一〇七【甲骨文編】

甲764　2387　3388　乙4538　珠107　988　佚98　382　537　999　續3·476　5·24·1　5·28·4　5·28·5　5·30·7　6·25·10　掇305　509　徵10·24　10·25　録703　天48　摭84　六清136外367　續存644　794　1164　外66　181　摭續166　粹1135　新702　1610　4634【續甲骨文編】

去 郙去魯鼎 哀成弔鼎 中山王譽鼎 从止 盗壺 大去刑罰 【金文編】

秦483 博昌去疾 3·178 蒦圆匋里陲造☒ 盗壺去作从止去聲此从辵去聲亦去字或體 【古陶文字徵】

〔一〕 〔三七〕 【先秦貨幣文編】

刀大齊厺化瀘省體 魯濟 仝上 仝上 刀大齊厺化 魯掖 刀大齊厺化 魯濟 仝上 刀大齊厺化 魯濟 仝上 仝上 仝上 仝上 仝上 刀大節𨟭之厺化 鄂天 刀大齊厺化 魯濟 刀大齊厺化背十厺 魯濟 刀大齊厺化 魯掖 刀大齊之厺化 魯掖 刀大齊厺化背十厺㠯 魯掖 刀大安昜之厺化 魯掖 刀大齊厺化背十厺 魯濟 刀大齊厺化 魯濟 仝上 刀大齊厺化 魯海 刀大節𨟭之厺化 魯濟 刀大節𨟭之厺化 魯海 刀大齊造邦踐厺化 典八三八 仝上 典八三九 仝上 典八四二 刀大齊造邦之厺化 典八四三 仝上 典八四四 仝上 典八四五 刀大齊造邦踐厺化 典八四六 仝上 典八六〇 仝上 典八六二 刀大齊造邦踐厺化 典八六五 仝上 典八六七 仝上 典八七七 刀大齊之厺化背 典八八二 刀大齊厺化 典九〇二 仝上 背十厺 典九一二 刀大齊厺化 典九二〇 仝上 典九四六 仝上 九二一 刀大齊厺化 典九六六 仝上 典九六七 刀大圁厺化 典九七三 刀大齊厺化 典九七六 仝上 典九七八 刀大節𨟭之厺化 典九九七 刀大節𨟭之厺化 典一〇一〇 仝上 背厺㠯 刀大節𨟭厺化 典一〇三一 刀大安昜之厺化 典一〇四五 刀大節𨟭之厺化 典一〇一三 刀大安昜之厺化 典一〇四八 刀大安昜之厺化 典一〇五七 【古幣文編】

去 秦一六二 四十一例 效二〇 二十五例 日乙四三 二例 【睡虎地秦簡文字編】

1161 0857 以璽文去疾去病而知是去，从彳。 1433 0551 1062 3190 1481 2463

0856 2153 【古璽文編】

笵去儒 除凶去央 臣去病 東門去病 胡毋去 司馬去疢 馮去陽印 周去病印 孔

去傷 魯去疾印 臨去病 【漢印文字徵】

郎邪刻石 臣去疾 泰山刻石 臣去疾 【石刻篆文編】

去 去 【汗簡】

古老子 義雲章 汗簡 崔希裕纂古 【古文四聲韻】

◉許 慎 人相違也。从大。凵聲。凡去之屬皆从去。丘據切。【説文解字卷五】

◉孫詒讓 「吞囗貝立止」七十一之四、「貝父其吞」九十五之三。「吞」疑「去」之異文。《説文·去部》:「去，人相違也。从大，凵聲。」《凵部》:「凵，凵盧，飯器。」此變凵為囗。金文瀘字如盂鼎作，師酉敢作，偏旁去並作可證。【契文舉例卷下】

◉王 襄 古去字。从ㅂ。晚周時私璽陳去疾去作。亦从ㅂ作。許書所引之壁經古文皆出於晚周。系之古文作。殷栔正作。知真古文至晚周時未盡絶也。【游田 簠室殷契類纂】

◉高田忠周 説文。人相違也。从大凵聲。初謂許氏説非。此去从大从厶。會意。金文公字作作作。此凵ㅂ為厶。大厶則人相違耳。其後沈思細按前考非是。此亦凵異文。凵下曰。凵盧。飯器也。以柳為之。象形。或作。从竹去聲。然作亦象形也。凵為容器形。為蓋形。壺字上形作。缶字上形作。皆同意也。又壺缶所从。或省作。而金文凵亦有作者。略相合。可證矣。然凵字或作作又作。最後變作笶。又或作筥。所以字孔益多也。然則人相違也者。果何字義耶。曰犾字轉義也。説文。。多畏也。从犬去聲。或作。云。杜林説从心。蓋犬之性多疑懼也。人之柔弱怯懦者。亦相似焉。故移以謂人。字亦變从心。抑心有疑懼。不得不相違也。【古籀篇二十二】

◉商承祚 [glyph]即說文訓凵盧飯器之凵之本字，其或體作笭，尚存古義。飯器宜溫，故[glyph]以象器，大其蓋也。壺字之蓋，金文及小篆亦作大形。後借用為人相違之去，遂奪本義，而別構凵字代之，非其朔矣。【殷契佚存】

◉唐桂馨 [glyph] 此字蒙凵字而下。朱駿聲謂。一說去亦古凵字。大其蓋也。段王等未取此說。姑勿論。惟許訓人相違。意謂去來之去也。觀字形去義未有說明者。竊意去乃阹之本字。說文。阹。依山谷為牛馬圈也。楊雄傳。以網為周阹。李奇曰。阹。遮禽獸圍陣也。據此則阹是今之獵場。禁人通行。故人相違而去。凵象圍之地。大象遮掩形。如奄之从大意。後人區別。乃加𨸏去旁為阹耳。【說文識小録】

◉馬叙倫 倫據疑本作違也。吕忱加人相違也。字從大。譌為大耳。字見急就篇。甲文作[glyph][glyph]。【說文解字六書疏證卷九】

◉胡吉宣 說文。去。人相違也。从大。凵聲。案去即凵之別構。大象凵之蓋形。壺部曰。大象蓋也。皿部。盇。覆也。大徐曰。大象蓋覆之形皆其例也。凵覆以蓋。則有隱藏之義。故收藏曰藏去。今字作弆。藏去則相違不見。故叚為來去字。猶見來麥生而叚為行來字也。或曰去出一聲之轉。去叚為出也。【釋筐 中山大學研究院文科研究所輯刊第二册】

◉于豪亮 「趏疸」之趏或為去字之繁體。【古璽考釋 古文字研究第五輯】

◉裘錫圭 《說文·五上·去部》：「[glyph](去)，人相違也。从大、凵聲。」同卷《凵部》：「凵，凵盧，飯器，以柳為之，象形。⿱竹去，凵或从竹去聲。」文字學家或以為「去」「凵」本一字，「去」所从之「大」本象器蓋。戰國文字及秦漢篆文中，「盇」字所从之「去」多作[glyph]等形，確象器蓋相合之形（看《古文字類編》314頁「盇」字、《金文編》37頁「蓋」字、《漢印文字徵》1·17上「蓋」字。《說文》「盇」字篆文作「盇」，與古文字不合）。但是這個「去」字其實就是「盇」的初文。形聲字从「去」聲而古音屬葉部的，如「怯」「⿰犭去」「⿸户去」等字，舊或以為从「劫」省聲，其實都應該是從這個「去」字的。就是《說文》認為是會意字的「劫」，也應該是以此為聲旁的形聲字。這個「去」字的音跟古音屬魚部的來去的「去」相去很遠，二者不可能是一個字。殷墟甲骨文有[glyph]字（《後編》下10·14、《京津》1610。舊多誤析為二字），可釋為「闔」或「⿸户去」（《說文·十二上·户部》：「⿸户去，閉也。从户，劫省聲。」）。又屢見从「大」从「口」的[glyph]字（《甲骨文編》230頁），一般都釋為「去」，當可信。上引二字都見於賓組卜辭，時代相同，前者所从的「去」的寫法跟後者顯然有別，更可見「盇」所从的「去」跟一般的「去」本非一字。但由於這兩個字的下部都作「口」形，上部的[glyph]和[glyph]如果寫得比較簡率就容易分不清，所以後來就混為一字了（參閱拙文《談談古文字資料對古漢語研究的重要性》，《中國語文》1979年6期438頁）。

下面我們來討論一下一般的「去」，即來去的「去」字的本義。從字音和字形來看，「去」應該是當開口講的「呿」的初文。《莊子・秋水》：「公孫龍口呿而不合，舌舉而不下，乃逸而走。」《釋文》引司馬彪注釋「呿」為「開」。《呂氏春秋・重言》述齊桓公與管仲謀伐莒而事泄的故事，有「君呿而不唫」，所言者『莒』也」之語，高誘注：「呿，開。唫，閉。」《管子・小問》述同一事，「君呿而不唫」，作「口開而不闔」。《淮南子・泰族》：「高宗諒闇，三年不言，四海之內寂然無聲；一言聲然，大動天下。是以天心呿唫者也。」此文「呿唫」也應該當開口閉口講，「唫」指不言，「唫」指「一言聲然」。《素問・寶命全形論》：「能達虛實之數者，獨出獨入，呿吟至微，秋毫在目。」王冰注：「呿謂欠呿，吟謂吟嘆。」慧琳《一切經音義》卷三：「欠呿：音去。《埤倉》云：『欠呿，張口也。』案：欠呿，張口引氣也。或作『呿』。」「去」字在「口」上加「大」，字形所要表示的意義應該就是開口。「赤」字在「火」上加「大」表示火盛，「奞」字在「隹」上加「大」表示「鳥張毛羽自奮」(見《說文・四上・奞部》)，造字方法與此相似。「呿」與「去」同音(「呿字本有平、去二讀)，字義也與「去」字字形表示的意義相合，無疑就是為「去」字本義而造的分化字。「去」本从「口」，「呿」又加「口」旁。同類的例子在漢字發展過程中是很常見的。如「然」本从「火」，表示其本義的分化字「燃」又加「火」旁；「益」字上部本是橫寫的「水」，表示其本義的分化字「溢」又加「水」旁。

正由於「去」的本義是開口，所以有些从「去」聲的字有「開」義。《廣雅・釋詁三》：「祛(原作「裕」，從王念孫《疏證》改)，開也。」《漢書・兒寬傳》「合祛於天地神祇」句顏注引李奇曰：「祛，開散；合，閉也。」《莊子・胠篋》篇《釋文》：「司馬(彪)云：從旁開為胠。一云發也。」王念孫認為袖口稱「袪」也取「開」義(見《廣雅疏證》)。「張開」「離開」二義相因(例如人張口則兩唇相離)。「去」字的「離去」義可能就是由「張開」義引伸出來的。【說字小記　北京師院學報一九八八年第二期】

◉馮　蒸　《說文》二篇上和五篇上有兩個小篆形體極為相近但讀音迥別的象形字，這兩個獨體字一般均隸定作凵，字形上區別甚微，本文分稱為$凵_1$、$凵_2$。我們認為，古文字中「去」字的構造區別可能與這兩個獨體象形字有關係。

關於$去_2$的讀音，尚需加以考訂。此$去_2$从$凵_2$得聲，$凵_2$為溪母談部字，按照段玉裁「同聲必同部」的諧聲原則，$去_2$可能亦屬談部。但我們都知道，諧聲系統並不如此嚴格，同一聲符的諧聲字不乏陽入對轉的情況存在，陸志韋先生在《古音說略》中舉了許多諧聲系統中-p、-t、-k通-m、-n、-ŋ的實例，可供參考。此中，閉口韻的陽入互為諧聲情況尤多，例如(括號內所注為《廣韻》韻目，舉平以賅上去)：

占：拈鮎(添，-m)／帖笘(帖，-p)

乏：砭貶(鹽，-m)／眨泛(洽、乏，-p)

弇：揜渰(鹽，-m)／鞥媕(合韻，-p)

章太炎先生在《音論》一文中曾專門對此現象列舉很多例證，頗為難得，因該文不甚常見，今具引證如下，以供參考：

「或謂《廣韻》侵以下九韻，緝以下九韻，平入相配，而古音則不相謀。此但知其分，不知其合也。按《說文》奄盍皆訓覆，弇訓蓋，盦訓覆蓋，此四字聲義大同。而弇本从合聲，乃讀為平。盦字《廣韻》在平聲覃韻，又在入聲盍韻。盍本讀入，而从盍聲者，又有豔字，又⿰女弇鞥皆从弇聲，《廣韻》仍在入聲合韻。其从奄聲者，則罨庵⿰足奄⿰革奄在入聲合韻，⿰奄欠在入聲葉韻，腌殗⿰耒奄⿰巾奄錌餣在入聲業韻，是。此四字之類，平入皆通。外此如湆从音聲（《廣韻》又有罯在合韻，⿱殸音在帖韻），斟从甚聲（《廣韻》又有歁在合韻），敜从念聲（《廣韻》又有捻錜⿰黍念菍埝諗皆在帖韻與敜同紐），砭窆貶从乏聲，⿱穴執墊从執聲（《廣韻》墊字亦去入兼收），平入同類之跡，尤更顯然。帖⿰女占詀笘黏从占聲，厭从猒聲，濕隰⿰土㬎从㬎聲（渠飲切），⿺走參⿰女參从參聲（《廣韻》又有⿺辶參在合韻），唯古音平與入，本不相叶。其相叶者，乃古音本不讀入而讀平者也。侵以下九韻，緝以下九韻，其聲平入本自相轉。但平入業已異讀，則有韻之文，不能相叶，而非絕不相謀也。」

由此看來，去$_2$的讀音亦當有陽、入兩種讀音的可能，而不能簡單地因為去$_2$从凵$_2$得聲而遽歸談部。具體分析一下从去$_2$得聲的諧聲字，此諧聲系列中雖也有收-m尾的談部字，如「⿰去虎」字（此字見於《說文》，「从虎去聲」，《廣韻》有「呼濫切」、「口敢切」兩讀）；但絕大多數从去$_2$得聲的字均為葉部字，所以去$_2$到底屬談部還是葉部，目下尚難確定。但根據上文所引例可知，不管去$_2$是談部還是葉部，均並不妨碍它作為古音在葉部的从「去」得聲字的聲首。【說文中應有兩個去字說　漢字文化一九九一年第二期】

◉裘錫圭　我既不信《說文》凵為⿱竹去盧、凵象開口之說，也不信「去」从「凵」聲之說。故據古文字分為二字，以前一字為从大、口會意，即離去之去，亦即呿之初文；以後一字為象器蓋相合，即盍之初文。口犯切之凵，古文字學者多從朱駿聲、楊樹達等人說，以為是「坎」之初文。既不信此字象開口，則吳承仕以為呿之本音當在閉口韻之說自亦不必信。且「呿」非罕見之字，傳統讀音在魚部，當屬可信。如謂呿可由談部變入魚部，或錯讀為魚部字，則凡从去聲字之讀音皆可如此解釋，亦不必假設有去$_2$之別矣。又敝文所取字及字旁皆出自賓組卜辭，此組卜辭中，（大）從來不作（壺字的蓋形則作）；而形之寬窄在古文字中實無辨字之作用。【再談古文字中的「去」字　漢字文化一九九一年第二期】

◉戴家祥　舒蚉壺　字从去从止。去古文作。象有蓋的容器。後借為來去之去。為保持本義，添加表示容器的材質偏旁竹作⿱竹去，為表示聲借義，加表示行走之義的止旁或辵旁。去字古璽印常作⿱去止或迲。【金文大字典中】

朅　䔖　血

朅見古詩【汗簡】

古毛詩【古文四聲韻】

◉許　慎　朅去也。从去。曷聲。丘竭切。【說文解字卷五】

◉馬叙倫　朅為去之雙聲轉注字。【說文解字六書疏證卷九】

◉黄錫全　朅見古詩　鄭珍云：「郭氏凡注古《易》、古《詩》，皆據《說文》引《易》引《詩》言之，疑所見《說文》朅下引《詩》『庶士有朅』，或引『伯兮朅兮』，今徐本脱也。」此形去同部首，从古曷，曷字變化參見言部謁。今《詩》作朅。【汗簡注釋卷二】

◉許　慎　䔖去也。从去。夌聲。讀若陵。力膺切。【說文解字卷五】

◉馬叙倫　劉秀生曰。鍇本作讀若棘陵。詩小雅斯干。如矢斯棘。傳。棘棱。廉也。疑棘陵即棘棱。此讀若棘棱之棱。倫按玉篇。䔖有居力力繩二切。居力切似即棘音。蓋讀若棘棱之棘。夌音來紐。棘音見紐。夌音之轉為棘。猶監音之轉為濫束音之轉為闌。亦柧棱轉注之例矣。當為去朅之轉注字。【說文解字六書疏證卷九】

鐵五〇・一　血室　鐵一七六・四　前四・三三・二　前四・三三・三　前六・一三・三　前八・一二・六　後二・一八・一二　明藏六八二　粹一二　庫五〇五　金四六六　京都一二七二【甲骨文編】

甲2613　珠777　佚529　748　掇367　徵2・6　3・78　六中248　249　摭續64　176　342　新3264　5274【續甲骨文編】

3・1229　獨字【古陶文字徵】

血　封五七　六例　日甲一〇四　二例　封八六【睡虎地秦簡文字編】

血 血【汗簡】

血 汗簡【古文四聲韻】

◉許慎 血祭所薦牲血也。从皿。一象血形。凡血之屬皆从血。呼決切。【說文解字卷五】

◉羅振玉 血 血 說文解字。血祭所薦牲血也。从皿。一象血形。此从◇者。血在皿中。側視之則為一。俯視之則成◇矣。

卜辭中三言血室。依其文觀之。是廟室也。禮器言。血毛詔于室。故謂之血室與。【增訂殷虛書契考釋】

◉陳直 禮器上文云。太廟之內敬矣。君親牽牲。大夫贊幣而從。三詔為太廟之祭。血室在太廟無疑。【殷契賸義】

◉葉玉森 卜辭血字屢見。如云。□□卜旅貞血𠂤(俘)牛王其賓□。後・下・十八・十一。己卯卜大貞血𠂤(俘)牛□牡。後・下・三九・十七。血俘盟俘立連文。則盟與血當為一字。又云。□巳卜□貞血𠂤(俘)牛牡。後・下・三十・十七。盟俘亦連文。則盟與盟，血亦當為一字。諸家釋盟為盟至塙。公羊隱元年傳。盟者殺生歃血詛命相誓以盟約束也。盟必歃血。血正象皿中有牲血形。◯變作◯◯。即許書之盟所由孳。然則孫釋盇室。羅釋血室。實乃盟室。即告祭盟俘之室。非左氏傳之盟府也。【殷墟書契前編集釋卷四】

◉林義光 說文云。血。祭所薦牲血也。从皿。一象血形。按古作血追敦卹字偏旁。【文源卷二】

◉馬叙倫 徐鍇曰。說文曰。祭所獻也。從皿。一。血也。陽冰云。從一聲。鍇以為人身之血無可以象。故象血在此。但見於器。羅振玉曰。卜辭血字作血血。一為側視之形。俯視之則成◯矣。倫按本書從一得聲之字實無有也。李說自謬。然甲文之血。葉玉森列舉卜辭證為盟字。非血也。倫謂血為體中赤液。造字唯有從水而安以某聲。為形聲字。如汗涕泣之例。今此從皿而以一象血形。是以皿為主體。且於六書為指事。名詞而以指事方式冓造字。皆後起字。蓋物有象可圖畫者。則以象形造字。不可圖畫者。則以形聲造字。大例盡然。倫疑古代以血為神祕之物。其用誠廣。自須造字。蓋始即以血或赤色畫一凝結之血形。後以變為文字而作◯。又疑於方圓之◯而作一。又以疑於一二之一。加皿以定之。蓋薦血歃血同皆以皿承之也。許蓋以聲訓。祭所以下呂忱所增改矣。【說文解字六書疏證卷九】

◉郭沫若 血，血祭，小雅信南山「取其血膋」。「邵朕福血」猶言明余禋祀。【周公𣪕釋文　器銘考釋　金文叢考】

◉楊樹達 一為指事，皿為基字。【文字形義學】

◉屈萬里　卜辭「□示壬，血一牛，瞢十宰？一月。」甲編二二一。血，羅振玉所釋（殷釋中三一葉）。説文：「血，祭所薦牲血也。」此則作動詞用，言以一牛之血薦祭也。　【殷墟文字甲編考釋】

◉徐中舒　□佚六七六　從□中有點，疑為血之異體。

□，當是血字。甲骨文血字作□、□、□等形，此作□，與小篆□字之形尤近。　【甲骨文字典卷五】

◉連劭名　甲骨文中的「盟」、「皿」、「血」，在使用上往往是不加區分的。

盟即盟字。《説文解字・囧部》：「盟，周禮曰國有疑則盟諸侯。再相與會，十二歲一盟，北面詔天之司慎司命，盟，殺牲歃血，朱盤玉敦以立牛耳，从囧，从血。盟，篆文从朙，盟，古文从明。」今按：古从明聲字可與从亡聲字通，如萌通甿，所以，盟字可讀為衁。《説文解字・血部》：「衁，血也。从血，亡聲。春秋傳曰：士刲羊，亦無衁也。」今本《周易・歸妹》：「女承筐，無實，士刲羊，無血。」

皿，《説文解字・皿部》：「皿，飲食之器也，象形，與豆同意，凡皿之屬皆从皿，讀若猛。」《左傳・昭公元年》：「於文皿蟲為蠱。」《釋文》引《字林》：「皿音猛。」《顏氏家訓・音辭》：「讀皿為猛。」今按：古盟字亦與孟字同音相借，《尚書・禹貢》：「又東至于孟津。」《史記・夏本紀》、《漢書・地理志》作：「又東至于盟津。」

血，《説文解字・血部》：「血，祭所薦牲血也，从皿，一（指篆文中皿上面的一點）象血形，凡血之屬皆从血。」血是會意字，皿中有血，正是朱盤玉敦以盛牲血的象徵。

所以，盟、衁、皿、血等字都是從一個來源派生出來的，在古代讀音相近。

盟、皿、血三字在甲骨文中的形體如下：

盟、□《摭續》六四（歷組）　□《甲》二三六三（𠂤組）　□《後》下三〇・一七（出組）

皿、□《鐵》六七・二（𠂤組）　□《鐵》五二九（無名組）

血、□《摭續》六四（歷組）　□《鐵》五〇・一（出組）　□《合集》二七九六四（無名組）

這三個字雖然字形上的區別非常明顯，但在使用時卻常常混淆，「盟」與「皿」在卜辭中一般都與「血」字表示的含義一致。同時同事的不同占卜，往往此辭用「血」，彼辭用「盟」，或此辭用「皿」而彼辭用「血」。這三個字是否在商代已經分別代表不同的含義，根據現有的材料尚無法得出精確的答案。　【甲骨刻辭中的血祭　古文字研究第十六輯】

◉連劭名　甲骨文血字的主要形體有□、□、□、□、□等等。卜辭中血字和皿、盟混用。出組卜辭中有「盟子」，又做「血子」，裘文云：

上一字（指盟子的盟）寫法有如下幾種：

□（合二二八五七） □（合一五一六八） □（合二二九八八） □□（合二五一六七）

由此可見被很多人釋為「血」的□□等字，也應該是「盟」的異體或跟「盟」音近相通的字。葉玉森早就據此把這些字釋作「盟」了（《集釋》一七二八—一七二九頁），《類纂》也是這樣處理的（一〇二三頁）。西周前期銅器邢侯簋有□字，一般也釋為「盟」。

古文字考釋不應是孤立、片面的，形體演變有一個歷史發展的過程，葉玉森將血和盟混而為一是錯誤的，邢侯簋中的血字也不應釋為「盟」。盟字从囧聲，甲骨文有「囧」字，□不當釋盟。

金文中有一個从「血」的字，形體如下：

□（祈伯簋） □（永盂） □（王臣簋） □（畢鮮簋）

字形可分析為从八从血或皿。這個字例很具典形性，可說明舊釋甲骨文血字是正確的，難道說益字下部分是盟字？此字有兩點應注意：（一）血字皿形中有一、丶、●、○，《說文》云：「血，祭所薦牲血也。从皿，一象血形。」（二）血皿通用，可由（畢鮮簋）中的□字證明。

金文中又有卹字，無論字形和用法都證明舊釋絕無問題，例如：

□（縣改簋）□（裘衛盉）□（瘨鐘）□（邾公釛鐘）□（叔夷鎛）

卹是形聲字，从血得聲，故諸形从□表示讀音，說明「□」確是血字，與甲骨文形體無異，值得注意的是，「卹」字又可从「皿」，例如：□（進簋）、□（師寰簋），這一現象與甲骨文中血、皿、盟混用的情況相同，我推測血、皿、盟古代是同一來源，完全基于這一事實，並非「硬說」。

晚商《我簋》銘文是研究血祭的重要資料，裘文没有引用，不知出于什麼原因。銘文云：惟十月又一月丁亥，我作御，血祖乙妣乙、祖己妣癸，延礿繋，二母咸㠯，遣福二㷭，貝五朋，用乍父己寶隮彝。

「血」字原文从血从示，作□。甲骨文中有𩰫字，从祟，有時亦作祟，有一例作㬥。血、皿、盟的古音中有一些問題，如卜辭中有獄，讀為熙，即卜辭中的「南盟」，盟、熙相通，周代有人名「伯囧」，又作「伯熙」，熙、囧的讀音，依現在的古音知識亦有差距，但熙、血都是曉母字，熙古音屬之部，血至後來歸職部。裘文云：

卜辭中過去釋為「血」的字，既然跟盟和皿同音或音近，顯然應改釋為「㿼」的表意字。

今按：甲骨文、金文中的「血」字形體一脈相承，不能改釋為他字。古代是否有「衁」的表意字，無法證明，只能看作衺文的主觀臆測。【再論甲骨刻辭中的血祭　于省吾教授百年誕辰紀念文集】

衁

●許　慎　衁血也。从血。亡聲。春秋傳曰。士刲羊亦無衁也。呼光切。【説文解字卷五】

●馬叙倫　亡音微紐邊音也。衁從之得聲而音呼光切。入曉紐。民每一字。每音亦微紐。而民音心紐。然其轉注為眠。亦從亡得聲。微聲之徽。音亦曉紐。盲亦亡聲。而音呼光切與此同。邊音而轉為摩擦次清音。豈微非相轉。由非而入心曉邪。衁為血之雙聲轉注字。字或出字林。【説文解字六書疏證卷九】

衃

●許　慎　衃凝血也。从血。不聲。芳桮切。【説文解字卷五】

●馬叙倫　衃音敷紐。與血衁為同次清摩擦音轉注字。衃從不得聲。衁從亡得聲。又同脣齒音轉注字。凝血也蓋字林文。字或出字林也。【説文解字六書疏證卷九】

𧖴

●許　慎　𧖴气液也。从血。𦘒聲。將鄰切。【説文解字卷五】

●馬叙倫　翟云升曰。𦘒聲。文選琴賦注引作液也。倫按此易傳男女構精之精本字也。血聲脂類。𧖴聲真類。脂真對轉。語原同邪。或轉注字邪。气液也當作气也液也。或此字林訓。【説文解字六書疏證卷九】

甹

甲七三一　明藏四六九　明藏四八七　佚一八六　甲二五八或从皿　甲七〇〇　甲八二八　乙五五九四　河七八二　拾二・一三　後二・四二・四　粹八二七　粹五六　京津三五五六　後一・一九・七　摭續三　存下四六三　存下七四二　燕五八八　京都一六八七【甲骨文編】

甲828　1148　1577　2476　乙2245　4995　5594　6264　6776　7094

7199  7751  掇66  287  京4·9·1  錄782  摭續149 新4830  粹56  827  828

 新3556  3890  4316 【續甲骨文編】

◉許　慎　𧗳定息也。从血。甹省聲。讀若亭。特丁切。　【説文解字卷五】

◉羅振玉　説文解字。甹。定息也。从血。甹省聲。此从皿。不从血。卜辭寍訓安。與許君訓甹為定息誼同。是許君以此為安寍字。而以寍為願詞。今卜辭曰。今月鬼⿱罒丂。是⿱罒丂與寍字誼同。當為一字。其訓願詞者。殆由安誼引申之也。　【增訂殷虚書契考釋】

◉瞿潤緡　後·下·四二·四。癸酉卜中甹風。前·五·十八·四。癸酉卜□貞甹雨□羔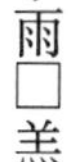。説文。甹。定息也。甹風甹雨者風定息雨定息也。羅振玉引「今月鬼甹」一辭。按此辭見前四·十八·四。上下皆有缺文。鬼甹似不連文。今證以上列各辭。甹訓定息而不訓安。羅氏之説殊不然矣。　【殷墟卜辭考釋】

◉馬叙倫　劉秀生曰。甹聲在青部。亭從丁聲。亦在青部。故甹從甹省聲。得讀若亭。只部。甹。從只。甹聲。讀若馨。香部。馨。從香。殸聲。殸。籀文磬。石部。磬。古文作硜。從石。巠聲。赤部。赬。從赤。巠聲。或從丁聲作赪。是其證。倫按甹訓定息。安得從血。甲文作。從丂。從皿。蓋從丂。皿聲。皿音微紐。由微以同邊音轉泥而入定。蓋甹為寧之初文。音在泥紐。轉入定耳。定息也當作定也息也。定也寍字義。息也上或有捝文。非本訓。　【説文解字六書疏證卷九】

◉于省吾　余所藏明義士墨本有辭云。庚戌卜⿱罒丂于四方其五犬。又有辭云。辛卯卜㓝彡彫其又于四方。按説文。甹。定息也。讀若亭。契文言⿱罒丂。與安寧之寧同用。此云⿱罒丂于四方。謂安寧四方之神也。四方之祭習見於載籍。周禮大宗伯。以䵼辜祭四方百物。又云。以玉作六器以禮天地四方。占夢。乃舍萌于四方。舞師。教羽舞帥而舞四方之祭祀。曲禮。天子祭天地祭四方。契文已有四方之祭。是其祀典由來尚矣。　【釋⿱罒丂四方　殷契駢枝三】

◉郭沫若　弟九行甹字孫初釋諤。後改釋甹。云「諤字無義。此云甹朕位。疑與甹通。説文血部。甹。定息也。从血甹省聲。讀若亭。」言定朕位也。今案以後釋為是。班毁及番生毁之甹王立位。則假甹為定。　【毛公鼎之年代　器銘考釋　金文叢考】

◉楊樹達　殷契卜辭五五八片云：「癸卯卜，㝉貞，甹風。」樹達按：周禮春官小祝云：「寧風旱。」按周人有寧風之祭，此亦因殷禮也。又大宗伯云：「以疈辜祭四方百物。」鄭司農云：「罷辜，披磔牲以祭，若今磔狗祭以止風。」按據此知漢時尚有止風之祭。

【卜辭瑣記】

◉陳夢家 罕于風 燕558

罕巫、風 下42·4

罕風、北巫犬 明續45

罕風、巫九犬 庫992

……巫、罕土、河、凷 粹56

勿于兇罕 輔仁14

其罕風三羊三犬三家 續2·15·3

其罕大風 粹827

弜罕風 粹456

其罕風、伊爽一小宰 粹828

寮風、不□雨 佚227

其罕風、方，叀 粹1182

……土罕風 摭續3

罕于四方其五犬 明續487

卜辭風雨之風與上述各辭之風，早期作雚，晚期作飌，即後來的鳳字，周禮大宗伯「飌師」乃此字的譌形。除「寮風」一見外，其它祀風之法為罕，即後世的寧字。說文「甹，定息也……讀若亭」；集韻清部「甹，定息」。爾雅釋詁「定，止也」。所以罕風即止風。周禮小祝「掌小祭祀將事侯禳禱祀之祝號……寧風旱」，寧風即卜辭之罕風。

罕雨 寧滬1·14，庫1895，存2·742

勿罕雨 珠1161

乎□，雨——勿□，不其雨 乙2001+2002+2019

甴戔衩雨 粹814

雫雨于𡆥，甶　前5・18・4

雫雨于土　上19・7

其雫雨于方　粹1545A

雫雨即止雨。【殷虛卜辭綜述十七章】

◉朱芳圃　拾二・一三　前四・一八・四　前五・一八・四　後上一五・一一　後下四二・四　粹一五四五

說文血部：「甹，定息也。从血，甹省聲。讀若亭。」按甹，甲文作上揭諸形，象皿庪丂上。皿庪丂上，平穩不動，故先民制字，用以象徵安靜。經傳作寧，詩周南葛覃：「歸寧父母」，毛傳：「寧，安也。」呂氏春秋仲冬紀：「身欲寧」，高注：「寧，靜也。」許君誤皿為血，誤丂為甹省聲，訓為定息，悉失之矣。【殷周文字釋叢卷上】

◉李孝定　甹字从血。無所取義。上下文卹盡衃諸字均與血義有關。而此訓定息。與血義無關。今絜文从皿。與寧字義同。知篆从血者。形體譌變耳。羅楊陳諸家之說並是。字又或作雫。【甲骨文字集釋第五】

◉趙平安　《甲骨文編》所收甹字主要有四種寫法：

a　(明藏469)　b　(甲731)

c　(甲828)　d　(粹56)

相對而言，a、b為繁體，c、d為簡體。關于甹的形義，《說文・血部》解釋說：「甹，定息也，从血甹省聲，讀若亭。」段玉裁注：「心部曰，息，喘也。喘定曰甹。」現在看來，把甹解釋為「定息」(喘定)、「从血甹省聲」都是靠不住的。因為「定息」義與甹的構形不相關涉，而「甹省聲」也衹不過是用與甹具有部分相同形體的音近字來解釋字形結構的權宜之計，並沒有令人信服的依據。近來有學者根據甲骨文a說甹，謂「其上象皿中盛勝血形，其下从乎」，从血从乎，也頗為令人費解。

b的上部與《殷契粹編》12血字寫法相同，可以肯定是从血。a中血點濺滿皿的四周，从血更為明顯。c、d中血省作皿，如同《殷契佚存》631衃从皿作一樣。

甹的下部从示作。甲骨文示或作丅 丆 ㇀，有時單獨使用，如《殷虛書契後編》上1・2、鳳雛H_{11}所出西周甲骨223；有時作偏旁，如《龜甲獸骨文字》1・19・14的福、《殷虛文字乙編》6419的祀、《殷虛書契前編》6・3・7的祏、《殷虛書契續編》6・11・6的祝等。作偏旁的用例比單用更多。

甹字下部所从與上舉示字或示旁相同，同是示字一種簡單的寫法。示的這種寫法與丂的異體丆(存下340)、㇀(乙2316)相

衄

混，這就是小篆甹从丂作的原因。

甹字从血从示，構形與甲骨文集、柰相似，象置血於示上，表示血祭，是一種祭祀的名稱。這也是它在甲骨卜辭中的基本用法，或單獨使用，如：

①庚午……賓甹……(合3680)／②乙未卜其甹羌一牛(合32022)／③庚戌卜甹于四方五犬(合34144)／④于南甹(合34149)／⑤丁亥卜弜甹嶽，丁亥卜甹嶽燎牢(合34229)／⑥甲申秋夕至甹用三大牢，甹于滴(屯930)。

或與其他詞連成詞組使用，如「甹摧」、「甹禍」、「甹風」、「甹雨」、「甹風雨」、「甹秋」、「甹疾」等：

⑦……申卜貞方帝甹摧九月(合14370)／⑧丙午卜古貞旬甹禍(合5884)／⑨甲戌貞其甹風三羊三犬三豕(合34137)／⑩丁丑貞其甹雨于方(合32992)／⑪其甹風雨(屯2772)／⑫貞其甹秋來辛卯酌(合33233)／⑬壬辰卜其甹疾于四方三羌侑九犬(屯1059)

甹作為祭名在傳世文獻中尚有孑遺，寫作寧，甹寧本為一字。

楊樹達先生說：「《周禮·春官·小祝》云：『寧風旱。』按周人有寧風之祭，此亦因殷禮也。又《大宗伯》云：『以疈辜祭四方百物。』鄭司農云：『罷辜，披磔牲以祭，若今磔狗以止風。』按據此知漢人尚有止風之祭。」陳夢家先生說：「甹風即止風。《周禮·小祝》『掌小祭祀將事侯禳禱祀之祝號……寧風旱』，寧風即卜辭之甹風。」「甹風」即寧止風災的祭祀。在卜辭中，甹是一種有所寧止的血祭。「甹雨」為寧止雨災的祭祀，「甹摧」「甹禍」為寧止災禍的祭祀，「甹秋」為寧止蝗害的祭祀，「甹疾」為寧止疾病的祭祀。就語法功能而言，甹與桒十分相似。桒在卜辭一般用為祭名，可以單用，也可以構成「桒年」、「桒禾」、「桒生」、「桒田」、「桒攺」、「桒又」等詞組。它們無論單用還是連用，後面都可以綴以祭祀對象和祭祀用牲，當連成詞組時，「甹」和「桒」的具體內容和對象便可能同時出現。現在有的學者把「甹摧」「甹禍」「甹風」「甹雨」「甹秋」「甹疾」的甹僅僅理解為寧止，而不當作祭名，是不夠準確的。

後世寧行而甹廢。寧的兩個常用義「安定」「探望」都是從「有所寧止的祭名」引申出來的。【允甹形義考　古漢語研究一九九六年第二期】

◉許　慎　衄鼻出血也。从血。丑聲。女六切。【說文解字卷五】

◉馬叙倫　沈濤曰。文選吳都賦注引。衂。折傷也。衂即衄之别體。蓋古本有一曰折傷也。倫按從血丑聲。不見鼻出血之義。出字疑是上文甹下說解息也上之捝譌於此者也。玄應一切經音義十。今呼鼻血為鼻衄。則衄當是衃之轉注字。衃音敷紐。

古讀歸滂。衄從丑得聲。丑音微紐。滂微同為次清破裂音也。又疑丑為刃誤。刃音古在泥紐。故選注引作衂。或刃丑皆女之譌。女音娘紐。故衄音亦娘紐。古讀娘歸泥。泥微同為邊音。則衁之轉注字也。或曰。此衃之雙聲轉注字。衂聲出類。衃聲侵類。幽侵對轉也。【說文解字六書疏證卷九】

盥 崔希裕纂古 【古文四聲韻】

◉許　慎　盥腫血也。从血。農省聲。奴冬切。膿俗盥。从肉。農聲。【說文解字卷五】

◉馬叙倫　倫按玄應一切經音義引古文官書。盥膿二形同奴公反。潰血也。盥為盥之譌。潰血也較長。潰血謂創潰所出之血也。腫字蓋校者注以釋音者也。此本亦作潰血也。挩潰字耳。

膿　倫按王筠校鍇本盥作農。譌。俗字江式加之。或本作盥或从肉農聲。後人改之邪。【說文解字六書疏證卷九】

◉于省吾　甲骨文盥字作 或 ，舊不識。按盥即古盥字。說文：「盥，腫血也，从血農省聲。膿，俗盥从肉農聲。」按農乃後起字，應从盥省聲，許氏以為盥从農省聲，未免本末倒置。盥字从 或 ，古文字从 也作 或 是常見的，無須舉例。盥字在甲骨文中僅四見。其所从之白，後世加上文飾作囟，這在甲骨文中同是一個字，而無文飾和有文飾則是時常互見的。例如：奚字作 也作 ，萬字作 也作 ，文字作 也作 ，不煩備引。周器麥尊有 字，郭沫若同志謂：盥字與說文膿之作盥者相似，疑摹刻有失。」(系考四二)這是對的。甲骨文稱：「貞，盥涉于 〇盥弓涉于 。」(乙五三一七)，這是以盥為人名。又：「丁卯卜，□貞，奚羊白盥，用于丁。」(後下三三・九)甲骨文奚與戮通用，戮字右从戉(鉞)，作動詞用，乃殺戮之義。盥為羊方酋長之名。這是說，殺戮羊方酋長之名盥者以祭于丁。

甲骨文羊方屢見，羊字作 或 ，象係索于羊頸形，這和羌字作 形同義，但前者是就羊言之，後者則就羌人言之。近年來雲夢出土的秦簡：「士五(伍)甲盜一羊，羊頸有索，索直(值)一錢。」(一九七六年文物第八期二八頁)以甲骨文驗之，則以索係羊頸，已見于羊方。羊方或由此習慣作風而得名。

總之，甲骨文的盥即說文盥字的初文，但也糾正了說文以盥為農省聲之誤。至于羊字的形義和羊方稱名的由來，也附帶予以解說。【釋盥　甲骨文字釋林下卷】

䀋 䀋

◉許　慎　䀋血醢也。从血。肬聲。禮記有䀋醢。以牛乾脯粱籟鹽酒也。臣鉉等曰。肬。肉汁滓也。故从肬。肬亦聲。他感切。【說文解字卷五】

◉馬叙倫　鈕樹玉曰。韻會引無記字。是也。周禮醢人。掌朝事之豆。其實醓醢。醓。肉汁也。倫按周禮醢人詩行葦儀禮聘禮字皆作醓。從皿是。醓以酒加於禽獸之肉。故或易肉以酉。醓不以血。何取於血。唯置器中。故從皿也。此實肬之後起字。王筠說宜入肬下為重文。字蓋出字林。【說文解字六書疏證卷九】

𧖴 𧖴

◉許　慎　𧖴醢也。从血。菹聲。側余切。䔡𧖴或从缶。【說文解字卷五】

𧗄 𧗄

【續甲骨文編】

◉許　慎　𧗄以血有所刏涂祭也。从血。幾聲。渠稀切。【說文解字卷五】

◉馬叙倫　鈕樹玉曰。韻會引脱刏字。玉篇引刏誤作别。涂作塗。王筠曰。韻會引篆作𧗄。説作幾省聲。倫按三篇。釁。血祭也。即此字義。此即釁廟釁鼓之釁本字。見釁字下。字或出字林。【說文解字六書疏證卷九】

◉于省吾　卜辭言用牲有𠘧字。亦作𠘧𠘧𠘧𠘧𠘧𠘧等形。商承祚云。此乃祭名。又疑即祭字之省。待問編一・四。吳其昌謂𠘧之與用。義殆不異。解詁七續四八五。按其字與祭形迥殊。與用義迥别。商吳二氏說並非。𠘧字从數點。象血滴形。从𠘧。乃几字。象俎案形。當即說文𧗄之初文。𠘧𧗄古今字。兹分陳其說於左。

一𠘧𠘧𠘧𠘧等均象几形。𠘧乃几之變體。其或一足高一足低者。邪視之則前足高後足低。其有横者。象横距之形。禮記明堂位。俎夏后氏以嶡注。謂中足為横距之象。金文處字从几。如宗周鐘作𠘧。弓鎛作𠘧。蚰匕作𠘧。古璽文字徵四・二。肌字數見。从几作𠘧𠘧。均其證也。

一𠘧字當於說文之𧖴。說文。𧖴以血有所刉涂祭也。从血幾聲。按从几从幾音同字通。以聲言之。几幾並見紐三等字。以韻言之。几幾並隸脂部。如飢饑机機之類。經傳每互作。亦其證也。然則𠘧字从數點象血滴。與𧖴之从血。其義一也。从几與𧖴之从幾。其音一也。

一𧖴字經傳亦假幾刉祈為之。周禮犬人。凡幾珥沈辜用駹可也注。玄謂幾讀為刉。珥當為衈。刉衈者釁禮之事。士師。凡刉珥則奉犬牲注。珥讀為衈。刉衈釁禮之事。用牲毛者曰刉。羽者曰衈。肆師。以歲時序其祭祀及其祈珥注。故書祈為幾。杜子春讀幾當為祈。珥當為餌。玄謂祈當為進禨之禨。珥當為衈。禨衈者釁禮之事。雜記曰。成廟則釁之。雍人舉羊。升屋自中。中屋南面。刲羊血流于前。乃降。門夾室皆用雞。其衈皆於屋下割雞。門當門。夾室中室。然則是禨謂羊血也。山海經東山經。祠毛用一犬。祈聃用魚。中山經。刉一牝羊獻血注。以血祭也。刉猶刲也。按易歸妹上六。士刲羊無血。與郭注可互證。至士師鄭注毛牲羽牲之分。不可據。辨見孫氏周禮正義。黃以周禮書通故云。刉字从刀。義取割牲。說文訓斷。廣雅訓刺。山海經郭注訓刲。皆其證。衈字从血。義取涂釁。穀梁叩鼻衈社。范注云。衈釁也。取鼻血以釁祭社器。山海經字又作聃。郭注云。聃音餌。以血涂祭。皆其證。刉衈者。割牲血以涂。乃釁禮之別名也。經傳或言刉。或言衈。或言刉衈。單文連文。義得兩通。雜記于羊言刲。雞言衈。與小子職于社稷言珥。五祀言祈。皆屬互文。非對文。按黃說是也。管子形勢。山高而不崩。則祈羊至矣。祈即刉也。由是可證卜辭之𠘧。當於說文之𧖴。經傳亦作幾刉祈者。並係音近字通。說文。血祭所薦牲血也。卜辭言𠘧。皆謂刉牲或人取血以祭也。

一卜辭言𠘧之例。前一·三十·四。□寅卜貞𠘧出彡㲋。自母辛衣。六·六七·四。丙寅卜。㝉貞。來羌。來甲戌𠘧。用。七·三二·四。□戌卜。貞。卓見百牛𠘧。用自上示。後上二五·七。丙申貞。射𢀛以羌𠘧。用自甲。粹七九。甲辰貞。其大钔。王自甲𥁑。用白豕九。豕唐釋夋。見天壤閣考釋四六。下示𠘧。九九。乙亥貞。又升伐自甲𠘧。至父丁。二二七。其𠘧吕小示。遺珠六五五。王其生𠘧。鄴初下四十。其弗宊三匚日。其𠘧。新八五。己亥卜。㝉貞。𠘧。用來羌。葉玉森前編集釋一零一。引容庚藏栔有四辭。一。丁未貞。𡴘年。自上甲六示牛。小示𠘧羊。二。丁酉卜。□自上甲𠘧。用人。三。辛巳貞。□自上甲𠘧。𡘤。四。癸丑卜。自上甲𠘧。又伐。余嘗見拓本云。辛酉其若。亦𠘧伐。以上所列諸辭。或單言𠘧。或就羊與牛與羌與人為言。以𠘧字之形音義及其辭例推之。則為刉牲或人取血以祭。較然明矣。

綜之。栔文之𠘧。即說文之𧖴。𠘧𧖴古今字。以六書之誼求之。𠘧字象薦血於几上。从⺍从几。几亦聲。从⺍象血形。猶𧖴之从血也。从几聲。猶𧖴之从幾聲也。𠘧為𠘧牲或人獻血之祭。周代經傳作幾刉祈者。借字也。研栔者不識

卹

其字。遂致殷禮之無徵矣。【雙劍誃殷契駢枝續編】

佚六三一　从皿【甲骨文編】

卹　五祀衛鼎　縣妃簋　追簋　師寰簋　邾公釛鐘　邾公華鐘　曾姬無卹壺　曹卹父鼎【金文編】

一〇五：二　二例　詛咒類被盟詛人名無卹【侯馬盟書字表】

卹　段注卹與心部恤音義皆同古書多用卹字後人多改為恤　為二六【睡虎地秦簡文字編】

詛楚文𡕐湫之卹　石經君奭　明卹小臣　汗簡引石經作誤【石刻篆文編】

卹見石經　卹【汗簡】

古春秋【古文四聲韻】

◉許　慎　卹憂也。从血。卩聲。一曰鮮少也。徐鍇曰。皿者。言憂之切至也。辛聿切。【說文解字卷五】

◉孫詒讓　凡古書之言卹者多訓為慎。左襄二十七年傳引詩。假吕溢我作何吕恤我。爾雅釋詁。溢。慎也。恤卹古通用。詳王引之經義述聞。金文凡言卹者亦多訓慎。【追敨　古籀拾遺中】

◉林義光　即人字。見卩字條。从人血聲。古作追敦。【文源卷一】

◉孫海波　佚存六三一版「□弅□伐□」，，字从人从皿，當即許書之卹字。說文「卹，憂也，从血卩聲；一曰鮮少也，虞書惟形之卹哉。」又大誥「無毖于卹」，皆毖少之意。周書「祭公而莫卹其外」，周禮典瑞「以卹凶荒」，訓憂，从人旁血，象意。金文，邾公釛鐘作，邾公華鐘作，追毁作，師寰毁作，並與此同。說文云「从卩聲」非。古文人同入，一象側立之形，一象人跽伏之形，筆畫微異也。【卜辭文字小記】

◉吳其昌　恤卹一字。追毁卹作，邾公釛鐘用敬卹盟祀之卹作，邾公華鐘以卹祭祀盟祀之卹作。其字皆正象有人鞠躬

盡

臨盆歃血之形。其義又正為盟祭祀祝時告質鬼神之誓，則卹為歃血而誓之意，昭明彰顯。【金文名象疏證　國立武漢大學文哲季刊六卷一期】

◉陶北溟　鑄其龢鐘以卹其祭祀盟祀。卹讀為謐。慎也。尚書。惟刑之卹哉。伏生。今文作謐。盟猶明也。以約辭告神。殺牲歃血明著其信曰盟祀。【邾公華鐘　舊雲盦金文釋略】

◉馬叙倫　鈕樹玉曰。一切經音義九引作少也。沈濤曰。華嚴經音義六十。説文云。憂恤從心。卹少從卩。爾雅通用。今按諸書。依説文從卩為勝。是慧苑所校本卹字無憂也一訓。而本訓為少也。傳寫妄易。朱駿聲曰。從卩。血聲。隸血部非是。林義光曰。即人字。從人。血聲。追敢作。倫按金文皆從。蓋侐之異文。當入人部為侐之重文。字或出字林。一曰鮮少也者。當作鮮也少也。卹從血得聲。血音曉紐。以同摩擦次清音轉入心紐。與小鮮皆雙聲。故得借為鮮或小。少則小之後起字也。俗謂少為一卹卹。此校者所加。邾公釛鐘作。追敢作。【説文解字六書疏證卷九】

◉陳世輝　「求蔑瀍皇天上帝及不顯大神巫咸之卹祠、圭玉、羲牲」。⊘巫咸之祀由來已久。「卹祠」：或以為卹當讀血，卹祠是血食或血祀，指「血食祭品」。此説似有可商。詛文説楚王廢掉了大神的卹祠、圭玉、羲牲。羲牲本是血物，不當在前邊又説「血食祭品」。《漢書·郊祀志》：「或言曰，周興而邑，立后稷之祠，至今血食天下。」顏注：「祭有牲牢，故言血食徧天下也。」足以説明羲牲即是血食。今按「卹祠」乃古人常語，或作「卹祀」。于省吾先生説：「卹，敬慎也。」這個解釋是最合適的。祠通祀，前人已多説過。甲骨文年祀的祀字或作司，也是祠、祀相通的一證。詛文的卹祠，在金文中作卹祀。《邾公華鐘》説：「鑄其龢鐘，台(以)卹其祭祀、盟祀。」《邾公釗鐘》説：「用敬卹盟祀。」「卹祠」和「敬卹盟祀」意思是一樣的。《叔夷鐘》説：「虔卹厥尸事。」《兩周金文辭大系》的《叔夷鐘考釋》引孫詒讓説：「虔亦敬也。卹，慎也。」《周頌·維天之命篇》「假以溢我」，《毛傳》：「溢，慎也。」《左襄二十七年傳》引作「何以卹我」。恤、卹字通。」如上所述，卹祠(祀)即虔誠的祭祀。詛文「卹祠」與圭玉、犧牲並舉，前面是説祭態的虔誠，後面是説祭品的豐盛。從文章的層次來看，恐怕應當這樣分析。《禮記·月令》：「是月也，祀不用犧牲，用圭璧。」可見秦人是用古禮來攻擊楚王，取媚於神靈。【詛楚文補釋　古文字研究十二輯】

盡　父辛卣　多友鼎　唯馬敺　盡復奪京𠂤之孚　【金文編】

盡出義雲章　【汗簡】

衋 義雲章【古文四聲韻】

◉許　慎　衋傷痛也。从血聿。皕聲。周書曰。民冈不衋傷心。許力切。【説文解字卷五】

◉方濬益　衋益卣　説文。衋。傷痛也。从血聿。皕聲。周書曰。民冈不衋傷心。此从皿。从二自。與篆文微異。【益卣綴遺齋彝器款識考釋卷十二】

◉林義光　聿。筆也。筆下有血。傷痛之意。奭省聲。【文源卷八】

◉馬叙倫　段玉裁曰。鍇本云。讀若憘。心部有憘有憙。按當作譆。言部。譆。痛也。音義皆近。王玉樹曰。今酒誥此字從皿。玉篇亦入皿部。云。痛甚也。恐玉篇為後人所亂。王筠曰。聿皕皆聲也。朱駿聲曰。當從𦘒省。𦘒。氣液也。許書無𦘒部故坿於血部。林義光曰。奭省聲。葉德輝曰。皕讀若祕。祕憘古音同部。劉秀生曰。小徐本有讀若憘。言部譆痛也。衋從血而聿而訓痛傷。誼不可通。蓋傷痛之訓即譆字義。衋或從𦘒。𦘒即血之後起字。皕聲。其本義亡矣。後人誤以譆義入之。因加讀若耳。倫按傷痛也當作傷也痛聲也。皆吕忱列異訓。譆也者。譆字義。衋從𦘒省。頭聲。此字父辛卣作衋從䀠。而此從皕。以之互證。實從皕。許書無皕字。當是百之茂文。本書從百之字或從頁。倫謂朱林説是。奭省聲。故音入曉紐。為血之雙聲轉注字。當立𦘒部而屬之。字蓋出字林。【説文解字六書疏證卷九】

衉

◉許　慎　衉羊凝血也。从血。臽聲。苦紺切。䘔衉或从贛。【説文解字卷五】

◉馬叙倫　鈕樹玉曰。韻會引作羊血凝也。非。玉篇注同此。翟云升曰。御覽飲食部引作羊血曰衉。倫按衃下曰。凝血也。坏音敷紐。古讀歸滂。衉音溪紐。滂溪皆次清摩擦音。是衉為衃之轉注字。廣雅釋器。衉。血也。本草陶注。宋帝時。太官作血衉。庖人誤落藕皮其中。血散不凝。是凝血皆曰衉。不必為羊血也。羊凝血也有譌。亦非本訓。或字出字林。

䘔　鈕樹玉曰。繫傳作䘔。王筠曰。篆當依鍇本作䘔。宋保曰。贛臽同部聲相近。説解曰。衉或從贛。則篆為傳寫之譌。倫按贛臽聲同侵類。十四篇。贛。讀若美而豔。詩十月。豔妻煽方處。魯詩作閻妻。是贛臽聲通之證。故衉轉注為䘔。朱文藻按鍇本贛作䪅。【説文解字六書疏證卷九】

盇 盍

盇　朱駿聲云今隸作盍从去从皿深得六書之意疑篆本从去皿不从大血也孳乳為蓋　酓忎鼎蓋　【金文編】

3·1304　獨字　說文盇从血大聲此从皿不从血　【古陶文字徵】

六七：五二　內室類參盟人名　【侯馬盟書字表】

254　254　【包山楚簡文字編】

盇　說文所無　日乙一一　【睡虎地秦簡文字編】

2739　2742　2741　【古璽文編】

盇帶　【漢印文字徵】

盇　【汗簡】

王存乂切韻　【古文四聲韻】

◉許　慎　盇覆也。从血大。臣鉉等曰。大象蓋覆之形。胡臘切。【說文解字卷五】

◉林義光　即覆蓋之蓋本字。象物在皿中。與血同形。非血字。象蓋形。盇葉韻蓋泰韻雙聲旁轉。盇轉為蓋。猶葉葉韻轉為世泰韻。灋葉韻轉為廢泰韻也。見世字條。【文源卷二】

◉強運開　𧼮秦公殷。咸畜胤士𧼮文武。容庚乍有重文。按拓本並無重文。又按說文。盇覆也。从血大聲。段注云。此以形聲包會意。大徐刪聲。非也。今胡臘切。其形隸變乍盍。是盍字本非从去矣。然古鉥盇字有乍乍者。皆从去也。又古去字乍等形。此篆从走从去从皿。蓋亦如起之古文乍。越字从走與辵部之𨒅音義則相同。以此證之。𧼮亦古去字。而𧼮即古盇字。盇訓為合盇文武。即謂合文武也。【說文古籀三補卷五】

◉郭沫若　𧼮字當即盇字，許書作盇，以為從血大。案其字當從皿去聲，古文去作厺，與皿相連則類從血大，故小篆致誤也。盇從去聲猶夒從去聲。𧼮則盇之繁文耳，𧼮𧼮則猶赫赫。【秦公殷韻讀　殷周青銅器銘文研究卷二】

◉馬叙倫　鈕樹玉曰。繫傳及韻會引大下有聲字。大徐删去聲字。而為之説曰。大象蓋覆之形。非。王筠曰。盇何取於血而以大覆之也。盇當為蓋之古文。當入皿部。大則蓋也。皿則底也。一則所盛之物也。其義甚完。殆後人又加艸耳。朱駿聲曰。從皿。從大。大象覆蓋形。一者。皿中物也。指事。翟云升曰。繫傳有聲字。非。徐灝曰。盇古榼字。左成十六年傳。使行人執榼承飲。蓋飲器也。從皿。一指所盛酒漿。與血形同而義小異。大象其蓋。與壺同例。大亦聲。倫按盇蓋非古今字。蓋從艸盇聲。此苫蓋字。從盇聲者。語原然也。王朱徐竝謂從皿。一指所盛。大象蓋形。指事。倫謂盇為榼之初文。器名也。器乃象形為文。不必兼所盛而為指事字。且指詞而以指事方式造文者。有之皆後起字。知本無矣。此初文作⊕。象形。變為篆文。乃如此耳。徐謂與壺同例。是也。然證以金文壺字亦不從大。明傳寫譌變。上既非大。則謂大亦聲。非矣。覆也者。蓋字矣。或非本訓。當入皿部。古鉨作盇。【説文解字六書疏證卷九】

◉楊樹達　木部云：「榼，酒器也。从木，盇聲。」朱駿聲曰：「榼即盇之或體。盇為何不之意所專，因加木旁耳。盇从皿，从大，大象蓋形。从一，一者，皿中物也。樹達按：朱説榼為盇之後起加旁字，是也。許云从血从大，非是。蓋形象大，器形象皿，非字从皿从大也。【文字形義學】

◉張日昇　大象其蓋。與壺同例。下从皿。説文謂从血。無義可説。或謂从皿從一。一者皿中物。亦非。古文字血皿往往互混。盇字仲鈛父鬲从血。盨字伯筍父盨从血。盞字金文亦从血。盇从皿。皿亦皿也。隸書作盍从去。盦志鼎蓋作盇。隸書亦有所本也。俗字作盒从合。蓋亦盇之譌變。盇字古音在葉部。嗑榼闔瘟郃豔餂諸字从之得聲。亦在葉部。段氏謂从大聲恐非。王筠説文釋例謂盇為蓋之古文。説文。蓋。苫也。从艸。盇聲。然蓋古音在祭部。朱駿聲説文通訓定聲謂从艸从盇會意。段氏於盇字下亦謂艸部之蓋从盇會意。【金文詁林卷五】

◉周法高　王引之經傳釋詞卷四云。盇。何不也。常語也。字亦作蓋。禮記檀弓曰。子蓋言子之志於公乎。是也。參俞敏論古韻合帖屑没曷五部之通轉。燕京學報第三十四期0263「世」字條。盍蓋條。檀弓。子蓋行乎。釋文云。蓋。依注音盍。胡臘反。下同。何不也。高本漢修訂漢文典(642g)認為在較早之時。蓋讀kâb。在詩經時讀kâd。蓋與盍音義皆通。【金文詁林卷五】

◉商承祚　此器連蓋作圓體，下有圈足，蓋有圈頂，既無兩耳，則持時須用手捧之，與吾粵稱之為捧合者同，故擬其名為合。案《廣韻》謂為器名。《洪武正韻》：「合子，盛物器。」就其字形言之，正象器蓋切合狀，《説文》訓「合口」失之。又《説文》：「凵，凵盧，飯器，以柳作之。」字或作笶，从竹，示有竹製者，無關宏旨，因笶已具器形狀，上从之大，非人形之大，與金文壺之作盇同是蓋形，故許君云壺「从大，象其蓋也」，非會人意矣。今乃以笶隸作笶从去聲，另出去部，訓「人相違」義，是後人未明凵去笶本為一字，凵為初字，去笑為或體，後借去為來去字，而分化之耳。《説文》又有盇字，云「覆也」。應从大得義，實由厺之演變。凵，無足；厺，則具足形，體有繁簡，其義固同，古文从皿之字又或作凵，如甲骨文盂作盂或作盂，盡作盡，又作盡之例，以是知去盇同源。盇，經典作盍，是也。小篆盇，从血大。段玉裁注从徐鍇説从血聲，皆非。朱駿聲《説文通訓定聲》以「从一，一者，皿中物也」，亦非；惟謂「今隸作盍，从去从皿，深得六書之意，疑篆本从去皿，不从大血」，則卓具見地。大為厺之寫誤，決然無疑，故凡《説文》从盇之字，如蓋、榼、嗑、鎑、豔、磕、郃、瘟、闔等，今隸無不从盍，皆可據以訂正。

盍與合，聲義同。《爾雅・釋詁》：「盍，合也。」《易・豫》「朋盍簪」，注：「盍，合也。」又《説文》：「闔，門扇也。一曰閉也。从門盍聲。」《荀子・效儒》「外闔不閉」，注：「闔，門扇也。」《左傳》襄十七年「皆有闔廬」，注：「闔，謂門户閉塞。」又《説文》：「閤，門旁户也。从門合聲。」《漢書・公孫弘傳》「開東閤」，注：「閤者，小門也。」其實闔、閤同字。合亦訓閉，《漢書・倪寬傳》「合祛于天地神祇」，注：「合，閉也。」是與闔之義通。《説文》：「居，閉也。」《禮記・雜記》「朝夕哭不帷」，注：「既出則施其居。」《釋文》引《字林》云：「居，閉也」；又引《纂古文》云古闔字。《類篇》：「凵，或作莟，亦可从竹作箬，見《儀禮》笲字疏，此又去盍合相通也。《爾雅・釋宮》：「闔，謂之扉。」案門與户同，則居亦可作閍矣。《集韻》有盧，音榼，「閉户也」，與闔訓同，是盧即闔，復出居啓，謂通盧，則啓亦可作閤矣。據此，凡从合盍去之字音互通，且本為一字，並可溯其變遷之跡。若就其字形言，皆似合子之狀，厺已似合，增皿作盒，乃應字之運用而孳乳，既各成專字，而去合之本義晦矣。至楚合字之淵源，為彝器篕之省變，區別之處在兩耳之有無，於楚是否亦稱篕，今無可考，故姑定以今名。【楚黍器集考釋　文物一九九一年第十一期】

◉劉彬徽等　盍，借作合，鎗合，似指蓋豆。【包山楚簡】

◉孔仲温　許慎《説文》釋小篆「盇」字形構為「从血大聲」，而「盇」即「盍」字，清段玉裁以小篆「盇」為本形，「盍」則是「盇」的隸變，此説恐待商榷。從古文字形體觀之，「盍」應早於「盇」，「盇」反是由「盍」簡省而來，考殷商甲骨文字，尚無「盍」「盇」字形，其出現的時間，大抵是在東周時期，如戰國中晚期金文「盍」作：

楚王酓忎鼎　楚郙陵君鑑盍　長陵盉

再如先秦楚秦竹簡則作：

包山楚簡　望山二號墓楚簡　仰天湖楚簡

信陽楚簡　睡虎地秦簡

其他又如侯馬盟書、古陶文、璽印則作：

□侯馬盟書　□古陶文字徵　□印・尊集

在這些字形裡，儘管形體互有異同，但是我們可以清楚地看到，没有一個字是从「血」的偏旁，而从「大」的偏旁，也只有《古陶文字徵》所載録先秦陶文的「□」一字，這個陶文，高明先生《古陶文彙編》把它歸列在春秋戰國及秦時期的山東出土陶文一類，「春秋戰國秦」，這是一個較大範圍的斷代，但是從上面的字形，我們可以推知東周時期「盇」字以从「□、□」的形體為主，作从「大」的形體疑是東周戰國晚期時，自「□、□」省形而來，何以見得？從睡虎地秦簡「蓋」字出現不少次，歸納其寫法大致有「□、□、□、□」這幾種形體，而銀雀山漢簡「蓋」亦作「□」，馬王堆漢簡作「□」，因此可以推知「盇」字形省變的步驟大致作：□→□→□→□，而許慎的「从血大聲」，則是將「□」省變作「大」的「一」，下屬於「皿」而成「血」字，所以許書段注均不正確。

另外，小徐本《説文》釋「盍」形構作「大聲」，這也是一個值得留意的問題，雖然大徐本删「聲」字，但是作「大聲」並非全無緣由，考《説文》中从「盇」偏旁的字有：榼、嗑、豔、鰪、郃、瘟、磕、闔、蓋，連同「盇」共10字，它們在中古《廣韻》裡，只收入於入聲韻部的有：盇胡臘切、榼苦盇切、嗑胡臘切又古盇切、鰪筠輒切、瘟烏合切又安盇切、闔胡臘切六字，兩收於去聲與入聲韻部的有：郃胡臘切又古盇切又苦蓋切、磕苦盇切又苦易切又苦蓋切、蓋胡臘切又古盇切又古太切三字，另外有：豔以贍切祇收入於去聲韻部，依百分比，只讀作入聲的佔60%，兼讀去聲、入聲的佔30%，只讀作去聲的佔10%，依照上古的音韻現象，去聲與入聲一向關係密切，它們彼此經常相互通轉，尤其中古的去聲，有許多是源自於上古入聲，以及我們從上面《説文》从「盇」得聲的例字，是傾向於入聲韻部，因此可以看出「盇」字的本讀為入聲，而部分从「盇」得聲的字後來轉變為去聲，如「豔」字，《説文》釋形作「从豐盇聲」，上古原本應讀作*gjap，後來至中古音變去聲而讀作 i̯ɛm，聲調雖然變了，韻尾也由雙脣塞音變成雙脣鼻音，但很明顯的，仍然保留上古雙脣輔音的痕跡。至於「郃、磕、蓋」三字，雖然也轉變有去聲的讀音，但同時保留了上古入聲的讀法，形成一字多讀的情形，而轉為去聲韻部的，則都屬泰韻，形成形聲字的聲母與諧聲字有不和諧的情形。例如「蓋」，《説文》釋形為「从艸盇聲」，段玉裁以為「蓋」在其古音第十五脂部，而所從「盇聲」則在其古音第八談部，這樣的不和諧是「合音」現象，朱駿聲則把《説文》所釋形聲的結構，改作「从艸从盇，會意」，以解釋這種不和諧的現象。其實所从「盇」的聲符，所以會轉入去聲泰韻，我們以為極有可能就是「盇」字在戰國晚期以後，省形作「盇、盇」，後人不察，誤將所从「太、大」視為聲符所造成的。因此，假使小徐本釋「盇」从「大聲」為《説文》原書面目的話，那麼在東漢時期，从「盇」的字已有轉為去聲的情形。

關於「盇」字的形義，個人曾參酌商承祚先生説以為「从皿从去」，懷疑「去」為「凵」「笶」的假借，為盛飯的食器。但經個人更深入地多方考察「盇」字的形音義，認為所从的「去」，應該就是「合」，而其形音義就是「盇」的本形、本音、本義，「盇」是由「去(合)」加上形旁而形成「从皿去(合)聲」的形聲字，與「⿱竹去」屬同源的關係，都是指盛裝食物的容器，而非假借。本文所以重新提出這樣的看法，首先是我們認為在東周或更早時期的文獻典籍中，「盇」或从「盇」的字，其使用已經十分普遍，如：《周易・豫卦》：「象曰……朋盇簪」，《詩經・豳風・七月》：「饁彼南畝」，《莊子・天地》：「嗑然而笑」，《左傳・桓・元》「美而豔」，《管子・八觀》：「閭閈不可以毋闔」等等，但是較難理解的是，為什麼在殷商或西周時期的甲骨文與金文裡，卻不見這個先秦典籍使用相當普遍的「盇」或从「盇」偏旁的字，是不是「盇」有另一種寫法？其次，考甲骨文中「去」字作《甲》一・十・九《前》二・十一・一，《説文》釋「去」，本義作「人相違也」，徐中舒先生《甲骨文字典》疑甲骨文字形象人跨越坎陷，以會違離之意，我們以為其説可行，但是以「人相違」的「去」來解釋盛飯食器的「盇」字所从「去」，總覺得困難，視為「⿱竹去」的假借，是解決的辦法之一，然而還是不夠圓滿，而考「合」字的形音義，多與「盇」字相映合，以下則分形音義三方面逐一論述：

(一)在形體方面：考商周甲骨文、金文，「合」字作《前》七・三六・一《乙》一四二五召伯簋陳侯因資錞，《説文》釋「合」本義作「合口也」，而余永梁、朱芳圃、李孝定、張日昇諸先生以為「象器蓋相合之形」，個人雖也贊同這個看法，不過較傾向「合」的本義為名詞，作動詞是派生的結果，所以「合」是象器蓋相合的容器。「盇」字我們曾從「饋食」、「餉田」的「饁」，論證「盇」應是有蓋的盛飯食器，今「盇」字作，所从的「」與「」形體十分相似，「」正象容器，「」象器蓋，二者形義相通。且考甲骨文、金文「壺」字作《外》四四一《乙》二九四四頌壺令㚇壺，其中「壺」蓋的部件，可作「」或「」這樣的形體，因此可證「盇」字所从的「」是可與「合」相通的。

(二)在音讀方面：「盇」字，《廣韻》作「胡臘切」，其上古音屬匣母盇部，讀作*ɣap，而「合」字，《廣韻》作「侯閤切」，上古音屬匣母緝部，作*ɣəp，二者聲母相同，韻部則主要元音相近、韻尾相同，其讀音是極為相近的。

(三)在字義方面：不僅从「盇」聲符的字多有相合之意，如「闔」字，《説文》釋本義為：「門扉也……一曰閉也。」且「盇」典籍文獻多有釋為「合」者，如《爾雅・釋詁》云：「盇，合也。」魏王弼注《周易・豫卦》「朋盇簪」也釋「盇，合也」。

再者，從「⿱户去」字的形音義也可以證明「盇」所从「去」即「合」字。「⿱户去」《説文》釋形義作「閉也，从户劫省聲。」《説文》所釋形構，個人以為猶有可商，因為「⿱户去」實即「闔」，二者同字異形，考《禮記・雜記》云：「朝夕哭，不帷。」鄭玄注：「既出則施其⿱户去」，陸德明《經典釋文》云：「《字林》户臘反，閉也，《纂文》云古闔字。」而「⿱户去」與「闔」偏旁一从「户」、一从「門」，二者義通，而按理「去」即「盇」，二者應是同聲同義，故「去」應非「人相違」的「去」，而是與「盇」相通的「合」，考《廣韻》「⿱户去」作「胡臘切」又「丘倨切」，其入

衊

聲讀音與「盍」相同，正是上古原來讀音的保留，作「丘倨切」則是將「去」誤讀作「人相違」的「去」，《說文》釋形作「从𠀆劫省聲」可證明「居」在東漢仍然讀作入聲，但是由於从「去」形，許慎不明白其同「盍」、「合」，因此在音義上難以解釋，於是採「劫省聲」的形構來詮釋。

既然「盍」字所从的「去」即「合」，最初皆是指象器蓋相合的容器，其後除了有名詞變動詞的詞性演變之外，名詞意義後來也逐漸縮小範疇，專指容器相合的器蓋，在先秦「盍」字固然多有作「蓋」義的，如楚王酓志鼎蓋銘云：「鑄𠤳鼎之盍」，如《望山楚簡》云：「六韇，又(有)盍；四盌(盌)，又(有)盍；二卵缶，又(有)盍。」而「合」字其實也輾轉保留「蓋」義，如《儀禮・士虞禮》：「啓會卻于敦南」，鄭玄注：「會，合也，謂敦蓋也。」諸如此類，都可以證明「盍」、「合」義本相通的。　【釋盍　于省吾教授百年誕辰紀念文集】

◉朱歧祥　从血大聲，隸作奥，或即《說文》盇字：「覆也。」晚期卜辭用為田狩地名。

《粹986》☐田☐擒。

《人2892》翌曰戊，王☐亡𢦏。擒。　【殷墟甲骨文字通釋稿】

◉戴家祥　林義光曰：說文云「盇，覆也。从血大聲。」按即覆蓋之蓋本字並象物在皿中，與血同形非血字。象蓋形，盇蓋雙聲旁轉，盇轉為蓋，猶葉轉為世，慶轉為廢也。文源。按林說是也。玉篇八十盇盍同字，加旁从艸，字亦作葢，釋名釋車「葢在上覆蓋人也。」覆蓋所以合之，故蓋亦同合。唐韻合音侯閤切。正韻盇音胡閤切，不但同母，而且同部。唐韻盇音胡臘切，葉緝韻近，近旁通轉。易豫九四「朋盍簪」，虞翻注「盍，合也。」合从亼聲，義為合口，聲符更旁字亦作嗑。故易序卦云「嗑者，合也」。加旁从門其義為閉，閉為闔門，兩户相合，乃會意兼形聲字。一切經音義十二引說文云「闔，合也。」今本說文已脱此語。足為盍合同源之證。集韻盍又讀丘葛切。與會同讀，故鄭玄注儀禮啓會為開蓋。　【金文大字典中】

◉許　慎　衊污血也。从血。蔑聲。莫結切。　【說文解字卷五】

◉馬叙倫　廣雅。衊。血也。素問大元正紀大論。少陰所至為悲妄衄衊。是衊亦血也。衊為衃之轉注字。衊音明紐。衃音古在滂紐。同為雙脣音也。汙血也當作汙也血也。汙也者。引申義。　【說文解字六書疏證卷九】

𡳿

丶、竹父切【汗簡】

◉許　慎　丶有所絶止。丶而識之也。凡丶之屬皆從丶。知庾切。【説文解字卷五】

◉高田忠周　説文。丶有所絶止。丶而識之也。朱駿聲云。按。今誦書。點其句讀。亦其一耑也。乚則當為古文曲字。所謂讀書止。輒乙其處也。非乙乙字。此説亦有理矣。然許説恐非古義。丶唯凡點注之象。今人所謂點畫是也。不定其何形。即指事。故主字音字。皆叚以為其意也。後人又用為丶識之丶。而此文亦豎一之省略。又或作●。亦同矣。【古籀篇三十】

◉馬叙倫　嚴章福曰。夢英書説文偏傍五百四十。有子無丶。章炳麟曰。此即今句讀字。倫按倫始意同章。且以為下文杏即句讀之讀本字。相與語唾而不受也者。重文䜴字義。今審知此乃唾之初文。丶音知紐。唾音禪紐。皆舌面前音。古讀知歸端。讀禪歸定。竝舌尖前破裂音。庚爵有丶。容庚則丶。則象有細沫從而出也。丶為唾之初文。故杏訓相與唾而不受也。重文作䜴。從欠。與歕同意。象形。説解非許文。然倫謂此部實捉唾之初文與燭之初文即炬之本字為一。下文主從燭之初文杏則從唾之初文也。【説文解字六書疏證卷九】

◉馬叙倫　檢説文主在丶部。此作丶而舊釋主者。以今説文丶為有所絶止之義。而史記有主癸之名也。其實説文丶部乃混吐沫之涶初文與炬燭之燭初文為一字。其所屬主字。乃燭丶字之後起字。以涶之初文與燭之初文篆文不別。乃於丶下加鐙以明之。𡳿乃鐙之初文。承燭之器也。若杏則從涶之初文作丶者也。【庚爵　讀金器刻辭】

◉高鴻縉　孔廣居曰。正譌謂丶。即古主字。象火炷形。小篆作𡳿。上從丶。下象燒鐙器。俗作炷。非。

按孔説是也。字原象炷形。甲金兩文均取王(即旺字初文)字古體之所从。説文分丶𡳿為二字。而解丶為有所絶止。丶而識之。似如讀書斷句之點。失之遠矣。李敬齋並以燭為主炷之後起字。説文。燭。庭燎大燭也。甚是。【中國字例二篇】

甲150

乙861

2440

續5·19·8

六中152

續存441

777【續甲骨文編】

鐵雲471【古陶文字徵】

主　語三　四十四例　效五一　十八例　法二〇　一二例　秦五七　六例　【睡虎地秦簡文字編】

主爵都尉　東園主章　主父宮印　張穉主　主父會印　【漢印文字徵】

主　【汗簡】

竝古老子　華嶽碑　說文　【古文四聲韻】

◉許　慎　𡈼鐙中火主也。从𡈼。象形。从丶。丶亦聲。臣鉉等曰。今俗別作炷。非是。之庾切。【說文解字卷五】

◉孫詒讓　說文丶部「丶，有絕止，丶而識之也。」「𡈼，鐙中火主也，𡈼象形，从丶，丶亦聲。」主為火主字，今作炷。上作，與相近。毛公鼎耿字偏旁从，亦與主形可互證。蓋凡然火，其主皆上鐵而下圜，故畫火象之作，旁注多點者，光燄旁出，其主不一也。【名原卷上】

◉商承祚　卷二第二十一葉　說文解字。主。鐙中火主也。𡈼象形。从丶。丶亦聲。此从木。象爟木為火。殆即主字。【殷虛文字類編第五】

◉林義光　𡈼象鐙形。丶象火形。說文云。丶有所絕止。丶而識之也。按此主之偏旁。不為字。【文源卷二】

◉馬叙倫　惠棟曰。𡈼象鐙形。丶象其中火也。此指事。王筠曰。主隸丶部。義不相轄。𡈼非字不可言從。且是通體象形。丶象火炷。𡈼象鐙盞。土象鐙檠。朱駿聲曰。𡈼象鐙。丶象火炎上。其形同丶。實非丶字。倫按甲文有。商承祚釋主。倫謂𡈼為鐙之象形文。今失其字。𡈼中之丶乃燭之初文。象形文本作。省變為篆文。乃與唾之初文不別。增𡈼以別之。周禮考工記匠人。水屬不理孫謂之不行。注。屬讀為注。是主屬音通之證。𡈼音端紐。而燭音照紐。古亦歸端。鐙之轉注字為錠。定音定紐。燭從蜀得聲。蜀音禪紐。古讀歸定。端定同為舌尖前破裂音。是其語原同也。或謂𡈼是燭臺。今燭臺皆作形也。然燭臺之形即古鐙形也。此為丶之後起字。當為從聲。別立丶部而屬之。字見急就篇。【說文解字六書疏證卷九】

◉黃盛璋　本書分盟書第一類叫「宗盟類」，它的得名主要是因篇首都為某人「敢不剖其腹心，以事其宗」開始，《侯馬盟書叢考》說：「宗指宗廟而言」，「同姓同宗的人在一起舉行盟誓，叫做宗盟」。如此，「宗」字不僅關係盟書名稱，也關係它的性質，更重要的是牽涉對這類盟書內容與盟者彼此關係的理解。其實此字不是「宗」，而是「主」，從盟書本身已獲得證明。

（一）這類盟書都有一個主盟人，多稱為「嘉」，但也有稱為「子趙孟」或「某」者，從盟人「剖其腹心」，對晉先君起誓，就是向此人保證：如何如何。從上下文義，讀「以事其宗」講不通，「事其宗」如指宗廟，則在當時為各人應有之事，何須剖明腹心？為此盟誓更難理解。如讀為「以事其主」，那就文通理順了。

（二）在從盟人史歐彘、仁柳剛等三篇盟辭中皆作「敢不剖其腹心以事嘉」，確證「以事嘉」即「以事其主」，嘉為主盟人趙孟。所以此字不是指宗廟，不能讀作「宗」，而是指主盟人趙孟，可以確證為「主」。《左傳》哀公二年鐵之戰，公孫龍取逢旗于子姚之墓下，獻曰：「請報主德」，即稱趙鞅為主。

（三）有七篇盟辭中把「不守二宮」寫成「不主二宮」，還有三篇將「守」和「主」套寫為一個字，《宗盟考》皆讀此字為「宗」，「不宗二宮」講不通，只能讀為「不主二宮」，那就和「不守二宮」相合了。

最近河北平山戰國中山墓葬出土中山王三銅器有此字，而皆與臣對，如方壺：「臣主易位」，子之「為人臣而反臣其主」；鼎：「長為人主」，「使知社稷之任，臣主之宜」；圓壺：「子之大僻不宜，反臣其主」。《文物》1979年1期所刊《簡報》與朱、裘的文章仍讀為「宗」，而釋其義為主，今和盟書參證，更加證實此字讀「主」。

此字不僅字義是「主」，即字形也是「主」字而和「宗」字有別。

(1)盟書此字異形雖多，據《字表》歸納在「山」之下，所从僅有兩型：一是十，二是丅，一直中間所加可以是點，或短劃，正至是。中山三器也有兩型，一作宔，二作宔，中間都作點，結構則與盟書全同。

(2)「內室類」盟書中「宗」皆作宗或宗，中山銅器「兆窆圖」「宗」作宗，與「內室類」同。

(3)所謂「宗盟類」盟書可辨識的有五百多篇，「內室類」也有五十八篇。今據摹本一一考查，兩類盟書皆無例外，也不見一個混用。更值得注意的，在「守」、「主」套寫為一字的例中，所用為上述第(1)中的寫法，絕不用第(2)類中「宗」字寫法，在數以百計的盟書例證中，如此涇渭分明，絕不相混，又有中山三銅器互證，只能是兩個不同的字，後者是「宗」，前者就非「宗」字。

(4)「宗」字从「示」，第(2)類明確从示，文義也是「宗」字無疑。第(1)類非「宗」亦非从「示」，「示」兩旁各有短直，此作「丅、十」，没有兩短直，而中間多加一點，結構不同，所以應是主，即《說文》「宔」字，「宗廟宔祏也，从宀，主聲」，「祏，宗廟主」，以木為之，武王伐紂，即載文王木主，小篆作宔，經典皆用「主」字。《春秋》文公二年經：「丁丑作僖公主也」，《公羊傳》：「為僖公作主也」，注：「僖公作廟主也，主狀正方，穿中央達四方，天子長尺二，諸侯長尺」。《穀梁傳》注中多「主蓋神所憑作」外，餘同上注。《五經異義》下多「皆刻謚于其背」。如此「丅」即象木主形，中加一點乃表示中央有穿，上加一點為「十」乃後起字，「示」古文上亦無一筆可以互證。《左傳》、《周禮》等書皆用「主」，至漢仍如此，《漢書・五行志》：「迺作主」，注：「宗廟主也」，故「宔」與「主」互通。

(5)《汗簡》(27葉)「主」字作□與盟書中主作「□」，結構皆同，《汗簡》的「主」字顯然就是從此而來，至于將一直變作彎曲，不過是為美觀，與結構無關。

討論至此，此字是「主」非「宗」已毫無疑問，則不能稱「宗盟類」，從盟者亦不必同宗，據《盟書人名表》，參盟人有姓而非趙氏者有二十人左右。《左傳》定公四年：「智伯從趙孟盟」，可能就是這一次，否則亦當相去不遠。這類盟書可辨識已達五百十四篇，如此衆多之從盟人，不可能為趙氏之宗盟，更不必為趙氏之家臣邑宰，當為晉國之羣臣大夫。《左傳》襄公十九年：「事吳敢不如事主」。服虔及杜預注皆謂「大夫稱主」，可證。趙鞅蓋企圖用當時遵行的盟誓方法把晉國一大批羣臣與范吉射、中行寅兩家斷絶政治關係，而使之擁護自己，若趙鞅自己家族和家臣邑宰，反而用不着盟誓，這是很清楚的。

由「不守二宫」又作「不主二宫」，所指亦當為在二宫盟誓之約言，其一即從「定宫平跱之命」，另一即「從嘉之盟」，嘉之盟當亦某宫舉行，若解為「不守宗廟」，或「不主宗廟」和「以事其宗」一樣，皆難于理解，亦無須用盟誓的約束。所以搞清楚是「宗」是「主」，對于盟書的性質、盟者的關係和盟辭的理解都是關鍵，是必須先解決的一個問題，不能等閑視之。【關于侯馬盟書的主要問題　中原文物一九八一年第二期】

◉何琳儀　古文字以往未發現「主」字。自中山王器出土後，一些學者識出大鼎、方壺「□」和圓壺「□」都是「主」字。其根據是三體石經「主」作「□」形。由此而推斷侯馬盟書「□」、楚簡「□」等形也是「主」字。這些字與「宗」字相似，而實有別，以中山王器「□」，侯馬盟書「□」等「宗」字與之比照即可知。

上揭諸「主」字，其實就是説文「宔，宗廟宔祏」的「宔」字。「主」字初文應作「□」形，其上加短横或圓點乃裝飾筆畫，並非「□」聲。西周銅器幾父壺銘「□」正是「主」字。而殷商金文戍嗣鼎銘「才闌□」，讀「在闌宔」也很吻合。如果再下聯秦漢文字「主」作「□」(雲夢二三・一七)、「□」(帛書老子甲三五三)等形，其形體演變的關係就十分明晰：

如果再參照甲骨文「示壬」、「示癸」，史記殷本紀作「主壬」、「主癸」，可見「主」「示」實乃一字之分化(舌音雙聲)。以戰國文字衡量，司馬遷的讀法並不錯。戰國文字「宔」字的發現，使人們對「主」字的來源有了進一步的理解。【戰國文字通論】

◉河南省文物研究所　「歆歆焉中心事其主」。在侯馬盟書中，宗人的宗，示旁有兩點，而「事其宗」的主則無兩小點。魏三體石經

《書·多方》的主字古文作𠆤,《書·無逸》的宗字古文作宗,《汗簡》卷上也把宗與主分為二體。因此我們讀宔為主。《國語·晉語》載:「三世事家,君之;再世以下,主之。」春秋時卿大夫家臣稱卿大夫為主或為君,事其主即指參盟者侍奉其卿大夫。《國語·晉語》説「事主以勤」,此處忠心事其主即強調要求「臣無二心」。【河南温縣東周盟誓遺址一號坎發掘簡報 文物一九八三年第三期】

◉何琳儀 《璽彙》四八九三著録吉語璽,印文四字:

王又(有)亍正

第三字舊不識,驟視之與甲骨文「示」之初文相同。誠然商代文字亍、示確為一字,(象神靈之位,兩側為飾筆。)不過戰國文字中二者已截然不同:即亍(或亍)為「主」,示為「示」。「主」,端紐;「示」,定紐。均屬舌頭音。卜辭中「示壬」、「示癸」即《史記·殷本紀》之「主壬」、「主癸」。典籍中「主」為神主,即神靈之位。凡此説明「主」、「示」之形、音、義均有關聯。下面試舉戰國文字「宔」與「宗」各三例,以見其異同:

宔 盟書三一四 中山王鼎 璽彙一四四二

宗 盟書三一四 兆域圖 璽彙一四三七

璽文「宔」、「宗」截然不同。由此類推,亍確應釋「主」。(璽文「宔」讀「主」,姓氏。《通志·氏族略·以次為氏》「主,嬴姓,即主父氏也,或單言主氏。」)

璽文「主正」可讀「主政」。《管子·禁藏》「故主政可往於民,民心可繫於主。」注「謂繫屬於主。」璽文與《管子》互證,可知「主政」應是先秦習見成語。《璽彙》著録「王又主正」與「王兵戎器」(五七〇七)都是罕見王室之璽。【古璽雜釋再續 中國文字新十七期】

◉袁國華 「坐」見「包山楚簡」第87及116簡,此字與「宔」字作宔部分相同,都从「主」(字形解説參見釋「䍃」條),「八」則疑為無意義的飾筆。「包山楚簡」簡164有「𡉈」字,《釋文》及《字表》皆釋作「冢」,湯餘惠《包山楚簡讀後記》(見《中國古文字研究會第九居學術討論會論文》)認為此字應釋作「万(丏)」,解説精確,今移録其解説於後,以供參攷:「168簡墜字从冢作𡉈,與此異。疑此即金文賓字所从之万(丏)。古璽多作丂、丂,借為「千萬」之「萬」。簡文上增八為飾,應是唐蘭先生《古文字學導論》中所説的「凡字省為横畫者常加八」之例。它可能跟戰國文字裡市、平二字的繁化一致:

平—平—𢆉
丂—亏—兮

曾侯乙墓竹簡有𧵍178字，可能是賓字的省寫。《古璽彙編》有一鈕白文印：𩠐右一字舊釋為「首」，從包山楚簡的百字寫法看，可能是錯了。我疑印文應釋「百万」，即「百萬」，當係吉語印，其國別當屬楚，類似的「八」無意義飾筆亦見於「奠」字，古陶文「奠」作「𡗗」，亦是於「頁」之上加「八」作飾筆。準此。《古陶文彙編》編號3·1276及3·1278的「㒸」、「𠔉」兩字，原隸定作「常」可能是不對的，疑應同釋為「巾」。就戰國文字發展的規律看，「𠆤」字為「𠂇」字的增繁書體是沒有問題的。簡87內容云：「鄦昜大𠆤尹宋歆訟軋慶」；簡116句云：「鄘陵攻尹𢉥，𠆤尹蘁為鄘陵貣陚異之黄金三益刖益」，今知「𠆤」即「主」，則「大𠆤尹」即「主尹」；而「𠆤尹」即「主尹」。《左傳·昭二十七年》：「楚莠尹、王尹麇帥師救潛」，孔穎達《疏》：「楚官多以尹為名。知二尹是官名耳。其莠、王之義，不可知也。」故知「主尹」應該同是楚官名。「鄦昜」一地亦見「仰天湖楚簡」，據研究，已知為「楚屬縣」，因此疑「鄘陵」一地也是「楚屬縣」。由此推測，「大主尹」與「主尹」皆「楚屬縣的官名」，至於其確實的職務，則尚待進一步的研究。【「包山楚簡」文字考釋　第二屆國際中國文字學研討會論文集】

◉朱歧祥　㞢从丶、𡳿，隸作主，讀為宔。《説文》：「宗廟宔祏。」《穀梁》文公二年傳「為僖公主」注：「主，蓋神之所馮依。」俗稱木主，狀正方，穿中央。天子長尺二寸，諸侯長一尺。卜辭例僅一見，名詞當動詞用：求神主護佑。《佚909》貞：𡳿于祖辛。【殷墟甲骨文字通釋稿】

咅　𠰞

咅 吾　對八八　通衃　—血　【睡虎地秦簡文字編】

◉許　慎　𠰞相與語。唾而不受也。从丶。从否。否亦聲。天口切。𧨙咅或从豆。从欠。【説文解字卷五】

◉林義光　從丶聲義俱非是。古不或作𣎵宋公戈作𣎵陳曼匠。則音與否同字。音即否。故棓即桮。海內北經。蛇巫之山有人操杯而東立。操杯者操棓也。【文源卷十一】

◉馬叙倫　徐灝曰。此字當音夫口切。古重脣音讀如剖。倫按當訓唾聲也。從唾之初文。否聲。相與語唾而不受也非許文。否本是唾聲。而俗於不願問之語。輒以唾聲報之。今捝縣於相語不受其詞者唾而斥之。其音如剖。即此字。戰國策趙策。

有言以長安君為質者。老婦必唾其面。即相與語唾而不受也。丶為唾之初文。唾音透紐。杏古讀雙脣音入滂紐。同為次清破裂音。蓋丶之轉注字。丶是名詞。其音即得於唾之聲也。

䛈 段玉裁曰。豆聲。倫按丶後轉注為𣢑。從欠。豈聲。唾音轉如知庚切。與豈音同知紐也。又唾音透紐。古讀知歸端。端透同為舌尖前破裂音。又豆聲亦通。豆音定紐。亦舌尖前破裂音也。玉篇引倉頡。𣢑。詒也。亦𣢑歁唾也。或為唾。蓋倉頡本作杏。傳寫者以隸體無別於可否之否。乃以字林字易之耳。非倉頡自作𣢑也。【說文解字六書疏證卷九】

乙三三八七 地名 乙六四五一 京津三〇五〇 京津三六四九 【甲骨文編】

録713 乙3387 6451 【續甲骨文編】

丹 庚贏卣 【金文編】

3·200 蒦圆匋里人丹 5·5 咸亭完里丹器 3·766 丹𣎆 【古陶文字徵】

〔七九〕〔六八〕〔二八〕〔一二〕〔一六〕〔一九〕〔一九〕〔三八〕〔三九〕

〔三六〕〔一九〕〔四二〕〔三六〕〔一九〕〔三六〕〔一二〕〔一九〕〔五〇〕

〔三六〕〔一九〕〔三二〕〔一二〕〔三六〕〔三九〕〔三六〕〔一九〕〔一九〕

〔四〕〔三九〕〔四二〕〔三九〕【先秦貨幣文編】

刀直甘丹 冀靈 甘丹即邯鄲 仝上 仝上 刀直甘丹 晉原 刀直甘丹 冀靈 仝上 仝上

刀直甘丹 京朝 仝上 布尖大甘丹倒書 晉原 仝上 刀直甘丹 冀靈 仝上 布空大 豫伊

刀直甘丹 冀靈 布空大 豫伊 布空大甘丹 晉稷 布尖大甘丹倒書 典三八七 仝上 典三八八 布

空大　典五七七　刀直甘丹　史第十八圖　布尖大甘丹　展版貳壹　【古幣文編】

76　170　268　【包山楚簡文字編】

丹　秦一〇二　為三六　【睡虎地秦簡文字編】

0421　1549　【古璽文編】

丹陽右尉　丹楊太守章　丹楊太守章　臣丹　吳丹私印　冀丹支　【漢印文字徵】

天璽紀功碑　【石刻篆文編】

丹　丹見說文　丹出義雲章　【汗簡】

說文　汗簡　義雲章　王存乂切韻　竝說文　竝崔希裕纂古　【古文四聲韻】

◉許　慎　巴越之赤石也。象采丹井。一象丹形。凡丹之屬皆从丹。都寒切。古文丹。亦古文丹。【說文解字卷五】

◉林義光　形近井字。故从井之字。古或譌从丹。青字从井。吳尊彝作。然丹字與作井者。古丹沙以柝盛之。庚贏尊彝云。錫貝十朋又丹一柝是也。柝者截竹以盛物。今鄉俗猶常用之。象柝。一象丹在其中。古作庚贏尊彝。說文云。古文丹。按古作。無叀鼎丹沙如此。●亦丹形。與彤形近字別。【文源卷一】

◉商承祚　　金文庚贏卣及鈢文作。與篆文合。弟二文段嚴王皆云為彤之古文。【說文中之古文考】

◉馬叙倫　鈕樹玉曰。宋本●作一。韻會同鍇本。沈濤曰。御覽九百八十五引無巴字。王筠曰。朱筠本作。朱鈔作。倫按管子小稱。丹青在山。民知而取之。諸書亦竝言丹生山中。蓋丹本礦物而有彩色。可以染為飾者也。古染以石或艸。見周禮染人鄭注。染石非止色赤者也。山海經大荒西經有白丹青丹。張衡賦有黑丹。皆可證也。然則丹是顏色石之總名。而亦即顏色之顏本字。丹顏聲同元類。古今音轉通假耳。蓋從初文石之作者井聲。毛公鼎國差𦉜靜字青旁皆作。止從井。金甲文每以所從得聲之字為其字。多有其證。井音精紐。倫謂井坑當同語原。古讀井如坑。坑音溪紐。故刑亦從井得聲而音入匣紐。同為舌根音也。井部。阱。從𨸏。井聲。倉頡篇。埳坑曰穽。穽即阱之異文。蓋陷穽即陷坑。均可證也。

然則由溪以同次清破裂音轉透而入端。故丹音入端紐。抑精端同為舌尖前音。所異者端為清破裂音。精為清破裂摩擦音。以從邪二紐亦為舌尖前音。而從為濁破裂摩擦音。邪為次濁摩擦音。而古讀皆歸於定。疑古舌尖前有破裂音而無破裂摩擦音及摩擦音。且或凡舌音皆然。故舌尖後與舌面前之破裂摩擦音照穿牀三紐。古讀照歸端穿歸透牀歸定。而舌尖後與舌面前之摩擦音審紐古讀亦歸於透。舌面前之摩擦音禪紐。古讀亦歸於定也。舌根摩擦音曉紐。古讀蓋歸於影。匣紐蓋與舌前之摩擦音喻紐三等及喉之摩擦音喻紐四等。竝歸於定。然則丹之從井得聲。益無疑矣。抑唯井聲故其轉注字為青。音入清紐。說解本作石也。或以聲訓。呂忱或校者加巴越之赤石也。象采丹井●象丹形蓋亦忱或校者改之。至或據本艸陶注采砂皆鑿坎入數丈許。有水井。勝火井。故字從井。不悟此古代採礦法耳。最初得丹。豈必如是。及用此法。亦不過鑿坑而取之。因即得聲於坑耳。制字遂依石形而增井聲。庚贏卣作□。

□ 沈濤曰。汗簡引說文作□。李杲曰。疑此為後世餌芝求飲丹井者之所加。殆不知甘字之亦作甘耳。

彬 嚴可均曰。下文。彤。丹飾也。彬即彤字而以為丹。蓋是說文續添。沈濤曰。汗簡上以彬字出義雲章。則古本無此重文。李杲曰。無叀鼎以□為彤。左莊廿三年傳。丹桓公之楹。服注。彤也。足證彤丹為一字。許書既有彤字而復出此字。其為後人肊增無疑。倫按彤為丹之轉注字。故古文經傳以彤為丹。【說文解字六書疏證卷十】

◉陳夢家 漢書地理志上注「丹，赤石也。」所謂丹沙者也。據梓材，丹所以塗棟梁，乃是顏料，此處所錫之丹，有可能作為婦女所用之脂粉。【西周銅器斷代庚贏卣 金文論文選】

◉饒宗頤 甲辰卜，[吳]貞：三西彡，……出彔，丹見。……(粹編五〇一)

按出彔即出麓，乃地名。他辭有出□(屯乙六六九二)出邑(林二·八·一)。丹殆指丹伯，他辭云：「乎从丹白，勿乎从丹白。」(屯乙三三八七)「丹見」者，謂丹伯來見王也。丹與殷人為姻媾，故其先妣有曰妣丹者，如「貞：妣丹弗壱王。」(屯乙四九六八)丹為地名，鄭語：「鄢、蔽、補、丹」，地在虢鄶之間。(殷時又有丹山，今本紀年：陽甲三年，西征丹山戎。)【殷代貞卜人物通考卷十五】

◉高鴻縉 ●象赤石形。非文字。𠘨聲。𠘨。古凡字。凡字意為最括。从二。八聲。此是凡。非井。彤字訓赤色。从丹。彡聲。古亦借丹為赤色。故彤可代丹。並非彤為古文丹字也。說解誤以𠘨為采丹井。鈔書者泥其說。遂書彤為彬耳。同字金文作□。从口𠘨聲。芃字从艸。凡聲。與丹之从●𠘨聲。可互參。【中國字例五篇】

◉李孝定 栔文丹與小篆同。金說可从。字在卜辭為方國之名。辭云。乎丹白伯从勿乎丹白从。乙·三三八七。可證。金文作□庚贏卣。許書丹古文或體作彬。段氏疑彬之古文。是也。【甲骨文字集釋第五】

◉李孝定　高鴻縉氏謂丹字从日聲，凡又从二、八聲，説似未安，凡為槃之古文，乃單體之文，解為从二、八聲，未知「从二」於義何取？林義光氏謂字从日，非井字，乃象柝形，似亦不類。　説文丹之古文，一體作彬，與下文彤字疑複，非丹字，段注説文已疑之。

【金文詁林讀後記卷五】

◉施謝捷　武威簡50、51：「治金創内漏血不出方：藥用大黄自二分、曾青二分、消石二分，䗪虫三分，虻頭二分，凡五物，皆治合和以方寸匕一酒飲，不過再飲，血立出。不即從大便出。」整理者注曰：「簡文中『大黄自』有二解：一謂『自』為『肉』之古體，應是『大黄肉』；一謂『自』為『丹』字，簡86丹沙之丹亦作自，與此同，應釋『大黄丹』。按『大黄肉』、『大黄丹』均不見《神農本草經》，應作何解，尚待進一步研究。」（見《醫簡》8頁。）或釋為「大黄丹（月）」，以為即「大黄」異名，亦屬植物藥。（同上27頁。）或釋為「大黄肉」，以為大黄之過皮根狀莖。（見王輝《武威漢代醫簡疑難詞求義》，刊《中華醫史雜志》1988年第2期。）

捷按：武威醫簡中，「丹」與「肉」字並不同形，簡11「牡丹」及木牘86甲「丹沙」之「丹」均作「自」；簡32「禁豬肉魚葷菜」、簡69「去死肉」「息肉」、木牘82乙「禁鮮魚豬肉」及木牘85乙「肉苁蓉」之「肉」均作「冃」，區別顯著。又貴州清鎮平壩漢墓出土的漆器文字中，有「𣂅形畫」、「彤工」，其中「彤」字所从「丹」也作「自」（見《考古學報》1959年第1期100頁圖十五）。據此，知原釋「大黄肉」與字形不合，應釋為「大黄丹」。

「大黄丹」，疑即「黄丹」，指黄丹之大者。宋寇宗奭《本草衍義》「鉛丹本謂之黄丹」。《神農本草經》：「鉛丹，主吐逆胃反，驚癇顛疾，除熱下氣。久服通神明。」《名醫別録》謂：「鉛丹，止小便利，除毒熱臍攣，金瘡溢血。」《日華子本草》稱鉛丹可「敷金瘡長肉及湯火瘡」，知「鉛丹」可外敷，亦可内服。治瘡則多以外敷，敦煌遺書S.5435卷「療諸瘡膏藥方：黄丹二兩，浴（鉛）粉三兩，麻油五☐」，李時珍《本草綱目》稱「能解熱拔毒，長肉去瘀，故治惡瘡腫毒及入膏藥，為外科必用之物也」，徵之古方，無有不合，武威簡中以「大黄丹」内服，治金瘡内漏血不出，與後世所説相合，唯内服、外敷有別，但並不違背藥理。　【武威、馬王堆漢墓出土古醫籍雜考　古籍整理研究學刊一九九一年第五期】

臄

臄裴光遠集綴　臄【汗簡】

裴光遠集綴　義雲章【古文四聲韻】

彤

◉許　慎　臒善丹也。从丹。蒦聲。周書曰。惟其敷丹臒。讀若隺。烏郭切。【説文解字卷五】

◉馬叙倫　鈕樹玉曰。玉篇引作美丹也。沈濤曰。尚書梓材釋文引作讀與靃同。蓋古本如是。雔部靃音呼郭切。與臒字烏郭切之音正同。冂部隺音胡沃切。則亦得與臒同讀矣。劉秀生曰。蒦聲霍聲竝在鐸部。故臒從蒦聲得讀若靃。白虎通巡狩。霍之為言護也。霍護以同聲為訓。護亦從蒦得聲。是其證。倫按善丹也者。善為校者注以釋臒字之音者也。臒從蒦得聲。蒦從萑得聲。萑音匣紐。善音禪紐。同為次濁摩擦音。聲又同元類也。今杭縣塗門户用善粉。即白丹。是當作臒粉也。臒為丹之轉注字。臒音影紐。丹音端紐。同為清破裂音。丹萑聲又同元類也。尚書釋文引字林。讀與霍同。是讀若出字林之證也。【説文解字六書疏證卷十】

◉黄錫全　臒臒裴光遠集綴　曾侯乙墓竹簡臒字作臒,《説文》正篆作臒。此形省又,類似三體石經《微子》臒字古文臒,丹旁同部首。【汗簡注釋卷二】

◉黄錫全　臒臒　曾侯乙墓竹簡臒作臒,望山楚簡作臒,天星觀楚簡作臒,丹字右一豎與隹字左筆合書,類似古璽侗作侗(璽彙1270)、侗(璽彙2010)。此丹形乃由𠂆譌,原當作臒。由此可見,《義雲切韻》所收字形甚古,來源有據。鄭珍以為「郭氏誤收」,非是。參見前丹部臒。【汗簡注釋卷三】

彤 休盤　五年師旋簋　師湯父鼎　輔師嫠簋　寰盤　訇簋　虢季子白盤　弭伯簋　無叀鼎　伯晨鼎　孫詒讓釋彤弓彤矢合文　應侯鐘　矢簋　彤矢合文【金文編】

223　253【包山楚簡文字編】

石碣鑾車　彤弓□=【石刻篆文編】

◉許　慎　彤丹飾也。从丹。从彡。彡。其畫也。徒冬切。【説文解字卷五】

◉劉心源　丹。吳本作彤。此作丹。乃彤省。説文。丹。古文作彤。即彤字。知二字通用。曰此銘證之。許説有據矣。【寰盤　奇觚室吉金文述卷十八】

◉林義光　説文云。彤丹飾也。从丹彡。彡其畫也。按古作彤師湯父鬹彝作彤伐徐鼎。説文無彤字。爾雅繹又祭也。周曰繹。

商曰彤。按即彤之誤體。詩序繹賓尸。綉衣。箋云。商謂之彤。釋文亦作融。融从蟲得聲。古與彤同音。【文源卷十】

◉強運開　說文。丹。飾也。从丹彡。彡其畫也。彡亦聲。按古文丹亦作彤。段云。似是古文彤。攷金文彤多作。與鼓文同。【石鼓釋文】

◉馬叙倫　鈕樹玉曰。韻會引作彡其畫也亦聲。倫按從丹彭省聲。彭音竝紐。故彤音入定紐。皆濁破裂音也。書高宗彤曰。本書作鬃。可證也。然彭亦從彡得聲。而卜辭彤祭字徑作。則彡聲亦可。彡毛一字。古讀毛如髮。而讀髮如拔。拔音亦竝紐。彡音轉入審紐。古讀歸透。定透同為舌尖前破裂音。此丹之轉注字。端定亦同舌尖前破裂音也。帝王世紀。女瑩生彤朱。孟子作丹朱。是其證。侯鼎。。即彤弓彤矢。省丹存彡。明彡聲也。丹飾也者。當作丹也飾也。丹可為飾。故引申為飾。左哀元年傳。器不彤鏤。是也。莊廿二年傳。丹桓公之楹。則以丹為之。是其證。經傳言彤弓彤矢。謂赤弓赤矢。乃借彤為赨。赨亦徒冬切也。飾也蓋呂忱列異訓。從丹從彡。當依鍇本作從丹彡。蓋彡下本是聲字。校者以飾也之訓。謬改彡聲為彡其畫也亦聲。公伐郤鼎作彤。虢季子白盤作。【說文解字六書疏證卷十】

青

青　吳方彝　牆盤　【金文編】

129　193　262　【包山楚簡文字編】

青　秦三四　為三六　日甲六九　日甲七三背　日乙一九二　【睡虎地秦簡文字編】

2583長沙楚帛書青字作與璽文同。　4651　3157　3158　3155　3156　1335　4645

5310　3337　4643　3443　4646　3074　0326　3703　【古璽文編】

兒仲青　景青　鄭青肩　陳青　莊青土　范青印　射青私印　李左青　宿長青

竇青　閭青　郭青　【漢印文字徵】

禪國山碑　水青穀璧　【石刻篆文編】

□青【汗簡】

□汗簡 □ □竝同上 □王存乂切韻 □說文【古文四聲韻】

◉許　慎　□東方色也。木生火。从生丹。丹青之信言象然。凡青之屬皆从青。倉經切。□古文青。【說文解字卷五】

◉林義光　木生火為青生丹。義巴紆曲。古作□靜敦。作□靜彝並靜字偏旁。从生。草木之生。其色青也。井聲。或作□克鼎彝。作□毛公鼎並靜字偏旁。从生省。變作□吳尊彝。【文源卷十一】

◉高田忠周　語謂信若丹青。言相生之理必然也。葢生亦當兼聲。【古籀篇八】

◉余永梁　□（後編卷下二十四葉）

案此字从生月，殆是青字。說文：「青，東方色也。木生火，从生丹。□古文。」國差鑰靜字从青，作□，與此略同。【殷文字考　國學論叢一卷一號】

◉商承祚　金文吳尊作□，此當是寫失。【說文中之古文考】

◉馬叙倫　王筠曰。許以丹青二物迥異。遂以青字為會意。顧不言本物而言其所生。且以木青火丹之色而加諸丹青之石。甚迂曲也。李斯諫逐客書。西蜀丹青不為采。青自是石名。大荒西經有白丹青丹。是青即丹之類。字蓋從丹生聲也。徐灝曰。此以青之字義取諸東方之木。又因木生火以為文。而字形竝無木與火。乃以丹代火。遂謂生丹為青。義殊迂折。戴侗謂石之青綠者。從丹。生聲。是也。丹砂石青之類。凡產於石者。皆謂之丹。大荒西經有白丹青丹。張衡東京賦。黑丹石緇。是也。蓋丹是總名。故青從丹生聲。其本義謂石之青者。章炳麟曰。丹為赤石。青從丹生聲。宜本赤石之名。故綪從青聲而訓赤繒。倫按此丹之轉注字。丹音端紐。青從生得聲。生音審紐。古讀歸透。同為舌尖前破裂音也。丹之轉注字或作彤。彤從彡得聲。彡音亦審紐。則彤青亦轉注字。東方色也非本義。亦非本訓。木生火以下十三字亦校者改之。青即顏色之色本字。生色音同審紐也。古曰丹青。今偁顏色矣。字見急就篇。依其義似借為綪。荀子勸學。青出於藍而青於藍。蓋借青為綪。今杭縣所謂天青者。北方止謂之青。而其色實深藍而赤者也。綪從青得聲而為赤繒者。生音審紐二等。赤音穿紐三等。古讀竝歸於透。然則其語原是赤。而青但為丹之轉注字。徐章二說並有失矣。吳尊作□。

□　李杲曰。汗簡引作□。云。一本作此字。沈濤謂一本者。說文之一本也。倫按青妃敢□字同此。父戊□卣單爵□字高田忠周謂□即由□省。倫謂公伐郤鼎靜字偏旁作□。此少變耳。甲文□字從□。即此字。【說文解字六書疏

靜

證卷十】

◉嚴一萍 青 吳尊青作，與此形近。說文古文作。王國維曰：「說文青之古文作，者生之省，者丹之譌也。」（魏石經古文考）【楚繒書新考 中國文字第二十六册】

◉曾憲通 青木 甲五・二四 青旟 青字殘去下半。甲四・一四 按《說文》青字从生从丹會意。古文作。王國維云：「說文青之古文作，者生之省，者丹之譌也。」信陽楚簡青字作，楚帛書字所从亦作，此則作。準《說文》古文之例，字之乃生之省，為丹字之變，作者則將丹中之點省去。下之口為增益之符號，與帛文紀作絽、丙作㔷同例。【長沙楚帛書文字編】

靜 靜卣 靜簋 靜弔鼎 免盤 克鼎 毛公厝鼎 多友鼎 國差罎 秦公鎛 秦公簋 班簋 【金文編】

靜 為六 【睡虎地秦簡文字編】

孟靜 【漢印文字徵】

開母廟石闕 □□□其清靜 石經康誥 今惟民不靜 【石刻篆文編】

靜出義雲章 靜 【汗簡】

古老子 【古文四聲韻】

◉許 慎 審也。从青。爭聲。徐鍇曰。丹青。明審也。疾郢切。【說文解字卷五】

◉孫詒讓 二字阮並釋為繼。云見薛氏款識齊侯鐘及微欒鼎。作器者名也。攷此字阮書凡三見。一見于小臣繼彝。其字作。再見于此彝。三見于亢盉。其字作。阮並釋為繼字。形義絶無可說。其所據者齊侯鐘微欒鼎而已。然攷之薛書鐘作鼎作。其字別見龍敔邠敔師毀敔。並見薛款識。並傳摹譌。互不能辨其形聲所迯。薛釋為繼本不塙。詳上卷齊侯鐘。況此彝二字與薛書所釋繼字又不甚符合乎。竊㠯此二字所从偏旁析而斠之。而知其形當㠯作□者為正。小臣繼彝□字宂盉□字並有缺畫。此彝前一字中从林。與下不合。阮釋文偁所據者陳鱣摹本。陳蓋不識此字。故摹失其形耳。其字即从青爭聲之靜也。何㠯言之。□字上从生明甚。生下繫㠯井者。當為丼中一●缺耳。宂盉正从丼。汗簡女部載靜字古文作□。云出義雲章。案蓋藉姘為靜。青从生丹。說文。丹之古文作彤。此从丼。即从古文丹省也。朱氏說文通訓定聲鼎部青下引別說云。字當从生丼聲。丹者丼字之變也。其說與此適合。侶勝鄦君木生火从生丹會意之說。右从□者即爭字。說文。爭从𠬪厂。𠬪从爪从又。此作□者。爪也。□者厂也。□者。又之到也。小臣繼彝从□。不到。齊侯甗畁旨畁瀞。瀞字作□。齊邦𦣻靜安盜靜作□。見本書。其㠯□為青。與此異。其㠯□□為爭。則此彝□即爭形之塙證也。新出毛公鼎□作不靜靜字作□。與齊侯甗同。【繼彝　古籀拾遺】

◉吳大澂　□。不爭也。从爭从清省。古爭从□。上以爪按其力下以手承之。象三人相爭形。毛公鼎。【說文古籀補】

◉林義光　从青非義。青爭皆聲也。【文源卷十二】

◉高田忠周　說文。□審也。从青爭聲。朱駿聲云。經傳皆以精為之。蓋是。青下曰。信如丹青。靜字从青。其意可知矣。爭亦有競辨義。聲當兼意。靜字叚借義專行而本義殆廢。【古籀篇八】

◉馬叙倫　桂馥曰。字林。靜。審也。王筠曰。靜字從青。殊難索解。既無可隸之部。許第以形附。諸家曲為之說耳。倫按靜即采色之采本字。采靜同為舌尖前破裂摩擦音。故古書借靜為竫。借采為靜。說解本作采也。以假借字釋本字也。傳寫作宲。又增為審耳。九篇。彰。清飾也。清飾當作青也飾也。青也即靜字義。十篇靖下一曰細皃。乃彰字義也。靜為青之同舌尖前破裂摩擦音轉注字。聲亦同耕類也。甲文作□。毛公鼎作□。秦公敢作□。公伐郘鼎作□。靜敢作□。㝔鼎作□。大克鼎作□。番生敢作□。師兌敢作□。餘見爭下。【說文解字六書疏證卷十】

◉黃錫全　□靜出義雲章　《說文》「竫，亭安也。从立，爭聲」。竫即安靜本字，鄭珍認為「義雲因世通作靜，遂以竫為古文」。《帝堯碑》「竫恭祈福」，蔡邕《王子喬碑》作「靜恭祈福」。中山王壺靖作請。漢熹平石經《春秋》定公八年「曹竫公」之竫即靖。馬王堆漢墓帛書《戰國縱橫家書》、《經法》、《老子》甲本靜字均作「爭」，是請、靖、爭、竫、靜諸字音近假借。【汗簡注釋卷四】

◉黃錫全　□靜　《說文》「姘，靜也」。古作□（鐵75·1）、□（甲3001），此女形同石經。【汗簡注釋卷五】

井

甲三〇八 方國名 甲二九一三 婦井 井用為姘 甲二九六·九反 乙·三三三〇反 乙三四三一反

後一·一八五 癸卯卜賓貞井方于唐宗彘 後二·三九·六 林二·二一·六 粹一一六三 執井方 京津三〇二

京津三〇三 京津二〇〇四 佚九六七 福七 燕六二四 燕八二七 明藏二四六 存一〇三

九 【甲骨文編】

甲308 2969 3139 乙3432 6967 7131 7311 7426 7521 珠278

516 福4 佚967 續4·25·6 4·25·7 4·26·4 徵8·41 京1·33·1 録82

天91 續存62 63 1039 粹1163 1485 新2004 【續甲骨文編】

井 乙亥鼎 井方 孳乳為邢國名姬姓侯爵左傳僖公二十四年凡蔣邢茅胙祭周公之胤也後為衛文公所滅 井侯簋 麥盉

麥鼎 長甶盉 趞曹鼎 臣諫簋 弭伯匄井姬尊 弭伯作井姬甗 弭作井姬鼎 井姬鼎

師奎父鼎 伯䡊父鼎 舀鼎 舀壺 永盂 克鼎 散盤 井人妄鐘 禹鼎 弔男

父匜 孳乳為刑爾雅釋詁刑法也常也 盂鼎 令女盂井乃嗣且南公 沈子它簋 彔伯簋 班簋 𤔲盤 師

望鼎 師虎簋 番生簋 毛公㬾鼎 虢弔鐘 弔向簋 兮甲盤 【金文編】

1·59 獨字 4·158 井鈢 5·382 井上官井 【古陶文字徵】

八五：四 宗盟類參盟人名 【侯馬盟書字表】

井 日乙一六 十八例 日乙九四 日甲四九 三例 【睡虎地秦簡文字編】

![井] 井柱之印 ![井] 井將 ![井] 井係 ![井] 井親之印 ![井] 井閔之印 【漢印文字徵】

丼 井 【汗簡】

丼 汗簡 【古文四聲韻】

◉許　慎　丼八家一井。象構韓形。•。罋之象也。古者伯益初作井。凡井之屬皆从井。子郢切。【説文解字卷五】

◉徐同柏　井从•。汲缾之象。【商井觚　從古堂款識學卷十一】

◉吳式芬　許印林説……或讀井為邢。或如字。皆通。阮釋㽙鼎井叔云。古文鐘鼎家皆以井為邢。案周公子所封邢侯字从开。从井者為鄭地邢亭。二字不同。攷穆天子傳有井利。秦有井伯。是古有井氏。應讀本字。瀚案。漢隸字原漢隸分韻隸釋隸韻隸辨等書。郱形邢三字多通用。又或書荆為刑。書形為形。是古人从开从井之字互相假借。讀井為从井之井可。即讀井為从开之邢亦無不可。以古音同部故也。【虎敦　攈古録金文卷三】

◉王　襄　古井字，又古荆字。【簠室殷契類纂正編第五】

◉林義光　古作井師虎敦。或作丼井季㚇彝作(•)靜敦靜字偏旁。凡古文中空者多注點其中。見星字條。•非必象罋也。【文源卷二】

◉方濬益　井即荆之古文。禮記王制。刑者。侀也。侀者。成也。一成而不可變。説文無侀字。井部。荆。罰辠也。从井从刀。刀部。刑。剄也。从刀幵聲。周禮小司寇注引王制釋曰。上刑為法。下侀為著。謂行法著人身體。雷深之曰。依古當作刑者。刑也。刑者。成也。濬益按。荆字从刀。已包斬殺之意。刑乃後出之字。今則刑字通行而荆字久廢。豈知古止有荆。證以此文。則古文又作井。蓋井者法也。罰有重輕。必衷於法也。【兮伯吉父盤　綴遺齋彝器款識考釋卷七】

◉高田忠周　説文。井。八家一井。象構韓形。•罋之象也。古者伯益初作井。易井。改邑不改井。周禮野廬氏。宿息井樹注。井共飲食。司馬法。六尺為步。步百為畮。畮百為夫。夫三為屋。屋三為井。孟子。方里而井。皆其本義。轉為易繫辭傳。井。德之地也。風俗通。井。節也。其實為型字叚借。廣雅釋詁。井。瀞也。荀子儒效。井井兮其有理也。注。良易之皃。【古籀篇八】

◉明義士　井　説文解字五下一七七井部一字「丼八家一井，象構韓形。•罋之象也。古者伯益初作井」。按井正象構韓形。在卜辭通妌，藏龜第二一〇葉一片「貞卯帚井於母庚」，本書第九片作「乙亥卜貞卯帚妌于母庚□𠦪卯缺」，知妌井乃一字矣。又通邢，為方國名。後編卷上第十八葉五片「癸卯卜賓貞井方于唐宗彘」，卷下第三十七葉二片「三日乙酉㞢來自東妻乎𠂤告井方或」。其地望，則莫可指矣。【柏根氏舊藏甲骨文字考釋】

◉馬叙倫　鈕樹玉曰。韻會引作八家一井象構韓形罋也。韓當作韓。任大椿曰。易井釋文。井。字林作井。子挺反。周云。井以不變更為義。師説井以清潔為義。二井字金無區别。疑上井字從説文作丼。下井字則省●作井耳。沈濤曰。初學記地部引一井作為井。韓作幹。又一引仍作八家一井。則為字誤耳。王筠曰。當依釋水疏引補鑿地取水也於八家一井上。井字全體象形。分之為井●。皆非字也。乃象構韓形句不出井而罋之象也則出●者。必後人加之。龔橙曰。丼見李登集古文。倫按王筠謂鄉間土井。以木四交而當井口謂之韓。若塼甃之井。以石為口。則不用此矣。倫按初作井者。止掘地為坑而及爾。則井之初文亦止作◎而已。以疑於璧之初文及圜之初文而作●。象井而四旁有土。又以疑於旦而變為井。亦或增木交之井口而為井也。自為全體象形。中之●非象罋也。蓋由○者而實之。字本作井。便於書。變○為●。猶之為大矣。説解捝去本訓。鑿地取水也八家一井。蓋字林文。象構韓形・罋之象也。本作象形。吕忱或校者改之。易釋文引字林作井者。井當作丼。以經字作井。故引字林文。其實即説文。特陸據此本題為字林者耳。字見急就篇。甲文作井丼。叔男父匜作丼。師虎敔作井。盂鼎作井。【説文解字六書疏證卷十】

◉郭沫若　「井侯服」者言井侯被征服也。此井乃殷之古國名，非周公之後之邢。大克鼎言「易錫女汝井家𦤎田于𡷞山，𠭰與氒臣妾」，又「易女井遉𦤎人耤，易女井人奔于𡼴」，即此被征服之井國。其土地人民後裔為周人所宰割奴使也。知井為殷代古國者，卜辭有其徵。殷契後編有一片云「癸卯卜穷貞井方于唐湯宗彘」。上卷十八葉第五片。卜辭稱國為方，井方即井國。此辭記卜井方宗祀成湯用彘，則井為殷之同盟國可知。又乙亥父丁鼎「隹王正征井方」，即周人滅殷後，征伐井方時器也。舊以有「父丁」字説為殷彝，實則以日為名之習，自東遷而後始見絶跡。

井之地望可由克鼎之出土地以卜知之。羅振玉云「厰估趙信臣言克鼎實出岐山縣法門寺之任村任姓家。中畧。當時出土凡百二十餘器，克鐘克鼎及中義父鼎均出一窖中，於時則光緒十六年也。」「集古遺文」三卷卅五。克器既出於岐山，則其所受之井家田亦必在其隣近矣。散氏盤中亦言「井邑田」言「井邑封道」，散氏邑里據王國維所推測，當在大散關附近，地離岐山不遠，則井國蓋在散關之東，岐山之南，渭水南岸地矣。散盤中之眉田當在郿縣附近。【周公㲃　釋文器銘考釋　金文叢考】

◉馬叙倫　井姬季姜當是二人。井姬者。井人而姬姓者也。然則井當是邢之借字。邢周公之後。姬姓也。邢得借井為之者。猶邢荆之為轉注字矣。皆舌根音也。古讀井蓋如硜。由井為鑿地出水。語原蓋出於凵。凵為坎之初文。今杭縣謂坎如硜。

井音如硜。故從井得聲之耕音入見紐邢入匣紐也。【姬鬲　讀金器刻詞卷下】

◉陳夢家　井字在西周金文中有不同的寫法，必須澄清。說文分別井和开，井是部首而开不是。說文分別如下：一，從井的有耕、阱、荆罰罪也、邢鄭地、型等字。

二，從开的有刑頸也、形、鈃、荆、邢周公子所封地等字。井和开形既相近，而由其所孵乳字可知它們音相近。所以互有混淆。然而許慎必需如此分辯者，尤其分別周公後之邢與鄭地之邢，一定是有原因的。西周金文隸定為井者，可以分為兩式：第一式是範型象形，井字兩直畫常是不平行而是異向外斜下的，中間並無一點。卜辭「井方」和殷尹光鼎恒軒4的井方，井侯𣪘和麥組諸器的井侯都如此作。大多數師井詳師虎𣪘之井都是沿襲此式的。但有兩個例外，師虎𣪘「師井」它𣪘「井教」和曶鼎「孝友唯井」都當作型講而作第二式。兮甲盤作為刑罰講之井介乎第一第二兩式之間，無點。第二式是井田象形，井字兩直畫常是平行的，中間常有一點。井白井叔井季井公井人等的井字屬於此式。

許慎分別邢邢是正確的。但是誤以型從井，誤以荆從开應加修正。吳其昌金文世族譜則作如下的分別，周公後姬姓之邢的井侯井白，井字中無一點。姜姓之鄭井的井叔井季，井字中有一點，我們根據拓本觀察，則知井叔井季之井都有一點，兩直兩横都平行，井白之井有兩種：一，兩直兩横平行而無一點屬於穆王器第七十器和較早的共王器第七十三七十六器；二，兩直兩横而有一點屬於較晚的共王器第七十四、七十五、七十七、七十八、七十九器和井白鐘，因此我們以為井白之井屬于井叔井季一類，可以兩直兩横而没有一點。由上所述，則西周金文的开與井可分為以下兩類。

一、开類，兩横平行，兩直不平行而向外斜，中無一點。殷尹光方鼎的「井方」，西周初期井侯諸器昭王及共王初以後的帥井。

二、井類，兩横兩直平行，常有一點。甲，中無一點的。穆王及共王初的井白康王時它𣪘「井教」，曶鼎「孝友唯井」、共王初師虎𣪘「帥井」。乙，中有一點的穆王及其後的井白，井季，井公，井邦、井人、井邑以及銘末的井與奠井……

凡系奠之井叔諸器不早于共王，是先有井氏而後食邑于鄭厂改稱奠井，由奠井而省稱奠，此與姬姓鄭虢之鄭不同，井氏之井應在陝晉，即井邦、井邑之井。【西周銅器斷代・免𣪘　金文論文選】

◉陳　槃　邢。唐石經宋以後刊本並如此作。説文邑部譌作邢。古文當作井。後起之字始加邑旁作邢。熹平石經殘石作邢。參趙鐵寒讀熹平石經殘碑記。大陸雜誌十卷五期。亦其例也。説文邢下云。周公子所封地。近河内懷。从邑。幵聲。邢下云。鄭地有邢亭。井聲。是分邢邢為二。當誤。周公彝云。舍井侯服。又云。作周公彝。井。周公之後。邢亦周公之後。是井邢一矣。鄭有丼亭。金文有奠井叔。鐘。窸齋一·一七。有奠井叔䣄父。鬲。貞松上一六。案奠即鄭。井即邢。奠有井邑。此君蓋初封井。繼復兼食奠。參上柒鄭都。故曰奠井。如延陵季子稱延州來季子之比。延。延陵與州來皆食邑。然則井即邢。井叔鐘。積古齋釋邢。井人鐘。古籀拾遺下釋同。自不誤。井之為邢。猶邢之為井。明矣。

復次。邢丘。舊説在河南平睪縣。參下文。今河南温縣東二十里是也。東南與鄭縣相去不過七十里。隱五年左傳。曲沃莊伯以鄭人。邢人伐翼。蓋亦以二地毗鄰。故連類相及。而杜于此傳解云。邢國在廣平襄國縣。今河北省邢臺縣是也。案温縣去翼。今山西翼城縣。不過三百里。邢臺去翼則五百六十餘里。與鄭相去亦五百餘里。而同時應邀伐翼。聯絡固已不便。且邢臺、翼都之間。有太行山中隔。而晉北晉陽。其時猶為戎狄之區。參上陸晉都。由邢臺伐翼。必南行繞道。假道。勢且千里。豈有師行千里而遥而可以急人之急者。無是理矣。然則杜氏邢臺之説。必不然矣。

疑者曰。伐翼之鄭。安知其非西鄭——今陝西華縣之鄭。如其此鄭為西鄭。則伐翼之邢亦不可能是邢丘之邢矣。曰。此時之鄭。非西鄭也。幽王時。鄭桓公為司徒。居西鄭。以王室多故。從史伯之言。乃寄帑同孥與賄于虢鄶。受其十邑。犬戎作難。桓公死焉。子武公于是從平王東遷。一説東遷者桓公。猶有遺民。因亂南遷。是為南鄭。今陝西南鄭縣是也。參上柒鄭都。然則春秋以後之鄭。河南鄭縣之鄭也。蓋周之東遷。晉鄭焉依。隱六年左傳。而鄭武公與晉文侯已股肱周室。夾輔平王。平王勞而德之而賜之盟質。曰。世相。起也。此所謂晉鄭之親……可謂兄弟者也。晉語四。是晉鄭關係固不尋常也。曲沃莊伯者。文侯弟成師桓叔之子也。此時居翼者。文侯之孫孝侯也。曲沃莊伯強大。遂伐翼。鄭武公之子莊公助莊伯伐翼。是為助強侵弱。棄晉鄭之親。行為不義。然不可謂其非河南鄭縣之鄭也。

復次。麥尊。王命辟井侯。出矸侯于井。雩若二月。侯見于宗周。亡逌。劉節云。銘曰出矸侯于井。可知邢侯未封之前。居于井者為矸侯。矸當為地名。亦見于競卣及噩侯駿方鼎。卣之銘曰。隹伯屖父以成𠂤即東命伐南夷。正月……在䣊。鼎之銘曰。王南征伐角䣄。隹還自征。在矸。可證其地為征南夷必經之處。成鼎亦記噩侯駿方征南夷東夷事。銘曰。命成允□祖考政于邢邦。則矸與邢之關係。可於上述四器中證明之。水經洛水注曰。河水東經成皋大伾山下。又曰。成皋縣故城在伾上……此大伾。即彝銘之矸。春秋以前之邢國。實建邑于此也。以上並參考劉氏古邢國考。見禹貢四卷九期。前此王國維暨大系攷釋噩侯鼎篇亦有矸即大伾之説。然劉説為詳。按劉説可從。大伾在成皋。即今汜水縣。東與鄭縣相去七十里。北與邢丘則夾河相望。大伾與邢之關係可知。即鄭與邢之關係亦可知矣。……

善夫克鼎。錫女汝井家𤔲田于䀠。㠯與氒臣妾。窸齋五·一至五。散氏盤。井邑田。自根木道左至于井邑弄道以東一弄。

還以西一弄。𥁕齋一六・四。案善夫克鼎出陝西寶雞縣渭水南岸。其地適當汧渭之交。散邑。約當從世之大散關。亦與汧水近。此一地區亦有井邑即邢邑者。蓋邢伯雖國于邢丘。然仍留仕王朝。別食采邑。邑因嘗為邢氏井氏所食。故仍系之以邢井曰邢家井家曰邢邑井邑耳。師奎父鼎𥁕齋四・二六等徒𣪘西清續甲一二・四四稱𤔲司馬井白伯。此邢伯留仕王朝之證也。所食邑亦曰邢井者。此如邢之得名由于邢丘。繼則遷襄國。邢臺縣。夷儀詳後並亦曰邢。國族所至之處。名即隨之移殖。此例甚多。不為異也。【春秋大事表列國爵姓及存滅表譔異二冊】

◉陳夢家　殷本紀祖乙遷於邢。尚書序作耿。索隱曰「今河東皮氏縣有耿鄉」,今山西河津縣。漢書地理志「皮氏,耿鄉故耿國,晉獻公滅之」。河津之耿國,非祖乙所遷之邢,然「邢」「耿」古通,則耿可能即卜辭的井方。【殷墟卜辭綜述】

◉高鴻縉　井當以水井為本意,韓,井欄也,𤕤,井口也。至孟子述井田之制,八家為井,井九百畝云云,為井字之借意。世本云:化益作井。宋衷云:化益,伯益也,堯臣。【中國字例二篇】

◉李學勤　井即邢,周公子邢侯所封。下二器記康王時封邢之事。

惟三月,王令榮眔內史曰:䒗井侯服,賜臣三品,州人、重人、郭人……作周公彝。井侯簋(三代6・54・2)

王令辟井侯出𠠷,侯于井……　麥尊(西清8・33)

州當即散氏盤的州,𠠷見于殷武丁卜辭(前6・19・2)和三期2類卜辭(綴180),也就是噩侯馭方鼎所記馭方所居的𠠷。據禹鼎,幽王時叔向父禹繼其祖考治理井邦,其時井已歸衛。左傳中所見春秋時代的邢國已遷,而河內的邢(井)仍屬于衛。西周時代井的沿革可列為下表:

康王　封周公子井侯。

夷王　井破散,井人奔于量。周王以井的一部分封善夫克,矢以另一部分予散。

〔厲王〕　衛幽大叔治井。

〔宣王〕　衛懿叔治井。

幽王　衛叔向父禹治井。

根據禹鼎等所記井與衛的關係,井無疑是河內的邢丘。其地近于周原。井邑中的州即左傳所記蘇忿生田中的州。【殷代地理簡論】

◉李　棪　至於字體,有可言者——井白內右師虎即立中廷北鄉,井字中有一點,今余隹師井先王令,井字中無一點。無點者,與

⿱𤇾井　阱

毛公鼎女毋敢弗帥用先王乍明井，虢叔旅鐘旅敢肈帥井皇考威儀之井字相同。帥井二字習見，如師望鼎、禹簋、番生簋、彔白㦰卣，均當讀作詩文王儀刑文王之刑。帥刑，即儀型其祖考之威德也。【金文選讀第一輯序論】

◉李孝定　井字作，亦作，一也，古文字筆畫中空者每增點，無義，林義光氏之説是也，諸家或以有點無點別井刑二字，恐未必然，蓋時代不同，書法偶異耳。【金文詁林讀後記卷五】

◉徐中舒　後上一八·五　粹一一六三　象井欄兩根直木兩根橫木相交之形，篆文增●者示其為汲水所用之器，藉以別捕獸用陷井之井。【甲骨文字典卷五】

◉許　慎　深池也。从井。瑩省聲。烏迥切。【説文解字卷五】

◉馬叙倫　段玉裁曰。凡從𤇾之字皆曰熒省聲。則瑩當為熒。李賡芸曰。説文惟⿱𤇾井⿱𤇾丮⿱𤇾目縈四字瑩省聲。餘皆熒省聲。似從瑩省聲者後人亂之也。倫按本書無池字。此非本訓。亦或字出字林也。⿱𤇾井為井之聲同耕類轉注字。【説文解字六書疏證卷十】

甲698　1033　續3·26·1　3·45·2　3·45·5　掇445　徵11·57　京4·32·2　甲2396【續甲骨文編】

6·32　阱公　6·35　同上　6·31　同上　6·37　同上【古陶文字徵】

穽説文　穽李彤集字【汗簡】

李彤集　説文　竝籀韻　説文【古文四聲韻】

◉許　慎　陷也。从𨸏。从井。井亦聲。疾正切。阱或从穴。古文阱从水。【説文解字卷五】

◉羅振玉　説文解字。阱。陷也。从𨸏井。井亦聲。或从穴作穽。古文汬。禮記中庸釋文。書費誓傳。漢書食貨志下注。後漢書趙壹傳注並云穿地以陷獸也。卜辭象獸在井上。正是阱字。或从坎中有水。與井同意。又卜辭諸字均从鹿屬。知阱所

以陷鹿屬者矣。【增訂殷虛書契考釋】

◉商承祚　卜辭作井。上獸形。殆即阱之初字。其从乂凵者亦象陷井形。【殷虛文字類編第五】

◉葉玉森　之異體作等形。羅氏釋阱是也。阱上或阱內之小點竝象食物。蓋餌也。羅氏謂象水。商氏謂表示土意。殷虛文字用點之研究。皆非。【殷虛書契前編集釋卷二】

◉馬叙倫　鈕樹玉曰。韻會引從𠂤井。桂馥曰。倉頡篇。埳坑曰穽。三倉。穽謂穿地為壍以張禽獸者也。徐灝曰。一切經音義一引。阱。大陷也。蒼頡篇。穽謂掘地為坑張禽獸者也。今本捝大字。丁福保曰。慧琳音義五十六及七十三引作大陷也。商承祚曰。卜辭有字。殆即阱之初文。其從凵者。亦象陷井形。阱訓陷也。謂穿地為壍以張禽獸者也。則字為名詞而非從井田之井得義。觀卜辭二字。其初文作井凵即本書七篇之凶。周寶鐘。敢臽虐我。臽虐即臽虐。字從虎從凵。凵非杵臼字。亦即凶字也。本書止有臽字而無從虎從麋之字。蓋初文止作凵或井。後以省為凵井。則同於飯器之凵取水之井。故增人或虎或麋鹿以別之。此蓋從井而增𠂤旁。為後起字。依例當為從𠂤井聲。當入𠂤部。

穽　倫按亦從井而增穴為後起字。依例當為從穴井聲。玄應引此字出倉頡。倉頡本作阱。傳寫易之。

汬　鈕樹玉曰。宋本作汬。繫傳韻會作汬。倫按此井之後起字。依例當為從水井聲。玄應一切經音義引古文官書。阱穽二形同。則此字呂忱依官書加之。字易為汬耳。【説文解字六書疏證卷十】

◉白玉崢　癸丑卜，㱿貞：旬亡𡆥？王固曰：㞢祟。五日子麇死。

一、[glyph]：籀廎先生釋麗，其从凵者釋麃。見文字篇。羅振玉氏釋阱，曰：「禮記中庸釋文、書費誓傳、漢書食貨志下注、後漢書趙壹傳注，並云：『穿地以陷獸也』。卜辭象獸在井上，正是阱字。或从坎，中有水，與井同意。又卜辭諸字，均从鹿屬，知阱所以陷鹿屬者矣」考釋中五〇頁。商承祚氏曰：「殆即阱字之初文。其从乂、凵者，亦象陷阱形。」類編卷二。或曰：「疑為井、鹿二字合文」。葉玉森氏曰：「羅氏釋阱，是也。阱上或阱內之小點，並象食物，蓋餌也。羅氏謂為水，商氏謂表示土意，殷虛文字用點研究，均非」集釋二・二六。或隸定為麖，謂字當从丹綜述五〇六頁。崢按：今通檢諸甲骨拓片，字之結體，凡有二焉。其一、字之上从，大較均作或，其或有从或者，在百數十文中，僅只一、二見，可納之為或體。其二，字之下从，大較均為井或作凵二形；或又有增⺀者。或有从凵作者，然亦僅只一見而已。至在卜辭中之為用，大較亦有二焉。其一，用為動詞字者，字皆从凵；其結體約有如左諸形：

續三・四五・四　佚七一五

□南明一九九 □前六・四一・四

□乙二九四八 □乙二二三五

□掇二・三九九(反) □後下二五・三

其二、用為名詞字者，其構形除本字外，尚有如左之諸形：

□續三・二六・一 □續三・四五・五

□前七・四〇・二 □甲一〇三三

□掇一・四四五 □京四四九八

觀右列諸字之構形，其可言者，約有四事：

一、凡从□之字，其字必為動詞。如：

丙戌卜，丁亥王□禽？允禽三百又四十八。後下四一・一二

有時，亦或用為人名字，然其字即不从□矣。

二、凡从井及其變例者，多為名詞字。如：

团□弗因凡㞢疾？存一・七三九，

庚戌卜，穷貞：子□……？前七・四〇・一

又小臣亦有名麋者，如：

癸巳卜，貞：其小臣□……？甲一〇三三

亦有方國地名者，如：

戊午卜，爭貞：甶王自往□？十二月。乙五四〇八

壬戌卜，爭貞：甶王自往□？乙七七五〇

有時，亦或用作動詞字。

三、凡所从之獸，其畫腹部者，必見於第一期武丁之時；反之，則為第四期文武丁之時。

四、阱獸之法，多用於舊派；新派則未見其事。

至造字之初誼，當為動詞，義為阱獸；故其字从凵。凵，坎也；蓋治阱必入地為坎也。以今時敝鄉阱獸法例之，羅氏象水

之説，較得其真。當冬春之際阱獸時，當於坎底實以鋒利之木橛；夏秋之際則常灌之以水，使坎底呈泥糊狀。坎口再敷以偽裝，導使野獸誤陷入阱。然而，獸雖誤陷入阱，必以全力作生命最後之掙扎；且其掙扎極為猛烈。獵者積其阱獸之經驗，予坎底實以木橛，使猛獸因入阱而受傷，或灌以水，以消耗困獸之抗力，而縮短擒獲之時間。但究於事例，鹿屬非為猛獸；然則造字何以獨从鹿屬？殆鹿者，禄也；蓋在漁獵時代先民之觀念中，所獵之的，必以獲鹿為上，故以之為獵獲之記載。行之既久，約定俗成，遂以為阱獲字。至从土、从餌、从丹諸説，實乃嚮壁虛造。字於本辭，當為人名之專字。【契文舉例校讀　中國文字四十三册】

◉夏渌

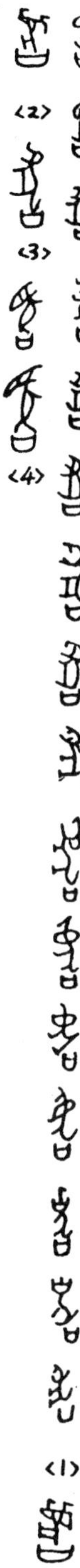

以上甲骨文〈1〉《甲骨文編》隸定作魯，从口从兔，雖放于正編中，卻云「説文所無」。〈2〉釋从㲋，亦云「説文所無」置正編中。〈3〉、〈4〉卻置附録中。唐蘭先生釋〈1〉為「𧴪」，郭沫若院長釋「虘」，各家似無一致意見。以上从口，上有獸形的甲骨文，聯繫卜辭內容，一，用於狩獵之中，為一種捕獵方式。二，「子𧴪」連文，用為人名。三，「魯甲」連文，釋沃甲、虘甲、𧴪甲（陽甲）之類，作祖先名。

從卜辭的內容看，口上的獸形雖變，詞義不變，如甲骨文「埋」字，凵中埋牲，不拘於一種，人、牛、犬、羊均可。「虜」字也有類似情況，網下的捕獲物，不限於一種獸名，从網从虎、从豸、从象（鄴初下29·6）、从猴（後2·17·8）、从毘……均可。

甲骨文〈1〉所从之口，仍代表「陷穽」，上面不限於一獸之名，象、虎、豸、兔、㲋、毘……均代表被穽擒的對象，它是象形表意字，部件不作聲符用，變換捕捉對象，於字音義不變。

從字形結構和卜辭文義內容看，它們仍是「穽」即「阱」字的異體，甲骨文多以、等形為之。

《周禮·秋官·雍氏》：「春令為阱擭，秋令塞阱杜擭。」注：擭，柞鄂也，堅地阱淺則設柞鄂於其中。

《禮·中庸》：「驅而納諸罟擭陷阱之中。」

《書·費誓》：「杜乃擭，斂乃穽。」疏：穽以捕小獸，穿地為深坑，入不能出其上，不設機，小異于擭。

《説文》：穽，陷也。所以取獸者。一曰：穿地陷獸也。

我們以這種「穿地陷獸」的捕獵方式的「穽」，聯系卜辭舉例如下：

王田[glyph]鹿？　（乙5374）

王逐鹿，不其[glyph]？

王其逐鹿，於⿱香皿[glyph]？　（乙7490）

王从龍東[glyph]？　王从[glyph]？　（乙4524）

……焚……[glyph]？（後2·9·3）

貞：不其[glyph]？　其[glyph]？　（丙40）

不其[glyph]？　（乙7162）

不[glyph]？　（乙1677）

王从……[glyph]？　（乙3188）

……允[glyph]豕，獲八。　（鐵155·3）

上圖乙2235：「己卯卜𡧊貞：我其⿱罒凶擒？」《甲骨文編》誤釋「⿱罒凶」為「埋」，對照鐵155·3：「允⿱兔口豕，獲八。」知皆狩獵卜辭。⿱罒凶、⿱兔口皆「陷穽捕獸」的「穽」字。从凵與从口同意，表示「陷穽」，上部只要是野生動物：象、虎、豸、兔、兕、鹿皆可。實是一字異體。過去甲骨學者和《甲骨文編》往往誤為不同的字，以「⿱象口」、「⿱虍口」、「⿱兔口」等字讀之。今正。

其次，王子「子麛」的名字，庫1165：「壬寅㞢子[glyph]？」對照「子麛」、「子⿱鹿凶」、「子⿱曲口」等寫法，也知是「穽」字異體。

再其次，是祖先名稱的「⿱兔口甲」，或依上部不同的獸形讀：「⿱虍口甲」、「⿱象口甲」等，有以為即「沃甲」。于省吾教授以為沃字是羌字之譌，即《殷本紀》的「沃甲」，卜辭作「羌甲」。郭沫若釋「象甲」即《殷本紀》的「陽甲」，而以「羌甲」為「苟甲」。唐蘭釋「兔甲」。陳夢家《卜辭綜述》隸定作⿱象口，讀「⿱象口甲」，認為即《殷本紀》的「陽甲」。

我們依據狩獵有關「穽」字卜辭，確定：⿱兔口、⿱虍口、⿱象口、⿱豸口、⿱豖口……皆「穽」字異體，當讀「穽甲」。「穽甲」不見史書，但以聲類求之，當為《世本》的「開甲」、《紀年》的「開甲踰」。因為有一口形，或誤以為「和甲」。「開甲」相當《殷本紀》的「沃甲」。　【學習古文字瑣記二則　古文字研究第十輯】

刑 散盤 子禾子釜 从土 盗壺 大去刑罰 【金文編】

刑 秦一三八 二十八例 通邢 與戰—丘城 封三三 日甲六七 二例 【睡虎地秦簡文字編】

5278 1279 1280 1281 【古璽文編】

刑章之印 刑丘能始 刑歆私印 刑始光印 刑紀之印 刑說 刑福 刑榮 刑沮

刑寬 刑寄之印 刑昌之印 【漢印文字徵】

◉許　慎　㓝罰辠也。从井。从刀。易曰。井。法也。井亦聲。户經切。【說文解字卷五】

◉孫詒讓　「癸未卜兄貝□□曰豕[井刀]」四十之四。「□曰之旡□二不[井刀]不羊其□馬」七十六之三。「癸□女□子疥不[井刀]」百六十八之一。「好其[井刀]」二百四之三。「壬申□其[井刀]」二百八之三。「癸丑卜𣪘貝它父囙立固曰之象五丁子麗[井刀]」二百四十七之二。「亩曰弗女[井刀]」二百五十一之三。「[井刀]」字从井與「[井刂阝]」作「[井刀]」同。詳《釋地篇》。攷《說文・井部》:「㓝,罰辠也。从刀井。《易》曰:『井者法也』。井亦聲。」此即「㓝」字,但迻刀箸井中,形略變耳。「豕㓝」者,「豕」與隊通,猶云陷於㓝法;「麗㓝」、「其㓝」義同。「弗女㓝」,謂不加女以㓝法。「不㓝」亦謂不法。《爾雅・釋詁》:「㓝,法也。」:文義並相近。五十四之二云:「□求□井」,疑亦「㓝」之省。金文盂鼎㓝作井,與此相似。【契文舉例下卷】

◉林義光　諸彝器以帥井為帥刑。刑井古同音。从刀井聲。說文云。刑。剄也。从刀幵聲。按幵非聲。刑訓為剄。即㓝之引伸義。蓋本同字。井譌為开復譌為幵耳。並篆亦作𠀤。譌作幷。見並字條。郱邢兩地同名。不當分為兩字。形从幵聲。實亦作㓝也。【文源卷十一】

◉高田忠周　刑 散盤　此字形正者也。銘意蓋為姓氏。即叚借字。說文。㓝。罰辠也。从井从刀。易曰。井。法也。井亦聲。蓋義專在井字。音亦同。古以井為㓝也。書呂刑。五刑之屬三千。左昭六年傳。嚴斷刑罰疏。對文則加罪為刑。收贖為罰。周禮蜡氏禁刑者注。黥劓之屬。皆本義也。【古籀篇八】

◉馬叔倫　鈕樹玉曰。繫傳無亦字。韻會引作從井刀。一切經音義二十引作㓝法也。今易竝無其文。唯釋文引鄭云。井法也。蓋經師家說。沈濤曰。初學記二十引。㓝。刀守井也。飲之人入井。陷於川。刀守之。割其情也。又云。井飲。人人樂之不已。則自陷於川。故加刀謂之刑。欲人畏慎以全命也。此與一切經音義引春秋元命苞合。韻會引同初學記。則小徐本尚不譌。莊有可曰。刑荆一字。沙木曰。荆當為刑重文。翟云升曰。當入刀部。王筠曰。許訓平正通達。一有纖仄之詞。吾即疑為後人竄易。倫按從刀井聲。古蓋讀井如坑。語原同也。坑音溪紐。故荆音入匣紐。同為舌根音也。亦或從刀從初文倉之作井者得聲。易曰五字乃校者引鄭玄易注耳。傳寫誤入正文。後人乃增井亦二字。如鍇本是也。鉉本以字在井部。故改為從井從刀。當入刀部。為刑之轉注字。罰辠也蓋字林文。初學記所引校語。罰下亦有校者引之命苞語。可互證也。沈乃校此謂許多用緯書為解。誤矣。字見急就篇。借為型。散盤作[glyph]。子木子釜作[glyph]。餘見倉下。【說文解字六書疏證卷十】

◉楊樹達　說文五篇下井部云：「荆，罰辠也，从井，从刀。易曰：井，法也，井亦聲。」户經切。樹達按井與荆罰義不相關，故許君引易井法為說，義出牽附，非正義也。考甲文死字作[glyph]，象人臥棺中之形。荆字左旁蓋本作井，以形似遂誤作井字，實非井字也。荆罰字無可象，故以棺形表死刑，从刀則示刀鋸之刑，書呂刑所謂劓刵椓黥之屬也。以具體之器物表抽象之意義，此先民智慧之所在也。觀金文散氏盤荆字已从井作，知此字之誤已久矣。

禮記檀弓上篇曰：「有虞氏瓦棺，夏后氏堲周，殷人棺槨。」蓋殷人始以木為棺，以代有虞氏之瓦棺與夏后氏之堲周，故棺作交木之形，此可反證檀弓殷人棺槨之說為可信矣。【積微居小學述林卷三】

◉楊樹達　字从井，義不可通。甲文死字作[glyph]，象人在木棺中之形。井象棺，表死刑。刀表輕刑。許謂从井者誤也。【文字形義學】

㓝 㓝

[glyph] 㓝　金文以為荆字　過伯簋　荆字重見　【金文編】

◉許　慎　㓝造法㓝業也。从井。刅聲。讀若創。初亮切。【說文解字卷五】

◉孫詒讓　「丙申卜□虎令□角[glyph]侯丞」，六十二之三。「[glyph]」字下微闕，寀其篆勢，當是从井，與「[glyph]」、「[glyph]」略同。詳《釋文字篇》。唯刱从刀，此則从[glyph]。疑當為「㓝」字。《說文·井部》：「㓝，造法創業也。从井，刅聲，讀若創。」[glyph]與刅形相近。此云「㓝侯」，則為國名，以聲類求之，竊疑當為「梁」之借字，殷時或已有此國。金文仲𠭯父盤稻梁字作[glyph]，从刱，叔家父簠作[glyph]，亦似从井形，雖微變而皆與「㓝」近。梁與「㓝」同从刅得聲，可以互證。「虎」者將帥之名，「角」者距禦之意，猶《左傳》云「晉人角之，諸戎掎之」。「丞」、「叒」聲類同，字通。「叒」者，衆也，詳《釋文字篇》。猶後云「羌叒」。謂梁侯以衆來犯則角禦之也。【契文

◉馬叙倫　從井而訓造法㓝業。絶不可通。非本訓也。此乃刅之轉注字。從刅。井聲。井非田井之井。乃倉之異文。麽些文倉字作井。蓋象形文不以異域而竟異也。從倉得聲。故讀若創。創從刀倉聲。為刅之轉注字。亦與此為轉注也。金文㓝字或但作刅。毛公鼎則但作井。甲文亦然。可證井是倉字。為㓝所從得聲也。創造字當作産。杜預春秋序。創通大義。陸德明曰。創。字林作㓝。謂創造字當作㓝。見字林也。然則此字出字林。吕忱不知此非創造字。故譌入井部。以此益證讀若非許書本有矣。師虎敦作㓝。遂伯彝作㓝。【説文解字六書疏證卷十】

◉馬叙倫　刅者。方濬益曰。説文。荆。楚木也。從艸。刑聲。古文作𦵔。𦵔即刅。傳寫誤分為二。故乍𣎆。其從艸者蒙上小篆而之荆而譌。即云楚木。不當從艸。強運開曰。荆楚即荆棘。刅正象叢生有刺之形。或作㓝。㓝蓋從井得聲。小篆從刑。或謂古者刑杖以荆。故字從刑。則後人附會之説也。倫謂伐刅即伐楚。詩殷武。奮伐荆楚。𢦏敔。𢦏馭從王南征。伐楚荆。字作㓝。過伯敔。過伯從王伐荆。字作㓝。皆可證。然刅乃説文之刅字。非荆棘之荆本字。㓝即説文之㓝字。而師虎敔作㓝。從刅與此同。説文。荆。從艸。刑聲。桂馥謂刑聲當作荆聲。㓝從井得聲。詳疏證。則桂説長矣。𢦏敔言伐楚㓝。楚即荆。而言楚㓝者。音同穿二。楚聲魚類。㓝。説文曰。讀若創。聲入陽類。魚陽對轉。是以雙聲疊韻連緜為詞。史記正義。秦滅楚。諱楚。改曰荆。秦襄王名楚也。蓋由楚本或偁荆。故即以荆易之。然可證荆自從㓝得聲。㓝自從井得聲也。淮南人閒。師云所處。生以棘楚。即老子云荆棘生兮。賈誼書。蚠冒楚棘。亦謂荆棘。今荆音舉卿切入見紐。猶耕邦亦從井得聲而耕音入見紐。邦音入靈紐。聲轉耳。説文荆訓楚木。楚訓叢木。荆從井得聲。井音精紐。叢從取得聲。取音清紐。同為舌尖前破裂摩擦音。是楚木者本作楚也木也。唐人刪並之耳。楚也者。借荆為楚。木也者。本有木名荆。今失其字而借荆為木名耳。漢書郊祀志以牡荆莖為幡竿。晉書刑法志。陵上荆一枝圍七寸二分者被斫。此木荆也。荆自為艸名。今經傳㓝楚字皆作荆。賴金刻明其字本為㓝也。【䟭敔　讀金器刻詞卷下】

◉朱芳圃　説文井部：「㓝，造法㓝業也。从井，刅聲。讀若創。」桉字在金文用為國名，𢦏馭毁銘云：「𢦏馭從王南征伐楚㓝。」楚㓝為周代南方大國，周人稱之曰㓝，國人自稱曰楚，合言之曰楚㓝。古讀清紐雙聲，魚陽對轉。

說文艸部：「荆，楚木也。从艸，刑聲。𦵔，古文荆。」桉經傳稱楚㓝之㓝皆作荆，與彝銘異。蓋晚周時讀㓝為ɣieng，从刅，井聲。古音井讀tsieng，其諧井聲之字如刑及从刑得聲之鉶皆讀ɣieng，與荆同音，又荆楚為叢生灌木，音義相關，因之改作荆矣。古文作𦵔，从艸，从𣎆。𣎆即刅之形誤。【殷周文字釋叢卷中】

皀 

◉李孝定　　此文與小篆㓞字全同，而銘意則當讀荆，㓞从刅聲，荆从刑聲，聲韻相遠，宜不得相假，朱氏欲通其郵，其説又未足以厭人意，頗疑此銘誤書。【金文詁林讀後記卷五】

甲八七八　存下七六四　前五・四八・二　粹九一七　京津四一四四　【甲骨文編】

新4144　【續甲骨文編】

皀　窒弔簋　【金文編】

皀　【汗簡】

汗簡　【古文四聲韻】

◉許　慎　穀之馨香也。象嘉穀在裹中之形。匕所以扱之。或説。皀。一粒也。凡皀之屬皆从皀。又讀若香。皮及切。【説文解字卷五】

◉戴家祥　小徐繫傳引顔黄門家訓曰「在益州與數人同坐。初晴見地下小光。問左右是何物。一蜀豎就視云。是豆逼耳。皆不知所謂。取來乃小豆也。蜀土呼豆為逼。時莫之解。吾云三蒼説文皆有皀字。訓粒。通俗文音方力反。衆皆歡喜。」段大令曰。「顔黄門云。通俗文音方力反。不云出説文。然則黄門所據。未嘗有方力反矣。而許書中卿鄉字从皀聲讀香之證也。」家祥按許氏説皀之聲義。引或説以存之。足見漢時此字已不經見。初誼無可究詰矣。而其形僅存於偏旁。顔黄門以蜀豎之言證皀通俗文音方力反。雖有新異可喜之誼。然不免郢書燕説之失。皀字自説文以外。未見於他書。其音方力反。未知何據。以鄙意測之。或因小篆从匕而比附其聲與。段氏以卿鄉从皀。證其字當讀香。不知卿鄉均非从皀聲。段氏定為讀香未確。傳世經典無皀字。其聲義久佚。金文豐姞敦云「丝殷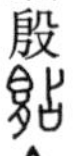亦𠶷人。」其器之真偽尚難確定。文義更不可解。今細考商周古文。偏旁从皀之即字既字㿝字食字段字鄉字及从食之饎字饔字餳字饋字饗字饉字饑字等。偏旁皀皆作。實非从从匕。知許書匕所以扱之之説未甚當也。本書食部「饗。鄉人飲酒也。从食从鄉。鄉亦聲。」又𨛜部「鄉國離邑民所封鄉也。嗇夫別治封圻之内六鄉六卿治之。从𨛜皀聲。」卯部「卿。章也。六卿。天官冢宰。地官司徒。春官宗伯。夏官司馬。秋官司寇。冬

官司空。从卯皀聲。」皀部「即。食也。从皀卩聲。」「既。小食也。从皀。旡聲」羅雪堂先生曰卿彝跋「古金文嚮背之嚮。公卿之卿。饗食之饗。皆作□。毫無分別。曩以為疑。嗣讀白虎通言卿之言嚮也。為人所歸嚮。始悟公卿之卿與饗食之饗古為一字。而□則嚮背之嚮也。此彝卿字作□。象兩人相向就食之形。蓋饗食之饗本字。」又云殷虛書契考釋「即。象一人就食形。既象人食既。許君訓既為小食。誼與形不協。」按羅説郅確。古文鄉即既等字當象人食形。許君以皀卩旡聲釋之。均覺未安。説文五篇食部「食一米也。从皀亼聲。或説亼皀也。」金文均作□。卜辭作□。細擇其形。許説亦未當。竊思訓食之字皆从皀。先儒均以穀之馨香釋之。今以金文卜辭證之。皀殆為古人盛飯器。日用饔飧之具也。字本象形。故即既饗食等字偏旁从之。許君訓穀之馨香。象嘉穀在裹中之形。匕所以扱之。或説皀一粒與鄉即既食諸字誼。皆不合。凡人就食之誼。必取穀之馨香以造字。於六書毫無所取。如依或説皀為一粒。則饗食之饗。象賓主相向就食。而僅穀之一粒。於事物之情。更不可通。諦審金文作□。上象器之蓋形。下形與□字相似。卜辭作□。下形則與豆字古文相似。是古器物之形明矣。然則皀既為古人日用饔飧之具。傳世古器果何屬耶。曰。器則有之。自宋以來冒他器之名。乾嘉諸老踵武舊説而不掀其覆。故世於皀未之見也。考宋人圖録有殷者形圓而名之曰敦。流傳沿習。成為科律。惟清儒錢獻之韓履卿始疑其誤。吾邑黄仲弢學士更疏證其説以為即簠簋之簋。言雖甚辨。卻有不易之處。福山王文敏頗違其説。謂簋有專器亦有專字。形與文皆與𣪘迥異。則𣪘自是一器。後人叚敦為𣪘。𣪘字遂廢而不用云云。翠墨園話。丙寅秋月余讀王黄二家之言。頗信黄氏之説有合商周字例。更從古器銘辭以證詩禮。綜校互勘。證𣪘字確為簋之别構。持以質先師海寧先生。先生以為𥂴字果又何屬哉。當時無詞以應。遂置舊稿於篋中。不敢成為定説。丁卯秋讀東莞容希白教授殷周禮樂器考略。其證簋字一條亦不以黄氏為謬。凡鄙意所欲言者。容君已盡言之矣。深喜閉門造車出而合轍。因出舊稿重為釐訂。如有與容君之説闇合者皆削而從之。惟皀字音義尚為容君賸義。今迻録一過。徒以敝帚自珍耳。固不敢有所攘善也。説文竹部「簋。黍稷方器也。从竹从皿从皀。匭。古文簋。从匚飢。匦。古文簋。或从軌。朹。亦古文簋。」按詩伐木陳饋八簋。與埽牡舅咎協韻。簋與軌通。儀禮士昏禮聘禮公食大夫禮鄭注古文簋皆作軌。易損卦象辭釋文簋蜀才本作軌。簋又與塯通。墨子節用中「飯於土塯。啜於土形。」史記序傳司馬談論六家要指引作「食土簋。啜土刑。」韓非十過篇「堯飯於土簋。飲於土鉶。」史記李斯列傳二世責問李斯曰。「吾有所聞於韓子也。曰。堯飯土匦。啜土鉶。」徐廣曰。「匦一作溜。」秦始皇本紀云「飯土簋」。索隱本簋作塯。云「如字一音鏤。一作簋。」又敍傳云「食土簋。」集解引徐廣云。「一作塯。」周禮小史「以書敍昭穆之俎簋。」鄭玄注「故書簋或為几。」大鄭云。「几讀為軌。書亦或為軌。簋古文也。」段玉裁校几為九云。簋字古音同九。其古文作軌。軌古音亦同九也。徐養源亦從九云。几字古在脂微韻。簋九並在幽韻。其音不同。按段徐二説是也。春秋繁露祭義云。「春上豆實。夏上尊實。秋上机實。冬上敦實。豆實韭也。尊實醴也。机實黍也。敦實稻也。」桂未谷曰說文義證「机實即簋實。簋黍稷器。」按簋⿷匚飤匭机軌塯九皆在古音幽部。故得同聲通叚。然未見其與⿺辶⿱皀皿字互通也。是⿺辶⿱皀皿簋非一字之證。又說文殳部「𣪘。揉屈也。从殳从皀。皀古文叀叀部皀云古文惠字。」廏字从此。辵部：「⿺辶𣪘。恭謹行也。从辵𣪘聲。讀若九。」勹部「𠣍。飽也。从勹𣪘聲。民祭祀曰厭𠣍。」广部「廏。馬舍也。从广𣪘聲。周禮曰。馬有二百十四匹為廏。廏有僕夫。□古文从九。」一切經音義九廏古文⿱宀皀𠣍二形。釋名釋宮室。廏。勼也。按說文从𣪘之字其音皆與九相近。亦在古音幽部。是簋𣪘同音之證。說文𣪘即金文□之變體。頌敦師趯父敦追敦均作□。秦公敦作□。是變□為□。乃古文繁簡之通例也。今按𣪘讀為幽韻。自宋迄今之□非𣪘之異體。則昭若發蒙矣。𣪘字从皀得聲而讀若九。則皀字不應讀若香與方力反。亦可大膽斷定矣。由此而知𣪘字从皀讀為幽韻。簋字从竹从皿从皀而讀為九。通為軌。則簋之从皀得聲而非會意字亦奂然冰釋矣。推而論之。說文廏古文作⿱宀皀。九皀皆在幽韻。聲類集合字也。簋之古文作⿷匚飤匭二形。則又聲義互易字也。今既斷定𣪘九二字古音同部。則皀亦必讀若九。殷虛書契前編卷六第十六葉「庚辰□大貞來丁亥寡之机□羌卅卯十牛十月」。又云後編卷下第三葉「亥其□寡牢」。□字前儒未釋。諦審此字。从宀从九从攴說文所無。以上下文義擇之。似即廏之古文。聲義互易字也。兮甲盤云毋敢或入䜌宄賓。孫籀公釋⿱宀⿰九攴為廏。謂或廏或貯。皆毋許人闌入也。皀九如能同聲互易。則又為簋从皀聲增一佳證矣。夫文字者隨代變異。非綜校互勘未易通其條貫也。簋字既可定為皀聲。則皀之初誼。殆即簋之象形字也。商周古文往往變獨體象形為合體。猶磬之古文□象形。合體作□。鼓之古文□象形。合體作□。壺之古文□象形。伯姬壺作□。以此證□之作□。亦古文形義增益之通例也。古文象形又增益為形聲。如函皇父敦壺作⿰金壺。說文豆作梪。叔上匜作⿱也皿。史頌匜作鉇。古文象形又有改易為形聲。如凵之作笑。鬲之作⿸厤瓦。以此證皀之作⿷匚飤匭。亦古文六書類轉與聲義互易之通例也。古文象形又累益其形義。如□本象形。小篆作箕。□本象形。陳子匜作鑑並變為一聲兩形。以是證簋之从竹蓋以質言之。从皿蓋以類言之。亦古文形義緟複之通例也。可知□為簋之初文。自有焯然通例。而非穀之一粒及穀之馨香。在聲義上證之。毫無疑滯。不煩多引。已弃若合符矣。清代大儒於古文字學實駕宋人而上之。然古器物之命名仍踵宋人舊說。故自宋以後。均以⿺辶⿱皀皿為簋。以𣪘為敦。於字例不加細擇。亦考古者千慮之一失。今既由文字推定𣪘為簋字。又有傳世古器可證。許鄭方圓之爭訟亦可判決矣。按許氏說文言簋方簠圜。鄭氏周禮舍人注「方曰簠。圓曰簋。」又按淮南泰族訓「陳簠簋。」注「方中者為簠。圓中者為簋。」陶方琦謂此篇為許注。果爾。則許君之說亦不一定。賈公彦周禮疏引孝經「陳其簋簠。」注云。「內圓外方受斗二升者。」北堂書鈔引作「方曰簠。圓曰簋。」小牢饋食疏引作「外方曰簋。」詩秦風釋文「內圓外方曰簠。內方外圓曰簋。」儀禮聘禮釋文。「內圓外方曰簠。內方外圓曰簋。」廣韻五旨亦曰「內圓外方曰簋。」顏師古漢書賈誼傳注云。「方曰簠。圓曰簋。」與鄭說同。是漢訖唐。師說各異。莫衷一是。宋歐陽修集古録「簋容四升。其形外方內圜而小。」此本聘禮音義。聶崇義三禮圖引舊圖云。「外方內圓曰簠。內方外圓曰簋。足高二寸。挫其四角。漆丹中。」御覽器物部引舊圖云。「簋受一升。足高一寸。中圓外方。挫其四角。漆赤中。蓋亦龜形。其飾如簠盛稻粱。」考傳世古器𣪘之形正圓。然盨之形長方橢角。與內外方圓之說均可強合。即許鄭方圓之異。亦不致偏廢。故三禮圖及盧陵逕定為簋。今以皀字形觀之頗似豆。與傳世古器形狀恰合。知鄭是而許非也。自來言簋方者。僅說文一書之言。詩伐木毛傳云「圓曰簋。」是鄭氏所本。又鄭君易損卦彖辭二簋可用享注云。「離為日。日體圓。巽為木。木器圓。簋像。」論語公冶長篇皇疏與鄭說同。又聘禮「夫人使大夫勞以二竹簋方玄被纁裏有蓋。」鄭注云。「竹簋方者。器名也。以竹為之。狀如簋而方。如今寒具筥筥者圓此方耳。」賈公彥疏云。「凡簋皆用木而圓。受斗二升。此則用竹而方。故云如簋而方。」以此可證鄭君確謂簋為正圓。賈舍人疏此經云用木而圓者。本鄭君周易注受斗二升者。依考工記實一轂之說。考工記疏與此同。是不以簋為長方橢角者。依儀禮經文則鄭義塙不可易。否則竹簋不當特言方為殊異之詞矣。周官考工記言陶人為甗盆甑鬲。旊人為簋。而不言簠。今傳世古器甗盆甑鬲形皆正圓。知考工記舉簋而不舉簠者。簋亦正圜器也。以上可證鄭謂簋確為正圓。與𣪘之形狀吻合矣。考周秦諸子言堯舜飯土簋食土刑。言雖無徵。然簋之由來必甚古。自有卿即諸字之作。上下饗餕必已通用簋矣。故聖人借皀作書。以彰飲食之誼。今傳世古器。皀之數量。為諸器冠。蓋古者自天子至於士庶人。祭祀賓客饗飧無不用之。如易之二簋。詩之四簋八簋。儀禮聘禮之六簋八簋。公食大夫禮之六簋。周禮掌客之十二簋。玉藻之四簋。函皇父敦之八簋。此殆諸侯卿大夫士庶人之等差也。家東原先生云。「古者簠簋或以金。或以木。或以瓦為之。管仲鏤簋金簋也。爾雅金謂之鏤。是飾以玉飾以象者木簋也。」簋之用如此之廣。古聖人造作書契之宏義妙旨可想見矣。似不宜拘守一書而迂屈古誼也。至傳世之盨。經典無徵。錢獻之仍以簋稱之。容希白謂盨或其別名。然伯庶父盨叔樂父盨皆云「作盨𣪘。」則盨𣪘當是二物。盨殆即顏師古漢書注謂狀如盤之寠數與。戊辰閏二月重定。

【釋皀　國學論叢第一卷第四號】

◉馬叙倫　段玉裁曰。顏氏家訓云。三蒼說文皆有皀字。訓粒。通俗文音方力反。顏不云方力反出說文。而許書中鄉卿字從皀聲。則讀若香之證也。鳥部鴔字從此。爾疋音義云。鴔。彼及反。郭忘汲反。字林方立反。是則皀有在七部一音。當云讀若某。在又讀若香之上。嚴可均曰。又讀則上必有闕文。鳥部鴔火部煏皆從皀聲。讀若駒。與此凡有三讀。嚴章福曰。皀乃飲食正字。經典借食為之。而食又米粒正字。經典借粒為之。故曰。或説皀一粒也。又讀者蒙上或説而言。無關音切。謂皀通用食。古文有以此為香字。本無所闕也。王筠曰。又讀若香在凡皀之屬皆從皀下。已有可疑。再加又字。更可疑矣。蓋本在上面。傳寫誤倒。校者意中有皮及切遂謂扱扱之扱。解義兼解音也。故加又字耳。然食下鍇本有讀若粒三字。蓋當在此又讀若香上。又字乃有所承。二徐據本蓋皆在食下。故小徐存之而删又讀之又。大徐以其不協而删之。郭沫若曰。甲文從皀之字如既作　即作　。皆象人就食之形。　即人所食之物。象豆中盛物豐滿無缺也。　即皀字。與食一字。甲文食字亦有作　形。乃加蓋於豆耳。許謂象嘉穀在裹之形。匕所以扱之。非是。劉秀生曰。又讀若香者。小徐無又字。皀即亯字。亦即饗之初文。甲文作　。即既等字從之得義。甲文作　　。可證皀為鄉所從得之聲。鄉聲曉紐唐部。香聲亦曉紐唐部。故皀得讀若香。儀禮士虞禮。香合。釋文本又作薌。是其證。倫按窒叔敢有　字。證以許書從皀之字。如即散盤作　。盂鼎作　。甲文作　　。既。邵鐘作　。頌鼎作　。甲文作　　。食。仲簋作　。甲文作　　。金文諸食字偏傍亦多作　。卿為饗之初文。甲文作　。是　即皀矣。　小變則為　。仲義敢食字作　。是其證。又變則為　矣。然非從匕匙之匕。以甲文即既食鄉等字偏傍觀之。　　二形。皆象有蓋有足之器。故郭徑以為豆字。倫謂金甲文中每有譌變而疑於他形者。此乃由象形之畐字所變譌也。畐篆作　。而复字所從則作　。蓋其象形文作　。或有文飾作　。所謂彩陶者也。今杭縣有所謂豬頭罐者。率於歲終祭神用以烹豬頭故名。而其形即然。由此第一圖形變譌為　。而第二圖形變譌則為畗。由　而變譌則為　矣。由　而變譌為　　。則疑於豆矣。説解言又讀若香。鍇本無又字。此字既非形聲。又止有讀若香一音。則又字似不當有。然下文㿝讀若適。音在審紐。古書以適為嫡庶字。而敵字亦從啻得聲。今浙江江山縣謂食飯音正如嫡。則既元謂㿝從冖皀聲。是也。詳㿝字下。皀本讀若適。即食字之音也。説解曰。或説皀一粒也。食部食下曰。一米也。米為粒之爛文。是亦可證食皀音同。故皀下有此或説也。説解曰。又讀若香。而孫愐僅音皮及切。以㿝下讀若適例之。則皮及切與讀若香不相應。蓋傳寫誤捝一讀若。又捝一音切。讀若某例當在凡某之屬皆從某上。今譌在其下。此傳寫有譌之證也。顏引通俗文皀音方力反。在非紐。非審同為次清摩擦音。亦可為皀本讀與適近之證。曉紐亦次清摩擦音。故皀又讀若香。香音曉紐也。本書鄉從皀得聲。儀禮公食大夫禮膷以東臐。注。古文膷作香。此皀讀若香之證也。蓋由非轉曉耳。此音皮及切。音入奉紐。則由非以同摩擦音轉奉耳。倫謂皀亯食一字。其義當為孰物也。物孰可食。故初即以皀為飲食字。六書之假借也。此字初文當為　。䄍伯敢從畗。一識所孰之物。於六書為指事。金文或以畗為亯。仲師父鼎杜伯簋麓伯敢皆作　。又或作　杞伯敢　伯嬰父鬲　𥎦仲父匜句者君盤甲文。蓋亯所以孰物。故即以畗為亯。

然金文亦多省作也。此依篆形作□。而食字金文作□。則重其蓋矣。金文餗字害作父丁彝作□。其食旁即此字。蓋食即亯字。亯音非紐。是亯之音方力反。即得於亯。下文即訓食也。則為飲食之食本字。今杭縣謂食飯曰吃飯。吃為即之音轉借字。聲同脂類也。皀舊音方力切。即音子力切。蓋由非轉心而入精。知者。即之異文為飤。音入邪紐。邪精竝為舌尖前音也。是則由非轉心而入精。亦由非轉心而入邪。顏氏家訓勉學。三蒼説文此字白下為匕。皆訓粒也。是顏見本書本訓粒也。今作或説皀一粒也者。蓋本作香粒也。香乃校者注以釋皀字之音者也。後之校者不悟。則增穀之馨香者也。又讀若香。則又後之校者所記也。傳寫捝譌。一校者記一粒也。或説皀一粒也者。本作皀一曰粒也。一校者以知古讀有香音。故加此讀若也。然粒也非本義亦非本訓。豈本作香也。以聲訓。呂忱增穀之馨香也。又列異訓粒也。象嘉穀在裹中之形匕所以扱之亦忱或校者所改矣。【説文解字六書疏證卷十】

◉屈萬里　皀為鄉既等字所从。當是説文之皀字。即香字也。此當是薦馨香之祭。其詳未聞。【殷墟文字甲編考釋】

◉李孝定　字象粢盛豐腆之形。下所从即毁簋也。許云。象嘉穀在裹之形。段氏以連裹曰粟曰穀。去裹曰米。米之馨香曰皀。裹者。禾部所謂稃也。穭也。糠也。穀皮是也。釋之字作□。無由象在裹之形。疑當作象嘉穀在簋中形乃合。穀之馨香乃其引申誼。【甲骨文字集釋第五】

◉姚孝遂　□為「鄉」、「即」、「既」、「毁」、「食」諸字之所从，亦即説文之皀字。許慎解「皀」字之形義俱誤。皀當象粢盛在毁之形，不必為嘉穀，與香字無涉。「皀」實即「毁(簋)」之初文。【甲骨文字詁林第三册】

◉朱歧祥　□、□——□——□

□即皀字，象形。《説文》：「穀之馨香也。象嘉穀在裹中之形。」卜辭中用為祭地名。字有增从三皀作□，或增器首作□。由辭例證諸形用法相同。

〈遺380〉　辛巳卜，行貞：王賓父丁歲宰，叙亡尤？在□。

〈文302〉　庚申卜☒貞：南庚歲☒賓☒在□。

〈存1・2488〉　癸未卜，在□貞：王旬亡畎？【甲骨學論叢】

卲

甲七一七 甲八六八 甲九二八 甲一三一八 甲二三五四 甲二六〇九 甲二三七三 乙四三四 簠典九九 河四一九 貞人名 鐵五九・四 鐵一七二・二 拾三・四 拾三・一五 拾一一・八 前六・五・五 前六・五二・三 後一・五・一 後一・七・八 後一・二〇・四 後一・二七・一三 後二・一四・一五 後二・二四・一 後二・三〇・一七 後二・四一・三 戩二〇・三 戩二六・一一 戩三七・六 佚一七二 佚二一〇 佚二六六 粹四 粹一六 粹八四 粹二九九 明藏三八七 明藏四八四 存一六二五 鄴二下・三五・五 乙三四四 鄴三下・四〇・二 珠三六 珠五三 【甲骨文編】

甲10 717 868 928 1318 1490 2354 2554 2609 2806 3590 乙100 434 1158 3422 佚210 266 888 892 掇385 徵2・99 10・10 録489 535 562 六清86 外233 續存11・25 摭續34 193 粹3 4 16 323 440 685 724 珠36 53 621 870 零5 佚172 416 890 893 924 續1・15・9 1・16・2 1・30・5 1・31・3 131・8 1・32・4 1・43・10 1・45・6 1・46・8 1・48・5 1・51・1 2・1・4 2・1・8 2・8・11 2・10・2 2・13・1 2・13・6 2・14・1 6・8・10 6・25・9 徵3・196 凡5・3 天11 12 13 誠157 158 497 續存1486 1496 1533 1538 1553

1556 1592 1605 外28 書1·6·F 摭續193 粹84 239 2·88 299

510 新3429 【續甲骨文編】

即 盂鼎 師嫠簋 休盤 伊簋 競卣 舀鼎 揚簋 克鼎 散盤 師寰簋

頌鼎 頌簋 頌壺 毛公㾓鼎 兮甲盤 元年師兑簋 秦公鎛 諫簋 即立

蓋文譌作段 駒父盨 中山王譽壺 其即旻民 【金文編】

3·690 ☐墨弛里即☐☐☐ 【古陶文字徵】

〔九〕 〔二三〕 〔三三〕 〔七八〕 〔二三〕 〔五三〕 【先秦貨幣文編】

布方 榆即 从裘錫圭説 反書 晉高 布方 榆即 亞四·四九 布方 即榆 左讀 亞四·四八 布尖大 榆即

亞三·五 布尖大 榆即 亞三·五 布尖 俞皀弁 按皀即之省體 典四五四 布尖 俞皀弁 亞三·六 全上

全上 布尖 即榆反書 亞三·六 布尖 俞皀 弁省體 典四五六 布尖 俞皀 省體 典一二二四 布尖

俞皀弁 亞三·六 布方 俞皀 晉祁 按之別構 舊釋貝 布方 俞皀 晉浮 布方 俞皀之省體 俞作

晉祁 布方 皀 晉芮 布方 皀 晉祁 全上 全上 布方 皀 晉浮 布方 皀 布

方 皀 晉高 布方 俞皀 晉高 布方俞皀 晉襄 布方 俞皀 晉芮 布方 俞皀 晉高 布方 俞皀

晉高 全上 晉祁 布方 俞皀 晉祁 全上 全上 晉芮 布方 俞皀 晉高 全上 晉祁 全

上 布方 俞皀 典一三七 全上 典一四〇 全上 典一四二 布方 俞皀 亞四·三九 全上 全上

亞四·三八　布方　俞邑　亞四·三七　仝上　仝上　亞四·三八　布方　俞邑　亞四·三八　仝上【古幣文編】

即　法二九　八例　秦八〇　七例　法二〇五　二例　語三　九例　法一二　八例　法六九【睡虎地秦簡文字編】

即丘丞印　即墨丞印　即墨長印　即綸　即相若　即服　即免青　即中卿【漢印文字徵】

石碣遊車　即遊即時　霝雨　君子即涉　石經文公　公即位【石刻篆文編】

雲臺碑【古文四聲韻】

◉許　慎　即食也。从皀。卩聲。徐鍇曰。即。就也。子力切。【說文解字卷五】

◉羅振玉　即象人就食形。【增訂殷墟書契考釋中】

◉強運開　張德容云。說文。即食也。此引申為止就之義。从皀。亦古文。運開按。段注云。即當作節。周易所謂節飲食也。節食者。檢制之使不過。故凡止於是之䛐謂之即。凡見於經史言即皆是也。鄭風毛傳曰。即。就也。此即字亦當作就解。【石鼓釋文】

◉林義光　卩即人字。見卩字條。即。就也。。薦熟物器。象人就食之形。古作盂鼎。或作弭仲匡。【文源卷六】

◉郭沫若　即，說文云「就食也」。「其即」殆猶言其至，其格，謂夔𣅀上甲其來就亯祀也。【殷契粹編第三片】

◉馬叙倫　鈕樹玉曰。廣韻引作食也。當非脫。玉篇注亦作食也。容庚曰。金文即作。人就食為即。倫按即食也當作食也。即乃隸書複舉字也。古以鼎亯。即以鼎食。故人坐而對。即為食也。此飲食本字。食也以假借字釋本字也。然字當依甲文飲字作而作。於六書為指事。如金文為會意矣。不從卩得聲。而其音則得於。餘詳飤下。【說文解字六書疏證卷十】

◉屈萬里　卜辭：「乙丑卜，貞：于岳即？」甲編二五五四。即，就也；謂至其處也。【殷墟文字甲編考釋】

◉楊樹達　即者。今言付與。㫚鼎云。迺或即㫚用田二。又臣△△一夫。凡用即㫚田七田。人五夫。即字用法與此銘同。即㫚用田。與此文即散用田文句尤一律。然今書傳即字無授與之訓。知古字義之失傳者多矣。【散氏盤跋　積微居金文説】

◉高鴻縉　即。就也。動詞。[glyph]。簋(音軌。飯器。圓形)字之初文。象形。[glyph]古跪字。亦讀如跽。意猶坐。即从人坐在簋旁。就食之意顯然。[glyph]亦聲。即之古音如跽亦如跪。故即可通叚以代歸。此處歸讀如論語歸孔子豚之歸。孟子梁惠王。從之者如歸市。歸叚為即。即就。如就市。言甚衆也。【散盤集釋】

◉張秉權　在這一版上，第一、二期的貞人之名同見於一條卜辭之中。例如第(一)(二)兩辭中的㱿是第一期武丁時代的貞人，即是第二期祖庚祖甲時代的貞人之名。這可有兩種解説，一是㱿的年齡特別高，任貞人之職的時間也特別長，所以他能與第二期的貞人即共事；另一是這個時間的即與第二期的貞人即恐怕不是同一個人，而同是即邑或即族的首領的名字，二者名同而人異，所以他能與㱿同見於一條卜辭之中。我的見解是偏向於後一説法的。【殷虚文字丙編考釋】

◉張　頷　在戰國銅幣中常見一種方足布，幣面文字從右向左讀為「[glyph]日乂」或「[glyph]日乂」，有時作「日乂[glyph]」。過去譜録中對此二字的釋讀不一，一般流行的有三種釋文和解説。最流行的是「貝丘」。

除了上述主要釋作貝丘者外，還有釋作「文貝」和「齊貝」兩種，但皆缺於解説，反不及「貝丘」為當。

筆者在編纂《古幣文編》的過程中對此幣文字先發於懷疑舊説，並通過反復考訂，從而發現此種貨幣上的「[glyph]日乂」二字絶非「貝丘」，更非「文貝」和「齊貝」如上列諸説者。

古貨幣文字中的「貝」字多作「[glyph]」形。河南伊川出土的空首布中有單一「貝」字者，其字形如「[glyph]」、「[glyph]」，河北靈壽出土弧背刀中其背面有作「[glyph]」形者。《古錢大辭典》著録之空首布有「[glyph]」(六六一)、「[glyph]」(六六二)、「[glyph]」(六六三)。《東亞錢志》著録之空首布中有「[glyph]」(卷二第一〇八頁)。在金文中除了一般作[glyph]、[glyph]諸形外，也有個別與空首布文字接近作「[glyph]」者(召伯簋)，但與方足布中的[glyph]、[glyph]下部交叉如×者迥然不同。

在方足布中，所謂「貝丘」之「貝」有下列幾種通常的寫法：[glyph]、[glyph]、[glyph]、[glyph]、[glyph]、[glyph]、[glyph](也有個別孤例確如貝字者，如「貝」(《東亞錢志》卷四第三八頁)。這樣我們可以通過這個字形的基本結構得到啟示，就是這個字由「日」和「×」上下兩部分組成。上部為「日」或「月」，而下部則為「乂」或「㐅」或「乂」，不少字形上下兩部並不銜接，而是保留着一定的間隙距离。特別是下部的「×」也不完全是長短相等的兩筆交叉，而不少是長短不同的兩筆交叉，如[glyph]、[glyph]、[glyph](見山西祁縣出土的方足布)，如[glyph](山西陽高出土的方足布)。實際上這個字正是由尖足布「榆即」的「即」字簡化而來的——「皀」字。在大型尖足布的「榆即」二字並未簡化，如

既

「」(見《東亞錢志》卷三第五頁),而尖足半布「榆即斗(半)」的「即」字省去右旁之「」僅留左旁之「」見(《東亞錢志》卷三第五頁)。也有的把「榆」字省作「俞」和「皀」字合成「」和「」(見《東亞錢志》卷三第六頁)。同時我們還可以清楚地看到尖足布中對「即」字簡化的不同字形,如「」(《古錢大辭典》四五四)、「」、「」、「」(皆見《東亞錢志》卷三第六頁)。特别是「」字和方足布中的「」字相近多了。

由戰國早期的尖足布發展到戰國晚期的方足布,在貨幣文字方面,從「榆即」二字的簡化情况來看並不是截然有斷代特徵的。就是從方足布本身也可以看到「榆即」二字簡化的情况。有少數方足布的「即」字仍保留着右旁的「卩」形,如山西陽高出土的「榆即」方足布「即」字作「」(反文),《東亞錢志》卷四第四九頁著録的「榆即」方足布的「即」字作「」。但絶大多數方足布則簡化為「皀」而為、、、諸形了。古「皀」字所从之「白」一般作「」,但也有作「日」者,如「秦公毁」的「毁」字作「」,古璽中的「攺」字作「」者皆是。【〔貝丘〕布文字辨正　張頷學術文集】

前七·一八·一　戩二二·一〇　燕二　燕七三三　簠雜四八　燕六五四　佚六九五　佚九七四　京津一二九九　京津四〇二〇　京津四〇三八　粹四八五　粹四九二　粹四九三　明藏四七八　寧滬一·七三　甲五五三　甲一二〇三　甲二六〇八　甲三七五八　乙一七九三　乙二〇九三　鐵一七八·四　鐵一六一·一　前七·二四·二　乙六六六四　乙六六七二　寧滬一·一七〇　从兄

【甲骨文編】

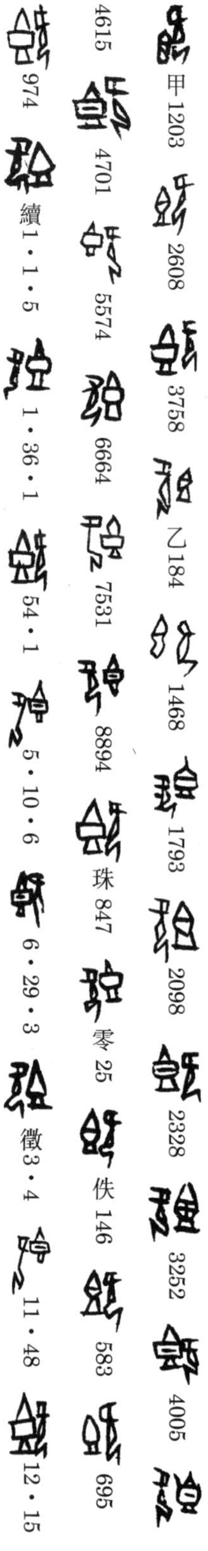

甲1203　2608　3758　乙184　1468　1793　2098　2328　3252　4005　4615　4701　5574　6664　7531　8894　珠847　零25　佚146　583　695　974　續1·1·5　1·36·1　54·1　5·10·6　6·29·3　徵3·4　11·48　12·15

録529 629 續存650 657 1318 1504 粹33 364 485 492 493

新4020【續甲骨文編】

既 㚔卣二 保卣 矢方彝 矢尊 臣辰卣 榍伯簋 作册大鼎 庚嬴卣 害鼎

傳卣 適簋 萳簋 呂鼎 遇甗 𤔲盤 五年師旋簋 趞曹鼎 舀鼎 癲鐘

善鼎 師遽簋 鄭虢仲簋 守簋 師嫠簋 師寰簋 頌鼎 頌簋 頌

壺 友簋 散盤 兮甲盤 趩鼎 多友鼎 邵鐘 師虎簋 師奎父鼎 𨖹盂

曾伯霥匿 大簋 孚尊 召伯簋 麓伯簋 大鼎 尹姞鼎 穿鼎 曾伯從寵鼎 十月

既吉 稱初吉為既吉 竈乎簋 林氏壺 無叀鼎 隹九月既望甲戌 休盤 隹廿年正月既望甲戌【金文編】

5·325 工既 5·157 咸既【古陶文字徵】

一五六：二〇 五例 委質類既質之後 三：二一 二例 一五六：一九 二〇三：九 一五六：二四 七例

一五六：二二【侯馬盟書字表】

137反 139 206 221【包山楚簡文字編】

既 為一二 三例 為二四 為三九 二例【睡虎地秦簡文字編】

原既【漢印文字徵】

泰山刻石 既平天下 石碣避車 避馬既騷 避水 避衛既平 石經君奭 我有周既受【石刻篆文編】

既【汗簡】

天台經幢　汗簡　古尚書【古文四聲韻】

◉許　慎　小食也。从皀。旡聲。論語曰。不使勝食既。居未切。【說文解字卷五】

◉吳　雲　既通作氣槩餼。說文米部。氣。饋客之芻米也。槩。氣或從既。餼氣或從食。聘禮記如其饔餼之數注。古文既為餼。禮記中庸既廩稱事注。既讀為餼。大戴禮朝事篇私覿致饔既。戴氏東原曰。既即餼字。段氏懋堂曰。三既字皆槩之省文。竊謂古止作既。既槩古今字。氣餼通用字。春秋左傳桓十年。齊人來餼諸侯。許引作氣。氣即既也。【齊侯中罍　兩罍軒彝器圖録】

◉羅振玉　即象人就食。既象人食既。許君訓既為小食。誼與形為不協矣。【增訂殷虛書契考釋】

◉強運開　張德容云此亦古文既字。說文旡古文作无。運開按。金文中既生明既生霸等既字均作。與鼓文同。可見古文作。小篆則作耳。【石鼓釋文】

◉郭沫若　字羅王均釋卯。卜辭卿字古卿鄉同字有作諸形者前四·二二。則此自是卯字無疑。羅云「此為嚮背之嚮字。卯象二人相嚮，猶北象二人相背。許君謂為『事之制』者，非也。」類編九·二。案此字說文適缺其音讀。段玉裁云「今說文『去京切』玉篇廣韻皆云『說文音卿』，此蓋淺人肊以卿讀讀之。卿用卯為義形，不為聲形也。玉篇『子兮切』，取卩字平聲讀之；廣韻『子禮切』，取卩字上聲讀之；蓋其音必有所受之矣。」余意以段說為近是。散氏盤有字。即此字之微異者。彼文云「我旣付散氏田器」，與下文「我既付散氏濕田牆田」為同例語，乃用旣為既。是則讀之禮切、之兮切者是也。故若當即既字之異，字乃从卿省。蓋卿者乃象二人相向而食，中之若即是食物。今徹去食物，僅餘二人相向，則是食已既矣。疑玉篇廣韻所云說文音卿者乃音既之譌，不則後人所改易也。「令牧既」者乃假為餼。說文「氣，饋客芻米也。从米气聲。春秋傳曰『齊人來氣諸侯。』見桓十年，今本作餼。槩氣或从既。餼氣或从食」。段玉裁於槩下注云「既聲也，聘禮記曰『日如其饔既之數』，注云『古文既為餼』。中庸篇曰『既稟稱事』，注云『既讀為餼』。大戴朝事篇『私覿致饔既』，戴先生震曰『既即餼字』。按三既皆槩之省。」【卜辭通纂】

◉唐桂馨　皀旡為既。旡訓飲食屰气不得息。蓋飲食過多而致屰气。故訓既為盡言。其太過也。竊謂旡古文作。似先之反形。食畢而去見其先之反形。故謂之既與即字正相對。似較前說為勝。【說文識小録】

◉馬叙倫　龔橙曰。此飽出息。噫古字也。誤説小食也。容庚曰。食畢反身而去為既。羅振玉曰。既象人食既。許訓小食。誼與形為不協矣。馮振心曰。既為已食而嚘气也。就食為即。食已為既。倫按大鼎作。從皀。從旡之初文。會意。倫謂本止作。從人象腹飽而張口出息。於六書為指事。變為篆文。省而為。則從人而側其首且張其口。以明因飽出息而示不欲再進食也。然易疑於欠及吹笑等字之初文。故增以別之。實後起字也。依後起字例。當為從旡聲。小食也者。嘰字義。二篇。嘰。小食也。嘰為饑之異文。小食謂少食也。易歸妹。月幾望。釋文。幾。荀本作既。此既幾可以通借之證。引經校者加之。若許以證字。經傳既字多矣。若以證義。即許有其例。而論語既字非小食義也。故知之。𣪘尊作。守鼎作。休盤作。無叀鼎作。散盤作。為之茂文也。餘見噫下旡下。【説文解字六書疏證卷十】

◉陳夢家　既　京都11＋1390＋1405＋1700＋1728＋1729一片云「旬四日丙申昃雨自東，小采既。丁酉雨自東。旬八日庚午䆗人雨自西，小，夕既」。由其上下文推之，昃雨而小采既，雨小而夕既，則「既」亦是雨止日出之義，説文「暨，日頗見也」，既即暨。參明668，粹485，菁10・10，乙6664。【曆法天象　殷墟卜辭綜述】

◉嚴一萍　既　甲骨金文作。繒書从「欠」之字皆作，此既字亦从，當是譌變。【楚繒書新考　中國文字第二十六册】

◉L.C.Hopkins　這種奇妙的形式，就代表現在的旡字。並且據我所知，似乎從來没有當過獨立的字。但從牠的字卻是很多。説文解字釋為飲食气屰不得息，不過我們對於這一個字很值得小心討論一番。

第一，在事實上，現在的旡字，確非小篆字之轉，卻係來自上述的真正古文圖二十六〔〕。因為在小篆裡，上面那種東西是現在的气。但在古文和今文裡，都是口字的變形。

其次，説文解字説旡從反欠。在小篆裡確是這樣，因為是小篆的欠字。但在古文和今文裡都不是這樣。不過説欠和旡是相關聯的兩個字這句話很有趣味，並亦非常重要。又説文還有一個旡的古文，如果牠的形式真如許慎所説，那就是圖二十七〔〕。但河南出土的殘骨和古代的銅器都證明牠的下部是寫錯的，並且這個古文應該是圖二十八〔〕。就算曾經塗搬了一部分，這種形式恰和古代的圖二十六〔〕相當。那麼，這個字的意義究竟是什麼，這口(或口和頭)朝着那和身體相反的方向，這種形式似乎要求某種相關聯的計劃，就是口和頭對於身體其他部分有更常態的一種關係的。這種常態的關係分明表現在第四類裏面，在那地方身體和頭同朝前向。

所以第五類(圖二十五或二十六([古文字]))如果是旡的古字，並且説文所謂旡從欠反這句説話是不錯的，那麽，第四類，例如圖十八([古文字])一定是牠的反形，因此，一定是代表欠，這是真的。我們應該可以料到，一個字如果代表呵欠的口，上面那種東西應該開着。那就是説，沒有下底一畫，所以作[古文字]，不是作[古文字]，並且對於這一點，我們應該注意到段玉裁所謂徐鍇的説文把欠字寫作圖二十九([古文字])那樣，那就是説，那口分明是開着的。不過在河南的甲骨上面，我從未看到這樣開口的例子。在他方面，高田忠周古籀編(古籀編篆三十七，第七及八頁；篆三十五，第九頁)裏面曾有幾個含有欠字的例子，那口都開得很大，像圖三十和三十一([古文字])那樣。【中國古文字裡所見的人形　中山大學語言歷史研究所周刊】

◉岑仲勉　既雖有盡也之訓，然經典中所見，率適用已也之訓，兩者不可互通。又説文：「望，月滿也。與日相望，似朝君。」按歐人所謂月相(phases of the moon)，約分新月(new moon)前四分∫(first quarter)滿月(full moon)後四分∫(last quarter)之四名。依許説望為月滿(full moon)。是望字顯指月相，相望是朏解。依前説既望為月已滿申言之，即月已滿之後。是既望亦顯指月相。苟謂望與既望非月在天之形相，實所未解。【何謂生霸死霸　兩周文史論叢】

◉温少峰　袁庭棟　既祭

(7)于日，既?(《粹》四八五)

(8)貞：于既日?二月。(《明》六六八)

「既」在卜辭中有用為祭名之例，如「既毌龍甲」(《乙》三二五二)，「既㞢(侑)王亥，告」(《甲》一七四)。上例(7)(8)二辭亦為殷王對日行「既」祭之記録。「既」字在此讀為「餼」，義為「食生也」(《集韻》)。也可讀為「餼」。《禮記・中庸》：「既稟稱事」，注：「既讀為餼」。《左傳・僖公三十三年》：「唯是脯資，餼牽竭矣」，杜注：「生曰餼，牽謂牛羊豕」。《釋文》曰：「牲腥曰餼，牲生曰牽」。可見，以殺後未熟之生肉祭神，就叫「餼」、「餼」，也就是「既」。【科學技術篇　殷墟卜辭研究】

◉張鳳嗜　「既」通「其」，可作將然之辭。尚書西伯戡命「天既訖我殷命」，俞樾解「既訖」為「事前推度之辭」(見羣經平議)。卜辭：「丁亥卜，貞，既雨。」(乙五五七四)「丁丑卜，翌，戊寅既雨。」(乙五二七八)二刻辭中的「既」均作「其」解，為將然之辭。【商周政體初探　社會科學戰綫一九八二年三期】

◉黄錫全　[古文字]既　敦、敦釋、九、神、巖、小、豐、内諸本既並作旡，薛本同，雲本作既。甲骨文旡作[古文字](前4・39・5)，金文[古文字](衛盉)从[古文字]，今本《説文》旡字古文作[古文字]，中筆當不出頭。前部首作[古文字]，亦應作[古文字]。旡既同音假借。【汗簡注釋卷六】

◉湖北省文物考古研究所　北京大學中文系　簡文「既」字多作[古文字]，从「皀」从「次」。馬王堆三號漢墓所出帛書《周易》「既」字作，夂即由「次」演變而成。古文字「贛」或作「贛」（參看二號墓竹簡考釋〔一三五〕），臨沂漢簡作，其「次」旁演變情況與此同。【望山楚簡一號墓竹簡考釋】

戩六・八 【甲骨文編】

續1・31・6　戩6・8　續2・9・9 【續甲骨文編】

冟　彔伯𣪕　虎冟　九年衛鼎　虎冟　又𥂕冟　吳方彝　毛公𢉩鼎　番生𣪕　師兑𣪕　伯晨鼎 【金文編】

◉許　慎　飯剛柔不調相著。从皀。冂聲。讀若適。施隻切。【說文解字卷五】

◉阮　元　冟說文以為飯剛柔不調相箸。讀若適。此从冂。从皀。當以皀得聲。讀為虎韔之韔。通鬯。韔亦作鬯。見詩閟宮傳。【吳彝　積古齋鐘鼎彝器款識卷五】

◉劉心源　冟即鬯。宋人釋冕。非。攷吳彝朱阮云从冂从皀。當吕皀得聲。讀為虎韔之韔。亦作鬯。心源案。說文云。冟。飯剛柔不調相箸。从皀冖聲。讀若適。施隻切。又皀下云。穀之馨香也。象嘉穀在裹中之形。匕所吕扱之。或説皀一粒也。又讀若香。據卿鄉二字皆从皀聲知皀有兩音。古刻冟字。此銘及吳彝而外如牧敢虎伯晨鼎虎幃裹彔伯𢦏敢虎皆鬯字。天無敢尊亦是鬯。阮元皀聲。碻不可易。【奇觚室吉金文述卷二】

◉林義光　冟本義當為覆。从冖在皀上。皀。薦熟物器。禮經扃鼏皆譌冟為鼏。鼏實扃之本字也。見鼏字條。飯剛柔不調。乃檗字之義。爾雅。食饐謂之餲。摶者謂之糷。米者謂之檗。釋器。【文源卷六】

◉高田忠周　說文。飯剛柔不調相箸。从皀冖聲。讀若適。許氏此解必有誤。積古齋款識亦載此銘。阮云此从冂从皀。當以皀得聲。讀為虎韔之韔。通鬯。劉氏心源說亦同。見韔字下。孫氏詒讓伯晨鼎銘下云。字吳釋為冕。薛書牧敢寅簋並有此字。釋冕與吳同。阮書吳彝亦有此字。阮釋為冟。讀為虎韔之韔。孫氏續古文苑又釋為㝗。案牧敦寅簋吳彝皆以虎冟連文。阮釋為詩之虎韔。其說近是。依此等銘文。許氏音讀之誤。可得而正而已。又詩大叔于田。抑鬯弓忌。此鬯亦虎韔之韔。鬯皀長。古音皆在同部。【古籀篇八十八】

◉郭沫若 「虎冟」即詩之「淺幭」，冟乃从㿝冖聲，或作冟，乃从二聲，二讀如苺，與冖同紐，故知冟若冟必讀明紐。周禮巾車作複，儀禮既夕禮、禮記玉藻少儀均作幦，均音近之字。凡言冟必及其裏，裏之色或朱或熏或幽，可見冟之為物，其裏亦在當重觀瞻之處。詩言幭、禮言複幦，均不詳其所在，毛傳説為覆軾之物，鄭注説為覆笭之物，均不類。説文則訓幭為「蓋幭」，訓幦為「髼布」。推許之意，乃謂輿蓋之幭以漆布為之也。知者，以許于幦引周禮「駩車犬幦」，是明知幦為車上物，而幭字之見于詩與曲禮者，曲禮字譌作篾。亦均車上物，則「蓋幭」自為輿蓋之冪無疑。今以彝銘徵之，許説至塙。凡彝銘言車上飾物應有盡有，獨輿蓋未詳，而言冟必及其裏，則冟非蓋冪没屬。蓋冪以漆布為之，「虎冟」乃冪上畫以虎紋也。【彔㦰段 兩周金文辭大系考釋】

◉張之綱 徐同柏釋韔。云字作□。韔為弓室。故从冂。韔亦作㲽。故从㿝。攈古从之。窓齋申徐釋云。韔亦作㲽。古文□□二字形相似。故致誤。孫詒讓釋複。云此字牧敢寅簋吴彝及韓侯伯晨鼎彔伯戒敢並有之。薛二吴釋為冕。阮釋為冟。讀為虎韔之韔。徐吴釋此鼎同。孫氏續古文苑録吴彝釋為良。諸釋並未當。唯阮釋得之。然亦非韔字。當讀為複。説文㿝部。冟。飯剛柔不調相箸。从㿝冖聲。讀若適。冟冥並从冖聲。得相通借。周禮巾車作複。鄭司農訓為覆。笭虎複即詩韓奕之淺幭。毛傳。淺虎皮淺毛也。幭。覆式也。韓毛同為周同姓國。故亦得乘金路而虎幎矣。儀禮既夕注。古文幦為冪幦正字。複冪假借字。綱案。冟字當仍舊釋韔為是。孫氏釋為複義證似塙。而校以他器此字。其説實誤。攷伯晨鼎字作□。師兑敢作□。上从□非从八也。既非从八。則孫之釋複其誤可知。竊謂冟上从□為古文旁省。旁从央省。實為央省聲。説文冂部央篆下云。央旁同意。其證也。案許於央下既注央旁同意。證以金文㫄字形義正合。乃旁篆又分隸二部。二為古文上字。自相抵牾。殆秦篆改旁為从上之故歟。此實許書最可疑處。别有詳論兹不贅。下□為象形。象弓室形。伯晨鼎師兑敢作□。不省。若彔伯戒敢及此鼎上省作冂。故孫誤為冖聲。且詩鄭風抑㲽弓忌傳。㲽訓弢弓。又采緑釋文韔古文作㲽。同部通叚。殆非形似致誤也。蓋冟字其始本諧央省聲。轉變作韔而諧長聲。當為後起字。徐氏沿阮釋而謂从冂為象弓室。實皆傅會成説。未究形聲。其誤一也。【毛公鼎斠釋】

◉馬叙倫 鈕樹玉曰。玉篇。飯堅柔調也。廣韻。飯堅柔相箸。疑此衍不字。顧廣圻曰。當云飯剛柔調。不相著。誤到調不二字耳。阮元曰。吴彝。虎冟熏裏。從冖。從㿝得聲。讀為虎韔之韔也。亦通㲽。朱駿聲曰。今蘊俗謂之隔生飯。倫按金文此字多借為韔。其字作□毛公鼎作□師兑敢。冂為幕之初文。冂□其異形耳。非本書五篇之冂字也。冟。從冖。㿝聲。㿝讀若香。故金文得借為韔。此説解曰。讀若適。以㿝一讀若嫡。音與適近也。即亦從㿝得聲。節則從即得聲。吕氏春秋重己。故聖人必先適欲。高注。適猶節也。淮南精神訓。適情辭餘。高注。適猶節也。此冟從㿝聲得讀若適之證。然飯剛柔不調相箸者。非冟字本義。乃檗字義也。爾雅釋器。食饐謂之餲。摶者謂之糷。米者謂之檗。李巡曰。糷。飯淖糜相著也。米飯半腥半孰為檗。米飯半腥半熟。即此所謂飯剛柔相著也。箸讀為夾。夾音見紐。箸音知紐。同為清破裂音。竹部。箸。飯攲也。禮記曲禮。羹之有菜者用梜。注。今人或謂箸為梜。廣雅釋器。筴謂之箸。筴梜皆從夾得聲。是其例證。然則飯剛柔不調相箸。正謂半腥半孰相夾。今吳縣上海謂之隔生飯。杭縣謂之僵生飯。皆夾之變聲也。冟讀若適。而書呂刑。上刑適輕。下服。下刑適重。上服。後漢劉愷傳兩適字皆作梜。亦可證也。檗音封紐。讀脣齒音入非紐。非審同為次清破裂音。冟音審紐也。故得借冟為檗。由此言之。冟自有其本義。字從冖。為幕之初文。皀聲。皀讀若香。聲在陽類。幕聲當在魚類。魚陽對轉。則冟為冂之轉注字。亦帳之聲同陽類轉注字也。釋名釋牀帳。帳。張也。張施於牀上也。華嚴經音義上引何承天纂要。在上曰帳。今日本舊俗於卧時箸大幕於承塵。可證也。韔帳竝從長得聲。故金文借冟為韔。當入冂部。甄侯鼎作□。【說文解字六書疏證卷十】

◉郭沫若 (□)當為冥。說文冥部「冥，从日从六，冖聲」；巾部「幎，幔也，从巾，冥聲」；此借冥為幎，即周禮巾車之複，亦即詩之淺幭也。」王國維亦云「此上下皆車上物，不得有韔，疑即秦風之文茵。毛傳『文茵，虎皮也』。釋名『文茵，車中所坐者也。用虎皮，有文采。』」今案字之非韔非良，毫無可疑。釋冥於字形不合。字實為小篆之冟形。秦公毀「鼏宅禹責」，鼏字作□，所从冖字，兩直均上出。又从冃之同字，凡見於金文者，其兩直亦均上出。是知冂實古冖字，說文以冂為冋字，古文所未見。又冋字，許云「从口象國邑」，而字之見於金文者，如大克鼎免卣趩尊師奎父鼎諸冋字均作□，从口；師酉毀絅字作□，亦从口，與許說有異。細案其字形乃於口上加冖以覆之，當即古扃字。許書分冖冂為二字，非也。其有从冂作而讀如冋聲之字，均當云从冋省聲。冟字，許云「从皀冖聲」；字在金文或作□，乃从皀冃聲。冃為重覆，與冖同意；音讀如苺，亦與冖同紐。冟从冖聲，復从冃聲者，後者乃以雙聲，是冟音當讀明紐。許云「讀若適」者，不知何所本。从皀，皀之古文作□，卜辭多作□，乃象器中盛食之形，卿饗即既等凡有就食之義之字均从此作。小篆變形者為皀，許書解為「穀之馨香也，象嘉穀在裹中之形，匕所以扱之」，乃沿譌字以為說。許因釋皀為以匕扱米食之形，故於从皀之冟字說為「飯剛柔不調相箸」（案不字當讀為丕，飯剛柔丕調，故相箸，玉篇正作「飯堅柔調也。」段玉裁不作如字，反以玉篇為非，失之）。然由古文字形以推考其義，乃於盛食之器物上加冖以覆之，寔與鼏字同意。字形同意，同從冖聲，且同屬明紐，則冟與鼏古殆一字。鼏者蓋也，字通作密，又通作冪，冪亦或作幎。孫釋冟為冥之說，至此可得一較為妥當之說明，即小篆冥字又由冟字而譌變者也。是故「虎冟」當即「虎冪」，「虎幎」亦即詩之「淺幭」。然毛傳訓「淺幭」為虎皮淺毛之覆軾，其所以者蓋因詩之「淺幭」系於「鞹鞃」之下，故連類為說。今觀古器銘冋與冟之間每介以它物，二者非必連類也。周禮巾車「木車蒲蔽犬𧜀，素車棼蔽犬𧜀，藻車藻蔽鹿淺𧜀，駹車雀蔽然𧜀，鄭注『然，果然也。』案猓獤乃複名，不應單稱然，疑是熊字之誤。說文幦字下引作『駹車犬幦』，蓋出於誤記。漆車藩蔽豻𧜀。」既夕禮「主人乘惡車，白狗幦蒲蔽」。禮記玉藻「君羔幦虎犆，大夫齊車鹿幦豹犆，朝車，士齊車鹿幦豹犆。」案此數語疑有奪誤。少儀「執君之乘車則坐僕者右，帶劍負良綏，申之面，拖諸幦」。鄭注𧜀幦皆為覆笭。公羊昭二十五年「齊侯唁公于野井……以人為菑，以幦為席，以鞌為几」，何注「幦，車覆笭。」荀子禮論篇「天子大路……蛟韅絲末」，楊注「末與幦同」，引玉藻鄭注作「覆苓」，云「絲幦蓋織絲為幦」。孫詒讓云「凡車前式輢外三面軓上皆以木為闌。闌止有横直材，無版，而以竹為笭，著於三面闌內，故急就篇顔注云『笭車前曲闌也。』其物織竹為之，若小匧然，故釋名釋車云『笭横在車前，織竹作之，孔笭笭也。……覆笭者，以皮冡覆笭之上。釋名釋車又云『陰，蔭也，横側車前，所以蔭笭也。』詩秦風小戎箋云『陰，揜軓，在式前，垂輈上。』此笭在式前軓上之證。蓋𧜀陰與笭式並同設一處，但陰版側垂式外，故蔭笭並揜軓而不揜式，𧜀則通覆式内外而兼覆笭軓。故毛詩傳云『覆式』，鄭禮注及公羊何注廣雅釋器並云『覆笭』，曲禮孔疏又云『車覆闌也』。」「周禮正義」巾車疏。今案「覆式」「覆笭」均漢人之詮説，典籍中之幭𧜀等並未詳其所在。淺幭犬𧜀等如果為覆軾覆笭之物，無論冬夏均以獸皮為之，殊不合理。今徵諸彝銘，如伯晨鼎紀受王命在八月，為時未交冬令而亦以「虎冟」為錫，此不得為覆軾若覆笭之獸皮或文茵也。且彝銘凡言「虎冟」者必及其裏，其裏之色或熏或窠或幽，可知此裏之關係非同等閑，覆笭覆軾之物，不必於其裏之色彩亦兢兢言之。準此，余謂毛鄭釋幭釋𧜀之説均不足信。通觀諸彝銘，凡關於輿馬之裝置幾於應有盡有，惟有一事未宷，則輿駕之華蓋是也。輿蓋乃最重觀瞻之物，王之所錫不至盡為無蓋之車，不應於車上諸名物多所列舉，而於輿蓋乃無一器提及。余見及此，乃知「虎冟」之當為輿蓋之覆，其上畫以虎文，非以虎皮為之也。續漢書輿服志「乘輿，翠羽蓋華蚤」注引徐廣曰「翠羽蓋黃裏，所謂黃屋車也」，言蓋而及其裏，與彝銘同例。又伯晨鼎文於「虎冟」之閒介以韔字，「裏幽」之上冠以□字，韔殆即幃之異文，□當从衣立聲，立字古文以為位，衰殆即位之異文。「虎幃冟位，裏幽」言覆輿之車罩畫以虎文，其裏黑色也。詩之「淺幭」、禮之「犬𧜀」等皆言車罩。説文訓幭為「蓋幭」，訓幦為「鬃布」，推許之意蓋言古人以漆布為輿蓋之幂也。知其然者，以許於幦下引周禮「駹車犬幦」，而幭字見於詩與曲禮者曲禮字譌為篾均車上物，則「蓋幭」即輿蓋之幂矣。是許説異於毛鄭而實長於毛鄭，自覆笭覆式之説行而幭義晦，許説亦晦，説亦有幸有不幸矣。【毛公鼎之年代器銘考釋　金文叢考】

◉高鴻縉　冟字阮吴釋韔固非。叢考釋冪亦誤。兹駁議如次。

（一）冃與冂非一字。

甲。冂冃冃冒帽皆一字。冂冃冃為頭衣。（饒炯謂本一字而分用之。）象形。冠為加冕之意。从又（即右手。後世改為

□。乃肘字。意同)持冖加于元。元。首也。盂鼎。錫汝鬯一卣冖衣市舄車馬。冖即帽或冕也。冃加目。目即首之代。古字偏旁目與自(鼻之初文)皆可代首。上為冒。仍是頭衣之意。自冒借為冒犯。乃又加巾旁作帽。冒與帽皆由冃益形孳乳。其益聲者則有冕。免聲曰聲古同。曼。篆作□。引也。从又(手)冒聲。林義光曰。冒曼雙聲次對轉。是也。説文。冖覆也。徐鉉曰。今俗作冪。同。又冃重覆也。王箓友曰。竊疑冂冃蓋同字。古人作字有繁省耳。雖音有上去之别。古無此别也。以員覓二字推之可見。按覆也是其叚借意。非本意也。玉篇。鼏。亡狄切。覆樽巾也。又鼎蓋也。段注説文增此篆。解為从鼎冂。冂亦聲。是也。儀禮之鼏。當是冪。鄭箋詩綠衣云。舉鼎冪。告絜禮之文也。禮器犧尊疏布鼏釋文作幎。注云。本又作冪又作鼏。並其證。冪與幎同。鼏為鼎蓋之正字。冪或幙。冪或幎。皆通叚字。

乙。冂。貫鼎耳之横木也。象形。冋字从之得聲。冋與詗同意。从言與从口同。詗。偵候也。知處告言之。户扃字作扃。从户。冋聲。迥遠字作迥。从辵。冋聲。郊坰字作坰。从土。冋聲。説文以冂為郊冂之古文。以坰為冋之或文。誤。冂既為貫鼎耳之横木。故或加鼎為意符於其下作鼏。是為貌似形聲字。加與不加等耳。如云加雨為雲。从加辵為從。殸加石為磬。匠加頁為頤。宁加貝為貯。罔加糸為網。午加木為杵。囱加穴為窗。冘加木為枕等等。其意均不變也。故鼏即冂。後世又造鉉。説文。鉉。舉鼎具也。易謂之鉉。禮謂之鼏。又鼏。以木横貫鼎耳而舉之。許氏所説乃秦以後文字。而其所見。乃漢人之寫經。鼏鉉本古今字。於其時尚並行不悖也。嗣後鉉行而冂與鼏俱廢。金文秦公敦有鼏字。文曰。□宅禹責。鼏通迥。責通蹟。原句即迥宅禹蹟也。錢坫曰。古二字皆有。一从音扃之冂。為鼎扛。作鼏。一从音密之冖。為鼎覆。作鼏。

(二)明乎冂之音扃為鼎扛。則□字不難識矣。説文。□飯剛柔不調相箸。从皀。冖聲。讀若適。施隻切。此處有必須更正者二事。一。依金文。□篆文應更為□。冖聲應更為冂聲。二。依玉篇。説解應更為□。飯剛柔調。不相著。从皀。冂聲。讀若適。金文如吴彝作□。彔伯簋作□。無作□者。此字之上為冂(音扃。鼎扛也)而非冖(音密。鼎覆也)。□為簋之象形文。簋為黍稷之器。此字之意為飯剛柔調適。不相粘著。故从簋。以冂為聲。故讀若適。冂音與適音以今之方音斠之。冂有讀丁凵ㄣ者。適有讀為丁一者。是冂與適雙聲次對轉之同音字也。據此則□字之形聲意無不明瞭。至桓侯鼎作□。師兑鼎作□。字下作□者乃簋形之省底者也。字上作冂者。仍為鉉之古文。特鼎扛之粗壯者耳。故虎冟音虎適。虎適無意。但適音古同席音。同音通叚。虎冟者。虎席也。虎席者。文茵也。車中所坐之虎皮褥也。適音可轉為的音。席亦通作簟若鞹也。無不可通。虎皮褥必有裏。近人曾以無冬無夏天子常賜虎幭為可疑。以為乃畫以虎文。非以虎皮為之。今按虎皮鞹有裡。

冬則坐於皮上。夏則坐於裏上。亦無不合於事實。故賜車飾時恆述及之。是冟字之釋。聚訟多年。茲乃不必遠求。說文早已載之甚詳。不必翻新。海寧早已言之而中也。

（三）虎冟既為文茵。則詩之淺幭。禮之犬幦。究為華蓋抑為覆軾。與本處無關。暫可不辯。

（四）伯晨鼎虎□冟□里幽。近人讀為虎幃冪位裏幽。不但幃冪犯重。而位字輟其下究嫌不辭。按□字□字本不易識。謂□即幃之異文。尚略近。然安知非从韋从巾口聲之字其意同於鞹者乎。謂□即位之異文。則決可知其非也。位字古恆叚立為之。實無从衣之必要。且此處□里安知非即裏一字之異。从衣先著立為聲符後又加里為聲符者乎。是伯晨鼎文亦可讀為虎鞹席裏幽也。

據上證則虎冟熏裏讀為虎席熏裏確可無疑。【毛公鼎集釋】

◉張日昇　說文云。「冟。飯剛柔不調相著。从皀冂聲。讀若適」。金文冟。阮元釋冟。从皀得聲。讀作幦。徐同柏釋幦。謂□象弓室形。吳大澂从徐說謂幦本作□。□乃冟之形譌。張之綱謂□象弓室形。从央省聲。諸家並以弓室為說。然銘文虎冟熏裏乃指車上之物。若讀作幦則不倫不類。孫詒讓釋冥。借作幎。於義較勝。然冟明从皀。非从日从六也。郭沫若謂字从皀冂聲。□□一字而冟鼏古亦一字。通作冪。高鴻縉以為字从□聲。（鼎扛之鼏从之。）非冂聲。（鼎覆之鼏从之。）叚作席。从王國維說為文茵。按冟字金文从□若□獨番生簋从冂與鼏同。盂鼎□作□。□□似非一字。禮經多言扃鼏。扃鼏亦鼏鼏也。皀鼎並為食器。鼏冟疑古一字。飯剛柔不調相著乃叚借義。【金文詁林卷五】

◉楊樹達　冟當讀為幦。禮記玉藻篇云：「君羔幦虎犆，大夫齊車；鹿幦豹犆，朝車。士齊車，鹿幦豹犆。」鄭注云：「幦，覆笭也。」幦字又作幭，周禮春官巾車云：「木車……犬幭。素車……犬幭。……藻車……鹿淺幭。……駹車……然幭。……然者，果然也……漆車……豻幭。」按凡云羔鹿犬然豻者，皆是獸名，乃舉其質言之，謂以其皮為之也。此云冟，與玉藻之羔幦鹿幦，巾車之犬幭然幭豻幭，文例正同。幦字又通作幭：詩大雅韓奕篇云：「鞹鞃淺幭。」毛傳云：「淺，虎皮淺毛也；幭，覆式也。」覆式即覆笭。然則此文之虎冟，即詩文之淺幭。此以莽囙與虎冟連言，猶詩文以鞹鞃淺幭連言也。器文字作冟者，說文五篇下皀部云：「冟，飯剛柔不調相箸，从皀，冖聲。」冟字从冖聲，與幦幭音同，故假冟為之也。【彔伯㦰毀跋　積微居金文說卷一】

◉李孝定　阮徐均釋幦，謂幦或作□，故字或从皀云云，說有可商。幦之作□者，乃同音通假，非取其義，則字之从皀，於義無取，且皀為簋之古文，與□義亦不相關也；又幦為弓室，而上下文皆言車飾，孫詒讓氏釋為幎，郭沫若讀為冪若幭，於義為長。字之本義蓋為簋上覆之以巾，與冪同意，車幦亦如簋上覆巾，此用其引申義，且冟冪幦音亦相近也。【金文詁林讀後記卷五】

◉黄然偉　虎冟，郭沫若謂即車之覆蓋。虎冟熏裏，即覆輿之車罩畫以虎紋，而其裏則黑色者。（叢攷餘論一四一頁。）案郭氏所指者即車蓬。殷周車之覆蓋形制未詳，然河南輝縣發掘之車馬坑中，有戰國車蓋之痕跡。夏鼐云：此車蓬之形制較車箱底部稍大，其形似建築物上四阿式之屋頂，類似今之帳蓬。（輝縣發掘報告五一頁，又圖版叁壹3:4。）銘文中虎冟熏裏之形制，或即與此相仿。

【殷周青銅器賞賜銘文研究】

◉戴家祥　考金文冟字作□，或作□，鼏字作□，字形絶異，不容混淆。□為冖之加旁字。説文七篇「冖，覆也，从一下垂也」。玉篇二一二音亡狄切，「覆也。以巾覆物。今為幂」。小爾雅廣服「大巾謂之幎」。天官幂人「掌共巾幂」，鄭玄注「共巾可以覆物」。序官注亦云：「以巾覆物曰幂。」謂巾幂，則是巾之可以覆物者以别於佩巾不可以覆物也。冖為原始象形字，兩端下垂，中則覆物也。變而為幎，从巾冥聲。説文七篇冥从日从六，冖聲。在六書為形聲。偏傍移易，則寫作幂。玉篇四三二「幎冥同字」。表義更旁字或作幦。春官巾車「王之喪車」，「犬幦」。幎幦本一字也，注音更旁字或作幦。儀禮既夕記「白狗幦」，鄭玄注「古文幦為幂。」集韻入聲二十三錫幦幦同字。亦或作幭，説文「幭，蓋幭也。从巾，蔑聲。」冥蔑聲同。大雅韓奕「鞹鞃淺幭」。大戴禮記禮三本篇「大路車之素幭也。」禮記玉藻「君羔幦虎犆：大夫齊車鹿幦豹犆，朝車，士齊車鹿幦豹犆。」鄭玄注「幦，覆笭也」，幎、幦、幭、幦字異聲同，皆冖之形聲增益字也。覆物之巾通稱曰冖，分别言之：則有覆鼎之鼏，加旁从鼎；覆簋之冟，加旁从皀；覆尊之𦉪，加旁从酉。皆後起之增字也。

儀禮公食大夫禮「鼏若束若編」。鄭玄注「凡鼎鼏蓋，以茅為之，長則束本，短則編其中央。」意謂鼎口特殊，巾不適用，乃改用茅，而仍以幂名。鼏幂同字，故禮經通用。以此例推，冟字从皀，冖聲。皀，古文簋。詳拙作釋皀，文載清華研究院國學論叢一卷四期。其為覆簋之冖，殆無疑義。士昏禮「醯醬二豆，菹醢四豆，兼巾之」。既夕記「甕三，幂用疏布；甒二，幂用疏布；甒二，幂用功布」。天官幂人「掌共巾幂」，「凡王巾皆黼。」賈公彦疏云「凡王之覆物之巾，皆用黼文覆之。言凡，非一，四飲三酒之外，籩豆俎簋之屬，皆用之」。是尊、彝、甒、壺、籩、豆、簠、簋皆有幂。公食大夫禮「簠有蓋幂」，舉簠以該簋也。幂以布及葛為之。

卜辭有□字从□从冖。□，古文尊。增訂殷虚書契考釋卷中第三十九葉。其為覆尊之冖殆無疑義。鄉飲酒禮「尊絡幂，賓至，徹之」，燕禮「執幂者陞自西階，立于尊南，北面東上」，少牢饋食禮司宫「乃啟二尊之蓋幂」。幂為覆尊巾，絡，葛也，以葛為幂，取其堅絜。皆本鄭玄注。

其在車飾，冟當讀幔。集韻去聲二十九换「説文：衣車蓋也。一曰戰車以遮矢也。」段玉裁云「衣車，上文輜軿是也。四圍為衣，上為蓋，皆以蔽輿也。」説文解字注。表義更旁，幔亦作幔。廣雅釋詁二「幔，覆也。」幔幔皆从曼聲。⊘

通觀經傳，凡字之訓覆蓋者，不論形體如何多變，聲讀始終不出明紐之外，尋根溯源，必與冖字有關，循聲求義，則知周官巾車之複、禮記玉藻之幦、大雅韓奕之幭、傳世金文之冟，皆指車蓋而言，冖正字，冟、複、幦、幭皆假借字也。二鄭訓為覆笭，未必然也。【金文大字典下】

甲六五七 甲一一三九 甲一九五五 甲二〇八六 甲二四〇七 甲二七二〇 甲二七六六
乙八五九 乙二一〇一 乙二一八一 鐵一五七・三 前一・九・七 前一・一三・三 前一・一八・四
前一・三五・五 前四・八・二 前四・五四・四 前五・一・五 前五・一・六 前五・八・四
後一・二八・三 林二・一二・一四 戩二三・三 戩二五・九 粹二三七 粹五六五 粹九一〇
粹九一三 佚八一一 燕六〇八 京津四〇二七 鄴三下・四〇・六 金七三一 明藏一四二 戩
三七・一〇 存一九九 甲八七八或从匕 戩二四四 鄴三下・四〇・二 乙五七八三 佚四一〇或从収
京都一二六四 京都二五二五 【甲骨文編】

甲657 1139 1519 1994 2407 2720 2766 2781 3166 3937 乙
1181 1392 2509 4550 4668 5311 8991 珠350 佚140 543 711
811 續1・1・4 1・1・5 1・40・5 1・44・6 2・17・6 2・20・6 3・40・5
4・15・1 5・4・4 6・12・5 掇436 457 徵4・19 京4・23・4 凡29・1 録287
423 502 續存199 1495 外106 摭續60 粹565 910 911 912 新

4024　4026　4027　4233　4379【續甲骨文編】

鬯 矢方彝　矢尊　臣辰卣　盂卣　盂鼎　彔伯簋　吳方彝　師兑簋　毛公厝鼎

邵鐘　魯侯爵　伯晨鼎　叔卣　䚄卣　矢簋　師克盨【金文編】

鬯【汗簡】

汗簡【古文四聲韻】

◉許　慎　以秬釀鬱艸。芬芳攸服。以降神也。从凵。凵。器也。中象米。匕所以扱之。易曰。不喪匕鬯。凡鬯之屬皆从鬯。丑諒切。【説文解字卷十】

◉吳大澂　鬯古通韔。詩閟宫傳。重弓重于鬯中也。釋文。鬯本作韔。古文韔作。與字亦相似。【愙齋集古録第一册】

◉方濬益　即鬯之古文。説文部首。鬯。从凵。凵。器也。匕。所以扱之。此匕在上。與篆文異。【邵鐘　綴遺齋彝器款識考釋】

◉孫詒讓　「□隹」百卅四之三。「癸□出□它象之百萬」百四十一之四。此當即「鬯」字。盂鼎作、魯侯角作，此與彼略同。《説文·鬯部》：「鬯，从凵，凵，器也。中象米，匕所以扱之。」【契文舉例】

◉林義光　古作師兑敦。作毛公鼎。不从匕。象鬱艸。象秬在其中。又作魯侯尊彝。【文源卷一】

◉王　襄　周禮序官鬯人，鄭注云：「鬯，釀秬為酒。」契文之鬯異文甚多，其初象以器盛秬，乃釀酒之形。，為蒸秬之甑，，甑之下層所以受酒。或省，或省，其作者，疑為匕鬯合文，為篆鬯字从匕所自昉。盂鼎作，魯侯角作，皆不从匕。、皆象釀時密閉器蓋之形，、則鬯之簡文。【古文流變臆説】

◉高田忠周　許氏説誤。元作。省作作。均盛鬯器形也。即潰米亦饡也。从匕繆説。與皀下類矣。朱駿聲云。按釀黑黍為酒曰鬯。築芳艸以煮曰鬱。以鬱合鬯。為鬱鬯。因之艸曰鬱金。亦曰鬯艸。鬱者艸香藴積。鬯者酒香條暢也。即米字。衺書之與冐同意。書洛誥。秬鬯一卣。禮記曲禮。凡摯天子鬯。此鬯也用以祀。周禮鬱人。和鬱鬯。禮記襍記。鬯曰以椈。郊特牲。鬱合鬯。此鬱鬯也。祀時專用以祼。魯語。文仲以鬯圭與玉磬。注。祼鬯之圭。長尺二寸。有瓚。以祀廟。禮記王制。賜圭瓚。然後為鬯。未賜圭瓚。則資鬯于天子。此說至詳。然則銘云賜鬯鬯者。未賜圭瓚也。【古籀篇八十三】

◉羅振玉　作□者。與古金文同。其變文至多。以文例推知之。【增訂殷虛書契考釋】

◉魏建功　鬱鬯皆從缶。契文鬯作□□□□□□□□。午也。下象缶。文或變。增廾又字。則象奠鬯降神之事。許書作□。說。从凵。凵。器也。中象米。匕所以扱之。易曰不喪匕鬯。米形之誼未安。金文作□毛公鼎□師兌敢□吳尊□彔伯敢□邵鐘□魯侯角□郘侯鼎。後三文猶有午形。前四文蓋寫鬱鬯搗煮合釀於器之形。契文亦有兼畫午及秬釀形者。古文字連作點畫者。多流動之象。故有以點象質之特定者。則加×以別之。鬯字凵中之⺀。秬釀也。×以畫別。如造米文之例。非象米也。【釋午　輔仁學誌二卷一期】

◉郭沫若　「鬯廿卣」乃余所新釋。知□為鬯者，以鬯字於卜辭或作□見後編卷上，二十五葉七片，與此形近。□為廿，由下文「王廿祀」可證。【戊辰彝器考釋　殷商青銅器銘文研究】

◉吳其昌　鬯者，經典訓詁皆為香草，如詩江漢「秬鬯一卣」，毛傳云：「鬯，香草也。築煮合而鬱之曰鬯。」白虎通攷黜篇云：「鬯者，以百草之香鬱金合而釀之成為鬯。」

說文云：「鬯，以秬釀鬱艸，芬芳攸服，以降神也。从凵。凵，器也。中象米。……」亦有直捷以香酒為訓者，如春秋僖公二十八年左氏傳賈逵注，易震卦「不喪匕鬯」虞翻注，禮記表記「秬鬯以事上帝」釋文，並云：「鬯，香酒。」皆其證也。但在卜辭之義，則為盛香酒之器，故有「鬯二，勺二，卣二」續・一・四〇・五之文。其字亦正狀酒器之形，引申而轉變之，則亦為以此盛香酒之器以祭之祭名，故有「貞鬯」「𡚩鬯」之文，斯又與□字由禮器名轉而為祭名者同循一軌道矣。

「□」者，其字下闕，疑□之殘文也。此蓋可以下列卜辭，比較孶覈以得之。

□本字　□文甲　□文乙　□文丙

□文丁　□文戊　□文己　□文庚

如云：「其友侑鬯。」文甲・續・六・二六・一〇。「貞，鬯且辛，卯□。」文乙・前・一・二三・七。「貞鬯。」文丙・林・二・一二・一五。「庚申卜㐁貞南庚。」

「□㞢鬯。」文丁・前・一・一三・三。「庚子，于丁，鬯。」後・二・九・七・文戊。「𡚩鬯。」文己・續一・一五・一。「……貞㞢五鬯，滷。」文庚・前・四・五四・四。以上列七文推之，而此字之為「鬯」之殘文可見矣。其第五「鬯」字，亦殘其下半，尤與此字相肖，可資參證也。【殷虛書契解詁　武漢大學文史季刊第三卷第四號】

◉郭沫若　䙝殆鬯之緐文。【殷契粹編】

◉馬叙倫　徐鍇曰。╳凵象中秬及鬱形。段玉裁曰。攸服當作條暢。周禮鬯人注大雅江漢箋皆云。芬香條暢。可證。王筠曰。朱文藻本作[glyph]。是也。説曰。中象米。即謂※也。凵則非形。鬱字朱筠本曰。顧本誤從林。徐灝曰。大雅正義曰。禮有鬱鬯者。築鬱金之艸而煮之。以和秬黍之酒。使之芬香條暢。故謂之鬱鬯。鬯非草名。以其可和秬鬯。故謂之鬯艸也。灝按鬯固非艸名。即鬱亦非其本名。蓋以百艸之香者。和秬黍之酒。取條暢之義。命之曰鬯。遂以鬯名其酒。而造字象其器。又取蘊蓄之義。命之曰鬱。因以鬱名其艸。而從鬯為鬱。蓋造字鬯先鬱後。不得以鬱為艸之本名也。互言可謂之鬯艸。亦可謂之鬱酒。渾而言之。則但曰鬱鬯耳。鬯從匕建類。圭瓚之屬也。凵象祼器。※象秬黍。不從艸者。可略也。林金説亦通。饒炯曰。鬯不從匕。當云從皀省。即皀下所謂讀若香之字。蓋酒从鬱艸和秬釀成。其臭芬芳。因呼曰皀。是以鬯之造字。即象所釀秬鬱在器之形。指事。又加皀省聲。鬯為秬酒鬱艸在器之名。其引易以證義也。林義光曰。鬯。師兑敢作[glyph]。毛公鼎作[glyph]。不從匕。[glyph]象鬱艸。∴象秬在其中。倫按從皀省。※聲。※即米之異文。米之轉注字為粱。米音古在明紐。粱音古在泥紐。同為邊音。蓋古米音如粱矣。故鬯從之得聲。⊘甲文之[glyph]為其省。甲文之[glyph][glyph]為一類。而[glyph]其省者也。然此實鬯艸字。從屮。鬯聲。卜辭以卣為鬯耳。[glyph]之[glyph]蓋鼎之異文。從鼎猶從畐也。鬯者。煮酒之名。今所謂釀也。此蓋本訓釀也。釀鬯語原同。故古今多以釀為鬯。今説解非許文。呂忱或校者改之。餘詳鬱下。【説文解字六書疏證卷十】

◉高鴻縉　古者以黄色之香艸築於秬黍之酒中。微大煮之。不使出氣。俟其冷而飲之。則酒芬芳而人舒暢。古遂名其酒曰鬯。而多用以灌神。名其艸曰鬱金草。王者並常以鬯賜臣僚。曰錫秬鬯幾卣。卣中尊也。有提梁。是以鬯字古原象形。象器中鬱築香艸於酒中之形。許説構造誤。所云芬芳攸服者。或以為乃芬芳條暢之譌。攸。條之脱。服。暢之誤也。【中國字例二篇】

◉馬叙倫　鬯為醖釀之釀本字。從[glyph]從米。會意。其聲即得於[glyph]。[glyph]即説文之亯。變譌為[glyph]也。【丛女盉　讀金器刻辭】

◉李孝定　秬釀為鬯。鬱艸為鬱。築鬱金煮之以和鬯酒謂之鬱鬯。郊特牲所謂「臭鬱合鬯」也。蓋亦得單言鬯。徐鍇曰「╳凵象中秬及鬱形」是也。凵象器形。下从凵乃器之圜足。非从匕也。許説之誤與皀下同。卜辭鬯亦偁卣。與經傳同。【甲

鬱　鬱

骨文字集釋第五】

◉白玉崢　一、[glyph]：羅振玉氏釋鬯。考釋中三八頁。孫海波氏从之。文編三·十一。崢按：[glyph]字之構形，在數千甲骨文字中，只此一字；似與[glyph]乙八八〇七、八八一八、八八九三、八八九五、八八九八及九〇三一等版字之構形類似。然徵於辭例，又不盡然。如：

(一)甲子卜，[glyph]羊？　乙八八〇七及九〇三一

(二)癸酉卜，福[glyph]中母㞢双。　乙八八一六

然亦有與[glyph]字之用法同者，如：

(三)……又羊又[glyph]妣庚。　乙八八一八

(四)戊辰卜，[glyph]妣庚㞢双羊。　乙八八九五

徵之上列諸例，是[glyph]與[glyph]為一字，只有構形繁簡之不同耳。考諸第四期文武丁時之卜辭，各字之繁簡，一任史官之興致，同字有不同之書法，隨處有之，此又可明徵[glyph]與[glyph]為一字也。至字之釋鬯宜否，暫闕可也。【契文舉例校讀(七)　中國文字第四十三册】

◉裘錫圭　人名「[glyph]」實从「匕」从「鬯」。字或从「[glyph]」，實非「罕」字，而為「鬯」之異體，觀摭續87、乙8670、9047等片「鬯」字自明。【論「歷組卜辭」的時代　古文字研究第六輯】

◉徐中舒　[glyph]前六·六一·六從口從[glyph]，所會意不明。肄毀鬯字作[glyph]，與此字形近，疑此字亦鬯字。【甲骨文字典卷二】

◉戴家祥　金文鬯作[glyph]或作[glyph]，从[glyph]象器形，中點象穀物形與𦥑字同意，可知許慎釋作「釀鬱艸」是錯誤的。朱駿聲說：釀黑黍為酒曰鬯。金文「鬯一卣」，鬯表示秬鬯，又作「𩰪鬯一卣」，鬯僅表示酒義。【金文大字典下】

[glyph]鬱　陳夢家釋集韻古作䖒　叔卣　鬱鬯　[glyph]孟載父作鬱壺　[glyph]弔趯父卣小鬱彝　【金文編】

◉許　慎　[glyph]芳艸也。十葉為貫。百廾貫築以煮之為鬱。从臼冖缶鬯。彡。其飾也。一曰。鬱鬯。百艸之華。遠方鬱人所貢芳艸。合釀之以降神。鬱。今鬱林郡也。迂勿切。【說文解字卷五】

◉林義光　古鬱字盥鑄字皆从盥。形作[glyph]鄀公諴匜盥字偏旁。作[glyph]鑄公匜鑄字偏旁。象兩手持蓋形。鬱从[glyph]疑亦盥之譌。手持蓋。鬯在其下。从彡。轉注。【文源卷六】

◉馬叙倫　沈濤曰。藝文類聚八十一引。鬱。芳艸也。是古本芳艸上有金字。連篆文鬱字讀。淺人不知而妄删之。所貢芳艸作所貢芳物。芳當作方。言百艸之華鬱人所貢方物耳。方誤為芳。淺人遂改物為艸。御覽九百八十一引為鬱作為鬯。亦古本如是。陳奂謂鬱芳艸名。築煑乃有鬯名。周禮肆師先鄭注。築煑香艸為鬯。許所本也。又合釀之以降神作一合而釀之以降祼也。詞氣亦較完備。芳艸也作香艸也。王筠曰。本艸鬱金香下。藴頌引説文曰。鬱。芳草也。十葉為貫。二十貫築以煑之。鬱鬯乃百草之英。合而釀之以降神。乃遠方鬱人所貢。故謂之鬱。鬱今鬱林郡也。鬱鬯以下文不同而詞較順。又上二鬱字當依説文從臼。下四鬱字當依本草從林。又十葉為貫。章禹錫引作十二葉為貫。是也。本草陳氏曰。其香十二葉。是以下文云百廿貫。然則正是十株也。翟云升曰。藝文類聚引築以作采。以為鬱作為鬯。無鬱人二字。所貢芳艸作所貢芳物。御覽引芳艸作香艸。降神作降祼。龔橙曰。以彡合爨。彡即鬯。𦥑即爨。丁福保曰。慧琳音義十八引。芳草也。鬱金香也。煑之合釀鬱鬯酒以降神也。從臼。從缶。從鬯。從彡。彡其飾也。倫按説解曰。芳艸也。而字不從艸。一曰鬱鬯云云即鬯字義。鬯如以鬱艸為之。而鬱又從鬯。且字似合體象形。即會意也。而彡何所象。釀酒何取於飾。亦無從加飾。缶鬯又竝為形聲字。會意字無以形聲字會意者。而從鬱得義者無其字。從鬱得聲者亦止一鬱字。金甲文中亦不見鬱字。林義光謂古爨字釁字皆從𦥑。其形作□作□。象兩手持蓋形。鬱疑亦從𦥑。今譌。手持蓋。鬯在其下。從彡。倫按林謂𦥑為□譌。其實金甲文每有俗字。爨上所從之𦥑亦兩手持鬲之譌。蓋同即鬲省。譌為𠔼耳。傳寫改鬲為缶。然鬱為芳艸不得從𦥑。倫謂鬱為鬯之轉注字。從鬯。爨省聲。彡則□之譌也。古讀爨如炊。炊音穿紐三等。穿三與徹同為舌面前音。古讀又同歸於透也。鬯音正在徹紐。可證一也。金文鑄字叔皮父敢作□。鑄子鼎作□。而□桐盂徑作□。□□簋則作□。蓋敢鼎並鑄盥二文而合之。盂文盥之省皿者也。芮公鼎湯叔尊楚子簠邾公華鐘等文竝止作□。虢叔簠止作□。簠文則合鑄盥二文而省其形旁之金與皿。蓋鑄音照紐三等。亦舌面前音。鑄盥為轉注字也。此可為旁證者二也。鬯為製酒之名。酒必發酵而成。今言鬱烝。義自此出。可證者三也。特今鬱音轉入影紐。未詳其實所由。然鬱為鬯之轉注字。而鬯音得於粱。粱音古在泥紐。古讀女音亦在泥紐。而酒女得聲之實委皆入影紐。或此亦其例與。詩江漢傳。鬯。香艸也。論衡儒增。周時。天下太平。倭人貢鬯草。蓋其字當作鬯。而鬯為借。是草之得名。蓋以可為鬯。故鬱林之艸可以和酒者亦名鬱矣。今此説解乃並二義於一字之下。又有校語羼譌。鬱今鬱林郡。明非許文。餘見鬯下鬱下。【説文解字六書疏證卷十】

◉楊樹達　詩江漢傳云：「鬯，香草也。」周禮鬯人鄭注云：「鬯，釀秬為酒，芬香條暢於上下也。」二説不同。鬱从臼缶冖鬯者，謂人兩手和鬯，盛之於缶，以冖覆之也。臼為能名，鬯為所名。【文字形義學】

◉陳夢家　字省鬯。从大不从缶。集韻鬱的古體作欝。字彙補引作欝。雖係很晚的字書。卻保存古形。此兩書的鬱字省鬯从司。都和金文極相近似而稍有譌誤。説文林部鬱木叢生者。从林鬱(按當作鬱)省聲。許慎以所省之字(在鬯部的)為鬱(按當作鬱)鬯的本字。解曰芳草也。十葉為貫。百廾貫築以煮之。其在經籍則用鬱字。其實這才是本字。周禮鬱人和鬱鬯以實彝而陳之。鄭玄注云。築鬱金以和鬯酒。鄭衆注云。鬱草名……若蘭。又序官鄭玄注云。鬱。鬱金香草也。宜以和鬯。周禮鬯人掌共秬鬯而飾之。鄭玄注云。秬鬯。不和鬱者。由是可知鬯秬鬯與鬱鬯二者是有區别的。前者是黑黍所釀成的一種酒。後者是用鬱金香草擣而煮出的汁水而和之于秬鬯者。單獨的稱為秬或鬯的。應指黑黍釀成的鬯酒而非和有鬱金草汁的。這是鄭玄之解。大約是對的。許慎以為鬯以秬釀鬱草。則本諸江漢毛傳秬黑黍也。鬯香草也。築煮合而鬱之曰鬯。【小子生尊　西周銅器斷代】

爵

乙三〇五　乙三九〇　乙一〇〇九　乙一五四八　乙一五五八　乙二一三〇　乙一五八一　乙四五〇八　乙八八九四　乙八八九八　鐵八九三　鐵二四一・三　鐵二五〇・一　乙八八九三　拾一二・一二　拾一二・一三　拾一二・一四　拾一二・一五　前二・三・五　地名　前五・五・一　前五・五・二　後二・五・一五　後二・七・七　後二・七・八　林二・六・一三　續三・三一・六　續三・三二・五　鄴三下・三八・四　京津四一九　京津二四六一　存一四五八　佚七七八　輔仁四〇　明藏六九八　明一〇〇八　【甲骨文編】

卜312　乙305　390　1009　1548　1558　2130　4508　4835　8893　8898　佚42　續3・31・6　京4・20・1　鄴三38・4　續存1458　新419　2461　【續甲骨文編】

爵　象形　爵爵　父癸卣　爵且丙尊　縣妃簋　史獸鼎　錫女鼎一爵一　伯公父勺作金爵　【金文編】

爵 秦一五三 法六三 三例 日乙九七 秦一五四 四例 日甲一二二 法一一三 雜三七 二例 秦一五六 二例 【睡虎地秦簡文字編】

主爵都尉 主爵都尉章 董逢爵 辥爵 【漢印文字徵】

爵 【汗簡】

林罕集 義雲章 林罕集 說文 崔希裕纂古 【古文四聲韻】

◉許慎 禮器也。象爵之形。中有鬯酒。又持之也。所以飲。器象爵者。取其鳴節節足足也。即畧切。古文爵。象形。【說文解字卷五】

◉薛尚功

右銘乃象形。爵字。博古又云文鏤回轉若古雷文。故名之為雷篆爵。【歷代鐘鼎彝器款識法帖】

◉吳榮光 凡爵。一咮一尾一躩二角三趾。其有蓋者。則又省二角。大抵爵形非純雀形也。彝器有為爵形者。無為雀形者也。或以為雀在木上形者亦非。仁和龔自珍説爵羽玡山民曰。天下先有雀。後有爵。先有爵之器。後有爵之字。雀也者。兆爵者也。爵也者。兆古文爵者也。古文也者。兆小篆者也。謂爵象雀可乎。可。謂古文篆文象爵可乎。可。謂古文篆文象雀可乎。不可。曷為不可。中隔一重矣。先言爵之象雀也。何如。曰前有流。咮也。甚修頸也。後有尾。尾也。甚鋭。尾之末也。腹。腹也。甚圓。腹之鶱也。腹旁有柄。可容手躩也。甚竦。躩之舉也。古者既取諸雀以為爵矣。而加之以制度。是故慮鬯之洩其馝也。為之蓋。慮飲之饕也。為之二柱。植然。辥然。慮二足之不安也。減一躩。增一足。踆踆然。慮太素之不可為禮也。刻畫雲雷胡蘇。然制若此。此聖智之所加於爵者也。於雀何預。何以言無預。雀二角一躩三趾未之聞。未之聞。夫古文篆文之象爵也。何如。曰亦象爵形而已矣。遑問雀哉。小篆上有覆。承之以二柱。其中為腹。其右象前。其左引而下垂也。象後。於是從鬯從又。鬯以實之。又以持之。若夫古文。則無鬯也。無又也。上有覆如屋。非蓋而何。有二柱。有腹。腹中有文。相背如刻畫彣彰。下垂三足。非爵之全形而何。曰爵之有蓋者。無二柱。有二柱者。無蓋。而制文字必兼象之。何也。曰制文字與制器固不同也。夫古文篆文皆象爵形而已矣。遑問雀哉。夫古文篆文易知也。遇古器難。予獲古爵七。有柱無蓋者六。有蓋無柱者一。既手搨以詒學徒。學徒見搨本。識古器矣。夙昔古文又難。不識字而獲其器。將疑器為康瓠。未見器而讀其字。將疑字為字妖。且夫徒獲其器而不識字。則曰古彝器賾矣。此有蓋者非爵。徒識其字而未見器。則曰。先民所言象形。乃象咮腹尾翟趾。兩不可也。予兩遘天幸。竊望達者説器徵諸字。説字徵諸器。又兩俟之。【商父丁爵　筠清館金文卷一】

◉方濬益　禮記祭統。尸酢夫人執柄。夫人受尸執足。疏曰。尸酢夫人執柄者。爵為雀形。以尾為柄。夫人獻尸。尸酢夫人。尸則執雀尾獻夫人也。濬益按。疏此説殊誤。凡爵皆以鋬為柄。此文手所執者是。非以尾為柄也。【持爵父癸卣蓋　綴遺齋彝器款識考釋】

◉方濬益　古爵雀字通。荀子禮論篇。小者是燕爵。猶有啁噍之頃焉。楊倞注。燕爵與鷰雀同。⊘濬益按。(龔定盦)禮部此説善矣。然不免謬誤。爵之二柱本象二翟。腹旁有柄乃以執持者。與雀無涉。三足則象足指之分布。非三趾也。今以二柱為角。則不得不以鋬為翟。又謂減一翟。增一足。説更支離。此文無柱。乃象雀之戢翼形。而从又以持鋬。其非翟明甚。李方赤方伯之觶文作□。尤足證三足之非三趾也。【持爵父癸尊　綴遺齋彝器款識考釋】

◉孫詒讓　「□□亘貝立从馬□□自戌𦎫自」五十七之二。「戊辰卜𦎫貝□子禽」二百四十一之三。「丁子卜亘貝自人中□人」二百五十之一。此三字略同，奇詭難識。以形攷之，疑「爵」之象形字。金文史獸鼎爵作□形略相近。【契文舉例】

◉羅振玉　許君言象爵形者。謂所从之□。今觀卜辭諸爵字。象爵之首。有冠毛。有目有咮。因冠毛以為柱。因目以為耳。因咮以為足。厥形惟肖。許書所从之□。殆由□轉寫之訛。其从鬯與又。則後人所益也。許君謂飲器象爵者取其鳴節節足足也。今證以卜辭。其字確象爵雀形。知許君所云為古先遺説。不見於諸經注。幸尚存於説文解字中。許君網羅放佚之功誠巨矣。【增訂殷虚書契考釋】

◉王國維　□、□之下類爵字，古文爵或作□、□(此録伯敦勞字所從)、□(此毛公鼎勞字所從)，則□、□當與爵同類之物，而無雙柱。□象兩手奉酒器，而人義當與祼略同，鄭圭當即祼圭，上云秬鬯則繼以祼圭宜矣。【致羅振玉(一九一六年四月廿六日)　王國維全集】

◉林義光　古有□彔伯戎敦。與□形近。□近於□。鬯古作□。近於□。□與从同意。實即爵字。或作□毛公鼎。皆象手奉爵形。□無足。象廢爵。□口足之間有横文。象繶爵。士虞禮。主人洗廢爵。主婦洗足爵。賓長洗繶爵。注云。爵無足曰廢。繶爵口足之間有篆。□象爵旁柱。爵有二柱。略象其一。□象爵中酒。溢與□見益字條□見酋字條同意。或作□多父盤□婚字偏旁。□象足爵。□酒自爵中下流之形。亦作□。魯侯作爵鬯用尊彝。借爵為酌字。皆不从□。

說文云。雀依人小鳥也。从小隹。按雀經典通用爵字。爵。酒器。象雀形。爵古亦作□及季良父壺□字偏旁。作□。盂鼎□(聞)字偏旁。與小隹形近。則雀字當依□而制。古鳥名只作爵。後乃因小隹之形義而制雀字耳。亦後世□字先人為老。□字追來為歸之類。【文源卷一】

◉王　襄　古爵字,象三足流柱鋬俱全之形。【簠室殷契類纂】

◉王　襄　竊疑古人象雀以製爵,更象爵以製字。契文之爵象三足流柱鋬腹皆全之形。因側視,柱祇顯其一,繁簡之體不一,或為二足,或省柱,或作兩鋬為□、為□,或衍鋬為□,或省之。流變之跡雖甚,然爵之形仍顯,小篆之□,□既象省形,从鬯从又,兼著其用,于形誼為繁。程瑤田通藝録云:「前有流,喙也,腦與項也,胡也;後有柄,尾也。容酒之量,其口左右侈出者,翅也。近前二柱,聳翅將流貌也,其量腹也,腹下卓尔鼎立者,其足也。」説爵之形甚明肖,坿録以證吾説。【古文流變臆説】

◉丁佛言　□史獸鼎。疑古爵字。从□。从酉省。从止。戒荒飲也。或曰□象稱觴之形。【說文古籀補補附録】

◉葉玉森　十二又□

十三　□

十四　貞□

十五　上缺求□

上四辭中象形文。竝為爵之異體。【鐵雲藏龜拾遺考釋】

◉高田忠周　吳榮光云。手持爵形非。此从又。故爵字也。說文。□禮器也。□象雀之形。中有鬯酒。又持之也。所以飲器象爵者。取其鳴節節足足也。古文象形作□。許說未詳。今依此篆。字元以雀為形。三足亦與器同。从又與小篆合。唯此不从鬯會意耳。若夫□與□。與鳥雀形迥遠。此亦爵器形。而轉傳改寫。失其本真耳。【古籀篇八十三】

◉郭沫若　此銘之當作兩截讀,原銘已表示明白,第一行□與鬯之間,所空較它二字間者特多,此即上下兩截之界線也。故全文當讀為:

「魯侯作□,用障□鬯□盟。」

□字,孫釋□,可信。史獸鼎:「尹賞史獸勳,錫(獸)鼎一爵一」,爵字作□,又勳字作□,象隻手持爵。彔伯□毁「有勳于周邦」作□,毛公鼎「勳勤大命」作□,象雙手奉爵。蓋醺之初字,均假為勳。諸字雖各有小異,然一見即可知其大同。

【魯侯爵釋文　殷周青銅器銘文研究】

◉商承祚　□□□□□　有柱。有流。有尾。有鋬。有足。乃爵之象。金文史獸鼎作□。已變初形。【甲骨文字研究（下編）】

◉商承祚　甲骨文作□□□。有柱有流有尾有鋬有足。正如爵狀。金文史獸鼎作□。此作□。乃篆文□形之譌變。疑非古文也。【說文中之古文攷　金陵大學學報第五卷第二期】

◉孫海波　甲骨文象器前有流，後有尾，旁有鋬，兩柱三足之形；中有□□□等形者，其花紋也。金文从止，則已變初形矣。【中國大學講義】

◉馬叙倫　段玉裁曰。象爵皆當作象雀。翟云升曰。九經字樣引節節足足作節足。下有所以戒荒淫之飲。羅振玉曰。卜辭爵字作□□□□□□。象爵之首有冠毛。有目。有咮。因冠毛以為柱。因目以為耳。因咮以為足。其形惟肖。許書之□。殆由□而譌。其從鬯與又。則後人所益也。倫按史獸鼎。尹賞史獸□。強運開釋爵。其從鬯從又與此同。父癸卣爵字作□。亦同傳世之器。明象雀形為之。□尚畧存其概。形變為□。殆不可識。爵為器物。是名詞也。且象雀形為之。不得增又與鬯。爵文有作□者。其中之□與父癸彝作□者小異。皆為以手持爵。以金器諸於亞形中為文者。率以表其職業。則□非即爵字。乃示其職為侑耳。與亞形中為□者同。又乃侑者之手。非爵上之物。豈爵之初文以形與雀同而失。遂以□□為爵。又以形變為□而不可識。乃增鬯以定之。禮器也非本訓。許當作雀也。以聲訓。象爵之形亦本作象形。校者改之。中有鬯酒以下。亦均非許文也。如今篆當為從鬯□聲。字見急就篇。以為雀字。【說文解字六書疏證卷十】

◉馬叙倫　父癸彝　□□□

倫按舊釋手持爵形。說文□字所從之□。實由此而譌。彼所從之□為有柱者。故多□形。□乃兩柱對峙。平面正視。故僅作一柱耳。然爵為飲器。有形可象。因象製文。不勞增手。況鬯乃釀酒之釀本字。釀則酒母之名。詳疏證。豈得復增鬯於□旁。而以為飲器之名。蓋說文之爵。實是圖語而非器名也。持所鬯於□。則是寺人進酒之義。作器者其有事於此乎。此省鬯者。蓋以足已見意矣。【讀金器刻詞卷上】

◉張政烺　□，疑是爵字。《左傳》襄二十一年，齊「莊公為勇爵」，杜預注：「設爵位以命勇士也」，陸粲《左傳附注》曰：「爵，酒器也，設之以觴勇士」，顧炎武《左傳杜解補正》从之。姚鼐《左傳補注》曰：「此如漢武功爵」，梁履繩《左傳補釋》、沈欽韓《春秋左氏傳補注》皆謂以勇爵名官。烺按：後者是也。【出土文獻研究】

◉高鴻縉　爵。古之飲酒杯也。腹小而口侈。口一端有流。另端有尾。兩旁有二柱。腹旁有鋬。其下有三足。頗高。甲金文均象器形。而並不類雀。雀者。字音也。雀之鳴節節足足。而飲酒貴有節知足。故其器取雀音。小篆於原字加鬯加又為意符。則屬倚文畫物之象形字矣。倚文畫物者。即段氏所謂合體象形也。見後說文所載古文爵。今甲金文無覩。疑是戰國末年雀字之象形文。【中國字例二篇】

◉李孝定　栔文爵字即象傳世酒器爵斝之爵。兩柱。側視之但見一柱。故字祇象一柱有流腹空三足有耳之形。羅氏謂象雀形惟肖者。實未見其然。許君謂爵象爵雀字以下文偁節節足足知之形。並以節節足足說禮器之意。此乃漢世經生故習。殊不足異。而羅氏得見真古文並傳世彝器。乃一仍許說。則殊可怪耳。金文作[illegible]縣妃簋[illegible]史獸鼎。卜辭爵字或用為動詞。疑即以爵位加人之意。辭云。「戊辰卜韋貞爵子皐」。藏・二四一・三、佚・四二。「□亥卜亘貞皐囗爵子白」。前・五・五・二。是也。或為人名。「乙丑卜貞帚爵[illegible]子疒亡□」。乙・八八九三。「乙丑卜貞帚爵[illegible]子囗」。乙八八九八。是也。或為地名。「囗卜在爵囗」。續三・三一・六。是也。或即為彝器之名。「庚戌卜王曰□其□爵用」。後・下・五・十・五。「己亥卜來壬申□名御爵」。乙・二一・三〇。「[illegible]子[illegible]爵[illegible]侑且□」。乙・四八三五。是也。【甲骨文字集釋第五】

◉李孝定　説文爵下云：「禮器也，象爵之形，中有鬯酒，又持之也。所以飲器象爵者，取其鳴節節足足也」。後二語實為蛇足，蓋謂飲必有節，而雀之鳴似之也；經傳又或以爵為雀，究其實全為同音通假，舍此之外，爵之與雀，實無絲毫相關，吳榮光龔自珍諸氏所論，實失許意，許君固明謂爵象器形也；龔氏亦知古文篆文皆象爵形，然則減一翟增一足之説，不為蛇足乎？林義光氏謂爵古亦作[illegible]、作[illegible]，與小隹形近，仍承清儒之誤，林氏所引古文乃「聞」字偏旁，象人形，何預於小隹乎？【金文詁林讀後記卷五】

◉徐中舒　象傳世銅器中用以飲酒之爵形，上象柱，中象腹，下象足，側有鋬。《説文》：「爵，禮器也。象雀之形，中有鬯酒，又持之也。所以飲器象雀者，取其鳴節節足足也。」

一、禮器也。【甲骨文字典卷五】

◉劉昭瑞　爵是古人的主要飲酒器。考定爵器名稱的是宋人。《博古圖録》卷14爵類器總説云：「蓋爵于飲器為特小，然主飲必自爵始。」「爵則又取雀之象，蓋爵之字通于雀。」「今考諸爵，前若噣，後若尾，足修而鋭，形若戈然；兩柱為耳。」並駁漢儒之説，云：「及求之《禮圖》，則刻木作雀形，背負戔，無復古制，是皆漢儒臆説之學也。」然而自商末以來的爵類器有銘文自名的，迄今祇見一例，即傳世有名的魯侯爵。該器形為爵而無雙柱，舊著録或稱作角，現收藏于故宮博物院。商代族氏銘文中有象形爵字，作□等形，亦無柱。魯侯爵銘文有「魯侯作□」，□舊釋爵，應是。

爵字見于西周金文，如史獸鼎《三代吉金文存》4·23·2，字作□。與此字略同形的，見于近年陝西扶風云塘所出西周晚期的白公父器銘中，字作□，當為該器自名。陝西周原考古隊《陝西扶風云塘、莊白二號西周青銅器窖藏》，《文物》1978年第11期。共出兩器，同形，皆橢圓腹似斗，頸飾變形蟬紋和云紋，圈足飾重環紋，有一寬板狀上折柄，銘文在柄正面。因其形似勺，故有人稱為勺，實更似斗。同形器亦見扶風召陳所出的兩件，但無銘文，亦屬西周晚期。史言《扶風莊白大隊出土的一批西周銅器》，《文物》1972年第6期。屬戰國時期的，如輝縣固圍村5號墓所出，為陶質，在腹身與柄相對處飾一仰首卷尾鳥，《輝縣發掘報告》圖125：圖版柒陸，科學出版社，1956年。故宮博物院收藏的1件，腹亦附一鳥。《故宮博物院藏器選介》，《文物》1966年第5期。該類器附有鳥的甚至可晚到東漢，如廣州東郊東漢墓所出，廣州市文物管理委員會《廣州市東郊東漢磚室墓清理紀略》，《文物參考資料》1955年第6期。發現者稱為「鳥彝」。

如按白公父器自名，這類器應稱爵，但卻與傳統稱為爵的器形完全不同。日本學者林巳奈夫稱白公父器為瓚，林巳奈夫《殷周時代青銅器の的研究》，日文版。即禮書所記用來祼享的器物，然而字形又不似。我們認為只能從這類器物的出現及消亡，並結合先秦文獻的有關記載來解釋這一現象。

爵作為飲酒器，二里頭文化中即已出現。從考古發掘及傳世器物的斷代角度看，該類型器盛行于商末及周初，到西周中期已很少見。近年扶風莊白1號墓所出微氏家族器中有3件「癲爵」，為共、懿時器。西周中期以後爵就極少見到了。斗狀而名爵的器物，據現已發現的實例看，恰恰沒有早到西周中期的。我們認為，大概這類斗形器沿襲了爵名，從白公父器銘看，其用途與爵也是類似的。其實先秦文獻及漢、唐人的傳注中，爵往往是作為飲酒器的共名出現，並非單指三足二柱帶流尾和鋬的器物。如《禮記·檀弓下》：「平公曰：『寡人有過焉，酌而飲寡人。』杜蕢洗而揚觶，公謂侍者曰：『如我死，則必無廢斯爵也。』」這裏觶亦稱爵。又《詩·行葦》傳有「斝，爵也」，孔疏云「爵，酒器之大名」。這都是文獻中爵作為飲酒器共名的例證。由此看來，扶風云塘所出的白公父斗形器及同類型器稱為爵就不足為怪了。【爵、尊、卣、鍪的定名和用途雜議　文物一九九一年第三期】

◉戴家祥　爵是一種飲酒盃，腹小口侈，口一端有流，另端有尾，兩旁有兩柱，腹旁有鋬，其下有三足。甲骨文爵字作□□，金文作□□□等，正如爵狀。說文古文□，可能是篆文□之形譌，非古文也。篆文加鬯旁，是為了表示爵為酒器。

師觳毁云：「乃祖考又□于我家」。歷代鐘鼎彝器款識法帖卷十四及嘯堂集古録卷下。彔伯𢦚毁蓋云：「繇自乃祖考又□于周邦」。𤞷尊云：「又□于天」。「又□」當讀有爵，殷虛卜辭「尊」作□，金文員壺銘文「壺」作□，皆象兩手奉尊壺形，與□字作兩手奉爵形同，𤞷尊作□，□在□上，為偏旁移位之例。知□為爵之表義加旁字。周官秋官司厲「凡有爵者與七十者與未齔

𩰫

者皆不為奴」。孟子告子下「有天爵者，有人爵者，仁義忠信，樂善不倦，此天爵也，公卿大夫，此人爵也」。趙岐注「天爵以德，人爵以禄」。「有爵」言其身份之殊榮而已矣。

單伯鐘毛公鼎俱言「□堇大命」。吳式芬攈古録三之三毛公鼎吳大澂愙齋集古録四册毛公鼎説文古籀補附録第二葉釋勞，静安先生毛公鼎考釋從而伸其説曰：鼎文作□，象兩手奉爵形，單伯鐘「□堇大命」，彔伯殷蓋「有□于周邦」，字亦如此作，古之有勞者奉爵以勞之，故从兩手奉爵。齊子仲姜鎛「𠭯叔有成勞于齊邦」、齊侯鎛鐘「堇勞其政事」，字又作□，則與小篆為近矣。郭沫若兩周金文辭大系考釋彔伯𢦚殷蓋唐蘭文物一九七六年第一期𣂑尊銘解釋从之。按呂氏春秋正月紀云：「反執爵于大廟，三公、九卿、諸侯、大夫皆御，命曰勞酒」，高誘注「御致天子之命，勞羣臣於太廟，歓之以酒」。先生謂兩手舉爵為勞，其義或取於是。然古籍如周書金縢云：「昔公勤勞王家」。無逸云：「厥父母勤勞稼穡」。呂氏春秋愛類篇云：「勤勞為民」。史記魯周公世家云：「勤勞阻疾」。皆以勤勞成詞，未聞有作勞勤者。齊侯鎛鐘以「女汝叜□朕」為句，與鼎銘語法不同，未可以彼例此；孫詒讓古籀餘論卷二第三十葉，又卷三第三十三葉，名原卷下第二葉，籀庼述林卷七第一葉釋揩，楊樹達積微居金文説卷一第二十葉从其釋，而讀為「勳」，統觀吳孫諸釋皆不確。鼎銘「□堇大命」當讀釂勤大命，説文十四篇「釂，歓酒盡也，从酉，嚼省聲」。唐韻釂讀「子肖切」，精母宵部，爵讀「即略切」，精母魚部，宵魚韻近。禮記曲禮上「長者舉未釂，少者不敢飲」，鄭注「不敢先尊者盡爵曰釂」，燕禮曰：「公卒爵，而後飲也」。左傳隱公元年「未王命，故不書爵」，孔穎達正義引「服虔曰：爵者。醮也，盡其材也」。唐韻「釂」「醮」俱讀「子肖切」，説文二篇噍嚼同字，唐韻「才肖切」，知醮釂注音更旁字也。荀子禮論篇云「利爵之不醮也」，楊倞注「醮，盡也」。白虎通爵名篇「爵者，盡也。」爵本有盡義，言歓酒盡，故表義从酉，聲符更旁則寫作醮，實則爵之繁衍字也。禮記祭統記孔悝鼎銘「對揚以辟之，勤大命于蒸彝鼎」。王念孫謂鄭玄讀「對揚以辟之」斷句為失當，君命謂之勤大命，猶周書洛誥「文武勤教」也。王引之經傳釋詞引。王氏此説最確，君命、天命、大命其義一也。古字「天」「大」形近，每多混淆，商書・盤庚上云：「恪謹天命」，金文作爵堇大命，恪義為敬，爵義為盡，皆言盡其心力于王命而已。孫氏釋「揩」，形義更遠。【金文大字典下】

𩰫 經典作秬 毛公厝鼎 彔伯簋 吳方彝 師兑簋 師克盨 呂鼎 曶壺 伯晨鼎 【金文編】

䵻 秬郭顯卿字指　秬 秬古爾雅　【汗簡】

䵻 古尚書　䵻 郘昭卿字指　【古文四聲韻】

◉許　慎　䵻黑黍也。一稃二米以釀也。从鬯。矩聲。其呂切。秬䵻或从禾。【說文解字卷五】

◉高田忠周　說文。䵻黑黍也。一稃二米以釀也。从鬯榘省聲。或作秬。从禾巨聲。依金文。上文矩聲。非榘省聲。此可以為鬯酒也。故从鬯。而此元禾屬。故亦从禾。巨矩同字。巨為正文。故亦从巨聲也。書文侯之命。用賚爾秬鬯一卣。正與此銘文合。詩閟宮。有稻有秬。亦同。字俗作粔。米禾同意。【古籀篇八十三】

◉郭沫若　𩰫，秬鬯字，金文多作䵻，从鬯矩聲，矩，金文矩，又或作炬从大，从矢乃後來之譌變。此从夫者即矩省。古文夫作夫，矢作夫，最易淆混。【兩周金文辭大系考釋】

◉馬叙倫　嚴可均曰。說文無矩。當作榘省聲。沈濤曰。初學記二十七御覽八百四十二引作所以釀酒也。蓋古本如此。王筠曰。集韵引無也字。朱駿聲曰。當以秬為正字。以為鬯酒。復製䵻字。翟云升曰。初學記引無黑字。倫按金文有此字。蓋鬯之轉注字。鬯聲陽類。䵻聲魚類。魚陽對轉也。黑黍也者。重文秬字義。一稃七字校語。毛公鼎作䵻。師兌敨作𩰫。彔伯敨作𩰫。䜶侯鼎作䵻。

秬　嚴章福曰。爾雅釋艸釋文引。䵻或作粔。知六朝舊本作或從米。倫按玄應一切經音義引倉頡。粔。粔餅餌也。江南呼為膏糫。則倉頡字作粔。䵻字屢見金文。蓋倉頡本作䵻。傳寫者以字林字易之。趣便也。汗簡引䅩字指秬作䵻。䅩字指蓋本古文官書。官書蓋秬䵻同字。吕忱校官書加此耶。此黑黍字當入禾部。倫得漢殉黑陶倉。有漢人朱書黍秬萬石。字從禾不從米。【說文解字六書疏證卷十】

◉李孝定　𩰫字郭氏釋䵻，銘云：「王易呂𩰫三卣」，秬為黑黍，不得以卣計，疑「𩰫」為秬鬯二字合文之簡略急就者。【金文詁林讀後記卷五】

◉黃錫全　秬 秬古爾雅　《說文》「䵻，黑黍也」。或體作秬。今本《釋草》「秬，黑黍」，用或體。郭見本如此，原當作䵻，从古巨。夏韻語韻録作䵻，注《古尚書》，䵻字古本作𩰫（吴方彝）、䵻（毛公鼎），从矩，从鬯，省作䵻（𠭯壺）、𩰫（呂鼎），《說文》正篆變作䵻。从大譌从夫，與智字由从夫譌从大類似。

䵻 秬郭顯卿字指从重鬯，類似𣪊字作𣪊（侯盟），也作𣪊（《說文》古文）；醴字作醴（三年瘐壺），也作醴（曾伯陭壺）；饆字作饆

⿰鬯吏 ⿰鬯吏

（貞毀），也作⿱林酉（齊陳曼簠）等。【汗簡注釋卷二】

◉戴家祥　金文䰞作䰞，从鬯矩聲。夫巨韻同，故又作⿰鬯夫，从鬯夫聲，或作⿱巨鬯，从鬯巨聲。銘文䰞⿰鬯夫⿱巨鬯古籍中作秬，如曶壺「賜汝䰞鬯一卣」，毛公鼎「賜汝䰞鬯一卣」，書文侯之命作「用賚爾秬鬯一卣」。【金文大字典下】

◉許　慎　⿰鬯吏列也。从鬯。吏聲。讀若迅。疏吏切。【說文解字卷五】

◉馬叙倫　段玉裁曰。列當從玉篇作烈。烈。火猛也。引申為猛之稱。⿰鬯吏為酒氣酷烈。吏聲即史聲。史迅雙聲。劉秀聲曰。詩二子乘舟傳。汎汎然駛疾。釋文一本作迅疾。駛即⿰鬯吏之異體。是其證。倫按⿰鬯吏為鬯之轉注字。鬯音徹紐。⿰鬯吏音審紐三等。同為舌面前音。列也者。蓋以聲訓。或校者注以釋音者也。【說文解字六書疏證卷十】

◉陳夢家　⿰皀吏　148，甲辰卜王，翌乙巳王其賓祖乙⿰皀吏，亡它。卜通161

149，癸酉卜王，翌甲戌王其賓大甲⿰皀吏，亡它。卜通161

150，丁卯卜旅貞其⿰皀吏于小丁，四月。前1·22·6

補1，甲子卜□貞王賓⿰皀吏，叙，亡尤。庫1187

⿰皀吏，舊無釋，疑⿰鬯吏字，鬯皀同類。說文「⿰鬯吏，列也，從鬯吏聲，讀若迅」。意謂鬯气馨香也。【古文字中之商周祭祀　燕京學報第十九期】

食 食

甲一二八九　月㞢食聞八月　甲一六六〇　叀大食　甲二一二一　令𢀛錫㠯食乃令西吏　甲三六三〇　甲三八九二　乙三一七　隹大食　乙四七八　丙辰小食　乙一一一五　月食　乙三三一七　月㞢食　乙六三八六反　鐵一三九·一　前四·五一·五　前六·三五·二　弗其从食　後二·一·五　月一正曰食麥　簠天一　日月又食　簠天二　月㞢食　粹七〇〇　河一三一　佚四四三　【甲骨文編】

甲1289　2121　3892　乙317　478　1115　3317　4508　4551　5296

6400 佚443 593 續5·4·6 徵1·1 1·2 凡22·2 録131 粹700 917
919 999 1000 1426 新2467 2914 3101 3965 【續甲骨文編】

食 仲義昱簋 【金文編】

秦1468 麗山 食官 右 【古陶文字徵】

251 257 【包山楚簡文字編】

食 秦七八 三十六例 秦二〇一 二十三例 日甲四五背 四例 法一五八 三例 法二一〇 十八例
法一七 三例 雜一二 二例 為三六 封九一 三例 【睡虎地秦簡文字編】

食欣 齊食官丞 【漢印文字徵】

食 【汗簡】

古孝經 古老子 義雲章 林罕集 汗簡 崔希裕纂古 【古文四聲韻】

◉許 慎 一米也。从皀。亼聲。或說。亼皀也。凡食之屬皆从食。乘力切。【說文解字卷五】

◉羅振玉 說文解字食从皀亼聲。此从。以卜辭中鄉字从例之。知為食字矣。【增訂殷虛書契考釋】

◉林義光 古作吴王姬鼎。从A倒口在皀上。皀。薦熟物器也。象食之形。變作仲義君簋。或作食夙戈。即頁字。象人面。【文源卷六】

◉商承祚 金文食仲軍作,仲義毁作。説文食「一米也,从皀亼聲。或説『亼皀也』。」此象器中有黍稷,可食者也。黍稷宜温,故上施蓋。【甲骨文字研究】

◉馬叙倫 鈕樹玉曰。韻會引無一字。翟云升曰。無者是。周禮稟人注。食謂米也。王筠曰。一米也似有譌。或說亼皀也校者之詞。小徐有讀若粒。大徐無。皀下曰。或說。皀。一粒也。蓋以皀為粒之古文。然則此讀若當在皀下云。讀若粒。又讀若香。又字乃有所承。倫按此字説解與皀字説解蓋互有出入。又經傳寫譌捝。一米也當作一粒也。皀下或説皀一粒也可證。且食從皀而粒之古文作飱。亦可證。米必粒之譌捝立旁也。然食訓一粒也亦不可通。倫謂本以聲訓。或作皀也。一粒也者。蓋本作一曰食粒也。今因皀下説解而演或説二字。轉捝一下曰字。而一粒二字又誤乙於隸書複舉字下。食又誤析為亼皀二字。本訓亦捝矣。鍇本凡食之屬皆從食下有讀若粒。而鉉本無之。且讀若例當在凡食之屬皆從食上。而今在下。鍇注曰。亼音集。食。食也。下食字音飯。汪憲本作會食也。鍇言下食字音飯。知食食也為不誤。食食也句為説解中字。故鍇言然。然則鍇本或説亼皀也作或説亼食食也。此曰亼皀而鍇本曰亼食食。蓋彼譌演亼字。而一食字則隸書複舉字也。傳寫既有倒譌。則讀若亦由校者見一本有粒字者而謬增矣。或如王説。此在皀下。傳寫誤移也。甲文作□□□□諸形。亼象器蓋。非本書部首之亼也。從□已有蓋。食復重之。此類金甲文多有。亦俗書也。食亯一字。而本部屬字有從亯調之義為義有從飲食之食為義者。蓋米作飤字即借食為飤也。當字下別之。餘見皀下。字見急就篇。仲義敨作□。伯矩簋作□。食仲簋作□。□共敨作□。【説文解字六書疏證卷十】

◉董作賓　大食，小食，其時間之在大采之後，小采之前，蓋一日兩餐之時也。卜辭云：「乙未卜，王翌丁酉，酒伐，易日。丁明，霍。大食(日啟)。(續六・一一・三)「丙申卜，翌丁酉，酒伐，啟。丁明霍。大食日啟。一月。」(庫二〇九)「癸丑卜，貞旬。甲寅，大食，雨，自北。乙卯，小食，大啟。丙辰，中日亦雨，自南。」(日譜二辭二)第一、二例，「丁明霍」以下，追記語。霍即明時有霧，至大食，霧散而晴，故曰「大食日啟。」小食，對大食而言。古者每日兩餐，早餐曰「朝食」，曰「饔」，曰「早食」，曰「食時」，即卜辭中之『大食』。晚餐曰「餔」，曰「飧」，曰「夕食」，即卜辭中之「小食」。大食，約當今之上午九、十時；小食，約當今之下午四、五時。

【殷曆譜上編卷一】

◉屈萬里　卜辭：「丁巳卜，賓貞：今□易□食，乃令西史？三月。」食，蓋謂穀食，即今所謂薪餉。【殷墟文字甲編考釋】

◉李孝定　食作□，上从A，戴家祥氏以為象器蓋，似較倒口説為長，簋盛黍稷大者徑或盈尺，必以匕扱之，不得以口就食也。

【金文詁林讀後記卷五】

◉嚴一萍　「食日」連文，劉淵臨君據劉朝陽説以為日食。曾寫「殷武丁乙卯日食」一文，刊登於六十七年十一月大陸雜誌第五十七卷第五期，此實大誤。蓋卜辭稱日食為「日出食」，必不稱「食日」，食字當屬上讀「三□食」，係時間之詞。「日大星」乃指白天見大星，胡厚宣、楊樹達兩君亦曾引用此條卜辭，而不以為日食也。

一九八〇年六月出版的《中國古代天文文物圖集》，亦未輯録這版腹甲為古代天文資料。我認為「時間之詞」是説對了，但

是斷句還要改正。原來「𡆥」與「食日」纔是時間之詞,「三」字應作「二」,是「乞」字,正確的斷句應是:

王固曰:「之𩂈勿雨」。乙卯允。明雈二𡆥,食日大星。

「之𩂈」屬於甲寅這一天說的。「𩂈」的時間還不清楚。大約是指明天。「王固曰在甲寅:『之𩂈的時候勿下雨』。乙卯的確勿下雨。天明有霧一直到𡆥的時候,食日時有大星出見」。把「食日」解釋作時間之詞是有根據的,這就是小屯南地的六二四版卜辭:

辛亥卜翊日壬旦至食日不(雨)　吉

壬旦至食日其雨

食日至中日不雨

食日至中日其雨

中日至郭兮不雨

中日至(郭)兮(其雨)

「旦」「食日」「中日」「郭兮」都是時間,「食日」在「旦」與「中日」之間。「旦」相當於前條卜辭的「明」,「𡆥」非「㫚」字,尚不識,當是在「旦」與「食日」之間的時間。這一版是第三期的卜辭,「食日」之稱是從第一期沿襲下來的,如果沒有小屯南地甲骨這一版的新材料,「食日」一詞還是會聚訟的。「食日」不是「日蝕」,現在卜辭本身已經澄清了所有的誤會。至於各時代記時之詞的不同,將於另文述之。【「食日」解　中國文字(新)第六期】

◉陳邦懷　四二號　自旦至食日不雨　食日至中日不雨　中日至昃不雨

六二四號　辛亥卜,翌日壬,旦至食日不雨。

六二四號　壬,旦至食日其雨　食日至中日不雨　食日至中日其雨　中日至章兮不雨

……卜辭「自旦至食日」之食日,尚無解說,按詩鄘風:「崇朝其雨」,毛傳:「從旦至食時為終朝」。據此知卜辭「食日」即食時也。【小屯南地甲骨中所發現的若干重要史料　歷史研究一九八二年第一期】

◉胡厚宣　關于這一「日月又食」的事件,首先加以推算的是陳遵嬀先生。⊘

卜辭的「又」即「有」,「隹」即語辭的「唯」,「若」的意思是順利或吉利,諸家無異辭。

惟「日月又食」的「月」字,最早一九二五年王襄釋「夕」。後來一九四一年的胡厚宣,一九四四年的劉朝陽,一九五〇年的德

效騫，一九五六年的陳夢家，一九七五年的張培瑜，一九七九年的中國天文學簡史的編寫組，一九八〇年中國大百科全書天文學的徐振韜及一九八一年中國天文學史的整理研究小組，均從王説，釋「月」為「夕」。

字最早釋為「月」的，是一九三三年的商承祚。後來一九四〇年的董作賓和陳遵嬀，一九四三年的于省吾，一九四四年的劉朝陽，一九五六年的陳夢家，一九五九年的李約瑟，一九六三年的趙卻民，一九八一年的陳邦懷，均從商説，釋為「月」。

其中劉朝陽以為「夕月無別」，陳夢家以為「日月又食」「也可讀作日夕又食」。所以他們既釋「夕」，又釋「月」。

釋「月」為「夕」者，一九四四年劉朝陽推定這次日食發生在公元前一二一七年五月二十五日下午。一九五〇年德效騫推定在公元前一一二九年二月九日，「發生在安陽的下午四點二十六分」。一九七五年張培瑜推定在公元前一一七六年八月九日，「近傍晚發生」。

釋為「月」者，一九四〇年陳遵嬀假定這次日月頻食有三種可能，後經一九四一年、一九五五年一再訂正，最後推定這次日月頻食有兩種可能，一為公元前一二三〇年七月十八日日食，八月一日月食；二為公元前一二三二年八月四日月食，八月十八日日食。一九四五年董作賓推定這次日月頻食在公元前一二一七年五月十一日月食，五月二十六日日食。一九五九年李約瑟，一九六三年趙卻民，都信從董説。

今案「月」字當釋「月」，釋為「夕」顯然是不妥當的。陳遵嬀先生説：「此字前三期皆當為月字，第五期則當為夕字。」又説：「若釋為夕字，則當為癸酉之夕有日食。然夕在卜辭中即為夜字，非若後世朝夕之意，同時有昏暮字，以示天晚之時間。日食在夜，則決不能見。」這些句説得都非常中肯。「[illegible]」字在武乙文丁時一般都用作「月」，無用作「夕」者。卜辭中常見的「今夕亡禍」，「夕」之義都為「夜」，無作下午或傍晚之意者。如此，則下午傍晚日食之説，就難以成立了。

日月頻食之説，歸納起來，可有兩種説法。一為董作賓先生推算的結果，李約瑟和趙卻民從之。但董氏自己已經一再聲明：「文但紀日月有食，因日食與月食疊見，卜問休咎，卜的日子，不必就是月食或日食的日子，故無從推求，今刪去。」又説：「卜貞的日子，不必就是日食或月食的日子，而在日食之後，無從推求。」

一為陳遵嬀先生推算的結果，但據張培瑜先生的推算，結果「干支都不符合，且不全可見」。就連陳氏自己也不能完全相信，他説：「若癸酉為日月食以後之若干日所卜，此次日月食，即無從推考矣。」

我們的意見是，在今天我們所能見到的甲骨卜辭中，除了前面所舉三片之外，還沒有清楚的紀有日期的日食記載。龜甲獸骨文字上卷一〇頁五片，上端尚有缺文，有人懷疑「日虫食」三字是否連讀，不敢説一定。嚴一萍先生殷商天文志舉甲骨文合集第一一四八一片，釋為「日㞢食」，按此片乃旅順博物館所藏，已見著録于甲骨續存下卷一四九片，「日」字乃是「十一月」合文，也不是日有食的記載。

武丁時卜辭記月食有干支可考者共五次：

一、庚申

癸丑卜，貞旬亡禍。（正接反）七日己未皿，庚申月㞢（有）食。（庫一五九五、合四〇六一〇）

己未夕皿，庚申月㞢食。（金五九四、歐劍一四、合四〇二〇四，以上兩辭同文）

二、壬申

癸亥貞旬亡禍。（簠雜三〇　正接反。）旬壬申夕，月㞢食。（簠天二、合一一四八二）

三、癸未

□未卜，爭，貞翌甲申易日。之夕月㞢食，甲霍不雨。（乙一一一五＋一六六五＋一八六八＋一九五二＋二二四六正反、丙五九，正接反）之夕月㞢食。（丙六〇、合一一四八三）

四、乙酉

癸未卜，爭，貞旬亡禍。三日乙酉夕，月㞢食，聞。八月。（甲一一一四＋一一五六＋一二八九＋一七四七＋一八〇一、新綴一、合一一四八五）

□□□，㞢，□□□禍。三日□酉夕，□□食，聞。（契六三二、合一一四八六，兩辭同文）

五、甲午

□丑卜，賓，貞翌乙□□黍登于祖乙。□占曰，㞢祟，不其雨。六日□午夕，月㞢食。乙未酒多工率條雚。（乙三三一七＋三四三五、丙五七、合一一四八四）

月食都是記在驗辭之中，而且都稱夕月㞢食，意思是夜裏有了月食了。

陳遵嬀先生說，「日食在朔，月食在望，近距亦經半月。」又日食看到，當在白天，月食看到，當在夜裏。今卜辭說，「癸酉貞日月又食」，日月並稱，但日月豈能同時有食？且「日月又食」又不是記驗之辭，則知其必定不是實録。又月食，亦不言「夕」，知癸酉既決不是月食，也不是日食的日期。

武乙文丁時，還有與此相類似的卜辭，如說：

乙丑貞日又戠。允隹戠。（安明二五三九、合三三七〇〇）

「乙丑貞日又戠」與「癸酉貞日月又食」文句相同，由驗辭「允隹戠」知「乙丑貞日又戠」並不是説乙丑日已經發生了「日又戠」之事。「貞日又戠」乃是命龜之辭，意思是貞問會不會出現「日又戠」的現象？「允隹戠」是驗辭，意思是説太陽果然「唯戠」了。這才是記載的太陽真的「唯戠」了的事實。

由此乃知「癸酉貞日月又食隹若？癸酉貞日月又食非若？」也當是命龜之辭，意思是正反兩方面對貞，卜問日月如果有食，會是吉利還是不吉利呢？並不是説癸酉日真的有了日食或月食或日月頻食的現象發生。

實際的「日又戠」，記録在卜辭後面的記事文字的例子，還見于武乙文丁時的卜辭，如説：

乙巳卜，酒彡其𠭯小乙，茲用。日又戠，夕告于上甲九牛。（甲七五五、合三三六九六）

「乙巳卜」是叙辭，「酒彡其𠭯小乙」是命辭，「茲用」是用辭，意思是按照這次所占卜的事情施行了。「日又戠」以後，是驗辭一類的記事文字。意思説這天「日又戠」了，晚上乃禱告于先公上甲，祭祀時用了九頭牛。關于「日又戠」的記事，也是記在卜辭後面的驗辭裏邊。「日月又食」並不是記在驗辭裏邊，所以我們認為它就決不是日月食的實際記録。

武乙文丁時卜辭又説：

庚辰貞日又戠非祸隹若。

庚辰貞日戠其告于河。（粹五五、合三三六九八）

□□□□□非□隹□。

庚辰貞日又戠告于河。（續存上一九四一，合三三六九九）

兩版卜辭同文。「非祸隹若」與「日月又食」卜辭的「隹若非若」亦相類似。「其告于河」及「告于河」亦猶「癸酉貞日月□食□□上甲」。卜辭稱「□□上甲」，所缺兩字當為「告于」，意思説日月如果有食，禱告于先公上甲是否吉利？

由于「癸酉貞日月又食」這三片卜辭都是命龜之辭，意思是説，癸酉日占卜，問如果真的發生了日食或月食，會是吉利還是不吉利呢？如果真的發生了日月食就向先公上甲禱告是否吉利？並不是説在癸酉這一天已經真的發生了日食或月食或日月頻食之事，所以就不容易推考其日月食的年代和日期。否則，勉強去加以推考，無論如何，總是不好講通的。【卜辭「日月又食」説　出土文獻研究】

◉曹錦炎　陳夢家先生説：「卜辭『大食』『小食』皆用作朝食夕食之時，或省稱『食日』『食』。」（見綜述二三二頁。）按陳先生把「食日」

看成是時間專用名詞，是正確的，但認為與「食」同為大食、小食之省稱，則未免不妥。

卜辭對于一天廿四小時以內的各個時間階段，都有專名，「食日」也是其中的一個名稱。新出土的小屯南地甲骨資料，對確定「食日」所處的具體時間範圍，提供了可靠的證據：

自旦至食日不雨？

食日至中日不雨？

中日至昃不雨？　屯南四二

辛亥卜，翌日壬，旦至食日不雨

壬，旦至食日其雨？

食日至中日不雨？

食日至中日其雨？

中日至郭兮不雨？

中日至〔郭〕兮〔其雨〕？　屯南六二四

「旦」指日出時，「中日」指中午。所以，「食日」當屬上午中的一段時間。【讀甲骨文劄記（二則）　上海博物館集刊第四期】

◉李學勤　所用糧食量制同于《墨子・雜守》：

斗食，終歲三十六石。參食，終歲二十四石。四食，終歲十八石。五食，終歲十四石四斗。六食，終歲十二石。

斗食，食五升。參食，食參升小半。四食，食二升半。五食，食二升。六食，食一升大半。日再食。

簡文兩條都講到食，「參」即「參食」，每飯吃三分之一斗；「四」即「四食」，每飯吃四分之一斗。由此類推，所謂「半」即每飯吃糧半斗。【秦簡與《墨子》城守各篇】

◉徐中舒　　存一・一二三九　形近於食，疑為食之異文。【甲骨文字典卷五】

◉戴家祥　說文食部「食，亼米也。从皀亼聲，或說亼，皀也。」金文作，卜辭作。細繹其形，許說亦未當。竊思訓食之字皆从皀，先儒均以穀之馨香釋之，今以金文卜辭證之，皀殆為古人盛飯器日用饔飧之具也。字本象形，故即饗、食等字偏旁從之。許君訓「穀之馨香象嘉穀在裹中之形，匕所以扱之。或說皀，一粒。」與即饗食諸字誼皆不合。凡人就食之誼必取穀之馨香以造字，於六書毫無所取。如依或說皀為一粒，則饗食之饗象賓主相向就食而僅穀之一粒，於事物之情更不可通。故皀為簋之初文

餴　餴

無疑。詳見「皀」字條。食則亼象器蓋，下為簋之初文。史記序傳司馬談論六家要指引作「食土簋啜土刑」。韓非子十過篇「堯飯於土簋飲於土鉶」。是食古代往往用簋，故以加蓋之簋，作為食飯之食。【金文大字典下】

餴　從皀　宰家簋　旟簋　□父鼎　戲伯鬲　番君匿　貞簋　姚鼎　魯司徒仲齊簋　禾簋　齊陳曼匿　散車父簋　戈弔鼎　慶孫之子匿　□子中盆　匽侯盂　仲叀父簋　敔簋　伯喜父簋　公克錞　從口　新曁簋　從皿　伯康簋　說文或從賁　邵王鼎　饙鼎　【金文編】

◉許　慎　餴滫飯也。从食。奉聲。臣鉉等曰。奉音忽。非聲。疑奔字之誤。府文切。饙餴或从賁。餴餴或从奔。【說文解字卷五】

◉阮　元　餴舊釋作餗。錢獻之云。說文餴字一作饙。一作餴。博古圖凡饙字皆釋作餗者非。爾雅。饙。餾飪也。孫炎注。蒸之曰饙。均之曰餾。是饙為炊蒸之義。案錢說良是。以此銘證之更確。蓋餗有二義。一為菜蔌之餗。詩所謂維筍及蒲是也。一為鍵鬻之餗。易所謂覆公餗。說文所謂陳畱謂鍵為鬻是也。此餴字若釋為菜蔌之餗。則下不當云用鬻。鬻。鬻也。若釋為鍵鬻之餗。則下不當云用鬻。鬻。五味盉羹也。爾雅肉謂之羹。況明係從奉之字。非從束也。【叔夜鼎　積古齋鐘鼎彝器款識】

◉吳大澂　餴從食從華。大澂以為飯之華美者。禮內則為稻粉糔溲之以為酏是也。小篆作餴。亦作饙。說文云。滫飯也。滫與糔同。【戈叔鼎　愙齋積古録賸稿】

◉劉心源　餴說文作餴。云滫飯也。從食。奉聲。饙。餴或從賁。餴。餴或從奔。古刻從□從□。邵王鼎作饙。無臭鼎作饙。從賁。吕此知古文奉奔賁同字。凡奉較奉輩即賁即奔。不得釋為華矣。【奇觚室吉金文述卷五】

◉吳其昌　「□」者，殷代祀典之一種。卜辭所屢見，而其原始之夙義。殆象祭饌粢盛豐盈之形也，所以知者，自殷以後，此字雖已隨龜契而俱卯，然在銅器之中，此字尚曾兩見：一見于武英殿彝器圖録册一葉六三之嬴寏敔毁。一見于善齋吉金録册八葉五七之嬴靁悳毁。⊘兩器一云：「作□毁」，一云：「作□毁」，以金文成語之通律律之，此「□毁」及「□毁」與他器銘之「餴鼎」(戈叔朕鼎等)「餴彝」(禾毁等)「餴毁」(貞毁等)「餴齋」(獻伯鬲)「餴盤」(齊陸曼簠)「餴簠」(番君召簠)正復相同，知□之誼與餴相類矣。

「𩛩」者，詩大雅泂酌：「可以饙饎」，毛傳：「饙，餾也。」説文食部：「𩛩，滫飯也。」御覽引作「餈」，玉篇作「餈」，爾雅釋言：「饙餾稔也。」孫炎注：「烝之曰饙，均之曰餾。」郭璞注：「今呼餈飯為𩛩，饙熟為餾。」今按滫餈餾，本係同韻。而「𩞁」字乃從丣(酉)得聲；疑𩞁字本從丣從食作𩞁，而又疑𩞁即從𧯛字譌變而成也。故「𧯛毀」相當于「𩛩毀」，「饙毀」又相當于「𩞁毀」矣。至于此𧯛字在卜辭中之義，則常與「祭」及「𦐂」為連文，其次序則「祭」所及之先王最後，「𧯛」所及之先王較前，「𦐂」所及之先王最前，定軌昭然，絶未自紊。如云：「六月甲申，祭虘甲，𧯛羕甲，劦羌甲。甲午𧯛虘甲。𦐂羕甲。」(前一・四二・二)「十月甲戌，祭羕甲，𧯛羌甲，甲申，祭虘甲𡆥羕甲，𦐂羌甲。」(續，□五〇・五)「五月甲戌，祭虘甲，𧯛圂囲，𦐂羌甲，六月甲申，祭且甲，𦐂虘甲。甲午，𡆥且甲。」(續三・二九・三)他如「𧯛且甲，𦐂羕甲。」(林二・一四・四)「圂□甲，𡆥大甲。祭大甲，𦐂上甲」(續一・九・九)之文，又顯然甚多。此外則或「祭」「𡆥」連文並見(燕一一一・續一・五・一)或「𧯛」「𦐂」連文並見(後一・二〇・一三)者尤夥，皆明詔我儕以一日之中，同時舉行三種祀典；而此三種不同之祀典，又分別施於前後三期不同時之先王：「𡆥」也者，乃廁居于「祭」之上「𦐂」之下之祀典也。【殷虛書契解詁】

◉馬叙倫　王俅於周叔液鼎之𩛩鼎釋𩛩為饙。是也。乃於周緐鼎蓋之𩛩及此則釋為餗。猶未詳審也。説文。𩛩。滫飯也。詩泂酌。可以餴饎。傳。餴。餾也。説文。餾。飯氣蒸也。爾雅釋言。孫注。蒸之曰餴。似餴鼎為蒸飯之鼎。然邾太宰簠。奄太宰欉子𧊒鑄其𩛩匜。曰。余□龏孔惠。其眉壽以𩛩萬年無諆。則非滫飯之義。而匜為瑚璉之瑚本字。𩛩匜連文。尤可證知𩛩非滫飯義也。又盂爵。隹王初𠦪于成周。初𠦪猶始𩛩也。初𠦪決非始滫飯。而杜伯盨。杜白作寶盨。其用孝于皇申(神省)且考。于好朋友。用𠦪壽匃永命。令矢彝。公錫𢀛余牛曰。用𧙁。字從示旁𠦪。皆以用𠦪連文。而令矢彝承𢀛余牛言。亦非蒸飯義也。吳其昌以為饗名。引詩泂酌可以饙饎。傳曰。饎。酒食也。為證。倫以令矢彝𧙁字為正。𠦪字為省。𩛩字為借。𩛩蓋是祭名。疑是祓之雙聲轉注字。詩甘棠勿翦勿拜。箋。拜之言拔也。是詩借拜為拔也。(郭沫若謂拜之本義即拔也。則拜即拔之雙聲轉注字。)可為例證。説文。祓。除惡祭。然詩以茀無子。借茀為祓。則祓之義實為求福。除惡與求福義正相成也。金器文𧙁𠦪𩛩皆祈禱義。杜伯盨之𠦪壽即𧙁禱也。【周宋夫人鼎蓋　讀金器刻詞】

◉商承祚　𩛩。説文滫飯也。從食𠦪聲。或作饙餴。邵王鼎作饙。𢦏叔朕鼎作𩛩。即饙餴兩字所從出。張傚彬曰。𩛩即飯之本字。説文飯食也。𩛩飯古今字。從𠦪從反聲同。案鼎曰𩛩鼎。鬲曰𩛩鬲。毀曰𩛩毀。𠧪曰𩛩𠧪。皆謂飯器。此毀之𩛩字不與器名連文。故能用為食。亦可用作飯。【敔毀　十二家吉金圖録】

◉楊樹達　𥂴字從皿。從𩛩。𩛩即説文食部之𩛩字。説文五篇下食部云。𩛩。滫飯也。從食。𠦪聲。或作饙餴。爾雅釋言云。

饙。稔也。詩泂酌傳云。餴。餾也。彝銘往往云䭻毀。如彝乍媿氏毀云。彝乍王母媿氏䭻毀。本書伍卷廿弍葉。中叀父毀云。中叀父乍䭻毀。同伍卷廿捌葉下。皆其例也。䭻毀之䭻。毛傳爾雅說文之訓皆可通。惟此銘鱧字與鄉字為對文。鄉今言享。用為動字。乃燕享之義。曾子仲宣鼎云。宣喪尚用雝其諸父諸兄。雝假為饔。饔說文訓孰食。鼎銘用為動字。大抵古人用字。名字動字多相通互。活用不拘。不如今之泥滯也。【白康毀跋　積微居金石說】

◉馬叙倫　沈濤曰。爾雅釋言釋文引作脩飯也。御覽八百五十引作餐飯也。說文無餐。滫非其義。當作脩為是。翟云升曰。爾雅釋言疏詩泂酌疏竝引作一蒸米也。鈕樹玉曰。詩釋文引字書。一蒸米也。則疏引誤。王筠曰。禮記內則。滫瀡以滑之。注。秦人溲曰滫。烝飯半孰以水溲之。是之謂䭻。倫按十一篇。滫。久泔也。泔周謂潘曰泔。潘淅米汁也。淅。汏米也。今北平煮飯。下米。俟水涫後。去其汁。烝之。即滫飯也。滫飯也蓋字林文。釋文引作脩飯。御覽引作餐飯。皆有捝譌。或曰。蓋本作餐也烝飯也。傳寫誤并。或作餐烝飯也。餐乃下文餐下隸書複舉字。此從食之本義得義。詩爾雅疏引者校者加之。餘詳餾下。戈叔鼎作餴。番君簠作䭻。貞敢作䭻。

饙　倫按邵王鼎饙字。疑饙也。

餴　周雲青曰。唐寫本玉篇引饙為正文。䭻或饙字也。餴亦饙字。倫按皆卉聲也。【說文解字六書疏證卷十】

◉郭沫若　䭻即䭻字之繇文。從食奉聲。【公克敦　金文續考】

◉商承祚　貞，殆饙字，省食，略變其形，與邵王鼎之饙所從同，望山一號墓疾病雜事劄記第五四簡作饙，與鼎文同。【信陽長臺關一號楚墓竹簡第一組文章考釋　戰國楚竹簡匯編】

◉張日昇　說文云。「䭻。滫飯也。從食𠦪聲。饙。䭻或從賁。餴。䭻或從奔。」商承祚從張傚彬謂䭻飯古今字。然古音飯在元部。䭻在文部。飯訓食而䭻訓滫飯。音義俱異。楊樹達謂䭻字於彝器中名動兩用。與饔字同例。說可從。馬叙倫謂䭻乃𥛱之借字。祭名。叚作祓。然䭻彝不必都為祭器。如戈弔鼎等乃自作用器。而敔簋謂「用䭻乎孫子」。伯康簋謂「用䭻王父王母」。皆燕享之意。與祭祀無關。【金文詁林卷五】

◉李孝定　馬叙倫氏謂𥛱字疑是祓之轉注字，𥛱字為正，𠦪字為省，䭻字為借，其說失之於鑿，蓋就馬氏所引諸辭，如「初𠦪于成周」、「用𠦪壽匃永命」、「公錫𠬝金小牛，曰：『用𥛱』」，讀為祓，義均允當，然如它辭言「䭻賁鼎」、「䭻匠」、「䭻盂」、「䭻鼐」、「䭻毀」者，固當以滫飯義解之，始為洽適，䭻與𥛱𠦪，其音偶同，義則有別，不得以正借字說之也； 其用為求福義者，𥛱是正字，𠦪則借字耳。【金文詁林讀後記卷五】

餾 餾

◉許 慎 餾飯气蒸也。从食。留聲。力救切。【説文解字卷五】

◉馬叙倫 沈濤曰。詩泂酌正義引作飯氣流也。飯将熟則气流。今本作蒸者誤。翟云升曰。集韵引蒸作烝。當作烝飯气流也。朱駿聲曰。字亦作餈。倫按本訓流也。吕忱加烝飯气流也。玉篇引蒼頡。餈。饋也。倫疑餈為餾之正文。御覽引餴餈飯也。當是餈也滫飯也或烝飯也。可證本有餈字。餈從攸得聲。攸音喻紐四等。餴音非紐。同為次清摩擦音。是餈餴為轉注字。廣雅釋器。餴謂之餈。餈餾聲同幽類。故或作餾。亦轉注字也。傳寫脱餈篆。乃以重文為正篆耳。此從食之本義得義。【説文解字六書疏證卷十】

飪 飪

飪 恁 並説文 【古文四聲韻】

◉許 慎 飪大孰也。从食。壬聲。如甚切。飪古文飪。恁亦古文飪。【説文解字卷五】

◉余永梁 飪(後編卷下十四葉)

案此即飪字。説文:「飪,大孰也。從食,壬声。」此從皀與從食同,卜辭從皀從食字多不分。壬在青部,王在覃部,聲類不通,王壬形近,後人混壬聲為王聲,故列覃部耳。【殷虚文字考 國學論叢一卷一號】

◉商承祚 集韻引古文作腍。禮郊特牲。「腥肆爓腍祭。」注。「腍。孰也。」釋言。「饋餾。稔也。」字又作稔。肛腍腍稔同聲相轉。而恁若非後人羼入。見心部。則為腍之譌捝。據集韻知之。【説文中之古文考 金陵大學學報五卷二期】

◉馬叙倫 鈕樹玉曰。韻會引大作火。非。倫按此生孰之孰本字也。言物而爛則孰矣。論語。失飪不食。孔注。失飪。失生孰之節。吕氏春秋本味。孰而不爛。高注。爛。失飪也。爛從蘭得聲。蘭音來紐。飪音日紐。古讀並歸於泥。十篇。爛。孰也。與此轉注。又爢。爛也。爢音微紐。微泥同為邊音。蓋轉注字。或語原同也。此從食之本義得義。

飪 鈕樹玉曰。玉篇無。廣韻收上聲寑。訓肉汁。倫按肛當是肒之轉注字。聲同侵類。四篇。肒。肉汁滓也。玉篇不收肛恁。而曰字書或為膾字。或為焦字。在火部。

恁 桂馥曰。張次立曰。恁。心所齎卑下也。李舟切韻不收此亦古文飪字。惟於侵韻作人心切。寑韻作人向切。並注云。説文。下齎也。疑此重出。嚴可均曰。韻會引作腍。則續添字。本作恁。從肉。恁省聲。今此作恁。蓋腍之爛文。王筠曰。二古文玉篇皆不收。肛從肉已偏枯。而恁亦見心部。且從心與飪義尤不合。玉篇有腍。如甚切。孰也。與飪音義並

饔 饔

同。依此作篆。則當作𩚵。與恁相似。恁或飪之譌。儀禮聘禮記注。古文飪作腍。後人據以增於飪下。傳寫誤為恁耳。玉篇飪下曰。說文。大熟也。字書或為腍字。在肉部。或為恁字。在火部。倫按王說可從。然亦肬之轉注字。古文經傳借為飪耳。肬為肉汁滓。則其語原同也。【說文解字六書疏證卷十】

乙一二一六反 唐蘭釋𦥑以為即饔之本字說文饔之重文𩞯當即此𦥑字所衍成卜辭諸𦥑字則讀皆如𠬞蓋供給之義 乙三〇二四 乙四二〇二 乙四五九八 勿𦥑人乎伐羌 乙六七二三 其𦥑牛𥎦于唐 鐵二五八·一 勿𦥑人四千 前五·二〇·七 勿𦥑人 前六·三四·二 𦥑人三千 前七·二·三 勿𦥑人三千乎舌方弗受㞢祐 前七·二五·二 後二·一二·一四 後二·八·三 方國名 𦥑方 戩一一·一二 續一·二·一 貞𦥑王亥羌 續一·一〇·三 𦥑人三千乎伐舌方受㞢祐 續二·三〇·一〇 勿𦥑人五千 庫一六四九 燕一三二 珠一一八六 天五一 𦥑羊三百 簠征四八 燕一三五 京津三四二〇 明藏一八八 京都九二一 【甲骨文編】

饔 不從食 郘王鼎 雍字重見 饔𨗳父鼎 【金文編】

周才字録 王存乂切韻 【古文四聲韻】

●許　慎　饔孰食也。从食。雝聲。於容切。【說文解字卷五】

●容　庚　淮南主術奏雍而徹。注。雍。已食之樂也。此言用雍賓客。曾子仲宣鼎。用雍諸父諸兄。雍當訓樂。猶沇兒鐘以樂嘉賓及我父兄庶士也。【郘王鼎　善齋彝器圖録】

●唐　蘭　𦥑字自王襄氏誤與登字混，商承祚襲之，學者遂漫然無別，不知此實從𠂤，與從豆迥異也。卜辭恆云𦥑人□千，與𠬞人□千同，而學者尚讀𦥑為登，可見積習之難返矣。𦥑字象兩手奉𠂤，𠂤作若，即字，進食物之形也。以卜辭或用𠬞字推之，當從𠬞聲。考說文饔飴二篆相次，「饔，孰食也，從食雝聲。」「飴，米糵煎也，從食台聲。籀文飴。從異省。」原本玉篇則於饔下有籀文𩞯，而於飴下有重文饌，並引說文。慧琳音義九二七葉饔注亦引說文籀文從共作𩞯，新撰字鏡食部饌飴二同，饔𩞯二同，是唐人所見説文皆然。今本説文蓋經妄人誤改，以□字所從與説文異之下半相似，誤謂𩟧即饌省，遂刪去饌篆，而移𩟧於飴下耳。今以唐本考之，則□自饔之重文，當即此□字所衍成，□象兩手進食物，而饔訓熟食，□從廾聲，亦正與饔聲相近，則□即饔之本字無疑。卜辭多作□，然亦有作□者。後下八・三。金文𦵏𣪘「歸吳姬□器」，□一作□，其作□形，即説文籀文作□所從出，然亦可推見其本從□從廾，誤作□形也。彼銘正當讀為饔器，舊以為飴器者誤。至卜辭諸□字則讀皆如廾。蓋供給之義。【天壤閣甲骨文存考釋】

第五十一片甲

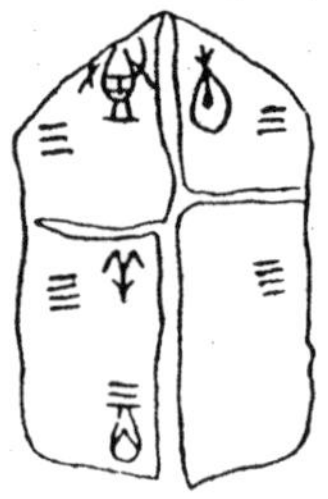

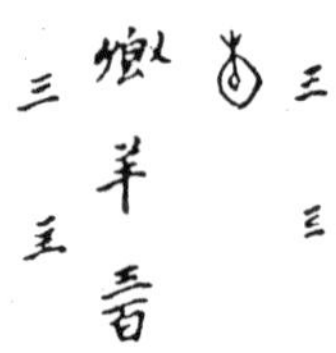

◉馬叙倫　王筠曰。執食也謂執其食也。倫按此言之轉注字也。周禮天官叙官內饔。注。饔。割亨煎和之稱。國語周語。佐饔者嘗焉。韋注。饔。烹煎之名也。詩祈父。有母之尸饔。儀禮特牲饋食禮。尸卒食而祭饎爨饔炊。尸饔謂主烹調者。饔炊謂始作亨調者。左昭廿五年傳之饔人猶庖人也。皆其證。饔音影紐。亯音曉紐。古讀曉歸影也。又饔得聲於吕。吕為宮之初文。音在見紐。見曉同為舌根音也。書無逸。言乃雍。禮記坊記史記魯世家皆作言乃讙。讙音亦在曉紐。是其例證。以是益明食亯為一字。唐寫本切韻殘卷三鐘饔注。孰食。説文作此維食。維食蓋雍食之譌。然實當作亯也。此從食之本義得義。孰食也非本訓。饔盦父鼎作□。【説文解字六書疏證卷十】

◉馬叙倫　鄭饔鼎　舊作饔原父鼎。見同上。

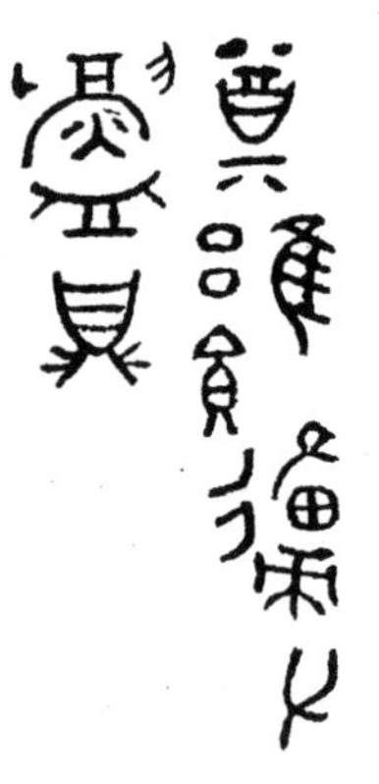

孫詒讓曰。饔。官名。周禮有饔人。倫按舊釋鄭饔邍父鑄鼎。倫檢說文饔從食雝聲。此作饔(⧉)者。雝從邕得聲。邕為邕之譌。詳疏證。邕從吕得聲。吕為宮之初文也。然則雝自可即從吕得聲。不為省也。【讀金器刻詞卷下】

◉李孝定 說文。「饔。孰食也。從食雝聲」絜文從皀從収。収亦聲。唐氏釋饔讀為供。極塙。卜辭習見「饔人□數目字千伐某方。」從唐說讀之無不允當。它辭或作「収人□千伐某方。」足證饔叚為収也。収即供之本字。此字舊與⧉鼻混。或釋鼻。或釋豊。非是。今正。請參看鼻字注。金文饔字除唐氏所舉一文外。或亦從食雍聲作⧉饔邍父鼎。與說文篆體同。卜辭除「饔人□千」之外又云「貞饔牛五 貞今日其雨」粹・七四九。「貞饔王亥羌」續・一・二・一。「甲辰卜賓貞帝于☑ 貞饔王亥羌☑」後・上・二六・五。讀為供亦無不可通。【甲骨文字集釋第五】

◉陳夢家 五十一片釋饔字，至確。此字舊誤釋為登字，登從豆而此字從食從共。此字今見存于說文飴下籀文，原是饔的籀文，誤次于飴下，有原本玉篇可證。案：卜辭「饔人幾千」或作「共人幾千」，共字從左右二叉。凡說共人幾千皆涉戰事，我以為共人就是易的同人，同人卦皆記師旅事，共人同人猶言召集武人也。【讀天壤閣甲骨文存 圖書季刊新一卷三期】

◉斯維至 鄭饔邍父鼎云「鄭饔邍父鑄鼎，其萬年子孫永用。」吳大澂以饔為職官，其說云：說文「饔，孰食也。」周禮天官序有「內饔」，國語周語「佐雝者嘗焉。」注「雝，烹煎之官也。」儀禮少牢饋食禮「雍人」注「雍人，掌割亨之事者。」特牲饋食禮「雍正作豕」，注「雍正官名也。」雍即饔之省文，鄭饔，鄭之饔人。邍父，其字也。愙齋集古録賸稿卷下葉十五。案以邾大宰欉。魯司徒吳伯，首國別，次職官，次名字例之，吳說殆信。或曰饔邍父為一字一名，亦可通。饔假作雝，邍原古今字，義正相應。【兩周金文所見職官考 中國文化研究彙刊七卷】

◉于省吾 甲骨文雍字作⧉、⧉、⧉等形。甲骨文雍己的合文作⧉，可以互證。⧉字又孳乳作⧉或雝。金文作雝，小篆譌作雝，隸變作雍(以上均詳雙劍誃古文雜釋釋赤⧉市)。甲骨文每以雍為人名，其作為地名者尤為習見。今將甲骨文祭祀之言⧉者擇録數條于下，並加以解說。

一、貞，翌乙亥，⿰酉彡⧉伐于宜〇貞，翌乙亥……〇癸酉卜，⿱宀方貞，翌乙亥，⿰酉彡⧉伐于□宜〇貞，翌乙亥，弓⿰酉彡⧉伐……〇貞，翌乙卯，⿰酉彡，我⧉伐于宜〇貞，翌乙卯，弓⿰酉彡，我⧉伐于宜。(丙四七)

二、□亥卜，王貞，⧉弗其氐(致)⧉眔莫。四月。(藏二一〇・三)

三、己亥卜，不至(致)⧉〇至⧉今己〇己亥卜，至⧉⧉女。(乙五三二一)

以上三條的⧉或⧉字均應讀作雍，通作饔。周代金文郘王鼎的「以雍賓客」，以雍為饔。儀禮少牢饋食禮的「雍人」和有司徹

飴　飴

的「雍正」，也均以雍為饔。饔字始見于周器鄭饔遼父鼎，乃後起字。說文謂「饔，熟食也。」因此可知，前文所引三條的□或□乃雍字的初文。就祭祀言之則應讀作饔。第一條的酌、饔、伐，酌字從酉(酒)，當具有酒祭之義。饔為熟食。伐謂人牲。酌饔伐是用三種品物以致祭。其言弖(讀勿)酌，我饔伐于宜，宜為地名。是說不用酌祭，而我只致饔與伐于宜。第二條的□弗其致饔眔奠，□為人名。是說□不要致熟食和奠祭。第三條的不致饔和致饔反正對貞。今己即今日己亥的省文。總之，□、□為雍之初文。而金文和典籍中雍字通饔。甲骨文于祭祀之言□，當讀雍為饔，乃進熟食以祭。此為舊所不知，故特加以詮釋。【甲骨文字釋林中卷】

□ □ 飴　說文𩜁籀文飴從異省　𦽄簋　王命𦽄眔弔緐父歸吳姬飴器　飴器猶言飤器也　□ 莫鼎　匽侯令莫飴　【金文編】

□ 開母廟石闕　神靈亯而飴格　【石刻篆文編】

□ □ 竝王存乂切韻　【古文四聲韻】

◉許　慎　飴米蘗煎也。从食。台聲。與之切。𩜁籀文飴。从異省。【說文解字卷五】

◉容　庚　說文飴。籀文作𩜁。從異省。與此正同。以聲類求之。飴器猶言飤器也。【𦽄簋　善齋彝器圖録】

◉馬叙倫　段玉裁曰。當作米蘗煎者也。沈濤曰。一切經音義廿引無煎字。十七引有。倫按此從食之借義得義。蓋食物之名也。米蘗煎者也蓋字林訓。字見急就篇。

𩜁　葉德輝曰。台異古率同。辛部籀文辤從台作辝。儀禮大射禮不異矦。注。古文異作辭。是其證。丁福保曰。慧琳音義九十二引籀文從共作𩜁。今二徐本奪。以𩜁誤作飴之籀文。又考唐寫本玉篇饔下正文籀文𩜁。而飴下別有重文饌。則𩜁當補入饔下。而此當補重文饌。倫按此自從異省。饔下捝𩜁字耳。飴之轉注為饌。猶异異之轉注矣。【說文解字六書疏證卷十】

◉郭沫若　新出𦽄毁，文云「隹六月既生霸亲子辛巳，王命𦽄眔叔緐父歸饋吳姬□器。𠂤黃賓儐𦽄章璋一、馬兩，吳姬賓帛束。𦽄對䵼揚天子休，用乍作障毁，季姜。羅振玉貞松堂集古遺文箸録之。見遺文卷六第二葉。□字器文作□，羅釋書作𩜁，無說。案此乃說文食部「𩜁籀文飴，從異省」者也。食之或作□者，猶卿之或作□休盤文、毁之或作□叔狀毁文。𩜁殆叚為飤或禩，飤器

餳 餳

乃服用之物，金文習見，祼器則為宗彝，作冊大鼎「公束鑄武王成王異祼鼎」，二者未知孰是。【釋彙　金文餘釋】

◉許　慎　餳飴和饊者也。从食。昜聲。徐盈切。【說文解字卷五】

◉馬叙倫　鈕樹玉曰。玉篇引無者字。一切經音義十三引作以飴和饊曰餳。此即糖之正字。當從昜作餳。邵瑛曰。詩有瞽箋。如今賣餳者所吹也。各本皆同。然舊本如相臺岳氏轉有從易作餳者。此誤也。毛居正轉以賣餳為是。作餳為誤。疏矣。不可不表說文以正之。高祥麟曰。餳與餳異。今混為一字。如詩簫管備舉。箋。如今賣餳者所吹。釋文。餳。夕清反。蜜也。又音唐。方言。張皇也。或云。滑糖。是以餳為餳也。胡玉搢曰。慧琳書一四曰。餳。音唐。考聲類云。飴和饊也。說文。夕盈反。米糵煎成也。考許書。餳飴和饊者也。飴。米糵煎也。是傳寫有誤。而夕盈反要為餳音無疑。餳當作餳。段玉裁本已改正。倫按段桂錢王諸家皆謂當從昜聲作餳。獨邵高辨之。而胡則主音夕盈。形從食昜。倫謂餳即餳字。然形不可改。不獨許書作餳。篇韻及周禮注皆然。可為塙證。餳音無論為夕盈切徐盈切皆在邪紐。釋名。餳。洋也。煮米消爛洋洋然也。以洋訓餳。洋音亦在邪紐。此漢音也。玉篇音徒當切。轉入定紐。餳從易得聲。易音喻紐四等。昜從昜得聲。音亦喻四。古讀喻四歸定。然則篆從易作餳。不誤也。後人以易音與徒郎切不近。而改餳為餳不必從也。餳為飴之轉注字。飴音亦喻四也。然飴和饊者也。校語。或字林文。許蓋以聲訓。此從食之借義得義。字見急就篇。【說文解字六書疏證卷十】

饊 饊

◉許　慎　饊熬稻粻程也。从食。散聲。穌旱切。【說文解字卷五】

◉馬叙倫　鈕樹玉曰。韻會引作粻餭。非。說文無餭。古通作張皇。顏注急就篇云。饊。古謂之張皇。詩有瞽釋文。餳。方言。張皇也。嚴可均曰。粻當作張。御覽八百五十三引作熬稻張餭也。說文無粻字。倫按玉篇引作餦餭。七篇。程。稊程。穀名。古言旁皇與張皇同。然此張皇為疊韻連緜詞。方言。餳謂之張皇。張皇為餳之合音。俗名也。亦糖餹之字與音所由來也。熬稻粻餭也字林訓。禮記內則。釋文引字林。粻。量也。可證粻字出字林也。饊音心紐。為餳之轉注字。心與喻紐四等皆次清摩擦音。此從食之借義得義。字見急就篇。【說文解字六書疏證卷十】

餅 餅

◉許　慎　餅麫餈也。从食。并聲。必郢切。【說文解字卷五】

◉馬叙倫　鈕樹玉曰。六書故引唐本鏊餈也。非也。說文無鏊。嚴可均曰。六書故引唐本作⿱敖麥餈也。倫按玉篇引作資也。資為餈譌。蓋本作餈也。熬麫也。傳寫譌耳。鏊為熬餈之譌并。⿱敖麥為熬麫之譌并。熬麫也蓋字林文。餅從并得聲。并從井得聲。井音精紐。餈從從紐。同為舌尖前破裂摩擦音。實轉注字。此從食之借義得義。字見急就篇。【說文解字六書疏證卷十】

餈 餈

◉許　慎　餈稻餅也。从食。次聲。疾資切。𩟄餈或从齊。粢餈或从米。【說文解字卷五】

◉馬叙倫　此從食之借義得義。方言。餌。或謂之餈。廣雅。饝。餌也。䰞部。鬻。粉餅也。鬻從耳得聲。古讀耳如自。自音從紐。則餈亦鬻之轉注字。從食猶從䰞。益明食為亯之異文矣。餅鬻餈饝皆熬粉為食之大名也。本訓餅也。稻餅也蓋字林文。

𩟄　宋保曰。齊聲。猶𪗉或作粢矣。齊次同部聲相近。倫按齊音亦從紐。故餈轉注為饝。

粢　倫按唐寫本切韻殘卷六脂粢下曰。祭飯。按說文作此穈。又作此粢。此六朝引字林倆說文之證。蓋字林附於說文而題為說文者也。爾雅釋草釋文引字林。粢。黏稷也。今苗及穀似粟。然實粢字義。蓋譌粢為粢。【說文解字六書疏證卷十】

◉陳夢家　[甲骨文]　字從田從夂，疑是說文「𪗉，稷也」，或體作粢。爾雅釋草「粢稷」注「今江東呼粟為粢」。左傳桓二正義引舍人曰「粢一名稷，稷，粟也」，齊民要術引孫炎爾雅注同。凡此皆以稷為穀子，其米為小米，即粟。清程瑤田九穀考以稷為高粱，是不可信的。（參燕報三六：二七五——二八八。）但漢代急就篇「稻黍秫稷粟麻秔，」粟、稷並存，兩者之間應當是有區別的。

曲禮「稷曰明粢」，士虞禮「明齊」注云「今文曰明粢」。明粢當指虋或穈。詩生民以穈芑為嘉種，毛傳說穈是赤苗而芑是白苗。爾雅釋草作「虋，赤苗；芑，白苗。」郭注以為「今之赤粱粟、今之白粱粟，皆好粟」。由此可知赤粱、白粱是穀子中的精米。粱是穀子的精米：史記太史公自序索隱引三蒼「粱，好粟也」，陸隴其黍稷辨「又稷有別種，穗如狗尾草而味最美者謂之粱。」【殷墟卜辭綜述】

◉朱德熙　卯穧

「考釋」123號簡釋文作「卯⿰米奇一器」。周世榮同志據三號墓遣策指出「卯」下一字當釋為「穧」（《文物》1974年9期53頁），十分正

饘　饘　餱　餱　餥　餥　饎　饎

確。但是他認為「𥽞即穧字」卻不妥當。《說文・食部》：「餈，稻餅也」，或體作「粢」、「𩞄」。「𥽞」應該是「𩞄」的異體。《釋名・釋飲食》：「餈，漬也，烝燥(糝)屑使相潤漬餅之也。」卵𩞄就是加雞蛋的米餅。【馬王堆一號漢墓遣策考釋補正　古文字論集】

◉許　慎　饘糜也。从食。亶聲。周謂之饘。宋謂之餬。諸延切。【說文解字卷五】

◉馬叙倫　嚴可均曰。檀弓釋文初學記廿六引作宋衛謂之餰。此脫衛字。餬。寄食也。非此義。倫按玉篇引宋作衛。饘為鬻之轉注字。餬當作鬻。周謂以下校語。或字出字林。此從食之借義得義。【說文解字六書疏證卷十】

餱　餱出證俗古文【汗簡】

餱　證俗古文【古文四聲韻】

◉許　慎　餱乾食也。从食。侯聲。周書曰。峙乃餱粻。乎溝切。【說文解字卷五】

◉馬叙倫　沈濤曰。文選思玄賦注引作乾食糧也。嚴可均曰。說文無粻。桂馥曰。一切經音義七引字林。乾飯也。詩無羊伐木傳云。餱。食也。王筠曰。說文無峙。倫按乾食也蓋乾飯也之譌。此字蓋出字林。從食之借義得義。【說文解字六書疏證卷十】

◉許　慎　餥餱也。从食。非聲。陳楚之閒相謁食麥飯曰餥。非尾切。【說文解字卷五】

◉馬叙倫　餥音非紐。非乁一字。肥非乁得聲。音入奉紐。蓋古讀餥如肥。餱音匣紐。同為次濁摩擦音。故餱餥為轉注字。陳楚之間相謁食麥飯曰餥。方言文。詳飵字下。此字或出字林。從食之借義得義。【說文解字六書疏證卷十】

甲1180 　1990 　珠646 　佚663 　續3・19・2【續甲骨文編】

饎　不从食　天亡簋　喜字重見【金文編】

◉許　慎　饎酒食也。从食。喜聲。詩曰。可以饙饎。昌志切。⿰食配饎或从配。糦饎或从米。【説文解字卷五】

◉陳邦懷　喜前編卷五弟十八葉

箋曰。卜辭曰喜⿰食喜。王徵君釋喜。下一字為餗。説見殷虛文字類編卷三。是也。余謂喜餗之喜當是饎之省文。按詩甫田。田畯至喜。大田。田畯至喜。鄭箋皆曰。喜讀為饎。饎。酒食也。爾雅釋訓。饎。釋文云。舍人本作喜。釋云。古曰饎。集韻饎之重文亦省食作喜也。又聃敦。喜帝文王。陳簠齋説即饎禘省文。説見説文古籀補。其説至塙。亦可與卜辭互證。此條新補。【殷虛書契考釋小箋】

◉馬叙倫　爾雅釋訓釋文引字林。饎。孰食也。充之反。孰食之訓與饔下同。儀禮特牲饋食禮。尸卒而祭饎爨饔爨。饎爨與饔爨並舉。明事相同。饋食禮。炊黍稷曰饎。周禮饎人注。饎人。主炊官也。此重文作𩞄。從配得聲。配音喻紐四等。熙亦從配得聲。音在曉紐。亯音亦曉紐。然則饎之古讀如熙。為亯饔之轉注字。主炊官為𩞄人者。疑以同穿紐音借為炊。周禮字多假借。如桃氏之當為銚氏栗氏之當為良氏。是其例也。饎義當如饋食禮説。酒食也蓋呂忱或校者據詩泂酌毛傳加之。或字出字林也。此從食之借義得義。

⿰食配　田吳炤曰。據鍇語周禮有𩞄人字作此。是鍇本當作𩞄。非從匠作飷也。倫按𩞄從配得聲。配音喻紐四等。饎從喜得聲。喜音曉紐。同為次清摩擦音。故饎轉注為𩞄。周禮饎人注。故書饎作𩞄。是其證。

糦　倫按疑與饎異義也。【説文解字六書疏證卷十】

◉李孝定　喜　按説文。「饎。酒食也。從食喜聲。詩曰『可以饙饎』。⿰食配。饎或從配。糦。饎或從米。」絜文叚喜為之。喜字重文。【甲骨文字集釋第五】

籑 籑

籑 饌 竝籀韻【古文四聲韻】

◉許　慎　籑具食也。从食。算聲。士戀切。饌籑或从巽。【説文解字卷五】

◉郭沫若　寶字原作⿱宀算，從宀算聲，算即算字。算本從竹具，具本從貝廾。如馭卣具作⿱貝廾，其明證也。而圅皇父𣪘作⿱貝廾，弭仲簠作⿱貝廾，均從鼎，古文貝鼎字每互譌，此亦其一例。寶者當是訓寘、訓具、訓陳之籑之本字。【兩周金文辭大系考釋】

◉馬叙倫　鈕樹玉曰。玉篇正字作饌。重文作籑。沈濤曰。一切經音義一引。籑。備具飲食也。蓋古本如此。廿二引有備字。奪飲字。廿三引有飲字。奪備字。二引作具美食也。六及十四及廿御覽八百四十九引同今本。倫按如玄應引則此乃字林訓。

籑從算得聲。算音心紐。孰從𦎫得聲。𦎫從羊得聲。羊音喻紐四等。𦎫為亯之轉注字。亯音曉紐。心曉喻四同為次清摩擦音。故孰轉注為籑。䬸從才得聲。才音從紐。籑音牀紐二等。同為濁破裂摩擦音。亦轉注字。古讀喻四與從牀皆歸於定。則與孰亦轉注也。從食之本義得義。玄應一切經音義引三倉。撰作籑。

宋保曰。籑算聲。饌巽聲。算巽同部。猶腨讀若篡。重文作饌矣。倫按算巽音同心紐。故籑轉注為饌。【說文解字六書疏證卷十】

◉郭沫若　𥨊當是從宀𥨊聲之字，𥨊即算之緐文。算從竹具，具字馭卣作，本從貝収，而宗周鐘作，所從貝字與鼎字極近。古從鼎從貝之字每互譌，如貞、員、則古本作鼑、鼎、鼎，而寶字乎毁器銘之一作貞松續編上三八葉、古銅器精華一一八，從鼎，均其證。從宀算聲當即訓寘訓具訓陳之籑之本字，蓋寘字亡，而後人用籑字以代之也。「𡨦獵毋後，寘在我車」，謂弋獵時亦具陳于車中以備酌飲，語與文様之作狩獵形相應。【厲氏鐘補遺　金文續考】

養　說文古文作䍩　䍩又罍　䍩又罍二　䍩又戈　父乙觶　父丁罍【金文編】

養　秦一一三　七例　通癢　一室人皆一體　日甲五二背　語六　為二七　法一九五　四例【睡虎地秦簡文字編】

養【汗簡】

古尚書【古文四聲韻】

◉許慎　供養也。从食。羊聲。余兩切。䍩古文養。【說文解字卷五】

◉高田忠周　說文。。供養也。從食羊聲。古文作䍩。從攴。蓋與牧從攴同意。牧。養牛人也。從攴從牛。即知養羊曰䍩也。從攴。亦猶教字從攴同意。飤之以食飲。故字亦從食。食即飤字養也。養字本養如此。轉為凡供養義。【古籀篇八十八】

◉商承祚　䍩　甲骨文有。與此形同。而讀作牧。象以手持鞭而牧羊。牧牛則字從牛。䍩羊則字從羊也。後以從牛之字為牧。而以䍩為養矣。金文父丁罍作。亦與此同。【說文中之古文考　金陵大學學報第五卷第二期】

◉馬叙倫　玉篇引作足食也。廣雅。養。供也。倫謂供養也當作養供也具食也。養為隸書複舉字也。供也呂忱據廣雅加之。

具食也或亦字林文。或涉上文餈字說解而誤演。足為具字之音譌。古讀足如足恭之足也。養音喻紐四等。是餈之轉注字也。史記儒林傳。倪寬常為弟子都養。注。都養。為弟子造食也。足明養之義為具食也。倫疑養𩞄或本一字。此從食之本義得義。

□　朱駿聲曰。疑此是廝養字。李杲曰。不㪟敢有□字。從又。丁佛言釋養。蓋以與古文近也。倫按父丁罍羖作□。對鼎作□。甲文作□。此牧養字。從攴。羊聲。金文多從又作。實與羞一字。羊音喻紐四等。羞音心紐。同為次清摩擦音。聲轉耳。今羞訓進獻也者。借羞為養。不㪟敢詞義實借羖為羌。姜羌一字。疑皆羖之異文。古文經傳以為養字。當入支部。餘見牧下。【說文解字六書疏證卷十】

◉楊樹達　養從羊聲者，吾先民之食物，以羊為主要之品，此不必廣求之於傳記也，即文字之構造大可見之。三篇下䰜部云：「鬻，五味和羹也，從䰜，從羔。」或作羹。按：羔者，小羊也。五篇下亯部云：「𩫏，孰也，從亯羊。」按亯為今之亨字，字形為亨羊，故義為孰也；孰即今之熟字也。十四篇下丑部云：「羞，進獻也，從羊丑，羊，所進也，丑亦聲。」按丑者，手也。八篇下次部云：「羨，貪欲也，從次，從羑省。」按字從羊，非從羑麥省。次者，慕欲口液也，羊為美食，人見之而生慕欲口液，故為羨也。此皆從羊為形而取其義者也。三篇下鬲部云：「䰞，孰也，從鬲，羊聲。」此兼受羊之聲義者也。先民甘羊之食，故凡美善之字皆從羊。四篇上羊部云：「美，甘也，從羊大。」三篇上誩部云：「譱，吉也，從誩，從羊。」或作善。今作善。羊部又云：「羑，進善也，從羊，久聲」，此亦但從羊之形而取其義者也。一篇上示部云：「祥，福也，從示，羊聲。」此又兼受羊之聲義者也。養字從食，事涉飲食，字從羊聲，實兼受羊之義，與䰞字正同也。蓋用羊供養，故依羊字之音造養字，此固最自然之孳乳法也。

今吾國西北高原畜牧之事，以羊為主，說者謂漢族來自西方，徵之前述之文字，殆信而有徵。其人自西北逐漸南侵，故中土固有之苗民皆退處於西南，今湖南西部及貴州雲南諸苗族是也。

說文羊部云：「羌，西戎牧羊人也，從人，從羊，羊亦聲。南方蠻閩，從虫；北方狄，從犬；東方貉，從豸；西方羌，從羊：此六種也。六字似誤。西南僰僬僥從人，蓋在坤地，頗有順理之性。惟東夷從大，大，人也，夷俗仁，仁者壽，有君子不死之國。孔子曰：道不行，欲之九夷，乘桴浮於海，有以也。」按許君說羌字，上下不相承貫，羌字從羊從人，故訓為牧羊人，其說形義密合，可謂審諦矣。乃又云羌從羊，以與蠻閩之從虫、狄之從犬、貉之從豸並舉，可疑一也。從人之字，第舉僰僬僥，而於羌字之從人則不之及，可疑二也。疑此文經後人竄改，非許君本文也。段玉裁改牧羊人為羊種，尤為荒謬。羌字所以從人者，漢族來自西方，制字者尊其祖先，故與蠻閩狄貉立文絕異。而西方又稱西戎，戎雖不必為西方人之本字，古人尚武，戎字從戈從甲，古人以之名西

方之人，亦善義，非惡義也：此皆足為漢族西來説之旁證者也。【積微居小學述林卷一】

◉李孝定　絜文與許書古文同。屈氏釋羖。是以為形聲字。而字象手執杖以驅羊。與牧同意。是會意字。羅氏逕釋為牧。亦非。古多分別字。於牛為牧。於羊則為養⿰羊攵。亦猶於手為盥。於足為洗。於髮為沐。於面為沬也。今牧⿰羊攵義仍得通。辭云。「貞乎王⿰羊攵羊。」乙・二六二六。如讀為羖羊。似覺不辭。「貞乎青⿰羊攵。」乙・三九三五。青讀為嗀。蓋謂擇羊羔⿰羊攵之也。或為人名。「癸□令⿰羊攵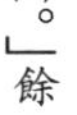。」餘・二・二是也。或為方國之名。「貞徃于⿰羊攵。」珠・九〇一。「丙申卜貞⿰羊攵其㞢巛。貞⿰羊攵亡巛。六月。」佚・一三〇是也。金文作父丁罍⿰羊攵又戈父乙觶。【甲骨文字集釋第五】

◉于豪亮　如10簡：「其十人養」，1412簡：「其二人養」，1405及1406簡均有「一人吏養」之文。按《公羊》宣公十二年傳云：「廝役扈養死者數百人。」何休注：「艾草為防者曰廝，汲水漿者曰役，養馬者曰扈，炊烹者曰養。」又《漢書・陳余傳》：「有廝養卒。」注：「養，養人者也。」《兒寬傳》：「嘗為弟子都養。」注：「主給炊烹者也。」是知所謂養，就是從事炊事工作的人。

按《墨子・號令篇》云：「城上吏卒養，皆為舍道內，各當其隔部，養什二人。」《孫子十家注》卷2《作戰篇》注引曹公云：「一車駕四馬，卒十騎一重，養二人主炊。……」墨子及曹操都以卒十人則有從事炊事工作的養二人，居延漢簡的記載則卒十人只有養一人。養和卒的比例各有不同。

居延漢簡上所説的「吏養」，大約即是《墨子》上所説的「養吏」。《墨子・號令篇》説：「為符者曰養吏，一人，辨護諸門，門者及有守禁者，皆無令無事者，得稽留止其旁，不從令者戮。」則漢簡所謂「吏養」的職務，也可能在「辨護諸門」，擔任守衛工作。

【《居延漢簡甲編》補釋　考古一九六一年第八期】

◉張日昇　説文云。「養。供養也。從食羊聲。⿰羊攵。古文養。」商承祚金祥恆並逕釋為牧。似有未安。語言文字並社會之產物。故語彙字彙皆反映社會之狀態。説文馬部所載有關馬之專字甚多。蓋其為昔日重要之交通工具。與日常生活有莫大關係之故也。畜牧時代由於人民生活接觸都是與牲口有關之事物。所以此類之語彙當特別豐富。牧牛為牧。牧羊為⿰羊攵。原不必為一字。後引申畜⿰羊攵為供養。而⿰羊攵羊之專字乃借牧為之。李孝定曰。「古多分別字。於牛為牧。於羊則為養⿰羊攵。亦猶於手為盥。於足為洗。於髮為沐。於面為沬也。」甲骨文字集釋頁一七〇。其説是也。【金文詁林卷五】

◉李孝定　古多分別字，動物之年歲、性別、毛色，各有專字，不惟甲骨文如是，爾雅、説文仍多有之，此畜牧時代所制字，其後農業代興，畜、牧之事，退居次要，於是凡牲皆用牝牡，昔之牧⿰羊攵分用者，亦牧字專行，而⿰羊攵則為引申義所專而本義反晦，金氏引孟子詩經羊亦稱牧為言，兩書時代均晚，不能以證字之朔義也。【金文詁林讀後記卷五】

飯

◉徐中舒　乙四〇九　從支從羊。甲骨文殳、攴每可通，從羊從牛亦每無別，故此字或亦釋牧、釋羖。《廣雅・釋詁一》：「牧，養也。」《說文》：「羖，夏羊牡曰羖。」《說文》：「養，供養也。古文養。」蓋畜養之行為曰牧，畜養之羊可名為羖，引申之為供養之養。故牧、羖、養應為同源之字。【甲骨文字典卷五】

飯　公子土斧壺　【金文編】

飯　為二六　【睡虎地秦簡文字編】

飯竝義雲章　【汗簡】

義雲章　【古文四聲韻】

◉許　慎　食也。从食。反聲。符萬切。【說文解字卷五】

◉馬叙倫　王筠曰。食也字林同。倫按皀亯一字。皀音皮及切。在奉紐。與飯雙聲。亯音轉為普庚切。在滂紐。古讀奉歸竝。滂竝同為雙脣破裂音。是飯亯為轉注字。本是動詞。從食之本義得義。玄應一切經音義引三倉。有飯字。亦見急就篇。【說文解字六書疏證卷十】

◉黄錫全　飯並義雲章　鄭珍云：「《玉篇》餅飰皆俗飯字。此從俗，用籀文弁為之，謬。」金文弁字作(詳古研1・395)，乃其變體。此形蓋有所本。【汗簡注釋卷二】

◉戴家祥　公孫窹壺　金文僅見春秋晚期器公孫窹壺，結構與小篆同。金文飯常寫作「餴」，從食奉聲。奉、反均為脣音，古餴或與飯同意，為古今字。公孫窹壺「飯者月」，齊文濤謂「齊國有獨特的紀月格式，月名如畿、禝，字多不可識，『飯者月』疑為齊國紀月名稱之一。」詳見文物一九七二年五期第十二葉。【金文大字典下】

𩚵

◉許　慎　雜飯也。从食。丑聲。女久切。【說文解字卷五】

◉馬叙倫　嚴可均曰。米部。粈。襍飯也。𩚵與粈得為重文。段玉裁曰。米部。粈。雜飯也。此篆蓋俗增。故非其次。【說文解字六書疏證卷十】

飤 父乙飤盉　父乙觶　命簋　陳之袠鼎　伯旅魚父匜　魯士匜　齊侯敦　黃韋俞父盤

郳子行盆　須炁生鼎　楚子匜　王命傳賃節　鄂君啟車節　鄂君啟舟節　哀成弔鼎　樂子嚷豧

匜　庚兒鼎　寡兒鼎　𡨦桐盂　鄲孝子鼎　鄲孝子鼎　蓋文作食　王孫鐘　蔡大師鼎

徽兒鐘　褱鼎　大司馬匜　王孫真鐘　蔡公子義工匜　蔡侯䵼鼎　中山王

譽壺　蔡侯䵼匜　大廣鎬　康伯簋　吳王姬鼎　芮公鼎　邕子甗　樊君匜　王孫壽甗

伯𣁋父簋　【金文編】

5·189　麗山飤宮　右　5·190　左　麗山飤宮　5·193　麗山飤宮　右　【古陶文字徵】

139　208　221　247　【包山楚簡文字編】

飤　效二二　通食　其不可—者　效二四　【睡虎地秦簡文字編】

0217　與鄂君啟節飤字同。【古璽文編】

北海飤長　杜陵飤官□丞　東平飤官長印　【漢印文字徵】

◉許　慎　飤糧也。从人食。祥吏切。【説文解字卷五】

◉劉心源　飤讀飼。【奇觚室吉金文述卷四】

◉林義光　説文云。飤糧也。從人食。按古作飤王子吴鼎。【文源卷十】

◉丁佛言　飤邕子甗飤字。反文糧也。音寺。與飼同。通作食。【説文古籀補補卷五】

◉高田忠周　説文。飤糧也。從人食。段氏云。以食食人物。其字本作食。俗作飤。或从司作飼。經典無飤。許云。飤。食馬穀也。不作飤馬。此篆淺人所增。此説亦可。㝡古文字。固當以食為飤也。然卜詞已有飤字。又盛周器文。飤字不尠。

三代即有此文也。況許書固當有此篆。唯孟子。可食而食之。元同字之一證耳。【古籀篇八十八】

●容庚 飤。説文糧也。玉篇廣韻皆云食也。段玉裁説文注云。以食食人物。本作食。俗作飤。或作飼。經典無飤。許云飤。食馬穀也。不作飤馬。此篆淺人所增。故非其次。釋為糧也又非。宜删。鈕樹玉段氏説文注訂曰。釋文引經典無飤者。亦如遜侶等字古行而後不用也。艸部。茹。飤馬也。竹部。篆。飤牛筐也。許固用之。不可謂淺人增。案飤字金文飤鼎飤簠飤簋凡十數見。義當訓食。段氏之説非也。【陳生寉鼎 武英殿彝器圖録】

●陳夢家 蔡侯所作的鼎簠毁壺是烹飪器盛食器盛酒器。而名為飤。則此字的意義為何。説文訓糧。玉篇訓食。都不合于金文。金文飤食通用。此假作𩚬。説文曰。設飪也……讀若載。金文飤字。其義實為載食之載。所以鼎毁簠多稱飤。【壽縣蔡侯墓銅器 金文論文選】

●馬叙倫 沈濤曰。一切經音義二引。飤。糧也。從人仰食也。謂以食供設與人也。故字從食從人。意也。謂字以下蓋庾注。鈕樹玉曰。韻會引作從食人。篇韻皆曰食也。當本説文。此作糧者。疑後人因字林改耳。桂馥曰。字林。一曰飯也。倫按玉篇引作飤。糧也。字從人仰食也。蓋皆字林文。倉頡篇及金器如王孫鐘楚子簠褱鼎文皆有飤字。則段玉裁江沅嚴章福疑後人增。非也。飾蝕飭皆從飤得聲。唯字從人食與即同形。嚴可均苗夔謂食亦聲。鍇本作從食人。與玄應一切經音義引蒼頡解詁。謂飲設共於人曰飤者合。聲類曰。哺也。似以飤為即飼字。飤飼聲近。故倉頡聲類皆借以為飼。本書。茹。飤馬也。篆。飤牛匡也。牛馬固不須人哺飼之也。唐蘭以為飤即衣我食我之食。其説是也。此字王孫鐘作[glyph]。吳王姬鼎作[glyph]。倫以為飤即一字耳。論形既無違隔。言音則皆舌尖前音。徵義則余義鐘之歙飤訶舞即飲食謌舞也。疑此字本作[glyph]。與甲文飲字作[glyph]同也。指事。今篆乃變譌耳。聲得於食。飤音邪紐。邪紐古讀歸定。食音牀紐。古亦歸定也。玄應所引皆字林説。字林每用倉頡故及三倉訓詁。而郭璞解詁多用字林。【説文解字六書疏證卷十】

●馬叙倫 [glyph]為説文之飤字。亦即説文之即字。即從[glyph]向食。飤之初文疑與金文飲字作[glyph]者同。蓋本作[glyph]也。即如今文。二字之冓造完全一致。即説文訓食也。飤。字林。一曰飯也。是其義亦同也。即音精紐。飤音邪紐。同為舌尖前音也。余義鐘。歙飤謌舞。即飲食歌舞也。是飤即飲食之食本字。而即為今通言食飯之吃本字。吃即聲同脂類。故今借吃字。亦猶即為就義所專故也。【齊矦敨 讀金器刻辭卷下】

●石志廉 「飤月」二字，原拓本飤字食的上部已模糊不清，馬同志摹作[glyph]，按此字實從卯從飤作飤即飤字。《説文》「飤，糧也。從人食。」卜辭作[glyph]《殷虚書契後編卷七下》、[glyph]《殷虚書契菁華》，河南安陽後崗南坡圓形殉葬坑出土殷鼎飤字作[glyph]，褱鼎作[glyph]，湖南長沙出土戰國銅鉨「大飤」二字合文書為可證，⿱卯飤即從卯從飤，馬同志謂「⿱卯飤月」不知何月，按飤上從卯者，蓋即卯之繁體，飤有飲食吉祥之意，⿱卯飤月即卯月也。【陳喜壺補正　文物一九六一年第十期】

◉石志廉　「大飤」璽節

璽節的一邊上有陰文二字作，係二字合文，可釋為大飤。飤字甲骨文作、，1959年河南安陽後崗南坡圓形殉葬坑出一商鼎，銘文中有飤字作，褱鼎作、，伯就𣪘作，楚子簠作，龍節作。《說文》：「飤，糧也，從人食。」大飤者，太飤也。乃掌王及諸侯飲膳者所用的璽節，是與膳夫、剸官、司蒸等性質相似的官吏。

傳世的戰國璽中有「戠飤之鉨」及「湻飤之鉨」，漢代官印中有「北海飤長」、「新興飤長」、「東平飤官長印」、「杜陵飤官□丞」等印，可為佐證。【戰國古璽考釋十種　中國歷史博物館館刊第二期】

◉陳邦懷　銘文「⿱卯飤月己酉」，馬同志說：「⿱卯飤月不知為何月」。案「⿱卯飤」字上从四，下从飤；飤讀同飼。「⿱卯飤」字乃「四」字之繁體。齊器以數字紀月，此為一例。又案齊器銘文尚有以地支紀月者，如「陳猷釜」銘：「籹月戊寅」即「酉月戊寅。」「齊侯國差（佐）𦉜」銘：「咸（王國維說『咸』下奪『月』字，甚確）丁亥」即「戌月丁亥」（「籹」釋「酉」、「咸」釋「戌」并用吴大澂說）。「子和子釜」銘：「禝月丙午」，「禝从女，䰟聲（䰟是「鬼」之古文，見甲骨文、「齊陳賄𣪘」及《說文解字》），當是「媿」字之繁體；「媿」（愧）與「未」古韻同部，可以通叚；「禝月丙午」即「未月丙午。」上舉諸例皆為齊器紀月之特徵。齊器紀歲時之特徵不僅如馬同志所說之「……某某『立事歲』是齊器所特有的紀年方式」一端而已。【對《陳喜壺》一文的補充　文物一九六一年第十期】

◉張　頷　張萬鐘　飤字從人食，乃以食食人之意，（見說文解字。）與食意亦同。如⿱卯飤兒鐘有歙飤歌舞之句（見兩周金文辭大系圖録考釋），故邕子甗作飤甗，宜桐盂作飤盂，其意均同。【庚兒鼎解　考古一九六三年第五期】

◉李孝定　余永梁曰「即飤字。說文『飤。糧也。從人食。』此字古金文甚多。誼亦相同。今又見於卜辭。段玉裁以飤字不見於經典。疑為俗製誤矣。」見殷虛文字考。葉玉森曰。「栔文。亦變作。與許書所出古文第二體同。略。」朱芳圃文字編八卷八葉從葉說。收此作歙。

按説文「飤。糧也。从人食。」契文正从人食。與小篆同。余説是也。其義不詳。【甲骨文字集釋第五】

◉湯餘惠　戰國楚文字中有字，見于安徽壽縣出土的銅器太府鎬銘文。舊釋此字為「創」、為「僉」，我們認為這個字左旁不會是「倉」，長沙楚帛書倉字作，字形相差較遠；也不可能是「會」，楚文字的會字中間一律作，而無一例作形，可見此字釋「創」、釋「僉」均有可商。

我們認為這個字左旁應是「食」。食字由亼、皀兩個偏旁所組成，戰國楚文字的食旁通常寫作、等形，此篆食旁同樣也是由亼、皀兩部分組成的，只是其中的「皀」離析為兩部分。這種下方作「口」形的寫法與上舉食旁構形略有不同，但仍然是一個字。因為這種特殊寫法在戰國文字中並非僅見。

商周古文字中的「皀」（即、既、𣪘等字所从），多寫作，戰國齊器陳純釜作（節字所從），即墨刀幣節字從「皀」作，此篆食旁從皀作，顯然都是從商周的傳統寫法訛變來的。

再看此篆的右旁，形很象是「刀」，其實是「人」，戰國文字中「刀」、「人」互訛的現象時有所見，前人已經指出。由此可見這個字左旁從「食」，右旁從「人」，應釋為「飤」。

太府鎬銘文説：「秦客王子齊之歲（載），太𢈪（府）為王飤晉（進）鎬。集脰。」關于此銘，有的學者認為「秦客王子齊」是指楚考烈王為太子時到秦國充當人質一事而言，可備一説；但釋「飤」為「僉」，訓為合會，並以「僉晉鎬」三字連讀為句，似乎均有可商的餘地。我們認為「王飤」是一個專有名詞，飤字不能屬下讀，「王飤」也就是「太飤」，是職掌楚王食飤的有司。1956年長沙北郊戰國楚墓出土一件二合璽，陰刻「大𠩺」二字，舊徑釋「大飤」不夠確切。太字作，是楚文字特有寫法；飤字增「厂」作「𠩺」，和楚器邵王簋銘文中𣪘字作屬于同類現象，此璽應隸釋為「太𠩺（飤）」。我們知道，古時直屬王室和中央的機構常以「太」相稱，如太府、太倉、太學是，因此王飤和太飤應是一回事，「太𠩺（飤）」璽應即楚王食飲機構——王飤所用的印信。

明確了王飤（太飤）的性質，再考察王飤和集脰的關係。關于集脰歷來就有爭論，迄今尚無一致意見，不過認為集脰是准備肴饌的地方，即楚王室的庖廚，大體上説應該是正確的。鎬銘末尾署以「集脰」二字，旨在標明此器使用的處所，壽縣楚器酓朏鼎器蓋上也有這兩個字，用意應該是相同的。因此「太𢈪為王飤晉鎬，集脰」的意思就是：太府向王飤進送鎬器，用于集脰。細玩文義，鎬器首先是送到王飤，然後再頒發到集脰去使用的，由此我們推測王飤和集脰可能同屬于王室的食膳系統，而王飤則可能是管理集脰的有司。

附帶談一下另一鈕古璽。《善齋吉金録·璽印録》6.12著録一鈕白文璽印，璽面陰刻「飤鉨」二字，飤字作，和前文討論的

饡

太飤璽結體風格基本相同，這種增加厂旁繁寫的飤字在楚以外的列國文字中我們還從沒見到，因此這鈕印也應該是楚國的東西。飤字之前没有冠以「太」或「大」字，未必會是王室之物，不過「飤」和「太飤」一定是性質相類的有司，這大概是不成問題的。【楚器銘文八考　古文字論集（一）】

◉王慎行　甲骨文有字（佚645），從食、從人；或從皀、從人作（京津2496）、（明1122）諸形。孫海波隸定為「㑜」，以《說文》所無的不識之字附於人部之後；島邦男釋為「飤」，至確。飤，小篆作，《說文・食部》云：「飤，糧也，从人、食。」今案甲骨文飤字作、形，象人于簋旁就食之狀，許說字形不誤；飤實為動詞「食」之本字，《說文》訓為名詞之「糧」則失之。

甲骨文（前4・1・6）、（鐵232・4）諸形之字習見，孫海波《甲骨文編》及李孝定《甲骨文字集釋》均隸定為「娘」，以《說文》所無的不識之字附於卷十二女部之後；島邦男亦不釋。甲骨文另有字（拾9・5），舊不釋，此字從女、從皀，而古文字偏旁從皀與從食因義近輒可通用無别，故字當是字之異構。準此，若以古文字義近偏旁人、女通用例例之，則上揭、、三字與（飤）當為同一字，即飤字之異構。茲録有關辭例以證之：

〈1〉……卜，王余呼……徙。（京1062）　〈2〉……不其……黽。（京2496）　〈3〉婦……嘉……（拾9・5）

〈4〉……卜……娩，不其嘉。（合集14016）　〈5〉……禦婦于祖丁，七月。（合集2787）

〈6〉丁酉卜，爭貞，呼疫克。（乙2244）　〈7〉……令召，無囚。（合集4465正）

各種形體的飤字，在卜辭中均用為人名，足證上揭、、三字皆為飤字無疑。【從人形古文字零釋　殷都學刊一九九一年第一期】

◉劉彬徽等　飤，通作食。飤田即食田。【包山楚簡】

◉戴家祥　𩚵，郭沫若釋載，無說。按此字結構與飤相彷，食上十形為才聲之省。陳夢家曰：金文飤字其義實為載食之載，金文論文選三三四葉壽縣蔡侯墓銅器。飤字作𩚵乃聲符加旁字也。此銘𩚵字作語詞用，例同詩・周頌「載戢干戈」、「載櫜弓矢」。𩚵段，金文恆作飤段，此𩚵當為飤之繁。【金文大字典下】

饡　玉篇㕓饡之古文　牆盤　鬭㕓文武　【金文編】

饡【汗簡】

饟

◉林罕集【古文四聲韻】

◉許　慎　饡以羹澆飯也。从食。贊聲。則榦切。【說文解字卷五】

◉馬叙倫　以羹澆飯偶然之事。豈為此而造饡字耶。下文。飧。餔也。而詩伐檀釋文引字林。水澆飯也。蓋實此字之訓。水澆飯如今杭縣所謂泡飯。此作以羹澆飯者。或本作羹也以水澆飯也。以水澆飯為字林義。羹也者。蓋以聲訓。羹得聲於羔。羔音照紐。饡音精紐。同為清破裂摩擦音。而從贊得聲之字多有襍義。亦可證也。此從食之借義得義。【說文解字六書疏證卷十】

◉唐　蘭　餍（「」），《玉篇》饡字古文。通纘。《詩・生民》：「纘戎祖考。」《禮記・中庸》：「武王纘太王、王季、文王之緒。」《說文》：「纘繼也」。【略論西周微史家族窖藏銅器群的重要意義　文物一九七八年第三期】

◉黄錫全　「」饡　鄭珍云：「餍字也，饡之別體。《考工記》注瓚讀如『餈餍』之餍。釋文餍，作旦反。《内則》注『狼臅膏臆中膏，以煎稻米』，則似今膏餍矣。《釋名》『肺膜以米煎之如膏饡，消膏而加菹其中』，是饡餍為同字也。乃《内則》釋文云餍，本又作餈，又作餍，竝之然反。又音贊。陸氏蓋誤《說文》鬻訓鬻，或作餰，饡訓以羹澆飯，兩文不同。鄭注《考工》餈餍亦是兩字。釋文因《内則》一本餍作餈，遂誤合為一，而兼存兩字之音，其惑有如此者。林罕以餍為饡，故識此字。」牆盤有字作「」，諸家釋為饡，讀為纘，訓繼。餍從尸，從食，此從尾省，尸尾義近。【汗簡注釋卷二】

◉戴家祥　「」史牆盤　餍，古饡字。說文。五篇「饡，以羹澆飯也。从食，贊聲。」玉篇一百十二饡，讀「子旦切」，古文作餍，金文或作饌，薛尚功歷代鐘鼎彝器款識法帖宰辟父敢「用饌乃祖考事」，孫詒讓云：以古文偏旁考之，當為饌字。其字从食箅聲，即籑字也。……籑，古又通纂。祭統孔悝鼎銘云：「纂乃祖服」，又云：「纂乃考服」，鄭注「服，事也。」左襄十四年傳王使劉定公錫齊侯命曰：「纂乃祖考。」此銘云「饌乃祖考事」，猶孔悝鼎云「纂乃祖服」、「纂乃考服」，左傳云「纂乃祖考」也。古籀拾遺卷上第二十五葉。按說文籑之或體作饌，从食巽聲。商書盤庚上篇「世選爾勞」，俞樾羣經平議云：選，當讀為纂，齊風・猗嗟「舞則選兮」，韓詩選作纂。巽聲之饌可以為籑，巽聲之選亦可為纂。是贊聲之饡，未始不可以為纘。牆盤「天子圂餍文武長烈」，猶禮記中庸云「武王纘太王王季文王之緒，壹戎衣而有天下。」豳風・七月「載纘武功」，毛傳「纘，繼功事也。」牆盤銘文通釋。【金文大字典下】

「」饟　从昜說文晝食也或從傷省聲作餳　令鼎　王大耤農于諆田餳　「」居簋　在餳　【金文編】

◉許　慎　饟晝食也。从食。象聲。書兩切。餳饟或从傷省聲。【說文解字卷五】

●吳榮光 [glyph] 錫為餹之重文。畫食也。【周大蒐鼎 筠清館金文卷四】

●吳大澂 吳中丞釋作錫。諆田鼎。[glyph]吳中丞釋作錫。居後彝。【說文古籀補附録】

●劉心源 錫舊釋云餹之重文。畫食也。案說文作餳。其作錫者即餹之正字。今二徐本皆誤從易。惟類篇從昜。此用錫為餳耳。【古文審卷二】

●柯昌濟 錫。說文飴和饊食者。疑非此誼。詩載芟有嗿其饁。思媚其婦。知古耤田禮必有饋饁之事。錫訓饋食為近是矣。【耤田鼎 韡華閣集古録跋尾】

●高田忠周 此篆吳榮光先釋錫。為餹之重文。畫食也。吳式芬翁祖庚皆同。劉氏心源詳說云。錫舊釋云餹之重文也。按說文作餳。其作錫者。即餹之正字。今二徐本皆誤從易。惟類篇從昜也。此用錫為餳耳。劉說為佳。說文。[glyph]。飴和饊者也。從食昜聲。段氏注云。各本篆作[glyph]。云易聲。今正。按錫从昜聲。故音陽。亦音唐。釋名曰。錫。洋也。李軌周禮音唐是也。淺人乃易其諧聲之偏旁。玉篇廣韻皆誤從易。然玉篇曰。錫徒當切。廣韻十一唐曰。糖飴也。十四清曰。錫。飴也。皆可使學者知錫糖一字。不當從易。至於集韻。始以錫入唐韻。錫入清韻。畫分二字。使人真贋不分。其誤更甚。猶賴類篇正之。錫古音如洋。語之轉如唐。故方言曰。錫謂之餹。郭云。江東皆言餹音唐。段改為是。然竊謂餹異文餳。亦實錫字。或借錫為餹。亦與此銘相合。古文餹錫兩字通用可證矣。【古籀篇八十八】

●于省吾 吳子苾云錫即餹。畫食也。說文作餳。錫音唐。【令鼎 雙劍誃吉金文選】

●郭沫若 第一一八片日本東京帝國大學考古學教室藏。駒井和愛氏拓贈。

以上十片均有[glyph]甲。乃殷王名。羅振玉未識。云「或省甲字，[glyph]或增日，殆是一人。」殷釋上・十一。余謂[glyph]乃象字，或增

者乃從口象聲之字，蓋餯字之別構也。象餯與陽同部，則象甲若喙甲即陽甲矣。證以此片，喙甲在南庚之次，小辛之上，攷之史記，南庚與小辛之間為陽甲盤庚，此喙甲正自陽甲、小辛之上所缺一帝名，則盤庚也。陽甲古亦稱和甲，山海經大荒北經注引竹書曰「和甲西征，得一丹山。」今本紀年於陽甲下注「一名和甲」，又云「名和」，又云「三年西征丹山戎」。案和即喙字之譌矣。

【卜辭通纂】

◉馬叙倫　嚴可均曰。御覽八百四十九引作中食也。王筠曰。中食謂日中食也。吾鄉謂午飯曰餯飯。然廣韻訓日西食。則直與飧餔同義。倫按晝食也蓋字林文。字或出字林。從食之借義得義。餘詳飧下。

　鈕樹玉曰。鍇本作從昜。非是。王筠曰。當作煬省聲。倫按餯從象得聲。餳從煬得聲。聲同陽類。故餯轉注為餳。十一篇。潒。讀若蕩。其例證。諆田鼎。王大耤農于諆曰。。丁佛言釋餳。居後彝作。然則從昜得聲。不必煬省也。【説文解字六書疏證卷十】

◉楊樹達　餳當讀為觴。呂氏春秋達鬱篇云：觴，饗也。【令鼎跋　積微居金石説】

◉唐　蘭　餳　即餳字。《説文》：「餯，晝食也」，或作餳，「從煬省聲」，其實當從旸省聲（如琁即璇字），旸還是從昜聲，可見餳餳本一字，後人強生分別，以餳為糖字，而以餳為晝食，餳字從昜，昜就是太陽，《詩經・湛露》「匪陽不晞」，傳「日也。」是借用陽字。又作暘，《説文》「日出也。」暘就是昜的後起增繁字。餳字就因為從昜，所以訓為晝食。這裏應該讀如餉或饟。《説文》：「餉，饟也」，又：「周人謂餉為饟。」餯餳兩字的音和饟字正同。這裏是周王來檢查或視察農夫的耕種情況，大概是要表示一些小恩小惠而餉農夫們的，《詩經・甫田》和《大田》都説「曾孫來止，以其婦子，饁彼南畝，田畯至喜」，《説文》：「饁，餉田也。」《爾雅・釋詁》「饁，饋也」，孫炎注：「饁，野之餉。」由於農夫們午飯後總得歇一下，後代送到田裏中午這一頓飯總比較遲，所以《廣韻》在餯字下注「日西食」，這就是現在所説的晌午飯。「晌午」這個詞就由於中午餉農夫而引申出來的。【論周昭王時代的青銅器銘刻　古文字研究（一）】

◉李孝定　段氏改説文餳篆作餳，所論極是，此即説文餳字，本書收作餯，似未安。高田氏意主調和，謂餳即餳，或借餳為餳，恐未然也，宜改收作餳。楊樹達氏讀令鼎銘餳字為觴，訓饗，説亦允洽。【金文詁林讀後記卷五】

◉戴家祥　　楊樹達曰：「按餳當讀為觴，呂氏春秋達鬱篇注云：「觴，饗也。」積微居金文説十七葉令鼎跋。按楊説可從。器銘云「王大耤農於諆田，餳。」禮記郊特牲「饗農」。鄭注：「農，田畯也。」以酒食勞人曰饗。饗、享同字，國語周語「王耕籍田，祼鬯享醴」即其事也。【金文大字典下】

飧　飧

◉許　慎　飧餔也。从夕食。思魂切。【説文解字卷五】

◉馬叙倫　沈濤曰。詩伐檀正義引作水澆飯也。蓋古本有一曰水澆飯也。釋名釋飲食。飧。散也。投水於中解散也。此即水澆飯之意。禮記玉藻正義。飧謂飲澆飯於器中。伐檀釋文引字林亦如此。蓋呂本許義。列子説符注亦曰。飧。水澆飯也。飧從夕食。餔是正義。左僖二十三年傳釋文引同今本。故知詩疏所引為一解耳。鈕樹玉曰。詩正義蓋誤以字林為説文。正義往往如此。玉篇注。水和飯也。王筠曰。周禮太宰注。鄭司農云。飧。夕食也。即以字形説字義。此許君所本也。倫按太平御覽八百五十引通文。水澆飯為飧。音孫。飧為餔義。一可證於鄭司農説。二可證於趙岐孟子注。趙注孟子饔飧而治曰。饔飧。熟食也。蓋本之詩祈父伐檀傳。又曰。朝曰饔。夕曰飧。夕曰飧者。似本之鄭司農。禮記玉藻。日中而餕。注。餕。食朝之餘也。蓋古代朝食則亯。夕則食朝之餘。不復亯矣。此習今杭縣猶有然者。紹興俗亦多如此。古之遺意與。饔即亯也。以夕食朝亯之餘。故對饔而言則曰飧。字不從夕會意。以餕訓晝食而不從日或旦可知也。夕音邪紐字。月是名詞。朝夕字為假借。六書有假借。如借人之異文以為大小之大。借勝之轉注字作男者以為男女之男。然有從假借字得義而無從假借字會意者。故飧不從夕會意可決也。夕音邪紐。故飧音轉入心紐。同為舌尖前摩擦音也。本書無餕。飧即其字。餕得聲於夋。夋音清紐。清心邪同為舌尖前音。夋飧又聲同真類。是為轉注字。日中而餕。則飧亦非夕食。更足明不從夕會意矣。上文餕訓晝食。而廣韻訓日西食。吾國食時。各地不同。其食三食者。固以晨及日中日昃為率。其日二食者即不然。餕蓋飧為飤之轉注字。而飧又轉注為餔。餔從甫得聲。甫音非紐。心非同為次清摩擦音也。又以同次清摩擦音轉注為餕。餕音審紐。且餕從彖得聲。彖音亦邪紐也。詩伐檀。不素飧兮。公羊傳。趙盾方食魚飧。左傳。僖負羈饋盤飧。必不謂以水澆飯。且亦竝非夕食也。儀禮聘禮。宰夫朝服設飧。飪一牢。在西鼎九。羞鼎三腥一牢。在東鼎七。尤為飧非夕食及水澆飯之塙證。字林以為水澆飯者。王鳴盛謂必是因説文餐之重文作湌從水而解其義。倫謂釋名已謂飧散也。投水於解散也。故沈據以謂此即水澆飯之義。然釋名不曰投水於飯中解散也。則孟子以饔飧竝言。亦當同為煮之義。亯者未有不投水於所亯之物中以解散之者。是釋名以散釋飧。不謂以水澆飯。飧之非水澆飯。斷然無疑。詩正義釋文所引皆字林文。而實饡字義也。饡飧同為舌尖前音。亦疊韻也。饡得聲於兟。兟為先之茂文。故古或借飧為饡。考工記王人。傢用瓚。注。瓚讀為餍餍之餍。朱珔謂餍即饡字。玉篇作餍。俞先生樾謂餍乃誤合飡湌二字而成。然則瓚讀為飧。是其證矣。自此證饗字皆從食之借義得義。弜中簋[illegible]字。吳大澂釋飧。倫謂飤字。【説文解字六書疏證卷十】

餔 餔 日甲一三五 【睡虎地秦簡文字編】

𩞄 餔 【汗簡】

◉許 慎 餔日加申時食也。从食。甫聲。博狐切。𩞄籀文餔。从皿。浦聲。【説文解字卷五】

◉馬叙倫 鈕樹玉曰。玉篇注曰。廣韻類篇韻會引無日加二字。後漢書王符傳注引作餔謂日加申時也。倫按日加申雖見漢書翼奉傳。然玄應一切經音義引三倉。夕食也。謂申時食也。今四川俗日兩食。一在十時。即巳時。一在十五時。即申時。莊子盜跖釋文引字林。日申時食也。則晉時通俗亦如此。呂忱加此説也。證以後漢書注引。則本訓挩失矣。且知凡曰謂云云者皆非許文也。

𩞄鍇篆作𩞄。按本書籀文筆法皆同古文。此獨同篆文。鍇本古籀往往同篆文。而此獨同古文。知傳寫失真久矣。此似當依鍇本作。饔下同。倫按𩞄蓋是簠之異文。籀篇以為餔字。漢孔宙碑。𧯷簠不敶。作𧯷。與此同例。知簠為後起矣。【説文解字六書疏證卷十】

◉蔡運章 䊇萬石

在M3032:39號陶壺上朱書「䊇萬石」三字(圖4)。其中的「䊇」字,黃士斌先生隸寫為「䊇」,陳直先生隸定為「䊇」,《報告》隸定為「䊇」,從此字的構形來看,當以隸定「䊇」字為是。我們認為,「䊇」當是餔字的異體。在古文字的形旁裏,米和食的含義相近,可以通假。例如,《説文・食部》云:「粢,餈或從米」;又云:「糦,饎或從米」;《集韻》説:「䊇,餌也,本作餔」,皆是其證。餔,《説文・食部》謂「日加申時食也」,段玉裁注:「引申之義,凡食皆曰餔」。《楚辭・漁父》説:「何不餔其糟而歠其釃」,王逸注:「餔,食也」。這説明「餔」當是食品的通稱。洛陽金谷園車站11號漢墓出土的陶盒蓋文字為「小麥餔」,就是用小麥作成的食品,是其佳證。由此可見,「䊇萬石」就是食品萬石的意思。【洛陽西郊漢墓陶器文字補釋 中原文物一九八四年第三期】

◉許 慎 餐吞也。从食。𣦼聲。七安切。湌餐或从水。【説文解字卷五】

◉劉心源 𣦼舊釋作死。意謂叚死為事。不知此字從歺從又。篆形明是𣦼。若死字則從歺從人。大相徑庭矣。𣦼為殘破殘毀字。非銘文所用義。此叚為餐從餐者。㠯膳飲從王備食也。即上文為豐龔禽之事。此言王在璧雝饗射。井侯為之供帳。

上食不失其時。故云從餐咸時也。【古文審卷三】

◉高田忠周　餐說文今本云。餐吞也。從食𣦼聲。或作湌。從食從水。而野王原本玉篇引。餔也。湌。說文。今餐字也。又飡下引說文。吞也。韓詩不素飡。此所據即古本。與今本相反。知今本轉寫者誤互相易也。說詳飡下。若從今本為吞義。此銘不可讀。而從舊本。銘義自順。亦當證今本之誤矣。愚謂餐之從𣦼。當粲省文。精米曰粲。粲以為飯。餔謂之餐。餐粲音義皆近。故詩淄衣曰。予授子之粲。傳。餐也。可證矣。但此篆从食从𦧇。𦧇與𣦼自別。𦧇。似舌不舌。似缶不缶。疑為舍省文。果然从食从舍从又。為會意。舍者館也。又家也。手持餔以進。亦當於屋下行之。或云又即𣦼省聲。亦通。顧野王自云。餐。蘇昆反。周禮司儀之職。掌致餐如致積之禮。鄭玄曰。餐。食也。小禮曰餐。大禮曰饔。毛詩有饛簋餐。傳曰。餐。孰食也。謂黍稷也。正亦與此銘義合。經傳省作飱。近來學者皆泥今本說文。其所引悉改作飧。殊誤。【古籀篇八十八】

◉馬叙倫　任大椿曰。詩伐檀釋文云。說文作湌。云。餐或從水。下引字林云。吞食也。釋言釋文又云。餐。字林作飧。云。吞食。則是吞食之餐又作飧也。玫集韻類篇。水澆飯之飧通作餐。故釋言釋文云。飧。本又作餐。而吞食之餐。說文玉篇廣韻俱通作湌。即說文所云或從水者也。漢高彪碑。饑不及湌。則餐通湌之證。無通作飧者。疑釋文所云字林作飧者湌之譌。倫按吞下蓋捝食字。此字林文。唐寫本玉篇及慧琳一切經音義六十四竝引餔也。玉篇引字書。飲澆飯也。飡。說文。吞也。然則吞也為飧字說解。聲同真類。以聲訓也。食則餔之壞文。餐音清紐。飧音心紐。同為舌尖前音。轉注字也。方言一。相謁而餐。注。晝飯為餐。晚飯為飧。亦其證。然初無此分別。

湌　桂馥曰。餐當為飧。本飧之或字。誤系餐下也。俞樾曰。餐訓吞也。釋名釋飲食。餐。乾也。乾入口也。則餐或從水為無理。按湌者飧之重文。許訓飧為夕食。而詩伐檀正義引作水澆飯也。玉部食部曰。水和飯也。釋名釋飯食曰。飧。散也。投水於中解散也。皆其證也。疑古本說文當曰。飧。餔也。一曰水澆飯也。從夕食。又出重文湌曰。飧或從水。因飧餐二篆相近。傳寫者誤移於餐下耳。張湛注列子曰。餐。水澆飯也。是唐時所說亦自岐異。倫按唐字或說字必有一譌。但以釋名所說飧餐二字義證之。則湌字要為飧之重文。說文又有饡字。訓以羹澆飯也。而玉篇饡下有古文𩞁。其字從尸。殊不可解。疑即飧之誤也。蓋因饡飧二字並有澆飯之義。故或假飧為饡。飧字篆文作飡。因誤為𩞁矣。周禮玉人注。𩞁𩞁。禮記內則注。膏𩞁。其字又作𩞁。從尸。從水。蓋其字合飧湌而一之也。展轉致譌。而湌之當為飧重文。則因之愈明。周雲青曰。唐寫本玉篇引。餐。餔也。字書。飲澆飯也。又湌。說文今餐字也。飡。說文。吞也。慧琳一切經音義引。餐。餔也。湌或餐字也。與玉篇合。今本二篆譌倒。倫按俞先生說甚辯。倫謂如飧餔為轉注字。則重文亦不當從食邊水。如謂湌為一曰水澆飯也之字。則當是許書湌字本在飧下餐上為正篆。傳寫譌在餐下又捝其說解耳。不當為餐或飧之重文也。倫謂此部傳寫譌亂。上文屢見。雖多據證。要不可憑。湌仍當為餐之重文。從食。湌省聲。餐湌雙聲也。詩伐檀。不素餐兮。足利本作湌。此餐自有或體作湌之證。古鉨有湌軍龍功湌軍丞。丁佛言釋湌。倫謂似是從水良聲。非湌字。【說文解字六書疏證卷十】

鎌　鎌

◉許　慎　鎌嘰也。从食。兼聲。讀若風溓溓。一曰。廉潔也。力鹽切。【說文解字卷五】

◉馬叙倫　鈕樹玉曰。玉篇引嘰作饑也。潔作絜。繫傳無聲字。蓋捝。錢坫曰。穀梁傳。一穀不收謂之嗛。韓詩外傳作鎌。然則嘰當為饑。嚴可均曰。風疑當作水。潘嶽寡婦賦。水溓溓以微凝。李善引丁儀妻寡婦賦。水溓溓而晨結。蓋舊有成文。或曰。禾部。稴讀若風廉廉之廉。此蓋同稴。說文無潔。字當作絜。倫按原本玉篇引作嘰作嗅。嘰訓小食。故鎌次餐下。而引申為廉潔。鎌從兼得聲。兼嘰雙聲。蓋轉注字。或為饑之轉注字。則當如玉篇作饑也。讀若以下字林文及校語。字或出字林。【說文解字六書疏證卷十】

饁　饁

◉許　慎　饁餉田也。从食。盍聲。詩曰。饁彼南畝。筠輒切。【說文解字卷五】

◉馬叙倫　詩七月毛傳曰。饁。饋也。爾雅釋詁。饁。饋也。是饁止是饋義。為饋之聲同脂類轉注字。餉田也疑本作餉也野饋也。野字譌捝為田。又捝饋字。詩七月釋文左僖三十三年傳釋文竝引字林。野饋也。于劫反。字或出字林。【說文解字六書疏證卷十】

饟　饟

饟 古史記【古文四聲韻】

◉許　慎　饟周人謂餉曰饟。从食。襄聲。人漾切。【說文解字卷五】

◉馬叙倫　沈濤曰。一切經音義四引說文。餉。或作饟。饋餉也。十三引。餉。饋也。疑古本餉饟為一字。漢書食貨志。注。饟古餉字。詩良耜。其饟伊黍。禮記郊特牲注作其餉伊黍。爾雅釋詁。饟。饋也。本部饋下曰。餉也。餉饋互訓。此解當作周人謂饋曰饟。餉下當作字或從向。劉盼遂曰。廣韻餉饟同在式亮切紐中。知二字音義無殊。而別為二形。亦循轉注造字之軌耳。韓詩外儲說左上經。求其誠者。非歸餉也。不可。說中正作歸饟。倫按本部傳寫多譌。則沈說或然。饟為餯之轉注字。饟音日紐。餯音喻紐三等。皆舌前也。說解本作餉也或饋也。今捝。周人六字字林文或校語。字或出字林。【說文解字六書疏證卷十】

 餉竝出尚書  餉 【汗簡】

 古尚書  林罕集 【古文四聲韻】

◉許　慎　餉饟也。从食。向聲。式亮切。【說文解字卷五】

◉馬叙倫　鈕樹玉曰。一切經音義十三及韻會引作饋也。玉篇注亦同。倫按饟蓋饟下隸書複舉字譌入。餉從向得聲。向音曉紐。饟從襄得聲。襄音心紐。心曉同為次清摩擦音。聲又同陽類。轉注字也。【說文解字六書疏證卷十】

◉黃錫全　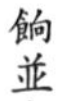 餉並出尚書　鄭珍云：「薛本《仲虺之誥》一見如此，從尚。《漢章帝紀》『賜給公田，為雇耕傭賃種餉』，注『餉，糧也，古餉字』，此所取。」尚向同屬陽部韻，例可通假。

 餉　從食從免，應是⿰食免字。《集韻·元韻》「⿰食免，貪食。」《廣雅·釋詁》餉與茹同訓「食也」，而《方言》又謂「吳越之閒凡貪飲食者謂之茹。」⿰食免茹餉諸字義近，此假⿰食免為餉。【汗簡注釋卷二】

 珠326　獸2·25·10　卜589  前5·30·1　卜588 【續甲骨文編】

 203  206  222  240  250 【包山楚簡文字編】

 饋 【汗簡】

 裴光遠集綴  丘位切  林罕集 【古文四聲韻】

◉許　慎　□餉也。从食。貴聲。求位切。【說文解字卷五】

◉吳大澂　□從帚從□從皿。□似米之異文。國語。敢歸之下執政。注。歸。饋也。論語。歸孔子豚。皇疏。歸猶餉也。當即此字。疑饋之古文。非女歸之歸。大鼎。【說文古籀補附録】

◉劉心源　□從飤從□。即□。仲𫍯父盤仲氏□。從食從頁。當是饋省。古刻貴字從頁不從貝。【伯就父敨　奇觚室吉金文述卷三】

◉柯昌濟　𥻆疑古饋字。周禮天官膳夫鄭注。進物于尊曰饋。士虞禮特豖饋食注。饋。歸也。聘禮歸饔餼五牢注。今文歸或為饋。此字從米從歸省。意即饋字。【大鼎　韡華閣集古録跋尾】

◉高田忠周　吳氏大澂此篆與下篆。皆釋為餑字異文饋也。然細審篆形。□□並與□全別。吳考斷非。但□□與臾字異文從□作□者稍近。而自有異。此當説文□字。□字解曰。東楚名缶曰□。象形。古文作□。又甴部□蒲器也。𤕦屬。所以盛糧。從甴弁聲。此右從貝從甴。當為貴字。説詳于貴下。然則此為饋字。尤顯明者。説文。□餉也。從食貴聲。經傳多以餽為之。又或以遺以歸為之。皆音近而通用也。古字唯當借貴為之耳。禮記檀弓。君有饋焉曰獻。周禮玉府注。古者致物于人。尊之則曰獻。通行曰饋。左僖三十傳注。野饋曰饁。皆本字本義也。【古籀篇八十八】

◉葉玉森　□林義光氏釋金文之□父丁卣□□卣為臾。疑古饋字。文源。王襄氏釋关。謂段氏云□。許書無此字。而送佚朕皆用為聲。此亦許書奪漏之一也。徵文考釋。郭沫若氏釋撞謂舂。亦可省作□。如毛公鼎二舂字均作□。則□固舂之初字。□與□之別在倒提。杵末有作勢前進之意。疑即撞之初字。從八作者。當是一字。八示分破之意。甲骨文字研究釋挐。森按予舊釋臾與奄。乃國名。殷契鉤沈。似均未安。【殷墟書契前編集釋卷一】

◉郭沫若　𩜁疑饋字，從人從貝㞢聲。㞢乃𠂤之緐文，從山。【兩周金文辭大系考釋】

◉強運開　□叚敨。令𢍉𡆥䢐大㔞于叚。容庚云。汗簡引林罕集字饋作□。此從走。殆亦饋字。運開按。容説是也。又按。□且子鼎。王令且子□西方于相。文法與叚敨正同。吳愙齋以説文古文會作㣛釋為古會字。亦是也。䢐䢐形聲俱近似。□亦當為會之古文。然細宷兩器文義。𢍉𡆥且子叚相為四人名。大㔞西方則為田邑之名。蓋大㔞西方本為叚與相之所有。而為𢍉𡆥且子所侵敚者。故王令其歸還之。猶左傳齊人來歸鄆讙龜陰田是也。䢐䢐皆為歸饋之藉字。於此可見饋歸𥻆䢐䢐㣛𩜁音類相近。金文及經典多相通叚也。

□□均大敨文。王在𥻆㐲宮。運開按。𥻆㐲即歸祳。春秋定十四年石尚來歸祳。周禮大行人歸脤以交諸侯之福。皆段歸為⿱⿰米歸皿。論語詠而歸。歸孔子豚。齊人歸女樂。古文皆作饋。⿱⿰米歸皿從米。猶從食。饋食必以器。故又從皿。歸省聲。饋既為古文。是⿱⿰米歸皿乃籀文也。【説文古籀三補卷五】

◉馬叙倫　桂馥曰。蒼頡篇。饋。餉也。倫按饋音羣紐。與匱同為舌根音。是饋饁為轉注字也。文選祭顏光禄文注引蒼頡。祭名也。原本玉篇引作祭遺也。下文。餽。吳人謂祭曰餽。論語。齊女樂。女樂。漢書禮儀志。齊人餽魯而孔子行。以餽為饋。則祭名非饋本義。汗簡引林罕集字作⿰彳食。段敢有⿰彳⿱食止字。容庚釋饋。蓋從食遺省聲。亦或從辵饋省聲。乃遺之異文。【説文解字六書疏證卷十】

◉李旦丘　⿺辶食字原作⿰彳食，于省吾氏讀為饋。但是从辵从食的⿺辶食，為什麼就是饋字呢？于氏無説。集韻云：「饋古作⿸厂食」，而玉篇所收遺字古文正作⿸广食（广與厂通，如廈之作厦，廁之作厠，庡之作⿸厂衣）。由此可知从貴之字，可从厂，而从厂之字，又可从辵，故⿺辶食即饋字。【金文研究一册】

◉馬薇廎　貴為貴字，古鉢貴（貴字，見丁佛言説文古籀補第六篇八頁）與此相同。甾為甾字，瓦器也，貴从甾从貝，貝貯甾中，寶貴之物也，故有貴義。饋从食貴聲，饋字也，饋之本義為進食於神明，與薦義同。引申之為以物與人，與餽通。儀禮士虞禮「特豕饋食」注「以物與神及人皆言饋。」此字與⿰食奏完全相同，可以互相引證。一般釋為饋字，形既不同，義亦舛也。⿰食奏或作⿰食奏⿰奏食。奏原為華字，引申之為奏義。奏，進也，薦也。⿰食奏從食奏，進食於神明，亦即饋之意也。與饋異構同義。

「伯康作寶段，用饗朋友，用⿰奏食王父王母，也受兹永命無疆。」　伯康段　（三代八七五）

「作寶彝用⿰食奏」　旟段　（三代七一六）

「鑄其⿰食奏匠」　邾太宰簠（兩周一九三）

「其眉壽以⿰食奏」　邾太宰簠（兩周一九三）

以上四例之⿰食奏字，皆為進食於神明之意。

「敔作寶段，用⿰奏食厥孫」　敔段　（兩周一〇九）

上例之⿰食奏，非進食於厥孫，而遺於厥孫之意也，即餽之義也。此字應讀饋，求位切，十五部。有下列為證：

邾太宰簠云「鑄其饋匠，曰余諾龔孔惠，其眉壽以⿰食奏，萬年無期，子子孫孫永寶用之。」（三代十・二四）

以惠、⿰食奏、期之為韻，因説文惠胡桂切，十五部，饋求位切，十五部，同在一部，故可為韻也。饋有貴聲為證，知其為饋，⿰食奏有惠韻為證，亦知其為饋，且銘文之義，皆與饋合，故二字確為饋字不易。惟二字造字之方法不同，𩜁為會意字，饋為形聲字耳。

𩟗字頗難識，然貴亦貴字，因𠀠與𠙵相似，貝為貝字，字與貴相同，从廾即从𠬞，有奉獻意，故貴可視為饋之變體，𩟗饋鼎合文也。

一般均釋𩜁為餴或饋，案餴，説文解字注「餴，脩飯也。从食奔聲。饋餴或從賁，𩞁餴或從奔。」段注「脩，倉頡篇作餈，脩之言溲也。……此謂以水溲熱飯，古語云餈飯。」玉篇「饋，半蒸飯。」「餴，半蒸飯也，與饋同。」以此義解釋上舉諸例，無一能通，因餴與𩜁，字形並不相同，義亦不合，且餴音府文切，十三部，與饋十五部不能通假，釋餴之誤不辯而知也。【彝銘中所加于器上的形容字　中國文字第四十三册】

●李　零　「饋」字，原銘作饋，字亦見于無(許)臭鼎、大府盞，舊釋饋，釋饎，釋飤，皆有未當。這裏我們是把它釋為饋，即禮書「饋食」之「饋」。江陵望山、天星觀楚簡均有以牲饋享之辭，「饋之」之「饋」也是這樣寫法。去年我寫了一篇《戰國鳥書箴銘帶鉤考釋》，指出前人所謂「夏帶鉤」其銘文中的「貴賤」二字其實就是「貴賤」二字，此字從貴，正宜釋為饋。【楚國銅器銘文編年彙釋　古文字研究第十三輯】

●劉彬徽等　饋，簡文作饋，讀作饋。《周禮·春官·大宗伯》：「以肆獻祼享先王，以饋食享先王，以祠春享先王，以禴夏享先王，以嘗秋享先王，以烝冬享先王。」【包山楚簡】

●徐寶貴　釋𩟗、貴二字

此二字均見於《古璽彙編·姓名私璽》。

𩟗字在第二八頁：

𩟗　一〇三八釋文作「肖精」。

𩟗　一〇三九釋文作「肖□」。

釋文第一方僅隸作「精」而未注今字；第二方以□代之，均以為不識之字。

案此字乃從米貴聲之字。貴是「貴」字。戰國帶鉤鳥書箴銘宋薛尚功《歷代鐘鼎彝器款識》卷一第一七頁，宋王俅《嘯堂集古録》六九頁：「不擇貴賤」，李零先生釋為「不擇貴賤」，謂「貴，原銘作貴，下半是貝字的省文，于此應釋為貴。這個字的釋出很重要，因為楚國文字中有一個饋字(字亦作饋、饋)，如邵王之諻鼎、無臭鼎自銘『饋鼎』，江陵、望山、天星觀楚簡『戠牛饋之』、『戠狖饋之』，舊釋餴顯然不對，應據此銘正為饋。饋，就是禮書所説饋食之饋。古璽中也有這個字，一是人名用字，如『史貴』『郘

□』；一是箴語用字，如『□身』，也應讀為貴。漢代的貴字往往作□或□（銅器、璽印、簡帛等），與此仍有相似性。」李零《戰國鳥書箴銘帶鉤考釋》載於《古文字研究》第八輯。李先生之說極是。此字的釋出，對其它從貴的古字也就順利地釋出來了。古璽文「貴」字又作□一五七一□一九一三，作□形者與古璽文□字所從之□完全相同。作□形者與無臭鼎□羅振玉《三代吉金文存》卷二第五三頁。邵王鼎□和古璽文□字所從的貴字就完全相同。以上已證明古璽文□、□是從米貴聲的「糣」字。

糣，《說文》所無。案當與無臭鼎、邵王鼎的「饋」字為一字之異。古文字偏旁米、食可互作。如《說文》食部「餈」字作□，或作從米作□；「饎」字作□，或體從米作□；「飷」、「餉」、「餹」、「饍」、「餹」、「饘」等字，《集韻》或從米作「粗」、「粡」、「糖」、「糕」、「糙」、「糧」；「餛」字，《博雅》或從米作「𥻗」；又《說文》米部「粒」字，正篆從米作粒，古文從食作□。以上乃偏旁中米、食互作之證。有以上實例證明古璽文「糣」字與「饋」當是一字。

饋，《說文》：「餉也，從食貴聲。」《左氏·僖三十年》傳注：「野饋曰饁」，釋文：「饋，餉也。」《論語·鄉黨》：「康子饋藥」，皇疏：「饋，餉也。」《列子·黄帝》：「而五漿先饋」，釋文：「饋，餉也。」《易·家人》：「在中饋」，釋文：「饋，食也。」《儀禮·既夕禮》：「燕養饋羞湯沐之饌」，注：「饋，朝夕食也。」《荀子·正論》：「曼而饋」，注：「饋，進食也。」《周禮·膳夫》：「凡王之饋」，注：「進物於尊者曰饋。」《禮記·檀弓上》：「顏淵之喪饋祥肉」，注：「饋，遺也。」《周禮·籩人》：「饋食之籩」，注：「饋食，薦孰也。」《文選·祭顏光禄文》注引《蒼頡》：「饋，祭名也。」《戰國策·中山策》：「飲食餔饋」，注：「吴謂食為餽，祭鬼亦為餽，古文通用讀與饋同。」《一切經音義七》：「饋，古文餽同。」以上為「饋」之諸義。此二古璽文為人名，無義可尋。

□字在《姓名私璽》第四九頁：

□一五二三釋文作「孫□」。

案古璽文姓名私璽「郘貴」、「事貴」、「鄆貴」和吉語璽「貴身」的「貴」字作□、□、□等形，所從的「貝」字或省作□形。此「孫□」的□字，也是「貴」字。此「貴」字將「貝」字全部省去，而以兩橫畫代替省去的部分——「貝」字。這是以符號代替省去部分的簡化方法，這是戰國古文字中出現的現象。下面舉幾個實例加以證實。

為□ 曾伯陭壺　　□左師壺

馬□ 虢季子白盤　　□古璽

晉□ 屬羌鐘　　□古璽

則□ 曾侯乙鐘　　□信陽楚簡

臨沂漢簡也有用這種方法簡化的文字：

者寫作老=　《孫子》：「兵老=」、「道老=」、「天老=。」

《孫臏》：「直老=為剛」、「術老=為紀。」

焉寫作正=　《吴問》：「晉國歸正=」、「公无税正=」。

這些都是用二横畫代替簡化的部分。貴字作臾=形，是作賷、𧶠者簡化了下部的「貝」，用二横畫表示省去的部分，這種簡化方法與上舉諸例的簡化方法是一致的。由此可以斷定此璽的人名臾=是「貴」字的省文。【戰國璽印文字考釋　中國文字新十五期】

◉戴家祥　饋　段毁　容庚金文編釋饋，云：汗簡引林罕集字饋作飡。按集韻去聲六至饋、歸、餽同字，云「饋，遺也。」毁銘「王令龏𡜶飡大則于段」。令命同字，龏𡜶人名。春官大宗伯「五命賜則」，鄭玄謂「則，地未成國之名。王之下大夫，四命出封，加一等。五命，則之以方百里、二百里之地者。三百里以上成國。王莽時以二十成為則，方五十里合，今俗説子男之地。獨劉子駿等識古有此制。」知毁銘「飡大則于段」者，即五命賜則之盛典也。饋亦賜也。容釋可從。【金文大字典下】

◉湖北省文物考古研究所　北京大學中文系　「饋」字原文作饋，亦見於邵王之諻鼎及無臭鼎（《金文編》一三八頁），吴式芬首釋為「饋」（《攈古録金文》卷一之三·六下），臺灣學者馬薇廎亦釋為「饋」（《彝銘中所見加於器名上的形容字》，《中國文字》四二册），但吴、馬所釋一直未受到重視。李零《戰國鳥書箴銘帶鉤考釋》（《古文字研究》第八輯）釋宋代著録的戰國鳥書帶鉤銘文「不擇𧶠戉」四字為「不擇貴賤」，甚是。帶鉤銘文「貴」字的寫法證明吴、馬二氏所説之確。簡文此字亦是「饋」字，《書·酒誥》「爾尚克羞饋祀」，簡文「饋祭」即《酒誥》「饋祀」。《文選·祭顔光禄文》「敬陳奠饋」，李善注引《蒼頡篇》曰：「饋，祭名也。」《戰國策·中山策》「飲食餔餽」，高誘注：「吴謂食為餽，祭鬼亦為餽。古文通用，讀與饋同。」【一號墓竹簡考釋　望山楚簡】

◉湖北省文物考古研究所　北京大學中文系　簡文「鼎」字及偏旁「鼎」皆作「鼑」，實即「貞」字古體。「貞」、「鼎」音近，春秋、戰國時人多以「貞」為「鼎」。釋文為簡便計，一律寫作「鼎」。邵王之諻鼎（《三代》三·一一）、無臭鼎（《三代》二·五三）皆自稱「饋鼎」，而膉鼎（《三代》三·一二）作「貴鼎」（「貴」字原文省「貝」旁）。因此簡文「饋=」既可能是作為「貴鼎」來用的，也可能是作「饋鼎」來用的。按照前一種理解，「貴」應讀為「饋」；按照後一種理解，「饋」應是「饋鼎」之「饋」的專字（參看一號墓竹簡考釋（八七））。此墓出土有蓋銅鼎五件（兩件較大，三件較小），疑即饋鼎。墓經盜掘，故鼎數少於簡文所記。【二號墓竹簡考釋　望山楚簡】

□ 拾六・八 卜辭用卿為饗 重見卿下 【甲骨文編】

□ 卿之重文 【續甲骨文編】

□ 饗 不從食 宰甫簋 卿字重見 【金文編】

◉許 慎 □鄉人飲酒也。从食。从鄉。鄉亦聲。許兩切。【說文解字卷五】

◉徐同柏 □ 字作□。從米在豆。廾承之。與亯字同意。【周盂鼎 從古堂款識學】

◉高田忠周 文義明為饗字。然饗字有別作□者。從肉與從食從皀同意。合即字聲也。但𨙸字書不收。為古逸文。𨙸與饗通。其音同卿可知矣。又按。卯訓事之制也。從卩㔾。卩㔾者。合符節也。𨙸字從卯合。其義亦可察知耳。姑存于此。竢他日攷云。【古籀篇二十五】

◉馬叙倫 嚴章福曰。當作從食鄉聲。倫按惠士奇據此說解以為鄉飲酒即古之饗禮。段玉裁據此說解以為與詩豳風朋友斯饗曰殺羔羊傳云。饗鄉人飲酒也者合。然文從食從鄉。無飲酒義。而六篇鄉下曰。國離邑民所對鄉也。鄉食自不得合誼為鄉人飲酒。其實鄉為鄉黨字。饗從食鄉聲。為卿之轉注字。古讀卿如鄉。鄉卿皆得聲於皀也。玉篇訓設盛禮以飯賓也。義實較許為得。或此乃校語。亦或字出字林也。【說文解字六書疏證卷十】

◉饒宗頤 □按即乃饗字，禮記祭義之：「唯聖人為能饗帝，孝子為能饗親。饗者，鄉也。鄉之然後能饗焉。」鄉即心鄉往之。此饗之義也。【殷代貞卜人物通考】

◉張秉權 □字原釋存疑，現在我覺得這個字象兩人相嚮而與酒器之形，疑是饗食之饗的會意字。按說文五下食部，「饗，鄉人飲酒也，從鄉從食，鄉亦聲」。段注：「豳風朋酒斯饗曰殺羔羊。傳曰：饗，鄉人飲酒也，其牲鄉人以狗，大夫加以羔羊。」卜辭言「羊饗」，正與詩及毛傳所說相合，卜辭卿、鄉、饗大都作□，祇有饗食的意思沒有飲酒的意思，但是毛傳和說文都說饗是鄉人飲酒，這一解說，應有其相當的根據，我想□字也許就是這一說法的來源，不過在卜辭時代，已經常常用□字來代替□字了。後世遂以從皀的饗字代替了從酉的饗字，所以在字形上看不出飲酒的意義了。【殷虛文字丙編考釋下輯】

◉李孝定 說文「饗。鄉人飲酒也。從鄉從食。鄉亦聲。」絜文金文饗均不從食字。中從□。與食同意。更從食。於形已複。兩側象兩人相對饗食之形。古文公卿之卿。嚮背之嚮。饗食之饗。均如此作。許以鄉人飲酒解此字。稍失初誼。卿字重文

説詳九卷卿下。金文作[glyph]宰峀簋。【甲骨文字集釋第五】

◉梓　溪　故宮博物院收購到的這件(中枏父)段,文字工整,第三行「用敢卿孝于皇且考」句,享字作卿,為他器所少見。于此益證古人公卿之「卿」、鄉里之「鄉」、饗食之「饗」在當時都是一個字之説是對的。【陝西永壽縣出土青銅器的離合　文物一九六五年第十一期】

◉徐中舒　[glyph]南無一五七　從酉從[glyph]卯,與[glyph]饗字構形方式近似,疑為饗之異體。【甲骨文字典卷十四】

饛　[seal]

◉許　慎　饛盛器滿皃。从食。蒙聲。詩曰。有饛簋飧。莫紅切。【説文解字卷五】

◉吳大澂　[glyph]疑即詩有饛簋飧之饛。説文云。盛器滿皃。【邵王𣪕　愙齋積古録九册】

◉馬叙倫　段玉裁曰。小雅傳。饛。滿簋皃。許謂字之本義不專謂簋。故易為器。倫按鍇本皃下有也字。蓋本作滿也。以聲訓。此有校語并之。本部字無涉形容詞者。疑為飽之轉注字。字或出字林。【説文解字六書疏證卷十】

飵　[seal]

◉許　慎　飵楚人相謁食麥曰飵。从食。乍聲。在各切。【説文解字卷五】

◉馬叙倫　嚴章福曰。楚人下挩謂字。上文周人謂餉曰饟。下文秦人謂相謁而食麥曰䭇餯。同此語例。倫按方言一。養。飵。食也。陳楚之内相謁而食麥饘謂之養。楚曰飵。凡陳楚之郊南楚之外相謁而餐。或曰飵。或曰䬯。秦晉之際。河陰之間曰䭇餯。此秦語也。然則飵䬯䭇餯止當訓食。必非食麥之專名。食音牀紐飵音從紐。同為濁破裂摩擦音。是借食為飲飤之飤之轉注字。亦飤之同舌尖前音轉注字。字或出字林。此下飽餫字皆從食之借義得義。【説文解字六書疏證卷十】

䬯　[seal]

◉許　慎　䬯相謁食麥也。从食。占聲。奴兼切。【説文解字卷五】

◉馬叙倫　桂馥曰。韻會引作餂。從食。舌聲。又引孟子。是以言餂之也。王筠曰。諸書無餂字。方言注曰。音忝。謂挑取物也。其字從金。鍇本無聲字。倫按韻會引或所據本如是。故又引孟子證之。舌音牀紐。古讀歸從。則正與作為轉注字。字或出字林。【説文解字六書疏證卷十】

䭓

◉許　慎　䭓秦人謂相謁而食麥曰䭓䭔。从食。㥯聲。烏困切。【說文解字卷五】

◉馬叙倫　廣雅釋詁一。䭓䭔。食也。䭓䭔二字或出字林。【說文解字六書疏證卷十】

䭔

◉許　慎　䭔䭓䭔也。从食。豈聲。五困切。【說文解字卷五】

◉馬叙倫　孔廣居曰。䭓諧㥯聲。故音烏困切。此諧豈聲。乃亦音五困切。疑有誤。倫按䭔得豈聲。豈得耑聲。耑即微妙之散本字。散音微紐。微疑同為邊音。故䭔音轉入疑紐。䭓聲真類。䭔聲脂類。脂真對轉。故䭓䭔為連緜詞。䭔音疑紐。餂從舌得聲。舌從干得聲。干屰一字。屰音亦疑紐。今餂音在娘紐。娘疑亦同為邊音。豈舌聲同脂類。則䭔餂為轉注字。【說文解字六書疏證卷十】

餬

◉許　慎　餬寄食也。从食。胡聲。户吴切。【說文解字卷五】

◉馬叙倫　胡三省曰。寄食者。蓋因左傳餬其口於四方以為説。倫按胡引作寄食鬻也。鬻也蓋鬻字義。校者加之。餬止當訓食也。為飵之聲同魚類轉注字。亦䭔之同舌根音轉注字。寄食也蓋寄也食也。寄也蓋吕忱據方言加之。或此字出字林。鉩文作。從食。古聲。古為故省。【說文解字六書疏證卷十】

飶

◉許　慎　飶食之香也。从食。必聲。詩曰。有飶其香。毗必切。【說文解字卷五】

◉馬叙倫　食之香也疑亦本詩為説。然詩載芟有飶其香者。實借飶為苾。故毛傳。飶。芬香也。此蓋本作食也香也。香也即苾字義。蓋字林依詩傳加之。飶止訓食也。之蓋也之譌字。吕忱加香也。或字出字林。以字次求之。或為䬵飽之轉注字。飶從必得聲。必飽音同封紐。䬵音影紐。封影同為清破裂音。則食也或飽也之爛捝字。【說文解字六書疏證卷十】

◉裘錫圭　後下14·3　明1122

上揭甲骨文，《甲骨文編》當作未識字收在附録裏八七四頁。這個字所從的就是「食」字所從的「皀」，甲骨文「食」字或作《甲骨文編》257頁，可證。這也是文字兩側加點的一個例子。古文字裏「食」「皀」二字用作表意偏旁時可以通用，例如甲骨、金文的「𣪘」(簋)字就都可以寫作「㲉」同上132頁，《金文編》238頁。同類的例子很多。所以這個字應該是「飶」字。《説文·食部》：「飶，食之香也。從食，必聲。」余永梁曾釋此字為「飪」《殷虛文字考》，《國學論叢》一卷一期，不確。上引兩個「飶」字都見于殘辭，它

們在卜辭裏的用法我們還不清楚。【釋柲　古文字研究第三輯】

飫 飫

◉許　慎　飫燕食也。从食。芺聲。詩曰。飲酒之飫。依據切。【說文解字卷五】

◉馬叙倫　王筠曰。國語注引作宴安私飲也。案當作燕私宴飲也。燕私即用詩備言燕私。謂飫禮亦名燕私。而宴飲則許君所加注解也。飫與酉部醧同字。其說曰。私宴飲也。亦是私字絶句。釋言。飫。私也。邵瑛曰。飫醧音義俱同。蓋一字也。今經典少作醧者。惟詩常棣飲酒之飫。韓詩作醧。角弓。如食之饇。說文無饇。或隸體之變。參用飫醧兩字也。倫按韋昭已引此文。字自出倉頡或訓纂。蓋韋引宴安私宴也者。許本作宴也。以聲訓。宴安私飲也蓋出許氏字指矣。猶棔下之有棔朝門也。此作燕食也者。燕蓋校者注以釋飫字之音者也。食也字林文。玉篇訓食多也。而以宴私之飫為醧字。尋醧從酉乃合飲義。然則國語字則飫。而義則醧。韋之所引或醧字之說解耶。此從食當訓食也。玉篇訓食多也。蓋本此。則食下當捝多字。食多即飽。故字次飽上。段玉裁謂其字下與飽餔饒餘相屬。則其義略同。蓋飫為飽饒之轉注字。聲皆幽類也。夫古之饗宴異禮。饗則具儀而已。宴則飲食醉飽。故曰宴私。然宴無本字。蓋本無異名。以其取飽。則即曰飫。字或出字林。古鉨有[glyph]。丁佛言釋飫。又有[glyph][glyph]。強運開謂古飫字。倫謂從食於聲。飫之轉注字。非即飫字也。餘詳醧下。【說文解字六書疏證卷十】

飽 飽

[glyph]飽出說文　[glyph]飽亦飫【汗簡】

[glyph][glyph][glyph][glyph]竝裴光遠集綴　[glyph]　[glyph]說文　[glyph][glyph]竝崔希裕纂古【古文四聲韻】

◉許　慎　飽猒也。从食。包聲。博巧切。[glyph]古文飽。从采。[glyph]亦古文飽。从卯聲。【說文解字卷五】

◉劉心源　[glyph]。吳釋乳。未碻。說文。飽。古文作[glyph]。從古文孚。此從孚抱子。蓋本懷抱字。用之為飽省食耳。孚者卵孚。今人謂鳥伏卵為毻。音暴。此[glyph]正象毻子形。是即抱即毻亦即包矣。【奇觚室吉金文述卷十七】

◉孫詒讓　[glyph]　筠清釋為餐。以字形審之。殊不類。攷此字左從[glyph]。當為缶。齊國差甔鑰字從[glyph]。〔攈古〕三之一。又金文寶字所從缶形亦多作[glyph]。或作[glyph]。與此正相近。蓋此當為鍄之異文。從又者緐縟文也。集韻四十四有飽或作餢。呂氏春秋辯土篇。為其唯厚。而及鍄者。亦即此字。蓋周時固有此異文。故呂不韋用之矣。說文食部飽重文餜云。古文飽。從采聲。采聲缶聲。古文亦多互通。後弡中簠云。諸友具飽。彼文作□。右形闕蝕。似亦從缶也。〔攈古〕三之一。又後大鼎。王召走馬雁。令取鎷騳卅匹易大彼。鎷作□。左從□。與此亦相似。〔攈古〕三之一。鎷即犒之借字。爾雅釋畜。驪白雜毛鴇。詩鄭風大叔于田作鴇。彼鼎作□。右亦似從鳥形。說文無鴇字。鳥部鴇重文鴇。鴇或從包。鴇之為鎷。猶此以飽為飽。足相比例也。【仲𫯎父盤　古籀餘論卷二】

◉孫詒讓　□　金文中𫯎父盤云:「中𫯎父乍婦姬尊般盤,黍粱來麥,用𦙶□中氏領。」□字右從食從又,左從□當為「缶」。齊國差甔「鑰」字從缶作□,大鼎「鎷」字從□,詳前轉注楬櫫。正同。當為飽之異文,舊釋為餐誤。從「又」者,緐縟文也。集韻四十四有飽或作飽。呂氏春秋辨土篇云:「為其唯雖省厚後通,而及急省飽也。」明古飽字有作飽者,故呂不韋得用之,此古文之存於先秦古子者。金文與彼正合,說文失載,亦許君之疏也。

說文食部「飽,古文作餜,從采聲。」爪部孚,古文作采,云:「從禾。『禾』,古文保。」保亦聲。古「孚」「保」「缶」聲多通用,如春秋莊六年經「齊人歸衛俘」,公羊穀梁「俘」作寶,說文宀部寶從缶聲。是其例也。若然,飽之作飽與作餜,聲義本通,無足異矣。【名原下卷】

◉商承祚　說文「飽。猒也。從食包聲。餜。古文飽。從采聲。䬨。亦古文飽。從丣聲。」案汗簡引作□。從保。保乃保之古文。采。孚之古文。此從孚。汗簡從保。未知何為本體。【說文中之古文考　金陵大學學報第五卷第二期】

◉馬叙倫　鈕樹玉曰。韻會引猒作厭。倫按許當以聲訓。猒也蓋字林文。

□沈濤曰。汗簡引說文飽字作□。蓋古本篆體如此。宋保曰。飽。包聲。餜。采聲。采古文孚字。包采同部相近。猶罦字重文作䍖。孚聲。捊字重文作抱。包聲也。倫按包孚古音同在封紐。故飽轉注為餜。從采校語。

□宋保曰。包采丣並同部相近。倫按䬨亦飽餜之雙聲轉注字也。從丣聲校語。【說文解字六書疏證卷十】

◉黃錫全　□飽出說文　今本《說文》飽字古文一形作□,此形從保字古文□。夏韻巧韻録《說文》作□,與今本同;録裴光遠《集綴》作□。此形當注《集綴》。或許異本《說文》有如此作者,為裴氏所本。包孚音近字通,如《說文》罦字或作䍖,捊字或作抱。中山王鼎「儆桴晨鐸」,張政烺先生認為「桴,讀為枹,鼓椎也。」

□飽亦飫　夏韻巧韻録飽字一形作□,鄭珍認為「蓋仿俗書飽字作」。三體石經巳字古文作□,□和□當為□形譌誤。《廣韻》飫,飽也。《五音集韻》飽,飫也。【汗簡注釋卷二】

◉戴家祥　□叔朕簠　□字從欠從孚,字書未見,以聲義求之,似即小雅苕之華「人可以食,鮮可以飽」之飽。古字以欠表義者,亦或更旁從食。說文八篇「歙，歠也。從欠，酓聲。」古文作㱃，從食，今聲。孚聲同包，左傳隱公八年「公及莒人盟于浮來」，公羊穀梁俱作包來。呂氏春秋本味篇「令烰人養之」，高誘注「烰，猶庖也。」說文七篇䍖，或作罦。集韻下平十九侯枹桴同字，孚古文作𤓽，從爪，𤓽聲，𤓽古文保。許云飽，猒也。從食，包聲。古文作餜從食𤓽聲。是𥎦之為飽，焯然無疑義矣。阮元釋乳，積古齋鐘鼎彝器款識卷七第四頁。劉心源釋抱，奇觚室吉金文述卷十七第二十一頁。郭沫若釋保，兩周金文辭大系考釋第二二四頁。吳闓生釋孚，吉金文録卷四第十六頁。日本高田忠周釋具，古籀篇九十六第十六頁。皆未確。唐韻飽讀「博巧切」，幫母幽部。【金文大字典中】

◉戴家祥　[古文字]中𠭯父盤　孫詒讓認為字從[古文字]，當為缶，齊國差甔𦉢字從缶作[古文字]，大鼎𦉢字從[古文字]，正同，當為𩚵之異文，從又者繁縟文也。集韻三十一巧有飽或作𩚵，呂氏春秋辨土篇云「為其唯厚而及𩚵也」，明古飽字有作𩚵者，故呂不韋得用之。名原下二一葉。

戴家祥曰。宋時出土弡仲医銘云：「弡中受無彊福，必共應釋寮友餐飤具𩚵。」黃伯思云：「𩚵與飽同，音飽也。」東觀餘論卷上。可為孫釋佐證。【金文大字典下】

餶

◉許　慎　餶猒也。从食。肙聲。烏玄切。【說文解字卷五】

◉馬叙倫　猒也以聲訓。今杭縣謂憎人多食曰。你泣飽了。疑當作餶飽。此猒飽之猒本字。餶之音同影紐轉注字也。【說文解字六書疏證卷十】

饒

[古文字]廣饒侯相　[古文字]趙饒私印　[古文字]陳饒　[古文字]王饒　[古文字]孟饒　[古文字]紀饒私印　[古文字]徐饒　【漢印文字徵】

◉許　慎　饒飽也。从食。堯聲。如昭切。【說文解字卷五】

◉馬叙倫　沈濤曰。文選王粲從軍詩注引作餘也。下文。餘。饒也。饒餘互訓。足證今本作飽之誤。倫按鍇本作饒飽也。饒為隸書複舉字。選注引者蓋呂忱列異訓。【說文解字六書疏證卷十】

餘

[古文字]餘　秦一七二　五例　[古文字]封六五　[古文字]效三二　【睡虎地秦簡文字編】

餘 新越餘壇君 餘 餘蒲根印 餘 榮餘之印 餘 餘芳蓋印 餘 於餘朔印 餘 高餘私印 【漢印文字徵】

餘 禪國山碑 其餘飛行之類 【石刻篆文編】

餘 道德經 餘 同上 餘 道德經 【古文四聲韻】

●許　慎　餘饒也。从食。余聲。以諸切。【説文解字卷五】

●馬叙倫　餘音喻紐四等。饒從堯得聲。曉亦從堯得聲。古讀饒蓋如曉。與餘同為次清摩擦音。故餘饒為轉注字。字見急就篇。【説文解字六書疏證卷十】

●許　慎　餀食臭也。从食。艾聲。爾雅曰。餀謂之喙。呼艾切。【説文解字卷五】

●馬叙倫　王筠曰。繫傳作餀謂之餯。鈕樹玉曰。宋本及舊鈔本繫傳集韻類篇引竝作喙。是。説文無餯。周雲青曰。唐寫本玉篇引食而臭之也。蓋古本如是。今奪而之二字。倫按餀為饖之轉注字。聲同脂類。爾雅以下校語。或字出字林。爾雅釋文引字林。大刈反。【説文解字六書疏證卷十】

餞 籀韻 【古文四聲韻】

●許　慎　餞送去也。从食。戔聲。詩曰。顯父餞之。才線切。【説文解字卷五】

●馬叙倫　沈濤曰。左成八年傳釋文御覽八百四十九皆引餞送去食。蓋古有食字。詩崧高釋文引字林。亦曰送去食也。倫按此祖道之祖本字。祖音精紐。餞音從紐。同為舌尖前破裂摩擦音。古蓋讀祖道字音如徂。語原與徂同也。故古借祖為餞。送去食也字林文。左成八年傳釋文引作送去食也。字林。子扇反。蓋初引所據本顯為説文。次引字林。則顯為字林或別行者也。字或出字林。書學正韻引字林。送行饋餞也。蓋非一訓。【説文解字六書疏證卷十】

餫  館 

◉許　慎　餫野饋曰餫。从食。軍聲。王問切。【説文解字卷五】

◉馬叙倫　餫饋脂真對轉轉注字。野饋曰餫非本訓。字或出字林也。【説文解字六書疏證卷十】

 館陶家丞　 韓館　 高館【漢印文字徵】

 館【汗簡】

 碧落文【古文四聲韻】

◉許　慎　館客舍也。从食。官聲。周禮。五十里有市。市有館。館有積。以待朝聘之客。古玩切。【説文解字卷五】

◉郭沫若　䬴字亦見呂鼎,彼銘云「唯五月既死霸,辰在壬戌,王䬴于大室」,彼䬴字正從夕作,此銘從月,蓋古人月夕字每通用不別也。由二器之辭旨與文字之字形與聲類以求之,余謂此當是館之初字,從食宛,宛亦聲。漢人用為飴豋字,方言「飴謂之餧,䬴謂之餚」,䬴即此䬴字。【臣辰盉銘考釋　燕京學報一九三一年第九期】

◉馬叙倫　沈濤曰。一切經音義五引周禮五十里有候館。蓋古本館上有候字。與周禮合。翟云升曰。御覽引無舍字。脱也。倫按玉篇引作周禮王禮五十里有市。市有候館。候館原作候候館館有積。周禮委人注詩緇衣公劉左隱十一年傳服注僖廿八年成十八年襄廿一年傳杜注皆訓舍也。左傳釋文引字林。客舍也。館義為舍。字當從舍。從食者誤耳。當立舍部而屬之。字或出字林。此官之後起字。餘詳官下。【説文解字六書疏證卷十】

◉温少峰　袁庭棟　殷代既有驛傳之制,則應有館舍的設置。《周禮·遺人》:「三十里有宿,宿有路室。五十里有市,市有候館。」《國語·魯語·上》:「宿于里館」注:「館,候館也。」驛傳之制,用于軍事,類乎後世之兵站;用于政治與經濟事務,類乎後世之交通站與招待所。故設館舍之供食宿,應屬必然。卜辭中有無記載呢?有。

卜辭中有「𠂤」字,《説文》:「𠂤,小阜也,象形。」大徐曰:「今俗作堆。」又《説文》于「宮」字下曰:「𠂤猶衆也」。許氏之説扞格難通,今甲金文中之「𠂤」並非「大阜」,故「小阜」之説不能成立。而若以「小阜」釋之,則從「𠂤」之字均無法解釋。我們以為「𠂤」本是古代契刻之形,即《易·系辭下》「上古結繩而治,後世聖人易之以書契」之契。古人契刻記事,並發展為符節,作為權力或命令之象徵(關于「𠂤」之考釋,另詳我們的《漢字字源學·本篇》,此不贅)。故「官」字從宀從𠂤,𠂤在屋中,即會治事之所、駐軍之所、持節所在等意，官即館之本字，故知𠂤可讀館。官之本義為館，何紹基、俞樾早有此説（見《兒笘録》卷四），而戰國銅器銘文中「食官」逕作「食𠂤」，故知「𠂤」可讀館，實不可易。《説文》：「館，客舍也」；《廣雅・釋宮》：「館，舍也。」此正是《周禮・遺人》：「三十里有宿，宿有路室；五十里有市，市有候館」的「候館」之意。卜辭云：

(95)癸丑卜：王才（在）𠂤寮，卜……（《文》七〇〇）

(96)貞：每（毋）往，才（在）正月，才𠂤析？（《文》七三五）

(97)戊戌卜：王才（在）一月。才（在）𠂤巻？（《後》下一五・一）

以上諸辭，均有「𠂤某」，很明顯是一種專有的地名之稱。卜辭又有地名作「某𠂤」，如：

(98)戊子卜：令……往雀𠂤？（《鐵》二二六・一）

(99)……殼貞：王往于茁𠂤？（《乙》七一八）

(100)……寅卜：方其至于𩑛𠂤？（《掇一》四三七）

類似的「某𠂤」、「𠂤某」，在卜辭中並不少見，不備引，前人有各種解釋。郭老釋「屯」（見《兩周金文辭大系圖録考釋》），于省吾先生釋「師」（見《略論西周金文中的六𠂤八𠂤及其屯田制》，載《考古》一九六四年三期），徐中舒老師釋「次」（見《𨒪敦考釋》，載《史語所集刊》三本二分）。三位前輩之説，在「𠂤」之內容上大體不誤，即認為「𠂤」是「師戍所在」，「師旅駐紮」之地，「軍旅所在之地」。但是，釋「屯」，于字形不協。釋「師」，卜辭中確有「𠂤」讀「師」者，如「今夕，𠂤七𡳿」（《粹》一二〇一）；「王乍三𠂤：又（右）、中、左」（《粹》五九七）；「𠂤隻（獲）羌」（《後》上三〇・一四）等，是大家熟知之辭。但駐軍之地不能作為固定的地名，因為殷代軍隊數目不大，不可能有數目衆多而又常駐各地的「常駐軍」。至于釋次，卜辭中有「𩠫」字，方是次。所以我們以為上述「𠂤某」、「某𠂤」之「𠂤」，當讀為「館」，即驛站之類的館舍。殷代地域廣大，以這類館舍組成之驛傳網為基礎，形成聯繫各地之交通運輸網，用以接待過往的軍旅及各種人員，實屬必然。卜辭中，以「𠂤」為館舍義之「𠂤某」「某𠂤」之載甚多，當是遍布各地之館舍，僅以《殷虛卜辭綜類》所收入者統計，就在三十處以上，可見殷代交通運輸網之廣泛。

在卜辭中，「𠂤」又寫作「𠂳」、「𠂹」，乃是「𠂤」之繁文。其下加指事符號「一、二」，表示館于此地，住于此地之意。「𠂤」之詞性發生變化，雖仍讀作「館」，但作為動詞用，表「館于」義，亦即「住于」、「留居」。正如《孟子》一書中，「館」既作為名詞用，如「可以假館」（《告子・下》），也作為動詞用，如「帝館甥于貳室」（《萬章下》），「館于上宮」（《盡心下》）之類。卜辭云：

(101)……卜，殼貞：王𠂹于𠙹（曾），迺乎（呼）龔□……（《續》二・二四・四）

(102)……卜，殼貞：王昜(勿)于𣪊𠂤？(《京》一五六〇)

(103)己未卜，殼貞：我于雉𠂤？(《丙》三)

(104)𠂤(師)般㠯(以)人于北西𠂤？(《後》下·二四·一)

(105)己卯卜，貞：曰：[glyph]𠂤才(在)䶂？(《寧》三·七·四)

(106)庚寅，王卜，才(在)𢀛，貞：余其𠂤才(在)丝(兹)上䲨，……(《前》二·五·三)

以上諸辭之「𠂤」、「𠂤」均讀為館，謂「館于某地」，「館在某地」或「于某地館」，均為住宿在館舍之意。

甲文又有[glyph]、[glyph]字，于省吾先生謂當隸定為「䢃」，讀作「次」(《甲骨文字釋林·釋𠂤、䢃》)，可從。《左傳·莊公三年》：「凡師：一宿為舍，再宿為信，過信為次。」《書·泰誓》：「戊午，王次于河朔。」《左傳·襄公二十六年》：「師陳焚次」，杜注：「次，舍也。焚舍，示必死。」是知「次」乃軍隊臨時駐紮之所。卜辭中，常見「在某䢃」之文：

(107)戊寅卜，才(在)韋䢃，𠂤(師)人亡𡆥？……(《人》二一四一)

(108)癸巳卜，才(在)黃林䢃……(《綴》一八二)

(109)癸巳卜，貞：王旬亡𡆥(繇)？才(在)二月，才(在)齊䢃，隹王來征人方。(《前》二·一五·三)

以上諸辭之「䢃」均為駐軍之「次」，也是一種館舍。于省吾先生分析說：「甲骨文言在某䢃，均指王之外出臨時駐于某地言之，金文同」(《甲骨文字釋林·釋𠂤、䢃》)。其說是。

從以上分析可知，殷人之交通運輸網以驛傳館舍制為特徵，區域寬大，規模不小，當是維系廣闊的殷王國的重要條件。後世之驛傳館舍制，均基于殷代已具之規模。【科學技術篇 殷墟卜辭研究】

◉戴家祥 薛氏款識有尹卣，銘曰：「隹十又二月，王初[glyph]旁，唯還在周。」第十一卷又見嘯堂集古録上第四十葉。薛尚功釋[glyph]為祭，近人膠州柯昌濟韡華閣集古録跋尾第三十六葉、日本高田忠周古籀篇卷九第十七葉從之。陳夢家釋居。金文論文選第七十七葉。強運開釋飧。說文古籀三補卷五第九葉。以字形審之，殊不類，郭沫若釋𩜁，其形差近。郭云：「𩜁字亦見呂鼎」，彼銘云「唯五月既死霸，辰在壬戌，王𩜁于太室。」彼字作[glyph]，正從夕作。此銘上宛從月，蓋古人月夕字每通用不別也。又右里盌，盌字作𥁄，所以宛字與此同。小篆從巳，亦稍異矣。由二器之辭旨與文字之結構以推之，當是館之古字，從食宛，宛亦聲也。……出館𦎫京，猶詩云「出宿於泲。」按郭讀𩜁為館是也。館從官聲，𩜁從宛聲，古音都在元部。說文十二篇婠「從女官聲，讀若楚郤宛」，是官聲相近，得相通借，經傳「館于」二字習見不鮮。【金文大字典下】

饕

◉戴家祥　官為館舍之本字，後世政務日繁，官署林立，治民之官多如牛毛，民知官府官僚之為官，不復追溯其字之從宀從𠂤之涵義，於是形義加旁，别為從食之館為館舍之專字。地官遺人「郊里之委積，以待賓客；野鄙之委積，以待羈旅。」鄭玄注「羈旅，過行寄止者。」江永謂遺人兼有薪芻，而所主者粟食之積。館之從食，言館舍之設，既為賓客羈旅提供棲息之所，且為賓客羈旅提供膳食之需。唐韻官音古丸切，館音古玩切，不但同部，而且同母。易隨之初九曰「官有渝」，陸德明經典釋文「官有，蜀才本作館有。」莊子天地篇「官施而不失其宜」，荀子王制篇「官施而衣食之」，施舍聲同字通，廣雅釋宮「館，舍也」。【金文大字典上】

饕　說文或从口刀聲　叨孳簋　【金文編】

崔希裕纂古　說文　【古文四聲韻】

◉許　慎 　貪也。从食。號聲。土刀切。饕或从口。刀聲。籀文饕。从號省。【說文解字卷五】

◉薛尚功　饕餮鼎　饕餮形

按博古録云此鼎款識純古。髣髴饕餮之形。後人觀象立名。故取以為號。至周監二代。文物大備。凡為鼎者。悉以此為飾。遂使吕氏春秋獨謂周鼎著饕餮。而不知其原實啟於古也。春秋左氏傳曰。縉雲氏有不才子。貪于飲食。冒于貨賄。天下之人謂之饕餮。古者鑄鼎。象物以知神姦。鼎有此象。蓋示飲食之戒云。【歷代鐘鼎彝器款識法帖】

◉馬叙倫　下文。餮。貪也。玉篇作貪食也。此玉篇作貪財也。倫按當竝訓貪食也。亦竝字林文。許當竝以聲訓。自此訖餲字。皆從食之借義得義。

沈濤曰。一切經音義十八云。叨。說文。此俗饕字也。是古本不以為或體。小徐本亦作俗饕。周兆沅曰。刀號疊韻。倫按此字蓋江式加之。玄應一切經音義引古文官書飽叨二形同。

翟云升曰。六書故引作號省聲。王筠曰。唬聲自諧。倫按從號省校語。號唬竝虎聲也。【說文解字六書疏證卷十】

◉周世棨　「饕餮」二字甲骨文中未見，金文中有一字，從「ㅂ」從「匕」，或釋為「叨」（見《叨孳簋》），《尚書·多方》中作「叨懫」，即所謂「叨懫曰欽」。但商周仍未見「饕餮」之說。《說文》籀文中有「」字（釋饕），其時代已較晚。但商周青銅器中所謂「饕餮

紋」，則舉目皆是。《吕氏春秋・先識篇》説「周鼎著饕餮，有首無身，食人未咽，害及其身。以言報更也」。容庚先生在《殷周青銅器通論》中談到：「這些顯然都是後世的倫理説教」，並且説：「饕餮之名，係後人所定，其意義也是後人附會之説，不足取信」。

商周青銅器所見之所謂饕餮大致可分為四類：

其一，為單獨頭面——其狀如牛面、羊面、鹿面、人面和其他獸面形。（圖三，1—6　圖四，1、2）

其二，為對稱式獸形——大部分為龍形或獸形圖案，所組成的獸面，分開則為兩只獸。（圖四，3、4）

其三，為綜合型獸面——其面為獸頭，而雙角則為對稱式龍紋圖案。（圖四，5）

其四，變形獸類圖案——多係回形（雲雷紋）組成。（圖四，6）

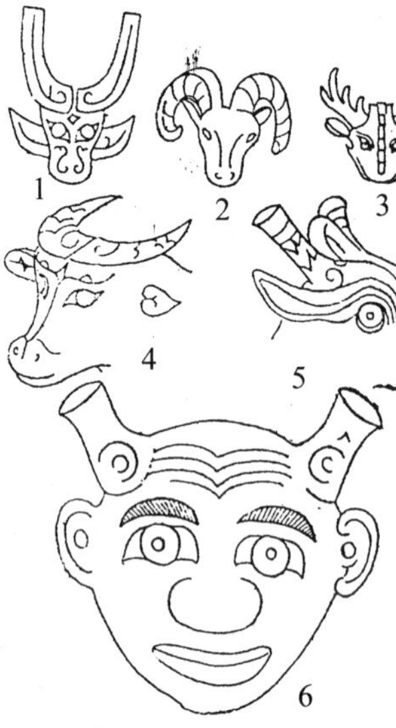

圖三

插图三：

1.牛面，見《美・集録》A，255，簋鈕。

2.羊面，見《美・集録》A，630，2卣鈕。

3.鹿面，見《通論》圖21。

4.牛的局部，見《美・集録》，677—1。

5.獸的局部，見《美・集録》，676。

6.人面，見《美・集録》，632—6盉蓋。

插图四：

1. 單獨獸面之一，羅振玉《三代吉金文存》(以下簡稱《三代》)卷18，第5頁，1937年。
2. 單獨獸面之二，見《通論》圖六二。
3. 對稱式獸面之一，見《通論》圖七二。
4. 對稱式獸面之二，見《通論》圖六九。
5. 綜合型獸面，見《通論》圖六七。
6. 變形獸面，見《三代》卷19，第3頁。

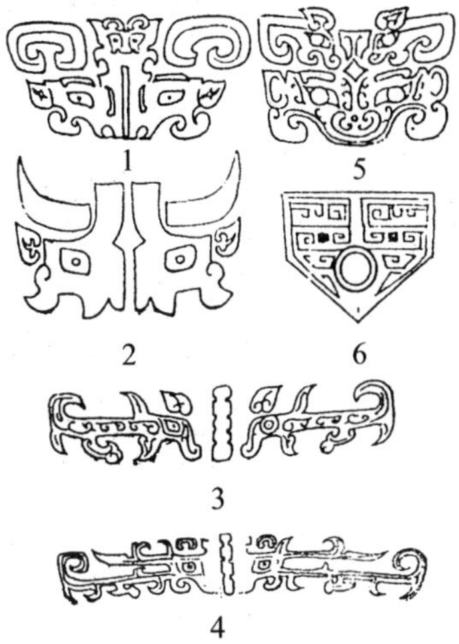

圖四

從上述圖形內容可以看出，所謂饕餮紋，實際上是牲口畜類的頭或人頭，其中人頭見于湖南寧鄉出土的人面方鼎。此鼎雖以人面為飾，但值得注意的是，人的頭上附有兩角，而其下部兩側又飾以兩足，這種人形戴角的圖形也有頭上支出兩角的(圖三，6)，卜辭中的「羌」字就是從這種圖形變來的。

甲骨文羌字作、等形。「羌」係戴角狀飾的方國民族，一說以牧羊為主，于省吾先生說：「甲骨文羌字作，系字作，均象繩索縛人之頸。」商王朝將羌人視為犧牲而與牛羊一樣對待，並將他們殺伐以祭，如卜辭中說：

「王于宗門逆羌。」「丙子貞，丁丑，又父丁，伐三十羌，歲(即劌)三牢，茲用」等。

在商代，每次祭祀斬殺羌人或牛羊少則數個、數十，多則數百或上千不等，如「酉千人」等；「酉」也是殺的一種。又金文中用牲也往往見于題銘，如《令方彝》記載十月癸未明公舍令于成周，次曰甲申用牲于京宮。《說文·牛部》「牲，牛完全」。用牲是用全牛。《尚書・召誥》：「用牲于郊，牛二。」又殷墟發掘中常在地墓内外埋有牛、羊、犬，似為奠基用牲，説明當時祭祀中雖然羌與牛、羊等牲口並用，但仍以「牛」為主。其實這種習俗遠在原始氏族社會就已經出現，如崧澤和草鞋山的一些墓葬中發現了隨葬豬下頜骨，大汶口和甘肅的秦魏家墓地也發現了隨葬豬頭的跡象。又：云南石寨山青銅器一房檐模型中，發現牛頭常懸掛在柱子上；佧瓦、景頗等兄弟民族資料也證明，當私有制度發生後不久的時間也往往流行着以牛頭誇示財富的習俗。

在古代典籍中也經常見到用牲以祭的記載。如《詩・閟宮》中説：「享以騂犧，是饗是宜……白牡騂剛，犧尊將將。」其中「享以騂犧」，是説用純赤色的犧牲來用於郊祭。「白牡騂剛(即犅)」也是指祭祀、用牲的毛色而言。「犧尊將將」各家解釋不一。我認為是指酒器的造型與圖案裝飾，如「牲首」(即所謂饕餮)等。又《墨子・節葬》中説：「天子殺殉，衆者數百，寡者數十，將軍大夫殺殉，衆者數十，寡者數人。」以上都是用牲的例證。

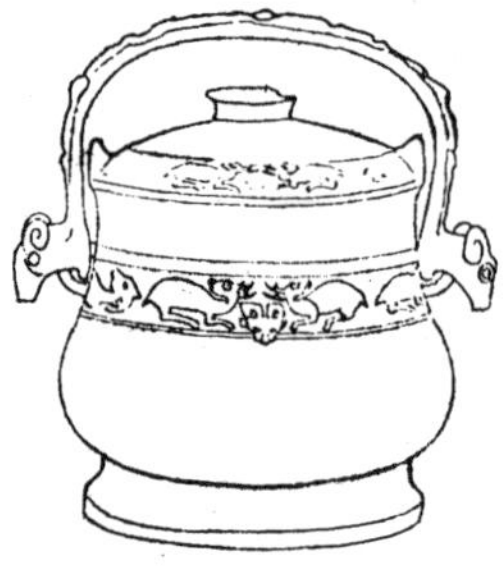
圖五

當然，商周青銅器裝飾圖案中所謂「饕餮」也不完全限于牛、羊、豬(湖南出土有豬尊和四豬尊)與羌等。有些畜獸在金文與圖形中則是記載田獵所獲，如《貉子卣》通體飾以鹿形和鹿頭，而銘文也正是記載王獵鹿之事(圖五)

根據以上所述，「饕餮」係指犧首而言，其取象以牛、羊為主，故「饕餮」以總稱「牲首」為妥。【淺談古文字與商周圖形定形　古文字論集(一)　考古與文物叢刊第二號】

◉劉彬徽　叨孳簋　武漢市文物商店收藏。器内底有銘文兩行十三字：

叨孳君(?)休于王

自乍(作)器，孫子永寶。

第一字「叨」應即《説文》之「叨」字。《説文》：「叨，饕或從口刀聲。」

關於此器的國別。其形制、紋飾、字體均屬中原周文化系統，但從傳世與考古發現的西周時期銅器來看，湖北地區此時期

飻

銅器地方特徵不明顯(如西周晚期的楚公豪鐘),故此器也可能出自湖北。周厲王㝬鐘(即宗周鐘)銘文中有「南國𠬝(服)孳」之稱,唐蘭先生認為「𠬝為國名,孳乃人名」。楊樹達先生認為𠬝孳與楚荆有關,乃南郡濮之君。由此推論,叨孳君(?)之叨也可能為國名,孳君(?)乃人名,叨孳君(?)可能為鄂東地區一個方國的首領。

「休于王」,「休」有美、慶、喜悦之義。王指周王。由「叨孳君休于王」一句可知其與周王朝的關係比較親密,與南國𠬝(服)孳「敢臽處我土」(㝬鐘銘文)之句,適成鮮明的對照。【湖北出土的兩周金文國别與年代補記 古文字研究第十九輯】

◉黄錫全 叨孳毁 叨即《説文》饕之或體。「叨孳」應與宗周鐘「𠬝孳」類同,為南方方國之一。叨孳的國君受到王的嘉美,自作寶器以為紀念。據厲王時器宗周鐘銘,「逆邵王」(迎見王)者,除「𠬝孳」外,「南夷、東夷具見廿又六邦」。「叨孳」有可能就是其中之一。【湖北出土商周文字輯證】

◉許 慎 飻 貪也。从食。殄省聲。春秋傳曰。謂之饕飻。他結切。【説文解字卷五】

◉馬叙倫 鈕樹玉曰。韻會作㐱聲。段玉裁曰。鍇本作㐱聲。是也。鉉不知平入一理。妄改為殄省聲。王筠曰。一切經音義四引。貪財曰饕。貪食曰飻。此賈逵左傳注也。許君引傳。故連引師説。倫按饕飻雙聲轉注字或聯緜詞。許書以聲訓。貪也蓋本作貪食曰飻。據王説足明本書引賈逵説皆逵經説。乃出許氏字指。所引非止今存數事。有未譌入正文者校者删之矣。殄省聲校者改之。引經亦校者增也。【説文解字六書疏證卷十】

饖

◉許 慎 饖 飯傷熱也。从食。歲聲。於廢切。【説文解字卷五】

◉馬叙倫 鈕樹玉曰。玉篇無。廣韻訓飯臭。錢坫曰。爾雅。餀謂之喙。應作此字。朱駿聲曰。今吴俗所謂餿也。倫按如錢朱二説。則上文餀與此為疊韻轉注字。餀下不得如唐寫玉篇所引作食而臭之矣。爾雅釋器釋文引字林。乙大反。下文。饐。字林訓飯傷熱溼也。則此訓飯傷熱也。亦字林訓。蓋晉時已通謂蒸米為食曰飯矣。爾雅釋器釋文引倉頡。食臭敗也。餘詳餲下。【説文解字六書疏證卷十】

饐 饐

饐史書 上同 【汗簡】

古史記 同上 林罕集 崔希裕纂古 古史記 林罕集 崔希裕纂古 【古文四聲韻】

◉許 慎 饐飯傷溼也。从食。壹聲。乙冀切。【説文解字卷五】

◉馬叙倫 段玉裁曰。魚部。鮑。饐魚也。是引申之。凡淹漬皆曰饐也。字林云。饐。飯傷熱溼也。混饐於饖。葛洪云。饐。飯餿臭也。本論語孔注。而非許説。桂馥曰。通俗文。飯臭曰饐。宋書劉粹傳。道濟為設食。饐不能餐。朱駿聲曰。經久而味惡曰餲。傷熱而餿臭曰饖。傷溼而腐臭曰饐。倫按飯傷溼也字林訓。論語鄉黨釋文引者。蓋傳寫涉饖下説解誤衍一熱字。餲饖饐音同影紐。聲同脂類。蓋轉注字。後乃分别之。或語原同也。【説文解字六書疏證卷十】

◉黄錫全 饐史書 鄭珍云:「《前漢・賈山傳》『祝餇在前』，此所出。」師古云餇，古饐字，謂食不下也。夏韻至韻録《古史記》作二形，屑韻作，所从之和疑是言形譌誤，如同誓字，散盤本從言作，而本書録《尚書》譌作。王先謙《漢書補注》引各家云:「宋祁曰餇當作餇。沈欽韓曰，王逸《九思》『仰長歎兮氣餇結』，注餇，結也。洪興祖云與饐同。」

上同 與今本《漢書》合。據夏韻出《古史記》，上文注當移至此。是郭見本有異，一並收録。【汗簡注釋卷二】

餲 餲

2352 汗簡謁作，羯作，揭作，渴作，以是知此為餲字。【古璽文編】

◉許 慎 餲飯餲也。从食。曷聲。論語曰。食饐而餲。乙例切。又烏介切。【説文解字卷五】

◉馬叙倫 鈕樹玉曰。玉篇。飯臭也。段玉裁曰。論語孔注。饐。餲。臭味變也。皇侃云。饐謂飯食經久而腐臭也。餲謂經久而味惡也。是則孔注本作饐臭餲味變也。今本誤倒耳。桂馥曰。字林。餲。食敗也。廣韻。胺。肉敗臭。案安曷聲近。本書。頞或作齃。王筠曰。爾雅。食饐謂之餲。直是誤讀論語。不必曲為之解。朱駿聲曰。疑與饖同字。承培元曰。饖音與餲同。疑許書本作食饐而饖。引在饖下。後人以異於今本。增入餲字。改引書文作餲。非許書有餲也。倫按饖饐餲三字皆為食敗。吕忱依俗説分别為飯傷熱也飯傷溼也飯傷口也。今此訓飯餲也。餲字乃隸書複舉譌乙於飯下。轉捝傷口二字。爾雅釋器餀謂之餯。餯即上文之饖。則饖上文餀食臭也。朱謂饖即今之餿字。是也。餿音當在審紐。而從叟得聲。叟音心紐。饖從歲得聲。歲從戌得聲。戌音亦在心紐。可證也。熱而變味為餿。則饖訓飯傷熱是也。以殪字及鮑為饐魚證之。則饐是腐臭。段謂論語孔注本訓作饐臭是也。此呂訓飯傷溼也。蓋物腐化者皆變溼也。此引論語雖非許文。然論語言食饐而餲。明饐餲不同。饐既是臭。則餲非臭。朱疑饖餲同字。承疑許引論語本是食饐而饖。然飯餿者。今杭縣紹興上海謂之酸烹臭。則餿自有臭。似論語之餲非餿義。不然。亦當曰食餲而饐矣。倫疑餲是今所謂黴。黴從微得聲。餲從曷得聲。曷從匃得聲。匃從亡得聲。詳匃字下。亡音微紐也。食饐而餲。謂食腐臭而有黴也。乙例反字林音。見爾雅釋器釋文引。然則本書之有二音者。其一出字林耶。字出字林耶。【說文解字六書疏證卷十】

禪國山碑　承饑衰之後【石刻篆文編】

饑　上同【汗簡】

◉許　慎　饑穀不孰為饑。从食。幾聲。居衣切。【說文解字卷五】

◉高田忠周　木為𣎴之省變。亦戉省文也。說文。饑穀不熟為饑。从食幾聲。與飢餓之飢別字。而經傳往往通用。亦古音同部故也。古字省文叚借之例。唯當以幾為饑。墨子七患。五穀不收謂之饑。穀梁襄二十四年傳。二穀不升謂之饑。詩雨無正。降喪饑饉。皆其本義也。【古籀篇八十八】

◉馬叙倫　穀不孰為饑。不當從食。自是言調不孰引申耳。饑為饉之古音同見紐又脂真對轉轉注字。饉得聲於堇。堇為土性在剛柔之閒者。詳堇字下。是言物未孰為饉。語原然也。爾雅釋天釋文引字林。穀不熟。則此是字林訓。從食之本義得義。古鉩作。【說文解字六書疏證卷十】

◉黃錫全　饑　幾形省戈，形同《義雲章》幾，説見前丝部。薛本《舜典》「阻饑」一見，作餕，與郭見本同，唐陽華巖銘譏作。

上同　《尚書》饑字僅一見，此乃別本饑字，郭氏一並收録。敦本釋文饑作餖，即飥字形譌。《玉篇》飥，古文饑。《一切經音義》屢云飥，古文饑。《爾雅·釋天》釋文「饑，本或作飢，又作古飥字」。鄭珍認為飥「蓋漢後字書有之」。【汗簡注釋卷二】

饉　吕壺【金文編】

◉許　慎　饉蔬不孰為饉。从食。堇聲。渠吝切。【說文解字卷五】

◉馬叙倫　鈕樹玉曰。韻會引為作曰。蔬當作疏。説文無蔬。倫按蔬不孰為饉字林文。從食之本義得義。曶鼎作饉。【説文解字六書疏證卷十】

◉林潔明　説文。「饉。蔬不孰為饉。从食。堇聲。」引申則為饑饉。銘文云。昔饉歲。蓋用為歲荒之意也。【金文詁林卷五】

⿰食戹　⿰食戹

◉許　慎　⿰食戹飢也。从食。戹聲。讀若楚人言恚人。於革切【説文解字卷五】

◉馬叙倫　王筠曰。讀若楚人言恚人者。以俗語正讀。謂楚人言恚人其詞似戹也。非謂讀若恚。朱駿聲曰。恚人之詞。有聲無字。謂許時則常語。人共知也。劉秀生曰。王朱二説是也。楚人言恚人者。聲蓋如爰。方言六。爰。暖。恚也。楚曰爰。秦晉曰暖。皆不願應而強答之意。戹聲古讀在影紐。爰聲古亦在影紐。故⿰食戹從戹聲得讀若爰。左昭元年傳。所遇又阸。阸即陒之或文。釋文。阸。本作隘。儀禮士喪禮注。鬲。搤也。釋文。搤。本作阸。釋名釋州國。益州。益。阸也。所在之地險阸也。詩天保。吉蠲為饎。釋文。蠲。舊音圭。儀禮士虞禮注引詩作吉圭為饎。周禮秋官蜡氏。令州里除不蠲。注。蠲讀如吉圭惟饎之圭。漢書息夫躬傳。未有能窺左足而先應者也。蘇林曰。窺音跬。窺即跬之聲借。鬲部。鬹。從鬲。規聲。讀若嬀。木部。援。從木。爰聲。讀若撝。戹聲如益。益聲如圭。圭聲如規。規聲如為。為聲如爰。是其證。倫按玉篇引飢作饑。今杭縣以事不偁意而恚人謂之埋怨。蓋當作恚怨。怨⿰食戹音同影紐。則是讀若怨也。方言之爰暖與怨聲同元類。蓋讀若楚人言恚人者。楚人言恚人聲如怨而非即怨。故不徑言讀若怨也。⿰食戹為餧之轉注字。餧從委得聲。委音影紐也。與飢亦轉注。飢音見紐。見影同為清破裂音也。今北平言餓音如此。此下諸文皆從食之借義得義。【説文解字六書疏證卷十】

餧　餧

◉許　慎　餧飢也。从食。委聲。一曰魚敗曰餧。奴罪切【説文解字卷五】

◉馬叙倫　沈濤曰。論語鄉黨釋文云。餒。奴罪反。説文云。魚敗曰餒。本又作鮾。字書同。爾雅釋器釋文云。餒。奴罪反。説文。魚敗曰餒。字書作餧。華嚴經音義十三。餒。奴罪反。説文曰。餒。飢也。字從食。妥聲。經本有從食邊委者。於偽切。此乃餧飤之字。據此。則古本餒飢字從妥。不從委矣。五經文字云。餒。奴罪反。經典相承別作餧。為飢餒字。以此字為餧餉之餧。字書無文。似張參所見説文已同今本。作餧不作餒矣。玄應音義二云。飤餧説文作萎。同於偽反。是玄應所校説文無餧字。嚴章福曰。篆本作餒。説解本作妥聲。校者以女部無妥字。改從委。王筠曰。一曰魚敗曰餧。後人以爾雅羼入。韻會不引。徐灝曰。據玄應書。則許書無餧字。蓋餧訓飤。餒乃訓飢。今篇韻竝云。餧。飢也。疑飢本作飤。

飢　餓

形近之譌。廣雅。萎。飤也。是也。蓋餧誤訓為飢。淺人因改說文餒作餧。倫按段玉裁據釋文改篆為餒。徐承慶邵瑛王筠皆以為篆不可改。倫謂魚敗曰餒字當作𣨙。正以同從委聲假借。則餧篆塙不可改也。玉篇亦作餧。竝引論語魚餧而肉敗。餧餓為轉注字。委我聲同歌類。委從禾女聲。女音娘紐。我音疑紐。娘疑同為邊音。亦可證餧之從委得聲也。五經文字曰。餧經典相承。檢一切經音義七引論語。耕也餧在其中矣。鄭曰。餧亦餓也。國語齊語。君加惠於臣。使不凍餧。楚語。民之羸餧日日已甚。荀子臣道。若食餧人。字正皆作餧。義皆為餓。論語。魚餧而肉敗。史記孔子世家作魚餧肉敗。然則經典作餒者。後人以餧為萎。別作餧字以代餧餓之義。因改餧為餒。故五經文字曰。別作餒為飢餧字。以此字為餧餉之餧。字書無明文也。倫尋玄應一切經音義引三倉。餧。餓也。飤也。使此字在倉頡或訓纂中。許書即不得無。爾雅釋文謂字書作餧。錢大昕謂陸引字書即字林也。倫謂即為隋書經籍志所錄之字書。亦本諸字林者也。陸及慧苑所見本書字作餒者。乃傳寫者所改。玄應所見本亦然。故不引餧字而謂說文作萎耳。玄應以經文飤餧義之字在說文作萎。明玄應所見許書正作餧而訓飢也。一曰六字校語。【說文解字六書疏證卷十】

飢 為三一 【睡虎地秦簡文字編】

道德經

竝古尚書

裴光遠集綴

竝籀韻 【古文四聲韻】

◉許　慎　飢餓也。从食。几聲。居夷切。【說文解字卷五】

◉馬叙倫　爾雅釋天釋文引字林。餓也。蓋字林於此字無異訓。玉篇引倉頡。餧也。飢餓同舌根音轉注字。【說文解字六書疏證卷十】

餓 日甲六二背 【睡虎地秦簡文字編】

◉許　慎　餓飢也。从食。我聲。五箇切。【說文解字卷五】

餽 [seal]

餟 [seal]

[seal] 餽 法一二九 【睡虎地秦簡文字編】

[seal] 餽奉親印 【漢印文字徵】

◉許 慎 [seal]吳人謂祭曰餽。从食。从鬼。鬼亦聲。俱位切。又音饋。【説文解字卷五】

◉王 襄 [glyph] [glyph] 華石斧先生釋餽。按。金文之[glyph]若[glyph]皆與此相似。許説「吳人謂祭曰餽」。【簠室殷栔類纂】

◉馬叙倫 吳善述曰。餽饋同字。吳人謂祭曰餽。特一處之方言。制字者必非專為吳語而制。倫按玄應一切經音義引古文官書。饋。古文餽同。渠愧反。則饋餽為轉注字。聲同脂類。轉注之字。正為方言而作。特餽之為祭。經傳無徵。經傳餽字皆用為饋餉之義。則吳説可從也。吳人謂祭曰餽。蓋字林文。倫謂餽祭聲同脂類。蓋借餽為祭。若以食鬼而造餽字以為祭名。則俗字。餽形聲字不得會意。玉篇引倉頡。饟也。此捝本訓。從食鬼聲。鍇本作從食鬼鬼亦聲。蓋本作鬼聲。校者依鉉本改之。鉉本則呂忱或校者改也。【説文解字六書疏證卷十】

◉許 慎 [seal]祭酹也。从食。叕聲。陟衛切。【説文解字卷五】

◉馬叙倫 沈濤曰。史記孝武紀索隱引酹作酎。蓋譌。後漢書循吏傳注引餟作醊。王筠曰。祭酹也當依一切經音義十五引作酹祭也。酹下曰。餟祭也。餟酹轉注。倫按玄應一切經音義引字林。餟。以酒沃也。祭也。以酒沃何以字乃從食。倫謂酹祭也當作酹也祭也。酉部。酹。餟祭也。亦當作餟也祭也。此祭也者醊字義。醊為酹之聲同脂類轉注字。本書無之。見急就篇及史記封禪書。或即酹字義。古書以疊韻借為酹也。方言十二。鑴。餟。餽也。鑴為䬽之轉注字。故此下文。䬽。小餟也。方言又曰。餼。餜。飽也。餼借為既。本書氣之重文作槩餼。可證也。餜以雙聲借為餇或飫。或亦餇飫之轉注字。故皆訓飽也。鑴餟餽也次於餼餜飽也之上。可知不必為祭名。正謂飲食耳。不然。䬽為小餟。酹祭有大小之分。無徵也。或曰。玉篇引倉頡。䬽。門祭名也。此上文吳人謂祭曰餽。是餟餽䬽皆祭名。䬽訓小餟。猶言小祭耳。倫謂此説亦可從。然餽非祭名。玉篇引倉頡。餟。祭也。聲類。今為醊。據此則倉頡借餟為酹。急就篇。哭泣醊祭墳墓冢。本作餟。與倉頡同。傳寫者以通用字易之。則餟自亦非祭名矣。䬽為門祭名者。本書。鬃。門內祭。字從彭得聲。彭音竝紐。䬽從兑得聲。兑音定紐。同為濁破裂音。豈借為鬃耶。䬽音今在審紐三等。餟音知紐。同為舌面前音。又聲同脂類。是轉注字也。然則餟或為啜之異文耶。許當以聲訓。今捝。存者校語。【説文解字六書疏證卷十】

餻 𩚗

◉許　慎　𩚗小餟也。从食。兑聲。輸芮切。【説文解字卷五】

◉馬叙倫　口部。啜。嘗也。轉注字為啐。小歃也。嚵。小啐也。此小餟也當作餟也。或此字林文。餘見餟下。【説文解字六書疏證卷十】

餕 𩛥

◉許　慎　𩛥馬食穀多。气流四下也。从食。夌聲。里甑切。【説文解字卷五】

◉馬叙倫　玉篇。餕。馬傷穀也。此説解非許文。字蓋出字林。【説文解字六書疏證卷十】

餕 守餕之印【漢印文字徵】

𩚵 𩚵

◉許　慎　𩚵食馬穀也。从食。末聲。莫撥切。【説文解字卷五】

◉馬叙倫　穀字疑涉上文餕篆説解而誤演。𩚵音明紐。蓋茹之轉注字。同為邊音也。食馬則從食。以艸則從艸。禮部韻略引字林。秣。食馬穀。則𩚵秣為正重文。皆出字林。亦或穀也為秣字義。詩鴛鴦傳。秣。粟也。漢廣傳。秣。養也。養也即食馬義。粟穀為轉注字。穀也即粟也。【説文解字六書疏證卷十】

餕 𩛿

◉徐　鉉　𩛿食之餘也。从食。夋聲。子陵切。【説文解字卷五新附】

饈 𩞁

◉徐　鉉　𩞁餌屬。从食。羔聲。古牢切。【説文解字卷五新附】

亼 A

亼 亼【汗簡】

亼 汗簡【古文四聲韻】

◉許　慎　亼三合也。从入一。象三合之形。凡亼之屬皆从亼。讀若集。秦入切。臣鉉等曰。此疑只象形。非从入一也。【説文解字卷五】

◉馬叙倫　徐鉉曰。疑只象形。非从入一也。王筠曰。繫傳作從∧一。三合也三字疑後人加之。倫按徐説是也。此極之初文。六篇。極。棟也。亼象棟形。太保彝邅字作亼。其冓字所從之▽與△。即亼也。易言。上棟下宇。宇即序也。本書。序。東西牆也。蓋南北向之屋。東西為宇。宇上為棟。△正象棟形也。以今篆言之。作亼亦竝無三合之形。藉曰象三合之形。為何義乎。是知此説解為呂忱或校者所改矣。既曰從∧一。又曰象三合之形。亦背大例。尤可證也。讀若集者。集音從紐。古讀歸定。極音羣紐。定羣同為破裂濁音。古讀集如就。即相就之就本字。就從尤得聲。尤極聲同之類。餘見冓下。【説文解字六書疏證卷十】

◉賈　文　亼字小篆作亼。《説文・亼部》:「亼，三合也。從入一，象三合之形。讀若集。」

徐鉉説:「此疑只象形，非從入一也。」段玉裁也以為許慎的説解「似會意而實象形」。但是説就亼的字形看，如説「從入一」為非，總覺没大根據，而説為「象形」，卻又所象不明。下面試就這一問題作一分析。

查甲骨文未見亼字，但有從亼的字，如今字從亼(見後引《説文》)，甲骨文今字作亼，或作亼亼，或逕作亼，其所從亼作亼。又如合字從亼(也見後引《説文》)，甲骨文作合，其所從的亼也作亼。可見甲骨文亼就是亼。

亼的字形作亼是清楚了，那麽它又象什麽呢？再看今和合字。今字，《説文・亼部》:「今，是時也。從亼從𠃌，𠃌，古文及。」于省吾先生説:「按《説文》從亼從𠃌之説殊誤，亼與集疊韻，均屬緝部。今字的造字本義，系于亼字的下部附加一個横劃，作為指事字的一個標誌，以别于亼，而仍因亼以為聲。」謹按于先生説解今字當是，至于亼字象什麽，先生没有説。徐中舒先生主編的《甲骨文字典》則以為今字「象木鐸形，亼(文按即指亼)象鐸體『一』象木舌。商周時代用木鐸發號施令，發令之時即為今。引申而為即時、是時之義。」另外，《字典》對令字也有此類説解，不備引。又如合字，《説文・亼部》:「合，亼口也。從亼從口。」余永梁説:「合，象器蓋相合之形。」李孝定先生也以為「器蓋吻合無間，故引申為凡會合之稱。字為盒之初文。」此後各家多無異辭。合字從亼從口，口非「口舌」之口，乃區别符號，姚孝遂先生在《再論漢字的性質》(載《古文字研究》第17輯)中也已提到。按區别符號既無音，也無義，所以在文字結構中也不表音，也不表意，只起由一個字增加符號形成另一個字的作用。這和于省吾先生所説「附劃因聲指事字」應是一致的。于先生説見《甲骨文字釋林》中《釋古文字中附劃因聲指事的一例》。其中所舉少數字例容有可商，但所述理論，當無可疑。這一問題，將另文討論。

按以上把亼字説成木鐸的「鈴體」或「器蓋相合」的器蓋等，都不符合實際。我以為亼和「宋」、「余」兩字一樣，都是古代的房舍結構。關于宋和余兩字，徐中舒先生説：

□（余），此字應與宋、宅、舍諸字聯系起來研究。□象木棍支撐屋頂之形，後變為□，下面象用兩根木棍斜撐在地上，不會傾倒之形。（文按：此依後起金文□形説解，未當。）宋，甲骨文作□（明・1017）或□（甲・207），《説文》：「宋，居也。」又如宅字，甲骨文作□（前・4・14・7），《説文》：「宅，所託也。」舍，金文作□（矢方彝），象木柱立於土堆之上。這幾個字都象原始住宅木柱支撐之形。

徐先生所説宋、余兩字，（文按：宅為形聲字，舍從口，為後起字，當另作别論。）「都象原始住宅有木柱支撐之形」，極是。這一思想在《甲骨文字典》裏也有描述。如余字：

象以木柱支撐屋頂之房舍，為原始地上住宅。

又宋字：

從宀（文按：宋字當以從A作□為初文，從宀作□為别體）從木，象以木為梁柱而成地上住宅之形。《説文》：「宋，居也，從宀從木。」

再看甲骨文宋字作□，或作□、□，或從𠆢作□。余字作□，或作□，或從𠆢作□。現在拿前面所説甲骨文「A（亼）」和甲骨文□、□即宋、余兩字對照一下，就不難看出，A正是□、□兩字所從的A，也就是宋、余等「房舍」之木柱所支撐的「屋頂」。可見，説A是房舍的屋頂，比説為木鐸的「鈴體」或「盒蓋」等應該更符合實際。這樣，亼字作為房舍的組成部分即屋頂，從一個側面看，就是用兩根木頭作頂蓋，再用一根木頭在下面加以連接，把房蓋固定起來，然後再用木柱支撐起來，使之離開地面，成為房舍，這就是宋和余。在這裏還應該指出，上面所説兩根木頭，其本身就是一種房舍，其所以又在下面連接另一根木頭，最初可能不是為了支撐，而是為了擴大和鞏固，便于居住。這樣，A在被支撐以前，它本身就已經是一個完整的房舍。總之，不論最初作為一個完整的房舍也好，或者後來被支撐變成房舍的屋頂也好，反正從正面看，它是用三根木頭組合起來的房舍結構。作為文字，三畫相合為A，引申而有集合之義，所以又「讀若集」。《説文・糸部》有𦃂字，訓「合」，又是集的後起字。

最後，補充一下，𠆢（入）、A（亼）、□（宋）幾個字，從他們的構形看，古代的房舍，在我國北方最早離開地面、來到地面上的，𠆢（入）即廬可能就是其中之一。後來發展為A即亼，就是將𠆢兩側的木桿另用橫木連結起來，形成一個三角形，使之牢固，便于擴大，適于居住，同時也就為下一步用木柱支撐創造了條件，（這個三角形很重要，因為不這樣，就難以支撐起來，也就不能使屋頂離開地面。）一到用木柱支撐起來，那Α就作為屋頂成為房舍的一個組成部分，但還沒有牆，是敞棚。（前引《字典》以為兩壁，似可商。）這就是宋。再發展下去，有的周圍設牆，就成了、，也就是宀。【說「亼」和「入」　殷都學刊一九九三年第三期】

合　合

甲二五五五　甲三三九九　貞人名　前七·三六·一　菁七·一　河七〇二　地名　在合卜　存下五五八

佚八一七　金六七〇【甲骨文編】

甲2555　乙4925　乙5783　録702【續甲骨文編】

合　召伯簋二　秦公鎛　邵合皇天　孳乳為荅　書顧命用荅揚文武之光訓　陳侯因資錞　荅揚氒德【金文編】

83【包山楚簡文字編】

合　封七二　七例　通答　以—其故　封七二　日甲一五六背【睡虎地秦簡文字編】

脩合縣宰印　唐合私印　昆合　合驩　張合私印　合興小青　管合　呂合衆印　段合終

合來恢印　合興涂印【漢印文字徵】

禪國山碑　應讖合謠　天璽紀功碑　合五十桼字【石刻篆文編】

合華岳碑　合　合出華岳碑【汗簡】

華嶽碑　牧子文【古文四聲韻】

◉許　慎　合合口也。从亼。从口。候閤切。【說文解字卷五】

◉馬　昂　齊貨刀面文其下弟二字俱作夻。竊以六義求之。定為合字。考古文字書無可證。玆據从夻之字以明之。如盇篆作盇。説文訓从大从血。按大血聲義無所取義。當从皿會意。从夻諧聲。因篆假夻下皿上中間之一筆結作奩。奩亦合義也。

而許氏析㕘字之甘屬皿。乃不得為㕘誤以為大血矣。隸从大血之誤。變體作㕘。更變作盇。从去。去本作厺。與㕘字形似之誤。變體遂作盇。盇義為合。與去義背。易曰朋盇簪。爾雅釋詁郃盇翕合也。據此盇之从去本為从合之明證也。又如史記周紀曰。龍亡而漦在櫝而去之去。亦㕘字之誤。別本作櫝而弆之。或謂弆為藏義。當是弇字之誤。說文。弇蓋也。而無弆字。可見變體害義。始非今日。而貨刀一㕘字。舊釋為吉。或為寶。為太公二字合文。或釋為法。無怪久之無定訓也。【古文㕘即合字考　貨幣文字考】

◉劉心源　合即荅。翁說是也。案左襄十年傳。與伯輿合要。疏。使其各為要約。言語兩相辯荅。禮喪服小記。屈而反目報之。注。報。合也。史記樂書。合生氣之和。正義。合。應也。皆荅字。俗目合為合同專字。乃目小尗之荅為荅應字。而又誤艸為竹。今字書目答為正。荅為俗。何不攷之甚。【奇觚室吉金文述卷四】

◉孫詒讓　合當讀為會。說文。會。部會。古文作佮。此葢從古文省。會事謂歲時以政事來會也。又疑合讀為祫。謂殷祭也。儀禮士虞禮。始虞曰。哀薦祫事。鄭注云。今文曰合事。前又事或謂有殷祭之事。琱生葢以支庶來助祭。亦可備一義。【召伯虎敨　古籀餘論卷三】

◉王　襄　□。古合字。【簠室殷契類纂】

◉林義光　甘象物形。倒之為亼。□象二物相合形。古作□陳侯因𬯀敦。【文源卷六】

◉余永梁　合象器蓋相合之形。許君云「亼　三合也。從人一。象三合之形。」乃望文生訓之肊說。【殷虛文字考】

◉余永梁　□書契卷七十二葉　□同上卷六四十八葉

案此象器蓋相合之形。疑亦合字。書契壺字作□。上象蓋形。可證也。倉亩字从此。魯伯亩鼎亩字作□。農卣字作□。說文。「亩从入从回。象屋形。中有户牖。」實則器蓋物蓋。同也。金文从米。周禮地官注。「盛米曰廩。」荀子富國注。「米藏曰廩。」故字从米也。亩廩稟稟為一字。從禾與從米同意。周禮官正內宰廩人掌固注。稍食祿稟也。皆以稟為廩。殷虛古文及古金文合字皆作□。象器蓋相合之形。亼則器蓋。篆變作亼。許遂望篆文而生「亼三合也。从亼象三合之形」之訓。誤矣。說文。「會。合也。从亼曾省。曾。蓋也。」趩亥鼎會字作□。象皿上盛物。中貯米。合以蓋形。所从之□。即卜辭之□後編上二十三葉□同上卷下九葉□書契卷五二十一葉字。器中貯以米也。說文曾下云。「詞之舒也。從八從曰囪聲。」疑曾益乃曾之本義。甘上盛物。有所曾也。孳乳為增。古从甘从曰从甘。形近多通。故亦用為語詞也。此□亦非囱字。雖不可強識。然其意亦可得而說也。【殷虛文字續考　清華學校研究院國學論叢一卷四號】

◉于省吾 孫云合當讀為會。說文。會。部會。古文作彸。此蓋從古文省。會事謂歲時以政事來會也。【召伯虎𣪘 雙劍誃吉金文選】

◉于省吾 吳北江先生曰。合即答字。左傳既合而來歸。杜注以合為答。書顧命用答揚文武之光訓。【陳侯因資錞 雙劍誃吉金文選】

◉馬叙倫 嚴章福曰。此問荅本字。左宣二年傳。既合而來奔。蓋本字之僅存者。羅振玉曰。合口蓋會之譌。倫按鍇本作亼口也。羅說可從。此今言連搭之搭本字。築室以壁與楹棟相合而成。故從亼也。然疑合會為一字異文。從亼。從用。[glyph]當作口。用之異文也。合會音同匣紐。會聲脂類。而合聲入談類。然古文經傳以佮為會。夏敬觀以談類字皆各類之短聲。皆可證也。字見急就篇。餘詳會下。召伯虎敦作[glyph]。【說文解字六書疏證卷十】

◉楊樹達 合 說文五篇下亼部云:「合,亼口也,從亼口。」

悉口為咸,凡口為同,亼口為合,字義同由於構造同也。【積微居小學述林卷五】

◉饒宗頤 「合」殆祫字。春秋文二年:「大事于大廟。」公羊傳:「大事者何?大祫也。大祫者何?合祭也。毀廟之主陳于太祖,未毀之主,皆外合食于太祖。五年而殷再祭。」說文:「祫,大合祭先祖親疏遠近也。」卜辭「合𢀛大御祖乙。」為合祭無疑。祖乙為武丁高祖。其下尚有祖辛、祖丁、陽甲諸世,當並升而合食于祖乙也。

合字,契文作[glyph],綜述釋為「名」字,非。【殷代貞卜人物通考】

◉高鴻縉 字從口亼聲。乃對答之答之本字。凡對答必須用口。故合字從口。亼聲之變為給聲。洽聲。合聲。哈聲。答聲。應以古聲韻之變求之。

答字說文所無。似即竹屬之字。今不得其解。作對答者乃通叚以代合也。久而成習。合亦通叚以代匌。匌。說文。帀也。繫傳從勹。合聲。乃分合之合之本字。徐灝引戴氏侗曰。匌。包裹重宓也。蓋帀者圍帀宓接之意。允稱會匌。後人既假合字代之。答既代合。合遂代匌。久而不返。後遂兩失其本。今已查知合本為對答之字。故爾雅釋詁。合。對也。郭注。相當對。

甲文殷虛書契菁華第七版第二辭。戊戌卜㱿貞。王曰。侯豹桎至。余不[glyph]阻其合答攜貢。乃使歸魄。

左傳宣公二年。既合而來奔。林注。合猶答也。

以上兩例皆古本字之用法也。【中國字例五篇】

◉李孝定　説文「合。合口也。從亼從口。」段注改作「亼口也。」注云。「各本亼作合。誤。此以其形釋其義也。三口相同是為合。十口相傳是為古。引伸為凡會合之偁。」是以會意説之也。實則字為象形。余永梁氏之説是也。器蓋脗合無間。故引伸為凡會合之偁。字當為盒之古文。字又從皿者。纍增之偏旁也。許以合口説之。乃其引伸義。段氏改為亼口。非是。辭云「☐医虎徃余不☐其合氏乃事歸。」前・七・三六・一。「戊戌卜㱿貞王曰医虎徃余不☐其合氏乃事歸。」菁・七・一。廣雅釋詁四「合。同也。」此其義也。金文作☐召伯虎簋☐陳医因資錞。【甲骨文字集釋第五】

◉朱芳圃　説文亼部：「合，亼口也。从亼口。」林義光曰：「按☐象物形，倒之為☐。☐象二物相合形。」文源六・一二。按林説非也。字象器蓋相合之形。會倉二字皆从此作。【殷周文字釋叢卷中】

◉張日昇　説文云「合。合口也。从亼从口。」高鴻縉謂字从口亼聲。乃對答之本字。林義光謂象二物相合形。説皆未碻。朱芳圃則謂象器蓋相合之形。是也。説文會訓合。从亼从曾省。金文从合从☐。會為簋蓋。儀禮公食禮注。則合自非徒象二物相合。當以器蓋脗合為是。李孝定謂字當為盒之古文。字又从皿者纍增之偏旁也。甲骨文字集釋頁一七七五。竊疑盒為盇之譌變。盦忎鼎盇作☐。盇訓覆。與合取義雖近而究非一也。【金文詁林卷五】

◉趙　誠　☐即後世的合字，象器蓋相合，下面的☐形即代表器物。卜辭用來表會合、聚合，乃合字之引伸義。【甲骨文字的二重性及其構形關係　古文字研究第六輯】

◉李孝定　合為盒之本字，象器蓋吻合形，會字从之取義，合亦聲，會實合之轉注字。孫詒讓氏讀召伯簋銘「合事」為「會事」，是也。陳医因資錞「合揚厥德」，合揚猶它辭言對揚，合讀為荅，音近相假，對答雙聲，其義亦同。合非答之本字，説文未收答字，蓋此義古祇用「對」字，其後語音衍變，遂製从竹、合聲之「答」字以代「對」字，从竹無義，亦猶「笑」字之从竹也。高氏謂「合」為「答」之本字，似覺未安。【金文詁林讀後記卷五】

◉銀雀山漢墓竹簡整理小組　忠臣不合……　明本作「不掩君過」，無「忠臣」二字。簡本「合」當讀為「弇」或「掩」，「合」與「弇」、「掩」古音相近。明本「不掩君過」下緊接「諫乎前，不華乎外」二句，簡本「不合」與「☐乎前，弗華於外」之間有十餘字地位，文字較今本為多。【銀雀山漢墓竹簡（壹）】

◉徐中舒　☐鄴三・四二・三從二口相合，字形近於☐合，疑為合之異文。【甲骨文字典卷二】

☐前七・三六・一　象器蓋相合之形，當為盒之初文，引申為凡會合之稱。《説文》：「合，合口也。从亼从口。」【甲骨文字典卷五】

僉

◉劉彬徽等　會，合字。合匜，即銅簠，出土物中有兩件銅簠。會梪，合豆，即蓋豆。【包山楚簡】

◉戴家祥　說文五篇「合，合口也。从亼从口。」朱芳圃曰：字象器蓋相合之形，會倉二字皆从此作。殷周文字釋叢一零四葉合。李孝定謂字當為盒之古文，字又从皿者，纍增之偏旁也。甲骨文字集釋葉一七七五。按：會字从合从𠁁古文作佮，亦从合，會合義同。新郪虎符「雖母會符」，會符即合符。說文「會，合也。」故召伯虎𣪕之「合事」，孫詒讓認為即會事，謂歲時以政事來會也。又人之言相合為答，故合引申為答。陳侯因資錞「合揚氒德」，吳北江曰：合即答字。左傳「既合而來歸」，杜注以合為答。書顧命「用答揚文武之光訓。」

令鼎　孫詒讓曰：卿字說文所無，其字从卯合聲，義當即與合相近。拾遺下十五葉周大蒐鼎。按孫詒讓所釋至確。疑此乃合之別體，專用于人羣合散之合，故从，象兩人相向。金文刻銘亦用作合義，如令鼎「卿合射」，噩侯鼎「卿王射」等。高田忠周謂「文義明為饗字」，似有不妥。【金文大字典上】

僉　孳乳為劍　戉王劍　戉王州句劍　蔡侯產劍　【金文編】

亲僉印信　【漢印文字徵】

崔希裕纂古　【古文四聲韻】

◉許　慎　僉皆也。从亼。从吅。从从。虞書曰。僉曰。伯夷。七廉切。【說文解字卷五】

◉林義光　亼即口字。象人言。二合一口。與皆同意。古或作。故鄦句鑃鐱字偏旁。从。兼指事。猶并字之从二。【文源卷六】

◉馬叙倫　沈乾一曰。从聲。倫按皆從口故訓詞也。而僉無詞義。則疑皆也者。古書借僉為皆也。方言七。僉。皆也。自山而東五國之郊曰僉。是其證。僉。從亼。㕚聲。㕚者由而變。即从也。音在從紐。以同舌尖前破裂摩擦音轉入清紐。故僉音七廉切。十二篇戔亦從从得聲。音入精紐。可為例證。僉為韱之初文。建築結搆以韱楔相合。故從亼也。三篇讖譣轉注。則僉韱亦然。說解竝非許文。或字出字林也。【說文解字六書疏證卷十】

◉楊樹達　說文五篇下亼部云：「僉，皆也，从亼，从吅，从从。書曰：僉曰：伯夷。」段注云：「吅，驚嘑也；从，相聽也。」按段氏本許書之訓釋為說，意蓋謂：人有驚嘑者而他人皆聽从之，故為僉皆之義。雖其篤守許說，不失謹嚴，然其取義亦迂遠矣。愚謂：从吅从从，皆當求之於形。八篇下从部云：「从从二人。」又比部比下云：「二人為从。」二篇上吅部云：「吅从二口。」亼下云：「三合也。」夫人各一口，二人二口，二口相合，故為僉也。二口猶言多口，不必限於二也。

晏子春秋外篇云：「晏子没十有七年，景公飲諸大夫酒。公射，出質，堂上唱善，若出一口。」韓非子內儲說下篇云：「州侯相荆，貴而主斷，荆王疑之，因問左右，左右對曰：無有。如出一口也。」又云：「燕人，其妻有私通於士，其夫早自外而來，士適出，夫曰：何客也？其妻曰：無客。問左右，左右言無有，如出一口。其妻曰：公惑易也。因浴之以狗矢。」此皆多口相合之事也。

四篇上𦣻部云：「皆，俱詞也，从比，从𦣻。」按比下云：「二人為从，反从為比。」又匕部匕下云：「匕从反人。」皆从二匕，猶二人也，故古文比作𠤏，从二大。十篇下大部云：「大象人形。」二大即二人也。从𦣻者，𦣻下云：「此亦自字也，詞言之气从鼻出，與口相助。」四篇上自部云：「自，鼻也。」皆字从比从𦣻者，二人共𦣻，猶今人諺語云二人同一鼻孔出氣也。二人猶言多人，亦不必限於二也。

二人口相合為僉，二人共𦣻為皆，二字義近，故其組織亦相近矣。【積微居小學述林卷三】

◉楊樹達　說文五篇下亼部云：「僉，皆也，从亼，从吅，从从。書曰：僉曰：伯夷。」按亼下云：「三合也。」吅从二口，从从二人。二人二口相合，故僉為皆也。【积微居小學述林卷五】

◉高鴻縉　此字从二口。从从。二人一齊開口。故有皆(僉同)意。亼聲。副詞。亼音集。非三合之形。【中國字例五篇】

◉李孝定　楊樹達氏說僉字，从「从」，从二口，亼、三合也，二人二口，二口相合，故為僉，於義較勝。林義光氏引姑馮句鑃鹼字偏旁，僉作[illegible]，謂猶并字从「𠀤」，說有可商，按此實[illegible]字偏旁或作[illegible]，二[illegible]相并，故省作[illegible]耳。戉王劍為戰國器，其文字為藝術體，於文字學之研究，無多裨助也。【金文詁林讀後記卷五】

◉周鳳五　僉：此字《包山楚簡》釋「習」，讀為并，但未加論證。黃錫全則逕釋為「皆」而亦無說。見黃錫全《包山楚簡釋文校釋》，中國古文字研究會第九屆學術研討會論文，稿本。按，習與并之形、音無關，且「并殺」、「皆殺」都嫌不詞，兩說俱非。劉釗釋此字為「僉之省」，甚是；但以僉殺為「劍殺」即「用劍殺」則不可從。劉氏云：「金文『鐱』字作『[illegible]』(《金文編》292頁)，中山器『斂』作『[illegible]』(《金文編》215頁)，所從『僉』旁皆從『甘(口之變)』作。」查簡文從僉之字有：鐱作[illegible](簡一八)；斂作[illegible](簡一四九)，與劉氏所引金文一致。僉下加甘應屬添加聲符，蓋其字本象一口與二口相向之形，取一呼衆應之意，《説文》引《尚書·堯典》：「僉曰：伯夷。」為證，亦取一呼衆應之意。故有「皆也」、「夥也」之訓，於六書屬會意。其後嫌音、義不明而加甘為聲，甘、僉古音同屬談部，俾循音知義，於是遂由會意字轉為形聲字。簡文「僉殺」即夥同殺害。字又作[glyph]，見簡一三二、一三三：「陰人苛冒、趄卯以宋客盛公𩁹之歲𠭯尿之月癸巳之日[glyph]殺僕之兄昍」，《包山楚簡》釋并，讀為「并殺」，不確。[glyph]為[glyph]字省其上部倒口之訛變，[glyph]省倒口則為[glyph]，更省其二小口則為[glyph](皆)；皆字訓「同也」、「並也」，蓋猶存僉義。細察以上各字形、音、義的關係，其先後展轉演變之跡宛然可辨。

【《會睪命案文書》箋釋——包山楚簡司法文書研究之一　臺灣大學文史哲學報第四十一期】

[glyph] 侖

[glyph] 侖　孳乳為論　中山王嚳鼎　【金文編】

[glyph] 0341 【古璽文編】

◉許　慎　侖思也。从亼。从冊。力屯切。[glyph]籀文侖。【説文解字卷五】

◉王國維　説文解字。亼部。侖。思也。从亼。从冊。[glyph]。籀文侖。案冊下云。笧。古文冊。此从之。然古金文冊字或作[glyph]師虎敦。或作[glyph]剌鼎。乃象簡之或刊其本。非从竹也。【史籀篇疏證　王國維遺書第六册】

◉林義光　説文云。侖思也。从亼冊。按即論之古文。A為倒口。从口在冊上。【文源卷六】

◉馬叙倫　思也乃心部惀字義。詳惀字下。此蓋甲文作[glyph]者之後起字。或其譌也。葉玉森以[glyph]為栅字。是也。六篇。栅。編豎木也。此正象其形。智鼎[glyph]字所從之[glyph]亦[glyph]字。蓋篆文變省。形疑於冊。則加木旁以别之。鍇本栅下作從木冊聲。而唐寫本木部殘卷作删省聲。然删亦當從[glyph]聲。沈乾一謂古音侖如闌。是也。本書大波為瀾。小波為淪。實音同來紐轉注字。方俗别其義耳。門部。闌。門遮也。蓋闌為[glyph]之轉注字。古書闌删連文。猶栅欄連稱也。[glyph][glyph]同為編木。其語原同。故今讀栅如册音。同在穿紐二等。今侖闌音同來紐。古讀歸泥。為舌尖前邊音。古讀穿歸透。透亦舌尖前音。蓋聲轉耳。此若為[glyph]之譌。則為象形。或以篆册形疑於冊。因加亼以定之。依後起字例。為從亼册聲。

[glyph]　倫按[glyph]之譌也。或從亼從[glyph]。為後起字。【説文解字六書疏證卷十】

◉馬叙倫　[glyph]舊釋[glyph]為册。倫謂此栅之初文。即説文之侖字。今説文之侖訓思也。乃惀字義。侖從亼。亼為極之初文。詳疏證。則義必與屋宇事有類聯。而從書册字不得會意。甲文有[glyph]。葉玉森以為栅字。是也。説文。栅。編豎木也。[glyph]正

今

象其形。蓋初作柵者。止編生木為之。故從三木立之。而一象所以編之也。今字作柵。而徐鍇本作從木冊聲。唐寫本木部殘卷則作刪省聲。冊音穿二。刪音審二。同為舌尖後音。柵固可從冊得聲。侖或從亼冊聲。然沈乾一考古音侖如闌。說文大波為瀾小波為淪。實音同來紐轉注字。則沈說是。說文。闌。門遮也。蓋闌實為𣘳之轉注字。古書闌刪連文。亦可證也。𣘳冊同為編木。其語原當同。則冊古音蓋如刪。故古皆借書為冊。音同審紐也。至𣘳變為篆文。與冊相混。故刪姍珊毤等字皆從冊得聲。其實皆從𣘳得聲亦可也。𣘳闌刪姍聲皆元類也。轉入真類則讀力屯切矣。侖蓋𣘳之後起字。以篆文相混。乃增亼以定之。亦或為𣘳之譌也。器文作此者。業造柵者所為器也。丁酉乃作者之名。【讀金器刻詞卷上】

◉張亞初 ⿱亼秝(綜類一九四頁) 此字島邦男以為與⿰⿱亼禾禾為一字,是不妥當的。此字應隸定為⿱亼秝。我們曾經在商代職官研究一文中考證過,⿱亼秝即⿱亼林。秝、林二字形音皆通,所以⿱亼秝即⿱亼林。⿱亼秝字也是如此。⿱亼秝就是後代字書中的⿱亼林。集篆古文韻海卷一諄韻,侖字載有⿱亼秝侖兩種形體。由此可知,卜辭之⿱亼秝是从亼从冊的侖字的異體字。在卜辭中,⿱亼秝與⿰⿱亼禾禾字形雖近,但非一字。⿱亼秝字舊釋曆,是不正確的。【古文字分類考釋論稿 古文字研究第十七輯】

◉戴家祥 从亼从冊不當有思義。集韻訓「叙也。亼冊而卷之侖如也。」較接近侖之初義。中山王礜鼎「侖其德」,張政烺侖讀為論。論、叙義亦近。【金文大字典中】

甲六三八 甲一二三四 甲二八五八 乙七七九五 乙七八一八 鐵一〇九・三 鐵一一〇・四 拾七・二 餘八・一 前一・三三・二 前七・四〇・一 後一・一一・九 後一・一八・三 後二・五・三 菁一〇・九 林二・九・一 戩二七・一〇 佚五三三 佚一八六 福三 燕一二五 京津三四三 京津三四七 前三・二五・四 前四・四二・五 後二・一二・五 後二・一・七 後二・三五・八 戩一五・八 戩二七・五 戩二七・八 戩二七・九 佚四〇二 燕一四三 燕二三六

甲一三一 今日 見合文二六 【甲骨文編】

甲7 29 32 40 131 167 329 381 408 436 860 1060

乙6199 6402 6403 6418 6692 6700 6702 6723 6740 6748

6774 6951 7126 7152 7153 7190 7201 7288 7289 7295 7312

7386 7387 7425 7430 7509 7576 7767 7811 7818 8406 8460

8499 8510 8565 8806 8818 9032 9067 珠16 86 115 402

439 589 620 1139 1167 1204 乚530 福3 零84 佚166 402

473 508 525 529 533 546 881 900 921 979 續1·23·2

1·27·9 1·42·3 1·44·5 1·46·7 1·53·3 2·21·5 3·8·9 3·9·1

3·11·3 3·11·4 3·26·1 3·28·5 3·29·6 4·5·5 4·11·3 4·13·6

4·19·10 4·20·9 4·36·6 4·43·10 6·17·6 徵1·4 1·29 1·31

1·32 1·39 1·57 1·68 1·73 1·75 1·84 1·85 1·92 1·93

2·3 2·28 2·36 3·210 3·238 4·66 4·95 4·103 5·20 5·21

8·31 9·24 9·25 9·26 9·28 9·35 9·37 9·50 9·51′ 9·52

10·1 10·3 10·14 10·37 10·58 10·69 10·123 11·27 11·61

11·70 11·90 12·80 京1·30·4 2·15·1 3·19·2 3·20·2 3·23·1 4·3·3

4·13·1 凡5·3 25·1 27·2 録21 25 28 31 42 545 547

643 687 690 705 鄴三44·14 天22 63 摭續231 264 續存94

481 1750 2406 粹750 1053 1345 新346 348 381 530 546

3179 3502 3729 4670 5449 【續甲骨文編】

今 矢方彝 矢尊 盂鼎 師旂鼎 諫簋 縣妃簋 卯簋 師虎簋 善鼎

瘐鐘 師嫠簋 師兑簋 師寰簋 克鼎 師克盨 召伯簋 毛公㾓鼎 晉公盦

者沪鐘 从口 中山王譽鼎 至于今 【金文編】

1·85 獨字 【古陶文字徵】

六七：一 三十一例 內室類自今以往 六七：六 二例 六七：二六 【侯馬盟書字表】

今 語三 二十五例 日甲一五七背 法五七 十一例 法一九 三例 語七 【睡虎地秦簡文字編】

公孫今印 長今私印 楊今 今日利行 【漢印文字徵】

石經多士 在今後嗣王 汗簡引石經同 詛楚文 今楚王熊相 【石刻篆文編】

今竝石經 【汗簡】

古老子 石經 【古文四聲韻】

◉許 慎 今是時也。从亼。从乛。乛。古文及。居音切。 【說文解字卷五】

◉羅振玉 說文解字：「今，是時也。从亼从乛。乛，古文及。」古金文作（召伯虎敦）（盂鼎），與此同。 【增訂殷

墟書契考釋中】

◉林義光　説文云。今是時也。从亼从乛。乛古文及。按亼乛義不可曉。古作今師夆敦。作今師兑敦。即含之古文。今為口之倒文。亦口字。見亼字條。今象口含物形。含從今得聲。音本如今。含不吐不茹。有稽留不進之象。與今同音之字。如雲而不雨為黔。今用陰字。止為禁。不言為噤。詠歎為吟。常思為念。漸漬為涔。並有稽留象。今為是時。亦從稽留不進之義引伸。亦作今孟鼎。【文源卷五】

◉柯昌濟　古無陰字。陰字本字即今字也。案今字卜詞作今。象屋下日蔭形。即陰之本也。後叚為今。又別搆陰字。右誼遂失矣。【殷虚書契補釋】

◉葉玉森　説文。今是時也。从亼从乛。乛。古文及。林藥園謂今為倒文口字。師兑敵之今。正象口含物形。含从今得聲。音本為今。含不吐不茹。有稽留不進之象。今為是時。亦从稽留不進之誼引申。森桉兩説竝未中肯。契文作今今今今。从今今今象一物下覆。一為所覆物之符號。物在覆下。表現在意。即今字朔誼。契文今字。象一較大之物。下覆一小物。則相合。即合字朔誼。可證。【説契　學衡第三十一期】

◉高田忠周　説文。今。是時也。从亼从乛。乛。古文及字。初謂説文及从又从人。古文作乛弓。又作今。且謂乛為秦刻石如此。然今字下作厂。與及下所云不合。唯鄦子鐘金字作今。此為正。今作今為反文。後又按。及字作乛。甚為無理。乛實今省文。古音今及同部。故得通用也。其作弓者以弓為及也。弓及亦古音通。而今作今為正。説文乛下曰。流也。从反厂。讀若移。厂下曰。抴也。象抴引之形。厂乁轉注字。故从乁作今。从厂作今。皆元同音無異。今者會也。合也。抴引流移皆下及之意。由以會合。即此時也。依季作千考作丂之例。今亦當作乁作厂。因以叚借為及也。蒼頡篇。今時辭也。詩摽有梅。迨其今兮。傳。今。急辭也。史記汲鄭傳。吾今召君矣。索隱。今猶即今也。皆字本義也。轉為今昔。【古籀篇二十五】

◉明義士　説文解字五下一八一亼部五字「今是時也。从亼从乛。乛古文及」。按今从亼从一，甲骨文金文無从乛作今者。（孟鼎作今，疑為鏽損。）即乛字在甲骨文金文中亦未見，而及字亦未有作乛者也。卜辭之今，約千數百見，皆作「是時」解，如「今日」，「今夕」等是也。【柏根氏舊藏甲骨文字考釋】

◉馬叙倫　鈕樹玉曰。韻會引作古文及字。嚴可均曰。此及雲部侌字從乛。餘皆右戾從乁。兩通。乛古文及校語。王筠曰。朱筠本篆作今。説中乛字不作厂。沈乾一曰。詩。我躬不閲。表記引作我今不閲。今本音躬。故通假也。倫按王筠據鍇本篆同此。從亼從乛。作從亼乛。是時也非形聲之法無以造字。今從亼從乛。無以會意。諸家皆從及字着想。顯為強解。然亼既三合。乛古文及者。見三篇。然其形作乀。是古文經傳中借乙為及。非及有此異文也。見及字下。即是及字。亦難比類合誼。然則古今二字屬時間言者。皆是假借。古之有本義已見古下。今篆金文如毛公鼎作[字形]。克鼎作[字形]。師兌鼎作[字形]。師虎敦作[字形]。師袁鼎作[字形]。諫敔作[字形]。召伯敔作[字形]。唯盂鼎今字作[字形]。甲文作[字形][字形][字形]。亦有作[字形]者。益可證其不從所謂古文及。以金甲文證之。則從今之字。其篆或作[字形]或作[字形]。實非有異。蓋今為檼之初文。檼音影紐。今音見紐。同為破裂清音。由今為是時之義所專。乃造檼字。檼下曰。棼也。棼下曰。複屋棟也。棼借為今耳。非其本義也。詳棼字下。亼從亼。一象屋複棟。形音義皆得脗合。指事。文選張衡南都賦注引倉頡。今。時辭也。【説文解字六書疏證卷十】

◉高鴻縉　按字从一。此非一二之一。乃所以指示此時之意象也。亼聲。亼聲與今聲陰陽對轉。今字之一。既係指事之意象。故金文亦變作[字形]。小篆變作乛。均無害其為指事之意象也。甲文有今日今夜今春今夏等詞。知今為狀詞。後以同音之故。通叚兹之斯是等字代之。【中國字例五篇】

◉朱芳圃　林義光、馬叙倫二説，牽附無理，非正義也。今即箝之初文。象形。説文竹部：「箝，籋也。从竹，拑聲。」又「籋，箝也。从竹，爾聲。」段玉裁曰：「夾取之器曰籋。今人以銅鐵作之，謂之鑷子。」孳乳為鉗，説文金部：「鉗，以鐵有所劫束也。从金，甘聲。」為拑，手部：「拑，脅持也。从手，甘聲。」从音言之，凡从今从甘得聲之字，音同用通，如易説卦：「為黔喙之屬」，釋文：「黔，鄭作黚」；山海經西山經：「西次二經之首曰鈐山」，郭注：「音髠鉗之鉗」，是今之為箝，猶黔之作黚，鈐之音鉗矣。【殷周文字釋叢卷下】

◉李孝定　説文。「今。是時也。从亼从乛。乛。古文及。」段氏注云。「从亼乀會意。」乀。逮也。亼乀未見有是時之義。疑今乃借字。即叚亼字為之。契文今或作亼。下不从「一」可證。或又增「一」者。以示與亼有別。篆从「乀」則从「一」之譌也。卜辭恆言「今春」「今秋」「今日」「及今」。其義亦為是時。【甲骨文字集釋第五】

◉勞　榦　若金字為本義，則今字與金字宜有同為一字之可能，但一為繁體一為簡體耳。如果其今與金兩字同出一源，則其同點在字之上部[字形]形或[字形]形部分，對於此一部分，必須有較為合理之解釋。

金屬雖有形體，但其形體並不固定，隨器而異。惟其製成器物之前，當採鑛、熔金、范器之時當可略為形繪。尤其以鎔金，范器之時，更為具體；而其中最具代表性者則坩鍋及鑄銅鎔液也。坩鍋在殷虛發現，當地人稱之為「將軍盔」。此種尖底之坩鍋與天工開物所記及現代銅匠及銀匠所用形式相同。若將此種坩鍋翻倒，則其形式極與[字形]之形相近。如果其中有銅鎔液，則可以一點為代表，或以流下之形乛為代表。故「今」字非常可能為一種指事字，指出銅液從坩鍋傾出之形狀。【古文字試釋　歷史語言研究所集刊第四十本】

◉張日昇　說文云。「今。是時也。从亼从乛。乛。古文及。」林義光謂象口含物。馬叙倫謂象屋複棟形。朱芳圃箝之初文象形。高鴻縉謂一乃指示此時之意象。亼聲。諸說似未當。金文作[字形]若[字形]。[字形]為篆文所本。甲骨文但作[字形]。[字形]乃[字形]之變也。李孝定謂段氏注云。「从亼乛會意。」乛逮也。亼乛未見有是時之義。疑今乃借字。即叚亼字為之。契文今或作[字形]。下不从一可證。或又增一者以示與亼有別。甲骨文字集釋頁一七七八。是時非今之本義。或是矣。然契文亼未見有用作三合之義。或為[字形]省亦未可知。且李書亦無亼字。此其未能自信也。【金文詁林卷五】

◉徐中舒　伍仕謙　含、[字形]，皆從口，即今、余。三體石經《尚書·多士》：「余其曰」，余之古文作「[字形]」，正與此同。今作含，亦與余作舍相類。【中山三器釋文及宮室圖說明　中國史研究一九七九年第四期】

◉于省吾　說文：「今，是時也，從亼乛，乛古文及。」段注：「會意。乛逮也，乛亦聲。」王筠說文句讀：「今與亼乛皆平入疊韻，是亼乛皆義，又皆聲也。」徐灝說文段注箋：「乛即乙字，艸木寃曲難出之義。」林義光文源謂[字形]「即含之古文。[字形]為口之倒文，亦口字。[字形]象口含物形。」按今字甲骨文早期作[字形]，後期作[字形]，金文作[字形]或[字形]。甲骨文作[字形]，為今字的初文，然則說文以為從乛，以及諸家的解說，均失去了依據。我認為，今字係从一。亼聲(詳釋亼)，說文：「亼，三合也，從入一，象三合之形，讀若集。」按說文從入一之說，殊誤。亼與集疊韻，均屬緝部。今字的造字本義，係于亼字的下部附加一個橫劃，作為指事字的標志，以別于亼，而仍因亼字以為聲。【釋古文字中附劃因聲指事字的一例　甲骨文字釋林】

◉姚孝遂　《屯南》二一〇六：「己亥貞，今來翌受禾」。「今來翌」連言，是過去所從未曾見過的，很費解。卜辭於時間概念區分極為嚴格，也很細緻。「今」和「來」是相對而言的，是一種泛指的時間概念。籠統地說，「今」指現在，「來」指未來。「今」之前為「昔」，「今」之後為「來」。

「今日」、「今夕」、「今月」、「今春」、「今秋」、「今歲」、「今祀」，都可以稱之為「今」。這種「今」字的用法與現在的沒有區別。

在通常的情況下，如以「日」為單位，則祇能是「當天」可以稱之為「今」，第二天、第三天……就不得稱之為「今」。

但卜辭從未見有「來翌」，而且「今」和「翌」是一個相對的時間概念，對於「今翌」是「最近的下季」之說，我們是表示懷疑的。《屯南》二一〇六「今來翌受禾」，僅此一見，難以說是指「今翌」和「來翌」而言。是否可能為「今來戉」之誤？祇能存疑。【讀《小屯南地甲骨》劄記　古文字研究第十二輯】

◉劉　雨　1—032：「……乃教一，合卿大夫……」；1—065：「合為……」。

「含」字或釋「均」，恐不確，當釋為「今」，河北平山新出土中山王鼎有「今余方壯」、「至于今」等語。其「今」字皆作「含」；「余」字下亦從「口」作「畬」。

上揭鼎銘「今」字作「含」，與簡文「今」字所從相似。在有些字下加「口」，可能是這一時期文字繁化的一種時尚。【信陽楚簡釋文與考釋】

◉裘錫圭　「今」字的本義可能正與「去」字的本義相對。

甲骨文「今」字作[字形][字形]等形(《甲骨文編》238頁—239頁)，金文「今」字作[字形][字形][字形][字形]等形(《金文編》363頁)。字形所要表示的意義很難索解，各家異説頗多。其中最值得注意的是林義光的説法。他認為「今」「即『含』之古文。A為『口』之倒文，亦『口』字(林氏認為「侖」「僉」「食」「令」「命」等字所從之「A」皆為倒「口」，見《文源》1·9上、6·22下—23上)。[字形]象口含物形。『含』從『今』得聲，音本如『今』。」(《文源》5·1下)林氏以「今」字所從的「A」為倒「口」，很有道理。古人為了書寫的方便，很容易把倒「口」形寫成「A」形。甲骨文[字形]字(《甲骨文編》331—332頁)，自組卜辭多寫作[字形](同上178頁，編者隸定為「盦」，于省吾《甲骨文字釋林》讀為「陰」)，便是一個例證(「[字形]」和「盦」在卜辭中的用法相同，應為一字異體，施謝捷同志有專文論之。其文似尚未發表)。甲骨文「酓」字作[字形](《甲骨文編》569—570頁)，恐怕就是[字形](飲)的簡體，所從的「A」也未嘗不可以看作倒「口」的變形，後來由于「今」「飲」音近就變成聲旁「今」了(「飲」見《甲骨文編》369頁，象人俯首張口就酒尊而飲)。但是林氏認為「今」是「含」的初文則有問題。「今」字如果象口含物形，象物的一小橫就應該畫在「口」中而不應該畫在「口」外。「含」的初文大概是「[字形]」(甘)。俞樾《兒笘録》反對《説文》「甘」字下「從口含一。一，道也」的説法，認為「甘字象形而非會意。于口之中作一，其本義當為含，一即所含之物也」。這是很有道理的。「今」大概是倒寫從「口」的「曰」字而成的，應該是當閉口講的「吟」(噤)字的初文。

甲骨文「曰」作[字形](《甲骨文編》208—209頁)，金文「曰」作[字形][字形]等形(《金文編》315—316頁)。如果把它們倒過來，並把倒「口」寫作「A」，就成為「今」字了。「曰」字本象「口气出」(《説文》)。「今」從倒「曰」，字形所要表示的意思應是閉口不出气。于省吾先生指出「今」在甲骨文偏旁中往往作A，金文「酓」字也往往從A(圭按：金文「念」字也多從A，見《金文編》714頁。竊疑甲骨文[字形]字應釋作「念」)；又指出甲骨文「今日」「今夕」合文中的「今」也可寫作A(《甲骨文字釋林》401—402頁，又111頁。參看《甲骨文編》628頁)。這種倒「口」形的「今」，不見得是倒「曰」形的「今」字的省寫，而很可能是比較原始的寫法。把倒「口」改為倒「曰」，可能是為了增加字形的明確性，以避免與他字相混。在獨立成字時，倒「口」所象徵的意思當是「閉口」，這應該就是「今」字的本義，不出气只是閉口的一個後果(在用作表意偏旁時，倒「口」一般不表示閉口，不能看作「今」字，上舉的象人俯首張口就酒尊的「飲」字就是例子。于省吾先生所舉的甲骨文中作A形的偏旁「今」，都是聲旁)。

古書中有當閉口講的「吟」字。《史記・淮陰侯列傳》：「雖有舜、禹之智，吟而不言，不如瘖聾之指麾也。」《索隱》：「吟，鄭氏音巨蔭反。又音琴。」「巨蔭反」之音與「噤」字之音相同。所以當閉口講的「吟」和「噤」可以看作一字的異體。這個字也可以寫作「呿」。上引《呂氏春秋・重言》「君呿而不唫」句，《說苑・權謀》作「君吁而不吟」，譚戒甫認為《重言》的「呿」當為『噤』」(據陳奇猷《呂氏春秋校釋》1165—1166頁注[三四]轉引)。《墨子・親士》：「臣下重其爵位而不言，近臣則喑，遠臣則唫。」畢沅校注謂「唫」與『噤』音義同」。這兩個「呿」字跟上引《淮南子・泰族》「呿唫」之「唫」，都可以看作「吟」(噤)的異體。上引《素問》「呿吟至微」的「吟」，王冰釋為「吟嘆」是有問題的。同篇下文有「虛實呿吟」之語，「呿」「吟」二字之義顯然是正反相對的。山東中醫學院、河北醫學院《黃帝內經素問校釋》解釋「呿吟」說：「與『呿唫』同，開閉也。在此指呼吸之微動而言。……《素問識》云：『按《通雅》云：吟即噤，閉口也。古吟、唫、噤通用。』」(上冊349頁)此說可從。

當閉口講的「吟」應該就是表示「今」字本義的分化字。「吟」和「今」的關係跟「呿」和「去」的關係相同。至于口吟之「吟」(《後漢書・梁統附玄孫冀傳》「口吟舌言」，李賢注：「謂語吃不能明了。」此字亦作「唫」。《說文・二上・口部》：「唫，口急也」)，以及呻吟、吟嘆之「吟」(古亦可作「唫」)，它們是不是當閉口講的「吟」的引申義，還有待研究。【說字小記 北京師範學院學報一九八八年第二期】

◉朱歧祥 A A象倒口形。一，示口中氣及時而出，即今字。引申有當下、現在之意。金文作A《矢簋》，篆文作今。《說文》：「是時也。從亼乛；乛，古文及。」段注：「目前為今，目前以上皆古。」卜辭習言「今載」、「今春」、「今秋」、「今歲」、「今日」、「今夕」，用法與現今同。

《掇2・6》辛亥卜，丙貞：A一月帝不其令雨。

《合282》辛酉卜，㱿貞：自A至于乙又其雨。【殷墟甲骨文字通釋稿】

◉徐中舒 A甲二五一一 A京三九〇四 象木鐸形，A象鈴體，一象木舌。商周時代用木鐸發號施令，發令之時即為今，引申而為即時、是時之義。《說文》：「今，是時也。从亼从乛，乛，古文及。」《說文》說形不確。又甲骨文告、舌、言、曰等字均象仰置之鈴形，與今當同出一源。【甲骨文字典卷五】

舍

舍 矢方彝 矢尊 令鼎 復公子簋 牆盤 瘐鐘 衛盉 散盤 善夫克鼎

毛公旅鼎 舍父鼎 居簋 鄂君啟舟節 毋舍桴飤 嘉賓鐘 舍武于戎攻 【金文編】

9·85范舍 秦1161 獨字 【古陶文字徵】

一五六：二二 十一例 委質類被誅討人名閔舍 一九四：一二 一五六：二〇 五例 一五六：二一 三例

一五六：一九 二例 一五六：二六 三例 盦 【侯馬盟書字表】

154 【包山楚簡文字編】

舍 雜二八 法一五九 五例 秦一九五 六例 秦一〇一 四例 封六一 【睡虎地秦簡文字編】

2329 1989 【古璽文編】

傳舍 廿八日騎舍印 夏侯臣舍 王舍私印 徐舍 部舍 公孫可舍 王舍 軋舍之

陳舍 西門舍 公孫舍之 舍印 【漢印文字徵】

華嶽碑 並籀韻 並王存乂切韻 【古文四聲韻】

◉許 慎 市居曰舍。从亼屮。象屋也。口象築也。始夜切。【說文解字卷五】

◉孫詒讓 舍吳釋為舍。云即施舍之義。攷說文。余从舍省聲。此舍字从余。吳謂即施舍之舍。是矣。然尚未盡究其義也。王引之經義述聞云。古人言施舍者有二義。一為免繇役。周禮地官小司徒。凡征役之施舍。鄭注曰。施讀為弛。鄉師辨其可任者。與其施舍者。注曰。施舍謂應復免不給繇役。是也。一為布德惠。蓋古聲舍予相近。施舍之言賜予也。宣十二季左傳。旅有施舍。謂有所賜予。使不乏困也。成十八季傳。施舍已責。襄九季傳。魏絳請施舍輸積聚㠯貸。三十一季傳。施舍可愛。昭十三季傳。施舍寬民。又施舍不倦。二十五季傳。喜有施舍。周語。縣無施舍。又聖人之施舍也。議之。又布憲施舍於百姓。晉語。施舍分寡。楚語。明施舍㠯道之忠。皆謂賜予之也。案王說辨別施舍之義甚析。實則凡施舍之訓賜予者。舍即予之藉字。隸續載魏三體石經大誥予惟小子。予字古文作□。汗簡口部引同。又入部引裴光遠集綴余字古文作□。案古余予字亦通。與此彝□字正同。是舍即予藉字之塙證。三體石經古文閒用藉字。如㠯鬲為歷。㠯𧻚為桓之類是也。【周居後彝 古籀拾遺下】

◉劉心源 舍。說文。从亼屮。象屋。此从余。案古刻余字有作□者。亦有省作□者。舍蓋从余从口。古音本魚虞部中字。觀此从余。知許氏未得其原。舍。捨也。即賒字。【居彝 奇觚室吉金文述】

◉王國維 唯天畐集厥命

畐未詳。虢季子白盤作𤰈。其文曰。𤰈武于戎工。諸家釋為庸。然余見丹徒劉氏所藏一編鐘。其銘有舍武于戎工語。古器文句頗有相襲者。則𤰈舍似一字。案殷虛卜辭有□殷虛書契前編卷七第三十一葉字。古由□二字皆象盛物之器。則其字與畐𤰈二字之意相同。或是一字。古簠簋之簠多从舍。作□□□諸形。而上虞羅氏所藏劉白簠作□。則□疑亦舍之異文。或與舍字音讀畧同。惟天舍集厥命。書文矦之命云。惟時上帝集厥命于文王。【毛公鼎銘考釋 王國維遺書第六册】

◉柯昌濟 卜詞有□字。即舍之異文。【殷虛書契補釋】

◉丁佛言 □辛宮鼎。市居曰舍。引申猶予也。予與余互通。於此可證。古舍字从余。許氏於余下曰。从八从舍省。說殊倒置。若余果从舍省。而舍上本作□。是从八為㢝辭。而余舍為一字。無能定其所从矣。【說文古籀補補卷五】

◉高田忠周 說文。□市居曰舍。从亼屮。象屋也。口象築也。朱氏駿聲云。按客屋也。周禮之廬也。路室也。候館也皆是。周官有掌舍。注。行所解止之處。舍人注。猶宮也。禮記曲禮。將適舍。注。主人家也。儀禮覲禮。天子賜舍。注。猶致館也。齊策。舍之上舍。注。甲第也。此攷甚佳。今審此等篆形。上下同形相向。□蓋亯省。亯字解曰。从回。象城亯之重。兩亭相對也。又亭字解曰。民所安定也。亭有樓。从高省。丁聲。舍為客館。與亭相似。而亭在城外。舍在城中。故舍殊从亯省。十中並指事或象形也。說文口以象築非是。但如下文。又有从口者。此疑余字異文。余為語之舒也。固當从口為義。从八亦同意耳。或云。邑字有从口作□者。此舍下作□。亦當口異形。果然古舍字有二形。一為如許說所云者。唯字斷不从亼。此𠆢即亼省。凡亼部字。往往省作𠆢。又向字古文作□。此𠆢亦正同意也。而干蓋棟宇之形。口以象出入之處。倉字作□。口亦同。故高字解曰。从冂口。與倉舍同意。可證。今姑係于此云。蓋舍之言處也居也息也除也舒也。【古籀篇七十四】

◉于省吾　吳北江先生曰。舍命乃古人恆語。即發號施令之意。詩。不失其馳。舍矢如破。舍矢猶發矢也。毛公鼎舍命與此正同。非謂舍其命令不顧也。羔裘詩。彼其之子。舍命不渝。謂其發號施令無所渝失也。鄭箋不解舍命之義。乃以見危授命釋之。誤矣。承平之日作詩。頌揚其友何必以不幸之事為言耶。【矢令彝　雙劍誃吉金文選】

◉陳獨秀　說文曰：舍，市居曰舍，从亼屮，象屋也，口象築也；余，从八，舍省聲。按曹魏三體石經尚書大誥：予惟小子，篆文作余，古文作舍，是余舍一字，並不省口。金文舍字多作舍，與說文篆文同。亼為屋頂及梁，說文亼訓三合，亦許氏僞造之篆文。屮為木柱，居簋作舍，篆文余之朩，皆木柱非从八。口象築物之下基，與倉同意。Crete象形字，屋字作[glyph]，亦無下基，正中國之余字，加口則為舍。甲文余字作[glyph]或[glyph]，金器文多作[glyph]或余，朩亦木之譌變，居簋余字作余，石鼓文作余，皆正為木，[glyph](余)即省口之舍(舍)也。古無旅舍，旅人惟止宿于路旁，居人舍中，周禮所謂路室也，舍之主人以舍給人止宿，故自稱曰余，即今語所謂舍下，皆施身自謂之義。因之舍亦訓施，毛公鼎之舍命即施命。施捨餘屋予人止宿，故捨字从舍。初只用舍，論語：不舍晝夜，猶未加手，金器文捨字均作舍。舒字从予舍，餘字从余食，賒字从余貝，其義皆源于以餘舍捨予他人止宿。古音余、舍同讀麻韻，廣韻余字魚麻二韻並收，从余之畬、荼、⿰女余、⿸疒余、⿱人禽、⿱穴余、塗、捈亦並在麻韻。故余姓或變為佘。施身自謂之余，後世亦變為沙，為洒，為咱，皆讀麻韻。舍主自稱曰舍，旅人尋問舍主亦曰舍，今語曰啥。南北均讀麻韻，以反切讀之則為甚麼或什麼。【小學識字教本】

◉馬叙倫　沈濤曰。御覽引作市居曰稅舍。蓋古本如是。周禮廛人。掌斂廛布。注。引廛市者貨賄諸物邸舍之稅。則稅字不可少。王筠曰。亼部舍字以形附。亼乃棟宇及梁之形。中即艸也。市居不過茅茨也。口象牆之四周。經言築城築囿築室皆謂牆。又按魏三體石經舍字作舍。從口。余聲。則當入口部。從口。余省聲矣。然余字固從八舍省聲。或魏人率意加兩畫乎。倫按市居曰舍非本義。亦非本訓。御覽引有稅字者。或以聲訓。或校者注以釋音者。傳寫誤乙於下。周禮注謂廛布者。貨賄諸物邸舍之稅。乃謂廛布為貨賄諸物邸舍之稅。邸舍之稅如今之房屋捐。非謂舍為斂稅之所也。沈誤解耳。舍者。楊桓謂正宮也。亼象覆之形。干象柱栱之形。○象其基。倫謂舍字象形。篆蓋由[glyph]而變。說解亦為校者所改矣。當自為部。字見急就篇。毛公鼎作舍。舍父鼎作舍。居簋作舍。師舍敢作[glyph]。舍叔敢作[glyph]。古鉩作[glyph]。【說文解字六書疏證卷十】

◉郭沫若　第十七行「舍命」猶言施令，「毋有敢惷專命于外」即所施舍之命辭。【毛公鼎之年代　器銘考釋】

◉楊樹達　[glyph]方濬益氏釋捨。辟為羣舒君長之屬。蓋讀捨字為舒。余謂非也。尋魏三字石經書大誥予惟小子。予字古文作舍。此即余字也。說文謂余从八舍省聲。石經古文从舍聲不省也。捨蓋即舍字。別加聲旁夫。舍夫同模部也。舍余古音同。⿰木舍實假為余字。畣龏⿰木舍辟。言敬恭我君也。舍武編鐘云。舍武于戎攻。小校經閣壹之拾捌下字作舍。貞松堂壹之叁下誤摹作余。舍亦假為余。與此器正可互證。或疑銘文既有余字。此不當作⿰木舍。然金文中同一字以異體作之者多矣。不足怪也。【王孫遺諸鐘再跋　積微居金石説】

◉高鴻縉　茅舍字即所謂市居。或臨時外居也。古原作仐或余。是會意字。謂艸木之亼（屋宇）也。另字非此字也。此字乃施舍發布之意也。从口仐聲。形聲。許君摹其文下著口。絶非此字之形。矢令彝舍三事令。舍四方令。毛公鼎父厝舍令。令即命。舍命即傳命。布命也。詩羔裘。舍命不渝。即布命臣下不變其舊也。皆用施舍之舍之本意。其字从口自明。而此本意後世亡之。或通叚以代茅仐（茅舍）。故許君誤釋曰市居。【中國字例五篇】

◉于省吾　畬即余字。居簋和魏三體石經古文余均如此作。余應讀作給予之予。凡周代典籍中的予字本應作余。予為後起字。【鄂君啟節考釋　考古一九六三年第八期】

◉張日昇　説文云。「舍。市居曰舍。从亼中。象屋也。口象築也。」金文作舍若畬。劉心源謂仐為余之省。實則栔文余作仐。不从八。説文从八舍省聲乃本末倒置。余為仐之繁。此例於古文字屢見。金文[glyph]古伯尊作[glyph]鄦侯簋。[glyph]齊侯壺作[glyph]齊陳曼簋。[glyph]邵鐘作[glyph]王孫鐘。[glyph]虢弔鐘作[glyph]等。皆其類也。于省吾謂畬即余字。然畬余兩字於彝器銘文中絶不相混。余為代詞。而畬為動詞。與舍同用作施予義。舍从口余聲。古音余予同讀。故余舍予同音互用。然舍非余之古文。更非予之古文也。説文謂舍从□。金文則从口。而市居之訓亦據从口而為譌説。【金文詁林卷五】

◉唐　蘭　[glyph]簋銘。⿱艹⿱舍廾井侯服。⿱艹⿱舍廾就是舍字。令彝。舍三吏命。舍四方命。左傳桓公二年。舍爵策勳。可見舍有授予的意義。舍邢侯服是授予邢侯服。【西周銅器斷代中的康宫問題　考古學報第一九册】

◉唐　蘭　原作「畬」字，即舍字，从口余聲。《説文》反以余字為从舍省聲，是弄顛倒了。余予同音，作為代名詞的余，古書常作予。从余聲的舍字，古書也常作給予的予。令鼎：「余其余汝臣十家」，散盤：「湄夫舍散田」，居簋：「君舍余三鏞」、「趞舍余一斧」，均應讀為予。【唐蘭先生金文論集】

◉李孝定　孫詒讓氏引王引之氏説「舍」為「予」，説不可易。高田氏以象形説「舍」字，似未安，舍實从口、余聲，許君謂「口」象築形，不誤。高鴻縉氏謂余為艸木之亼，即茅舍之舍之本字，説非，余乃「余」字，古器銘未見以「余」為「舍」者。【金文詁林讀後記卷五】

◉尤仁德　垣卑舍

2

戰國璽。銅質，長柄鈕。長2釐米，寬2.2釐米，陳介祺舊藏《簠齋手拓古印集》40上著録。

第三字似為舍字。秦璽陽成郃的郃字作（《上海博物館藏印選》38頁），其舍字旁與此璽文近似。《説文解字·广部》：「卑，賤也。」《玉篇》：「卑，下也。」賤、下引伸為矮小之義。璽文垣卑舍，義為矮牆內的屋舍。《尚書·梓材》：「既勤垣墉」，馬注：「卑曰垣。」《漢書·蕭何傳》：「為家不治垣屋。」垣屋與垣卑舍其義相同。【春秋戰國八璽考釋　考古與文物一九八二年第三期】

◉陝西周原考古隊　周原岐山文管所　(13)H11:115(圖三,7)

7

☑商，其舍若。

舍，假為赦。若，象人跪而兩手上舉之形，表示弱者降服強者，敗者降服勝者。故若可訓為順。《書·堯典》：「欽若昊天」，傳：「敬順也」。牧野之戰，紂師倒戈。度本辭之「☑商，其舍若」蓋謂既克商，則赦其倒戈歸順者。【岐山鳳雛村兩次發現周初甲骨文　考古與文物一九八二年第三期】

◉曹錦炎　今選3號鐘銘文按原有格式隸定如次：

唯王正月初吉丁亥，舍(舍)王之孫……

舍，讀為舒。《説文》：「舒，伸也，从予，舍聲。」(此依段注)舍，《説文》謂「从亼中口」(依段注)，實誤，從古文字看，舍字構形均作

會

「舍」高明《古文字類編》「舍」字條，毫無例外。因此，舍字當是：「从余从口，余亦聲。」舒字从舍得聲，故舍、舒可通，《楚辭·懷沙》「舒憂娛哀」，《史記·屈原傳》引作「舍憂娛哀」，是其證。《左傳》襄公八年鄭公孫舍之，字子展，古人名字相因，「舍之」即「舒之」，此亦是舍、舒互通之例。因此，「舍王」即舒王，指春秋時期舒國之君。需要指出的是，从古文字常識來説，凡是从邑之字，均係春秋前後孳乳的新字，如曹、朱、弗、吕、若等字，以為國邑，則作鄫、邾、鄅、郘、鄀等。高明《古文字類編》邑部。我們推測，舒國之舒可能本作舍，春秋時期或加邑傍作郐，《説文》有郐字，云：「地名，从邑舍聲。」不知其為舒國之舒的本字。作舒則為後起的同音假借字。《春秋》僖公三年「徐人取舒」，《玉篇》卷二邑部引作「徐人取郐」，正可證成我們的看法。【遷邟編鐘銘文釋議　文物一九八九年第四期】

◉商志醰　唐鈺明　6號鐘銘釋文如下：

唯王正月初吉丁亥，舍王之孫……

舍古通作余，中山王嚳鼎「今舍方壯」即例。近在湖北枝江出土的「余太子伯辰」鼎高應勤、夏渌《〈郐太子伯辰鼎〉及其銘文》，《江漢考古》1984年第1期。山東費縣發現的「余子汆」鼎《山東費縣發現東周銅器》，《考古》1983年第2期。余為徐之省，是舍、余通作徐，器皆是徐國所作。銘文云「舍王之孫」，知器為徐王後代所鑄。

在墓中尚出一件銅矛，骹部有銘文8字，每行4字，其一為合文：

〔余王〕自乍□□其元用

由于矛上銘刻較淺，筆劃稍泐，難于目識，但諦審原器，合文之字跡尚可辨析：其上半部作畬，此字形又見于1號鎛鐘和1號紐鐘，可定為余即徐；下半部似作「王」，如不誤，當是王字。此為徐王自作之矛。【江蘇丹徒背山頂春秋墓出土鐘鼎銘文釋證　文物一九八九年第四期】

◉戴家祥　説文五篇「舍，市居曰舍，从亼中，象屋也，口象築也。」金文舍作舍，从余从口，口象屋舍的地基，余亦聲。舍、余古音同隸魚部。舍，始夜切，審母三等，正齒，喻母古音多通。舍从余得聲，古音當讀如余，爾雅訓予、余為我，玉篇第十三旪又作畬。舍、余即予之説，毋庸置疑。【金文大字典上】

粹466【續甲骨文編】

會　厲羌鐘　會于平陰

从辵　沇兒鐘　龢逾百姓　書康誥四方民大和會

中山王嚳壺　齒張於逾同

孳乳為鄶　説文

祝融之後妘姓所封潧洧之間鄭滅之　會始鬲　儀禮公食大夫禮宰夫東面坐啟簋會注簋蓋也　蔡子匜　自作會宲　趨亥鼎　自作會鼎

王子匜　从辵　王子遇之遹盥　从金　陳昉簋　𣪘鎗　屖氏鎗　屖氏詹作膳鎗　【金文編】

考文1980:1　【古陶文字徵】

182　201　【包山楚簡文字編】

會　雜二九　九例　法一五三　【睡虎地秦簡文字編】

—者侯(丙11:2—5)　【長沙子彈庫帛書文字編】

0253　與蔡子匜會字同。5409　4075　或从辵與沇兒鐘會字同。0854　【古璽文編】

會稽太守　會睦男家丞　會柱私印　會忠之印　會宜年　主父會印　【漢印文字徵】

天璽紀功碑　中郎將會稽陳治　禪國山碑　與運會者二　開母廟石闕　咸來王而會朝　石經文公　公孫敖會晉侯于戚　說文之古文及汗簡引石經同甲骨金文會皆作迨為會晤本字　【石刻篆文編】

會並見尚書　會並石經　會　【汗簡】

古尚書　汗簡　並石經　崔希裕纂古　【古文四聲韻】

◉許　慎　合也。从亼。从曾省。曾。益也。凡會之屬皆从會。黄外切。古文會如此。　【說文解字卷五】

◉吳大澂　疑古會字。　【愙齋集古録第十一册】

◉林義光　說文云。合也。从亼曾省。曾。益也。按古作趨亥鼎。作沇兒鐘遹字偏旁。不从曾省。蓋之變。从合从。古周字。見周字條。　【文源卷十】

◉高田忠周　吳大澂古籀補云。古膾字。是。說文。細切肉也。从肉會聲。論語所謂膾不厭細是也。今審此篆形。即

會省文。𠕁亦象細切肉。與作膾意不異。而此借⊟象所盛器。筆者創意之所乎。【古籀篇四十一】

◉商承祚 說文會古文作㣛。汗簡石經同。金文且子鼎亦有𢔶字。吳中丞釋會。與此皆合。【殷虛文字考 國學叢刊第二卷第四期】

◉羅振玉 鎗即會字。器蓋謂之會。其文象器蓋上下相合。趞亥鼎作[glyph]。[glyph]子□匜作[glyph]。王子□匜作[glyph]。以从A象蓋。下从[glyph]象器。以金為之。故旁增金。其器為蓋。益□其為會字。殆無疑也。王子□匜增从辵。乃引申為會遇字。許書載會之古文作㣛。與王子□匜略同。又會與合同意。故許書會注合也。而合下云合口也。殷訂作A口。予意合口二字乃會字之譌。合亦象器形上下相合會之。古文从合。亦其證矣。【羣氏詹作善會跋 丁戊稿】

◉郭沫若 會鄶省，國風作檜。鄭語「妘姓，鄔鄶路偪陽。」注云「陸終弟四子曰求言為妘姓，封於鄶，今新鄭也。鄔路偪陽其後別封也。」平王東遷，為鄭所滅。左傳僖三十三年「鄭葬公子瑕于鄶城之下」，杜注云「右鄶國，在滎陽密縣東北。」在今河南密縣東北五十里，與新鄭接壤。【員卣 兩周金文辭大系考釋】

◉郭沫若 𣪘鐘二字。容庚釋為簋鎗。據儀禮公食禮坐啟簋會注。會。簋蓋也。謂此从金作。若如此釋。則用追孝於我皇。句尚未完。仍有可商。頗疑鐘字即用為乎。語尾助詞也。【眉批陳肪𣪘 兩周金文辭大系考釋】

◉商承祚 㣛 說文「會。合也。从亼从曾省。曾。益也。㣛。古文會如此。」案甲骨文作[glyph]。金文且子鼎「王命且子𢔶西方于省。」𢔶即會字。从辵與彳誼同。金文又有[glyph][glyph]走馬亥鼎。蔡子佗匜。則膾炙之專字也。說文膾訓「細切肉」。故鼎文从[glyph]象之。迨乃會合之專字。故从辵或彳以示行而相見意也。後借會膾為迨會。而以迨訓迨遝矣。古鉥作[glyph]。乃合二字為之。一切經音義「㣛。古文會。」石經之古文同。【說文中之古文攷 金陵大學學報第五卷第二期】

◉強運開 [glyph]阮橅天一閣本作曾。顧研本作嘗。均誤。其他諸本皆闕。今據安氏十鼓齋所藏弟一本橅拓如上。細案實係會字。會受其庸者。竊謂與會逢其適及書會其有極之會意義相同。【癸鼓 石鼓釋文】

◉容 庚 字似鎗。讀為會。儀禮公食大夫禮。宰夫東面坐啓簋會。注。簋蓋也。【陳肪簋蓋 善齋彝器圖録】

◉馬叙倫 林義光曰。古作[glyph]。見趞亥鼎。不從曾省。[glyph]蓋[glyph]之變。[glyph]古周字。倫按十四篇。際。壁會也。即會字義。際會聲同脂類。蓋轉注字。或語原於會。而際為兩壁之閒故曰壁會。會則棟宇之相合也。觀趞亥鼎[glyph]字及蔡子□匜會字作[glyph]。厲羌鐘會字作[glyph]。沇兒鐘作[glyph]。決非從曾。趞亥鼎文當是啚字譌書。孫詒讓疑為倉字。非也。且從曾省不得聲義也。會自從冓從[glyph]。[glyph]即用字。用為墉之初文。會意。依厲鐘[glyph]字作象形文。當為[glyph]。象屋之冓及左右後三面之壁相會。與舍異者無基耳。从曾省曾益也呂忱或校者改之。當入𠔁部。字見急就篇。

佮　鈕樹玉曰。玉篇廣韻竝無。汗簡彡部有佮。注云。會。石經恐後人本此增。嚴可均曰。此從彳從合。即辵部迨字。會以合為義。故得借佮為會。而非即會字也。疑後人所加。李杲曰。俎子鼎作[字形]。與從彳同。倫按嚴說是也。石經作佮。中盤作[字形]。如此二字校者增之。【說文解字六書疏證卷十】

◉顧鐵符　銅器中有一對和西漢陶器中的合相仿的器物。器成半球形。平底。兩側有橢圓形的環。蓋略平。上面有三個環紐。過去對類似這一種形狀的器亦稱為敦的。但這裏已經有了對合成圓球形的敦。所以這一對器決不能稱它為敦。在竹簡208號裏。有⿰會殳這一個器名。戰國文字裏常有把其他偏旁寫作殳旁的。也有在原字旁另加殳旁的。所以這個⿰會殳字也有可能就是會字。或金文中的鐀字。說文說會合也。所以會與合意思相通。从器名來說會也就有可能與合有類似之處。或者合就是會的演化。儀禮公食大夫禮說。宰夫東面坐啓簋會。各却于其西。士喪禮說。敦啓會。却諸其南。士虞禮又說。祝酌禮。命佐食啓會。這幾條的注文都認為會是簋的蓋。這是值得懷疑的一件事。傳世銅器中𡧊氏鐀的銘文𡧊氏𪉥作膳鐀(貞松堂吉金圖中39集古遺文11.3)。既然有器自銘為鐀。這明明說會是獨立的器。並非簋的蓋。如啓簋會一語。說明會是與簋並用的器。也有蓋可啓的。如敦啓會。就可能是啓敦會之訛。敦與會也是並用的器。都是屬食器一類裏的。【有關信陽楚墓銅器的幾個問題　文物參考資料一九五八年第一期】

◉高鴻縉　會即膾初文。从[字形]形。合聲。[字形]與合穿合。

會為膾之初字。字原从[字形]。象肉已切細復合而為膾之形。非文字。合聲。形聲穿合。名詞。後以同音通叚以代迨。迨與佮皆遇會會見之會之本字。从彳或辵。合聲。乃又加肉旁為意符作膾。論語膾不厭細。膾字原當作[字形]。小篆變而為會。【中國字例五篇】

◉李孝定　說文「會合也。从亼从曾省。曾益也。佮古文會如此。」古文从合則篆文似非从曾省。當亦云「从合。」許云从曾省者。蓋以此字中从「[字形]」非字。不得言「从[字形]」。其例然也。栔文此字郭釋為會。可从中从「[字形]」。即篆文从「[字形]」所自譌。辭云「其會酒　叀餗」。會酒疑亦合祭之意。蓋謂聯合以行酒祭也。又許書古文作佮。疑與辵部訓遝之迨為同字。金文作[字形]蔡子□匜[字形]𩁹羌鐘[字形]趞亥鼎[字形]鄶始鬲[字形]沇兒鐘「龢[字形]百姓」[字形]王子匜似象合盒中盛物之形。又疑象合盒於合蓋之外器身二層重叠之形。故有會合之義。然苦無佐證耳。【甲骨文字集釋第五】

◉朱芳圃　說文會部：「會，合也。从亼，从曾省。曾，益也。」羅振玉曰：「說文會作會，从[字形]，从[字形]。蔡子匜作[字形]，會宜年印作□，主父會印作□。會之義為器蓋，引申為會合。字作□□，正似器蓋上下相會合之形，非从□也。」遼居乙稿一七。按羅說是也，惟尚差一間。字中作□，象甑；一作田，象箅，箅，甑之特徵也。上下象器蓋相合之形。為其上下相合，故訓為合。以蓋加於器上為會，因之謂器物之蓋為會。儀禮士喪禮：「敦啓會」。鄭注：「會，蓋也。」公食大夫禮：「啓簋會。」鄭注：「會，簋蓋也。」士虞禮：「命佐食啓會」。鄭注：「會，謂敦蓋也」。【殷周文字釋叢卷中】

◉張日昇　說文云。「會。合也。从亼从曾省。曾。益也。𠋫古文會如此。」金文作□若□。疑从合。故古文亦作𠋫。合中所从。商承祚謂象細切肉。而朱芳圃則謂象箅甑。以犀氏鏳觀之。會有類盤而無箅甑。朱說非。陳眆簋用追孝於我皇𣪘鏳。容庚如此讀。郭沫若釋作鐿。初讀𣪘鐿為舅姑。繼則於𣪘字斷句。讀作考。而以鐿為作銘者之署名。後則讀鐿為語助詞乎。前後游疑不定。按郭氏讀皇𣪘為皇考。其說是也。𣪘鏳連讀。於銘文末可通。然釋鐿亦非。竊疑鏳為單字句。簋蓋也。此銘刻於簋蓋。而銘末特書鏳字。亦猶秦公簋器文為「西元器一斗七升奉𣪘」。蓋文為「西一斗七升大半升蓋」之標明𣪘蓋。此儀禮公食禮注「會。簋蓋也」之一明徵也。顧鐵符疑鏳為食器。犀氏鏳即自銘為鏳。犀氏鏳與陳眆簋蓋形略近。器淺圈足。鏳或由𣪘蓋衍化而為食器。遂以鏳名。傳世銅器有鑄子叔黑臣簠。其蓋器相同。蓋亦可為器也。【金文詁林卷五】

◉唐　蘭　𣪕字从𠬪从㑹。𠬪字見叚字偏旁，未詳。㑹即會字，金文䮶亥鼎、會始鬲作□，象盛米器，上下還有盒，後世把放米的屋子稱為廥。此處讀如會計的會。【略論西周微史家族窖藏銅器羣的重要意義　文物一九七八年第三期】

◉唐　蘭　伐會　即鄶，《說文》：「鄶，祝融之後，妘姓，所封潧洧之間，鄭滅之。」《國語·周語》：「鄶由叔妘。」《鄭語》：「妘姓，鄔、鄶、路、偪陽。」鄶字從邑會聲是後起的形聲字，本只作會，《史記·楚世家》吳回為祝融，吳回生陸終，陸終生子六人，「四曰會人。」集解引《世本》：「會人者，鄭是也。」《漢書·地理志》：「子男之國，虢會為大。」注：「會讀為鄶。」並只作會。陸終六子，其四為會人的說法又見於《大戴禮·帝系》和《世本》。《詩經》有《檜風》借用檜字。鄶國在現在河南省新鄭、密縣一帶。鄭玄《詩譜》說「檜者，古高辛氏火正祝融之虛。」《經典釋文》引王肅《毛詩》注：「周武王封祝融之後於濟洛河潁之間為檜子。」武王伐商，從孟津渡河，會人當時大概是會於孟津的諸侯之一。所以在克殷以後，就其原地，重加封號。其後管、蔡和武庚的反周，成王周公東征，沬司土逘簋說：「王來伐商邑，征（誕）命康侯啚于衛。」可見是以現在湖南省淇縣濬縣一帶為基地向殷墟和東夷進攻的。這次戰役不在黃河以南，「所征熊盈族十有七國，俘維九邑」，是沒有牽涉到妘姓的會人的。成王時代《尚書》記載極詳，既沒有其他大戰役，經過這兩個大仗後，除了伯禽在魯淮夷徐戎沒有平靖外，近在洛邑東南的會國是決不會輕啟兵端的。可見史旟伐會決不能在成王時。再者武王伐商，回來後，「班宗彝，作分器」，那時恐怕還是集體的俘獲吧。就是周公成王的東征，現在其可以提出確證的許多器，所記多的是賚貝百朋(𨟭鼎)，錫金百爰(禽簋)，少則錫貝十朋(小臣單觶)，甚至於「貝朋(岡劫尊)」。還没有靠個人掠奪來鑄銅器的，這應該是昭王時代的新現象，過伯簋、㲋駿簋、𡨦簋，絶無例外。那末，史旟伐會之役，也應該在昭王時期是没有疑問的。【唐蘭先生金文論集】

●李孝定　會象器蓋吻合，中象所貯物，與豐字所从[字形]、[字形]、[字形]諸形同意，非从曾省。銘云會鼎、會匜，蓋謂有蓋之器也。高田氏及商氏均謂是膾之本字，謂中所从象細切肉，似未安。顧鐵符氏謂器有自名會者，是會為獨立之器物，因疑「器蓋為會」之非，按器名會固不誤，亦無妨於器蓋稱會，一名二義者固有之矣，張日昇氏説可從。【金文詁林讀後記卷五】

●陝西周原扶風文管所　[字形]，上从[字形]象蓋，下从[字形]象器，其文象蓋器上下相合。《爾雅·釋詁》中，會與合意思相通。《説文》：「會，合也。从亼从曾省，曾益也。」「合，口也。从亼从口。」羅振玉《貞松堂集古遺文》説：「予疑合二字乃會之偽，二字轉注，合亦象器形上下相合會之，古文从合，亦其證矣。」《儀禮·公食大夫禮》説：「宰夫東面坐，啟簋會，各却于其西。」過去一般認為會是器蓋。今本銘「會」單獨出現，證明會在西周時期是一器名。【周原發現師同鼎　文物一九八二年第十二期】

●何琳儀　下表首列甲骨文和金文，次列汗簡和四聲韻古文，以資比照。

會　[字形]甲2·16　[字形]上2·11　【戰國文字與傳鈔古文　古文字研究十五輯】

●劉　雨　9.「⿰會欠」

2—025：「二⿰會欠豆」；

2—08：「一⿰會欠□」；

2—013：「一草齊緅之⿰會欠」；

「⿰會欠」即金文的「鑰」，亦即文献之「會」。容庚先生首倡此説，陳昉簋蓋銘：「用追孝於我皇𣪘鑰」，容庚指出：「末一字似為鑰，讀為會。《儀禮·公食大夫禮》『宰夫東面坐，啟簋會』，《鄭注》『簋，蓋也』」(《善齋彝器圖録》考釋23頁)。陳夢家先生亦謂：「𣪘之蓋曰會，《士虞禮》『啟會』注：『會謂敦蓋也』。羅振玉藏一𦍒氏鑰，形如𣪘蓋，而自銘曰鑰」(《海外中國銅器圖録·中國銅器概述》17—18頁)。

今按：會，合也，兩物相合之謂也。故凡相合者即可名會，不必僅指簋也。2—025號簡所述即為有蓋之豆，徵之出土物，正有帶蓋木豆若干件。

有蓋的豆形銅器其自名見於著録者，有魯元豆，其自名為「善𨾊」(《三代》10.48—50)；信陽光山縣新出的黃子豆，自名為「行器」，乃共名（《考古》1984年4期）。此簡可為戰國時代此類銅器的定名提供一個新的線索。2—08號簡的「一斂□」與「盌」、「匜」並記，當亦為有蓋的某種容器。至於2—013號簡的「斂」，可能為一絲織品之專名，因其並記者多為絲織品之故。【信陽楚簡釋文與考釋】

◉徐中舒　京二五六　從A从合從日。郭沫若釋會殷契粹編。《説文》：「會，合也。从亼从曾省……古文會如此。」甲骨文迨字作、，與會之古文字形略同，故會、迨古應為一字。【甲骨文字典卷五】

◉劉彬徽等　(544)會，借作繪。䙡，疑讀作獾。鍚，讀作盪。《説文》：「滌器也，……熱水去垢故从湯」。西室出土一件銅盉，獸形嘴，似為「盪」。

(567)會，《説文》：「合也」。椁室中有一件銅盒，內盛四件小銅盒，似為簡文所説的「會」。【包山楚簡】

◉戴家祥　金文會有三種用法：一為合，如新郪虎符「雖母會符」。二為遇合，如屭羌鐘「先會于平陰」。三為地名，如員卣「員從史旟伐會」。

師同鼎　字从从，上為蓋，下為器，中為所貯之物，疑即會字。金文或作，加金旁表示材質，儀禮公食大夫禮「宰夫東面坐，啓簋會，各却于東西」，本銘「孚戎金卅，戎鼎廿」，與鼎並舉，當與「簋會」同，表示一種器皿。説文「會，合也」，合亦象器形上下相合會之。會與合二字後引申為一切事物的會合。【金文大字典上】

◉戴家祥　中山王譽方壺　迨字从辵从會，説文所無，以聲義求之，殆即會之加旁字。説文「會，合也。」古文作佮，从彳合聲。从辵猶从彳也。小雅車攻「會同有繹」，毛傳「時見曰會」。論語先進「宗廟之事如會同」，集解引鄭玄注「諸侯時見曰會」。廣雅釋詁二「會，至也。」禹貢「又東會于涇。」漢書地理志作「又東至于涇。」會有至義，故又加旁从辵，大雅大明「殷商之旅，其會如林」。鄭箋云殷盛合其兵衆，陳於商郊之牧野，而天乃予諸侯有德者，當起為天子。言天去紂，周師勝也。壺銘「其迨如林」，知迨即會字也。唐韻會讀「黄外切」，匣母祭部。

中山王譽方壺　徻字从彳从會，説文所無，集韻去聲十四太「徻徻屋宇高明也」。音「古外切」見母祭部，同聲通假字當讀噲。唐韻噲讀「苦夬切」，聲在溪母。集韻「古邁切」，不但同部而且同母。子徻即燕易王之子燕王子噲，孟子・公孫丑下「子噲不得與人燕，子之不得受燕於子噲」。趙岐云：「子噲，燕王也。子之，燕相也。子噲不以天子之命而擅以國與子之，子之亦不受天子之命而私受國於子噲」，故孟子非之。

西林鑰　从金从會，用作器名，乃會的加旁異體字。从金表示材質，與缶从鐱、壺作鐘例同。【金文大字典下】

朇 䢅 倉

◉許　慎　朇益也。从會。卑聲。符支切。【説文解字卷五】

◉馬叙倫　益也者。以聲訓。或為埤之引申義。埤為城上女牆也。八篇俾下裨下亦曰益也。皆非本義。十三篇埤亦訓益。埤陴當是一字。朇為陴之異文。會之轉注字。會音匣紐。朇音奉紐。同為次濁摩擦音也。【説文解字六書疏證卷十】

◉許　慎　䢅日月合宿為辰。从會。从辰。辰亦聲。植鄰切。【説文解字卷五】

◉馬叙倫　沈濤曰。廣韻十四泰引為辰作為䢅。是古本也。王紹蘭曰。江聲曰。堯典。日月星䢅。日一日行一度。月一月行十三度十九分度之七。星二十八宿環列於天。四時迭中者也。日月之會曰䢅。分二十八宿之度為十二次。是謂十二䢅。若所謂星紀元枵諏訾降婁大粱實沈鶉首鶉火鶉尾壽星大火析木之泮。是也。邵瑛曰。今經典凡日月所會謂之辰。皆此䢅字。作辰者假借也。玉篇云。䢅。日月會。今作辰。集韻一遵説文。但以經典䢅作辰。故云通作辰。實則日月所會正字當作䢅。紹蘭按江邵二説不誤。段玉裁改此説解為辰作為䢅。是也。而據廣韻謂䢅即左傳之會字。非左傳之辰字則大誤矣。今即以左傳正之。左氏昭七年傳曰。晉矦謂伯瑕曰。吾所問日食從矣可常乎。對曰。不可。六物不同。此伯瑕因晉矦問日食字。對以六物也。公曰。何謂六物。對曰。歲時日月星辰是謂也。此伯瑕因公問六物。總對之以歲時日月星辰也。公曰。多語寡人辰而莫同。何謂辰。對曰。日月之會是為辰。故以配日。此公於六物中專問辰。故云。何謂辰。伯瑕即對以日月之會是謂辰。文承何謂辰之下。故云是謂辰。則問者對者皆意主於辰不主於會也。説文之䢅。即本伯瑕辰字為説。其所見左氏古文作䢅。故解云日月合宿為䢅。合即會也。宿即二十八宿所分之十二次也。謂日月合於某宿之次。伯瑕質言之謂之會。叔重申言之謂之合宿。是䢅即辰可知矣。然則合宿者會之解詁。䢅者辰之正字。如段説説文日月合宿為會。則是日月合宿為合宿。當復成何文理乎。以説文左傳互證。足知䢅之是辰而非會也。倫按從會辰聲。乃會朇之轉注字。辰音禪紐。會音匣紐。朇音奉紐。同為摩擦次濁音也。日月合宿非本義。蓋此字出字林。吕忱所見左傳古文作䢅字。而不知䢅之本義。故即用左傳為訓。或本訓捝失。校者加此也。【説文解字六書疏證卷十】

通别二・一〇・七【甲骨文編】

甲2369【續甲骨文編】

倉　弔倉父盨　宜陽右倉簋　孳乳為鎗　㝬鐘　鎗〃鏓〃【金文編】

5·77咸故倉曲　秦1013　都倉　3·41　闔門外陣导平陵□廩豆佾□倉　5·515　獨字　6·201　同上

6·26　陽城倉器　6·198　同上【古陶文字徵】

〔五〇〕〔六八〕〔四〕〔一九〕〔六八〕〔六八〕〔六八〕【先秦貨幣文編】

布空大　豫伊　按說文倉之奇字作，右鉩倉字作、。　布空大　豫伊　仝上　仝上　布空大　典六八八

布空大　典七六四【古幣文編】

181　192【包山楚簡文字編】

倉　秦一六八　五十三例　日甲一五五背　秦二六　六例【睡虎地秦簡文字編】

—莫(?)旻(丙7:目1)　—(丙7:1—2)【長沙子彈庫帛書文字編】

3907　1323　汗簡蒼作，所从與此形近。【古璽文編】

共倉　罯倉印　諸倉　泰倉　徐倉　臣倉　鮑倉　倉嘉私印【漢印文字徵】

倉　倉【汗簡】

古老子　汗簡　古尚書　王惟恭黃庭經　竝崔希裕纂古【古文四聲韻】

◉許　慎　穀藏也。倉黃取而藏之。故謂之倉。从食省。口象倉形。凡倉之屬皆从倉。七岡切。奇字倉。【說文解字卷五】

◉吳大澂　古鎗字。不从金。許氏說鎗。鐘聲也。鏓。鎗鏓也。宗周鐘倉倉悤悤。倉悤即鎗鏓之省文。【說文古籀補】

◉吳式芬　許印林說……或釋為倉。案倉之□象倉形。非从。但薛氏款識宗周鐘。倉倉它它。倉作。亦从口。不可謂其無本也。又或釋為倉。案倉下從皀。皀。穀之馨香也。象嘉穀在裹中之形。匕所以扱之。倉或作。見六書索隱舉要等書。雖不从口。亦不盡从匕。匕所以扱。口所以食。易匕而口。似亦可說。然皆非是。周格伯敦零字蓋作。與此形相近。疑以象。上加亼。下加口。乃命字也。薛書夏鈎帶命作。古篆分韻引作。未知孰是。其上皆从目。較稍有繁簡。宰辟父敦郝敦皆在上。口在下。與此字結體大同。定為命字。或不謬耳。【叔倉父簋　攈古録金文卷二】

◉方濬益　印林殆拘守說文□象倉形語。謂倉从□不从口。不知古文作。並非口。乃與亼相對。為屋舍之象形。中从。則倉形也。觀說文舍作。解云□象築也。而㱿鼎㱿之偏旁作。彔敔則作。既不从□。亦不从口。說並詳彔敔銘釋。而此字與宗周鐘倉倉倉字正同。足相印證。又何疑乎。【叔倉父簋　綴遺齋彝器款識考釋卷九】

◉孫詒讓　字亦難識。疑當為庸字。說文土部墉古文作𩫖。此文从。上下相反對。即𩫖形。與𩫖从兩亭相對同。从者。金文毛公鼎庸作。虢季子伯盤庸作。此即从𩫖从。與彼略同。殷周間有兩庸國。一為詩邶鄘之鄘。漢書地理志作庸。為殷畿內地。一為書牧誓庸蜀之庸。為西南夷國。左傳文十六年杜預注謂「在晉為上庸縣」。此庸侯不知屬何地也。【契文舉例下册】

◉王國維　字未詳。毛公鼎有字。虢季子白盤字殆與此為一字。象盛物之器。从从其意一也。又召伯虎敦有字。从兩相背。此从兩相向。疑亦一字。彼三字前人皆釋為庸。雖無確證。然卜辭有厌。其辭曰「貞今□从厌虎伐方受之又」前・四・四四。與此辭紀事略同而語加詳。則者國名。疑即邶鄘之鄘。商器中屢見「北子」即邶子。卜辭又有鄘厌。則邶鄘固殷之舊國矣。【戬壽堂所藏甲骨文字考釋】

◉林義光　古作叔倉父盨作宗周鐘。中从。食中从。此不從食省。从象有重垣。象中有列室形。或變作南朋彝。【文源卷一】

◉高田忠周　銘借倉為鎗也。說文。穀藏也。蒼黃取而藏之。故謂之倉。从食省。□象倉形。奇字倉。蓋許說有誤。倉元从亼。三合之亼也。收藏積蓄之意。與舍字从亼同意。□皆象形。亦與舍字象屋□象築同意也。如食字古文作形全相異。又按。汗簡引說文。奇字作。誤。从。疑蒼省文。但倉蒼通用不妨。又按。字作倉者中古文。其初亦當作倉為正。即屬于系也。今正。【古籀篇七十四】

◉丁山　卜辭常見冡字。其辭曰。「貞今□□从冡侯虎伐𢀛方受之又」前・四・四四。「□貞令旃从冡侯寶□」前・七・卅一。「貞令冡侯歸」徵文・人名・四九及五〇。「辛巳卜㱿貞王叀冡伐□受□」戩・十三・五。「貞今夕冡雨」藏・一〇〇。冡侯連文。當是殷時侯國之名。王國維疑為邶鄘之鄘。山桉邶鄘立國誠在殷世。然許庸君言「从用从庚」。與甾形絕遠。甾从工从甾。與冡形尤不倫。前人釋甾為庸。非也。王君謂甾冡一字。亦非也。甾卜辭𤲞般契・六・六十下或从𠀠。蓋簴簾之類。疑是器物之名。工象其柄。所謂「太版為業業象樂縣」。亦象器縣也。其為何字。不敢肊斷。然冡象帷幕交覆。中施皇邸之形。則碻然明白。周禮天官。「幕人掌帷幕幄帟綬之事。凡朝覲會同軍旅田役祭祀。共其帷幕幄帟綬。」鄭玄注。「王出宮則有是事。在旁曰帷。在上曰幕。幕或在地。展陳於上。皆以布為之。四合象宮室曰幄。王所居之帷也。」又「掌次掌王次之法。以待張事。王大旅上帝。則張氈案。設皇邸。」鄭衆注。「皇羽覆上邸後版也。」鄭玄注。「張氈案。以氈為牀于幄中。後版。屏風歟」。古者天子有事於外。必設帷幄。帷幄之中必施屏風。冡中之工。正象後版屏風之形。其外之冂。正象帷幕在地施展於上之形。當即冡之初字。許君說。「冡。覆也。从冃豕」。豕字無義可說。亥古文作𠀅。卜辭一作𠁢。家从豕。卜辭一从𠂔作𠆢。𠂔之與工相去幾何。竊疑冡本作冡。或省其下為冂。後世一誤為冡。再誤為冡。于是後版屏風之意失矣。冡幏古今字。法言吾子「震風凌雨。然後知夏屋之為帲幪也。」注云。「帲幪。蓋覆也。」蓋覆者幪誼之引申。帲幪冡形之初誼。許君以覆訓冡。得其最初之引申誼。究非冡之本訓也。冡孳乳為蒙。方言小爾雅廣詁俱云。「蒙覆也。」中畧。冡侯故都。疑即汳水南大蒙城。括地志「宋州北五十里大蒙城。即景亳湯所盟也。因景山以為名。」景亳。酈道元水經注疑即蒙亳。皇甫謐亦曰「蒙為北亳」。北亳即地理志之山陽郡薄縣。臣瓚注云。「薄。湯所都。」闞駰十三州志云。「景亳。湯都也。」皇覽亦謂「薄城北郭東三里平地有湯冡。」則漢之薄縣塙湯之故居。史記殷本紀。「帝盤庚之時。殷已都河北。盤庚渡河南復居湯之故居。」其在紀年則謂「盤庚自奄遷于北蒙曰殷。」項羽本紀索隱引汲郡古文亦云。「盤庚自奄遷於此冡。」北冡北亳豈一地乎。莊十二年左傳杜注。「蒙澤。宋地。梁國有蒙縣。蒙西北有亳城」。十三州志以薄城為貫城。亦云。「在蒙縣西北」。則蒙自為蒙。亳自為亳。北蒙之北實以別於東蒙蒙亳之稱。亦以其境地阢連。輥而為一矣。蒙本近亳。而亳則王城。故得卜其雨否。中畧。蒙去商丘僅五十里。是在天子縣內。冡君稱侯。豈商初之公卿乎。中畧。梁國郡蒙縣。即冡侯故都。冡即汲郡古文所稱北冡也。【釋冂　歷史語言研究所集刊一本二分】

◉葉玉森　丁氏謂甾冡非一字。至塙。考卜辭从甾之字或變从田。無作冂形者。中畧。其象帷幕者則用𡆥羅振玉釋冪。王襄釋幎。从之。丁氏謂冂象帷幕。予仍不能無疑。【殷墟書契前編集釋卷四】

◉郭沫若 □字孫詒讓王國維均疑為庸。同以□□□兩字為説。王氏更舉□字。亦説為庸。案□若□乃牆字之異。盤段為壯。鼎段為將。□乃祇之古文。均非庸字也。諸字説詳金文叢攷一二九葉及追記。字與此等字亦不類。攷金文簠字。鑄公簠作□。旅虎簠作□。交君簠作□。乃象下器上蓋而中从五聲。簠亦名匩。即筐之古文。足證筐簠同器。亦為同字。乃陰陽對轉。則此字蓋匩之古文。亦象下器上蓋而從爿聲也。匩地在春秋時有三。論語子罕「子畏於匩」。乃衛地。在今直隸長垣縣西南。左傳定六年「公侵鄭取匩」。乃鄭地。在今河南扶溝縣東北。春秋僖十五年「盟于牡丘遂次于匩」。乃宋地。在今河南睢縣西三十里。三匩雖分隸三國。然均相隔不遠。蓋古匩國地入後被分割者也。□字别録二桃山獸骨作□。从午聲。魚陽對轉也。【卜辭通纂】

◉商承祚 □ 説文「□。奇字倉」。案許叙謂甄豐等校文書。頗改定古文。時有六書。其二曰奇字。即古文而異者。金文倉與篆文同。石經蒼之古文作□。从□。正與此同。又割字偏旁亦从□。與倉無别。當是借創為割也。【説文中之古文考 金陵大學學報第五卷第二期】

◉孫海波 □纂别二·八·八 □叔倉父簋 説文云：「穀藏也，倉黄取而藏之，故謂之倉，从食省，□象倉形，□奇字倉。」按此象穀藏之形，从□从□、□，□象上下合，中□非食省也。【甲骨金文研究 中國大學講義(内刊)】

◉唐 蘭 □□固非庸字。然□為□在□中。□乃移□於□下。□象□在□中。□為合字。象盒之形。其義甚相類。惟王氏牽涉□字則誤矣。丁山謂□是帷幕。不知□是笠盧之形。從無帷幕之義。其所謂一誤再誤而為冢字。則更是玄想矣。郭氏援簠作□□等形為下器上蓋之證。然據季宮父簠之□。從匚㝬聲。則□為□。即□之變。當釋為害。非器形也。郭以簠亦名匩。遂謂此從匩聲之字為匩字。其據點實極脆弱。若□字則似從□。疑即□之異文。即從午亦未必與□為一字也。余謂□者俎案之屬。故□字從之。□則像爿在合中。與會倉同意。依象意聲化之例。當是從合爿聲。説文有牄字。從倉爿聲。引書「鳥獸牄牄」。或以為蹌之俗字。然俗字必有所取義。如蟲魚之名悉增蟲魚之旁。是牄之从爿。又何為乎。此可見牄是古字。公羊傳定十四年有頓子牄。左傳作牂。則説文以為爿聲者必有所本。余疑牄即□字所孳乳。後人罕覩□字。遂改為□為倉耳。卜辭□為國名。疑即蔣國。周滅殷後以封同姓者。地在河南固始西北。【天壤閣甲骨文存考釋】

◉金祖同 □。鼎堂師釋匩。謂金文簠字。鑄公簠作□。旅虎簠作□。交君簠作□。乃象下器上蓋。中從五聲。簠亦名匩。足證筐簠同器。亦為同字。則此字乃匩之古文。同桉説文。「匩。飲器筥也。从匚㞷聲。」此則从爿聲。荀子賦篇叶鄉盲

將強疆常等韻可證。疑別為一字。【殷契遺珠釋文】

◉陳獨秀　倉　古金文作倉，A為屋頂及梁與舍同，口無柱，象倉形，中一象倉中所藏之物，凵象下基亦與舍同。篆文作倉，略同古文，惟象倉形之口左畫延長，說文遂誤以為从食省，凵象倉形，訓穀藏。按古有車、兵、祭、樂、宴五庫，見月令蔡邕章句。庫為車庫，說文云：庫，兵車藏也，从車在广下。倉為兵庫，以槍、牄、創、瑲等从倉而知之，藏穀者廩，倉之初義不為藏穀，何得从食。Crete象形字，倉字作合字形，正如中國金器文倉字而省下基，訓貯藏室，亦謂普通倉庫，非專謂穀藏。【小學識字教本】

◉馬叙倫　鈕樹玉曰。藏當作臧。下放此。桂馥曰。篆當作倉。倫按倉從食省口象倉形。則於六書為指事。而食亯一字。從亯口象倉形不可通。且篆體上作合亦非食省。叔倉父簠作倉。宗周鐘借為瑲字。作倉。較近從食省。然於義必不可通。麼些文倉字作井。倫目論杭州田家藏米穀之具。有方有圓。圓者以篾為之。高二尺餘。無當。箸地者最巨。積累而上。以次而削。上有覆焉。所以貯穀。俗謂之穀圈。方者率以木製。其形如[圖形]。或作井字形。高尺餘。無當。亦積累而上。以貯米。但上下如一。而最下者一面有穿。所以出米。其形如[圖形]。而倫復得漢陶明器。其形為[圖形]。有朱文八分書曰。黍秬萬石。蓋放倉形以制器。倫謂倉字即象此為形。於六書為象形。省變為倉。復譌為倉矣。本訓臧也。呂忱加穀藏也倉黃取而藏之故謂之倉。從食省口象倉形亦非許文也。字見急就篇。古鉨作倉倉。

仺　鈕樹玉曰。玉篇作仺。注。古文。嚴可均曰。汗簡引作仺。集韻。創。古作刱。是也。此作仺。疑爛文。嚴章福曰。疑校者所加。莊述祖曰。逸周書糴匡篇。企不滿壑。企當作仺。桂馥曰。奇字者。本書叙云。甄豐改定古文。時有六書。二曰奇字。即古文而異者也。商承祚曰。石經蒼之古文作仺。正與此同。李杲曰。匋文作仺。近似。石經割之古文作仺。疑仺為害之古文奇字也。倫按本書重文中古籀奇或出於字林。江表請書吏表可證。而本書有奇字又有古文奇字。蓋奇字者省文。呂忱於古文多采自魏之石經。亦有出衛恆古文官書者。衛書亦號古文奇字。豈此所謂奇字者亦出衛書。而衛書中古文奇字各自為類。呂因而偁焉邪。隋書經籍志有漢議郎郭顯卿古文奇字。郭又有字指。倫疑即江表所偁許氏字指。郭蓋為許學者。所作有此二書。然則衛書或亦本於郭。呂所增奇字即出郭書耶。石經之仺。玉篇以為創之古文。則此篆與石經合。【說文解字六書疏證卷十】

◉陳夢家　九一片釋牄。此字于卜辭為國名，我曾釋為倉字，倉字從合從户。甲文則從合爿聲，其實是一。古文字凡從合的都有倉義。【讀天壤閣甲骨文存　圖書季刊新一卷第三期】

◉李孝定　說文：「倉，穀藏也。倉黃取而藏之故謂之倉。从食省，口象倉形。仺奇字倉。」絜文上出諸形，孫詒讓王國維兩氏疑庸字，並舉金文□□為證，無論□□與□之字形絶遠，即□□兩字亦不當辭庸，丁郭兩氏亦既辨之矣。竊疑□□兩字从𠙹爿聲，當即許書匚部之匡字。説文「匡，飯器筥也。从匚㞷聲。筐匡或从竹。」从匚。又匚下解云「受物之器。象形。讀若方。」受物之器乃通偁，故匚部諸文類皆容器。□从𠙹，𠙹缶屬，亦受物之器，从𠙹从匚得通，猶簠簋之古文亦從匚也。爿㞷聲韻並近，匡及从爿之牆牀戕古音同在十部陽韻，故从𠙹爿聲之字篆文變為从匚㞷聲。毛公鼎銘云「𤰈集厥命」，匡集並當訓安。淮南主術訓「匡牀蒻席」，注「匡，安也。」左昭十七年「辰不集子房」，注「集，安也。」「匡集厥命」亦猶漢書司馬相如傳之「集安中國」也。王氏毛公鼎考釋引書文矦之命「惟時上帝集厥命於文王」，辭例與鼎銘全同。匡集為同義字，同義字連文古籍中習見。郭氏釋𤰈，謂盤㲃為壯，鼎㲃為將，音雖相近而義則未是也。□字與𤰈同从爿聲，其音讀當相近，而一從𠙹一从合。雖同為受物之器而器物各殊，當非同字，蓋匚為通名，簋簠𠙹合之屬則為專偁。文字偏旁所從通名與專偁每得相通，而專偁之間得相通用者則較少見也。丁氏釋冢，謂□象帷幕幄帟之形，其形已極不類。一變再變之説尤屬牽強，唐氏駁之是也。郭氏釋此為筐，謂匡簠同器亦為同字，其説已較孫王丁諸氏為長。金文匡字既有異體作𤰈□金文匩字習見者作□，與小篆同匚□一也等形，契文之□與之有別，當另是一字。郭氏又引□字，謂與此同字，从爿从午乃陰陽對轉。按𠯑當為簠之古文，金文或作□，从合午聲，此則从合午聲也。唐氏舉季宮父簠之□，謂是从匚㝬聲以駁郭氏「土下器上蓋中从午聲」之説。按季宮父簠簠字非从㝬聲，中乃从缶夫二文，二者皆聲也，亦猶金文𦒱字立羽皆聲也，郭氏説金文簠字不誤。唐氏謂□字「與會倉同意，依象意聲之例當是从合爿聲，説文牄字即□所孳乳。」其説極是，然猶未達一間。竊謂□即倉之古文，□即合字，爿其聲也。倉聲爿聲同在十部陽韻，故倉以爿為聲也。許書有片無爿，而牀牆戕均从爿聲，殆許君偶遺。段氏注説文於片部末補爿篆是也。篆文倉譌聲符□為□，許君遂以為从食省耳。食下从□乃𣪘之象形，倉字篆文與之不類，不得云从食省也。合即盒之古文，下象其器上象其蓋，倉之為器當與盒形相類，故即以之為形符，亦猶𤰈之以𠙹為形符也。文物參攷資料一九五六年第九期封底裡葉有西安徐家灣漢墓出土陶器圖片四禎，其中有一緑釉陶倉作□形，據該刊同期七三葉文物工作報導云「墓室前部東西側放陶倉鼎壺鍋罐奩等隨葬品，定桉附有出土時器物位置圖……緑釉陶倉八個，完整的四個，每兩個為一組，每組高矮相差不到一釐米，形狀長圓形，倉頂呈傘蓋狀，中部有凸起花紋三道，底有三足，上有獸面花紋。」文中未記明陶倉高度，而於同時出土陶壺則記明高三十八公分。在出土器物位置圖中，倉壺大小約略相等，則倉高應在四十公分左右，蓋與匡盒會奩等器性質相近，為小型容器，與許書倉下説解異。許君所説乃倉廩字，為貯物之建築，即今語倉庫之倉，其義亦由小型容器所引申也。□與漢墓出土陶倉相似，殷時當有此物。惟詢據友人高去尋君見告殷虛未見有陶倉出土，意者陶質易碎，殷虛雖無此器出土不能遂證其必無也。金文作□弔倉父盨□宗周鐘，所从之[glyph]當亦由[glyph]形譌變，許書倉下出古文奇字全，其下所从猶仿佛可見[glyph]之形也。字在卜辭為方國之名。哀四年左傳云「蠻子赤奔晉陰地，司馬起豐析與狄戎以臨上雒，左師軍于菟和，右師軍于倉野。」注云「蒼野在上雒縣。」高士奇春秋地名攷畧卷五菟和條下云「臣謹案水經注『丹水自倉野又東歷菟和山又東至商縣。』上洛，春秋時晉地，竹書晉烈公三年『楚人伐南鄙至於上洛』即此。漢置上洛縣，至元始廢其地，即今商州治也。丹水在城南一里，呂氏春秋所謂堯有丹水之戰者也。州南百四十里有倉野聚。」其地在今陝西南境去殷都不遠，卜辭之倉蓋即此也。金祥恆續文編五卷二二葉下收[glyph]甲編・二三六九形一文作倉，其說未聞。字在卜辭為人名，釋為倉形音義均無可考，似有未安也。又許書十二卷匚部有匩字，解云「古器也。从匚倉聲。」諸家注說文者於此並無說，疑即倉之異構。倉字从合為形，此復从匚為偏旁累增字，解云古器也，為倉之朔誼，較之倉篆下說解反為近古。古倉之作匩亦猶金文[glyph]旅虎簠簠字亦作[glyph]師府鼎也。又卜通・別二・八・八有[glyph]字，郭沫若釋倉，云「第八片『倉』字此例僅見。」卜通別二・十四葉下是也。唐蘭引此作[glyph]，云「卜辭倉字作[glyph]，其中所象即卣形而上下有覆載之器。卣之為倉猶酉之為尊。漢後匋倉今猶多存者，匋倉形製可參看中國明器圖版十，其形正作[glyph]，是卣之原形尚可藉以考見也。」天壤考釋七葉上。按唐氏此說乃以證其釋[glyph]為卣之說，[glyph]之不當釋卣己於四卷卣下辨之矣，惟諦審卜通別二影本倉字其中所从右畫實中斷而不相連，仍為[glyph]之異體，非如唐氏所引作[glyph]也。其字已與金文倉字形近，亦即篆文之所自譌變也。【甲骨文字集釋第五】

◉朱芳圃　倉即匩之本字。說文匚部：「匩，古器也。从匚，倉聲。」[glyph]象器形，上下象器蓋相合。字之結構，與會相同。【殷周文字釋叢卷中】

◉饒宗頤　七　月相　繒書作[glyph]，疑即說文奇字倉之全，漢簡作[glyph]。倉與相同部通用。繒書內□文云：「[glyph] 旹 [glyph]（得）。」外□文云：「曰[glyph]不可㠯水……」【楚繒書十二月名覈論　大陸雜志三十卷第一期】

◉張日昇　說文云。「倉。穀藏也。倉黄取而藏之。故謂之倉。从食省。口象倉形。全奇字倉」。[glyph]。許印林釋命。[glyph]為兩口相對。方濬益釋倉。[glyph]為屋舍相對。釋倉是也。然謂屋舍相對。則拘於許書舍字口象築之說。朱芳圃謂日象器形。上下象器蓋相合。乃匩之本字。李孝定釋絜文[glyph]為倉。从合爿聲。金文从[glyph]乃[glyph]之譌。其初本為小型容器。引申為倉庫義。甲骨文字集釋頁一七九二。以會字例之。倉從合。當為器名。與匩為一字是也。然日䣄鐘作[glyph]乃户字。似非[glyph]之譌。古音户在魚部。倉在陽部。魚陽對轉。金文倉字疑从合户聲。【金文詁林卷五】

◉李先登　印文「陽城倉器」四字，直行，雙行，自右至左。

[glyph]字，從[glyph]從[glyph]。[glyph]即广。[glyph]即倉，不從口，而多加了「[glyph]」。《古璽文字徵》第一、二：「蒼」字作[glyph]或[glyph]，可為其

證。《說文解字》卷五下：「仺，奇字倉」，亦與此相近。總之，仺字定為⿸广倉，即倉廩之倉字。

「陽城倉器」乃韓國陽城官倉之印，而陽城並非韓國之都城，這說明戰國時代，除國都外，重要的城市也都設有官倉。【河南登封陽城遺址出土陶文簡釋　古文字研究第七輯】

◉高　明　曰倉，不可以川□大，不𨜒于邦，有𡿥(盜)內于上下。

倉在此為月名，《爾雅·釋天》：「七月為相」，相倉古音相同，彼此通用。【楚繒書研究　古文字研究第十二輯】

◉李　零　倉，即《爾雅·釋天》十二月名之相，秋七月。所附神象作鳥身人首形，人首上戴角，鳥身僅一爪。【長沙子彈庫戰國楚帛書研究】

◉曹錦炎　，根據偏旁分析，應該是一個从厂从肉，㓝聲的形聲字，當隸定作⿸厂⿰月㓝。如所周知，此字作為聲符的「㓝」，在金文中一般都讀為「刑」，《說文》：「㓝，罰辠也，从井从刀。《易》曰：『井法也』，井亦聲」，是以井作為聲符的，楚荆的荆字往往作此形。但是，如果將⿸厂⿰月㓝字中的聲符「㓝」仍讀作「刑」的話，這個字是沒有辦法釋讀的。我們知道，㓝字在金文中除了讀作「刑」外，也可讀為「粱」。叔家父匡銘「用盛稻粱」的粱字即作《金文編》卷七·二二是其證。仲𫑟父盤銘「黍粱遬麥」的粱字作金文編卷七·二二，亦可佐證。從金文中的粱字一般作來看，顯然「㓝」與「刅」的讀音是相同的。《說文》：「刅，傷也，从刃从一」，其或體作創，又「刱，造法刱業也，从井刅聲，讀若創」，可見「刅」字可讀作「創」。創字古文，《古文四聲韻》卷四引崔希裕《纂古》正作「刱」，可以為證。從古音上來說，刅、粱、創、刱古同隸陽部，例可相通。既然「㓝」可以和「刅」的讀音相同，則「㓝」字讀作「創」應該是沒有問題的。這里需要指出的是，「㓝」字雖然可以和「刱」字讀音相同，但兩者並非是一字的異體，因為「刱」字乃是从井、刅聲的形聲字，至於後世創字的俗體作「刱」，則是「刱」字之訛。

圖一

圖二 (A)

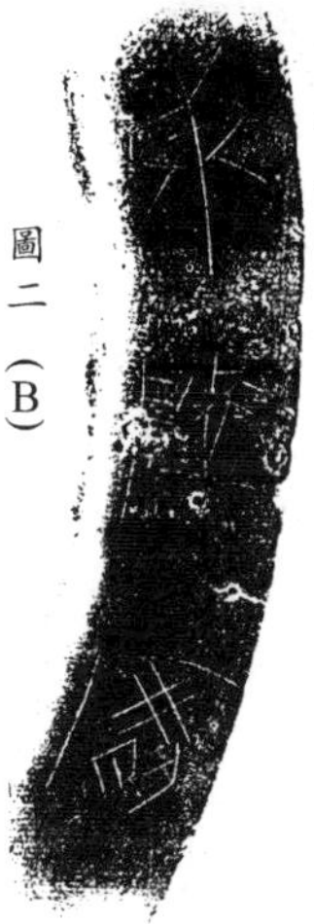
圖二 (B)

在東陵鼎蓋和壽春鼎的銘文中，腪字是作為名詞出現的。上面已經指出，腪字是以「荆」作為聲符的，而「荆」字可以讀作「創」，因此，在銘文中，把腪字讀為「倉」(「創」是以「倉」作為聲符的)，即倉廩之意，看來是沒有多大問題的，腪字从厂，正有房舍之意，从肉，表示貯藏物有肉類，因為作為庫藏來說，不一定僅僅是限於糧食而已，此字構形規則與「朱」字借為「廚」極為相似，其或體有作脒、床，(《三代吉金文存》卷二·五四·一；二·五三·四等。)正可互證。所以，我們認為，腪字應該是楚國倉字的另一種寫法(楚國倉字有作仓，見於長沙出土的楚帛書)，《文物》一九六四年九期。不過，此種構形也常見於三晉文字，看來未必是楚文字所特有。是一個會意兼形聲的字。我們推測腪字所从的井字寫成井，井字斜置，大約正是為了區別於讀為刑的「荆」字而作的一種表示吧。至於在楚文字中倉字有兩種構形，也不奇怪，因為在戰國時期，各國文字互不統一，構形各異，往往偏旁紊亂，繁簡雜蕪，甚至濫為音假，即以廚字為例，就有脰、朱、脒、床等各種寫法，明確了這一點，倉字異體作腪(當然也可以省作脟)，也就無所謂了。【東陲鼎蓋考釋——兼釋「腪」字　古文字研究第十四輯】

◉蔡全法　「倉」字陶鉢、盆：

13

14

各一件，均為泥質灰陶。戰國時器。1982年9月東城(YM)井19出土。「倉」均為陰文。一件刻寫於陶鉢外腹部(圖三：13)。另一件，豎向刻寫於盆沿上(圖三：14)。

「𢈉」从广从倉，即「倉」之異體。國倉器過去在登封陽城遺址出土較多，有的从广，有的不从广，說明鄭韓陶文字本身就有異體。陽城遺址出土的「陽城倉器」、「左倉」等「倉」字可與鄭韓都城的倉字互證。「左倉」是官府管理機構，而「倉」理應是這種機構的簡稱。【近年來「鄭韓故城」出土陶文簡釋　中原文物一九八六年第一期】

◉徐中舒　前四·四四·六　從囗合從爿。唐蘭釋倉，天壤閣甲骨文存考釋，可從。爿當為聲符，《說文》失收爿字，而牆牀戕等字皆從爿得聲。《說文》：「倉，穀藏也。倉黃取而藏之，故謂之倉。从食省，口象倉形。」【甲骨文字典卷五】

◉曾憲通　《說文》：倉，奇字作仓，《玉篇》同。魏三體石經《咎繇謨》「蒼生」作，《汗簡》引孫強說，創字作，所从並與《說文》奇字同。帛書乃奇字之滋化，戰國古璽文蒼字作，與帛文尤近，知釋倉無疑。《爾雅·釋天》：「七月為相」，倉相古通。

牄 牄

帛文之□為七月月名。【長沙楚帛書文字編】

◉戴家祥　金文鐘鎛之銘常有叠韻狀聲詞，如秦公鎛「鈇＝雒＝」，□鐘「鎗＝鏓＝」，「鉠＝鎗＝」，其韻都在東陽兩部。此銘「□＝□＝」，□或作□、□等形，前人釋釗，或釋欽，從聲韻上考慮，皆不類鐘鼓之聲。說文五篇倉古奇字作仺，與此形近，疑本為一字也。此器銘文有韻，釋倉與下文旁、尚等字同屬陽韻。【金文大字典上】

◉許　慎　牄鳥獸來食聲也。从倉。爿聲。虞書曰。鳥獸牄牄。七羊切。【說文解字卷五】

◉林義光　說文云。牄鳥獸來食聲也。从倉。爿聲。虞書曰。鳥獸牄牄。按从倉訓來食。義已紆曲。倉爿皆聲也。【文源卷十二】

◉唐　蘭　□字孫詒讓疑為庸字，據毛公鼎庸作□，虢季子白盤作□為證。舉例上三六。王國維從孫說，並以召伯虎𣪘之□字為證。殷虛文字考釋二七。丁山謂庸與□形絕遠，□與□形尤不倫，而以□為象帷幕交覆中施皇邸之形，當即冡之初字。疑□省作□，誤為□，再誤為□。釋□。郭沫若謂「□□為𥂕之異文，□乃祇之古文，均非庸字，與此等字亦不類，攷金文簠字，鑄公簠作□，旅虎簠作□，交君簠作□，乃象下器上蓋，而中從五聲。簠亦名匡，足證筐簠同器，亦為同字，則此字蓋匡之古文，亦象下器上蓋而從爿聲也。又據桃山獸骨有□戾，謂□即□，從午聲，魚陽對轉也。」通纂考釋一一三。余按□□固非庸字，然□為爿在甾中，□乃移爿於甾下，□象爿在□中，□為合字，象盒之形，其義甚相類。惟王氏牽涉□字則誤矣。丁山謂□是帷幕，不知□是笑盧之形，從無帷幕之義。其所謂一誤再誤而為冡字，則更是玄想矣。郭氏援簠作□□等形，為下器上蓋之證，然據季宮父簠之□，從匚□聲，則□為□即□之變，當釋為害，非器形也。郭以簠亦銘匡，遂謂此從爿聲之字為匡字，其據點實極脆弱。若□字則似從□，疑即□之異文，即從午亦未必與□為一字也。余謂□者俎案之屬，故鼒字從之。□則像爿在合中，與會倉同意，依象意聲化之例，當是從合爿聲。說文有牄字，從倉爿聲，引書「鳥獸牄牄」，或以為蹌之俗字，然俗字必有所取義，如蟲魚之名，悉增蟲魚之旁是，牄之從爿，又何為乎？此可見牄實古字。公羊傳定十四年有頓子牄，左傳作牂，則說文以為爿聲者，必有所本。余疑牄即□字所孳乳，後人罕覩□字，遂改□為倉耳。卜辭□為國名，疑即蔣國，周滅殷後以封同姓者，地在河南固始西北。【天壤閣甲骨文存考釋】

◉馬叙倫　鈕樹玉曰。廣韻韻會引無也字。書益稷釋文引來作求。王筠曰。牄以形附。玉篇食下有㱼字。乃微與倉有關會。徐灝曰。許以字形從倉為食省。故云鳥獸來食聲。亦望文生義耳。經云。鳳皇來儀。百獸率舞。即所謂鳥獸牄牄也。當從傳説以鳥獸舞義為長。釋文引馬融云。鳥獸。筍簴也。尤長於衆説矣。此篆形聲未碻。倫按鳥獸來食聲字應作噆。本書無噆字。古書或借牄為之。故呂忱如此説。或校者所加也。牄當從斨之初文作爿者。倉聲。為爿之轉注字。即刀槍之槍本字。公羊定十四年。以頓子牄歸。釋文。牄。二傳作牂。書益稷。鳥獸蹌蹌。釋文。説文作牄。邵瑛謂槍乃牄誤。均可證此為從爿倉聲也。當立爿部而斨牄皆屬之。或曰。倉之轉注字。從倉。爿聲。字蓋出字林。【説文解字六書疏證卷十】

入

鐵四九・二　鐵一八五・一　前四・二九・五　戬一四・五　乙六五七〇反　乙六五九一　乙六八二〇反　乙六八三五反　乙七一九五反　鐵二八一・三　甲二三七冊入　甲二六九七　佚四九三　佚二四七　佚六四一　佚七二〇　燕五九　燕一四一　拾四・一五　後二・一八・八　乙一七八三　入乙　見合文三　乙一四三七　入己　見合文三　【甲骨文編】

甲237　483　2697　3017　乙173　466　760　1789　1906　6298　6374　6669　6704　6724　6820　7036　7095　7127　7134　7153　7191　7378　7491　7652　7686　7766　8659　珠21　23　114　418　458　733　佚120　247　340　370　430　493　929　938　987　續2・2・4　3・14・1　3・24・1　6・19・4　掇535　徵4・83　10・60　10・62　12・16　京3・5・1　凡13・1　古2・8　録678　鄴46・9　新1584　天71　誠347　360　六清8　外286　續存198　236　329　337　799　800　1648　2014　外147　摭續159　167　179

粹17 31 393 623 626 697 732 757 1001 1064 1070

1220 1298 1416 新740 918 1587 1590 3001 3002 3008 4608

4613【續甲骨文編】

入 古伯尊 盂鼎 龏鬲 宅簋 諫簋 豆閉簋 休盤 趞曹鼎 卯簋 師酉簋

入右師酉入或作内 克鼎 頌鼎 頌簋 頌壺 毛公𤸫鼎 兮甲盤 元年師兑簋 大鼎

魚顛匕 驫羌鐘 【金文編】

布尖丰半背 典三六二 【古幣文編】

一五六：二〇 十五例 委質類敢俞出入于趙尼之所 或復入之于晉邦之地者 詛咒類……俞出入于中行寅及𣂰□之所 一五六：二

一 二十五例 一五六：一九 二例 一七九：一四 二例 一五六：九 一九四：一二 内 【侯馬盟書字表】

入 效四一 九十九例 通納 不可丨寄者 日甲四三 日甲一四六背 秦六七 二十一例 日甲一二七背 二例

秦六 八十三例 秦七 八例 日甲一三九背 【睡虎地秦簡文字編】

出入大吉 出入大利 日入千萬 出入利 日入千萬 日入千 出入大吉 出入利 出

入日利 【漢印文字徵】

開母廟石闕 三□□入 𧇍𣪘銘範母 入畢圂 【石刻篆文編】

入 【汗簡】

入古老子 内林罕集 入汗簡 【古文四聲韻】

●許　慎　入內也。象从上俱下也。凡入之屬皆从入。人汁切。【說文解字卷五】

●王　襄　入古入字。【簠室殷契類纂】

●林義光　說文云。入內也。象從上俱下也。按從上俱下無入義。象銳端之形。形銳乃可入物也。古作入毛公鼎。同。【文源卷三】

●高田忠周　說文。入內也。象从上俱下也。蓋自上下。下。即丨之系。顯然者矣。易象上傳。習坎入坎也。虞注。坎為入。愚謂入者犯而入下也。故干字从倒入。以為其意也。入內。音義皆近。又轉為凡出入義。莊子知北遊。注然勃然。莫不出焉。油然漻然。莫不入焉。注出入者。變化之謂耳。又秦策。入其社稷之臣於秦。注納也。【古籀篇三十】

●馬叙倫　徐灝曰。釋名。入。內也。內使還也。內皆讀如納。從上俱下語意未詳。章炳麟曰。古文本以入為內。入為初文。內乃變易字也。倫按俱為覆字之譌。覆譌為復。又譌為俱也。然疑本作象形。吕忱或校者改之。入為宀之異文。七篇。宀。交覆深屋也。深屋則有內。故古書入內同用。尚書堯典。內於大麓。列女傳引作入。是其證。其實古代穴居。穿土為宀。宀即象穴口形。人入居之。故借以為出入之入。頌鼎入字作入。甲文亦有∧字。並與此同。頌敢作入。盂鼎作入。宅敢作入。甲文亦有∧字。形小變耳。大鼎作宀。與七篇之宀全同矣。字見急就篇。【說文解字六書疏證卷十】

●陳夢家　一、入者，包括龜甲刻辭中「某入」和「某氏」「某來」「某取」等形式，亦包括「自己入」前八・四・六「來自吳」五種七三善「㝵氏自某」林二・四・一〇（以上皆甲橋）等形式，……入與來意義有別，乙七六七三右甲橋刻辭「雀入二百五十」，左甲橋刻辭「帚羊來」可證。二、被乞者，包括「乞自某」和「自某乞」「某乞自某」「乞于某」等形式。在「某乞自某」的形式中第一個某是乞者。乞有「取」義，所以被乞的人就是「入者」。不過胛骨刻辭只用「乞」不用「入」，被乞者之「某」和「入者」皆是為準備卜事而收集甲骨的人。【殷墟卜辭綜述】

●高鴻縉　∧為出入之入之本字。全為意象。林義光曰。按从上俱下無入意。象銳端之形。形銳可以入物也。是也。銳形不拘何物。故為通象。是以∧為指事字。動詞。後世（殷代已然）叚借∧字為數目六。乃加八（八古分字）為意符（言物分乃可入也）。作介。以還出入之源。及後人（殷代已然）用字。又借介為六(6)。於是∧介兩形俱為出入之入。又同時俱為6。久而嫌其無別也。周人乃專以∧為出入之入。以介為數目字6。自此分化為二字。秦時有从字。說文載之。殆出入之入之複體。或即本於籀文也。後世無傳。【中國字例三篇】

●李孝定　說文「入。內也。象从上俱下也。」絜文入字與小篆同。又或與六之作介者形近。可於文義別之。卜辭恆言「某人名入」。丁氏解為某入備宿衛。自亦可通。惟丁氏讀為夕則誤。當从于省吾說。釋屯。說詳一卷屯下。然則丁氏入夕之說已為無據。似當以从其通訓解為某自外來於義為長也。【甲骨文字集釋第五】

◉屈萬里　卜辭：「入。」甲編二九七四。此甲尾記事之辭。入，謂貢獻也；指此卜龜言。

卜辭：「乙來□，貞：王□衣入，□遘□？」入，謂歸來也。【殷墟文字甲編考釋】

◉朱芳圃　屯乙八八三九　屯乙八四五九　桉上揭奇字，象足止入坎之形。結構與相同，惟足止朝下為異。明義士曰：「桉从止从凵，，象坎形；从止，象足自坎出也。」柏根氏舊藏甲骨文字考釋一〇。其說是也。外出與內入相反，足止朝上為出，是足止朝下為入矣。惟甲文已有入字，此則其別構也。

甲文又有作左列形者：

前六・二四・二　前六・二四・三　屯乙七二〇四　屯乙七七六四　屯乙七七九三

此即之倒文，實一字也。

卜辭入二字音義俱同而用法有別，如「甲申卜𣪊貞王于八月入于商」續三・一四・一，「丁酉卜𣪊貞來乙早，王入於」續三・一四・七，謂尋常之出入也。如「貞𠂤化王□」屯乙八四五九，「乙子卜𣪊貞𠂤化，王史」屯乙八二〇九。云𠂤化，與春秋隱公二年「莒人入向」語例相同。左傳曰：「造其國都曰入」，公羊傳曰：「入者何？得而不居也，」是其義矣。

古人專造之字，由於使用日趨簡便，往往改用音同義近之字代之，其本字即逐漸消亡。楊樹達謂「甲文𧾷正即征伐之征本字」甲文說上七，極具卓識。原為伐國入邑之專字，後世改用入字代之，其本字即不復見於載籍，與𧾷正即征伐之征本字，後世改用征行之征，例正相同。【殷周文字釋叢卷下】

◉于省吾　舟節在稱庚之外。又稱適。让入。均指水行言之……其稱入者有五。入𨛬。入瀆江。入湘。入灃。入澬沅澧澑。凡稱入者。都謂進入小於江漢的水。【鄂君啟節考釋　考古一九六三年第八期】

◉張日昇　說文云。「入。內也。象从上俱下也。」林義光謂字象銳端之形。銳能入物。林說近是。古伯尊作。宅簋作。甲骨文亦多作。或象箭鏃之銳。後變作。何大定以為入宀一字。金文內从重字。按說文。「內。入也。」古文字从宀从入。會意兼聲。疑為入門之本字。金文叚入為之。如「𥂴公右走馬休入門」休盤。而內則引申為內外。如「命女辥我邦家內外」毛公鼎。內入音義並近。然非一字。六。說文謂从入从八。甲骨文作若。李孝定謂六非从入。實假入為之。甲骨文字集釋頁四一八一。六入兩字只是形同而音義俱遠。古音入在緝部。六在幽部。豈能相叚。竊疑六為鏃之本字。在幽部入聲。而鏃

為侯部入聲字。幽侯相近。入則取鏃鋭入物之義。一取其形。一取其用。兩不相同。【金文詁林卷五】

◉商承祚 人∧ 金文頌鼎宅𣪘與此同。又或作□(大鼎),則與宀形不殊。說文入「內也,象从上俱下也。」【甲骨文字研究(下編)】

◉丁 山 卜辭常見「王入」、「王勿入」,或曰「入某」、「入于某」,入字的通訓,謂自外來。但在春秋經所見「入向」「入極」的紀載,穀梁傳曰:「入者,內弗受也。」(隱公二年)公羊傳曰:「入不言圍,滅不言入,書其重者也。」(莊公十年)左傳則曰:「弗地曰入。」(襄公十三年)曰:「獲大城焉曰入之。」(文公十五年)曰:「凡諸侯去其國,國逆而立之曰入,以惡曰復入。」(成公十八年)入字的意義,多數是指戰爭或人事言之。那末,文丁時代甲尾刻辭所習見的:

从入。善齋藏片。

冊入。善齋藏片。

□入。續·4·12·5。

□王入。明義士·733。

都該以人事言,或者就是某氏入夕的省文,大概是紀載公卿諸侯自其邦國采邑來到王都或行在供應王事的。若甲冉云:

妻入百。佚存370。甲裏。

雀入十,寢。林·1·14·12。

象入。明義士·1241。

丙寅二,自己入。前·8·4·6。

背甲云:

小臣入,二。院、十三次發掘。

夨入二,在茁。㱿。同上。

㚟入三。婦氏。同上。按婦下當有脱文。

鼓入十。婦井氏。韋。同上。

壘入百廿。同上。

雀入二百五十。同上。

……五百。林·1·14·17。甲裏。

入下但綴數量，不著名物，而且最高數量多至五百，與骨臼刻辭所謂「若干夕」當然不能混為一談。胡氏認定「某入若干一類龜甲刻辭者，記貢龜之事也」，不是憑空想出來的，在「十三次」發掘的甲骨文中，確有這兩條明文：

雀入黽五百。乙編・4519。甲冉。

我萬五十。乙編・4948。甲冉。

殷虛文字乙編現已刊佈了。胡氏寫五種記事刻辭考前應該見到，不過臨文之時反將這兩條重要的證據忽略了，轉滋讀者似是而非的懷疑。其實這兩個字，與甲骨文習見龜字作龜福氏2者，尚有顯著的分別，龜字頭上無角，而黽上有觸角，以萬形言，當是萬字，其側視者，字又近黽，郭氏所謂象蟋蟀形者是已。春秋宣公八年：「壬午，猶繹，萬入，去籥。」公羊傳曰：「萬者何？干舞也。籥者何？籥舞也。其言萬入去籥何？去其有聲者，廢其無聲者，存其心焉爾。」甲冉刻辭的「我萬五十」，當是「我入萬五十」的省文，「入萬」猶言進入執干而舞的人；這種人就是「備一夕之衛」的武士。同樣「雀入黽五百」，也可說是入衛的人數。甲冉刻辭，但在乙編裏，言「雀入百五十」者兩三見，言「雀入二百五十」者約八九見。雀氏，大概是武丁的最親近臣屬，所以入備宿衛的次數較多，人數也較衆。武丁有時也派人到雀氏去，如：

乎人不入于雀〇乎入。甲編。

「乎入」，不是「呼人入于雀」的省文嗎？因此，我認為甲冉所紀的數字，都是指入備宿衛的人數。【甲骨文所見氏族及其制度】

◉戴家祥　說文五篇「入，內也，象从上俱下也。」魏校六書精蘊曰：「入象木根入地形，與出象屮木上出相對，木根入地，即自上而下也。」徐灝說文解字注箋。于鬯云入部「入，內也。象从上俱下也。」案入篆當作入，蓋象芒刃形，芒刃能入物者，故其象如此，此可以諸从入字證之：矢部矢「从入，象鏑栝羽之形。」鏑，即所謂入也，鏑非芒刃乎？此一證也。木部「𣛧，芣臿也。从木入，象形。」是入者。臿刃也，此二證也。「𣏟，兩刃臿也。从木丫，象形。」案𣏟上从二入，故訓兩刃臿，此三證也。又丁部丁「象形。」案丁亦从入，朱通訓謂即釘字，是亦以入象芒刃也，此四證也。又朿部「朿木芒也。象形。」王句讀謂鐘鼎文作朿，方足，象形。是亦從二入，此五證也。又來部「來，周所受瑞麥來麰，一來二縫，象芒朿之形。」校勘曰：一來二縫，當作一來三縫，見韻會及御覽所引，三縫者，來篆之形也。來篆下象根葉，上从三入。入，在矢象鏑，在麥象芒穎，故云三縫，是來从三入，此六證也。有此六證，則入之本象可知矣。从上俱下之說，未見入字之義也。說文職墨。【金文大字典上】

◉莊淑慧　1.簡文詞例

1號簡：「𦎫䞤執事人書入車。」

208號簡：「凡宮廄之馬所出長坛之审(中)五童(乘)。」

2.考釋

簡文「入」字書作「九」形，於豎畫中間加有一短横，與《侯馬盟書》「入」字寫法同。又「湖北江陵望山M1」竹簡、「湖北江陵天星觀M1」竹簡及鄂君啓節「內」字所从之「入」，亦皆作「九」形。屬羌鐘有「入」字，其形構為「大」，可視為「人」字由「九」形變向「大」形之過渡。【曾侯乙墓出土竹簡考　臺灣師範大學國文研究所集刊四十號】

內 內

鐵一三・二　貞人名　鐵一五三・三　鐵一六四・二　鐵二三一・一　前一・三九・四　前四・二八・三

甲三三三六　甲三三四三　乙四五四〇　乙四五四八　乙四六三六　乙四六六七　掇一・二三七

掇一・五三八　掇二・三五〇　燕二五三　【甲骨文編】

甲67　乙6750　7626　7889　7940　佚8　録150　151　155　誠464　六清68　外324

六雙2　續存628　摭續240　粹44　新1667　【續甲骨文編】

內　井侯簋　𩰫鼎　諫簋　趩簋　揚簋　師奎父鼎　𢦏鼎　豆閉簋　弔上匜　散盤

元年師兑簋　師兑簋　毛公𢉩鼎　㝨簋　禹鼎　陳章壺　子禾子釜　中山王礜壺

中山王礜兆域圖　內𠂤爵　弔趯父卣　出內事人　師虎簋　井伯內右師虎　伊簋　𦣞壺　利鼎

申簋　鄂君啓舟節　內㴸江　義如入　孳乳為納　克鼎　出納朕命　詩烝民出納王命釋文納本作內　師望鼎　咢

侯鼎　師旂鼎　孳乳為芮　國名姬姓伯爵春秋有芮伯名萬詩大明虞芮質厥成　芮伯壺　芮公鼎　芮公鬲　子弔嬴

芮君䀇　【金文編】

3・34 平門內□齎左里敀亳□ 9・62 內出 【古陶文字徵】

六七：一 三十一例 通納 內室類而尚敢或內室者 六七：二六 六七：七 六例 六七：九 七例 入 六七：三八 【侯馬盟書字表】

228 232 【包山楚簡文字編】

內 秦八〇 二十四例 通納 ―奸 法六五 日乙四〇 二十一例 法三二 十二例 秦一八九 【睡虎地秦簡文字編】

饒宗頤(1968)讀肭 月―(甲2―33)、又讀為入 又悬―于卡〃(丙7:2―6) 殘，讀為入 出―(空)同(甲7―16) 【長沙子彈庫帛書文字編】

5337 子禾子釜內字與此同。 0154 鄂君啟節內字作與璽文同。 4866 5338 0697 0699 【古璽文編】

少內 關內侯印 內史之印 真定內史章 內常之印 內成 【漢印文字徵】

泰山刻石 昭隔內外 品式石經 咎繇謨 工言內言 今作納內納一字納字重文 【石刻篆文編】

內 【汗簡】

雲臺碑 古孝經 義雲章 【古文四聲韻】

◉許 慎 內入也。从冂。自外而入也。奴對切。 【說文解字卷五】

◉吳大澂 即古芮字省文。舊釋宋。非是。芮。國名。詩虞芮質厥成。又桑柔序芮伯刺厲王也。書旅巢命序。芮伯作旅巢命。傳云。芮伯周同姓。【芮公鬲 窓齋積古錄十七册】

◉孫詒讓　有云「內貞」者，內字作「內」與丙作內微異。如云：「□□卜內貝兄父囙」十三之二、「庚申卜內貝立□□□」百十一之三是也。「內貞」與「出貞」義似相對。【栔文舉例上卷】

◉林義光　說文云。內入也。从宀入。自外而入也。按古作內利鼎。宀象屋形。入其中。為內象。說文云。商訥也。从口內。按古內與商多相混。克盨適作商。克彝作商。疑商亦內字。从口轉注。口象物形。見品字條。【文源卷八】

◉商承祚　內字董彥堂先生謂是內字。而非丙。丙。卜辭作丙。从入。內作內。从入。微有分別。案董說確信。攷說文「入。內也」「內。入也」。同部互訓。轉注兼疊韻。且內从入得義。故義同。史記范睢蔡澤傳。「惡內諸侯客」。索隱「內猶入也」。金文無叀鼎「入門」入字作內。頌鼎作入門。尤為同義之證。內字之初形。本當如卜辭作內。因與丙字分別甚微。每易混淆。後乃銳其頂作內內。可于金文中見之。金文丙皆作丙丙丙。其入皆上連。若內之入則不上連。間有寫誤者百十一耳。至小篆遂變作內形矣。【福氏所藏甲骨文字釋文】

◉高田忠周　說文。內入也。从冂从入。自外而入也。又入下曰。內也。象从上俱下也。入內兩字。形義音近。故金文往往通用也。今內字本義。多皆以納為之。聲通耳。又按。依許說。字从冂。冂覆也。有所覆而自外侵入。其會意可知矣。然依金文。字元从宀从入。然人入于屋內。此謂內也。故轉為外內之內。又轉為歸內。為收藏義。而凡云出內者。亦其轉義也。但入字指事。其義為下入。故倒此以為干犯之干所从。干。犯上也。內字會意。其義為橫入。是入內兩字之別也。若夫經傳多用內字義。用入字義者至少矣。又云出入者。有可用入字者。又有用內字者。宜臨事臨文察之耳。【古籀篇三十】

◉周慶雲　周芮太子鼎

此器內即芮省。白即太子名。詩大雅虞芮質厥成。史記周本紀注引晉太康地理志。虞西北四十里有芮城。芮城西四十里古芮國也。攈古録有芮太子白簠。乃一人之器也。【周芮太子鼎實用器上　夢坡室獲古叢編】

◉葉玉森　□　孫詒讓氏曰。以形求之。似从內从止。疑遹之省文。金文盂鼎遹作□。此于矞省矛口。于辵形省彳。契文舉例。羅振玉氏曰。説文解字。処。止也。从夂。夂得几而止也。此从止在几前。與許正合。或增□。象几在宀內。或从□。與几同。增訂書契考釋。森桉。□之異體作□□□□等形。卜辭出作□。□為足形。□為坎形。□出□。故曰出□與□相反。殆內納字□入□。故曰內。變作□。从內。復增□形。乃愈繁縟。不若□象之顯明也。説契。【殷墟書契前編集釋卷四】

◉唐　蘭　董作賓氏謂卜辭作□者，有丙內二字，殊有特見，然丙內實一字也。卜辭□為冏字，可證，又□□□三字，舊誤釋為叵胥晉，殊不成字，今謂當釋為汭肭吶，亦其證也。肭字舊謂當作朒，以卜辭證之，則仍以從內為是。【懷鉛隨録(續)　考古社刊第六期】

◉馬叙倫　鈕樹玉曰。韻會引同。下有入字。倫按毛公鼎內字作□。周公敢作□。師奎父鼎作□。芮公鼎作□。唯散盤作□。與此説解從冂者合。然如從七篇冂覆也之冂。冂即幕之初文。是入於幕中為內也。倫謂內實從二入。即從二宀。宀穴一字。穴中有穴。所以為內。會意。其得聲即原於入也。或本是入之茂文。字出蒼頡篇。見顔氏家訓引。亦見急就篇。【説文解字六書疏證卷十】

◉李孝定　説文「內入也。从冂自外而入也。」商氏引董先生説説此為內。甚是。殷栔卜辭一四五版有□字。辭云「辛亥卜□翌壬子攺」。□為貞人之名。乃內字。與它辭同。下省「貞」字。卜辭此例多見。非「貞」之異體也。容瞿兩氏之説並非。金文作□毛公鼎□散盤□周公簋□諫簋□弔上匜□師兑簋□齊侯鎛□芮伯壺孳乳為芮□克鼎「出內朕命」□師奎父鼎中从□形十九均不上連。商説是也。【甲骨文字集釋第五】

◉馬叙倫　內入一字。入又□之異文。□對道路言即入也。後以欲與□字有别。故增入作內耳。【伯矩鼎　讀金器刻辭】

◉張日昇　説文云。內。入也。从冂自外而入也。金文从宀从入。疑為休盤「益公右走馬休入門」之入門本字。而㝵壺「井公內右㝵」即用其本義。引申為外內之內。又孳乳為出納之納。【金文詁林卷五】

◉李孝定　內字从宀入會意，其音亦與「入」近，故器名內入通用；□象屋，張日昇氏謂□為入門本字，古固多分别字，然未聞為「入門」、「入城」、「入林」、「入水」各製專字也，説似可商。【金文詁林讀後記】

◉李學勤　在「莒冶」下加「㕯刀」，極富启發。「㕯」字从「內」从「口」，見於《説文》，注家均以為即「吶」或「訥」字。其上半的「內」，與鄂君啟節「內」字全同。

齊刀的「㕯」字，自來釋讀紛紜。在戰國文字裏有兩個字與之相近。一個是「去」字，从「口」，並从「止」或「𡗜」。另一個是增从「口」的「大」字，裘錫圭同志曾舉出很多例子。裘錫圭：《戰國文字中的「市」》，《考古學報》1980年第3期。這兩個字所从的「大」，有四種寫法：第一種兩臂下垂；第二種上半作∧而下半另起筆，由之發展成第三種；第四種兩臂平成一筆，其餘仍作人形。這四種同齊刀那個字的上半俱有區別。後者的特點是中有豎筆，同時加一横筆，博山刀(8)所从「內」字的中間正是這樣的。

在古文字中「內」、「入」相通，所以从「內」也可从「入」。《古文四聲韻》就以「內」作為「入」的古文。「入」、「內」二字有相應演變，可列表如附圖：

入：
內：
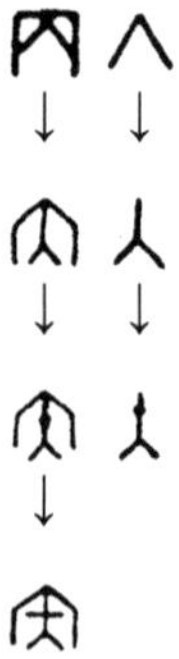

容易想到，與「內」第四種寫法對應的「人」字寫法是大。把豎筆上加的圓點變成横筆，在東周文字中習見。

這樣寫的「入」字，有兩件青銅器銘文為證：

一件是前面提過的庚壺，春秋時齊器，銘文有：「齊三軍圍釐(萊)，冉子執鼓，庚入門之。」查《春秋》襄五年經云：「十有二月，吳子謁伐楚，門於巢，卒」，《公羊傳》：「『門於巢，卒』者何？入門乎巢而卒也。『入門乎巢而卒』者何？入巢之門而卒也。」可知「入門」為一動詞。壺銘又云：「庚率百乘舟入莒」，「入」字寫法相同。

又一件是安邑下官鍾，戰國時魏器，銘文言：「七年九月，府嗇夫戠，徒吏狄為之，入斛斗一益少半益。」參看李學勤：《〈中日歐美澳紐所見所拓所摹金文彙編〉選釋》，《四川大學學報叢刊》第10輯《古文字研究論文集》1982年。「入」訓為「受」，與其他容器用「受」或「容」意同。

這兩器「入」字舊均釋「大」，現在改釋為「入」，便覺文理通順。因此，齊刀上面那個字其實也是「㕯」字，不過省「內」為「入」而已。「㕯」即是增「口」的「內」字，可讀為「內」。

什麽是「內」？《周禮》有職內，注云：「職內，主入也，若今之泉所入謂之少內。」職內本主貨幣收入，「內」轉為機構之稱，故云「少內」。「少內」見雲夢秦簡，有設於朝廷的，也有設於諸縣的。睡虎地秦墓竹簡整理小組：《睡虎地秦墓竹簡》第62頁，文物出版社，1978年。齊刀面文所記「齊內」、「齊之內」、「即墨內」、「即墨之內」、「安陽之內」等，應即各地的「內」。齊刀為「內」所司掌，所以齊刀也稱為「內刀」，見於博山刀。

博山刀異常罕見，目前所知均非發掘所得。傳1979年在莒縣莒故城發現陶範，朱活：《古錢》，《文物》1981年第4期；又見河南省錢幣學會《中國錢幣常識選編》第88頁。祇聞首字從「邑」與博山刀「莒」同，詳情尚待報導。本文所論僅是一次試探。「內」字的釋讀更屬提出問題，請有興趣的同志指教。【論博山刀　中國錢幣一九八六年第三期】

◉李學勤　「內中匽」，「匽」為人名。秦的內史源於周制。《周禮》云內史「執國法及國令之貳，以考政事，以逆會計」，有掌管法令副本的職責，因此秦武王改訂法律，所命除丞相甘茂外，還有內史。【青川郝家坪木牘研究】

◉徐中舒　從冂從入。金文作毛公鼎、散盤，與甲骨文略同。甲骨文內丙二字形近易溷，商承祚謂丙從∧，內從入，微有分別。福氏所藏甲骨文字考釋。《說文》：「內，入也。从冂自外而入也。」【甲骨文字典卷五】

◉劉彬徽等　⿴囗內，疑為內字異體。【包山楚簡】

◉戴家祥　羅振玉曰：說文內注入也，入注內也。二字轉注，故古文通用。金文中如無叀鼎「入門」作「內門」，古籍中若大戴禮三本篇「廟之未納尸也」，荀子禮論篇作「入尸」，史記作「內尸」。月令「無不務內」，呂氏春秋作「務入」，……均其證也。貞松堂集古遺文卷三第三三葉。　按唐韻內讀「奴對切」，泥母脂部，入讀「人執切」，日母緝部，韻部絕遠，兩字何以通用，至今尚無確論。今就金文審之。

（一）讀如字，內史、內小臣、內國、內子等詞是也。周禮序官大史下「內史中大夫一人，下大夫二人，上士四人，中士八人，下士十有六人。」鄭玄注「大史，史官之長」。而周書酒誥稱「大史友內史友」，大戴禮記盛德篇云：「大史內史，左右手也。」是大史內史位階並列，似各自為寮，不相統屬，有時且在大史之上，尤不得視為大史之下屬，此職在西周亦呼作冊，洛誥「王命作冊逸祝冊，惟告周公其後。」又曰：「王命周公後作冊逸誥」，顧命「命作冊度。」作冊官名，逸度人名，祝冊，謂為文件祝之，猶金縢「史乃冊祝曰」，金文亦有以作冊二字冠于人名之上與尚書同例。　金文又有作冊內史、作命內史之稱。　內史亦稱內史尹、作冊尹、尹氏或令尹。　左傳僖公廿八年「王命尹氏及王子虎內史叔興父策，命晉侯為侯伯。」杜預云「以策書命晉侯為伯也。」策冊同字，周禮九命作伯，是內史之職，在書王命與制祿命官，以編制言之曰內史，以專業言之則曰作冊，而尹氏為之長，與大師地位相等，經傳每以師尹連稱。　略本靜安先生釋史。

金文作器者有自稱內子內君者，考禮記雜記「內子以鞠衣褒衣素沙」，鄭玄注「內子，卿之妻也」。　釋名釋親屬「卿之妃曰內子。女子也。在閨門之內治家也。」內君無考，或即內子之異稱與。

作器者又有自稱為內小臣者，考儀禮燕禮「遂獻左右正與內小臣」。鄭玄注「內小臣，奄人，掌君陰事陰令，后夫人之官也。」

其他諸詞應讀如字者附焉。

（二）金文言「出內王命」者，字應讀入。左傳僖公廿八年襄王命晉侯為侯伯，「重耳敢再拜稽首，奉揚天子之丕顯休命，受策以出，出入三覲。」杜預注「出入，猶去來也。從來至去凡三見王。」夏官大僕「出入王之大命」，鄭玄注「出大命，王之教也，入大命，羣臣所奏行。」無叀鼎銘「司徒南中右無叀內門」，內亦讀入，周書唐王之誥「畢公率東諸侯入應門右」，儀禮聘禮「入門右，大夫辭。」又曰：「入門右奠幣，再拜」，詞例可證。

（三）同聲通假，內亦讀芮，唐韻芮讀「而鋭切」，日母祭部，章炳麟謂古音娘日歸泥，雖未得聲韻學者一致贊同，然日泥聲近頗有其事。祭脂韻近。芮聲同汭，禹貢「涇屬渭汭」，釋文「汭，本作內。」漢書溝洫志「及盟津洛內」，顏師古集注「內讀曰汭。」大雅・公劉「芮鞫之即」，鄭玄箋「芮之言內也」。金文有內公、內伯、內叔、內太子所作器，考大雅緜「虞芮質厥成」，釋文「芮，國名。」周書顧命成王將崩，「乃同召大保奭芮伯彤伯畢公衛侯毛公師氏虎臣百尹御事。」惜芮伯名謚不可考。毛公序大雅桑柔云「芮伯刺厲王也。」孔穎達正義引鄭玄尚書注「芮，周同姓國」。蓋據世本言之也。左傳桓公三年「芮伯萬之母芮姜惡芮伯之多寵人也，故逐之出居於魏。」「四年冬，王師秦師圍魏，執芮伯以歸」，杜預注「芮，國名。在馮翊臨晉縣」。孔穎達引漢書「地理志云：馮翊臨晉縣芮鄉，故芮國也。」惜其世次不可得而詳矣。【金文大字典上】

屵　屵

屵乙5350　屵5913　屵徵2・4【續甲骨文編】

◉許　慎　屵入山之深也。从山。从入。闕。鉏箴切。【説文解字卷五】

◉唐　蘭　屵栔八二二片　屵簠地四片

右屵字，即説文之屵，舊不識。説文入部：「屵，入山之深也。從山，從入，闕」。按此字經傳所不見，故王筠説文句讀曰：「會意字未有似此粗淺者，且造此字將何所用哉。在入部而先言從山，紊其主從，而又云闕，是無音也。疑非許君所收」。王氏雖精細，然不知字本作屵，小譌而為屵，因而誤收入部，且肊解為「入山之深」耳。用知理解力雖強，終有待於可信材料之發見也。

卜辭從屵之字，⊘，其偏旁作屵屵屵屵等形，舊或以為火在屋上之形，非也。其字蓋本象高山之形，衆峯矗峙其上。其衍變殆如次有?者，為假設之過程：

則岀與屵當是一字也。說文：「屵岸高也，從山、厂，厂亦聲」。按說文厈字，金文作厈，是屵可為𡵂，厂古通，則岀即屵也。廣韻以屵為「高山狀」，正與岀形吻合。說文從屵之字甚多，其義皆由高山引申，正猶卜辭之從岀。然則岀屵本一字，後人不能知，既誤以岀為從入而寘入部，篇韻讀如岑，乃因字形近岑而亂。又以屵字為從厂聲，岀字湮晦，而屵之本義，亦不能明矣。【殷虛文字記】

◉馬叙倫　嚴可均曰。此何所闕。蓋舊本闕反切。故謂讀若深。王筠曰。會意字未有如此粗淺者。且造此字者將何用哉。在入部而先言從山。紊其主旨。而又云闕。是無音也。疑非許所收。倫按入山之深為岀。此種解字。何異波為水皮滑為水骨之謔耶。依今音鉏箴切。是本訓深也。呂忱或校者加入山之深也。深當作罙。故字從山。然則山其所從得聲耶。要之此字必出字林。【說文解字六書疏證卷十】

◉李孝定　說文。「岀。入山之深也。从山从入。闕」。栔文𡴀。唐釋岀。可从。辭云。「癸巳卜爭貞旬亡禍甲午𥁕乙未葡韋岀在瀧十月」簠・地・四。「貞岀不隹辥」乙・五三五〇。似為人名。【甲骨文字集釋第五】

◉許　慎　糴市穀也。从入。从糴。徒歷切。【說文解字卷五】

◉林義光　疑从入米。翟聲。【文源卷十】

◉馬叙倫　鈕樹玉曰。韻會作從入糴。朱駿聲曰。糴亦聲。徐灝曰。今吾粵俗語猶謂市穀曰糴。出部。糶。出穀也。糶糴同聲。實本一字。說見米部糴下。倫按糴糶皆糴之俗字。字蓋亦出字林。【說文解字六書疏證卷十】

210　237　241【包山楚簡文字編】

全　說文全篆文仝　法六九　二例

日甲七二背　三例【睡虎地秦簡文字編】

3280 3279【古璽文編】

封全印信 全翥尤【漢印文字徵】

全【汗簡】

古老子又王庶子碑  王庶子碑 同上    竝崔希裕纂古 説文【古文四聲韻】

◉許　慎　仝完也。从入。从工。疾緣切。全篆文仝。从玉。純玉曰全。𠓥古文仝。【説文解字卷五】

◉林義光　仝字經傳無考。全从入玉。非純玉之意。全。完也。玉。易損之物。入之乃得完也。入。藏入之也。【文源卷十】

◉商承祚　𠓥　説文「仝。完也。从入从工。全。篆文仝。从玉。純玉曰全。𠓥古文仝」。案汗簡作𠓥。上寫失。而下从廾則是。古文四聲韻載王庶子碑亦从廾作𠓥。則此乃傳誤也。【説文中之古文考　金陵大學學報五卷二期】

◉馬叙倫　沈濤曰。五經文字云。全從亼下工。或作仝。訛。則是張所見本從亼不從入矣。嚴可均曰。據張説。則此仝體似後人移改。廣韻以仝為古文同字。云。出道書。鈕樹玉曰。玉篇正作仝。重文作仝。翁方綱曰。此當以仝為正。鍇本作古文全。非是。張參以仝為訛。與顏元孫干祿字書以全為俗者同。唐人制舉之學。不必因此致疑也。惟張列入仝部。則必有所承。王筠曰。朱筠本從入從工作從入工。徐灝曰。從入未詳。從工疑王之省。王篆象三玉之連。而玨為二玉相合。然則工即二玉相合。而連貫之。與玨同意。非工事之工也。譚焯曰。仝之所以從入從工者。入。內也。工即玉也。工何以即玉。淮南王書曰。玄玉百工。注。二玉相合為一工。説文玨下云。二玉相合為一玨。玨即工也。工玨雙聲。仝從入工會意者。謂玉之在石內者。大璞獨完。得全本質之美也。高田忠周曰。純玉曰全。此本義也。考工記玉人。天子用全。注。純玉也。曶鼎。赤金璑璑。玉而純赤者也。倫按完也非本義。或非本訓。字從工。工玉一字。亼聲。亼音清紐。故全音入從紐。同為舌尖前破裂摩擦音也。荃從全得聲。音入清紐。可證也。然則張參據本作仝者不誤。鍇本説解作從亼工。則其篆譌而説解未誤也。當入玉部。純玉為全。牛純色為牷。語原同也。急就篇作全。蓋亦本作仝。傳寫譌耳。或本作仝。傳易者易之。

全　段玉裁曰。篆當為籒。仝全皆从入。不必先古後篆也。辥壽曰。段説誤也。完部。完。全也。不作仝字。則全字本係篆文。説文中互訓之字甚多。未有用別部之籒文而釋此部之篆文者。玉部瓚下。禮。子用全。亦不作仝字。可證一也。考工記。天子用全。先鄭云。全。純色也。後鄭以全為純玉。則全字從玉。其為本字本義可知。可證二也。許書之例。於重文多云從某或從某。其訓重文字義者甚少。此於仝下云。從入從工。則與訓重文語相似。而全下云。純玉曰全。必係小篆注文無疑。其證三也。得此三證。可知此當作仝。完也。從入從工。純玉曰全。仝籀文從入從工。𠈃。古文全。許書原本當如此。譚焯曰。如段説則是小篆仝不從王矣。説文以小篆為質。全書全聲之字從何孳乳乎。倫按玉篇正以全為正文。仝為重文。似可為辥左證。然倫以為仝本是篆文。傳寫譌為全。許書仝字蓋見於正始石經中。江表校補耳。故曰篆文。石經篆文多與本書異也。或曰。廣韻謂仝字出道書。則本書篆文自作全。仝為重文。傳寫者易之。校者因校異本注曰篆文耳。倫謂許書作仝。道書作仝。然廣韻注某出某書者。不必皆為始見也。

𠈃 段玉裁曰。汗簡作𠈃。古文四聲韻載王庶子碑亦作𠈃。疑近是。倫按如汗簡及碑作蓋從全省。弄聲。弄。筭之初文也。弄音心紐。心亦舌尖前音也。然倫謂從全。卵聲。全之聲同元類轉注字也。本朱駿聲説。【説文解字六書疏證卷十】

◉唐　蘭　「奎」字，金文僅見。前人把「奎」當作「奎」是錯的。「奎」應釋「全」。篆文把「大」字上半省略，好像是「入」字。如「乘」字本作「椉」，《説文》就誤為从入、从桀；「壺」字篆文从大，有些銅器銘文也像从入。都可以證明「全」字从入，是从大的省略。【唐蘭先生金文論集】

◉魯實先　卜辭巫作[illegible]，與詛楚文同，與此異，字當即汗簡所載之𠈃，為全之古文。考工記玉人「天子用全」，義謂純色之玉也。【卜辭姓氏通釋之一　東海學報第一期】

◉徐中舒　伍仕謙　「愛千畝竹」。「全」，此文兩見。又見於中山宮堂圖刻字，皆以「全」為「千」。《古璽文字徵》卷七宜之下「宜有千萬」，他印或作「宜有全萬」，此皆戰國時印鉨文。千、全，古真元合韻，故得相同。【中山三器釋文及宮室圖説明　中國史研究一九七九年第三期】

◉劉宗漢　戰國貨幣、璽印文字中有一全字，舊釋為金，然文義扞格難通。自從河北省平山縣中山王墓發掘簡報發表後，學者始認出此字應讀為「百」，因為出土圓壺銘上的「方數全里」鼎銘上作「方數百里」，兩相對照，知全即百字。用這個成果去讀其它貨幣、璽印文字，均豁然可通。然此全字究竟為什麼讀作百字，則至今尚未得到解釋。

如果我解決這個問題，有兩個途徑可循：一是找出兩字字形譌變的軌跡，一是找出兩字讀音的通假關係。⊘在字形方面對「全」讀為「百」的現象作出解釋，是很困難的。

然而就讀音説，在一定的方音區內，全卻可以讀為百字。

全即金。金，見母侵韻；百，幫母陌韻。就聲母言，見、幫二母古有不少相通之例：㈠甲骨文教作□或□，駁作□，均从爻得聲，而教後世為見母字，駁為幫母字。赵誠：《商代音系探索》，油印本，中國音韻學研究會成立大會暨首次討論會論文。可見，見、幫二母相通現象可以上溯到商代。

我們之所以在這里不厭其煩地羅列這些材料，意在説明見、邦二母古曾相通是無可否認的事實。具有全字的「梁夸釿全尚寽」等貨幣的鑄地為梁，即今之河南開封，鄭衆讀綆為餅，據《後漢書·鄭范陳賈張列傳》，鄭衆亦是開封人。殷墟所出甲骨文字見、幫二母相通，其地亦在今河南。中山王墓在今平山，其地在河北南部。《魯論》瓜作必，魯地亦與河南接近。據上述，可知見、幫二母相通係一種方音現象，其範圍大約在今河北南部、河南北部及其附近地區。觀夫郭偃《國語》、《墨子》、《商君書》、《韓非子》、《呂氏春秋》作郭偃，高偃或郤偃，唯《左傳》作卜偃，不僅可知讀高、郭為卜（亦即讀見母為幫母）係一地區性方音，且可知左丘明係此方音區中人，與《國語》作者並非一人。

復次，談韻母。金，侵韻，屬侵部；百，陌韻，為庚韻入聲，屬耕部。《國語·周語》下，伶州鳩對周景王引述過一句諺語「衆心成城，衆口鑠金」。金與城通押，説明在東周地區金字讀音與耕部接近。東周在今河南洛陽，屬前述方音區內。《詩·邶風·新台》陽聲元部的鮮字與陰聲的泚、瀰相押，鮮消失陽聲字尾。《陳風·東門之枌》陽聲元部的原與差、麻、娑相押，亦消失陽聲字尾。漢代陳宋之間元部字有消失陽聲字尾現象，齊魯青徐之間元部、真部字也有消失陽聲字尾現象。羅常培等：《漢魏晉南北朝韻部演變研究》第一分册。具有這種現象的方音區於前述方音區部分迭合，即前述方音區內亦有消失陽聲字尾現象。

上述各種方音因素加起來，在大梁及中山國所在方音區內，金字可能有見母侵韻和幫母陌韻兩讀，這就造成了全既作「百」用又作「金」用的現象。

附記

《説文·田部》：「畂，竟也，一曰百也，魏趙謂百為畂。从田，亢聲。古朗切。」古，見母；百，幫母。此見、幫二母相通之又一資料。且魏趙既可謂百為畂，自當讀百為金。魏趙之地域，於前文所説河北南部、河南北部及其附近地區大體一致，足見直至東漢，此一地區尚有讀幫母為見母之現象。此從段本，它本作「一曰陌也」。陌雖屬明母，然從百聲，故仍可視為見、幫二母相通之例證。【釋戰國貨幣中的「全」　中國錢幣一九八五年第二期】

◉黃錫全　□全　夏韻仙韻録《王庶子碑》作□，此稍異。今本《説文》全字古文作□，下不成體，鄭珍認為「當據此改今本《説

文》」，甚是。詳後土部「完」。【汗簡注釋卷一】

◉許進雄　小篆的仝字和金文金字的有些字形也幾乎没有兩樣，《説文》對仝字的解釋是「完也。从人从工。篆文仝从王。純玉曰全」。段注解釋為「从工者如巧者之製造必完好也。」屬於強為分析字形的解說，大半也是無可奈何的辦法。許慎説解似乎表示仝字與玉制有關，但没有明白道出是取自何形象，何以有完全的意思。徐灝的注箋疑工為二玉相合之形。（《説文詁林》仝字條引）林義光則進一步解説玉為易損之物，入藏乃得保全。（《説文詁林》仝字條引）這些説解都不能令人滿意。玉質甚硬，它被選擇為表現高階層的飾物，為天天佩戴炫耀的東西，與收藏才能保全的用意正好相反。如果仝之字形取意自範與模已套好而隨時可以澆鑄時，則可以有完備之意。也許為與金字分别起見，金字就作有金屬液濺出的已受澆鑄的範和模套合形，而仝字則作尚待澆鑄，但範和模已完全套合的形狀。【談與金有關的字　殷都學刊一九九二年第二期】

◉許慎　从二入也。兩从此。闕。良奬切。【説文解字卷五】

◉馬叙倫　朱駿聲曰。音義俱闕。不當以兩字之音為音。王筠曰。兩下云。闕。不云從从。兩從此非許語。倫按二説是也。此蓋兩之異文。或入之茂文。餘詳兩下。【説文解字六書疏證卷十】

甲二三·四　方國名　乙五二　乙一五五　乙五三一　乙七七五一　乙七七五二反　乙七七九五

鐵一·二　前三·三三·四　前四·三·八　前五·一二·六　前五·三九·二　前八·七·一

前八·一一·一　前八·一二·五　後一·九·七　王章缶于蜀　後二·二·一　林二·五·一三　粹九三九

粹一一七五　存六三九　伐缶　京都三二一一　【甲骨文編】

甲224　261　乙155　410　531　2000　4455　4848　5206　5227　5765

6692　6702　7751　7795　7981　珠1013　續1·52·1　5·35·5　京4·17·3

天42 68 70 誠346 六中91 六清112 續存78 粹939 1175 1176

【續甲骨文編】

缶 从口 缶鼎 偁缶簋 蔡侯𬇁缶 蔡侯朱缶 从金 欒書缶 【金文編】

5·370 隱成呂氏缶容十斗 5·371 北園呂氏缶容十斗 5·376 楊氏缶容十斗 5·368 隱成呂氏缶容十斗

5·372 西園王氏缶容十斗 【古陶文字徵】

265 【包山楚簡文字編】

李缶 【漢印文字徵】

缶 【汗簡】

說文 【古文四聲韻】

◉許　慎　缶瓦器。所以盛酒漿。秦人鼓之以節謌。象形。凡缶之屬皆从缶。方九切。【說文解字卷五】

◉林義光　說文云。缶瓦器。象形。按古作昆疕鐘寶字偏旁作矢伯尊彝乙寶字偏旁。【文源卷一】

◉高田忠周　說文。缶瓦器。所以盛酒漿。秦人鼓之以節歌。象形。象形者謂凵亦𠙵字之系也。或作。亦大字之系。用以象器有蓋。壺字上形作。亦與此同意。可證矣。爾雅盎謂之缶。易坎。貳用缶。禮記禮器。五獻之尊。門外缶。門內壺。左襄九年傳。具綆缶。注。汲器。皆其本義也。【古籀篇二十二】

◉魏建功　甲骨鐘鼎無缶字。說文解字以為部首。曰。瓦器。所以盛酒漿。秦人鼓之以節謌。象形。字作。下凵。即寫瓦器之實。而無別於飯凵盧也。午所以鼓之者。當以所以搗鬱者近是。故加午凵上。以定缶之業。【釋午　輔仁學誌二卷一期】

◉郭沫若　字亦見商犧尊，云「商乍父丁尊」，以彝銘恆語推之，當即寶尊。余意乃缶字異文，午古文杵變形為，下从之非口字，乃缶形。缶字彝銘多作，亦正从作。寶从缶得聲，故缶可叚為寶。其在本銘則當讀為胞。余曩讀為舅，意未安，今正。

◉馬叙倫　鈕樹玉曰。宋本鼓作鼓。韻會引作擊。嚴可均曰。史記李斯傳索隱文選李斯上書注通典百四十四引作節樂。二徐無缻篆。後漢書孔融傳注引説文云。缻。缶也。或舊有缻字。如豆之與梪矣。王筠曰。朱文藻本作缶。釋器。盎謂之缶。許則曰。盎。盆也。東楚名缶曰甶。以缶甶字形推之。許謂其口斂。異於盆之侈口也。謂蓋後人以應劭語改之。許據藺相如李斯傳為説耳。玉篇缶有重文缻。沈乾一曰。缶古音寶。倫按筍伯大父作嬴妃鑄匋簋匋字作匋。丝女匋盤作匋。麓伯𣪘作匋。其缶字竝從凵從午。蓋午聲。為凵之轉注字。凵皿一字。皿音微紐。午音疑紐。同為邊音也。凵音轉入溪紐。溪疑同為舌根音。午為杵之初文。杵音穿紐。古讀歸透。透溪同為破裂次清音也。由透轉滂而入封。或皿由明而入封。則音如寶。俗呼缶為鉢。然則缶形聲字。非象形也。或曰。甶之譌變也。瓦器也以下蓋字林文。許止當作器也。或以聲訓。釋器盎謂之缶者。見盎字下。後漢書注引作缻者。缻之後起字。字見急就篇。然急就蓋止作缶。傳寫以字林字易之。玉篇集韻類篇竝以缻為缶之重文。證以傳寫急就者每以許書重文易本字。則字林以缻為缶之重文邪。嚴可均據李賢後漢書注引作缻。缶也。則非重文。然必為字林字。故今本無之也。缶字亦見急就篇。古匋作缶。【説文解字六書疏證卷十】

◉陳夢家　辭云。「王敦缶于罗。」後·上·九·七、粹·一一七五、明·二二三〇、續·一·五二·一、天·六八。「王敦缶受又。」甲·二六一、粹一一七六。「我戋缶。」珠·四六三。「多臣戋缶。」乙·二〇〇〇。「缶不其隻犬」。前·三·三三·四、粹九三九。「令缶犬」。天·七〇。「我吏其戋缶我吏弗其戋缶。」乙·七七九五。「我吏毋其戋缶雀弗其隻缶子𢍰弗其隻先。」乙·六七〇二。「子𢍰戋基方缶」。乙·二一〇八、前五·一二·六。「基方缶作郭。」乙·五七六五、五七九〇。「缶眔罗受年。」乙·六四二三。「缶不其來見缶不其來王」。乙·五三九九三。缶與河津之基方臨汾之犬平陸之郭新絳之筍相近，亦當在晉南。説文匋下云：「史篇讀與缶同」。是匋缶古是一字，缶疑即陶。漢水注卷四：「漢水又南逕陶城西……陶城在蒲坂北城，舜所都也，南去歷山不遠。」今永濟縣。

鐵一九一·四辭云「帝弗缶于王」。缶是帝對時王善義的保護，缶即保。韓非子難勢篇「而勢位足以缶賢者也」，多士「惟時上帝不保降若兹大喪」。【殷墟卜辭綜述】

◉饒宗頤　己未卜，㱿貞：缶其𤉲(禱)我旅。己未卜，㱿貞：缶不我𤉲旅。一月。己未卜，㱿貞：缶其來見王。己未卜，㱿貞：缶不其來王？(殷綴三〇一——乜乙五二二七+五三九三+五一五七)

按「缶」讀為「匋」。説文「匋」下云：「史篇讀與缶同。」左定二年傳，殷民七族有陶氏。左哀元年傳引夏書：「惟彼陶唐」「有此冀方」。冀在河東。漢書地理志河東郡蒲反有堯山。水經漢水注：「陶城在蒲坂北。城，舜所都也。南去歷山不遠。」今永濟縣。此並主陶為晉地。與另一說主山東定陶為陶丘者異。故缶可能即陶唐氏之陶，臣服于殷復為陶氏。卜辭缶與基方相邇，當在晉南，與「罗」之為「郇」，地正相近。卜辭缶又作姤，見旁貞辭。(續編四・一五・一)。【殷代貞卜人物通考】

◉張秉權　卜辭有：

丁卯卜，㱿貞：王𦎫缶于蜀？(粹一一七五)

缶與蜀當相去不遠，缶在今山東定陶縣。成公二年經：「公會楚公子嬰齊于蜀」，杜注謂蜀乃魯地。「泰山博縣西北有蜀亭」，在今山東泰安縣境。胡厚宣甲骨學商史論叢二集殷代之農業謂：「自今之泰安南至汶上，皆蜀之疆土」(P・四二)。而陳夢家則釋蜀為旬，謂即後世之筍國，在今山西永濟新絳附近(見卜辭綜述P・二九五)。【殷虛文字丙編考釋】

◉高鴻縉　近人有謂缶从凵。象器形。非文字。午聲。其說是也。【中國字例五篇】

◉屈萬里　國差鑰，鑰字偏旁缶作⿱午凵；毛公鼎寶字偏旁缶作⿱午凵，與卜辭缶字形或相近或全同。知⿱午凵即缶字。而京姜鬲(攈古録金文二之一)「其永寶用」之寶正作⿱午凵；知缶與寶通。⿱午凵字隸定作缶，讀為寶，義與保通，可無疑也。【殷墟文字甲編考釋】

◉朱芳圃　說文缶部：「缶，瓦器，所以盛酒漿。秦人鼓之以節謌。象形。」按凵象器形，午即杵之初文為聲符。古讀複音pang ngâ，夆牾、逢遇，皆其孳乳之謰辭也。聲轉為瓿甂，方言五：「缶謂之瓿甂」。廣雅釋器：「瓿甂，缶也。」瓿甂即缶之緩音。古音侯幽二部相近。凡瓦器未燒謂之坏，成器謂之缶。缶者，瓦器之共名也。匋从缶作，是其證矣。

缶由共名變為專名，傳世之缶，斂口巨腹而有蓋。云「所以盛酒漿」，蓋舉其常用言之。易比初六：「有孚盈缶」。釋文：「缶，鄭云，汲器也。」左傳襄公九年：「具綆缶」。杜注：「缶，汲器」。是缶不僅盛酒漿，並可行汲矣。云「秦人鼓之以節謌」者，第據史記藺相如傳及李斯傳為說耳。考易離九三：「不鼓缶而歌」，則自古有之。詩陳風宛丘：「坎其擊缶」，固不但秦人鼓之，又云「值其鷺翿」，是不僅以之節歌，兼可會舞矣。【殷周文字釋叢卷中】

◉白玉崢　⿱午凵　契文中自有寶、保二字，實無庸以⿱午凵通叚，字當為陶之初文。陶字于契文中，有為地名，或方國之名者。如：

(一)乙酉卜，王𦎫陶，受又？　甲二六一

(二)……伐陶于……？　存一・六三九

(三)癸亥卜，㱿貞：我史𢦏陶？

癸亥卜，㱿貞：我史毋其𢦏陶？

癸亥卜，㱿貞：翌乙丑，多臣𢦏陶？

翌乙丑，多臣弗其戈陶？　丙一

屈萬里先生曰：「缶，為國名，後上九·七云：『丁卯卜，㱿貞：王𦎫缶于蜀？』遺珠四六三有『我戈缶』，乙編二〇〇〇有『多臣戈缶』等語，知缶時與殷為敵。綜述二九四頁疑缶即後世陶城之地，在今永濟縣（甲考四二）。疑甲文之陶，即今山東之陶丘。説文段氏注曰：「地理志曰：『濟陰郡定陶縣，禹貢陶丘在西南。』按定陶故城，在今山東曹州府定陶縣西南，古陶丘在焉」。【契文舉例校讀　中國文字第三十四册】

◉李孝定　缶字从午，高田氏謂象器蓋固非，魏建功氏謂「所以鼓之者」亦有可商，缶為瓦器，鼓之節歌，細枝任之可也，若午則或説為杵之本字，則將擊碎唾壺矣。説缶之从午得聲者，其説為長。【金文詁林讀後記】

◉温少峰　袁庭棟　與冶鑄業有關的製陶業是殷代重要手工業部門之一，考古工作者發掘的大量陶器實物與大規模的製陶作坊，早已充分證明了這一點。而且，在殷代還出現了原始的瓷器（詳中國硅酸鹽學會《中國陶瓷史》第二章）。可是在我們所見到的卜辭材料中除看到一個用作人名與國族名的「缶」字（缶字本象以杵搗泥之形，為陶之初文，《説文》：「缶，瓦器也」）外，尚未見到其他材料，這是令人遺憾的，只能留待以後繼續研究了。【科學技術篇　殷墟卜辭研究】

◉張亞初　在卜辭中，我們曾見到「己未卜，㱿貞，缶其來見」的記載（綴合三〇一），就是缶國來朝見商王的卜辭。還曾見到商王向缶索取貢物的材料，「己丑，乞自缶五屯」（存一·七八，骨臼刻辭），就是商王从缶那裏索取來五對卜骨。也有商王與缶通婚的記録，「己酉卜，賓貞，㛄呂凡有疾」（續四·一五·一），就是貞卜從缶國娶來的女子有無疾病。在商器中有一件子作婦[女匋]卣（三代一三·三五·五——六），這是商王朝的貴族子為其出自缶（匋即缶，三代一七·七·一匋子盤之匋或作匋，缶、匋、陶音同字通）國的妻子製作的銅器。儘管有這些和平交往的記録，二者間更多的則是兵戎相見。

戈缶（丙一·遺四六三）、𦎫缶（甲二六一）、𡴘缶（誠二九一）、執缶（庫九八七）、獲缶（丙一）之卜屢出迭見。……缶有時被商人用作祭祀的犧牲，「缶獲，用」（二七七五二）可證。……

缶國的地望在哪裏呢？陳夢家先生曾經指出，缶在晉南永濟縣。並謂「説文匋下云『史篇讀與缶同』」，是匋、缶古是一字。缶疑即陶，河水注卷四『河水又南逕陶城西……陶城在蒲坂北，城即舜所都也，南去歷山不遠』」（綜述二九四頁，水經注引文有誤，今正）。

我們認為，陳氏對缶地的考訂是可取的。甲骨文中的國族之缶，文獻上稱為保。左傳成公十三年傳，晉侯使呂相絶秦云：「伐我保城，殄滅我費滑」，此保城殆即甲骨文中的缶地。缶在春秋時期的銘文中還稱為寶。寶弃生鼎「寶弃生作成媿媵鼎，其子孫永寶用」(山東文物選集圖九七)。古無輕脣音，缶讀如寶，罔刧尊、尹舟方彝的作寶障彝的寶就寫為缶(通考三九五頁、長安一·一四)，所以寶字以缶為聲符，缶寶字通。保與寶在銘文中也是常常互相通用的。寶字有時又作匋(畣父盉，三代一七·三·四；[非止]建鼎，三代二·五二·五)。保字或以缶為聲符作[保缶](陳侯午錞)。缶、匋、寶、保音同字通。

值得注意的是，我們從寶弃生鼎銘文可以知道，寶是媿姓國族，所以其女稱為成媿(寶與郕國通婚，故稱郕媿)。由此可以證明，甲骨文中的方國缶，無疑是一個媿姓的國族。也就是說，它是屬于鬼方的一個分支。據左傳定公四年傳的記載，成王曾賜給唐叔虞以懷姓(即媿姓)九宗。可見山西一帶是古代鬼方活動的主要地區之一。缶國早在武丁時期已經半臣服于商王，到商末，可能已完全為商王朝所控制。周人滅商以後，他們就轉而淪為周人的奴隸。……

我們還應該指出，在甲骨文中往往是基方和缶連稱的。這表明，基方和缶是地理位置相近，政治乃至血緣關係密切的兩個聯盟國族。基方據陳夢家先生考訂，即晉南之冀，地在山西河津縣。與缶距離不遠(綜述二八八頁)。我們已經考訂出缶是鬼方方國，是媿姓國。武丁時期的基方和缶經常受到商人的討伐。這與文獻所講的高宗(武丁)伐鬼方的記載是完全相吻合的。我們把基方看成鬼方方國，大體上是沒有什么問題的。【殷墟都城與山西方國考略　古文字研究第十輯】

◉戴家祥　[金缶]　此銘作[金缶]，从金為添加形符，表示材質。與金文鬲作䰙、壺作鍾、皿作鉶之例同。【金文大字典中】

◉劉信芳　一四　[木缶]、[大缶]、缶、[石缶]、[土缶]

包山簡二七〇：「一戢[木缶]，一鐃。」按「[木缶]」謂缶形鼓，《包山楚墓》附録一九：「二號墓出土彩繪木鼓一件2:302(見報告三六，4·5)，與銅鐃放置在一起，應為遣策所記之[木缶]([鼓缶])。」這是正確的。該鼓直徑40.1、厚0.5釐米，外壁上等距離安三個雙鋪首銜環。類似器形又見之于曾侯乙墓，報告作者稱之為「懸鼓」。《詩·陳風·宛丘》：「坎其擊鼓，……坎其擊缶。」又《史記·藺相如傳》：「秦王不懌，為一擊瓴。」凡此缶、瓴均應以缶形之鼓釋之。「[鼓缶]」字見《説文》鼓部，「从鼓缶聲。」段玉裁謂「鼛」字之譌。今藉楚簡，知古代固有稱扁形鼓為缶者，則《説文》「[鼓缶]」字不誤。《九歌·國殤》：「援玉枹兮擊鳴鼓。」「鳴鼓」為車戰用鼓，包簡「[木缶]」為車馬器，知楚人或稱「缶」為鳴鼓。又簡二七七「[大缶]」亦應以缶形鼓釋之。

包山簡凡銅缶用「缶」字，二六五「二卵缶，二迅缶」；而陶缶用「[石缶]」或「[土缶]」，二五五「[身少]醢一[石缶]，睿一[石缶]，[艹克][艹夏]一[石缶]，萬[艹夏]一[石缶]，茜蓏之[艹夏]一[石缶]，睿某一[土缶]」，字形隨器物質地不同而有異，可以見出當時遣册書寫者的微妙心理。【包山楚簡近似之字辨析　考古與文物一九九六年第二期】

㲉

◉許　慎　㲉未燒瓦器也。从缶。㱿聲。讀若筩莩。又苦候切。【說文解字卷五】

◉馬叙倫　鈕樹玉曰。繫傳筟下有同字。宋本同作又。連下音切。非許説。姚文田曰。筩乃筦字。篆文形相近而譌。竹部。筦。筟也。莩當作筟。筟讀若彄。王筠曰。鍇傳莩字顧廣圻私改。劉秀生曰。㱿聲在溪紐。筟讀若彄。彄從區得聲。亦在溪紐。故㲉從㱿聲得讀若筟。口部。㱿。歐皃。從口。㱿聲。欠部。歐。吐也。從欠。區聲。㱿歐同聲轉注。㱿聲孚聲竝如區。是其證。倫按未燒瓦器也蓋字林文。許當如廣雅釋言作培也。以聲訓。廣雅之訓多本許書。或培也即許書本訓。今借坏字為之。故坏下曰。一曰瓦未燒。音切上有又字者今本少一音切也。或校者以讀若筦筟。故加又字。字或出字林。

【説文解字六書疏證卷十】

匋

匋　能匋尊　虘簋　麓伯簋　假借為寶　[illegible]建鼎　作匋器　酓父盤　酓父盉　筍伯盨　雁公劍　邛君壺　【金文編】

3·478　左南𩫖衢辛匋里怒　3·476　左南𩫖衢辛匋里賹　3·481　左南𩫖衢辛匋里佑　3·179　蒦圖匋里☐☐　3·190　蒦圖匋里人狽　3·237　蒦圖匋里人㽙　3·233　蒦圖匋里人艸　3·225　蒦圖匋里人㝵　3·209　蒦圖匋里人乘　3·207　蒦圖匋里人乘　3·248　蒦圖匋里人[illegible]　3·216　蒦圖匋里人戠　3·260　杏蒦圖里匋化　3·172　蒦圖匋里曰成　3·186　蒦圖匋里眹　3·185　蒦圖匋里☐☐　3·195　蒦圖匋里人慭　3·175　蒦圖匋里郱途　3·210　蒦圖匋里人𣀣鳿　3·459　匋里人[illegible]　3·427　孟棠匋里☐　3·242　蒦圖匋里人蜀　3·704　辛匋☐☐里☐　3·65　繇衢杏匋里犬　3·285　中蒦圖里匋[illegible]　3·109　繇衢中匋里僕　3·95　繇衢杏匋里奠　3·757　匋衰　3·810　匋[illegible]　3·169　蒦圖南里匋者[illegible]　3·223　蒦圖匋里人㝵　3·454　匋里☐☐

3·246 公匋 3·455 匋里人安 3·266 夻蔓圖匋者步 3·630 丘齊匋里王☐ 3·634 丘齊匋里王通 3·637 丘齊匋里王𥝩 3·642 丘匋里☐ 3·643 丘匋里☐ 3·644 匋里乘 3·628 丘齊衢匋里☐ 3·629 丘齊衢匋里司 3·638 丘匋里王寞 3·632 丘齊匋里王𢀛 3·640 丘齊匋里王☐ 3·635 丘齊匋裡衆 4·17 左匋倕湯攴☐ 4·96 匋攻匡 4·97 匋攻乚 4·89 匋攻立 4·116 匋攻 4·61 匋工乙 4·78 匋攻昌 4·84 匋攻午 4·67 匋攻㔾 4·85 匋攻亡 4·94 匋攻☐ 4·93 匋攻上 4·62 匋攻夊 4·81 匋攻☐ 4·64 匋攻考 4·1 廿二年正月左匋君 4·95 匋攻迓 4·83 匋攻午 4·120 匋午 4·59 工匋乙 4·118 匋工 4·101 匋攻音 4·109 匋攻秦 6·49 平匋 6·50 匋喜 6·52 亲市稟匋 6·114 稟匋仔 6·115 稟匋𡰥【古陶文字徵】

〔二〕〔五五〕〔四二〕〔四〕〔四七〕〔七三〕〔七四〕〔七〕〔三六〕〔四七〕〔七〕〔三五〕〔三六〕〔四二〕〔三七〕〔一九〕〔五五〕〔五三〕〔三八〕〔三七〕〔二五〕〔三二〕〔七八〕〔二〇〕〔一九〕〔一三〕〔二〇〕〔一九〕〔二〇〕〔五四〕〔三五〕〔三六〕〔四〕〔四二〕〔五四〕〔五四〕〔二〕【先秦貨幣文編】

0092 0091 2732 2734 2733 1061 與邛尹壺匋字相近。 0272唐蘭釋匋。古匋文匋作　作　與璽文形近。【古璽文編】

◉許　慎　瓦器也。从缶。包省聲。古者昆吾作匋。案史篇讀與缶同。徒刀切。【說文解字卷五】

◉王國維　說文解字缶部匋作瓦器也。从缶。包省聲。古者昆吾作匋。案史篇讀與缶同。據許君案語。是史篇有匋字。匋下不云籀文者。與篆文同字也。既云匋包省聲。復云史篇讀與缶同者。謂缶與包聲有異也。然古包聲缶聲同在一部。王風之陶與陳風之缶皆與翿為韻。大射儀鄭注。炮鼈。釋文炮薄交反。或作炰魚。音同。炮字或从包或从缶。是包缶同聲。許君之言殊不可解。段氏曰。讀若缶同。謂史篇以匋為缶也。其說良是。又案。兹女盉云。𨰻父作丝女盉。兹女盤云。𨰻父作丝女般。以匋為寶。寶陶疊韻。寶缶則疊韻而又雙聲。即同音字。古人假借多取雙聲。當以缶讀為正矣。作瓦器之字作匋。或非本字與。【史籀篇疏證　王國維遺書第六册】

◉林義光　說文云。瓦器也。从缶。包省聲。按匋包不同音。古作萅父盤。从人持缶。【文源卷六】

◉高田忠周　說文。瓦器竈也。从缶包省聲。實从勹缶會意。而勹缶並亦聲也。說文又云。史篇讀與缶同。可證。銘意借用為寶也。寶从缶聲。故匋寶二字。同音通用也。但匋字。經傳多皆借陶為之。【古籀篇二十二】

◉魏建功　金文有匋字。作麓伯敨筍伯大父作嬴妃鑄匋簋。段為寶萅夫作丝女匋盤鳴公殘劍。缶字象午擣之形可見。然則匋豈非擣之初文與。仲義父鑘鑘字从缶。作。國差𦉜𦉜字廣雅有甂字从缶。作。缶固可為瓦器。按之文字。實為擣鬱器字。【釋午　輔仁學誌二卷一期】

◉馬叙倫　席世昌曰。鍇本古者以下皆臣鍇語。按古者句疑是說文本文。案以下則鍇說也。桂馥曰。詩緜正義引作瓦器竈也。字林。匋。作瓦器者也。蒼頡篇。匋作瓦家也。段玉裁曰。當依玉篇作作瓦器也。包省聲疑當作勹聲。許書言案者二條。疑後人所羼入。翟云升曰。詩緜疏引作瓦器竈也。蓋誤引窯字注。王筠曰。古者昆吾作匋以下大徐以小徐語羼入正文。而次於篇之上加案字。不思說文一書未嘗言案也。葉德輝曰。匋為陶之本字。缶則陶器之缶也。曰吳焗曰。按鍇語昆吾以下至陶匋字從此。正釋古者句也。史篇至蒼頡篇也正釋史篇句也。是二語本許書原有。鍇分別釋之耳。倫按此窯之轉注字。從宀。缶聲。古鉨齊匋正須字作。古匋匋字亦率從穴作。宀穴一字也。從宀之字有譌作勹者。如此及匓匔匑皆是也。匑廄一字。而廄之古文作。郙巫寶尊作。金文寶字晉姬敨作。從王。⿱宀缶聲。虢季子敨作。從貝。⿱宀缶聲。杞伯簋作。仲盤作。即以⿱宀缶為寶。筍伯大父作嬴妃鑄匋簋以為寶。知即⿱宀缶之變譌矣。史篇以缶為匋。故曰史篇讀與缶同。亦明匋從宀缶聲矣。缶為瓦器。故燒瓦之所即名⿱宀缶。其語根然也。知非會意者。缶是形聲字也。由是亦可證段玉裁王筠形聲包會意聲義互相備之說。只可以為說明語原之關系。而不得竟以為有形聲兼會意或會意兼聲之文字。即有其得聲之字亦為象形文者。亦不能以為會意兼聲。蓋如符於比類合誼者則為會意。而聲亦得於其比類合誼之一部分。此部份為語原也。雖皆象形之文而不合比類合誼之例者。則是以語原有關之象形文為聲而已。七篇。窯。燒瓦竈也。此訓瓦器也。而詩正義引作瓦器竈也。字林及玉篇竝作作瓦器者也。蒼頡篇作作瓦家也。此正窯字義。今之窯竈正如土穴形。字故從宀矣。然則瓦器也當為作瓦器者也。乃字林文。本訓捝矣。古者昆吾作匋。此六字與毉下古者巫彭作醫同例。此類皆呂忱據世本加也。案史篇讀與缶同者。案字決非許文。此類蓋庾儼默注。庾時尚得見史篇也。鍇時許文呂說庾注有掍有否。故有顯非許文而鍇亦釋之。㮚伯星父敢作。醫夫作兹女匋盤作。古鉩作。【說文解字六書疏證卷十】

◉楊樹達　羅振玉云。匋即寶字。易宀為勹。省貝為缶耳。余按羅說殊誤。說文五篇下缶部云。匋。作瓦器也。从缶。包省聲。古者昆吾作缶。按史篇讀與缶同。大徐音徒刀切。今以字形核之。匋讀徒刀切者。非古音也。何者。匋字實從勹聲。勹包音同。許云从包省聲。誤。而讀與缶同。勹缶皆脣音字。非舌音字也。言部謟或作謉。余近日考得𩐁鞄鎛之𩐁叔即經傳之鮑叔。此皆匋包同音之證也。匋字讀與缶同。而寶字實從缶聲。故銘文假匋為寶耳。羅氏不能於聲音求二字之通。乃強就字形為說。疎謬甚矣。【筍白大父盨跋　積微居金石說】

◉朱芳圃　說文缶部：「匋，作瓦器也。作字依玉篇缶部匋補。从缶，包省聲。古者昆吾作匋。案史篇，讀與缶同」。林義光曰：「案匋包不同音。古作，从人持缶」。文源六·一七。桉林說非也。字从缶，从勹，會意。勹之言旋也，義為用輪以製瓦器。古者謂匋輪為均，管子七法：「猶立朝夕於運均之上。」尹注：「均，陶者之輪也。」一作鈞，淮南子原道訓：「鈞旋轂轉。」高注：「鈞，陶人作瓦器法下旋轉者。」漢書鄒陽傳：「是以聖王制世御俗，獨化於陶鈞之上。」顏注引張晏曰：「陶家名模下圜轉者為鈞。」又賈誼傳：「大鈞播物」。顏注：「今造瓦者謂所轉者為鈞。言造化為人，亦猶陶之造瓦耳。」考均與鈞，皆从匀聲，匀與勹為一字，是匋輪謂之均若鈞，實受聲義於勹。許君云「包省聲」，誤會意為形聲矣。

又桉嫢盉云：「醫父作嫢匋盉」；嫢盤云：「醫父作嫢匋般」，皆假匋為寶。寶从缶聲，與史篇讀與缶同相合。古音蓋讀p'âu d'âu。後世以一字代表一音，讀缶為p'âu，讀匋為d'âu。【殷周文字釋叢卷中】

◉馬叙倫　即說文之匋。說文謂包省聲。孔廣居謂勹聲。然說文混包裹之包本字作者與匐之初文作者為一字。此作。則聲也。抑或此從孔缶聲。筍伯大父作嬴妃鑄匋簋作。蓋從又。可證也。蓋檮或搯之轉注字。此借為寶耳。【𢆶女盉　讀金器刻辭】

◉張日昇　說文云。「匋。瓦器也。从缶包省聲。古者昆吾作匋。案史篇讀與缶同」。楊樹達謂匋非寶字。字从勹聲與缶同讀。

故得段作寶。其説是也。馬叙倫疑从𠘧(匋)或丮缶聲。然金文匋所从𦉫是勹字。可與匍匊匀等字互證。其餘諸家則以會意説之。林義光謂从人持缶。朱芳圃謂从缶从勹。與勻為一字。即匋輪之均。義為用輪製瓦器。魏建功謂即搗之初文。然勹匀非一字。絜文匋作[glyph]。與金文勹之作[glyph]者形近。帷尾部一圈曲。一平直。斷非一字。若以匋輪製器以成段注改瓦器為作瓦器之説。則殊屬傅會。𤮊父盤作[glyph]。似是人持缶或午。然其實為[glyph]之形變。若以手持之。則當作[glyph]矣。【金文詁林卷五】

◉李孝定　楊樹達謂匋寶同聲，故金文假匋為寶，其説是也，羅振玉之説殊誤。朱芳圃氏謂「勹之言旋也」，意謂勹與勻為一字，殊為無據，勹字為人體象形字，勻字則从[glyph]，實非一字，張日昇氏辨之是也。【金文詁林讀後記】

◉林清源　四年汪匋令富守戈(邱集84096、嚴集7535)

第四字作「[glyph]」，从宀、从缶，與仲盤寶字作「[glyph]」相近，「日」中加横，為文字習見現象，二者同字，當釋作「匋」，仲盤則以匋為寶。

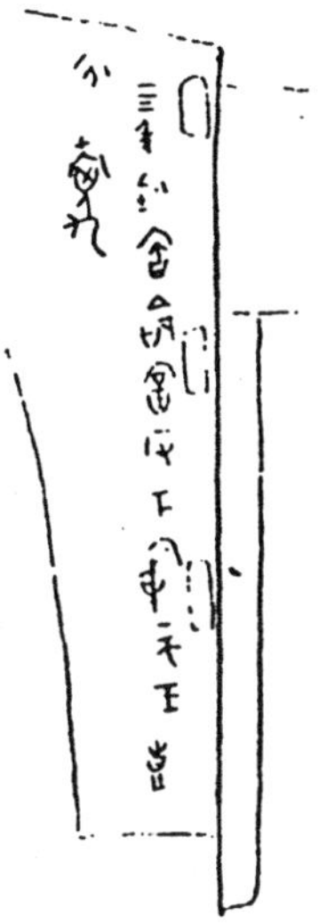

【兩周青銅句兵銘文彙考】

罌 [glyph]

[glyph] 禪國山碑　玉罌【石刻篆文編】

◉許　慎　罌缶也。从缶。賏聲。烏莖切。【説文解字卷五】

◉馬叙倫　沈濤曰。御覽七百八十五引。罌。甀也。注云。説文亦作缶。甀即𦈢之別。下文。𦈢。小口罌也。是古本罌𦈢互訓。其云亦作缶。則與今本同矣。朱駿聲曰。與甇略同。倫按缶是大名。此訓缶也者。猶言罍也。罌為瓮之音同影紐轉注字。方言五。甇。自關而東趙魏之郊謂之瓮。或謂之甖。甖罌一字。急就篇顔注。罌。甀之大腹者也。則形當為[glyph]。故瘿亦從嬰得聲。語原同也。然賏之音即貝。貝缶古音皆屬封紐。則語原與缶同。蓋與包之初文作[glyph]者及腹亦同語原也。甀也

𦈢 𦈢

蓋字林文。急就篇顔師古本作甖。蓋傳寫以通用字易之。【説文解字六書疏證卷十】

◉許　慎　𦈢小口罌也。从缶。𠂹聲。池僞切。【説文解字卷五】

◉馬叙倫　鈕樹玉曰。繫傳無聲字。桂馥曰。周禮凌人。春始治鑑。注云。鑑。如甀大口。疏云。漢時名為甀。即今之甕。是也。倫按方言五。甀。或謂之罃。甀即𦈢也。廣雅釋器。甀。瓶也。下文。罃。備火長頸瓶也。瓶。罋也。罋。汲瓶也。淮南氾論。抱𦈢而汲。莊子天地。抱甕而出灌。墨子備城門。救門火者各一𦈢。水容三石以上。又瓦木罌容十升以上者。可知𦈢必與罌類。莊子説劍。𦈢冠突鬢。此武士裝。今戲劇中武士兩鬢上指。所謂突鬢者也。其冠有為形者。所謂𦈢冠也。急就篇顔注。罌。甀之大腹者也。然則罌形為𦈢形為矣。小口罌也蓋字林文。且口似當為腹。蓋罌瓮為轉注字。瓮者。今紹興盛酒之器。謂之酒甏者也。其器小口而腹大。可以實物證也。此類器世多有之。但名繁而混耳。急就篇顔師古本作甀。傳寫者易之。𦈢音澄紐。下文。罇。小缶也。音在竝紐。竝澄同為破裂濁音。而竝封同為雙脣音。然則由缶音轉而為瓿。由瓿音轉而為𦈢。語原仍是缶也。【説文解字六書疏證卷十】

◉李學勤　一九五四年中國科學院考古研究所在洛陽勘察，所得古物中有殘陶器一件，刻有戰國文字，拓本見「考古通訊」創刊號洛陽古城勘察簡報圖三。銘文共七字，隸定為「此丌母維𤖯甀」。⊘第五字見説文，是醬字籀文。末一字是甀，説文作𦈢，从缶从瓦是一樣的。故銘文即「此綦母維醬甀」，綦母維人名，這是他盛醬的甀。

古代的醬，説文「醢也」，就是肉醬。其製作程序見周禮醢人注：「必先膊乾其肉，乃後莝之，雜以粱麴及鹽，漬以美酒，塗置甀中，百日則成矣。」正是盛在甀裏的。又據方言「罌，自關而西，晉之舊都，河汾之間，其大者謂之甀」，這方言和綦母維的籍貫也正相合。

甀的形製，據同禮凌人注「鑑如甀，大口」，可知祇比鑑口小一些。晉人製作的鑑有智君子鑑(輔仁學誌第七卷)，其形圈足，四耳，而兩耳較大貫環，和一種簋相似，所以陶甀原文誤定為簋，依原銘文應定名為綦母維陶甀。【談近年新發現的幾種戰國文字資料　文物一九五六年第一期】

◉石志廉　在考古發掘中，出土了很多新石器時代的陶器。其中有一些小口、大腹、尖底的陶器，因為它的形狀比較奇特，不好給它定名。有的把它叫做尖底陶瓶，有的把它叫做尖底陶罐，甚至有人干脆就稱它為尖底陶器。這種陶器經過大家的分析和研究，它是在古代用來作為汲水的器皿。有的是雙系，有的上面帶有彩繪，個別的還有單系的，看起來十分美觀。和農村大車盛油的陶油甀的形狀很相似。

至于它究竟叫什么，迄今尚無統一名稱。我們翻閲一下古代的文獻，如淮南子氾論訓謂「木鉤而樵，抱甀而汲。」即有關于甀的名稱和用途的記載。列子湯問篇「當國之中有山，山名壺嶺，狀若甔甀。」方言「自關而西，晉之舊都河汾之間，其大者謂甀，罌其通語也。」前漢書韓信傳「以木罌缶度軍襲安邑。」注謂「罌缶謂瓶之大腹小口者也。」廣雅「罌瓶也。」甀字亦可書為𦈢（錘）或甀（錘）。並可相互假用。

綜觀以上關于甀的記載，和我們發現的尖底陶器的用途和形象，是十分吻合的。故可證明這種尖底陶器，應稱為甀（即𦈢或錘），是古代的汲水用器。河南洛陽出土的漢代陶井上，所附的陶水斗，也是作大腹尖底的。所以尖底作錐形的原因，按力學原理來講，汲水時下垂入水，容易注滿。同時從字音考察，垂即含有下墜之意，又因其為陶製，故其字从垂从瓦，或从垂从缶，也是有它一定的道理。這點極不成熟的看法，希望得到同志們的指正。【談談尖底陶器——甀（𦈢）　文物一九六一年三期】

◉銀雀山漢墓竹簡整理小組　……𦈢者不反其舍者窮寇也。十一家本作「粟馬肉食，軍無懸甀，不返其舍者，窮寇也」。《長短經・料敵》、《通典》卷一五〇、《御覽》卷二九一引此，「肉食」皆作「食肉」，「返」皆作「及」。「及」當為「反」之形誤。簡本正作「反」。又簡本與「懸甀」之「甀」相當之字作「𦈢」，乃「甀」字之古體。其字從「缶」省，「𠂹」聲，《説文》作「𦈢」，不省。漢碑多作「𦈢」、「垂」等形，借為「垂」字。甀蓋汲水用之尖底瓦器（《淮南子・氾論》：「抱甀而汲」），平時以繩懸之，故曰「懸甀」。此二字《長短經》作「懸湩」，注云：「音唾，一簞之食也。」《通典》作「縣缶」，句下注云：「……無懸簞之食，欲死戰，窮寇也。簞即缶之類也。」《御覽》作「懸箠」，句下注云：「……無懸簞之食，欲死戰，此窮寇也。箠即簞之類也。」孫校本謂《通典》「缶」字為「𦈢」字之誤，隸書「垂」、「缶」二字形近易混，其説可信。《長短經》之「湩」、《御覽》之「箠」，並當讀為「甀」。十一家本之「甀」疑亦「甀」之誤字。《長短經》及《通典》注文中之「簞」字，據《御覽》當是「簞」字之誤（案《御覽》所引《行軍》篇正文及注文，皆轉抄《通典》，但今本《通典》文字多有訛誤，應據《御覽》校正），蓋唐代人不知「懸𦈢」之「𦈢」為汲水瓦器，遂臆説為盛食之簞。案古書從無訓「𦈢」、「湩」、「箠」等字為簞者，其説恐非。【銀雀山漢墓竹簡[壹]】

◉陳偉武　甀《文字徵》第363頁附録：「□6.20」李學勤先生將該片銘文隸定為「此丌母維𤗈𦈢」。並釋末字云：「末一字是甀，《説文》作𦈢，从缶从瓦是一樣的。故銘文即『此綦母維醬甀』，綦母維人名，這是他盛醬的甀。……又據《方言》『罌，自關而西，晉之舊都，河汾之間，其大者謂之甀』，這方言和綦母維的籍貫也正相合。」【古陶文字徵訂補　中山大學學報一九九五年第一期】

𦈢 𦈢

◉許　慎　𦈢小缶也。从缶。咅聲。蒲候切。【説文解字卷五】

◉馬叙倫　段玉裁曰。方言。瓿甊。甖也。自關而西晉之舊都河汾之間。其大者為之甀。其中者謂之瓿甊。又曰。缶謂瓿甊。許意缶罌一物。故云。瓿小。缶。即楊之中者謂瓿甊也。桂馥曰。本書。瓿。甂也。朱駿聲曰。𦈢即瓿之或體。倫按國差瓿形似罋而短。口亦少大。據方言缶謂之瓿甊。瓿甊為缶之緩言。而𦈢缶同為雙脣破裂音。疑𦈢即今所謂鉢。實缶之轉注字。本訓缶也。或以聲訓。小缶也蓋字林文。或小缶也當作小口缶也。則與國差瓿形正合矣。然仍是字林訓。字見急就篇顔師古本注引一本。【説文解字六書疏證卷十】

缾 缾

缾　从从乃从並之省説文或从瓦作瓶與鈚為一字説文作缾廣雅釋器甇瓶也甇亦即鈚　孟城缾

陳公孫寣父鈚

𢍭公簋　【金文編】

265　【包山楚簡文字編】

缾廣印　【漢印文字徵】

◉許　慎　缾䍃也。从缶。并聲。薄經切。瓶缾或从瓦。【説文解字卷五】

◉馬叙倫　丁福保曰。慧琳音義三十三引。汲水器也。蓋古本一曰以下之奪文。韻會引小徐本同。可證。倫按下文。䍃。汲瓶也。則汲水器非别義。汲水器也蓋字林文。瓶者。今紹興謂盛酒之器曰酒甏。瓶其初文也。其器形為。今之花瓶多似此形。田家亦有用此汲水者。餘詳䍃下。【説文解字六書疏證卷十】

◉商承祚　垪、塀，未見於字書，實即後世瓶字。《説文》：「缾，䍃也。从缶，並聲。瓶，缾或从瓦。」此从土並聲，與从缶、从瓦意同，皆為陶質器皿。瓶，可用於汲水，為炊器，此簡言為盛器。《方言》卷五：「缶謂之瓿甌，其小者謂之瓶。」《詩・小雅・蓼莪》毛傳、《左傳・昭公二十四年》杜注皆云瓶為小器。【信陽長臺關一號楚墓竹簡第二組遣策考釋　戰國楚竹簡匯編】

◉周法高　缾　从从乃从并之省，説文或从瓦作瓶。廣雅釋器：「甇，瓶也。」甇亦即鈚。孟城缾。【金文詁林卷五】

◉陶正明　「」字形特殊，應隸定為䤤（𦉘），古文西皆作「卤」，籀文和三體石經西作「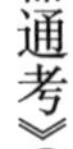」，《商周彝器通考》（第451頁）中所著録之「弘缾」，其銘文「弘作旅𦉘」，從「卤」字，與「西」字可通假。故「」即為缾（瓶）字。《金文篇》（第272頁）著録有「」（缾）字，註

云：「从从乃从並之省，說文或从瓦作瓶，廣雅釋器甇，瓶也。甇亦即鈲」。《說文》「缾：甖也，瓶、缾或從瓦，甖汲缾也。」《左傳·襄公十七年》「衛孫蒯田于曹隧，飲馬於重丘，毀其瓶。」《禮儀·士喪禮》「新盆、槃、瓶、廢敦、重鬲，皆濯造於西階下。」註「……瓶以汲水也。……」。又《詩·蓼莪》：「缾之罄矣，維罍之恥」。註「缾小而罍大」。缾罍皆酒器，可見當時瓶有的用於盛酒，有的用於汲水。【「陳公孫𤸫父」旅瓶考　古文字研究第九輯】

◉劉彬徽等　鉼，讀作缾，《方言五》：「缶其小者謂之瓶」。錈，讀作罌。《漢書·韓信傳》：「以木罌缶渡軍」，顏師古曰：「罌缶謂瓶之大腹小口者也」。二瓶罌可能是指東室的一對小口短頸壺。【包山楚簡】

◉戴家祥　喪史夫鈚　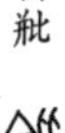字从金从比，金文从比不分，从或作從。廣雅釋器「甇，瓶也。」知鈚即瓶字異體。鈚字从金表示器物的材質，瓶字从瓦表示器物的類別。金文瓶或作鈚等形，从金為表示器物材質的形符，从皿从鹵為表示盛器類別的形符。敬安君鍪器為瓶而字作鍪。从金从屮，疑屮即之形譌，當為瓶之異體。【金文大字典下】

罋

◉許　慎　罋汲缾也。从缶。雝聲。烏貢切。【說文解字卷五】

◉馬叙倫　沈濤曰。御覽七百五十八引。甕。罌也。又引。罋。甀也。甀乃罌之誤。然則今本奪罌也二字。史記李斯傳索隱引作汲瓴也。瓴為瓶譌。翟云升曰。韻會引汲缾也作罌也。倫按御覽引甀也。本書無甀。則非許以聲訓也。蓋隸書複舉之譌字。御覽校本又捝罌字耳。汲瓶也蓋本作瓶也。呂忱加此訓。罌也亦忱列異訓也。罋為缾之轉注字。瓶從並得聲。並音封紐。罋音影紐。同為破裂清音也。急就篇皇象本作甕。傳寫者易之。顏師古本正作罋。【說文解字六書疏證卷十】

𦈢

◉許　慎　𦈢下平缶也。从缶。乏聲。讀若㬥。土盍切。【說文解字卷五】

◉馬叙倫　段玉裁曰。下當作不。字之譌也。桂馥曰。集韻類篇引作㼄也。又云。器中平也。廣雅釋器。瓶也。劉秀生曰。乏聲在帖部。㬥聲亦在帖部。故𦈢從乏聲得讀若㬥。一切經音義十一引通俗文。眨作䀹。爾雅釋地。東方有比目魚焉。不比不行。其名謂之鰈。釋文。鰈。本或作鰨。是其證。倫按缶即今人日用之鉢頭。其形為。本書。𠙹。東楚名缶曰𠙹。𠙹當依金甲文作。即之篆變。凵實一字。其器固下平也。知下字非不之譌。下平缶也蓋乏之缾也之譌。乏下又捝也字。乏也以聲訓。或乏為校者注以釋音者也。𦈢從乏得聲。乏音奉紐。古讀歸並。缾音亦並紐。是轉注字也。或曰。吳麦雲據禮器。君尊瓦甒。正義引禮器圖。孔大。受五斗。身鋭下平。明堂位。大。有虞氏之尊也。說文。𦈢。下平缶也。

讀若𦐇。𦐇大聲相近。是𦈢即大。則𦈢即甒也。乏無皆脣音為轉注字。本書無甒。𦈢即甒也。倫謂此說可從。大者㚒之爛文。㚒即𡙁字所從得聲者也。為有無之無本字。然㚒當作□。故爛捝得為大。然則𦈢之形當為□或□。𦐇音透紐。然從𦐇得聲之蹋闒音皆定紐。古音𦐇或在定紐。𦈢得聲於乏。乏音古在竝紐。竝定同為濁破裂音。故𦈢得讀若𦐇。今杭縣形容平者曰𦐇平。平音古亦竝紐。可參證也。【說文解字六書疏證卷十】

罃 □

□罃【汗簡】

◉許　慎　□備火長頸缾也。从缶。熒省聲。烏莖切。【說文解字卷五】

◉馬叙倫　沈濤曰。一切經音義五引無備火二字。長頸瓶不必盡為備火之用也。又有或謂之儋四字。今本奪。漢書五行志注又引作今之長頸瓶也。今之二字亦誤衍。席世昌曰。據五行志注知長頸缾者。以時驗言之也。王筠曰。五行志注引云。備火。今之長頸缾也。備火。蓋罃之别名。長頸缾始是訓釋。倫按如志注引。則備火今之長頸缾也蓋字林文或校語。玄應引及玉篇皆無備火二字。疑許以聲訓。或作瓶也。罃之形如忱説當為□或為□。今之花瓶亦多作此形。罃即墨子備城門瓦木罌容十升以上之罌。墨子借罌為之。方言五。罃。自關而東趙魏之郊或謂之甖。亦借罌為罃。音同影紐。長頸所以使水出而遠射。正以為救火之用者也。自與罌異狀也。罃之聲蓋由瓶轉。聲同耕類也。玄應又引或謂之儋。此校語。儋當作⿰金詹。當為⿰金音之轉注字。⿰金音從音得聲。音是透紐。儋音端紐。同為舌尖前破裂音。罃音影紐。端影同為破裂清音。又罃從熒得聲。熒為燎之初文作□者之譌體。古音當在泥紐。透泥同為舌尖前音。故古或借罃為⿰金詹。字見急就篇。【説文解字六書疏證卷十】

◉黄錫全　□罃《説文》正篆作□，此形省一火，與木部榮字作□類同。金文有字作□(伯百父罃)，或釋罃。【汗簡注釋卷二】

缸 □

◉許　慎　□瓨也。从缶。工聲。下江切。【説文解字卷五】

◉馬叙倫　翟云升曰。集韻引作瓶也。朱駿聲曰。缸即瓨之異體。倫按此以異文為釋。然許不致缶瓦同收從工得聲而為一義之字。蓋此本以聲訓。瓨也字林文或校語。餘詳瓨下。【説文解字六書疏證卷十】

◉許　慎　鋮瓦器也。从缶。或聲。于逼切。【說文解字卷五】

◉馬叙倫　鋮下四文均訓瓦器也。蓋皆字林文。或字立出字林也。【說文解字六書疏證卷十】

◉許　慎　鑴瓦器也。从缶。薦聲。作甸切。【說文解字卷五】

◉馬叙倫　嚴可均曰。篆當作鑴。此挩一畫。桂馥曰。廣韻廿一霰。鑴。紡錘。案即紡專。詩斯干。載弄之瓦。傳。瓦。紡專也。倫按紡專當作紡鑴。【說文解字六書疏證卷十】

䍃

䍃　日甲一三七背　通搖　召—【睡虎地秦簡文字編】

◉許　慎　䍃瓦器也。从缶。肉聲。臣鉉等曰。當從䍃省乃得聲。以周切。【說文解字卷五】

◉馬叙倫　方言五。䍃。罌也。淮汝之間謂之䍃。䍃音喻紐四等。罌音影紐。同為喉音也。倫亦疑䍃為缶之轉注字。缶從午得聲。午音疑紐。䍃從肉得聲。肉音古在泥紐。泥疑同為邊音。䍃缶又聲同幽類也。【說文解字六書疏證卷十】

◉李旦丘　畣从肉从由，在最初，自然是專用來盛肉的由，故从肉。後來雖用以盛傍的東西而仍稱之曰畣。説文甶字注云：「東楚名缶曰甾」。海寧王氏已證明甾為甶之譌變，而甶即由字。(觀堂集林卷六，釋由)而李陽冰又謂由即缶字，(王氏謂李氏所據，乃六朝舊説)。是畣字从由固可，从缶亦可。从夕从缶，當為畣字。

揚子方言云：「甖，淮汝之間謂之畣」；廣雅云：「畣，瓶也」。陵既應釋畣，則錫免鹵百畣的意思，是用不着贅説的了。【金文研究】

◉朱芳圃　免盤　上揭奇字，从夋，从自，結構與篆文尊金文作隮相同。夋象手持畣。畣从由，肉聲，當即䍃之異文。説文缶部：「䍃，瓦器也。从缶，肉聲。」考甶部「甶，東楚名缶曰甶。象形。」是甶與缶，異名同實，从甶猶从缶矣。自，象徵尊奉之意。免盤云：「錫免鹵百陵。」玩其辭意，蓋䍃之繁文也。【殷周文字釋叢卷下】

鑐　不从缶　伯夏父鑐　需字重見

曾伯文鑐

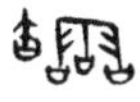
伯亞臣鑐

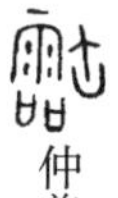
仲義父鑐　【金文編】

◉許　慎　𦉢瓦器也。从缶。霝聲。郎丁切。【說文解字卷五】

◉高田忠周　說文。𦉢。瓦器也。从缶霝聲。朱氏駿聲云。廣雅。𦉢。瓶也。疑與瓴同字。此說為至當。古文靈令通用恆例。霝令二聲固通。又缶瓦兩部多通用。此同字無疑矣。【古籀篇二十二】

◉褚德彝　周伯鄦父霝

是器銘云。作寶霝。或謂霝是雷之古省文。即罍也。引漢韓勑造孔廟禮器碑文雷洗觴觚為證。說雖近似。然省田作口。於古無徵。霝雷聲誼均不可通。且罍形似壺而無頸。與是器尤截然不同也。余以聲誼及器形證之。知霝字為𦉢之省文。說文缶部𦉢注。瓦器也。玉篇廣均皆云。似瓶有耳。亦即瓴字。瓴集均音陵。說文瓦部。瓴。甓也。似缾者。廣均瓴似罌有耳。淮南子脩務訓。夫挾火者。汲水而趍之。或以瓮瓴。史記高祖本紀曰。譬猶居高屋建瓴水。如淳曰。瓴。盛水瓶也。攷霝令二字古本通用。如詩隰有苓。說文引作蘦。詩零雨其濛。魯詩正作霝雨。石鼓文亦作霝雨。車部軨或作轜。頌鼎之霝終即令終也。皆𠂤令為霝之塙證。瓦缶二部字多通用。若瓶之作缾。罌之作罃。瓿之作𦈆是也。其省缶為霝者。如鑑之省為監攻吴鑑。盤之省為般函皇父敦。般兮白盤般多父盤。匜之省為也鄦虎匜也王婦匜。古器文往往有之。不能備舉。蓋霝𦉢瓴本一字。最初為霝。言瓶之注水如霝雨之下降。展轉孳乳。先變為𦉢。又變為瓴耳。此器長頸大腹。制正如瓶。與說文廣均之訓相合。惟𦉢之一物。諸家皆訓為瓦器。此獨用銅。或者以為不合。不知上古之世。泰尊用瓦。鉶鼎以土。器物半出陶制。三代始易之𠂤銅。由野至文。乃文化漸進之徵。不必於霝而疑之矣。【夢坡室獲古叢編】

◉鄒　安　褚禮堂謂即說文缶部之𦉢。按𦉢為瓦器。或以為即瓴字。瓴甋甓也。曾見漢過氏瓴。乃屋上所建。製如筒。與瓶不同。銅瓦固可通用。即中義父作𦉢可見。然說文靁下古文霝。霝即靁。霝靁一聲之轉。㗊畾僅虛實之分。古从口从田之字不可通。而从○从⊗多混。知𦉢罍亦一物。方言各異。乃變其名。觀其形製可以恍然。更以由口官留鬭之从林證之。乃知古器

䍄 䍄 缺 缺

本無定名也。【夢坡室獲古叢編】

◉強運開 仲義父䍅。按說文。䍅。瓦器也。篇韻云。似瓶有耳。拓本原形塙是如此。鄒景叔云。說文靁之古文乍霝。霝霝一字。借靁為櫑。禮器碑。雷洗觴觚。借雷為之。是其證也。據此。則䍅之為器即罍矣。【說文古籀三補卷五】

◉馬叙倫 廣雅釋器曰。䍅。瓶也。霝並聲同耕類。是䍅為缾之轉注字。然玉篇。䍅。似瓶有耳。則其形為或。今亦竝有此兩形之器也。沙井出土之陶器有者。豈所謂䍅耶。仲義父䍅作。【說文解字六書疏證卷十】

◉戴家祥 說文既載䍅字，䍅就是䍅，不必轉而即罍、即瓴之說。況金文又專有罍字。【金文大字典中】

◉許慎 䍄缺也。从缶。占聲。都念切。【說文解字卷五】

◉馬叙倫 錢坫曰。此白圭之玷之玷字。俗譌缶為玉耳。倫按玷謂點汙。蓋非缺義。【說文解字六書疏證卷十】

 缺出華岳碑【汗簡】

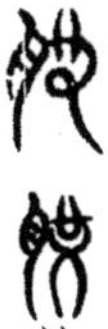竝古老子 林罕集【古文四聲韻】

◉許慎 缺器破也。从缶。決省聲。傾雪切。【說文解字卷五】

◉柯昌濟 𦈢或古缺字。說文缺。器破也。从缶。夬聲。許說當為古誼之可據者。此字或為訛體耳。【奭尊 韡華閣集古録跋尾】

◉馬叙倫 沈濤曰。六書故引唐本作叏聲。是也。洩亦從叏聲。何必決省乎。倫按叏音見紐。䍄音端紐。皆破裂清音。故缺轉注為䍄。四篇。刔。缺也。此語原然也。【說文解字六書疏證卷十】

◉黃錫全 缺出華岳碑 此形列入手部，當是从手从丂之扝字。《玉篇》「扝，古文巧」。缺屬溪母月部，巧屬溪母幽部，此蓋假扝為缺。【汗簡注釋卷五】

罅

罅出林罕集字【汗簡】

林罕集　並籀韻【古文四聲韻】

◉許　慎　罅裂也。从缶。虖聲。缶燒善裂也。呼迓切。【説文解字卷五】

◉馬叙倫　沈濤曰。一切經音義九及十四及十五引。罅。裂也。坼也。是古本有一曰坼也四字。倫按十三篇。⿰土虖。坼也。是坼也乃⿰土虖字義。玄應以罅⿰土虖音同。並引⿰土虖字訓耳。缶燒善裂也五字校語。虖音曉紐。缺音溪紐。皆舌根音。則罅亦缺之轉注字。九篇。卻。卪欲也。十四篇。隙。壁際孔也。音皆溪紐。六篇。⿰木𠂢。判也。⿰木𠂢謂木自裂之罅也。⿰木𠂢音透紐。透溪同為破裂次清音也。是其語原同也。【説文解字六書疏證卷十】

罄

◉許　慎　罄器中空也。从缶。殸聲。殸。古文磬字。詩云。缾之罄矣。苦定切。【説文解字卷五】

◉馬叙倫　鈕樹玉曰。殸為籀文。不當云古文。窒下已引此詩。不當又引此。蓋後人增。沈濤曰。爾雅釋詁釋文引作器中盡也。爾雅及毛詩傳皆云。罄。盡也。翟云升曰。韻會引作空也。倫按本訓空也。空也以聲訓。呂忱加器中空也。亦或本訓盡也。校者加器中空也。字蓋出字林。鍇本無殸古文磬字。可知此類皆校語也。穴部。窒。空也。罄窒同為舌根音聲同耕類。語原然也。王筠謂此二字同。非是。【説文解字六書疏證卷十】

罊

◉許　慎　罊器中盡也。从缶。毄聲。苦計切。【説文解字卷五】

◉馬叙倫　罊罄雙聲轉注字。説解當曰罄也。器中盡也字林文或校語。然此字經記未見。疑為鬲之轉注字。本書。⿰毄虎。從虎。毄聲。讀若隔。⿰鬲褱。從褱。鬲聲。讀若擊。是其例證。毄鬲音同見紐也。器中盡也為罄下説解。本作盡也器中空也。傳寫譌耳。此字蓋出字林。【説文解字六書疏證卷十】

缿

缿　秦九七【睡虎地秦簡文字編】

◉許　慎　缿受錢器也。从缶。后聲。古以瓦。今以竹。大口切。又胡講切。【説文解字卷五】

◉馬叙倫　王筠曰。本字失次。或後增。倫按蓋出字林。或新字林。故在部末也。史記酷吏傳集解引徐廣。鑵。器名也。漢書趙廣漢傳顏注。鑵。若今盛錢臧瓶。皆不引本書。則恐非字林字也。古以瓦今以竹。以竹者。如賈家以竹筩藏所賣物錢。至夜。傾出而算之。此豈漢俗耶。【說文解字六書疏證卷十】

◉徐鉉　鑵器也。从缶。雚聲。古玩切。【說文解字卷五新附】

矢

甲一九七六　甲三一一七　甲三七三六　乙二二一　鐵一二八・一　鐵二三一・二　前一・三・四　前四・五一・三　前五・七・五　後一・一七・四　佚五一九　京津二一四五　存下一六一　地名　牛涉于東矢　掇一・二〇四　河三三六　【甲骨文編】

甲1976　乙221　5245　6349　6399　7142　7257　7621　7746　珠2・18　零1　佚519　續5・13・2　徵11・139　12・11　録336　六清147　外278　新2145　【續甲骨文編】

矢　觚文　矢伯卣　盂鼎二　數簋　戜簋　豆閉簋　同卣　趞曹鼎　咢侯鼎　師湯父鼎　虢季子白盤　不嬰簋　伯晨鼎　【金文編】

1・31　獨字　1・32　同上　1・2　同上　1・33　同上　【古陶文字徵】

矢　封二五　十例　日甲一一八背　四例　秦一〇八　為一八　三例　【睡虎地秦簡文字編】

0911 1965 3774 1071 1137 【古璽文編】

馬矢況 馬矢何 馬矢敹 馬矢恢印 【漢印文字徵】

而師弓矢孔庶 石碣鑾車 彤矢□〃 【石刻篆文編】

矢 矢 矢 【汗簡】

義雲章 汗簡 竝崔希裕纂古 【古文四聲韻】

◉許　慎　弓弩矢也。从入。象鏑栝羽之形。古者夷牟初作矢。凡矢之屬皆从矢。式視切。【説文解字卷五】

◉吳大澂　古矢字。許氏説象鏑栝羽之形。古器有兩矢。在架形端皆有栝。今矢有羽而無栝。吳東發説。古文以為知字。【説文古籀補】

◉劉心源　矢即桀。説文桀。傳。信也。漢書文帝紀注。桀者刻木為合符。韓延壽傳注。桀有衣之戟。通訓云。猶今之令箭。【奇觚室吉金文述卷十六】

◉王　襄　古矢字。許説象鏑栝羽之形。又似栝檃也。一曰矢栝檃弦處。段茂堂云。檃弦處者弦可隱其間也。按一端之人形為栝。一端之或諸形為鏑。或形為羽。——所謂笴也。【簠室殷契類纂正編第五】

◉羅振玉　象鏑幹括之形。説文解字云。从入。乃誤以鏑形為入字矣。【增訂殷虚書契考釋】

◉方濬益　説文。矢。弓弩矢也。从入。象鏑栝羽之形。段若膺大令曰。鏑謂丨也。金部曰。鏑矢。鏠也。栝作栝者誤。栝謂八也。木部曰。栝。矢栝檃弦處。岐其耑以居弦也。羽謂一也。羽翦矢羽是也。矢羽從而横之何也。以識其物耳。濬益按。篆文作。从一以為羽。但識其處。究失其形。觀此銘可知古文象形之肖。【綴遺齋彝器後釋卷二十】

◉强運開　説文弓弩矢也。从入。象鏑栝羽之形。古者夷牟初作矢。攷金文矢多作。侯鼎作。與鼓文同。下闕二字。【石鼓釋文】

◉郭沫若　鈇是矢之緐文，謂無用之矢鏃也。舊釋鈇，非是。凡古文夫字作，矢作，不相紊。此字鐘鎛二銘均从作。【叔夷鐘　兩周金文辭大系攷釋】

◉商承祚　説文矢「弓弩矢也。从入。象鏑栝羽之形。」金文矢伯卣作[illegible]。豆閉毀作[illegible]。變而為[illegible](瓹医鼎)。形漸失矣。【甲骨文字研究下編】

◉孫海波　[illegible]亦殷之先世,故得與小丁同祭,其字與篆文矢字極相似,疑即矢字。【甲骨文録】

◉于省吾　栔文矢字作[illegible]等形。前一·三·四。貞。小母矢妥。葉玉森謂小母之稱罕見。矢奚殆其名。集釋一·三三。按葉説殊誤。妥即奚。前四·五一·三。貞。叀矢彘。四·五一·四。戊寅卜。貞。[illegible]矢彘。庫六八零。其矢。余所藏殷契拓存有辭云。貞。弓矢。爾雅釋詁。矢。陳也。左隱五年傳。公矢魚于棠。注。矢亦陳也。逸周書世俘。武王乃翼矢珪矢憲告天宗上帝。注。矢。陳也。卜辭稱矢妥。謂陳列奚奴以祭。以人為牲。矢彘謂陳彘。曰其矢弓矢者。矢均就陳牲言之也。【雙劍誃殷栔駢枝三編】

◉馬叙倫　王筠曰。從入二字後人增。缶矢上半似入字。故次入部後。然皆全體象形字。缶下不云從入。此安得有。且下文云。象鏑栝羽之形。鏑即謂入。栝羽謂八。其|即笴。倫按矢伯卣作[illegible]。豆閒敨作[illegible]。甲文作[illegible]。甲文最象形。説解弓弩以下十九字竝非許文。弓弩矢也亦不安。玄應一切經音義引三倉。矢。箭也。古者夷牟初作矢也。箭可為矢。故即謂矢為箭。箭從歬得聲。歬先轉注字。古讀前先蓋同音。先心紐。矢審紐三等。同為摩擦次清音。先從人得聲。人聲真類。矢聲脂類。脂真對轉。然則矢聲即得於箭。又歬音從紐。古讀歸定。矢古讀蓋如彘。故豕轉注為彘。而從矢得聲。彘音澄紐。古讀亦歸於定。疑矢之語原為歬。而箭以可為矢。故名箭。字見急就篇。【説文解字六書疏證卷十】

◉楊樹達　王筠曰:「人,其鏑也。|,其榦也。丌,其括及羽也。全體象形字。」樹達按:許君往往誤認形為字,此云从入是也。【文字形義學】

◉蕭　璋　更有進者:矢之為字,其義亦含刺插。(説文:「屰,啎也。五月陰氣午逆,陽冒地而出。此與矢同意。」又啎訓為屰,屰从干,有倒刺意。而午與矢同意,知矢字亦含穿刺義。)又含至止。(矢有至止義,以矣从矢知之。説文:「矣,語已詞也。从矢㠯聲。」江沅説文解字音均表曰:「矣字从矢者,矢之所之,即止於此,已盡之義取之也。」今按詩之采薇、出車、杕杜三章,同一小序,同記一事,當出一人之手,采薇杕杜皆用止,出車皆用矣,語氣句法又皆相同,可證止矣同訓,當為一語也。矣止古音同為咍部定紐。)而至止刺插義又相通。(詳見第二篇。)矣从矢而有止義,故倒矢插地亦有刺義,而又含至止。有刺義者,又如干為倒入二而訓揿也。【國立浙江大學文學院集刊第三集】

◉吳其昌

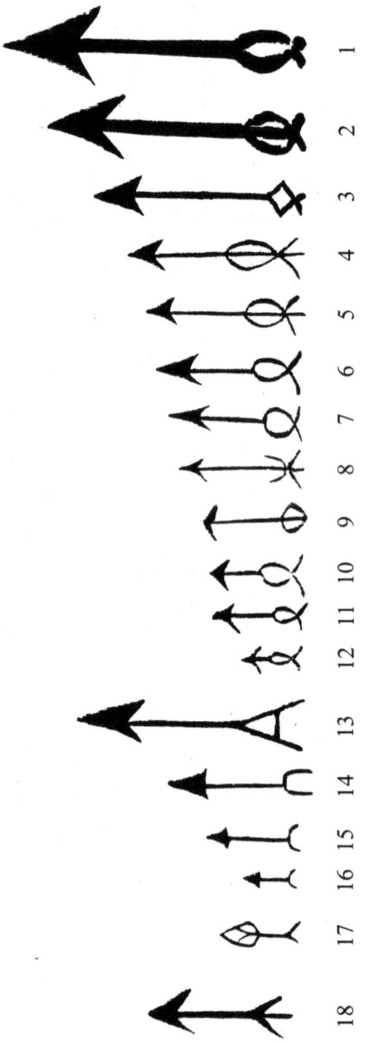

按以上諸形，有鏃，考工記作「刃」。有笴，卽藁，考工記亦作「藁」。有羽，有栝，考工記作「比」。乃一完全之矢形也。古矢，除其鏃外，今不復可見矣。所可見者，惟上列十數象形字耳。今以此十數之象形字與考工記參證之。

周禮攷工記矢人曰：「矢人為矢，……參分其長而殺其一……。」鄭注曰：「矢藁長三尺。殺其前一尺，令趣鏃也。」孫詒讓疏「鏃細而藁豐，故殺藁前一尺，使趣前漸殺，至於鏃而平也。」經又云「五分其長而羽其一。」鄭注：「羽者六寸。」經又云：「參分其羽以設其刃。」鄭注「刃，二寸。」此言鏃、笴、羽長短之標準也。經但言比較標準而不言數者，數本可不一律也。不言栝之標準者，孫疏言「栝……其長不過數分，增損無多，故可從略也。」至于設羽之法，經云：「以其笴厚，為之羽深。」孫疏云：「深謂羽入笴之深。凡設羽深淺之度，必視笴之厚薄為差，而不傷其力也。」其在說文，則云：「翦，矢羽。」至其設栝之法，經云：「水之以辨其陰陽，夾其陰陽以設其比，夾其比以設其羽。」鄭注「夾其陰陽者，弓矢，比在藁兩旁。弩矢，比在上下。設羽于四角。」鄭司農云：『比』，謂『栝』也。」按鄭注頗不易明，今為圖以明之。陰陽以上藁剖面。弓矢，括在藁兩旁。弩矢，栝在上下。設羽于四角。其在說文木部，則曰：「栝，一曰矢栝築弦處。」他如釋名釋兵云：「矢，其末者栝。栝，會也，與弦會也。栝旁曰叉，形如叉也。」文選西京賦薛綜注云：「括，箭括之御弦者。」皆可參助。綜上經文、鄭注、孫疏，以及說文、釋名所言，則古初全矢之狀，當如下圖之所示也。

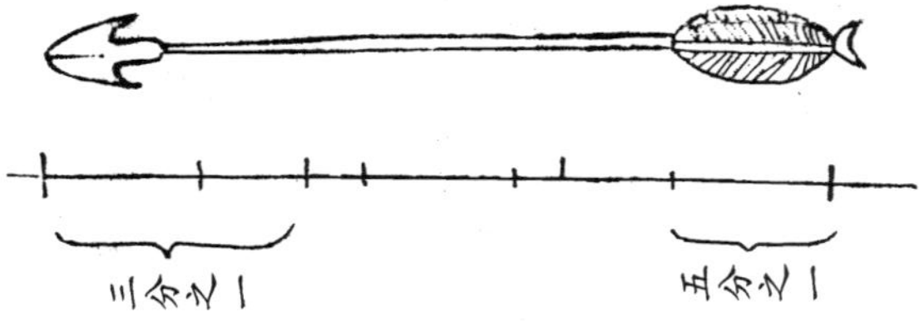

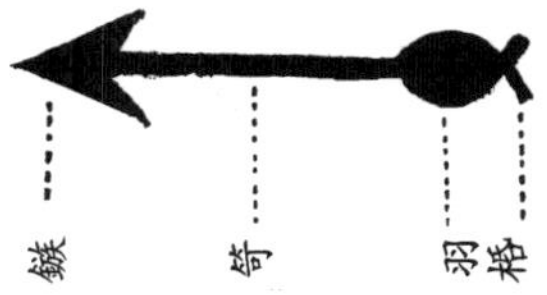

2

取其圖，與前所舉第二字奴觚所銘之矢形相比勘竟至若合節，古金文所繪之形與古經典所述之狀密合至此，考古史者，亦可以無遺憾矣。

至于第九字，但有羽形，別無栝形。第十三字以下，但存栝形，別無羽形，皆古文奇字之類也。其後此羽形填實書之，則演成「矢」字。虛描書之，則演為「交」字。探其本，則「矢」與「交」實一字也。

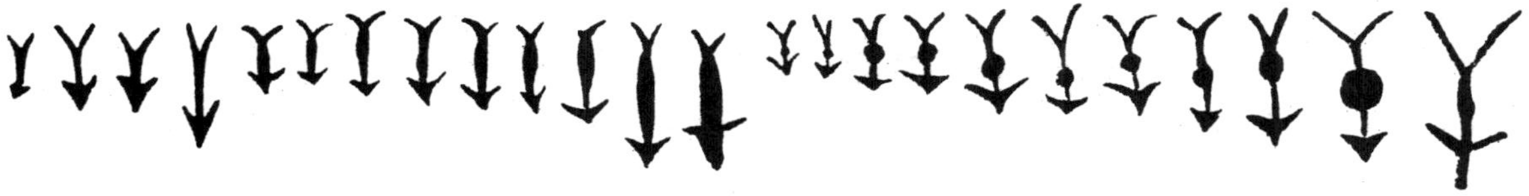

1 2 3 4 5 6 7 8 9 10 11 12 13 14 15 16 17 18 19 20 21 22 23

24 25 26 27 28 29

以上皆「矢」字也。並上節所舉十八例皆為「矢」字，綜合而通觀之，可分為六類焉。自上節第一字至第十二字，為甲類。此節之第一字至第三字，為乙類。第四字至第十二字，為丙類。第十三字至第二十三字，為丁類。第二十四字至第二十九字，為戊類。而上節之第十三字至第十八字，為己類。此六類中，甲、己二類已如上述。乙類諸矢形，為羽形未具。丙、丁、戊三類之變化，由而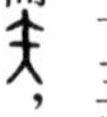而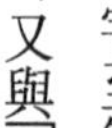，又與「午」字之由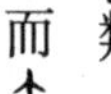而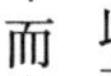而，「辛」字之由而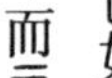而，同循一絶對相同之路綫也。

矢誼為箭，象形著顯，不煩解譬。舊故往訓，亦無異説。説文：「矢，弓弩矢也。……象鏑、栝、羽之形。」方言九：「箭自關而東謂之矢。」一切經音義十八引三蒼「矢，箭也。」廣雅釋器同。孟子公孫丑上「矢人……」趙岐注同。呂覽貴直「一立於矢石之所及。」淮南説林「繩之與矢。」高誘注同。楚辭謬諫「機蓬矢以射革。」王逸注同。故「矢」之本義，别無諍訴，所欲説明者，乃其引伸之義耳。

「矢」字引伸之義凡三：其第一引申義為直。孟子萬章下及詩小雅大東曰：「周道如砥，其直如矢。」又廣雅釋詁三：「矢，直也。」此蓋因矢之激射乃一往直進之故，甚易體悟。其第二引申義為陳。詩大明「矢于牧野。」皇矣「無矢我陵。」毛傳並云：「矢，陳也。」爾雅釋詁同。又左氏隱公五年傳「公矢魚于棠。」杜注：「矢亦陳也。」按此「陳」蓋卽衛靈公問陳于孔子之「陳」，卽軍陣之「陣」也。强弩利矢，正所以固其軍陣；玄鉞彤矢，亦可以陳其尊榮。「矢」轉為陳，義亦易悟。其第三引申之義為誓，則不易傾痦剖析矣。

詩柏舟「之死矢靡它」，毛傳：「矢，誓也。」考槃：「永矢弗諼。」鄭箋同。論語雍也：「夫子矢之曰……」釋文引鄭注同。集解引孔注同。爾雅釋言同。「矢」義與「誓」，如牛馬風，何得其義轉而為誓耶？此殆原始初民之特種習俗，詛咒誓祝時之一種儀式，與矢有關也。今以彝器銘識之所詔示我儕者考之，祖丙爵凡三器，又師湯父段有一字其銘象如下狀：

象一矢形倒植于地，而有一人虔恭跪于其前，為祝質詛咒之狀，是殆卽發誓之儀矣。故矢之訓，得引伸為誓矣。再徵之異族初民習俗，亦往往以矢為對質鬼神之具，歐陽修五代史伶官傳云：「世言晉王之將終也，以三矢與莊宗而告之曰：梁，吾仇也。燕王，我所立。契丹與我約為兄弟，而背晉以歸梁。此三者，我遺恨也。與爾三矢，爾其無忘乃父之志。莊宗受而藏之于廟。……還矢先王，而告以成功。」是沙陀族之習風也。又宋史蠻夷傳：「……南八姓諸團島蠻，並來乞盟，立竹為誓。」按立竹為誓與立矢為誓，性質正爾相類。竹枝芻蕣，何必遂異。更反而觀之，吾族先民，當其草昧肇造，誓必插血；插血之具，理應屬矢。易之爻辭，亦嘗示我以此事之消息矣，晉六五曰：「矢得勿恤。」爻辭卦辭之「恤」字，概卽「血」字。小畜六四爻辭「血去惕

出。」經典釋文：「馬云：血，當作恤。」可證漢時馬融之徒，皆以為易經之「血」「恤」二字實為一字也。此云「矢得勿血」，雖猝難索解，然云「矢」云「血」，必為與取矢插血立誓之事有關。故李鼎祚集解晉卦引虞翻注曰：「矢，古誓字。誓信也。」正其證矣。又「恤」「卹」一字，追𣪘「卹」作，邾公釛鐘「用敬卹盟祀」之「卹」作，邾公華鐘「以卹祭祀盟祀」之「卹」作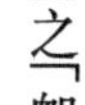，其字皆正象有人鞠躬臨盆插血之形，其義又正為盟祭祀祝時告質鬼神之誓，則「卹」為插血而誓之意，昭明彰顯。而晉六五云「矢得勿卹」，則「矢」為插血而誓之工具，益無疑矣。故「矢」義得引伸為誓，經典故訓與彝器箔畫合矣。【金文名象疏證　武大文史季刊第六卷一號】

◉王西徵　我們可以一檢甲骨文字裏的矢，射。

矢　甲骨文作諸形。

射　甲骨文作諸形。

試觀矢鏃（鏑）部分，在矢字上雖然筆劃顯有不同，可是大體都近橢圓形畫，在射字上，却變成了尖銳的箭頭符號。箭頭符號自然是橢圓畫的省變。可是就甲骨文説，矢字本身的頭部是「象形」，而射字裏矢字的頭部却兼有了「指事」的意味。——至於射字本身，則「張弓注矢」見羅振玉：殷虛書契攷釋射字註，舉説文从身从寸為譌變成於兩文，又可算是「會意」字了。

那末矢本字上端的象形，到底是何所依摹呢？這我們就要回來考察殷虛所見矢鏃的器形。

羅振玉：殷虛古器物圖録印行於民五（一九一六），其中收有骨鏃三，羅氏依爾雅注，名之為「骨骲」。其一中間有脊兩旁有刃（原書第二十四圖），略如形；其二、三，都是正中有稜，狹長如梭形（原書第二十五、六圖）。

關百益：殷虛器物存真第一集，印行於民十九，所録為民十八河南省政府發掘安陽殷虛所得較精器物，其中也收有骨鏃三。其一、二都是中間有脊兩旁有刃（原書第十八圖），其三正中有稜，狹長如梭（原書第十九圖），形狀均與羅氏所録相同。按矢鏃兩旁的刃，下端突出，通常謂之「翼」，所以關氏稱前者為「有翼骨鏃」，後者為「無翼骨鏃」，是較為適當的。

前述中央研究院所獲殷虛的矢鏃，圖録還不多見。安陽發掘報告第二期載李濟：《十八年秋工作之經過及其重要發現》一文中，録有銅鏃的照像和矢鏃製圖。大體也可分為有翼無翼兩種，形制和羅、關二氏所録骨骲極相似。李氏在文裏説：「單就骨簇説，那翼狀的形式，似乎是演進中自然的經歷；也許這種形式在骨質中先演到，鑄銅器的人就借過來。大體説，骨簇在先，銅簇在後，是没有什麽疑問的。那蕎麥稜式的骨簇，是殷墟最多的，形式是最為原始；這種形式的骨簇在石器時代的西陰遺存曾見過。西陰遺存中也有翼狀式的石砮，但這種石砮却没有柄，小屯一切翼狀式的骨簇都具柄。……殷墟又出了三稜式的石簇，但没出銅作的。」

除安陽所見殷代遺物之外，F. S. Drake從一九三五年以來，在山東的大辛莊等處，也發見不少殷代遺物。其中銅簇、骨簇很多，石簇少見，和殷虛相同。就是在他幾次報告裏所録矢鏃圖版，也和殷虛所見極相近似，祇翼狀的形式較多變化，且可見出由無翼演進到有翼的次第。詳見所著Shang Dynasty Find at Ta-Hsin Chuang, Shan-Tung (The China Journal, Vol. XXXI, No. 2, 1939.)圖四、五、七；Ta-Hsin Chuang Again (The China Journal Vol. XXXIII, No. 1, 1940.)圖二、四；Stone Implements From Shan Tung (The China Journal, Vol. XXXIII, No. 3, 4, 1940.)圖四、圖五。

甲骨文裏，矢本字的鏑部，很像由無翼進向有翼過程中的鏃形；射字裏的矢字鏑部，則分明像有翼而且中間起脊的骨鏃和銅鏃。石璋如：《第七次殷虛發掘：E區工作報告》裏，雖然在遺物部分説有石、骨、銅各類矢鏃的發見，可是既没説明量數，也没附有圖録，文載安陽發掘報告第四期。不知在三稜式的石鏃外，是否發見其他形式。總之，我們現在關於殷代石鏃形制，所知道的實在太少。可是細審甲骨文裏矢本字的鏑部，祇覺其似非摹擬骨鏃和銅鏃。於是進一步，攷察石器時代的石鏃形式。

石雅附録附圖五十六，載有仰韶所見石鏃的照像；西陰村史前的遺存第拾貳板，載有西陰所見燧石和石灰岩矢鏃製圖；鳥居龍藏：先史及原史時代の上伊那圖板九和Neil Gordon Munro: Prehistoric Japan第五章，附圖五九、六十，載有日本所見石鏃照像；各地所見形制，很有在打製和磨製以上的分別，自然難歸一式。不過，無論為打製，為磨製，或其他不同，都不像骨鏃和銅鏃那樣有界限分明的通貫鏃體的稜線，尤其不顯有中間特起脊稜的情形。甲骨文裏，矢本部的鏑部，正是摹擬石鏃的形象：橢圓形的輪廓象鏃體，裏面的筆劃象打磨的稜面，因為稜面是不規則的，所以那些筆劃也没有定式，而且不一定顯有中間特起脊稜的模樣。因此我們可説它是取象於石器的較原始的字形。

再説，甲骨文裏从「矢」的字，也不止於射，略引數例如下：

(昊)金文「亡斁」每作「亡昊」，所以通釋為斁。詳朱芳圃：甲骨學文字編第四。

(雉)矢旁或作夷(夷)，周禮「雉氏」或作「夷氏」。同前注，引陳邦懷語。

(矦)葉玉森謂不从矢，从交脛人；徐協貞主之，並且釋為「方」(邦)名，説就是交趾，詳徐協貞：殷契通釋卷一、卷三。實覺未安。按射儀例設「矦」以承箭，應近原意。

(族)上形許書所無，依商承祚釋；下二形依羅振玉釋。

(彘)羅氏：攷釋：「从豕身著矢，乃彘也。彘殆野豕，非射不可得。」

……

此外也還有在是非之間的，如（癸之異文）从矢亦可从矛；參看葉玉森：殷虛書契前編集釋卷一。（寅）从矢亦可从大；足見矢字在甲骨文裏，已由原始形狀逐漸孳乳，字義也顯見有了引申。像爾雅釋詁：「矢……陳也」（疏引書序「皋陶矢厥謨」為釋）；又「矢，弛也」；詩經「永矢勿諼」，矢，誓也；又「矢其文德」，矢，施也；左傳「殺而埋之馬矢之中」，矢，屎也；這些後來的用法，自然都是矢字的假借了。

甲骨文矢字下半，概作形，這當然是取象幹部，也就是說文所謂「栝」（桰）（栝）「羽」部分。說文木部「桰」字，解謂：「㥯也，从木昏聲；一曰矢桰㥯弦處」。段注引釋名謂：「栝，會也，與弦會也」。又段注矢字謂：「岐其耑以居弦也」。這是說的∧形部分。至於形部分，可相當於羽。說文矢字作，解謂：「从入，象鏑栝羽之形」。段注：「鏑謂丨也；……謂八也；……羽謂一也；……矢羽從而橫之何也，以識其物耳」。王襄：簠室殷契類纂矢字注謂：「形為羽，——所謂笴也」，自然不錯，且象羽形，較之用一形為近似，不但是「以識其物耳」了。羅氏考釋矢字條謂：「象鏑幹栝之形，說文解字云『从入』乃誤以鏑形為入字矣」。依此，則字可分為四部分：一曰鏑，謂也；二曰幹，謂丨也；三曰羽，謂也；四曰栝，謂∧也。

石矢簇的幹，不會用金屬的，或用木，或用竹，或用蒲，左傳・宣十二：「董澤之蒲，可勝既乎」。都容易朽壞，現在自無實物可以對證；不過，依上所釋，矢字全部，屬於象形實物，却可無疑。前舉葉、徐兩氏釋矦字裏的矢字為交脛人的說法，自見牽强。徐氏更說：「葉氏云：『侯从不从矢』，甚碻。惟云：『以交脛人為侯以射之』，似未諦也。矦為射的，亦後起誼。此文象交脛人在厂下為斥候義。書禹貢：『五百里侯服』，註：『侯，斥候也』。……交脛人立於厂下以伺望，為矦之朔誼」。候是侯的引申假借，自非矦出候字，徐氏說法，更見敷會。總之，在甲骨文裏（以及證之金文），是不容易把矦裏的字硬看成字的。

矢字在甲骨文裏，既已孳乳引申，因而卜辭裏的矢字也不一定作弓矢的矢字解。如：下引各條，概依葉玉森：殷虛書契前編集釋釋文；又□示可知數之闕文，囗示不知有無多寡之闕文。「行」謂另起行也。

（一）貞小行母行矢行奚（原文右行——見殷虛書契前編一卷，三頁，四版）

（二）貞亩行矢行彘（左行——同前四・五一・三）

（三）戊寅卜行貞嬶矢行彘（右行——同前四・五一・四）

（四）己卯卜永行貞矢□（右行——同前五・七・五）

(五)辛□卟行𣪘貞☒行𡧊匃☒行𨀤于☒行矢(右行—同前五・七・六)

徐協貞釋「貞射矢戋方」「貞射矢戋方」見王襄：簠室殷契類纂射字引；徐釋見所著殷契通釋卷三，十五頁，原注「說見方一」，其實方一並未指明裏的射，矢都為方名。(二)條所見亩(甫)字涵義極為紛歧，徐氏認為也可釋為方名。(三)條所見𡠩字，或無女旁，諸家歷來釋為地名。徐氏多方之說，雖很自喜，究多牽强之處，不過以上所舉，似無不安。依例以求，(二)(三)(四)條的矢字，似乎都可釋為地名。(末字𡉚，[glyph]，用作人名，卜辭多見。)[glyph]字孫詒讓釋皋，葉玉森釋昊。

(一)條，葉氏集釋謂：「『小母』之稱罕見，或稱庶母，『矢奚』殆其名也」。所釋顯見未安，依例「小母」應是地名，母為地名，卜辭裏頗可見到，「矢奚」更非人名，若「矢奚」是人名，「矢𡉚」豈不也成了人名？矢字仍以釋地名為宜。

(五)條殘闕，幾於不可屬讀，可是其中匃字，很值注意：卜辭中匃(㔾)[glyph]連文屢見。[glyph]字孫詒讓釋昌，葉玉森釋苦，均未諦；徐協貞釋呂，較塙。參看徐氏通釋卷三，頁十四，十五。葉氏以苦為夷，說就是出產楛矢的楛國，因解卜辭「于王匃[glyph]方矢」為「向楛國求楛矢」。徐氏指葉氏解匃為求非是，說「匃為亡方从人字」，並引其他匃呂連辭為證。按楛矢產於肅慎，國語曾見肅慎貢楛矢，後此的後漢書、魏志、晉書、宋書也都有相似的記載。參見石雅附録彙引。葉氏向楛國求矢的說法，總算有所依據；不過認匃為丐，在許多例證裏，實有未安，仍以從徐氏釋作方名為是。這條裏的矢字，好像用作人名，不然應該以下該有闕文。

上述，略見矢字在甲骨文裏不一定作本義解，雖然原始的形畫還留有石器時代痕跡。【殷代矢射考略 燕京學報第三十九期】

◉高鴻縉 說文。[glyph]。弓弩矢也。从入。象鏑栝羽之形。古者夷牟初作矢。式視切。

羅振玉曰。象鏑榦栝之形。說文解字云。从入。乃誤以鏑形為入字矣。

按矢之本形應為[glyph]。甲文三字([glyph]前一・3・四 [glyph]前四・51・三 [glyph]前四・51・四)俱肖本形。惟羽變小。鏑，矢鋒也。段云。謂矢鏃之入物者。榦亦名笴。栝通以代筈。段云。歧其耑以居弦也。方言。箭自關而東謂之矢。江淮之間謂之鍭。關西曰箭。【中國字例二篇】

◉金祥恆 [glyph]之書體有五，或作[glyph]，或作[glyph]，从[glyph]者鏑也，|者笴也，[glyph]者或[glyph]者栝也。蓋如甲骨文从矢之射作[glyph]，𡉚作[glyph]，疾作[glyph]，侯作[glyph]，箙作[glyph]，族作[glyph]，矢作[glyph]，金文作[glyph]，箙作[glyph](戈文)，侯作[glyph](王中媯簠)，與[glyph]所不同者，一為三鏑，一為一鏑而已。三鏑之矢，不見於史傳，亦不見於地下遺物；地下遺物，今所得見者，矢鏑有石、有骨、有貝、有角、有銅鐵等，而無完整之矢。笴栝易朽，難以保存。即有三鏑之矢，今亦不得見矣！不見於史傳者，或初無別名之故。今見本校文學

院考古人類學系標本陳列室藏有臺灣土著氏族之弓箭多種，其中有三鏃四鏃之矢，其形狀如後：

泰雅族三鏃鐵箭

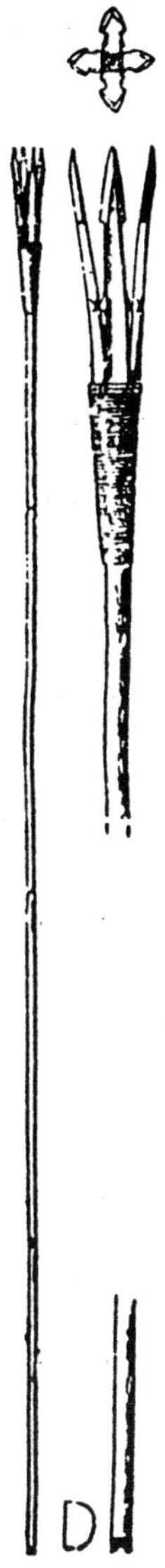

泰雅族四鐵竹箭

標本說明詳中國民族學報第一期唐美君先生臺灣土著民族之弓箭形制研究。羅叔言釋為戣者，誤□為三鋒，訛□為著地之柄，所謂鐏也，而不知□亦書□□，象矢之栝，□象三鏑也。以為尚書顧命：「一人冕執戣，立于東垂，一人冕執瞿，立于西垂」之戣。鄭注：「今三鋒矛」。矛與矢，其形制迥異，矢以射遠，矛以護身，矢賴弓行，矛則不然。故矢有栝。說文：栝「一曰矢栝檃弦處。」釋名：「矢末曰栝，栝，會也。與弦會也。」故書作□或□，如後圖：

而書作□者，乃□、□之譌。斧鉞戈戚之柄謂之鐏，以甲、金文而言，如戊戌之字作□□，戈作□，金文戈作□，何作□(父乙卣)，然無一作□者。知非其柄亦明矣。故知羅釋戣非也。

□在甲骨文為國族名，如：

气自新□卅(包)　龜甲獸骨文字二・七・七

自新□卅。　新三一二

至於□之音讀，可由其所从之字推測之。⊘甲骨、卜辭□衆，亦作雉衆、雉衆。⊘雉字武丁時代作雉，廩辛作矦，康丁从矢或增土，康丁所从之垔即至字，皆象矢至於地也。其意義為陳軍旅也。方言六「雉，理也」，爾雅釋詁「矢、雉……旅陳也。」郝懿行疏「旅者，師旅也，人衆須有部別，與陳義近。」猶左傳僖公四年齊侯陳諸侯之師與屈完乘而觀之。齊侯曰「以此衆戰，誰能禦之？」蓋衆者諸侯之師也。由此可知雉雉雉□，皆从矢，為矢聲。而□从二□。古文从二或从三同文者，如虫蚰蟲，無別，皆為虫也。故其字□或□，我知為矢而非為戣也。【釋□　中國文字十一期】

◉丁　驌　余治契文中兵器字，未見有確指弓矢之專字。今先説矢。契文有二矢字。

一為□　契文医、射、𣪘、疾、箙、煹、族、至、雉等字皆从矢，即以此文為偏旁。此文亦是十二支中之寅字，乃假借也。李集釋列之寅字下。

一為□　李孝定集釋隸此文為矢。惟此文向未用為弓矢之矢。李從羅、于等説訓此文為施為陳。

如此則契文中所見之「矢」字均別其新義，弓矢之矢，竟無單文，誠奇事也。

考「寅」字既假「矢」字為之，而所見之「寅」字，則異體繁多，不限于一□形。大致類別有三，由早期至周金，其變化有如下述：

一、□藏六・一，十四・一，二二七・二，一八六・二。此早期寅字。乃矢字假借。

二、□、□、□等類形之字，亦是寅字。金文亦有之。此字與契文中□、□二字近似。二文多見于記事刻辭（總集一三一、七〇〇兩體並見）于卜辭中則僅見于佚五一九，辭曰：

「貞羽辛卯□求□□雨。」

似為人名。此字與「寅」字區別甚微，惟二者未見相混之例。故疑此為弓矢之矢字。

三、□亦僅一見，似為甲一・十六，八或林一・一六。李集釋有之，出處誤記。字象雙手奉矢之形。乃金文形態。

金文寅字增繁如□、□、□，與古文之□似皆晚出之寅字也。窺字之結構，似寅字假借弓矢之名稱為字。所假借之矢字則有數形，蓋矢有不同，各有專字。故假借之寅亦形體不一。又益以百十年來字之本身變化，故有上述之三類型也。然則各矢字唯何？

一曰□矢　此單鏑之矢，為形最簡，必為初形。故由之孳乳之字甚夥。武丁時均已有之。矢字下端作□者金祥恒解釋最鏑，乃矢之栝，置於弦上，無滑移之虞。故凡矢字，下端必作□形。

□□雖皆借為寅，契文中亦有數辭□似不作寅者。翻閱島邦男綜類見有此字之辭五片六辭。玆一一解釋之如下：

(1)　肖矢方（續五・九・三）　矢當仍是寅，東方也。

(2) 王其田□不僿雨(甲一八〇四) □乃至字缺筆。

(3) 戊□卜,方其大圉 □字形不標準,其為寅字無疑。

(4) 其氏□□或矢□其氏(京一〇〇六) 原文未得見。辭意亦難明。由下辭或可知。

(5) 貞勿𣎆□,□。

辛酉卜亘貞:図𣎆□,□。(合六八)

原片合六八未見。據金祥恒釋□一文(中國文字十一期),此二辭出甲編考釋一八〇。由金氏摹本知図字本殘,金寫作団。金氏隸□為寅,以寅車為說。余意以為「𣎆矢」者即周禮八矢之「殺矢」。辭曰「勿𣎆矢」乃不用殺矢。下之□乃擬用之「物」也。如此說可信,則此一□字乃契文中惟一當弓矢用之「矢」字也。

一曰□ 亦單鏑矢,唯桿即笴部異,似為弩箭。字从口,在笴中部,口狀何物則不確知。似為手持之短弓。如是,則此或為周禮上之庾弓,字乃「叀」字。説文所無。故由此矢字生□(寅)字之形也。

□亦有作「□」者。从□不从口。字見總集小屯南地七〇〇號辭為記事,曰:「丁酉□三,□骨三。」

□亦有與骨字連為一詞曰:「□骨三」(總集小屯南地一三一號)若以此字當「寅」,説文「寅,髕也」之義即明。蓋髕為膝蓋。「寅骨」當訓「膝蓋骨」。雖不知此骨收藏何用,但説文寅字義為骨甚為明白。許書下文誠不知所云,訓「寅」為「髕」則尚可存其真。

契文箙字示函矢之器,中有一、二或三矢不一。矢鏑向下,入之函中。此矢字鏑向上,而□形在中。乃明矢,非藏矢之器。契後下二七·一八有□,似此字之倒轉者,無鏑。从火从矢省,隸為熇字,故□或亦音畐。如此則□亦痺矢之弓也,乃弩中之庾。

一曰□ 此字示箭有三鏑,有異于單鏑之矢。金祥恒已説之為矢(中國文字十一期),惟字未有隸。此文在武丁世卜辭中似皆為專稱,如「有出自□」(續五·一〇·四),乃地名。故「□尹」(新二三三八)及「叀□人令省,在南啚。」(前四·二·五)皆釋為此地之令尹、此地之民衆。余因見寧滬四九六及掇四三一皆有辭云:「□尹□」。余隸□為「翌」,為「□尹」乃掌矢之官稱,「□人」乃作矢之人。説文作「羿」。羿亦矢之一種。箭笴有羽,乃為鈞衡、浮動之用,取其射及遠也。字雖為器,契中為人名。

三鏑之矢古無專字,唯殷契見之。竊疑金文若干「寅」字取象于此。蓋橫列二矢,變為□形,誤認為「雙手奉矢」。

□亦有去其栝而作□者。甲六三五之「□尹」即前述之「□尹」。又有寫為「□尹」者(前七·二三·一)。其後四期作□(扶辭續五・一四・五)作□(續六・九・七)，曰「□人」。幾鄰于方字。後二字橫列三鏑變為平頭之形□，不類矢形。溯源始能見其演變也。

一曰□　李集釋之矢字。契有二形即□、□。此字武丁時用。字形似矢，惟在卜辭中，其義難明。李氏以「施陳」解之，入之契辭，終不能安。如：

于王曰匄□方□(後上一七・四)

貞王其㞢匄于大甲□(乙七二五七)

乙未卜余匄小母□(合八九)

他如「其□」「不其□」頗有數殘辭。釋「矢」「陳」「施」皆不類。此三辭皆有「匄」字，一般釋為「害」。「亡匄」為「亡害」，可從。惟用之辭中「害」義亦不可通讀。蓋「匄」字音「害」(今人之音為迄)。「亡害」乃同音假借。「王二曰匄」者，示王口吃也。字為「乞求」、「乞與」之義。乞則气之省。上二辭「匄」字，均可訓為「求」，乃「呼求」之情。惟求于大甲之□又唯何，仍不可知。由字形視之，似為頭重之短彈。其鏑尖而不歧，乃一固體物質，或石或骨或金。取其重擊而傷也。余疑□即方言之錍，亦乃周禮八矢之鏃。前重之矢也。用諸近射田獵，與殺矢同。字形亦近卑字。後世錍矢之鏃，乃金屬小錠，但在殷世或以骨製，亦未可必非。此雖可釋字之為矢類，但不得其音讀。所舉諸辭似為求保佑之含義，殆亦假借用法。小屯南地有二辭□□二字連用。南明亦見一辭有此二文，辭云：

貞□□于茲三壴(□)(屯南總二五七六)

乙巳貞□□(屯南總二六三三)

戊戌貞羿隻，其亡□，啓(南明四一八)

如□□皆訓施陳，上二辭有重文義之弊，故知言敬，言旅陳，皆未得其真義。契文有地名曰□，水名曰□。不可考。

一曰□　此字解說在前□字之下。惟羿與□之性質相類，皆為重鏑之矢。一有羽一無羽耳。

契辭中有一成語曰「不雉衆」。據考釋早期作雉，實則五期亦然。乃雉之異文。三期作「𥎦」「雉」，皆訓為陳。矢為聲耳。从矢之字又有夷，弟乃弋矢之類，周禮之矰茀也。茀為索繳，為生丝之縷，殆箭上有繩，中的而得網羅之也。【說矢字　東薇堂讀契記(二)　中國文字新十二期】

◉李亞農　今隸矢字，一般的是弓矢之矢。但族字所从之矢却是交股人的象形，因為族字所表現的是衆人聚於旗下的意象。疾字所从之矢，亦是交股人的象形，因為疾所表現的是人卧於牀上的意象，契文作疒、𤕫等形。知字所从之矢，亦是人的象形。説文云：「从口从矢」，徐曰：「知理之速，如矢之疾也」。並非。因為知字所表示的是人以口交談的意象，有相親知的意思，故相交又叫相知。又如矣字，所从之矢，亦非弓矢之矢，仍是人的象形。故矣字實為以字的别體，以即从人从厶。説文不收以字，但這適足以證明古文有亡於小篆而存於今隸之説，確是真理。【殷契雜釋　中國考古學報第五册】

◉王志俊　仰韶文化的「↑」、「↑」、「↓」、「↑」這四種刻符似為矢或矛的初字。仰韶文化的遺址曾出有大量的矢矛類工具，這幾种刻符，是矢和帶单刺、双刺矛的象形文，字很有真實感，「↓」、「↓」只是顛倒了方向。【關中地區仰韶文化刻劃符號綜述　考古與文物一九八〇年第三期】

◉彭静中　↑　簋銘有題揭之字，罗振玉：《三代吉金文存》六・四。諸家未之隸釋。李孝定云：「疑即↑」。周法高云：「↑讀為笴」。郭沫若先生謂是「族徽」。周法高、李孝定等《金文詁林附録》619頁。郭沫若：《奴隸制時代》，一九七三年版第246頁。

按諸家之説非是。

今謂該字乃「矢」字是也。知者，甲骨文中，射字所从之矢作↑（甲二四八七），↓（林二・三・八），金文中，射字所从之矢亦恒作此形。異者，射字所从之矢作横形，此作豎形。古文字中，此不别義，故得釋為矢字。釋笴（即箭幹）轉覺紆曲，以其離形説義，不似鄙説之貼切云耳。【金文新釋（十則）　四川大學學報一九八〇年第一期】

◉徐中舒　伍仕謙　矢，即矢，同則。此處當作刻或勒字解。金文羼羌鐘：「賞于韓宗，命于晉公，昭于天子，用明則之于銘」。即刻之于銘也。【中山三器釋文及宫室圖説明　中國史研究第四期】

◉饒宗頤　……卜，㱿（貞：王）往矢若。四月。（前編六・二〇・一）　按矢與矢同。以文義推之，殆矢字。爾雅釋詁：「矢，陳也。」【殷代貞卜人物通考卷三】

◉戴家祥　矤　雁侯編鐘　雁侯編鐘「矤百」，矤即矢字，説文「彡，毛飾畫紋也，象形」。伯晨鼎彤字亦从彡，彡當表示弓矢上所刻繪之紋飾。説文九篇「彫，琢文也，从彡周聲」。彫字从彡也是一證。【金文大字典中】

◉莊淑慧　羊=矢

1. 簡文詞例

3號簡：「二鄰（秦）弓，逐賠。羊，箙五秉。」

43號簡：「一鄰（秦）弓，羊二秉又六。」

䠶

2. 考釋

簡文「矢」字寫作「□」，為倒矢(□)之形。此種「正倒互作」類型之異體字，較為罕見，不及「左右互作」或「上下互作」類型之普遍。「矢」(□)之作「□」，猶如「千」(□)之作「□」；「旦」(□)之作「□」；「冬」(□)之作「□」。裘錫圭、李家浩(1989)以為簡文「羊」字即是《說文》訓為「撥也」之「羊」字(《曾侯乙墓》(上):504)，其說恐非是。

【曾侯乙墓出土竹簡考 臺灣師範大學國文研究所集刊第四十號】

甲五·五五 甲六二二 甲八六八 甲一二二三 甲二四八七 甲二四九一 乙二二九〇 乙二八〇三 乙七六六一 鐵七八·一 拾六·三 前三·三一·一 前三·三二·四 前四·一四·七
前五·四二·八 前六·三·四 前七·一八·一 後二·二六·一 菁七·一 菁一一·一九
林二·三·八 戩四三·四 佚二七三 佚二八五 佚四八四 佚九三〇 燕九〇 京津三四六六
京津三九六二 京津四四八六 京津四四九〇 存七〇五 存一〇七〇 明藏二五一 明藏六二六
粹一三〇 粹一〇〇七 粹一〇一〇 寧滬一·三八七 庫一八八四 續三·四六·七 【甲骨文編】
甲107 555 579 621 672 739 868 910 1167 1188 1223
1284 1554 1595 1703 1989 2129 2487 2533 2695 2827 3003
3584 3636 3656 3919 乙4475 4615 7641 7661 7777 8810 珠111
674 1200 1372 佚149 180 273 285 484 774 930 995
續1·48·2 3·43·3 3·43·5 3·44·3 3·46·5 3·46·6 3·46·7 3·47·2

5·8·7 6·21·11 徵2·62 4·51 16·34 10·130 10·134 10·135 京1·32·2 4·18·4 録749 7·52 六㕛2 續存26 705 752 1070 1081 1729 外54 104 書1·8·A 摭續74 粹15 81 130 314 329 928 935 943 950 1007 1010 1018 新1673 4485 4486 【續甲骨文編】

射 象張弓注矢形説文从身乃弓矢形之譌 爵文 射女方監 雍伯原鼎 射戟 射女盤 門射甗 令鼎 靜簋 長甶盉 趞曹鼎 咢侯鼎 趩簋 鬲攸比鼎 訇簋 射南匜 鄧伯吉射盤【金文編】

射 説文 篆文䠶从寸寸法度也亦手也 雜三四 七例 日甲七三背 日甲一八背【睡虎地秦簡文字編】

左甲僕射 射閪私印 李射 射魃 射青私印 射䝰 射時 射魯臣 劉射之印 【漢印文字徵】

石碣田車 秀弓寺射 【石刻篆文編】

射 射 射竝義雲章 【汗簡】

裴光遠集綴 鄗昭卿字指 義雲章 同上 竝籒韻 【古文四聲韻】

◉許　慎　䠶弓弩發於身而中於遠也。从矢。从身。食夜切。䠶篆文䠶从寸。寸。法度也。亦手也。【説文解字卷五】

◉薛尚功　王位在射圃真

射字極古。如宰辟父敦射字正作挽弓之形。而此鼎射作。如今之世俗所謂牀子弩者。豈三代之遺法耶。【歷代鐘鼎彝器款識法帖】

◉吴大澂　射象手執弓矢形。小篆从身从寸。非是。【説文古籀補】

◉劉心源　从手執弓矢。象形會意最為古簡。小篆作䠶。从身。古文身作。有侣於。遂肊造之。此李斯之妄當糾正者。説文䠶下云。弓弩發於身而中於遠也。从矢。从身。射。篆文䠶从寸。寸亦因又而加。寸。法度也。亦手也。皆據後出字説之。豈三代六書之恉乎。【奇觚室吉金文述卷二】

◉孫詒讓　「出□步貝其牢」六十五之二。「」从目、从䢵，古文䠶作，詳《釋文字篇》。即古文「䠶」之變體。金文小子䠶鼎䠶作，上亦从横目，下从兩手持弓。此从目與彼同，但省為又。《周禮·䠶人》祭祀贊䠶牲。鄭注云：「烝嘗之禮有䠶豕者」。《國語》曰：「禘郊之事，天子必自䠶其牲。」《楚語》文。「䠶牢」即䠶牲也。

「□丑□令□」七十八之一。「氏兕貝」八十八之一。「甲申□殸貝」百八十之四。「貝□□廾衆」二百卅三之一。「」即「䠶」之省，後三字互有省變，皆一字也。《説文·矢部》：「䠶，弓弩發於身而中於遠也。从矢，从身。篆文作射，从寸，寸，灋度也，亦手也。」此則象弓矢形。金文䠶爵䠶作，藻盤作，與此弟二、三、四諸字略同。師湯父鼎作，與此弟三字略同。又静敢䠶作，耤田鼎作，匡簠、門䠶甗並略同。石鼓作，偏旁亦如是作。皆可互證。【栔文舉例卷下】

◉羅振玉　説文解字。䠶。从矢。从身。篆文作射。从寸。寸。法度也。亦手也。卜辭中諸字皆為張弓注矢形。或左向或右向。許書从身乃由弓形而譌。又誤横矢為立矢。其从寸則从又之譌也。古金文及石鼓文並與此同。【增訂殷虚書契考釋】

◉王國維　罢諸家讀為斁。案無斁古通作無射。罢从目从矢。矢著目上。意亦為射。殷虚卜辭有此字。殷虚書契前編卷五弟九及弟三十九葉。此云肆皇天亾射。臨保我有周。與詩大雅不顯亦臨。無射亦保。語意正同。臨猶保也。大雅云上帝臨女。又云上帝不臨。【毛公鼎銘考釋　王國維遺書第六册】

◉高田忠周　説文。䠶弓弩發於身而中於遠也。从矢从身。篆文䠶。从寸。寸。法度也。亦手也。此説實非。古文最初。弓作。弦作作。張作。射作。又或作。从弓从矢。固為同意。其言从身。身恐譌形。譌為。又混為䠶形。又泥以為从身之説。或為从寸之説。皆非古傳正説也。又謂从身之説。因於作从目者耶。

臭　郳臭鼎　攈古録亦引下文上形作。小異。釋亦作斁。實亦罢字。即䠶異文也。毛公鼎从矢从罒。此篆作。與皃字同。即以象顔面造字之意。與从目同。【古籀篇二十九】

●林義光　説文云。䠶弓矢發於身而中於遠也。从矢从身。篆文䠶。从寸。寸。法度也。亦手也。按古作。静敦作趞曹鼎。象張弓矢手持之形。形近身。故變為射。又變為䠶。古又作師望鼎。譌為。與民相混。【文源卷六】

●郭沫若　射殆官名，如周官之有「射人」也。

「于祖丁〔𠦪〕　于父己𠦪　于父甲𠦪　其射謝」(右行)　射當讀為謝。告也。【殷契粹編考釋】

●商承祚　説文「䠶。弓弩發於身而中於遠也。从矢从身。篆文䠶。从寸。寸。法度也。亦手也。」案射為篆文。則䠶為古文矣。甲骨文作。金文射盤作。静𣪘作。是䠶从弓从矢。或从弓从矢从又。象張弓注矢而射。此从身。乃弓形之譌。石鼓文作。誤之漸也。【説文中之古文考】

●商承祚　象張弓注矢。又或增又。其誼更顯。金文射監作。雝伯原鼎作。射盤作。静𣪘亦从又作。鄂侯鼎作。皆與甲骨文同。説文䠶。「弓弩發于身而中于遠也。从矢从身。篆文䠶。从寸。寸。法度也。亦手也。」篆文之身。乃弓形之譌。横矢誤為立矢。與彘之誤同。古文又寸雖不分。然于此則應从又不从寸也。【甲骨文字研究下編】

●強運開　吳愙齋云。射象手執弓矢形。小篆从身从寸。非是。運開按。静敵作。南宫中鼎作。俱與鼓文相近。吳説是也。【石鼓釋文】

●楊樹達　粹編八一片云：「癸酉，貞，射以用自上甲，于甲申。」郭沫若云：射殆官名，如周官之有射人也。乃人名。卜言射人之名者。于甲申之日，以狗祀自上甲以下之先公先王也。考釋十七。

粹編三一四片云：「于祖丁△𠦪，于父己𠦪，于父甲𠦪，其射？」郭沫若云：射當讀為謝，告也。考釋五一。樹達按：郭説非也。射謂射牲，戩壽九之二云：「其射二牢叀伊」，與此行𠦪祭貞射正可互證。周禮夏官射人云：「祭祀則贊射牲」，又司弓矢云：「凡祭祀，共射牲之弓矢。」楚語觀射父曰：「天子禘郊之事，必自射其牲，諸侯宗廟之事，必自射其牛，刲羊，擊豕。」觀卜辭，知周乃因殷禮也。又按粹編九二八片云：「王其射，叀翌日戊，亡？禽，吉。」上言射，下言禽，亦可證也。粹編三二九片云：「△△卜，即貞，兄庚歲，其射？」義並同。【卜辭求義】

●馬叙倫　孔廣居曰。石鼓文作。從又。手也。象弓矢。小篆從身。即之譌。即又之變。王筠曰。䠶字從身。究嫌牽強模糊。當依鐘鼎作。則弓矢及以手挽弦之形皆具矣。射字即仿佛其形而變之。龔橙曰。見噐銘。篆譌。羅振玉曰。卜辭中作。或向左。或向右。皆為張弓注矢形。許書從身。乃由弓形而譌。又誤横矢為立矢。其從寸者則從又之譌也。倫按射盤作。蓋在弓上所以發射也。静敢作。從又持矢安於弓上。為射益明。甲文率無又。

金文率有又。皆會意。此篆自譌。説解本作發也。呂忱加弓弩發於身而中於遠也。然疑弓弩二字由上文矢字説解譌入。矢字説解中弓弩矢也之矢。乃由此下誤入。此當作矢發於身而中於遠也。射為發彈之初文。躲音牀紐。古讀歸定。古讀射如亦。穀梁桓九年。世子射姑來朝。釋文麋射作亦。文六年夜姑。左夜作射。史之僕射實為僕掖。亦音喻紐四等。喻四與非同為次清摩擦音。故轉注為發。古讀喻四歸定。則射音亦得於矢。【説文解字六書疏證卷十】

◉斯維至 周禮司馬射人。其職文云以射法治射儀。余謂趞鼎之僕射士。其射即此射人矣。郭沫若讀靜𣪘王命靜𤔲射學宮。以𤔲射為官名。謂即射人。周官質疑。案此司射以作動詞為宜。靜為小臣。別有小臣靜彝可證。則其職必非司射若射人。此乃言王命小臣靜習射於學宮也。郭氏考釋改訂本晚作。已不及此説。蓋已知其非是矣。【兩周金文所見職官考 中國文化研究彙刊七卷】

◉林清源

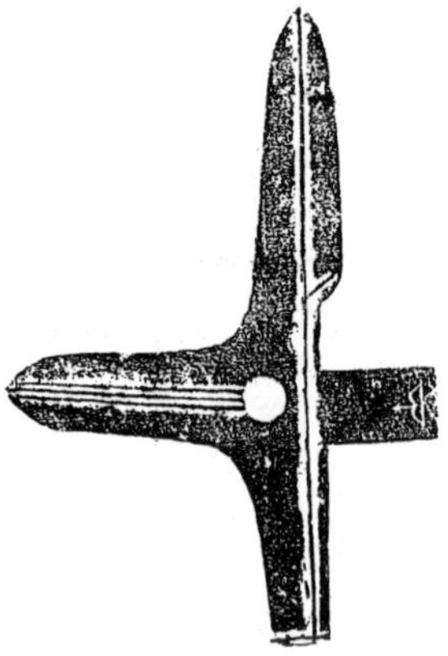

本戟形制與前述「侯戟」、「[illegible]戟」同，均屬十字戟，時代約當西周中期。內末銘二「射」字，蓋當時之氏族徽號也。【兩周青銅句兵銘文彙考】

◉朱德熙 裘錫圭

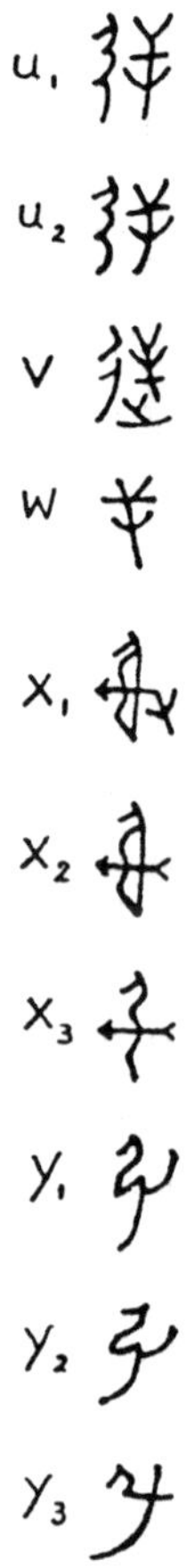

舟節云：

逾夏，內(入)邔(溳)，逾江，適彭u_1，適松(樅)陽。

u_1和u_2是同一個字的兩種寫法。1957年發現的舟節作u_1，1960年發現的另一枚舟節作u_2。這個字舊多釋「弜」，認為是从「弓」从「屰」聲。按節銘「逆」字兩見(車節第三行，又舟節第三行)，所从的「屰」(字表V)都作倒寫的「大」字形，與u_1、u_2的寫法有明顯的區別，當非一字。

湖北隨州市(原名隨縣)擂鼓墩一號墓竹簡所記車上裝備的兵器中，屢次出現一個倒寫的「矢」字，見字表W。下邊舉一條簡文為例：

二秦弓，弦(？)造。用W，箙五秉。(《隨縣擂鼓墩一號墓出土文物簡介》9頁圖三十一左起第五簡)

W是倒寫的「矢」字，可是在這裡似乎仍舊代表「矢」字。簡文的意思是說：秦弓兩張，所用的箭，箭袋裡裝着五秉。節銘u字所从與簡文W十分相似，也應該是倒寫的「矢」字。「圅」字金文亦从倒「矢」。以此字例之，u似可隸定為「弙」，「𢆉」即倒「矢」。

要確定「弙」相當於後代的哪個字，須從甲骨文字的「射」字說起。

甲骨「射」字主要有x_1、x_2、x_3三種形體。x_1是繁體，象手張弓搭箭待發。x_2是簡體，省去了象徵手的「又」旁。x_3是x_2的進一步簡化，省去了弓弦部分。《說文》「射」字有「䠶、射」兩體。前人已指出，甲骨x_1譌變為「射」，x_2譌變為「䠶」。唐蘭先生說x_2和x_3「舊逕釋為䠶亦非，當釋為矧或弞」。唐先生認為甲骨「弓」字畫出弓弦部分的那種寫法从「弓」从「丨」，應是「引」字。所以他強調x_2與x_3不同，應釋為「矧」。我們現在知道，古文字「引」字寫作y_1、y_2、y_3等形，不从「丨」。「弓」字無論有沒有弓弦部分，都是「弓」字，與「引」字無涉。所以x_2和x_3都應隸定為「弞」，即「䠶」字的前身。《說文·矢部》「弞，況詞也。从矢，引省聲」。段玉裁注：「《尚書》多用弞字，俗作矧」。作為「䠶」字前身的「弞」和訓為「況詞」的「弞」音義皆有別，是兩個不同的字。許慎說「弞」从矢引省聲。从金文「矧」字借「引」字為之的事實看，如毛公鼎「余一人在位，引唯乃智(知)余非，墉(庸)又(有)聞」，「引」字即當讀為「矧」，已有多人指出。許慎的分析是對的。《說文》沒有收「矧」字，我們認為「矧」从矢引聲，是正體，「弞」从矢引省聲，是簡體。段玉裁把「矧」視為後起的俗體是不對的。上引甲骨x_2和x_3都从「弓」，應是「䠶」字的前身，跟訓為況詞的「弞」沒有關係。

現在我們回到鄂君啓節的「弙」字來。這個字从「弓」从倒「矢」。由於楚文字中「矢」字有時倒寫(前引擂鼓墩一號墓竹簡可以為證），所以「⿰弓开」應隸定為「⿰弓夭」，釋為「䠶」，即「射」字。

節銘「彭射」是地名。从節銘所記府商先後所經城邑的地理位置看，「彭射」應該是夏水（漢水下游的別名）入長江口處到樅陽（今安徽省樅陽縣）之間長江邊上的一個城邑。李平心認為就是《漢書・地理志》豫章郡屬縣「彭澤」，黃盛璋等從之。按「射」和「澤」都是古魚部字，聲母同屬定母，古音相近；所以古書裡从「睪」得聲的字常常跟「射」字互相假借。例如《詩・周南・葛覃》「服之無斁」，「斁」字《禮記・緇衣》引作「射」。又《魯頌・泮水》「徒御無繹」，陸德明《釋文》：「繹，本又作射，又作斁、作懌，皆音亦」。總之，從字形、字音和地理位置看，把「彭⿰弓夭」考定為彭澤是可信的。【朱德熙古文字論集】

◉戴家祥　說文五篇「䠶，弓弩發於身而中於遠也。从矢从身。射篆文䠶，从寸，寸，法度也，亦手也。」金文䠶多作，象手執弓矢形，許說非是。靜𣪘「王命靜𤔲射學宮」，此乃言王命靜習射於學宮也。習射之宮金文又稱為「射盧」趞曹鼎。周禮司馬射人其職文云「以射法治射儀」，這射人即金文中的僕射士。趞鼎。

射戈　字从弓从矢，象矢在弦上之形，或加又旁，彰著引弓之義。字當即射字。篆書射作，皆从身。弓身形近而譌。【金文大字典上】

矯

矯　語二【睡虎地秦簡文字編】

矯言疏　臣矯　姚矯【漢印文字徵】

矯【汗簡】

並崔希裕纂古【古文四聲韻】

◉許　慎　矯揉箭箝也。从矢。喬聲。居夭切。【說文解字卷五】

◉馬叙倫　鈕樹玉曰。韻會引作揉箭也。挩箝字。說文無揉。倫按揉箭箝必以金木之屬為之。而字從矢喬聲。必非本義。古言矯揉字乃借矯為煣。聲同幽類也。矯乃莊子在宥焉知曾史之不為桀跖嚆矢也。嚆本字。莊子音義。崔本作蒿。云。蕭蒿可以為箭。或作矯。又引向秀曰。嚆矢。矢之鳴者。新序。襍事。中庶子跪而泣曰。臣尚衣冠御郎十三年矣。前為豪矢而後為藩蔽。豪矢即嚆矢。唐六典注引通俗文曰。鳴箭曰骹。漢書東方朔傳。舍人不勝痛呼謈。鄧展曰。呼音髐箭之髐。髐骹皆後起字。蓋以骨為之。即今之叫子。古或係發聲之具於矢。故字從矢耶。古有嚮箭。亦即矯也。古讀矯音蓋如曉。其語原即嚮。嚮曉音同曉紐也。揉箭箝也蓋字林文。文選長笛賦注引倉頡。矯。立也。立為正譌。華嚴經音義引正作正也。

【說文解字六書疏證卷十】

矰 矰 日甲一三九背 通增 毋起北南陳垣及丨之 【睡虎地秦簡文字編】

矰 孟矰之印 【漢印文字徵】

◉許 慎 矰 隿䠶矢也。从矢。曾聲。作滕切。【說文解字卷五】

◉吳其昌

1 甲乚爵 貞松補遺卷二頁二十五
2 父乙觶 愙齋冊二十頁十八
3 奻觚 貞松補遺卷二頁十九
4 父丁角 殷文存卷二頁二十二
5 剌卣 殷文存卷一頁四十
6 𠂇叔彝 嘯堂冊一頁二十九
7 父巳卣 薛氏卷三頁六

按以上皆象鏃鏑之類而下垂矰繳長線之形也。所以知者：其一，形象顯肖，無待緐詞。其二，則第二、第三、第四、第五諸字，其原銘如下：

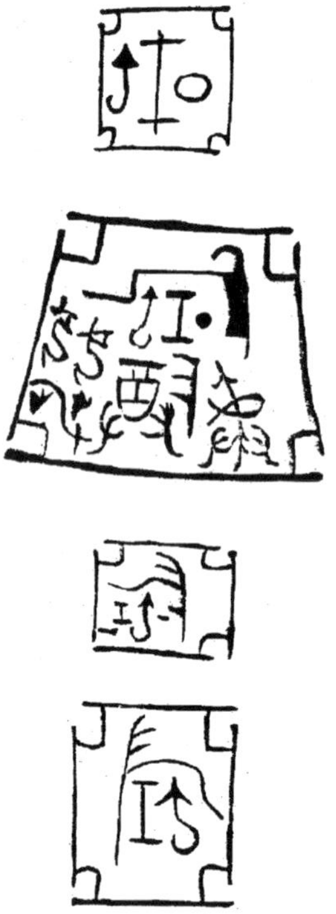

皆在一亞形之內，上有旌旗之形，旁有一「工」字，「工」義斧也。旌旗與斧，皆軍用之物，則[glyph]形自當與之同類，亦兵器屬矣。

其三，然則此[glyph]形[glyph]形者，果象何物之狀乎？按諸經典，則此迺象周禮司弓矢所列八矢中「矰矢」之狀也。周禮夏官司馬司弓矢云：「矰矢，茀矢，用諸弋射。」鄭注：「結繳於矢謂之矰。」按矰矢之特狀，為(一)鋒鏃之尾，繫有長線，名之為「繳」，亦名為「綸」。(二)鏃鏑甚短。(三)繳或綸，以生絲為之。何以證之：周禮馬融注云：「繳繫短矢謂之矰。」廣雅釋詁四：「繳，纏也。」文選西京賦：「簡矰紅」，薛綜注：「繳射矢，……其絲名矰。」其昌按：此說與古訓互易。文選賈誼弔屈原文李善注引如淳云：「……結繳于矢，使之升高，以射飛鳥。……」文選張華鷦鷯賦序李善注：「繳，繫箭線也。」又後漢書班彪傳上班固西都賦李賢注：「矰，弋矢也。繳以繫箭也。」又後漢書趙壹傳李賢注：「繳以縷係箭而射者也。」又詩女曰雞鳴箋「弋，繳射也」，正義：「繳射，謂以繩繫矢而射也。」又詩盧令正義：「出繩繫矢而射鳥，謂之繳射也。」以上皆第一端鏃鏑之尾繫有長線之證也。又文選吳都賦「精衛啣石而遇繳」，劉淵林注：「繳，弋綸也。」又淮南說山訓：「好弋者先具繳與矰」，高誘注「繳，大綸。」以上皆「繳」又名為「綸」之證也。又淮南說山訓高誘注又云：「矰，短矢。」又淮南俶真訓「繒繳機而在上」，高誘注：「矰，弋射身短矢也。」又呂覽直諫：「宛路之矰」，高注：「矰，弋射短矢。」又漢書司馬相如傳上「繳矰出」，顏師古注：「矰，短矢也。」以上皆矰矢之形，鏃鏑甚短之證也。又說文云：「繁，生絲縷也。」易遯卦正義引呂忱字林：「繳，生絲縷也。」又漢書司馬相如傳上「殲繳施」顏師古注，又蘇武傳「武能紡繳」顏注，並同。是繳或綸，以生絲為之之證也。此[glyph]形[glyph]形，正象矰矢之尾繫有長線之狀，亦象鏃鏑甚短之狀，故碻知其即為周禮之「矰矢」矣。

𡰥

或有釋此字為「虫」字者，（詳生物篇。）雖不能謂為繆誤，然實因「虫」字作，如魚匕「水中有虫」，其「虫」字正作。及邾公釛鐘「陸𩵦」字所从之「虫」字亦正作，可以為證，而其字形適與矰矢之形相類，故疏略者遂致混為一字耳。其實虫形自虫形，矰矢形自矰矢形，不得混惹苡明珠為一也。此矰矢形之，引而申之，則「叔」字「弗」字皆其所孳乳，雖不知其為後世之何字，固亦自成其一小支之統系也。【兵器篇　金文名象疏證（續）武漢大學文史季刊六卷一期】

◉馬叙倫　説解蓋作雉也繫射矢也。雉借為夷。夷弟一字。弟音定紐。矰從曾得聲。曾音從紐。古讀歸定。矰為夷之轉注字。字或出字林。【説文解字六書疏證卷十】

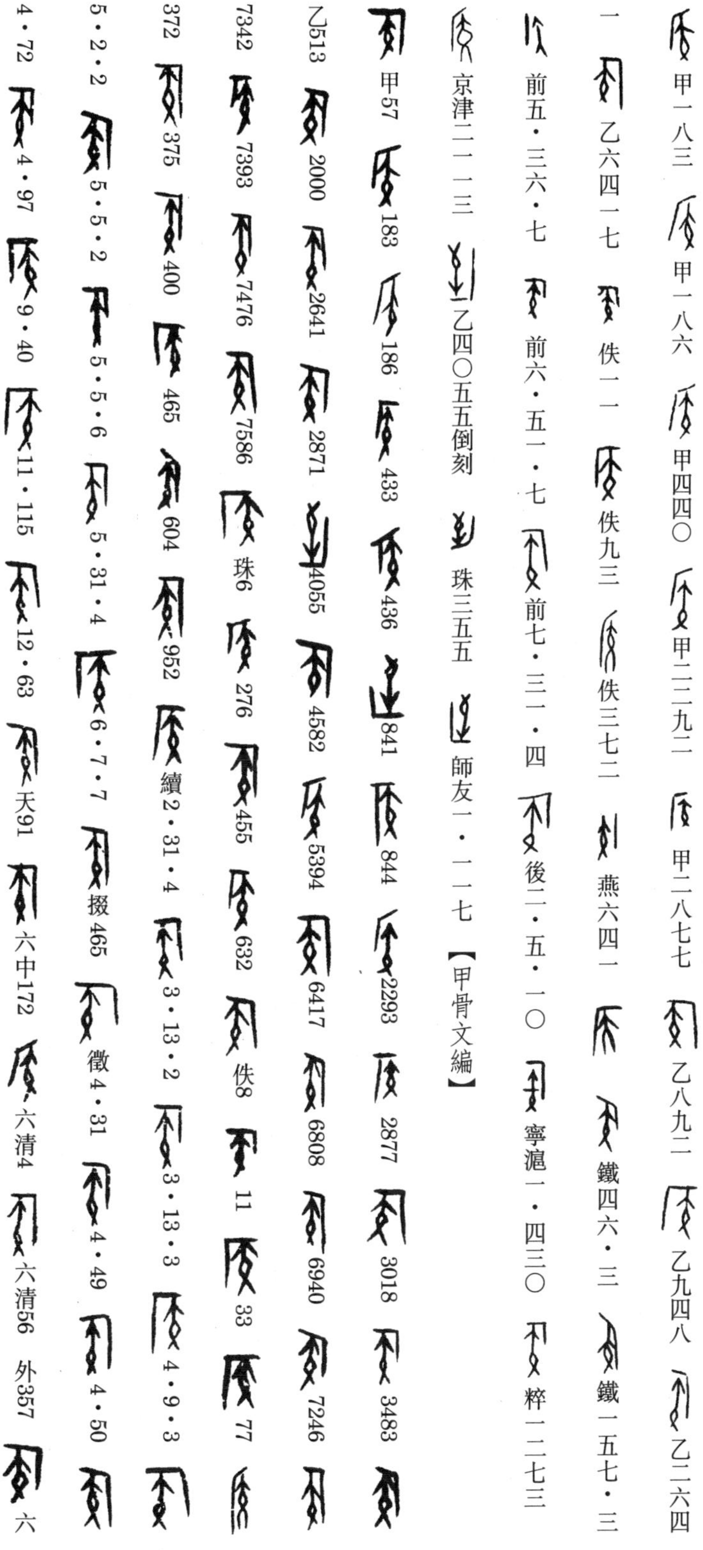

柬75　續存66　667　694　摭續185　293　325　粹367　1187　1273　1291

1304　1325　新1233　2112　2114　2119　3428　4777　凡9·3　【續甲骨文編】

侯　不从人　瓳文　曩侯父乙簋　曩侯父戊簋　其侯父己簋　作且乙簋　匽侯旨鼎　作父丁尊

作父丁盤　獻侯鼎　康侯簋　康侯鼎　保卣　魯侯爵　魯侯尊　咢侯弟曆季簋

曆季卣　莫鼎　匽侯鼎　匽侯盂　害鼎　勅隞鼎　中鼎　亘尊　盂鼎　麥鼎

井侯簋　矢方彝　斦觥　臣諫簋　啟卣　曩侯鼎　虢簋　遇甗　量侯簋　己侯簋

咢侯鼎　咢侯簋　己侯鐘　伯侯父盤　寡侯匜　弔姬匜　王中媯匜　伯晨鼎　陳侯匜

陳侯作嘉姬簋　鄭大師甗　滕侯盨　滕侯昊戟　𬹼鎛　齊侯盤　國差𨮵　洹子孟姜壺

魯侯鬲　陳侯午錞　陳侯因𬱖錞　鄦侯簋　曾侯仲子斿父鼎　酓章作曾侯乙鎛　曾侯乙鐘

蔡侯龖戈　蔡侯龖缶　蔡侯龖鼎　中山王譽壺　侯戟　侯戈　匽侯舞易器　子侯卣

薛侯壺　曾侯乙鼎　曾侯乙𠤳　蔡侯産劍　康侯爵　都公鼎　薛侯匜　蔡侯

鼎　蔡侯龖鑑　【金文編】

5·388　秦詔版殘存「盡并兼天下諸侯」七字　5·398　秦詔版「廿六年皇帝盡并兼天下諸侯……」共四十字　秦1561　秦詔版殘

存「諸侯黔首」四字　秦1607　秦詔版殘存「侯□□大□立號」四字　【古陶文字徵】

〔一六〕　〔二〇〕　〔六二〕　〔一九〕　〔二一〕　〔三六〕　〔三六〕　〔一九〕　〔四〕　【先秦

貨幣文編】

布空大 典七六八 布空大 歷博 布空大 亞二・一〇七 【古幣文編】

二〇〇：二五 二例 宗盟類參盟人名 【侯馬盟書字表】

233 243 【包山楚簡文字編】

侯 法一一七 五例 通候 —司寇及群下吏 秦一九三 【睡虎地秦簡文字編】

會者—（丙11:2—7）【長沙子彈庫帛書文字編】

1087 1075 1090 1094 1092 1076 1097 1079 1077 1085 1093

1088 1089 1072 1082 1070 1073 1080 1074 1081 1084 1083

1071 1095 1078 1091 1086 【古璽文編】

曲成侯尉 關內侯印 侯步可 夏侯拾 夏侯係印 侯郢 侯蒼 侯鉅志 侯備私印

侯剛 侯翁克 侯長兄 侯長公 侯志 侯廣 夏侯奉親 侯戍 【漢印文字徵】

天璽紀功碑 東海夏侯□ 蘇君神道闕 郛休碑額 詔權 皇帝盡并兼天下諸侯 石經文公

公孫敖會晉侯于戚 說文古文及汗簡引石經同 【石刻篆文編】

侯見石經 【汗簡】

古孝經 古老子 古尚書 崔希裕纂古 同上 【古文四聲韻】

◉許　慎　□春饗所䠶矦也。从人。从厂。象張布。矢在其下。天子䠶熊虎豹。服猛也。諸矦䠶熊豕虎。大夫䠶麋。麋。惑也。士䠶鹿豕。為田除害也。其祝曰。毋若不寧矦。不朝于王所。故伉而䠶汝也。乎溝切。□古文矦。【説文解字卷五】

◉孫詒讓　「□」即「侯」字。《説文・矢部》：「矦，春饗所䠶矦也。从人、从厂，象張布，矢在其下。古文多省作厌。」金文匽侯敨侯作□，與此同。【契文舉例下】

◉劉心源　厌在説文為古文矦字。此讀為鏃。説文。鏃。矢金鏃翦羽謂之鏃。通訓以厌為射厌。从厂。象張布形。矢集其中。侯从人厌聲。五等爵也。謂許書誤並矦厌為一。心源以厌字為最古。矦後出。鏃又後出。此云厌四。謂四矢。即詩四鏃如樹矣。【古文審卷三】

◉林義光　説文云。□春饗所射侯也。从人。从厂。象張布。矢在其下。按古作□器侯敦。作□匽侯尊彝辛。不从人。厂象張布。矢集之。又作□召伯虎敦。作□多父盤。作□鄺侯敦。○⊖皆象正鵠形。【文源卷二】

◉葉玉森　□□説文。□。春饗所射侯也。从人。从厂。象布。矢在其下。古文作□。森桉侯國制度。殷以前不可知。大約古代有功之臣。錫以俘虜。裂土以封之。小者曰侯而已。其字从厂ㄱ。象畺界。表有土也。从□。象交脛人。乃俘虜。表有人也。有土有人。侯國斯建。篆譌从矢。許君乃訓射侯。以引申誼為本誼。周禮考工記梓人注。侯制上廣下狹。蓋取象於人也。張臂八尺。張足六尺。此説知以侯象人。稍得古意。疑張布之侯。古殆取象於□形。以寓厭棄俘虜之意。六韜言丁侯不朝。太公畫丁侯射之。史記亦言萇弘設射貍首。貍首者。諸侯之不來者也。章太炎文始謂古文初作矦。後省作厌。諱射人也。予謂章氏説初文則非。説射人則塙。又許書獮猴之猴。白虎通作侯。獮猴坐則交脛。正象□形。其字無論為侯。或从侯。取誼必古。可以推定。【説契】

◉董作賓　余在斷代研究例人物章，曾舉商之諸侯為例。在甲骨文中，「侯」字除封爵外無他義。茲更詳細分析列舉之：一曰「某侯某」，兼舉國名及人名；二曰「某侯」，但舉國名；三曰「侯某」，但舉人名；四曰「侯」，省國名。⊘

以上四類，總計兼稱國名人名者五，但稱國名者十五，但稱人名者十，但稱侯而無所指者不計，凡卜辭五十五見，不同名者二十六。侯國之見于卜辭，乃偶然之事，不過一小部分而已。如蒙侯僅見于武丁時，攸侯僅見于帝辛時，不得謂前期即無攸國，後期即無蒙國。【五等爵在殷商　歷史語言研究所集刊六本三分】

◉馬叙倫　鈕樹玉曰。繫傳脱布字。止一麋字。無鹿下豕字。韻會引無服猛也麋惑也豕為田除害也十二字。其祝曰以下韻會多本考工記增損。沈濤曰。九經字樣張布下有形字。廣韻十九矦引作象張布之狀。王筠曰。從厂二字後人增之。張布下當有之狀二字。朱駿聲曰。矦從厃得聲。許并矦厃為一字。誤。倫按金甲文矦字均作厂下矢。無作矦者。此下有厃古文矦。篆正與金甲文同。倫謂射厃者。厃字義。矦者。倏之初文。從人在厃後。候其中否。聲即得於厃。目論清代武試。矦後有人持紅旗伺其中否以告。八篇。倏。伺望也。形聲義正合。然初文蓋當為产。危字從之得聲。厂為射矦之初文。人在其後。會意。矦當從人厃聲。為形聲字。説解挩本訓。春饗所射矦也蓋字林文。從人以下十一字亦為吕忱所改矣。天子以下校者加之。字見急就篇。餘詳厃下。盂鼎作[glyph]。己矦敦作[glyph]。匽矦旨鼎作[glyph]。子矦卣作[glyph]。齊矦女伯鬲作[glyph]。鄦矦敦作[glyph]。甲文作[glyph][glyph][glyph][glyph]。

厃　李杲曰。書契作[glyph]。齊矦盤作[glyph]。古鉨作[glyph]。石經作[glyph]。皆與此同。倫按此射矦本字。然亦後起字。初文即厂也。但厂已失其象形。甲文厃字所從之厂作[glyph]。倫目論清代武試時射矦。其形如熊蹲。以藤竹之屬為之。下廣而上鋭。厃之初文蓋本象形。變為篆文。與厈之初文作厂者形同。乃增矢以明之。猶正亦象射鵠。復作[glyph]也。【説文解字六書疏證卷十】

◉馬叙倫　[glyph]蓋[glyph]器子厃卣　倫按此蓋文作子而器文作[glyph]。舊釋[glyph]為厃。蓋是也。疑器蓋二文合表一義。則為厃子。厃為矦之借字。矦為倏之初文。矦子亦今所謂接生也。若器蓋二文各表一義。則子為氏族。厃為射的。作器者蓋造厃者也。【讀金器刻詞卷上】

◉楊樹達　侯者篆文作矦。説文云。「春饗所射侯也。从人。从厂。象張布。矢在其下……古文作厃。」尋龜甲作[glyph]。與古文同。蓋象射侯張布著矢之形。蓋草昧之世禽獸逼人。又他族之人來相侵犯。其時以弓矢為武器。一羣之中。如有強力善射之士能保衛其羣者。則衆必欣戴之以為雄長。古人質樸。能其事者即以其事或物名之。其人能發矢中侯。故謂之侯也。禮記射義曰。「故天子之大射。謂之射侯。」射侯者。射為諸侯也。射中則得為諸侯。射不中則不得為諸侯。鄭康成注周禮司裘曰。「所射正謂之侯者。天子中之則能服諸侯。諸侯以下中之則得為諸侯。」此皆後世演變之説。非復初義。然諸侯之稱源於射侯。則猶存古初命名之形影也。【矢令彝三跋　積微居金文説】

◉楊樹達　簠室征伐四十片云：「戊午，卜，方出，其受侯又？」戩壽四十七葉之七云：「甲辰，卜，雀受侯又？」樹達按：侯為發語辭，詩「侯栗侯梅」是也，他辭皆言受㞢又，此二獨變㞢言侯，㞢與侯皆無義。【卜辭求義】

◉于省吾　甲骨文稱：「王于黍[glyph]受黍年。十三月。」（乙四〇五五）甲骨文厃（侯）字倒書者屢見。王侯之侯與時侯之侯初本同字，侯為後起的分化字。説文候作候，並謂：「候，伺望也，从人侯聲。」侯與候古通，典籍習見，今舉三證以明之：一、周禮小祝鄭注謂「侯之言候也」，廣雅釋言謂「侯，候也」，均以侯與候為音訓。二、俞樾兒笘録（三・二），以為古侯字止作侯。三、近年來所發現的雲夢秦簡，「內史雜侯」和「耐為侯」，均以侯為候（一九七六年文物第七期雲夢秦簡釋文）。由此可見，前文所引的王于黍侯受黍年，是說王在黍子熟的時候能獲得黍子的豐收。又甲骨文的「癸丑貞，甲攼（啓）矦」（南北師一・一一七），矦字倒書，也應讀作候。這是說，癸丑貞，第二天甲日乃晴朗時候。【釋黍、齋、乘　甲骨文字釋林】

◉林　澐　根據「□侯虎」省稱為「侯虎」（佚三七五・菁七等）、「攸侯喜」省稱為「侯喜」，可知侯後面的一個字是私名，而不是方國名。卜辭中既有「攸侯喜」，又有「攸侯甾」（掇二・一三二），可見不同的私名，不一定就是不同方國的侯。因此，祇有私名的「侯某」是不能和有方國名的「某侯」並列統計的。【甲骨文中的商代方國聯盟　古文字研究第六輯】

◉李孝定　劉節氏从衛聚賢氏之説，謂「矦」「族」諸字均不从「矢」而从「交」若「大」，今金文諸「矦」字皆从矢，寧得謂其全為形譌，許君射矦之説，與古文正合，族字从矢从㫃，正氏族集團之表徵，古者同一氏族，即為同一戰鬥單位，故以此二物表之也。【金文詁林讀後記卷五】

◉裘錫圭　不但田、牧、衛經歷了由職官演變為諸侯的過程，「侯」又何嘗不是這樣。「侯」、「候」本由一語分化。漢代人普遍地把侯訓作候，不具引。尚書禹貢「侯服」偽孔傳：「侯，候也，斥候而服事。」上引逸周書孔晁注也說：「侯，為王斥候也。」從文字上看，候字是由侯字分化出來的。但是從語言上看，諸侯之「侯」這個詞卻應該是由斥候之「候」這個詞分化出來的。侯的前身應該是在邊境等地為王斥候的武官。【甲骨卜辭中所見的「田」、「牧」、「衛」等職官的研究　文史第十九輯】

◉姚孝遂　肖　丁　「侯」字倒書。卜辭从「矢」之字多有倒書者，如「室」字或作□；「至」字或作□。「旁」字或作□，亦屬倒書。我們現在還未發現倒書在涵義上與正書有什麼區別。

「多侯」與「多方」、「多白」、「多田」均約略相當于後世所謂之「諸侯」。陳夢家先生謂卜辭「有多田、多白而从无多侯」（綜述328頁）。今得此片，是卜辭亦有「多侯」。【小屯南地甲骨考釋】

◉何琳儀　《璽彙》〇三二三著録一方燕璽，印文為「信□□」，編者釋「信𡉚医」。

按，「□」應釋「城」。燕官璽「泃□」（《璽彙》〇〇一七）讀「泃城」，可資比照。「信城」，地名，在今河北清河。

「□」與「医」的確很相似，但其上冠地名，很難讀通。其實此字應釋「矦」，即「公矦」之「矦」。檢陳矦因資戟銘「矦」作「□」，其「厂」亦作「匚」形。這類筆畫延伸的現象，詳第四章第四節。【戰國文字通論】

甲1246　乙700　3170　4080　5802　6958　續6·7·2　新4809　4922【續甲骨文編】

3921【古璽文編】

◉許　慎　𥎦傷也。从矢。昜聲。式陽切。【説文解字卷五】

◉馬叙倫　翟云升曰。疑殤從死昜聲。而觴觴傷及此字皆從殤得聲。倫按矢蓋夫之譌。從夫猶從人。此蓋傷之異文。或曰。石鼓文射之。其旁與六篇𡉚之古文作及王孫鐘用樂嘉賓父之所從之形近。蓋從矢𡉚聲。此其聲同陽類轉注字。義當為射聲。翟謂殤從死昜聲可從。唯此字不必改從殤省聲。古鉨作。【説文解字六書疏證卷十】

◉李孝定　後·下·二六·六　孫海波文編五卷十五葉上收此。作𥎦。無説。

按説文。「𥎦。傷也。从矢。昜聲。」栔文作。孫收作𥎦。可从。辭云。「貞不其𥎦」。其義似亦為傷字。從為之省。金文揚字極多見。大抵从。君夫簋叉卣从。與此同。貉子卣作。宅簋友簋舍父鼎𠭯簋矢簋大鼎大簋效尊等从。均與此近。可證。【甲骨文字集釋第五】

◉饒宗頤　辛卯卜，㱿：……帝矤丝邑。（七集柏三二，柏根二八重。）

按屯乙三一七〇：「貞：帝丝邑。」又屯乙七〇〇〇：「〔貞〕帝唐邑。貞：帝弗〔唐邑〕。」前編七·十五·二：「貞帝弗丝〔邑〕。」續編六·七·二：「帝丝邑。」此字从；然亦从作。京津四八〇九及四九四二並有「」字，乃人名，疑即（昜）省。此从矢从昜，説文：「𥎦，傷也；从矢昜聲」，故知矤即𥎦字。「帝𥎦丝邑」者，謂天帝降災傷害于茲邑也。【殷代貞卜人物通考】

◉黄錫全　唐出碧落文　《説文》唐字古文作。鄭珍云：「此𥎦字也。《一切經音義》引張揖《古今字詁》云唐古文𥎦暘二形同，知漢魏間有用𥎦為唐者，因暘字傅會也。但碧落書有唐而取𥎦字，不思𥎦訓傷，與裂肉之隋為隨何異。書人止炫其異，不顧其不祥矣。」古璽𥎦作（璽彙3921）。大唐福慶長公主墓誌唐作。看來古人用字並不認諱不祥之義。【汗簡注釋卷二】

短　秦九八　為一五　二例【睡虎地秦簡文字編】

短【汗簡】

矤 矤

短 義雲章 【古文四聲韻】

◉許　慎　短有所長短。以矢為正。从矢。豆聲。都管切。【説文解字卷五】

◉馬叙倫　段玉裁曰。有所長短。上當補不長也三字。乃合有所長短以矢為正從矢之意。龔橙曰。從矢當是從夫。即佢。丁福保曰。慧琳音義十六及四十五及八十引皆有不長也三字。倫按從矢豆聲其義為不長。不可通。有所長短。以矢為正。強説耳。皆非許文。方言。桂林之中謂短䂅。東陽謂之府。倫謂䂅當作⿰立罷。為⿰立卑之轉注字。亦即尊卑之卑本字。亦即今謂高卑字。桂林之中謂短䂅。⿰立卑音封紐。以同破裂清音轉端為短。然則短亦當從立或夫得義。矢為譌矣。𠫑鐘有長城。字作□成。⿰立長字從立。則短字亦當從立。又可證也。龔説亦可從。當入夫部或立部。【説文解字六書疏證卷十】

◉黃錫全　短 短 《説文》梪字正篆作短，此从古豆。梪與短音近假借，類同「拒」字假為「短」。鄭珍認為「短寫誤，夏沿之」，非是。武威漢簡假梪為頭（篆隸5.15）。【汗簡注釋卷三】

矤矤 石經君奭　矤咸奔　今本作矧　【石刻篆文編】

矤 矧出説文 【汗簡】

矤 説文　矤 古文　【古文四聲韻】

◉許　慎　矤況也。詞也。从矢。引省聲。从矢。取詞之所之如矢也。式忍切。【説文解字卷五】

◉馬叙倫　段玉裁曰。況也詞也當作況詞也。桂馥曰。況下衍也字。爾雅疏引作況辭。莊有可曰。古引字也。開弓為引。故從弓矢會意。後以丨易矢。王筠曰。矢部矤知矣三字以形附。其為引申太遠矣。此上已言從矢。下復云從矢取詞之所之如矢也。蓋後人箋記之詞以為矤知矣三字總説。徐灝曰。矤從矢從引。其本義蓋為引弓。今為語詞所專。而本義失矣。從矢取詞之所之如矢也十字疑後人所增。倫按詞也校者加之。或涉下文知字説解而譌演。爾雅釋言。矧。況也。玉篇亦止訓況也。然況也亦非本義。比況之詞無本字。矤音審紐。況音曉紐。皆摩擦次清音。故古書或為矧。或為況。以音而論。引音喻紐四等。矤音審紐。皆摩擦次清音。矧固得以引為聲。然矢音亦審紐也。倫疑矧為引之初文。矢乃夫之譌字。甲文有□□。殷弔尊之□。皆即此字。實射之異文。又或引從弓從□。□譌為丨。引即此字。乃□之異形。聲變耳。字蓋出字

林。【說文解字六書疏證卷十】

◉朱歧祥　从弓矢，隸作矤。⊘卜辭用為祭祀地名。甲文僅一見。

《寧1・231》即于仲姓。

即，就食也。姓，乃殷婦姓。仲姓，即姓族次女，屬殷祭祀對象；當為殷先王妃妾。【殷墟甲骨文字通釋稿】

◉戴家祥　陳純釜　字吳大澂釋發。說文古籀補卷十二第十葉。按說文發「从弓，癹聲。」此从矤、从帶省，不从癶。字當釋矤。玉篇二五七矤，同矧。聲讀同引。地官小宰「屬其六引」，鄭衆曰「六，引，謂引喪車索也」。荀子王霸篇「緜緜常以結引馳外為務。」楊倞注「引，讀為靷。」說文「靷，引軸也。」字亦作紖。廣雅釋器「紖，索也。」禮記祭統「君執紖」，鄭玄注「紖，所以牽牲也。」說文「紖，牛系也。从糸，引聲，讀若矤。」由是而知引之本義為引弓，引伸之凡一切牽引之具皆可名引。孳乳增益則為靷為紖為䉤，靷、紖、䉤皆一語之加旁字也。釜銘「平䉤敕成」，䉤當訓況。方言六「矤、呂，長也。東齊曰矤，宋魯曰呂。」說文「矤，況也。」段玉裁訓況為兹，有增益之義。言陳氏之釜在當日商品計量中或平或益，有其制約作用。「敕成」者，約成也。穀梁傳宣公四年云「平者，成也。」【金文大字典上】

知　金文作智　中山王譽壺　余知其忠誨施　智字重見【金文編】

知　日乙四六【睡虎地秦簡文字編】

古孝經　古老子　王存乂切韻【古文四聲韻】

◉許　慎　知詞也。从口。从矢。陟离切。【說文解字卷五】

◉林義光　說文云。知詞也，从口矢。朱氏駿聲云。識也。憭于心，故疾于口。【文源卷十】

◉馬叙倫　鈕樹玉曰。韻會引從口矢聲。段玉裁曰。詞也上當有識字。白部。㬹。識詞也。知㬹義同。翟云升曰。韻會引作從口矢聲。是。當入口部。倫按鍇本挩聲字。鉉本則校者謬改矣。餘見㬹下。當自為部以統矣字。字見急就篇。顔師古本作智。【說文解字六書疏證卷十】

◉銀雀山漢墓竹簡整理小組　知衆……　十一家本此句作「識衆寡之用者勝」。《通典》卷一五〇、《御覽》卷三二二引此，「識」皆

作「知」，與簡本合。杜牧注：「先知敵之衆寡，然後起兵以應之。」疑杜所據本「識」亦作「知」。【銀雀山漢墓竹簡〔壹〕】

◉柯昌濟　𣏟𣏟　[glyph]　𣏟、𣏟、𣏟當為一字異文，字从子从大从册或从口，疑為知字古文，𣏟即知字異文，而加册為繁文。舊知當即舊日所知之祭禮制度而言。【殷墟卜辭綜述例證考釋　古文字研究十六輯】

矣

[glyph]矣　中山王䀲鼎　閈於天下之勿矣【金文編】

[glyph]矣　日甲六八背　五十一例　[glyph]封八四　六例　[glyph]法一六一　四例【睡虎地秦簡文字編】

[glyph]郎邪刻石　因明白矣　[glyph]泰山刻石　因明白矣【石刻篆文編】

[glyph]古孝經　[glyph]同上　[glyph]汗簡【古文四聲韻】

◉許　慎　[glyph]語已詞也。从矢。㠯聲。于已切。【説文解字卷五】

◉馬叙倫　鈕樹玉曰。宋本㠯作以。㠯聲作以聲。徐灝曰。此當從㠯矢聲。倫按從知省㠯聲。㠯已一字。已音邪紐。故矣音入喻紐三等。皆摩擦次濁音也。此與䂞從于得聲同矣。為知之轉注字。當入知部。知否即今人應人語曰是非之是非本字。古音知與是同。是音禪紐。禪與喻三同為摩擦次濁音。故知轉注為矣。矣從㠯得聲。㠯音喻紐四等。知從矢得聲。矢音審紐三等。審與喻四同為摩擦次清音。故知亦得轉注為矣。甲文有[glyph]。疑即矣字。【説文解字六書疏證卷十】

◉何琳儀　本銘「閈於天下之勿矣」猶「堪任天下之事」。

矣，原篆作[glyph]，其上所从似「丩」，最易引起疑竇。檢《侯馬盟書》「以事其主」的「㠯」有三種形體：

[glyph]1:62　[glyph]1:65　[glyph]1:29

㠯與台為古今字。例可通用。（兵器文冶作[glyph]亦可參。）本銘[glyph]與[glyph]筆劃吻合，非㠯字而莫屬。其變異的原因，可從[glyph]（《十鐘山房印舉》1·2）演變為[glyph]（平安君鼎）中得到啟示。（《戰國時代的㪷和秦漢時代的半》，載《文史》八輯P4。）顯然[glyph]即[glyph]，既可讀司，也可讀㠯。（司，邪紐之部；㠯，喻紐四等之部；古均讀定紐之部。）另外，《汗簡》引王存乂切韻「治」作[glyph]，也與此屬同類現象。總之，本銘矣並非从丩，[glyph]乃㠯之變體。矣以其得聲，毋庸置疑。【中山王器考釋拾遺　史學集刊一九八四年第三期】

◉徐鉉 短人也。从矢。委聲。烏蟹切。

【説文解字卷五新附】

甲四九四 甲五五一 甲五八五 甲一六一一 甲一九一二 甲二八〇七 乙一九〇六反 前一・三四・五 前一・三四・七 前二・一二・三 後一・三・六 後一・六・七 存三一〇 林二・二五・六 掇一・四六二 粹一六二 京津三九一七 佚二五九 佚九三七 珠三九三 京都一八二八 京津五七六 或省口 京津七九一 高妣 前六一・六 乙二二七五 地名 乙三〇七一 甲二三一一

【續甲骨文編】

甲494 551 585 1611 1912 2132 2311 2806 2807 乙1269 1495 1906 2533 2626 2640 2743 3071 3429 3435 5319 5462 5942 6746 7144 7431 7572 8029 珠1 193 393 659 佚169 342 645 937 續1・17・4 1・39・5 1・39・8 續3・27・5 3・31・10 續4・16・3 4・30・3 6・9・1 掇407 417 455 456 461 462 550 徵3・217 8・113 10・106 凡4・4 6・3 9・1 京4・5・3 續存200 粹657

【續甲骨文編】

高亢簋 父丁罍 高觶 毓且丁卣 方彝 師高簋 弔高父匜 𤼈鐘 秦公簋

高卣 𩰫盤 駒父盨 不𡢁簋 陳侯因𬶍錞 高密戈 鄂君啟車節 【金文編】

5・85 咸高里憙 3・408 高閆豆里匋者 3・417 高闞口 3・812 同上 5・86 咸高里昌 5・436 獨字 5・305 左司高瓦 秦540 同上 秦461 獨字 秦541 左司高瓦 秦1258 高陽工☐ 秦368 咸陽高櫟陽重臨晉☐安邑☐ 9・106 十六年㮚工市比高☐ 【古陶文字徵】

〔一九〕 〔七〕 〔一〕 〔三六〕 〔三九〕 〔一〕 〔一一〕 〔三七〕 〔一一〕 〔一〕 〔四〕 〔一〕 〔四二〕 〔五〇〕 〔三六〕 〔三六〕 〔一九〕 〔三七〕 〔七〕 〔三六〕 〔六二〕 〔一九〕 〔一六〕 〔五四〕 〔一〕 〔七〕 〔六二〕 〔三一〕 〔五〇〕 〔一九〕 〔六八〕 〔六八〕 〔六二〕 〔六六〕 〔二〇〕 〔七一〕 〔三六〕 〔六二〕 〔六二〕 〔二五〕 〔二〇〕 〔一一〕 〔三六〕 〔三九〕 〔一八〕 【先秦貨幣文編】

布方 高都 晉襄 布空大 豫孟 布方 高都 晉高 布空大 豫孟 布方 高都 晉高 布方 高都 晉祁 布方 高都 晉高 仝上 晉祁 仝上 晉高 布方 高都 冀灵 仝上 晉祁 仝上 布方 高都 冀靈 布尖 成高 晉朔 按或為啻字省 布空大 典七八二 仝上 典七八三 布方 高都 典二〇三 布方 高都 典二〇四 仝上 典二〇五 仝上 典二〇六 布方 高都 典二〇七 仝上 典二〇八 仝上 典二〇九 布方 高都 亞四・四六 仝上 布空大 亞二・九一 布空大 亞二・九一 布空小 典七九五 【古幣文編】

241 【包山楚簡文字編】

高 秦五一 二十九例 秦 一九五 【睡虎地秦簡文字編】

1100 1104 1121 1119 1120 1098 1099 1109 1106 1126 1101

1114 1117 1124 1111 1125 1132 1105 1107 1108 1138 1144

1123 1131 1130 1139 1110 1103 1134 1113 1112 1116 1129

1146 1133 1137 0311 1128 1143 1148 1147 1149 【古璽文編】

高柳塞尉 陶高 齊高私印 高鮪之印信 高堂翁叔 高徐何 高椁 高堂護 高廣私印 韓高私印 高未央 高廣 周高 【漢印文字徵】

祀三公山碑 工宋高 楊著碑額 石經無逸 及高宗 昌陽刻石 【石刻篆文編】

高 【汗簡】

古孝經 汗簡 王惟恭黄庭經 崔希裕纂古 【古文四聲韻】

◉許 慎 高崇也。象臺觀高之形。从冂口。與倉舍同意。凡高之屬皆从高。古牢切。【説文解字卷五】

◉林義光 古作不嬰敦。象臺觀高形。象物在其下。象物形。見品器合各條。【文源卷四】

◉郭沫若 遠祖謂之高祖。

叔夷鐘「夷典其先舊及其高祖，虩虩成唐，有嚴在帝所。専受天命，剫伐頣夏司，敗氒靈師，伊少臣隹輔，咸有九州，處禹之堵都。」

此鐘乃齊靈公時器，銘中已明言之。成唐即成湯，叔夷乃春秋中葉人，而稱成湯為其高祖，可知高祖即遠祖之謂。卜辭有高祖夒。此字王國維初釋夋，後改釋為夒，謂即帝嚳。高祖王亥、高祖乙即大乙，詳見觀堂集林九「卜辭中所見先公先王考」及「續考」均稱其先公先王為高祖，與此鐘合。釋親「曾祖王父之考為高祖王父，曾祖王父之妣為高祖王母」，亦非古語。【周彝中之傳統思想考　金文叢考】

◉馬叙倫　鈕樹玉曰。韻會引象上有∧字。口作○。孔廣居曰。象樓臺層疊形。∧象上屋。冂象下屋。口象上下層之户牖也。況祥麟曰。高之口象臺門。倉之口象户牖。舍之口象地基。未見其同意。倫按甲文高字作高高高。金文高作父癸敢作高。父丁壘作高。秦公敢作高。唯高陽幣作高。與此同。倫謂本作高。象形。高為樓閣之本字。蓋樓為重屋。故借以為高下之高。樓從婁得聲。婁從貴得聲。詳婁字下。高貴音同見紐。國策秦策。張子必高子。呂氏春秋離俗。天下愈高之。注。高。貴也。本書。轈。兵車高如巢以望敵也。轈實車之有樓者。即左宣十五年傳登諸樓車之樓車。服虔注。樓車。所以窺望敵軍。兵法所謂雲梯也。巢高聲同宵類。蓋語原同矣。轉注字作廔。故古今皆借樓為廔矣。崇也非本義。亦非本訓。許蓋作觀也。故呂忱或校者改象形為象臺觀高之形。其實臺樓不同形。而左傳之京觀即亭高。亦即亭閣。實為亭樓。觀閣皆以音同見紐假借。閣從各得聲。而各實為來往之來本字。故路字從之得聲。音入來紐。樓音亦來紐。亦可證高為樓閣之樓本字矣。字見急就篇。餘詳京下。【説文解字六書疏證卷十】

◉楊樹達　太平御覽八十三引古本紀年云：「小甲高即位，居亳。」今本紀年云：「小甲名高。」按殷虚文字甲編伍伍壹片云：「△申，其㚔于高，尞牛？」又柒捌伍片云：「乙卯，卜，貞，㚔禾于高，尞九牛？」……以上諸辭之高，皆小甲也。【竹書紀年所見殷王名疏證　積微居甲文説卷下】

◉陳夢家　前二·一二·三：此是才高貞王田衣，則高衣必相近。左傳宣十二年「晉師在敖鄗之間」，杜注云「敖鄗二山在滎陽縣西北」，今滎澤縣境，大河在其西北。【殷虚卜辭綜述】

◉饒宗頤　「丙寅卜，狄貞：其高……至麥，王受又。」（屯甲一六一二）高當為地名，疑即晚期之「蒿」。鹿頭刻辭云：「戊戌，王蒿田……。文武丁祈……，王來征……」（屯甲三九四〇）穀梁桓十五年：「公會齊侯于蒿」，公羊作鄗，乃齊地，與麥丘相近。【殷代貞卜人物通考】

◉屈萬里　高。地名。其地有河宗。蓋殷人心目中靈聖之地也。胡厚宣謂「高讀為嵩。即中嶽嵩山。」商史論叢二集。卜辭中所見之殷代農業。按。謂高讀為嵩非是。高究為何地待考。【殷墟文字甲編考釋】

◉嚴一萍　高高　古璽「高馬宣璽」之「高」作高，與繒書同。繒書之各作各，差異甚微，諸家釋「吝」。

高 商氏釋各，餘皆釋吝，案仍當是高字。【楚繒書新考 中國文字第二十六册】

◉張日昇 說文云。「高。崇也。象臺觀高之形。从冂口。與倉舍同意。」李孝定謂栔文从口作。似以篆體為長。古文从口作者。不限于口舌字。其義或為笑或為圍。甲骨文字集釋頁一八一八。倉舍字本不从口。許君以高象臺觀。與倉舍並為建築物。而屋舍又皆圍地而成。故有从口之說。孔廣居說文疑疑云。「高象樓臺層疊形。∧象上屋。冂象下屋。口象上下層之户牖。」若高京兩字互較。字形甚為接近。京字只有上屋。下从冂。乃構木為臺。臺下有柱。並無下屋。京有高大義。與高字同。疑高實从京省口聲。古音高在宵部。口在矦部。宵矦聲近通轉。【金文詁林卷七】

◉考古所 高𩵢：京都一八二八有「高𩵢☐罘卯弜」之辭，故知高應為高，當為高之異體，也可能是契刻時筆誤。【小屯南地甲骨】

◉王獻唐 古代亭形建築，由構木而起，取其高聳，所以避水濕惡物，據而推釋高字本體，即為亭形建築之一，若音與義亦都與相應。契文字作高作高作高，金文作高 高作父癸敦 作高父丁罍，制體相仍。上从亯下从口，口為後加，初文祗作亯。△象屋頂，下象壁，如今所畫正面尖頂屋形。再下為冂，左右二直，即支亭兩柱，上覆横畫，又中間之層隔也。形或作亯，頂下壁間，横加二畫，則象窗牖。亦或省作一畫，與不作窗牖者成繁簡數體，得相通用。至屋頂△形變作▲者，則一實一虚，亦可隨意書寫也。今製亭于屋頂之下，即支四柱，此則于上更作一層，别象亭樓，形義極顯。字祇象其正面，若改作立體圖之，則為高高諸狀，尤易省識。建作方形或長方形，本可不拘，覩于中國沿江居民架屋諸制，即可想象先民居處情形。所以構木突起者，本取其高，高為驚嘆發聲。人見巍然高崇者，不期嗷然，發為蒿聲，迄今猶然。其巍然高崇者，初本無名，以發聲表象，即不期以發聲為代。彼此相習相喻，一發其聲，即知其義。久而發聲，遂演為巍然高崇者之形容詞。發聲初為深喉音，若盍夭切，後由深喉演為淺喉，即成高音矣。先民初就喬木巢居，巢居本無名稱，以翹然高起，而形容其制，呼之為高。後構木為巢，仍以其高，沿呼為高。繼演為亭樓建築，復以其高，沿呼為高，高遂為此亭樓之名。迨後造字，即依亭樓之形象，而作亯，並讀為高。此亯之形音所由起也。初由發聲之驚嘆詞演為形容詞，繼由形容詞演為名詞。先後歷歷可見。故高之初文，當祇作亯，訓為亭樓。許云象臺觀高之形，正與相應。殆舊傳古義，歷變而尚存跡象者也。【曹魏平樂亭侯印考 那羅延稽古文字】

◉姚孝遂 《屯南》二三八四：「庚辰貞，其陟……高且匣兹……」。「高祖匣」為前所未見。

卜辭對於先祖明確稱之為「高祖」的，僅有「高祖夔」和「高祖王亥」（或「高祖亥」）。這是學術界公認的，没有疑義。

《摭續》二：「辛未貞，𠦪禾高祖河，於辛巳酌朿」。

陳夢家先生根據同版尚有：

「辛未貞，其𠦪禾于高且。」

「辛未貞𠦪禾于岳。」

「辛未貞于河𠦪禾。」

「辛未貞，𠦪禾于高且，尞五十牛。」

此外，《明續》四五三尚有：

「癸丑貞，𢀛𠦪禾于河。」

「癸(丑)貞，𢀛(𠦪)禾(于)高且。」

陳先生認為：「凡此諸例，似乎高且與河岳總是對立的，亦即是高祖不包括河、岳等。如此則卜辭的高且河應該讀為高且、河」(《綜述》三四三頁)。

陳先生當時為資料所限，疑不能決。現在有了新的資料，可以證明這一考慮是正確的。《屯南》九一六：「辛未貞，𠦪禾於高眔河。」辭句完整，字跡清晰，不會引起誤解。此一辭例也屬初見。

卜辭「高」有三種不同的用法。

一為地名，如：

《前》二・三二・七：「王田高，往來亡災。」

《前》二・一二・三：「戊寅卜，在高貞，王田衣，逐亡災。」

另一種則為「高祖」：

《甲》七八五：「乙卯卜貞，𠦪禾于高，朿九牛。」

《甲》五八五：「……𠦪高，王受……」

第三種用法則如常見之「高且乙」、「高匕」等，「高」與「毓」(后)是相對的。

「高祖」省稱為「高」，卜辭所習見。《屯南》九一六之「高眔河」即「高祖眔河」，這乃是「高祖」與「河」並言，「河」不是「高祖」的最強有力的證明。

「高祖匣」也應當是「高祖」和「匣」。卜辭經常是「高祖」與「匣」並言：

《明續》四七〇：庚寅貞，其先高祖，朿于匣三牛。」

《綴》一三：「辛未卜，高且桒，其卯匣。」

據此，「匣」顯然不能稱為「高祖」。然則「高祖匣」應讀作「高祖、匣」，與「高祖、河」同。【讀小屯南地甲骨劄記　古文字研究第十二輯】

◉黄錫全　甲骨文高作高、高等，釋高毫無疑問，唯對其構形則異説紛紜。我們認為，高从亯省，口聲。高屬見母宵部，口屬溪母侯部，二字雙聲，韻可旁轉。如《詩・小雅・皇皇者華》：「我馬維駒」。《釋文》「駒本亦作驕」。駒屬見母侯部，驕屬見母宵部。《古文四聲韻》録崔希裕《纂古》高作高，從上舉之亼，尤具初形。《説文》以為亯是从高省，是顛倒了二者的關係。高、高應是亯(亯)省，《甲骨文編》應將其列入亯字條下。【甲骨文字釋叢　考古與文物一九九二年第六期】

◉徐中舒　高人二三六七　象高地穴居之形。冂為高地，口為穴居之室，亼為上覆遮蓋物以供出入之階梯。殷代早期皆為穴居，已為考古發掘所證明。甲骨文亳、京、亯、𩫏、復、良、丘等字皆與穴居有關。參見上舉各字説解。《説文》：「高，崇也。象臺觀高之形。从冂口，與倉舍同意。」《説文》所釋，已失初義。蓋高之得義，乃由穴居之高引申，非由後世之臺觀得義也。【甲骨文字典卷五】

◉許　慎　高小堂也。从高省。冋聲。去潁切。廎高或从广。頃聲。【説文解字卷五】

◉馬叙倫　從高而訓小堂不可通。蓋非本訓。小堂或臺之譌。然亦非本訓。臺蓋從京堂聲。為京之轉注字。京亭一字。亭堂雙聲也。古文經傳借臺為堂耳。此京之轉注字。從京。冋聲。聲同耕類。

廎　鈕樹玉曰。玉篇廣韻無。宋保曰。冋頃同部聲相近。倫按冋頃同舌根破裂音。又聲同耕類。轉注字也。【説文解字六書疏證卷十】

亭

3·1108 獨字 3·687 菑亭 3·688 臨菑亭久 4·159 邯亭 4·168 易亭 5·1 咸亭當柳恚器

5·3 咸亭右里道器 5·6 咸亭完里丹器 5·7 咸亭鄘里絭器 5·9 咸亭□里禄器 5·13 咸亭陽安吉器

5·18 咸亭沙里槃器 5·306 犛亭 5·307 同上 5·308 杜亭 5·309 雋亭 5·310 美亭

5·311 同上 5·315 亭久 5·316 同上 5·434 獨字 5·435 獨字 5·295 雲亭

秦1306 犬亭 7·2 降亭 8·1 安陸市亭 【古陶文字徵】

亭 效五二 二例 封二一 三例 【睡虎地秦簡文字編】

都亭家丞 召亭之印 脩故亭印 平都亭侯 常樂亭侯 景亭 曹亭耳 亭家 【漢印文字徵】

魯王墓石人題字 【石刻篆文編】

亭 亭 【汗簡】

義雲章 竝崔希裕纂古 【古文四聲韻】

●許　慎 亭民所安定也。亭有樓。从高省。丁聲。特丁切。 【說文解字卷五】

●吳大澂 古亭字。空首幣。 【說文古籀補第五】

●孫詒讓 「癸卯卜兄貝我□」。九十三之四。「」當即亭字。 【契文舉例】

●郭沫若 當是亭字之異。从高省，丁聲。舊釋為佘，非是。 【陳純釜 兩周金文辭大系考釋】

●馬叙倫 經典無亭字。亭蓋京之異文而譌者也。或其轉注字。民所安定也者。本訓定也。吕忱加此文。亭有樓似校語。文選謝靈運初去郡詩引倉頡。亭。定也。字見急就篇。餘詳京下。古匋作。 【說文解字六書疏證卷十】

◉馬叙倫　父辛盤

倫按舊釋□陝中□。孫詒讓曰。首字似京。又似亭。吳榮光釋寧。吳云。陝見玉篇。云。地名。中下一字亦是反文。略似勤字。倫檢説文有京有亭。然經傳有京無亭。甲文京字作京京京。金文静敢作京。師酉敢作京。殊與今之亭形相似。蓋京即亭也。子𩫖鼎之𩫖。散盤之𩫖。大克鼎之𩫖。甲文之𩫖。或為高字。或為亭之異文。非從亯用之亯。即亭之異形。散盤𩫖中之◯者。亭之圓平面形。下復有樓故作[形]。[形]其最下層也。蓋亭有樓。漢制郵置有亭。客亦就宿郵亭。若如今之街亭無樓者。但可避雨。不能止宿。亭有至三層者。故義為絶高。而因謂丘之絶高者曰京。故爾雅釋丘曰。絶高謂之京。左傳之京觀即亭館也。此非亭字。疑仍是亯字。或作器者之族徽。但未詳其義。【讀金器刻詞卷下】

◉楊向奎　甲骨文中有𩫖字。多作地名。王國維先生説：「𩫖籀文就字從此作。三體石經《春秋》京作𩫖，疑𩫖亦京字。」《王國維先生遺書》，十六册，《克鼎銘考釋》。葉玉森、陳邦福兩先生均以為京字，郭沫若先生亦從王説。《卜辭通纂》考釋，第六七二頁。其實在甲骨文中别有京字作京、京、京等體，已經隸定無誤，不得更釋𩫖為京。今按：𩫖應隸定為亭，《説文》：「亭，民所安定也，亭有樓，從高省丁聲。」言簡意賅，而云「亭，民所安定也」可以窺見原始「亭」的性質，它屬於保衛系統的建築物，故民得以安定；亭有樓，𩫖下半從京、上半從亯，即在高丘上築樓。《説文》：「亯，獻也，從高省，曰象進孰物形。」亯本象樓，許以為「象進孰物形」，殊不類，吳大澂以為象宗廟形，與許説可以互相印證，亯獻多於宗廟，其義不遠。京，《説文》：「人所為絶高丘也，從高省，象高形。」甲骨文中從高字，大多可以和城防結構相聯繫，由此可以説明先秦時代的「郵表畷」制度及秦漢以來亭燧制度的起源。其詳可參考拙著《論郵表畷與街彈》一文。

京為高丘，在高丘上築樓為𩫖，即亭；今傳甲骨文有京而隸定無亭。孫詒讓在《契文舉例》中有京有亭，亭只一例，《契文舉例》（下），第二九頁。後來亦併入京字，金文中亦隸定有京無亭，既然無亭，正可以𩫖字補足之。京為高丘，亯為高樓，在高丘上建高樓，正為亭制。那麽無論在形在義等方面，𩫖隸定為亭都無問題，在音的方面，我們也有證據説明𩫖之為亭。

在銅器《叔向𣪘》中有：

用黼㒿奠保我邦我家。

等句，其中「黼㒿」兩字並見於《番生𣪘》、《毛公鼎》等器。郭沫若先生曾經考釋云：

黼㒿……乃聯綿字，黼即緟，㒿乃古貌字，□象形，豹聲，豹貌同紐，幽宵音亦相近。緟貌即是綢繆，古從周聲之字多與東部字為韻，參看段氏《六書音韻表》四、第九部調字注。故緟綢可通。貌繆雙聲，且近疊韻。又兩均聯綿字，其為古今字無疑。《兩周金文辭大系圖録考釋》七·一三二頁。這樣解釋聯貫上下文，可以通曉，但在有些銅器中，類似「黼㒿」兩個聯綿字的用法，不作「黼㒿」，而作「黼䵾」，比如《師嫠𣪘》中有云：

今余隹黼䵾乃令(命)，命女(汝)嗣乃且(祖)舊官小輔眔鼓鐘。《兩周金文辭大系圖録考釋》七·一四九頁。

又《鄭鼎》有云：

王曰「鄭，□先王既命女(汝)乍邑，㪅五邑祝，今余隹黼䵾乃命，易(錫)女(汝)赤市，冋㬴黄，䜌旂，用事。《兩周金文辭大系圖録考釋》七·一五四頁。

以上「綢繆」，改為「黼䵾」或「黼䵾」，這不能解作「綢繆」，因為「䵾」或「䵾」都不能解作「繆」，而因「䵾」之可以作「䵾」，更不能釋「䵾」為京。京是高丘，從高省，高與高丘含義不殊，所以無論是「䵾」「䵾」都應當隸定為「亭」，不能是「京」，而且也不是「繆」，「黼」字於此亦不能解作「綢」，因為「綢亭」或「綢京」都無意義可言，「黼䵾」也是聯綿字，那麼它應解作什麼？《牧𣪘》中有云：

。《兩周金文辭大系圖録考釋》二·五九頁。

以上「□□」兩字即「黼䵾」之或體。「□」從「□」從「□」，「□」為「言」字。甲骨文有言字作□、□、□等形，金文言作□，《説文》言，「□，……從口平聲」。是以「□」乃省「口」之言，其字與卜辭言之從□從□相同。「□」即周，那麼「□」可以隸定為「調」，因為從「周」得聲字多與「東」部字為韻，故「調」字可以通「緟」，但在此應為「調亭」而不是「綢亭」。「亭」為聯綿字，至此，「䵾」字之必須隸定為「亭」，在音的方面、義的方面、形的方面均無問題。以此上引《牧𣪘》原文，可以隸定為：

今余隹調停乃命，錫汝𩰫鬯一卣。

當時對於「天命」(大命)用「綢繆」，對「乃命」用「調停」，「天命」與「乃命」不同，而「綢繆」亦與「調停」有別。【釋「□」　甲骨文與殷商史第三輯】

◉黄錫全　□亭　《説文》高字或體作□，从广，頃聲。此□乃□寫誤，夏韻青韻録作□。宀與广旁可通作，如廣字或作□(士父鐘)、廟字或作□(廟孱鼎)等。鄭珍認為「亭字乃高之誤」。【汗簡注釋卷三】

◉李先登 亳字，在田齊陶文中所見甚多，疑為亭字，古璽有「陳窒立事歲安邑亭𠂤」，係里下制陶單位。【天津師院圖書館藏陶文選釋 天津師院學報一九九一年第五期】

◉尹黎雲 如果初文後世不傳，初文增聲字的面貌往往不甚明朗。例如亭字，許慎認為「从高省，丁聲」，而同樣「从高省」的亳、京，甲骨文均無从高不省的形體，同時這種「从高省」的形體在甲骨文居然獨立成字（只是許多人誤釋為京）。通過字源系列考察，不難發現，這個「从高省」的形體與亭的意義完全相合，可見亭是個初文增聲字。其初文就是把丁去掉。【字源説 中國人民大學學報一九九二年第五期】

◉戴家祥 説文五篇「亭，民所安定也。亭有樓，从高省，丁聲。」按金文亭作 陳純釜，从𠆢丁聲，象形兼形聲。但未必有樓，與歷史上的亭子建築相符。【金文大字典下】

甲一六四〇 亳土即亳社　前二·二·四　前二·二·五　後一·六·四　後一·九·一九

京津三九五〇　存七四四　掇二·五九　明藏五六七　明藏七七五　粹二〇 于亳上𢆶　粹二一

亳土吏小牢　粹二三　無想四〇　佚九二八　金五八四 正人方在亳【甲骨文編】

甲1640　佚928　粹20　21　22　新3951　摭續189【續甲骨文編】

亳 亳父乙鼎　乙亳觚　亳鼎【金文編】

3·6 華門陳棱𠫭左里敀亳豆　3·47 陳華句莫廩敀亳釜　3·12 王孫陳棱再左里敀亳區　3·27 昌櫅陳𡈼南左里敀亳區　3·8 □□陳□𠫭左里敀亳豆　3·57 □□□北左□敀亳□　3·61 東古棱之圖里人亳　3·35 誾陳齎

𠫭立事左里敀亳豆　3·38 昌櫅陳𡈼北左里敀亳豆　3·14 陳棱左敀亳區　3·2 陳閿立事歲安邑亳釜　6·120 儈

亳　6·123 十一年以銮亳　6·142 獨字　6·129 同上　6·133 獨字　6·122 羌亳　6·121 佰

亳 [glyph]6·127 獨字 [glyph]6·137 同上 【古陶文字徵】

[glyph]〔六八〕[glyph]〔六八〕[glyph]〔三六〕[glyph]〔一〕[glyph]〔三二〕[glyph]〔六二〕[glyph]〔三六〕[glyph]〔五〇〕[glyph]〔一九〕[glyph]〔七〕[glyph]〔六九〕【先秦貨幣文編】

[glyph] 亳 日甲一四九背 【睡虎地秦簡文字編】

◉許 慎 [glyph]京兆杜陵亭也。从高省。乇聲。旁各切。【説文解字卷五】

◉吳大澂 [glyph]古亳字。从京从止。邦畿千里。惟民所止。此商湯建都之地也。小篆从乇。失古義。乙亳觚。【説文古籀補第五】

◉羅振玉 説文解字。亳。从高省。乇聲。乙亳鼎作[glyph]。父乙方鼎作[glyph]。吳中丞謂是从止。案宅字卜辭亦作[glyph]。晉邦盦作[glyph]。仍从乇。乇聲殆不誤。非从止也。从[glyph]者。殆亳之異體。【增訂殷虚書契考釋】

◉林義光 説文云。[glyph]。京兆杜陵亭也。从高省。乇聲。按亳與乇不同音。亳字當為殷湯所居邑名而製。其本義不當為亭名也。从京宅省。京宅互體而省。猶罷熊合為羆。[glyph]宮合為營也。【文源卷十】

◉馬叙倫 王筠曰。亭名者。乃與高字形義有合。顧商時無所謂亭。而有三亳。將何所從哉。此古義失傳。而許君遷就其説耳。錢桂森曰。類篇引有一曰湯都也。倫按京兆杜陵亭必非本義。亦非本訓。倫謂此宅之異文耳。王筠謂湯都亳。古書多作薄。亳蓋秦漢間字。然甲文有[glyph][glyph][glyph]。亳鼎作[glyph]。【説文解字六書疏證卷十】

◉陳夢家 卜辭有亳社和亳，地名之亳僅數見於乙辛征人方卜辭中：「壬寅王卜在商貞今日步于亳，亡巛；甲寅王卜才亳貞今日步于唯，亡巛。」上九·一二。「癸丑王卜貞旬亡禍，才十月又一，王正人方，才亳。」金五八四。「癸丑卜囗亳貞囗今夕亡禍。」前二·二·五。征人方是自北往南行，亳在商之南而商即商丘，則亳之地望可以推知。王國維説亳（觀堂一二：二——三）列三事以證亳為漢書地理志山陽郡之薄縣，今曹縣南二十餘里。今地之曹、商丘、亳三縣雖分屬於山東、河南、安徽三省，但南北相望成一直線，商丘北距曹縣約五十公里，南距亳縣約六十公里。

古書所載有三亳之説。殷本紀正義引「括地志云宋州穀熟縣西南三十五里南亳故城，即南亳，湯都也；宋州北五十里大蒙城為景亳，湯所盟地，因景山為名；河南偃師為西亳，帝嚳及湯所都，盤庚亦徙都之」。立政正義引「皇甫謐則云三處之地皆名亳，蒙為北亳，穀熟為南亳，偃師為西亳」。

南北二亳雖同在宋州、梁國範圍之內，相距百里之遥，恐不是一地。在大蒙城者，當漢之薄縣：左傳莊十二「宋萬弑閔公於蒙澤……公子御説奔亳」，杜注云「亳，宋邑，蒙縣西北有亳城」；又哀十二「景公曰不可，薄，宗邑也」；汳水注「汳水又逕大蒙城北，自古不聞有二蒙，疑即蒙亳也，所謂景亳為北亳矣。」在穀熟者，當漢之睢陽縣之西南：睢水注「睢水又東逕高鄉亭北，又東逕亳城北南亳也，即湯所都矣，睢水又逕睢陽縣故城南」。淮水注「又逕亳城北，帝王世紀曰穀熟為南亳，即湯都也」。

根據征人方的路程，卜辭之亳應在古商丘之南，可能在今穀熟集的西南方，地名高辛集或與湯從先王居之傳説有關（參看考古式：八六插圖）。

宋州、宋城縣、睢陽縣皆在今商丘縣。但此城屢因水患遷移，根據縣志自宋開寶四年至清康熙四十年（九七一——一六九九年）河決大水凡十七次。古之商丘或在今城之北。根據《睢水注》南亳當在睢水之南而睢陽在睢水之北，南亳在睢陽之西南。今之勒馬集和高辛集在今商丘縣西南洪河西岸，南亳故址當在此附近求之。【殷墟卜辭綜述】

◉丁　山　亳字，象草生臺觀之下形，當然是堡字本字。堡，古文作保。左氏襄公八年傳「焚我郊保」，晉語「抑為保障乎」，禮記檀弓「遇負杖入保者息」，月令「季夏之月，四鄙入保」，這些保字，舊多釋「小城也」，亯字，正象小城之上篝有臺觀，所以保障人物安全的。然則，湯之居亳，殆即城主政治的開端，也是殷商文化劃時代的標準。學者必欲探尋成湯的故居，由「韋顧既伐，昆吾夏桀」兩句詩的方位測之，疑即春秋時代齊國的博縣。此博位于豕韋，有扈，昆吾之東，所以欲滅定居洛陽附近的夏后氏，必先滅此三國。

亳，到了商代末年，已成為專名，如卜辭云：

□亥卜……亳……〇夢邙亳于叚鼎。（後上六・四）

□□□卜在商貞……于亳，亡災。〇甲寅，王卜，在亳貞，今日……唯，亡災。（後上九・十九）

癸亥卜……貞其……亳……必。在七月，□□又。王……（前・二・二・四）

癸丑……亳□今夕……（前二・二・五）

王先在商卜，後在亳卜，可見商之與亳，時已分為兩地。這是否如王國維的考定，商即商邱，亳即蒙亳？余不敢言。因為商虛，我在上文已論定在小屯，這個亳，可能仍指泰山郡的博縣。在盤庚遷殷以前，商人常盤桓於大河以東，除了「龍山文化」可做證明外，尚有若干地緣的根據。【商周史料考證】

◉洪家義　甲骨文中亯（亳）字所从之ナ、㑒字所从之ナ也是一字二音，也是實際語言中雙音綴的反映。ナ、乇應與卜字同源，都是兆紋的象形，也是對灼坼聲的摹擬，在實際語言中應念雙音綴「爆炸」[pauk tsak]。由于前文所説的理由，作為聲符，只能取其一聲，或取其爆[pauk]聲，或取其炸[tsak]聲。如亳、攴取其爆[pauk]聲，宅、吒[tsak]聲是也。關於咤的音讀問題，陸宗達先生説：「説文有吒字，訓噴，形容憤怒爆發，即叱吒風雲之吒。唐韻音陟駕切。今謂物體因内部氣体膨脹而突然破裂曰炸，形容憤怒突發也用炸，實即吒之孳乳。」此論甚確。需要補充的是，吒从乇得聲；形、音、義均來自甲骨文之「卜」。【古文字劄記　文物研究第一期】

◉鄭傑祥　近年來在鄭州地區所發現的戰國亳字陶文，也為我們探討鄭亳所在提供了重要的實物證據。這種陶文出土數量較多，自1956年以來已經發現了三批，而且近來還在不斷有所發現。《鄭州金水河南岸工地發現許多帶字的戰國陶器》，《文物參考資料》一九五六年第三期八五頁。河南省文物队第一队：《鄭州白家莊遺址發掘簡報》，《文物參考資料》一九五六年第四期八頁。出土地點也比較集中，都在今鄭州行政區金水河南岸和白家莊一帶，可見這些帶字陶器應是當地專門手工業作坊所燒造而不是外來品。陶文多為亳字單字，亳字多印在陶豆的豆把上，字體工整，莊重大方，為流行于三晉地區的戰國初期文字無疑。其中一件陶豆上印有「」，我以為當是「丘亳」二字。鄭傑祥：《二里頭文化商榷》，《河南文博通訊》一九七八年第四期九至一四頁。但是，近來有些同志認為「」未必一定就是亳字，也可能是「京」字或「亭」字。石加：《鄭亳説商榷》，《考古》一九八〇年第三期二五五至二五九頁。看來還是釋亳為是。許慎《説文》云：「亳，从高省，乇聲。」證以甲骨、銅器銘文亳字皆與許慎所釋相符，鄭州所出陶文亳字數量甚多，結構一致，也與許慎所釋相符。而亭字，許慎《説文》云：「从高省，丁聲」，京字，《説文》又云：「从高省，丨象高形」，證以甲骨、金文所見亭、京二字結構，絶大多數與《説文》所釋相合。由此可見古亳、亭、京三字結構有重要區别，并不混淆。鄭州所出陶文「」與山東所出陶文相同，當為亳字無疑。亳字單字當是亳丘二字之省文。與此相類，1977年我們在鄭州西南百餘里，今登封縣告成鎮古代陽城遺址中，也發現帶有「陽城」或「陽城倉器」的戰國初期陶文。高成：《春秋戰國時期古陽城遺址的發現》，《光明日報》一九七八年一月二十七日第三版。文字多印在豆盤的中心，字體工整，筆法謹嚴，與鄭州所出同一時期的亳字陶文雖然藝術風格和在陶器上的部位不同，但其作用應該是一樣的。「倉」，有的同志又釋為「食館」合文。但不論是「倉」或是「食館」，都是當時陽城官府的印記。它標明這種用具是屬於官府專用的官營手工業產品，手工業作坊就設在陽城地區。另外，傳世的戰國陶文「郈氏」二字，李學勤：《戰國題銘概述》，《文物》第九期五八至六一頁。無疑也是當時當地官府的印章，出土於今登封告成鎮以西的古郈氏地區。以此類推。我們認為鄭州出土的「亳」和「亳丘」等字陶文也應就是當時官府的印記。這種文字既不是陶工或業主的人名，更不是陶器的器名，而是燒造這種陶器的手工業作坊所在地名的標記。【商湯都亳考　中國史研究一九八〇年第四期】

◉鄭傑祥　殷墟卜辭所記亳地即「亳土」所在地，也有單稱作亳者，兹分别録之如下：

癸丑卜其又亳土……　《甲》1640

……亳土叀小牢　《粹》21

戊子卜其又歲于亳土　《京》3950

……于亳土御　《粹》20

……亳土又雨　《佚》928

土即社，⊘是知亳土也就是亳社。在商人的祭社活動中，以對于亳社的祭祀最為隆重，卜辭中記録商人祭社也以祭祀亳社的活動為最多，且祭祀的方式多種多樣，不一而足。究其原因，應主要在于亳邑為商王朝最早的國都，故都的亳社可能為商國先王成湯所立，從而也是商王朝最早的國社；其後國都雖遷，亳社猶存，亳社在全國諸社中，因此而享有至少與後世國社同樣尊崇的地位。

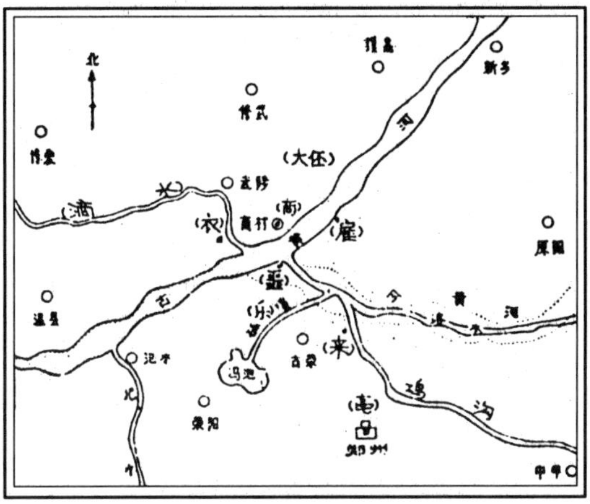

商代亳邑位置示意圖

商代亳社所在的亳邑，卜辭簡稱為亳。辭云：「子漁……亳受黍年」（《粹》877），「……貞乎取亳寧」（《拓本》(一1)），「癸丑王卜貞……在亳」(《金》584)。李學勤先生以為「此亳是卜辭中惟一的亳，它應即大乙所居。漢以下經學家附會『三亳』之名，捏合了若干稱『亳』的地點，是不可靠的。」李學勤：《殷代地理簡論》第二章《帝乙十祀征人方路程》，科學出版社1959年版。按李説甚是，作為地名的亳雖然數見于殷墟卜辭，推其地望，指的應是一個地方，也即商代唯一的亳地；⊘我們這裏着重以卜辭所記與亳地相連的地名來推求亳地地望。卜辭云：

「癸丑王卜在商貞今日步于亳亡災
甲寅王卜在亳貞今日步于鳿亡災」　《甲骨文合集》(以下簡稱《合集》)36567

「癸卯王卜貞旬亡禍在十月又一王正人方在商
癸丑王卜貞旬亡禍在十月又一王正人方在亳
癸亥王卜貞旬亡禍在十月又一王正人方在鳿」　《合集》41753

「……在商貞今日步于亳亡災
……在亳貞今日步于鳿亡災」　《合集》36555

以上三版卜辭所記，均為商王帝乙十祀征人方途經的三個地點。由第一版卜辭可知帝乙從商地出發，用一天的時間到達了亳地，次日又從亳地出發，當天就到達了鳿地，是商、亳、鳿三地相近，而亳地又在商地和鳿地之間。因此，我們欲知亳地所在，就應當首先推定商地地望。

⊘卜辭所記的「王入于商」(《前》二・一三)、「不至玆商」(《文》六八七)、「貞勿歸于商」(《戩》九・一三)、「在商貞」(《後上》九・十二)等商地，顯然是指作為一個具體地點的商邑，而不是指一片廣濶的區域。這個商邑不是王都，也不在商邱，它應在黃河沿岸的今河南武陟縣境。首先從下列卜辭可以作證：

尞于河在商　《粹》41

河即指黃河，黃河是商人常祭的四大河流(河、滴、洹、湡)之一，此條所記在商尞祭黃河，可知商邑必距黃河甚近，當在黃河沿岸。

丙午卜在商貞今日步于樂亡災　《續》三・二八・五

此樂地當即樂氏。⊘

貞商至于來……　《前》二・十一・七

是商邑與來地相近。來地所在，《春秋經・隱公十一年》：「夏，公會鄭伯于時來」，《左氏傳》：「夏，公會鄭伯于郲」，杜預注：

「時來，郲也。滎陽縣東有釐城，鄭地也。」《水經・濟水注》：「濟水又東南逕釐城東，《春秋經》書公會鄭伯于時來，《左傳》所謂釐也。京相璠曰：今滎陽縣東四十里有故釐城也。」《大清一統志・開封府・古迹》：「釐城在滎澤縣東。」清代滎澤縣即漢滎陽縣，也即今鄭州西北的古滎鎮，釐城、時來、郲當即卜辭中的來地，卜辭商地與來地相連，是知二地當相距不遠。

根據以上卜辭所記與商邑相連的地名，我們推知商邑當在今河南滎阳地區的古樂地、來地以及黃河的附近。

⊘綜上所述，我們認為武陟商村應當就是卜辭中所說的商邑。

亳：亳是帝乙十祀征人方所途經的又一個重要地點，它距商邑約有一日路程；我們既已推定商邑應是武陟縣商村，則亳地也當距此不遠。眾所周知，商亳所在迄今説者頗有分歧，我們認為應該就是現已發現的鄭州商城，此説我們以往曾有論述。見《二里頭文化商權》《河南文博通訊》1978年4期。《商湯都亳考》《中國史研究》1980年4期。⊘

鳿：鳿地距亳地約有一日路程，二地相近。鳿即鴻，古字無偏旁，鳿當即鴻字之初文。鴻地當為鴻溝，原是中原地區一條自然水道，經過後世不斷開鑿修整，遂成為一條重要的水道交通網。⊘據此推斷古鴻溝當由今古滎鎮東南流經鄭州北郊，東經中牟、開封，又東南流入淮河，總之，從鄭州亳邑出發東行，一天之內可以到達鴻溝水濱是沒有問題的。至于帝乙此次征人方所經行的鴻地以後的地點，我們將另文考證，在玆從略。

以上我們根據卜辭所記相連的地名討論了亳邑地望，認為鄭州商城應是卜辭所記亳社所在和帝乙十祀征人方的亳邑，也應當就是早商亳都的遺迹。【卜辭所見亳地考　中原文物一九八三年第四期】

◉張松林　鄭州商城區解放以來先後共出土有陶文的器物殘片100餘件，其中有16個單字。這些單字應該同河南登封李先登：《河南登封遺址出土陶文簡釋》《古文字研究》第7輯、河北邯鄲和陝西咸陽等地出土的東周陶文一样，多為地名。

與鄭州商城關係比較密切的陶文是亼氏字。這個字有人釋亳，有人釋京，也有人釋亭。《左傳》襄公十一年：「王正月，作三軍。……鄭公孫舍之帥師侵宋。公會晉侯、宋公、衛侯、曹伯……伐鄭。秋七月己未，同盟于亳城北。」下注：「亳城，鄭地。」而《公羊傳》、《穀梁傳》等則記為京。亳、京兩字，古時寫法字形雖相近，還是能區別的。我們認為以釋亳字較為妥當。至于釋作亭字，作為戰國時期亭字的遺文，與商城地名無關，我們認為與這批陶器年代不符，似難成立。【鄭州商城區域內出土的東周陶文　文物一九八五年第三期】

◉蔡運章　余扶危　亳《尚書・立政》載：「三亳阪尹」。《正義》引皇甫謐云：「三處之地皆名為亳，蒙為北亳，穀熟為南亳，偃師為西亳」。《史記・殷本紀》載：「湯始居亳，從先王居，作《帝誥》」。《集解》引孔安國曰：「契父帝嚳都亳，湯自商丘遷焉，故曰『從先王居』」。《正義》按:「亳，偃師城也。商丘，宋州也。湯即位，都南亳，後徙西亳也。《括地志》云:『亳邑故城在洛州偃師縣西十四里，本帝嚳之墟，商湯之都也』」。可見，商湯滅夏前後建都的三個地方皆名為「亳」，漢晉時人為了加以區別，纔以北亳、南亳和西亳名之。空首布上的「亳」地當指西亳，在今洛陽市偃師縣西六里的塔莊村一帶。【空首布初探 中國錢幣論文集】

◉陳漢平 古璽文有字作□(0211)、□(0225)、□(0289)，舊未釋。按此字从高省从乇，字當釋亳。《説文》:「亳，京兆杜陵亭也。从高省，乇聲。」古代地名稱亳者甚多，略同後世地名之稱京，未必京兆杜陵亭一地。【古文字釋叢 考古與文物一九八六年第四期】

◉張錯生 商湯之亳的最初涵義或性質是什麼？我們想就此發表一些淺見。

一 古文獻中的亳

從我國古代文獻記載中來看，以亳為地名者很多，亳常寫作博、薄、蒲、番、蕃等。丁山先生認為，這些字漢初寫法無刻定之形，可以相通。丁山:《商周史料考證》17頁，龍門聯合書局，1960年。王玉哲先生亦説:「古地名中的博、蒲、薄、番以聲韻部求之，可能都是亳字一音之轉」。在漢代及其以前的文獻中，亳作為一個特殊名稱，具有下列含義:

1.亳是商族先人的故居⊘

2.亳是成湯伐滅夏桀的基地⊘

3.亳是商湯受天帝之命的宗教聖地⊘

4.亳是商初的國都⊘

5.亳是殷或殷商宗社的代稱⊘

綜上所述，我們認為，亳的涵義有先後發展之別，其中較早的和主要的有二點:一是先商的宗教聖地。二是早商的國都。而亳的原始性質最早應是商社，即商族的宗教聖地之一。亳地因亳社所在而得名，湯居以為國都，亳地之名又為湯都之名。久而久之，亳為商都之義漸漸掩飾了亳為商社的本義。⊘

二 卜辭中的亳⊘

卜辭中記録關於亳的條目，粗略統計，至少有25條以上。亳在這裏是一個具体地方，稱亳社，或簡稱亳。從中我們獲得幾點基本看法。

1.晚商名「亳」者只有一處。

⊘殷商卜辭中的亳是一個別名或專稱，亳在卜辭裏指亳社或亳地。二者是同一地點。商人對具有共名的事物，尤其是那些涉及處所、地域等方面的名詞，前面往往加相應的定語，如社，有邦社、夏社、亳社、商社等等；商，有丘商、中商、大邑商等區別；宗，分大宗、小宗、新宗、舊宗、北宗、西宗等名目。而亳在卜辭中尚未發現類似的區分。與亳一地同音的異體字也未見。可以說，先秦文獻中出現的那些異體亳字或亳地，在商代幾乎是不存在的。這些亳地應是殷商王朝瓦解後纔陸續出現的。唯有一個邦字，在卜辭中作地名和邦社講。此字甲骨文作[glyph]形，有人釋作相、甫、蒲，是和亳有一定內在聯係的字，可謂亳的同音字。邦為地名，在武丁時代和亳共存，同一個貞人曾分別卜過亳社和邦社，兩者又絶非一地。

2.亳社是殷人諸社之一，它不在殷都之域。

殷商以後，亳社是殷人族社的專稱，卜辭中的亳社則不然，它衹是殷人諸社中的一個。除此之外，还有高社、邦社、夏社等。有關這類商社的資料較少，它們相互間的關係不詳，但其地位似乎都不及亳社。然而，亳社對晚商王朝來說，也并非當時的國社。從祭祀方式、次數等方面分析，商王對另一個「社」([glyph])的尊崇和親近，要遠遠高于亳社。「社」大概是殷都邑內的大社或國社，而亳社是都域之外的先王神社，遠社自然不如近社親密了。

亳社不在殷都這一點，殷虛五期征人方卜辭記載得很清楚。從商至亳為一日的里程，兩者相距約30公里以上。至于商的地望，學術界尚在討論中，此不贅述。但亳不在王都區域是无可懷疑的。另外「屯南」4513版，有王令往亳祭祀求雨記載，後有「不往」二字。姚孝遂、肖丁：《小屯南地甲骨考釋》，中華書局1985年版。是亳不在王都，因故未往，此亦可證亳社非都邑內之國社。

3.亳或亳社是與殷祖先有關的宗教聖地。

上面說了，卜辭中的亳不專指殷人的國社或族社，也比不上國都之「社」那麼經常受到隆重祭祀。可是，亳社確是晚商王朝非常重要的一處社祭地。晚商幾百年間，它一直與商王有密切關係。現知的幾十條有關亳的卜辭。除二期不甚明了外，幾乎每個時期的都有。殷人對亳社的祭祀包括尞、佑、歲、方、禘、賁、御祏、畾等，基本上同于國都之「社」的祭法。⊘

三　亳字的本義

亳字的本義，已有學者從文字學角度作過分析，結論不甚一致。有人認為亳字表現的是一處「專門進行物品交換的場所」。游壽：《略說商亳》，《全國商史學術討論會論文集》，《殷都學刊》增刊，1985年。此去亳字本義太遠，不確。大多數學者釋亳字本身所表達的意義為樓閣和臺觀。商志醰先生說：「甲骨金文、文獻記載和考古發掘都證實商代已有『四阿重屋』的建築，也就是亳。

由于這種廣室高樓在古代多為帝王居住，必建于王都所在，於是像以樓閣的亳字到後來又演變為商代的首都的專用名詞。」商志𩡧：《説商亳及其它》，《古文字研究》第七輯，中華書局1982年。劉蕙孫先生認為：「亳字可以理解為手建的觀。觀，魏闕也。易言之，就是京城。」但他又説亳「在商代的字義就是『社稷亭』。」劉蕙孫：《從古文字「亳」字探討鄭州商城問題》，《考古》1983年5期。鄭傑祥先生在「釋亳」一文中，謂「亳字从高，从丰，正顯示出亳都和亳社具有盛大和崇高之意。」鄭傑祥：《釋亳》，《中原文物》1991年1期。上舉幾例，對亳字形體的解釋大體上是可信的。但是，對文字本義的理解，仍有補充説明之必要。

①一個文字本身所表達的原始意義，應該只有一種。如亳字，其意或解為都城，或釋為社廟，不可兩者兼為。

②亳字表示的形象，既非城，亦非高樓重屋。亳非城邑之形，就甲骨文所見至少有二點可證。A、甲骨文中關於城邑的字：□、□、□、□等，不同于亳。B、與亳字結構大致相同的高、京、亭等字，其原義均非城邑。把亳的原始含義與都城聯繫，除了字形上的原因外，主要是受古書「湯始都亳」的影響。試想既然湯都在亳，則亳必有城，亳為象形字，就應該象城邑之形。其實不然，亳乃宗社之象形字，本義即是商社。湯都亳之前，亳已存在，亳字含義的發展可簡化如下：亳(社)→亳(地)→亳(都)→亳(商殷)。至于亳字是否高樓重屋形，後面將論及，此略。

我們説亳字的形體結構屬象形兼會意的，从京，(有謂从高，不大確切。)从丰。甲骨文寫作□、□、□等形，似一植滿樹木的丘崗之上，儼然矗立着一座木構建築。這正是商人原始宗社建築的寫照。以下略作考釋。

亳所从之亯形，即京字。甲骨文作□、□、□、□形。《爾雅·釋丘》云：「絶高為之京，非人為之丘。」《説文》則曰：「京，人所為絶高丘也。」是謂京指高大之丘，並經人工修建，與一般的天然之丘有所區別。在古文獻中，京常與陵、丘對言，知其均為高地之類。《呂覽》「禁塞篇」云：「為京丘，若山陵。」高注「合土築之，以為京觀，故謂之京丘。」《詩》「皇矣」、「定之方中」等篇中，毛傳謂：「京，大阜也」。「京，高也。」是京也指自然高丘，並可引申為高大之意。遠古時代，人們對一座高丘進行加工，除了居住外，其主要目的就在于从事宗教活動。即作神壇、社壝、宗廟之類，以敬鬼神。我們曾作過對比，卜辭中从京之字作地名，皆為商王進行祭祀活動的重要地點。京、亳為古代宗教聖地的原始涵義，一直保留到春秋戰國。僅周代金文中，京用作宗廟的代稱屢見不鮮，稱「京宮」、「京宗」、「京大室」等。宗廟簡稱為「京」者，如《詩》：「王配于京」(大雅)、「祼將于京」(「文王篇」「下武篇」)等，均指祭祀之廟堂。亳社聯用，專指殷京之社的資料就不必説了。《左傳》説：湯有景亳之命。景亳聯用，其中景通京，景、亳同與宗教有關。景亳之命，即大亳之命，也可解為神壇、宗廟之命。戰國地名及陶文中有亳丘、蒲丘等即社丘，是對商社的專稱。古文神壇廟宇開始多處于丘崗之上，後發展為在平地或丘崗上再築臺壇。亳字从京，正表達了這層意思。

一些學者在解釋亳所从之[古文字]形時，認為這是商代「四阿重屋」式的樓房，這是不太確切的。孔廣居「説文疑」云：「高象樓臺層疊形，字形中的人象上屋，冂象下屋……」。而古文字中有專門表現重屋樓閣的字形作：「[古文字]」「[古文字]」等。亳字則不然，它所从之京實為上下兩部分，上部直觀看去，是一兩面坡式的木結構屋子，有脊、檐、房體。此房子可能為土、木、木骨泥等結構，也可能是木杆欄式的類似後代亭閣式的簡易建築。其為樓屋也無不可。總之，上半部代表一座完整的建築物。

亳下部為「冂」形，殷虛一期卜辭中有作「[古文字]」形（後2・14・10），四期有作「冋」形（乙4544），代表房屋所坐落的山丘、臺壇之形。因甲骨文刻法所限，均為方形，無圓形。在甲骨文中，「冂」單獨使用或用作偏旁，多與丘臺、地面有關。其形可通「冂」、「冋」「口」等。《説文》説它「象遠界也。冋，古文冂从口，象國邑。坰，冋或从土。」可見視其為丘臺比「下屋」更合適。周代金文冋字常見，均作[古文字]从[古文字]。這個字的本義就是在丘臺之上置有鼎尊等器皿。也當于祭祀有關。徐旭生曾説：「[古文字]，後變為形聲字的坰……[古文字]正是壇的象形。」徐旭生：《中國古史的傳説時代》89頁，文物出版社，1985年版。可謂一語破的。

亳字所表現的這種祭臺（壇）神丘，在萬物有靈的原始社會應是普遍存在的。只是形制、大小、高低有所不同。或築于山丘、或位于平地，有些在臺上再設置象徵神靈的示主，還有的為示主搭蓋神宇廟舍之類的建築物。這都可從民族學、古文獻及文物考古資料中得到印證。1987年，浙江余杭瑤山發現的一處良渚文化祭壇，當是這類原始宗教遺迹的一種典型。浙江省文物考古研究所：《余杭良渚文化祭壇遺址發掘簡報》，《文物》1988年1期。該祭壇建於一座小山頂上，平面呈方形，由裏外三重組成。最裏面一重是一正方形紅土臺，紅土臺外係一灰土圍溝，圍溝西、北、南三面為礫石臺面。這三部分均邊壁平齊，轉角方正，布局規整。這種山上修臺的遺存正是「人所為之高丘」，即京亳之類宗教建築。與京亳相異者，是丘臺之上未築廟宇。古代，這種無廟宇的祭壇比有廟宇的要早，後來丘臺之上又加蓋廟宇。這兩種宗教建築形式並存着發展下來。

亳字所从之乇，是考釋中較困難的部分，也是正確理解亳字本義的一個關鍵。有人釋其為手，顯然不對。近人李玄伯先生《中國古代社會新研》中曰：「亳字所从之乇，初意係草，上象葉，下象根，為部落圖騰的徽示。」此釋接近亳字本義，但不準確。我們認為，亳从之「乇」，是甲骨文「丰」字之譌變。因二者音同義近，形有可通，均能用于表示草木茂盛之義。有關丰字的考證，鄭傑祥先生在「釋亳」一文中曾有較詳細引述，可參考。鄭傑祥：《釋亳》，《中原文物》1991年1期。我們僅就此「丰」形在亳字中的真實含義略加簡述。

早期甲骨文中，亳字一般作「[古文字]」、「[古文字]」，後期多作「[古文字]」，兩者承繼演變關係不言而喻。[古文字]一般表示草木之形。在古文字偏旁中，它們往往相互通用、假借，但二者本義還是有區別的。甲骨文有「[古文字]」字（乙8818），同版卜辭中，該字與秋字可通，疑為秋之别字或同義字。其中□用以表示草木中之高大者，似為秋後的落葉樹木，故借用為秋字。此字強調的是樹之枝幹。亳所从之□，與甲骨文丰的本字亦不盡相同，強調的也是樹幹樹冠。丰字甲、金文作□、□、□形，是種于地上（下有土字）的樹木，借用來象徵草木之茂盛。樹木與草木為同類，古人眼中樹木不過是大草而已。《説文》曰：「丰，草盛丰丰也。」就本義而言，丰，應是樹盛丰丰也。丰，後來又演化出封、邦等字，均保存了樹的本義。故而，郭沫若先生説：「丰即以林木為界之象形」。郭沫若：《釋封》，《甲骨文字研究》上册。亳所从之丰，和甲骨文木字亦不同，未見樹木之根形。所以如此，其一，在于強調樹木葉之茂盛。其二，正是要説明此樹根植于京丘之上。冂形為土丘形，由此亦可知之。

以上就亳字形體各部分作了簡要分析，亳字所象形的不正是古代的社壇神廟嗎？長滿林木的京丘之上，建有一座房屋，這不正是殷商的一所祖社嗎？中國古社的形式多種多樣，《淮南子·齊俗訓》曰：「有虞氏社用土，夏后氏社用松，殷人社用石，周人社用栗。」是土、木、石皆可為社。甲骨文中社、土為一字，是土石之社。亳則樹、土俱備，是較發展較正規的一種大社。亳字表現的是社丘之高大，社樹之茂盛。

其實，古代立社多要種樹，社樹幾乎是社的象徵。《論語·八佾》載：「哀公問社，宰我對曰：『社，夏后氏以松，殷人以柏，周以栗』。」集解引孔氏説：「凡建邦立社，各以其土所宜之木。」《周禮·地官·大司徒》也説：「設其社稷之壝，而樹之田主，各以其野之所宜木。」《墨子·明鬼篇》有建國營都之日，「必擇木之修茂者立以為叢位」的説法。其它文獻還有以槐、梓、櫟、松、榆等為社的記載。丁山先生説：「古人立社，必依茂林喬木。故説文既云：『社，地主也，从示土』。又云：『袿』，古文社，各樹其土所宜木。」「社，在商代作土，在宗周時作社，戰國以後乃有袿字，至秦乃省而為社。《史記》以社主與杜主互見。」丁山：《中國古代宗教與神話考》40頁，上海文藝出版社，1988年。足見樹木與社的密切關係。

衆所周知，殷有「桑林」。《吕氏春秋·順民》記載了一段「湯以身禱于桑林」的傳説。一般都認為此桑林乃專指商族之社。《藝文類聚》一二引《帝王世紀》有湯自「禱于桑林之社」語。證明桑林確是商社之名。亳亦多林木，或許就是這類「桑林之社」。

古人為什麼要立樹為社呢？簡單的説，是與萬物有靈觀念及樹木本身的特性有關。樹扎根大地而生，汲取陽光雨露而長，古人或以為它有溝通天地的神秘力量。原始民族中多有崇拜樹木的，這就使立樹木為社成為可能。另外，立社之木，皆當地耐活、長生、枝葉茂盛者。高大茂密的樹林容易造成森嚴神秘的氣氛，增強神的鎮懾力，令祭祀者肅然起敬，有利于宗教效力的發揮。

至此，已從三方面考察探討了亳的原始意義，亳的本質與涵義昭然若揭。它原本就是商族的神社，是一處宗教聖地。歷史上傳説商湯遷居于此，求得帝令天命，利用宗教力量，儲備滅夏實力，最終取夏朝而代之。湯的勝利更使亳地名聲大作。因亳社而馳名的亳地，又因亳都的建立而譽加海內。以至于後來亳成為商或商社、商都的代稱，也使亳社與亳都的轉變關係變得撲朔迷離。當我們明白了亳本來的宗教性質後，在探索湯始居亳問題時，應該在這方面作適當的考慮。【商「亳」探源　中原文物一九九三年第一期】

◉馬良民　言家信　亳，此字在齊陶文中一般置于量器名前，根據使用情況，大致有六種文例：

(1)　某立事歲，某里𣪘亳某(或「坸亳某」)。例：

「王孫陳棱立事歲，左里𣪘亳區。」(《彙編》45.3.13)

(2)　某立事歲，某邑亳某。例：

「陳實立事歲，安邑亳釜。」(《故宮博物院院刊》1988年3期92頁陶印)

(3)　某某再，某廩坸亳某。例即本文所論之陶文。

(4)　某某，某里𣪘亳某。例：

「昌櫅陳圖，南左里𣪘亳區。」(《彙編》49.3.27)

(5)　某某，某𣪘坸亳某。例：

「三孫陳棱，右𣪘坸亳區。」(《彙編》46.3.16)

(6)　某，某廩亳某。例：

「陳固，右廩亳釜。」(《綴遺》二八・一九・一)

其中：(2)之「安邑亳釜」應是「安邑廩亳釜」，省「廩」字；(3)、(5)之「坸亳釜」、「坸亳區」是釜量、區量的一種，義見下文；(3)、(4)、(5)、(6)省「立事歲」；(6)又省陳固的籍貫。由此看來，六種文例實為三種，即：「某某立事歲，某里𣪘亳某」、「某某立事歲，某廩亳某」、「某某立事歲，某𣪘亳某」。有的「亳」前加「坸」字，立事者即陶量的督造者，其所督造的陶量無疑是標準量器，以故懷疑「亳」是「簿」的借字。按「亳」與「薄」通，而「薄」與「簿」原為一字。《説文・寸部》：「專，六寸簿也」。段注曰：「説文無簿有薄，蓋後人易草為竹以區別其字耳」。其實「簿」字在西漢就有了，湖北江陵鳳凰山M8、M167、M168號西漢墓的遣策都記有「簿土」、其「簿」字M8作「溥」、M167作「薄」、M168作「簿」，是「簿」與「薄」通用之證明。又，《説文・竹部》：「籍，簿也」。段注曰：「簿當作薄」。《孟子・萬章》：「孔子先簿正祭器」。《校刊記》引《音義》曰：「簿本多作薄」。簿既與薄通用，故亦可與亳通用，亳釜即是簿釜。

「亳(簿)釜」、「亳(簿)區」與「簿土」詞例相同，其「簿」字均指官府簿書。不過「亳(簿)釜」之「簿」又有簿正之義。《孟子·萬章》：「孔子先簿正祭器，不以四方之食供簿正」。趙岐注曰：「先為簿書，以證其宗廟祭祀之器，即其舊禮取備于國中，不以四方珍食供其簿正之器」。這是説，先定出祭器的標準記載于簿，然後根據簿書規範祭器。由此可知亳(簿)量乃是簿正過的標準官量。

4. 均，此字在前舉陶文中置于「亳釜」、「亳區」之前，也有的在「釜」前，可知也與量制有關。按「均」同「垢」。《莊子·大宗師》：「芒然徬徨乎塵垢之外」，《釋文》引崔本注曰：「均垢同」。《玉篇》：「均與垢同」。垢，《玉篇》曰：「不潔也，塵也」；《説文·土部》：「垢，濁也」；《文選·述祖德詩》：「而不纓垢氛」，李注曰：「垢，滓也」；《説文·水部》：「滓，澱也」。蓋水中懸浮的、沉澱的泥土，地上揚起的塵土，皆謂之垢(均)，其固體形態都是細微顆粒。徵諸古籍，从句得聲的字往往具有小義。《爾雅·釋畜》：「玄駒褭驂」，郭注曰：「玄駒，小馬，別名褭驂耳」。《禮記·曲禮》：「效犬者左牽之」，孔疏曰：「大者為犬，小者為狗」。《漢書·游俠傳》：「乘不過軥牛」。《集注》引晉灼曰：「軥牛，小牛也」。楊樹達曰：「晉謂軥牛為小牛，是矣。……軥本字當作㸗。郭注《爾雅》云：青州呼犢為㸗，是也。大抵句聲字多具小義。《爾雅·釋畜》云：『犬未成豪，狗』。《釋獸》云：『熊虎醜，其子狗』。《説文》駒下云：『馬二歲曰駒』。㸗狗駒音義並相近」。句聲字既具小義，均又為泥土微粒，故此字亦當有小義。均亳釜即是小亳釜。是齊有大小兩種量制。【山東鄒平縣宛城村出土陶文考釋 山東古文字研究】

◉姚孝遂  當是「亳」字之異構。合集二二二七六辭云：「壬戌卜、貞、亡圂子亳」，為人名。【甲骨文詁林第三冊】

 冂 楊樹達疑冂乃冂字冂衣即褧衣今禮記中庸玉藻字皆作絅 盂鼎 冂衣市舄  復尊 冂衣臣妾貝  冋說文以為冂之古文孳乳為絅禮記玉藻襌為絅 師奎父鼎 同黄  元年師旋簋  趩簋  免卣  趞曹鼎  克鼎  訇簋 【金文編】

 刀弧背 說文冋為冂之古文幣文中有冋字，从口不从口，冋字另見 冀滄  布空大 說文冂古文作冋或从土作坰 冂字另見 典六三八  仝上 典六三九  布空大 亞二·九四頁  布空大 豫伊  仝上 【古幣文編】

冋

冂 林巳奈夫(1966)釋冋讀炯　星曆不—(甲7—29)　【長沙子彈庫帛書文字編】

冂 冂坰　冂 冂亡狄切　冋 坰見說文　【汗簡】

冂 汗簡　冋 說文　冂 汗簡　冂 冋 竝崔希裕纂古　【古文四聲韻】

◉許　慎　冂邑外謂之郊。郊外謂之野。野外謂之林。林外謂之冂。象遠界也。凡冂之屬皆从冂。古熒切。冋古文冂。从口。象國邑。坰冋或从土。【說文解字卷五】

◉吳式芬　許印林說……冋婁見古器銘。薛書皆釋為同。借作彤。阮書從之。案。非也。冋蓋絅之省。禮記玉藻。禪為絅。中庸。衣錦尚絅。乃褧之借字。說文。絅。急引也。褧。檾也。詩曰衣錦褧衣。師酉敦銘有[㬎糸]。即絅之異文。阮釋為緜。案之字形。甚為非是。惟不識冋即絅。因不識[㬎糸]即絅也。【攈古録金文卷三】

◉劉心源　冋。絅省。本字作褧。檾。竝見說文。玉藻禪為絅。是也。【奇觚室吉金文述卷五】

◉方濬益　冋即絅。彝器銘習見。薛氏款識邦敢釋為彤。誤也。按。禮記玉藻。禪為絅。注。絅謂有衣裳而無裏。詩衣錦褧衣。又作褧。箋云。褧。禪也。是絅褧為通用字。冋為古文。【善夫克鼎　綴遺齋彝器款識考釋卷四】

◉孫詒讓　參冋。當从黃仲弢編修讀為參絅。師酉敢有中[㬎糸]。亦即此字。玉藻禪為絅中絅者。即中衣之禪者也。阮釋為中緜。誤。……冋字又別見邦敢。云冋齊黃。宂彝師奎父鼎云冋黃。亦即玉藻所云狐裘黃衣以裼之者。文偶到耳。中絅者。見中衣之為禪。言其無裏也。綃絅者。見中衣之用綃。言其質也。絅黃者。見韋弁服。中衣之用黃。言其色也。三器各偏舉一耑。義並通矣。【克鼎釋文　籀廎述林七】

◉劉心源　冋。舊釋作同。非。此即坰之古文。用為絅。實為檾褧。說文。檾。枲屬。引詩衣錦檾衣。褧下亦引此詩。中庸引作絅。知三字通用。【古文審卷六】

◉林義光　說文云。冋。古文冂坰。从口。象國邑。按古作冋宂尊彝。从冂不从口。當即扃鐍之扃本字。象物上覆蓋之形。冂。物也。【文源卷六】

◉郭沫若　冋亦當是色名，凡言「黃」之例均著其色，如「朱黃」、「幽黃」、「悤黃」均其證。冋乃叚為絅若檾，檾一作蘔，今之貝母也，其纖維古以製衣，今猶用以造繩，色近褐。詩碩人「衣錦褧衣」，列女傳引作絅衣，說文檾字下引作檾衣；禮中庸「衣錦尚絅」，尚書大傳作尚蘔。絅从冋聲，自可通叚。【趞曹鼎　兩周金文辭大系考釋】

◉陳獨秀　冂(冂)　壬　壬癸之壬字甲文作工，金文作工或工，横視之亦為冂，說文謂冂同冋坰。皆後世之擔字，左右二畫象繫物之繩，篆文作壬，中畫為擔上所懸杵，以為中途息肩之用者。壬為擔，孳乳為任，故用為擔任、負任、任重字。妊、飪、衽曲禮注衽訓卧席，周禮玉府注：衽席，單席也之从壬，均取負擔之義。玉藻：衽當旁，注云：衽謂裳幅所交裂也。釋名：衽，襜也，在旁襜襜然也。楚辭注：襜襜搖貌。衽訓衣衽，亦取擔加於肩旁搖擺貌。壬用為僉壬字者，乃佞之假借，日母字古讀泥母也，隸或作壬，乃與象人挺立之壬相亂矣。說文謂尢(尢)从人出冂，說文謂央(央)从大在冂之內，虢季子白盤亦从大作央，从大猶从人，尢、央皆象人荷擔形，央謂中央，謂人在擔之中央也。詩：或王事鞅掌，箋云：鞅猶何即荷也。孟子：盎于背，音義陸云：如負之於背。此皆央之本義。尢訓行，謂人荷擔而行也。孳乳為沈，取義於負荷重壓下沈，故用為浮沈、沈重字，隸或作沉，从儿猶从人也。枕之从尢，謂如擔之横于人之肩項，故車後横木亦謂之枕，今敷鐵道之木亦曰枕木。魚腦中横骨亦曰枕。市字篆文作市，古金文从冂省，从止，義為荷擔者之所之，說文謂篆文从乁，乁古文及，按乁為几之譌，篆文及作及，本从又，从人。隺从冂从隹者，猶霍之从隹。玉篇云：霍，鳥飛急疾貌。文選陸機文賦注：揮霍，疾貌。揚雄甘泉賦注：翕霍，疾貌。鳥在雨中恆張翅疾飛，人荷擔如鳥張兩翅疾行則輕快，緩步則沈重，物理然也。鶴之从隺，取義於鶴之高飛疾急。榷之从隺，取義于冂，榷之横木如擔也。說文云：榷，水上横木所以渡者也。漢書武帝紀：初榷酒酤，韋昭曰：以木渡水曰榷。師古曰：禁民酤釀，獨官開置，如道路設木為榷，獨取利也。【象器用　小學識字教本上篇】

◉馬叙倫　饒炯曰。冂象遠界之表。猶今邑界所栞木石。俗名曰界牌者。倫按冂者如今北方都會之外往往有築為冂者。蓋初所以明境界限出入也。象形。說解本作迥也。象形。邑外以下五句蓋皆字林文。吕忱據爾雅釋地加之。冂扃同語原。或扃為後起字。扃閉乃引申義。

冋　李杲曰。趩尊作冋。從冂。此從冂譌。倫按此當從近而遠視之。明邑外為冂也。從口。冂聲。為冂之後起字。亦或本作冋。譌而為冋。或曰。金文皆從口。不從□。蓋從冂口聲。口音溪紐。冂音見紐。同舌根破裂音轉注字也。從口以下校語。師奎鼎作冋。免卣作冋。

坰　倫按此俗字。【說文解字六書疏證卷十】

◉楊樹達　說文五篇下冂部云：「冂，邑外謂之郊，郊外謂之野，野外謂之林，林外謂之冂，象遠界也。」或作冋，又或作坰。愚謂冋从口，坰从土，與郊坰之義相會，是也。至謂冂象遠界，謂與冋坰為一字，則殊不然。尋十二篇上户部云：「扃，外閉之關也，从户，冋聲。」愚謂冂乃扃之初文也。知者：冂左右二畫象門左右柱，横畫象門扃之形，此以字形證之者一也。七篇上鼎部云：「鼏，以木横貫鼎耳而舉之，从鼎，冂聲。」按户扃之形横，故横貫鼎耳之鼏於冂受其聲義，若冂為林外遠界，鼏字何所取義乎？此以从冂得聲之字證之者二也。冂部云：「央，中也。从大在冂之内，大，人也。」按人依扃而立，頭在冂兩端之正中，故央有中義。若冂為遠界，則央从冂之義不明矣。七篇下巾部云：「帚，糞也，从又持巾埽冂内。」按持巾埽冂，謂以巾拂拭關扃也。若冂為遠界，埽者何由以巾埽之乎？十篇下炎部云：「熒，屋下燈燭之光也，从焱冂。」按冂亦聲。按燈燭之光在屋下，故从冂，若冂為遠界，於義又無所取矣。此以从冂為義諸字證之，知其不然者三也。蓋冂為象形字，扃則形聲字也，同从冂聲，扃復从同聲，冂孳乳為扃，與臾孳乳為蕢、凵孳乳為笘同例，許君不明此，謂與冋坰為一字，誤矣。【積微居小學述林卷二】

◉于省吾　甲骨文的「貞，勿冂」（明七五四），冂字作冂，舊不識。說文作冂，並謂：「象遠界也。冋，古文冂从口，象國邑。坰，冋或从土。」按商器冂戈爵作冂，金文編誤入于附録。又周代金文同字常見，均作冋，从ㅂ，可以糾正說文从口之誤。勿冂之勿即古物字。周禮保章氏：「以五雲之物，辨吉凶水旱降豐荒之祲象。」鄭注：「物，色也，視日旁雲氣之色降下也。」章炳麟文始：「冂象遠界，又有遠義，故孳乳為迥，遠也。」甲骨文的「勿見（現），其㞢𣏟（渝），亡句（害）」（南北明七六二）。這是說，自然界呈現物色，雖有變異而無災害。然則物迥，是說自然界的物色遥遠。

甲骨文亯字，早期作□、□、□等形，晚期均作□或□形，舊不識，甲骨文編入于附録。按其字从冂或冃，其横劃單複本無别。甲骨文旁字从冂也作冃，周代金文鼏字从冂也作冃，是其證。亯字，商器亯觚作□，上从辛乃言字在偏旁中的省體，金文編誤入于附録。按亯字从言从冂，即古詗字。說文：「詗，知處告言之，从言同聲。」段注：「史漢淮南傳，王愛陵，多予金錢，為中詗長安。孟康曰，詗音偵。西方人以反間為偵，王使其女為偵於中也。服虔亦云，偵，伺之也。」按偵即今日所謂偵探，中詗即今日所謂間諜。甲骨文亯字常見。第一期的「帚亯示四屯，□」（南北師二·一八），「帚亯示四屯，小㚣」（粹一四九〇），均以亯為婦名。第五期的「今日王步于亯」，「才亯貞」（前二·八·七），又均以亯為地名。

在上述之外，甲骨文有□字（乙四四七五），从千从冂。又有𡚱字（前八·八·一），从女从冂。以上二字均不見于後世字書，但均从冂，是可以肯定的。

總之，甲骨文冂字，也見于商代金文，即說文冂字，甲骨文亯字，也見于商代金文，即說文詗字的古文。【甲骨文字釋林下卷】

◉黄然偉　說文冂之古文作冋，銘文之冂蓋即「同黄」同字之異體，或聲類相似之字。吳式芬以為冋乃絅之省（攈古三·一·六三),唐蘭以為即「苘麻」之苘,謂金文中之「冋黃」是用苘麻織成之「衡」(繫佩玉之帶)、《毛公鼎朱韍蔥衡玉環玉瑹新解》,光明日報一九六一·五·九)。據此,冂衣乃為苘麻織成之命服,或命服作麻色者。「冂衣」之辭二見(大盂鼎、麥尊),皆西周初器,受賜冂衣者,其官階為医(麥尊)。【殷周青銅器賞賜銘文研究】

◉李　零　星辰不冋,冋字,嚴一萍、巴納德誤為同,今從林巳奈夫(1966)釋,讀為炯,《說文》:「炯,光也」,不炯是說失去光亮。【釋文考證甲篇　長沙子彈庫戰國楚帛書研究】

◉高　明　「日月虐亂,星辰不冋」:⊘冋假為炯,《說文》:「炯,光也。」《倉頡篇》:「炯,明也。」繒書謂日月皆亂,星辰無光,或不明。【楚繒書研究　古文字研究第十二輯】

◉曹錦炎　傳世齊國璽中,有以下幾方官璽:

(1)　夜邑⿵冂土冢鉨　《彙》0265

(2)　武⿰弓⿱口土(強)⿵冂土冢鉨　《彙》0336

(3)　鋁(錤)閭(門)⿵冂土冢　《彙》0312

(4)　耶閭(門)⿵冂土冢　《彙》0334

在這幾方璽中,地名後面均有「⿵冂土冢」二字,顯然應屬同一類性質的職官印,《古璽彙編》將其分列各處,是不妥的。「⿵冂土」字《彙》均缺釋。「冢」字,《彙》將第(1)印釋為「家」,(2)印釋為「叟」,餘缺釋。

⿵冂土,从土从冂,《說文》:「冂,邑外謂之郊,郊外謂之野,野外謂之林,林外謂之冂,象遠界也。」《說文》古文作冋,或體作坰,可見⿵冂土即坰字。又,《說文》所訓同于《詩·魯頌·駉》毛傳,《爾雅·釋地》于「郊」之後則增加「郊外謂之牧」句,他書牧字或作「田」、「甸」。其實,「坰」是一種泛稱,意指都、邑城外的郊野之地。璽文中的「坰」當是地域組織名稱,其和齊國的鄉遂制度有關。據《周禮》,鄉和遂分別指國都周圍的郊與野,郊的居民主要是士,野的居民主要是農。《國語·齊語》及《管子·小匡》所說的齊國「士農之鄉」,即指此。所以,璽文中的「坰冢」,當指這種士農之鄉的長官。三晉官璽中也有以「冢」(或作「塚」)為官長名,如「陽城冢」(《彙》4047)、「帕(輨)都冢」(《彙》2498)、「匋胡冢」(《彙》2737)等,是其例。

另外,傳世齊官璽又有「窗箟(?)⿵冂土(坰)鉨」(《彙》0273),則是窗箟坰之機構印。【戰國古璽考釋　第二屆國際中國文字學研討會論文集】

市 兮甲盤 【金文編】

3·795 瞽市 3·808 許市 3·1039 獨字 5·169 平市 5·294 雲市 5·332 槐里市久

5·100 咸陽市于 5·171 杜市 6·57 焱市 6·54 陝市 7·7 代市 7·5 東武市

7·6 東武市 8·2 安陸市亭 9·19 都市 9·20 同上 9·32 襄陰市 9·31 南□之市 4·20

市王匸 市字別體 裘錫圭釋 4·151 竝都市鉢 6·52 亲市廩匋 3·647 杏坤區鑒 市字別體 裘錫圭釋

3·649 丕巷坤鑒 3·652 陵坤木鑒 3·653 杏坤豆鑒 3·657 杏坤 3·691 節墨之亓坤工

3·697 王胥坤 3·648 □平□坤鑒 3·717 銅坤 3·723 坤區 3·1206 獨字 3·731 坤

9·4 陽坤 3·819 □賻 此从貝省从市為市字異體 吳振武釋 【古陶文字徵】

布空大 少匕市南 从裘錫圭氏釋 金文兮甲盤作 歷博 仝上 魯博 布空大 市中少 典七九七 仝上 市

小 典七九六 仝上 □匕市匕 典七九八 布空大 少匕市 亞二·一一八頁 仝上 小市 亞二·一一八頁

仝上 小匕市 仝上 市中少匕 亞二·一一七頁 仝上 少匕市西 亞二·一一九頁 【古幣文編】

95 191 【包山楚簡文字編】

市 法一七二 十四例 秦六五 五例 日甲七五 三例 【睡虎地秦簡文字編】

3093 與兮甲盤市字相近。【古璽文編】

長安市長 市印 長安東市令 陳市信印 臨菑市丞 右市 市府 寺從市府 都市

【漢印文字徵】

東安漢里禺石　【石刻篆文編】

【汗簡】

義雲章　雲臺碑　汗簡　【古文四聲韻】

◉許　慎　巿買賣所之也。市有垣。从冂。从乁。乁。古文及。象物相及也。之省聲。時止切。【說文解字卷五】

◉孫詒讓　攷金文兮田盤云:「王令田政𤔲成周三方賨積至于南淮=尸=淮夷重讀舊我𠚤貫讀為畮人,毋敢不出其𠚤、其賨、其進讀為責乃其賨。毋敢不即帥即巿,敢不用令,則即井刑𩰫戮伐。其隹唯我者諸侯百生姓,乃賨毋不即巿,毋敢或入䜌宄廄賨,則亦井。」此文巿字兩見,當即市字。上从㞢與之聲同部,中从冂即冂之變,下从丁即乁之變也。盤文紀兮田治四方委積之事,謂淮夷之人,毋敢不出其畎晦,以其委積財責及貯藏,皆毋敢不就我帥从市易。即諸侯百姓有貯藏,亦毋敢不就我市易。以字例與文義參校,殆無疑矣。【名原】

◉孫詒讓　「貝巨弗其𠂤凷」,百卌二之三。「□貝巨受凷方」,百六十二之四。「貝□弗其凷方」,百九十三之三。「凷」字奇古難識,以形推之疑當為「市」字。《說文·冂部》「巿,買賣所之也。市有垣,从冂、从乙,象物相及也。乙古文及字。㞢省聲。」此上从止即㞢之省,先字上从㞢,此文亦作止,是其例。中从冂即从冂,下衺畫即古文及,或左下或右下者,反正之異。金文兮田盤市作巿,舊釋為𡴀,誤。詳《古籀餘論》。亦與此相類。依金文疑市本从止聲,後誤作之,市為人所集止,聲義亦合。「市方」猶「邑方」,當亦地名。【契文舉例上】

◉林義光　說文云。巿買賣所之也。市有垣。从冂。从乁。象物相及也。乁古文及字。㞢省聲。按乁為古文及。不可據。古作巿,兮田盤。从八丂。八分也。丂引也。見八丂各條。買賣者分而引之。㞢聲。漢乘輿御水銅鐘作巿。屮㞢省。【文源卷十】

◉馬叙倫　鈕樹玉曰。韻會市有垣下作從冂乁象物相及也乁古文及字屮之省聲。御覽九十一引作買賣之所也。莊有可曰。從冂之聲。乁乃衍文。倫按兮甲盤。毋敢不即餗即巿。孫詒讓釋巿為市。其說曰。上從止。中從冂。即冂之變。下從丁。即乁之變。甲文有凷。亦市字。從止。與金文同。冂即冂之變。下著一衺畫。亦即古文及。市買賣所聚。亦民之所止。聲可兼義也。小篆變作之省。聲義雖可通。然非原始古文之本恉也。倫謂古文及借乁為之。市從乁不能得義。實從冋止聲或之省聲。冋中之口或冂譌爛成𠃌。與古文周字作𠀉者正同。金文冋字皆從口而免卣則從▽。可證也。從冂者。冂為兩方之界。交易之所也。商方鼎師字作𠂤帀。從𣎵。𣎵即市字。從冂。𣥂省聲。或𣥂聲。傳寫誤為屮。兮甲盤𣥂字已譌。甲文之𣥂字如亦市字。則冂正象形冂字之譌變。篆文最省矣。買賣所之也非本訓。市有垣蓋校語。從𠃌以下亦校者改之。字見急就篇。古鉨作𣎵。【說文解字六書疏證卷十】

◉牛濟普　「稟陶新市」印陶

四字方形印陶，「新」字，這裏省卻「斤」，寫作「亲」。而「市」字字形為新出，寫作「𣎵」。市字金文寫作「𣥂」、「𣎵」。此印陶寫法與戰國文字「𣥂」、「𣥂」相近，為市字又發現了一個新的異體字。「稟陶」可能是「滎陽稟陶」的簡稱，市乃古之貿易場所。市的用法猶如古鉨中曾見的「京市」、「軍市」等。【滎陽印陶考　中原文物一九八四年第二期】

◉石志廉　戰國圜錢中有二「市坪(平)」圜錢(中國歷史博物館藏)，前人將其釋為「武坪(平)」是錯誤的。裘錫圭同志早已指出，釋為「市坪(平)」是對的，我們同意他的看法。這種錢幣實非流通所用的貨幣，而是用來檢驗錢幣重量的「法錢」或一種砝碼，和錢幣中的定襄四朱、臨淄四朱、高柳四朱、姑幕四朱、市四朱等砝碼錢是相類似的。

戰國鉢中有「中㧘(市)之相」鉢和「陳㧘(市)幣(師)鉢」，市相和漢代的市丞、市佐性質相同。陳市係地名。市師為一市之長，即司市，與漢代「長安市長」印相似。河南新鄭出土的戰國韓國兵器上有「市坪(平)」銘文，也是一種表示檢驗合格的標準器。山東濟南市博物館藏有濟南市天橋區出土的戰國齊國圓形陶量上鈐有二「市」字，此市字印，即市平簡化之意，也說明它是經過官府檢驗合格的用器。此市字，有可能係指當時的齊都臨淄市。我們曾見到漢代「臨淄市」三字的長柄紐銅印(天津市藝術博物館藏)是西漢之物，和它的時代相距不遠。戰國齊印有「中市」「左市」，燕印有「左市」等稱謂，可知當時有些大都邑設有幾個市，春秋時的空首布有「市中」、「市西」，它們可能是指一個大市裏的不同部分。安徽合肥龔氏藏有楚陰文「都市」二字橢圓長方形鈑金一枚與郢爰小塊鈑金在一起。這一發現十分重要，說明在當時出現有都市。將市稱為都市，恐以此為最早。【會平市鉩補釋　中國歷史博物館館刊一九八五年總第七期】

◉陳偉武　賘《文字征》第227頁「賣」字下：「𧶠3.1174，獨字。吳大澂云：『从貝从陸省，與賣同。』𧶠3.1345，同上。」今按，3.1174號陶文不敢妄言，3.1345號之形，裘錫圭先生謂「頗疑其右旁亦『坤』之變體，字當釋『賘』(市)。附識于此，以待後考。」依裘文本身即可確釋，不必再設疑辭。裘文云：「長沙楊家灣6號楚墓出土的漆耳盃，底部有『𡊸攻』二字戳印。第一字寫法與金節『坊』(㘨)字很近，只不過『之』下右邊的彎筆寫成了與左邊一筆一樣的短斜畫。這個字大概也是『坊』字。」陶文市字別體作[glyph]《陶彙》4.20)、[glyph]《陶彙》4.151)、[glyph]《陶彙》3.652)等，只要將第一、二體市字中間的短橫畫下移，左右兩豎筆縮短，即成第三體坊字右邊(市)，第三體土旁和市旁橫筆粘連。我們斤斤于點畫之間，旨在説明[glyph]、[glyph]非从土之坊，而是市之變體，[glyph]確从貝从市，右旁為市字正書，漆耳盃市字則反書。賍即市之繁文。【《古陶文字徵》訂補　中山大學學報一九九五年第一期】

冘 [glyph]

[glyph] 秦671　右冘　睡虎地秦墓竹簡冘作[glyph]與此近似　【古陶文字徵】

[glyph] 冘利世之印　【漢印文字徵】

◉許　慎　[glyph]淫淫行皃。从人出冂。余箴切。【説文解字卷五】

◉林義光　説文云。[glyph]。冘冘行皃。从儿出冂坰。按冂非郊坰字。見冂字條。冘古作[glyph]史冘匡。作[glyph]冘鼎彝。象人伏穴下形。冖象穴。見風字條。本義當為沈伏。經傳以沈為之。冘為深伏。故與冘同音之字。如沈没也。抌深擊也。眈視近而志遠也。忱誠也。皆有深伏之義。深伏與泰甚義近。故劇謂之甚。過謂之淫。深伏者遲久不出。引伸為遲久。故樂久謂之湛。久陰謂之霃。行緩謂之淫淫。揚雄羽獵賦。淫淫與與。説文以冘冘為行貌。亦遲久之借義也。【文源卷六】

◉王　襄　[glyph]　古冘字，許説淫淫行皃，从人出冂。【簠室殷契類纂正編第五】

◉唐桂馨　冘即沉之本字。殷虛文有沈牲埋玉之字。其沈[glyph]象沈牛於水形。秦篆作[glyph]。其義遂不可見。許以入冂部。以儿説人字。故訓冘冘行皃。夫冘為單形。原始字豈為此無關緊要之事而作乎。又考水部湛字。古文[glyph]亦象有物沈水形。與此同意。【説文識小録】

◉郭沫若　[glyph]乃稟辛康丁時卜人。案此即金文中所習見之「荷戈形」也。當是何荷之古文。舊釋為冘。不確。今隸定為[glyph]字。【殷契粹編】

◉馬叙倫　沈濤曰。後漢書來歙傳注引冘冘行皃也。馬援傳注。冘行皃也。義見説文。蓋古本作冘冘行皃。淺人不知篆文連注讀。以冘行皃為不詞。遂改作淫淫。玉篇别出冘部云。冘冘行皃。而冂部引説文與今本同。其為後人據二徐本妄增無疑。鈕樹玉曰。集韻類篇引作冘冘行皃。倫按冘下蓋本作冘。淫也。行皃。冘為隸書複舉字。淫也以聲訓。行皃者字林文。傳寫或譌為冘冘行皃。或譌為淫淫行皃。行皃者。趙字義。二篇。趙。行皃。漢書霍光傳。不忍猶與。注。猶與。不決也。

易豫釋文。引馬融曰。猶豫。疑也。後漢書竇武傳注。冘豫。不定也。此酋冘聲通之證。冘音喻紐四等。酋音從紐。古讀皆歸定也。冘央一字。皆喉音也。冘從人。央從大。大即人也。從人。從冂。會意。衛父卣衛公叔敢皆有衛字。乃衛省口而易以冘。冘從冂。猶從口也。衛為之後起字。從行從四止。會通衢四方各有守之者之意。冘則冂內有守之者。衛音喻紐三等。而冘央實防備之防本字。古讀音當如防。則在奉紐。奉與喻三同為次濁摩擦音。蓋實異文耳。衛乃合冘二字而一之者。金甲文多此譌體。書言萬方。詩言四方。方即國也。方非併船也之方。乃甲文作者之譌。則之變。猶之變為矣。國之初文為口。口為垣之初文。有人民財產。防人之奪害。則口之以為守備。次初文為。以人守㫖也。或為。為。竝見甲文。以戈守口也。蓋口本垣之象形文。亦圍之初文。初借以為國字。後造冘或。則示守衛其土地人民財產。而集團之形式成國家之模範立矣。國為或之後起字。或又之異文。或之異文字又作域。域音亦喻三。蓋得音於口也。冘之變則為或。竝見甲文。或見金文見本書。又變為。由或之音變為國入見紐。而復轉為戒。由央之音如防。古讀奉歸竝。由竝以同雙脣音轉封紐。則造從斤聲之兵。為轉注字。而冘之音讀入喻四。則轉心而讀為戍。同為次清摩擦音也。形變音移。而後國乃為名詞。餘均為動詞矣。初固止示守其所有而已。不娶敢。馭厥妥。即禦防玁狁也。則冘為防備之防本字之塙證。甲文有字。蓋從省聲。以音求之。蓋兵之異注字矣。說解從人出冂。依字形為之詞。亦非許文。字或出字林也。甲文作。【說文解字六書疏證卷十】

◉楊樹達　許君說殊無理致，余於七年前嘗釋此字，疑為枕字之初文。頃者余溫尋龜甲文字，見此字作，作，與許書形同。又有作者，象人荷擔，兩端有物，以手上扶擔木之形，始悟此字為儋字之象形初文也。說文八篇上人部云：「儋，何也。何下云：儋也。从人，詹聲。」今字作擔。按詹聲冘聲古皆閉口音陽聲字。音最相近，从冘聲之字如眈耽紞酖音讀，今皆與儋同，故知其為一字矣。異者，冘為象形，儋為形聲耳。【釋冘　積微居甲文說】

央

珠838　續2・7・5徵4・13　續2・7・9徵4・12　續6・21・4　古2・8　鄴42・7　誠353　新207・9【續甲骨文編】

央　虢季子白盤　央簋【金文編】

三代下4·37【古陶文字徵】

〔二二〕〔三六〕【先秦貨幣文編】

201【包山楚簡文字編】

央　日乙二〇七　十四例　通殃　有—　日甲九一　日甲一七背　五例【睡虎地秦簡文字編】

未央廐丞　李未央印　高未央　上官未央　靳未央　未央　除凶去央　樂未央　譚未央

周未央　高未央　上官未央　馮未央　隽未央印　杜未央　未央【漢印文字徵】

古老子【古文四聲韻】

◉許　慎　中央也。从大在冂之內。大。人也。央旁同意。一曰久也。於良切。【說文解字卷五】

◉孫詒讓　「貝邲子于□」，二百七十二之二。「」當即「央」字。《說文·冂部》：「央，中也。从大在冂之內，大，人也。央、旁同意，一曰久也。」金文虢季子白盤作。此與彼略同。「子央」當亦人名字。【契文舉例上】

◉林義光　說文云。中也。从大在冂之內。人也。按古作虢季子白盤。冂象旁有兩界。示其非中處。象人居其中。【文源卷六】

◉高田忠周　說文。中央也。从大在冂之內。大。人也。央旁同意。蓋旁从冂。象四方境界。央从冂。象遠方境界。其意正同。又一曰久也。本義之轉耳。詩蒹葭。在水中央。禮記月令。中央土。此皆與本義相近。因謂字元當作。人在中土也。作作者。以任結構也。人在中土者。以得永住。故亦為久義。廣雅。央。盡也。已也。又叚借疊韻連語。方言。央亡。猶也。是也。又重言形況字。詩出車。旂旐央央。六月。白旆央央。傳。鮮明皃。載見。和鈴央央。東京賦注作鉠。泥鈴字而加金耳。又。詩白華。英英白雲。蓋亦與央央同意。漢鏡文英字多唯作央。古文用英為央。或用央為英。可知矣。又按此銘云。弓彤矢其央。劉心源云。言彤色明。詩傳。央央。鮮明也。是也。然古者用例。央央謂白之鮮明。與彤色自相乖矣。愚謂此其央。當讀為旗鞅。彤弓彤矢與旗及鞅也。且此篆右旁羨一筆。或以為分別耶。存疑云。但此篆

設為鞅字。亦當叚借為央也。【古籀篇十六】

◉馬叙倫　鈕樹玉曰。韻會引作中也。詩庭燎釋文引作央。久也。已也。段玉裁曰。當作央中也。央乃隸書複舉字也。倫按虢季子盤。賜用彤弓彤矢。其□。□或□之譌。或大為□省。□為伏甲之伏初文。從大象側首持杸視察形。□在冂內。所以守界。正防備之義。衛公叔敢衛字作□。盂鼎邊字作□。散盤作□。皆從尢。即從央。邊字從臱得聲。臱即邊陲之邊本字。從冂之茂文。尢央亦從冂也。足明央之義不得為中央。中央也者非本訓。防備四邊以保衛中央。衛之初文作□。可證。許當止以聲訓。從大在冂之內亦非許文。大人也央旁同意校語。當曰。央尢同意。尢甲文作□。金文亦然。形與旁近。亦或本書旁篆為□之譌也。一曰久也者。久當作已。久本為已之譌文。已也者。姎字義。釋文引久也已也者。一本有校者據本作已也者注之也。此一曰四字亦校語。字見急就篇。【說文解字六書疏證卷十】

◉丁　山　字象人頸上荷枷形。董作賓釋央。是也。山按。央孳乳為鞅。說文云。「頸靼也。」釋名釋車。「鞅。嬰也。喉下稱嬰。言纓絡之也。」詩北山。「或王事鞅掌。」鄭箋。「鞅。何也。謂如馬之何車。」謂□如馬荷車。不如說象人頸荷枷之尤肖也。人頸荷枷。必由犯了罪過。說文訓殃曰「咎也」。或曰「凶也」。易坤卦釋文引。凶咎殆是央字本誼。【甲骨文所見民族及其制度】

◉高鴻縉　字倚大(人)畫其肩擔物形。由物形□(象扁擔及其所擔之物)生意。擔物必在扁擔之中央。故託以寄中央之意。狀詞如詩夜未央。言夜尚未至半中也。後亦用為名詞。謂中點。央旁兩字。均就物形託寄狀詞。故許曰央旁同意。【中國字例二篇】

◉白玉崢　□：籀廎先生釋央。見卜人篇。吳其昌氏曰：「孫以子央為人名，碻不可易；惟从說文以□為央字，則似未諦。考央字實當从冂从大，象矢倚架之形；矢倚架中，故會意為中央也。說文从大之說，殆未必是。且此字皆从凵，不从冂，孫氏之說，顯不可遵矣。」解詁三三九頁。崢按：吳氏「象矢倚架形；矢倚架中，故會意為中央也」之說，殊不可通；難道矢倚架旁即不為矢矣？吳氏之說，自不能徵信。茲就□之構形觀之：字當从凵，猶說文之□，「象器曲受物之形」。說文之□，猶甲骨文字之□珠六三三也；說文又另出凵字，謂之凵盧飯器，其實□、□、凵三者一也，亦猶甲骨文字之□鐵一·三與□珠六二八者也。从丅，象所受之物之形。物象，所以作丅者，蓋為一切物之通象也。从大，象人正直挺立之形。字蓋象人以頭戴物之形；與異字通。徵於川、康苗、傜之俗，於今仍有以頭戴運物品者。戴物，必得凵及頭頂之中央，始可求所戴之物之平衡，故引申為中央或中點之義。【契文舉例校讀　中國文字第四十三冊】

隺 隺

◉許　慎　隺高至也。从隹。上欲出冂。易曰。夫乾隺然。胡沃切。【説文解字卷五】

◉林義光　説文云。隺。高至也。从隹上欲出冂。按古作[古文]隺尊彝戌。从隹在宀下。即鶴之古文。鶴。玩好之鳥。故在屋下。【文源卷六】

◉馬叙倫　沈濤曰。易繫詞釋文確字兩引説文云。高至。許書無確字。蓋陸所見周易本作隺不作確耳。林義光謂此鶴之古文。倫按隺音胡沃切。則從冂靃省聲。為冂之同舌根音轉注字。此榷酤之榷本字。高至也者。附會鶴鳴九皋聲聞于天之意。非本義。亦非本訓。字或出字林。【説文解字六書疏證卷十】

◉陳夢家　説文「霩，雨止雲罷貌」。霩是雨止雲散，天已廓清，它與暋(白日雨止)霽(雨止)是不同的。卜辭的𦊐字，應是説文卷五冂部的隺字，説文曰「高至也，從隹上欲出冂」。字象以罩罩鳥之形，爾雅釋器「籗謂之罩」，注云「捕魚籠也」，説文作籗。隺霍同從隹而音亦相同，古音與廓為近。武丁卜辭云：

羽壬寅易日？壬寅隺？　續5·10·3

羽丁酉彫伐易日？丁明隺？大食日攺？　續6·11·3；庫209　(參乙6386)

卯雨，辛隺　前6·51·6

羽辛丑雨？隺？　下25·6

羽癸卯帝不令風，夕隺？　乙2452

羽甲攺？甲隺？　續4·36·8

羽壬寅攺？壬寅隺？　珠166

旬日其雨，其于丙辰隺不雨。　粹819

[之]日允㞢雨，乙巳隺。　拾7·12

由此可知凡一卜之中預卜天氣者有(1)易日或隺，(2)雨或隺，(3)攺或隺。則隺不是陰，不是雨，也不是白日雨止而是雨止雲散。集韻「暀音霍，暫明也」，玉篇「暀音擴，明也」。其義與卜辭之隺近。乙6386「乙卯允明隺」，可參證。

卜辭𦊐字亦可讀作𦊐，説文「𦊐，覆鳥令不飛走也，從网隹，讀若到」。説文「昭，日明也」，「照，明也」，音皆與到同。卜辭之隺若讀作昭，與霩義亦相若。【殷墟卜辭綜述】

𩫏

甲一四五　甲五四七　古郭庸通用𩫏兮猶言晨曦商代紀時名天剛明時也　𩫏兮㝡　乙四八一　乙九〇六　方作郭

乙八九三五　前四・一一・一　前五・六・二　前七・二・三　林一・九・九　戩四〇・一四　佚一五八　佚七二〇　燕五八四　京津一二七五　鄴三下・四九・七　粹六五二　至𩫏㞼　粹七一五　𩫏兮至昏不雨　粹七一六　粹七一七　掇一・三九四　昃至𩫏不雨　文管四七　前八・一〇一　或作四个象城郭之四重亭兩兩相對也　京都三三四一　【甲骨文編】

甲145　547　3510　乙481　906　4761　5640　5760　5765　6164　7981　8935　珠418　佚720　掇394　徵8・33　鄴三49・7　續存337　2238　粹652　715　716　720　1246　新2316　【續甲骨文編】

𩫏　説文象城郭之重兩亭相對也與庸𩫏墉為一字𩫏與𩫏乃以筆迹小異而析為二庸魏三字石經古文作説文墉古文作　臣諫簋　師鼎　伯𩫏父盉　伯𩫏父鬲　毛公厝鼎　余非𩫏又昏　召伯簋二　僕𩫏土田即魯頌之土田附庸孫詒讓説　𩫏鼎　拍敦蓋　師𩫏鼎　朕考𩫏季易父　國差𦉜　鑄西𩫏寶𦉜　䢅伯𩫏盤　孳乳為鄘　井侯簋　鄘人　鄘伯馭簋

【金文編】

3・332　楚𩫏衢蘆里囗　3・337　楚𩫏衢蘆里芰　3・338　楚𩫏衢蘆里囗　3・333　楚𩫏衢蘆里鹿　3・336　楚𩫏衢蘆里門　3・340　楚𩫏衢櫨里何　3・358　楚𩫏衢丙里　3・359　楚𩫏衢丙里曾　3・361　楚𩫏衢丙里

3・355　楚𩫏衢丙里艸　3・370　楚𩫏衢關里𣅀　3・371　楚𩫏衢關里癸　3・477　左南𩫏衢辛匋里賹　3・479

南𩫏衟匋里愁 3·482 南𩫏衟辛匋里或 3·362 楚𩫏衟武里昔 3·365 楚𩫏衟關里紟 3·366 楚𩫏衟關里臧 3·481 左南𩫏衟辛匋里佑 3·569 豆里𩫏☐ 3·571 豆里𩫏☐【古陶文字徵】

享 秦五 通槨 唯不幸死而伐綰—者 秦五 通烹 —而食之 日甲三七背 日甲三七背 日甲三三背 二例 日甲六六背【睡虎地秦簡文字編】

亭朱 亭壽 亭柱私印【漢印文字徵】

石碣吳人 𩫏㢩墉同字 㢩墉重文【石刻篆文編】

◉許 慎 度也。民所度居也。从回。象城𩫏之重。兩亭相對也。或但从口。音𩫏。凡𩫏之屬皆从𩫏。古博切。【說文解字卷五】

◉吳大澂 古郭字。白厨敦。【說文古籀補第五】

◉劉心源 𩫏。宋人釋京。余讀原。細審此銘。篆跡雖稍蝕。碻是。案說文。。度也。民所度居也。从回。象城郭之重。兩亭相對也。或但从囗。此即城郭之郭。據說解當奪字。凡說文从者。如京高字。古刻止从。無有人下作○○者。後人變寫耳。繹山刻石高作。亦不从。可證也。今人以高為正。高為俗。失攷。𩫏以為兩亭相對。此从兩相纍。意實同也。䍐敲从高者。蓋京亭二字皆从高省。故許以𩫏从亭。而古刻从高从京。此銘及牧敦𢘅敲皆从京。皆同形通用耳。此銘讀為廓。緟𩫏厥命者。蓋昔既錫命。今又重廓其命。謂推廣之也。【奇觚室吉金文述卷二】

◉劉心源 𩫏或釋良。或釋高。案。說文度也。民所度居也。從回。象城𩫏之重兩亭相對也。或但从囗。此即城郭字。據許後説。知奪篆。古刻單作者。見于伯厨敲。說文籀文城从𩫏。而矢人盤封于敹城从。䢅生敲城號从。毛伯彝更號城从。皆許所謂籀文从𩫏而其後説所謂从者也。若殳季父壺。明是良字。篆法又不同矣。【奇觚室吉金文述卷五】

◉孫詒讓 舊釋為享。金文享字常見。皆不作此形。且於義亦難通。此當即庸字。說文𩫏部云。𩫏。用也。讀若庸。同此。即𩫏之省。下从者。即自之省。又說文土部。墉重文云。古文墉。此與𩫏字畧同。唯下从囗小異。依說文。則墉古文與𩫏篆畫無異。於字例難通。疑誤以𩫖為墉也。僕。古與附通。僕墉者。即附庸。僕墉土田。猶詩魯頌閟宮云。土田附庸。左定四年傳。說成王封伯禽云。分之土田陪敦。陪敦即附庸之叚借。因古文庸作𩫏。故或作敦。左傳本多古文也。彼附作陪。說文土部作培。並聲近叚借。與此敔借僕為附例同。詩大雅。景命有僕。毛傳。僕。附也。祝鮀語即本魯頌。東漢以後。古文亡失。治經者不能盡通。故許賈服杜諸家釋左傳者。皆莫能辨矣。【召伯虎敔　古籀餘論卷三】

◉孫詒讓　說文𩫏部「𩫏，度也，民所度居也。从回。象城𩫏之重，兩亭相對也。或但从□。」金文齊侯甔「西𩫏」字作，正从回，而𩫏伯敔作，毛公鼎作，石鼓亦同，則皆从口。是說文正或二體，古金石文並有之。唯說文土部「墉，城垣也。从土庸聲。」古文作。依許說則古文墉字與篆文𩫏正同，與字例不合，恐有誤也。

召伯虎敔云：「余考正公，僕土田。」當即墉之古文，舊釋為享誤。古音「僕」與附相近字通，僕在尤幽部，附在侯部，音最近。詩大雅既醉「景命有僕」，毛傳云：「僕，附也」。「僕墉土田」，猶詩魯頌閟宮云：「土田附庸」也。定四年左傳成王分魯公以土田倍敦，莊葆琛謂倍敦即附庸之誤，與此可互證。蓋僕倍聲近，敦𩫖形近，皆得通也。此敔義符經詁，其為古文墉無疑，其形蓋从𩫏省从口，說文城字籀文亦从𩫏。古字凡有匋帀容受之義者，多从口，故說文高部「高，崇也。象臺觀高之形，从冂口，與倉舍同意。」此字从口，蓋與彼同。又攷無惠鼎「縞」作，偏旁高省从，與此字下半略同。若然「墉」作𩫖，或从「𩫏」从「高」省，於字例亦通。要與「𩫏」字實微不同，許書或傳寫之誤爾。

說文亯部「𩫋，用也。从亯从自，自知臭，香所食也。讀若庸同。」此字與古文墉音同，形亦相近，而實非一字。金文拍舟有宮，即此字也。上从「亯」不从「𩫏」省，下从「自」不从日，形義較然不同。

說文夊部「夏，行故道也。从夊，畗省聲。」龜甲文作，上从。攷說文畗部「畗，滿也。从高省，象高厚之形。」則不當作，金文夏字未見，而有偏旁从夏者，如曶鼎復字作，又作，說文勹部有𠣫字，从勹夏聲，此疑即彼字。散氏盤作，又復公子敔作，舊釋為登，誤。其夏形並作、、、形，故甲文省作，亦與𩫏字略同。而別有𩫏鼎云：「作寶鼎。」字中从「田」，與「畗」字同。若然，疑「畗」字或亦作「𩫏」，金文「復」字即从「𩫏」省，並非从「𩫏」。小篆从「宫」亦非也。【名原下】

◉林義光　說文云。。从回。象城𩫏之重。兩亭相對也。或但从□。作。按古作侯氏鐘。作毛公鼎。經傳以郭為之。【文源卷一】

◉丁佛言　拍槃　此與部首。土部古文墉。本為一字。說文中三見。愚案。古郭城墉皆祇作。純為象形字。後因字多用異。一為部首。一附墉字下。在此則訓用。與庸字通。原書釋𩫋。非是。【說文古籀補補卷五】

◉王國維　殷虛卜辭有◇字。象四屋相對。中函一庭之形。又有𩫖字。當即此字之省也。按。古文變化。往往繁簡任意。如奔字作𧺆。見石鼓文。或省作𡗫見盂鼎之類是也。◇字他無所見。𩫖字古金文或作𩫖毛公鼎。或作𩫖齊國差甔。或作𩫖召伯虎敦。或作𩫖拍尊蓋。小篆之𩫖字𩫖字。皆由此變。說文𩫖部。「𩫖。度也。民所度居也。从回。象城𩫖之重。兩亭相對也。或但从囗。」又土部。「𩫖。古文墉。」又亯部。「亯。用也。从亯从自。古鼻字。自知臭香段注以香為亯字之譌。是也。所食也。讀若庸同。」是許君以𩫖亯為二字。又以𩫖字分為二字。古文墉。篆文郭。其實本是一字。亯為𩫖之變。猶亯為𩫖之變形。其跡甚明。此二字只是古文墉字。召伯虎敦之「僕𩫖土田」。即魯頌之「土田附庸」。左氏傳之「土田陪敦」也。古僕附陪三字同音。附作僕作陪者。聲之通。𩫖作敦音。字之誤也。國差甔之「西𩫖寶甔」。即「西墉寶甔」也。又假借為庸字。毛公鼎之「余非𩫖又昏」。即「余非庸又昏」也。故古文垣堵諸字。皆從𩫖。說文垣籀文作𩫖。堵。籀文作𩫖。城。籀文作𩫖。𩫖。籀文作𩫖。徵之古金文則邵鐘之𩫖。散氏盤之𩫖。虢仲敦之𩫖。史頌鼎史頌敦之𩫖。皆从𩫖作。故𩫖𩫖二字為古文墉字。蓋無可疑。又古者先有宮室。而後有城郭。必先有宮室之垣墉。而後有城郭之垣墉。則凡从𩫖之字。非取象於城郭而取象於宮室也。必矣。又𩫖𩫖字上下所从之亼及亼。實象屋形。古文自有此部首。昔人釋為屋形。其實宀广二部首即由此變。本一字也。更分析之。則亼∧象屋。而下二直‖象其垣墉。故高京亭諸字兼取象於亼及‖。而𩫖𩫖𩫖諸字但取象於屋下之二‖。以‖不足以象垣墉。故必以亼亼象之。義各有所當也。然則𩫖𩫖之為字。實象兩屋相對之形。而非象兩亭相對之形。則◇字之為四屋相對之形又可決也。又古者祭祀除郊社外祭必於屋下。被髮祭野。古人以為戎狄之俗。故𩫖字又引申為祭亯之義。殷商卜文云。「癸卯卜。賓貞。□唯𩫖于京。」前編五卷九葉。又云。「癸卯卜。賓貞。𩫖𩫖。」同上三十葉。拍尊蓋。「拍作朕配平姬𩫖宮祀彝。」此數字。其義略同於亯。而其音當讀為庸。恐即說文𩫖字音訓之所自出。庸字作𩫖。作𩫖。與亯字之作𩫖。作亯。作𩫖。同取象於廟形。不獨墉庸同聲可通叚也。由此觀之。則◇𩫖二字所象可知。並知四棟之屋實起於制◇字。以前殆為宮室最古之制矣。【甲骨文字集釋第五】

◉陳　直　卜辭有◇字。象四屋函一庭形。予疑為殷太學之象也。殷太學名瞽宗。禮記明堂位云。「米廩。有虞氏之庠也。序。夏后氏之序也。瞽宗。殷學也。頖宮。周學也。」大戴禮保傅篇注云。「天子之學與明堂同制。虞名學為庠。夏為序。殷為瞽宗。周人兼取之。以名其四堂。詩曰。『鎬京辟雍。自西自東。自南自北。』謂辟雍居其中。四室環之。」卜辭正象其形。知殷禮與周禮同也。【殷契賸義】

◉強運開　𩫖薛尚功釋作高。非是。趙古則楊升庵均作享。亦非。運開按。說文𩫖部。𩫖。度也。民所度居也。从回。象城郭之重。兩亭相對也。或但从□。是或體作𩫖。此篆即城郭之郭矣。又按。説文。墉。城垣也。从土庸聲。𩫖古文墉。與城郭之郭字形無二。段注云。此云古文墉者。蓋古讀如庸。秦以後讀如郭。如豕亥同𠀉字。訓順訓慕同變字之比。又按。亯部。𩫏。用也。从亯从自。自知臭香所食也。讀若庸同。段注云。此與用部庸音義皆同。玉篇曰。𩫏今作庸。廣韻曰。𩫏者庸之古文。攷拍盤。乍朕平姬𩫏宮祀。彝與此篆同。阮釋為亯。吳愙齋説文古籀補从之。誤也。𩫏宮祀即用宮祀。猶頌鼎言用宮御也。毛公鼎云。余非𩫖又昏。與鼓文同。正讀如庸也。吳釋為廓。非。又按。彝器多䮶𩫛乃命之文。諸家多釋為京。但據説文。籀文就作𡬪。以𩫛為古京字。竊謂未塙。蓋𩫛篆中从□。仍象兩亭相對形。當仍為𩫖之變體。所謂筆跡小變之類耳。䮶𩫛乃命者。即踐用乃命之意。是𩫖𩫏𩫛𩫛等篆實為一字。其本義為城郭城墉。而或叚為庸。或叚為用。則引伸之義也。鼓言會受其𩫖。蓋讀𩫖為庸。庸訓庸功。亦訓勳庸。殆言有功者當受勳庸。如書所云明試以功車服以庸者與。按此下有闕文。【癸鼓　石鼓釋文】

◉商承祚　説文解字。𩫏度也。民所居也。从回。象城𩫏之重。兩亭相對也。或但从□。白厨敢作𩫖。與此同。許君之从𩫏。乃合傳寫之誤。予意卜辭凡从亯字者皆作亼。如毫高京亯章之例是矣。可證許書之失。又高低之高小篆作高。今隸作高。亦古文之存于今隸中者。

又案。王徵君説此字説文有二説。一為城郭字之篆文。一為墉之古文。召伯虎敢僕𩫏土田。即詩之土田坿庸。左氏傳之土田倍敦也。【殷虛文字類編第五】

◉郭沫若　𩫏。説文以為墉之古文。又以為郭之古文。金文毛公鼎以為昏庸字。召伯虎毁以為附庸字。則以墉字説為得其實。庸字在此似示時限。疑假為彤。若融用為明晨或晨刻之意。故古者以昏庸連文也。下第七一五片有「𩫏兮曦至昏不雨」之辭。其明證。【殷契粹編】

◉馬叙倫　王紹蘭曰。以小國例之。內口象三里之城。外口象七里之𩫏。御覽引漢典職曰。洛陽十二城門。門一亭。城有亭。明𩫏亦有亭。從而望之。南𩫏之亭與北𩫏之亭相對。橫而望之。東𩫏之亭與西𩫏之亭相對也。姬奐豆有𩫏字。𩫏字蓋本此。王國維曰。此字説文有二説。一為城郭字之篆文。一為墉之古文。召伯虎敢。土田僕𩫏。即詩之土田附庸。左氏傳之土田倍敦也。章炳麟曰。古文墉直作𩫏。是為牆垣通名。一讀入東。則變易為墉。容庚曰。𩫏與庸墉𩫏為一字。𩫏與𩫏乃以筆跡小異而析為二。倫按召伯虎毁之𩫖。毛公鼎之𩫖。皆即此所謂或從□者也。然□回一字。則𩫖𩫏亦一字。金文𩫖字作𩫖。可證也。𩫖𩫏蓋為□回之異文。亦用之異文。徒□用為文僅象牆垣之形。而𩫏則垣上有亭耳。今音□在喻紐三等。用音喻紐四等。古讀並歸於定。𩫖音見紐。然此曰度也。以聲訓。則古讀郭為度。音亦定紐。是因時空關係而音變。且復以內者為城外者為𩫖矣。或𩫖為城之有樓者之名。從回或從□。從高省。音即得於高。高𩫖音同見紐。則為會意。然鞹為去毛之皮。而米之最外者為穀。穀為今所謂殼之本字。則𩫖鞹穀之語原同。而𩫖自即垣也。𩫖為□之異文。於義校是。民所度居也蓋字林文。象城𩫖之重兩亭相對也。亦呂忱或校者改之。或但從□。則校語也。此依後起字例。仍屬象形。玄應一切經音義引倉頡。郭。城郭也。然則倉頡有郭無𩫖。此字出訓纂耶。或呂忱加此部。或倉頡本作𩫖。傳寫者易之。【說文解字六書疏證卷十】

◉于省吾　粹編六五二片「至𩫖啓」。七一五片「𩫖兮至昏不雨」。七一六片「𩫖兮雨」。郭沫若云。「𩫖殆叚為彤。明日也。兮。假為曦。」按。郭謂兮假為曦。允矣。謂𩫖殆假為彤。非是。𩫖即今郭字。郭廓古籍同用。𩫖兮。應讀作廓曦。謂晨光開廓曦明也。又廓與闓。曦與曐。並雙聲字。闓曐當即廓曦之聲轉。詩載驅「齊子豈弟」。鄭箋「豈當讀為闓。古文尚書以弟為曐。曐。明也。」是卜辭言𩫖兮猶詩之言闓闉。即開明之義也。【釋𩫖兮　殷契駢枝】

◉陳　槃　周公𣪘中之𩫏。此郭字。說文土部古文墉字與邑部篆文郭字同。于字例不合。實則郭。金文作𩫏或𩫏。亦或省作𩫏。墉則金文作𩫏。下从口。與郭字微有不同。許書或傳寫之誤。參孫詒讓名原下𩫏字條。而此郭氏者。東方之國。當于齊境求之。周公𣪘曰。「隹三月。王令熒眔內史曰。𦍌𩫏井邢侯服。錫臣三品。州人。重人。𩫏人。⊘」

又有𩫏白𠭰𣪘者。𩫏亦當讀郭。此郭蓋亦東方之郭。而與周公彝之所謂郭人者是一事。⊘郭即齊境郭氏。【春秋大事年表列國爵姓及存滅表譔異三冊】

◉陳夢家　郭作𩫏，亦即說文古文墉字。古郭、虢音同相假：左傳僖二隱元之虢，公羊傳作郭。鄭語之虞虢，即北虢，漢書地理志以為在河東郡太陽，今山西省平陸縣。大雅皇矣述文王「以伐崇墉」，墉或是國名。郭旦是另一地名，今河南孟縣北十五里有郭旦鎮，亦作穀旦。【殷墟卜辭綜述】

◉饒宗頤　卜辭「子[illegible]于出墉。」(見前編八·一〇·一。)出墉者，易解上六：「公用射隼于高墉之上，獲之，無不利。」同人九四：「乘其墉，弗克攻，吉。」墉即城也。【殷商貞卜人物通考】

◉徐中舒　說文於土部垣城堵三字下的籀文，其偏旁土並作𩫏形，又於墉下云𩫏古文墉，而在𩫏部又以𩫏為城郭之郭。𩫏，甲骨作𩫏，金文作𩫏，本象復穴兩側旁出，上有覆蓋之形。說文既以為城郭之郭，又以為垣墉之墉，垣、墉、城、郭、堵五字，皆由牆壁得義。蓋古代營穴居於黃河下游廣大平原之間，穴上四周，例有垣墉以避外水侵入。魏書勿吉傳謂：「其地卑濕，築土如隄，鑿穴以居，開口向上，以梯出入」，築土如隄，即穴上四周的垣墉。說文謂四方高中央下為丘，亦是此意。又厚金文作□，从厂从□省，正會垣墉之厚意。

□篆作□，隸作享，吳大澂字說及說文古籀補並說□象宗廟形，其說一再稱引於金文編、甲骨文編諸書。石璋如也說享、高、京、亳……這些字都象房屋建築形。以上述諸字論之，此說實誤。享有享祀或宴享之義（字或作饗），又有亨煮之義，隸變作亨（或作烹），又从亯之𦎫有孰（熟）義，自亨煮煮熟以至享祀或宴享，雖事有先後，而義實相承。由字形觀之，□雖為□形之省，但由穴居營建而言，□象穴上一孔正出，上有覆蓋之形，與穴、京、高、亳、亭諸字為一系；□象穴有兩孔側出上有覆蓋之形，與丘、虛、復、良諸字為一系。亯象穴居開口向上，更加覆蓋，為中霤，釋名釋宮室云：「中央曰中霤，古者覆穴，後室之霤當今之棟下，直室之中，古者霤下之處也」；中霤之下為室中置爐火處，晝夜生火不息，晝則圍爐而食，夜則圍爐而臥，（更無臥具，故必圍爐取暖。）自穴外觀之，中霤之上恆有炊煙，因炊煙而亨煮煮熟宴祀宴享諸義，也就很容易聯想起來了。【黃河流域穴居遺俗考　中國文化研究彙刊第九卷】

◉李宗焜　(70)昃至𦎫不雨。　29793

(71)𦎫兮至昏不雨。　29794

由上引卜辭知𦎫兮又稱𦎫，其時在昃與昏之間。𦎫在古文字中有庸、郭二讀，郭沫若以為「𦎫」假為「彤」，「用為明晨或晨刻之意；……兮為曦。」董先生以為「朝前為兮，兮前為昧」。于省吾則曾釋𦎫兮為「郭兮」讀為「廓曦」，解釋為「謂晨光開廓曦明也」，今既由甲骨得知𦎫兮在昃昏之間，則一切晨刻之說即不能成立。

《綜述》認識到𦎫兮在昃昏之間，相當於初昏，應是正確的。唯陳氏又引《公羊・定十五經》「日下昃」注：「下昃蓋餔時」，而謂「淮南子天文篇謂之大還」，其實《淮南子・天文篇》「餔時」、「大還」為二個相鄰的不同時段，陳氏蓋一時失察。

「𦎫兮」主要出現在無名組卜辭。【卜辭所見一日内時稱考　中國文字第十八期】

◉周法高　容庚將此條𦎫字古博切隸定作享。非是。郭字與墉字古通。郭為陽部入聲鐸部字。見紐。墉為東部字。喻紐四等。二者之相通。亦猶橐字與東字相通也。徐中舒謂東字象橐形。為古橐字。周秦古韻文中。有陽部與東部通押之例。如老子第十六章「不知常。妄作凶。知常容。容乃公。公乃王」。陽部常王字。與東部凶容公諸字押韻。即其例也。董同龢龍宇純均有文論及。董同龢。與高本漢先生商榷自由押韻說。兼論上古楚方音特色。史語所集刊第七本第四分。頁五三三至五四三。一九三八。龍宇純。先秦散文中的韻文。崇基學報二卷二期三卷一期。一九六三。郭字與橐字為陽部入聲字。墉字與東字為東部字。喻紐四等字古有與

舌根音相通者。如欲為喻紐四等字。從見紐谷字得聲。即其例也。【金文詁林卷五】

◉張政烺　「墉商」（按指「……立邑墉商……」綴合三〇）的墉字義為城牆，在這裏是動詞，即修城牆，如詩經・韓奕「實墉實壑」的墉字，毛氏傳説是「高其城」。墉商是把商的城牆培修加固。「立邑墉商」是説徵聚衆人城商。這就證明築城是殷代徭役中的一項，是殷代衆人的沉重負擔之一。【卜辭裒田及其相關諸問題　考古學報一九七七年一期】

◉李孝定　孫氏釋此為𩫏，正阮氏之誤，其説是也；惟謂許書亯部之䯧，與墉之古文𩫏，形近而實非一字，上从亯而非𩫏省，下从自不从口云云，則仍未達一間，衡之金文，𩫏字衹讀余封切，説文亯部之䯧，土部墉之古文𩫏，仍存此音可證；即以形言，土部墉之古文𩫏，與五卷部首訓度之𩫏，篆畫全同，䯧字下半所从，亦由「□」所譌變，非从「自」也。王國維氏説此極是，惟王氏謂小篆以為城郭字失之矣，所論亦未安，此字有古博切一讀，當屬後起，音讀雖殊，而誼仍一貫，語意發展，實有此例，蓋城郭、墉垣，義屬分衍，𩫏字原讀余封切者，已為後起形聲字之墉所取代，城郭一義，未遑另製新字，遂取原有之𩫏字當之耳。吳寶瑋、吳闓生二氏説此殊誤。商承祚氏駁嚴氏校議説，謂不當以𩫏為䪊之爛體，其説是也，然謂庸之古文本作𩫏，亦有未安，昏庸之庸，古無正字，借城𩫏字為之耳。陳槃氏謂金文之□為齊境之郭，亦可商，證以毛公鼎銘借此為庸，則國名之𩫏，仍以釋鄘為是。誠如陳氏之言，則字之讀古博切，非始自秦漢以下，蓋自東周已然，未敢妄議。周法高氏通郭墉二字韻讀之郵，則一字二讀之説，可以無疑矣。【金文詁林讀後記卷五】

◉張亞初　我們曾經在甲骨文中發現了下面幾條關於商人在殷都修築城堡和出入都城的直接記録和珍貴史料：

①　甲申卜，我庸于西，多氏人；

甲申卜，我庸于西，七月。（庫一五〇七、一五六二、綴編一三六）

②　己丑子卜，貞，余又呼出庸；

己丑子卜，貞，子□呼出庸；

子蚩呼出庸。（前八・一〇・一；京都B三二四一合；綴編三三〇）

③　乙亥子卜，丁延于我庸。（南上四七）

以上這三條卜辭，都是武丁時期的子組卜辭。第一條卜辭，占卜我（子自稱）是否要在西面庸，即修築城牆，要不要多派些人去（説文氏訓至，這裏作派遣講）。卜問我要不要在七月份到西邊去修築城牆。「庸于西」的庸是動詞。庸作為本義是名詞城，作為動詞用就是修城。

第二條卜辭，是子占卜我呼出城墉，還是子[glyph]呼出城墉，抑或是子蚩呼出成墉。這個墉字如果作名詞解，出墉就是出城。但是，第一條第二條卜辭時間上是互相啣接的，前後相差只有五天。由于時間不長，修城這樣的大工程，未必能完成得這樣神速。所以，這一條卜辭的庸可能是動詞。這樣的話，「呼出庸」就當是招呼命令出去築城了。當然，如果修補城牆的話，這一工作在四五天內也不是不可以完成的。所以「出庸」也不能排除是出城的可能性。

第三條卜辭，占卜者也是子。卜問子組卜辭中的人物丁（丁是人名，參合四二四等）是否能繼續（延）在我這裏修築城牆。在子組卜辭中，屢次見到「丁來」、「丁有執」等（合四二四等），可見丁可能活動在殷墟都城以外的某個地方。他與子組卜辭的子有着一定的從屬關係，所以占卜丁是否繼續為其服役築城。

上述材料表明，商代後期，在殷墟是築有城牆的。……這與文獻上殷墟有古城的記載是相合拍的。……上面「庸于西」之「庸」，可能是新築，也可能是修整舊有的城牆。不管怎麼理解，西面有城牆這一點則是沒有疑問的。從武丁時期的卜辭可知，當時主要的敵人是在西方和北方，特別是西方。所以卜辭所載的「庸于西」，應該說不是沒有道理的。……

不但殷都有城，商代其他的方國，也是有城的。在甲骨文和古代文獻中就有這種明確的記載。……

① □□卜，㱿貞，勿臯，基方缶作庸，子暜𢦒，四月。　（乙七九八一）

② 辛卯卜，㱿貞，勿臯，基方缶作庸，子暜（𢦒）；

辛卯卜，㱿貞，基方作庸，不希，弗吉，三月。　（合一二一一）

這兩條卜辭，是商王的卜人㱿，貞卜基和缶這兩個方國修築城垣，是否要派子暜去摧毀它。𢦒訓傷害，這裏是懲討、殺伐和摧毀之意。基和缶是山西省境內鬼方的兩個方國，據此卜辭可以知道，它們都曾修築過城堡。在這兩條材料中，庸字都是名詞，即城垣。作庸就是修築城垣。【殷墟都城與山西方國考略　古文字研究第十輯】

◉湯餘惠　楚璽有[glyph](5601)字，舊不識，疑當釋「章」，即「郭」本字，《說文》又以為「墉」之古文。按戰國楚系文字的「章」和从章的字寫作：a[glyph]、[glyph]、[glyph]（並曾侯乙墓編鐘）；b[glyph]（望山M1竹簡）；c[glyph]（巴納摹本帛書）。其形即金文[glyph]、[glyph]（後趙簋城字所从）形之訛變，璽文此字當即例b此旁之省，其形與例c此旁基本相同，可以為證。【略論戰國文字形體研究中的幾個問題　古文字研究第十五輯】

◉徐中舒　[glyph]前五·八·四　象穴居有臺階旁出，臺階上並有覆蓋之形。[glyph]為穴居之室，其旁之[glyph]為有覆蓋之臺階。古代營穴居於黃河中下游平原，穴旁有臺階以供出入，為免雨水下注，其上必有覆蓋。《說文》作[glyph]，以為城郭之郭字篆文，復以為垣墉之墉字古文。郭、墉初本一字，其後讀音漸譌，復造形聲字墉以切合讀音，《説文》遂分為二字。《説文》：「𩫏，度也，民所度居也。从回象𩫏之重，兩亭相對也。或但从口。」《説文》説形不確。【甲骨文字典卷五】

◉王人聰　𩫖疫 

銅質，壇鈕，1.2×1.2，通高1.3釐米。香港中文大學文物館藏。未經著録。璽文「𩫖」為「章」之異體，金文邾公釛鐘融字作「□」，从「章」；長沙楚帛書融字則作「□」，从𩫖，與此璽文同。章、𩫖互作，可證。【戰國璽印考釋　于省吾教授百年誕辰紀念文集】

◉黄德寬　《古璽文編》卷十「交」字下列□(○三一○)、□(○六六九)，卷三「效」字下收□(五二九三)，卷六「郊」字下收□(三九九七)，卷十「疒」部附録收□(一九九六)，並釋為《玉篇》「疫」，將□釋「交」似無異議。然而，□字我們以為也可能是「章」的省變之形。戰國古陶文「章」或作「𠅥」，有以下各種寫法：□(三・三四九)、□(三・三五八)、□(三・三四四)、□(三・三七○)、□(三・三七二)，「城」作「䣜」从「章」，也有如下寫法：□(三・五二○)、□(三・五三五)、□(三・五四七)、□(三・五二二)、□(三・五一八)，以上均見《古陶文彙編》「山東出土陶文」部分。《古璽彙編》三七五一號「城圜」之「城」作□。這些形體顯示□可以是□的不同部分的連寫變體，如果省略下部的□，就成為□了。如果這種推論成立，那麼□與□、□是以類似的方式而省變的「章」字。其下部省略，與「馬」作□(陶彙六・一四六)、「為」作□(鑄客鼎)同例。「章」連寫省變作□，从「京」字的一種類似寫法可以得到印證。《古璽彙編》○二七九號「童其□鉨」，何琳儀先生釋第三字為「京」，用作「亭」，可信。「京」甲骨文作□，與「章」字作□上部本相同，故「京」的上部作□，與陶文□上部相同。包山楚簡有□(一二○)，釋「倞」可從。所从偏旁「京」作□，與印文□相比，上部連寫作□。這表明「章」之作□，上中部連寫並非偶然。

□釋作「章」能否成立，只有通過□及从□字的運用情況才能驗證。《古璽彙編》○三一○號印文為「東郙□□」，原釋「東郙戠囗」。鄭超引裘錫圭先生説釋為「東國戠(織)室」，李家浩先生釋「東郙戠交」。在論述「郢戠過敷」璽時，他肯定了裘先生釋□為「戠」，並進而論證「戠」是「埴」字古文，讀「戠過敷」為「職過傅」，認為就是典籍記載的「司過」的異名。據此，可知李家浩先生大概讀「戠交」為「職交」。裘李二位先生釋「戠」可從。如果釋後一字為「章」，此璽則可釋作「東國職章(郭)」之璽。「職郭」大約相當於「掌固」，「掌修城郭溝池樹渠之固。」《説文》「固」字段注云：「固，國所依阻也。國曰固，野曰險」。掌固之職守主要是修築城廓，故也可曰「職郭」。《古璽彙編》三九九七號印文作「□□□」；原釋「西郊舁」。第一字釋「西」不誤，第三字應釋

「與」，貨貝文「邛（閑）與」之「與」作，包山楚簡作（一三六）可證。第二字从，可釋為「郭」。因此，這枚印文讀為「西郭與」。「西郭」是複姓，漢印有「西郭臨」、「西郭昭」、「西郭定固」等（《漢印文字徵》十二·一～二），後世史書也載有「西郭」姓者，如漢西郭嵩、晉西郭陽等。釋此璽為複姓「西郭」，與複姓「東郭」、「南郭」相當，而複姓「西郊」者似未曾聞，故釋為「郭」，較釋「郊」允當。

以上兩例説明釋為「章」可以成立。但是，、等字或為人名，或為單字，不能確釋，而包山楚簡（一四六）、（二四五）等字，因對簡文尚不能透徹了解，故存而待考。【古文字考釋二題　于省吾教授百年誕辰紀念文集】

◉許　慎　缺也。古者城闕其南方謂之𩫖。从𦎫。缺省。讀若拔物為決引也。傾雪切。【説文解字卷五】

◉馬叙倫　鈕樹玉曰。繫傳夬作夾。譌。沈濤曰。六書故引唐本曰夬聲。徐本曰缺省聲。則古本作夬聲。與小徐本合。大徐本尚奪一聲字。倫按𩫖乃城闕之闕本字。古者句及讀若句皆吕忱或校者加之。【説文解字六書疏證卷十】

掇二　一一一人名　掇二·一八七　掇二·三一三　鄴初下·三三·一一　甲一一二四地名　甲二一三二
甲三五一〇　明藏七三九　鐵九三四　前二·三八·四　前四·三一·六　後二·二〇·一六
後二·三九·一一　佚一八四　佚三七四北京　佚三六六【甲骨文編】

甲3510　珠93　佚184　366　374　990　續3·43·6　徵4·69　10·98
10·99　鄴33·11　書1·10·D　天76　外173　437　新2451　3217【續甲骨文編】

京　辛巳簋　沓父乙簋　臣辰卣　臣辰盉　矢方彝　亘尊　井鼎　靜卣　靜簋
史懋壺　傳卣　班簋　師酉簋　克鐘　芮公鬲　屭羌鐘　遹簋　伯吉父匜　多友鼎

石經京古文作說文就籀文左旁作殆即此字之省　子𩫏鼎　師兑簋　緟𩫏乃命　師克盨　克鼎　　師嫠簋　散盤　【金文編】

4·161　京孫　5·437　獨字　6·48　㢊京　5·438　獨字　7·1　降京　【古陶文字徵】

〔四〕　〔七八〕　【先秦貨幣文編】

布空大　豫洛　按屬羌鐘銘文京字作　仝上　豫孟　布空大　豫孟　布空大　典七八六　仝上　典七八七

仝上歷博　布空大　亞二·九三　仝上　【古幣文編】

3093　此與屬羌鐘京字同。【古璽文編】

京兆尹史石揚　京州韓聶　京頃　京寬　京當　【漢印文字徵】

石經僖公　晉人執衛侯歸之于京師　【石刻篆文編】

京　京出王庶子碑　【汗簡】

王庶子碑　汗簡　【古文四聲韻】

◉許　慎　人所為絶高丘也。从高省。丨象高形。凡京之屬皆从京。舉卿切。【説文解字卷五】

◉孫詒讓　「」當即京字。《説文·京部》:「京，人所為絶高丘也。從高省，丨象高形。」金文靜敢京作，公姒敢作，天廟爵作，父辛盤作，竝與此略同。【契文舉例下】

◉丁佛言　大克鼎。説文籀文從。古京字。此與籀文同。京訓高。又訓大。古器中多次字下。其義應為纘大。即光大之意。同師龢父敢。散氏槃。【説文古籀補補第五】

◉王國維　𩫏。籀文就字從此作。三體石經春秋京作。疑𩫏亦京字。【克鼎銘考釋　王國維遺書第六册】

◉林義光　古作芮公鬲。作御尊彝癸。象京形。高省。兼轉注。【文源卷一】

◉郭沫若　京字古作□，即象宮觀厜㕒之形，在古素樸之世非王者所居莫屬。王者所居高大，故京有大義，有高義。更引申之，則丘之高者曰京，囷之大者曰京，麃之大者曰麖，水産物之大者曰鯨，力之大者曰勍，均京之一字之引伸孳乳也。世有以高丘為京之本義者，未免本末顛倒。【克鐘　兩周金文辭大系考釋】

◉瞿潤緡　京，地名。左傳隱公元年，請京使居之，謂之京城大叔。京縣在今河南滎陽縣東二十一里，賈魯河亦名京水逕焉，在殷都之西南，殷之京當即其地。【卜辭釋文】

◉馬叙倫　戴侗曰。從高省巾聲。蜀本亦曰巾聲。嚴可均曰。古讀京若姜。蜀本非。桂馥曰。九經字樣。京。人所居高丘也。本書。丘。土之高也。非人所為也。淺學因京觀人所築。改此居字為為。以合爾雅郭注人力所作之説。風俗通山澤。謹案爾雅丘之絶高者為京。謂非人力所能成。乃天地性自然也。是京非人力所為也。朱孔彰曰。下文就籒文作□。龍敔□郘敔□特敔□。皆籒文京之變。倫按丘字甲文作□。京為絶高之丘。義重在丘。不得僅從高。況高乃樓觀之樓本字。既從高而又曰丨象高形。於義既複。而丨亦不能表高形也。甲文京字作□□□。金文靜敔作□。師酉敔作□。蓋本作□象形。篆變省為□也。倫謂經典有京無亭。今之亭子。形即與金文京字相似。蓋京即亭也。子□散盤之□。大克鼎之□。甲文之□。蓋非從亯獻也之亯。即亭之異形。□為其樓。□者。亭之圓平面形。下復有樓故作□。□其最下通出入者也。蓋亭者。其下無蔽而上有樓。樓或一層或二層。故義為絶高。而因謂丘之絶高為京。故爾雅釋丘曰。絶高謂之京。借京為丘之絶高者之名。爾雅字多假借也。此訓誤以爾雅之義為釋。不悟丘非人為亭則人為者也。且丘無樓。安得以丘之義釋京字之形。明非許文。蓋説解並經呂忱或校者所改矣。【説文解字六書疏證卷十】

◉郭沫若　「楚京」，劉引溧陽繆鉞云「即楚邱，爾雅釋地邱之高大者曰京，邱京亦雙聲字。」今案繆説已得其半，蓋楚京乃二地名，即楚丘與京山也。郣山省稱為寺，故楚丘亦省稱為楚，京山亦省稱為京。衛風定之方中篇「升彼虚矣，以望楚矣，望楚與堂，景山與京」，楚丘正畧稱為楚。今山東曹縣東南四十里有楚丘城，即其地。水經濟水注云「濟水北逕楚丘城西」，又云「黄溝枝流北，經景山東」，與詩合，足證景山確是楚丘旁邑之山名，毛傳訓「景山」為大山，未得其實也。古音京景相同，史記高祖功臣侯年表「京侯周成」，集解引徐廣曰「京一作景」，本鐘銘之京即詩之景矣。又案，詩之「景山與京」與「莫之與京」同例，言景山與楚丘堂邑同高大也，傳訓京為高丘，亦失之。「䨻敓楚京」者，言驫羌率偏師克寺之後，復長驅南下，奪取楚丘與景山也。【驫羌鐘銘考釋　器銘考釋　金文叢考】

◉陳夢家　説文「京，人所為絶高丘」，爾雅釋丘「絶高之為京」，注「人力所作」。人為之高丘即積土之高臺，故卜辭的義京即宋地

的義臺。然人為之京和天然之丘有時亦可通用：詩定之方中傳「京，高丘也」，皇矣傳「京，大阜也」。【殷墟卜辭綜述】

◉李孝定　京字作京，許君以「人所為絶高丘」解之，可商。字明象建築物之形，今馬來西亞高腳屋，下植木柱若干，構屋其上，與之絶似。丘則小山耳，字形無絲毫相涉。方濬益氏謂京高同意，是也，高字下從冋，易京之高腳為户牖耳，高田氏謂京下作𠆢，以為與丘同意，泥許之誤也。至京有高大、絶高丘諸義，並屬引申，非本義也。郭沫若説從京諸字得義之由，可從。高鴻縉氏謂「以丨指明其基址，謂此即人為之高丘也，正指其部位，為指事字」。説殊不辭，以象形為指事，尤覺未安。【金文詁林讀後記卷五】

◉徐中舒　《説文》：「京，人所為絶高丘也。」京與丘原是古代人民穴居生活在象形文字中的反映。京，甲金文作京，其下端冂正象絶高的穴居，中有立柱之形，其上端合則象自深穴上出有土階及小屋頂覆蓋之形。這就是人所為的絶高丘。【周原甲骨初論　古文字研究論文集(四川大學學報叢刊)】

◉徐中舒　象人為穴居形。冂象丘上纍土之高，合象穴上正出之階梯及屋頂形，丨象充作楮柱之立木。【甲骨文字典卷五】

◉李仲操　「賓伐京𠂤」，賓即廣字，也是大的意思。廣伐與上句旁興相對應。京𠂤即京師，在西周時係專指公劉所都之豳。《詩·公劉》謂：「篤公劉，逝彼百泉，瞻彼溥原，迺陟南崗，乃覯于京。京師之野，于時處處……」《傳》謂：「京，高丘也。師，衆也。京師，高丘而衆居也。」又謂：「董氏曰：所謂京師者蓋起于此，其後世因以所都為京師也。」董氏所講的這個後世，以春秋時代的《晉姜鼎》《晉公盫》銘文證之。京師一詞具有國都的含意，始于春秋。西周時京師為豳地，還可以從銅器銘文中找到依據。《克鐘》謂：「王親令克遹涇東，至于京師。」從涇河的地理形勢看，涇東地區包括高陵、三原、涇陽、淳化、栒邑等地，沿涇東朝西北偏西是關中通往甘肅、寧夏的主要途徑。克鐘所記周王命克巡視涇東而抵京師，與當地的地理環境完全相符。從多友鼎所記更證實了這一情況。【多友鼎銘文考釋　陝西省文博考古科研成果彙報會論文選集(1981)】

◉蔡運章　在M3119:8號陶壺上粉書有「京一器」三字。第一字《報告》隸定作泉，似未確當，我們認為當是京字。例如，漢印京州韓聶印京字作京，苌就私印就字作就，椋始印椋字作椋，孝景園令印景字作景《漢印文字徵》卷五·十四，卷六·二，卷七·二。這些印文中的京及其所从之京旁，都與此字的構形相近，是其明證。

京，當是涼字的省文。洛陽漢墓出土的陶文中有「涼萬石」，《洛陽漢墓羣陶器文字通釋》。可以為證。涼，通作䣼。《周禮·天官·漿人》載：「漿人掌共王之六飲：水、漿、醴、涼、醫、酏，入于酒府」。鄭玄注：「鄭司農云：『涼，以水和酒也』。玄謂涼今寒粥，若糗飯雜水也」。這説明「涼」是酒府掌管的「六飲」之一。《周禮·天官·膳夫》也説王「飲用六清」，鄭玄注：「六清，水、漿、醴、醇、醫、酏。」可見，「涼」亦歸膳夫掌管。但是，涼究為何種飲料？歷來的注家對兩鄭注解中的矛盾莫衷一是，只好讓其並存。陳直先生依據鄭玄的説法，認為涼即「今日水煮宿飯，俗名湯飯也」。《洛陽漢墓羣陶器文字通釋》我們認為，鄭玄和陳直先生的解釋，都「忽略了酒府醬人所司為酒，而非膳夫那樣，既司飲料又司粥飯菜肴」張振林：《中山靖王鳥篆壺銘之韻讀》《古文字研究》第一輯的事實。由此看來，「涼」既歸酒府掌管，當為酒類飲料，把它解釋為「湯飯」，顯然不是恰當的。張振林同志指出：「綜合兩鄭注釋之長處，則可將『涼』理解為寒水酒，即區別于一般水或酒的冷藏水酒」，張振林：《中山靖王鳥篆壺銘之韻讀》《古文字研究》第一輯。這種解釋是正確的。因此，「涼」當是一種冷藏的水酒。【洛陽西郊漢墓陶器文字補釋　中原文物一九八四年第三期】

◉牛濟普　「京戠」印陶與「十一年私來」印陶同出一地，為同一時代遺物。商志𩡧在《説商亳及其它》一文中，對「京戠」印陶釋為「亭戠」。對于京與亭兩字，我在《亳丘印陶考》中曾作過考證，意見與商志𩡧基本相同，商文曾引證馬叙倫先生言：「京和亭在古代是一個字」。殷商時代只有京字而無亭字，這個觀點已為學術界所公認。兩周時代中原諸國以京為京字。我認為這一時期地域不同，京、亭並存。以後隨秦文化的影響，尤其是秦統一中國後，由甲骨文字中京（京）這種字形演變而成的亭，成為亭的專用字。所以「亭」是後起字，大致產生於春秋、戰國時代。至秦漢「京」、「亭」兩字涇渭分明。我對地處中原的鄭州所出東周時代的印陶文字「亭」，認為應釋為京而非亭，就源于以上所談的認識。以使用這類印陶的規律來分析，也應釋為京而非亭字，鄭州所出帶「京」字印陶，目前見到的有兩種，一是「京昃」，一是「京戠」。若以商説，則讀為：昃亭、戠亭。那末同一地所出印陶，出現兩種亭名，不大常見。再則，商文也承認「亳丘」為地名，而在同一陶豆柄上有「亳」與「昃」同蓋一起的實例，兩地名同器也是難以解通的。依慣例，釋「京昃」為陶工名就比較容易理解，昃為名，京為姓。此地商周時代有京氏族居住，又有京城在今鄭州西部。因此戰國初期這裏有京姓的陶工是十分自然的事，以「昃」為名，古璽也有例證，同樣，以「戠」為名也是古人的習慣，《古璽彙編》中有0484印王戠可證。【五方印陶新釋　中原文物一九八七年第一期】

◉黄錫全　崇字作崇，似由甲骨文京形演變，釋京可從。「新京」可能是相對于「舊京」而言的。【湖北出土商周文字輯證】

◉何琳儀　《璽彙》〇二七九著録一方官璽，文字風格、布局款式與一件傳為山東所出的陶文酷似。今將璽文和陶文摹寫如次：

璽文第三字，筆者曾隸定為「京」。根據是三體石經《僖公》「京」作「京」形。「京」的豎筆多一短橫，屬裝飾筆畫，無義。屬羌鐘「京」作「京」，也有裝飾筆畫，可以參照。

「京」,甲骨文一般都作「京」形,或作「京」形(《前編》四・三一・六),則與「亭」同形。秦陶文「咸(即咸陽)亭」之「亭」一般作「亭」形。而秦權「咸陽亭」之「亭」作「亭」形(《度量》一九五),顯然是「京」字。至于秦陶文「咸亘陽亭」(《考古》一九六二・六・二八九),也是以「京」為「亭」。戰國文字中「六國文字」也有以「京」為「亭」的例證:

京市(《璽彙》三〇九三)

昃京(《中原文物》一九八一・一・一四・一〇)

以上「京」字,由辭例推勘衹能讀「亭」。

研究先秦古音者均以「京」屬陽部,以「亭」屬耕部。陽部「京」在漢代韻文中每與耕部字,諸如「寧」、「征」、「平」、「形」、「情」、「靈」、「成」、「營」等相叶。而耕部「亭」偶爾也與陽部字相叶,如班固高祖泗水亭碑「寸木尺土,無竢斯亭。楊威斬蛇,金精摧傷」,以「亭」叶陽部字「傷」,故《韻補》謂「亭」有「徒陽切」之讀音。凡此說明,秦漢「京」、「亭」二字讀音相近。陶文「亭」作「亭」、「亭」等形(《匋文》五・三七),其年代上限不會早於戰國晚期。因此,有的學者認為古文字「亭」即「京」,不無道理。「京」字本象高臺上有亭形。「𩫏」(郭),甲骨文作「𩫏」形,《說文》云「象城郭之重,兩亭相對也」,可資參證。秦漢「亭」字陶文甚多,「亭」前之字均為地名。上揭璽文和陶文首二字均為地名(詳下文),地名下的「京」應據秦漢陶文的辭例讀「亭」。

【古璽雜識續　古文字研究第十九輯】

◉朱歧祥　京為京字省・象高臺。由字例偏旁可證京、京通用。

卜辭 □省作 □,□省作 □,□省作 □,可證京字可省刻作京。

由下二組文例比較,亦證京、京屬同一字:

(1)《外437》☐京☐夒。

《前6・1・5》貞:于京夒。

(2)《卜53》☐戌卜貞:令犬祉田于京。

《存1・1857》☐寅卜☐令犬祉田京。　【殷墟甲骨文字通釋稿】

◉陳秉新　京有高義,就的初文从彳或从辵、从京,就高之義明甚。𨗨字从辵、从𩫖,應是㣕或迒的繁化。

應當指出,許慎說就字從京、從尤,並不認為它是形聲字。只不過他不知道「就」這個形體已經發生部分譌變,仍根據譌變的篆文立說,作出「尤異於凡」這種含混不清的解釋。從㣕或迒演變為小篆的「就」,有一個中間環節值得注意。這就是西周金文中的㪟字。恆簋云：「令(命)女(汝)更㪟克嗣直啚。」㪟是人名。衛尊云：「公易臣衛宋𣁋貝三朋，在新㪟。」㪟是地名。古文字偏旁中，止和彳、辵通用無別，故㪟字也應是就之古文。衛尊的㪟讀為戚，新戚當是新築之戚。

金文又有□字，見伯□父簋。劉心源、吳大澂、吳式芬、馬叙倫同釋就，李孝定先生然其説。今案：各家釋就是對的，□乃□之譌變，古文字偏旁不乏其例。睡虎地秦簡就字作□(睡虎地簡二五·四九)。□乃□之變體，篆文又譌作□(尤)。

由以上分析可知，篆文就雖是譌變的形體，但它是淵源有自的，从京比从𦤎來源更古，説从京乃𦤎之省是沒有依據的。在就(本作㪟)和遼的構形中，京和𦤎都是作為一個會意結構的組成部分而存在的，它們的職能和意義相同，是同一個字的不同寫法。

王國維釋𦤎為京，並舉《説文》籀文就字偏旁及三體石經《春秋》京字古文作□為證，都是對的(釋就説者對三體石經的□是否也要讀就卻避而不談)。不足的是他沒有説明京的繁文為甚麽於京上疊加亯字。要解決這個問題，先要弄清京和亯的本義以及它們之間的關係。

甲骨文京字作□或□，象建築在高臺上的宫室。郭沫若謂「象宫觀厜㕒之形，在古素樸之世，非王者所居莫屬。王者所居高大，故京有大義，有高義，更引申之則丘之高者曰京，……世有以高丘為京之本義者，未免本末顛倒。」案郭説基本正確，惟京之所象乃宗廟形，京的本義即為宗廟，這個意義不見於字書，但從前人的注疏中仍可以窺見其蹤跡。

《禮記·坊記》引《詩》「考卜惟王，度是鎬京，惟龜正之，武王成之。」(今《詩·大雅·文王有聲》作「宅是鎬京」，宅、度古字通。)鄭玄注：「度，謀也。鎬京，鎬宫也。」案此京非指一般的宫室，乃是指宗廟而言。《禮記·曲禮下》：「君子將營宫室，宗廟為先，廄庫為次，居室為後。」《大雅·緜》：「乃召司空，乃召司徒，俾立室家，其繩則直，縮版以載，作廟翼翼。」毛傳亦引《曲禮》此文為説。又《大雅·文王》：「殷士膚敏，祼將于京。」陳奐釋句意為：「傳以殷士為殷侯，謂殷之諸侯也。文王為西伯，殷諸侯自有來助祭于周廟者，以見天命之無常。」這是對的。但他曲護毛傳，釋「于京」為「言于是大也」，真不知匪夷所思了。

在卜辭和彝銘中，也有用京字本義的例子。

矢方彝云：「明公用牲于京宫。」唐蘭先生解釋説：「京宫者，太王、王季、文、武、成王之宫也。」他接着引《公劉》、《思齊》、《大明》等詩，謂「京、周為二地」，「京者，祖廟在焉，故遂稱祖廟為京。」又謂《詩·文王》「祼將于京」為「助祭于京宫」，謂《吕氏春秋·古樂》「薦俘馘于京大室」之京大室為「京宫之大室」，又釋《詩·下武》「王配于京」之京為「京宫」。

何尊云：「王誥宗小子于京室。」唐蘭先生説：「這個京室顯然是在成周的宗廟，是祭太王、王季、文王和武王的地方。……

成周有京宮，見作册夨彝，又叫京宗，見《西清續鑒》甲編的甲戌鼎。根據此銘，也可以稱作京室了。」

商志𩞧同志同意唐說，謂「周代的宗廟叫做京大室或京宮、京宗」，「又簡稱京」，「由此可知，周人將國都或宗廟都冠以京，以示崇高。這是商周兩代不同之處。」

今案：唐說和商說近是，但有兩點未恰之處需要指出：一、宗廟稱京不始于周，二、京的本義即為宗廟，非如唐說因祖廟在京遂稱祖廟為京，亦非如商說「周人將國都或宗廟都冠以京，以示崇高」。彝銘所謂「京宮」者，宗廟之宮也，「京室」者，宗廟之室也，皆指宗廟中供奉神主之所。班簋之「京宗」則當訓為大宗，與令簋之「皇宗」同義。

京在卜辭中多用為地名，也有用其本義者。

辛未卜，以父京，旬……　合集一六〇三九

奠，其奏庸，叀舊庸于大京武丁……弘吉？　屯四三四三

以字有進獻、祭祀義。庸字，裘錫圭先生讀為鏞，謂「卜辭所說的庸當即商周銅器裏一般人稱為大鐃的那種樂器」，卜辭的「叀庸用」、「弜庸」、「弓庸」，「大都是卜問祭祀祖先時是否用庸」的意思。上揭卜辭中的「以」、「庸」均是祭名，祭名下的「父京」、「大京」之「京」，只有作宗廟解才合適。

從上述可見，京的本義為宗廟，商、周都稱宗廟為京。由於國都必有京——宗廟，故遂稱國都為京。宗廟崇宏巍峨，故京引申為大、為高。《爾雅・釋詁》：「京，大也。」《文選・西京賦》：「衆鳥翩翻，羣獸駓騃。散似驚波，聚似京峙。」薛綜注：「京，高也。」京觀、京丘皆取京之高義。《呂氏春秋・禁塞》「為京丘，若山陵」，高誘注：「戰鬭殺人合土築之，以為京觀，故謂之京丘。」京丘又稱京，《淮南子・覽冥訓》「大衝車，高重京」，《說文》「京，人所為絶高丘也」，皆指京丘而言。更引申之，則高丘亦稱京。《詩・定之方中》「景山與京」，毛傳：「京，高丘也。」高是京的孳乳字，高之義無以取象，古人見京宮高崇，遂於(京)下加別義標指符號「」，造成以表示高崇之高這個詞。《說文》高部的高、亭、亳等字均從京，非從高省，當隸京部。許慎謂京「从高省」，顛倒了「京」與「高」的孳乳關係。

亯字，一期甲骨文作(京津一〇四六)，早期金文或作(父乙簋)。吳大澂謂古亯字象宗廟之形，至確。古文字亯與京的構形基本相同，都讀作「京」，本義為宗廟。金文有(父丁鼎)、(且日庚簋)二字，王國維、馬叙倫釋前者為𩫖、後者為章。𩫖字所从之(亯)或作(父丁爵)，張亞初先生說是京的異體字，均是。早期金文𩫖字从亯又从京，可以確證京、亯本為一字。

前七・一・四・二　从亯从京説文所無　地名　粹三六三　京津二七三〇　京津二八一三　前二・三八・五　前二・四二・二　前二・四二・五　續三・二一・二　續三・二三・三　續三・二三・五　珠八　金五九九　鄴三下四四・一　京都四四〇　【甲骨文編】

5・21　咸鄗里就　5・22　同上　秦1301　獨字　【古陶文字徵】

就　效四九　通僦　丙申以—　日甲五六　秦四八　二例　日甲五六　【睡虎地秦簡文字編】

王就印　朱就　讙就　王就　弋就印　葨就私印　蘇就私印　日就富貴　郭就印　齊就私印　就蒲私印　【漢印文字徵】

祀三公山碑　東治就衡山　天璽紀功碑　【石刻篆文編】

就竝見貝邱長碑　【汗簡】

古孝經　貝丘長碑　竝籀韻　【古文四聲韻】

◉許慎　就高也。从京。从尤。尤。異於凡也。疾僦切。籀文就。【説文解字卷五】

◉劉心源　就。或釋喬。非。説文。高也。从京尤聲。尤。異於凡也。此从。即尤省。【奇觚室吉金文述卷三】

◉孫詒讓　「丙□卜立隹」。百六十九之一。此當為「就𩫖」二字。《説文・京部》云：「就，就高也。从京尤，尤異于凡也。」又《乙部》：「尤，从乙，又聲。」此即尤，即京，猶「𩫖」从、从高省，而作「」，與前「京」字小異。【契文舉例下】

◉孫詒讓　𩫖疑古文就之省。説文京部。就高也。籀文作𩫖。此似从京从亯省。與彼略同。緟就葢重複申成之意。【周師龢父敔拓本跋　籀高述林】

◉林義光　説文云。高也。从京从尤。尤異於凡也。按古作伯就父敦。與喬形聲義俱近。當即同字。从京。象曲形。

□亦九字。九。曲也。見九字條。【文源卷七】

◉王國維 説文解字京部。就高也。从京从尤。尤。異於凡也。就。籀文就。案。殷虚卜辭與古金文多見□□字。克鼎師兑敦等均云醽𩫖乃命。乃重申之意。籀文就字當从𩫖省。【史籀篇疏證 王國維遺書第六册】

◉馬叙倫 段玉裁曰。就乃隸書複舉字也。嚴章福曰。就。高也。疑當作尤高也。棧下曰。尤高也。勪下曰。尤極也。語例正同。翟云升曰。六書故作尤聲。王筠曰。蓋謂人就高以居也。然語云就下。又曰俯就。豈有就高之義。蓋古義失傳。姑以為説耳。倫按段説是也。就從京尤聲。非會意也。爾雅釋詁。就。成也。孝經援神契。就之為言成也。成音禪紐。尤音喻紐三等。同為次濁摩擦音。古音成就當同。故爾雅以成訓就。今亦率以就為成。倫謂就為城之轉注字。從京猶從𩫏也。或就為𡨄之譌。𩫏譌為𩫖。故籀篇作𡨄。篆文省耳。亦或就為亭之轉注字。亭音定紐。古讀喻三亦歸定也。尤異於凡也。校語。左傳言尤物。乃□物之誤。尤為羞恥之羞本字。無異義也。字亦急就篇。【説文解字六書疏證卷十】

◉朱德熙 甲骨有𩫖字,用為地名。

壬寅卜貞王田𩫖隹來亡𢦔(殷虚書契前編二·三八·四)

戊戌卜貞王田于𩫖隹來亡𢦔(同上二·三八·五)

戊子卜貞王田𩫖隹來亡𢦔(同上二·四二·三)

𩫖字前人釋作就,以説文就字的籀文左旁从二京相疊為證。又有人認為𩫖字不是一個字,應分釋為亯京二字,主要是因為甲骨中的𩫖字有時把亯與京二字寫得很空開,好像是兩個字的樣子,其實這是不對的。因為金文也有𩫖字,與醽字連用,是西周時代的成語。

既令女(汝)更乃且(祖)考嗣小輔今余隹(惟)醽𩫖乃令(命) 師嫠毁

余既令女(汝)足師龢父嗣左右走馬今余隹(惟)醽𩫖乃令(命) 師兑毁

昔余既令女(汝)出內(納)朕令(命)今余隹(惟)醽𩫖乃令(命) 克鼎

昔先王既令女(汝)乍(作)嗣土(徒)(中略)今余隹醽𩫖乃命 牧毁

從上面所引的例子看來,醽𩫖是連語,可以證明𩫖字決不是兩個字,釋作亯京二字是不對的。

我認為仍應釋作就,説文就字籀文左旁所从的𩫏就是𩫖字的變體。四聲韻有遼字,説是出于義雲章(又引出古孝經二字,大體近似,因不易隸定,不具引),釋作戚字,汗簡辵部有遼字,注「戚古文」。正始三體石經春秋文公元年「公孫敖會晉侯于戚」,戚古文作遷，遷也是遷的變體，所以凡四聲韻汗簡石經諸書的遷或遷都應釋作就，假借作戚，書盤庚「保后胥感」熹平石經作「保后胥高」，高就是遷字之譌。 就戚二字聲音相近，聲紐同為齒頭音，古韻同屬幽部，所以可以假借。 孟子公孫丑「曾西蹵然曰」，汲古閣本蹵作蹙，趙岐章句「蹙然猶蹵踖也」，是一個很好的例證。

卜辭用𩫏為地名，𩫏應讀為戚，就是公孫敖與晉襄公相會的戚。 春秋文公元年「公孫敖會晉侯于戚」，杜注「戚衛邑在頓丘衛縣西」，頓丘漢書地理志屬東郡，晉代的衛縣相當現在山東觀城縣，卜辭及春秋的戚大概在河北省濮陽（開州）附近，濮陽離殷墟不遠，所以商代的君王常去田獵。

金文「䪴𩫏」連語，王靜安讀䪴為緟是很對的（海寧王静安先生遺書毛公鼎銘考釋）。 𩫏是就字，已如前説，在這裡應讀為集，集就雙聲通假，詩小旻「是用不集」傳，大明「有命既集」傳，左襄八年「是用不集」注，廣雅釋詁三都説「集，就也」。 所以「緟就乃命」應讀為「重集乃命」。 典籍中説到命字而用集作動詞的例子有書君奭「其集大命于厥躬」，顧命「用克達殷集大命」，文侯之命「惟時上帝集厥命于文王」，詩大明「有命既集」等。

金文用「䪴𩫏」二字的地方，都是承上文「既」字而説的，所以「重集乃命」者，是既命之後重命再命的意思。 【釋𩫏 朱德熙古文字論集】

◉高田忠周 䪴𩫏乃命句。 金文恆見。 下載諸器文皆然矣。諸家釋為疃京乃命。蓋依師𩫏敦作䪴京乃命。又説文就籀文作𡰒也。因謂此等緐形諸篆。實元非京字。而古就字也。説文𩫏即𩫏省。元从京从亯。亯訓獻也。从高省。曰象進孰物形。亯有層高重疊義。故倒此為𩫏字。𩫏即重厚本字也。就為作京丘。而一成二成三成。益加益高。以告成功之義。从京从亯。會意之恉自明矣。然就者所以成京。 其所就者即京也。 京就當轉注。京為先出字。而有受意于後出就字也。夫如此。後又加尤作就。會意兼形聲。又省作就。𩫏就並皆古文。籀文用就而亦省曰。小篆用就也。今據卜辭及此篆。最古文字不从尤可識耳。就成之義。轉為因依。京成人可居之理。禮記孔子閒居。日就月將。論語。 殺無道以就有道。又爾雅。就。 終也。廣雅。就。 久也。又歸也。小爾雅。就。 因也。禮記曲禮。主人就東階。客就西階。孟子。猶水之就下。之類是也。銘意云。既命女更代女祖考某。使治輔職。 余今又惟疃就其命。女勿違命。能治女祖舊官小輔職及鼓鐘樂器。疃讀為緟。緟。 再也。就。 因也。文義自順矣。愚初謂𩫏上形非亯而𩫏省。 𩫏即廓字。从京从𩫏。亦所以成京城之會意。今依卜辭。覺先攷之非。此訂正云。又按師𩫏敦。 疃京作疃京。彼即省文叚借。是亦所謂形近之叚借。其一緐一省可互通矣。 【古籀篇七十三】

◉張平轍 西周青銅器銘文所記述的册命文書中，每每出現「䪴𩫏」一詞。 ⊘緟與緟都从東得聲，韻部相同，當是一字。 而䪴字所从之𤰈與陳字右半之𠦒相同，从申得聲。金文陳字或作陣。《説文解字》：「陳，宛丘也，舜后嬀滿之所封。从𨸏，从木，申聲。𨹟，古文陳。」準此，䨻亦應从申得聲，讀作申。

其次説𦎧。《文物與考古》雜志新近發表陝西省出土青銅器，有銘文只有四個字「日𦎧月將」的，而《詩經·周頌·敬之》作「日就月將」，可見𦎧即是就。《説文解字》就下：「就高也。从京从尤。尤異于凡也。」籀文作重京。今案𦎧是本字，籀文省𦎧作重京，加聲符尤作就。以後再省重京為京尤聲作就。由象形、會意而形聲，捨繁而从簡，這是符合漢文字發展軌跡的。朱駿聲《説文通訓定聲》孚部第六就字下云：「按此字實從京尤聲。尤讀如酉，聲之轉也。」是完全正確的。毛詩等古文經在傳授寫録過程中，已經改為漢時通行文字，徒有古文之名而已。

「䨻𦎧」讀作申就，與古代文獻正相符合。《史記·周本紀》：「成王將崩，懼太子釗之不任，乃命召公、畢公率諸侯以相太子而立之。成王既崩，二公率諸侯以太子釗見于先王廟，申告以文王、武王之所以為王業之不易，務在節儉，毋多慾，以篤信臨之。作《顧命》。」《尚書·顧命》乃史官記述之文，「御王册命曰」以下，「王再拜興」以上，無此節文字。疑司馬遷得見《顧命》全文，而今所見《顧命》有闕佚。申告即䨻𦎧。太史公司馬遷寫作《史記》，凡所徵引舊文，都用漢代當時語言文字加以改寫。這裏就是改寫改讀「䨻𦎧」為申告。就與告古音同韻部，例得通假。

最後結論：「䨻𦎧」應讀作申就，《史記》改寫改讀作申告。【䨻𦎧新釋 西北師大學報（社會科學版）1993年第6期】

◉戴家祥 𦎧，字書不載。方濬益謂「當讀若庸，與䨻為疊韻。」静安先生謂即京字。高鴻縉謂假借為申字。孫詒讓云：「𦎧疑古文就之省，説文京部「就，高也」，籀文作𡭘，此似从京从亯省，與彼略同。「緟就」，蓋重復申成之意。」籀廎述林七第二八葉周師𩰫父敦拓本跋。諸説紛紜，均無確證。從辭意看，孫説較妥。【金文大字典下】

◉陳秉新 《説文》大徐本：「就，就高也。从京，从尤。尤，異於凡也。𡭘，籀文就。」小徐本作「从尤京」，徐鍇曰：「尤，異也。尤高，人所就之處也。語曰：『就之如日月。』高，人就之。會意。」段玉裁擅改《説文》「就高也」為「高也」，謂此就字為「複舉字之未删者」，其誤前人已經指出。就的本義為就高，《廣韻》「即也」，《玉篇》「從也」，《小爾雅》「因也」，《廣雅·釋詁》「歸也」，均就高義之引申。又由歸往義引申為成就，《爾雅·釋詁》「就，成也」，今人猶言功成名就，這和造字訓「適」，引申而為「造就」的字義發展路線相類似。由成就義進而引申為終（《爾雅》郭注云「成就亦終也」）、為久（王念孫《廣雅疏證》謂「終與久義相近」）。如果以「就」之本義為高，則很難把以上義項的引申路線梳理清楚。

高田氏謂「亯有層高重疊義」，「就為作京丘，而一成、二成、三成，益加益高，以告成功之義。」今案：古文字亯象宗廟形，殷人有重屋之制，説亯有層高重疊義，雖於古訓無徵，倒也勉強説得過去。「就為作京丘」，則完全是説者的臆造。退一步説，亯有層高重疊義，京可訓為京丘（詳下），但从亯、从京，無論如何也會不出「作京丘」的意義來。

王人聰先生對釋就説提出的新證也值得推敲。其一，重屋名「就」，文獻無徵。「成」確有「重」義，但郝懿行《爾雅義疏》「就，成也」條下云：「就者，終之成也。」是《爾雅》乃以「成」之成功義訓就，並非以「成」之重疊義訓就。兩條論據都不能成立，如何能由此推證亯即就字初文。其二，史惠鼎之⿺辶亯確是就字古文，但是，就的本義為就高，亯字不可能是就的初文，也不可能得出⿺辶亯是亯的後起形聲字的結論。按照王氏的解釋，亯是就字初文，本義為重屋，那麼，它的後起形聲字「⿺辶亯」為甚麼不从與屋字有關的形符，反而从與行動有關的意符呢？這是王氏未能也不可能解釋清楚的。

從就字本義分析，亯與就非一字，就字初文也不是⿺辶亯，而應是甲骨文的[glyph]，隸作㣐。

……卜，在㣐。　前二・六・七

又作[glyph]，隸作⿺辶京。[glyph]即[glyph]（辵）之變體，金文還或作[glyph]（遽伯簋），⿺辶亯（古饋字）或作[glyph]（天亡簋），可證。

丁酉卜貞，翊日己亥，王其射[glyph]禁麑鹿，其以⿺辶京，王弗每？鄴一・四〇・七

上兩形舊不識，島邦男謂為地名，徐中舒疑㣐為國族名。彳和辵義近，在古文字偏旁中可以互代，島邦男把上揭兩形認作同一個字，是正確的。㣐和⿺辶京都是古就字，在這兩條卜辭裏當讀作戚，古音就為從紐幽韻，戚為清紐覺韻，音近可通。戚是古國名，春秋時為衛地。文公元年經：「公孫敖會晉侯于戚。」杜注：「戚，衛邑，在頓丘衛縣西。」故址在今河南濮陽西北。三體石經《春秋》古文戚作[glyph]，《汗簡》辵部釋[glyph]、[glyph]為戚，《古文四聲韻》戚下收[glyph]、[glyph]和[glyph]、[glyph]四形，云出古《孝經》和《義雲章》，實皆⿺辶亯之譌變，音假為戚。【釋亯及相關字詞　于省吾教授百年誕辰紀念文集】

◉李　零　[glyph]、[glyph]和[glyph]

這三個字都見於楚文字，前兩字是一種用法，後一字是一種用法，應分開討論。

我們先講前一種用法。⊘

過去，朱德熙先生在《鄂君啓節考釋（八篇）》中曾討論過這個字。他認為，從字形考慮，此字是「帝」字的異體，因此把牠讀為「適」，解釋成「往」的意思。我們也曾猜測，這個字或許是「啇（祇）」的變體，暫時把牠讀為「抵達」之「抵」。現在看來，這些想法都得重新考慮。

案上述銘文中的怪字，其實是「就」字的一種簡寫。西周金文的「就」字有兩種寫法，一種作[glyph]，象重亭之形，學者多隸定為

亯；還有一種是加有辵旁。過去學者多把此字當成「京」字的異體。《金文編》舊版還比較慎重，把牠列於「京」字後，別為一字，但新版則與「京」字合併。不過，也有學者不這麼看，如高田忠周和朱先生都曾根據《説文》、《正始石經》、《汗簡》和《古文四聲韻》中的有關線索，指出此字應釋為「就」，祇不過没有引起重視罷了。

1980年，史惠鼎在陝西長安縣出土，對人們重新認識這個字是重要推動。因為史惠鼎銘有「日就月將」一語，是見於《詩・周頌・敬之》和《禮記・孔子閒居》的古代成語。鼎銘「就」字从辵从亯，正與《正始石經》等書假借為「戚」字的「就」字相同。

古書中的「就」字有成就、趨就二義。《爾雅・釋詁》以成訓就，以終訓就。《廣雅・釋詁》也以就字與歸、往同訓，與即、因同訓，與長、久同訓。這裡除最後一條是假借之義，其他多與成就、趨就之義有關。西周金文中的「申就乃命」是再次下達此命的意思，而本節開頭所列三例中的「就」字是抵達或到的意思。這種含義正是從成就和趨就之義引申。【古文字雜識　于省吾教授百年誕辰紀念文集】

亯

京津一〇四六　乙四一九六反　乙四二四七　京津一五五四　鐵一一三・一　鐵一五二・三　後一・二二・九　後一二一・六　後二・一七・九　佚五二四　粹一三二五　珠二八四　甲二一六〇　存一八五二　存下八四六　前二・三八・四　佚一八四　燕四七　前四・二一・四　前六・六三・五　林二・二・六　林二・六・一五　金四〇七　粹三九八　京都一八三九　【甲骨文編】

甲2121　2161　乙837　1215　4249　7808　珠284　佚184　524　續1・28・6　摭續59　粹398　1315　新1046　1230　【續甲骨文編】

亯　簋文　父乙簋　且辛且癸鼎　亯 觥　辛巳簋　缶鼎　盂鼎　令簋　周窓鼎　抗簋　服尊　弔咢父簋　伊簋　盧鐘　師咢父鼎　段簋　無叀鼎　仲殷父簋　牧

師父簋 仲師父鼎 曼龏父盨二 仲叡父簋 追簋 士父鐘 不嬰簋 姬鼎 麓伯簋

杜伯盨 魯邍鐘 豐兮簋 伯公父勺 杞伯壺 杞伯簋

曾伯陭壺 卓林父簋 伯盂 叡𦣞妊簋 弔皮父簋 遲盨 伯夏父鬲 𩒙鎛 番仲艾匜

白者君盤 魯侯尊 虢弔鐘 倗伯簋 史免匡 師寰簋 殳季良父壺 封仲簋 商叡簋

虢文公鼎 曾伯霥匠 虞司寇壺 郜伯祀鼎 諶鼎 都公鼎 王孫鐘 郤王義楚耑 邵

鐘 齊鞄氏鐘 虢季氏簋 蔡侯𩐨盤 其次句鑃 昶伯章盤 昶伯匜 邾公華鐘 買

簋 黃仲匜 仲辛父簋 𨟻侯簋 十年陳侯午錞 王子午鼎 酓章作曾侯乙鎛 𦬶伯簋 楚嬴

匜 仲叡父簋 雍伯原鼎 【金文編】

3·709 南亯☐坪𡉚 陶文編5·37 【古陶文字徵】

163 237 【包山楚簡文字編】

百神是—(甲9—20)，不可㠯—祀(丙5:2—9)，不可㠯—(丙6:1—10) 【長沙子彈庫帛書文字編】

5296 與齊鎛亯字相近。【古璽文編】

開母廟石闕 神靈亨而飴格 石經多方 大不克明保亯于民 【石刻篆文編】

亯 【汗簡】

古孝經 汗簡 竝崔希裕纂古 【古文四聲韻】

◉許　慎　獻也。从高省。曰象進孰物形。孝經曰。祭則鬼亯之。凡亯之屬皆从亯。許兩切。又普庚切。又許庚切。篆文亯。【說文解字卷五】

◉吳大澂　古亯字。象宗廟之形。敦。【說文古籀補第五】

◉劉心源

右陳壽卿器銘一字。亯。說文作。古刻作。此省。或釋廥室形。非也。【奇觚室吉金文述卷三】

◉孫詒讓　「其弘□見」，百五十九之一。「」當為「亯」字，《說文・亯部》：「亯，獻也。从高省，曰：象進孰物形。」又云：「丙寅卜子效□隻」，百七十五之一。「」下半有闕畫似亦「亯」字，又云：「辛丑弗」，百十三之一。亦即「亯」字，與「」形又小異。

「□大□□中固曰」，二百廿二之二。此亦「亯」字。金文亯敦亯作，與此正同。【契文舉例下】

◉羅振玉　說文解字。亯。獻也。从高省。曰。象進孰物形。篆文作。古金文作亯敦豐兮敦周寏鼎師寰敦曆鼎諸形。與此同。吳中丞云象宗廟之形。是也。【增訂殷虛書契考釋】

◉林義光　說文云。獻也。从高省。象進孰物形。按古作杞伯敏父敦。象薦孰物器形。其蓋也。或作郘公華鍾。作及季良父壺。作杜伯盨。又變作匜父辛器。作寏叔敦。亦作克鬲彝。从亯京聲。京亯古音近。說文云。穀之馨香也。象嘉穀在裹中之形。匕所以扱之。或說皀一粒也。又讀若香。按象形未合。古作。與形近。實即亯字。亯皀古同音。【文源卷一】

◉丁佛言　古鉥。鄭亯。从高省。从。為之異。隸變从子本此。古文亨亯皆作亯。原書以為季字。季从稚。即稺。稺从禾。古文禾無作者。古鉥畋亯。【說文古籀補補第五】

◉馬叙倫　亯爵　舊作重屋爵。倫按以舊釋重屋彝之及弓形父丁方鼎之相證。則此非重屋形也。中之與實同。而舊釋善父戊觶之。亦即也。亯父辛彝之又即也。舊釋重屋爵之。在金甲文中皆可證其為亯字。吳式芬釋為亯。說文亯之重文作。正與近。以此互證。則為亯之異文。亯即烹調之烹本字。亦與鬻一字。詳疏證。爵文作此。蓋作器者為善於調味者。即膳夫也。即說文之𦎫字。𦎫固亯之轉注字。亯音曉紐。𦎫從羊得聲。羊音喻四。同為次清摩擦音也。喻四古讀歸定。𦎫音轉入禪紐。古讀禪亦歸定也。然則之為亯益明。【讀金器刻詞卷上】

◉馬叙倫　婦姑鼎　舊釋□為鬺。説文無此字。玉篇。鬺。煮也。金文此字甚多。婦姑甗銘與此同。庚姬彝文作庚姬作□女寶隮彝□□。彊白鼎作王□□乍彊白□□□□祖奠彝。一於鬺下箸女字。一箸祖字。詞例甚異。彼二器中鬺字不得釋為煮也。或曰。金文有譌挩字。往往即補書於下。亦不必循其所當次。或曰。金文讀有異例。彼器女字當屬乍下讀。祖字當屬咸下讀。倫謂此二例者金文塙有。然似於彼二器不合。蓋鬺為亯之異文。從鼎。㸗聲。㸗。從肉。爿聲。蓋醬之初文。説文將醬亦從此得聲也。此銘及庚姬彝作□。復多□者。倫疑從□而省一□。鬲鼎固一字也。或本作□。與□□諸文同。後增爿聲為轉注字。此銘乍婦姑鬺彝。鬺彝猶烹器也。彼二器之鬺。則讀為饗饋之饗。古書亯饗通用。叔夜鼎之用□用□用□即用饗。□其作器者之族徽也。【讀金器刻詞卷中】

◉馬叙倫　孔廣居曰。亯當以亯飪為主義。以普庚切為正音。原象形之始本作□。外象鬴鬵之形。内象所孰之物。物孰可以進上。故又音許兩切也。王筠曰。此是全體指事字。從高省之説牽強。吳善述曰。本作□。象□中孰物之形。商承祚曰。既出篆文□。則此為古文矣。石經古文作□。倫按孔説是也。易鼎。享飪即亯飪。金文多言用亯。即用烹也。皆其證。此鬵之異文。從畐。一象所烹之物。指事。説解當曰煮也。獻也乃孰字義。未作孰字。即以亯為孰。故古或以獻訓亯。獻也為聲訓。高疑為畐之譌。□象進孰物形本作象形。呂忱或校者改之。引經亦校者加也。虘司寇壺作□。曼龏父簋作□。仲辛父散作□。邾公華鐘作□。齊鎛作□。白者君盤作□。父乙散作□。雍伯原鼎作□。重屋形爵作□□。善父戊觶作□。甲文作□。倫又疑凡烹煮義之字即鬵。而亯實與畐一字。畐音非紐。亯音曉紐。同為次清摩擦音音轉耳。畐以孰物。故古即以畐為烹。猶以亯為孰矣。

□　況祥麟曰。□乃兩屋相向之象。蓋本向背之向也。借為獻享之享。王筠曰。玉篇以為籀文。隸書作享。由此變。倫按況謂□借為獻享之享。是也。□蓋□之異文。或其譌也。亯音曉紐。轉音為普庚切在滂紐。讀脣齒音入敷紐。□庸一字。庸音喻紐四等。敷曉喻四同為次清摩擦音也。或為□之譌。下文𦎫之篆文作𦎫。可證也。金文享父辛彝享字作□。孫詒讓謂即此字。又可證也。字蓋江式所加。【説文解字六書疏證卷十】

◉商承祚　□　説文「亯。獻也。从高省。□。象進孰物形。孝經曰。『祭則鬼亯之。』□。篆文亯。」案既出篆文□。則亯乃古文也。甲骨文作□□□。邾公華鐘作□。殳季良父壺作□。白者君盤作□。石經之古文作□。此从□。乃□之寫誤。其它各字誤同。玉篇以亯為籀文。則篆籀一體也。【説文中之古文考】

◉楊樹達　粹編一三一五片云：「甲申，卜，舞楚，亯？」樹達按：古文亯字，後世分化為享亨烹三字。此當是享字。舞以悦神，問

神享之否也。【卜辭求義】

◉張秉權 [glyph] 孫詒讓疑為豆之省，又疑皀字？孫氏曰：

説文皀部：皀。穀之馨香也，象嘉穀在裹中之形，匕所以扱之，或説皀，一粒也，又讀若香。（契文舉例下廿二）

鮑鼎則謂从葉釋吉（見鐵雲藏龜第十二頁第四版釋文），按孫釋皀近是。皀讀若香，與享音近。疑假為享，甲骨文中享字作[glyph]，與此形近，而且甲骨文作「口」與作「一」往往可以通用，譬如天字可作[glyph]，也可作[glyph]。所以即使説[glyph]即[glyph]字也不為過。【殷虚文字丙編考釋】

◉姚孝遂 合集一一〇〇六正辭云：「丙戌卜，㱿貞，賓王亥[glyph]；貞，勿[glyph]賓十牛」，又屯附一四辭云：「丙辰卜，王于來丁[glyph]祖丁」，均為祭名，張秉權疑為「[glyph]」字，極有可能。【甲骨文字詁林第三册】

◉朱芳圃 [glyph] 前五·三〇·一 [glyph] 林二·二五·一〇

按上揭奇字，殷彝圖銘習見。左象西㡴坫上，有勺以司出納，右象頭上有神光三出之神人坐而受亯。孝經孝治章曰：「祭則鬼亯之」，可為此字之確釋。疑即祖先受亯之亯之專字。【殷周文字釋叢上】

◉朱芳圃 説文亯部：「亯，獻也。从高省，[glyph]象進孰物形。孝經曰『祭則鬼亯之』。[glyph]，篆文亯。」吳大澂曰：「古亯字，象宗廟之形。」説文古籀補五·九。按吳説非也。余謂亯，烹飪器也。上象蓋，中象頸，下象鼓腹圜底，當為𧆨之初文。説文𧆨部：「𧆨，古陶器也。从豆，虍聲。」許君云古陶器者，謂漢時已不用也。陶器多品，不止於豆，𧆨為專器而取於豆者，从其著也，與匠从斤意同。从聲類求之，亯與𧆨，古讀曉紐雙聲，魚陽對轉。今音許羈切，後世之音變也。

亯，烹飪器也，先民迷信鬼神，每食必祭，食物孰後，先薦鬼神，然後自食，故引伸有進獻及祭祀之義。爾雅釋詁：「享，獻也。」舍人云：「獻食物曰享。」廣雅釋言：「亯，祀也。」享即亯字。篆文作[glyph]，隸變作享。書盤庚上：「茲予大享于先王」，易隨上六：「王用享于西山」，詩小雅天保：「是用孝享」，周頌載見：「以孝以享」，皆其引伸之義。至於禮記曲禮：「五官致貢曰享」，考工記玉人：「諸侯以享天子」，則以神道尊事人王。蓋階級制度形成後，王權擴張之現象，與王、皇諸字原以火光象徵神靈，嗣後移以為人主之尊稱，恰相適應。【殷周文字釋叢中】

◉李孝定 吳大澂氏謂象宗廟之形，其説是也，本為祭享之所。引申而有祭享之義，遂為動詞，字形譌變，漸與器形相類，許君遂以「獻」説字義，「象進孰物形」説字形，字義不殊，而字形失之遠矣。林義光氏謂亯皀同字，是逕以亯為簋之象形字。高鴻縉氏謂甲骨文亯或加羊為聲符，作𦎫，説誤，从羊者，許書訓孰之𦎫字也。楊樹達氏説亯享亨𦎫四字之義，甚是，然此諸義之衍變，皆

亯字篆變形譌後之義訓，不足以論其朔義也。【金文詁林讀後記卷五】

●白玉崢　亯，自吳氏倡「象宗廟」之説後，學者盲然从之，而不審辨其非者，久矣。⊘竊疑：字蓋象亯獻天神之所之形。上从亼，象亯獻之所；下从口，乃其基及階之形，當即説文之「人所為絶高丘也」。亯獻天神之所，於今世曰天壇：徵於北平外城天壇祈年殿之構形，與亯正相吻合。前賢就其形，造其字；就其事，賦其義；故卜辭恆有「受年」、「不受年」之占。而殷人亯獻天神，以祈豐年之禮，雖此一字，亦可覘其概矣。甲文又有宗字，今釋宗，宗廟也。字象奉祀人鬼之所之形。从宀，象其所，从丅，乃祀主之形。其與亯之異，不僅為下無所从，且準之六書，宗為會意，而亯則為象形。無乃李孝定先生認定「宗廟為亯獻鬼神之所」；若然，則殷人之宗廟，為天神人鬼雜祀之所，殷人之無禮，夫復何言？然殷人於天神人鬼之隆祀，各有專祠，為稍有甲骨學常識者所熟知之事，豈料李先生竟以鬼神雜廁於宗廟而説解之，寧非怪哉？【契文舉例校讀　中國文字第五十二册】

●徐中舒　亯京二〇九〇象穴居之形，口為所居之穴，亼為穴旁臺階以便出入，其上並有覆蓋以免雨水下注。居室既為止息之處，又為烹製食物饗食之所，引伸之而有饗獻之義。《説文》：「亯，獻也。从高省，曰，象進孰物形。《考經》曰：『祭則鬼亯之。』」獻為引伸義。《説文》説形不確。【甲骨文字典卷五】

●何金松　「享」是古「烹」字，象形，義為「蒸煮食物」，音許兩切。今湖南臨湘北部方言謂用鐵鍋燒水為「享水」，用瓦罐把茶燒熱叫「享茶」，音與「享」的上古音極近，義亦同。到中古，曉母字「許」變為今之x，于是讀xiǎng。《墨子・非儒》：「孔某窮于蔡陳之間，藜羹不糂，十日，子路為享豚。」孫詒讓《閒詁》：「享即烹字。」《睡虎地秦墓竹簡・為吏之道》：「享牛食士。」【中南民族學院學報一九八七年第二期】

●曾憲通　亯百神是亯　乙九・一八　亯可目亯祀　丙五・三　亯不可目亯　丙六・三

《説文》亯，篆文作亯，三體石經古文作亯，戰國古璽作亯。信陽楚簡作亯同《説文》，江陵楚簡作亯同帛文。【長沙楚帛書文字編】

●黄錫全　甲骨文有字作亯，舊不識，

甲骨文中的亯、亯等形之字，過去釋為亯是正確的，但對其構形則説法不一，令人莫衷一是。我們主張亯象房屋建築之形。經考古發掘，商代二里岡期宮殿建築大體呈亯形。亼即屋之象形，口即臺基。殷人建房，先挖出房基，然後取土質較硬或粘性強的泥土填築夯實，然後再在填實的基上挖出牆基。甲骨文的亯，恐怕就是殷人「茅茨土階、四阿重屋」的象形。因此，亯實是一個象形字，《説文》的解釋顯然有誤。

𩫖　𩫖

□字，我們認為从亯从丙。卜辭內與丙有別。一般來説，丙作□或□，內作□。亯字所从之丙應是所加之聲符。亯丙同屬古韻陽部。《説文》亯字篆文作□即享。典籍享、方、丙音近可通。如《周易》之享，漢帛書本每作芳。《説文》仿字籀文作俩。《左傳・隱公八年經》「鄭伯使宛來歸祊・庚寅，我入祊」。《公羊傳》、《穀梁傳》祊作邴。甲骨文更作□、□，象以手持鞭形，丙為聲符。因此，□即亯字加注聲符丙，而□則是其省形或合書形，□□都應釋為亯。

甲骨文高作□、□等，釋高毫無疑問。唯對其構形則異説紛紜。我們認為，□从亯省，口聲。高屬見母宵部，口屬溪母侯部，二字雙聲，韻可旁轉。如《詩・小雅・皇皇者華》：「我馬維駒。」《釋文》「駒本亦作驕」。駒屬見母侯部，驕屬見母宵部。《古文四聲韻》録崔希裕《纂古》高作□。从上舉之□，尤具初形。《説文》以為亯是从高省，是顛倒了二者的關係。□、□應是□(亯)省，《甲骨文編》應將其列入亯字條下。【甲骨文字釋叢　考古與文物一九九二年第六期】

◉劉興隆　□乙七七九七從□從亯，亯亦聲。卜辭偏旁字首□、□每無別，當釋莒。古文享之異體，通亨。

《字彙補》釋莒：「即享字」。《博雅》：「通也」。

卜辭作地名：□□□(貞于莒)。乙七七九七。【新編甲骨文字典】

□前四・三四・七　□林二・一四・九　□鐵二五五・二　□前六・一〇・五　□粹一〇四三　□續三・一〇・一　□珠一七四　□存六一六　□後二・一・三　□後二・一七・二　□京津二八一五　□前四・四二・一　□前七・一三　□拾四・一二　□佚八九〇　□燕八八　□燕一二八　□戩九・一九　□甲二〇六　□甲七〇九　□甲九〇七　□前四・三五・一　□佚四七〇　□珠三九三　□前三・二四・三　□林二・一四・五　□續三・一八・二　□前二・一五・一　□前二・二六・五　□前二・四三・一　□甲八〇　□前一・四八・一　□前二・五・三　□前二・一六・一　□續三・一六・七　□林二・一三・九　□寧滬一・四二六或从亯　□京都二三二七【甲骨文編】

□甲80　□206　□261　□709　□907　□2124　□2617　□3328　□乙600　□766　□2498

3134 3383 4030 4628 4631 5507 6471 6590 6671 6692 7561
7576 7751 7767 珠174 393 477 881 963 991 1202 1423
佚4 470 884 890 927 續1·2·4 1·10·6 1·52·1 3·3·3
3·10·1 3·16·7 3·18·2 3·26·1 3·27·4 3·28·4 3·37·1 4·45·8
5·29·2 5·29·5 5·31·1 續5·32·1 徵2·27 續5·35·5 6·7·8 6·9·6 6·
9·8 6·20·6 掇250 徵2·30 3·33 4·40 5·23 8·98 8·102 9·3
9·21 10·13 10·14 10·20 10·74 10·75 11·35 11·129 京4·17·3
凡1·1 9·2 9·4 録566 646 鄴33·5 新2220 鄴42·16 43·16 天68
誠342 364 六中86 續存186 616 662 外47 書1·3·E 摭續146
148 粹421 863 1043 1046 1048 1176 1191 1193 新1340 2220

【續甲骨文編】

辜 鼓辜觶 辜于戟 孳乳為敦詩閟宮敦商之旅箋敦治也 寡子卣 敦不弔□乃邦 䵼鐘 不𡢁簋 禹鼎

孳乳為鐔 器名 齊侯鐔 十年陳侯午鐔 【金文編】

◉許 慎 辜孰也。从亯。从羊。讀若純。一曰鬻也。常倫切。辜篆文辜。【説文解字卷五】

◉劉心源 辜。𢽈省。説文亯部。辜。孰也。孰即熟。从亯从羊。讀若純。此即純熟之純。攴部𢽈。从攴从辜。故此銘以辜為𢽈。攈古録二之一齊侯𢽈云。作飤辜。亦敦字。古刻𢽈从亯。則辜亦亯字也。【奇觚室吉金文述卷三】

◉劉心源 辜。𣪊省。詳齊侯𢽈。案即𢽈字。詩。鋪𢽈淮濆。釋文引韓詩。𢽈。迫也。【奇觚室吉金文述卷四】

◉孫詒讓　「𦎫人𠫭乎大甲」。百七十五之二。《説文·𩫏部》:「𦎫,孰也。从𩫏从羊。讀若純。」此疑叚借為「準」。《書·立政》有準人,偽孔安國傳云「準人平法,謂士官」。殷時或已有此偁,周初距殷猶近,故語略同。𦎫、準古音同部,《説文·土部》:「𡏅,𡏅的,䠶臬也。从土,𦎫聲,讀若敦。」是其例也。【契文舉例上】

◉孫詒讓　金文齊侯敢作𦎫。借為敦字。此「𦎫」即「𦎫」之省。

「□□亘貝立□□似『从馬』二字𣪘先自𦎫自」五十七之二。「𦎫人𠫭乎大甲」百七十五之二。「乙卯卜亘貝今日立□于𦎫月洒□墓之于父乙」百九十六之一。「丁卯卜戋貝立嵩于𦎫不又」二百五十五之二。此諸文亦並「𦎫」字。【契文舉例下】

◉林義光　𩫏。薦熟物器也。羊在其下。古作𦎫不嬰敦。作𦎫齊侯敦。作𦎫寡子器。【文源卷六】

◉丁佛言　𦎫不嬰敢。女及戎大𦎫。借為憝字。古純孰字作此。【説文古籀補補第五】

◉羅振玉　説文解字。𦎫。孰也。从𩫏从羊。讀若純。一曰鬻也。段先生曰。純熟字當作此。純醕行而𦎫廢矣。今卜辭文曰。甲辰卜王貞于戊申𦎫。又曰。壬辰卜𡉚弗𦎫見。厥誼殆與𩫏同。許君𩫏注獻也。从高省。曰。象孰物形。夫許於𩫏注既曰象孰物形。又於𦎫注曰孰也。二義自相近。且是字从𩫏羊。會合二字觀之。無從得純熟之誼。疑古與𩫏是一字矣。卜辭又有作𦎫者。乃地名。不知與𦎫是一字否。【增訂殷虛書契考釋中】

◉陳邦懷　羅參事謂卜辭𦎫字誼與𩫏同。其説極塙。又謂𦎫𩫏疑是一字。未知是叚借字也。考齊侯匜膳𩫏作膳𦎫。亦為叚借字。與卜辭正同。知匜中𦎫字當讀如𩫏而不讀純者。以與下句無彊為韻。後二句無期與用之亦為韻也。可證𦎫𩫏古非一字矣。【殷虛書契考釋小箋】

◉王國維　𦎫戟皆迫也伐也。𦎫者敦之異文。説文以𦎫為純孰之純。殆非。古器如齊侯敦等皆以𦎫為敦。詩魯頌。「敦商之旅」。箋云。「敦。治也。武王克殷而治殷之臣民。」其實敦商之旅猶商頌云「裒荆之旅」。鄭君訓裒為俘。是也。宗周鐘云「王𦎫伐其至」。寡子卣云「以𦎫不淑」。皆𦎫之訓也。戟與虢季子白盤「博伐」之博、宗周鐘「戭伐」之戭同義。詩常武「鋪敦淮濆。」鋪敦即𦎫戟之倒文矣。【不嬰敦蓋銘考釋　静安先生遺書十六册】

◉王　襄　𦎫古𦎫字。説文「𦎫。孰也。」宗周鐘「王𦎫伐其主。」不嬰敢蓋「汝及戎大𦎫戰。」寡子卣「以𦎫不淑」。按。金文𦎫字皆有攻擊之誼。是為𦎫之古訓。許氏訓孰之誼。殆後起也。【征伐　簠室殷契徵文考釋】

◉商承祚　以羊𩫏祭謂之𦎫。殆與烝嘗之意同也。【甲骨文字研究下】

◉葉玉森　卜辭云「在𦎫」「田𦎫」同卷第十五葉第十六葉。則𦎫為地名。曰「弗𦎫田」藏龜拾遺第四葉。則𦎫即詩常武鋪敦不嬰敦大𦎫

戢之誼。从王國維氏說。大𩫏二字亦見于卜辭。卷四第四十二葉。其誼不盡為亯也。【殷虚書契前編集釋卷二】

◉郭沫若　「乙酉卜王𩫏缶，受又。」

𩫏者。撻伐也。詩魯頌「敦商之旅」。宗周鐘「王𩫏伐其至。」【殷契粹編】

◉孫海波　𩫏字卜辭習見。其義有三。有用為地名者。藏龜五七・二「□□□亘貞王𠮛人□𡳾自𩫏」是也。有用以為祀享字者。前・三・二四・二「甲辰卜王貞于戊申𩫏」是也。有用為撻伐意者。前・二・五・三「庚寅王卜在𡙁貞余其𠂤在兹上䰞今𩫏其𩫏□亍□商正余受又王𠮛曰吉」是也。王國維不嬰敦蓋銘考釋謂𩫏為伐。其説確。羅振玉於卜辭𩫏字一律釋享。殆未詳檢也。【甲骨文録考釋】

◉馬叙倫　孫詒讓曰。䰞為鬺譌。周禮外饔注。亨。煮也。鬺煮古今字。許意𩫏孰亨三字古書通用。故別出此訓。羅振玉曰。以甲文觀之。亯𩫏一字。劉秀生曰。𩫏讀若純。詳三篇諄下矣。倫按𩫏為亯之轉注字。亦䳄養之異文。齊矦匜膳亯作膳𩫏。與下句無韻。是其證也。從亯。羊聲。亯音曉紐。羊音喻紐四等。同為次清摩擦音也。故亯轉注為𩫏。從羊得聲之字如祥音入邪紐。邪禪同為次濁摩擦音。故𩫏音轉為常倫切。一曰鬺也者。孫説是也。三篇。䳄。煮也。煮也是𩫏字本義。𩫏即今作燉者之初文。此校者注異本。非異義也。孰也者。即孰字義。孰為設食。未製孰字。即以𩫏為孰耳。煮𩫏為同舌面前音轉注字。煮音照紐三等也。不嬰敦作𩫏。𡩠子卣作𩫏。齊矦敦作𩫏。甲文作𩫏𩫏𩫏。

𦎫　從富之異文。羊聲。字蓋江式加也。【説文解字六書疏證卷十】

◉楊樹達　説文五篇下亯部云：「𩫏，孰也，从亯羊。讀若純。一曰鬺也。」或作𩫏。常倫切。按亯字隸變作享，又作亨，亨又有許庚切、普庚切兩音。詩小雅瓠葉云：「幡幡瓠葉，采之亨之。」箋云：「亨，孰也。」楚茨云：「或剥或亨。」毛傳云：「亨，飪之也。」周禮天官內饔云：「掌王及後世子膳羞之割亨煎和之事。」注云：「亨，煮也。」此三經釋文並云：「亨，普庚反。」字又作烹：禮記曲禮云：「主人辭不能烹。」齊策云：「益一言，臣請烹。」是其例也。故小篆亯之一字，今實分為享亨烹三文，亦兼三字之義。𩫏字从亯羊而訓孰，與詩瓠葉箋亨訓孰者相同，然則𩫏字所从之亯，當為讀普庚反之亨字，即烹字也。字从烹羊，故義為孰也。一曰鬺也者，孫詒讓云：「𩫏不得訓鬺，鬺疑當作䰞，䰞與䳄古今字，許意古書𩫏孰亯三字互通，故別出此訓。籒廎述林卷十。樹達按孫説是也。孰䰞二訓雖異，義實相成，物以䰞而孰也。𩫏訓䰞，以聲音求之，殆即今口語之炖字也。今人烹肉曰炖肉，烹雞曰炖雞，炖讀若頓首之頓，段氏以純孰之純字當之，非也。

亯字隸變作享，而𩫏字之隸變亦作享，故今經傳中享字有實當讀𩫏，而今誤讀為許兩切者：小雅信南山六章云：「是烝是亨，苾苾芬芬」，此亨字實𦎫字也。知者：信南山詩凡六章，用韻甚密。除第一章第二句第四句以甸田為韻外，其餘五章，章首之文皆有韻：第二章首二句以雲雰為韻，第三章首四句以翼彧稷食為韻，第四章首三句以廬瓜菹為韻，第五章首三句以酒牡考為韻，故第六章首二句實以𦎫芬為韻。今讀亨為許兩切，則與芬不為韻，且與二三四五諸章用韻之例不合矣。毛傳訓烝為進，鄭箋云：「既有牲物而進獻之」，以獻釋亨，與許君亯訓獻同，則已讀亨為許兩切之亨，不知其為𦎫字矣。是烝是𦎫者，余疑烝當讀為「蒸䕩不熟」之蒸，𦎫當依説文訓鬻，即今之炖也。是烝是𦎫，猶楚茨篇之言或燔或炙也。是烝是𦎫，苾苾芬芬，謂蒸煑時香氣之四溢，猶大雅鳧鷖篇之言燔炙芬芬也。【釋𦎫　積微居小學述林卷三】

◉楊樹達　遺珠三九三片云：「辛卯，卜，大貞：洹弘，弗𦎫邑？七月。」樹達按：𦎫經傳通作敦。此貞：洹水盛漲，不至敦迫商邑否也。詩北門常武釋文並引韓詩云：「敦，迫也。」後漢書班彪傳下注云：「敦猶迫逼也。」【卜辭求義】

◉考古所　□形，當為□字之異構。【小屯南地甲骨】

◉陳煒湛　征伐璞循𦎫：這是一組關于征伐戰爭的同義詞。……𦎫作□□□等形，从亯从羊，在卜辭中除作地名者外，均讀作敦，訓為迫，有征伐義。王國維曰：「𦎫、戟皆迫也，伐也，𦎫者敦之異文。」郭沫若謂：「𦎫者撻伐也，詩魯頌『敦商之旅』，宗周鐘『王𦎫伐其至』」，信然。从具體辭例看，「𦎫」可施之于商王朝對方國，亦可施之于方國與方國之間，例如：

乙酉卜，王𦎫缶，受又？（粹一一七六）

貞：𢀛方弗𦎫沚？（佚五一）

癸亥卜，王：方其𦎫大邑？（前八・一二・二）

丁卯卜，㱿貞：王𦎫缶于蜀？二月。（後上九・七）

其義與征同，唯不見下對上即方國對商王朝稱𦎫之例。【甲骨文同義詞研究　古文字學論集初編】

◉劉　釗　卜辭「𦎫」之對象有「邑」、「大邑」、「墉」等，皆有「兵臨城下」之義。「𦎫」同「伐」的區別是：伐基本上衹用於殷對方國之征伐，而𦎫則殷與方國皆可稱用，這一點與「征」接近。【卜辭所見殷代的軍事活動　古文字研究第十六輯】

管

 237  241【包山楚簡文字編】

◉許　慎　管厚也。从亯。竹聲。讀若篤。冬毒切。【説文解字卷五】

𩫖 𩫖

◉林義光　說文云。𥫢厚也。从亯。竹聲。讀若篤。按从亯非義。亯實畗之誤體。畗。高厚也。竹聲。即竺之或體。【文源卷十二】

◉馬叙倫　段玉裁曰。厚也當作㫗也。倫按𥫢音端紐。然從竹得聲。竹音知紐。𩫖音禪紐。同為舌面前音。𥫢為𩫖之轉注字。今吳縣上海謂燉物曰𥫢。厚也者竺字義。此非本訓。或字出字林也。【說文解字六書疏證卷十】

品式石經　咎繇謨　【石刻篆文編】

◉許慎　𩫖用也。从亯。从自。自知臭香所食也。讀若庸。余封切。【說文解字卷五】

◉劉心源　𩫖。阮釋亯。非。說文。𩫖。用也。从亯从自。自知臭香所食也。自。古文鼻字。讀若庸。廣韻以𩫖為庸古文。說文墉下古文作𩫏。𩫏乃城郭之郭。不得借作墉。當是𩫖字耳。𩫖宮義取亯食。【奇觚室吉金文述卷八】

◉林義光　說文云。𩫖用也。从自。自知臭香當作亯所食也。讀若庸同。按古作[篆形]拍彝。【文源卷六】

◉丁佛言　[篆形]拍槃。此與部首𩫏土部古文墉本為一字。說文中三見。愚案。古郭城墉皆祇作𩫏。純為象形字。後因字多用異。一為部首。一附墉字。下在此。則訓用。與庸字通。原書釋亯。非是。[篆形]毛公鼎。余非庸又昏。吳愙齋讀廓。非。【說文古籀補補第五】

◉王國維　𩫖古文墉字。此字殷虛卜辭作[篆形]，毛公鼎作[篆形]，齊國差甔作[篆形]，召伯虎敦作[篆形]，拍尊作[篆形]，小篆之𩫏字，𩫖字皆由此變。說文𩫏部𩫏「度也，民所度居也，从回，象城郭之重，兩亭相對也。或但从口」。又土部「𩫏古文墉。」又亯部「𩫖，用也，从亯从自(古鼻字)，自知臭香(段注以香為亯之譌是也)所食，讀若庸同。」是許君謂𩫏字有二音二義(篆文為郭，古文為墉)，又分𩫏𩫖為二字，其實本一字，[篆形]為[篆形]之譌變，猶[篆形]為[篆形]之譌變，其跡甚明，而由說文𩫖字之讀，又可知𩫏本古文墉字，小篆以為城郭字失之矣。以是言之，召伯虎敦之僕[篆形]土田，即詩魯頌之「土田附庸」左氏傳之「土田陪敦」也(古僕附培三字同音，附作僕作培者聲之通，𩫏作敦者字之誤也)。國差甔之「西𩫏寶甔」即西墉寶甔也，然則𩫏本墉字，此(毛公鼎)假為庸，魏三字石經庸作𩫖，敦煌本未改字，尚書釋文云：「登庸古作𩫖」。【毛公鼎銘考釋　觀堂集林】

◉強運開　[篆形]召伯虎敢。僕𩫏土田。孫詒讓云。即魯頌之土田坿庸。說文。𩫏象城𩫏之重。兩亭相對。又古文墉亦乍𩫏。亯部。𩫖用也。从亯从自。自知臭香所食也。讀若庸同。容庚云。𩫏與庸𩫖墉為一字。𩫏與𩫖乃以筆迹小異。析而為二。

㫗 㫗

其說是也。魏三字石經古文庸乍亯。運開竊以金文中䴡京乃命之京字。舊以籀文就字乍就。从京。遂釋京為京字。訓䴡為纘。訓京為大。義頗迂曲。實則亯京仍屬筆迹小異。非二字。䴡舊釋為古疃字。疃為禽獸所踐處。䴡京乃命。即踐用前言之意。與帥刑先王命文義正同。亯周公敢。州人亯人亯人。亯當讀若庸。蓋即書及庸蜀羌髳微盧彭濮人之庸人也。容庚釋郭。非。亯拍舟。拍乍朕配亯宮祀彝。與頌敢用宮御句法相同。吳書釋乍亯。非是。蓋亯乃用之藉字也。【說文古籀三補第五】

◉馬叙倫　段玉裁曰。香當作亯。轉寫之誤也。桂馥曰。集韻引所下闕一字。蓋是以字。吳國傑曰。𦎫乃鼻聞香臭之聞正字也。漢魏以來皆以耳聞之聞當之。借字也。倫按用也以聲訓。此即今紹與縣謂欲知臭香者。其音如凶去聲之本字。從自。亯聲。亯音曉紐。故𦎫音入喻紐四等也。同為次清摩擦音。積古齋鐘鼎款識拍盤作朕配平姬𦎫宮祀彝。𦎫宮即饗宮。借𦎫為饗。是其證也。亯音轉普庚切入滂紐。又轉入明紐。故得與聞通借。從亯從自。蓋呂忱改之。自知七字亦忱文。或字出字林也。當入自部。拍盤作𦎫。【說文解字六書疏證卷十】

㫗 後二·三二·一一【甲骨文編】

㫗 㫗【汗簡】

◉許慎　㫗厚也。从反亯。凡㫗之屬皆从㫗。徐鍇曰。亯者。進上也。以進上之具反之於下則厚也。胡口切。【說文解字卷五】

◉唐蘭　㫗

右旱字，舊闕釋。按此字習見金文，作㫗殷文存上三耳父丁鼎㫗又下三四父戊耳盤㫗又下一耳爵㫗又上四耳父癸鼎㫗又上廿耳尊等形，舊亦不識。舊或以為尊形，非是。又䢅字偏旁作㫗殷文存上十一䢅父己毁，覃字偏旁作㫗，又下廿覃父丁爵㫗又上三三覃父乙卣㫗嘯堂上八晉姜鼎等形，簟字偏旁作㫗番生毁，厚字偏旁作㫗愙之一三趠鼎㫗愙十六·十六魯白厚父盤㫗貞松五十一戈厚毁㫗薛氏款識尸鎛㫗又尸鐘㫗愙一·二十井人妄鐘等形，俱與此字相近。據說文覃厚並從㫗，其字實當作旱，凡高亯等字，說文多誤斷而作高亯。則此字當釋旱也。

說文：「㫗厚也，從反亯」。此僅據小篆說之，小篆亯作亯，㫗作㫗，若相反也。古文之作㫗㫗㫗等形者，亦與反亯之說差近，然以㫗㫗㫗㫗諸形則不能通矣。反某為某之例，數見說文，求諸古文字，固無合者也。

卜辭此字作[glyph]，在偏旁中多作[glyph][glyph][glyph]等形，均與金文相近。然亦非其原始形態也。余以為此字本為器形，其衍變之迹，當如下圖：

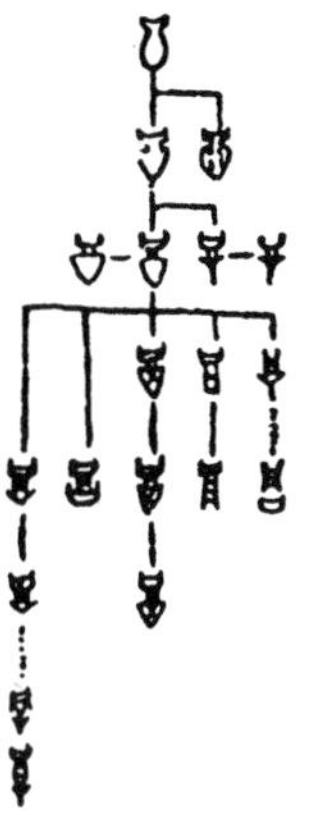

（第一形）此為假設原始形，此下均見於甲骨金文之𣆪字及從𣆪字之偏旁。

然則其字本象巨口狹頸之容器，故𩫖象米在𣆪中，覃象[glyph]在𣆪中，而簟字毛公鼎作[glyph]，變𣆪從皿，更可證𣆪亦容器矣。卜辭從𣆪之字或變作[glyph]，與皿作[glyph]相近，故變作皿。說文訓𣆪為厚，實因本義久湮，遂以意為之耳。

𣆪玉篇：「胡苟切」，萬象名義同，蓋六朝相承舊音也。今說文音胡口切，亦同。從𣆪之字，惟厚字音同。然說文𥞫字，卜辭作𩫖，則覃𣆪本亦同音也。說文謂覃字從𣆪鹹省聲，按省字必本有不省之字，今本無從𣆪鹹聲之字，而遽言鹹省聲者，乃由覃字之聲難知，而強為附會耳。今謂覃字當從𣆪聲，覃與厚乃聲之轉，字林云：「醰甜同」，甜酣韻近得轉，酣厚則聲近也。說文從覃得聲者，有禫蕈嘾瞫橝鄲䨵驔燂潭鱏撢嬗蟫鐔醰等字，而厚字無由之得聲者，然則𣆪字本當讀若覃，其作厚音者偶變耳。

金文習見䌛字，曰：「䌛必」，錢大昕誤釋縞縪，後人多因之，非也。郭沫若讀必為柲，極確。而讀䌛為盧，則誤。大系攷釋一五二。「戈琱㦰䌛必彤沙」或作彤沙䌛必。必與沙皆附屬於戈之物，䌛與彤，皆形容詞，䌛者柲之色，彤者沙之色也。䌛字從[glyph]當即[glyph]字所從出，糸之變也。如[glyph]變孫。從系之字，多用為采色之義，見諸說文者，如：紬絳絑縉綪纁綰繐紺綦綥綟緑縹紫紅緹綟緊纔緇等凡廿餘字，則䌛固可為色稱也。䌛字說文所無，以醰甜同字之例推之，則當即紺字之異文，是又𣆪覃同聲之證。【釋𣆪厚𩫖𥞫覃　殷虛文字記】

◉馬叙倫　鈕樹玉曰。繫傳𣆪部在亯部後。後叙目亦同。段玉裁曰。𣆪厚同意。經典又皆作厚。故以為解。倫按厚也以聲訓。𣆪為県亯。義當生於亯。倫疑此今言煮物已孰曰好之好本字。指事。亯為煮物。𣆪則県之。明所煮者孰。可傾而出之。𣆪音匣紐。亯音曉紐。同為舌根摩擦音。是其音即得於亯。猶亯之轉注字為𦎫。而孰為設食。音亦得於𦎫也。【說文解字六書疏證卷十】

◉朱芳圃　[glyph]盠駒尊　說文𣆪部：「[glyph]，厚也。从反亯。」馬叙倫曰：「按厚也以聲訓。𣆪為県亯，義當生於亯。倫疑此今言煮物已執曰好之好字。指事。亯為煮物，𣆪則㬎之，明所煮者孰，可傾而出之。」六書疏證一〇・七五按馬說牽附，非正義也。字象短頭長頸鼓腹之器，當為瓨之初文。說文瓦部：「瓨，似甖，長頸，受十升。从瓦，工聲。讀若洪。」急就篇：「甀甇甂甌瓨甖盧」，顔注：「瓨，短頭長身之罃也」，此正其形象矣。從音理言之，𣆪與瓨，古讀匣紐雙聲，侯東對轉。形既相符，音亦切合，為瓨之初文，昭然若揭矣。【殷周文字釋叢中】

覃

覃 父乙卣　共覃父乙簋　父丁爵　父己爵【金文編】

王覃印信　覃喜【漢印文字徵】

覃出郭顯卿字指【汗簡】

郭昭卿字指　古尚書　竝崔希裕纂古【古文四聲韻】

◉許　慎　長味也。从𣆪。鹹省聲。詩曰。實覃實吁。徒含切。古文覃。篆文覃省。【說文解字卷五】

◉劉心源　覃。說文作。解云。長味也。从𣆪。鹹省聲。按。說文。𣆪。厚也。从反亯。反亯者。倒亯字也。亯作。倒之為𣆪。即𣆪。此从。即鹵。从。即倒亯。是覃字也。父甲尊作。阮氏釋為西。為宮。失之。晉姜鼎譂京師。即普覃也。此銘覃當人名。或是禫省。則祭器也。【奇觚室吉金文述卷五】

◉林義光　說文云。長味也。从𣆪。鹹省聲。按鹹覃不同音。古作覃字父乙器。作番生敦簟字偏旁。从鹵厚竝省。【文源卷十】

◉丁佛言　古鉥司馬覃。古匋覃里□。他文多作蕈里。皆鄿之借字。【說文古籀補補第五】

◉郭沫若　番生𣪘及毛公鼎均有「金簟弼魚服」語，即小雅采芑「簟茀魚服」。簟字𣪘文作，鼎文作，則下體之若即覃字矣。

知此，則容庚金文編坿録所未能識之三字均係覃字。

亞形父乙卣　亞形父乙爵　父己爵

又貞松堂集古遺文卷四卅八所著録之亞形父乙𣪘，亞形中作二字，羅亦未能識者，實共覃也。乃作器者名。

覃小篆作□。說文云「長味也，从𣆪，鹹省聲。詩曰『實覃實吁』。□古文覃。□篆文覃省。」許此所揭古文覃，蓋□形之誤也。案此乃象形文，象皿中盛果實之形。非鹹省聲也。此盄下从皿，則知其它□□□等形亦必為器皿之象形，小篆譌變為□，說文訓以「厚也，从反亯」，然古金文亯字之反不如是也。此字古音讀在侯部，以聲類求之，蓋豆字之異。古當有尖腳之豆以蹲於有穴之座，如宋瓾之尖底碗然者。散氏盤有二豆字，一作□，又一作□，又有二登字，其一作□，豆之腳底均有銳意，可證也。

於皿若豆中盛果實以供食，自可得「長味」之義。【釋覃　金文餘釋之餘　金文叢考】

◉唐　蘭　□　□　□

右𩫖字，舊不能釋，今按即覃字也。

說文覃作□，「長味也，從𣆪鹹省聲。□古文覃。□篆文覃省」。今謂𩫖即覃字，若不相類然。且金文覃字作□亞覃父乙卣□亞覃父乙爵□亞共覃父乙𣪘□晉姜鼎等形，俱與說文及今隸從鹵從西者為近，未有從叀者，亦似與余說不合。然余釋古文字，必有的據，不敢妄騰臆說也。商周文字與今殊者甚多，自非深明古文字變化之例，心知其故，固難與言也。俗儒暖暖姝姝，守師說，抱陳編，斤斤而不敢稍易，覩一奇字，目侈口張，聞一新說，深閉固拒，則古文字之學，終於茅塞而已矣。

說文謂覃從鹹省聲，余前已譏其非矣。王筠說文句讀云：「此卻不必，亦云從鹵，可矣」。張文虎舒藝室隨筆謂字「當作𩫖，從卣，𣆪，卣亦聲」。按張謂從卣，殊無確證，乃臆說也。王以為從鹵，較優於說文舊說，隸變從西，西鹵一源，王說似是。然由古文字證之，覃固不從鹵也。

小篆覃字從鹵，今隸從襾，由金文□□二形變來，然金文所從□□二形，本非鹵及西，特形相混耳。余謂□字所從之□，實乃囟字。說文：「胃，穀府也。從肉，囟象形」。又：「菌，糞也。從艸，胃省」。今按胃菌皆從囟聲。少民劍胃字作□，雍邑刻石謂字偏旁作□，其所從之□，作□與作□同，此古文字恒例。皆畧圓，小篆變為□，故今隸之胃，遂從田矣。覃字從□，實即胃菌二字所從之□，特因□字結構，不便改作□形，後人遂誤以為從鹵耳。

然則卜辭之𩫖，即覃之本字也。何則？說文無囟字，囟即叀之變也。卜辭叀字，或變為□□□□諸形，羅振玉並誤釋為□，不知□即□之變，亦即□字所從出，詳見後釋叀。叀字或變為□、□、□諸形，舊並不識，亦詳釋叀。其□□□諸形，即胃菌二字所從，叀讀若惠，故胃菌二字得以為聲矣。叀既即囟，則從叀之𩫖，即從囟之覃，無疑也。特卜辭之𩫖字，均同一時期所作，故其變化之迹難求，非先知叀之得變成囟，自無由識之耳。

由是言之，覃之本字，當象盛叀於皁，以聲化例推之，皁亦聲也。叀者蕙之本字，蕙蓋用以湛酒者。說文：「覃，長味也」，字林：「醰甜同，長味也」。徐灝說文段注箋謂：「覃醰古今字」，是也。以蕙和酒，引申之，因有長味之義矣。

卜辭𩫖字，為師名，商王畋遊之地也。其地與灉極近。前二・三六・一片酉日卜田灉，戊日卜田𩫖，可證。卜辭屢並出𩫖、𦎫、𩫏、噩、宮、灉諸地，蓋均相近也。郭沫若謂灉即周之雍國，地在今河南沁陽縣東北，通纂攷釋一三八。其說至確。然則𩫖即禹貢「覃懷厎績」之覃，無疑。固禮職方疏引鄭玄尚書注云：「覃懷為縣名，屬河內」。按漢地理志有懷縣而無覃，蓋其地已無徵，故併懷言之，知懷何在，則覃地亦可想像矣。懷在今河南武陟縣西，與沁陽為鄰邑，則卜辭與雍地相近之𩫖，必禹貢與懷相近之覃，無疑。

卜辭於「才𩫖師」下云「隹王來正人方」，人方即尸方，尸即夷也。卜辭屢見人方，舊以為即東夷，然𩫖師之地，決在河南無疑，則此人方非東夷也。按左傳莊十六年：「初晉武公伐夷，執夷詭諸，蔿國請而免之。即而弗報。故子國作亂，謂晉人曰：『與我伐夷而取其地』。遂以晉師伐夷，殺夷詭諸。周公忌父出奔虢」。伐夷而周公出奔，則夷之逼近成周可知。杜注：「夷詭諸，周大夫，夷，采地名」。其地今無可考，當在成周之北，與覃地正相近。然則在𩫖師所卜，而云：「王來征人方」者，即此夷國，亦可無疑也。【殷虛文字記】

◉商承祚　□　○丨乃日字。古文从旦聲也。金文亞父乙卣作□。亞父乙爵作□。【說文中之古文考卷五】

◉馬叙倫　徐灝曰。文選王褒洞簫賦注引字林。醰甜同。長味也。覃醰古今字。倫按長味也蓋字林訓。或本作長也未也。長也本詩生民毛傳。味也上有捝字。同非本義。覃為𣅀之轉注字。故字從𣅀。𣅀鹹音皆匣紐。然疑本從鹵得聲。鹵從宁得聲。詳鹵字下。宁音澄紐。古讀歸定。故覃定入定紐也。鹵之轉注字為鹽。鹽音喻紐四等。古讀亦歸於定。而鹽之轉注為鹹。音乃轉入匣紐矣。字或出字林。

□鍇本作□。鈕樹玉曰。玉篇廣韻竝無。汗簡西部有□。注。覃出郭顯卿字指。倫按王筠據鍇本作□。疑從鹵旦聲。與覃異義之字也。或曰。○丨即寡子卣□字甲文□字所從之□之省也。郭顯卿字指若即許氏字指。則郭以古文經傳相參證。為呂忱所本矣。

□鍇篆作□。晉姜鼎有□字。父乙尊作□。蓋即𩫖之異體。此亦然也。字蓋江式加也。【說文解字六書疏證卷十】

◉徐中舒　四川彭縣濛陽鎮竹瓦街出土的銅器羣，在1961年第11期《文物》中已有報導。⊘這裏僅就殷器中有銘文的二觶論次如下。

一　覃父癸觶

此器銘云「覃父癸」，覃作□，應為壜之本字。今世通行書體中，書壜、罐字或作鐔，而字書中無鐔字，《廣韻》覃韻下覃曇壜三字同音徒含切，這就是壜、鐔通用最適當的説明。文字本義應當在偏旁相从諸字中或聲類相近的字中求之，這個字也不例外。

覃，篆文作□，乃金文□形之譌變。□為鐔形的原始象形字，覃所从之□形則為文字漸趨整齊畫一後便于寫作的書體，甲骨文偏旁从覃的字都通作此形。西周以後的金文偏旁从□的字又多譌作□或□，如□（覃，見晉姜鼎）□（厚，見厚趠鼎）□（簟，見番生簋），其形與亯字倒文極相似，亯篆文作□，因此，説文遂以□為从反亯之形。金文覃譌為□或□，仍可就簟字異文説明其為象鐔、罐而不是从反亯之形，金文簟或从皿作□（毛公鼎），皿為器皿，从皿仍與从□同意。

□象鐔形，侈口、細頸、大腹而底尖鋭，為最適宜于盛酒儲酒之器。古代酒器或半埋土中，故其底尖鋭，大口則易于承受他器所注，大腹則儲量較多，細頸則氣不外溢。覃从□或□，象麴米在器中醖釀之形。《博古圖》載樂大司徒卣（應作缾），銘云「樂大司徒子禹之子弘作旅缾」，缾即缾之異文，宋人誤釋為卣，缾為盛酒之器，从鹵知為象麴米醖釀之形。覃从□或鹵，實與缾从鹵同意。

□象鐔形，在銅器中，尚有與其相似之器，《寳蘊樓彝器圖釋》載齊國差罎作□形，銘云「鑄西墉寳罎四秉，用實旨酒。」就銘文言，此器主要用途是盛旨酒之器，而自名為罎，罎即鐔之異文，古韻从覃从詹之字同在侵部，故得相通。《廣韻》甔从瓦，一見于覃韻，云：「大甖，可受一石」；再見于談韻，云：「小甖」，是小口巨腹之器，不論其大小，並可稱甔或甖。《方言》「甇（甖同），齊東北、海、岱之間謂之甔」；國差甔為春秋時代的齊器；齊稱甖為甔，亦于此得一例證。

糧，甲骨文作□，从米、从□，唐蘭先生以為稻字，其説可信。古代釀酒以稻為上，《漢書・平當傳》如淳注引漢律云：「稻米一斗得酒一斗為上尊，稷米一斗得酒一斗為中尊，粟米一斗得酒一斗為下尊」；《儀禮・聘禮・鄭注》亦云：「凡酒稻為上，黍次之，粱次之。」古以黏者為稻，不黏者為秔，釀酒用稻不用秔。古代黄河流域農作物，以黍稷為主，稻僅為釀酒之用，故《豳風》七月詩云：「十月穫稻，為此春酒。」甲骨文于「受禾」「受黍年」之外又有「受糧年」的卜占，糧必為禾黍同類的作物，而最適于釀酒者宜莫如稻，稻古又作䆃，《史記・司馬相如傳》載相如《封禪書》云：「䆃一莖六穗于庖」，集解引徐廣云：「䆃，瑞禾也。」這是食用黏稻最早的記載，黏稻今通稱糯，食用糯米今黄河流域還不能普遍，漢晉時視為「瑞禾」也就不足為奇了；稻䆃與糧《廣韻》同屬定母雙聲，故得相通，《説文》糧，古文或以為導，糧、導相通即糧、稻、䆃相通的例證。西周以後江淮流域逐次開發，秔稻種植漸廣，成為人民主要食糧，稻不必即以釀酒著稱，因此，稻遂為秔稻通稱，因其有糠，必須用臼舂杵，故其字从爪臼會意。稻行而糲、稬並廢不用。

罈為適于儲酒之器，酉則為適于釀酒之器。殷墟出土有侈口直筩尖圜底足大陶器其形如□，這是適于釀酒時易于承受麴米及攪拌之用，甲骨酉作□□即象其形。甲骨□上所从之□□，示象圓形侈口，但後出酉字遂逐漸衍化為小口細頸之□形，其形已與□形相似，而甲骨文糟所从之米形或省作□□，如从犬从糟的猷字作□或省作□，□此猷字在金文中則皆作□（克鼎）□（毛公鼎），易从糟為从酋。《說文》「酋，繹酒也，从水半見于上，禮有大酋，掌酒官也」，段注：「繹之言昔也，昔久也」，段以繹酒為昔酒，昔酒即儲存日久之酒，所謂「禮有大酋」者，《禮記·月令》云：「乃命大酋，秫稻必齊，麴糵必時，湛熾必絜，水泉必香，陶器必良，火齊必得，兼用六物，大酋監之」，高誘注：「大酋，主酒官也，酋醞米麴使之化熟，故謂之酋，于《周禮》為酒正。」（見呂氏春秋仲冬紀注。）高注「酋醞」即久醞成熟之意，《方言》：「酋，熟也，自河以北、趙、魏之間久熟曰酋。」據此言之，凡醞酒器良則曰罈，酒熟則曰酋，是酋仍為从糟久儲引申之義。《周禮》春官酒正：「掌酒之政令」，酒正即掌酒官之大酋。覃父癸觶之覃當為殷代主酒之官，其子孫因即以覃為氏，其官于周則為酒正或大酋。

覃為儲存日久的熟酒，其味醇厚深長，故覃及从覃諸字皆衍深長之義，故長味為醰，延長為覃，含深為嘾，深視為瞫，深水為潭，爛熟為燂，覆地之席為簟。

殷器中除上述覃氏十九器之外，又有从□从□的□氏四器。文字由簡趨繁，□為罈之原始象形字，□則為後起的儲酒罈的會意字。□所从之□本象酒形，而後起的罈字又復从酉，為便于說明起見，在本文中即以覃釋□，以醰釋□。罈氏遺物有亞形醰父乙卣、亞形醰父丁爵、亞形弁醰父甲鼎、亞形弁醰父乙尊四器，如覃醰同屬一族，則此四器作者其年輩必較前者為晚。【四川彭縣濛陽鎮出土的殷代二觶　文物一九六二年第六期】

◉李孝定　□　說文：「覃，長味也，从𣆪，鹹省聲。詩曰：『實覃實吁。』□，古文覃，□，篆文覃省。」栔文上出諸形唐氏釋覃，可從，叀即惠之本字，字象盛惠於橐繩束其口置於覃上所以莤酒之形，故引申有長味之意。字在卜辭為地名。金文作□父乙卣□共覃父乙簋□父丁爵□父己爵□晉姜鼎，與栔文同。【甲骨文字集釋卷五】

◉黃錫全　□覃出郭顯卿字指　覃字古作□（父乙卣）、□（共覃父乙簋）、□（父丁爵），簟作□（番生簋）、□（毛公鼎）、□（侯盟）等。郭沫若先生認為古覃字「乃象形文，象皿中盛果實之形，非『鹹省聲』也。此覃下从皿，則知其它□、□、□等形亦必為器皿之象形，小篆譌變為□，《說文》訓以『厚也，从反亯』。然古金文亯字之反不如是也。此字古音讀在侯部，以聲類求之，蓋豆字之異，古當有尖腳之豆以蹲於有穴之座……於皿若豆中盛果實以供食，自可得長味之義」（金文叢考釋覃）。為變，、與西字作（戌甬鼎）、（五祀衛鼎）、（禹鼎）、（散盤）、（璽文12·1）形同，因此隸變作覃。顥卿乃漢人，録字應有根據，所見覃字當从「西」作。郭沫若先生又認為許慎「所揭古文覃，蓋形之誤也」，甚是。夏韻覃韻録作。【汗簡注釋卷五】

◉湯餘惠 147 盧（？）・𥁕（覃） 「𥁕」為「覃」之異體。金文「金簟弼」，毛公鼎作，侯馬盟書亦有此字，寫作1:57。晚周齊兵有亡右戈（《三代》19·31·4），「𥁕」即古「潭」字，假借為「鹽」，「亡𥁕」即齊邑「無鹽」。簡文「為王煮」，亦借為「鹽」。

【包山楚簡讀後記 考古與文物一九九三年第二期】

佚211 新4104 【續甲骨文編】

厚 戈厚簋 䣄盤 趠鼎 井人妄鐘 魯伯盤 厚氏匜 命瓜君厚子壺 王臣簋 戈畫戒厚必彤沙 五年師旋簋 戈琱戒厚必彤沙 無叀鼎 戈琱戒厚必彤沙 休盤 戈琱戒彤沙厚必 袁盤 戈琱戒厚必彤沙 訇簋 戈琱戒厚必彤沙 【金文編】

46 【包山楚簡文字編】

厚睦任之印 厚𠂤長印 厚翁叔印 厚光 【漢印文字徵】

厚． 上同並林罕集字 厚見尚書及説文 【汗簡】

古孝經 並古老子 並古老子 並林罕集 古尚書又説文 汗簡 崔希裕纂古 同上 古孝經 並古老子 並林罕集 古尚書又説文 汗簡 籀韻 【古文四聲韻】

◉許慎 𠪚山陵之厚也。从㫗。从厂。胡口切。垕古文厚。从后土。【説文解字卷五】

◉劉心源 厚。舊釋作縞。此字从厂从亯。無一筆似縞字。叔弓鎛。余用登純厚。篆作。可證也。説文。㫗。厚也。从反亯。厚。从㫗从厂。即此字。㝅盤厚必作□。从系从㫗。知古有作緮者。無叀鼎厚必作□。亦非縞字。自釋作縞。今乃改篆作□。【古文審卷六】

◉吳大澂　□即厚。从厂从反亯。徐楚金曰。亯者進上也。以進上之具反之於下列。厚也。竊疑厚有厚賜義。【趠鼎　窓齋積古録第五册】

◉林義光　説文云。□山陵之厚也。从厂从㫗。㫗高也。从反亯。按㫗字無考。厚古作□伯厚父盤。作□井人鐘。作□趠鼎。从石从高省。石。藉也。見石字條。本凡厚之稱。以不得从厂之説。故訓為山陵厚也。【文源卷十】

◉商承祚　垕　説文「厚。山林之厚也。从㫗从厂。垕。古文厚。从后土。」案金文趠鼎作□。魯伯盤作□。邿人鐘作□。皆不从后土。玉篇有垕。云古文厚。其字从土上石。厚意也。古文石作□。省之則為□。遂與后形同矣。垕从石土會意。非从后聲也。【説文中之古文考】

◉唐　蘭　□佚二一一片

右厚字，商承祚云：「□即厚字，金文趠鼎作□，魯伯盤作□，與此形近」，考釋三三葉。甚是。説文：「厚山陵之厚也，从厂，從㫗。」此從小徐。大徐作「從㫗，從厂」。今按當是從厂㫗聲，□之省，□者石也。卜辭云：「厚示」，厚是人名，死而祓祀者。【殷虚文字記】

◉馬叙倫　鈕樹玉曰。韻會作從厂從㫗。王筠曰。集韻引山作丘。倫按從厂。㫗聲。蓋厂之轉注字。當入厂部。山陵之厚也蓋校者本韓詩外傳地設其厚而山陵成名加之。墨子經。厚。有所大也。許本以聲訓。今挩矣。字見急就篇。魯伯盤作□。趠鼎作□。井人鐘作□。

垕　鈕樹玉曰。繫傳作垕。段玉裁曰。從土后聲也。倫按后為石之異文。詳后字下。古借石為厚薄字。故厚土作后土也。石音禪紐。轉入匣紐。皆次濁摩擦音也。乃別作從厂㫗聲之厚。此又其轉注字。管子地員。其人夷垢。尹相陽謂夷垢即仁厚。是其例證。亦或厚為厂之轉注字。而垕為厚薄之厚本字。從土。后聲。從土后校者加之。【説文解字六書疏證卷十】

◉馬叙倫　厚説文作□。從厂。㫗聲。詳疏證。□從反亯。㫗實生熟之熟初文。亯為煮物。㫗則物熟而可傾出也。故從倒亯。亯音曉紐。㫗音匣紐。同為舌根摩擦音。則音轉耳。今言生熟之熟音在禪紐。禪匣同為次濁摩擦音。亦音轉也。今言煮物已熟曰好。好即㫗之借字也。此從□。晉姜鼎有□。即䵼字。皆變譌者也。俞為舟之轉注字。舟音照三。俞從舍得聲。舍

音審三。同為舌面前音也。在此銘中。未省何義。或為㑹之省文。亦不愜當也。賸借為媵。般為盤省。【讀金器刻詞卷下】

●朱芳圃　厚，从厂，𣆪聲。𣆪，金文作𣆪。一作𣆪，象鋭底形。篆文作𣆪，即由此誤。【殷周文字釋叢中】

●李孝定　説文。「㫗山陵之厚也。從𣆪從厂。垕。古文厚。從后土。」唐氏引商氏之説釋此為厚。是也。又引説文説解。從小徐。按小徐之説固不誤。惟此字應入厂部。以為从厂𣆪聲方合。今許書既誤入𣆪部。則其下説解自應作「從𣆪從厂」。倘如小徐之言。是許君自亂其例矣。辭云「辛未卜王令厚示𠂤」。厚為人名。唐説是也。惟示在此為動辭。𠂤亦人名。倘以厚示連讀為名辭。則上屬以令字。頗覺不辭。且其下𠂤字亦覺無着矣。【甲骨文字集釋第五】

●吴鎮烽　王東海　郭沫若同志在《戈琱戉𢦏必彤沙》一文中説，琱戉𢦏彤沙都是屬于戈的。戉當是戛的本字，亦即棘。在古代棘應是戈援的專名。戈援横出，恰似棘刺。戉字从戈从肉，戈之肉即戈之援。郭沫若《殷周青銅器銘文研究》，科學出版社，1961年。此説可從。「戈畫戉」和「戈琱戉」一樣，是指援上有花紋的戈。「必」是柲的初文，即戈柄。「必」前的限制詞王臣簋作「㫗」，从厂从章，當釋厚字。無叀鼎作「𢦏」，休盤作「𢦏」，寰盤作「𢦏」，郭沫若同志在同一文章中隸定為「𢦏」，説𢦏「恐系籫之初字，字之左旁以金文諸厚字例之，所从者確是𣆪字。……右旁當系欑柲之象形。……字似从𣆪聲。」郭沫若同志自注説：「𣪘簋文逕作厚，但惜乃刻本，不能作為積極之證明。」王臣簋「必」字前面的字作「厚」，可證郭老的判斷是正確的。【王臣簋的出土與相關銅器的時代　文物一九八〇年第五期】

●李孝定　厚字从「厂」，許訓山陵之厚，當是字之本義；𣆪字象器形，許書訓厚，不知所本，疑其字與厚字音讀相同，許君遂以同義解之，𣆪字原未必有厚義，厚之从𣆪，乃以為聲，非聲兼義也。【金文詁林讀後記卷五】

●張政烺　厚必又見師㝨簋。厚它銘多作𢦏，舊説不一，今知皆當讀為厚。必，劉心源謂：「柲省」，《説文》「柲，欑也；欑，積竹杖也。」厚在此讀為緱。《説文》「緱，刀劍緱也。从糸，侯聲。」原本《玉篇》「緱，故溝反。《説文》釖□維也。《蒼頡篇》刀劍首青絲扁纏也。」《六書故》「刀劍柄當把處以索纏之，為其血染漬而滑也。」按今京劇舞臺上所用槍柄猶多以青色絛帶纏之。彤沙，紅纓子。【王臣簋釋文　古文字研究論文集　四川大學學報叢刊】

●黄錫全　𣆪上同並林罕集字　𠆢應是厂形斜書形，𣆪乃由𣆪譌變。鄭珍誤以為从亯。【汗簡注釋卷二】

●黄錫全　垕厚見尚書及説文　敦、豐、内本厚作垕，薛本同。《説文》厚字古文作垕，夏韻厚韻録作垕。【汗簡注釋卷四】

●劉彬徽等　厚，簡文寫作𠪰，《説文》古文厚字作垕，從石從土，與簡文形近。【包山楚簡】

畗 畗

◉湖北省文物考古研究所 北京大學中文系 此字簡文屢見，也寫作。信陽二一五號簡也有此字，作。《說文》「厚」字篆文作，古文作，與此形近。「厚」字所從的，下部與(𩏂)字下部相似。長沙楚帛書「𩏂」字所從的「韋」作，望山一號墓一二三號簡「韓」字所從的「韋」作，其下部正與此字下部相似。信陽二〇八號、二二五號諸簡又有字，疑是「厚麦(奉)」二字合文，其義待考。【二號墓竹簡考釋 望山楚簡】

◉徐中舒 佚二一一 從厂從，為之省形，實為垣墉之墉本字。字從厂從省，正會垣墉之厚意。金文作趠鼎、魯伯盤，與甲骨文字形略同。《說文》：「厚，山陵之厚也。从㫗从厂」。【甲骨文字典卷五】

◉戴家祥 安鐘 字从厂从㫗。玉篇厚古文作垕，从石。可見金文厚从厂為石之省。㫗，高也。从反亯。厂㫗會意為石之高，故說文九篇厚訓「山陵之厚也。」廣韻，「厚，姓也。」白厚父盤等厚字皆用作人名。小雅楚茨「以綏後祿」，與鐘「妥綏厚多福」文例相同。釋名釋言語「厚，後也。有終後也，故青徐人言厚如後也。」古厚後通用。史牆盤等厚字皆借為後。【金文大字典上】

甲三〇七〇 卜辭畗用為福 誠一九三 師友二·二〇三 粹二四五 粹三九三 前四·二三·八 佚九二五 京津三二三七 京津四二四一 存下七五七 地名 明四 燕三三五 【甲骨文編】

畗 畗父辛爵 孳乳為福 士父鐘 降余魯多福無疆 季𡨦尊 用搴福 【金文編】

3·609 豆里畗㪡𤵸卩 說文所無集韻答古作畗 【古陶文字徵】

畗 日乙一九五 通富 賜某大— 【睡虎地秦簡文字編】

畗匹六切 【汗簡】

汗簡 【古文四聲韻】

◉許 慎 畗滿也。从高省。象高厚之形。凡畗之屬皆从畗。讀若伏。芳逼切。【說文解字卷五】

◉徐同柏 畗。福省。省福為畗。猶省祿為彔省祥為羊也。禮祭統云。福者備也。備者百順之名也。惟賢者能備。能備然後能

祭。所謂福者如此。【商福父辛爵　從古堂款識學】

◉張廷濟　畐徐壽臧甥謂福字是古飲福之爵。余案王復齋款識宋拓本父已卣作畐又標作飲者作□□。又積古齋據江秋史摹本山形卣作□。□與此畐字同文。蓋皆象酒器之形。當隨器名之。不當主名某字。若欲定其名。則釋作尊字為安。【商爵　清儀閣所藏古器物文】

◉高田忠周　蓋畗亦富字也。敔卣富字作□。从宀从福。後出重緐文。而彼宀下之畗即畗字。實亦富字本形也。畗雖从高。實宀之系。畗之□可證也。已从宀作畗。又从宀作富。即複矣。此古今字之恆例也。畗者滿也。高屋之下作畗。即其象也。富下曰。備也。一曰厚也。易家人。富家大吉。書洪範。二曰富。疏云。家豐財貨也。又實字下曰。富也。从宀从貫。貫貨貝也。依古文。下从□从貝。不从貫。二形皆物也。然家下財物充滿。此謂之富。亦實畗字義也。然則畗亦家福也。畐福亦當同字。【古籀篇七十三】

◉馬叙倫　鈕樹玉曰。繫傳作從高厚之形。蓋傳寫脱。徐灝曰。畗從亯加一以象高厚之形。於義雖明。戴侗謂亯即鍑字。是也。畗。籀文作㽬。蓋象形文。凡古文從亼在上者或作平畫。故小篆變為畗。亦或作畐也。竊謂畗不當從亯增。而亯實從畗省。何以言之。蓋畗者孰物之器。而亯為進獻孰物之稱。故從畗省為亯。而於口中作横畫以象孰物。與血從皿從一同例。夏從亯亦作亯。即畗字省體之明證。倫按甲文夏字作□。即本書之皀。亦即本書之食與亯也。此可為亯當從畗之證。畗字父辛爵作畐。正象亯物之器。叔氏鐘作□。此其異文也。則戴説是也。蓋篆本作□。上象蓋而下象鐺。滿也者。古讀滿如門。以聲訓。從高以下八字。當作象形。呂忱或校者改之。讀若伏者。尹桐陽曰。伏畗疊韻。攷工記輈人。故書。不偪其轅。杜子春曰。偪當作伏。詩谷風。匍匐救之。左昭十三年傳作蒲伏。【説文解字六書疏證卷十】

◉孫海波　□未卜行。□王賓。□丁彤畐。亡囚。左。

畐假為福。説文。畐。滿也。从高省。象高厚之形。福。備也。从示畐聲。卜辭福作象人以兩手奉畐于示前。所以祀神求福也。則兩手所奉之畐與酉卣之器形相似。正象盛酒之器形。知説文訓滿也乃後起義。非古誼也。畐字本象器形。奉畐于示前而為福字。故可假為福。福亦祭名。【誠齋甲骨文字考釋】

◉林義光　説文云。畗滿也。从高省。象高厚之形。按高厚重複。即滿之象。古作□叔氏鐘。作□善尊彝福字偏旁。【文源卷三】

◉馬叙倫　舊釋畐為畐。然説文作□。金甲文作□。實乃反口之缶。即今南方通用之鉢頭。其形作□者也。鉢為缶之聲

轉。缶為由之轉注字。故東楚謂缶曰甾。此非甾也。倫疑為說文之畐字。【父辛爵　讀金器刻詞】

◉朱芳圃　畐士父鐘　畐畐父辛爵

說文畐部：「畐，滿也。从高省，象高亯之形。讀若伏。」戴侗曰：「畐即鍑也。」六書故二八・八。馬叙倫曰：「畐字，父辛爵作畐，正象烹物之器。叔氏鐘作畐，此其異文也，則戴說是也。蓋篆本作畐，上象蓋而下象鐺。滿也者，古讀滿如門，以聲訓。」六書疏證一○七七。桉戴馬二說非也。字象長頸鼓腹圜底之器，當為瓿之初文。說文瓦部：「瓿，甂也。从瓦，音聲。」連言之則曰瓿甊，爾雅釋器：「甌瓿謂之瓵。」郭注：「瓿甊小甖。」方言五：「瓿甊，甖也。……自關而西，晉之舊都，河汾之間，其大者謂之甀，其中者謂之瓿甊，其小者謂之瓶。」廣雅釋器：「瓿甊，瓶也。」或體作錇，說文缶部：「錇，小缶也。从缶，音聲。」是畐為長頸鼓腹圜底之器，恰與字形相符。再從聲類求之，凡从畐从音得聲之字，音同用通，如說文走部趞讀若匐，又以火乾肉之煏，今俗作焙，是其證矣。

漢書蘇武傳：「賜武馬畜、服匿、穹廬。」孟康曰：「服匿如甖，小口，大腹，方底，用受酒酪。」晉灼曰：「河東北界人呼小石甖受二斗所曰服匿。」桉服匿者，畐之緩音也。

畐為盛器，充盈於中，因以象徵豐滿。變易為富，說文宀部：「富，備也。一曰，厚也。从宀，畐聲。」為福，示部：「福，備也。从示，畐聲。」為葡，用部：「葡，具也。从用，苟省。」孳乳為服，舟部：「服，用也。一曰，車右騑，所以舟旋。从舟，艮聲。」為備，人部：「備，慎也。从人，葡聲。」於心為愊，心部：「愊，誠志也。从心，畐聲。」於體為腹，肉部：「腹，厚也。从肉，复聲。」於布帛為幅，巾部：「幅，布帛廣也。从巾，畐聲。」廣亦滿也。於器為鍑，金部：「鍑，如釜而大口者。从金，复聲。」盛滿，故衍於畐。於車為輻，車部：「輻，輪轑也。从車，畐聲。」輪轑充盈牙轂間空處，故孳乳於畐。於衣為複，衣部：「複，重衣也。从衣，复聲。一曰，褚衣。」充盈於中，豐滿無間，故引伸有逼迫之義，爾雅釋言：「逼，迫也。」逼即畐之俗字。孳乳為楅，木部：「楅，以木有所畐束也。从木，畐聲。」為椱，木部：「椱，機持繒者。从木，复聲。」為輹，車部：「輹，車軸縛也。从車，复聲。」為犕，牛部：「犕，易曰『犕牛乘馬。』从牛，葡聲。」犕牛乘馬，亦以轡勒束之也。對轉蒸為繃，糸部：「繃，束也。从糸，崩聲。」【殷周文字釋叢卷中】

◉譚其驤　庚畐焚　商先生云：「畐可通富」。富焚疑即春秋時的房國，漢置吳房縣，即今河南遂平縣。自象禾東行抵此。【鄂君啟節銘文釋地　中華文史論叢總第二輯】

◉李孝定　說文。「畗。滿也。从高省。象高厚之形。讀若伏。」此與㫗當為形制相近之容器。訓滿。其引申義。其朔義乃象形字。許解云「象高厚之形」雖誤。然猶可見與亯字之義相近也。辭云「丁亥卜貞王宊畐亡𡆥」。乃叚為福。孫說是也。金文作

□畐父辛爵□弔氏鐘。「降余魯多畐。」亦叚此為福。與卜辭同。【甲骨文字集釋第五】

◉李孝定　福之為畐，祿之為彔，祥之為羊，並是假借，徐同柏氏省福為畐之說，適得其反。畐字象器形，張廷濟氏謂象酒器，可从，許訓滿，其引申義也。朱芳圃氏謂畐即瓿，畐音音同，其說是也。【金文詁林讀後記卷五】

◉楊樹達　戴侗曰：「畐即复字。籀文作□，蓋象形文，見火部㚆下。」吳承仕曰：「副字籀文作□，其形亦同。戴說似信。」樹達按：福字甲骨文作□，羅振玉說□為酒尊形。【文字形義學】

◉朱歧祥　□象容水酒之器，即畐字。《說文》：「滿也。从高省，象高厚之形。」乃福祉之福本字。《說文》：「備也。」卜辭「福祐」連文。

《京4241》弜□又。【殷墟甲骨文字通釋稿】

◉黃錫全　□畐匹六切　古作□(京津4241)□(士父鐘)，《說文》正篆作畐。【汗簡注釋卷二】

◉劉　釗　《古璽彙編》3291、4698號璽璽文作下揭之形：□

其中「□」字《古璽匯編》不釋。按「□」乃畐字倒寫，應釋作畐，讀作富。古璽畐字作「□」、「□」，富字作「□」。古璽有吉語璽璽文作「□」，《古璽彙編》釋作「富生」。按「□」璽也為吉語璽，應釋作「畐生」，讀作「富生」或「生富」。【釋畐璽印文字釋叢　考古與文物一九九〇年第二期】

◉戴家祥　說文「福，祐也。从示畐聲。」士父鐘以畐為福，象長頸器形。以形擬之，殆即缾之古文作福者，形義符號加旁字也。小雅・蓼莪「缾之罄矣，維罍之恥。」鄭玄箋「缾小而盡，罍大而盈，言為罍恥者，刺王之不使富分貧衆恤寡。」文選沈休文三月三日率爾成篇詩「金缾汎羽巵。」李善注「缾，酒器也。」缾讀薄經切，韻在耕部，耕蒸韻近，可以通用。故亦假憑為缾，廣雅・釋詁「憑，滿也。」楚辭・離騷「憑不厭乎求索」，王逸注「憑，滿也。楚人名滿曰憑。」滿之同義詞為備。廣雅・釋詁之「福，備也」，說文「畐，滿也」，玉篇「腸滿謂之畐」，廣雅・釋詁「愊，滿也。」備、畐韻在之部，前人不知陰陽對轉，故不解畐為缾之象形字。缾為酒器，其奉滿器為祝者為福酒，反之則以為恥，是畐之為缾，於形於聲於義俱可通也。【金文大字典下】

□乙2510　□2510　□3334　□7673　□佚1000　□六清22　外319　□外442　□摭續288　□乙1335

□2374　□5162　□佚618【續甲骨文編】

良 季良父盉 季良父匿 鬲比盨 司寇良父壺 司寇良父簋 邕子甗 格伯簋 郘王鼎 吏良父簋 尹氏匡 齊侯匜 中山王嚳壺 賢士良佐 【金文編】

1·109 獨字 3·588 豆里良 鐵雲67:3 鐵雲18:3 5·384 瓦書「四年周天子使卿大夫……」共一百十八字

3·1303 獨字 說文良古文作與此同 陶文編附録11 【古陶文字徵】

218 227 【包山楚簡文字編】

良 日甲一四 十一例 語九 九例 日甲二四 日甲七九 日甲一四六 八例 日乙七四 三例 【睡虎地秦簡文字編】

3926 與季良父盉良字相近。 2713 2712 3592 【古璽文編】

吕良 蘇良 王良私印 胡良 吳良私印 纍良印 良平之印 趙良邪 王良 衛良 公良路子 良巨孟 【漢印文字徵】

漢張勿石 【石刻篆文編】

良竝出義雲章 良 良出碧落文 良竝說文 【汗簡】

義雲章 碧落文 義雲章 說文 說文 竝同上 竝崔希裕纂古 【古文四聲韻】

◉許 慎 善也。从畗省。亡聲。徐鍇曰。良。甚也。故从畗。吕張切。古文良。亦古文良。亦古文良。【說文解字卷五】

◉王 襄 古良字，季良父盉良作，與此文相似。【簠室殷契類纂正編第五】

◉林義光　說文云。□善也。从畗省。亡聲。按□非畗之省形。古作□季良父匜。作□司寇良父壺。作□季良父盉。亦不从亡。當即量之古文。□象量形。此象量面形。□其旁兩耳。古一鬴之量。其耳實一升。覆之。其臀實一豆。蓋以一器兼三物之用。□从重省。良省聲。當為□之或體。【文源卷一】

◉商承祚　□卷二第二十一葉　季良父盉作□。與此畧同。疑此亦良字。【殷虛文字類編第五】

◉高田忠周　說文。□善也。从畗省。亡聲。此篆上作□。即同□。而下亾。亦即亡也。與許氏說合。詩日月。德音無良。鶉之奔奔。人之無良。傳並云。良。善也。詩秦風黄鳥序。哀三良也。箋云。三良。三善臣也。又蟋蟀。良士瞿瞿。墓門。夫也不良。常棣。每有良朋。角弓。民之無良。白華。之子無良。桑柔。維此良人。箋並云。良。善也。皆是言人。蓋良字本義也。故字或作□。从人。可證。因謂亡聲未詳。或是亡為氓省聲。角弓。民之無良。則氓之善者即良民也。【古籀篇七十三】

◉顧廷龍　說文：「□，善也。從畗省亡聲。」徐鍇曰：「□，甚也，故從畗。」呂張切。竊謂良從亯省，殊難索解，上作□，亦篆寫所罕見，懷疑者久之，欲一徵其說，而諸家卒未有及此者。惟歸安嚴章福曰：「良從畗省，不得其解，疑許原入亯部，從亯省，陳逆簠有□，即亯字，則從□者，從□而省曰也。良訓善，而膳從善，似良當從獻亯字。小徐亯部後接畗部，蓋相近而誤，或謂部首不作□，若從亯省，與部首未合，帝旁皆從二部，首作丄，亦許例也。」嚴氏之說如此，而究嫌迂曲，未敢從同。外叔祖王勝之先生曰：「良，甲文作□（前編卷二二十一葉），金文作□（季良父盉），象斛量形，上□下□，象把手，□象器形，一象物在器中，物或有或無，當即古量字。量物均平，人咸善之，因訓善矣。」龍按釋名曰：「良，量也。」家語：「五帝德設五量。」注：「權衡升斛尺丈里步十百也。」是所以升斛，五量之一也。量，古文□，稱輕重也。從重省，從曏聲。朱駿聲曰：「從良省聲，古文亦良省聲，篆省□，古文省□，量良古多通假，假量為良，海內北經『犬封國有文馬名曰「吉量之乘」』，亦託名標識字。」玩朱說不疑于良，且徵量于良，不憚改古文□為□，以蘄合于□，未免「削足適履」。至謂良量古多通假，自是的論。竊嘗攷之米糧字，古亦多作粮。詩「乃裹餱糧」，釋文本作粮，楚辭「精瓊靡以為粮」，又張衡思玄賦「飡沆瀣以為粻」，注皆曰「粻，粮也」，廣均十陽，粮，注，粮食；下字糧，注同上。然則粮為米糧正字，良為量器，其從米者，量米粒以為粮食也。今篆文作□，蓋傳寫之誤，亯誤作□，□又誤作亾，形似亾而因以為聲，于是良之形義晦矣！【釋良　中山大學語言歷史研究所週刊四集四二期】

◉唐　蘭　□

右良字，舊誤歧為二，以□為良，而以□□為別一字，今正。

作□形者，孫詒讓釋豊，契文舉例下二二。誤。葉玉森釋亜，謂乃禋之古文，□正象煙气上升形。鈎沈乙。不知□既象豆形，則所布者食氣爾，安得有煙？亜字見於陳壽卿藏亜戈者作□，見奇觚室十·六。與□寧有一毫形似。然承學之士，猶樂襲用，好野談而怯真理，良可憫歎。郭沫若釋蝕，謂「□為食物之象形，□而缺其上為□，則當為蝕」，甲骨文字研究上釋蝕四葉。因謂夕□為月蝕。然卜辭之□，上兩筆侈而不斂，無由為□之缺。□上缺而為蝕，説無所徵。據所説有連續二日之日蝕，殆非古人所及知。且卜辭自有月食，簠室徵文天象二云：「旬壬申夕，月出食。……」，庫方二氏藏甲骨卜辭一九六五片背云：「七日己未□，庚申，月出食。……」皆可證商人只用食字，與周人同，郭氏之説，實未愜也。余按□即良字，古文字之例，恆缺底畫，如□或作□，故□每作□，由□小變即為□矣。余所見者，多他人已見之材料，眼前證據，本俯拾即是，特學者多好鑿空，不屑作瑣碎材料之蒐集與歸納耳。

金文良字甚多，如□季良父盉□叏季良父壺□司寇良父壺　司寇良父毁□齊侯匜□大師史良父毁□邕子甗□尹氏匡□格白毁等，舊以季□父簠□字為良，大誤。皆由卜辭之□形衍變而成。□變為□，□變為□。説文良作□，則又從□形衍變而成。今比良字嬗變之迹為表，非主要者闕焉。

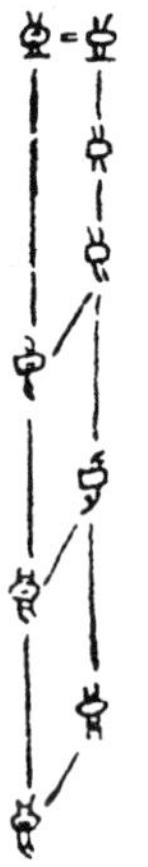

良字之義，前人無能解者。説文：「良，善也，從畗省，亡聲」。徒以形變作□，有類從亡，良亡之聲適又相近耳。推之古文，則畗亡兩從，一無是處也。按良古本作□，或作□，□即豆形，豆所以盛食物，而作□者，殆以象食物之香氣也。詩載芟「有飶其香」，説文：「飶，食之香也」。謂熟食之香。説文：「皀，穀之馨香也。象嘉穀在裹中之形，匕所以扱之。或説皀一粒也。又讀若香」。顔氏家訓引通俗文皀音方力反，今説文音皮及切。按皀即食字，説文從皀得聲之字，有鵖皀二字，鵖彼及切，皀都歷切，無讀若香者。鄉字由□得聲，説文謂從皀聲，誤。然則説文皀字之解，疑誤合□□為一字，猶卣注誤合卣鹵為一字。馨香之義，與讀若香之音，皆當屬之□字也。□象熟食之香氣，其音當讀若香，而今作良音者，香良音近而轉，猶鄉之與曩也。香古多以薌為之。□蠰即堂蜋。臭之香者食之良，引申之為良食之稱，更引申為良善之通義，及引申義掩其本義，而□形復變為□□等形，於是良字之解，莫能言矣。

卜辭恆言「良羊」、「良牛」，或用其本義，而引申為熟之之義，或借為斪，柯擊也，今未能定。其曰某夕良者，疑指氣象而言，是即「朗」之本字矣。【殷虚文字記】

◉商承祚 □□□ 説文「良。善也。从富省。亾聲。□。古文良。□。亦古文良。□。亦古文良。」案甲骨文作□。狼之偏旁作□。金文季良父盉作□。㽙寇良父𣪘作□。齊侯匜作□。尹氏匡作□。皆不从亾。从亾者寫誤也。弟一文汗簡引作□。乃□之誤。弟二文乃□之誤。弟三文乃□之誤。玉篇弟一字不録。弟三字作筤。抑即筤之古文而誤入之于此與。【説文中之古文考】

◉顧廷龍 □良。説文。善也。按又叚作五量字。釋名。良。量也。周□尚陳□左里敀亳良。□陶□尚陳□左里敀亳良。□陶□櫅陳□南左里敀亳良。□周華門陳棱□左里敀亳良。□周□ 陳賷□立事左里敀亳良。【古匋文孴録】

◉唐桂馨 良為手提之盛物器。全部象形。鐘鼎文良有作□□□□各種。秦篆从古文而省之。許遂以為从亾聲。良善係後起訓義。日本人呼盛烟艸之袋為筤。即其一證。□象全物形。□象器之身。□象綴帶。□亦象器身。□象器上提挈處。□象器下之飾。鐘鼎各文亦象其形。竹部筤籃也。即是此字。【説文識小録 古學叢刊第三期】

◉馬叙倫 善也者。借良為臧之義。臧字見金文。而古書皆借臧字為之。良臧聲同陽類。故或借良為臧。良乃量度之量本字。器名也。今故宫博物院有王莽新嘉量。其形為□。蓋良之象形文亦本如此形。變譌為□。又為□。亦為□也。格伯𣪘作□。尚可見其仿佛。秦官有大良造。而衛鞅為其官。史記商君傳言。鞅平斗桶權衡丈尺。相傳有鞅量。則秦之大良造。即周禮考工記之㮚氏。㮚良變聲假借也。此亦良即量之本字之證。字見急就篇。當自為部。

□ 鈕樹玉曰。汗簡引有。玉篇廣韻並無。疑後人增。良下省古文三。玉篇載其二。不應獨遺此也。

□ 倫按□之譌也。

□ 李杲曰。齊侯匜作□。□由□譌。亾由□譌耳。古鉩作□。與此亦近似。倫按□之譌。或是筤字。【説文解字六書疏證卷十】

◉徐中舒 □□二形象穴之兩側有臺階上出之形，更可以良字為徵。良甲骨作□，金文作□，也象穴之兩側有孔或臺階上出之形，當為廊之本字。廊為堂下周屋，今稱堂邊屋簷下四周為走廊，其地位恰與穴居側出的孔道(巖廊)相當。説文於丘下別著又一説云：「四方高中央下為丘」，丘篆作□，正象穴居兩側出入處特高之形。謂四方高者，殷墟陵墓，其墓穴皆作方形，有深達三公尺者，穴的四面，或南北兩面，都有臺階，其四面有臺階的，如為穴居，則在地面上必作□形(甲骨有此字)，其兩面有臺階的，如為穴居，則在地面上必作□形，這是可以推想得到的。古人事死如生，墓穴的構築也當模倣生人的穴居。據此言之，良為穴居四周的巖廊，也是穴居最高處，故从良之字，有明朗高朗之義。【黄河流域穴居遺俗考 中國文化研究彙刊卷九】

◉李孝定 說文。「良善也。从畗省。亡聲。𥁕古文良。户亦古文良。𠳋亦古文良。」絜文作𠑹。商氏釋良。是也。唐氏謂亞𠑹為一字之形變。說有可商。古文字固有漏刻底畫者。然如謂凡底畫皆可省刻。以為常例。則未必然。且亞字省刻底畫作亞。上兩畫上侈下斂。與下兩畫相反。而𠑹字上下兩畫均平行。一左曲一右曲。兩字之差異甚顯。不得謂之小變。抑尤有進者。兩字在卜辭之辭例又迥不相同。作亞者有兩種用法。一為與「夕」字連文。作「夕亞」。一為用牲之法。其下多與牛羊連文。言「亞若干牛。」「亞若干羊。」而𠑹字則為人名或地名。兩者均無例外。絕未見有「夕𠑹」或「𠑹幾牛」「𠑹幾羊」之辭例。亦絕未見有以亞為人名或地名者。凡此均可證亞𠑹之絕非一字。于省吾釋亞為盟。說較可信。詳十四卷盟字條下。至良字作𠑹或𠑹。究何所取義。實難言之。亦惟不知蓋闕耳。字在卜辭為人名。辭云「帚良示」甲・一・十八・十、佚・一〇〇〇・外・三一九。「良入三在□」乙・一三三五。「壬辰卜㱿貞帚良有子 貞帚良其子」乙・二五一〇。「良子𠂤入三」乙・二三七四。「勿𠂤良往天□」乙・三三三四。「王固曰□𢦏隹良見」乙・七六七三。「戊午卜至敏父戊良左御□」乙・五一六二是也。又為地名。「丙辰□貞王其步于良亡𡿧」。「丁巳卜行貞王其田亡𡿧在良」前・二・二一・三是也。金文作良季良父壺。良司寇良父簋。良尹氏匡。良𨛭子甗。良司寇良父壺。良齊侯匜。良大師史良父簋。良良格伯簋。形變雖繁。然均與絜文相近也。許書良下出古文三體。除良外。均與絜文金文絕遠。即六國古文。其異似亦不應如是之甚。不知何所據也。【甲骨文字集釋第五】

◉白玉崢 商氏據季良父盉之文釋良,是也。唐氏踵其說,並擴而張之,詳論其衍變,且制表明之,然正誤各見,笏之先生釋為:留實器之象,說雖甚的,然亦有病焉。字為象形,殆無可疑,惟所象何形,則頗有可商。蓋所謂留實之器者,即今也謂為風車或扇車者是,為農業社會糧食生產重要工具之一。在遠古農業時代,扇車之創造,就糧食生產技術言,無疑的,是一大進步。但在殷世之農業生產,是否已如此進步,則頗有可疑焉。若欲得此說之實,必得先證明扇車問世之塙實時間,況乎此器此文未必為殷人所造,則象留實器之說,真得其說;而殷世農業之發達,糧食生產之機械化,得此一字之證,思過半矣。前此世人所論,殷世農業之簡陋,或為游牧,或為半游牧社會之說,皆為鑿空矣。【契文舉例校讀 中國文字第五十二册】

◉施勇雲 𥃩字,《𪒠君簠》銘文的𥃩字作𥃩,《吳王姬鼎》銘文的𥃩字作𥃩與戈文同,是𥃩字即良。「良金」,金文常見。【江寧陶吳出土銅戈銘文試釋 考古論文選一九八〇年第一期】

◉李孝定 林義光氏以良字古文象量器形,其說殊有理致,其字當以作良者為正,作良、良者,形變已甚,寖至不可索解,許君从畗省之說,實與訓善之義無涉,亡聲之說,則就變體傅會為言也。器名為其本義,良善則借義耳。【金文詁林讀後記卷五】

◉尤仁德　□字迄今僅發現過一例，見于西周初期□矢尊、卣、鼎三器（詳見河南省博物館：《河南襄縣西周墓發掘簡報》，《文物》1977年第8期第13頁，以下簡稱《簡報》）。尊、卣二器銘文相同。尊的底部銘云：「□矢作父辛寶彝」，卣蓋內壁與內底部銘文□字省作□。鼎腹內壁銘云：「父辛□矢」，□也是□字的省文。「父辛□矢」應是「□矢作父辛寶彝」的省簡例裝句。

□，無疑是個獸類的象形字。獸首省作眼框，這種「以目代首」的寫法，在古文字中屢見不鮮，獸尊上有三根毛髮，下頷垂掛鬚毛，人身，上有二蹄，下有二足（因是側視，故可寫作一足）。□字所從之「□」是其鬚毛，可舉𦍒字為證。《說文解字》：「𦍒，脩豪獸，……從彑，下象毛足。」段玉裁注：「□者象其髦也」。𦍒字所從之「□」與□字所以之「□」形狀極接近，那麽，□到底是什麽獸呢？

《山海經・大荒北經》：「大荒之中有山，名曰北極天櫃，又有神銜蛇操蛇，其狀虎首人身，四蹄長肘，名曰彊良。」□字象獸形，並與神獸彊良的形象大體相合。《周禮・夏官・方相氏》：「以戈擊四隅，敺（驅）方良。」注：「方良，罔兩也。」《文選・東京賦》：「斬蝼蛇，腦方良。」（謂擊方良之頭，碎其腦。）注：「方良，草澤之神也。」《說文解字》：「蛧，蛧蜽，山川之精物也。……《國語》曰：木石之怪，夔、蛧蜽。」《國語・魯語下》賈逵注：「罔面罔象，言有夔、龍之形。」《國語》與《說文解字》都將蛧蜽同夔連舉，知二者必是形象相近、性情相同的獸名。甲骨文夔字作□（《鐵云藏龜》100・2），與□字字形相近似，即是證明。我們認為，彊良即方良，亦即罔兩（蛧蜽），一獸有三名。因為彊良二字與方、罔、兩古韻同屬陽部，字音相近，可以通假，又知□是彊良神獸的簡稱，即良字初文。古代獸蟲之名作省稱者不乏其例，故彊良可簡稱作良。尊、卣、鼎三器銘文之「良矢」，是作器人名，大概因為他的祖先是以彊良神獸為圖騰崇拜的氏族；故以良為氏，以矢為名。（《簡報》所述同墓出土的銅爵，銘曰「矢父辛」，僅有名而省氏。）古代以良為氏者不僅此例，如商代卜辭云：「丙辰卜，行貞，其步自于良，無災。」（《殷墟書契前編》2・21）殷墟卜辭有「婦娘」（娘字作□，見《殷墟文字乙編》972）。商代地名、國名、氏名、人名一致，故知「良」者是良氏之地；「娘」者為良氏之女。《通志・氏族略・以字為氏》：「良氏，姬姓，鄭穆公子子良之字。」

甲骨文良字正省作□、□、□（《殷墟文字乙編》3334、2510，三字並收于《甲骨文編・附録》上61），都是彊良（□）頭部的象形而簡化。這三個字與□字相比，可以說明，西周初期金文中的某些象形字所保存的初形，要比商代甲骨文更為原始，這是古文字發展過程中的一種特殊規律。金文良字作□（季良父盉）、□（季良父簠）、□（齊侯壺）、□（中山王嚳墓出土銅方壺），戰國璽文作□（《陳簠齋手拓古印集》9下）。⊘從字形上看，上述金文、璽文的五個良字，無疑是□字的不同省變形。《說文解字》良字古文其一作□，可以推斷，□字極有可能是由上述五個類型良字省變而成的。【□為良字初文説　古文字論集（二）（考古與文物叢

刊第二號)】

◉何金松　先考察字形。甲骨文有□(乙三三三四)、□(乙二五一〇)等多種大同小異的形體。《甲骨文編》列于附録,不釋。《漢語古文字字形表》定為「良」字。《説文》學家及甲金學者對「良」的形體和本義作過多種解釋,或以為本義是「烹飪之善」;象豆盛食物的香氣,本義是「馨香」;象「長囊裹米形」,本義是「粮本字,指出門帶的干粮」;象「穀在囤」,中「象囤中有穀,上下象登囤之曲梯形」;或以為是「量之古文」,中「象量面形」,上下為「其旁兩耳」;或以為是走廊的「廊」字。徐灝《説文解字注箋》、《説文詁林》;唐蘭《殷虚文字記》57頁,中華書局,1981年5月第一版;黄約齋《字源》;華石斧《文字系·象宮第十一》;林義光《文源》。徐中舒《周原甲骨初論》(《四川大學學報叢刊》第十輯)説,甲骨文「丘」字「象地面上兩側有出入門道之形」,甲骨文「复」字之上一部分「象地面下、中有居室前後兩端有土階上出之形」(實為「亞」字——筆者)。「丘與复有兩道出入,這在穴居方面起到良好的通風作用。因此,這兩個出入門道所在的地方就稱之為良(廊)」。

一個字只能象某一形,本義也只有一個。考釋古漢字,當然要看字形。漢字的形體,即使是同一時期的甲骨文或金文,形體也不規範,一個字還有多種大同小異的寫法。不能僅以某一階段的形體或古字系列中的局部形體作為立説的根據,必須從字形演變而形成的形族加以考察。從這一原則出發,我認為甲骨文「良」字象人頭形,上象頭髮,中象頭的主體,下象長鬚。説得更具體一些,「良」為長者人頭之象形。金文作□(季良父盉),比甲文增了作為紋飾的幾横,基本形狀未變。篆文作□,是在金文基礎上,將象頭髮的上部件由後倒形調整為對稱形,將下面象長鬚中加一横這一部件變寫而與篆文「亡」字形同,故許君解為「从畗省,亡聲」。甲、金、篆這三種形體,可以作為三個階段的代表,看出其形體演變的基本線索。

《説文》所載「良」的古文有作「□」者,象人頭正面形,三横大致象眼、鼻、口,全形似一人面簡筆畫,與「首」的篆文□十分接近。加上頭髮便成了□。「良」字與「首」均有異體,其古文異體字均為一有髮,一無髮。這四個字義同。

「良」是一個常用多義字,從本義出發,派生出許多意義來。對此類字的本義,除考察形體系統外,還可以用詞義系統來證明。⊘

由這些主要意義構成的「良」字的詞義系統,可用下圖表示:

良:首
- 長(大,第一)——甚(很)
- 首領——善(賢良之人,美好)
- 丈夫

「良」的引申義，不論是直接引申還是間接引申，都與本義「首」有密切的事理上的邏輯聯繫。如果不釋為「首」的象形，它的「首」義及其引申義从何而來？豈不成了無源之水，無本之木？反之，認為「良」的字形和本義為「烹飪之善」「熟食之香氣」「象量形」「量之古文」「粮本字」「穀在囤」「走廊」，能夠解釋它的「首」義及其派生的一系列意義嗎？【釋良 中國語文一九八五年第三期】

●陳漢平 裘錫圭先生《戰國貨幣考·明刀「中」字考》（載《北京大學學報》社科版1978年2期）一文將燕明刀背文之、、等字釋為中，其説甚是。然其將古璽文字中之、字俱釋為中，、字釋為宧，則有待商榷。其實古璽中此諸字所从之、乃良字字頭，字當釋為良與宧。

古璽文良字作（《古璽彙編》2712，下同，不再注書名，只注編號）、（2713）、（3592）、（3926）。《説文》：「良，善也。从畗省亡聲。，古文良。，亦古文良。，亦古文良。」按良字古文乃昆蟲螳螂之象形。《説文》：「蜋，堂蜋也。从虫良聲。一名蚚父。」良字實為蜋字之本字。蜋字从虫良聲，説明古人已經認識到螳螂為益蟲。

周代人名中常見有「良生」二字者，如古璽人名有「良生右」、「公孫良生」；侯馬盟書人名有「良生」。古璽文人名又有宧字，如「宧嗚」即是。《説文》：「宧，康也。从宀良聲。」而人名古璽「生狗」，據璽文文義及字字形知其當釋為「宧生狗」。是知字乃良字字頭，省去亡聲。《説文》良字古文三體中有一體作，即由、諸形訛變而來。

裘錫圭文中所舉古匋文有：「某市王□」，將第二字釋為宧，所釋甚誤，此字亦當釋為宧。所舉筥大史申鼎銘「」字，裘氏釋為宧，亦誤，此字當釋安。裘文注「安臧」空首部「安」字作，亦可為證。裘文所釋宧字只是臆造，實際上並不存在。

由此可知，在戰國文字中，中字與良字之省簡體字形較為相近，容易混淆。【古文字釋叢 出土文獻研究】

●朱歧祥 即良字省文，與同。比較下二文例可證。卜辭亦用為第一期甲骨中婦名。

《續5·20·5》婦示十。品。

《佚1000》婦□示□。【殷墟甲骨文字通釋稿】

甲五七四 卜辭亩與啚皆用為鄙 粹九一四 粹九一五 前四·一一·五 前四·一一·六 前五·六·二牧亩 續五·一五·九 在南亩 燕二九二 京津二一二〇 師友一·一七〇 陳九五 南亩 存六六

【甲骨文編】

廩丘丞印　廩丘長印　梁廩私印　【漢印文字徵】

亩　廩見石經　廩　【汗簡】

說文　古尚書　石經　古文　汗簡　【古文四聲韻】

◉許　慎　亩穀所振入。宗廟粢盛。倉黄亩而取之。故謂之亩。从入。回象屋形。中有户牖。凡亩之屬皆从亩。力甚切。廩亩或从广从禾。【說文解字卷五】

◉吳大澂　古廩字从米。鉢文君之廩。【說文古籀補第五】

◉孫詒讓　「亩曰弗女𢧦」，二百五十一之三。「亩」當即「亩」之古文。《說文·亩部》「亩，㱿所振入。宗廟粢盛，蒼黄亩而取之，故謂之亩。从入，回象屋形，中有户牖。或作廩，从广稟。」此即「亩」字。龜文嗇作，詳《釋官篇》。啚作，並从此形，可以互證。【契文舉例下】

◉孫詒讓　金文召伯虎敢「公訟乃亩責積，用獄𧷢刺」，其亩字作，上从非者，與亽略同，亽亦从入也。此緐縟文，他文多不如是作。下正象屋中户牖形，蓋以冂象屋之下覆，而以從横交搆若井字者象户牖。說文亩部古文啚字作，下與此正相類，小篆改為从回，則與口部回字正同，與户牖形絶遠，失其本意矣。

盂鼎云：「亩于玟王正德，若玟王令二三正」，亩字最奇古難識，今參互審斠，知亦即亩字也。舊釋為𪓰，或為憲，竝誤。上从冂，即許所謂从入，金文「入門」字合文多如此作。竊疑此正象屋棟宇穹隆下覆之形，不定屬入字也。下从冂，則正象兩户一牖形，以師酉敢「牆」下从𠕒，散氏盤「圖」下从亩證之，尤塙。此西周最古文字，近原始象形文，義例致精。「亩于玟王正德，若玟王令二三正」者，亩，受也。說文啚字注云：「亩，受也。」亩令，猶言稟命。謂所受於文王中正之德，及命二三官正之令也。

大抵古文从亩字，舛詭不可枚舉，如說文亩部「啚，嗇也。从口从亩。」齊侯鎛作，子父乙觶作，兹女盉作，又盤作。上从八者緐縟文，與亩上从亽略同。甲文復作，又有字，疑即啚到文，从即之省也。又說文□部圖字亦从啚，散氏盤作，圖卣作，又作，子廟卣作，無惠鼎作，竝足與嗇鐘諸字偏旁互證。通斠以上諸文，蓋亩象屋下户牖形，其上作冂者，變作，作，又省作，作。下作者，變作，作，又省作，作。或作者，變作，作。或作

□者，省作□。或作□者，變作□，作□，又省作□。小篆作回，即因□形與回相近而誤改也。【名原上】

◉丁佛言　□。召伯虎敦。□。阮相國以□屬貝。以□為古文啚。釋作鄙賚。案。字从□从禾。碻是稟。稟。賜穀也。又給也。食也。禄也。經典廩多作稟。□。農卣稟或从米。□象牖。□象户。許氏説□曰象屋形。中有户牖。其説與古文無一不合。小篆實不足以當之也。□。古鉩□易料肯給稟之鉩。□。古鉩右稟□□䊮鉩。□。古鉩左稟之鉩。□古鉩番陵左稟鉩。□古鉩右尚稟鉩。□。古匋□□□稟□佶。□。古匋。□。古鉩枝湩都稟鉩。【説文古籀補補第五】

◉陳邦懷　□前編卷八第六葉　此字從香從乚。當是説文解字亩字或體。廩之古文。説文逸字附録收古文四聲韻之□字。鄭氏知同曰。寢韻引古廩。按汗簡禾部以此出石經。夏氏載石經作□。以此移為説文。非。邦懷按。卜辭嗇字當為形聲字。從□。象積禾形。從乚。聲也。説文解字。乚。匿也。象迟曲隱蔽形。讀若隱。石經□字雖稍變易。而從乚猶未失。説文作□。殆由卜辭□之倒文而譌變歟。又按。簠室殷契類纂弟二十七葉有亩字。作□。而嗇字禾下作□形。省上之∧者。古人自有精誼。若禾下作亩則恐涉於稟。故作亩省形。因從乚得聲也。許君解説廩字曰。亩或從广稟。竊疑許君或未見古嗇字。不知從乚得聲。而能知廩字不從稟得聲。故不曰稟聲。段注稟亦聲。不能知許君之微矣。【殷虚書契考釋小箋】

◉顧廷龍　□或从攴。按。此與陳猷釜節于□字同。陶左亩湆鉩。【古匋文孴録卷五】

◉郭沫若　酓疑亦亩字，从困省，今聲。【九一六片考釋　殷契粹編】

◉馬叙倫　王筠曰。粢當作齍。亩為金體象形。不從出入之入回環之回。徐灝曰。亩而取之當作取而亩之。與倉下云取而臧之同例。鄭樵曰。方曰倉。圓曰亩。上象其蓋。戴侗曰。絫禾露積為亩。上亼象覆亩。按高誘注呂覽季春紀鮑彪注秦策竝云。方曰倉。則圓者為亩審矣。許云。從亼。回象屋。似無以別於方倉。從回蓋象圍繞之形。今俗所謂穀圍。即其義。吾粵凡堆積物謂之亩。亦其引申義也。丁福保曰。慧琳音義十九引。穀所振入也。宗廟粢盛。倉黄朕亩取之。故謂之亩。從亼回象屋形。中有户牖也。倫按王徐之説是也。今農家積米。多以木倉。積穀則以竹圈。編竹為之。其形為□。穀多則絫而上之。在下者大。漸絫而漸小。上有覆。此篆蓋本作□象形。今省作□。上亼為覆。下回為竹圈。在下者大。在上者小。徒變如今篆。則似○在〇中矣。召伯虎敦。□。吳大澂釋□為稟。農卣之□。吳亦釋稟。謂稟或從米。□象牖。□象户。魯伯稟鼎□字。強運開釋亩。甲文有焚□。即孟子之焚廩。甲文有□即嗇字。此下文牆之籀文作□。可證也。然□中之□與下文啚之古文作□者之□。似僅正県之殊。而公伐郳鼎甫字作□。其□在□□之間。

⿴似即⿴而縣之。甫字從用父聲。用為墉之初文。則⿴以象垣蔽。蓋⿴⿴為亩之異文。農家以編竹為亩。而官府則固以土木為之。所謂有户牖者是也。説解本作振也。以聲訓。呂忱加穀所振入云云。從入以下。亦忱或校者改之。

⿴從广。稟聲。為亩之轉注字。字見急就篇顔師古本。皇象作稟。【説文解字六書疏證卷十】

◉唐健垣　甲篇八行　⿴⿴⿴

當釋「發亩興兄」，讀作發啚興荒，發字詳前山陵其發條。兄字詳前乃有荒災條。繒書四五之四，形作⿴及⿴。但此句及丙篇第四行一段第二節之「敍故不義于⿴」，都是啚字，該句讀「除去不義于啚」。

啚字，説文云从囗从亩，乃鄙之古文。金文作⿴(雍伯啚鼎)，所从之亩下畫已幾乎相連，齊子仲姜鎛作⿴，其亩字分成上下半，下半之⿴與説文古文啚字下半全同。兮仲鐘「大鏷(林)鐘作⿴，从金稟聲。又作⿴。」(兮仲鐘六器同文，三代吉金文存卷一備録之，此形見三代一卷十四頁下。)觀金文亩字下半之回與繒書⿴形近，故余疑繒書⿴乃亩省，借作啚，縱以為是啚省作⿴亦無不可也。

或曰：「亩字之下半與⿴近，誠然。但亩字之上半⿴又何去乎？」按亩字又作廩，見説文。古代作⿴(農卣)，作⿴(説文古籀補補引古璽，改从禾為从米)，又作⿴(説文古籀補補引古璽)，米形分列上下，而亩字本身之「⿴」則不見，此可見古文亩之「亠」形可省也。説文啚字古文作⿴，他書作⿴(見江蘇書局刊本鈕樹玉説文解字校録)，所从亩亦省「亠」形。益證繒書之⿴乃亩省矣。

然則發啚興荒又作何解乎？增韻：「發，興也。」發興二字意同。尚書微子：「遜于荒。」偽説命：「遯于荒野。」荒即荒郊荒野，不必解作爾雅釋地國名之「四荒」。啚亦指荒野，與荒同意。故發啚即興荒，複文耳。

發啚興荒者，民未知恭，不可用于戰事，然又不欲其怠惰，乃命之開闢荒地田野也。禮記月令季春之月：「是月也，命司空曰：『時雨將降，下水上騰，循行國邑，周視原野。』」目的在日後之農業。孟夏之月：「是月也，天子始絺，命野虞出行田原，為天子勞農勸民，毋或失時。命司空巡行縣鄙，命農勉作，毋休于都。」孟子離婁上：「田野不辟。」辟同闢，説文：「闢，開也。」闢田野即開發田野，猶今言開荒、墾荒耳。文選班固答賓戲：「方今大漢，西埽羣穢，夷險發荒。」晉灼曰：「發，開也。今諸本作芟。」段氏註説文引之，云：「發亦登之誤。」芟發今音雖不同，然韻會云芟發同字(詳上山陵其發條)，作芟作發，皆當借作發，段氏説非。

若必云此處之⿴乃發四興荒，則縱可以「發興四荒」解之。而丙篇「敍故不義于四」，乃不可索解矣。【楚繒書文字拾遺　中國文字第三十册】

◉李學勤　興隆發現的約七十件鐵范，車器等范没有銘文，鎌、鋤、斧、鑿各范都有「右⿴」兩字銘文，本刊一九五四年第十二期史樹青、楊宗榮兩先生曾釋為「右禽」。我認為應釋為「右亩(借為廩)」。戰國文字廩有𣪎、稟、亩三種寫法，亩或稟所从的亩形狀與笵銘相近，如漢瓦硯齋古印叢三・二古璽「平阿左廩」的廩作[古文]，同書二・四九「良都鍂廩左璽」的廩作[古文]。璽印陶文中常見左廩、右廩，如：

左廩之璽	十六金符齋印存一・一	璽
左廩湧璽	陶璽文字合證四・一	陶
平阿左廩	見前引	璽
番陵左廩	鉩本	璽
行林左廩	尊古齋古璽集林一・二・四	璽
口醬左廩釜	季木藏陶七九・十	陶
田補三立事歲右廩釜	衡齋金石識小録	璽
右廩迎㝖𦉢璽	漢瓦硯齋古印叢二・十八	璽

史、楊兩先生以笵銘和燕陶文及明刀背文相比也是不很恰當的。陶文多作「右攻某」，沒有省作右的，明刀背文除「左某」「右某」外還多見「外某」「昕某」，恐怕也不是工名。笵銘釋右廩同時解決了車器沒有銘的問題，因為生產工具鑄造出來是右廩用的，車器不歸右廩，所以也沒有右廩銘記了。【談近年新發現的幾種戰國文字資料　文物一九五六年第一期】

◉饒宗頤　亩亦作亩丘(屯乙六九二六)。即廩丘。左襄二十六年傳：「以廩丘奔晉。」今山東范縣東南有廩丘城。【殷代貞卜人物通考】

◉于省吾　免簠稱。「王在周。令免作嗣土。嗣奠還𣀏。眔吳(虞)眔牧。」按奠與還均為地名。𣀏字阮元釋㪔(積七・三)。劉心源釋穡(奇四・三)。郭沫若同志謂𣀏假為林(金文叢考頁六四)。以上三種解釋均有未確。𣀏乃倉廩之廩的古文。典籍中廩也作稟。說文訓亩為穀所振入。或體作廩。金文中大嗇鐘之嗇也作䆾。是𣀏與䆾廩並以亩為基本音符。故通用。倉廩用以藏穀米。周禮有廩人。儀禮少牢饋食禮鄭注。廩人掌米入之藏者。賈疏。穀入倉人。米入廩人。按廩人與倉人所藏之米穀。散文則通。對文則殊。【略論西周金文中的六𠂤和八𠂤及其屯田制　考古一九六四年第三期】

◉馬薇廎　[古文]象編竹(或草)為篅之形，有户可啓，[古文]象其頂，說文作[古文]，六書略「方曰倉，圜曰亩，上象其蓋。」蓋即廩之象形也。字或作[古文]，作[古文]，从禾从米，以會貯藏穀米之廩意。其作[古文]者，以野處倉廩，多就樹木陰翳處為之，故又从林，亦廩之象形也。

或作□，从刀者，其以廩以草為之者無户，取穀時以刀割之乎？楚公豦鐘又作□，从□，㐭聲，□象鐘形，从攴，杖以擊鐘也。以上諸形，確為廩字無誤，廩者貯穀藏米之所，說文所謂「㐭，穀所振入」是也。㐭則假為林（㐭、林均在七部），㐭鐘者林鐘也。林鐘為律名，古正樂律之器凡十二，陽六為律，黄鐘、大蔟、姑洗、蕤賓、夷則、無射是，陰六為呂，林鐘、南呂、應鐘、大呂、夾鐘、中呂是，林鐘十二律之一也。鐘名林鐘者，蓋以律名名鐘，亦猶鐘名無射也。左傳定四年疏「周鑄無射，以律名名鐘」可以為證。古編鐘十二口，一鐘一音，合於十二律，故大鐘稱大林鐘。

又□亦為廩字，从攴與从又同，收藏之意，並假為林，例如免毁「令女足周師司𣀏」，免簠「令免作司土司鄭還𣀏眔吳眔牧」，二例皆假𣀏為林，有同毁「司場、林、吳、牧」為證，因免簠作𣀏而同毁作林，可資對照也。林者林衡之略，官名，周禮地名之屬，掌巡林麓之禁令而平其守之官也。由是可知䕩、𣀏皆為林之假借也。

強運開曰：「大㐭鐘者，㐭，食也，大䕩即大食，周禮春官王大食三宥，皆令奏鐘鼓，是其義也。」按㐭非訓食，乃給食也，後漢書章帝紀「恐人稍受廩，往來煩劇，或妨耕農。」注「廩，給也。」給與食大異其義，如解大㐭鐘為大給食之鐘，豈非成為笑話乎？故釋大㐭為大食，誤也。【釋䕩　彝器中所加於器上的形容字　中國文字第四十三册】

◉唐　蘭　𠭯鐘自稱為龢䕩鐘，虢叔旅鐘稱為大䕩龢鐘，井人妄鐘和兮中鐘都只稱為大䕩鐘，䕩字兮中鐘的别銘又作鍹、作鐰。柞鐘則作大鐕鐘。士父鐘作寶䕩鐘。大小克鐘均作寶𠟭鐘。楚公豦鐘作寶大敼鐘。這些名稱中，多數是用䕩字，作𠟭的是从刀、䕩聲。其它作鍹、鐰、鐕、敼等形的，也都从㐭聲。《說文》㐭或作廩，解釋為倉㐭，而把稟字解釋為賜穀，其實㐭和稟是廩的本字，㐭象倉㐭，而稟象㐭中有禾。稟字又作嗇，把兩個禾畫在㐭的上邊了。《說文》云牆字的籀文寫作牆，就是从嗇的，過去都以為是嗇的籀文，是錯了。嗇字就是䕩字，金文嗇字常常變从麻，可以為證。大䕩，郭沫若同志說就是《國語》的大林，是正確的。䕩即㐭和稟（廩），與林只有聲調的不同，《左傳・莊公八年》的雍廩，《史記・齊世家》作雍林，可證。《國語・周語》載「（景王）二十三年，王將鑄無射而為之大林」，過去是不能解釋的，賈逵注：「無射，鐘名，律中無射也。大林，無射之覆也，作無射而以林鐘之數益之。」韋昭自己是主張賈逵說的。他們都已不知道什麼是大林，把它當作六呂里的林鐘，所以作出這一種牽強附會的說法。現在所見西周銅器裏有這麼多的大䕩（林）鐘、龢䕩（林）鐘、寶䕩（林）鐘，並且遠在景王之前二、三百年，難道都鑄的是「律中林鐘」的鐘嗎？《左傳・襄公十九年》載：「季武子以所得于齊之兵作林鐘而銘魯功焉。」用兵器來改鑄樂器，難道也一定要符合林鐘之律嗎？其實从㐭聲的字，有積聚的意思，倉稟就是積聚米穀的地方，所以《素問・皮部論》「廩于腸胃」，注：「廩，積也，聚也。」从林聲的字，有衆的意思，也有積聚的意思。《廣雅・釋詁三》載：「林……聚也」，「林……衆也」。王念孫疏證說：「凡聚與衆義相近，故衆謂之宗，亦謂之林，聚謂之林，亦謂之宗。」《說文》云：「罧，積柴水中以聚魚也。」就是積聚的意思。那末，大䉫即大林，是許多鐘，也就是一羣或一組鐘的意思，等于《周禮・春官・磬師》所說的編鐘。不過一般對于編鐘的概念，限于小鐘，而大林或林鐘是比較大的。現在所見自稱為大䉫或䉫鐘的，虢叔旅鐘有六個，其中四個銘有全文，兩個都只有片段，自相銜接，但上缺頭，下缺尾，説明至少遺失兩鐘。兮中鐘也是六個其中兩個缺下半的銘文。它們也至少有八個。柞鐘和中義鐘都是八個。士父鐘有四個，井人妄鐘、𪒠鐘、楚公豪鐘都是三個，看來也遠不止這些。小克鐘雖只存五個，但《三代吉金文存》的克鐘三只有前面一段，字數很少，可能要用三個鐘才鑄完全文。而且這個鐘特別小，和其它四個鐘比較起來，中間一定還缺幾個鐘，它的一組，可能是十個以上的。到了春秋時代，一般都稱肆稱堵，《左傳》襄公十一年說：「歌鐘二肆及其鎛磬」，銅器中邾公牼鐘銘說：「璺(鑄)辝(台)龢鐘二鍺(堵)。」邵黛鐘銘說：「大鐘八聿(肆)，其竈而為大林……」洹子孟姜壺銘說：「鼓鐘一銉(肆)。」都指的是成組的鐘。周襄王與魯昭公同時，已是春秋後期，所謂鑄無射而為之大林，應該是指鑄「律中無射」的一組大鐘，和十二律裏的林鐘毫無關係。【關于大克鐘　出土文獻研究】

◉李　零　「大禀鐘」，「禀」即廩字，廩，古書通林，《左傳》莊公八年「雍廩」，《史記・齊太公世家》作「雍林」，這裡應讀為「大林鐘」。「大林鐘」又叫「大林」或「林鐘」，是十二律的第八律，見《國語・周語下》。鐘銘「大林」或「林鐘」之「林」往往異作，有䉫(虢叔旅鐘等)、𠝏(克鐘)、鐳(癲鐘)、鐳(兮仲鐘第一器及柞鐘)、鑲(兮仲鐘第二、三、四、六器)、䉫(師臾鐘)、饔(妄鐘)多體，林、亩(上或從米)、禀(上或從米)都是表音聲符。據之，這裏的禀字可以分析為從泉(即鐘銘常見「豐豐彔彔」的彔字所從，不是月或舟字)饔省聲。【楚國銅器銘文編年彙釋　古文字研究第十三輯】

◉徐中舒　甲五七四　象兩大石上架木堆積禾穗之形。【甲骨文字典卷五】

◉尤仁德

平阿左廩(圖一,1)。

璽文第四字屬廩字古文。《禮記·月令·注》:「穀藏曰倉,米藏曰廩」。是璽文稟字从米之證。《周禮·地官·廩人》:「掌九穀之數,以待國之匪頒,賙賜稍食」。注:「廩人、舍人、倉人,司禄官之長」。廩人之職,分為右廩、左廩二部。我國古時有尊右之習俗,于職官中,右者為正,左者為副。羅福頤《待時軒印存初集》有戰國璽「右廩」,與此璽之「左廩」為對稱。平阿左廩璽,即系齊國平阿地方左廩廩人所用的官璽。

左廩桁木(圖一,6)。

廩字左旁加攴,屬異形寫法。

《説文解字·㐭部》:「㐭,穀所振入」。本文第一璽廩字作稟,是㐭(廩字古文)下加米為義符,表示藏米的處所。該璽廩字在稟旁再加攴為義符,即表示手持穀米以入藏也,其廩字本義更加明確了(攴,从又卜聲。又,手也)。

《玉篇》:「桁,屋桁,屋橫木也」。《集韻》:「檁,屋上橫木」。據知,璽文之桁木,即指廩屋所用的檁木。我們根據璽文廩字字形,可以推測出戰國時代倉廩建築的大體結構來。字中的「亽」象尖尖的廩頂和圓形檁木的端面。「田」,則表示圓形廩身及廩屋中的户牖。户牖的用途是,便于流通空氣,防止蒸熱,保持穀米鮮潔(《説文解字·㐭部》:「㐭,……从回,象屋形,中有户牖」。可證)。【館藏戰國六璽考釋 考古與文物一九九〇年第三期】

◉丁 驌 向來以附辭中第一第二文為㐭。其餘加□者,無論上下皆隸為啚。余以為不盡然。

倉廩之㐭()惟如其字。並無附加之物。契文凡汎指倉廩者即用此文。引例先辭之㐭罗乃執事之人官名而已。罗為㐭人也。或則㐭人殷世稱「㐭罗」。亦未可知。此字一期用,四期亦用之。

其他字皆由㐭字繁衍而出。如上加一个形者,意其高也。釋啚、鄙均可,啚先鄙後耳。惟此契字有□在上,□在下之别。在上者為地望,為封邑。如東、南、西、牧者地望也。陝之封邑,攸侯之封邑亦稱鄙。辭多一期。攸侯有二:一為攸侯叶,叶在文武丁世為貞人。後在帝乙時為侯。一為攸侯喜,帝乙帝辛時之不同也。二人或係二世。皆在五期,□在下者為人名。鄙字加□無可他隸,惟仍讀之若啚。此人在一或二期有之,在四期武乙世亦有之。

㐭字下加□為説文之亶,多穀也。引例最後之吳辭「王曰余其亶」,謂余其豐收也。字亦訓厚、誠、信,故帚奸子取名曰「亶」。一期亦為地名。諒「亶」一地,乃武丁之常熟也。

至於从禾从來或二來三來之字,如嗇如牆,皆為人名地名。辭寡不舉。惟五期有一㠱啚伯(後上十·一六)當一提也。

引例

一、亩 倉亩之亩。

乙丑卜㐬貞命羽眔鳳以尹从亩𦉪古王史十月。 前七·二三·一

㯮亦焚亩。 佚九八三

……命省亩。叀𢀛命省……叀竝命省亩。叀壴命……亩。 粹九一五

丑子卜貞小王亩田夫。 庫一二五九

二、鄙(一)

封邑 乙亥卜貞命多馬亞衎冓：䄠省陮鄙至于倉侯。

地望 从从舞侯。九月貞勿省在南鄙。 存上一六六

地望 王其乎衆戍君受人東鄙土人又𢦏。 鄴三·四六·六—七

人名 叀鄙行用𢦏。 甲五七四

三、鄙(二)(三) (二式鮮見)

地望 土方圍于我東鄙。 (辭略菁二殸辭未全録)

地望 癸酉卜𡆥貞乎取虎于牧鄙。 續五·七·九

封邑 戊戌貞又牧于攸侯古鄙。 掇二·一三二

封邑 攸侯喜鄙。 綴一八·九 (正人方辭,長,未全録)

四、鄙(四)

人名 己丑卜貞沚或伐受又。 粹一一六四

人名 癸巳卜爭貞獋八月。 前七·十二·一

五、亶 多穀也,訓厚、信、成。

地名 丁亥卜,㱿貞:省。至于亶。 佚五三二

人名 帚奸子曰亶。 合二八七

人地名 庚申卜亘貞亶受年。 乙七六七二

稟 亩

封子名 壬寅卜𡿨貞奠雀。叀亶其方。 乙六六九二

丁酉卜吳貞多君曰來弔以王曰余其亶在十月。 後下一三・二 【東薇堂讀契記(二) 中國文字新十二期】

稟 召伯簋 从米 畧卣 从支 陳猷釜 子禾子釜 【金文編】

3・1 陳棱三立事 歲右廩釜 說文稟賜穀也从㐭禾經典亦用作倉廩字此从米與从禾通作匋文稟字亦用為倉廩字 3・39 陳□立事 歲平廩釜 3・41 誾門外陳𢭏平陵𨇨稟信□倉 3・1328 䢔廩 3・31 陳𨸏右廩亳釜 3・711 □臧酉左廩釜 3・1327 獨字 3・645 左廩湏鉢 此从支與陳猷釜廩字同 6・114 廩匋仔 說文亩从入回象屋形與廩字同 6・118 廩匋沱 6・116 廩匋 6・107 滎陽廩 6・154 獨字 6・108 滎陽廩匋 3・829 公之廩□ 古文四聲韻引石經廩作 3・831 □之廩□□豆 3・967 獨字 【古陶文字徵】

稟 效二八 三十九例 雜一二 三例 效四八 【睡虎地秦簡文字編】

0290 0227 0327 0313 0300 1597 與陳猷釜稟字同。 5526 0319 與君伯𣪘稟字相近 【古璽文編】

◉許　慎　亩賜穀也。从㐭。从禾。筆錦切。【說文解字卷五】

◉孫詒讓 「于玟王正德若玟王令二三正。」案字最奇異難識，舊釋為黽，引徐同柏云「勉字作，古文黽，黽僶勔勉一聲之轉。」今攷金文黽字雖未見，而鼁鼉諸文从黽者皆象形，鼁據二之三鼁公䥴，鐘鼁公牼鐘，鼉據邵鐘拓本。不作。徐吳所釋殊不塙，吳大澂釋為憲，則于形尤遠，其誤不必辯矣。今通校金文，參互推案，乃悟此字實當為亩。說文亩部云：「亩，穀所振入也。宗廟粢盛，倉皇亩而取之，故謂之亩。从入、从回，象屋形，中有户牖。」此上从，即說文所謂从入，金文「入門」合文多如此作，但此穹然下覆，即所謂象屋形者，當與宀同意，實非入字。中从，則正象户牖形。此西周文字，乃真古文正體，小

篆變□為回，乃與本形殊不相侶矣。凡象形字分之多不能獨成一字，説文注中入回二字乃借以比况，非正从此二字也。其見於金文者，惟召伯虎敢亩字作□，三之二。説文亩部，啚古文作□，下半亦这午作井形，足證古文不从回也。其文微有省變，它如諸偏旁从亩之字，則散氏盤圖字作□，本卷。楚公鐘𩰫字作□作□，二之二。此字難識，以兮仲鐘證之，知其从亩也。兮仲鐘鏉字作□□，又⿱林啚作□，二之三。宂簋⿰⿱林啚攴字作□，三之一。宂敢⿰⿱林啚攴字作□，三之一。竝與此形合。此外如兮仲鐘鐘字又作□，二之三。兮田盤啚字作□，三之二。虢叔鐘⿱林啚字作□作□，三之二又二之三，𤔲伯鐘同。子廟卣圖字作□，一之二。雖篆畫各有變易，而於户牖形咸不相迕，竝與此可互證。亩者，受也。説文亩部，啚从口从亩。亩，受也。亦作稟，方言「稟，敬也。」亦作懍，廣雅釋詁「懍，敬也。」懍俗字，説文所無。皆稟受引申之義。「亩于玟王正德若玟王令二三正」，言敬受文王中正之德及其命令也。左傳，稟命則不威。【古籀餘論卷三】

◉林義光　説文云。□賜穀也。从亩禾。按古作□廩帑器。从米出亩。或作□兮仲鐘鏉字偏旁。从禾。亦作□師寰敦牆字偏旁。从二禾。或作□叔氏鐘。譌从林。林亦聲。叔氏鐘⿱林啚鐘即林鐘。或作□宂𣪘彝作□陳猷釜。。从攴。轉注。或作□楚公鐘。从攴从泉。皆轉注。謂廩米如源泉不絶也。【文源卷六】

◉高田忠周　古文審。劉心源云。□未詳。舊以□為鄙。不知啚古文作□與此異。况此又从木乎。阮誤以木屬下貝字。釋為賚。乃責字也。義亦不通。又云。説文爵古文作□。汗簡入部爵从□。知□之□為爵。即雀。又从木。則以雀在木上會意。為集字。从雀與隹同意。銘蓋云集貝耳。按劉説似近。然林鐘之林。金文作□。从林亩也。又或从金亩作□。然則此上从亩明皙。下亦从木。即禾之省。此稟字古文無疑也。説文。□賜穀也。从亩从禾。稟貝文義亦顯矣。廣雅釋詁。廩。予也。禄也。禮記中庸。既稟偁事。注。消食也。本字本義。【古籀篇七十四】

◉強運開　□克鐘用作朕皇祖考白寶□鐘。□□均楚公鐘。自作寶大□鐘。从攴从□。□作朕皇考叔氏寶⿱林啚鐘。□免彝。王在周令免作𤔲土𤔲奠還⿰⿱林啚攴。□免敢。令女足周師𤔲⿰⿱林啚攴。□大敢。蓋文天子余弗敢⿱林啚。讀若稟。□大敢。天子余弗敢⿰⿱林啚攴。亦應讀若稟。此可證⿱林啚⿰⿱林啚攴乃同字也。□伯啟卣。从米與从禾同意。□魯伯稟鼎。亦从米。□陳猷釜。節于□。應讀若廩。運開按。古廩稟為一字。以上各篆皆廩稟之變體。叔氏鐘之□。阮文達釋棽。以為即林之古文。誤。免彝之□。阮釋為㪔。亦誤。孫詒讓云。與㪔季敢□字散氏盤□字並異。其形从□。蓋即从啚省。敔敢啚字作□。見薛欵識。説文亩部載古文啚作□。與此敚異。魏三體石經春秋桓十四年經御廩災。廩字古文作□。以□為亩。亦與□近。可證也。□字説文所無。其音義不可攷。意必求之。疑即酇之變體。⿰⿱林啚攴蓋从㪔。與酇从贊聲古音同部等語。竊謂孫氏以□从啚省。

所見雖是。而不知㐭即亩之古文。至疑㪯為鄭之變體。則尤非。蓋𦺇實即古亩廩字。人象其頂。㐭則象編艸為圖之形。古人野處。倉亩多就樹木陰翳處為之。故又从林。今南方鄉間樹林內尚有編艸為圖以貯稻穀者。𦺇之為形宛然似之。亩為穀所振入。故或从禾。或从米。後世宮室以興。故又从广。其或从攴从刀。則皆筆迹之小異者耳。曰大𦺇鐘者。亩。食也。大𦺇即大食。周禮春官。王大食。三宥皆令奏鐘鼓。是其義。曰𤔲㪯者。司倉廩之官也。𤔲亶還㪯者。司鄭縣之倉廩也。又大敨睽令象曰天子余弗敢㪯。蓋文作𦺇。與書說命臣下罔攸稟命。左傳稟命則不威。同意。言不敢稟天子之命也。又陳猷釜節于㪯。言倉廩有節制也。據此以釋金文中之㪯𦺇字。觸類旁通。無一處不脗合矣。【說文古籀三補第五】

●郭沫若　稟字原作𥻍，下从米。與農卣稟字作𥻍，从米同。上體是啚字，綸鎛都啚字作㐭，說文引古文作㐭，均與此近。啚乃亩之所在，故稟字亦可从啚也。【宜桐盂　兩周金文辭大系考釋】

●郭沫若　「叀榀彔先𠦪」。

榀殆稟字之異，禾木字古每淆易。「榀彔」蓋地名，彔者麓省。【第一二七六片考釋　殷契粹編】

●馬叙倫　沈濤曰。一切經音義十一及十四及十五及十八引皆無穀字。而後漢書光武紀注引有之。此字從禾。當以有穀字為是。嚴可均曰。亩亦聲。丁福保曰。慧琳音義一及六及十八皆引作從禾亩聲。倫按從禾亩聲。賜穀也當作賜也穀也。廣雅釋詁三。稟。予也。四。稟。禄也。予也禄也為二義。禄借為穀。猶不禄或作不穀矣。玄應但引賜也一義耳。稟自從禾亩聲。當訓穀也。倫謂稟即詩大田彼有遺秉之秉。詩借秉為稟。雙聲也。古書稟受字皆秉之借。是其例證。蓋田有未刈盡之穀。田夫所棄而贫婦得以為利也。若為成把之禾。即有所遺。偶然之事。寡婦得之。為利幾何。可以知其不然矣。稟或為穎之轉注字。稟音封紐。讀脣齒音入非紐。非與喻紐四等皆次清摩擦音。嗇從亩得聲。讀若桑葚之葚。而鄙從啚得聲。讀若淫。則入喻四。穎音喻四。是穎稟得轉注也。賜也者。賓及賕字義。當入禾部。強運開謂稟廩一字。以𥞩字從亩下米例之。亦通。然亦或𥞩是稟之異文。字見急就篇。【說文解字六書疏證卷十】

●牛濟普　在這批印陶中，單字「稟」方形小印陶，數量較多。稟字的篆法在印陶中所見有三種：㐭、㐭、㐭。我釋為「稟」字，稟與廩同。《說文解字》：「稟，賜穀也，从亩禾」。金文寫作：𦺇、𥻍。皆从倉廩之基本形㐭，加米或禾。晚周又有加手以示操作的寫作𥻍。古滎所出廩字印陶文字，是由稟字的基本形㐭(象形字)演變而來的。古鉨中與「稟」有關的曾見「左稟之鉨」、「右稟」「君子稟」及「番陵左稟鉨」等。這裏的單字古鉨「稟」，可能是「滎陽稟陶」的簡稱。【滎陽印陶考　中原文物一九八四年第二期】

亶　說文所無番生簋朱旂旜＝為說文旃或體旜之異文此亶字當為亶字之異文郭沫若云亶殆亶之別構从虫亶省聲　亶姜鼎　【金文編】

亶　【汗簡】

王存乂切韻　【古文四聲韻】

◉許　慎　亶多穀也。从㐭。旦聲。多旱切。【說文解字卷五】

◉馬叙倫　多穀也之義不見經典。蓋當為多也穀也。穀也疑涉上文稟字說解而誤演。多也者。䵣字義。古書亶單相假之例甚多。雙聲亦疊韻也。爾雅釋詁。亶。厚也。詩天保。俾爾單福。言厚福或多福也。或多也以聲訓。本義亡矣。【說文解字六書疏證卷十】

◉邵笠農　大凡聲別形異。而訓義相同之字。後人往往混而為一。如廼即鹵。而混為乃。遊即吾。而混為我之類甚多。帑字混為亶。亦其例也。亶从㐭。旦聲。多簡切。音僤。說文。多穀也。爾雅釋詁。厚也。廣韻。大也。皆引伸之義。多穀斯厚。厚斯大。義亦相因。按本義當為藏穀多之㐭。㐭。古㐭字。旦。日方出時函有昌盛之意。故可稱厚大。故可說藏穀多。是亶即倉廩也。古人倉庫之義多通用。不拘於倉藏穀米庫藏貨物。故庫可稱亶。可稱帑。帑。藏金幣之所也。但亶帑義近而聲遠。後人混之。遂讀帑如儻聲。與亶音僤相近。然究無從得聲。且亶為借義所專。而本義久湮。世人遂但知有帑而不知有亶耳。亶之借義訓誠訓但。皆助詞。文字常用之。是以借義人皆知。本義人罕識。而亶字遂廢不用。因專用帑字。遂令亶之名稱流傳在口者。有語言。而無文字矣。帑从巾。帑聲。音奴。禮中庸樂爾妻帑。注。古者謂子孫曰帑。春秋襄二十八年。左傳。以害鳥帑。疏鳥尾曰帑。皆函有賸餘之義。與帑絮絮袈衵字皆可通。說文帑一曰敝。巾絮敝絲也。絮敝絮袈敝衣亦作衵。易繻有衣。衵虞注敗衣。一注殘幣帛。說文引作絮。京房本作絮。是古皆通用也。殘敝皆賸餘之物。而貨幣之幣。从敝。取意不嫌於無用之物乎。蓋貨幣不能用全幅之帛。必裁而狹小其面積。則與賸餘之敝巾略似。故於文敝巾為幣。敝巾即帑也。古者幣或稱帑。因而引伸其義即謂藏幣之處曰帑。亦猶祀社之處即曰社。祀稷之處即曰稷耳。然帑本音奴。言帑庫宜依原讀。不宜變作儻音。取與亶音近。以致漫無辨別。但積久相沿。習焉而不加理董。烏乎可哉。【說亶帑　一圓閣字說　文風學報創刊號】

◉張　頷　改助——助，盟書中或作㔁、勆、𠡠、勴、勔諸體。从力旦聲。疑為亶，即擅之借字。《詩・常棣》：「亶其然乎。」注：

「亶，信也。」改亶，乃改其誠信的意思。《説文通訓定聲》：「擅，專也。按謂嫥壹也。《爾雅·釋詁》：亶，誠也，信也。」【侯馬盟書類例釋注　張頷學術文集】

◉黄錫全　亶　《説文》「亶，多穀也。从㐭，旦聲」。正篆作亶。憻字見于《篇海》，同坦。此假憻為亶，猶如雲夢秦簡假嬗為氈。典籍亶又通單、癉、袒、但、擅、翻等。夏韻旱韻注出王存乂《切韻》，此脱。【汗簡注釋卷二】

啚

甲三四〇一　乙三六八　乙六二九　乙八三九　粹一一六四　人名　鐵一四五·二　佚五三二　前七·一二·一　乙七六七三反　鐵六八·四　菁一·一西啚　菁二·一東啚　佚六一　續五·七·九　牧啚　掇二·一三二　金七二八　珠一八六　【甲骨文編】

甲574　1484　3401　乙629　839　918　1232　2475　3289　4057　4218　4395　4856　5303　6692　6926　7661　7672　7817　8821　珠186　佚61　532　983　續3·14·2　3·381　5·3·1　5·7·9　5·15·9　掇308　徵4·35　4·68　11·68　京2·23·2　3·13·3　古2·6　2·9　鄴三43·5　誠479　摭91　92　續存66　1365　外227　摭續343　粹801　914　1164　新2185　2451　2489　4254　4265　【續甲骨文編】

啚　康侯啚簋　雍伯啚鼎　孳乳為鄙　楚簋　𣪘𢍰鄙　恒簋　𣪘直鄙　鄃鎛　與郘之人民都鄙　【金文編】

啚　【汗簡】

◉許　慎　啚嗇也。从口㐭。㐭。受也。方美切。[glyph]古文啚如此。【說文解字卷五】

◉吴大澂　說文。啚。古文作[glyph]。鄙啚本一字。故啚訓嗇。後人加邑為鄙。嗇。古鄙字。但作啚。不从邑也。【齊侯鎛蹇齋積古録二册】

◉方濬益　啚即說文所收之古文[glyph]。【綴遺齋彝器款識考釋卷二】

◉孫詒讓　「[glyph]隹寅隹豊曰□」，六十八之四。「[glyph]」即古文「啚」字。《說文·㐭部》：「啚，嗇也。从口、从㐭，㐭，受也。」金文圖卣圖字从[glyph]，與此形近。古啚、鄙字通，此亦當為「鄙」之借字，但義究難通耳。又有到文，如云：「丁酉卜[glyph]□隻」。百四十五之二。此迻口箸㐭下，實一字也。如咼作㫰、品作㗊之例。【契文舉例下】

◉高田忠周　說文。啚。嗇也。从□从㐭。㐭。受也。古文作[glyph]。一本作[glyph]。葢本當作[glyph]也。又㐭下云。穀所振入也。从入从回。象屋形。又稟下曰。賜穀也。从㐭禾。又嗇下云。愛嗇也。从來㐭。來者㐭而藏之。然則稼穡而所收穀。先入倉廩。謂之㐭也。㐭而不出。此謂之啚。从□者圍繞也。而㐭入之時謂之嗇也。啚嗇義近。又出㐭禾以賜下臣謂之稟。要金文以啚為鄙。卜辭亦然。但經傳皆以鄙為啚。即互通用也。【古籀篇七十四】

◉羅振玉　[glyph][glyph][glyph]　此即都鄙之本字。說文解字以為啚嗇字。而以鄙為都鄙字。考古金文都鄙字亦不从邑。从邑者後來所增也。雝白彝圖字作[glyph]。與此同。卜辭啚字或省口。觀倉廩所在亦可知為啚矣。【增訂殷虛書契考釋】

◉郭沫若　羅振玉以啚為都鄙之本字，謂「說文解字以為啚嗇字，而以鄙為都鄙字，考古金文都鄙字亦不从邑，案龢鎛「人民都鄙」作[glyph]，从邑者後所增也」。類編六·八。其說甚是。乃又云「雝白彝圖字作[glyph]，與此同。卜辭啚字或省□，觀倉廩所在亦可知為啚矣。」同上，又增訂攷釋中卷七葉。則又以啚為俗寫之圖字，而更以㐭為啚，此則大謬不然者也。學者多不加省察，成見一入，牢不可破。近見容庚所釋之殷契卜辭二九二片亦相沿以㐭為啚，殊屬不可思議。其相沿以[glyph]為羊，亦同屬可異。

今案[glyph]若[glyph]為倉㐭之象形，一望可知。金文从㐭之字多作[glyph]形，鐘銘嗇字多如是作。而兮甲盤嗇字作[glyph]，師寰𣪘牆字作[glyph]，故延至小篆遂形變而為[glyph]，說文乃謂「从入从回」也。

啚字从口从㐭，示倉㐭所在之處，自為邊鄙矣。

圖字復从口从啚，此口象圖畫之四周，从啚者言於圖中畫列邊鄙也。由此字可證古有地圖，散氏盤散氏盤，大系稱矢人盤於晝訂田界以後末綴以「氒受授圖矢王于豆新宮東庭」，字作[glyph]，正其文其事之證。【釋啚㐭　殷契餘論】

◉商承祚　[glyph]　說文「啚。嗇也。从口㐭。㐭。受也。[glyph]。古文啚如此。」案甲骨文作[glyph][glyph][glyph]。金文雝伯啚鼎作[glyph]。齊鎛

作□。此所由譌也。【説文中之古文考】

◉孫海波　鐵雲藏龜百四十五葉二版：「丁酉卜□□□隻」，□□舊無釋，余永梁先生釋合，云：「此象器蓋相合之形，疑亦合字，書契壺字作□，上象蓋形，可證也。」（殷虛文字續考　國學論叢一卷四號）竊疑此仍是啚字，金文師寰段穡字偏旁作□，號叔鐘嗇字偏旁作□，與此正同，上作□，即亩字。卜辭圖字作□，此將口移在□下者，其體微變也。【啚　卜辭文字小記】

◉馬叙倫　翟云升曰。口亦聲。倫按從亩。口聲。□讀若私。音入心紐。心與非審同為次清摩擦音。故啚音入非紐而為嗇之轉注字。然倫疑從□亩聲。稟從亩得聲。音入封紐。則啚音入非紐。猶稟音入封矣。啚為圖之初文。見圖字下。而亩之後起字。廩之異文。當入口部。亩受也校語。雍伯啚鼎作□。

□王筠曰。朱筠本□。倫按散盤圖寫作□。齊侯鎛與口之人民都鄙。鄙字作□。其下與此同。蓋鎛文從口□。□為□□之異文。古匋圖字作□。其啚字與此最近。【説文解字六書疏證卷十】

◉馬叙倫　□兹女盉　舊作兹女盉。　舊釋啚父作兹女寶盉。阮元積古齋鐘鼎款識釋□為品。倫謂此從啚八聲。為啚之轉注字。啚音非紐。古讀歸封。故鄙音入封紐。八音亦封紐也。【讀金器刻詞卷十】

◉楊樹達　説文五篇下啚部云：「啚，嗇也，从口亩，亩，受也。」樹達按文从口亩而訓嗇，形與義略不相關。徐鍇謂亩而復口之，為嗇吝積而不散，段氏謂口猶聚，聚而受之為愛濇之意，皆皮傅之説，非篤論也。愚謂：啚者，鄙之初文也。周禮太宰以八則治都鄙，鄭注謂都鄙距國五百里，為公卿大夫之采地，王子弟所食邑。禮記月令云：「四鄙入保」，鄭注釋鄙為界上邑。呂氏春秋行論篇云：「是以宋為野鄙也」，野鄙連言，鄙亦野也。桓公十一年公羊傳何注，僖公二十四年左傳杜注，皆訓鄙為野。字从口者，象區畫之形，猶或字邑字之从口也。或即古國字。説文五篇下□部同下云：「从口，象國邑」，是其義也。从亩者，亩廩同字，野鄙為田疇之所在，亦即倉廩之所在，蓋穀穫於田而藏之於廩，農夫省轉輸之勞，田野與倉廩理不當遠距也。國語周語上云：「廩於籍東南，鍾而藏之」，此言天子之廩與籍田近也。豈惟天子之廩然哉！凡廩皆當爾矣。許君不得其義而釋亩為受，非也。

啚之反為都，都謂國都，今語所謂都會也。凡國都必侈，鄉邑必陋，故都之引申義為大，廣雅釋詁一。為盛，小爾雅廣言。為美，漢書司馬相如傳上注。為閑，詩有女同車傳。為雅，史記司馬相如傳索隱引郭璞。為姣，史記司馬相如傳集解引韋昭。皆美義也。鄙之引申義為小，廣雅釋詁二。為狹，孟子盡心下篇注。為陋，史記樂書。為賤，左傳昭十六年杜注。為俚，文選稽叔夜幽通詩注。為猥，一切經音義二十五引廣雅。為不通，漢書董仲舒傳注。皆惡義也。啚訓嗇者，亦啚之引伸義，許君誤以引伸義為初義，宜乎形與義不相會矣。

甲文云：「土方正于我東啚，𢦏二邑，𢀛方亦𠬝我西啚田。」殷虛書契菁華壹葉。金文齊𩍂鎛云：「侯氏錫之邑二百又九十九邑，與△之人民都啚。」殷周文字皆止作啚，不作从邑之鄙，鄙為後起字明矣。

近人徐灝及羅振玉皆知啚為古鄙字矣，徐氏不憭从㐭之義，羅氏明之而不能以經傳為證，又不明从口之義，故具言之。

【釋啚　積微居小學述林卷二】

◉楊樹達　啚字經傳皆作鄙，廣雅釋詁云：「鄙，國也」。延令康侯啚于衛，即封康叔于衛也。史記周本紀云：「以微子開代殷後，國于宋」，此言啚于衛，猶彼言國于宋也。尚書序曰：「成王既伐管叔蔡叔，以殷餘民封康叔，作康誥、酒誥、梓材」。疏引序云，「邦康叔」，邦字今作封字者，蓋衛包所改。邦國啚義並同。史記衛世家曰：「周公以成王命興師伐殷，殺武庚禄父、管叔，放蔡叔，以武庚殷餘民封康叔為衛君，居河淇間故商墟」，是其事也。【湆司土逘𣪘跋　積微居金文説】

◉陳夢家　此康侯圖當是康侯封。古文邦封一字。圖鄙一字。説文。「邦。國也。」廣雅釋詁四。「鄙。國也。」封與鄙當是一名一字。西周金文稱康医康医豐。(三代三・三・四)尚書康誥酒誥稱封。史記稱康叔封。左傳定四稱康叔。易晉卦有康侯。康是侯衛以前的封地。衛世家索隱云。「康。畿內國名。【康侯𣪘　西周銅器斷代】

◉陳夢家　後世典籍上關于「鄙」的意義，是多種的。一為「縣鄙」，周禮遂人以五百家為鄙、五鄙為縣，而小司徒十六邑為甸、四甸為縣，則鄙和甸約略相當，為十六邑五百家。二為「都鄙」，周禮大宰注云「都之所居曰鄙……都鄙，公卿大夫之采邑，王子弟所食邑」，大司徒注云「都鄙，王子弟公卿大夫采地，其界曰都，鄙，所居也」；左傳莊廿八「凡邑有宗廟先君之主曰都，無曰鄙」。三為邊邑，左傳莊廿六注云「鄙，邊邑也」，月令注云「鄙，界上邑」。由上所述，可知「鄙」當為都城之外居住的地區，聚若干小邑而成。此等小邑據周禮鄙、甸之制推之，大約為三十家，則其小可知，殷人之邑只會更小的。

我們假設卜辭有宗廟之邑為大邑，無曰邑，聚於大邑以外的若干小邑，在東者為東鄙，在西者為西鄙，而各有其田。

左傳有東、西、南、北鄙，有縣鄙、邊鄙。西周晚期金文師獸𣪘「司我西扁、東扁僕御百工牧臣妾」，東、西扁即偏。左傳隱十一「許東偏」「許西偏」，僖十晉「新城西偏」，莊廿一「鄭伯享王於闕西辟」，服虔云「西辟，西偏也」。凡此許、晉、鄭的東、西偏或辟，似指都邑內的居住區域。鶡冠子王鈇篇「五家為伍，十伍為里，四里為扁」，是扁為二百家。【殷墟卜辭綜述】

◉周法高　為什麼康叔名封而稱啚呢。古人名字相應。古「封」「邦」一字。王國維觀堂集林卷十八匈奴相邦印跋云。「相封即相邦。古邦封二字形聲並相近」。史籀篇疏證云。「古封邦一字」。參郭氏釋封。甲骨文字研究第六篇。周禮天官大宰。「布治于邦國都鄙」。因為「邦國都鄙」義類相近。所以得名「封」字「啚」(即鄙)。如釋「封」為「封疆」之「封」。亦通。古人作器。自稱多稱名。稱人多稱字。

啚

康侯鼎是康侯一人自作。所以稱名。康侯毁是康侯和他的兄弟共作。大概實際由他的兄弟郲季載主持。所以便稱康侯的字而不稱名了。【康侯毁考釋　金文零釋】

◉李孝定　許君以此為啚吝字。从口音韋亩會意。古文都鄙字皆如此作。卜辭亦然。辭云「……土方征于我東啚𢦏二邑𢀛方亦牪侵我西啚田」菁・二・一。「貞乎从奠鄭取炋啚三邑」前・七・二・一・四。「☐卜在☐啚☐㪽☐旬亡☐來正☐」前・四・十一・四是也。金文作康侯啚簋雍伯啚鼎齊鎛。第三文為六國古文。許書啚下古文所自昉也。

〔補〕余永梁曰。「案象器蓋相合之形。疑亦合字。倉亩字从此。殷虛古文及古金文合字皆作。象器蓋相合之形。則器蓋。篆變作。許君遂望篆文而生『亼三合也从亼象三合之形』之訓。誤矣。」見殷虛文字續考。

葉玉森曰。「按他辭云。『癸巳卜㦰貞𢦏猷』前・七・十二・一。與猷竝國名。予疑為亩形。省作。ㅂ象物藏亩內。乃亩字。見前釋卷六第十六葉下。

按余釋此為合。不知卜辭自有合字作。與小篆同。其說之非可以無辨。葉氏混亩啚為一字。其誤與羅氏同。而其釋則相反。葉釋為啚不誤。見前釋四卷十六葉上。而釋為亩。不知此實一字也。【甲骨文字集釋卷五】

◉周法高　白川靜金文通釋（白鶴美術館誌第四輯）考釋康侯毁搜羅最備。孫海波周金地名小記。禹貢半月刊七・六七上陳夢家西周銅器斷代容庚及余皆主康侯啚為人名。貝塚茂樹新出檀伯達器考。東方學報京都第八册以康侯啚為康侯邦（封）之父。白川靜以為文獻無徵。不可從。陳夢家及余以為康侯封字啚。吳闓生于省吾以為啚即圖字。楊樹達以為啚即都鄙之鄙。赤塚忠以啚為亩（廩）。轉為都鄙之鄙。白川靜從之。案康侯毁中啚字凡二見。「祉令康侯啚于衛……渣𤔲土迭眔啚乍厥考隮彝。」關鍵在於「眔」字解作聯詞或動詞。如解作聯詞「與」或「及」。則「啚」必為人名。如解作動詞。則「啚」可解作「圖」或「鄙」。余於0461「眔」字下論之。可參看也。【金文詁林卷五】

◉徐中舒　乙七八一七

從從ㅂ，疑為啚之異構。【甲骨文字典卷五】

乙一二二四　人名　乙二二二五　佚七七二　鐵二四二・二　前一・二九・七　坊間四・二七五　存七五一　粹九三八　掇一・九四　餘一六・一或从秝田　拾一二・二　前四・四一・三　燕二　師友

一・一三〇 乙四五二九 乙四六一五 戩四四・九 後二・七・二 或从三禾 粹一一六一 或从爿與籀文同

小臣牆 存下九一五 【甲骨文編】

乙124 225 佚773 掇94 續存751 外216 粹938 甲1484 乙2023 3431 3963 4529 4615 5227 5393 6235 6273 7490 續5・25・6 5・30・8 京4・5・3 【續甲骨文編】

嗇 中父壬爵 沈子它簋 牆盤 儹匜 盗壺 左使車嗇夫 十一年鼎 軍嗇夫 【金文編】

3・917 獨字 鐵雲643 叢刊1980:3 嗇夫 【古陶文字徵】

嗇 效一八 六十五例 效二七 二例 秦一六九 四十二例 日甲一四四背 【睡虎地秦簡文字編】

0108 0109 0111 0110 0112 【古璽文編】

五屬嗇 【漢印文字徵】

嗇所革切 嗇見說文 【汗簡】

古老子 說文 汗簡 【古文四聲韻】

◉許　慎　愛濇也。从來。从㐭。來者。㐭而藏之。故田夫謂之嗇夫。凡來㐭之屬皆从來㐭。所力切。古文嗇从田。

【說文解字卷五】

◉劉心源　嗇或釋林棽廡夾四形。皆非。余舊以為鬱。亦未合。攷攈古録載兮中鐘五器。此其弟三器也。其弟一器作。弟二器作。即本書弟二兮中鐘。弟四器作。弟五器作。又載吳生鐘云大。有剥畫。本書𠭯鐘云龢。叔氏鐘云寶。虢叔鐘云大。案。說文牆籀文作。从二禾。以此知嗇有作者。師寰敢卹厥事。蓋文如此。器文作。竟以牆為穡。

同形叚借也。大敢余弗敢□。言天子命易徙里居余不敢吝嗇也。古文偏旁木禾不甚分別。如休从木而古刻皆从□。不可枚舉。楙从林而師袁敢□器文□蓋文从秝。厤从秝而𣪘尊叉卣从林。詳录敱。木禾互用。則鐘文之□即嗇。即嗇。亦即穡。湯誓穡事。史記殷本紀作嗇。盤庚力穡。漢書成帝紀作嗇。知嗇穡通用也。从□者。將亩迻於上體而省一禾。似小篆稟字。从□者即□省。又从金。以所鑄言之。正如虢叔編鐘龢字作□也。攈古録三之二虢叔編鐘弟三器。方言十二。嗇。合也。管子國蓄注。穡。斂也。鐘銘蓋取其音之合且斂耳。信如各家之釋。將何解於大敢之余弗敢□乎。【奇觚室吉金文述卷九】

◉吳大澂　□古嗇字。从廾从土从田。散氏盤溼田牆田。阮相國釋作牆田。

□亦古嗇字。說文牆籀文从二禾作□。即此字。師袁敦卹乃嗇事。嗇穡古通。或釋作牆事。非是。【說文古籀補第五】

◉孫詒讓　「楚公□自乍寶大□鐘,孫〓子〓其永寶。」◎大下一字此鐘作□,第二鐘作□。積古齋款識亦載此鐘,左無□形,蓋拓本未精,阮釋為鎛,亦非。以隸古寫之,从亩、从般,說文般古文作般,从攴。其字當為𣪘,字書所無,其音義未詳,吳亦無釋。攷此字鐘文婁見,而形各不同,如後釐伯鐘云:「作朕文考釐白龢薔鐘。」作薔。兮仲鐘五器,第一器「兮中乍大䶵鐘」。作䶵。第二第五器同。第三器作薔,第四器作鑰。以上並二之三。吳生鐘云:「用作□公大□鐘。」作□。三之一。筆畫不全,惟左从亩尚可辨。似亦作䶵,與兮仲第一鐘同。虢叔鐘云:「用作朕皇考惠叔大薔龢鐘。」三器及虢叔編鐘並同三之二。叔氏寶林鐘云:「作朕皇考叔氏寶薔鐘。」二器同三之一。則亦作薔,與釐白鐘同。凡此𣪘䶵鑰薔四形,字書咸未見,舊釋於釐伯鐘、叔氏鐘、虢叔鐘並釋為林,於吳生鐘釋為鎛,於此及兮仲鐘並無釋。吳氏兮仲鐘跋云:「薔,或釋鎛,或釋龢。筠清館釋如此。攷釐伯及虢鐘並云龢薔鐘,則非龢字明矣。於虢叔鐘則以為「古林字」。跋云:「合觀兮中大夾鐘、楚公大簇鐘,知□象屋廡形,此為从林、从無,即緐無之義。」若然,又有釋為夾簇兩字者,諸說不同,無可質正。自鐘文外,它器又罕見此諸字,唯後大敢亦有薔字,與鐘文正同。審校文義,乃因天子命然睽以里與大,然睽對使之辭云:「天子,余弗敢薔。」舊釋為吝嗇之嗇。家語冠頌篇王肅注云「嗇,愛也。」甚塙,余舊釋為遴,誤,詳拾遺。然於鐘文則義又無取。金文復有从薔為形者,如冘簋云:「司奠還歡,眔吳虞眔牧。」冘敢云:「令女正舊釋足,誤周師嗣歡。」並之三一。歡字亦說文所無,舊並釋為散,亦未塙。其字从薔、从攴,與𣪘或是一字,然其音義究未能定也。通校此諸字,或从般、或从金、或从林,形雖舛異,而皆同从亩。說文亩部亩,或作廩从㐭。而㐭亦从亩為聲母,其非从無,蹤蹟較然。唯亩㐭諸文,與鐘銘義咸不相屬,無可推傳,若如薔字舊釋為林,大林鐘雖見國語周語,而金文或从亩、或从㐭,既不皆从林,又云:「龢薔鐘寶薔鐘」,亦不皆云大林,則與彼未必盡合。且大林自是極大特縣之鐘,今虢叔編鐘亦有大薔之語,則義尤不相應。況嗇字本从來、㐭，金文从林者，即牆字之偏旁，而牆字籀文本从二來，又从二禾，并見説文。是由一來增為二來，又變為二禾，三變而後為林。而金文牆字所从嗇形，亦不皆从林，如師袁𣪘作□正从二禾，師酉𣪘作□則省从一禾，舊釋誤。詳後。唯大𣪘嗇字迺直作嗇，變二禾為二木。以此推之，則知鐘文嗇字从林，自亦秝之變體，非正从林木之林，尤不得讀為林矣。若然，嗇字依大𣪘可決定其為嗇字，以此根據，參互推繹，竊疑𢿱亦嗇之異文，而鐘文中嗇、𨧟、𩏽、㾰諸文，則咸當為牆之省變，説文嗇部，牆从嗇爿聲。重文𤖨，籀文从二禾。金文借嗇為牆，猶師寰𣪘借牆為嗇也。其聲義不必與㐭、亶相比傅也。説文金部有𨧟字。云，伐擊也，从金亶聲。與此𨧟字畧相近，然亶从旦聲，與㐭嗇絶不相涉，而𨧟義亦無可説。𢿱字从嗇、从攴者，疑取力田之義。尤簋云：「司奠還𢿱」，還讀為縣，謂司奠安縣內之嗇事，余前讀為鄰，誤。詳拾遺。説文云，嗇，愛濇也。田夫謂之嗇夫。尤𣪘「𤔲𢿱」亦同，猶師袁𣪘云「𢀜乃穡事。」故簋文以𢿱與虞牧並舉，似即周禮九職之農圃山澤藪牧。𣪘文「𤔲𢿱」又與郊特牲司嗇，事異而義同。後二之三叉尊云，公姞令叉𤔲田司嗇，與司田義亦同。至嗇字在鐘文，則當讀為牆，牆即宮縣軒縣之通稱，周禮小胥「王宮縣，諸侯軒縣。」注「鄭司農云：四面象宮室，四面有牆，故謂之宮縣。」若然，軒縣雖不四合，而三面環列，亦得取牆形。周書大匡篇云：「樂不牆合」，即文王在程時侯國制也。特鐘編鐘同縣於虡，故並謂之牆，猶鐘磬編縣之二八十六枚，而在一虡謂之堵。亦詳小胥鄭注。分之曰堵，合之曰牆，大小異，而取義畧同，因鐘為金樂，故或省林而从金，後邾公牼鐘云：「鑄辝龢鐘二鍺。」三之二。堵字亦變从金，足相比例也。小胥半為堵全為肆。後三之三齊侯壺，鼓鐘一銉，銉亦从金。若然，諸文从㐭从亶者，皆嗇之省。説文㐭部，㐭或作亶。从亶。則𩏽字即亶之省，與从㐭同。又籀文牆字偏旁之嗇从秝在㐭上，師酉𣪘省為一禾，則與亶形正同。但上下互易，豈古亶嗇字可互通邪。从林者，秝之變體。从攴者，攴之緐縟文。抑或取般還之義，與宮牆四面回環，意畧同。葢古文奇詭，隨意增省，或展轉流變，與正字迥異，非通校諸器，不能得其達詁。而舊釋或為林、為龢、為鎛、為夾、為簇、為散，要皆望文肊定，齟齬百出，其不可馮明矣。【古籀餘論卷二】

◉孫詒讓 「乎□躲□象形獸疑虎字。詳《釋文字篇》于□隻」。二百四十二之二。「□」當即「嗇」字。〔一六二〕《説文·嗇部》：「嗇，愛濇也。从來㐭。來者而藏之，故田夫謂之嗇夫。一曰棘省聲。」此上从□即來之省，「來」龜文作「□。」詳《釋禮篇》。下从□即㐭之省。「㐭」龜文作「□」。詳《釋文字篇》。「乎嗇躲□」葢謂評田官躲獸。「隻」即奪之借字，詳《釋文字篇》。謂不能得之也。《大戴禮記·夏小正》：「十一月王狩，嗇人不從。」又《左·昭十七年傳》引《夏書》：「嗇夫馳」。僞古文入《胤征》，非。又《儀禮·覲禮》：「嗇夫承命告于天子。」鄭注以為司空之屬。此「嗇」即嗇人、嗇夫等，葢夏、商、周咸以此為田官之名也。互詳《釋文字篇》。【契文舉例上】

◉王　襄　□　古嗇字。象禾生田中。【簠室殷契類纂正編第五】

●丁佛言 □古鉥長嗇。古稼穡字作此。从□。與古文農同。□古鉥嗇事即穡事。从土。亦為牆垣字。【説文古籀補補第五】

●羅振玉 □□ 説文解字。嗇。愛濇也。从來从㐭。來者㐭而藏之。故田夫謂之嗇夫。古文作□。从田。又穡注。穀可收曰穡。从禾嗇聲。案。嗇穡乃一字。卜辭从田。與許書嗇之古文合。从二禾。與許書穡字从禾形合。穡訓收斂。从秝从田。禾在田可斂也。師寰敢穡作□。亦从秝。左氏襄九年傳。其庶人力于農穡。注。種曰農。收曰穡。田夫曰嗇夫。誼主乎收斂。又穡字禮記皆作嗇。此穡嗇一字之明證矣。其本義為斂穀。引申而為愛濇。初非有二字。【增訂殷虚書契考釋】

●高田忠周 説文。□愛濇也。从來从㐭。來者㐭而藏之。故田夫謂之嗇夫。古文作□。从田。□疑來字異文。但嗇即古文穡字。故夏小正王狩嗇人不從。儀禮特牲禮主人出寫嗇于房。注。嗇者農力之成功。史紀殷本紀。舍我嗇事。皆稼穡義之一轉也。【古籀篇七十四】

●葉玉森 孫氏釋□為嗇。羅氏謂嗇穡一字。竝塙。惟羅氏考釋商氏類編于嗇字下僅録□□二文。□字竝見于藏龜第二百四十二葉。均未收入。殆偶疏耳。【殷墟書契前編集釋卷一】

●葉玉森 他辭云「王令□人曰明□于京。」(後下二十・一六)□从□。疑□□(嗇)之變體。从□。象垣蔽藏禾于㐭。以垣蔽之。叚借作嗇。猶師寰敦「卹乃牆事」。叚牆為嗇。□(嗇)人殆即大戴禮之嗇人。又疑从□。乃古稾字。从□即□。表隱蔽意。篆誤作□。□人即地官之廩人。□即□省。【殷墟書契前編集釋卷六】

●吳其昌 「□」者，从□(㐭)，从禾，或从來，象㐭屋之上有禾來之形。殷代之㐭屋作□狀，足基甚高，可以避溼，其後衍為□狀，□狀，□狀，而至説文之□狀。

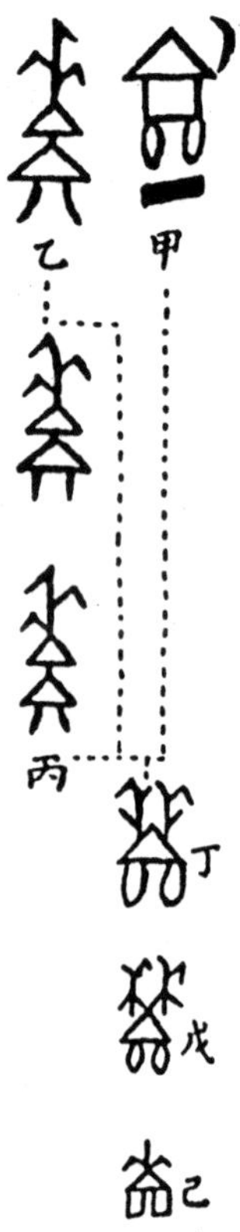

今以栔文、金文、説文合攷之，則其衍變之跡如上圖之所示。〔甲〕、為父己甗(續殷・一・三〇)，〔乙〕為□卣一(續殷・一・六八)，〔丙〕為□卣二器蓋(西清・一六・一一、故宮月刊・七・四、貞松八・三)，綜合〔甲〕、〔乙〕、〔丙〕三形，則成〔丁〕(燕・二)〔戊〕(拾遺・一二・二)二栔文之狀矣。由是而變寫則為〔己〕狀，(本片：按即前一・二九・七。)更去其屋極「來」「秝」之形，而變為小篆之□狀，則

為後世之「稟」字矣。說文：「亩，穀所振入，宗廟粢盛……从入、回，象屋形，中有户牖。」……按說文「从入」之「入」實為倉亩屋極之形，餘説俱是也。其不去屋極上「禾」「秝」之形者，則又為後世之「嗇」字矣。說文云：「嗇，愛濇也。从『來』，从『亩』，來者亩而藏之，故田夫謂之嗇夫。……」又云：「牆籀文从二禾。牆籀文亦从二來。」今按許書悉是。禾來之屬藏之于「稟屋」，是農穡事也。是田嗇夫之業也，是可愛濇寶斂者也。

師寰𣪘：「師寰虔不㒸（墜），夙夜卹厥穡事。」其「牆」字，可以證實說文之籀文。其嗣意，可以證實說文「愛濇也」之引申誼。是則契文，金文，說文三者可以同條而共貫矣。又卜辭「嗇」字，亦作𤲞（後·二·七·二）𤲞（前·四·四一·三）𤲞（戩·四四·九）𤲞（續·五·三〇·八·）……諸形，从「田」、從「秝」或「𥝢」。說文亦云：「𤲞，古文嗇，从田。」又說文於「穡」字云：「穀可收斂曰穡。」【殷虛書契解詁】

◉商承祚　𤲞　說文「嗇。愛濇也。从來从亩。來者亩而藏之。故田夫謂之嗇夫。𤲞。古文嗇。从田。」案甲骨文作𤲞𤲞𤲞𤲞。金文師寰𣪘「卹乓牆事」。字作穡。來禾乃黍麥。故任意書之从亩者。藏之倉亩。从田者。禾在田可斂也。金文牆。即説文訓「收斂」之穡所从出。从爿。示亩之有垣。後叚為牆垣字。不知嗇𤲞𤲞牆一字而異形也。說文牆之籀文作牆牆。正與師寰𣪘同。【說文中之古文考】

◉馬叙倫　鈕樹玉曰。廣韻引作愛歰也。從來亩。來。麥也。來者亩而臧之。繫傳有臣鍇曰。歰音澀。歰當不誤。沈濤曰。六書故云。古文牆旁嗇從秝。當以秝為聲。蜀本說文曰。一説從棘省聲。蜀本說文蓋即李陽冰廣説文也。從二禾者為籀文。戴侗云古文者。未知何據。從棘省聲之説。恐李肊説耳。嚴章福曰。疑麥省聲。閟宮詩麥與穡韻。或曰。下即來部。疑此當作一曰來聲。宋保曰。從來亦得聲。來古音讀如力。孟子滕文公引放勳來與直翼德韻。徐灝曰。嗇以愛濇為本義。似未協。竊謂嗇即古穡字。方言廣雅竝云。嗇。積也。蓋嗇之本義謂收穫。故從來從亩。來非行來之來乃麥也。亩。藏也。農事以收穫為重。故田夫謂之嗇夫。而報祀先嗇也。嗇從來者。本草。麥為五穀之長。夏小正傳。麥實者。五穀之先見者也。收穫即斂而藏之。故引申有愛濇之義。朱駿聲曰。此字本訓收穫。即嗇之古文也。倫按愛濇也當作愛也濇也。濇也以聲訓。愛也亦非本義。蓋引申之義也。此校者加之。嗇為收藏之收本字。音同審紐。故古書多借收為嗇。而收乃收捕之義也。七篇。穡。穀可收曰穡。管子國蓄。是人君非發號令收穡而户籍之也。鄭玄注禮箋詩。亦每以收斂訓穡。是嗇為收斂之義。今杭縣北平謂藏物不見。曰嗇到那裏去了。即收到那裏去了。下文之牆即臧匿之臧本字。故從嗇。今言收臧者當作嗇牆也。從亩。從來。亩是藏穀之器。來是所藏之來專字。從行遲夂夂之夂。來聲。不知行來初借來字。或從來而加後至之夂以別之。今人至猶曰來也。麥𦳝字從來夊聲。方是行遲夊夊之夊。特麥麥形近易譌耳。倫按來字甲文作來來來來。金文般甗作來。觮尊作來。曶鼎作來。趞鼎作來。宰峀鼎作來。皆由象形文而小變。轉注為麥。從來。從往來之來初文作夊者得聲。夊即本書楚危切之夊。圖語中凡來或退蓋皆以夊為之。夊為踵向人而指向我。指其足為向我而來。或不進而反退。退則仍向我而來矣。後以夊亦止也。不易為別。故借來麥之來為來往字。來為來往之義所專。則加夊聲為麥。以為來麥字。來麥之義無殊。故從來之字多從麥也。來往之來。散盤作逨。單伯鐘作逨。皆從辵來聲。或如朱說。則麥從夊來聲為逨之初文。麥部諸文皆從叚借麥為來𦳝字而得義。說解本作牟也。象形。呂忱或校者加改如今文矣。牟也以聲訓。字見急就篇。

𤲸　甲文作𤲸𤲸與此近。倫謂田亦㐭之異文。從田二字校者加之。【說文解字六書疏證卷十】

◉于省吾　「彭三𤲸云。」𤲸即嗇，應讀為色。嗇與色為雙聲疊韻字。三嗇云謂三色之云也。【殷契駢枝三編】

◉楊樹達　嗇字甲文作𤲸，羅振玉云：「嗇穡乃一字。卜辭从田，與許書嗇之古文合；从二禾，與許書穡字从禾形合。穡訓收斂，田夫曰嗇夫，義主乎收斂。穡字禮記皆作嗇，此穡嗇一字之明證矣。其本義為斂穀，引伸而為愛濇，初非有二字。」今按羅說固是，而於嗇之字形何以必為收斂無說也。今按嗇从來从㐭者，來本麥名，㐭即倉廩之廩字，納麥於㐭，故來㐭會意為斂穀之嗇。許君云來者㐭而藏之，不認來為麥，又不認㐭為倉廩，皆誤也。穡乃嗇之後起加形旁字，却專據嗇之初義而有之，而初形之嗇，乃訓後起義之愛濇矣。【積微居小學述林卷五】

◉楊樹達　後編下卷七葉之二云：「貞今其雨，不隹𤲸？」郭沫若云：𤲸羅振玉釋嗇，又以嗇穡為一字，是也。不隹𤲸者，不其穡也。穡言收斂。通纂三之九三。【卜辭求義】

◉陳夢家　㐭作㐭，象露天的穀堆之形。今天的北方農人在麥場上，作一圓形的低土台，上堆麥稈麥殼，頂上作一亭蓋形，塗以泥土，謂之「花籃子」。與此相似。

㐭是積穀所在之處，即後世倉廩之廩。動詞所以斂收之則曰𤲸，武丁卜辭云

□其亦𤲸—□不亦𤲸　金739＋庫1844

乎嗇……　戩41・2

說文「穡，穀可收」，左傳襄九杜注云「種曰農，收曰穡」，詩伐檀毛傳云「種之曰稼，斂之曰穡」。凡此即尚書多士、無逸「稼穡」、伐檀「不稼不穡」之穡。穡古當從爿(莊)得聲。西周晚期金文師寰𣪘「𨚕厥穡事」，即湯誓所謂「舍我穡事」。由此可知詩書之穡即

金文之牆，而金文之牆即説文牆(今作墻)之籀文牆，金文籀文之牆源自卜辭之嗇而增爿(莊)為聲符。由此可知古之「稼穡」即今之「莊稼」。説文車部的轖字，朱駿聲以為是車牆；左傳僖廿三惠廧伊戾，釋文云「或作牆」。凡此可證嗇、牆互通。説文「嗇，愛濇也，來亩而藏之，故田夫謂之嗇夫」。嗇夫應是大誥之穡夫，亦即莊稼之人。

説文之嗇即卜辭之嗇，後者與⿱秝亩當是一字。説文嗇之古文作𠷎，或與卜辭之⿱秝田有關。【殷墟卜辭綜述】

◉李孝定　説文「嗇。愛濇也。从來从亩。來者亩而藏之。故田夫謂之嗇夫。[glyph]古文嗇。从田。」栔文作[glyph]。與小篆同。或作⿱秝亩从秝。非。許訓稀疏適秝之秝乃禾之緐文。从禾與从來同意。或作⿱秝田从田。與許書古文同。並是一字。孫羅兩氏之説均是也。陳氏謂⿱秝亩與農事有關而其義不詳。蓋不知⿱秝田⿱秝亩之為一字也。作⿱秝亩若嗇者藏禾麥于亩。作⿱秝田者。田禾成熟可收嗇也。陳又舉師寰𣪘穡字作牆。左傳釋文廧或作牆。因謂「嗇」即「牆」。「稼穡」即「莊稼」。説似有可商。嗇之與牆聲韻並遠。又僖廿三年左傳未見「惠廧伊戾」之文。但有「廧咎如」。釋文音在良反。是其讀本與牆同。成公三年左傳「晉郤克衛孫良夫伐廧咎如。」穀梁作「牆」。蓋其音讀本同。故得通作廧字。本不讀所力切之嗇也。廧字説文無之。疑是牆之異構。广取其形。嗇取其義也。至師寰𣪘之穡作牆(祇當作⿱秝亩)。則疑偶誤。非穡牆得通叚也。按惠廧伊戾之文見襄廿六年左氏傳。釋文亦音牆。固不音嗇也。嗇之音讀既不能與牆相通。則卜辭言「三⿱秝亩云」當以于省吾氏所説為是也。【甲骨文字集釋第五】

◉温少峰　袁庭棟　卜辭中對收獲之穀物加以斂藏稱為「嗇」，其字作[glyph]、[glyph]、[glyph]等形。説文：「嗇，愛濇也，从亩來者，亩而藏之，故田夫謂之嗇夫。」嗇字後作穡，説文：「穡，穀可收」。左傳襄公九年「其庶人力于農穡」杜注：「種曰農，收曰穡」。卜辭云：

(218)……乎(呼)嗇(穡)?……(戩四一·二)

(219)戊午卜，王：[glyph]其亦嗇(穡)?(庫一八四四)

(220)戊午卜，王：[glyph]不亦嗇(穡)?(金七三九)

(218)辭之「呼穡」，謂下令號召進行收割斂藏之事。後二辭之[glyph]為人名，二辭對貞，乃卜問其是否進行收割斂藏之事也。

【科學技術篇　殷墟卜辭研究】

◉戴家祥　[glyph]史牆盤　説文嗇，古文作𠷎，从田。甲骨文有⿱秝亩⿱秝田兩體。穡嗇古本一字。書盤庚：「力穡乃亦有秋」，漢書成帝紀穡作嗇，書湯誓：「舍我穡事而割正」，史記殷本紀穡作嗇。銘文上言農嗇，依説文應作穡，「穀可收曰穡」。第四字依説文應作「嗇，从來从亩，來者亩而藏之」。廣雅釋詁「嗇，積也」。「農穡戉嗇」，謂農産物盛積也。【金文大字典中】

牆 

◉戴家祥　説文五篇「嗇，愛濇也。从來从㐭，來者㐭而藏之，故田夫謂之嗇夫。嗇，古文嗇从田。」沈子毁「沈子肇斁狃貯嗇」，史牆盤「蕽嗇戉𤰈」，嗇皆表示收藏農作物之義。經籍嗇作穡，如左傳襄公九年「庶人力于農穡」，杜預注「種曰農，收曰穡」。僕匜「專趛格嗇覩睦僕」，嗇為地名，左傳昭公二十三年「單子取訾，劉子取牆人、直人」，杜注「三邑屬子朝者」。中山王嚳壺作「車嗇夫」乃為官名。

陳純釜　字从稟，上象倉㐭之形，即㐭之異。下為米，从米與从來通，皆為倉㐭所貯之物，嗇字古文作𤲨，與此銘形近，稟當為嗇字異體。𢿹字加攴旁，與金文正作政、古作故、乍作𢼄同例。説文五篇「嗇，愛濇也。从來从㐭，來者㐭而藏之。」【金文大字典下】

◉姚孝遂　徐灝説文解字注箋謂「嗇即古穡字。」方言、廣雅並云：「嗇，積也，蓋嗇之本義謂收穫，故从來从㐭。來，麥也，非行來之謂也。」朱駿聲説文通訓定聲亦謂嗇「本訓當為收穀，即穡之古文」。其説皆與古文字合。牆字籀文从嗇作䆋从二禾，或䆋从二來，禾與來均屬穀類，㐭而藏之，示收穫之義。卜辭皆以「嗇」為人名或地名，無用為「稼穡」之義者。陳夢家以戩四・一二之「乎嗇」亦為斂收之義，非是。此乃人名(參見合八五)。

牆盤嗇𤰈同見，用法有別，裘錫圭釋𤰈為稼(文物七八年三期)，但苦無佐證。稼穡之別，或後世區別之文。至於穡與牆之關係，王國維以為師寰毁之「卹乃牆事」為「誤以牆為嗇也。古金文刻，別字往往有之，未可執以議後世之正字也」(史籀篇疏證)。地下出土文獻偶有別字者有之，但以牆為嗇，似不當目為別字。參見「𤲨」字條下。【甲骨文字詁林第三册】

牆　説文籀文从二禾作䆋　牆盤　牆爵　讀為穡　師寰簋　穡字重見【金文編】

牆　秦一九五　日乙一一四【睡虎地秦簡文字編】

牆出義雲切韻【汗簡】

義雲章　　並説文　崔希裕纂古【古文四聲韻】

◉許　慎　牆垣蔽也。从嗇。爿聲。才良切。牆籀文从二秝。牆籀文亦从二來。【說文解字卷五】

◉阮　元　牆　牆即牆字古文。牆从田。土。來之省。【積古齋鐘鼎彝器款識卷八】

◉吳大澂　牆亦古嗇字。說文牆籀文从二禾作牆。即此字。師寰敦卹乃嗇事。嗇穡古通。或釋作牆事。非是。牆師寰敦異文。【說文古籀補第五】

◉吳式芬　牆。說文牆籀文作牆。穡古文作嗇。此借牆為嗇。商書舍我穡事。言師寰能於行師憫惜農事也。【師寰敦　攈古録金文卷三之二】

◉郭沫若　牆乃籀文牆字。見說文。讀為將。春秋牆咎如。公羊作將咎如。即二字同音通用之證。論語憲問。闕黨童子將命。即此牆字義。舊釋為穡。以農事為說。大謬。【師寰毁　兩周金文辭大系考釋】

◉孫詒讓　說文嗇部「嗇，愛濇也。从來㐭。來者，㐭而臧之，故田夫謂之嗇夫。一曰棘省聲。」古文作嗇，从田。龜甲文云：「乎評嗇射□象獸形于□隻讀為獲」，嗇字作嗇，正是从來省甲文「來」多作來，詳前㐭省，其字絕簡古。乎嗇者，謂評嗇官令躲獸於某地而獲之，蓋不獲也。金文則皆从林，大敨云：「余弗敢□」，此即𢼸「嗇」字，上从二木，下从㐭當作㐭，敚有闕泐。虢叔旅鐘云：「用作朕皇考叀尗大□龢鐘。」別器作□，作□。又編鐘作□。𨟻伯鐘云：「用乍朕文考𨟻白龢□鐘。」尗氏鐘云：「乍朕皇考尗氏寶□鐘。」此竝嗇之異文，以上諸文舊釋為林，或為棽，或為蔟，或為龢，竝誤。上从林者，疑即从秝省，籀文牆从二禾，金文「蔑曆」曆字亦多變从林，與此同。下从向，大致略同。宷繹文義，竝當為「牆」之借字，牆鐘者，謂宮縣之鐘，宮牆義相應，猶編縣鐘磬半為堵也。周書大匡篇亦云「樂不牆合」，牆合即謂宮縣四合。詳古籀餘論。諸侯軒縣三面合，蓋亦得偁牆矣。此與大敨義異，而字則同。

金文牆鐘字屢見，文多詭異，如楚公鐘云：「楚公□自乍寶大□鐘。」弟二鐘作□，諦宷其字當為从㐭从般，說文舟部般，古文作般，从攴。未詳其義。兮中鐘云：「兮中乍大□鐘。」弟二器作□，弟三器作□，弟四器作□，此字偏旁亦从介，與召伯虎敨㐭字略同。弟五器作□。五器文同，而此字通為三體，弟三器字與虢叔鐘同，而變□為□小異，弟一、弟二、弟五器竝作□，則从稟此為嗇之到文，又省秝為禾，非从稟賜之稟也从金，弟四器則省从㐭。吳生鐘云：「用乍□公大□鐘」，字半闕，左似亦从稟，文闕。疑與兮中鐘□字同。此諸字皆說文所無，以義攷之，亦當為牆之異文，舊或釋為鎛，誤。其从金者，樂縣以金奏為最重，諸器又咸為鐘銘，故文多从金。猶堵之變為鍺，鼄公牼鐘，「鉭辝龢鐘二鍺」。肆之變為銉，齊侯壺「鼓鐘二銉」。足相比例也。

說文嗇部「牆，垣，蔽也。从嗇爿聲」，籀文作牆从二禾。又作牆亦从二來。又禾部「穡，穀可收曰穡。从禾嗇聲。」師寰敨云：「夙夜卹乃⿰秝嗇事」，蓋文作⿰爿嗇，同此牆字，正从二禾，與籀文同。但叚牆為穡，與鐘文叚嗇為牆例正相反。「牆事」猶書湯誓云「舍我穡事」也。

金文牆字又有从一禾者，如師酉敢云：「王乎評史⿰爿嗇冊令師酉」。⿰爿嗇亦即牆字，舊釋為「利門」二字，誤。上右从片，爿反文。左从禾，秝之省。下从朋即亩省，與盂鼎亩下从冋形同。史牆即內史之名也。

金文又有⿰嗇攴字，如宂簠云：「嗣奠還⿰嗇攴，眔吳虞眔牧。」宂敢云：「令女正周師，嗣⿰嗇攴」，其文作⿰嗇攴作⿰嗇攴並从支，亦説文所無，蓋與楚鐘𣪘字略同。但彼為牆異文，此以文義校之，亦當為穡之借字。舊釋為散，誤。「嗣⿰嗇攴」猶云司嗇，見禮記郊特牲。亦與師寰敢「牆事」同義。【名原上】

◉王國維　⿰片嗇⿰片嗇　説文解字嗇部。牆。垣蔽也。从嗇爿聲。牆。籀文从二禾。牆籀文亦从二來。案从禾與从來同意。師寰敦作牆。从二禾。與籀文弟一字同。然其文曰。卹乃牆事。蓋即湯誓之嗇事。誤以牆為嗇也。古金文別字往往有之。未可執以議後世之正字也。【史籀篇疏證　王國維遺書第六册】

◉馬叙倫　沈濤曰。御覽百八十七引作垣蔽曰牆。王筠曰。垣字句。倫按此臧匿之臧本字。故從嗇。臧亦得聲於爿。故古今多借臧為牆。而牆為垣義所專矣。垣也者。其本字為⿰爿嗇。散盤溼田⿰爿畕田。阮元釋牆。古鉨作⿰爿嗇。蓋從土牆省聲。此字許當以聲訓。垣蔽曰牆吕忱或校語也。字見急就篇顔師古本。

⿰片嗇　沈濤曰。玉篇。牆。籀文。牆。古文。則從二來者非籀文也。翟云升曰。六書故引蜀本作棘省聲。案從來是。倫按當作亦籀文從二來。然如玉篇則籀當作古。文下捝牆字。亦從二來校者加之。

⿰片嗇　鈕樹玉曰。六書故作嗇。引蜀本説文曰。一説從棘省。亩聲。沈濤曰。華嚴經音義八。牆字籀文隸文皆作嗇。與今本異。倫按嗇從宀當為垣蔽之牆之本字。師寰敢卹乃⿰爿嗇事。字亦從二禾。從禾猶從來也。孫詒讓謂牆事即書湯誓之嗇事。王國維謂古金文別字往往有之。非可執一以議後世之正字也。倫謂王説誠然。然不可以議敢文。蓋牆為嗇之轉注字。嗇音審紐二等。牆從爿得聲。依此籀文從爿。乃牀之初文象形者也。音在牀紐二等。同為舌尖後音。然則敦之牆事即嗇字。非別誤也。籀文從二禾。當依鍇本作籀文牆從二禾。此捝譌。從二禾校者加之。汗簡引衛宏字説臧字作⿰爿禾。衛宏字説即衛恆古文官書。⿰爿禾當為⿰爿嗇之爛文。【説文解字六書疏證卷十】

◉郭沫若　牆乃籀文牆字，見説文。「卹𠭯牆事」與追毁「卹𠭯死事」同例。死通尸，主也，謂慎所主持之事。牆則讀為將，春秋「牆咎如」公羊作「將咎如」即二字同音通用之證。論語憲問「闕黨童子將命」，即此牆字義，舊釋為穡，以農事為説，大謬。【師寰

來

毁　兩周金文辭大系考釋】

◉劉　釗　己未卜，㱿貞，缶不我⿱秝㐭旅，一月。　《綴合》三〇一

己未卜，㱿貞，缶具⿱秝㐭我旅，一月。

「⿱秝㐭」字諸家釋「嗇」，不確，卜辭「嗇」字作「」，或省形作「」，从來从㐭。金文作「」，構形不變。而卜辭牆字初文「嗇」字作「」，从二禾从㐭，或加爿聲作「」，「小臣⿱秝㐭」又作「小臣牆」。這猶如卜辭「」或加爿聲作「」一樣。金文仍作「」。《説文》籀文作「牆」，同于卜辭和金文，而篆文作「」，《玉篇》作「牆」，皆訛禾為來，與嗇字混。金文牆盤「嗇」、「牆」同銘，「嗇」从來，「牆」从禾，區別至為明顯。卜辭「牆」當假為「戕」，典籍「戕」訓傷、訓殘。「缶方⿱秝㐭我旅」猶云「缶方具戕我史」。卜辭有「三⿱秝㐭云」當讀作「三牂雲」。《漢書·天文志》云「乙酉，牂雲如狗，赤色，長尾三枚，夾漢而行。……占曰『太白散為天狗，為卒起。卒起見，禍無時，臣運柄。牂雲為亂君』」。【卜辭所見殷代的軍事活動　古文字研究第十六輯】

◉戴家祥　史牆盤　牆穡皆从嗇，嗇字从㐭，象庫藏之形，从來，為所藏之物，會意為收藏穀物。牆字加爿旁，表示讀音，穡字加禾旁為形符重複，因為禾來皆為所藏之穀物。【金文大字典中】

◉戴家祥　師酉毁　師酉簋「史⿰酉嗇」，史牆盤作「史」，⿰酉嗇乃繁簡字，从⿱秝㐭爿聲，即説文牆字，説文牆籀文作，與此正同。古牆穡同字，如師寰毁「卹厥牆事」，即書湯誓「舍我穡事」。金文⿰酉嗇用作人名。【金文大字典下】

甲二一二三　乙六三七八反　乙六六九三反　乙六七三九反　乙七四二六反　鐵二四·二　鐵一六五·一　餘三·一　鐵一八五·一　後二·五·一　後二·三八·二　菁五·一　林二·二〇·一

京津二朱書　明藏一五　福三四　燕六一　甲七九〇　甲二六五八　後一·六·五　後一·二九·五　後二·三六·三　戩三七·四　戩四八·二　戩四八·四　佚二八一　佚八九七　佚二八八

鄴初下三九·三　粹一〇五九　粹一〇六六　粹一一四五　京津三〇八三　金三八五　存一八八五　掇一·二四六　寧滬一·一七一　師友一·一二·六　佚三四五　福九　燕四八　燕五〇

燕五一　珠一二〇　前二・二三・二　前二・二三・五　前二・二六・七　簠游四三　簠游五五

安一・一　續一・四・四　粹一五九三　【甲骨文編】

甲59　242　280　318　325　403　525　532　690　697　899

1364　1500　1573　1658　1838　1953　2316　2805　2907　2912　2921

3056　3342　3353　3587　3642　3918　3940　乙744　4577　5786

5849　6375　6400　6404　6406　6408　6410　6419　6668　6670　6693

6716　6719　6729　6736　6740　6748　6877　6881　6882　6964　6988

7150　7151　7201　7246　7295　7422　7426　7509　7673　7746　7751

7795　7925　8072　8710　8859　9023　珠5　6　175　404　413

616　620　703　733　1122　1124　1182　ㄥ530　佚5　148　288　345

381　386　434　547　698　835　971　985　987　991　995　續

1・38・1　1・39・8　1・44・5　28・1　2・9・8　2・27・8　3・15・6　3・22・7　3・

36・3　4・31・3　4・31・5　4・31・6　4・32・3　4・32・5　4・33・1　掇91　426

徵2・32　2・33　2・40　2・52　2・58　3・201　3・217　4・12　4・18

4・75　4・97　4・103　4・104　4・105　4・106　4・107　4・109　5・9　8・24

10·8 10·43 10·45 10·47 10·49 10·51 10·52 10·70 10·90
京2·4·1 3·11·1 3·13·4 4·6·2 4·22·3 凡13·1 17·3 19·4 古2·6
2·9 録9 361 573 630 899 天78 摭82 龜卜10 68 94
六中247 續存3 摭續106 135 粹41 76 186 313 366 459 481
692 785 881 1152 1593 新4220 【續甲骨文編】

來 般甗 宰甫簋 鮽尊 趙鼎 彔簋 𤔲盤 旅鼎 舀鼎 㝬鐘 召伯簋二
不𡢁簋 郲來隹鬲 三字石經僖公來古文作𨒈 从辵 逨觶 【金文編】

5·384 瓦書「四年周天子使卿大夫……」共一百十八字 1·57 獨字 3·830 來疚 【古陶文字徵】

〔二二〕 〔二二〕 〔二〇〕 〔三六〕 〔五五〕 〔三六〕 〔二二〕 〔三六〕 〔二二〕
〔四〕 〔四七〕 【先秦貨幣文編】

布空大 典六九八 仝上 典六九七 仝上 亜二·九八 【古幣文編】

來 秦一八五 三十例 秦四六 二十一例 日乙一七六 【睡虎地秦簡文字編】

來無 來無丞印 來臨之印 蘇南來 來安 來順私印 來長里 合來㤥印 涫于直來
【漢印文字徵】

石碣遊車 其來大□ 而師□具肝來 石經僖公 國歸父來聘 開母廟石闕 福禄來仮咸來王而會朝

徠徠 祀三公山碑 乃來道要 由是之來徠 急就篇殘石 【石刻篆文編】

徠來 徠上同並出義雲切韻 徠來 徠來 【汗簡】

徠古孝經 徠 徠並義雲章 徠 来並王存乂切韻 【古文四聲韻】

◉許 慎 來周所受瑞麥來麰。一來二縫。象芒朿之形。天所來也。故為行來之來。詩曰。詒我來麰。凡來之屬皆从來。洛哀切。【説文解字卷五】

◉吳大澂 徠古徠字。亦作逨。説文無徠字。力部。勑。勞也。知漢時以勑為勞徠之徠。又來部𢓊字下引詩不𢓊不來。爾雅釋訓。不俟不來也。釋文來本作徠。又作逨。然則陸德明所見古本有徠逨二字矣。散氏盤徠字章伯厨敦逨字可與釋文逨字相印證。玉篇。逨。來也。至也。就也。【單伯昦生鐘 愙齋積古録】

◉孫詒讓 「癸亥卜𣪊我來」，七十二之二。此當亦象形「來」字之省。又云：「□立不來」，百四十二之四。「甶卜韋貝帚姘來」，二百十七之一。此疑又「來」之變體。葢或省或增其取義略同。「我來」、「不來」于義亦合也。

龜文別有「來」字，亦恆見。如云：「其來」又云「貝父來」，四之二。「己卯卜立□來皋伐□貝」，四之四。文皆作「來」與小篆同，惟省首筆。葢「來」字即「來」之省變，故金文，伯𩀫父敦、𧻚鼎、曶鼎。石鼓皆已如是作，亦古文正字也。【契文舉例卷上第八】

◉孫詒讓 説文。來部。來。周所受瑞麥來麰也。一麥二夆。象其芒朿之形。龜甲文。我受來季。來字作來。又云。癸亥卜𣪊殼我來。又云。□甶卜韋貝貞帚歸好來。又云。□立不來。四字不同。實皆原始象形來字。葢前一字作來。象一麥三夆之形。瑞麥。固不定二夆也。皆下𠦃者。與禾采同意。弟二字省一夆。與説文二夆義正合。弟三字四夆。弟四字亦三夆。而竝省下𠦃。皆原始象形之變體也。

甲文來字又有作來者恆見。即古文來之省變也。金文則曶鼎白𩀫父鼎竝作來。石鼓文亦同。此後定字與小篆同。【名原上】

◉葉玉森 許君謂來為周之瑞麥。然殷契文中已有來麥二字。則許君説不足信。契文之來。从丨象穗及莖。𠓛象葉之披拂。个象根。變作來來。穗形漸失。疑為麥之本字。而契文之來。實來之初文。來象一人兩臂盪動。下从夊表行來之意。後譌為麥。復變作來。从來。愈益譌矣。【説契 學衡第31期】

◉高田忠周 來亦作桼。金文卜版文並見。此亦其一例也。下文作禾。形近通用也。又或變从桼。桼來形音近而通用也。因謂行來字。初以來為之。固無疑矣。然依行來之義。字亦从辵。與麥字从夂同意。此自有分別。即謂別字。亦可矣。所謂孳乳而益多之理。【古籀篇六十五】

◉高田忠周 隱十一年左傳。公會鄭白于時來。注。時來。郲也。榮陽縣東有郲城。鄭地也。郲見廣韻。後世字。然依梁楚字从邑作郲鄁。左氏長子作郲子。皆為晚周文字之例。郲亦恐周秦間字也。其加邑以分別。亦與加辵作逨同例矣。

莊廿七年左傳。凡諸侯之女歸寧曰來。銘意是也。或云字从辵者同徠。又同倈。倈徠為勞勑字之異文。而與來通用。漢書平當傳。勞倈有意者。注。以恩招倈也。此勞勑也。又易繫辭傳。往者詘也。來者伸也。廣雅釋詁。倈。伸也。此用為來。此說未矣。倈蓋徠之誤。與勑通用耳。抑行來字。以來為古文。已詳上注。後从辵从彳。為其義。猶去來之去後从辵作迲。皆周末異文也。

非艸。辵字異勢。此亦逨。同上文。萃篇云。江云。說文述古文作述。禾鼎禾作秝。此从來加八。疑是述字。愚初從此說。然遂知其非是。依𥝩字作秝。此來明桼字也。但桼部無从辵字。又辵部無从桼聲字。蓋謂此桼借為來異文。形近義類之通用耳。古有用桼為來者。荀子性惡篇。繁弱鉅黍。古之良弓也。史記作來。此古來桼兩字通用之證。而逨逯同字可知矣。

此器「己酉方彝。見嘯堂」為殷物。而云來束。來字不始於周顯然。許氏所傳為誤。蓋麥為來之宗。而麥字从來夂。夂有行來之意。此麥字受意于來明矣。已有麥名又有麥字。豈周以前有無來字之理耶。然詩云詒我來麰者。當時大豐之謂。而非初見此物之謂可知矣。但來之為物。太古人謂天所來也。故用為行來之來。固不始于周時。後見吳氏楚說文染指曰。來周所受瑞麥。來麰也。二麥一夆云云。此據尚書太誓。武王渡孟津。後五日。火流為烏五至。以穀俱來。及尚書旋機。鈐合符會為說。似武王時始製來字也。然虞書。祖考來格。鳳皇來儀。禹貢。因桓是來。商書。我王來。商頌。烈祖來饗。元鳥來假。安在武王時始有來字乎。且說文嗇部麥部諸字皆从來。若古無來字。豈竝無嗇麥等字乎。許說之坿會亦自忘其誣矣。曰然則來字不謂麥乎。曰來字本為麥之象形。推廣之又為諸穀之通偁。觀禾部麥部桼部諸字各不相羼。來為麥象形無疑。而嗇云愛濇也。从來亩。來者亩而藏之。故田夫謂之嗇夫。穡云穀可收者也。則又推廣之為諸穀通偁。麥與諸穀皆天生之。以惠養斯民。是為天所來也。故偁之曰來。所以歸其德於天。又引伸為行來之來。所以通其義於人。其本義與引伸之義皆不誤。但不當坿會經語過信緯書。專目為周之所受瑞麥來麰。致滋千古疑竇耳。來麰專謂麥。詩曰詒我來麰。在周初又有瑞麥之受。因緣來字。傳為嘉話。亦理之所有。而論製字之朔。則斷不然矣。此說極佳。可從也。殷商卜辭來字甚多。亦可以為證耳。又按禾部秾。齊謂麥秾也。从禾來聲。此亦來字異文。來亦為禾字系。故从禾為義不為異矣。唯再从來為聲。自非古意。朱駿聲云。按因來字專借為行來之來。故亦製此字。與鄙見相符合。又按來字形。最古文當作。象形也。省文作。或作作。其◆與一皆當象形。而實當指事。卜辭文可證矣。但卜辭多作。亦之省耳。【古籀篇八十二】

◉羅振玉 

說文解字。來。周所受瑞麥來麰。天所來也。故為行來之來。卜辭中諸來字皆象形。其穗或垂或否者。麥之莖強。與禾不同。或省作。作。而皆假借為往來字。【增訂殷虛書契考釋】

◉商承祚 

說文來,「周所受瑞麥來麰,一來二縫,象其芒朿之形。天所來也,故為行來之來。詩曰,『詒我來麰。』」故來字中象其采,或垂或否,麥莖強,與禾不同也。其左右折者為葉,下其根也。此字在商時已借為往來字。【甲骨文字研究下編】

◉吳其昌 「來」者,說文解字:「來,周所受瑞麥來麰。……象芒朿之形。天所來也,故為行來之來。……」按之殷契,則來字亦正象來麰之形,亦正為行來之義,羅振玉曰:「卜辭中諸來字,皆象形;其穗或垂或否者,麥之莖強,與禾不同。」(考釋中三四)其說是也。然如說文所云,一若衍為行來之義,自周以後始然,則絕非:蓋在商時,久已義轉為去來之來,故卜辭中「王來」「医來」「往來亡巛」「又來自東」「又來自西」……之語,已多至不可勝舉,其驗也。(並詳下卷二疏。)惟在此片(指前一·二五·三),則「來」字之義,為今後數日,與「翌」字之義,劣相等比,而距「今」較遠。考卜辭中「翌」字之義,什九皆為明日,雖亦間有為第三日、第四日……乃至為第十日者,然究屬僅見,且亦限于第十日止耳。(並詳上第二片疏。)至若「來」字之義,則在殷時習俗,最早為第二日:

卜辭如云:「癸未……來乙酉。……」(明七一六B)等是也。

次則為第三日:

卜辭如云:「壬午……來乙酉……」(前一·二五·三)等是也。

次則為第六日:

卜辭如云:「乙巳……來辛亥……」(後一·二一·一與續二·六一乃一片之碎)等是也。

次則為第七日：

卜辭如云：「庚辰……來丁亥……」(前一・三六・一)「甲戌……來辛巳……」(前六・二・四)「庚辰……來丁亥……」(前？一六・一)「戊辰……來乙亥……」(前七・二七・二)「甲辰……來辛亥……」(後一・二三・一六)等是也。

次則為第八日：

卜辭如云：「丁酉……來乙巳……」(鐵一八六・一與續三・一四・七乃一片之碎)「丙寅……來甲戌……」(前六・六七・四)「丁卯……來乙亥……」(後一・二九・五)「丁丑……來乙酉……」(續一・四八・三)「癸巳……來辛丑……」(河一・一七・)等是也。

次則為第九日：

卜辭如云：「癸未……來壬辰……」(前三・一九・一)等是也。

次則為第十日：

卜辭如云：「辛卯……來辛丑……」(前二・一・三)「甲辰……來甲寅……」(後一・二一・一三)「乙酉……來乙未……」(林二・一一・一)等是也。

次則為第十一日：

卜辭如云：「庚戌……來辛酉……」(佚二五五)等是也。

次則為第十四日：

卜辭如云：「辛卯……來乙巳……」(前二・二・一)等是也。

次則為第十五日：

卜辭如云：「庚寅……來乙巳……」(前二・一・三)等是也。

次則為第十六日：

卜辭如云：「己丑……來乙巳……」(前二・一・三)等是也。

次則為第二十一日：

卜辭如云：「丙寅……來丁亥……」(前一・二九・三)等是也。

乃至有指為第二十二日者：

卜辭如云：「丁丑……來己亥……」(續一・三九・八)等是也。

則今日傳世所見卜辭，凡稱「來」者，其最遲似即止于此矣。其在經典之稱「來」日者，則有若召誥云：「惟二月既望，越六日乙未，……越若來三月，惟丙午朏。……」則「來」之語為距十又一日。又佚武成真書云：「惟一月壬辰，旁死霸，若翌日癸巳，粤若來二月，……」（按「二月」漢書厤律志所引，誤作「三月」，今从孔穎達武成正義所引及逸周書世俘解並王引之經義述聞。）按其時二月為庚申朔，則「來」之語為距二十七日。武成與召誥，俱為周初時書，故其指稱隔越數日，輟呼為「來」，與殷代卜辭語法並同也。

綜上以觀，「來」義與「翌」義皆為距越數日之通稱，而其期則「翌」近而「來」遠，此就其別義而言也。

若就其達義而言之，則「來」「翌」二字又雖謂之無別，殆亦不為甚謬也。此其證驗，亦明著于卜辭。卜辭中往往有一片之文「來」「翌」同見者，如：

「翌丁亥，……來丁亥……」同見于一片。（燕二九）

「翌辛酉，……來辛酉，……」同見于一片。（佚二五五）

「來乙巳，……翌乙□……」同見于一片。（燕六一）

皆淺明之證也。

此「來」之一字，在殷周之際，从「麰來」衍為「往來」，再衍而為「來日」之經過史蹟也。【殷虛書契解詁】

◉吳其昌 「來」、「方」並祭名也。所以知者，其一，高郵王引之經義述聞，其通説十二條之第四條曰：經傳平列二字上下同義。卷三十二。此王氏之定律，通貫羣經羣籍而無不準者。然此定律，不獨貫串於經傳，而亦通達於卜辭。蓋此習尚，自殷商時而已然也。卜辭之例，平列二字，上下同義者，如云「禘、祊」見下「告、祊」前・一・三・四等「礿、祊」前・一・一八・一等「宗、祊」前・一・二二・三等「柰、祊」前・一・三六・三等……等悉例證也。則此「來、祊」亦正其類矣。其他之例，如「酒、禦」前・一・三五・五等「彡、禦」續・一・三六・二等「御、㚇」續・一・四七・七等「侑、㚇」續・一・五〇・一等之屬，並皆上下同義。甚至三字並列，上下同義者，如「告、祊、來」後・一・六・五「又、从、戠」後・一・二二・三等「禘、礿、酒」前・一・二二・二「戠、祭、酒」前、一・二二・七是也。乃至四字並列，同作一義者，如「宂、㞢、彡、戠」是也。以斯比校則「來」「祊」並為祭名，誼尤決矣。其二，釋名釋言語曰：「來，哀也。」按來無哀義。惟「來」又通「賚」，尒疋釋詁「勑來強事」釋文「來，又作賚」。可證。詩大雅賚之詩，魯詩説曰：「賚，大封于廟，賜有德之所歌也。」見蔡邕獨斷。是「賚」為宗廟之事之明證也。宗廟之事，斯祀祭之類也。其三，續編卷一頁四一片三有卜辭云：「貞母巳，來。」此其文例，與他辭「貞于母巳，御」前・一・三九・一者，正復相同。與「貞父辛求」之文，續・一・三四・一。亦復相等。彼「禦」與「求」，誼皆為祠，則與之性質、地位悉同之「來」，其同為祠義，又可知矣。以是故知是片之「來」，訓祭名為宜矣。

【殷虚書契解詁　武大文史季刊三卷三號】

◉馬叙倫　鈕樹玉曰。韻會引粦作牟。沈濤曰。詩思文正義引作周受來牟也。一麥二夆。象其芒刺之形。天所來也。阮元曰。天所來者。當始於黄帝之時。而后稷武王時又來耳。考麥字從夊。其字由來滋乳而生。倉頡造字。來先麥後。不得云周始有此瑞麥也。王筠曰。鍇本朿誤為朿。朱駿聲曰。往來之來。正字是麥。菽麥之麥。正字是來。三代以還。承用互易。許未訂正。故沿譌至今。徐灝曰。來字虞夏商書屢見。非周初所造之字。武王時火流為烏。从穀俱來。率見後出之泰誓。未足深信。即果有之。亦屬偶然。豈此始有粦麥之種乎。周頌云詒我來牟者。蓋后稷教民稼穡。故云爾。今按來本麥名。廣雅。大麥。粦也。小麥。麳也。是也。古來麥字止作來。假借為行來之來。後為借義所專。別作麳秣而來之本義廢矣。饒炯曰。來為芒穀。古無異義。或說麥為行之轉注字。夆後音皆匣紐。後得聲於幺。幺聲幽類。夆聲侵類。幽侯對轉也。然則無𤕤或夆及舞之義。𤕤聲幽類。豈以聲訓邪。舞也蓋校者據引詩𤕤𤕤舞我而加。不悟舞為譌字也。字蓋出字林。【説文解字六書疏證卷十】

◉楊樹達　作册大鼎云。「公朿鑄武王成王異鼎。」近日金文家皆釋朿為朿。余往跋其器銘。據文義謂當釋為來。而苦無明證。今此銘王來伐商邑。來字作朿。與作册大鼎同。可以證余前此之假設為確實可憑矣。【渣司土逘毁跋　積微居金文説】

◉楊樹達　余疑朿字乃來字也。宰峀毁云。王來獸自豆麓。與此句例同。來字𦍒鼎作來。中二横畫略平。則如此器之朿字矣。【作册大鼎跋　積微居金文説】

◉饒宗頤　〔癸亥卜，散貞：旬亡囚，〕王固曰：㞢希！其㞢來嬄？三至七日己巳，允㞢來嬄自西。𢀛叉角告曰：吕方出，𢀛(侵)我示簝田七十五人。（菁華一，董譜列己巳為武丁。二九年三月二十一日。）按「示簝」殆即「時來」。春秋隱十一年：「會鄭伯于時來。」左傳作郲。公羊「時來」作「祁黎」。「示」「祁」同音。時來，鄭地。杜注：滎陽縣東有釐城。卜辭「來」作簝，亦以來為聲。【殷代貞卜人物通考】

◉李平心　來ᛘ假為來兹，意即方來，特别是指不久的將來。《廣雅·釋言》：「兹，今也」，來兹即來今。《漢書》杜業上書：「深思往事，以戒來今」，《圓覺經》：「無起無滅，無去來今」，來今、來兹即方來的現在。《文選·古詩十九首》：「為樂當及時，何能待來兹」。李善引《吕氏春秋·任地》：「今兹美禾，來兹美麥」。高誘注訓兹為年。其實《任地》與《古詩》的來兹都應解為將來，周濟訓後期，至確。南北朝隋唐人詩文中用的來兹，大多數是指未來，很少作來年解，這倒合于古義。卜辭「貞來𢆶𢆶（假為兹）王其叙丁」，即卜問最近幾日內應否對某丁有叙祭，餘類推。

王國維説：「卜辭諸翌字雖什九指斥明日，亦有指第三日第四日者。視説文明日之訓稍廣耳」。可見殷人的時間觀念並不十分明細。今茲既可指本月以内的期間，來茲亦當比翌的期限為長，但決不致逾年。

《費誓》：「徂茲淮夷徐戎並興」。徂茲蔡沈訓往者是對的，今茲、來茲與徂茲正表示現在（當前）、未來（方來）與過去（前此）三個不同的時間觀念。【甲骨文及金石文考釋 李平心史論集】

◉屈萬里 卜辭「己未卜：今日不雨？在來？」甲編二四二。來，義當如尚書召誥：「越若來三月」之來。彼謂次月，此則謂次日也。卜辭：「辛未卜：酒來，乙亥登且乙？」來，麥也。酒來，蓋收麥之祭也。「登來乙且。」（粹編九〇八）「登來于二示」（庫方一〇六二）可以互證。【殷墟文字甲編考釋】

◉張 哲 殷虛出土的灰陶破片上，有□字，字形像一株莠麥，釋為往來的來字。說文：「來，周所受瑞麥。來麰，一來二夆，象芒朿之形，天所來也，故為行來之來。詩曰：詒我來麰。」唯甲骨文中來字多作□甲六九七或□甲二八四五。作□新四二二〇，若此字者僅一見，又釋為嫠字，嫠即迄今通用的釐字。甲骨文第三期以後常常見到延釐相連的詞語，此語流傳的空間時間至廣且久。農曆新年吾國中原農村，仍有家家户户，用紅紙書寫延釐二字，端貼墻壁，希冀永恆幸福的習俗。甲骨文中，延釐作馭嫠，馭延同音，演為延釐，釐字从麥，象以手持物打麥的形態，原書作□甲二六一八或作□後下二二·八。可舉二例如次：

一、殷虛文字甲編二六一八片：

貞馭嫠

癸酉卜彭貞：其有（祐）小乙，疇祀于祖乙

貞五牢貞三牢貞于[?]

二、殷虛書契前編二卷二十八頁第三片：

戊申卜，貞：王田

于□爇（麓）往來

亡□丝卯，獲駮一

狐三

其延嫠

右例是從第三期及第五期的卜辭裏各選一片，其中嫠字均从□中知匄文□字釋嫠的依據，嫠从麥从來，釋嫠釋來應是均無不可，惟愚見以為釋𡕘較妥，理由是：殷虛灰匋文字，多單字符號，如數字符號之一二三四；位置符號之左右中；動物符號之犬魚虫；人名記號之己木夔婦𡚸口𣪘；一般符號之率田陶饗等；另有墨書祀字疑為「隹王？祀」之殘缺，與鍥刻文字少異，這些單字符號，除卻數字位置，餘為動物、人名。審視匋文□字在陶片上的位置，應是單字。此單字既非數字位置符號，又非動物名稱。殷人嗜書名字於器物上，匋文有□即木字，為人名。此字或有疑為人名的可能外，莫如釋為吉利語，說文：「𡕘，家福也。」在古人觀念上，有食即有福，書鍥𡕘字於器用，實有迎禧納福的意思。今中原民間使用的粗瓷碗碟，仍多白底藍繪書寫𡕘字福字於圓圈圈之內者。

從畫一株像形的麥，引申為來為麥為𡕘，其意念、形體、音韻，均保留着同源異流的跡象，溯源詳流，爰就此三字的形音義，分別略事闡述：

來，甲骨文中作□甲六九七作□甲八九九□甲二八〇五，金文中作□般甗作□旅鼎，都是麥的象形，丨象麥莖，□象麥葉，□其上一撇象麥穗，麥穗或有或無，或挺或垂，蓋麥莖堅強，中空有節似竹，豐穗上峙莖仍挺直，□其下兩㐅，象麥之氣根，環持其莖而露出於地面者。

愚意□來字、□木字、□竹字、□禾字、□黍字，其下∧都是它露出地面的根，非深入地下的根，所有木竹禾麥黍各種植物，無一不有露出地面的根，中原農民，特稱此根為霸王根，古人造字，加此符號，意即顯示直立於地面之高莖植物。⊘基上所述，可得一個結論，即此類文字都是植物地面以上的象形，古文字中有書根之例：本肇鼎本字作□，即一木連根之形，其上為木，木下為根，說文：「木下曰本」，取根乃木本之意。麥亦有根，麥□乙四五〇二字異於來□字者，蓋麥字為全麥連根之象形，來字乃生長於地面之麥狀，乃從地面觀察之象形。殷代麥來二字，字形上已有分別，殷代以前是否一字尚無可考。【釋來麥𡕘　中國文字第七期】

◉馬叙倫　舊釋□為速。孫詒讓疑為逨。逨字是也。說文無逨字。古書率以來為來往之來。朱駿聲以為來麥義當互易。來是米麥之麥字。麥是來往之來字。倫考定上古止以一止字。書時異其向而別其義。以止為往。故□□□字皆從止。𡕘其止作□或作□。以為來義。故夏為行故道而從□。各為來往之來本字。從□。從履之初文作□者。蓋人自臥而起。即向前行。足自外向。故即以止為往。及其內向。則是來也。故以□為來。其後乃增王聲為□。以行於道中。則更增彳作往。增□聲為各。以來即到也。來亦自道中行來。故亦增彳為佫。而佫訓至也。知□足聲者。古讀來如𡕘。來𡕘履音同來紐也。聲轉為路。形復增足。乃後起字。又聲轉為蓋各之各。於是其義昧。其形亦不明矣。乃借來麥之來以為來往之來。而來之本義亦幾晦。麥則來之轉注字。從來夂聲。麥音明紐。古讀來紐歸泥。明泥同為鼻音次濁音也。此從辵來聲。為來往之來本字而各之轉注字。【逨觶　讀金器刻詞】

◉李孝定　陳夢家曰。「來是說文『齊謂麥秾也』之秾。是小麥。」見綜述五三〇葉。按說文。「來。周所受瑞麥來麰。一來二縫。此四字段氏注改作「二麥一夆」。象芒束之形。天所來也。故為行來之來。詩曰。『詒我來麰。』」契文正來麰之象形。與麥字同為象形。卜辭皆以為行來字。或云「來丁酉」「來甲子」。則未來將來之義亦由行來之義所引申。或云「我來卅」「婁來十三。」似當作來貢解。丁說恐不然也。金文作□康侯啚簋□般甗□鯀尊□宗周鐘□不嬰簋□宰甾簋□大保鼎。並同。【甲骨文字集釋第五】

◉周法高　康侯𣪘「朿」。容庚于省吾葉慈P.Yetts. An Early Chou Bronze Burlington Magazine. 1937. PP147-171及佘均釋作「來」。陳夢家釋作朿(刺)。白川靜從之。並舉出賚為責之初文。案作册大鼎及康侯𣪘朿字與來字字形略異。而與朿作□□亦不同。與責作□亦有小異。未必即為朿(刺)字。當仍以釋為來字異體為是。【金文詁林】

◉高鴻縉　朱駿聲曰。往來之來。正字是麥。菽麥之麥。正字是來。三代以還承用互易。

徐灝曰。來本為麥名。廣雅曰。大麥。麰也。小麥。麳也。是也。古來麥字祇作來。叚借為行來之來。後為借意所專。別作麳秾。而來之本義廢矣。……又行來之字。別作徠。

羅振玉曰。卜辭中諸來字皆象形。其穗或垂或否者。麥之莖強。與禾不同。或省作□。作□。而皆叚借為往來字。

按朱徐羅之說皆是也。來是wheat。或oat。象形。名詞。麥是come。从夊來聲。(亦作徠。从彳來聲。又作逨。从辵來聲。)形聲字動詞兩字甲文已互相通叚用之。【中國字例二篇】

◉于省吾　叀乙祖逨匹□辟遠猷复(腹)心

唐蘭同志訓為「通達而惠愛的乙祖,來配他的君長的遠大規畫」,並以「复心」二字屬于下句。裘錫圭同志從張政烺同志說,釋逨為逵,「讀為弼」(按張說見《文物》一九七六年一期《何尊銘文解釋補遺》,引郭沫若說謂「𦎫假為弼」),「弼匹就是輔佐的意思」。徐中舒同志謂「逨同來」,「匹,配也,言出仕于周,為周王之匹配。辟,君也,指周王」。又謂「猷與猶……當是一字,猶若也」。又謂「遠,疏遠也,乙且,殷人之後,與周關係疏遠,但他現在出仕于周,雖遠猶為周王的腹心」。李學勤同志從張政烺同志說,謂逵「讀為弼」。「本句意為輔弼其君」。「猷,用法與以字同」。又以「遠猷复心子𤔲」為句。按以上各說頗有分歧,句逗與解釋,得失互見。

銘文的逨字作□形,各家釋逨或釋逵,當以釋逨為是,金文𦎫字無从彳者。逨同來,其从彳,表示行動之義。長由盉的

「逨」字作□。單伯鐘的「逨匹先王」的「逨」字作□，這不僅和本銘文的「逨」字構形相仿，而且和本銘文「逨匹氏辟」的詞例也相同。何尊的「昔在爾考公氏克逨玟王」，逨即來，典籍每訓「來」為「歸」或「依歸」。這是説從前爾考公氏能夠歸依文王。逨之从來，和金文𠦪字作□、□、□、□等形判然有別。至于本銘文的逨匹，唐蘭同志釋為來配是對的。但以「逨匹厥辟遠猷」為句，以「𡪢心」二字屬下句，並訓為「逨配他的君長的遠大規畫」，這不僅割裂詞句，也于本義不符。其實，典籍中匹字既訓配也訓偶，《詩・文王有聲》的「作豐伊匹」，毛傳訓匹為配；《禮記・三年問》的「失喪其羣匹」，鄭注訓匹為偶。匹配與匹偶都具有輔相協助之義。《爾雅・釋詁》訓猷為謀。銘文的「叀(惠，發語詞)乙祖逨匹氏(厥)辟，遠猷腹心」，是説惠乙祖逨輔助他的君長，謀猷深遠，成為君長親信的腹心臣僚。古文尚簡，依詞尋義，乃作出如上的詮釋。【𤼈盤銘文十二解　古文字研究五輯】

◉李孝定　陳夢家氏釋康侯簋□字為朿，讀為刺，謂與下「伐」字連文為一動詞組，説雖可通，惟「刺伐」連文，不見於故籍，辭義亦不若「來伐」之允洽，蓋康侯受封於衛，正商之故地，故銘云「王來伐商邑」也，字作朿，與他文不同，文字形譌，不足異也。楊樹達氏釋作册大鼎之朿為來，與康侯簋一文正同，可从。陳夢家氏以「一擊一刺曰伐」釋伐字，於銘意亦覺不符，蓋一擊一刺，乃舞蹈之動作，伐商邑乃軍事行動，如解為擊刺商邑，實為不辭矣。【金文詁林讀後記卷五】

◉洪家義　來，甲骨文作□(菁五・一二)、□(後上・一八・六五)。麥，甲骨文作□(前四・四〇七一)、□(佚二七七三)。□本是一種農作物的象形，後借為來去之來。為了表示動義，加□作□以別于農作物之□。大概因為來字經常使用，為刻寫簡便，又省□作□，而□卻反而成了不常用的麥字。但來麥二字之所以能夠互換，則是因為它們的讀音原本相同的緣故。□本讀複輔音ml。詩周頌思文：「貽我來牟。」漢書楚元王傳引作「釐麰」，劉向説：「釐麰，麥也。」可證□本讀複輔音ml。……後來隨着漢字的發展和漢語的變化，ml才一分為二，麥專讀m聲，來專讀l聲。隨着形音的分化，義也分化了。廣雅釋草：「大麥麰，小麥麳。」【令命的分化　古文字研究第十輯】

◉温少峰　袁庭棟　「來」字甲文作□、□，象麥類作物植株之形。《説文》：「來，周所受瑞麥來麰也。」字在甲文中多假借為「來去」之「來」，故甲文又有來之異體作□、□、□等形，表示「來」已結實之意，用以表示「來麥」之「來」，以與借作「來去」之「來」有別，故這種異體可釋為「秾」字以別之。《説文》：「秾，齊謂麥，來也。」

殷人已種植麥類作物，這可于卜辭中「受年來」、「受來」之辭證之。卜辭云：

(25)𠦪年來，其卯上甲，三，受年？(《甲》三五八七)

「𠦪年來」者，「𠦪來年」也，即祈求「來(麥)」有豐收之年成。此辭之「來」決非「來往」之「來」。殷人種植「來(麥)」，故祭于上甲，祈求豐收。

(26)庚辰貞：受來？

……不受來？（《鄴三》四五・七）

「受來」之辭，與「受禾」、「受年」同例，此為一事對貞，卜問是否能得到「來（麥）」的豐收。

(27)☐亥卜：受來、禾？（《粹》八八七）

郭老謂此辭之「禾字當是年字之省略，它辭有『受禾』之文，蓋亦同是受年」（《殷契粹編》五七五頁）。若依郭說，則此辭乃卜問「受來年」之辭。然而也可認為「禾」字並非「年」字之省，而是選擇性卜問：受來呢？還是受禾呢？即預卜在今年之內哪一種作物會有好收成。

(28)☐☐卜，𡆥貞：……我田㞢（有）來？（《續》五・二九・一）

「我田㞢來」，乃卜問田間所種之「來（麥）」是否有好收成。

以上諸辭表明，雖然卜辭中「來」的絕大多數用為往來之「來」，但仍有少數用其本義，為麥類作物之稱。【科學技術篇殷墟卜辭研究】

◉裘錫圭　「來」的本義是麥子，一般認為指小麥（《詩・周頌・思文》和《臣工》兩篇都提到「來、牟」。《廣雅・釋草》：「大麥，牟也」，「小麥，來也」）。卜辭「來」字常見，但幾乎都是假借為來去之「來」的，用本義的似乎只有下行一例：

辛亥卜貞：或刈來。鐵177・3【甲骨文所見的商代農業　殷都學刊增刊】

◉劉　桓　卜辭稱：

戊戌卜，殻，貞，㭉祀今來𪚦。（甲三三五三）

佚九九一與此同文。此片「今」字有些模糊，經仔細辨認，方看出是作人形。過去的著作如綜述、綜類等皆把「今來𪚦」誤讀為「六來𪚦」，造成辭意難通的講法，這是值得糾正的。

我認為，「今來𪚦」即「今𪚦」與「來𪚦」合起來之省稱，其與「今來歲」是同一類表達法。卜辭說：

□□卜，殻，貞：今來歲我不其受年。（綴合一〇九）

乙巳貞，今來歲受禾。（屯南二六二九）

又說：

今歲不年。（佚三〇九）

辛丑卜，大，貞：今歲受年，二月。（京津五三〇）

戊寅貞：來歲大邑受禾，才(在)六月卜。（鄴三・三九・五）

甲子卜，來歲受年，八月。

來歲不其受年。（簠歲）

可見卜辭為了貞問「今歲」和「來歲」這兩歲的情況，便采用「今來歲」的省略説法。倘若細加尋繹，便可知卜辭對春、秋、月、日也普遍采用了這種省稱。

卜辭説：

壬子……貞：今屯(春)受年，九月。（前四・六・六）

癸丑卜，穷，貞：今龝商穀舟，由。（續存下・二八六）

己卯卜，王于來屯(春)伐□。（京都三六三）

貞：來楙不其受年。（粹八八一）

丁丑貞：今龝王其大史(事)。（京都二五二九）

今龝王其从。（後下三三・一）

卜辭有「今春」「來春」而未見「今來春」，有「今秋」「今來秋」而未見「來秋」，然其文例可共「今來歲」相互推求，則目前所未見到的「今來春」與「來秋」，終必有見到的一天。

卜辭于月有「今月」「生月」和「今生月」的説法。如：

壬申卜，□，貞：今一月亡囚。（甲一五七三）

丙申卜，亘，貞：今二月多雨。王固曰，其隹丙……（天二二）

弗及今三月㞢史(有事)。（甲二〇九）

……于生月又大雨。（後下一八・一三，卜通三八二）

癸巳卜，生月雨。（粹六五八）

貞：生一月不其多雨。（佚三四九）

生三月雨。（乙三三三一）

……卜，[illegible]，貞：又屯今生月……。（乙一六五〇）

庚寅卜，今生一月其亦㞢告。（甲三〇六六）

今月是本月，生月是來月（陳夢家説），合指則省稱為「今生月」。惟卜辭言「今月」或「來月」時多記月名，若合指時連稱則嫌纍贅，故有「今生一月」之省稱。「今生一月」者，謂今月（十二月或十三月）與一月也。陳夢家謂「今生一月」即二月，實誤。他辭有「今生四月」（甲二〇九），即指三月與四月；「今生十一月」（甲九五四）即指十月與十一月。

卜辭于日亦有「今日」「來日」「今來日」等説法。聊舉數例：

癸亥卜，今日雨。（甲七四一）

叀（同「惠」，虛詞）今月巳酌。大吉。

于來日巳酌。大吉。（屯南四二四〇）

于來日酌。（京都一八一一）

辛卯卜，貞：來丁巳易日，十月。（懷B一二六七）

丙戌卜，争，貞：于來乙巳尞。（誠二二六）

丁丑卜，今來乙酉㞢于成五宰，七月。（續存一・四八・三）

丁酉卜，貞：今來辛丑方尞其酌。（甲二四七六）

叀今來辛酌。（續二・六・六）

辛亥卜，爭，貞：今來乙卯㞢于成十牛。（綴合）

卜辭于「今日」「來日」中間常加上干支或地支名，如上舉諸例。「今日」無疑是指當天，但「今」加干支時也指本旬內的某日。「來日」，則通常指本旬外、六十甲子周期內的某日。這樣，「今來日」就不難理解了，它不過「今日」「來日」合指時之省稱。「今來乙酉」乃指旬內的乙酉日與再過六十日後的另一個乙酉日，餘可類推。【甲骨文考釋　學習與探索一九八七年第一、三期】

◉楊樹達　　周所受瑞麥來麰。二麥一夆，象芒朿之形。洛哀切。五下來部。

　齊謂麥𥝩也。从禾，來聲。洛哀切。七上禾部。

此二文本一字，稑加義旁禾耳。許誤分之。【文字形義學】

◉丁　山　「來」與「入」誼相近，而春秋傳則迥異其說。入，春秋所書，皆謂入其城而不有其地也。來之見于春秋者，如隱公元年「冬，十有二月，祭伯來」，傳云：

左氏曰：「非王命也。」

公羊氏曰：「祭伯者何？天子之大夫也。何以不稱使？奔也。奔則曷為不言奔？王者無外，言奔，則有外之辭也。」穀梁氏曰：「來者，來朝也。其弗謂朝，何也？寰內諸侯，非有天子之命，不得出會諸侯，不正其外交，故弗與朝也。」來的誼意，有人說來奔，有人說來朝，內容已頗不同了。春秋莊公廿七年「冬，伯姬來。」

公羊釋曰：「其言來何？直來曰來，大歸曰來歸。」

左傳釋曰：「歸寧也。凡諸侯之女，歸寧曰來，出曰來歸。」

穀梁傳說同于左氏。大體說，女子的來，或者是「歸寧」，或者是被丈夫遺棄，與男性的來涵誼又大不同。在甲骨文諸種刻辭云：

婦𩆝來。甲冉

婦井來。骨面

來的意義，是否與春秋書「伯姬來」同？尚待研究。但在甲冉和甲尾刻辭云：

旬來。

复來。

侯卯來。

我來卅。

我來二。（背甲）

妻來十三。在𦎫。

奠來廿。在茁。

戔來册，婦井氏三。宂。

這當然與春秋所書「祭伯來」同觀，在原辭「來」字之下不書象、馬、芍，當然不能增字解詁，妄測為「來龜」。就是甲冉所謂：

也只能作某氏來人若干解，無從證明其為紀録獻龜之數也。善齋藏片有云：

□來三百。卓。

來自吴。

這更與小雅六月所謂「來歸自鎬」，豳風東山所謂「我來自東」，同一語法。六月、東山諸詩的「來」字，我們不能斷章取義，解為「來龜」；那末，所有的諸種刻辭凡言「某來」者，都該作「來朝」或「來歸」解。【甲骨文所見氏族及其制度】

◉朱歧祥　來象麥莠之形，即來字。《説文》：「周所受瑞麥，來麰也。二麥一夆，象其芒朿之形。天所來也。故為行來之來。」《周頌》：「詒我來麰。」卜辭習用為往來、未來、來貢之來。

《林1・20・11》貞，生十三月婦好不其來。

《丙74》貞：晝來牛。

《誠349》于來日庚酌王受又。

《前7・27・2》戊辰卜，爭貞：來乙亥不雨。

字又作為地名。位殷東南。

《甲242》己未卜，今日不雨。在來。

復為殷田狩地，與商、□、□諸地相近。

《京4476》貞：王其田來，亡災。

《前2・11・7》貞：商至于來。十月。在□。

《後上12・12》己酉卜，行貞：王其步自□于來，亡災。【殷墟甲骨文字通釋稿】

◉徐中舒　來前五・四七・一　字形結構不明。疑為來之異體。【甲骨文字典卷四】

◉徐中舒　來乙六三七八象來麰之形，卜辭用為行來字。《説文》：「來，周所受瑞麥來麰，一來二縫，象芒朿之形，天所來也，故為行來之來。《詩》曰：『詒我來麰』。」【甲骨文字典卷五】

◉黄錫全　徠來　夏韻咍韻録此文作徠，與部首形同。古假來麥字為往來字，作來（菁5・1）、來（周甲14）、來（不𡢁𣪕）、來（石鼓）等，增从辵作逨（逨觶）、逨（長甶盉）、逨（單伯鐘）、逨（三體石經）等，乃往來正字，《説文》失收。鄭珍誤以為「增辵以配古文」。

徠上同並出義雲切韻　夏韻咍韻録此文作徠。徠當是逨字異體，猶如逆字或作□（仲舟𣪕）、通字或作□、返字或作□（𡢁蛮壺)，逨字或作徠(三體石經)等。《楚辭·橘頌》「橘徠服兮」，《漢書·武帝紀》「氐羌徠服」，徠即往來之來。【汗簡注釋卷二】

◉黃錫全　徠來　《漢書·武帝紀》「氐羌徠服」，師古注：「徠，古往來之來。」徠蓋徠省，徠即來字，說詳來部徠、逨。《集韻》「倈，玄孫之子為倈孫，通作來」。【汗簡注釋卷三】

◉戴家祥　來旅鼎　唯公大保來伐反夷年　金文來字作來來之形。原始宗教認為人類生存所依靠的東西無不具有神性，詩曰「詒我來麰古」，人認為麥子是「天所來也」，故借來為「行來之來」。為了區別來字的兩種意義，後人添加表示植物類的禾旁，寫作秾。說文七篇「秾，齊謂麥稑也，从禾來聲。」又添加表示行走意義的夊旁，寫作麥，五篇「麥，芒穀秋種厚薶，故謂麥。」金文來字皆用作往來之義，或作逨、逨，加辵旁。【金文大字典下】

◉劉彬徽等　𢧢，讀如來，《爾雅·釋詁》：「來，至也。」【包山楚簡】

◉李　裕　麥字在卜辭中亦多見，除用為地名外，亦有直接用為麥名的，如「月一正日食麥」(下·1·5)，「翌乙未亡其告麥」(前·4·406)。凡此足證來即麥之本字。然此來或麥究為何麥？上古文獻無載。先秦雖有「來牟」、「麥」、「麰麥」之名，但無小麥、大麥之稱。趙岐注《孟子》始書大麥之名，而三國魏張揖《廣雅·釋草》始析言大麥為麰，小麥為麳。後世對來為小麥之說似無異論。考之甲文來字形制，亦可為證。甲文來字象形有三個特征：其一，麥稈直豎，說明其莖較硬；其二，葉有倒折，與禾黍等字形有別；其三，末端有短橫指穗，此與末、本等字造法相似。我國原產的燕麥、蕎麥都是散穗形，與上述情況不類，可以排除。而在諸麥中，與小麥形態接近的有大麥和黑麥，但大麥稈葉稍大而軟，麥穗有彎垂之象，不同于來字之形。至于黑麥，其栽培不廣，當不在可能之列。因此，可以確認，來為小麥無疑。

來既為小麥之名，何以用為行來之來？許慎說的「天所來也，故為行來之來」自然是神話傳說，但在古代，人們卻以為是真實可信的。故許說自有他的根據，因為自古相傳麥子是周先祖受天所賜，而在許氏之前即有劉向「始自天降」的記述，又有《詩》「貽我來牟」為證。人類文化的歷史以及考古學的研究成果表明，在神話與傳說的背後，往往隱藏着真實的歷史。中國自古傳說麥自天來，這一文化現象本身至少反映着這樣一種可能：麥非中國土產。而麥名的來用為行來之來，正可以從語源、字源方面提供有力的佐證，表明小麥外來是歷史的真實。張舜徽先生對此有獨到的見解，認為小麥之名的來用為行來之來，是因為「麥種得自外來」，這是對許氏所謂「天所來也」的合理補正。但張氏所說的「外來」是指「古人就周土而言」，他認為周先祖始得麥種于「中原之地」，則此說有誤。根據農學史家考證和科學研究的結果，小麥的原產地在西亞的幼發拉底河流域，距今已有9000年的栽培史。中國小麥來自西域，證明許慎的麥種「天來」之說並非無稽之談。原來，一個古老的漢字竟蘊含着一段真實的中外文化交流史的奧秘。

麥字从來从夊，李孝定謂夊象麥根，不當。康殷謂麥「从夊以示行來，來聲。本為往來（動詞）之來的本字」。康氏以麥為形聲字，並非必不可通，來、麥本可聲轉，如里之與理。必欲言之，亦可視麥為「从來从夊，來亦聲」。【《說文》來、麥之釋及其學術與文獻價值　武漢大學學報一九九五年第二期】

◉彭裕商　王來伐商邑，誕命康侯啚（圖）于衛・渣司徒逘眔啚，作厥考尊彝・。

王來伐商邑。此句所言即成王平息武庚、三監叛亂之事。學者多把來字釋為剌字，在字形上，古文字來字和剌字很相近，但剌伐一詞不管是甲骨文、金文還是古文獻材料均未曾見到，而在動詞前加一來字，包括來伐，卻是商周古文字材料中常見的。這種用法都是表示某個人物至某地以施行某事之意，如：

宰甫簋：王來狩自豆彔。

小臣艅尊：唯王來征夷方。

旅簋：唯公太保來伐反夷年。

作冊大鼎：公來鑄武王成王禩（祀）鼎。

厚趠方鼎：唯王來格于成周年。

此外，帝乙帝辛時的甲骨文中常見「唯王來征夷方」的語句。

上舉諸銘，旅鼎的「公太保來伐反夷」與本銘「王來伐商邑」措詞相同；作冊大鼎的來，字形同於本銘，所以我們認為此字應釋為來。【渣司徒逘簋考釋及相關問題　于省吾教授百年誕辰紀念文集】

◉姚孝遂　卜辭穀物之「來」與「往來」之「來」已分化為二字，不相混淆。目前尚未見以「來」為穀物名之明確例證。「來」之另一義指貢納言，如「來馬」、「來牛」等。此外，「來」亦表示「將來」。卜辭於一旬內之干支稱「今」，下一旬之干支稱「翌」，再下一旬之干支稱「來」。說見讀小屯南地甲骨劄記。【甲骨文字詁林第二冊】

◉黎　虎　從卜辭看，「來」之含義主要有如下幾個方面：

（一）來言、來王，王朝，如：「己未卜……貞，缶是來見，一月。」「己未卜……貞，缶不其來見王。」（丙一二四）「缶不其來見。缶不其來王。」（乙五三九三）……

（二）來假。卜辭除作「某來」外，還有作「某至」者，如：「辛酉卜王貞，方不至，今八月。」（存上五一七）「貞〔方〕其至，十月。」

粸　麥

(存上五一八)「丁亥卜……方至?丁亥卜……余令曰方其不至?」(南方五·二三)「甲寅卜王占曰吉,矢至,其隹辛。」(丙九九)……

(三)來獻。在卜辭中「來王」有明言為來獻者。如:「貞□來王,隹來?允至,氐龜……八,五百十,四月。」(合集八九九六)這裏「來王」的具體含義是來獻龜于王室。……

(四)來使。……方國,諸侯亦常派「史人」至商王朝,如:「貞在丁牧來告。辰衛其从史受又。」(駢三·一)……

(五)來降。殷虛小屯南地甲骨有:「方來降。吉,不降,吉。」(屯南二三〇一)……【殷代外交制度初探　歷史研究】

◉許　慎　詩曰。不粸不來。从來。矣聲。牀史切。粸或从彳。【説文解字卷五】

◉馬叙倫　徐鍇曰。此爾雅之言也。段玉裁曰。毛詩無此語。釋訓曰。不粸。不來也。蓋江有汜之詩。不我以。古作不粸。粸者來之也。王筠曰。此殘闕之文也。無訓義而突然引詩。而所引又非詩也。徐灝曰。許蓋以雅多釋詩。故云爾。小雅采薇篇。我心孔疚。我行不來。馬瑞辰云。疑詩古本作我行不粸。粸與俟同。故爾雅不俟。為以不來釋之。灝按古音疚讀如几。正與粸為韻。馬説殆是也。倫按來以聲同之類。粸得聲於矣。矣從知省以聲。詩有郃家室。六篇郃下曰。今扶風斄縣是也。此來矣聲通之證。是粸為來之轉注字。然倫謂未造逨字時。固借來為逨。以來之借義為義而轉注為粸。固可通。然此或體作俟。而俟竢等字從矣得聲者。義皆為待。則粸義仍當為待。玄應一切經音義引古文官書竢粸屸三形同事几反。然則此字呂忱據官書加之邪。

鈕樹玉曰。廣韻引同。玉篇闕。倫按此俟竢之異文。【説文解字六書疏證卷十】

甲一二·一八　地名　甲三九一八　前二·一〇·三　前四·四〇·四　前四·四〇·五　前四·四〇·六　前四·四〇·七　後二·一·五　戩一〇·八　京津五六七　告麥　京津二二三六　乎麥　京津三四五七　京津三四五八　京津四八八八　京津四九一一　佚二七七　佚四二六　佚五一八　珠一〇二　珠四〇四　師友一·三六　師友二·二五二　燕四一　明一九六六　明二一六四　明二三三

二 庫六一〇 師友一・二〇〇 見合文一六 【甲骨文編】

甲1218 1380 2569 3918 乙4502 珠107 404 440 佚277 426 續3・25・3 3・28・6 外93 新567 【續甲骨文編】

麥 麥盉 麥鼎 仲叡父盤 黍梨遡麥 【金文編】

麥 秦四三 二例 秦三八 日乙六五 四例 【睡虎地秦簡文字編】

麥出義雲切韻 麥 【汗簡】

義雲章 古孝經 汗簡 【古文四聲韻】

◉許　慎 芒穀。秋穜。厚薶。故謂之麥。麥。金也。金王而生。火王而死。从來。有穗者。从夊。凡麥之屬皆从麥。臣鉉等曰。夊。足也。周受瑞麥來麰。如行來。故从夊。莫獲切。 【説文解字卷五】

◉劉心源 麥。舊釋作師。篆形實麥字。亦王使臣名。案。丼侯盉。宣于。宮氏古鑑釋作釐。即此麥字也。説文。麥。芒穀。秋穜。厚薶。故謂之麥。厚薶二字即麥之切音。今北人言麥音近薶。知麥从來字得聲。釋為釐。正合古音。師酉敢。鳿。叔向父敢。。史伯碩父鼎。仲。叔弓鎛。僕。汗簡引郭顯卿字指。釐作。皆从來聲。可證也。 【古文審八卷之三】

◉羅振玉

說文解字。麥。从來从夊。案。此與來為一字。許君分為二字。誤也。來象麥形。此从。降字从之。殆即古降字。象自天降下。示天降之義。來牟之瑞。在后稷之世。故殷代已有此字矣。 【增訂殷虚書契考釋】

◉王　襄 來麰為麥之異名,來為來麰之簡稱。許氏天所來也一語,猶用詩周頌:「詒我來麰」之箋誼,乃緯書之學説。契文之麥从來,或从來省,从,來亦麥也,象其根,與之从同誼。為止為足,止與足同人之有足,猶植物之有根,故从,或从、為之譌變。 【古文流變臆説】

◉高田忠周 來有行來義。無行來形。麥有行來形。無行來義。然來麰均皆天所來者也。故作字者先製來字。此唯象形。後製麥字。从夊會意。即來字受意于麥。麥亦受形于來。此謂建類一首同意相受。麥來轉注也。或云。古音夊麥轉通。麥疑夊聲。蓋非是。【古籀篇八十二】

◉馬叙倫　莊有可曰。本止作來。後又加夊。而讀若牟聲。則本俗牟字也。王筠曰。從夊不可解矣。大徐謂以行來而從夊。夫麥仍是來。反從來之借義乎。闕疑可矣。王煦曰。古麥音如蘱。以蘱訓麥。義以音起矣。章炳麟曰。此從夊有來往義。與三體石經古文來從辵蓋同一字。又恐古者來麥二字聲誼互訛。然今亦未由知之矣。丁福保曰。慧琳音義十三引金王時生火王時死。二徐改時為而。非是。倫按甲文作。芒穀以下廿一字及有穗者皆字林文或校語。蓋本訓蘱也。從來夊聲。校者不明夊聲之理改為從夊。字見急就篇。餘見來下。【説文解字六書疏證卷十】

◉裘錫圭　「麥」字也已見于卜辭，有的是用為地名的，如「田麥」、「田于麥」的「麥」（參看綜類二〇二頁「田麥」條）；有的是當麥子講的，不過數量不多。後編著録的一塊非卜用骨版，上記兩個月的六十個干支，開頭一句作：「月一正，曰食麥」（後下一·五）。卜辭通纂收此骨為第六片，考釋引月令「孟春之月食麥與羊」為證。此外，除去一些意義不明的殘辭不算，當麥子講的「麥」字全都見于第一期的「告麥」卜辭：

〔甲〕午卜賓：翌乙未〔有告〕麥。
〔乙未〕卜〔賓：翌〕丙〔申有〕告〔麥〕。
允有告〔麥〕。
〔乙亥〕卜賓：翌庚子有告麥。允有告麥。
庚子卜賓：翌庚丑有告麥。　前四·四〇·六
翌辛丑亡〔其〕告麥。　京津五六七
翌己酉亡其告麥。
己酉卜賓：翌庚戌有告麥。　合九六二一
翌丁亡其告麥。允亡。　燕四一
□〔亡〕其告麥。
□午有告麥翌麥。　合九六二四

通纂收前四·四〇·七為第四六一片，考釋説：「月令『孟夏之月農乃登麥，天子乃以彘嘗麥，先薦寢廟。』此云『告麥』，蓋謂

此。」胡厚宣先生不同意這種說法。他說：「今案辭言『㞢告麥』、『亡告麥』、『允㞢告麥』、『允亡』，則告麥之決非祭名可知。余謂告麥者乃侯白(伯)之國來告麥之豐收于殷王。」(甲骨學商史論叢初集第一册三二頁)。上引于文又提出另一種說法，以為「告麥的意思是：殷王在外邊的臣吏，窺伺鄰近部落所種或所獲的麥子，對于商王作了一種情報，商王根據這種情報，才進行武力掠奪。」(九七頁)「告麥」的確切含義究竟是什麼，還有待進一步研究。

于文認為卜辭所見的麥與來有別，來是小麥，麥應是大麥(一〇〇頁)。由于資料太少，這個問題也還難以下結論。从上引卜辭的情況看，當時商王國種植的麥子，數量大概不多。【甲骨文中所見的商代農業　殷都學刊(一九八五年增刊)】

◉屈萬里　麥，地名，亦殷王常往田獵之處。戰後南北所見甲骨集師二一・二五二片，麥地與𩫖地同見於一版，知兩地相去不遠。𩫖，在今河南沁陽一帶，則麥地亦當在此也。【殷墟文字甲編考釋】

◉張　哲　麥甲骨文中作□乙四五〇二□續三・二五三。金文中作□麥盉□麥鼎。是一株連根𦵏麥的象形。上部从來。其下為根。合而成為一株連根麥的全形。前述來字原是生長在地面上的麥。是繪成一株生長在地面上𦵏麥的形象。造字的着眼點是在地面以上。而麥字便是全麥連根。是從地下拔出一株麥連根繪成的形象。造字的着眼點乃是從全麥連根去觀察。並非僅僅視及生長地面的一株麥。麥根奇長。鬚根可長達丈餘。植物學解釋麥根奇長的原因。是說中原地區麥自秋末播種。翌年夏初收穫。麥的生長過程中首經冬季。冬季霜雪嚴寒。地面上麥苗的莖葉極少發育。僅根部盡量向地下發展。吸取地肥。及至春暖即勃然長成。故麥根奇長。非其他穀類所能及。麥字書根。固因原字借為來。不得不另造麥字。而麥根特長。亦足引起先民的奇異。激發造字時書根的動機。或謂麥字下為足形。行來之象也。或謂□即古降字。取自天而降之意。今經細研甲骨文中來麥兩字的演變。參合植物學上的解說。從觀察比較所得。未敢盡信前解。孟子曰：盡信書則不如無書。可知前賢所云。未必流傳萬世而皆準。東周以後。麥字已漸趨定形。小篆作□。⊘今楷書作麥。

麥字的字音。說文麥部。麥。莫獲切。讀如薶。陌韻。玉篇麥。莫革切。讀如脈。陌韻。薶脈疊韻。同屬入聲。質韻音蜜。訖力反。亦屬入聲。詩鄘風。爰采麥矣。沫之北矣。麥叶訖力反。隊韻。音昧。去聲。暮佩切。淮南子謂麥曰昧。从音。今北人讀賣may江南讀磨moh。

麥字的字義。說文麥部。麥。芒穀。秋穜厚薶。故謂之麥。麥。金也。金王而生。火王而死。从來有穗者。从夊。凡麥之屬皆从麥。段注。芒穀。有芒束之穀也。鄭注太誓引禮說。武王赤烏芒穀。應許本禮說。秋穜厚薶。故謂之麥。薶麥疊韻。夏小正。九月樹麥。月令。仲秋之月乃勸種麥。麥。金也。金王而生火王而死。程瑤田曰。素問云。升明之紀其類火。其藏心。其穀麥。鄭注月令云。麥實有孚甲。屬木。鄭以形。許以時。而素問以功性。故不同耳。从來。有穗者也。也字今補。有穗猶有芒也。有芒故从來。來象芒束也。从夊。从夊者象其行來也。【釋來麥麰　中國文字七册】

◉李孝定　說文。麥。芒穀。秋穜。厚薶。故謂之麥。麥。金也。金王而生。火王而死。从來而有穗者。从夊。」許言从來而有穗者。明來麥類近。今按。來麥當是一字。羅説是也。夊本象到止形。於此但象麥根。以來叚為行來字。故更製緐體之麥。以為來麰之本字。葉謂來為麥之本字。麥為行來之本字。若謂行來之來亦有專字者。其說大謬。誠如其言。則卜辭行來字纍數百見。何以無一作麥。而必作來。而麥字復有用為來麰字者。既各有本字。而必互為叚借。何殷人之不憚煩如此也。卜辭麥字。除用為地名外。亦有用其本義者。辭云。「翌乙未。亡其告麥」。前四・四〇・六。「□□卜。賓翼。庚子㞢有告麥。允㞢告麥。」同上・七。言告麥。余初疑為薦新之祭。惟下又有繇詞。言允有告麥。是蓋記其諸侯之來告麥熟者。告字之意雖無由確指。此麥字則必為穀名之字。蓋無可疑也。金文作麥麥盉麥麥鼎。【甲骨文字集釋五】

◉李孝定　麥字古文實全體象形，下作夊，乃象根，非从「夊」字，許君說來麥為行來字，引周所受瑞麥來麰為言，以假借為引申，疑誤後生，清儒遂謂麥之从夊，為行來之誼，然麥從未有行來之義，何所用其从「夊」乎？仲戲父盤一文作麥，其右旁似非「夊」字，亦非象根形，徒以上文言黍粱，吴榮光氏遂認為麥字，愚頗疑之。【金文詁林讀後記卷五】

◉温少峰　袁庭棟　甲文又有麥字作麥、麥等形。《說文》：「麥，芒穀，秋穜厚霾，故謂之麥。」

卜辭有「食麥」之辭：

(33)月一正曰食麥。甲子……(《後》下一・五)

此辭以「食麥」為正月之名，蓋因正月要食麥。《禮記・月令》：孟春之月，天子「食麥與羊」。此正月食麥之俗正與卜辭密合，當即殷俗之傳于周者。

卜辭又有「告麥」之辭：

(34)庚子卜，賓：羽(翌)辛丑，㞢(有)告麥？

〔己亥〕卜，賓：羽(翌)庚子㞢(有)告麥？允㞢(有)告麥？(《前》四・四〇・七)

(35)丁酉卜，賓：羽(翌)庚子㞢(有)告麥？

羽(翌)己酉，亡其告麥？(《明》二三三二)

何謂「告麥」？于省吾先生謂：「告麥的意義是：商王外邊的臣吏，窺視鄰近部落所種或所收獲的麥子，對于商王作一種情報，商王根據這種情報，才進行武力掠奪。」（《商代的穀類作物》，載《東北人民大學人文科學學報》第一期。）胡厚宣先生則謂：「告麥者，乃侯伯之國來告麥之豐收于殷王。『㞢告麥』，即有來告麥之豐收；『亡告麥』，即無來告麥之豐收也。……蓋殷代……麥為比較稀貴之品，故『㞢告』與否，乃特卜之。」（《卜辭中所見之殷代農業》，見《甲骨學商史論叢》二集。）我們以為當從胡說。觀卜辭中有關「告麥」之辭，常常預卜，不僅預卜次日，如(34)辭。而遠者如(35)辭丁酉日預卜庚子日，為以後三日；丁酉日預卜己酉日，為以後十二日。可見這決非偶然之事，而應當是一種按規定到某時必須報告的制度，殷王室才會預卜未來某日是否有人「告麥」。此種「告麥」，不僅報告麥之豐欠，且當有貢納麥之多少的內容，這涉及殷王室的財政收入，故而十分關心，一再卜問。

下列各辭之「麥」，乃作為動詞，言其種麥之事。

(36)乎(呼)麥？（《善》二五一一三）

(37)其麥？（南京大學藏片）

(38)麥于☐高？（《南》師一・八六）

以上三辭，王貴民同志在《就甲骨文所見試說商代的王室田莊》（載《中國史研究》一九八〇年三期）一文中認為：「呼麥」、「其麥」和「呼黍」、「其黍」文例全同。其說是。

卜辭之來、秾和麥，又是指的麥類中的什麼品種呢？甲骨學界一般都從于省吾先生之說，據《廣雅・釋草》：「大麥，麰也；小麥，麳也」的訓釋，認為「甲骨文中的來（秾）指的是小麥，而甲骨文的麥，則指的是大麥。」（見《甲骨文字釋林・釋黍、齋、來》。）對于這一結論，游修齡先生曾經指出：「于先生以為秾既是小麥，則卜辭的麥，一定指大麥，因而認為大、小麥在商代已有區別。關于這一點，有待進一步的探討。」（《殷代的農作物栽培》，載《浙江農學院學報》二卷二期。）我們很贊同這一看法。《說文》：「來，周所受瑞麥，來麰也。」段注：「然則來麰者，以二字為名。……古無謂『來，小麥；麰，大麥』者，至《廣雅》乃云：『麳，小麥；麰，大麥』。非許說也。」段玉裁此說是有根據的。《詩・周頌・思文》「貽我來牟」和《詩・周頌・臣工》「於皇來牟」的「來牟」，當如段說，是「以二字為名」的複音詞，是統指麥類作物的，所以《說文》訓「來」為「來麰也」，訓麰為「來麰，麥也」。很明顯，《說文》中的「來」和「麰」是互訓的，没有區別的。將「來麰」分為大麥和小麥兩個品種，並不很早。「大麥」之稱，最早見于《呂氏春秋・任地篇》：「孟夏之昔，殺三葉而獲大麥。」而且，「在先秦古書中此為僅見。」（夏緯瑛《呂氏春秋上農等四篇校釋》四十七頁。）《呂氏春秋》成書之時，上距殷代，已近千年。在卜辭中，又未見「來」與「麥」並卜以表示其何種區別之辭。所以，殷代是否已經區分大、小麥，是尚待進一步研究的。值得注意的是，在今天的藏語中，仍稱青稞為「來」，與古代稱麥類作物為「來」、「來麰」很相近。漢語藏語同源，在藏語中保存着若干漢語的古音。青稞是無稃大麥，而稱為「來」，則卜辭中的「來」，又怎麼可能只指小麥呢？如果說，殷代已有可能區別大、小麥的話，那麼，說「來」是大麥，「麥」是小麥，則可能性更大一些。由于卜辭中有關「麥」的記載很少，這個問題目前不宜作肯定或否定的結論，應留待進一步研究。【科學技術篇　殷墟卜辭研究】

◉丁　驌　□、□　上舉之䅘麥二契文，麥字如說文所言从來从夊，卜辭曰：「正月食麥」，字初見於貞人㱿之卜辭。二期以降有地名曰麥，亦有从水之濋。㱿又有「告麥」之卜八。卜日由丁亥至於己酉，均在二十三日之內。于省吾以為殷世無麥之種植，故「告麥」者乃四方之矦據告鄰方之麥已熟，以便殷人掠奪之也。此說想是「樣板」作品之必具，余不置信。

契䅘字作□、□，實从禾，即瑞麥之䅘，小麥也。此字見于一期卜辭，有「□年」(丙三一——三五)，有曰：「□弗其受䅘年？」(合四五八)。□武丁時人，屯田於殷北，此卜其受年，向所植者為䅘。于說䅘為小麥，可見殷已種植小麥。及至二期大之貞辭曰：「見新□」(卜一二六)，似為新收成，或新作物。南北明四四七及金二〇五有「叀白□」，于說為白䅘，即用此以證䅘之為小麥。故于說□相當於牟，乃大麥也。如此殷人既已種植小麥，又何以須藉「告麥」之方式而掠奪他人之大麥耶？于說告麥八辭中有「亡其告麥」、「允𡳿告麥」等言，並非祭告用麥，故以為情報方式。情報或可，掠奪則未必也。

加小點之䅘示其種子結實之意。䅘字从禾，來聲。此形而兼聲，于謂之為特例。于以小點之多寡以別近似之契文□，實則䅘麥二字示□穗與□異，因□采異於□也。

麥之種植以殷地而言，太行以東至於山東山地皆宜小麥。北不過長城，南不至長江均可種冬麥。於秋分種，次年六月收。在殷時當在其九至十月之間，此區不宜大麥。太行以西，陝西山西高原，均可植大麥。其種收之期與小麥同。卜辭不見其埶事。惟正月食麥，其必有外來之大麥可知。其必來殷西，亦可知也。(秋分前後十日，視田之性質而植。瘠田早，美田晚。)

本此知武丁祖庚之世，殷人已種植小麥。其求年之卜之在二月者，因小麥多於先一年之九月下種(西曆之九月往往與殷之九月相當)，十月分蘖，十二月冬眠。必待次年三月返青，四月拔節，五月開卷，六月黃熟。故正·二·三三個月求年期其生長成熟也。麥為瑞禾，殷人用以祭祀祖先。言登䅘者六辭，其中三辭(粹九〇八、甲八九九、庫一〇六一)已確知為卜祀者，皆三期辭。

【東薇堂讀契記三　中國文字新十五期】

◉姚孝遂　契文「麥」與「來」、「䅘」均有別，從不混同。「麥」在卜辭為穀物名，亦用作地名，于先生申「告麥」之義是可信的。卜辭之「告𦥑」亦屬此類，乃掠奪經濟之表現。卜辭亦有「告鹿」，乃有關田獵之情報。【甲骨文字詁林第二冊】

麰

◉許 慎 麰來麰。麥也。从麥。牟聲。莫浮切。𦱈麰或从艸。【說文解字卷五】

◉馬叙倫 沈濤曰。齊民要術十引。麰。周所受瑞麥來麰也。初學記廿七御覽八百卅八引同。蓋古本如是。王筠曰。此字可疑。説解曰。來麰麥也。尤可疑。恐係後人增也。詩祇作來牟。毛傳。牟。麥。而此曰。來麰。麥也。則必非許語矣。丁福保曰。慧琳音義三十四引。來麥。麰也。亦瑞麥也。倫按麰為麥之雙聲轉注字。詩思文釋文曰。牟。字書作麰。字或作䴬。孟子云。䴬。大麥也。䴬亦麥之雙聲轉注字。然釋文於經典字説文作某者。皆言説文作某。此舉字書。則王所疑是矣。廣韻引埤蒼。秝麰之麥。一麥二稃。周受此瑞麥。然則此字乃呂忱取埤蒼增入。據賈引則來下周所受瑞麥來麰一來二夆亦此下文。予不能訂矣。

𦱈 王筠曰。玉篇麰下云。亦作𦱈。而艸部出𦱈字云。艸也。【說文解字六書疏證卷十】

麧

◉許 慎 麧堅麥也。从麥。气聲。乎没切。【說文解字卷五】

◉馬叙倫 程瑤田曰。麧與覈同。漢書。或謂陳平肥。嫂曰。食糠覈耳。孟康曰。覈。麥糠中不破者也。晉灼曰。覈。音紇。京師人謂粗屑為紇頭。廣韻引漢書作糠麧。倫按此即今北平所謂紇紇頭之紇本字。與七篇之䅂一字。䅂下曰。秳也。秳下曰。舂粟不潰也。此今謂果仁之外殼曰核之核本字。堅麥也蓋字林文。或字出字林。【說文解字六書疏證卷十】

䴛

◉許 慎 䴛小麥屑之覈。从麥。肖聲。穌果切。【說文解字卷五】

◉馬叙倫 嚴可均曰。御覽八百卅八引作小麥屑覈也。倫按玉篇。麤麥屑。以音言之。或為麩之轉注字。䴛音心紐。麩音非紐。同為次清摩擦音。麩即麥屑也。小麥屑之覈蓋本作屑也以聲訓。小麥屑也字林文。之為也譌耳。覈下亦捝也字。此麧下訓。傳寫誤入也。【說文解字六書疏證卷十】

䴭

朱育集字【古文四聲韻】

◉許 慎 䴭䃺麥也。从麥。差聲。一曰擣也。昨何切。【說文解字卷五】

◉馬叙倫 王筠曰。廣韻。䴭。穀麥淨也。然則䃺者搓之謂也。若然。則䃺當作摩。倫按字次䴛下麩上。而訓䃺麥淨或摩麥

麩 麪 ⿰麥啻

淨皆為動詞。似不合。非許文也。以音求之。似為𪌭之轉注字。𪌭音心紐。麧音從紐。同為舌尖前音。故次𪌭下。一曰擣也者。未詳。此校語。字或出字林。【説文解字六書疏證卷十】

◉許　慎　麩小麥屑皮也。从麥。夫聲。甫無切。麱麩或从甫。【説文解字卷五】

◉馬叙倫　沈濤曰。御覽八百五十三引作小麥皮屑。倫按此蓋字林文或校語。麩為麥皮。蓋與膚同語原矣。

麱　宋保曰。甫聲。猶簠字古文作医。夫聲也。倫按麱為麩之轉注字。【説文解字六書疏證卷十】

麪 汗簡【古文四聲韻】

◉許　慎　麪麥末也。从麥。丏聲。弥箭切。【説文解字卷五】

◉馬叙倫　桂馥曰。類篇引作麥屑末也。末當作⿰麥末。本書。䴿。⿰麥末也。蒼頡解詁。麪。細麩也。鄧廷楨曰。麪末雙聲。倫按本書無⿰麥末篆。七篇。䴿。麩也。鍇本作⿰麥末也。蓋非本訓。或䴿篆出字林也。䴿為麪之轉注字。廣雅釋器。䴿謂之麪。丏聲真類。蔑聲脂類。脂真對轉。此當訓䴿也。䴿麪皆今所謂末子之末本字。麪亦粉之轉注字。粉音非紐。麪音心紐。同為次清摩擦音也。麥末也非本訓。漢以前不見謂麪為末者也。王筠謂麪字始見王莽傳。古蓋古之。然太平御覽八百五十三引蒼頡解詁有麪字。則此字不出倉頡亦在訓纂中矣。訓纂在三倉中。六朝人引三倉每作倉頡也。【説文解字六書疏證卷十】

⿰麥啻 秦四三【睡虎地秦簡文字編】

◉許　慎　⿰麥啻麥覈屑也。十斤為三斗。从麥。啻聲。直隻切。【説文解字卷五】

◉馬叙倫　王筠曰。御覽八百卅八引作十三斤為三斗。九章算術。今有粟一斤。顯為小⿰麥啻。問得幾何。荅曰。為小⿰麥啻二升一十七分升之七。倫按玄應一切經音義廿二引今關中謂麥屑堅者為麧頭。江南呼為⿰麥啻子。廣雅釋器。⿰麥啻。糏也。李藉九章算術音義。⿰麥啻。麥屑也。然則⿰麥啻為麧之轉注字。麧音匣紐。⿰麥啻古讀蓋在禪紐。同為次濁摩擦音也。【説文解字六書疏證卷十】

麷 𪎭

◉許　慎　麷煮麥也。从麥。豐聲。讀若馮。敷戎切。【說文解字卷五】

◉馬叙倫　段玉裁曰。今南方蒸稉米為飯。曝乾⿰火禼之。呼為米逢。倫按煮麥也則是動詞。不得從麥。蓋是晉時物名。如段說也。或有捝略。為字林文。周禮籩人鄭注。今河間以北。煮穜麥賣之。名曰逢。荀子富國。午其軍。取其將。若撥麷。麷是名詞甚明。讀若馮者。麷音敷紐。馮音章紐。同為脣齒摩擦音也。廣雅釋詁。馮。豐。滿也。是其證。【說文解字六書疏證卷十】

麮 麮

◉許　慎　麮麥甘鬻也。从麥。去聲。丘據切。【說文解字卷五】

◉馬叙倫　沈濤曰。御覽八百卅八引無麥字。八百五十九引同此。王筠曰。御覽引作白煮也。徐灝曰。急就篇。甘麮殊美奏諸君。顔注。麮者。糗也。麮糗聲相近。實一物也。倫按釋名釋飲食。煮麥曰麮。麮亦齲也。煮孰則齲壞也。又糗。齲也。飯而磨之。使齲碎也。本書。糗。熬米麥也。是糗即今之炒米。麮糗雙聲。是同一物也。若釋名謂糗飯而磨之使齲碎也。則糗是今所炒米粉矣。倫謂炒米粉蓋當是⿱白米。麮糗為轉注字。稻為白糗。麥為白麮耳。麮亦麷之轉注字。麷音敷紐。古讀歸滂。麮音溪紐。同次清破裂音也。甘當作乾。急就亦借甘為乾。見紐雙聲也。七篇。糗次糒下。糒訓乾飯也。廣雅。糗。糒也。昭廿五年公羊傳。敢致糗於從者。注。糗。糒也。孟子趙注亦以乾糒訓糗飯。國語楚語。每朝設脯一束。糗一筐。以羞子。韋注。糗。寒粥也。寒粥即乾鬻。此訓麥甘鬻即麥乾鬻。亦即麥寒鬻。不徒可證甘之當為乾。益明糗麮之為一物矣。荀子富國作瓜麮。瓜亦以雙聲借為乾。然麥甘鬻非本訓。玄應一切經音義引倉頡。麮。煮麥也。又引作甘麥音義引倉頡有麨麮。今本書無麨字。御覽白煮為甘煮之譌。【說文解字六書疏證卷十】

⿱殸麥 ⿱殸麥

◉許　慎　⿱殸麥餅麴也。从麥。㱿聲。讀若庫。空谷切。【說文解字卷五】

◉馬叙倫　鈕樹玉曰。繫傳作⿱殸麥。劉秀生曰。㱿聲溪紐。庫從車聲。江沅陳詩庭苗夔說。亦在溪紐。故⿱殸麥從㱿聲得讀若庫。缶部。⿰⿱㱿缶殳。從缶。㱿聲。讀若筩竽。竹部。筟。從竹。孚聲。讀若彄。左哀二年傳。吾伏弢嘔血。釋文。嘔。本作⿰口咎。厂部。厬。從厂。晷聲。讀若軌。辵部。⿺辶𣪘。從辵。𣪘聲。讀若九。禮記郊特牲。獻命庫門之內。注。庫或為廏。㱿聲如孚。孚聲如區。區聲如咎。咎聲如九。九聲如𣪘。𣪘聲如庫。是其證。倫按此今作麯之初文也。餅麴也蓋字林文。方言。⿱殸麥。⿰麥寸。⿰麥弁。麴也。⿱殸麥為麴之轉注字。同為舌根破裂音也。字或出字林。【說文解字六書疏證卷十】

⿰麥穴 

◉許　慎　餅䴹也。从麥。穴聲。户八切。【說文解字卷五】

◉馬叙倫　錢坫曰。周禮媒氏注。齊人名麴⿰麥夬曰媒。⿰麥穴即⿰麥夬字。承培元曰。鍇本麴字當作䴹。⿰麥才下同。倫按方言十三。自關而西。秦豳之間曰⿰麥婁。晉之舊都曰⿰麥才。齊石河泲曰⿰麥穴。或曰⿰麥弁。北鄙曰⿰麥卑。麴其通語。據媒氏注。則⿰麥才為初文。才媒聲同之類。故方言借媒為⿰麥才。蓋其語原同也。才屯一字。屯聲真類。脂真對轉。故轉注為⿰麥穴或⿰麥夬。⿰麥穴⿰麥夬⿰麥婁䴹皆舌根音。亦相轉注。⿰麥卑得聲於卑。卑從榼之初文而攴聲。攴鼓聲同矦類。是⿰麥卑為⿰麥婁之轉注字。餅䴹也蓋字林文。字亦或出字林。【說文解字六書疏證卷十】

⿰麥才 

◉許　慎　餅䴹也。从麥。才聲。昨哉切。【說文解字卷五】

◉馬叙倫　此及⿰麥穴下皆當曰⿰麥婁也。方合大例。然此或出字林。【說文解字六書疏證卷十】

夊 

 乙二一一〇  乙二七三四  乙三七〇四  前八・四・二  後二・一八・四【甲骨文編】

 乙2110  前8・4・2【續甲骨文編】

 饒宗頤(1968)釋夊　土—亡𡊠(甲7—12)【長沙子彈庫帛書文字編】

 夊【汗簡】

 汗簡【古文四聲韻】

◉許　慎　行遲曳夊夊。象人兩脛有所躧也。凡夊之屬皆从夊。楚危切。【說文解字卷五】

◉孫詒讓　說文夊部「，行遲曳夊夊也。象人兩脛有所躧也。」此與形義竝相近而散異，甲文从夊之字亦作，如夏作是也。又說文舛部「舛，對臥也。从夊㐄相背。」又韋部云：「韋，相背也。从舛，口聲。」甲文亦作，又有二字，疑亦韋之變體，其字亦似从止，而横從反背書之，與許書象「兩脛」之義亦異。金文田彝有字，似即之變體。【名原上】

◉馬叙倫　林義光曰。從夊之麦憂夒夏慶等。從夊之夅舛等。古竝從夊從從。亦從夊從。皆象足蹟形。無夊夊之别。

倫按此退之初文。圖語以止示去或往或前或進。以夊示來或退或後。夊乃踵外向而指內向。明不進也。今篆譌作夊耳。玉篇夊下引詩雄狐夊夊。今詩南山作綏綏。左文十二年傳。乃皆出戰复綏。注。古名退軍為綏。正義。司馬法、將軍死綏。舊說。綏。卻也。蓋綏為夊退退借字也。綏從糸妥聲。妥為挼之初文。從爪。女聲。女音古在泥紐。來音古亦在泥紐。明共語原實同。說解本作遲也。從止。象形。今為呂忱或校者取改矣。【說文解字六書疏證卷十】

◉李孝定 說文。「夊从後至也。象人兩脛後有致之者。讀若黹。」此字與訓行遲夊夊之夊篆形僅幾微之異。實皆由倒止形所衍變。其始原為一字。以上引前四・二・八辭證之。其音讀似當為楚危切。故本書次之於此。

夊前・八・四・二 夊後・下・十八・四 夊乙・二一一〇 夊甲編・二七

孫海波文編五卷十九葉上收此作夊。無說。

古文从夊之字皆作夊若夊。象到止形。意與止同。均所以示行動。辭云。「辛卯夊及」前・八・四・二。與追義似相近。夊追聲韻並同。義自得通。玉篇夊下引詩「雄狐夊夊」。今作綏。以為重言形況字。盖後起之義也。後・下一辭漫漶。乙編一辭云。「夊□□入三」。似為人名。【甲骨文字集釋第五】

◉楊樹達 夊行遲曳夊夊也。象人兩脛有所躧也。楚危切。五下夊部。按：此以人為基字，㇏指人兩脛被曳，故為所事。【文字形義學】

◉徐中舒 夊乙二一一〇 象倒止之形，與止同意，均以示行動之意。【甲骨文字典卷五】

夋 夋

夋 帝—乃為冐〓之行(乙6—34) 又讀為允 冐〓—生(乙5—1)【長沙子彈庫帛書文字編】

◉許慎 夋行夋夋也。一曰倨也。从夊。允聲。七倫切。【說文解字卷五】

◉羅振玉 曰夋。夒卷六第十八葉夒後編下第十四葉夒上第二十二葉。【殷虛書契考釋】

◉王國維 卜辭人名中有夒字。疑即帝嚳之名。又有土字。或亦相土之畧。此二事雖未能遽定。然容有可證明之日。

夋 卜辭有夒字。其文曰貞尞古燎字于夒。殷虛書契前編卷六第十八葉。又曰尞于夒□牢。同上。又曰尞于夒六牛。同上卷七第二十葉。又曰于夒尞牛六。又曰貞求年于夒九牛。兩見。以上皆羅氏拓本。又曰上闕又于夒。殷虛書契後編卷上第十四葉。案夒夒二形象人首手足之形。說文夊部。夒。貪獸也。一曰母猴。似人。从頁。巳止夊其手足。毛公鼎我弗作先王羞之羞作□。克鼎柔遠能犾之柔作□。番生敦作□。而博古圖薛氏欵識盄和鐘之柔燮百邦。晉姜鼎之用康柔綏懷遠廷。柔并作□。皆是字也。夒羞柔三字古音同部。故互相通借。此稱高祖夒。案卜辭惟王亥稱高祖王亥。後編卷上第廿二葉。或高祖亥。戩壽堂所藏殷虛文字第一葉。大乙稱高祖乙。後編卷上第三葉。則夒必為殷先祖之最顯赫者。以聲類求之。蓋即帝嚳也。帝嚳之名。已見逸書書序。自契至於成湯八遷。湯始居亳。从先王居。作帝告。史記殷本紀告作誥。索隱曰一作俈。案史記三代世表封禪書管子侈靡篇皆以俈為嚳。偽孔傳亦云。契父帝嚳都亳。湯自商丘遷亳。故曰從先王居。若書序之說可信。則帝嚳之名。已見商初之書矣。諸書作嚳或俈者。與夒字聲相近。其或作夋者。則又夒字之譌也。史記五帝本紀索隱引皇甫謐曰。帝嚳名夋。初學記九引帝王世紀曰。帝嚳生而神靈。自言其名曰夋。太平御覽八十引作逡。史記正義引作岌。逡為異文。岌則訛字也。山海經屢稱帝俊。凡十二見。郭璞注於大荒西經帝俊生后稷下云。俊宜為嚳。餘皆以為帝舜之假借。然大荒東經曰。帝俊生仲容。南經曰。帝俊生季釐。是即左氏傳之仲熊季貍。所謂高辛氏之才子也。海內經曰。帝俊有子八人。實始為歌舞。即左氏傳所謂有才子八人也。大荒西經。帝俊妻常羲生月十有二。又傳記所云帝嚳次妃諏訾氏女曰常儀。生帝摯者也。案詩大雅生民疏引大戴禮帝繫篇曰。帝嚳下妃。娵訾之女。曰常儀。生摯。家語世本其文亦然。檀弓正義引同。而作娵氏之女。曰常宜。然今本大戴禮及藝文類聚十五太平御覽一百三十五所引世本但云次妃曰娵訾氏。産帝摯。無曰常儀三字。以上文有邰氏之女曰姜嫄。有娀氏之女曰簡狄例之。當有曰常儀三字。三占從二。知郭璞以帝俊為帝舜。不如皇甫以夋為帝嚳名之當矣。祭法殷人禘嚳。魯語作殷人禘舜。舜亦當作夋。嚳為契父。為商人所自出之帝。故商人禘之。卜辭稱高祖夒。乃與王亥大乙同稱。疑非嚳不足以當之矣。

高祖夋　前考以卜辭之□及□為夋。即帝嚳之名。但就字形定之。無他證也。今見羅氏拓本中有一條曰。癸巳貞于高祖□。下闕。案卜辭中惟王亥稱高祖王亥書契後編卷上第二十二葉。或高祖亥。哈氏拓本。大乙稱高祖乙。後編卷上第三葉。今□亦稱高祖。斯為□即夋之確證。亦為夋即帝嚳之確證矣。【殷卜辭中所見先公先王考　觀堂集林卷九】

◉商承祚　□卷六第十八葉　祚案。王徵君釋夋。說文解字。夋。行夋夋也。一曰倨也。从夊。允聲。此象獸形。長爪有耳尾。疑即許書之狻。狻注。狻麑如虦苗。食虎豹。徵之卜辭形相近。疑夋狻本一字也。【殷虛文字類編卷五】

◉吳其昌　已刊布之殷契卜辭數千片中，其有關于「夋」者凡二十餘片。先師王先生據其中之五片，及上虞羅氏所藏未刻布之墨本之兩三片(此數片中，有「高祖夋」之文)，按以史記五帝本紀索隱引皇甫謐說、初學記九引帝王世紀說、太平御覽卷八十、山海經大荒東經、南經、西經、海內經、國語、魯語、禮記、祭法……等，考定「夋」即為帝嚳。按先師之考是也，而證驗則尚未盡也。請畢嗽之：

觀於上列諸形，可以略知其先後變化之大較。其(20)形，明為(19)形與(12)(18)諸形之合文。其(16)(17)形，明為(12)(18)與(13)(14)四形中間之連屬字；有此二形，始知此六形概為一字，但(12)(18)為蹲負手形，(16)(17)為半蹲負手形，(13)(14)為立負手形也。有此六形，始知(15)形亦一字也；但立形小變，兼鍥縷亦未晰耳。第一類之十一形，尤顯然為一字。有(1)(7)(8)形，始證(5)(6)(10)及第二類(16)(17)(18)等形，與其餘十四形為一字；即之變形，又之消筆也。觀於(3)形，始知(11)形亦與餘諸形同但餘形只畫脊綫，(3)(11)二形又增畫腹綫耳。故必總會而通觀之，始足證此二十形者確為一字，而無可疑也。

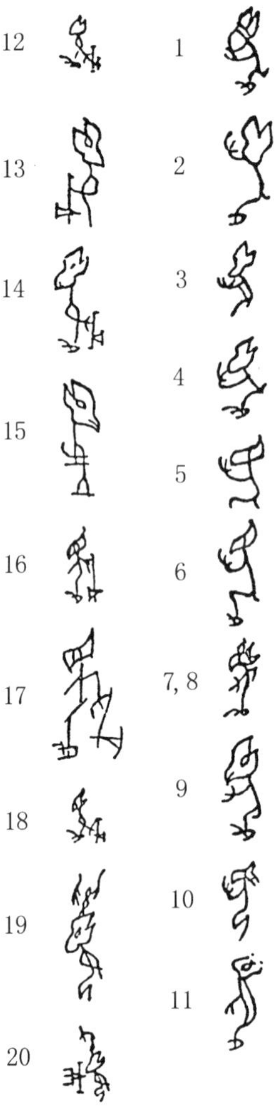

此二十形除(13)(14)(15)為立形外，其餘皆象一動物，或神，或人，蹲着之形。夋，即蹲也。淮南精神訓「日中有踆烏」，高注：「踆，猶蹲也。」又呂忱字林：「踆，古蹲字。」（莊子外物「踆于會稽」釋文引。）又山海經南山經「箕尾之山，尾踆於東海」，郭注同。又山海經大荒東經「有一大人踆其上」，郭注：「踆，或作俊，古蹲字。」（此外如「蹲鴟」，漢書食貨志作「踆鴟」之類，不枚舉。）說文：「夋，一曰倨也」，倨，亦蹲也。此蹲着形之動物或神或人之即為夋之確證也。

第(9)形作，第(15)形作，二形皆作鳥頭人身之狀，其鳥喙形尤為顯著。按夋即帝嚳，帝嚳為商之始祖；「商者契所封之地」（商頌毛傳），商即契也（詳下）。故帝嚳生契，即夋生商也。商既為夋所生；而詩商頌玄鳥篇云：「天命玄鳥，降而生商」，是詩又以商為玄鳥所生，故鄭箋云「天使鳦下而生商」，故玄鳥即夋也。夋為玄鳥，宜夋狀為鳥喙人身矣。此甲骨鍥文與經典相印證者。蓋商民族心目中之始祖，為天降鳥喙人身之神，此其神名夋，故後世或以其始祖為玄鳥，或以為帝俊；不知帝俊、帝嚳、玄鳥並為一身；亦即神，亦即人，亦即動物也。楚辭天問云：「簡狄在臺，嚳何宜？玄鳥致貽，女何喜？」此二語究應作何解，今不可碻知，但足證玄鳥與嚳有不可分離之關係。又云：「緣鵠飾玉，后帝是饗」，此二語尤不可解，假定解為：「告」名而「鳥」

身，以玉飾之，饗之以帝后？是否當如此解，今亦未敢質言。但為時愈後，則其本事亦愈晦，後人遂各以其心目中之思想及各以其所身受之環境制度以附會曲解之。史記殷本紀云：「殷契，母曰簡狄，有娀氏之女，為帝嚳次妃。三人行浴，見玄鳥墮其卵，簡狄取吞之，因孕而生契。」此略受大雅生民「履帝武敏歆」及高祖母劉媪「神龍據其上，已而有身」之影響而微異。毛傳猥云：「有娀氏女簡狄，配高辛氏帝嚳而生契，以春分玄鳥至而生焉」，則甚可笑矣！

第(19)形從[甲骨字形]從夋，第(20)形從[甲骨字形]從娥，[甲骨字形]即[甲骨字形]之消形也；一從[甲骨字形]，一從[甲骨字形]，以古文律之無別。更以甲骨文「𦥑」(即「學」字)作[甲骨字形](前編卷五頁二十之一)之例例之，則[甲骨字形]明為「𦥑」字無疑。故知經典以夋作嚳，其所從之「𦥑」亦自甲骨文字中來也。蓋其字本從「𦥑」而「夋」聲，其後「夋」聲又轉誤作「告」聲；(其轉誤之故詳下。)故甲骨文中從𦥑從夋作「夒」，而經典羣籍中則從𦥑從告作「嚳」也。

第(12)(13)(14)及(16)(17)(18)及(20)諸形，皆象此神或人或動物負手倚杖，一足踔躑之狀。蓋此神或人之夋者，或止生一足，故時時不能離杖也。此杖形作[甲骨字形]或[甲骨字形]或[甲骨字形]或[甲骨字形]，乃甲骨文中之「我」字也。甲骨文字之「我」字正作[甲骨字形](前編卷1，頁16，片8；又卷3，頁30，片3，片4)或[甲骨字形](前編卷4，頁31，片4)可證也。此一足之夋(即嚳，即舜，亦即夒)因時時不能離杖，杖恒在其身旁，故「夋」字之旁，常常加一杖形之「我」字；即「娥」字是也。此與甲骨文中於先公先王名下或名旁加一「妣□」之爽正同例，故後世又誤認以謂「夋」之妣為「我」也。「夋」與「我」字常並連，易使人意度為配為爽也。故山海經大荒南經曰「帝俊妻娥皇，生三身之國」。「我」「羲」同聲通假，故山海經大荒南經又曰「有女子曰羲和；羲和者，帝俊之妻，生十日。」又大荒西經曰「有女子方浴月，帝俊妻常羲生月十有二，此始浴之」。(郭璞注「義與羲和浴日同」。)羲和生十日，常羲生十二月，羲和常羲，亦同一人名，同一故事之變也。月母名常羲，而後世稱「月裏嫦娥」，是「羲」「我」通假互用之證也；故甲骨文作「我」，大荒南經作「娥皇」，而西經作「羲和」「常羲」也。「我」與「儀」又為一聲，故「常娥」「常羲」又轉作「常儀」；大戴禮記帝繫篇(詩大雅生民疏引)及皇甫謐帝王世紀(藝文類聚卷十一，太平御覽卷八十引)並云：「帝嚳次妃，諏訾氏女，曰常儀，生常摯」，是其證也。此以聲類之轉變而言之，則由甲骨之「我」轉為大荒南經之「娥皇」，又轉為世紀帝繫之「常儀」，又轉為西經之「常羲」，又轉為後世之「嫦娥」，又旁轉為西經及堯典之「羲和」也。更以字形之轉變而言之：甲骨文字「戎」字作「[甲骨字形]」(前編卷8，頁11，片3)與「我」字作「[甲骨字形]」者極似，不易分別，故「我」易誤為「戎」，「娥」易誤為「娀」，「有娥」易誤為「有娀」。故商頌長發之詩曰：「有娀方將，帝立子生商。」毛傳：「有娀，契母也」，鄭箋：「有娀氏之國，有女簡狄，吞鳦卵而生契」，史記殷本紀「殷契母有娀氏之女，為帝嚳次妃」，蓋皆「娥」字之形譌也。故常儀有娀皆為帝嚳之次妃。驟視似絕不相蒙，苟知帝夋之旁本為「我」字，則一由形變，一由聲變，其為一人固甚宜也。

第(15)形之字略異，上部全同於第(9)形，而下部作□形。按甲骨文字之「立」字作□(前編卷4，頁37，片4)，二字極近，不易猝別。故此字如上半字不幸剥蝕，但存下半，則必有誤釋為「立」者矣。詩商頌長發「有娀方將，帝立子生商。」商即契也。契者，帝夋之子；是長發以帝夋為帝立，其誤點之癥結，或即在此歟?(商即契，考詳下。毛傳未解帝立，鄭箋遁辭支離，猥云「堯封之于商，後湯王因以為天下號，故云帝立子生商。」猶愈于不説也。正義以下至于陳奂傳疏古今諸儒，支離繞繚，陳陳無聊，皆諱其不知而強為之辭，從不知此奇語究竟作何解也。)

除第(15)形外，自第(1)形至第(20)形，皆象此神，或人一足跉踔，或蹲踞之狀，此亦有説。説文夊部：「夔，神魖也。如龍；一足，從夊。象有角、手、人面之形」(渠追切)。又云：「夒，貪獸也。一曰：母猴。似人，從頁。巳、止、夊，其手足」(奴刀切)。其實，「夔」與「夒」，一字也。小篆之□字(渠追切)即□頭上增兩角；其□字(奴刀切)即□頭上無角；其分别僅此，而其源則固一字而已，此夔夒無别之證也。此以字形言之也。自第(1)形至(20)形，皆象一足跉踔之狀，而説文曰：「夔，一足，從夊」(即□)。又莊子秋水篇：「夔謂蚿曰：吾以一足跉踔而行。」又國語魯語「木石之怪夔、蝄蜽。」韋昭注：「或云夔一足。」韓非子外儲説：「魯哀公問於孔子曰，吾聞古者有夔一足，其果信有一足乎?」呂覽察傳篇：「魯哀公問於孔子曰：樂正夔一足，信乎?」(以上各傳説，亦足證此「夋」即「夔」，既為人，亦為神，亦即動物也。)又除(5)(6)(16)(17)四形頭形作□無角除外，其餘十六形頭形皆作□或□，象有兩角。又愙齋集古録册十三頁十有丁巳尊(即小臣艅尊，銘中有「□日」語，足以證其為殷器)，云：「丁巳，王省□且。」此亦夋也，亦象頭有兩角形。而説文云：「夔象有角。」又漢書揚雄傳孟康注：「夔，有角，人面；魖耗鬼也。」又文選東京賦薛綜注：「夔，有角。」與甲骨文諸「夋」字之形，誼皆相應合；此以字義言之也。夒，説文音：「奴刀反。」(廣韻作「獿，奴刀反。」)是與告同一韻部。夔，説文音：「渠追切」(廣韻同)，在羣母；雖古時見、溪、羣三部不分，而此字古聲實本為見母，後乃讀羣母也。蓋發聲通例，必先有見母，而後帶出羣母；(見母聲帶不震動，羣母震動。)夔字先本見母，後轉羣母，亦不過不外此通例耳。如「工」(古紅切，見母)後轉「邛」(渠容切，羣母)，「躬」(居戎，見母)後轉「窮」(渠弓，羣母)，「癸」(居誄，見母)後轉「葵」(渠追，羣母)，「幾」(居依，見母)後轉「畿」(渠希，羣母)，「居」(九魚，見母)後轉「腒」(強魚，羣母)，「句」(古侯，見母)後轉「劬」(其俱，羣母)，「君」(舉云，見母)後轉「羣」(渠云，羣母)，「斤」(舉欣，見母)後轉「芹」(巨斤，羣母)，「畺」(居良，見母)後轉「彊」(巨良，羣母)，「九」(舉有，見母)後轉「仇」(巨鳩，羣母)，「今」(居吟，見母)後轉「琴」(巨金，羣母)，「甘」(古三，見母)後轉「鉗」(巨淹，羣母)，「共」(九容，見母)後轉「蛬」(渠容，羣母)，皆其證也。又有一字而在切韻時代已有見母羣母兩讀者，如「奇」(一居宜，見母；一渠羈，羣母)「乾」(一古寒，見母；一渠焉，羣母)等是也。又有一字在切韻時代尚讀見母而今已轉讀羣母者，如「靳」(居焮，見母；今讀巨焮)「笳」(古牙，見母；今讀渠牙)等是也。故知夔在古時，決讀見母也。左傳僖公二十六年「夔子不祀祝融」之夔子國，漢書地理志作「歸子國」；歸，見母字也（舉韋切）；假「歸」為「夔」，是夔古讀見母之顯證也。「夔」「夒」同字（證詳上），「夒」在古韻宵部（廣韻平豪去號），則「夔」亦當在古韻之宵部矣。（韻部之轉，詳章氏文始，此不復舉。）韋昭魯語注云：「夔越人謂山繅，或作猱。」「山繅」，廣韻四宵作「山魈」；云：「山魈，獨足鬼。」則其義亦猱也。繅、猱、魈，皆宵部字也；「夔」字得與「繅」「猱」「魈」字通假，是夔古讀宵部之顯證也。此以字聲言之也。今以形、聲、義三者合而觀之，皆是證「□」「夔」「夒」為一字，此物頭有兩角（然亦可渻為無角），人面，以一足跉踔而行。其古時之讀音，蓋讀見母而宵部，則「古到反」Kou也；則與「告」紐韻俱同矣。故□字古讀「告」聲而今書則譯寫為「夋」字；此「夋」聲「告」聲所以同音而無別也。

「夋」聲「告」聲既同音而無別矣，故甲骨文字作「嚳」（如19、20形），而經典作「嚳」，（禮記祭法，大戴記帝繫，國語周語下，魯語上，世本，史記五帝紀）。從「𦥑」「夋」聲與從「𦥑」「告」聲無別也。作「帝俊」者（山海經大荒東南西北經，海內經），亦作「帝佶」（管子侈靡篇，史記三代世表，封禪書）；從「人」「夋」聲與從「人」「告」聲無別也。

中國古史上有無堯舜其人？我弗敢知。籍曰有之，則舜即夋之誤也。說文作「䑞」，小篆作□，此所從之「匧」果何自而來乎？竊意䑞字之「匚」即夋字之「□」也；其上火字「火」即「□」上加「□」為「□」形也；其下火字「火」即「□」下加「□」為「□」也；其左旁中字即「□」，加于「□」旁則成「□」也；其右旁㐄字即「□」，加于「□」下則成「□」也。是故䑞即夋也。此以字形言之。舜與俊，今廣韻俱在去二十二稕，夋則在平十八諄；不但同部，且同部中又同一小部。至于聲紐：廣韻：「俊，七倫切」，tsʻ清母；「舜，舒閏切」s，審母，據「錢大昕定律」古無舌上音，但有舌頭音，蓋古音讀t者，後讀成ts，其後又掉發聲成s(t→ts→s)，此極自然極本能之序也；然則由夋俊而讀成舜，亦極自然極本能之序矣。是故䑞即夋也。此以字聲言之也。（段玉裁說文注：「舜者，俊之同音假借字。」朱駿聲說文通訓定聲：「舜假借又為俊。」章炳麟文始：「舜，秦謂之蕣。舜可讀如俊，夐亦可讀如洵，毛詩『吁嗟洵兮』韓詩作夐。」）中庸「其斯以謂舜乎」，鄭注：「舜之言充也。」朱駿聲曰：「按『充』者，『允』之誤字。」（說文通訓定聲）按朱說是也。「允」又即「夋」也（王先生說）。是故䑞即夋也。此以字義言之也。今以形、聲、義三者攷之，皆足證夋舜為一人。是故魯語曰「殷人禘舜而祖契」，禘舜即禘夋；夋，殷人之所出也，是舜夋一人之證一也。山海經大荒南經「大荒之中，有不庭之山，榮水窮焉，有人三身。帝俊妻娥皇生此三身之國。有淵，四方四隅皆達，舜之所浴也。」上言帝俊，下言舜；亦以舜俊為一人也。此其證二也。又孟子萬章上「丹朱之不肖，舜之子亦不肖。」不言舜之子為何名也。至國語楚語上，始實言之云：「故堯有丹朱，舜有商均。」史記五帝紀合而一之，始云：「舜子商均亦不肖。」此「商均」之「商」字，何由而來耶？史記正義引譙周古史考云：「或云：封舜子均於商，故號商均也。」韋昭國語注云：「均，舜子，封于商。」夫惟夋為商人所自出，今以商人為出于舜，此亦古人對于夋舜二人界限混淆不清之故也，此其可推證者三也。　山海經大荒南經「蒼梧之野，舜與叔均之所葬也。」郭注：「叔均，商均也。」今本竹書紀年有一條云：「義均封于商，是謂商均。」按此條甚怪，必有所本，不能偽撰。　是皆以「叔均」「商均」「義均」為一人，且其人為舜之子或後也。　然大荒西經又云：「有人方耕，名曰叔均。　帝俊生后稷，稷之弟曰「台璽」，（郭注音「胎」。　按「台爾」讀「台胎」，蓋即左傳昭公元年所述之「臺駘」也。）生叔均。　又海內經云：「帝俊生三身，三身生義均。」是皆以「叔均」「義均」為帝俊之孫也。　又海內經云：「后稷是播百穀，稷之孫曰叔均，是始作牛耕。」是又以叔均為帝俊之曾孫也。　究竟「叔均」「商均」「義均」者，為帝夋之後乎？抑自帝舜之後乎？此亦古典籍于「帝夋」「帝舜」混淆不分之證也。　此其可推證者四也。　故郭璞于大荒東經「生中容」條注曰：「俊，亦舜字，假借音也。」又於大荒北經「帝俊竹林」條注曰：「言舜杯中竹……」是郭氏明以舜夋為一人也。　此其證五也。　（又古時以謂舜禹出于顓頊，而王莽獨以謂虞舜出於帝嚳；　王莽傳曰：「王氏虞帝之後，出自帝嚳。」以舜為夋子，必其說甚古。　蓋遠古傳說，必有以舜夋為一人者，其後舜夋判為二人，決不能再合，於是為調和之論者，始以舜為嚳後矣。　此其消息，亦有助于推證也。）

既夋與舜為一人，如上所證驗矣。　故「我」「娥」「娥皇」「常羲」「常儀」「嫦娥」「羲和」本為夋之妻也（詳上）。　而後人將之轉嫁為舜之妻矣。　按孟子但言：「帝使其子九男二女，……以事舜於畎畮之中」（萬章上）。「妻帝之二女，而不足以解憂」（仝上）。「堯之於舜也，使其子九男事之，二女女焉」（萬章上）。「……及其為天子也，二女果（祼），若固有之」（盡心下），未嘗一言此二女之名為娥皇為女英也。　楚辭天問亦但言：「舜閔在家，父何以鱞？堯不姚告，二女何親？」亦未嘗言此二女為何名也。　禮記檀弓亦只言：「舜葬於蒼梧之野，蓋二妃未之從也。」亦未嘗言此二妃之名為娥英也。　直至太史公作史記時，尚未知堯二女之名也；　故但曰：「於是堯妻之二女，觀其德於二女，舜飭下二女於嬀汭。」（堯本紀）「堯二女不敢以貴驕。」「……於是曰舜妻堯二女與『琴』」，象取之。」不以「娥，英」二字代「舜妻堯二女」五字，知太史公實未知其名，故繫文無從簡消也。　至戰國或秦漢間人所撰之尸子，始有「堯……於是妻之以媓，媵之以娥」（藝文類聚卷十一引，又太平御覽卷八十一引）之語；　又有「堯妻舜以娥皇，媵之以女英」（御覽卷一百三十五引）之語。　又路史後紀十二引尸子則云：「妻以娥，媵以皇；　娥、皇，衆女之英。」（足證尸子時代娥皇、女英二名詞尚未十分成立。　大戴禮帝繫篇云：「舜妻于帝堯之子，謂之女匽氏。」女匽即女英。）自尸子一誤以後舜之二妃，遂定名為娥皇女英。　劉向列女傳更從而塗附言之云：「有虞二妃者，帝堯之二女也；　長娥皇，次女英。……舜嗣為天子，娥皇為后，女英為妃。」史記正義更本劉向之說而再塗附之云：「二女，娥皇、女英也。　娥皇無子，女英生商均。　舜仕天子，娥皇為后，女英為妃。」又大戴禮記五帝德云：「舜受大命，依于倪皇。」倪與娥為同聲，倪皇即娥皇也。　夫娥娀一字之變，娥皇為帝夋妻，有娀為帝夋妃，明見于山海經、帝王世紀帝繫等，而又與詩經長發有徵，地下甲骨有徵矣（並詳上），何為而尸子、列女傳、五帝德、竹書等書又以為乃帝舜之后，致使「娥皇」一人分嫁于帝夋、帝舜二人乎？此其故亦可以思矣。【卜辭所見殷先公先王三續考　燕京學報第十四期】

◉馬叙倫　王筠曰。說文之例。字不用本義者。始别加注解。此云一曰倨也。恐後人依亢部竣下夋倨也增之。徐灝曰。夋逡古今字。又作趚。夋夋猶逡巡也。一曰倨也者謂夋與踆同。莊子外物釋文引字林。踆。古蹲字。即蹲踞字也。朱駿聲曰。一曰倨也者。假借為蹲為踆。倨當作踞。商承祚曰。卜辭有□□□□□。王國維釋夋。此象獸形。長爪。有耳尾。疑亦許書之狻。夋狻本一字也。林義光曰。不嬰敢玁狁字作□。從□即夂之譌。唐蘭曰。允夋一字。故畯字金文作畍。玁狁之狁。金文作㚔。㚔即夋誤。倫按此夂之轉注字。□音穿紐。夋音清紐。皆次清破裂摩擦音也。十篇。竣。倨竣也。國語曰。有司已事而竣。已事而竣謂畢事而退也。借竣為夋。是其證也。甲文之字或作□□□。倫謂此金文淮夷字作□者之異文。即竣之初文。竣即蹲也。□音喻紐四等。古讀歸定。蹲音從紐。古讀亦歸於定。故澮水亦曰漸水。延鄉或為從城。竝見水經注。夷聲脂類。竣聲真類。脂真對轉。則聲轉耳。王國維據山海經及史記殷本紀注引皇甫謐說帝嚳名夋。謂□即夋。倫謂此由作□者形音竝近於夋。故譌耳。□誤為夋。因增立旁以别之。行夋夋也者非許文。此趚字義。蓋語原同也。一曰倨也當作踞也。竣字義。此校語。【說文解字六書疏證卷十】

◉強運開　□不嬰敢。厰夋即玁狁。叚夋為允。林義光云。說文。□行夋夋也。从夂允聲。按古作□。□即夂之變。象人足。當亦與允粃同字。運開按。夋本訓進。粃亦訓進。義本相通。且夋从允得聲。故可通叚也。【說文古籀三補第五】

◉陳邦懷　「夋」，帛書乙篇六行作「帝夋」，亦即帝嚳。《史記·五帝本紀》：「帝嚳高辛者，黄帝之曾孫也。……高辛於顓頊為族子。」索隱：「皇甫謐云：帝嚳名夋也。」

帛書前言遠古「瀧汩益澫，未有日月」，此言千又百歲之浚，「日月夋生」，語意上下貫聯，相互照應。【戰國楚帛書文字攷證　古文字研究第五輯】

◉曾憲通　□帝夋乃為日月之行　甲六·三四　邛伯罍夏字作□，楚簡及帛書韋字作□，足作□若□形。此為㠯下人帶足形，當是夋字。帛文帝夋即帝俊。【長沙楚帛書文字編】

夏

乙一八四　复用為復　乙二四七〇　來复　鐵一四五・一　前五・一三・六　前七・三・一　後二・三三　續六　林一・二九・一四　京津八七三　京津二四三〇　粹一〇五八　河六〇四　掇一・二〇一　續五・二・四　金五六九　京都三三〇B　京都三二二【甲骨文編】

甲2133　乙184　2470　3299　4770　7096　7386　7751　佚128　790　882　續2・1・5　續5・2・4　徵11・52　續5・6・1　徵11・92　續存1785　1878　粹1058　1060　新873　3101　4148【續甲骨文編】

复　孳乳為復　鬲比盨【金文編】

◉許慎　行故道也。从夊。畐省聲。房六切。【説文解字卷五】

◉孫詒讓　龜文自有「复」字，如云：「乙卯卜余乎」百四十五之一是也。《説文・夊部》：「复，行故道也。从夊，畗省聲」。此上从，即畗省。下从，即夊也。金文曶鼎復作，散氏盤作，偏旁正相似，與韋形絶遠，足證其非。【栔文舉例上】

◉羅振玉　説文解字：「復，往來也，从彳，复聲。」曶鼎作，此从，殆之省。从，象足形，自外至，示往而復來。【殷墟書契考釋中】

◉高田忠周　鬲比盨　説文。复。行故道也。从夊。畐省聲。又復。往來也。从彳。复聲。蓋二字元同。夊有行義。故訓行古道也。行古道即往來也。字亦不須从彳。知复復為古今字也。或云。此當从亯省。非。【古籀篇六十三】

◉葉玉森　复復古殆一字。鬲比簋復作。可證。复疑殷之屬國。他辭云。「乙卯卜余乎复」藏龜第百四十五葉。曰乎复。知受殷命也。又云。「复亡囚」甲骨文字一第二十九葉。猶他辭言「雀亡囚」同卷第卅一葉。雀亦國名。臯疑人名。為殷所命之將。本辭為貞往之辭。往复二字非相對文。蓋遣師假道于复國。从臯伐苦方而執其俘也。【殷虚書契前編集釋卷五】

◉陳邦懷　前編卷五第十三葉及卷七第三葉此即説文夊部之复字。羅參事以為彳部之復字。非也。許君説复字行故道也。從夊畗省聲。邦懷按。复當是從亯省。許君説亯字曰從回。象城亯之重兩亭相對也。或但從口。段注謂篆作也。是知复從亯。其為𩫏省。殆無可疑。考卜辭及古金文中從𩫖之字皆作𩫏。曶鼎復字所從𩫖之𩫏即古字。卜辭復字所從之亞為𩫏字之省。審矣。然則許君所謂夏從畗省聲。殆未然歟。又按苗先生夔説夏字曰。畗非聲。當從篙篆文篙省乃得聲。亯。篆文作亯。𩫖。篆文作𩫖。知篙篆文必作篙也。因今本脱篆文篙。而夏遂譌畗省聲也。見説文聲訂。按苗説不從畗省聲。極塙。惟説從篙篆文篙省。稍紆曲耳。【殷虛書契考釋小箋　略識字齋三十以前叢稿之一】

◉馬叙倫　苗夔曰。亯非聲。當從篆文篙省乃得聲。亯篆文作亯。𩫖篆文作𩫖。知篙篆文必作篙也。陳邦懷曰。苗説不從亯省聲極碻。但從篙之篆文篙省説稍迂曲耳。卜辭作復。羅振玉據曶鼎復作復。謂亞乃𩫏之省。即古𩫖字。卜辭復字所從之亞為𩫏之省審矣。倫按以音求之。亯聲是也。甲文亦有作復者。亞明與食字金文作𩫏者同。甲文亦有如是此者。食亯一字。亯固從畗也。篙則從亯竹聲矣。若金文復字所從之亯作𩫏者。由金文亯亦作亯而譌。不得據譌以訂正也。夏訓行故道而從夂。亦夂為退之初文之證也。然此非許文。畗省聲亦當作亯聲。亯非省文。乃異文耳。【説文解字六書疏證卷十】

◉屈萬里　復，疑是復字之異體，復，返也。【殷墟文字甲編考釋】

◉李孝定　此不从彳，复字重文。金文作復散盤復鬲比盨復復公子簋復小臣遬簋。亦有不从彳以复為之者。

契文作复从亞，疑象器形，下从夂無義，當以亞為聲符，陳氏謂乃从𩫖省聲。而𩫖字金文中多讀為庸，不讀為郭，陳説似仍未塙。夏金文从𩫏，與旱形近，疑即以之為聲。許君云畗省聲，畗旱形近，故以為畗省耳。金文復字偏旁與此近。【甲骨文字集釋第五】

◉何金松　从亞之字有「复」。《説文》：「复（篆文作复），行故道也。從夂，畗省聲。」《甲骨文編》收了16個與复大同小異的字，釋為「复」，上從亞，中間連成了一横；又收有复（佚七九〇）、复（京津三一〇一），楷化為「𡕥」，注曰：「從夂從亞，説文所無。」應作「從夂」，「從夊」恐是誤寫。此字亦為「复」，不應視為「説文所無」之另一不識之字。下是「止」（古趾字），或者反寫，表示行走。「故道」即舊路、老路，祇有通向住宅的路才是這樣的路。為了表示經常走的路，就以房屋為起點和終點，用夂（或夂）、亞會意。由于篆文上一部分形變，故許慎誤釋為「畗省聲」，但釋義為「行故道」則是正確的。【釋亞　中國語文一九八三年第二期】

◉徐中舒　复粹一〇五八　從夊從亞，亞象穴居之兩側有台階上出之形，夊象足趾，台階所以供出入，夊在其上，則會往返出入之意。【甲骨文字典卷五】

◉徐中舒　古代黄河流域普遍營穴居或半穴居生活，周人居邠時還是「陶復陶穴」而居，復是半穴居，穴是窑洞。

□夌

復，甲骨文作□，象半穴居前後有兩道出入之形。從□，象足趾從門道外出之形。偏旁从复之字，如覆，如復，如複，就有覆蓋、重復、複雜諸義。【怎樣考釋古文字　古文字學論集初編】

◉何琳儀　甲骨文作□，金文作□，顯然均不从畐，然而戰國楚系文字確有从畐之复，如包山簡腹作□（二三六）、□（二四二）。其中□旁與楚系文字福作□所从之畐旁吻合無間。□演變為畐形，疑屬聲化現象（畐，复均為脣音）。許慎分析复字从「畐省聲」，以戰國文字驗之，不無道理。參見包山簡下列各例：

「□笥」（九〇），讀「復引」。《論語·學而》「言可復也」，疏「復，驗也。」

「□心疾」（二二六），讀「腹心疾」。《史記·商鞅傳》「譬如人之有腹心疾」。

「□𡨄」（一〇），讀「復域」。復，地名，疑即後世之復州，在今湖北沔陽西。

「絧□」（牘一），讀「絅輹」。《說文》「輹，車軸縛也。从車，复聲。」

值得注意的是，包山牘椱所从□的中間多二飾筆，容易理解為童字的上半部。即辛旁。其實包山簡二〇七「疠（病）腹疾」之腹作□，亦似从辛旁。《璽彙》著録晉璽復字作□（〇五〇八）、□（〇五〇九），亦屬同類現象。看來戰國文字复字既可作□、□形，也可加飾筆作□形，還可省□形作□形。基于這一認識，隨縣簡釋文闕釋之二字，均可理解為从复：

A　□（六九）

B　□（一三三）

A，从車，复聲，應釋輹。簡文「黃金之輹」，黃銅所製車之伏兔，設于輿下當軸之處。《廣韻》「輹，車伏兔。」《易·小畜》「輿說（脫）輹。」《左·僖十五》「車脫其輹。」

B，从糸，从复，應釋緮。簡文「紫緮之縢」之緮，見《玉篇》「緮，絹緮。」

另外，《璽彙》腹字作□（一五〇五）、□（三一七四），所从复旁顯然與隨縣簡所从复旁可視為同類。其中□形確似童字之省，難怪或釋上揭隨縣簡二字為⿰車童和⿰糸童。【戰國文字形體析疑　于省吾教授百年誕辰紀念文集】

◉許　慎　□越也。从夊从㚒。㚒。高也。一曰。夌。徲也。力膺切。【說文解字卷五】

◉周慶雲　□上从卜。即土之倒形。□即八之繁。□即夊。合之即夌。攈古録載夌尊作□。同一筆瀍也。【周夌叔揺鈴樂器二　夢坡室獲古叢編】

◉馬叙倫　嚴可均曰。説文無倰字。王煦曰。倰當作倰。王筠曰。篆當作□。各本作□。譌。倫按越也之義。字當作□。從跨之初文作□即下□部部末之午字。甲文陵字作□。疑麦為□之譌。或其轉注字。□從大象形。於六書為指事。此為形聲耳。麦即登高之登本字。從□𡕒聲。鍇本作從夊𡕒。𡕒聲字。𡕒高也者。𡕒聲字後校者加之。高也乃陸字陵字義。一曰麦倰也者。校者記一本不訓越而訓倰也。鍇本作倰也。倫謂借陵為倰。倰音澄紐。古讀歸定。麦音古在泥紐。定泥同為舌尖前音。關通最緐也。或曰。一曰麦倰也者。謂一説麦為麦倰也。麦倰刑法名也。倫謂若然則倰當作夷。夷即夷三族之夷本字也。夷音喻紐四等。古讀亦歸於定。則麦夷為同舌尖前音連語。餘詳陵下。叀中鐘作□。從人。𡕒聲。【説文解字六書疏證卷十】

◉強運開　□　叀中鐘。□□公之孫。林義光云。説文□。越也。从夊𡕒。𡕒。高大也。𡕒即陸之古文。象足形越其上。小臣麦尊彝作□。□。□之變。□从人。下象其足。陳猷釜陵字偏旁作□。運開按。散氏盤陵作□。陵叔鼎作□。其偏旁均與□相近。是□即麦之古文矣。【説文古籀三補第五】

◉張松林

十一□□□·□　8件。均為正方形多字雙印，印文工整，刻製甚精，為其它印文所不及。據甲骨文、金文、東周文字和《説文解字》隸定為十一年厶麦·亳(圖表序號14)。在隸定印文第五個字時有争議，有人釋差，商志譚：《説商亳及其它》，《古文字研究》第七輯。有人釋垂……，與來、麥篆古亦有別。古文字形的演變規律來看，字中的父象剪刀，把某物截斷，上為身，下為肢，與麦原意同，字形亦近。康殷：《古文字源流淺説》麦字條。至于演變為凌、陵則為後據需要，同音假借，加偏旁以別之。同時在《古璽彙編》、《上海博物館藏印選》中選有戰國印璽「江垂行邑大夫」，其中的垂與本印麦字同，但釋垂無法讀通，釋麦後不僅文通，且可與古地名相聯。從印文看，十一年為年號，厶為私之原體，作奸私講。麦為凌之原體，《説文解字》曰「麦，越也。」先秦史籍中常見，作欺凌、犯上作亂、侵擾講，如《春秋左傳》記「篳門閨竇之人而皆陵其上」。《春秋左傳集解》876頁注10。【鄭州商城内出土東周陶文簡釋　中原文物一九八六年第一期】

◉戴家祥　□子麦尊説文五篇「麦，越也。从夊从𡕒，𡕒，高也。一曰麦，倰也。」按金文用作人名。【金文大字典上】

◉劉釗　金文「夌」字作：

子夌尊　《集成》5910　夌伯觶　《集成》6453

形體來源於甲骨文：

《合集》1095　《合集》8243

不過已在人形下部加上了「趾」形。這與甲骨文乘字作「」(《合集》171)，金文加「趾」形作「」(公臣簋)；甲骨文「粦」字作「」(《合集》261)，金文加「趾」形作「」(尹姞鼎)；甲骨文「舞」字作「」，金文亦加「趾」形作「」(匽侯舞易器)一樣。

金文「夌」字有一種以往不被注意的特殊結構作：

A. 夌姬鬲　《集成》527　B. 東夌鬲　《集成》3437

比較可知B形「」下部之「」乃A形「」下部「●●」之簡略寫法。

「●●」字舊釋為「仌」，謂象水凝之形，陳逆簋「冰月」之「冰」作「」，正從「●●」作。金文「夌」字從「●●」作，應是纍加的一個聲符。

古音「仌」在幫紐蒸部，「夌」在來紐蒸部，「幫」「來」二紐古音例可相通，如「變」從「䜌」聲，「稟」從「㐭」聲，「剝」從「录」聲等都是「幫」「來」相通之證。「凌」字從「仌」從「夌」，字書訓為「冰」，正可說明「仌」與「夌」的關係。

「夌」字可從「●●」為聲符，還可以戰國包山楚簡的「蔆」字來證明。包山楚簡簡153、154有「蔆君」一名，其「蔆」字分別作：

簡153　簡154

可見「坴」(夌)「●●」(仌)確實可以相通。

金文從「夌」的「陵」字作：

陵弔鼎　《集成》2198

又作：

陵罍　《集成》9816　三秊瘨壺　《集成》9726　陵尊　《集成》5823　散氏盤　《集成》10176　夆伯鬲　《集成》696

既知「夌」可從「仌」聲作，則上揭五例「陵」字所從之「ノ」「二」就顯然不是一般的飾筆，而正是從「仌」——即以「仌」為聲符的。

【金文考釋零拾　第三屆國際中國古文字學研討會論文】

粹1275 【續甲骨文編】

5·384 瓦書「四年周天子使卿大夫……」共一百十八字 5·28 咸鄏里致 【古陶文字徵】

致 日乙一三五 十五例 通至 有死亡之志— 日乙一三五 雜三五 十一例 【睡虎地秦簡文字編】

竝天台經幢 【古文四聲韻】

◉許 慎 𦤺送詣也。从夊。从至。陟利切。【説文解字卷五】

◉徐中舒 侄與致同。至也。武致。武之至也。武之至曰武致。猶文之至曰文致。工之至曰工致。堅之至曰堅致。精之至曰精致。密之至曰密致。皆成語也。【𩢛氏編鐘圖釋】

◉郭沫若 第一二七五片 𢓊當是致之異，送詣也。金文作𢻃，𦥑鼎「用𢻃丝人」，𦾔伯毁「王命仲𢻃歸𦾔伯貂裘。」从夊从人从丮，均同意。【殷契粹編】

◉馬叙倫 桂馥曰。一切經音義二引作送詣曰致。翟云升曰。文選東京賦注引無詣字。鄧廷楨曰。致詣疊韻。饒炯曰。夊為行遲之義。致從夊無取。致為夊之後起字。倫按饒説是也。從後至也之夊。伯致敢作𢻃可證。至聲。夊為追之初文。此其轉注字。許蓋作至也。以聲訓。送詣也字林文。玄應一切經音義引三倉。致。至也。又到也。又與也。倫謂若致為到義。則是到來之到本字。當從夊至聲。字亦見急就篇。【説文解字六書疏證卷十】

◉馬叙倫 白致敢 舊作伯致敦。見攈古録金文一之三。

𢻃 説文致字從夊。實夊之譌。此作𢻃者。亻即人也。古以一止字。書時異其指之所向表往來進退者。如以止為往為㞢。㞢即進也。以夊為來為後。後即退也。獨以夊表至。以七表跨。未能詳也。疑當時以圖為語言之符號。必有共論之解釋。失其傳耳。【讀金器刻詞卷中】

◉譚戒甫 𦤺。从人至會意。説文。致从夊从至。訓為送詣。意即送到。金文伯致毁銘見三代吉金文存卷七一〇頁作𢻃。右邊人下止。是企字。其實還是人字。可見説文的𦤺確是由金文的𢻃演變出來的。【西周𦥑器銘文綜合研究 中華文史論叢第三輯】

◉裘錫圭 漢簡屢次提到稱作「致」的文書。從有關簡文看，以「致」為名的文書按其性質可以分成三類。

第一類是致物於人所用的文書。地灣所出5・16號簡説：

入狗一枚　元康四年二月己未朔己巳，佐建受右前部禁奸卒充輸，子元受，致書在子元所。（《甲》38）

這里所説的致書應該是輸狗一方給受狗一方的文書。《禮記・曲禮上》「獻田宅者操書致」，「書致」當指獻田宅者給受田宅者的文書，與簡文的「致書」性質相類。這種文書是致物於人所用的，所以就叫做致。王引之《經義述聞》認為《曲禮》「書致」之「致」應讀為質劑之「質」。此説雖然勝於《禮記正義》把「致」解釋成動詞的説法，但仍與實際情況不完全符合。

第二類致是領東西所用的文書。《秦律・田律》裏曾經提到過這種致：

乘馬服牛稟，過二月弗稟、弗致者，皆止，勿稟、致。稟大田而毋（無）恒籍者，以其致到日稟之，勿深致。（《睡虎地秦墓竹簡》29頁）

秦簡整理小組的注把「以其致到日」的「致」解釋為「領飼料的憑券」，大體正確，不過致恐怕不一定都採用「券」的形式。

地灣出土的284・4號簡(A)提到「致」：

城官致，敢言之。　以檄候（？）史殘（？）日食皆常詣官稟，非得稟城官。（《甲》1525A。「以檄」以下本為雙行小字。）

這一簡當是一份文書的結尾部分。這份文書好像與某一個人的日食究竟應該从候官那裏还是从城官那裏領取的問題有關。「……城官致」的「致」，有可能跟上引秦簡的「致」一樣，也是指據以領取糧食的文書。此外，《甲》1399所説的「甲渠候官五鳳四年戍卒病不幸死用槥櫝帛枲致」，也應該是指用來領取槥櫝、帛、枲等物品的文書的。這個問題我們在本文「槥櫝」條中已經講過了。

在古漢語裏，「致」既可以當「送給」、「給與」講，也可以當把東西弄到自己這裏來講，所以送東西和領東西用的文書都可以叫做致。

第三類致是出入門關用的一種文書。陳邦懷先生《居延漢簡考略》「致籍」條曾加討論（《中華文史論叢》1980年2輯85—86頁），可以參閱。肩水金關遺址出過一塊殘存左半的文卷簽牌，上書「凡出入關傳致籍」（50・26，《居》2457）。同地出土的50・31號簡有「……復傳致出關……」語（《居》2452），243・34號簡有「……私市居延願以令取致……」語（《居》2301）。傳是出入門關所用的一種憑證，與傳并提的致應該是同類性質的東西。「傳致籍」當是關於傳致的簿籍。敦煌簡中也有關於致籍的資料。接近玉門關遺址的T14地點曾出土一塊文卷簽牌殘片，一面書「玉門都尉□屬吏☑」，一面書「致籍」（《流》雜事類43）。同地點所出的一條簡也提到致籍：

囗適士吏張博　閏月丁未持致籍詣尹府　（《流》簿書類48）

上引陳文認為敦煌簡提到的致籍「皆吏、卒對上級所用」，「不同於出入關之致籍」。出入關所用的應為致而非致籍。致籍疑即致的登記簿一類東西。

陳文引用了如下一份過所文書：

囗充光謹案：户籍在官者弟年五十九，毋（無）官獄徵事，願以令取傳，乘所占用馬囗八月癸酉，居延丞奉光移過所河津金關，毋苛留止，如律令。　（218・2，《居》299。釋文據《居》圖版略有校改）

陳文認為這就是出入關所用的「致籍」的實物。這種文書跟過關的人的關係，與上文所述的第一種致跟所致之物的關係略有些相似，很可能就是「傳致」之致。【漢簡零拾　文史第十二輯】

◉睡虎地秦墓竹簡整理小組　致，讀為抵，《史記・高祖本紀》索隱引韋昭云：「抵，當也，謂使各當其罪。」【睡虎地秦墓竹簡】

夒　象以手掩面形　無夒卣 　伯夒觶 　毛公𢉖鼎　欲我弗作先王夒 　不从夊　中山王譽鼎　𢡆字重見　【金文編】

夒　為四〇 　日甲五五背　二例　【睡虎地秦簡文字編】

毋夒 　楊餘夒印 　申毋夒 　張毋夒印 　番擇夒印 　蘇澤夒 　康毋夒印　【漢印文字徵】

古孝經 　古老子   　竝崔希裕纂古　【古文四聲韻】

◉許　慎 　和之行也。从夊。𢡆聲。詩曰。布政夒夒。於求切。【說文解字卷五】

◉吳大澂　古顛字。仆也。从頁从。象顛沛之形。詩小宛。哀我填寡。桑柔。倉兄填兮。瞻卬。孔填不寍。皆當作。今詩作填。誤為土。毛公鼎。【說文古籀補】

◉孫詒讓　銘文作。即籀文頁字。說文頁部顏頰二字。籀文並从𩑋。此當讀為𢡆。說文心部𢡆。愁也。从心从頁。繫傳及六書故引蜀本。並作頁聲。案頁聲是也。說文頁部。頁。頭也。从百从儿。古文𩠐首如此。六書故云。李陽冰音首。桂馥義證引王念孫曰。頁即首字。不知何故轉為胡結切。說文𢡆即从頁聲。此以𩑋為𢡆。足證𢡆从頁聲矣。【毛公鼎　古籀拾遺下】

◉高田忠周　□細審篆形。右旁似頁。而上形稍緐。蓋是夒字省文。左旁作□。與摡尊摡字作□同。即手形。亦手字也。然則此為擾字異文。無容疑矣。說文。擾煩也。从手夒聲。今楷譌作擾是也。書僞允征。俶擾天紀。注。亂也。漢書曹參傳。慎勿擾也。銘意即是也。又此字或訓柔順義者。叚借為犪也。與此銘義迥別。不可相混矣。【古籀篇五十四】

◉郭沫若　夒似假為憂，毛公鼎「余弗作先王夒」與此同例。【卜辭通纂】

◉張之綱　徐同柏釋慎。云。顛覆典型。攈古釋㥑。窓齋釋顛。云。□古顛字。从頁从□。象蹎跋之形。孫詒讓云。釋㥑是。釋慎與顛竝非。銘文作□。右从頁。即籀文頁。左从心省。說文心部。㥑。愁也。从心从頁。綱案。釋頄為㥑。未塙。此字右旁有羨文。然从頁則無疑。左从□象手形。非从心省。疑為羞惡之羞正字。王觀堂釋亦疑為羞惡字。與蒙說合。借字羞行而頄本字廢。猶詩輯柔爾顏。柔本作脜。而今皆以柔為之。其證也。又攷說文頁部。頄。顫也。从頁尢聲。疒部又有疣字。與頄義同。一切經音義引作頄。疑頄左旁□。即頄。从又之反文。或云借為尤悔字。言無為先王尤。于義亦通。【毛公鼎斠釋】

◉強運開　□薛作憂。趙古則作夏。非。錢竹汀云。斿䍁即斿優。與優游義同。張德容云。按憂即優之本字。說文。憂。和緩之行也。詩曰。布政憂憂。小篆以優為憂。以憂為㥑。於是後人遂俱忘其本義。石鼓从圣。蓋籀文也。說文璿籀文作叡。叡籀文作壡。可證。運開按。張氏之說甚是。【石鼓釋文】

◉強運開　□毛公鼎。我弗乍先王□。吳書釋乍顛字。非是。按說文。頄。顫也。从頁尢聲。段注云。按元應書兩引說文皆乍頄。是其字从頁又聲。今本說文乍頄尢聲。非古也。據此。則說文本乍□。此篆左乍□形。即又之反文。又本訓手。王國維云。疑即古羞字。象以手掩面之形。殆羞耻之本字。書康誥。毋貽穀子羞。左傳。毋作神羞。與此文例正同。運開按。王說甚為精塙。可以羞本為進獻字。金文羞字从又从羊乍□。不从丑。蓋頄羞音近。可通叚。今則叚字行而正字轉廢矣。【說文古籀三補卷九】

◉馬叙倫　鈕樹玉曰。六書故引作頁聲。誤。繫傳韻會憂憂作優優。倫按走部。趨。走輕也。與此音同影紐。蓋轉注字。今杭縣謂行輕緩而不聞步聲曰憂憂的走。然則止當從止。或曰。此後之轉注字。後得聲於幺。幺音亦影紐。此從頁得聲。頁音匣紐。後亦匣紐音也。和之行也。蓋和也行皃之誤。和也者。蓋緩行之引申義。行皃即謂行緩也。字見急就篇。【說文解字六書疏證卷十】

◉金祖同　□為地名，即憂字。毛公鼎：「我弗作先王㥑」作□，㥑作父丁鼎作□。【殷契遺珠釋文】

夒 □

◉高鴻縉 王静安曰。□。徐明經吳中丞釋為頙。吳閣學孫比部釋為惪。余疑即古羞字。象以手掩面之形。殆羞耻之本字也。旋改釋夒。讀為羞。近人讀為憂。縉從王之後釋為夒。從近人之通讀為憂。王釋夒者。以其形原於甲文之夒。(夒即猱。即猴也)。從近人讀憂者。彼雖未明言其故。以吾攷之。憂从心。夒聲。夒。甲文作□。作□。金文作□。作□。小篆變作偏旁□。作□。加心則為□及□。實一字也。説文歧為二字。(不知其有足無足無别。)而乃分為之説曰。惪。愁也。憂。和之行也。大誤。此處叚借夒為憂。後乃加心造憂。亦叚借在先。造專字在後之一證。【毛公鼎集釋】

◉高鴻縉 説文。猴。夒也。从犬。侯聲。乎溝切。又□。貪獸也。一曰母猴。似人。从頁。巳。止。夊。其手足。奴刀切。段云。母猴與沐猴獼猴一語之轉。母非父母字。詩小雅作猱。……樂記作獶。隸之變。鄭曰。獶。獼猴也。

按金文有□字。見代二・8鼎。又有□字。見代二・15鼎。與猴字甲文俱象形。夒猱獶猴乃一字之異作。惟夒為象形字。篆文增□者。蓋象其懷子之形。憂字應从心夒聲。夏即夒之變也。今脱節。不成字矣。【中國字例二篇】

◉嚴一萍 □ 商氏亦釋憂,讀為擾。案讀憂為是。【楚繒書新考 中國文字第二十六册】

◉陳漢平 古璽有人名為「史睪疽」(1858)、《古璽彙編》(下簡稱《彙編》)誤釋為「事睪疽」。按此璽人名第一字當釋為史,第三字乃憂字異體,第二字為睪字。古璽文疽字多見,見于人名者多名「去疽」,去字從辵作迲,如「肖迲疽」(肖字為趙字之省)、「石迲疽」,古人取名又常見「去疾」、「去病」,如古璽人名「吳迲疾」、「長𢓊疾」、「石奎疾」,又漢代有驃騎將軍「霍去病」,故知「史睪疽」之睪字與去字字義相近或相關。《説文》:「釋,解也。」「斁,解也。」釋、斁字皆從睪得聲,此璽睪字當讀為釋或斁。又《左傳・襄公廿一年》:「釋兹在兹」。註:「釋,除也。」《禮記・禮器》:「禮釋回。」註:「釋猶去也。」《吕覽・論人》:「釋智謀。」註:「釋亦去也。」《禮記・三年問》:「則釋之矣。」註:「釋猶除也,去也。」《老子》:「涣兮若冰之將釋。」註:「釋者消亡。」故此睪字當以讀釋為是,「史睪疽」當讀為「史釋憂」,「釋憂」之義即「去憂」、「除憂」、「解憂」。【古璽文字考釋 屠龍絶緒】

□ 憂 日甲八三 四例 □ 日乙八二 五例 □ 【睡虎地秦簡文字編】

□ 4655 汗簡憂作□與璽文近。【古璽文編】

□ 樂憂信印 □ 郭憂君 【漢印文字徵】

夒 夒【汗簡】

古孝經 竝古老子 古尚書 古老子 古孝經 唐韻

竝崔希裕纂古 古文【古文四聲韻】

◉許 慎 行皃。从夊。㤅聲。烏代切。【説文解字卷五】

◉劉心源 㤅。舊無釋。此字从。即心字。从旡。即反欠字。説文。。惠也。實愛之本字。今皆用愛而㤅廢。愛。行皃也。非恩惠義。此㤅乃人名。【古文審八卷】

◉馬叙倫 桂馥曰。五經文字引作從旡從心從夊。六書故引唐本同。倫按此義不見經記。倫謂愛之雙聲轉注字也。今杭縣謂人於衆中緩行而前曰慢慢地挨過去。蓋即此字。止當從止。字見急就篇。【説文解字六書疏證卷十】

◉黄錫全 夒 石鼓文既作，三體石經古文作，此既形同。今本《説文》㤅字古文作，當以此正。鄭珍云：「㤅係惠夒本字，郭依通借釋之。」

夒 㚖盗壺作，中山王壺作，三體石經《多方》古文作，此形類同，《説文》正篆作。薛本作㤅。【汗簡注釋卷四】

𡕥

◉許 慎 行𡕥𡕥也。从夊。闕。讀若僕。又卜切。【説文解字卷五】

◉馬叙倫 錢大昕曰。尺為屑省。屑屑與𡕥𡕥義相近。孟子僕僕爾亟拜即𡕥𡕥之異文。沙木曰。從夊。從屑省。夊。行皃。屑。動作切切也。翟云升曰。類篇引作𡕥𡕥行皃。廣韻。𡕥。行皃。王筠曰。玉篇有重文。從卂。卂。疾也。與行𡕥𡕥義合。依之作篆。當作。與𡕥相似。𡕥篆或譌耶。朱駿聲曰。段玉裁訂篆作。吳仲山碑。熹平亣年。亣即卉字。是此從夊。卉聲。唐蘭曰。甲骨文有。即欠字。𡕥即字。倫按屑省聲。屑從㕻得聲。㕻從八得聲。八音封紐。故𡕥讀若僕也。説解本作行皃。類篇引作𡕥𡕥行皃者。一𡕥字為隸書後舉者也。傳寫又增一𡕥字。而行誤在𡕥𡕥上矣。以孟子證之。𡕥𡕥為疾行皃。則字當從。此字或出字林。【説文解字六書疏證卷十】

竷

◉許　慎　繇也。舞也。樂有章。从章从夅从夂。詩曰。竷竷舞我。苦感切。【說文解字卷五】

◉馬叙倫　鈕樹玉曰。韻會作從夅從章。嚴可均曰。詩伐木釋文引作舞曲也。說解當曰。舞曲也。從夂。樂有章。從章。夅聲。轉寫有脱譌耳。舞我韻會引作鼓我。據士部引墫墫舞我。此明為鼓我矣。段玉裁曰。繇當作䍃。䍃。徒歌也。上也字誤衍。晉舞者晉且舞也。王筠曰。此字許瀚嘗以之質王引之。引之曰。此必不能明者。闕疑可也。篆中𠂇字當作𠂆。各本多誤𠂇。林義光曰。從三夕。象舞時多足迹。不從夅。倫按詩言竷竷鼓我。則字借為鼖。鼖從隆得聲。隆從降得聲也。此字中明有夅字。夅為降之異文。則此字必得聲於夅。故今詩作坎坎鼓我。坎降同為舌根音又聲同侵類也。本書贛從竷得聲。則自有竷字。此亦從之得聲。然竷字本書及字書皆無。或為從夅章聲。為夅之轉注字。夅音匣紐。章從十得聲。見章字下。十音禪紐。同為次濁摩擦音也。反之則從章夅聲。據詩釋文引作舞曲也。本書章下曰。樂竟為一章。竟下曰。樂曲盡為竟。倫證知章竟實一字。然則此說解本作繇也舞也樂曲盡也。樂曲盡也即竷字義。而此從夂竷聲矣。倫謂蓋後物。會意。其音即得於來。如嚴宋說也。然倫謂嗇實亩之異文。漢之嗇夫。即周禮地官之廩人。廩為亩之後起字也。廩從稟得聲。稟從亩得聲。而稟音轉入封紐。若讀脣齒音入非紐。則與嗇音在審紐者同為摩擦次清音。鄙讀若淫。音在喻紐四等。而鄙從啚得聲。啚亦從亩得聲。亩音來紐。蓋來為五穀之先見者。故收麥於亩。亩之音即得於來。六律之林鐘。金文多作鑇鐘。鑇從金薔聲。薔即是嗇之轉注字。從亩。林聲。或為䨻之譌省。兮仲鐘作鏮鐘。鏮從金。稟聲。皆可證也。來者以下至嗇夫皆非許語。鍇本濇作澀者。傳寫者易之。字見急就篇。【說文解字六書疏證卷十】

夃

◉許　慎　㛮蓋也。象皮包覆㛮。下有兩臂。而夂在下。讀若范。亡范切。【說文解字卷五】

◉馬叙倫　鈕樹玉曰。宋本㛮作㛮。王筠曰。夃訓㛮蓋。而字形有頭有臂。下又從夂。是又有足也。人之全形與夏字有首有足何以異哉。且㛮蓋字而隸夂部。義尤遼遠。恐古義失傳。許君隨文說之耳。倫按此字說解絕與字形不合。即說解亦自牽強。疑本部多殘闕。夃下有讀若僕。則從夂下當本有屑省聲。亦爛捝耳。今之闕字明是校者所增也。㛮蓋為夃。既無可證。字又不當從夂。其非本義可決也。倫謂夃從夂。爂省聲。爂音來紐。古讀歸泥。微泥同為邊音。故夃讀亡范切入微紐。爂從票得聲而音入非紐。非敷皆脣齒音。亦可證也。然本義不可考矣。范竷聲同侵類。或轉注字邪。字或出字林。【說文解字六書疏證卷十】

◉楊樹達　㛮蓋也。象皮包覆㛮，下有兩臂而夂在下。讀若范。亡范切。五下夂部。

王筠曰：「字義為堖蓋，字形則連及手足，此不可強通者。」吳承仕曰：「象形亦多術矣，有因彼顯此者，有假全明偏者。誠使此文止有𠘧形，何由知其為皮包覆堖蓋？必有手有足而𠘧之為人堖始明。」樹達按：吳說是也。𠘧象皮包堖蓋為本形。攵象手足，示堖蓋在此上耳，故為示所在之他形。【文字形義學】

夏

甲1556 1792 3353 3401 3642 乙1668 4502 4969 7137 8818 珠269 623 佚525 991 掇550 京4·1·3 錄303 687 天20 續存550 1192 1999 外156 428 摭續2 粹2 4 12 88 878 946 1151 新2573 4824 鄴二1·1 乙4693 4741 8818 佚780 掇435 粹1151 【續甲骨文編】

夏 秦公簋 虢事蠻夏 邳伯罍 伯夏父鼎 伯夏父鬲 仲夏父鬲 鄂君啟舟節 夏层之月 鄂君啟車節 【金文編】

夏 秦一一九 秦一〇八 法一七七 日乙二二五 二十九例 日甲一背 六例 日甲八〇背 【睡虎地秦簡文字編】

0015 汗簡夏作𡕪，與此相近。 2724 2723 3989 鄂君啟節作𡕪與此相近。 3990 3988 3643 【古璽文編】

陽夏右尉 夏彊 夏侯拾 夏勝 夏平 夏安 夏成 夏著 夏當 夏奉之印

夏少卿印　夏萌私印　夏柱山印　夏弘之印　夏耳私印　夏賢之印　夏遂私印　夏憙之印

夏齊私印　夏侯成印　夏隱印信　夏侯匡印　【漢印文字徵】

開母廟石闕　少室石闕　户曹史夏效　夏承碑額陽識　石經僖公　夏狄侵齊　説文古文作　汗簡引同玉篇作

⿱亼⿺夊日古鉨作　汗簡引義雲章同　【石刻篆文編】

夏竝説文　夏　夏　【汗簡】

竝籀韻　古尚書　王存乂切韻　古尚書　義雲章

竝籀韻　【古文四聲韻】

◉許　慎　中國之人也。从夊从頁从臼。臼。兩手。夊。兩足也。胡雅切。　古文夏。【説文解字卷五】

◉孫詒讓　⿰足頁即履之古文。桀名履癸。見史記殷本紀。故曰劾伐⿰足頁同。同義未詳。齊侯鐘又作司。【齊侯鎛鐘　古籀拾遺卷上】

◉林義光　中國之人。不當別制字以象其形。朱氏駿聲云。春夏秋冬四時竝本字本義。　象人當暑燕居手足表露之形。古作　右戲鬲。【文源卷四】

◉葉玉森　　余釋夏。象蟬形。説詳殷契鉤沈。

五　貞今　苦方。下缺。右行。

余于揅契枝譚中疑古夏字。从楙从日。即藏龜第二百二十七葉殘文之　。殷虛書契前編卷六第三十九葉之　。卷七第二十八葉之　。殷虛文字第二十二葉之　。竝為省變。今獲此辭　。从三木。略繁。其上竟有一今字。適合卜辭今春今秋今冬之例。則余之玄想為不虛矣。【鐵云藏龜拾遺考釋】

◉郭沫若　⿰足頁是夏字，古鉨有⿰足頁矦癸、⿰足頁矦駮，⿰足頁矦即複姓之夏矦，其確證也。【叔夷鐘　兩周金文辭大系考釋】

◉商承祚　説文「夓。中國之人也。从夊从頁从臼。臼。兩手。夊。兩足也。⿱亼⿺夊日。古文夓。」案金文秦公毁作　。鉢文作　夏矦癸。皆不从⿱亼⿺夊日。故疑⿱亼⿺夊日乃　之寫譌。从目與从百同。百。篆文首也。説文「𦣻。同百。古文百也。」从足與从夊同。石經之古文作　。則又誤為日矣。抑春夏秋冬古文皆从日示義邪。【説文中之古文考】

◉葉玉森　[glyph]予舊釋夏。⊘與蟬逼肖。疑卜辭叚蟬為夏。蟬乃最著之夏蟲。聞其聲即知為夏矣。本辭及「貞亩今[glyph]ㄖ」後下第十二葉之十八「今[glyph]其之降𢦏」甲骨文字二第二十六葉二辭竝言今夏。與卜辭言今月今日文例同。今下一字當紀時也。殷契鉤沈。又桉。卷六第三十九葉「甲辰卜㱿貞今[glyph]貞不昏」卷七第二十八葉「ㄖ貞麋告曰方[glyph]今[glyph][glyph]受之又祐」兩辭中[glyph]二文竝冠今字。疑即藏龜第二百二十七葉三版[glyph]之省文。[glyph]从楙从日。説文。楙。木盛也。从林矛聲。夏為木盛之日。當即夏之別構。省作[glyph]。故竝冠以今字。【殷虛書契前編集釋卷二】

◉馬叙倫　鈕樹玉曰。韻會頁上無從字。倫按戴侗以夏為象舞形。臼象舞者手容。夊象舞者足容。阮元亦从為即詩雅頌之雅。從頁。從臼。從夊。臼兩手。夊兩足。與頌同義。朱駿聲謂象人當暑手足暴露之形。唐蘭以金文夏字作[glyph]。甲骨文有[glyph]。謂夏頁一字。倫謂夏為中國之人必非本義。且從人而某聲之形聲字外。亦無造法。蓋亦非本訓也。如朱説則為裸之初文。然如頁字金文作[glyph]。本象人首身臂足皆具之形。實為大之異體。且露體亦何能於象形人字外。復有形容之法。唐説亦未可從。以頁本具身首手足之形。故實大之異文。此增兩手一足。明非一字。秦公敢作[glyph]。明是從[glyph]而復從[glyph]。又於頁之手上加[glyph]足上加[glyph]。倫謂從頁而有以桎梏加於其手足者。[glyph]即將桎梏加於頁者。於六書為指事。金文蔡姞敢之[glyph]。蔡子□匜之[glyph]。叡編鐘之[glyph]。昔人釋蔡。是也。然非即蔡字也。其字從大而械其一足。金文有赤市朱[glyph]赤市幽[glyph]。[glyph]當讀為珩。其字從大而械其兩足。玄應一切經音義引通俗文。穿木加足曰械。是[glyph][glyph]皆械其足者也。實為一字。甲文有[glyph]。與尹卣之[glyph]同字。從[glyph]而梏其兩手。後漢書吳祐傳注。在手曰械。然以以械手之器為器。而被械其手者當為[glyph]。[glyph][glyph]亦一字。所械之處不同耳。夏則手足竝械。左襄六年傳疏。桎梏俱名曰械。械夏音同匣紐。蓋[glyph]夏之音皆得於械。夏珩音亦同紐。夏聲魚類。珩聲陽類。魚陽對轉。故金文借[glyph]為珩。莊子在宥。吾未知聖知之不為桁楊接槢也。桁字本書無之。實為械之音同匣紐轉注字。亦足證也。夏者。辜之初文也。論語。求善價而沽諸。漢石經沽作賈。禮記學記。夏楚收威。書堯典鄭注作檟楚。爾雅釋木。山榎。舍人本榎作檟。則古夏聲得通也。方言一。凡物之壯大謂之嘏。或曰夏。書無逸。至于日中仄。不遑暇食。漢靈臺碑。作日稷不夏。嘏從叚得聲。然為古之轉注字。亦可證古夏之聲得通也。古夏同舌根音。又聲同魚類也。辜為夏之轉注字。本書。拲。兩手同械也。拲從共得聲而共音亦匣紐。拲音則入見紐。乃[glyph]之轉注字。本書。籟。窮理罪人也。薛壽以為即今以詞定讞為供之供。倫謂實從言勎聲。勎當為[glyph]。篆之譌也。音與籟同。與夏則同舌根音。倫以為[glyph]即報字。報音封紐。勎音見紐。同為破裂清音。音轉耳。報夏蓋亦同字。其音既皆得相通。而形義則絶無閡。獨[glyph]之音何以得於蔡通。蔡從祭得聲。祭福同字。而福音古在封紐。則與報雙聲。蓋以是與。又福械聲同之類。古讀夏或如械。則亦得通也。水經注引劉澄之永初山水記。夏水。古以為滄浪。漁父所歌也。倫疑古讀如倉。倉聲陽類。則或以魚陽對轉通也。或曰。夏為古民族之族徽。劉向所謂負貳之臣械其手足者其實恐是古民族中有此習尚者。禹即此民族。故號曰夏。則古之圖語之遺迹也。今說解盡非許文。餘見蔡下。字見急就篇。

□ 宋保曰。疋聲。王先生云。玉篇作䟒。則下足字當作疋。說文。疋。古文以為詩大雅字。雅夏聲相近。故夏字以為聲。商承祚曰。疑㒸乃四之譌。從目與從夏同。李杲曰。古鉨夏遷作□。與此略同。葉玉森曰。甲文有□。是冬夏字。倫按魏石經古文作□。蓋從日。疋聲。為冬夏之夏本字。甲文之□與是為轉注字。從日。㭉聲。十四篇之㬜。從日。亞聲。亦是㬜之轉注字也。此蓋從足會省聲。會音亦匣紐。豈迨之轉注字邪。借為夏耳。【說文解字六書疏證卷十】

◉程耀芳　我認為夏國或夏朝的夏也和商周一樣是由其原始國都「冀」衍化而成。

左哀6年傳引夏書曰：

「『惟彼陶唐，帥彼天常，有此冀方；今失其行，亂其紀綱，乃滅而亡』杜注：『唐虞及夏，同都冀州，不易地而亡，由于不知大道故。』史記貨殖列傳云：『唐人都河東，殷人都河內，周人都河南』水經潁水酈注：『潁水逕其（陽城）縣故城南。昔舜祥禹，禹避商鈞，伯益避啟，並在此也。』」史記貨殖列傳又云：

「潁川南陽，夏人之居也。」可見唐虞夏三代的都邑距離相近。

又左定四年傳：

「分唐叔以大路……命以唐誥，而封于夏墟。」

雖然，這為成王所滅以封太叔于唐的唐，和唐虞的唐究竟有否關係，還當另論，而夏和它以前的那些時代，大都是在這塊土地上繁榮起來的，那卻可以肯定。這塊土地，就是現在山西省的南半部，和河南省西北的一部分。它的名稱，就是冀州或冀方。

卜辭中的冀字，作下列諸形：

□前編六21　□仝上　□前編七2　□藏龜拾遺一1

據丁山氏說，即翼敬、翼輔之本字，與□、□、□異字相通：象兩手端舉，高與首齊形（詳前中研院史言所第一本第二分冊丁山說□）。竊疑口或□或□，並象首形，而「頁，頭也」，把口或□或□改寫成頁，極為自然；□，本係兩手，人或冂，本係兩足：如□違冀敦的冀字作□，于足有所躧之形尤顯。則其可以寫成臼或夊，那只是說明字形衍化的一般過程，毫不牽涉到概念上去。于是冀便被寫成為從頁從臼從夊的□形，而□、□……或□、□……諸形之譌寫作□，較諸□之譌寫成夏的原因，是要容易説明得多了。這與葉玉森的以□、□、□、□……諸殊形為夏字的别體，而稱小篆之所以作□，係由于誤□為頁，誤□、□、□……為臼，誤□為夊的穿鑿説法，自信是近理得多、通順得多了。冀字即翼字，論語鄉黨曰：

「孔子在宗廟，揖所與立。左右手，衣前後，襜如也；趨進，翼如也。」

集解引孔注及皇侃皆曰：「翼如，端正也。」就其觀念形態來説翼是敬，就其表現程度來説翼亦是中。顧炎武云：

「古之天子，常居冀州。後人因之遂以冀州為中國之地。楚辭九歌曰：『覽冀州兮有餘，横四海兮焉窮』？淮南子『女媧殺黑龍以濟冀州』；路史云『中國總謂之冀州』；穀梁于五年傳曰：『鄭同姓之國也。在乎冀州。』原注『冀州者，天下之中州：唐、虞、夏、殷皆都焉。』」(日知録卷二)胡渭亦云：

「渭案：九歌云，『覽冀州兮有餘，横四海兮焉窮』？淮南子云，『女媧殺黑龍以濟冀州』；又曰『正中冀州曰中土。』則號中國為冀州也」。(禹貢錐指卷三)竹書紀年云：「帝啟元年，大饗諸侯于鈞臺。諸侯同帝歸冀都」。逸周書嘗麥解云：

「相在大國有殷之□闢，自其作□于古，是威厥邑；無類于冀州。」

州都音近義通。酈道元等均謂鈞臺屬陽翟縣(見水經潁水註)，地在冀州内。可見冀州指的確是夏及其以前時代文化最高的地方。卜辭亦正是把冀字解作國名或地名的。傳説中的夏國或夏朝，即卜辭中的冀方。是夏國遺孽出奔後的殘餘部落，或曾受商的侵伐而未被其完全征服的夏「王朝」。一切古籍中所應解作夏國或夏「朝」的夏字，均係冀字的譌形。就當時的地理常識來説，稱為冀的那塊地方，本來就居于天下之中，而冀又包含有中的古訓，斯名固當。亦猶後世之稱中國一樣。因此，許慎在説文中解「夏，中國之人也」，可能是正確的；但更為正確的説法，應該是「夏，中國也」。他一定要去就字面上的從頁從臼從夊着眼，而加上一個人字，又復望文生義地以「臼兩手、夊兩足」為理由，轉而造成了絶對的錯誤。

郭沫若先生説：「周人承用殷人文字，每每有類似之字而被周人錯用了的(原註：即是後世的寫别字)；如勺匆本非一字，卻被周人混同了。」(見十批判書古代研究的自我批判。)夏殷之夏與春夏之夏，本來也不是同一個字，而是被周人寫錯了的：冀為天下之中，夏為歲時之中，聯想把「中」這一抽象性的共同概念混淆了。由假借而同一；而不知其所自來。「冀」就是這樣地被「夏」取代了去。

杞為夏后，而冀、杞兩字，韻紐適同，地望相合；商后為宋，其情形亦復相同。這雖不足以作為夏即冀的旁證，然或亦不失為嬗化中的另一象跡。【釋夏　史學工作通訊一九五七年第一期】

◉郭沫若　頸是夏字，古璽夏侯之夏作頸，此从女者殆是从夊之訛變。【關於鄂君啟節的研究　文史論集】

◉郭沫若　「頣」字自宋以來釋履，以履之古文作[glyph]，孫詒讓以為即夏桀名履癸。然顛字之主要成分為舟字，舟即履之意，象人以足躡履也。（頁于古文即人形。）頣則省舟而成赤足，何能更為履字耶？字如省足省頁尚可說，而省舟則斷無可說。余謂此乃夏字。許書夏字篆文作𩒨，古文作[glyph]，新出《三體石經》夏之古文作[glyph]。足上所從均即頁之訛變，從頁省臼，與此作頣者正同。【郭沫若全集歷史編】

◉戴君仁　說文解字五下夊部：𩒨中國之人也。从夊，从頁，从臼。臼兩手，夊，兩足也。許云中國之人，似非本義。前人別作解者：戴侗六書故卷八夏下云：「伯氏曰，夏，舞也。臼象舞者手容，夊象舞者足容也。按古有舞夏：周官大司樂，奏裓賓，歌函鍾，舞大夏。鍾師掌金奏，凡樂事以鍾鼓奏九夏：王夏、肆夏、昭夏、納夏、章夏、齊夏、族夏、祴夏、驁夏。」阮元揅經室集卷一釋頌云：「仲尼燕居，子曰：大饗有四焉，下管象武，夏籥序興。象武武舞，用干戚也；夏籥文舞，用羽籥也。所謂夏者，即九夏之義。說文：夏，从夊从頁从臼，臼，兩手，夊，兩足；與頌字義同。周曰頌，古曰夏而已。故九夏皆有鐘鼓等器，以為容節，九夏即在頌中，明乎人身手足頭皃之義，而古人名詩為夏為頌之義顯矣。」按戴阮之說是也。夏之為語，本當為表大之詞，而字形則象舞，蓋為盛大之歌舞，疑與雩是一字。祈雨之祭，古之所重，祭時所用歌舞，聲容盛大，故名之為夏，造為文字，象人舞形。「中國之人」，蓋其引申之義，且引申匪一，借用既久，乃別造專字，从雨于聲而為雩矣。爾雅釋詁：「夏，大也」。方言一：「秦晉之間，凡物壯大謂之嘏，或曰夏。」又云：「自關而西，秦晉之間，凡物之壯大而愛偉之謂之夏。」方言所謂愛偉之，蓋謂人見壯大之物，心愛而異之，呼之為夏，以表示其偉之之意。此與說文艸部芋下云「大葉實根駭人，故謂之芋，从艸于聲」得名之意相同，于聲亦所以表大也。禮記月令：「仲夏之月……大雩帝，用盛樂。」鄭注：「雩，吁嗟求雨之祭也。雩帝謂為壇南郊之旁，雩五帝之精，配以先帝也。自鞀鞞至柷敔皆作曰盛樂，凡他雩用歌舞而已。」孔疏：「按女巫云，旱暵則舞雩，是用歌舞；正雩則非唯歌舞，兼有餘樂。」可證夏季正雩，歌舞盛大，故以夏名之，因以為季節之稱。于為喻紐三等字，夏胡雅切，屬匣紐，古喻三歸匣。雩夏又同在魚部，是二字古音相同，實一語也。本義當訓為大舞，四時之一，中國之人，咸非其朔矣。【釋夏釋桀釋已　中國文字第十三期】

◉唐　蘭　夏字臂下綴羽毛，與無作[glyph]同，無是舞的本字。《禮記·仲尼燕居》：「下管象武，夏籥序興。」象武是武舞，夏籥是文舞，也就是籥舞，那末，這個夏字應是夏籥的本字。上帝嗣夏應是夏祝，見本文第二章第四節。【略論西周微史家族窖藏銅器羣的重要意義　文物一九七八年第三期】

◉史樹青　故宮博物院青銅器館陳列春秋——戰國時期官璽一方，文曰：□□□□□，原印青銅鑄造，方形，鼻紐，白文，邊寬2.2釐米。釋為「夏虛都司徒」。又清代嘉慶、道光間，吳江人楊澥所輯《古今印彙》，著録「夏虛都左司馬」、「夏虛都丞」二印，邊寬各為2釐米。「夏虛」二字的寫法與「夏虛都司徒」的「夏虛」寫法相同。夏字從□從□，與金文伯夏父鬲、仲夏父鬲的夏字作「□」、「□」同一結構。虛字从丘，虍聲，□、□為當時變體。「夏虛都左司馬」、「夏虛都丞」二印，今不知何在，楊澥鈐印本《古今印彙》，現藏中國歷史博物館。

「夏虛都」三銅印的官制、形制、書體相同，知為同時同地所鑄，説明「夏虛都」是春秋戰國時期晉國的一個重要都邑，都内設有司徒、司馬、丞等官職。證明了《左傳・定公四年》所述晉國唐叔初封的夏虛，並證明夏的故都就在唐，也就是堯的「故都」。《左傳・僖公二十七年》晉趙衰引《夏書》曰：「賦納以言，明試以功，車服以庸。」所引的是《堯典》的文字，而當時卻稱為《夏書》，可見春秋時期人們所認為的「夏虛」，也就是帝堯(陶唐氏，相傳都平陽)、帝舜(有虞氏，相傳都蒲坂)的部族活動的地方。夏都居其間，經商周到戰國則稱之為「夏虛」了。【「夏虛都」三璽考釋　河南文博通訊一九七八年第一期】

◉趙　誠　□與《秦公𣪘》的□(即「虢事蠻夏」之夏)構形之意相近，當是夏字，這裏指夏代君主。「上帝嗣夏」，意為上帝之嗣的夏代君主。杜預《世族譜》曰：「周，黄帝之苗裔，姬姓，后稷之後，封於邰；及夏衰，稷子不窋竄於西戎。」周之先祖曾受封於夏，在感情上自然有一種無形的聯繫，一種親近感。周代的文王也曾受封於商而成為西伯，但卻被紂王囚禁，在感情上自然有一種憎惡，一種仇讎之感。史墻在銘文中説他的先祖在商紂王時即已叛商歸周，此處又特意寫出周代的當今天子得到了上帝之嗣的夏代君主授給的美好命運，不僅有受命於天之意，更多地還是在於表現宗族之間的恩恩怨怨，表明感情上的一種傾向。《史記・吳太伯世家》記「周武王克殷」之後即「求太伯、仲雍之後」而「封周章弟虞仲於周之北故夏虛」。也表現了這種感情上的傾向。這裏還有一點值得注意：授給天子綰命的是上帝之嗣的夏代先君，而授給史墻休美之命的則是他本家的烈祖到先父。兩兩對舉，這其間似乎隱含着這樣的用意，即史牆家族也與夏代有關。如果確是如此，則史牆的静幽高祖的歸周還有以高為仇之意。換句話説，史牆家族和周代君主還有一種感情上的聯繫。【牆盤銘文補釋　古文字研究第五輯】

◉許學仁　□繒書甲1・14　□繒書丙11・3　□鄂君啟舟節1・14　□鄂君啟舟節5・13　□鄂君啟車節1・14

頣即夏字，先秦古鉨有「夏侯癸」「夏侯馭」之私印，夏侯複姓，夏皆作頣；羅福頤古鉨文字徵卷五・頁三下。叔夷鐘：「翦伐夏司」，夏作□，汗簡引義雲章作□，並與繒書同。而鄂君啓節「夏𡰥之月」之夏作□，曰下从女，與繒書小異。或謂女旁乃增益者，饒宗頤楚繒書十二月名覈論云：「夏字从日从頁，又益女旁，亦戰國之異形。」不無可商。

考金文中有[glyph]字，見於一鬲銘，舊不識，容氏題其器名為「仲𩔰父鬲」；又傳世伯[glyph]父鬲，凡六器，[glyph]並不識，乃作器者名。舊誤釋為旻，小校卷三·頁七十一載徐同柏氏跋語云：「此字自象鼻形，ㄅ象气出入形，蓋古息字。旻即旻字，文不連者，鼎彝中如蘩作𦺇，慈作𢜩每有，此文合為𩔰字，乃古宴字。知為宴者，宴，安也。故字从昌，人安靜則息調，故字又从息。」金文編收入附録，隸定為「𩔰」。試分析此字，左从日，右象手足俱全之人形。[glyph]字下端从[glyph]，非女字，乃足形。而伯顕父鬲[glyph]字从女，殆足形之訛變，亦鄂君啓節[glyph]字之所自昉。

至於石經多士、多方、君奭及春秋桓公十八年之「夏」，古文皆作[glyph]者，金祥恒氏論之綦詳：「[glyph]，當是[glyph]之省。古璽亦有作[glyph]者，與説文古文[glyph]合。其上半所从之[glyph]，當是頁之譌變，與[glyph]字仍為一系。」古器物中楚文之研究·頁四十六。【楚文字考釋 中國文字第七期】

◉湯餘惠 [glyph]（《璽》3990）即古文夏字。西周金文作[glyph]（仲夏父鬲）、[glyph]（伯夏父鬲），像人在日下有所操作之形；古人是否以此表示酷夏時令，值得研究。春秋秦公簋作[glyph]，小篆作[glyph]，疑即前形省「日」之後的變體。《説文》：「夏，中國之人也。从夊，从頁，从臼。臼，兩手；夊，兩足也。」乃就省形立説，不盡可據。戰國文字不省之形作[glyph]（邵伯罍，《類編》93頁）。前舉古璽的寫法，「頁」即整體人形的主體部分，「又」即人手部分，雖然離析解體卻是淵源有自的。璽文又有[glyph]（3988），《古璽彙編》釋「夏」也是對的，「日」下从止不从又，當由整體人形足趾部分分出。魏石經《左傳·僖公》古文夏字作[glyph]，《古文四聲韻》引《籀韻》作[glyph]，《集韻》一書也以「昰」為古文夏字，很可能都是前形省「頁」的變體。《六書通》上聲「馬」引古文奇字夏作[glyph]，又《汗簡》引《義雲章》作[glyph]，足見从止、从疋本是一回事。有的論者主張石經古文夏字「从日、疋聲」也是很有可能的，在「昰」的基礎上再添一筆作「是」，改造為形聲字，完全符合古漢字聲化的規律。【略論戰國文字形體研究中的幾個問題 古文字研究第十五輯】

◉戴家祥 [glyph] 鄂君啟節 蹈层之月

顕節銘或作顕，百頁皆訓「頭也」，故通。郭沫若曰：顕是夏字，古璽「夏侯」之夏作𩠐，此从女者殆是从止之譌變。文物參考資料一九五八年第四期第四葉。于省吾曰：郭謂「此从女者殆是从父之譌變」，甚是，但無佐證，按顕字仲顕父鬲作[glyph]舊不識，又傳世伯顕父鬲凡六器，顕字作[glyph]，舊誤釋為晏或郾，容庚金文編均入附録。今以節文驗之，既可以肯定顕之即夏，又能够看出顕字遞嬗演化的由來。考古一九六三年第六期第四四三葉。【金文大字典下】

畟

子亦切 【汗簡】

裴光遠集綴 【古文四聲韻】

◉許　慎　治稼畟畟進也。从田人。从夊。詩曰。畟畟良耜。初力切。 【説文解字卷五】

◉馬叙倫　鈕樹玉曰。耜。説文作梠。沈濤曰。五經文字作從田從儿。蓋古本如是。儿。奇字人也。徐灝曰。禾部。稷。古文作䅏。兒者畟之省。唐蘭曰。甲骨文有。説文。稷。或作䅏。可證。説文岐兒畟為二。釋畟為從田人夊。竝譌。倫按兒畟異字。治稼畟畟進也者。治稼下挩也字。此訓後人加之。畟字乃隸書複舉字。傳寫轉增一畟字。而挩一也字。畟從或從。兒聲。其義為進也。廣雅釋言。謖謖。起也。治稼也者。兒字義。從田。從人。然倫疑治稼為稷之引申義。稷為五穀之長。而棄為后稷。后為司之異文。司稷即治稼者也。兒為鬼怪之鬼之本字。鬼神字從之得聲。從人。由聲。由音照紐二等。故畟從之得聲。音入穿紐二等。同為舌尖後破裂摩擦音。精照同為破裂摩擦清音。故稷音入精紐。古讀照歸端。端見同為清破裂音。故兒音與鬼同入見紐。蒐從鬼得聲。音入審紐二等。審二亦舌尖後音。古讀審歸透。端透同為舌尖前破裂音。故古借獸為兒。獸音審紐三等也。【説文解字六書疏證卷十】

◉楊樹達　説文五篇下夊部云：「畟，治稼畟畟進也，从田儿，从夊。詩曰：畟畟良耜。」初力切。七篇下禾部云：「稷，齋也，五穀之長，从禾，畟聲。」或作䅏，云：「古文稷。」子力切。段氏曰：「兒蓋即古文畟字。」樹達竊疑兒畟當為二字，稷則畟之或字也。兒字从田儿，儿為古文人字，當與人義有關，以古義考之，蓋即稷為田正之本字也。昭公二十九年左傳曰：「稷，田正也。」國語周語曰：「昔我先世后稷。」韋注云：稷，官也。又曰：「民之大事在農，是故稷為大官。」此田正之兒，後世通作稷；乃假字也。其畟字从兒从夊，此棄稷本字，字从夊者，與麥字从夊同。畟加義旁禾為稷，猶來本麥名，復加禾旁為䅘也。許書既不録兒字，又不知畟稷本一字，畟為稷之初文，但據詩「畟畟良耜」之文以説畟字之義，固皆失之。猶幸其載稷重文之䅏，令吾輩今日得知古有兒字，此其功不可没也。今據字形以定三字之義，俟世之精於小學者正焉。

朱氏説文通訓定聲引大觀本艸唐本引説文云：「稷，田正也，自商以來，周棄主之。」按今説文無此語，疑説文本有兒字，田正乃兒字之訓，傳寫誤作稷也。【釋畟稷　積微居小學述林】

㚇

◉許慎 㚇斂足也。鵲鵙醜。其飛也㚇。从夊。兇聲。子紅切。【說文解字卷五】

◉林義光 說文云。㚇斂足也。从夊兇聲。按石鼓作㚇鬷字偏旁。㚇與古畟畟夌夌訊訊夋夋等字皆从夂。不當析夂上形屬㐫為兇字也。爾雅釋詁。艐。至也。此當為㚇之本義。亦與趨湊並遇韻雙聲對轉。趨湊亦至之引伸義。象人進趨形。从人。㐫象首。夂象足。禽离皆以㐫為頭。此象人頭。【文源卷四】

◉馬叙倫 鈕樹玉曰。斂宋本作歛。韻會引斂上有鳥字。玉篇注。飛而斂足也。徐灝曰。今俗謂人斂足聳身躍起曰㚇。即此之義。倫按今杭縣語亦同。但音如縱耳。斂足下當有挩文。且非本訓。字但當從止。入止部。或從夂。入夂部。鵲鵙七字校語。本書無鵙。鵙即鵙也。今爾雅作鵙。是校者據雅文加之。鍇本作鵙。蓋校者以本書改之。爾雅釋文引字林。子弄反。字或出字林。【說文解字六書疏證卷十】

夒

甲二三三六 甲三四五二 拾六・九 珠一九 後二・三一・九 庫一〇一〇 乙四七一八 甲五六二 甲一一四七 甲一五二一 甲二〇四三 甲二六〇四 甲二九二八 甲三五一二 甲三五五五 乙四〇七二反 拾一三・三 前六・一八・一 前六・一八・四 前七・五・二 前七・二〇・二 前六・一八・二 後一・二二・四 後二・一四・五 後二・三三・五 菁一〇・二 佚三七六 佚五一九 佚六四五 佚八五七 粹一 粹三 粹五 粹四 粹八 簠帝二 簠帝八〇 明藏四五二 明藏四八三 京津三九二七【甲骨文編】

甲651 1147 1521 2043 2336 2604 2929 3512 乙4072 4718 7743 8558 珠19 佚120 519 645 757 續1・1・1 1・1・2 徵3・2 1282 録363 364 續存175 990 書1 8G 摭續37 46 粹1 2 3

4 5 6 7 8 9 10 11 新3891 3927 後下3114 【續甲骨文編】

1·67 獨字 【古陶文字徵】

◉許 慎 夒貪獸也。一曰母猴。似人。从頁。巳止夊其手足。臣鉉等曰。巳止皆象形也。奴刀切。 【說文解字卷五】

◉王國維 卜辭有字，其文曰：「貞𡚬于。」（前六・十八）又曰：「𡚬于六牛。」（前七・二十）又曰：「于𡚬牛六。」又曰：「貞求年于九牛。」（兩見以上皆羅氏拓本。）又曰：「□又于」（後上十四）案、二形象人首手足之形。說文夊部：「夒，貪獸也，一曰母猴，似人，从頁，巳止夊其手足。」毛公鼎：「我弗作先王羞」之羞作，克鼎「柔遠能𤼈」之柔作，番生敦作，而博古圖薛氏款識盄和鐘之「柔燮百邦」，晉姜鼎之「用康柔綏懷遠廷」，柔並作，皆是字也。夒、羞、柔三字古音同部，故互相通借，此稱高祖夒，案卜辭惟王亥稱高祖王亥（後上廿二）或高祖亥（戩一）。大乙稱高祖乙（後上三），則夒必為殷先祖之最顯赫者。以聲類求之，蓋即帝嚳也。帝嚳之名……諸書作嚳或俈者，與夒字聲相近，其或作夋者，則又夒字之譌也。……祭法「殷人禘嚳」，魯語作「殷人禘舜。」舜亦當作夋，嚳為契父，為商人所自出之帝，故商人禘之。卜辭稱高祖夒，乃與王亥大乙同稱，疑非嚳不足以當之矣。【卜辭中所見先公先王考 觀堂集林卷九】

◉郭沫若 字與大盂鼎字右旁相近，當即夒字。【中齋二 兩周金文辭大系考釋】

◉孫海波 說文：「夒，貪獸也。一曰母猴。」卜辭猴作，夒形與猴形正相似，「一曰母猴」是也。【甲骨文編卷五】

◉郭沫若 言「夒眔上甲」猶它辭言「貞𠧞龢眔唐」前二・四五，足證夒實殷之先，為其鼻祖。夒即猱字，與嚳音同部。王國維說夒為帝嚳、此其佳證矣。

高祖夒亦見下片，或稱「夒高祖」佚・六四五。王國維釋為帝嚳，近人亦有疑之者。本書第三片有「夒眔上甲」之文，表明夒確是殷之始祖，王說無可易。【殷契粹編】

◉陳獨秀 夒 夒夏憂 今世動物學，類人猿有三種：一曰大猩猩，直立步行，面極似人，昔時探險家往往誤認為人，故國語韋昭注云：夒，富陽有之，人面猿身，能言；玉篇亦謂：夒，母猴似人。一曰黑猩猩，高與人齊，最善登樹，故小雅角弓：毋教猱升木，箋云：猱之性善登木。此物恆早晚集群合唱，聲聞於野，其反響有如數百，故山海經云：夔蒼身，無角，聲如雷；韋昭謂夔能言，玉篇亦云：猨似獼猴而大，能嘯；其力極強，能入水拉斷鱷魚大蛇，故山海經謂夔能出入水。一曰長臂猿，長丈餘，亦能下地直立步行，朝夕集群合唱如黑猩猩。說文云㚔，从夊，象有角手人面之形；㚔，貪獸也，一曰母猴，似人，从頁，巳止夊其手足；夏，中國之人也，从夊，从頁，从臼，臼兩手，夊兩足也；憂从夊𢚩聲。此後之分別，初義皆象母猴形。夔夒二字，除夔有角，餘皆同形，說文㹶字，廣雅及爾雅郭注均作玃，廣韻引山海經亦作玃，今本山海經作夔，山海經本謂夔無角，是夔夒一字；韋昭謂夔人面猿身，說文夒訓母猴，猴訓夒，是夔夒一物同為猴也。憂篆象猴首足與夔夒同，加心者俗語所謂意馬心猿也；夒，詩小雅角弓作猱，傳云：猱，猿屬，樂記作獶，鄭注云：獶，獼猴也；玉篇謂獶與玃同，玉篇廣韻均謂夔俗作𡖐，此正為憂字；玃㹶，隸均从憂作獶㹶，形義完整，必有所承，非由改篆，亦如早字戎字从十不从甲也；此可證憂與夔夒亦一字一物。猿嘑聲哀，杜詩所謂「聽猿實下三聲淚」是也；方言云：爰、喛，哀也，故憂用為憂愁字。猿能擾人為患，故憂又用為憂患字，加手作擾。人及類猿之智慧高於他獸，在動物學屬於靈長類，故優字从人从憂。憂訓和之行，謂類人猿從容直立步行地上也。夏篆與夒同，惟以臼易止巳而已，臼為兩手，巳止亦兩手，猿之手足無別，有頭及兩手兩足，人之共象，非僅中國之人也。說文夏訓中國之人，蓋以中國民族古稱諸夏，與羌狄並峙於西北，夏與羌、狄之名，均起源於氏族之圖騰，其中有以熊為圖騰者，有以禼為圖騰者，以禹即夏為圖騰者最為大族，因此，夏氏族演變為民族之共名，禹氏族演變為夏王之初祖，春夏字甲骨文作㬉，至曹魏時三體石經之古文尚作𩒨，作夏者，假借也。古者氏族往往共屋而居，夏為最大族，故大屋字亦作夏，後加广作廈，从春夏字則無義矣。【小學識字教本】

◉郭沫若　第十四行夒字王初疑羞，後改釋夒，讀為羞。「觀堂別集補遺」第四十葉，「毛公鼎攷釋附注」。案宜讀為憂。【毛公鼎之年代　器銘考釋】

◉楊樹達　試觀甲骨文中殷先人之名字及後世經傳所釋之字而益覺王靜安釋夒為嚳字之可疑也。相土甲文作土，不必論矣。史記之冥甲文作季，此冥為名而季其字，非音釋也。甲文王亥，楚辭天問作該，史記殷本紀索隱引世本作核，漢書古今人表作垓，該核垓三字皆從亥得聲之字也。甲文王亙，楚辭作王恆，恆字从亙得聲也。甲文有上甲湄，詳後釋湄篇。國語魯語作上甲微，古無輕脣音，微湄古讀同也。又或作上甲㕟，亦詳釋湄。㕟與微同脣音字也。大乙之名甲文作唐，詩書作湯，說文口部記唐或作暘，唐與湯為同音字也。以上諸名，字形雖異，而音聲相近，精切不移。果如靜安之說，舌音之夒，乃以齶音之嚳借代之，其與以上諸名音理疏密之相距，豈不太遠乎？靜安治學，嚴密無倫，為余所敬佩，獨於此字之釋，心所未安，不敢苟同，非好持異議也。【釋羔篇後記　積微居甲文說】

◉朱芳圃　夒克鼎　夒番生毁

克鼎銘曰：「頵遠能埶。」孫詒讓曰：「遠上一字，舊並闕釋。……竊謂此當為擾之異文。右形从夒省，左从鹵者，鹵擾古音同部也。埶當讀為暬，國語楚語韋注：『暬，近也。』『擾遠能暬』猶詩書言『柔遠能邇』。柔擾聲近字通，史記「擾而毅」，徐廣云「擾一作柔，字通。」暬邇同義，言其安遠而善近也。」依詩民勞傳箋義。能訓善，用王引之說。○籀高述林七・一四。按孫說近是。此字克鼎作頵，从鹵，从頁；番生毁作⿱囟夒，从囟，从夒。鹵與囟字同，頁與夒形近，當為夒之異文。說文夊部：「夒，貪獸也。一曰母猴。似人，从頁；巳、止、夊，其手足。」別作猱，爾雅釋獸：「猱蝯善援」，孫炎云：「猱，母猴也。」又作獿，禮記樂記：「獿雜子女」，釋文：「獿，獼猴也。依字亦作猱。」陸璣毛詩草木蟲魚疏：「猱，獼猴也。楚人謂之沐猴。」母、獼、沐並一聲之轉。考夒為初文，象形。⿱囟夒為別構，从夒，囟聲，例與甲文鳳字象形兼注音符相同。一作頵，从頁，鹵聲。猱為後起字，形聲。樂記作獿，蓋夒字後人附加犬旁作獿，因誤為獿。說文固有獿字，音同義異。夒與鹵，古讀泥紐雙聲，韻亦幽之相近。

又按此字，容庚釋為⿰鹵見。金文編八・二六。誤鹵為鹵，誤頁、夒為見，疏謬甚矣。【殷周文字釋叢卷上】

◉魯實先　卜辭之□□王國維釋夋，王襄釋离，類纂正編六二。饒宗頤釋頁而謂讀為离，即殷之先祖契，貞卜人物通考二七三葉。說並非是。惟國維繼釋為夒而以為殷人先祖帝嚳之名，古文新證。信為塙詁。後之說栔者乃一律視卜辭之夒為先祖之名，斯則陳義未審也。其作□者羅振玉釋伐，增考中六八。吳其昌釋⿰歹我，燕京學報十四期。葉玉森始釋為頍，殷契鉤沈。繼疑為鉏，前釋・六一九。郭沫若釋⿰夒戈，粹考六。唐蘭釋顣，天壤考釋六六片。于省吾釋夏，駢枝。金祥恆釋龔，續文編八卷十三葉。饒宗頤釋擭，人物通考五二六葉。其作□者羅振玉釋兔，增考中三一。其作□者金祖同釋憂，遺珠十九片。說並非是。惟高田忠周釋□□為⿰夒戈，疑為擾之異文，古籀篇卷二十六弟三〇葉及卷五十四第四〇葉。雖無義證以明之，其說倖中矣。然高田並□□亦釋為擾則未為審諦且有悉其辭義也。以愚考之，□□皆夒之異體，其從戉作□者乃夒之繁文，即擾之古文，是猶「月𥁕」之月其字或從戉作□，亦即抈之古文也。篆文之擾抈字並從手而卜辭並從戉者，乃以兵器示征伐之義，例猶從手之搏於虢季子白盤從干作博，於不嬰簋從戈作戟，亦以干戈示征伐之義也。其作□者乃象其髮形。亦夒擾之異體也。夒於卜辭有二義，其一為擾亂之擾，如云「丙子卜⿱㞢口貞乎□呂　貞勿乎□呂方」外四五五。義同於左傳成十三年「撓亂我同盟」之撓，以擾撓音義相同，故俱用為騷亂之義也。夒之第二義為方名，如云「貞往于□出从雨」遺珠一九。「貞□雨」絜卜・五三二。「戊午卜萃季于岳汅□」前・七・五二。「辛酉卜穷貞萃季于汅　貞萃季于□」佚・八八六。「☐貞其萃禾于□尞二牛　□尞一牛」後・上・四・九。是也。其在方名之夒而亦從戉作⿰夒戈者，乃以戉示國族之義，此或之所以从戈、族之所以从矢也。其云「叀高祖夒祝用王受又」粹一者，攷之爾雅釋親，高祖為最上之名，考之卜辭，復有高祖汅高祖亥高祖乙之號，蓋以高義為遠，故卜辭統稱世系遥遠之夒亥大乙為高祖，非必謂曾祖王父之考也。高祖而名夒者，是乃以夒方立號，其云「即夒宗」粹·四，宗謂宗廟，宗廟而冠以先祖之名，猶它辭之岳宗甲編·七七九、唐宗後上·十八·五、大乙宗續存上·一七八七之比也。夒與佶嚳古音同為幽攝，故經傳通假為嚳或佶。其作夋者，則又夒之形譌，解故者乃據聲假之字而謬為之說，是未知高辛氏之本號為夒，亦未知古帝王因方立號之義也。考之典記，夒方當即鄧之鄾地，見左桓九年。為古鄾子之國，在今湖北襄城縣，載籍所以作鄾者，以鄾從憂聲，憂與夒形近聲同，故譌變為憂，亦猶從夒聲之擾於經傳並譌為擾也。【釋夒 殷契新詮之四】

◉唐 蘭 卜辭夒為曹圉。非帝嚳。卜辭每言上帝。則所指當為帝嚳。言太祖則契也。太祖在卜辭或段大□為之。冥在卜辭。則當作〔女耳〕。即慶字。卜辭或以此與唐並列。與魯語「郊冥而宗湯」合。可知〔女耳〕即冥也。【考古第六期】

◉郭沫若 □ 當以釋夒為是。夒音與嚳音同部，故音變而為帝嚳若帝佶。夒之古文與夋字相近，故形誤而為夋若逡，更演化而為帝俊若帝舜。由此等文字上及傳說上之演變，帝俊與帝嚳固是一人，即帝舜與帝嚳亦同是一人也。魯語云「禘舜」，祭法云「禘嚳」，正舜嚳為一之證，韋昭云字誤者，非也。楚辭天問篇叙舜象事於夏後，於殷先公先王之前，亦表明帝舜之即帝嚳，篇中舜嚳同出者，蓋傳聞異辭，不則後人所改易也。王云「大荒經自有帝舜，不應前後互異」，實則大荒經中亦有帝嚳，大荒南經云「帝堯帝嚳帝舜葬於岳山」，與帝俊亦正前後互異。蓋山海經之輯録者本諸異辭之傳聞，誤以帝俊帝嚳帝舜為三人也。

□字羅釋兔。案此字上二文□與□均人名。此忽係以兔字，例殊不合。余謂此亦夒字。上第三五一片「貞尞于夒」作□，與此正相同。□與□與夒每同見於一片，今更同見於一辭，而以次相比，夒既為帝嚳，則□與□亦必為殷之先人無疑，惜終未能明也。【卜辭通纂】

◉李孝定 □ 徐吳諸氏釋偵，殊覺想入非非。劉心源氏釋拜，説雖未是，已稍有理致，所引書太甲傳之文，尤與此字字形相合。孫詒讓氏釋慐，是已，而其説仍有可商，許書慐訓愁，説者以為會意，段氏注説文注謂慐心形於顏面，故从頁，孫氏則謂慐當从頁得聲，頁則古文首字，此説固較段説為優，然金文此字為整體象形，並不从心，字復有手形，亦不得釋為頁字，自亦不得謂此為頁(首)，假借為慐，其説雖是，實則未得其解。強氏引説文頍為言，復據段注説文所引元應書，謂字當从「又」作頍，頍見苦心，然頍訓顫，於金文銘義不合；又引王國維氏説釋羞，而羞訓獻，字从手持羊，與此字形無涉，即謂羞之本義為羞恥，手掩面亦未見必有恥意也。高田氏釋夒，本已一語破的，然復謂為擾字異文，亦猶未達一間。王國維氏後説釋夒，未知與高田説孰先？夒為猴之象形本字。借為慐，高鴻縉氏言憂字篆變之迹，極確。朱芳圃氏釋夔，説夔魖鬼音近通用，均是，惟以讀毛公鼎銘義，均無由索解，朱氏駁釋夒讀憂之説，獨於「我弗作先王『夒』」無解，實未足以厭人意也。【金文詁林讀後記卷五】

◉李孝定　番生簋作，右旁所从即夒字，左从，乃卣字，為夒字後加之聲符，仍是夒字，古文象形字後加聲符者多矣，不能視為二字也。朱芳圃氏說此甚是。克鼎譌夒為頁，遂若與从見相通，而許書適有䚟篆，容庚氏遂逕收夒作䚟耳。竊疑䚟篆即金文𩕾字之譌，許訓下視深，頗覺不辭，蓋望文之訓也。許書䚟篆及本書此字當刪，併入夒字條下。【金文詁林讀後記卷八】

◉孫海波　　王先生初釋夋，繼釋夒，云「夒與嚳相近，夒即帝嚳之名」。（文長不備引。）按釋夒是也。說文：「夒，貪獸也，一曰母猴，似人，從頁，巳止夂其手足。」卜辭猴字作，夒形與猴形相似，此益證王說之可信。惟以夒當帝嚳似未諦……夒與羔、河，為時相去必不甚遠。斯三人者，為殷人所泛祭之神，皆非其先公先王。【讀王靜安先生古史新證書後　考古學社社刊第二期】

◉周名煇　第一文無夒之夒。即作器者之名。無即鄦字古文。說詳周金文正讀鄦惠之命篇疏。器為卣。而丁氏題為尊。其字作。尤與殷虛卜辭高祖夒之夒字相合。本書卷上夒字條已徵録。丁子尊銘云，丁子巳王相夒且祖。與殷虛卜辭所謂癸巳貞于高祖夒羅氏拓片，朱氏甲骨學商史編引。者相合。而皆以巳日從事。是殷金文與殷卜辭溝合之顯證。則上卷彤字條已略論及之矣。高祖夒即殷先祖帝嚳。王國維卜辭中所見殷先公先王考論定之矣。丁氏既見孫氏之說。而横决非之。且上詆許君。任其胸臆。此莊生所謂大惑不解者也。釋文參見上卷。不贅述。【新定説文古籀考】

◉于省吾　夒字王國維釋夏，以為帝嚳，帝嚳名夋。王以夏為夋不確，甲骨文没有夋，而有允，古文字晄即畯。這個字以讀憂較為合理，説文作恴，字形象以手掩面而哭，帝嚳之嚳與恴也同音。【引陳世輝懷念于省吾先生　古文字研究第十六輯】

◉徐中舒　甲二三三六　王國維謂象人首手足之形，卜辭中所見先公先王考。唐蘭謂象似人之獸形，殷虛文字記·釋夒。李孝定謂象母猴形。甲骨文字集釋卷五。諸家説頗紛紜：商承祚疑猱，殷虛文字類編五卷。王襄釋离，簠室殷契徵文·帝系考釋。皆不能成立。王國維釋夒，謂毛公鼎之羞作今釋憂，克鼎之柔作，皆即甲骨文之字，而夒、羞、柔古音同部，故互相通借。卜辭中所見先公先王考。唐蘭引孫詒讓説釋夔，其説字形與王國維近，惟於金文毛公鼎銘假此為憂、克鼎銘假此為柔音讀不合，故此字當從王國維説釋夒。《説文》：「夒，貪獸也。一曰母猴，似人。从頁，巳、止、夂其手足。」段注：母猴與沐猴、獮猴一語之轉，母非父母字。【甲骨文字典卷五】

◉黃錫全　夒古與憂通。《書·皐陶謨》「擾而毅」之擾，《玉篇》牛部引作㹛。《禮記·樂記》「獶雜子女」，《釋文》獶作獿。盂鼎「無敢⿰酉夒」之⿰酉夒，乃擾之異文。㪤卣「堇不夒」應讀「謹不擾」。因此，鼎銘「夒」即憂，亦即鄾。鄾為古地名，在今湖北襄樊市西北。《左傳》桓公九年：「楚子使道朔將巴客以聘於鄧，鄧南鄙鄾人攻而奪之幣。……夏，楚使鬬廉帥師及巴師圍鄾。」據石泉先生考

夒 

證，今襄樊市西北之鄧城即古鄧國遺址，鄾乃其南部邊邑。因此，「隫真山」就是鄾地的一座山。其大致範圍，就在漢水北與鄧城遺址之間。【湖北出土商周文字輯證】

◉連劭名　卜辭中有神名曰夒。⊘以聲類推之，夒當為蓐收，夒、蓐同為日母字，夒、收同為幽部字，所以，蓐收的合音即為夒。

蓐收為西方金神，《左傳・昭公二十九年》：「少皞氏有四叔：曰重，曰該，曰脩，曰熙；實能金木及水。使重為句芒，該為蓐收，脩及熙為玄冥，世不失職，遂濟窮桑」。《山海經・西次三經》云：「泑山，神蓐收居之。是山也。西望日之所入。其氣員，神紅光之所司也」。《禮記・月令》：「季秋之月，日在房，昏虛中，旦柳中，其日庚辛，其帝少皞，其神蓐收」。《呂氏春秋・十二紀》云：「秋月，其帝少皞，其神蓐收」。《楚辭・遠游》云：「鳳皇翼其承旂號，遇蓐收乎西皇」。以四季配五行四方，本于陰陽學説，秋為金，位西方，所以蓐收也就是秋神。

卜辭中的夒字有兩種寫法，其中一種加戉旁，像神倒提斧鉞，西方金神又為刑神，秋季陰氣漸興，肅殺之氣應時而起。因此，古代多于秋冬處理刑獄，順應時節，故夒字加戉旁就是出于這種思想。《説文》云：「夒……一曰母猴也」。又曰：「猴，夒也」。許慎的解釋與甲骨文甚合，例如《甲》2336、《庫》1010、《粹》11等版中的夒字，儼然是猿猴的描畫，維妙維肖，知許慎的説法確有實據。劉桓同志曾指出，卜辭中加戉旁的夒字，當指蓐收，並引《國語・晉語》為證，其説確不可移。今按：《國語・晉語》云：「虢公夢在廟，有神人面，白毛，虎爪，執鉞，立于西阿。公懼而走。曰：無走；帝命曰，使晉襲于爾門。公拜稽首。覺，召史嚚占之；對曰：如君之言，則蓐收也，天之刑神也」。自五行思想盛行，以四神配四方，東方蒼龍，南方朱雀，西方白虎，北方玄武，故神亦變幻其形，蓐收則變為白毛虎爪，但手執大鉞為天之刑神，仍與商代無異。若無殷墟卜辭為證，誰也不會想到蓐收原是一個被神化的猿猴。【甲骨刻辭叢考　古文字研究第十八輯】

 鐵一〇〇・二　唐蘭釋夒【甲骨文編】

 夒漢【漢印文字徵】

 王存乂切韻【古文四聲韻】

◉許　慎　神魖也。如龍。一足。从夊。象有角手人面之形。渠追切。【説文解字卷五】

夔作尊寶彝

◉薛尚功　夔鼎

夔乃作鼎者之名耳。此鼎也。而謂之彝。蓋彝者。法度之器。非六彝之彝也。【夔鼎　歷代鐘鼎彝器款識法帖卷二】

◉薛尚功　曰不顯穆公之孫其配墩。（）恐是夔字。【齊侯鎛鐘　歷代鐘鼎彝器款識法帖卷七】

◉劉心源　　虡亦可釋夔。說文神魖也。如龍一足。从夊。象有角手人面之形。此从。即古刻中諧習字作者也。从亻即卩。从木象尾形。與此形異意同。从即足。即之倒文。是夔字也。【俞尊　奇觚室吉金文述卷五】

◉孫詒讓　□百五十三之二。下半微闕。此即「夔」字。《說文・夊部》：「夔，神魖也。如熊一足。从夊，象有角、手、人面之形。」此上从即頁，象有角人面，下从即象手，惜下尚有闕畫耳。金文觶尊夔作，舊釋為彝，誤。彼亦象首、手形，而下从夊，較此為完備。小篆變兩手為止巳形，殆失其真矣。詳《古籀餘論》。【栔文舉例卷下】

◉孫詒讓　　說文夊部「夔，神魖也。如龍，一足。从夊。象有角、手、人面之形。」又云：「夒，貪獸也。一曰母猴，似人。从頁，巳、止、夊，其手足。」依許說，則兩字竝以頁象人面，以夊象足，而以巳止象手，無義可說。攷金文觶尊云：「丁子，王省京，王易錫小臣觶貝。」，即夔字，舊釋為彝，誤。上从，即从頁而上有角。中从，即象手形，下从，即夊也。又祖辛觶「乍且辛彝」，棘下亦當是夔字，舊釋為虎，誤。上从「頁」中从「手」皆尚可識，惟下「夊」形未完。龜甲文有下半殘闕。亦當是夔字，上从即頁，下从亦象手臂形，但左右互易，下亦闕夊形。以諸文參互校之，小篆中从止，即手形之變。从巳者，疑象臂形。古文夔字，右蓋从兩手，故尊文从並兩手形。觶文从，甲文从，左似从臂詘曲形。尊文橫出，敓有省變。甲文、觶文則竝未全，小篆變手為止，於形尚近右變詘曲形為巳，則不可通矣。

金文盂鼎有字，左从酉，右从，當是醿字。舊釋為釀，誤。上从，即頁。中从，即手臂形。下从，即夊也。又瓔夒簋瓔字作，說文玉部「瓔，玉也。从玉，夒聲。」即此字。舊釋為項，誤。左玉右夔，上「頁」下「夊」，均甚明析。惟中从，象手形，而敓有省變。此與夔字竝可互證。但醿字說文未收，其音義無可攷耳。【名原】

◉徐協貞　古夔字。羅氏釋伐。大誤。葉氏釋跛。謂為一足。稍近之矣。猶未知為一足夔也。風俗通正失篇。樂正后夔一足。引呂氏春秋。孔子對哀公云。舜謂得夔一足矣。故曰夔一足。非一足行。夔在卜辭內實為一足。觀此圖文可知聖人之言亦有未可盡信者。說文。夔。神魖也。如龍。一足。从夊。象有角手人面之形。山海經云。有獸狀如牛。蒼身而無角。一足。黄帝得之。以其皮為鼓。橛以雷獸之骨。聲聞五百里。以威天下。今俗雷鼓。神話或原於此。又許書云有角。山海經云無角。觀此字形。無角有角其説均是也。卜辭夔為殷祖名。【殷契通釋】

◉馬叙倫　唐寫本切韻殘卷六脂夔下曰。按説文作此夔。未詳其形。蓋譌變耳。夔當是獸名。篆為象形。説解當曰。獸也。象形。今説解為校者以漢書楊雄傳注孟康説改。或康本此。而此字出字林。當自為部。【説文解字六書疏證卷十】

◉朱芳圃　前六・一八・二　前七・二〇・二　後下一四・五　粹一　粹三　粹五　粹八　亞鼎　無夔卣

説文夊部：「夔，神魖也。如龍，一足，从夊，象有角手人面之形。」桉　象人面有角，丿象其身如龍，　象手，　象足。文作側面形，故僅見一手一足。國語魯語：「木石之怪曰夔蝄蜽。」韋注：「木石，謂山也。或云『夔一足，越人謂之山繅也。』或云『獨足。』莊子達生篇：「山有夔。」釋文：「司馬云『狀如鼓而一足。』」是夔為山中怪物，當為猿類之幻化。云一足者，拘泥於字形，因生誤解之説也。至於韓非子外儲説，呂氏春秋察傳篇載孔子對魯哀公問，皆以為舜臣。一釋為「夔非一足也，一而足也」；一釋為「若夔者一而足矣，故曰夔一足，非一足也。」蓋神話演變為史實後，晚周學者潤飾之辭。

山海經西山經：「剛山，……是多神䰠。其狀人面，獸身，一足，一手。其音如欽。」郭注：「䰠亦魑魅之類也。音恥回反。或作䰠。」郝懿行曰：「桉䰠疑為魋字之或體，説文云『魋，神獸也。从鬼，隹聲，』與郭音義俱合。又云『或作䰠』者，䰠當為魅，説文云『魅，厲鬼也。』玉篇云『魅，丑利切。』」又曰：「桉説文云『夔，神魖也。如龍，一足，从夊，象有角手人面之形。』許君所説形狀，正與此經合。再證以魋字之解，則知神魖當為神魋，字之譌也。」山海經箋疏二・三二。桉郝説精確不移。夔古讀複音g'ie d'ie，自語言單音化後，以一字代表一音，故別造形聲之魋以代表第二音。自是夔讀g'ie，魋讀d'ie，析而為二。又䰠古音讀t'iet，與魋為旁紐雙聲，陰入對轉，亦一字之分化也。

傳世銅器有無夔卣，無夔人名，義取壓勝。左傳僖公二十六年：「楚人滅夔」，公羊傳作滅隗。書堯典：「帝曰，夔命女典樂。」樂緯：「昔歸典叶聲律。」宋忠曰：「歸即夔。」水經江水注引。爾雅釋訓：「鬼之為言歸也。」是夔、鬼、歸音同用通。莊子雜篇徐無鬼釋文：「以人名篇。」無夔，猶無鬼也。

又桉此字，王先生初釋夋，觀堂集林九・二。繼改釋夒。古史新證三。林義光釋憂，文源四・三。容庚金文編五・三七從之。形義皆不相符，茲不逐一辯正。

金文又有作左列形者：

 餘尊

孫詒讓、林義光皆釋為夔，確無可易。惟孫謂「中从即象手形」，名原上一〇。林謂「象其尾」，文源一・三。於義為短。桉大戴禮記五帝德：「龍夔教舞。」荀子成相篇：「夔為樂正鳥獸服。」蓋古代相傳夔為樂師，故其字作手持形。，旄牛尾也。周禮春官序官：「旄人」，鄭注：「旄，旄牛尾，舞者所持以指麾。」孫詒讓曰：「云舞者所持以指麾者，謂以旄牛尾為舞者之翳也。」周禮正義九・三二。此正其形象矣。【殷周文字釋叢卷下】

◉田倩君　　王静安氏初釋為「夋」，謂為帝舜，後改釋為「夒」，説是帝嚳。商承祚則依據王氏的初釋，也釋作「狻」，加犬旁。王襄釋為「卨」，即契。金祖同釋作「憂」，地名。陳夢家釋作「夏」。饒宗頤釋作「柔」。吳大澂曾釋作身體的「身」。孫詒讓與唐蘭均釋作「夔」。郭鼎堂與魯實先教授都同意王氏所釋夒。雖然没有一個人能夠説的明明白白，但是各家見解都有其一部分理由，有的謂其形似夒(猴)，有的謂其音與嚳相近，有的謂其意與契同。李孝定先生亦贊同王氏所釋夒，因為夒在金文裏都和卜辭中的意義相同。㥑即憂，與夒同韻，試舉金文如下：

　毛公鼎　我弗作先王㥑

　㥑　象以手掩面形，孳乳為憂　無㥑作父丁卣

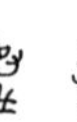　作且辛觶

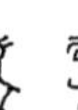　亞鼎

　餘尊

　鼎文

　伯㥑觶

卜辭通纂考釋裏有四板卜辭，每板中均有夒字，如下例：

第三五一片　前六・一八・二：

貞尞于夒。

第三五二片　後下・一四・五：

□□又(右)于夒，玆用。

第三五三片　前六・一八・四：

尞于夒宰，十月。

第三五四片　前七・廿・二：

尞于夒六牛。

殷契粹編考釋第一片：

「高祖夒」或稱「夒高祖」佚六四五，王國維釋為帝嚳，近人亦有疑之者。本書第三片有「夒眔上甲」之文，表明夒確是殷之始祖，王說無可易。

第三片：

「……夒眔上甲其即。」

言「夒眔上甲」猶它辭言「貞囲（？）龢眔唐。」前二・四・五，足證夒實殷之先，為其鼻祖。夒即猱字，與嚳音同部。王國維說夒為帝嚳，此其佳證矣。

「即」，說文云：「就食也。」「其即」殆猶言其至、其格，謂夒眔上甲其來就言祀也。

第一六二片：

「王其又(侑)于高祖乙，叀栅用。」(右行)

高祖乙，王國維謂即大乙。卜辭稱高祖者僅高祖夒、高祖王亥及此高祖乙三人。

以上各板卜辭中的夒字都是代表殷之始祖，這個始祖究竟始於何時？何人？各家之說不同，也就是沒有人能夠釐定一個確切說法。下面再看各家字書的解釋。

王筠說：

夔較夒多兩角，而各自象形，故夒下總以巳止夊為手足，此以其一足也，第以夊當之，而其餘概之，以象形，夊既象足，故不得重言足也(句讀)。

夔與夒雖然其音讀不相合，但是其所代表的事物是相同的。夒為猴，夔亦是猴；如王氏所說，夔較夒多兩角各自象形。比如「綿羊」，牝的無角(即有亦甚小)，牡的有角一對，卷曲如螺旋。假若繪這兩種羊的形象，必須繪成有角和無角兩個形狀，雖然形狀有異，卻都是綿羊。

既瞭解夔與夒在形和義上是相同的，只有音讀的問題這裏暫不討論，只就夔與夒兩字的字義來説，它們只是代表一種事物——猴。殷高祖的名字和該字的本身構造應該有個分界。夔，並不是指殷代某一個祖先是猴子，而是把代表猴的這個字作為名字比較合理。如今人喚作龍、鳳、虎、豹等是一樣的，這些會飛會跑的動物，和取這類名字的人没有一點聯繫，只是藉這些物類名稱作為自己的代表符號罷了。所以這些名和實不能混為一談，從前給子女命名是件慎重的事，家長要在祖宗神前，按照譜系所排定的輩份取名，這是傳統的古禮，或者説是歷代相沿的習俗。殷高祖夒(夔)的名字，也許不是隨便取的，其所以取猴作為名字者定有其深意，這又涉及到原始文化問題了。

夒，是猴的代表名稱，也是殷高祖的名字，亦是人類始祖的代表名稱。同時還有一個字□其形狀也有多種書法。

按郭鼎堂曰：「此蓋人名，乃殷之先公。」迄今説甲者尚未能定為何人。繙以夒字之聲類求之，此應即殷之始祖契也。

□在甲骨文字集釋裏是以「戭」作為部首的，戭和夒形體相同，只是戭手中執一兵器。屈翼鵬先生説：「羅釋伐，葉釋鉏，唐釋戫，于釋戞，似皆未的，兹以从郭某隸定作戭。」李孝定先生説：「唐于諸家所説均為近之，所不可知者其音讀耳。」唐蘭氏説：「郭謂倒持斧鉞，其意較優……像人曳戌之狀，戌亦戈，戉屬之兵器也。」郭鼎堂説：「戭字像一人倒執斧之形……此蓋人名，乃殷之先公。」于省吾謂：「粹編十五：『其𠦪雨于戞。』後編上二四九：『其𠦪禾于戞。』戞當為殷先公名或神名，未知所指。」于、郭兩家之説，筆者十分贊同。戭審其形體似由夒孳乳而來，或者説是由夒演化來的。由猴形演變為人形，即是由於似人猿演變為原人。這原人已經會製作兵器，戭是持斧鉞征服自然或抵禦敵人的樣子。殷人何以奉祀這個原人？這其間有深意存焉。殷人喜歡廣泛的祭祀，不僅祭祀天帝祖宗，把日月風雲山水都視為神靈。所以祭祀列祖列宗，祭祀原始祖先，祭祀初創文化的鼻祖。(夒為殷之鼻祖，見粹編。)這鼻祖不僅是殷人的祖先，而且是人類的祖先。所以殷人奉之為神、為天帝，因為殷商是個崇尚鬼神的國家。卜辭通纂考釋裏有這樣一段話：

神話中之最高人物迄於夒，夒即帝嚳，亦即帝舜，亦即帝俊，帝俊在山海經中即天帝。卜辭之夒亦當如是……且均視為人王。

根據這段話的含義來揣想，夒並非殷代某一個祖宗的名字，它是殷人想像中的遠古文化開創者，如同文獻中所謂的盤古氏一樣。盤古氏即是人們想像中開天闢地的始祖，比如凡繪盤古的狀貌，便是腰間圍着樹葉，頭上有兩隻角，手中持着斧鉞。這定是夒字初造時的塑象，也就是想像中的盤古，原始社會的圖騰，或許是以猴形為最高級的標幟，也是最高領導者的圖騰，是智者的象徵。

帝舜的樂官——夔，大概也是因為他智慧絶高，所以取名為夔。鄭樵説：「自后夔以來，樂以詩為本，詩以聲為用，八音六律為之羽翼耳。」（見通志樂略。）所以舜説：「夫樂，天地之精，得失之節，故唯聖人為能和樂之本，夔能和之，平天下若夔一足矣。」

夔與夒在説文裏均在夊部。在甲骨文和金文裏没有分部，只是其形體有的書作有角和無角。欲列一夔和夒兩字的演變過程表，頗不容易。譬如：夔、夒、憂、柔、猱、擾等等的字，在甲金文中没有釐定一個界限，只好混着排列一表，以便對照參考。

殷代甲骨文字　周代金石大篆　秦小篆　漢隸書　魏晉草書　今楷　【釋夔　中國文字第十八册】

◉唐　蘭　　鐵百、二片

右夔字，舊不識。按金文小臣餘尊作，與此同，彼文，孫詒讓釋夔，古籀餘論二六。至確。説文：「夔，神魖也。如龍，一足，從夊，象有角手人面之形。」按古文於人形之字，每多兼象其足，非從夊也。小篆每以手形誤為止，尾形誤為巳，故作夔。其實夔之為字，戴角曳尾，蓋似人之獸也。韋昭魯語注：「夔一足，越人謂之山繅，或作猱，富陽有之，人面猴身，能言」。近章太炎小學答問云：「夔既猴身，其字上象有角，下即夒字，夒亦母猴，則夔特母猴有角者爾」。其説最為明確。或曰「一足」，或曰「如龍」，或曰「如牛」，皆神話也。以字形核之，知必不然矣。【釋夔　殷虚文字記】

◉羅　琨　甲骨文中涉及夔的占卜事類有以下六項：

1.「它禾」　卜辭有「庚寅卜，隹河它禾。庚寅卜，隹夔它禾。」（《合集》33337）以夔與河對貞，問究竟是哪神祇危害年成。

2.「它雨」　卜辭有「丙午卜，隹岳它雨。隹河它。隹夔它」（《合集》41655）三條卜辭以河、岳、夔對舉，契刻部位有序是連續占卜的遺存，故「隹夔它」是卜問其是否「它雨」的省略句。

3.「受禾」　如「甲子〔貞〕，求于河，受禾。〔甲子〕貞，求于夔，受禾。」(《合集》33270)卜問向誰祈求可確保豐收。

4.祈年　為祈求豐收的祭祀在有關夔的卜辭中佔比例最大，見于武丁至文丁各期。其中如「壬申貞，求禾于河，燎三牛、沉三牛。壬申貞，求禾于夔，燎三牛、卯三牛。」(《合集》33277，又33278同文。)是與自然神對貞的。「戊午卜，賓，貞酒求年于岳、河、夔。」(《合集》10076)則是與自然神合祭。

5.祈雨　如「求雨夔，寅雨」(《合集》63)、「貞往于夔，又从雨。」(《合集》14375)是關于求雨之祭的占卜。

6.告秋　如「〔壬〕戌貞，其告秋□于高祖夔。」(《合集》33277，又33278同文。)郭沫若在《粹編》第二片考釋中說「……告秋，告一歲之收獲于祖也。」

以上六項都是和農業密切相關的，不僅關于年成的占卜和祭祀是這樣，求雨和求年常常也是密不可分的，如卜辭常見「帝令雨足年」(《前》1·50·1)、「黍年有足雨」(《前》4·40·1)、「其求年于河，此有雨」(《南明》425)、「求年于岳，茲有大雨」(《南明》424)等可以為證。由此可知商人對夔的占卜和祭祀主要圍繞一個內容——祈求農業豐收，從而啟示我們他具有近似農業保護神的性質。且這個農業保護神和後世尊為農神的周人祖先后稷不同，有着濃厚的自然神色彩。胡厚宣先生曾指出，卜辭有「帝隹雨」、「帝令雨」、「帝受我年」、「帝它我年」等，表明「殷人以為凡是雨量的多少、年成的豐歉，都是上帝所為」，「但求雨求年，就要禱告先祖，求先祖在帝左右從旁再轉請上帝，而絕不直接向上帝行之。」上甲以後的先公先王中，除上甲偶見「它雨」卜辭外，其他先祖均不見危害年、雨的占卜，卻有較多的向他們求年、求雨的內容，反映他們雖無直接施及年與雨的威力，卻可以與上帝交通使下界風調雨順，五穀豐登。然而這種觀念顯然是隨着國家出現才產生的。民族學告訴我們，在原始宗教中和原始農業相關的農業保護神往往是自然神，這在卜辭中還可以窺見到某些影子，例如卜辭中多見向大河之神——河祈求豐收的占卜，數見「求于河，受禾」(《續》1·17·6)、「燎于河，受禾」(《南明》623)一類的卜辭。在商人觀念中，河和上帝一樣，不僅能「它禾」、「它雨」，還能「令雨」(《乙》312)，河的威力是可以直接施及年與雨的，所以向河祈年與向上甲以來的先王祈年的涵義不同。而夔除了沒有「令雨」的占卜外，其他與收成有關的卜問常與河、岳對貞，為求得豐收甚至將他與河、岳合祭，顯示出他對年與雨有着類似河岳等自然神的威力。不僅如此，在祭法上對夔少用或不用盛行于上甲以後先公先王的侑祭、報祭、御祭以及周祭，多用盛行于自然神的燎祭(如《合集》14396—14373、33277、33278、34172、34173等)。對于燎祭，陳夢家在《古文字中之商周祭祀》一文中作過詳細的考察，指出這是「上古之自然崇拜」，卜辭中的燎祭「皆用于天帝及一切有勢之自然權力，與經傳略同。」卜辭中對于山川之神河、岳除特有的沉、埋之祭外也多用燎祭。所以，從祭法上也可見高祖夔的自然神色彩。

然而他卻不是自然神，商人明確稱他為高祖，還為他舉行同上甲的合祭，如「貞告即侑于夒于上甲。」(《海》1・13)「夒衆上甲其即」(《合集》34169)都是卜問他們是否同來就享祭。而這種合祭反映了他們間至少有假定的血緣關係。

可見夒也有雙重性格，這不僅反映在卜辭內容上，實際上甲骨文夒字就是一個半人半猴的象形，對這個字，歷來考釋者有各種説法，其中王國維等據《説文》釋夒是很準確的。因為第一，從文字結構看，《説文》釋夒為「從頁巳，止夂其手足」。甲骨文此字各期寫法雖略有不同，但毫無例外的都由首、手、足、尾四部分構成，手足隸定為止、夂，首尾則為頁巳。《説文》釋巳「為它象形」，段注「它巳不可象也，故從蛇像之」，蛇長有宛曲垂尾，其字像蛇，猴子正有一條靈活的蛇一樣的長尾，故可隸定為巳。第二，從字形看，《説文》的解釋是「一曰母猴，像人」，而甲骨文此字正鮮明的表現了一個半猴半人的形象，有尾標志出他不是人，而是猴，但又不完全是猴子，甲骨猴字(見《拾》6・9、《乙》47・8)與夒相近，是過去的考釋者注意到的，但他們的不同在于夒字的手均作上舉狀，與下肢區别，下多加止表示足部，而猴則不然。我們知道人、猿最本質的區别在于勞動，人有一雙會勞動的手和用于直立行走的下肢。從甲骨文各種動物名稱的寫法可知，我們祖先很早就對自然界有極細緻的觀察，直觀地辨别出人和猴子在體質上的這一區别不是不可能的。所以把一個長着尾巴的猴子配上人的四肢，正形象地再現《説文》所謂「母猴、似人」的解釋。第三，《説文》強調的是「母猴」，段注認為「母猴與沐猴、獮猴為一語之轉」，指猴子的一種，但是這個字既然是一個具有猴子形象的先祖專名，就不可能是沐猴或獮猴，「母猴」之説或意味着他原係一位女性，這是可能的。甲骨文中的夒具有農業保護神的身份，而婦女是原始農業的發明者，在原始宗教中管理土地肥沃、雨和農作物的往往是女神，如北美易洛魁人崇拜的農業保護神是「地母和玉米、豆子、南瓜三個姐妹神」，墨西哥阿兹特克人也有玉米女神和地神，他們稱之為掌握收獲的衆神之母。所以夒的本義當指一個半人半猴的女祖先，雖然流傳至今的漢族神話中已全無她的踪跡，但在雲南永寧納西族和岷江上游的羌族「創世紀」神話裏，都有自己的祖先出于猴子或半猴半人的傳説。我們知道古羌族和古華夏族特别是夏、商、周人的歷史和文化有密切聯繫，所以這些的傳説也可以給我們以啟示。

王國維在《古史新證》中隸定夒字同時還推斷他「必為殷先祖中最顯赫者，以聲類求之，益即帝嚳也。」郭沫若在《粹編》序中更稱此説「確不可易」。但孫海波在《讀古史新證書後》卻提出五點質疑，僅就文字學看，説「夒之與嚳，古籍無通用之條，徒取音訓，無旁證以明之，其説不能自立。」陳夢家在《綜述》中則説「《廣韻》豪部『夒』奴刀切，沃部『嚳』，苦沃切，兩者收音相同，而發音地位方法都是不同的。」故夒為帝嚳之説實難定論。然而當我們剥離掉帝嚳傳説中的後世烙印，似可以看到他們確實代表了類似的歷史時代。

高祖夔以他半人半猴的形象和半人半神的雙重性格表明，他不是真實存在過的人物，而是遥遠祖先的假定代表。被稱為母猴和女性的農業保護神的身份，標志着他生活的年代包括整個母系氏族社會乃至更早。帝嚳在古史系統中雖被尊為神帝又配以四妃，成了華夏族各支系共同的男性祖先，如據《史記》的《五帝本紀》、《殷本紀》、《周本紀》其元妃有邰氏女姜嫄生棄，是周人始祖，次妃有娀氏女簡狄生契，是商人始祖，又娶陳鋒氏女生放勛，即堯。但傳説還有棄因姜嫄「踐大人跡」而生，契因簡狄吞鳥卵而生，堯則姓伊祁氏，「其母在三阿之南，寄于伊長孺家，故從母居為姓」（《五帝本紀》索隱注引《帝王世紀》）。可知堯氏族第一個以堯為名的氏族領袖還處于由母系向父系的過渡中，而棄和契氏實亦不知其父，皆為第一男性祖先，所以如果在此之前還有一位先祖嚳的話，只能是母系氏族制度下女性祖先的假定代表，傳説「靠（嚳）母無聞焉」（《五帝本紀》正義注引《帝王世紀》）正暗示他的時代甚至包括母系氏族制度産生以前。

傳説中嚳又稱高辛氏，《左傳・昭公元年》有「昔高辛氏有二子，伯曰閼伯，季曰實沈，居于曠林，不相能也，日尋干戈以相征討，后帝不臧，遷閼伯于商丘，主辰，商人是因，故辰為商星。遷實沈于大夏，唐人是因，以服事夏商。」在這個有關商人族源的傳説中，提出高辛氏是其遠祖。閼伯、實沈的時代過去的學者都據「后帝不臧」句，判斷在帝堯之時。但是晉南地區考古工作揭示，在汾澮地區即文獻所載唐人定居的大夏一帶，相當于先夏或夏代的先民是陶寺類型龍山文化的創造者，而這一文化和當地的早期龍山文化乃至仰韶文化有一脈相承的發展關係，它意味着這支先民定居大夏至少在仰韶文化後期，正當氏族制度由盛到衰的發展途程中。而我們知道在氏族制度下部落和部落聯盟内部不可能有「日尋干戈以相征討」的事，在不存在聯盟關係或血緣關係的氏族部落間則没有共同的「后帝」，所以閼伯、實沈的遷徙不可能是后帝之所為，當出于「日尋干戈」破壞了正常的經濟生活。而這種戰争並不只是氏族社會末期或階級社會才有的，摩爾根在《古代社會》一書中曾講過居住在紐約州北部，世系按女性本位相傳的易洛魁人，在歷史上就曾因遭到周圍部落敵視而被迫遷徙過。恩格斯在叙述氏族制度局限性時也講到過「凡是部落以外的，便是不受法律保護的，在没有明確和平條約的地方，部落與部落之間便存在戰争，而且這種戰争進行得很殘酷……」總之，閼伯、實沈的年代要遠早于帝堯之時，他們的先祖高辛氏亦當屬于母系氏族社會。

因此，不論是高祖夔還是帝嚳高辛氏，實際上都是「母權制」時代遥遠先祖的假定代表，由于在不同的流傳中受到不斷的改造，所以從文字學的角度不一定能證實夔就是嚳，然而就其傳説的原始形態看，他們確有類似的歷史地位。【殷墟卜辭中的高祖與商人的傳説時代　全國商史學術討論會論文集（殷都學刊增刊）一九八五年二月】

夎

籀韻【古文四聲韻】

◉徐鉉 拜失容也。从夊。坐聲。則卧切。【說文解字卷五新附】

◉丁福保 曲禮。介者不拜。為其拜而夎拜。說文無夎字。新附作夎。鈕氏新附攷曰。夎疑㘴之俗體。通作蹲。案以夎為㘴之俗體。其說迂曲難據。作蹲本陸曲禮釋文。證以襄公三十三年公羊傳何注。自是可據。【說文解字詁林後編】

舛

舛【汗簡】

汗簡【古文四聲韻】

◉許慎 對卧也。从夊㐄相背。凡舛之屬皆从舛。昌兗切。楊雄說。舛从足春。【說文解字卷五】

◉馬叙倫 鈕樹玉曰。玉篇引無也字。韻會引卧作取。孔廣居曰。對卧之說可疑。王筠曰。從夊㐄相背。玉篇引同。然終恐是後人改。夊部無㐄。直是反夂。取相背之意。猶亞从二臣相違耳。徐灝曰。許云對卧。蓋因交趾俗而云爾。從舛之字如舞舜粦之類皆有行義。則非對卧明矣。林義光曰。舛非卧義。舛。乖也。象二物相背。古作。倫按前人據王制注說交趾曰卧則僢及集韻蠻夷卧以足相向曰僢。證舛為對卧。然於篆形終不顯卧義。且乃足相背非相向也。卧字必譌。蕭該漢書音義引字林。充絹反。錯也。疑此為經傳逃竄之竄本字。今杭縣謂人行走忽東忽西曰穿來穿去。倫謂即此字義。從夊。從㐄。會意。此吅為衆聲之例也。

段玉裁曰。舂聲也。倫按楊雄說或校者加之。舛下當有或字。舛音穿紐。以雙聲轉注為踳。【說文解字六書疏證卷十】

舞

甲二三四五 象人兩手曳牛尾而舞之形後世用為無

甲二八五八 今日衆舞

鐵一二〇·三

拾一一·一五

乙一九三七 舞㞢雨

前六·二〇·五

前六·二一·一

前七·三五·二

佚一

佚八三

粹五

一

粹三三四

粹七四四

京津四四六

京津四五二

河八七七

粹一三一五

乙二一八一

京都三〇八五【甲骨文編】

□ 無之重文【續甲骨文編】

□ 舞 匽侯舞昜器 □ 从辵 僟兒鐘 歓飤訶舞【金文編】

□ 舞陽丞印 □ 舞陰之印【漢印文字徵】

□ 舞【汗簡】

□ 古尚書 □ 群書古文【古文四聲韻】

◉許　慎 □樂也。用足相背。从舛。無聲。文撫切。□古文舞。从羽亡。【説文解字卷五】

◉劉心源 □余義鐘 舞从辵。與舛同意。字書未收。【奇觚室吉金文述卷九】

◉王　襄 □ 古舞字，華石斧先生云象人執牛尾以舞之形，為舞之初字。按王俎人甗之□、亞形父丁卣之□皆此字之緐文。僕兒鐘之舞從辵作□，乃後起之字也。【簠室殷契類纂正編】

◉林義光 説文云。□樂也。用足相背。从舛。無聲。按□□象足跡。非舛字。無聲。【文源卷六】

◉葉玉森 □亦舞字。卜辭屢言雩示。蓋祈雨之祭。古代雩必用舞。説文。雩。夏祭。樂舞于赤帝。以祈甘雨也。从雨。亏聲。或體从羽。舞羽也。周禮司巫。若國大旱。則帥巫而舞雩。女巫。旱暵則舞雩。故卜辭曰。「拱舞之。从雨」。又曰。「舁舞之。从雨」。卷六第二十六葉之二。是殷之舞雩。或拱舞。或舁叚作圉舞。竝帥衆合舞之誼。殷人尚鬼。當設司巫等官。卜辭言用巫之數有至三百者。後下第四葉之一。則當時巫衆可知。【揅契枝譚】

◉高田忠周 説文。□樂也。用足相背。从舛。無聲。古文从羽亡聲作□。而此篆从辵無聲。辵亦用足之義。即與舛同意。説文。□。安也。从手無聲。古文从辵亡聲作□。蓋辵亦遷字也。古文借舞為撫也。字亦加人作儛。禮記樂記。舞動其容也。左隱五年傳。夫舞所以節八音而行八風。此本字本義也。【古籀篇六十三】

◉孫海波 □字从雨从舞，自來著録未見。海波按即舞雨之專字，象人在雨下褱舞之形。【卜辭文字小記 考古學社社刊第三期】

◉商承祚　𦏶　説文「𦏶。樂也。用足相背。从舛無聲。𦏶。古文舞。从羽亾。」案金文余義鐘「歓飤訶遷」作𨒬。亾無一字。攴部𢻱。「讀與撫同。」又撫之古文作㢅。可證。有無之無。甲骨文皆作亾。則亾古于無矣。舞从舛从辵者。取其舞之勢。从羽者。取其舞之物也。【説文中之古文考】

◉郭沫若　𦏶，當是舞之異，从彳象形，象人長袖夭夭然而舞。从彳者。金文義楚良臣鐘「歓飤訶舞」字作𨒬，从辵，此省止也。【殷契粹編考釋第一三二〇片】

◉馬叙倫　背字涉上文舛下説解而誤。兩足相背。豈復能舞。如謂二人之足。則舞不必定以二人也。此非許語。然樂也亦非本義。或亦非本訓也。舞為武之轉注字。亦𡙡之後起字。蓋𡙡從大。象執旄尾而舞。亦武之後起字。以形變捝於𡙡。乃加𦏶以別之。𦏶非舛字。實從二止。弭中簠。受𡙡䪭福。魯公鐘。萬世𡙡䪭。皆以𨒬為無。字從䒑。爽聲。為武𡙡之轉注字。可證也。如此篆即䒑之異文。當入䒑部。

𦏶，宋保曰。亡聲猶亾讫從亡聲也。倫按從羽亡聲。不見舞義。俞先生樾以𦏶為武舞。𦏶為文舞。校舞于羽于兩鍇文也。然亦不見舞義。疑羽之轉注字。或亡之轉注字。聲皆魚類也。古文經傳以為舞字。從羽亡者校者加之。【説文解字六書疏證卷十】

◉郭沫若　「象舞」二字(匡卣)原作𠕁𡗜，擴古上字釋為，下字未釋。孫釋「為」，第二字乃象人手舞足蹈之形，亦絶非器。攷古文舞字本即作無。作冊般甗「王𡇈夷方，𦏶𢻱」，即象一人垂鞭或羽而舞之形。稍後則變作𦏶毛公鼎若𦏶不𡢁𣪘，用為𤔲字，而與舞字分化。小篆舞作𦏶。案此乃於人形大字腳下賦以足形耳，與𦏶字寔無以異。此銘从舛作，與小篆同，特省𣏟而已。

【謚法之起源　金文叢考】

◉陳夢家　……卜辭舞作𣎼或𣎼，象人兩袖舞形，即「無」字，巫祝之巫乃「無」字所衍變：説文「巫，巫祝也。女能事無形以舞降神者也。象人兩褎舞形」，「無，豐也，从林𣞤，𣞤或説規模字」。墨子明鬼篇引湯之官刑曰「恆舞於宮，謂之巫風」。巫之所事乃舞號以降神求雨，名其舞者曰巫，名其動作曰舞，名其求雨之祭祀行為曰雩。説文：「雩，夏祭樂於赤帝以祈甘雨也」；月令「大雩帝，用盛樂」，鄭注云「雩，吁嗟求雨之祭也」；爾雅釋訓「舞，號雩也」，郭注云：「雩之祭，舞者吁嗟而請雨」，釋文引孫炎云：「雩之祭有舞有號」，周禮司巫「若國大旱則帥巫而舞雩」，注云「雩，旱祭也」。凡此所説祈甘雨、求雨、請雨、旱祭等，皆是雩的行為，而吁嗟與號則是舞時之歌。巫、舞、雩、吁都是同音的，都是以求雨之祭而分衍出來的。

武丁卜辭的「無」(即舞)，到了廩康卜辭加「雨」的形符而成「𩃬」，它是説文「雩」之所从來。……　【殷墟卜辭綜述】

◉饒宗頤　□申卜，㱿貞：烄，亡其雨？　□申卜，㱿：……舞岳。（前編六・二十・二）同版見爭貞雨之辭。

按「舞岳」謂山川之雩。爾雅釋訓：「舞，號雩也。」郭注：「雩之祭，舞者吁嗟而請雨。」周禮司巫：「若國大旱則帥巫而舞雩。」又舞師：「教皇舞，帥而舞旱暵之事。」是烄即求雨燒柴禱于天也。說文：「烄，交木然（燃）也。」玉篇：「烄，交木然以燎柴天。」管子幼官篇言：「燒交疆郊。」交借為烄。【殷代貞卜人物通考卷三】

◉屈萬里　𠍷當是舞字之異體。詩簡兮：「方將萬舞」。毛傳云：「以干羽為萬舞，用之宗廟山川。」此言萬舞，或即干羽之舞也。【殷墟文字甲編考釋】

◉李孝定　說文「無。豐也。从林𣞤。或說規模字。从大。卌。數之積也。林者。木之多也。卌與庶同意。商書曰『庶草繁無』。」栔文象人舞形。孫海波曰「無。卜辭以為舞字。象人曳舞之形。」文編六卷三葉上。此實舞之古文。非卜辭以為舞字也。說詳前五卷舞字條下。許君說此殊支離。蓋昧其初形不得其解。故望文說之耳。許君以為規模字之𣞤即𠍷之譌變。郭沫若以此證𠍷為母。非是。卜辭「無」𠍷均用其本義。多紀舞雩之事。金文無字多見。均假為有無字。⊘本亦象人執羽若帗之屬起舞之形，其上譌變為𣞤，而下則譌變成林，許君遂不得其解矣。

說文。「舞。樂也。用足相背。从舛。無聲。𦏶古文舞。从羽亡。」又亡部。「⿱無亡。亡也。从亡。無聲。」又林部。「無。豐也。从林𣞤。或說。規模字。从大卌。數之積也。林者。木之多也。卌與庶同意。商書曰。『庶草繁無。』」據許意。三字之別較然。今隸以無為有無字。緐無字別作廡。又或作蕪。蕪。許訓薉也。徐灝段注箋云。「無蕪蓋本一字。因無借為語詞。又增艸作蕪耳。豐蕪與蕪薉。兼美惡二義。猶亂訓為治。徂訓為存也。」按徐氏之說是也。舞則从無聲。其義與無若不相涉。實則𠍷乃無之本字。即舞之古文。象人執物不必牛尾。說見下而舞之形。篆增舛。象二足。古文字往往於以見意之部分特加誇大。舞者手舞足蹈。从𣏟。象手之舞。从舛。則象足之蹈也。又古文字象人形者。或增又。或增止或作夊。與不增者往往無別。二者實一字也。此例多見。不贅。許君訓無為豐。實非朔誼。故其說亦支離少當也。「有無」之「無」。古無正字。卜辭多叚「亡」為之。後世又叚「無」舞本字為之。至小篆之「⿱無亡」。乃後起有無專字。「無」「亡」皆可為聲。而無一偏旁可由以得義。於字例之條實有未合也。周禮舞師有兵舞帗舞羽皇舞。隨所舞之不同而所執亦各異。鄭注賈疏言之詳矣。卜辭云。「貞無舞允从雨其雨」。此非有無字。乃記舞雩之事也。周禮春官司巫。「若國大旱。則帥巫而舞雩」。又舞師。「教皇舞。帥而舞旱暵之事。」鄭注。「玄謂皇析五采羽為之。亦如帗」。此即象執羽而舞之形。下言「允从雨」。記其驗也。金文作𠍷余義鐘。「飲飤訶⿺辶無」。不从舛而从辵。偏旁中辵止彳得通之常例也。【甲骨文字集釋第五】

◉于省吾　甲骨文和周代早期金文均以𡗜或𣞤(隸變作無)為舞。東周器余義鐘以訶䢮為歌舞。䢮字从辵，以表示行動，但䢮字後世並未通行。甲骨文以亡為有無之無，而周代金文則多借無為有無之無。說文訓無為豐，訓𣠮(後起字)為亡，均與造字本義不符。說文舞字作𦘮，並謂「舞，樂也，用足相背，从舛無聲。」說文繫傳：「舛，兩足左右也，兩足左右蹈厲也。」按許氏不知缺疑，本諸小篆，割裂舞之形體以為之解，乖謬之至。早期古文未見舞字。近年來房山縣琉璃河西周燕墓出土之圓盤形銅器上有「匽灰舞昜」四字，舞字作𦘮，上部象人兩手執舞器，下部象兩足均有足止(趾)，用以表示手舞足蹈之形。這是由無字孳乳為舞，成為舞字的初文。所謂「中流失船，一壺千金」。古文早期之人形，从止(趾，下同)與否本來無別，但後期則不盡然，比如周器穆公鼎的粦字作粦(甲骨文之炎字作炎)，是其例。然而說文也把粦字割裂為「从炎舛」。古文無與舞均用作舞蹈字，祇是有早晚期之別而已。周代多借無為有無字，因而別製舞字以為區別。總之，後起的舞為獨體象形字，其上部既象左右執舞器，同時也表示着舞字的音讀。【釋具有部分表音的獨體象形字　甲骨文字釋林】

◉李孝定　甲骨及早期金文「有無」字皆作「亡」，後始以「無」為之，「亡」之本義不可知，或以為「芒」之古文；「無」則「舞」之本字，以為「有無」字，皆假借也，許君以降，均謂舞字以無為聲，商承祚氏則謂亡無一字，所論均未的。【金文詁林讀後記卷五】

◉姚孝遂　肖　丁　卜辭凡言「奏」，多與樂舞有關。而古代祭祀，每每以樂舞為其主要儀式。

《周禮·樂師》謂：「凡舞，有帗舞，有羽舞，有皇舞，有旄舞，有干舞，有人舞」。「干舞」鄭《注》以為「兵舞」。卜辭的「奏𢀛」、「以𢀛」、「𡗜叀𢀛」等，可能為「干舞」之類。

《京都》2260：「舞𡶒雨」，「舞」為祈雨之祭。《周禮·司巫》：「若國大旱則帥巫而舞雩」。《爾雅·釋訓》：「舞，號雩也」。郭璞《注》云：「雩之祭，舞者吁嗟而請雨」。邢昺《疏》引孫炎云：「雩之祭。有舞有號」。卜辭「舞」字即象有所持而舞之形。舞蹈是雩祭祈雨時的一種主要形式。《公羊》桓公五年傳：「大雩者何？旱祭也。」何休《注》：「使童女各八人舞而呼雩，故謂之雩。」

卜辭「𠦪雨」之對象甚多，而「舞」之對象則以「河」及「𡶒」為主。【小屯南地甲骨考釋】

◉徐中舒　𡗜乙一七八七　從大之兩內側有二豎劃，自辭例及字形觀之，疑為𣞤舞之省形。【甲骨文字典卷十】

◉戴家祥　𦘮儆兒鐘　歙飤訶䢮　集韻上聲九噳䢮「罔甫切，博雅跡也。」鐘銘「歙飤訶䢮」，訶䢮，即歌舞。毛公言「情動於中而形於言，言之不足，則嗟歎之；嗟歎之不足，故永歌之；永歌之不足，不知手之舞之，足之蹈之也」。毛詩國風序。鄭風子衿「縱我不往，子寧不嗣音」。蓋「古者教以詩樂，誦之，歌之，絃之，舞之」毛傳。「舞之，謂以手足舞之」。孔穎達毛詩正義。「樂容曰舞」藝文類聚引蔡邕月令章句。無為舞之初文，表容在其兩手。加旁从舛，容在兩足相背，實為一字。說文五篇广部廡，籀文作𢊁。地官鄉大夫「五曰興舞」，鄭衆曰：「故書舞為無」。集韻上聲九噳舞𦏶同字，潕潕同字，是其證也。加旁从辵「辵，乍行乍止也，」「舛从夊𠂎相背」，兩字義亦相近，故鐘銘更旁从辵。𨘢，形聲字也。由象形變為形聲，亦古文六書隸屬演變之通例也。【金文大字典下】

舝 舝

◉許 慎 舝車軸耑鍵也。兩穿相背。从舛。𥎊省聲。𥎊。古文偰字。胡戛切。【說文解字卷五】

◉馬叙倫 嚴可均曰。鍇本無𥎊古文偰字。校語也。王筠曰。舞舝二字皆以形附。倫按車軸耑鍵與舛無涉。何以從舛。蓋此是轄字訓也。十四篇。轄。車聲也。一曰。轄。鍵也。左昭廿五年傳。昭子賦車轄。釋文。轄本又作舝。又哀三年傳。巾車脂轄。釋文。轄。本又作鎋。鎋為轄之異文。今本書無鎋字。其義入於舝下。而別見於轄下。舝從舛。義當生於舛字。蓋亡矣。或為𨘢之初文。則从䖵而譌為舛也。字或出字林。【說文解字六書疏證卷十】

◉曾憲通 𥎊 𥎊于其王 乙五·六 此字舊釋為每、為虐，皆與形體不合。何琳儀釋虞，已認出下端是禹，但上端仍誤為从虍。李家浩釋為𥎊，才把問題徹底解決。𥎊字見于秦簡《日書》，裘錫圭指出即《說文》舝字（《四部叢刊》影印《說文繫傳》此字作舝），秦簡𥎊字多用為害，帛書此字亦當讀害。【長沙楚帛書文字編】

𦱤 𦱤

𦱤 趙舜之印 𦱤 令狐舜印 𦱤 張舜私印 𦱤 劉舜之印 𦱤 司馬舜印 𦱤 李舜之印 𦱤 盧舜 𦱤 閭丘舜 𦱤 丁舜之印 𦱤 栗舜 𦱤 張舜私印 𦱤 臣舜 𦱤 楊舜之印 𦱤 羊舜印 𦱤 公乘舜印【漢印文字徵】

𦱤 𦱤見尚書【汗簡】

𦱤 汗簡 𦱤 𦱤 竝籀韻【古文四聲韻】

◉許 慎 𦱤艸也。楚謂之葍。秦謂之藑。蔓地連華。象形。从舛。舛亦聲。凡𦱤之屬皆从𦱤。舒閏切。今隸變作舜。𦱤古文𦱤。【說文解字卷五】

◉馬叙倫 沈濤曰。爾雅釋文云。葍。方服反。說文云。亦名舜。楚謂之葍。秦謂之藑。蔓地生而連花。是古本蔓地下有生而二字。翟云升曰。舛聲。廣韻引萺作萻。倫按象形兼聲之字。許書殆無一字。揆之造字原則。亦無其理。況匧亦不象蔓地生而連華形。是必為形聲字無疑。特匧字許書既無。字書亦缺。然從匸從炎甚明。而匸炎不能會意。亦必為形聲字也。將從炎亡聲耶。則為光之轉注字。匸讀若方也。或從匸炎聲。炎焱一字。焱音喻紐四等。喻四與非審同為次清摩擦音。匸音非紐。舜音審紐。是或從炎匸聲。或從匸焱聲。皆可為舜之聲。而舜音審紐三等。舛音穿紐三等。皆舌面前音。是舛之轉注字。故今以僢為舛。艸也者。蕣字義。今艸部以木槿為蕣。木槿字即槿。本書無此字。而義入蕣下。蕣義乃在此下。謂木槿為蕣者。借蕣為槿聲同真類。詩之舜華即謂槿也。艸部蕒下一名舜者。舜當作蕣。亦借蕒為蕣也。說解俱非許文。字見急就篇。

𡕰 徐灝曰。𡕰古文赤也。倫按𡕰從肉𡕰聲。蓋胂之轉注字。𡕰音穿紐三等。申音審紐三等。皆舌面前音。𡕰舜雙聲。故古文經傳借𡕰為舜。當入肉部。【說文解字六書疏證卷十】

◉黄錫全 [古文]舜見尚書 夏韻稕韻録《古尚書》舜作[古文]，録《汗簡》舜作[古文]。《說文》舜字古文作𡕰。此形寫誤。寅字古變作[古文](陳猷釜)[古文](禽𦙶簋)[古文](豆閉毁)[古文](㕨毁)[古文](說文古文)等，疑𡕰為䁠或𡖟譌，䁠瞬音義近。【汗簡古文注釋卷二】

䑞 䑞

[古文] 出李尚隱集字【汗簡】

◉許　慎 䑞華榮也。从舜。生聲。讀若皇。爾雅曰。䑞。華也。户光切。𦶎䑞或从艸皇。【說文解字卷五】

◉孫詒讓 金文𠂭家父簠云：「𠂭家父乍中姬匡用成盛稻粱，用速先遂者諸䟃兄，用旛釁眉考無彊，抲德不亾忘，孫子之𤯷。」此器銘皆協均，末𤯷字从𦶎从㞢，説文所無，以文義攷之，當為䑞之異文。說文舜部「䑞，雩榮也。从舜㞢聲，讀若皇。」或作葟，从艸皇。古皇黄音同字通，䑞或體形聲並與皇同。「𦶎」與「黄」形亦相近，故又作𤯷。「孫子之𤯷」，亦謂為子孫之光榮也。【名原】

◉馬叙倫 趙宧光曰。從生非是。當作㞢。㞢有艸盛義。王筠曰。鍇本作䑞。譌。鮑本作䑞。亦譌。葉本孫本説文韻譜朱筠本顧本皆作䑞。生聲葉本作㞢聲。他本皆譌。王玉樹曰。葉本篆及注皆作㞢。不譌。周氏宋本篆不誤。而注誤作生聲。倫按華榮也當作華也榮也。皆非本義。知者。舜非艸名。䑞從舜不得有華或榮之義。一也。即謂舜墻是艸名。則是茅也。安得生華或榮之義。二也。本書。茾。艸之葟榮也。字亦作葟。故釋草亦以茾葟同訓榮也。此華也榮也皆葟字義也。䑞䑞從㞢得聲。㞢音匣紐。故得借為葟。六篇㞢讀若葟是其例證。䑞蓋舜之轉。舜得聲於匸。匸㞢聲同陽類也。爾雅六字校者加之。今雅釋言作華皇也。石經亦作華皇也。釋文同。郭注釋草。葟葟華榮。引釋言。華皇也。然則此為校語明甚。又此篆從舜旁生而説解作生聲。毛本及王筠校錯本篆皆舜旁生。説解亦作生聲。玉篇亦作韡。諸家皆以從生及生聲為譌。蓋皆以重文作葟故也。倫以為舜之本義非艸。則葟韡不得為一字。韡為舜之轉注字。則生聲為近。生舜音同審紐也。校者或呂忱以生讀若皇。因加讀若皇。又以為爾雅之皇當作此字。故記之曰。爾雅曰。韡。華也。又以為爾雅釋言之華皇即釋言之葟。故以蘳之轉注作葟者為此重文。而以葟字之義迻為此訓。轉挩本訓。亦或此字出字林也。

葟　段玉裁曰。皇聲。倫按韡葟亦蕢臾之例。實異義之字。葟當入艸部葟後。為蘳之重文。蘳之音同匣紐轉注字。餘見蘳下。【説文解字六書疏證卷十】

◉戴家祥　𪏰叔家父簠　孫詒讓云：𪏰字从墓从生，説文所無，以文義攷之，當為韡之異文。⊘古籀餘論卷二第廿八葉叔家父簠。又見名原卷下第廿四葉。按牙音見溪兩紐，古文每與喉音曉匣混諧。黄讀户光切，匣母陽部。而觵从黄聲四篇角部，讀古横切。廣从黄聲九篇，广部，讀古晃切。彉从黄聲十二篇弓部，讀若郭，皆見母□□，艸木妄生也，讀若皇。匡从㞷聲，讀去王切，去在溪母。豳風破斧「四國是皇」，齊詩作「四國是匡。」㞷匡同聲，故光亦通黄。左傳襄公二十年「陳侯之弟黄出奔楚」，公羊穀梁並作光。大雅江漢「武夫洸洸」，鹽鐵論繇役篇作「武夫潢潢」。爾雅釋訓「洸洸糾糾」，釋文舍人本作「僙僙」。一切經音義十四桄古文橫橫二形。𪏰从黄，㞷聲，即光之或作，殆無疑義矣。「孫子之𪏰」，猶大雅皇矣「載錫之光」。毛傳：「光，大也。」孫釋韡，同皇，迂迴曲折，未中肯綮。【金文大字典下】

韋

甲三五〇　貞人名　甲二二五八　甲三三三九　乙二四八五　乙八八五　乙一〇三二　乙一一一七

鐵七七・四　鐵一六九・三　鐵二一三・四　鐵二四一・三　前七・八・三　前七・三六・三　後二・一八・二　戩四〇・四　戩四九・七　前四・三一・六　前五・四七・一　乙二一一八　佚五四二

燕三　京津四七六　京津一九七二　乙八三三〇　【甲骨文編】

甲2258　3339　乙1117　2118　2485　3108　3206　5898　6666　6772

6773 7133 7696 8055 珠16 781 800 佚105 542 續1·48·8

2·24·2 2·30·1 3·26·3 3·28·7 4·11·2 4·26·4 徵2·4 4·10 4·22

4·54 5·2 8·62 10·59 10·102 京3·18·1 42·1 鄴28·2 新1153 録

641 天42 誠395 460 六束80 凡8·2 8·3 新1972 5661 【續甲骨文編】

黄韋俞父盤 韋鼎 【金文編】

259 273 【包山楚簡文字編】

秦八九 通圍 —城 日甲四〇 日甲四〇 【睡虎地秦簡文字編】

韋臨之印 韋良私印 韋咸私印 韋尊 韋同之印 巨韋季春 【漢印文字徵】

石經無逸 説文之古文同 【石刻篆文編】

韋 【汗簡】

王存乂切韻 【古文四聲韻】

◉許 慎 相背也。从舛。囗聲。獸皮之韋可以束。枉戾相韋背。故借以為皮韋。凡韋之屬皆从韋。宇非切。古文韋。

【説文解字卷五】

◉孫詒讓 檢龜文有云「貝」七十七之四者，或作「」二百四十一之三、「」百六十九之三，葢或釋為「夏」字，而讀為復。攷《説文·夊部》：「夏，从夊，畗聲」。此形殊不類，寀文實當為「韋」字。《説文·韋部》：「韋，相背也，从舛，囗聲。獸皮之韋。枉戾相韋背，故借以為皮韋。古文作」。此上下从者，即舛形，中从囗，則尤明析矣。「韋」為違本字，凡卜不從為違。《書·洪範》所謂「龜筮共違于人」是也。但此云「韋貞」者，不必皆凶卜。義究難詳耳。

龜文又有「□」字卅一之三，或作「□」百三之二，字亦常見。如云：「乙丑卜斤隻□羌」卅一之三、「丙申卜□禽」八十之一、「丑卜立□其□」八十五之二、「貝我弗其隻□昌」百三之二、「貝巤甲子大□□」百四十九之四、「乙亥□㱿貝豕歿□」百六十一之一、「貝昌不□」二百十二之三，以文義推之，似亦即「韋」字而變其形。舛字本从夊㐄反正平列，不分箸上下。《說文·舛部》：「舛，對卧也。从夊㐄相背。」則字形當以夊㐄平列為正。此从本形，於字例固符合也。其義或當為圍之借字。「隻舛羌」及「昌」者奪圍也。羌即西羌，昌即昌方，蓋國名。詳《釋地篇》。「舛禽」者，田獵圍獸，《王制》所謂圍羣也。「貞巤大舛」義同。「其舛」、「不舛」者，軍事圍邑之類是也。【契文舉例卷上】

◉林義光　說文云。韋。相背也。从舛□聲。獸皮之韋可以束物。枉戾相韋違背。故借為皮韋。按古作□伯晨鼎幃字偏旁作□㬎比鼎衛字偏旁。□即□之變。亦象物形。□象二物相違。口聲。或作□楚公鎛。【文源卷六】

◉高田忠周　說文。□相背也。从舛□聲。獸皮之韋可以束。枉戾相韋背。故借以為皮韋。又古文作□。按許氏此説甚謬。說文□字解云。韋束之次弟也。从古文之象。其古文作□。解云从古文韋省。丿聲。依此當知韋字本不从□字。蓋□□皆象束縛相背枉戾者之狀也。或作□者為省文耳。又□意兼聲。周繞絇束之意。故□作□作□作□。□□同意。□帀同義也。然則韋字。獸皮之熟為本義。故韋部字概為皮革義。且弟字从此。訓韋束之次弟也。而韋皮之轉義為束縛斂收。故韡字从韋。訓收束也。若夫許氏所謂相韋背也者。其字形从舛□聲。龜文所見。作□作□作□者是也。小篆誤混。兩字無別。然許氏時。古説尚傳。故説解內尚存此等二説。而末沾相韋背故借以為皮韋二句。實可謂贅矣。今斷然分別為兩字。並為建首。即□屬于□系。□屬于舛系。舛□之類皆屬于止系也。【古籀篇二十五】

◉丁佛言　□古鉨□韍。古文皮作□。古韋字。上下皆从□。許氏説獸皮之韋可以束枉戾相韋背。故借以為皮韋。此从皮。與古文合。小篆从舛乃□之譌。□古鉨丹韋。吳愙齋釋。□古鉨鄣瘍。或从邑。□古鉨。【說文古籀補補第五】

◉強運開　□遣小子𩏂敦。人名也。說文所無。□東中鐘。無□𩏂善。按。衛字从韋帀行三字會意。此从韋从帀。說文。韋。相背也。或即古韋字。無□𩏂善。即無相違善。古卿鄉一字。應讀為相。【說文古籀三補卷六】

◉商承祚　說文「韋。相背也。从舛□聲。獸皮之韋可以束。枉戾相韋背。故借以為皮韋。□。古文韋。」案金文黃韋俞父盤作□。與篆文同。甲骨文作□□□□□□□。象兩人相背行。又象兩足有捍隔。乃違之本字也。後借為皮韋字。而出違代韋。本義廢矣。此从□。文飾而等齊。失之。石經古文與此同。【說文中之古文考卷五】

◉馬叙倫　鈕樹玉曰。玉篇引同。韻會引束下有物字。借當為稓。王筠曰。韋為相韋。於古未聞。說解以相韋為正義。以皮韋為借義。又以為形聲字。似皆誤也。革韋一物。分生孰耳。許君說此兩字。其可疑亦相似。本部中字無一非皮韋義。可知不得以相背為正義。徐灝曰。一切經音義十四引字林云。韋。柔皮也。漢書鄭崇傳注云。孰曰革。生曰韋。灝按革縷束物謂之韋。因其所用以名其物。故柔皮曰韋。古文[glyph]上下皆象革縷束物之形。中從○者。圍繞之意。小篆由古文變。非從舛也。高田忠周曰。相背字甲文作[glyph]作[glyph]作[glyph]。[glyph]為皮韋。與小篆相混。倫按相背也者違字義。此從[glyph]從[glyph]從□。為[glyph]之異文。音即得於□。借為皮革之偁。皮音奉紐。韋音喻紐三等。同為次濁摩擦音也。本部屬字。僅韓字不從韋之借義得義。相背也非本訓。獸皮以下十八字皆校語。餘見皮下革下。字見急就篇。黃韋俞父盤作[glyph]。

[glyph]王筠曰。從日非也。巾部[glyph]從[glyph]。中從○是也。商承祚曰。石經古文與此同。倫按王說是也。字從□得聲也。豈⊙為◎之譌邪。[glyph]亦疑為[glyph]之譌變。古幣文有[glyph]字。【說文解字六書疏證卷十】

◉楊樹達　說文五篇下韋部云：「韋，相背也。从舛，□聲。獸皮之韋可以束物，枉戾相韋背，故借以為皮韋。」雨非切。今按韋字甲文作[glyph]，或作[glyph]，口為古城字，說見下。口之上下或左右皆作足形背城他去之形，乃違之初字也。二篇下辵部云：「違，離也，从辵，韋聲。」羽非切。論語公冶長篇云：「崔子弒齊君，陳文子有馬十乘。棄而違之，之一邦，則曰：猶吾大夫崔子也。」違之謂離齊他去也。許君訓韋為相背，雖得其髣髴，而義不完全。解其字為从舛□聲，又大誤矣。正字甲文作[glyph]，或作[glyph]，象足向城行，字形與韋字正相反，說已見前正字下。又之字甲文作[glyph]，象足背一他去之形，與韋字構造略同。特之訓為往，就將往之地言之，韋訓為離，就現在之地言之，為異耳。韋字失去違離之初義，乃由後起加形旁字之違字承受之，而韋字只為後起義之皮韋所專有矣。【積微居小學述林卷五】

◉陳夢家　左傳襄二十四杜注云：「東郡白馬縣東南有韋城」，續漢書郡國志東郡白馬縣有韋鄉，濟水注濮渠水又東逕韋城南，即白馬縣之韋縣也。」據一統志，韋在今滑縣東二十里。【殷墟卜辭綜述】

◉饒宗頤　卜人韋字，大抵作[glyph]形，其異體又有[glyph](屯乙六七七二)、[glyph](屯乙三二〇六)、[glyph](屯乙二四八五)諸形，繁變又作[glyph]者(屯乙二一一八)，僅一見。按韋與[glyph]祇豎書橫寫之異，自是一文，或目為二人，非是。韋於夏殷之際，乃國名。詩長發：「韋顧既伐，昆吾夏桀。」鄭箋以為韋即豕韋，彭姓也。續漢書郡國志：「東郡白馬有韋鄉。」史記曹相國世家謂之圍澤，呂氏春秋具備篇：「湯嘗約于郼薄矣。」蓋即韋亳是湯伐韋，後嘗居其地。卜辭有子韋，殆殷王族之封於韋地者。【殷代貞卜人物通考】

◉高鴻縉　字以違背為本意。金文韋字亦象二[glyph]韋背形。甲文小篆則从二止(為足)違背。口聲。口即圍之初文。韋自借為皮韋(革縷也)字。乃加辵為意符作違。言背道而行。即謂之違也。(其實就甲文小篆言之。既已从二止相違。又加辵旁。意殊嫌複)

【中國字例五篇】

◉屈萬里　羅振玉釋衛，云：「卜辭韋衛一字」(殷釋中六五葉)。按：卜辭護衛字作衛：其作韋者，乃第一期貞人之名。二字有別，羅說蓋未的也。　【殷墟文字甲編考釋】

◉馬叙倫　田彝　[glyph]乍父己寶障彝[glyph]　倫按舊釋[glyph]為兩手奉器形。孫詒讓曰。商龜文有[glyph]字。疑韋之變。此末字似與彼同。倫謂孫說是。韋為衛之異文。從○即說文之□。為垣之初文。□外有[glyph]。即守衛者也。甲文作[glyph]。人在□前後者各一也。或作[glyph]。從ㅅ从四止。守道者也。金文高攸比鼎作[glyph]。從行韋聲。[glyph]之轉注字。蓋行為通衢。通衢之中不得有□也。甲文或作[glyph]。從[glyph]。即[glyph]之異文。從[glyph]乃央之異文。即說文之宂。為防備之防本字。從大或從人。從冂。冂為邊界。央者。守邊以備侵襲也。此亦後起字。甲文又有作[glyph]者。其[glyph]即宂也。說文作衛。其帀乃[glyph]之譌。此銘[glyph]字或為作器者之姓氏。或其族徽。表得有守衛之貴族也。或謂[glyph][glyph]彝亞中之[glyph]亦表有守衛也。則作器之癸為貴族。有僕有衛。【讀金器刻詞卷下】

◉白玉崢　[glyph]：藏龜自叙釋复讀復三頁，誤。籀廎先生釋韋，極塙。然於字之形義未為詳究；攷王襄氏云：「从□，从二[glyph]相背；□，圍也；[glyph]，足跡也；足跡相背而馳，有違背之誼」類纂。然羅振玉氏曰：「卜辭韋、衛一字。从[glyph]，从□，象足守衛□內之形」考釋中六五頁。然則羅氏之釋，似嫌粗略。蓋囗為國境邊界之象，亦即今語之「國防線」也；[glyph]為戰士往返巡行守衛之義也。其增ㅅ作[glyph]或[glyph]者，於用，乃為動詞；作[glyph]者，初為動詞，後乃引申為名詞也。城垣固必守護，國家之邊境，更必保衛，以防異族之入侵也。造字之初誼，當為守護防衛者也。至本辭之韋，則為貞人名之專字。據彥堂先生斷代例，韋為第一期武丁時之貞人。【中國文字第三十四冊】

◉李孝定　韋字金文作[glyph]、[glyph]，囗帀同意，[glyph]、[glyph]則甲文从[glyph]之譌變，甲文作[glyph]，實當為[glyph]之省文，象衆人圍城之形，乃圍之本字，高氏之說是也；高田氏以皮韋為韋之本義，說殊可商，韋象圍城，相背為其引申義，獸皮之韋，純屬假借，無義可求，許君以可束枉戾為言，以就「相背」之義，此許君說假借之通病，如「日在西方而鳥棲，故以為東西字」、「鳳飛羣鳥从，以萬數，故以為朋黨字」、「天所來也，故以為行來字」，皆此類也。竊疑「圍」、「衛」古本同字，自城守者言之則為「衛」，自攻戰者言之則為「圍」，後始演為二字耳。【金文詁林讀後記卷五】

◉周永珍　現將卜辭韋(圍)字在早、晚期(五期分法)的變化，舉例說明如下。

一期卜辭

韋(圍)字甲骨文一期多作[glyph]或[glyph]：

乙亥(卜)，𣪊貞：兔既圍。 《鐵》161·1，背刻漏拓

王固：兔叀既圍。 續存上650，與上重

己未卜，穷貞：呂方其亦圍，十一月。 續存2·286

癸未卜，永貞：旬無囚。七日己丑，長友化呼告曰：呂方圍于我奠，豐。七月。 漢城大學藏骨，集刊28下

以上圍字作□。

甲戌卜，族：圍禽，隻六十八。

甲戌卜，族：圍不其禽，十一月。之夕風。 《甲》3113

己酉卜，貞：雀往圍豕，弗其禽，□。十月。 鐵181·3

庚戌卜，㠯貞：方其圍，今日執不？ 《續存》525

以上圍字作□。

二、三期卜辭作□：

貞：□，亡尤。十一月。 《鐵》190，《續存》854

貞：其兄，允禽，乙王其圍□豕。吉。 《甲》3916局部

前一辭二期，後一辭三期。

四期卜辭圍字作□：

叀今日辛，圍禽。

于𣅼日壬，圍禽。 《甲》638

于斿圍禽。 《寧滬》409，《掇》451已殘

此皆武乙卜辭。

甲骨文時代上的差異與殷代銅器銘文韋字的變化是相合的。所謂時代上的差異，並不是斷然分截的，前後兩種形式往往有一段並行交替的過程，又因每種形式使用的時期長短不同，訖止時間不固定，但它們出現的時間上限是比較明確的。

甲骨卜辭中有卜人「韋」，是武丁時的卜人。卜人韋字作以下諸形：

□ 《珠》781、《誠》395

[glyph]《乙》867、885

[glyph]《前》7·26·2、7·27·4

[glyph]《乙》867、《庫》650

[glyph]《京》津566

[glyph]《庫》562

[glyph]《前》5·47·1、《乙》6772、8167、8320

[glyph]《乙》3206

[glyph]《乙》2485

[glyph]《乙》2118、2119

卜人韋沒有一個作[glyph]或[glyph]的，但我們認為卜人韋與卜辭一、二期中作為人名的[glyph]、[glyph]是同一人。例如卜辭：

……[glyph]不囚，易貝二朋，一月。《南北·坊》3·81

……[glyph]囚，……《京津》1697

以上所卜是同一事，所指是同一人，一作[glyph]，一作韋。似乎可作[glyph]即卜人韋之證。

[glyph]字作名詞即韋，作動詞即圍。1973年小屯南地出土一件卜甲，辭為：

丁未卜，令[glyph][glyph]亳。

前一字是名詞，即人名韋，後一字是動詞，即圍，圍攻之意。韋圍一字，猶如或、國一字，啚、圖一字。張秉權説韋、圍、衛皆為一字。衛字似乎與韋、圍不是一個字。甲骨文有「衛」字，武丁時作[glyph]，廩辛以後作[glyph]，與西周金文同。

另有卜辭韋、衛見于同版：

壬寅呼[glyph]伐□[glyph]……

壬寅卜，王令[glyph]伐□□于[glyph]……　佚存383

韋、衛見于同版寫法不同與前引卜辭韋、圍見于同版寫法相同，這種情況可以證明，衛字並不與韋、圍同。作為地名的衛、韋也非一地，後面還要提到。

韋又稱子韋，卜辭有後下18·2可證，銅器銘文作「子[glyph]」，詳本文第三組銅器。由于銘文的韋字從四止，所以有人把它釋作衛。□釋衛是不對的，楊樹達先生已經指出過，此字也是「圍」字。「子韋」卜辭始于武丁的晚期，所以我們以為他是武丁之子，稱子韋同稱婦好一樣，後一字是私名，前一字子、婦是對武丁的關係而言。胡厚宣先生説武丁卜辭稱王、我乃武丁之自稱，是正確的。子、婦是武丁時代王子、王婦之省稱。

關于韋的事跡，略舉以下數事。韋是武丁時代的卜人，與韋見于同版的卜人有㱿、賓、争、亘、古、品、箙等，可見韋是賓組卜人。與韋見于同版的人物還有「子不」（續編5·9·1）、「子□」（《鐵》241·3）、婦好（《乙》5086、《前》7·27·4）、婦姘（《乙》3330、南北·誠14）等。韋在武丁時代除作卜人以外，據卜辭：

㪟入七，帚井示，韋。　乙3330

知他兼作卜官。據卜辭：

……寅卜，韋貞：嬪婦好。

……貞：弗其嬪婦好。　前7·27·4

知婦好死時韋仍在作卜人。小屯北18號墓出土的銅簋上有「矦韋」兩字合文。矦是身份。此矦韋亦即卜人韋，他在武丁晚世可能被封為矦，祖庚時沿之。據《尚書·酒誥》所述殷的諸矦有矦、甸、男、衛、邦伯等階層。矦排在最前，可見「矦」在當時是僅次于王的佔有一定土地的統治者。武丁晚世將其子韋賜封為矦，也屬情理之事。這個矦與大盂鼎的「殷邊矦甸」恐不是一回事。由于「韋」字銘文銅器多出土在安陽，韋的封域或距安陽殷墟不遠，即在王畿之內，亦屬可能。分域駐守，保衛王都，也是子臣的責任。韋之胙土地名亦稱韋，為其族屬及後人使用或繼承。　【殷代「韋」字銘字銅器　出土文獻研究一九八五年六月】

◉鄭若葵　在傳世和現代考古發掘品中，銘「韋」之器見有《子韋爵》、《子韋鼎》、《韋爵》、《韋觚》、《韋尊》、《韋𣪘》、《韋鼎》、《韋戈》、《弓韋且己爵》、《弓韋父庚爵》等等。這些器銘的「韋」字，在形體上都是大同小異，以四足趾繞方形（城廓之形）立意成字。

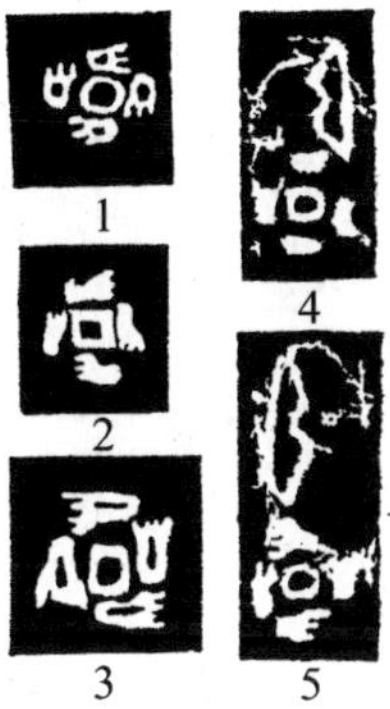

圖一

1.76A×TM17　韋觚　2.子韋爵　3.韋爵　4.弓韋且己爵　5.弓韋父庚爵

值得指出的是，上列諸器中的《弓韋且己爵》、《弓韋父庚爵》兩器「弓韋」的釋定，從我們上面對M54觚銘「⿲弓韋弓」字的釋定來看，則是可作商榷的。

所謂「弓韋」兩爵，原為衡水孫政《式古齋》藏器。商承祚先生收録於《十二家吉金圖録》中。從圖録原銘看，爵一「弓韋」銘柱上，弓形立于韋形上方，弓弧向前。而爵二的「弓韋」是銘于鋬內，弓形亦是立于韋形上方，但弓弧向後。顯然，此兩器立單弓于韋上的構形，與M54觚銘著雙弓于韋前後的構形基本相同。M54觚銘的「弓韋」是前後係聯成一體的，而此兩器的「弓韋」則是上下係聯為一體的。前者既以隸定為「⿲弓韋弓」字為宜，那麽，後者當隸定為「⿱弜韋」字為妥。著者將此兩器的「⿱弜韋」分釋為「弓韋」兩字實誤。

在甲文與金文中，從單弓與從雙弓往往無別，因此從單弓與從雙弓是一樣的，從古漢字形體發展演變的一般規律看，「⿲弓韋弓」和「⿱弜韋」在構字的寓意表達上是異曲同工，殊途同歸。它們在字體的構形會意上，同具濃厚的原始形象性和寫實性。也就是説，「⿲弓韋弓」和「⿱弜韋」實際上是一個字，弓字在上和在前後無别，它們都是韋或衛字最原始的形體。

韋字除了在發展過程中形成⿲弓韋弓、⿱弜韋等不同形體外，還演變出從行從方或從行從帀的異體。異體衛字從行不從弓的原因，我們認為，當與殷代的軍行制度和征行活動直接相關。有學者曾據甲骨文記録考證指出：殷代存在着軍行制度，軍行是殷代的重要的軍事編制。如是，由于弓形的表意已遠遠適合不了殷代頻繁的軍行活動的新內容，而行形既能囊表弓形之義，又可彌補其不足。故從行之衛便在殷代甲骨、金文中得到較廣泛的應用。《説文》：「行，列衛也」是許慎去古不遠，有幸保留了行字的古老意義。【釋「⿲弓韋弓」　考古一九八八年第八期】

◉楊樹達　相背也。从舛，□聲。雨非切，二下辵部。

離也。从辵，韋聲。羽非切，二下辵部。

按：韋為違之初文，前已言之，韋加辵旁為違，韋已从二止，又从辵，義複。【文字形義學】

◉朱歧祥　从□从二止，隸為韋。《説文》：「相背也。从舛□聲。」卜辭用為武丁時子名。亦用作族稱。

《後下18・2》癸丑卜▨子韋。

韋族地近瀧，《簠地四》，來貢於殷商。

《庫562》▨申，叀▨韋示▨。

亦為晚期卜辭中的殷邊重鎮，與⿱⿰⿰彳子⿰⿰彳子⿰⿰彳子地相鄰，殷人曾於此出伐方國「異」。

韠　韠

韎　韎

《人2141》戊寅卜在韋師，𠂤人⧄𢦏異，其耤⧄。

《綴185》丁亥卜在[字形]師卜貞：韋𠂤㚔妹⧄。

[字形]从韋。《説文》無字。卜辭用為人名或族稱，乃殷附庸將領。或即「韋」的繁體，由同伐「異」族卜辭可證。

《甲2258》⧄貞：叀[字形]令⧄異、長。

《人2141》戊寅卜，在[字形]師，𠂤人⧄𢦏異，其耤⧄。【殷墟甲骨文字通釋稿】

◉徐中舒　[字形]鐵一六九·三　從口，口旁從二[字形]止或三止，□為城邑，止表足跡，會巡邏護衛於城邑四周之意，為衛之初文。參見卷二行部衛字説解。《説文》：「韋，相背也。从舛，□聲。」為引申義。【甲骨文字典卷五】

◉劉彬徽等　韋，熟皮。韒，讀如帽，字從韋從冒，可能指皮帽。【包山楚簡】

◉高　明　[字形]子[字形]爵（美銅器集録R81），銘文僅此二字，子後一字甲骨文寫作「[字形]」或「[字形]」，即韋字古體，如「癸丑卜……子韋」（後下7·18·2）「丁亥卜㱿貞乎[字形]從韋取夾臣」（乙3108）「戊寅卜才韋𩊚𠂤人亡𢦏異其耤」（人2141）。從卜辭内容分析。「韋𩊚」顯然是地方名稱，又言「從韋」，韋又似一位將領的名字，説明韋也是一個族的名字，子韋當是他的首領。【「圖形文字」即漢字古體説　第二届國際中國文字學研討會論文集】

◉許　慎　韠韍也。所以蔽前。以韋。下廣二尺。上廣一尺。其頸五寸。一命緼韠。再命赤韠。从韋。畢聲。卑吉切。【説文解字卷五】

◉馬叙倫　鈕樹玉曰。韻會引五寸下有肩革帶博二寸六字。翟云升曰。廣韻引無以韋二字。倫按韠為市之雙聲轉注字。故訓韍也。韍為市之重文。則此字出字林。呂氏春秋樂成。䴠裘而韠。孔叢子陳士義韠作芾。芾借為市。【説文解字六書疏證卷十】

[字形]載　説文所無　師奎父鼎　載市冋黃　[字形]趩簋　[字形]免卣　[字形]訇簋　[字形]輔師嫠簋　[字形]　[字形]柞鐘　[字形]趞曹鼎

[字形]　[字形]衛簋　【金文編】

◉許　慎　韎茅蒐染韋也。一入曰韎。从韋。末聲。莫佩切。【說文解字卷五】

◉阮　元　韎字从末。汗簡古末字作末。此作才。省文也。【積古齋鐘鼎彝器款識卷六】

◉徐同柏　韎。名字。从不。不末一聲之轉。【同韎敨　從古堂款識學卷十二】

◉吴式芬　許印林説。載不見於字書。阮書冘彝銘有韎。阮釋作載。云即韋之繁文。韋。市也。瀚案。此載中从不。定非韋字。載市連文。疑當是韎。韋即舛字。實韋省。不。古虆字。孼末古音同部。从不。猶从末也。从戈者與戈同意。戴。籀文作戴。是其例。韎韐。戎服。詩瞻彼洛矣。韎韐有奭。以作六師。周禮春官司服。凡兵事韋弁服。鄭注。韋弁。以韎韋為弁。又以為衣裳。春秋傳曰。晉郤至衣韎韋之跗注是也。惟戎服。故从戈。韎市即緼韍。禮記玉藻。一命緼韍。鄭注。緼。赤黄之閒色。所謂韎也。儀禮士冠禮。韎韐。鄭注。緼韍也。士喪禮。韎韐。鄭注。一命緼韍是也。韎之義有二。一曰染韋。一入曰韎。一曰茅蒐染。前説詩毛氏傳國語賈注許氏説文皆同。後説出鄭氏詩箋禮注。韋昭注國語始兼取二説。今毛傳原本。韎染韋也。今誤作韎韐者。茅蒐染草也。説文原本。韎染韋也。一入曰韎。今染韋上誤加茅蒐二字。入誤又。皆被後人竄亂。賴段氏儀禮漢讀考。吾師王文簡公經義述聞訂正。乃可讀。然述聞必讀茅蒐為韎。與一入為韎二者各為一義。不可強同。則又不然。瀚案。韎。一染名。與爾雅一染謂之縓同。惟縓為一染通名。韎从韋。則專為染韋之名。其所以染之者茅蒐。茅蒐。艸名。即茹藘。亦名蒨。蒨正字作茜。又名韎。緩言之曰茅蒐。急言之曰韎。故鄭云。茅蒐。韎聲也。其實縓與緼古音同。韎與縓緼古音近。縓也。緼也。蒨茜也。韎也。茅蒐也。皆一聲之轉也。毛賈許專明染韋。鄭又申以染韋之物耳。曷為其不可同乎。【攈古録金文卷三之一】

◉劉心源　載或釋韋。非此字。戈下韋乃韎省。許印林釋韎。是也。遣小子敨有韎字。即韋。説文。韎。茅蒐染韋。一入曰韎。从韋，末聲。鄭氏駁異義云。齊魯之閒言韎。聲如茅蒐。字當作韎。此言當从末聲。不當从末聲也。案。末聲未始不可讀味。韎為赤色。韎市即朱紱。赤芾。緼韍也。芾為市俗字。同紱。韍。玉藻鄭注。緼。赤黄之閒色。【奇觚室吉金文述】

◉孫詒讓　吴依阮款識釋為韋。阮云即韋之緐文。韋。市也。攷後趩尊本卷師奎父鼎〔攈古〕三之二。並有載市同黄之文。趩尊字作韎。下从韋者。从市从韋省。與衛字同意。前衛子簠。衛字作衛。中亦从不。可證。〔攈古〕二之一。吴引許瀚説。疑載中从不。定非韋字。又謂當是韎字。今攷此彝。載亦从才。即是市字。亦與衛字从韋同意。許説未審。依字。載从韋从戈。以聲類推之。當與纔相近。説文糸部。纔。帛雀頭色。从糸。毚聲。以載為纔。猶經典通以纔為才也。戈从才聲。纔。禮經作爵。士冠禮。玄端爵韠。注云。士皆爵韋為韠。引玉藻曰。韠。君朱。大夫素。士爵韋。此器及趩尊師奎父鼎之載市。即禮經之爵韠也。蓋帛。織絲為之。爵色帛。則謂之纔。市。制韋為之。爵色韋。則謂之載。二義古各有正字。分別甚明。漢以後經典字書皆不見載。字率用爵為帛韋之通名。而正字遂為借字所奪矣。詩周頌絲衣。載弁俅俅。汪中經義知新記謂載即爵字聲之誤。亦足備一義。載从戈聲。與載聲母同。【古籀餘論卷三】

◉馬叙倫　桂馥曰。本書。茅蒐。茹藘。可以染絳。玉藻。一命緼韍。注。緼。赤黃之間也。所謂韎也。士冠禮。爵弁。纁裳。純衣。緇帶。韎韐。注。韎韐。緼韍也。士緼韍而幽衡。合韋為之。士染以茅蒐。因以名焉。王筠曰。說文韻譜篆從未。鄭注周禮韎師曰。鄭司農讀如味飲食之味。杜子春讀為菋荎藸之菋。玄謂讀如韎韐之韎。案此諸讀。皆從午未之未也。徐灝曰。王引之曰。詩瞻彼洛矣。韎韐有奭。傳。韎韐。茅蒐染韋也。原文當作韎。染韋也。今本涉鄭箋韎者茅蒐染而譌衍者。蓋毛以染韋一入為韎。而鄭以韎為茅蒐之合聲。與毛異。說文茅蒐二字亦後人依誤本毛傳加之。賈逵注成十六年左傳及晉語並云。一染曰韎。許學出於賈。且賈許同治毛傳。故云。韎。染韋也。一入曰韎。與茅蒐為韎各為一義。倫按徐謂一入曰韎與茅蒐為韎各為一義。是也。染韋即一入曰韎也。玉藻之緼紱即詩及冠禮之韎韐。而緼乃縓之借字。十三篇。縓。帛赤黃色。一染謂之縓。縓從原得聲。原音疑紐。韎音明紐。皆邊音也。故可借韎為縓。鄭玄駁異義曰。齊魯之間。言韎聲如茅蒐。韋昭國語注曰。茅蒐。今絳草也。急疾呼茅蒐成韎。倫謂蓋以染草名茅蒐。而茅蒐之合音如韎。故齊魯之間呼韎聲如茅蒐。此遂以二義並為一事。或本作茅蒐也染韋也。傳寫捝一也字。知一入韎即縓字義。則韎為韎韐之連緜詞急言也。此韠之雙聲轉注字。字或出字林。【說文解字六書疏證卷十】

◉許　慎　韢櫜紐也。从韋。惠聲。一曰盛虜頭櫜也。徐鍇曰。謂戰伐以盛首級。胡計切。【說文解字卷五】

◉馬叙倫　王筠曰。集韵引櫜作橐。張楚曰。一曰盛虜頭櫜也者。疑後人附會之語。盛虜頭何以特備一櫜。櫜又何以釋名為韢。蓋櫜為車上大櫜。或古者用車戰。所有斬馘。悉投諸櫜中。以便獻功。因名車上櫜為盛虜頭櫜。又以韢為櫜紐。遂誤以韢為盛虜頭櫜乎。倫按未詳。此字蓋出字林。【說文解字六書疏證卷十】

古老子【古文四聲韻】

◉許　慎　韜劒衣也。从韋。舀聲。土刀切。【說文解字卷五】

韝

◉許　慎　韝射臂決也。从韋。冓聲。古侯切。【説文解字卷五】

◉馬叙倫　沈濤曰。文選李少卿答蘇武書注引。韝。臂衣也。蓋古本如是。周禮繕人注曰。韝。扞箸左臂。以韋為之。漢書東方朔傳注引韋昭曰。韝形如射韝。以縛左右手。於事便也。是韝為臂衣之明證。今本乃涉下韘字解而誤。決箸右手大指。今曰臂決。義不可通。御覽三百五十引。韝。射臂捪也。臂捪即臂決。與今本不同。而其誤一也。倫按莊子田子方。適矢復沓。方失復寓。沓者十二篇捪下曰。一曰韋韜。韋韜即韘。沓借為韘。聲同談類。下文。韘。射決也。所以拘弦。以象骨韋系箸右巨指。寓借為韝。同舌根音。亦聲同矦類也。適矢謂往矢。方矢謂旁矢。言往後覆韘之時。而旁矢已覆於韝。明其捷也。目論清代武試射士捷者正如莊子所云。然則此説解自譌。蓋本作臂衣也。射決二字涉下文韘字説解而譌演。字或出字林。【説文解字六書疏證卷十】

韘

◉許　慎　韘射決也。所以拘弦。以象骨韋系著右巨指。从韋。枼聲。詩曰。童子佩韘。失涉切。弽韘或从弓。【説文解字卷五】

◉馬叙倫　鈕樹玉曰。韻會引拘作鉤。倫按射決韘之俗名。決借為韘。古聲同脂類也。字或出字林。

弽　倫按韘所以射。故或从弓。【説文解字六書疏證卷十】

韣

韣之欲切【汗簡】

義雲章【古文四聲韻】

◉許　慎　韣弓衣也。从韋。蜀聲。之欲切。【説文解字卷五】

◉馬叙倫　弓衣也或非本訓。或字出字林也。韔字同。【説文解字六書疏證卷十】

◉黄錫全 　韣之欲切　楚簡蜀作(天星觀)，獨作(仰天湖)、⿰糹蜀作(望山)等，漢印蠲作，蜀形均省變作虽，此形蜀旁類同。本書蜀形如此，説見虫部。左形同部首。夏韻燭韻注出《義雲章》。此脱。【汗簡注釋卷二】

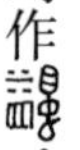

●許慎 韔弓衣也。从韋。長聲。詩曰。交韔二弓。丑亮切。【說文解字卷五】

●吳大澂 虎韔熏裏。冟徐同柏釋作韔。弓室也。采緑。言韔其弓。釋文。韔本作鬯。古文鬯冟二字形相似。故誤冟為鬯。熏吳尊作熏。即說文纁字。淺絳也。【毛公鼎釋文】

●強運開 冟吳尊虎冟熏裏。段冟為韔。【說文古籀三補第五】

●楊樹達 說文五篇下韋部云：「韔，弓衣也。从韋，長聲。」引詩曰：「交韔二弓。」樹達按韔之為言藏也，所以藏弓也。故廣雅釋器曰：「韔，弓藏也。」爾雅釋鳥曰：「亢，鳥嚨，其粻嗉。」郭璞注曰：「嗉者，受食之處別名，嗉今江東呼粻。」又釋獸云：「羊曰齥，麋鹿曰齸，鳥曰嗉。」說文二篇上齒部云：「齥，羊粻也。齸，麋鹿粻也。」按嗉為受食之處，嗉又名粻，粻亦言藏也，謂所以藏食也。說文四篇下角部云：「⿰爿角，角長皃。从角，爿聲。」按⿰爿角訓角長，字从爿聲，蓋假爿為長。爿可假為長，知長可假為藏矣。藏弓謂之韔，鳥藏食謂之粻，藏穀謂之倉，藏死謂之葬，其義一而已矣。【釋韔 增訂積微居小學金石論叢卷第一】

●馬叙倫 說解當曰韣也。韔音微紐。韣音照紐三等。皆舌面前音。轉注字也。亦弢之雙聲轉注字。【說文解字六書疏證卷十】

●黃錫全 韔闕 馮本作韔，夏韻漾韻韔作韔，从《說文》古文長、韋。此脱注，韋形少一點。「闕」為後人所加。夏注出《義雲章》。【汗簡注釋卷二】

●湖北省文物考古研究所 北京大學中文系 《說文》：「韔，弓衣也。」簡文此字作「韔」、「韔」象囊形，「長」為聲符，故釋為訓弓囊之「韔」字。【二號墓竹簡考釋 望山楚簡】

●許慎 ⿰韋叚履也。从韋。叚聲。乎加切。【說文解字卷五】

●馬叙倫 鈕樹玉曰。玉篇。履根。廣韻收下平九麻。訓履後帖。是與鞎混。段玉裁疑此字為後人增。因刪去。桂馥曰。本書。⿰𧾷叚。足所履也。足部字與韋革多通。故躧或从革。翟云升曰。集韻引履也下有一曰履根後帖也七字。倫按此⿰𧾷叚之異文耳。集韻引者校語。或據廣韻加之。非引本書也。字或出字林。【說文解字六書疏證卷十】

𩏛 𩏛

◉許 慎 𩏛履後帖也。从韋。段聲。徒玩切。緞 𩏛或从糸。【説文解字卷五】

◉馬叙倫 錢坫曰。廣雅𩏛訓履跟後帖。無𩏛字。此疑後人譌入。倫按四十年前婦人履跟後有帖。杭縣呼為鞋拔子。

緞 鈕樹玉曰。廣韻有。玉篇無。【説文解字六書疏證卷十】

韤 韤

◉許 慎 韤足衣也。从韋。蔑聲。臣鉉等曰。今俗作襪。非是。望發切。【説文解字卷五】

◉馬叙倫 字見急就篇。足衣也或非本訓。【説文解字六書疏證卷十】

◉楊樹達 説文五篇下韋部云：「韤，足衣也，从韋，蔑聲。」望發切。按釋名釋衣服云：「韤，末也，在腳末也。」余按劉成國以末明韤之語源，是也，而云在脚末，則非是。今按古人謂四肢為末：禮記樂記云：「粗厲猛起奮末廣賁之音作而民剛毅。」鄭注云：「奮末，動使四支也。」素問繆刺論云：「布於四末。」王注云：「四末謂四支也。」左傳昭公元年云：「風淫末疾。」杜注云：「末，四肢也。」管子内業云：「氣不通於四末。」房注云：「四末，四支。」末蔑古音同，足謂之末，故衣足之韤謂之韤，非謂脚末也。

韤字或作韈，从革與从韋同。又或作絉：淮南子説林篇云：「鈞之縞也，一端以為冠，一端以為絉，冠則戴攱之，絉則屣履之」是也。又作怽𤿭：玄應一切經音義卷三云：「古文韤或作怽𤿭二形。」余按怽从心，義不可通，蓋从巾之誤；𤿭从皮，猶之从韋或从革也。韤受義於末，則從末之絉帓𤿭直表受名之義，而韤韈之從蔑乃假音字也。蓋古人於形聲字之聲類，但求音合，不泥字形也。説文三篇上言部云：「䛟，會合善言也，从言，昏聲。」或作譮。按䛟義為會合善言，則从會之譮當為正字，而䛟之從昏者為假音字也。六篇上木部云：「柄，柯也，从木，丙聲。」或作棅。按柄可把持，秉从又持禾，則从秉之棅為正字，而柄之从丙者為假音字也。韤或作絉帓𤿭，正䛟譮柄棅之類矣。

或問曰：「子明韤受名於末，可謂美矣，然古人稱四肢為四末，則手亦末也，古人制字獨不以此為嫌，何也？」余曰：辨哉問也，蓋古人制字但取其本事之相合無違，他非所計也。足為末，故名足衣以韤，至手亦為末，彼制字者固不暇問而斤斤求避之也。抑顛末為對文，人頂在上而足在下，人頂謂之顛，則足當為末也。制字者或兼取此義，未可知也。【釋韤 積微居小學述林卷二】

𩏒 轉

◉許　慎　𩏒軶裹也。从韋。尃聲。匹各切。【説文解字卷五】

◉馬叙倫　錢坫曰。此與轉同字。倫按字或出字林。【説文解字六書疏證卷十】

◉郭沫若　轉，説文作𩏒，軶之裹也。【录𢦏毀　兩周金文辭大系考釋】

韏

◉許　慎　韏革中辨謂之韏。从韋。𢍉聲。九萬切。【説文解字卷五】

◉馬叙倫　玉篇作革中片也。倫謂此本訓捝失。但存校語耳。字或出字林。革中辨謂之韏。見爾雅釋器。然王紹蘭徐灝皆明爾雅有誤。倫謂韏自為韋圈。證以從𢍉得聲之豢圈。可知其語原同。【説文解字六書疏證卷十】

䪚

◉許　慎　䪚收束也。从韋。樵聲。讀若酋。臣鉉等曰。樵。側角切。聲不相近。未詳。即由切。䪚或从要。揫䪚或从秋手。【説文解字卷五】

◉馬叙倫　孔昭孔曰。吾鄉偁髻為䪚。許棫曰。酋。即由切。樵。側角切。二切聲轉。即雙聲也。劉秀生曰。樵從焦聲。在幽部。酋聲亦在幽部。故䪚從樵聲得讀若酋。手部。揫。束也。從手。秋聲。詩曰。百禄是揫。今長發作百禄是遒。漢書歷志。秋。䪚也。物䪚斂乃成孰。䪚酋聲竝如秋。是其證。禮記樂記。是故志微噍殺之音作。莊子在宥。上下囚殺。囚殺即噍殺。風俗通。囚。遒也。言辭窮情得以罪誅囚也。焦酋聲竝如囚。亦其證。倫按樵從焦得聲。焦從雥得聲。雥音從紐。酋音亦從紐也。收束也當作收也束也。然皆非本訓。如今訓。䪚為動詞。本部字無一動詞也。收也束也皆揫字義。䪚者。亦韋所為圈。杭縣舊俗。女兒十歲左右。於額上左右角結髮作兩環形。名曰糾兒。與孔説相近。紹興謂以髮作辮盤結於首曰打秋。木盆懁。以篾作辮圍而圈之。亦曰打秋。皆當作此字。韏從𢍉得聲。而從𢍉得聲之奥當入幽類。樵聲亦幽類。則韏䪚蓋轉注字。字或出字林。

䪚　鈕樹玉曰。玉篇廣韻竝無。倫按蓋有或作韉者。合䪚而為此字也。或後人以其音如要。又加要為之聲。則為轉注字。要聲宵類。古讀歸幽也。

揫　鈕樹玉曰。手部有揫。訓束，引詩曰百禄是揫。不應又作重文。王筠曰。此後人沿鄉飲酒義注增之。故作揫不作揫。在手部者是也。【説文解字六書疏證卷十】

韓

韓 不从韋 屬羌鐘 【金文編】

一：四五 宗盟類參盟人名 詛咒類人名姓氏無卹之韓子 一〇五：一 二例 【侯馬盟書字表】

韓 編二四 日甲二二背 【睡虎地秦簡文字編】

2346 不从韋 與屬羌鐘韓字同，倝字重見 2334 0006 2337 2354 2335 2342 2341

2345 2359 2349 2347 2365 2367 2371 4064 4065 【古璽文編】

京州韓聶 韓醜之印 韓宗私印 韓寬 韓少孺 韓敞 韓賀 韓闞 韓定國

韓柱印 韓子功 韓蓋郎 韓壽 韓蒼 韓奴私印 韓龍 韓翁 韓配印信 韓業私印

【漢印文字徵】

韓仁銘額 【石刻篆文編】

韓 韓竝出集字 【汗簡】

竝裴光遠集綴 【古文四聲韻】

●許 慎 韓井垣也。从韋。取其帀也。倝聲。胡安切。【說文解字卷五】

●丁佛言 古鉢。韓□。韓。古國名。故从邑。原書釋郛。非。古鉢韓安。古鉢韓畏。古鉢韓安。古鉢韓柖。古鉢韓詁。韓从从韋。此省韋。古鉢韓坴。古鉢韓戲。古鉢韓巤。同上。皆倝之反文。【說文古籀補補第五】

●郭沫若 字劉節釋陽。謂甲骨文字陽字从。揚字从。宓伯鼎作。貉子卣作。泉幣亦作。王孫鐘沇兒鐘及宋人所箸録之許子鐘皆有中盧語。字所从之即旟字。與此同。借為陽。秦策高誘注。陽。大也。則陽宗實即大宗。今案。中□虘𠭘語。虘下一字乃劉所謂旓字。中下一字。王孫鐘作[?]。从言。沇兒鐘作[?]。从音。許子鐘作[?]。从鳥。則分明蘤字也。是古蘤字或从鳥。或从音。或从言。而同从倝聲。更證以它器。則如晉邦盦之晉邦佳韓作[?]。大良造鞅戟作[?]。敔戟作[?]。所从倝字均同此。是則此[?]乃倝字。叚為韓魏之韓。古鉢韓戲作[?]。又有韓慶作[?]。丁佛言云。皆倝之反文。說文古籀補補卷五六葉。是也。又韓畏[?]作[?]。从邑倝聲。與此均可為互證。【驫芍鐘銘考釋 金文叢考】

◉馬叙倫 鈕樹玉曰。玉篇闕。廣韻訓同。沈濤曰。史記武帝紀索隱引垣作橋。段玉裁曰。井橋見曲禮莊子說苑淮南子。王筠曰。橋乃井上桔槔。非韓之義。垣乃比象之詞。故人不知而改之。蓋鄉間土井。以木四交而當井口。謂之韓。井部說曰。象構韓形。是也。若塼甃之井。以石為口。則不用此矣。倫按井垣也非本訓。取其帀也亦非許文。井垣不當從韋。當作韓。從口。倝聲。以便於書增作韓耳。然韓亦口之轉注字。口音喻紐三等。韓音匣紐。同為次濁摩擦音也。亦院之雙聲轉注字。然亦或韓義本非井垣。蓋韏之同舌根音又聲同元類轉注字。字出蒼頡篇。見顏氏家訓引。亦見急就篇。【說文解字六書疏證卷十】

◉張頷 「[?]」即「韓」字，金文中多作「[?]」；「侯馬盟書」和「沁陽盟書」中作「[?]」；而此劍銘文從金韓聲，斷為「韓」字是無疑的。至于左旁從「金」乃為附飾，與「韓」姓氏本字無義可訓。【韓鍾鑶鐱考釋 古文字研究第五輯】

◉黃錫全 [?]韓並出集字 倝形變化見前榦字，[?]乃㫃變，[?]即丁變，[?]即本書邑，由石經[?]誤。[?]為倝字，即韓國之韓。韓畏[?]壐之韓作[?](古籀彙編5·32)，从邑，倝聲。此形類同。古國邑之字从邑與不从邑每不別，如鄧作[?](鄧公毀)、也作[?](鄧子午鼎)，無作[?](盤姬鬲)、也作[?](蔡太師鼎)，楚作[?](王孫誥鐘)、也作[?](余義鐘)等。夏韻寒韻録《裴光遠集綴》作[?]。【汗簡注釋卷一】

◉黃錫全 [?]韓 侯馬盟書韓作[?]，古壐作[?](古籀彙編5·32)，此其變形，說見前止部。夏韻寒韻注出《裴光遠集綴》。【汗簡注釋卷三】

◉徐鉉 韌柔而固也。从韋。刃聲。而進切。【說文解字卷五新附】

弟

乙四八四 乙八七二二 乙八八一八 燕一二八 金三六一 庫四五三 庫一五〇六 【甲骨文編】

弟 沈子它簋 曆季卣 執馭觥 虘簋 臣諫簋 㠱侯鼎 應公鼎 牧師父簋 殳季良父壺 㝬弔多父盤 𩍙鎛 【金文編】

一五六：一九 八十六例 委質內室類兄弟 六七：三八 六七：一三 【侯馬盟書字表】

95 151 【包山楚簡文字編】

弟 雜六 八例 日甲二 五例 【睡虎地秦簡文字編】

2489 沈子殷弟字與璽文同。 1988 1097 0862 【古璽文編】

孝弟祭尊之印 郭男弟 張弟孺 劉弟吾 【漢印文字徵】

石經文公 文公第六 說文古文同 甘泉山題字 甘泉山題字 【石刻篆文編】

弟古孝經 弟 【汗簡】

古孝經 古老子 汗簡 古孝經 古老子 汗簡 【古文四聲韻】

◉許 慎 韋束之次弟也。从古字之象。凡弟之屬皆从弟。特計切。古文弟。从古文韋省。丿聲。【說文解字卷五】

◉林義光 說文云。韋束之次弟第也。从古文之象。古文弟。从古文韋省。丿聲。按古作應公尊彝。从弋。束之。束杙亦有次第也。【文源卷六】

◉高田忠周 說文。韋束之次弟也。从古文之象。古文弟。从古文韋省。丿聲。因按丿即訓右戾丿字。與弗字所从同。然則弟與弗製字之意自相關。弗。矯也。故从韋从丿乀。不受束縛也。弟即次弟也。順從也。任圍束也。故从丿不从乀也。

蓋在弗字。韋字之義弱矣。在弟字。韋字之義彊矣。而从韋之意即同。又按説文小篆弟从古文。與此篆正合。知作弟者亦為古文。許氏作弟。疑本當作弟。如下篆。弗字鐘鼎作弗。又或作弗。與此同例。弗亦當為古文弗也。依許氏以推蹟如此耳。然亦按。依此等諸篆形。字似元从弋者。説文弋下曰。橜也。象析木衺鋭者形。从丿。象物掛之也。夫析木衺鋭者與撟弗意同。韋束弗物而令順之。當必有次弟。故字从弋。以己為象形乎。亦或弋為代字。取于更遞有敘乎。未可詳識矣。【古籀篇二十五】

◉徐中舒　銅器兄弟之弟從弋從己。（説文。弟。韋束之次弟也。從古文之象……古文弟從古文韋省。己不知弟字所從之形。）凡弋射之繳。必有條理次弟而後始能及遠。故凡從己之字。皆有條理次弟義。如紀綱記述皆是。弟從己。故亦有次弟義。弟引伸為兄弟字。（釋名。弟。弟也。相次弟而生也）。與叔引伸為叔為伯字義亦全同。【弋射與弩之溯源及關於此類名物之考釋　歷史語言研究所集刊第四本四分】

◉商承祚　弟　説文「第。韋束之次弟也。从古字（段作文。是。）之象。弟古文弟。从古文韋省。丿聲。」案金文殳季良父壺作弟。古鉩作弟。與篆文不殊。石經古文作弟。與此同。弟實梯之初字也。丨象木橜。以繩繞之可登而升。故引申為次弟字。後為兄弟字所專有。乃另出第為次弟。形義愈趨愈遠。借義行而本義廢矣。【説文中之古文考】

◉吳其昌　以形體言之，「弟」字明為「叔」字之湑變，叔作叔，弟作弟，同象有矰繳纏繞于䕸藁之形，但「弟」字湑去繳端鏃鏑之形耳。以聲類言之，「叔」「弔」古讀同音，「弟」在定母，「弔」在透母，「透」「定」之別，但帶音與不帶音耳，部位同在舌頭，次清與濁，所別本不甚鉅，如從「弟」得聲之「梯」正在透母，亦一證也。以訓誼言之，父之所「弟」，即我之所「叔」也。夫之所「弟」亦妻之所「叔」也。白虎通三綱六紀引禮親屬記云：「男子……後生稱弟。」而爾雅釋親則云：「後生為叔父。」故鄭康成箋蘀兮之詩「叔兮伯兮」云：「叔伯，兄弟之稱。」尤為明證。引而伸之，則「叔」義為少，「弟」義亦為少。如廣雅釋詁三云：「叔，少也。」禮記鄉飲酒義疏亦云「弟，少也。」（故鄉飲酒義「弟長」並稱，猶云「少長」也。）可以為證。再引申之：「叔」義轉為淑善，「弟」義轉為豈弟，皆以易順為德，亦相似也。【兵器篇　金文名象疏證（續）】

◉高淞荃　説文。弟。韋束之次弟也。从古文弟。弟。古文弟。从古文韋省。夫次弟之誼。不以韋束為重。何為从韋。而又以韋束釋之。按。弟字當是古文梯字。从弋。从古文及。己己皆古文及也。古人巢居之世。必有援引以上下者。故梯之為用最重。梯必以繩為之。如今之轗梯者然。故从弋。象枝幹之形。从己。象引繩屈曲之形。謂屈曲攀援以上下也。引而申之。有次弟相及之誼。而以長及幼兄弟之字从之。易。枯楊生梯。梯猶條也。（梯條雙聲為訓。）引其條可攀援也。前人謂古無梯字。以階為梯。不知階从自。用之於穴居。纍土作□形。以便升降。㠯即象形之𨸏。故陟降等字並从自。而梯用之於巢居。則引繩而上下丨之。引而上行讀若進。引而下行讀若退。是進退最古之文亦取引繩上下之形也。【釋弟 說文別釋 古學叢刊第三期】

◉馬叙倫 鈕樹玉曰。字當作文。羅振玉曰。卜辭叔字作□。從□象弓形。□象矢。□象隿射之繳。其本誼應為隿射之隿。或即隿之本字。而借為伯叔。倫按韋束之次弟也非本義本訓。從古文之象亦吕忱或校者改。次弟之義。字當作叙。叙從余得聲。余音喻紐四等。古讀歸定。弟音定紐。古借弟為叙耳。餘詳古文弟下。字見急就篇。齊鎛作□。虘敔作□。應公鼎作□。亦作□。

□ 古文弟。從古文韋省。丿聲。則是形聲字。而篆文乃從古文之象。不可通。此與革下同一譌謬。齊侯鎛弟字作□。應公鼎作□。高田忠周謂從弋弓。象次弟之形。倫謂弟夷一字。四篇雉之古文作□□。竝從夷。鶇之或體作鵜。從弟。甲文之□乃□之省變。□從矢。□其繳也。□又□之省變。然今杭縣捕鳥者率以竿纏繳。復以一竿承之。其形頗與□相似。蓋弟即弋不射宿之弋本字。乃象射鳥之器形。亦即矢部之矰。其矢非凡矢。甲文從矢者。仍是變譌之形。弟音定紐。夷音喻紐四等。古讀歸定。弋音亦喻四。古或借弋為夷。而弋聲則在之類。之蒸對轉。故轉注字作矰也。從古七字校者加之。【說文解字六書疏證卷十】

◉馬叙倫 弟鼎 □ 吳式芬曰。許印林說。字當是弔。弔。至也。猶善也。與淑通。說文作□。倫按說文弔篆作□。然實即頌鼎之□叔尊之□。叔龜尊作□。與篆文似矣。金文此字。近人釋弔。謂借為叔。倫觀金文此字皆不從弓。說文雉之古文作□。甲文有□□□□諸文。羅振玉釋雉。倫謂□即雉字。餘三字皆從隹夷聲。夷弟則一字。夷為隿之初文。隿為弋不射宿弋人何篡之弋本字。夷音喻四。叔音審紐。同為次清摩擦音。故得與叔通用也。此即夷字。亦即弟字。弟音定紐。古讀喻四歸定。明其音轉耳。皇侃論語義疏曰。鄭注司弓矢云。結繳於矢謂之矰。矰。高也。矰。矢不在箙者。為其相繞亂。將用乃共高也。侃案鄭意。則繳射是細繩系箭而射也。倫幼時見取鳥者以繩繞竿。繩之一耑有若矢鏃者。正與此文形同。是□乃取鳥之具。其音本與弋同。故後起字從隹弋聲作隿。弋聲之類。對轉蒸轉注為矰。鼎文作此者。蓋制器者以作取鳥之具為業。或以取鳥為業者也。【讀金器刻詞卷上】

◉高鴻縉 次弟之弟。應為狀詞。字倚□(弋即椿)而畫□形。□纏束之繩索也。繩索纏束於弋上。必有次弟。其解之也亦然。由物形□生意。故託纏索之形。以寄次弟之意。狀詞。後借為兄弟之弟。乃通叚第字以代之。久而成習。第又省作第。人遂莫知其朔。説文無第字。漢書高帝紀。賜大第室。文選古詩注。出不由里門面大道者曰第。西京賦。北闕甲第。薛注。館也。今按第之本義疑為竹屋。从竹。弟聲。【中國字例第二篇】

◉朱芳圃　殳季良父壺　豦毁　應公鼎　同上　齊鎛

説文弟部：「弟，韋束之次弟也。从古文之象。，古文弟。从古文韋省，丿聲。」按弟象繩索束弋之形。繩之束弋，展轉圍繞，勢如螺旋，而次弟之義生焉。許説失之。【殷周文字釋叢卷中】

◉李孝定　説文。「弟。韋束之次弟也。从古字之象。。古文弟。从古文韋省。丿聲。」契文此字與金文作齊鎛殳季良父壺豦簋牧師父簋沈子簋屓弔多父盤應公鼎者略同。吴説可从。繳繒繚繞亦有次弟。故引申之義為次弟。又引申之為兄弟也。字不从韋。許書古文乃由金文諸形所譌變。亦非从丿聲也。以形譌近韋。故許君以韋束之次弟説之耳。徐灝段注箋云。「革縷束物謂之韋。展轉圍繞勢如螺旋。而次弟之義生焉」。桂馥義證曰。「五經文字。『弟。从韋省。象圍帀次弟之形』」。其説並是。卜辭云。「貞隸定之當作眈弟□。」弟上兩字並不識。不詳其義。【甲骨文字集釋卷五】

◉李孝定　弟字許訓韋束之次弟，故高田氏以為「與弗製字之意自相關」，然「弟」實不从「韋」，已見前説；徐中舒氏謂「弟」字从「己」，从己之字皆有條理次弟之義，按己字古作，與弟字所从「」，筆意有曲直之别，弟非从己也；吴其昌氏所論，與鄙意闇合，而吴説在前，所論亦較詳盡，鄙説當廢。【金文詁林讀後記卷五】

◉許　慎　罤周人謂兄曰罤。从弟。从眔。臣鉉等曰。眔。目相及也。兄弟親比之義。古魂切。【説文解字卷五】

◉馬叙倫　周人謂兄曰罤非許文。從眔當作眔聲。鍇本作從弟眔。捝聲字耳。眔音定紐。與弟雙聲。是弟之轉注字也。古初兄弟實無分别。亦猶姊妹初亦無别也。故弟之轉注字而周人以之謂兄。周人謂兄曰罤者。釋名釋親族。兄。荒也。青徐人謂兄為荒也。莊子在宥。日月之光益以荒矣。周炳麟謂荒為昬。昬昆為轉注字。詳昆字下。然則罤蓋不從眔得聲。而得聲於眔。猶從昆得聲也。故古書亦作昆弟。衆眔形近致譌。衆為㐺之轉注字。㐺即羣衆之羣本字。羣弟竝為濁破裂音。此借弟為兄弟之稱後所作之轉注字耳。字或出字林。【説文解字六書疏證卷十】

夊

夊【汗簡】

◉許　慎　从後至也。象人兩脛後有致之者。凡夊之屬皆从夊。讀若黹。陟侈切。【說文解字卷五】

◉馬叙倫　嚴可均曰。从當依小徐作從。劉秀生曰。説解至致二字兼以聲訓。夊音蓋當如致。衣部。襧。紩衣也。从衣黹。黹亦聲。方言四。紩衣謂之褸。秦謂之緻。緻為新修十九文之一。説文本無。當即襧之或體。是夊讀若黹之證。倫按夊為致之初文。亦追之初文。本作至也以聲訓。呂忱加從後至也。從後至正追字義。篆本作。故伯致𣪊致字作。亦或作。此其譌。之別。蓋圖語中即跨之初文。本部末之千字字畫一足作指向上而跟向下形。象跨時足如此形也。則畫一足作指向下而跟向上形。象追時足如此形也。變省為篆。不異於止。無以明指事之義。則增大作夅。則增至為致。其所以向左所以向右者徒以別於之為往來耳。象人九字亦呂忱或校者改之。許當作從止象形。【說文解字六書疏證卷十】

◉楊樹達　從後至也。象人兩脛後有致之者。讀若黹。陟侈切。五下夊部。按：此亦以人為基字，象人之被致，為所事。然許君義訓殊不明。尋甲文止字作，倒之則作，形異而字不異，蓋與止本是一字。許君誤認為別一字，故訓不剴切爾。【文字形義學】

◉朱歧祥　从倒止，隸作夊。《說文》：「从後至也，象人兩脛後有致之者。」卜辭用為人名。

《丙12》入二在。

《乙6690》☐钔石于安豕屮十。。【殷墟甲骨文字通釋稿】

◉黃錫全　夊山危切　此部原脱，依目録補。

夊　凡夊之屬皆从夊。【汗簡注釋卷二】

夆

◉許　慎　相遮要害也。从夊。丰聲。南陽新野有夆亭。乎蓋切。【說文解字卷五】

◉馬叙倫　蓋作害也以聲訓。相遮要害也蓋字林文。夆即爾雅釋詁屆極也之屆本字。南陽七字亦字林文。字林每證以地名也。字或出字林。【說文解字六書疏證卷十】

夆　邙卣二　夆莫父卣　九年衛鼎　夆伯甗　夆弔匜　【金文編】

夆並私印　【漢印文字徵】

◉許　慎　啎也。从夊。丰聲。讀若縫。敷容切。【説文解字卷五】

◉馬叙倫　啎當作牾。詳啎字下。此借為遇，然非本訓。或字出字林。此為逢之初文。字當作止。或以追而遇之。故從也。夆叔敢作。芇伯敢作。倫謂古讀夆當雙脣音讀若蓬。音在竝紐。轉脣齒音入奉紐。讀若凡。與夆為轉注字。夆音匣紐。奉匣同為濁摩擦音也。【説文解字六書疏證卷十】

◉高田忠周　説文。啎也。从夊。丰聲。轉義。凡聳而上鋭者。此謂之夆。字亦从山作峯。又从木作桻。其實夆鋭義。當以丰為本字。丰下曰。艸盛丰丰也。从生上下達。此説非是。丰即中之系。故古文作。又或作。豐字从此。試在原野。望緜艸盛茂之狀。即可見形。其上耑即鋭也。故木之鋭杪。山之鋭頭。兵刃之鋭耑。皆可偁之丰。而夆字。从丰聲。當兼會意。夆有前進之意。前進突出。故又自夆啎也。夆啎亦所以逢遇也。後世別製从辵夆聲逢字。古今文字之變。往往有此例矣。抑夊辵並止系之字。均有蹈步義。已从夊又从辵。此為重複。是雖言孳乳漸多之理。其所原由可察而見焉。又省逢為𢓜。説文。儔𢓜。使也。此疊韻連語。即叚借義也。而爾雅作甹夆。此為古字正文。亦當證夆𢓜逢元皆同字矣。【古籀篇六十三】

◉丁　山　夆殆𢓜省。卜辭。癸未卜。在九貞。王旬亡畎。（後上10·4）夆為地名。周有夆伯甗夆叔匜。當是殷代𢓜氏之裔。𢓜孳乳為逢。國語周語下。有建星及牽牛我皇妣太姜之姪。伯陵之後。逢公之所馮神也。昭公十年左傳。戊子。逢公以登星。夆。殆當建星及牽牛分野。故王命邲其特祭逢公于逢以祝福。【邲其卣三器銘文考釋　中央日報文物周刊三七】

◉陳　槃　古器有夆叔匜。貞松十·四二。銘文壽作。據説文。壽字从老省。而此作形。為山東諸國特殊作法。楊樹達因謂夆亦東土所製器。案山東有逢國逢山。齊有大夫逢丑父。成二年左傳。蓋逢國後裔之仕齊者。疑此夆叔亦逢國之後而仕于東國者。若然則逢古文作夆。【列國爵姓及存滅表撰異　春秋大事年表】

◉王子超　在商周古文字中，奉（丰）是一個孳乳能力很強的字。甲骨文和金文中有一些常用字就是在奉字的基礎上派生出來的。現就其中的「夆」（逢）、「邦」、「豐」三字，作些簡單分析，以見其孳乳關係。

夆，是逢的先造字。《説文》：「夆，牾也，从夊、丰聲，讀若縫。」金文作（《邙卣》）、（《夆伯甗》）、（《夆叔匜》）、（《中山王

夆

園壺》絳字所從，為僅見之以丰為聲符之字）等。甲骨文雖不見夆，但有它的偏旁纍增字作𢓜（《續》3·31·9），從彳夆聲，因而知道亦當有夆字。上古丰、夆、絳三字讀音完全一樣（均東部合口三等字），根據文字孳乳的一般規律，夆字應是先假「丰」表其音讀，而再加「夂」以區別其字義，然後又纍增「彳」和「辵」即成為「𢓜」和「逢」字，音義不變。此字的聲符一般借用「丰」，偶而借用「𡴂」，前舉《中山王園壺》：「逢郾亡道」中「𨔢」（逢）的聲符「𡴂」，其讀音就是由丰來表示的。【釋「𡴂」——兼論夆、邦、丰諸字之孳乳關係　河南大學學報1986年第1期】

◉熊建平　（山東濟陽）劉臺子西周墓地是一處保存完好的早期墓地，出土銅器銘文多為「夆」（圖二：1、2）或與之有關的銘文，如「夆寶𢑴鼎」（圖二：3）、「夆彝」（圖二：4）等。《續修濟陽縣志·沿革篇》載：「殷，青兗之域湯隸有逢伯陵。」有逢伯陵見《左傳》昭公二十年，杜注「逢伯陵，殷諸侯，姜姓。」《國語·周語下》伶州鳩說：「我姬氏出自天黿，……則我皇妣太姜之姪，伯陵之後，逢公之所憑神也。」韋昭注：「天黿即玄枵，齊之分野也。」可知，此墓地就是夆氏家族之墓地。

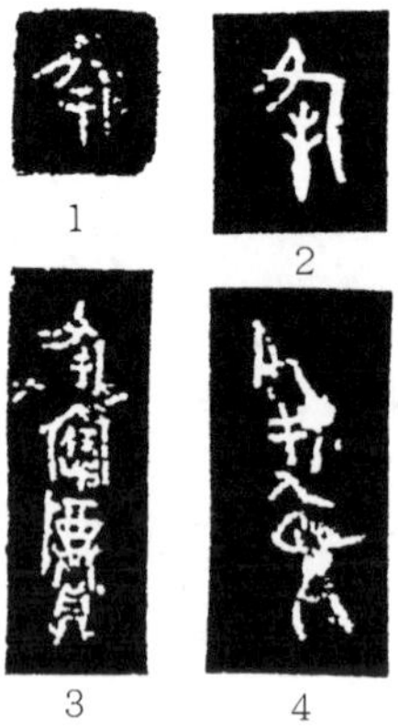

圖二　劉臺子西周墓地出土銅器銘文拓片(1/2)　1、3.鼎　2.盉　4.簋【劉臺子西周墓地出土卜骨初探　文物1990年5期】

◉姚孝遂　夆　按：合集三七五〇七辭云：

「……在夆……衣逐……㣇……犷……」，為地名。【甲骨文字詁林第一册】

◉許　慎　夆服也。从夂午。相承不敢竝也。下江切。【説文解字卷五】

◉馬叙倫　嚴可均曰。五經文字。夅。夅。上説文。下隸省。凡降絳之類皆從夅。據顔語則唐本夂夊二部互易。夋夏等字從夂。而夂部之夆夅夅及當從夊。豈徐本二部全改邪。當攷。倫按夂夊二字於甲文有別。楚危切之字當作夊。陟侈切之字當作夂。變為篆文已難別而隸書尤甚。然以二字僅别於位置之不同。而無筆畫之異。故兩部之字。須視其義而定其所從之為何字。然亦有字義須明其所從之為何字而定者。要必不經見之字為然耳。如夋夏之當從夊則無疑也。夅為降之初文。猶步

夃　午

為陟之初文。步從止從止。象一足上升而一足從之。夅從夂从止。象一足下降而一足從之。實不從追之初文也。㠯為越進。當自為部。今二字皆在夂部。則誤入矣。然疑二字皆呂忱所加。忱之識自不足明此也。甲文作夅。會意。軍事兵退為降服。故有服也之訓。然實引申義也。說解皆不似許文。【說文解字六書疏證卷十】

●許　慎　夃秦以市買多得為夃。从乃。从夂。益至也。从乃。詩曰。我夃酌彼金罍。臣鉉等曰。乃。難意也。古乎切。【說文解字卷五】

●馬叙倫　鈕樹玉曰。詩卷耳釋文引同。韻會引作秦人市買多得為夃。沈濤曰。玉篇引作秦以市買多得為夃。論語曰。求善價而夃諸。是古本引論語不引詩。說文偁詩毛氏。今詩作姑不作夃。傳曰。姑。且也。惟卷耳釋文云。姑。說文作夃。則陸所見說文已引詩。不引論語矣。王筠曰上從乃二字。翟云升曰。六書故引唐本益作蓋。倫按秦以市買多得為夃。必非本義。亦非本訓。夃蓋夂之轉注字。亦過之轉注字。從夂。乃聲。乃音泥紐。左宣四年傳。伯嬴。呂氏春秋知分作伯盈。趙盈姓而左傳注曰。趙鞅音盈。國語越語。嬴縮轉化。史記蔡澤傳。盈縮進退。是嬴縮即盈縮也。盈從夃得聲。嬴從𣎆得聲。𣎆音來紐。古讀歸泥。是雙聲也。盈嬴則音同喻紐四等也。秦以市買多得為夃。借夃為嬴耳。此夃從乃得聲之證也。今音轉為古乎切入見紐。則亦兼柬之音竝在見紐。而濫闌等字則入來紐之例矣。午音溪紐。見溪同為舌根破裂音。故午轉注為夃。過夃則雙聲轉注。抑乃聲之類。倫謂古讀為朶。故朶字從之得聲。則當在歌類。午過聲亦歌類。是竝雙聲兼疊韻之轉注字也。當入午部。字或出字林。【說文解字六書疏證卷十】

●許　慎　午跨步也。从反夂。𡕒从此。苦瓦切。【說文解字卷五】

●馬叙倫　莊有可曰。午古跨字。嚴可均曰。𡕒從此校語。王筠曰。跨字句。倫按跨步也當作跨也步也。一訓非許文。或跨字乃校者注以釋音者也。午訓步也。益明步之本義不如今訓矣。【說文解字六書疏證卷十】

●楊樹達　午跨步也。从反夂。苦瓦切。五下反部。跨渡也。从足，夸聲。苦化切。二下足部。按：二文實一字也，許誤分之。

午　按：此變文字之形。夂為有所止不能進，反夂則為跨步大進，此形反則義隨之反者也。【文字形義學】

久

3·688 臨菑亭久 　5·101 咸陽亭久 　5·102 同上 　5·314 亭久 　5·316 同上 　5·317 同上

5·332 槐里市久 　考古 1963:9　【古陶文字徵】

久 秦八六 二十四例 　日乙六二 七例 　秦一〇五　【睡虎地秦簡文字編】

遂久右尉 　上久農長 　遂久令印 　李久扁 　王久長 　宜身長久　【漢印文字徵】

久 　久出碧落文 　久出碧落文　【汗簡】

古老子  　碧落文 　雲臺碑 　汗簡　【古文四聲韻】

◉許　慎　从後灸之。象人兩脛後有距也。周禮曰。久諸牆以觀其橈。凡久之屬皆从久。舉友切。【說文解字卷五】

◉馬叙倫　嚴可均曰。从後當依小徐作從後。徐灝曰。久古音讀若己。倫按久乃形之譌。即十四篇之已字。為跽㠱之初文。説解曰象人兩脛後有距也。正合跽形也。一篇玖讀若芑。芑從己得聲。久己一字。故玖讀若芑也。本書無從久得義之字。亦可證本無此字。且從後灸之。義不可通。象人兩句與下象人句皆後人所改。蓋此字出字林也。

倫按久己一字。久部可删也。【説文解字六書疏證卷十】

◉楊樹達　許君引周禮，見考工記廬人職，今經字作灸。鄭注云：「灸猶柱也，以柱兩牆之間，輓而內之，本末勝負可知也。」按許以灸釋久，義為近之，云象人兩脛後有歫，歫説文訓槍，人兩脛不當有槍歫，説殊遠於事情。蓋許君據考工記久牆之義以説字，故牽強而不合也。愚謂説文十篇上火部云：「灸，灼也，从火，久聲。」古人治病，燃艾灼體謂之灸，久即灸之初字也。字形从臥人，人病則臥牀也。末畫象以物灼體之形。許不知字形从人，而以為象兩脛，誤矣。素問異法方宜論曰：「北方者，天地所閉塞之域也。其地高，陵居，風寒冰洌，其民樂野處而乳食，臟寒生滿病，其治宜艾焫。」王冰注云：「火艾燒灼謂之灸焫。」又湯液醪醴論云：「歧伯曰：當今之世，必齊毒藥攻其中，鑱石鍼艾治其外。」按艾謂用灸也：此古人以灸治病之説也。史記倉公傳曰：「齊北宮司空命婦出於病，臣意診其脈，曰：病氣疝客於膀胱，難於前後溲而溺赤，病見寒氣則遺溺，使人腹腫。臣意即灸其足厥陰之脈，左右各一所，即不遺溺而溲清，小腹痛止。齊中大夫病齲齒，臣意灸其左陽明脈，即為苦參湯，日嗽三升，出入五六日，病已：」此古人以灸治病之事也。【釋久　積微居小學述林卷二】

◉楊樹達　許君以灸釋久，義頗近之，而云兩脛後有歫，説殊不明，蓋因周禮久牆之義牽附為之，非正義也。余按十篇上火部云：「灸，灼也。从火，久聲。」舉友切。久字从人，象有物注其脛灼之，久即灸之初文也。今久初義之灸灼為後起字之灸所專有，而久只有後起義之永久長久等義矣。【積微居小學述林卷五】

◉裘錫圭《法律答問》：

亡久書、符券、公璽、衡羸（纍），已坐以論，後自得所亡，論當除不當？

注釋：「久，讀為記。《漢書·張敞傳》注：『記，書也，若今之州縣為符教也。』記書即地方政權對下級指示的文書。」(213頁)

今按：秦時公家器物多有「久識」，下引各條秦律可證：

公器官□久，久之。不可久者，以髼久之。其或叚（假）公器，歸之，久必乃受之。敝而糞者，靡蚩其久。官輒告叚（假）器者曰：器敝久恐靡者，遝其未靡，謁更其久。其久靡不可智（知）者，令齎賞（償）。(72頁)

縣、都官以七月糞公器不可繕者，有久識者靡蚩之。(64頁)

公甲兵各以其官名刻久之，其不可刻久者，以丹若髼書之。其叚（假）百姓甲兵，必書其久，受之以久，入叚（假）而毋（無）久及非其官之久也，皆沒入公，以齎律責之。(71頁)

從所引最後一條，可知公家假器物于百姓時，「必書其久」，即必須把器物上的久識記録下來，以備查考。記録器物之「久」的文籍，應該就是上引《法律答問》所説的「久書」。久書的性質與符券等相近，所以《法律答問》把它們放在一起來講。如果久書象注釋所説的那樣是上級指示文書的話，就不會跟符券等物並提了。【《睡虎地秦墓竹簡》注釋商榷　文史第十三輯】

◉詹鄞鑫　我認為乆即久字，是灸字初文，本義是炮烙，乃是殷代通行的用牲（包括人牲）之法。下面我們從文字演變、文獻訓詁、字形所象等幾方面作綜合的考察。

先從文字演變看，乆上部的短畫與曲畫相連，就成為小篆的久（ㄟ）字。雲夢出土的秦木櫝文「久」寫作久(M4:11)，與甲骨文和小篆都相似。「久」與「灸」是古今字。説文：「久，從後灸之也」，以「灸」釋「久」，並引周禮「久諸牆以觀其橈」為證，今本周禮考工記廬人「久」正作「灸」。經籍中也每每以「久」為「灸」……實際上，「灸」正是「久」的加旁分化字，專承了「久」的本義。

再從訓詁看，「久」和「灸」都有灼烙義。説文：「灸，灼也」；「烙，灼也」；「灼，炙也」；「炙，炮烙也」。可見灸、炙、烙、灼意義相近，都有灼炙牲肉的意義。……秦漢陶文中屢見「某某亭久」「某某市久」的印記……據文物局的朋友介紹，這類陶文印記多數是烙印……除了陶器上有烙印文字，出土的其他秦漢器物，也往往打記烙印。如睡虎地、馬王堆、鳳凰山、銀雀山等地出土的秦漢漆器,都有與陶文相似的「亭」或「市」的烙印文字。這説明烙印是當時通行的一種具有特殊用途的印記。據此,「亭久」或「市久」的「久」是灼烙的意思。

……甲骨文的久字正是銅格的側面視圖。斗內的短畫,也可能是羨畫,也可能是六書的指事符號,表示銅格作用于牲肉的部分在斗而不在柄。因為銅格形狀與斗相似,所以又稱為銅斗、火斗、熨斗等。尚書泰誓説紂「焚炙忠良」,蔡傳云:「焚炙,炮烙之類」。孔疏引殷本紀云:「紂欲重刑,乃以熨斗,以火燒之。」此「熨斗」正指炮烙用的銅格,也可以證明銅格之為物並不象舊注所説的是「使罪人步其上」或是「膏銅柱,下加之炭,令有罪者行焉,輒墮炭中」。

殷代炮烙之法既施于畜牲又施于人的記載,與卜辭的「久」法既施于畜牲又施于人牲是完全吻合的。著名的美國人類學家摩爾根在古代社會一書中曾肯定遠古流行過食人之風,並指出食人風在蒙昧期一般施于俘獲的敵人。恩格斯還指出這種食人之風後來逐漸消失,「僅僅當作一種宗教活動或魔法儀式(在這兒差不多是一回事)而保存着。」殷代的炮烙之法,進一步揭示了保存在宗教活動中的遠古食人之風遺跡。【釋甲骨文「久」字　中國語文一九八五年第五期】

◉楊樹達　久從後灸之。象人兩脛後有距也。舉友切,五下久部。灸灼也。从火,久聲。舉友切,十上火部。按:二文為一字,許誤分之。

灸謂以艾火注體治病。久即灸之初文,灸為後起加形旁字。久以人為基字。㇏表見灼,故為所事。許君云从後灸之,義是;而云後有距,則説殊支離。豈距乃苣之誤字歟。説文云:苣,束葦燒也。今字作炬。然許君不以久灸為一字,而別為二文,終為未瞭耳。【文字形義學】

◉黄錫全　久久出碧落文　今存碑文作久,夏韻有韻録《説文》作久、録《古老子》作久、録雲臺碑作久。楊著碑陰作镹。《集韻·有韻》「镹,長也。通作久」。今本《説文》無镹字。【汗簡注釋卷二】

◉黄錫全　镹久出碧落文　碑文镹字僅一見作镹,已見前久部。此重出,變从古文長。【汗簡注釋卷四】

◉尹黎雲　有時增形只是為了區別字形,沒有什麼實際意義。詹鄞鑫考證了甲骨文久字是銅烙的側視形。其説頗為精審。可惜美中不足,由于缺乏字源聯繫,他没有説清久上增一點的作用。《説文·五上·丂部》有個丂,也是銅格的側視形。久是灸的初文,丂就是烤的初文。久上增一點,正是為了同丂區別字形。二字音異形別,其意義也有所不同。丂孳乳為号,許慎訓為「痛聲」。《廣雅·釋詁二》:「考,問也。」考、老同義,考訓「問」,其實是丂的借字。《釋名·釋喪制》:「獄死曰考竟。」可證丂作為銅格,主要是用為刑具。久的常用義是長久,其為銅格,主要是在奴隸、牲畜和器物上灼烙印記。這種印記自然長久不消。【字

源說 中國人民大學學報一九九二年第五期】

◉姚孝遂 □釋「升」、釋「久」皆不可據，只能存疑。卜辭為祭名。【甲骨文字詁林第四冊】

□ 桀 日甲九三 通傑 為邑— 【睡虎地秦簡文字編】

□ 1388 □ 1387 □ 1390 □ 1389 【古璽文編】

□ 楊桀 □ 馮桀私印 □ 步桀 【漢印文字徵】

□ 桀 □ 桀 【汗簡】

□ 古尚書 □ 汗簡 □ 籀韻 【古文四聲韻】

◉許慎 桀磔也。从舛在木上也。凡桀之屬皆从桀。渠列切。【說文解字卷五】

◉馬叙倫 丁福保曰。慧琳音義八十九引磔也。從中。從牛。辜在木上也。倫按此與椉一字。從舛在木上也。蓋呂忱或校者改之。【說文解字六書疏證卷十】

◉馬叙倫 □

倫按舊釋遂耒鑄。孫詒讓謂□是東。均非也。□之□不似豕字。□則從大在木上。則說文之椉字也。虢季子盤。王易□馬。匽公作姜椉槃匜作□。格伯敢作□。椉桀實一字。桀字省之。乃作桀耳。椉音牀三。古讀歸定。桀音羣紐。定羣同為濁破裂音。桀之轉注字作磔。磔音知紐。從石得聲。石音禪紐。同為舌面前音。而禪紐古亦歸定也。此可於形音二方證之者也。桀為磔人張其尸於木上。古不諱以惡字為名。故此器之作者名椉。【讀金器刻詞卷中】

◉戴君仁 說文解字五下部首桀，磔也；从舛在木上也。本部磔，辜也；从桀，石聲。段玉裁注曰：「辛部曰，辜，辠也。掌戮，殺王之親者辜之。注：辜之言枯也，謂磔之。鄭與許合也。大宗伯，以疈辜祭四方百物。大鄭从故書作罷辜，云罷辜披磔牲以祭。爾雅：祭風曰磔。郭云：今俗當大道中磔狗，云以止風。按凡言磔者，開也、張也。刳其胸腹而張之，令其乾枯不收。」按段說磔字甚詳，桀磔一字，磔為桀之纍增，蓋古代之酷刑。荀子正論篇「斬斷枯磔」。楊倞注：「枯棄市暴屍也，磔車裂也。」楊氏分枯磔為二，未允。此當是斬斷一事，枯磔一事。觀注之下文引韓子曰：「楚南之地，麗水之中生金。民多竊采之。采金之禁，得而輒辜磔。所辜磔甚衆，而民竊金不止。」即可知辜磔是一事，蓋謂刳裂而乾枯其屍體。其法當是取既刑之罪人屍體，倒懸于木上，示衆以為警戒。字从舛，本為兩足之象。倒懸罪人之兩足于木上，字形僅象其兩足，而省去其身及首手。丁福保説文詁林桀下案語曰：「慧琳音義八十九卷七頁桀注引説文桀也，(桀係磔之誤)从中，从牛，辜在木上也。蓋古本如是。今二徐本奪中牛辜三字，宜據補……説苑善説篇，朽者揚其灰，未朽者辜其尸是也。」又王筠説文句讀桀下云：「蟲部蠱下云：梟桀死之鬼亦為蠱，梟當作梟。(此與段注同。實則作梟亦通，不必以為梟之訛。考工記匠人，置槷以縣。鄭注：玄謂槷古文梟，假借字。於所平之地中央，樹八尺之梟，以縣正之，眡之以其景。疏云：「槷亦謂柱也。」梟桀即謂桀而懸于木上。)桀即磔也……在木上者，磔梟于木上。又漢書王尊傳，「取不孝子縣磔著樹，使騎吏五人，張弓射殺之。」説桀之為刑甚明，王尊取不孝子縣磔著樹，猶沿古俗，實則但倒懸而未刳裂，故更射殺之耳。此刑在漢代諒已不見。説文九上部首県下云：「倒首也。賈侍中説，此斷首到縣県字。」夫斷首倒懸，為勢不順，蓋原為不斷首而刳裂軀體之倒懸，厥後但斬斷其首以示衆，不更暴其軀體，而猶存倒懸之傳説，故賈氏云爾也。在春秋之世，已改倒懸為横陳。晉語六：「殺三郤而尸諸朝」。韋注：尸。陳也。論語憲問：「吾力猶能肆諸市朝。」集解引鄭注：「有罪既刑，陳其尸曰肆。」桀本倒懸，故有高出人上之意。夏桀殷紂，當皆是稱號，桀取其高，紂取其後。(説文紂，馬緧也。緧為馬之後勒，稱紂猶稱後主矣。)初非謚法賊人多殺曰桀，殘義損善曰紂之意也。【釋夏　釋桀　釋己　中國文字一九六四年第十三期】

◉黄錫全  桀　此即《尚書》桀，見土部。桀本从木，此从土，蓋桀字異體。木土義近，𡚱𥁕壺土字作土，中山王鼎社作社。

【汗簡注釋卷二】

◉黄錫全  桀　薛本同，桀部已當部首，説見前。【汗簡注釋卷六】

磔 

 磔　法六七【睡虎地秦簡文字編】

 磔出林罕集字【汗簡】

 義雲章  林罕集【古文四聲韻】

◉許　慎  辜也。从桀。石聲。陟格切。【説文解字卷五】

𣎳 桀

◉馬叙倫　鈕樹玉曰。一切經音義八引作張也開也。九引作辜也。然又引廣雅張也。今廣雅止訓開也。則八引誤以廣雅為説文。倫按辜也當作䛐辜也。然疑非本訓。此桀之轉注字。桀音羣紐。石音禪紐。古讀歸定。皆濁破裂音也。漢書景帝紀。故磔曰棄市。注。磔謂張其尸也。莊子則陽。見辜人焉。推而僵之。解朝服而幕之。此磔為桀轉注字之證。故桀訓磔也。【説文解字六書疏證卷十】

◉黄錫全　磔出林罕集字　鄭珍云：「呂字也，移戶于下，山横書于上，因誤成此形，云『磔』誤認。」夏韻陌韻録作，與此形並似「卮」。【汗簡注釋卷四】

粹一一〇九　鄴三下・三八・一　佚六五四　佚八七五　佚六三八　鐵二二二一　鐵二四九・二　前七・三八・一　林一・二四・一四　乙七四五　乙九七一　京津一三八九　燕五九六　京都九一七　京都九一八【甲骨文編】

乙745　971　2109　2616　2950　3540　6700　7021　珠183　185　340　佚20　533　875　945　979　續2・31・2　3・8・9　3・11・3　3・11・5　3・12・2　3・12・6　3・42・5　5・8・4　5・34・1　6・25・7　徵4・36　9・25　9・26　10・65　凡26・2　京4・13・1　4・25・4　天63　續存623　690　摭續34【續甲骨文編】

乘　从大在木或木上説文从入桀非　虢季子白盤　公貿鼎　克鐘　格伯簋　禹鼎　匽公匜　公臣簋　多友鼎　鄂君啟車節　車五十乘　公乘壺　師同鼎【金文編】

3·207 蔓圞匋里人乘 3·208 同上 3·492 子袶子里曰乘 3·606 豆里乘 3·644 匋里乘 3·682 盧里乘 5·298 □乘 秦1219茝陽工乘 3·1037 獨字 【古陶文字徵】

乘 為二三 九例 雜二五 六例 日乙九五 二例 【睡虎地秦簡文字編】

4008 匽公匜乘字作 璽文省木 4009 4069 4068 1107 【古璽文編】

乘輿馬府 千乘均監 吳乘 千乘太守章 千乘丞印 臨乘丞印 公乘賈 公孫乘 臣乘 五乘萬印 其乘 石乘 苗乘之印 蓋乘 公乘更得 杜乘 成公右乘 高乘之印 公乘小孫 乘馬道人 公乘舜印 【漢印文字徵】

乘並出義雲章 椉出朱育字畧 乘出尚書 【汗簡】

古老子 朱育集字 古尚書又説文 雲臺碑 竝崔希裕纂古 義雲章 籀韻 古文 古老子 同上 【古文四聲韻】

◉許 慎 覆也。从入桀。桀。黠也。軍法曰乘。食陵切。古文乘从几。【説文解字卷五】

◉孫詒讓 「入参从馬」二百廿二之一。「貝今香平从馬伐□弗□□」二百四十五之二。「丙戌卜戋貝今香立从馬伐下□我受之又」二百四十九之二。《説文·桀部》：「椉，覆也。从入桀。桀。黠也。軍法入桀曰椉」。金文虢季子白盤作，格伯敢作。此形與彼略同。餘皆「」之省變。【栔文舉例下】

◉王國維 乘，卜辭作，象人乘木之形，虢季子白盤：「王錫乘馬」之乘作，正與此同。【戩壽堂所藏甲骨文字考釋】

◉林義光 説文云。覆也。从入桀。按古作。格伯敦。作虢季子白盤。从大。象人形。象人在木上。其兩足。【文源卷六】

◉王 襄 古乘字。克鐘乘作，與此相似。【簠室殷契類纂第五】

◉商承祚 □卷五第二十五葉 □後編下第十七葉 案克鐘作□。虢季子白盤作□。格伯敦作□。皆與此相似。【殷虛文字類編第五】

◉高田忠周 說文。□覆也。从入桀。桀。黠也。軍法曰乘。古作□。此解必轉寫有譌脱。且許説亦有誤。今案此諸篆。悉皆从大。大者人也。斷不从入。然則。此字不可有覆訓。又説文桀字解曰。磔也。从舛在木上。蓋舛即□。此篆之□下篆之□也。又磔字解曰。辜也。从桀石聲。蓋石聲與祏字同意。取于開展義也。由此觀之。縛罪人于木上之謂桀。而刑之之謂磔。若夫乘字从大人。非不祥之義也。因謂乘字。乘馬為本義。凡人乘馬背。其狀。兩足開展。如桀之形。故字从桀。大以壯其義也。乘馬。有重纍義。因凡自上而加曰乘。又轉為戰陣陵敵之偁。若為不然乎。乘則人升木之義。从大从舛从木。而桀字。省以為形。此為叚借。存疑俟來哲云。【古籀篇六十三】

◉陳邦懷 □前編卷五第二十五葉 此字王徵君釋為乘。謂象人乘木之形。虢季子白盤王錫乘馬之乘作□。正與此同。見戩壽堂所藏殷虛文字考釋。徵君釋乘。甚塙。考□字所从之□。是古櫱字。説文解字。櫱。伐木餘也。下出□文。許君曰。古文櫱从木。無頭。卜辭□字从□。象人乘木。上从□象木無頭形。蓋伐木餘也。古者伐木。人乘木上。為乘之初誼。車乘殆引申誼。乘馬又車乘引申誼矣。【殷虛書契考釋小箋 睪識字齋三十以前叢稿之一】

◉商承祚 □ 説文「□。古文乘。从几。」案甲骨文作□ □。象人乘木之形。為乘輿之始。金文虢季子白盤作□。格伯段作□。貿鼎作□。與甲骨文近。此無所取意。當是寫失。段氏謂「兖亦可以為依憑字。」則望文生訓矣。【説文中之古文考】

◉馬叙倫 鈕樹玉曰。韻會引作軍法曰入桀曰乘。高田忠周曰。金文乘字均作□。從大舛。象人升木。陳邦懷曰。卜辭□字。王國維釋乘。謂象人乘木之形。□所從之□是古櫱字。伐木餘也。古者伐木人乘木上。為乘之初誼。倫按覆也非本義。虢季子白盤。王錫乘馬。乘字作□。匽公作姜乘盤匜作□。貿鼎作□。格伯敢作□。無如此作者。蓋譌也。以金甲文證之。實乃桀之異文。□從木象張尸形。□從大而分其兩足也。指事。□□皆其省也。□仍是木字。非六篇之古文櫱也。且櫱為伐木之餘復生萌芽。非謂伐木所餘之斷木也。乘音牀紐三等。桀之轉注字為磔。磔音知紐。牀之與知皆舌面前音也。磔從石得聲。石音禪紐。古讀歸定。羣定同為濁破裂音。是則桀乘音轉之跡可知。而其為一字明矣。説解盡非許文。玄應一切經音義引三倉。乘。載也。字見急就篇。

□ 王筠曰。繫傳作□。各本同。顧廣圻本私改為□。古文多不可解。此亦當然。從几二字蓋後人加之。段玉裁以為從几案之几。固不可通。桂馥以為莫狄切之冂。冂雖訓覆。然自是覆蓋。非覆壓也。倫按或謂此乘載之本字。從二止。二止猶二人也。冂象車蓋與箱。倫謂𠓥載之𠓥乃借為陟或登。左宣十二年傳。車馳卒奔。𠓥晉軍。謂登晉軍也。此蓋篆譌缺一直筆耳。玄應一切經音義引古文官書。𠓥䡬二形同實證反。倫謂𠓥即此古文。明此譌缺一筆。䡬則從車𠓥省聲。蓋𠓥載字。【說文解字六書疏證卷十】

◉郭沫若 麂遻一字。說文桀部「𠓥古文椉乘。从几。」即此字所从。或即乘之緐文。如征討古作正，後益為征若延簋大史鼎也。【徵兒鐘 兩周金文辭大系考釋】

◉于省吾 乘字作乘。與乘父簋的乘字作乘者略同。說文古文乘作兖。其所从的几。清代治說文者或以為當作冖。或以為木之省。今以節文證之。則从几本不誤。【鄂君啟節考釋 考古一九六三年第八期】

◉李孝定 說文。「乘。覆也。从入桀。桀。黠也。軍法。『入桀曰乘』。定按。『入桀』二字段依韻會補。是也。𠓥古文乘。从几。」乘之本義為升。為登。引申之為加其上。許訓覆也。與加其上同意。字象人登木之形。王陳之說是也。金謂乘象矢。其說未聞。殆為乘矢一詞之誤說歟。非也。字當有作乘者。人形之字每增止作。小譌則為篆形之𠓥矣。呂覽。貴直。「一鼓而士畢乘之」。注。「陵也」。陵之古文象人登山形。與登木同義。釋名釋姿容。「乘。陞也。登亦如之也」。周禮。「隸僕洗乘石」。先鄭注云。「王所登上車之石也」。爾雅釋獸。「時善乘領」。注。「好登山峰」。詩七月。「亟其乘屋」。傳。「升也」。皆用其本義也。徐灝段注箋桀下云。「磔當作傑字之誤也。定案。許書桀下云。「磔也」。桀傑古今字。衛風伯兮篇。『邦之桀兮』。毛傳。『桀。特立也』。漢書高帝紀。『三者皆人傑』。顏注。『傑。言桀然獨出也。』是桀與傑同。从二人在木上。取高出人上之意。」乘下云。「桀从二人在木上。升高之義。加於其上曰乘。故从入覆其上。指事。非入字也。」其說甚是。而說字形則小誤。舛象人之兩足。非从二人。入則大之兩臂也。金文作乘虢季子白盤乘貿鼎乘克鐘乘乘乘格伯簋。後三文均从舛之譌也。【甲骨文字集釋第五】

◉李孝定 乘字从大在木上，與甲骨文同，又或从舛，特着人之兩足，非从大从桀也；高田氏後說以為人升木之義，是也，引申則為凡升凡登之稱，又引申則為加其上，許訓覆也，亦加其上之義，乘馬乘車，則升登之義也。【金文詁林讀後記卷五】

◉許學仁 乘格伯敦 乘虢季子白盤「王易乘馬」 乘匽公匜 乘貿鼎

亦人登木之象，當以登為其溯義。大象人形，著其足趾舛，則成乘乘乘乘形，降及戰國之世，大字往往又詭變為大，楚文字中亦屢見之。如鑄客鼎、集脰大子鼎，與隹作隹，並晚周文字之變體也。大既作大形，著其足趾，另成舛形，先秦古鉩

□乘馬□□公乘皆為實例。□即乘字省體，復加整飭，遂變為□，即□、□二字所从者。

又乘字从几或可溯源於古人登車履「几」之制。儀禮士昏禮云：「婦乘以几。」賈公彥疏：「乘几者，乘以登車，婦乘以几。重其初昏。與尸同也。王后則履石，諸侯大夫亦應有物履之。今人猶用臺。」周禮夏官隸僕正義：「凡登車，貴者乘以石，其次以几。曲禮云：『尸乘必以几。』注云：『尊者慎也。』」皆述及古人登車，以石以几。古之乘几，今雖無傳世者以詳其制度，然乘石則有實物之參驗：安陽一〇〇一號墓中所出玉石方座一，雕鏤精緻，屈翼鵬先生考為「乘石」。見屈氏「說乘石」一文，載書傭論學集・頁三二五—三三三。儀禮周禮之說當為可信，絕非鄉壁虛造之空論也。節文□字所从之几，殆即儀禮周禮所謂之「乘几」耶。

楚文字中乘字，除鄂君啓節作□一形外，別有从車作□者，見望山一號楚簡，其簡文曰：

之□一□。

與古璽文字徵（附録・頁十一）所載「王□□」之「□」全同。□字羅福頤氏列入附録，未釋。今按：夏竦古文四聲韻卷二載椉□二字，為乘之異體，並出崔希裕纂古，後者即簡文□字。又玄應一切經音義百乘條復云：「古文椉□二形同」，並可證明□□二字皆為「乘」字。又，「乘」之本義本為登木，引申為乘馬、乘車之稱，故字从車作□也。

愙齋集古録（十九册・頁九），著録一卣，吳大澂題為「輦卣」，銘文作：

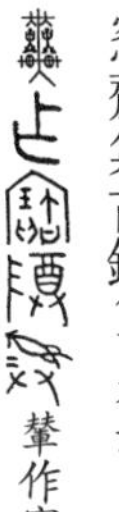

輦作寶隩彝

觀□字未晚圖畫文字之畛域，揆其意，正二人乘車之實象，所从人形亦著足趾作□，疑即車乘之象形字，以其字繁，故有□字出。【楚文字考釋　中國文字新第七期】

◉林清源　十三年正月戈（邱集8420）　⊘第八字作「□」，與鄂君啟車節「乘」字作「□」相近，殆即「乘」之異文。乘字匽公匜作「□」，虢季子白盤作「□」，从大在木上，特著其兩足，以顯登高之義，鄂君啟車節則以兩足與兩手交疊，下所从木旁易為兩足形，以代上半已訛之兩足。戈銘此字下半纍增之兩足，訛之益甚，已與足形不類。⊘「乘馬大夫」為官名，「子□」則大夫之私名。⊘本戈1970年河北易縣燕下都出土，辭例與1973年燕下都所出「九年將軍戈」相近，而與三晉、齊、魯諸國有別，當可定為燕器也。【兩周青銅句兵銘文彙考】

◉楊樹達　匽公匜作□，从大在木上。許說从木桀。誤。格伯𣪕作□。許誤認，蓋緣此。【文字形義學】

◉陳邦懷　《說文解字・桀部》：「椉（乘），覆也，从入，桀。」按，乘，甲骨文作□，从□，从□。□象人形，□即訓伐木餘之櫱之

木

古文。甲骨文乘字象人乘於木上，詳見拙著《殷虚書契考釋小箋》。金文作（克鐘），訛作从木，或加人之兩足作（匽公匜），或省大从人作（格伯𣪕）。許説篆文椉从入从桀誤矣。

《説文》古文乘从几作，為大省，舛象兩足。从几，謂乘車用几以登也。《禮記·内則》云：「乘必以几。」《儀禮·士昏禮》云：「婦乘以几。」賈疏：「謂登車時也，几所以安體，若尸乘以几之類。」《古璽文編》附録七一所録形四文，應釋兖，从几與《説文》古文及鄂君啟節同。

《古璽文編》合文四録形二文，以為「乘車」合文，不確。按，鉩文輋，亦即乘之或文，與望山二號楚墓遺策「女輋一輋」寫法相同，《集韻》：「輋，車一乘也，或作輮。」从車者，《左傳·桓十八年》「使公子彭生乘」，注云：「上車曰乘。」鉩文曰：「長輋」（《古璽匯編》〇七四二）、「王生輋」（《古璽匯編》三九四五）、與「孫兖」（《古璽匯編》一五五四）、「東方生兖」（《古璽匯編》三九六一）其名同，而輋與兖同為乘字也。

至于乘作形，多為合文，古鉩「公乘」、「乘馬」是也。一般右下角有合文符號「=」。【釋乘 一得集】

◉劉彬徽等　輮，讀如乘。

輮，簡文作，從乘省，讀如乘。《淮南子·氾論》：「強弱相乘」，注：「加也」。此指擴大土地面積。【包山楚簡】

◉湖北省文物考古研究所　北京大學中文系　鄂君啟節「乘」字作。簡文此字下从「車」，上半與鄂君啟節「乘」字上半同形，其字亦見於戰國古印（《古璽文編》三六四頁，原書誤以為「乘車」合文）。《集韻·蒸韻》「輋，車一乘也，或作輮」，即此字。「輋」為「乘」之分化字，古書只用「乘」字。女乘疑指婦女所乘的四周遮蔽得比較嚴密的車子。《詩·衛風·氓》「淇水湯湯，漸車帷裳」，毛傳：「帷裳，婦人之車也。」《釋名·釋車》：「容車，婦人所載小車也，其蓋施帷，所以隱蔽其形容也。」【二號墓竹簡考釋　望山楚簡】

◉戴家祥　字，从大，象人形。人在木上。其兩足。表示乘騎之意。本為乘木之乘，後世乘舟、乘車、乘馬、乘牆、乘屋皆用之。説文五篇乘篆作，古作，从，與鄂君啟節字同，从象乘坐之物，不一定為几。【金文大字典中】

甲六〇〇　方國名　王令木方止　甲二五二〇　甲三五一〇　伐木　乙四三〇九　前二·一五·一　後二·一三·八　戩四五·二　鄴二下·三八·七　京津三九七四　木夕　陳一四一　珠八九〇　坊間二·

一六一 地名 在自木卜 坊間四・八一 燕五九八 明藏四四二 明藏四五一 庫二二六 乎木射 明藏六一九 京都七一六 京都二三九一 京都二五二〇 【甲骨文編】

甲600 【續甲骨文編】

木 父丁爵 父辛爵 父丙簋 木工鼎 舀鼎 格伯簋 散盤 鄂君啟舟節 【金文編】

1・21 目木十中 1・53 同上 1・54 同上 1・55 同上 6・224 獨字 9・47 左杋立木

3・652 陵坤木璽 【古陶文字徵】

〔四七〕 〔五七〕 〔六七〕 〔六七〕 〔二〇〕 〔五八〕 〔二二〕 〔六七〕 〔六七〕 〔一九〕 〔四七〕 〔一九〕 〔三六〕 〔六七〕 〔三七〕 【先秦貨幣文編】

布方木 晉高 布方木邑 晉高 仝上 刀弧背 冀滄 仝上 布空大 典五七三 布方 木邑 典五三 仝上 典五四 布空大 歷博 布空大 亞二・一〇一 【古幣文編】

一五六：一九 二十一例 委質類被誅討人名兟木 一九四：一一 【侯馬盟書字表】

266 【包山楚簡文字編】

木 秦一三一 二十八例 日甲八七背 二例 【睡虎地秦簡文字編】

青木 甲五・二五 赤木 甲五・二七 黃木 甲五・二九 白木 甲五・三一 墨木 甲五・三三 卉木亡尚 乙一・三三 卉木民人 乙五・二七 【長沙子彈庫帛書文字編】

0208 0300 0299 0298 【古璽文編】

木工司馬 木結山 【漢印文字徵】

品式石經 咎繇謨 隨山刊木 開母廟石闕 木連理于芊條 【石刻篆文編】

木 【汗簡】

汗簡 【古文四聲韻】

◉許 慎 冒也。冒地而生。東方之行。从屮。下象其根。凡木之屬皆从木。徐鍇曰。屮者。木始甲拆。萬物皆始於微。故木从屮。莫卜切。【説文解字卷六】

◉商承祚 金文與此同。又或作(木工鼎)。上象枝條。下其根也。【甲骨文字研究下篇】

◉顧廷龍 此字从木。从彡。或謂即今杉字。按。説文無杉。作木也。从木煔聲。徐鉉曰。今俗作杉。非是。此疑仍為木之古文。説文。工。古文作。以彡為飾。木之从彡。亦以表其紋也。【古匋文孴録弟六】

◉馬叙倫 李陽冰曰。象木之形。戴侗曰。上出者。中為幹。旁為枝。下達者。中為柢。旁為根也。沈濤曰。五經文字引作下象根形。五行大義釋五行名引木下有者字。冒上有言字。從上有字字。蓋引者以意貫屬之。非古本如此。惟生作出。根下有也字。則蕭據今本不同也。王筠曰。必從其言。乃可言從。中與木之上半形相似耳。以木從屮。於義何居。木固全體象形字也。丁福保曰。希麟音義八引作。下象其根。上象枝也。蓋古本如是。倫按冒地而生東方之行亦非許文。説解本作冒也。象形。木之象形文本作。變為篆文。則政齊之為矣。莊子山木釋文引字林。木。衆樹之總名。字見急就篇。父丁爵作。木工鼎作。曶鼎作。【説文解字六書疏證卷十一】

◉李亞農 本是木字，但在武乙時代以前的契文中，也是未字。【殷契雜釋 中國考古學報第五册】

◉饒宗頤 卜辭「王……狩木。」(見明義士二九)按木地未詳。河南光山縣南有木陵山，六朝時置木棱戍，疑其地古有「木」名，殷王田狩可能至此。他辭云：「戊辰，王卜貞：田木，往來無巛。」(簠室游九〇)又有木方，如：「壬午貞：癸未，令木方止……」(屯甲六〇〇)又稱𠂤木，「在𠂤木卜。」(南北坊二·一六一)及伯木，「辛……貞：又隻，在白木㞢。」(佚存一九五)知木蓋伯木封地。卜人

之木疑與木地有關。【殷代貞卜人物通考】

◉高鴻縉　字本象樹木形。説解下象其根上象枝也。甚為明白。二徐本逸下句。茲從丁福保考正補入。冒也為音訓。東方之行為緯學家言。【中國字例二篇】

◉李孝定　説文。「木。冒也。冒地而生。東方之行。从中。下象其根。」木字上象枝。中象榦。下象根。契文金文篆文皆同。不當云从中也。字在卜辭為方國之名。後・上一辭言「田木」。甲編一辭言「王令木方」。可證。金文作[glyph]父丁爵[glyph]父辛爵[glyph]父丙簋[glyph]散盤[glyph]舀鼎[glyph]木工鼎[glyph]格伯簋[glyph]作母甲觶。

又卜辭屢見[glyph]字。舊均釋杏。見王襄類纂弟二八葉上。郭沫若謂「从未从口。與圍同。」見甲研釋作。繼於萃考又直當作杏。無説。葉玉森謂「釋杏。釋圍。並未信。」見前釋四卷二十葉。屈翼鵬曰「木丁。類纂釋杏。諸家多从之。然以三六二九片證之。當作木丁。乃廩辛康丁之諸父也。」見甲釋八九葉五七一片釋文。遍考諸辭。屈説良信。辭云。「丙午卜。[glyph]木丁一牢。」前・四・十六・三。「丁未卜。其又木丁于父丁[glyph]。」珠・六三七。「□□卜。先于父乙[glyph]木丁。」佚・五六三。可證也。是木字在卜辭。或又為人名。【甲骨文字集釋卷六】

◉丁　驌　木為地名、方國名或人名：

貞尞于木三豕三羊。（南南一・五〇）

（此木字與尞字同見一辭，分為二字。木可為人名或地名。）

壬午貞癸卯王令木方之。王令木其西告。（甲六〇〇）

（此木亦可為人名。）

……未卜出貞王狩木于之日，王狩木：其鹿十一。（明二九）

（此木是地名。）

戊辰王卜貞田木，往來亡巛。（簠室游九〇）

（此木是地名。）

木為祭法：

庚戌卜爭貞木于西[glyph]一豕一牖，尞三豕三羊牖二，卯一牛牖一。（庫一九八七）

（此辭木與尞分別為二祭法，亦二字。）

貞木于帚好，于父乙。(存下二一〇)

癸酉卜木于父丁卅牛。(南明六一九)

戊寅卜木百豕卯牛于妣……。(金六五七)

戊寅卜木于且己。丙子卜木囗父丁。(存上一四五八)

(按島邦男釋于字在且己條下作罕。)

帚好、父乙為武丁時之辭。父丁有三：一為祖甲稱武丁，一為武乙稱康丁，一為帝乙稱文武丁。且己、父丁同版，當是武乙稱康丁及其祖祖己，或帝乙稱文武丁及祖己也。故此辭之時代，如非四期，便是五期。故知木字在武丁以後，雖至五期仍有用之者，非全部以尞字代也。木祭當有別於尞，但不知分別何在也。許氏云尞祭對象為天神兼及人神。但木祭對象似只見於人神而已。尞祭求雨者為多，人神或為木祭之專用者也。【中國文字1969年第33册】

◉王　輝　卜辭有木字，可作方國或人名解(如甲一六七：「……卜，爭……令木眔……西……衛有禽」)；亦可解作地名。(如南南一·五〇：「……貞，燓於木三豭三羊。」)但也有不少的木作祭祀名稱用：

庚戌卜，□(夬)貞，木于西，□一犬一青(豰)，燓三豭三羊青二，卯十牛青一。(庫一九八七)

……貞，木婦好于父乙。(存二·二一〇)

乙卯卜，不雨，□宗木……(南明四四二)

癸酉卜，木于父丁卅牛。(南明六一九)

戊午卜，木于祖己。(存一·一四五八)

從這幾例看，木祭對象有先祖、天神，使用的物品有牛、羊、豭、青(豰)……。這裡的木用為動詞，當是焚燒的意思，故木祭為火祭的一種。所謂木祭，我們認為就是柴祭，《說文》：「柴，小木散材，從木此聲。又祡，燒柴焚燓以祭天神，從示此聲。……」柴是後起的形聲字，從木此聲，此上古在支部，柴也是上古支部字。柴不見於甲文(甲三〇一一有𣎴字，屈翼鵬釋柴，然該辭為殘辭，義不明，研契諸家也多不以屈說為是。)祡更是後起的異體字。《正字通》：「按祡字本作柴，後人因祭天改從示」，柴字的本義為燃木以祭，是很明白的。《尚書·堯典》：「至于岱宗柴」，《說文》引作祡。馬注：「祡，祭時積柴加牲其上而燔之。」《禮記·大傳》：「祡于上帝。」鄭注：「祡告天地及先祖也。」這些都同上邊幾條卜辭大體符合。當然，後代所謂祡祭同商代所謂木祭不是完全一致的，但是，後代的柴祭是從商代的木祭發展來的則沒有疑義。正象孔子說的「周因于殷禮，所損益可知也。」(《論語·為政》)【殷

人火祭説　四川大學學報叢刊・古文字研究論文集一九八二年第十輯】

◉考古所　木月：殆月名，但不知為何月。【小屯南地甲骨】

◉蔡全法　☐「木」字陶盆：

一件，為泥質灰陶殘口沿，戰國時器。1983年5月東城(XH)T2井5出土。「木」陰文，竪向刻寫于盆沿上。該字書體為鄭韓陶文偶然一例，與信陽竹簡之「☐」，陶香録之「☐」都有差别，這種字體更晚一些。疑為陶工私名。【近年來「鄭韓故城」出土陶文簡釋　中原文物1986年第1期】

◉朱歧祥　木象木枝幹之形，即木字。卜辭借為殷附庸名。始見第一期甲骨。

《卜598》貞：重木令圍。一月。

《甲600》壬午貞，癸未王令木方止。

《甲1167》☐卜，爭☐令木眔☐圍，重擒。

《南南1・50》貞：賁于木：三豕、三羊。

《甲3689》丁卯王卜在木貞：其戋从師西，往來亡災。

《遺121》戊午卜貞：王田木，往來亡災。王占曰：吉。兹卸。獲冢十，虎一，狼☐。

後併為殷地，用為殷王祭祀、出巡與田狩之所。

字復為賁(☐)字之省，由下二文例比較得之。

《南明619》癸酉卜，木于父丁卅牛。

《京906》庚戌卜，賁于大甲三豕。【殷墟甲骨文字通釋稿】

◉徐中舒　木鄴二・三八・七　《説文》：「木，冒也。冒地而生，東方之行。从屮，下象其根。」甲骨文木字上象枝，中象榦，下象根，實不從屮。卜辭中無用作本義之例，只在從木之字中，如☐桑、☐㮚等字中尚保留木之本義。又尞字作☐、☐者，或省點作木，與木字形同，須據辭例别之。【甲骨文字典卷六】

橘

橘 嚴道橘園 橘 嚴道橘丞 橘 橘監 【漢印文字徵】

◉許 慎 橘果。出江南。从木。矞聲。居聿切。【說文解字卷六】

◉馬叙倫 嚴可均曰。韻會引江南下有樹碧而冬生。倫按果出江南樹碧而冬生蓋字林文。許於本部凡為木名者。皆訓木也。與艸部皆訓艸也同例。今捝本訓。果下依梨字下例。當有名字。字林每言名也。下同。【說文解字六書疏證卷十一】

橙

◉許 慎 橙橘屬。从木。登聲。丈庚切。【說文解字卷六】

◉馬叙倫 爾雅釋木釋文引字林。橘屬。則知許本訓木也。凡言屬者皆字林訓。益可證矣。【說文解字六書疏證卷十一】

柚

柚 籀韻 【古文四聲韻】

◉許 慎 柚條也。似橙而酢。从木。由聲。夏書曰。厥包橘柚。余救切。【說文解字卷六】

◉馬叙倫 沈濤曰。齊民要術十引作似橙實酢。盖古本如是。爾雅釋木注似橙實酢。正用許文。似橙言其樹木之形。酢言其實之味。非謂柚實似橙也。下櫨果似梨而酢。而字亦當作實。徐灝曰。謂之條者。古音相似也。倫按柚是果木。果木下無聲訓之例。此條字乃攸木二字之譌并。攸字乃古注以釋柚字之音者也。由此益可證明許本訓木也矣。似橙實酢蓋字林文或校語。【說文解字六書疏證卷十一】

◉朱德熙 裘錫圭 ⿰木胄 我們過去把135號簡第一字釋作「栯」，讀為「薁」，為「考釋」所采用。現在看來也是錯誤的。這個字的右旁，與三號墓遣策中「介胄」的「胄」字十分相似，似可隸定為「⿰木胄」，釋作「柚」。【馬王堆一號漢墓遣策考釋補正 文史1980年第10期】

櫨

◉許 慎 櫨果似梨而酢。从木。虘聲。側加切。【說文解字卷六】

◉吳大澂 櫨。从虍。从冂。从木。說文無此字。周棘生敦。【說文古籀補】

◉劉心源 櫨或釋梳。或釋欌。皆非。明明木旁虘。是櫨字也。通柤。左襄十年經。會吳于柤。注。柤。楚地。昭六年傳。吕勞諸柤。注。柤。鄭地。此銘亦是地名。未知何屬。【周棘生敔 奇觚室吉金文述卷三】

◉馬叙倫　翟云升曰。御覽引無而酢二字。倫按蓋字林文。許當止訓木也。【説文解字六書疏證卷十一】

◉高田忠周　説文。樝。果似梨而酢。从木䖑聲。爾雅釋文字亦作查。查即査字。亦元作柤。又柤下曰。木閑也。从木且聲。廣雅釋器。柤。距也。然禮記內則。柤梨曰鑽之。中山經。綸山多柤栗。與漢書司馬相如傳樝梨樗栗同。因謂凡且聲字。籀文皆从䖑聲。退作遽。罝作罝可證。然則樝疑亦柤字籀文。故許氏樝字。禮及中山經作柤。而木閑也者。當為阻字轉義。阻本訓險也。又轉為沮止義。木閑者。抑沮止之意也。即知初借柤為阻。柤字為叚借義所專。而本義則別作樝以為專字。古今文字變遷。此例極多矣。亦猶屮ナ字借左右為之。而左右義別製佐佑字。皆其一例耳。【古籀篇八十四】

◉朱歧祥　746. □　从木、虎首，或即䖑省。隸作樝。《説文》：「樝，果似梨而酢。」俗作柤梨。卜辭主見於第四期。用為田狩地名。殷王亦曾屯兵於此。

《京3648》庚午卜，王在旨□卜。

《鄴3·49·13》□卜在□□田，衣逐□災。【殷墟甲骨文字通釋稿】

◉陳克長　殷商甲骨卜辭文字中，有□□□□□□□□諸字形，各家註釋，見仁見智，讀者疑是惑非，頗有何從之感？筆者爰為檢討，並說明己意，有期方家教正！

甲、□後上一八·九

乙、□金四九三

丙、□類纂第六卷二九頁

丁、□乙一五二

戊、□甲八〇七

己、□鄴三·四三·四

庚、□明二二六〇

辛、□京三七七

鑑於前列契文字形，與後列各家釋義所涉及之今文，其間頗有錯綜關係，頗難一目瞭然。經循文獻字書解説，乃從王襄氏所隸「樝」字為中心，彙列一字彙關係表相資類比，概可發現契文與今文之孳乳遞變之跡象。

更由於契文从「□」或从「□」與从「□」，及「□」或从「□」每無別，且作意符、聲符之偏旁，亦常上、下、左、右、增、省無定，以及通叚因素，是以字形繁簡殊體、字義則或異或同。此為學者所共識。茲摘録各家註釋要點，並註淺見於次：

甲、□：王襄氏殷契類纂收作「樝」字，註：樝，或从又。

陳邦懷氏卜辭小箋謂：此字形為古文「蔖」字，說文艸部無蔖字，蔖乃卜辭□从□之省文。說文邑部有「䣜」字，从邑虘聲。許書：䣜，沛國縣，今之酇縣。段注：今河南歸德府永城縣西有酇城，按䣜乃蔖後起字。

羅振玉氏殷虛文字增考謂：此字从艸⿰虘又聲，⿰虘又即且，殆孟子：「驅龍蛇而放之菹」之「菹」字。

郭鼎堂氏卜辭通纂釋前二・一九・三卜辭之□字謂：□邑，殆即沛郡之酇縣，應劭音嵯。師古云：此縣本為「䣜」……中古以來借酇為之，讀音為䣜。……說文邑部：䣜，沛國縣……今酇縣……蕭何受封於䣜。春秋襄公十年會諸侯吳世子於䣜……按三經皆作「柤」……

孫海波氏校正甲骨文編收作「苴」字，無註。

金祥恆氏續甲骨文編收作「苴」字，从許書訓為履中草。

徐中舒氏漢語古文字字形表收作「苴」字，無註。

高明氏古文字類編收作「⿱艹⿰虘又」字，無註。

李孝定氏甲骨文字集釋收作「⿱艹⿰虘又」字，並謂：說文艸部無此字，又部有⿰虘又字，虍部有虘字。爾雅有蔖字。許書艸部亦無蔖字，殆偶失耳。陳氏之說可从。羅氏謂⿰虘又即且，其說無據，即如其說，亦不足以證為菹。金氏从許書之訓亦非。

馬薇廎氏甲骨文原收作「蔖」字，註：从艸虘聲，蔖，楚葵也。集韻：草名，可苴履。爾雅：蓾蔖，作履苴草。疏：蓾一名蔖，即蒯類也。

按甲——辛各字形，雖其繁簡不同，由其遞變之跡，及音切相若，顯示此□為諸字形之古文或繁文，嗣演進而分用義也。其字與方連辭者，自同為一方國地名。或作其他語辭之用。□字从□可省變作□，則王襄氏隸定作「樝」字，註或从又之說，確不可易。樝，本係語辭「酸果」(即今謂山楂，本草曰木桃)之稱，古或叚為方國地名。樝，省文作「柤」，俱為說文所有字。唐韻、集韻有「⿱艹柤」字，音樝，殆亦後起字之省文。是以隸「樝」字於木部。

因此，羅振玉、高明、李孝定三氏，收此字形作「⿱艹⿰虘又」，由於說文、字書均無⿱艹⿰虘又字，讀音釋義不詳，所隸無據，可謂不字。

至於羅振玉氏謂：⿰虘又中之「⿰虘又」即「且」，殆即孟子所云……之「菹」。李氏謂其不足以證。孫海波、金祥恆、徐中舒氏等收此字形作「苴」。及金氏訓苴說，李氏亦以為非。予以為□已隸作樝，可知作菹、苴二字俱非。其間關係，容詳於□□兩字說明。又郭鼎堂氏於釋□字文中，言及與「鄌」「柤」字義有關，予以為□乃爪字，說文無據。故認其文不對題。

乙、□：孫海波氏校正甲骨文編收作「苴」字，無註。

徐中舒氏等漢語古文字字形表收作「苴」字，無註。

高明氏古文字類編收作「䖑」，無註。

按此字形，為「樝」字之重文與省文。高氏作䖑，非是。可參前述，容見□字說明。孫、徐二氏作苴，非是。容見於□字說明。

丙、□：王襄氏殷契類纂收為「樝」字。註：古樝字，羅振玉氏作「苴」字。

李孝定氏甲骨文字集釋收作「䖑」。註：此字引據陳邦懷氏所注，菁？亦無頁次。遍查菁華未見其字，恐為碎片浸漶，不可明辨。

丁驌氏東薇堂讀契記云：□之為蔖。

按此字形，王氏收作樝，有待商榷。李氏收作䖑，非是。李氏謂陳氏之註不明，此經筆者查係王襄氏殷契類纂六卷二九頁所列。陳、李二氏之誤惑，為之解矣。但王氏著録□字下註：「古樝字，羅氏釋苴」。惟羅氏釋苴之字形為□。兩個字形有別，顯見王氏有摹録字形之誤。契文有否此□字，不無疑問，幸識者指正。

予以為此字或係誤摹□□字形，則可省□省□作「蔖」，為樝之後起字。與陳邦懷、馬薇廎、丁驌三氏作蔖意同。集韻有蔖字，註或作「葅」。說文無蔖字，但有葅字，註亦通同。說文有「苴」字，註與葅通。是知葅、苴二字又為蔖之後起字。故宜另立「蔖」於艸部。如此可解羅、孫、金、徐諸氏直接釋苴之非，亦可補李氏所謂「許書之佚」耳。

丁、□：此字見於島邦男氏卜辭綜類。闕見註釋。

按此字形與說文「瀘」字全同。注：水出北地直路西東入洛。瀘，唐韻、集韻並音樝。廣韻：七余切。集韻：千余切，音疽。疽，切同上，音苴。疑瀘為「菹」之古文。菹，唐韻音齇。菹，說文：酢菜也。釋名：阻也。又地名。穆天子傳：南征至于菹。卜辭有□，省文作菹，僅見於「殷虛文字乙編」，著録在後。羅振玉氏以□釋䖑，殆即菹，其言在前。其誤自可諒解也。

戊、□：羅振玉氏殷虛文字增考謂：此字與說文之「䖑」字及金文之□字形全同。

金文沇兒鐘、王孫鐘有「中譚䖑揚」（筆者録原文——□）之語。猶詩言：「既多且有，終和且平」。殆語辭之

「且」古如此作，且象祖形，其為「祖」之專字歟？

楊樹達氏甲文説謂：卜辭屢見「⿰虘又方」，恆云「伐⿰虘又」，其為國甚明。顧經傳未見有國名為⿰虘又者。以聲類求之，殆即大雅皇矣之「徂」也。毛訓徂為往，鄭以徂為國，勘以甲文，則鄭是而毛非也。……如是二千年來之紛爭，或可從此息乎？（詳見楊著卷下四六頁。）

屈萬里氏殷虛文字甲編謂：卜辭——戍弗及⿰虘又方——之「⿰虘又」，楊氏謂即皇矣之「徂」，係在周西附近之地，其説當否難定。（詳見屈著二二三頁。）

孫海波氏校正甲骨文編收作「⿰虘又」字，無註。

李孝定氏甲骨文字集釋收作「⿰虘又」字。並謂：説文：⿰虘又，叉取也，从又虘聲，契文與小篆、金文同。卜辭為地名。

丁山氏⿰虘又夷考謂：⿰虘又即⿰虘又方，與商相距甚近，當今河南永城西境。⿰虘又夷地近淮水，故或稱淮夷，世為殷商患……。

鍾柏生氏殷商卜辭地理論叢指出：東方之方國——「⿰虘又方」之□甲八〇七，卜辭又作□後上一八・九□金四九三（按此契文見本文前列）由辭例證知，⿰虘又方與殷是敵對之雙方。如：「癸卯卜在麻貞王旬亡𡆥在六月王戋于上魯」及「癸酉卜在上魯貞王旬亡𡆥在七月」等卜辭。⊘由「麻」「上魯」地望研究，推知□在商丘之東，淮河以北地域。春秋時宋國有「柤」地，分析柤與⿰虘又之聲音，柤从木且聲，⿰虘又从又虘聲。而「虘」从虎且聲。字均从且聲。另⿰虘又字，説文段注：「方言：抯、摣，取也，南楚之間凡取物溝泥中，謂之抯。」可見「抯」與「摣」古音相同，則⿰虘又與柤音亦相近。故暫定⿰虘又方即柤地。（詳見鍾著二三五——二三七頁）

按此字形，羅、孫、高、李諸氏，均收作「⿰虘又」。羅、李二氏謂：卜辭□與金文□字同。咸知古代吉金器銘乃其時權貴方國家族所製傳世紀念之文物，可證「⿰虘又方」為一著名之國族。李、楊二氏謂為古地方國名，丁氏謂為⿰虘又夷，殷商之敵患。鍾氏謂⿰虘又方即柤地。衡此諸説概可从之。

至於羅氏引許書段注，用為語辭，謂⿰虘又即且，且象祖，其為祖之專字，李氏認為無據。可从。楊氏謂詩大雅：皇矣之「徂」，殆為「⿰虘又」國？屈氏謂其當否難定。李氏謂「戍弗及⿰虘又方」……等卜辭，無義可説，並舉金文大保簋銘，意若在證「伐⿰虘又」事例，但未分明金文與卜辭之兩「⿰虘又」歷史背景是否異同。鍾氏謂以音近，⿰虘又即柤。經徵字書史料，以為其例言未洽。須為説明者：

(1)詩經大雅五篇——皇矣篇原文「……密人不恭，敢距大邦，侵阮徂共，王赫斯怒，爰整其旅，以按徂旅，以篤周祜……。」乃文王用兵征伐「密」國之事，詩中之「徂」，係「遏止」密人反叛之謀。既非毛氏訓徂為「往」，亦非鄭氏以徂名「國」，更非殷王伐叡之事。若是，二千年來於徂爭論之止息，自非楊氏所謂「鄭是毛非」之舊評，可能繫於予之新解矣。

(2)金文大保毀原文「王伐彔子取叡人反王降征命于大保大保克芍……」李氏釋言：叡人反叛，王命大保征伐，使之平也。揆其寓意此二「伐叡人」，與卜辭「伐及叡方」之事同，恐其有誤。蓋大保毀銘係紀周公輔成王時，命召公東征殷商孑遺王子禄父之事，時在武王伐商紂亡之後。是故殷王「伐叡方」在先，西周「伐叡人」在後。未可同日而語也。

(3)卜辭「貞伐☐叡」「伐弗及叡方」「伐及虘方」，由鍾氏所舉卜辭「前二・一・三」「前二・四・五」兩例，知係紀殷商帝乙廿祀，遠赴「上醬」征伐「叡」、林、……諸國之事。此一殷史重要之事，李氏謂此卜辭「無義可説」，未免疏於考據。

復按史書：帝乙為帝辛（即紂）之父，與文王為同時代人物。史家曾指詩經大明篇：「文王初載，天作之合……文王嘉止，大邦有子，俔天之妹，文定厥祥，親迎于渭……。」即周易卦爻辭「帝乙歸妹」于文王故事。足證帝乙「伐叡方」與周公命召公「伐叡人」時代背景不同，且非一事，豈可混為一談？

又卜辭原文中之「[glyph]」字，以釋「伐」字為是。但屈氏釋作「戍」。李氏一釋作「我」，二釋作戌。就古今兵法而言：伐乃攻勢作戰，戍乃守勢防衛。易伐為我，則成不辭，易伐為戍，則無史實。李氏「無義可説」或因於此。

(4)鍾氏以字音近而謂：叡方即柤地。似宜商榷？蓋就字緣關係言：叡為樝字之重文。柤為樝字之省文，非叡字之省文與變體。古時之叡，因以為國邑演為後世之「鄌」；通柤，亦省為「虘」。郭氏謂：春秋襄公會于鄌，魏三石經作柤。衡此古今文字變異之因素，豈僅音近一端已也？

復按卜辭另有[glyph]後上一八・二，自為「叡」之本文。叡亦叚為邑部「鄌」之古文。叡、鄌為説文所有字。卜辭有叡字而無鄌字，故新立「鄌」字於邑部，為叡字之重文。陳邦懷氏謂：鄌乃蘆之後起字，非是。

王襄氏釋樝字謂：「或从又」。蓋从「又」與从「手」同。則此[glyph]字形自屬「摣」字之本文。説文無摣字而有「抯」字。字書有摣字，或作「揸」。卜辭有抯、揸二字，容見本文之庚、辛兩項説明外，宜新立「摣」於手部。

己、[glyph]：孫海波、高明二氏收作「虘」字。極是。蓋古今字同也。王襄氏以為「古蘆字，叡字重文」。似有商榷。此字係樝字之重文，叡字之省文，亦虘字之本文，非蘆字之古文。虘，説文：从虍且聲，作「䖒」，讀若「鄌」。亦為鄌字之省文。

庚、[glyph]：此字形闕見他著註釋。與廣韻、集韻中之「揸」字近同。説文無揸字，惟集韻註：摣字與叡字同，摣或作揸。説文段注：叡或从手作摣。顯示「揸」乃摣字之變體。則[glyph]為樝字之重文，亦揸字之古文。爰立「揸」字於艸部。

辛、[illegible]：此字形闕見他著註釋。說文有「抯」字，與此字形全同。其註：抯、摣，取也，从手且聲，讀若樝棃之樝。段注：方言「抯、摣，取也，南楚之間凡取物溝泥中謂之抯，或謂之摣，抯與摣實一字也，故許書有抯無摣。集韻註：抯或為摣；而摣或作菹。是知抯又為菹之省文，為樝字之重文，亦手部抯字之本文也。【釋樝　中國文字1991年新14期】

棃

昌棃右尉　棃耐私印　棃遂之印　【漢印文字徵】

◉許　慎　棃果名。从木。㓟聲。㓟。古文利。力脂切。【說文解字卷六】

◉馬叙倫　鈕樹玉曰。韻會作棃。沈濤曰。初學記二十八引作果也。以下文杏果也柰果也李果也桃果也例之。則作名者誤。嚴可均曰。㓟古文利四字校語。王筠曰。初學記引作果也。許惟總名始言也。倫按許訓木也。呂忱加果名。傳寫刪併為果也。或字林作果名也。傳寫或存名字或存也字或併名也而刪之。沈王皆未考字林耳。字見急就篇。【說文解字六書疏證卷十二】

梬

高梬　西方梬　【漢印文字徵】

◉許　慎　梬棗也。似柹。从木。甹聲。以整切。【說文解字卷六】

◉馬叙倫　鈕樹玉曰。李注文選上林賦引作梬。棗似柹而小。名曰㮕。名曰㮕三字非說文。說文無㮕。玉篇注。梬。棗似柹而小。蓋本說文。一切經音義十一㮕棗注。引作似柹而小也。誤以㮕當梬。沈濤曰。文選南都賦注引梬棗似㮕。子虛賦注引梬棗似柹而小。名曰㮕。而兗切。齊民要術四種棗注引云。梬。棗也。似柹而小。一切經音義十一。㮕棗。如兗反。說文。似柹而小也。是古本有㮕篆。合諸書所引觀之。當云。㮕。梬。棗也。从木。耎聲。梬。棗也。似㮕。从木。甹聲。今本奪去㮕篆。遂將似柹移於梬篆之注。又刪二小字。誤矣。倫按字出字林。【說文解字六書疏證卷十一】

柹

◉許　慎　柹赤實果。从木。𠂔聲。鉏里切。【說文解字卷六】

◉馬叙倫　沈濤曰。白帖一百引作朱實果也。倫按毛嶽生謂柹當作杮。從朝市之市。下文削木札也之柹當作柿。從屮木盛之𣎵。蓋以從𠂔得聲無鉏里切之音也。倫謂毛說是也。𠂔即𣎵字。於鉏里切之音更遠。蓋𣎵誤為𣎳。𣎳𣎵形近而譌。四篇胏為𦙶之重文。𦙶。從肉。仕聲。仕音牀紐三等。牀之與禪同為舌面前音。古讀竝歸於定。蓋胏亦當作胇。從市朝之市得聲。故字或作𦙶。本訓木也。呂忱加果名赤實。傳寫刪改如今文。字見急就篇。【說文解字六書疏證卷十一】

枏

◉許　慎　枏梅也。从木。冄聲。汝閻切。【說文解字卷六】

◉戴家祥　仲枏父鬲　字从木冄聲。說文六篇「枏，梅也。从木冄聲。」金文用作人名。【金文大字典中】

梅

梅　說文或从某作楳　史梅兄簋　【金文編】

梅陶　【漢印文字徵】

天璽紀功碑　梅胤　【石刻篆文編】

梅　【汗簡】

古尚書　王存乂切韻　【古文四聲韻】

◉許　慎　梅枏也。可食。从木。每聲。莫桮切。楳或从某。【說文解字卷六】

◉馬叙倫　鈕樹玉曰。玉篇引無可食二字。嚴可均曰。可食二字校語。橘橙楙亲十餘篆皆不言可食。倫按王鳴盛以梅為今之酸果。段玉裁桂馥迮鶴壽王筠朱駿聲陳衍皆謂梅即枏。枏字亦作楠。非酸果之某。枏梅均不當次於柹杏之間。某亦不當轉次於楷櫾之間。乃後人妄有竄易。增可食二字耳。周沐潤謂爾雅疏引艸木疏。梅樹皮葉似豫章。葉大如牛耳。一頭尖。赤心。華亦黃。子青不可食。此當本作不可食。傳寫奪不字。倫按玉篇引無可食二字。此自後人所加。王筠謂其誤信爾雅郭注似杏實酢之說也。或如周說。枏音日紐。古讀歸泥。梅音明紐。同為邊音。故枏轉注為梅。梅之轉注字作楳。從某得聲。

故經傳以梅為某矣。説解枏下當作林也。如枏為梅之轉注字。則此下當作木也。

楳 楳從某得聲。某梅音同明紐。故梅轉注為楳。或字上當有梅字。【説文解字六書疏證卷十一】

◉商承祚 某，金文或作，从甘。《説文》同，訓「酸果」。字書通梅，亦作楳。簡文从口，作呆，金文史楳兄簋作楳，侯馬盟書作某，而《説文》古文作，云：「某从口。」徐箋：「古文槑，或省作呆，皆从木，象形。」段注：「从口者，甘之省也。」【信陽長臺關一號楚墓竹簡第二組遺策考釋 戰國楚竹簡彙編】

◉戴家祥 史楳祖辛彝 字从木从呆，説文六篇某古文作槑，从口。呆即某之省，故知楳為楳之偏旁移位字。説文六篇楳是梅的或體，訓作「枏也，可食。」金文用作人名。【金文大字典中】

杏

甲407 571 3629 珠635 637 佚563 續2·22·3 鄴三44·10 粹472 571 新4312 4313 4314 【續甲骨文編】

秦473 獨字 【古陶文字徵】

杏 【汗簡】

義雲章 【古文四聲韻】

◉許慎 杏果也。从木。可省聲。何梗切。【説文解字卷六】

◉商承祚 卷四第十六葉。龜甲獸骨卷二第十八葉。【殷虛文字類編第六】

◉馬叙倫 林罕曰。哽省聲。張惠言曰。向省聲。可為向之爤文。孔廣居曰。杏可皆喉音。故相諧。然口亦喉音。不必可省也。沈濤曰。六書故引唐本從木從口。蓋古本如是。杏可聲遠。哽省聲亦非。向省聲亦曲為之説。嚴可均曰。唐本蓋疑可非聲擅改耳。許棫曰。可肎雙聲。可古有肎音。故可下云肎也。倫按甲文作。與唐本合。則張説是。甲文亦有作者。蓋向亦有從𠙵作者也。然向為初文窗字之作者之後起字。則即從得聲可也。王筠徐灝及俞先生樾皆主非形聲字。在嚴格之圖畫文字中。直畫一枝頭箸實之杏樹。及變為篆文。則果字已作。見甲文。餘果之木。自難復以象形為篆。況此

篆口在木下乎。果也當作木也果名。果名字林文。字見急就篇。【説文解字六書疏證卷十一】

◉李孝定　説文「杏。果也。从木。可省聲。」卜辭恆見𣏌字。王襄釋杏。諸家多从之。屈翼鵬已辨其非。說見前木字條下。惟此辭云「帝𣏌三屯」甲二・十八・十一。字从木从ㅂ不从口。乃真杏字。人名。【甲骨文字集釋第六】

◉丁　驌　杏字从木从丁。其从口者，李孝定集釋（一九三九頁）謂是人名，即「帚杏……三屯」（林二・一八・一）是也。杏字為祭事之稱：

丁未卜其又杏于父丁滆一。（遺六三七）

于父甲杏物牛。（存下七六二・七）

丁丑卜其又杏于父甲，丁丑卜父甲杏牢。（存下七六三）

丙戌卜父丁杏牢兹用，丙戌卜父丁杏以小丁。（鄴三・四四・九）

凡此杏皆是祭事之稱。辭稱父丁者，有祖甲、武乙、帝乙三世；稱父甲者，唯武丁、康丁二世。故辭乃一二，或二三，或三四兩期之辭也。

有謂杏字，實為木丁二字。遂以木丁為人名。如杏果為木丁二字，則上「丙戌卜」一辭，為「父丁，木丁，牢兹用」。亦可在木處斷句，成「父丁木。丁牢兹用」。卜辭「丁牢」一詞，見於五期之辭，有「康且丁丁其牢」、「武且乙丁其牢」。故丁牢乃五期之用法，上為三期辭，時代不同，故知杏仍是一字，非木丁二字也。（按丁亦有釋祊者，則上辭又可讀為「康且丁祊其牢」）。人名矦敁，見於𣏌及扶之辭。當是一二兩期時之人。故此杏字在一期至二期辭皆有之。矦敁或應讀矦枚或矦敹。為木字加口之繁文，即𣏌字也。

金祥恆《中國文字》十一期釋𡗜杏一文，謂杏是莫字。金文莫，甲文𣏌、𣏌者，當可作莫。其例如續六・二一七：「叀今夕？于翊日莫？」乃貞問「今晚？或明日黄昏？」，惟於杏字作莫終可疑也。釋杏為柴為尞于諸辭更通順，尤以杏字滆字同見之辭，杏非莫字，更無可疑。辭例如：

乙未卜其禖虎父甲滆。（摭續三六）

（虎父甲即虎甲，可知畚甲即是虎甲。據此知辭之稱父甲，皆是武丁之稱陽甲，一期辭也。）

己未卜其皇父庚舞鬲于宗兹用。（粹三二二）

（此鬲字無旁邊之小點。）

丁卯卜兄庚滆歲叀羊。(佚五六〇)

(此二期辭。用歲祭。)

丙午卜父丁滆夕歲一牢。(戩二三・七)

上舉諸辭均有滆字。字不从水旁，隸定或應作鬲彡，有流之器也。金祥恆釋此字為福。雖無不可，惟字形从[glyph]不从田或[glyph]，終覺未安。再檢他例便知釋福非也。例如：

其求于鬲彡，其射。(南明六一五)

丙辰卜其彝[glyph]于鬲。丙辰卜于宗弘鬲杏茲用。(寧二・一〇六)

(按：禾字特别。)

上二辭「于宗」「于鬲」對貞，可見鬲為宗廟之稱，或祭祀之所。其非福字可知。

金兄釋福，又釋杏為莫，故稱「福莫」者「莫福」之倒文，與「夕福」意類。按所見有此二字之辭，盡作「福莫」，無一作「莫福」，何故皆作倒文？於情理不足。例如：

丙寅卜滆杏弘三牢。(人二三一五)

丙戌卜滆歲。(粹五二〇)

丁卯滆歲三……。(九九七)

丙……滆歲物牛。(存下七九三)

丙子卜滆杏一牢。(甲五七一)

(前四・一六・三為「丙午卜」，寧一・三三四為「……寅卜」，辭同。)

丙寅卜且丁滆杏又[glyph]。(寧一・一九〇)

于且丁滆𠧞祼弜若即于宗。(續一・二一・二)

詞有父甲、父丁、父庚、兄庚、妣辛、且丁之滆，知當是祭器或地點之稱。「杏幾牢」當是「𡨦幾牢」，「杏又𢀛」當是「𡨦又𢀛」，似較釋杏字為莫更能通讀也。【中國文字第三十三册】

◉朱歧祥　杏　从木□，隸作杏。卜辭用為神名。

《甲571》丙子卜，滆杏一牢。

𣜩 柰

《遺637》丁未卜，其又⿱木口于父丁，湢（福）一牢。

《南坊5・60》歲，其即⿱木口。

即，獻食，後多接神祇之名。

杏亦借用為婦姓。

《林2・18・1》婦⿱木口□三屯。【殷墟甲骨文字通釋稿】

◉高　智　包山楚簡中有字作「⿱木口」(95)、「⿱木口」(95)兩形，原《包山楚簡》釋為「杳」。按此字下明顯從「口」而不從「日」，與《汗簡》中的「杏」作「⿱木口」形、《古文四聲韻》作「⿱木口」形完全相同，故此字應釋為「杏」，在原簡中用為姓氏字。【《包山楚簡》文字校釋十四則　于省吾教授百年誕辰紀念文集】

柰 139　柰 247【包山楚簡文字編】

◉許　慎　𣜩果也。从木。示聲。奴帶切。【說文解字卷六】

◉馬叙倫　果也當作木也果名。果名字林文。字見急就篇。【說文解字六書疏證卷十一】

◉王貴元　「柰」，本義為果之一種，故從「木」。《説文・六上・木部》：「柰，果也。」後多借用于「奈何」一詞。如《荀子・強國》「然則柰何」，《漢書・項籍傳》「騅不逝兮可柰何」。「奈」字《說文》無，到明人梅膺祚所編《字匯》才見收録。那麼「奈」字是怎樣產生的？它與「柰」究竟是什麼關係？對馬王堆漢墓出土帛書漢字構形系統的分析使我們得到了答案。馬王堆出土帛書上下組合的字，其上部構件常變形。柰字，《老子》甲本80行作柰，《春秋事語》90行作柰，《戰國縱横家書》285行作奈，上部由「木」變「大」，正「奈」字所由來。參看《老子》甲本279行和《戰國縱横家書》272行，知「李」字上部的「木」也有類似的變化，只是不需要分詞別義而未得最後定型。

可見「奈」本是「柰」的書寫變體，「奈」所從「大」是由「木」變來的。「奈」後來之所以成為單獨字形，就因為它正好可以分擔「柰」的「奈何」義。在《馬王堆漢墓帛書（壹）》、《馬王堆漢墓帛書（叁）》釋文中，《老子》甲本80寫作「奈」，《春秋事語》90寫作「柰」，《戰國縱横家書》285寫作「奈」，289寫作「奈」。其實，從帛書漢字總體看，原字仍是「柰」字，「奈」尚未正式形成，故釋文都應寫成「柰」。徐中舒主編《秦漢魏晉篆隸字形表》把《老子》甲本80、《春秋事語》90等的「柰」都列在「奈」字頭下，甚不當。【漢

李

墓帛書字形辨析三則 中國語文一九九六年第四期】

李 五祀衛鼎【金文編】

9·54 李脩 9·54 同上【古陶文字徵】

李 日甲一四五背 日乙六七【睡虎地秦簡文字編】

2475【古璽文編】

李尊 李倩私印 李涇 李明 李步昌 李詹 李霸 李惡之印 李敖之印 李長卿 李舜之印 李翁伯 李信 李射 李度 李中卿 李福之印 李寬 李意 李湯之印 李自為 巨李千万 李延壽印 李剛之印 李乙 李翁伯 李吉私印 李長公 李□【漢印文字徵】

李君都尉殘碑領 晉李脩印範 天璽紀功碑 李楷【石刻篆文編】

雲臺碑【古文四聲韻】

◉許慎 李果也。从木。子聲。良止切。杍古文。【說文解字卷六】

◉丁佛言 古鉢李康。古鉢李九。古鉢李他。【說文古籀補補卷六】

◉馬叙倫 甲文有。從木從。即字。蓋從得聲。為李之異文。甲文十二支之巳字皆作子。可證也。字見急就篇。古鉩作。果也當作木也果名。

杍 嚴可均曰。此校者所加。偏傍移動。何煩重出。桂馥曰。此梓之古文。誤在李下。周書梓材釋文引馬融曰。梓古作杍。尚書大傳。商子謂伯禽康叔曰。南山之陽有木焉。名曰橋。橋者。父道也。南山之陰有木焉。名曰杍。杍者。子道

桃 桃

也。説苑論衡皆作梓。段玉裁曰。尚書音義梓材音子。本亦作梓。正義曰。此古杍字。今文作梓。按正義本經作杍。音義本經作梓。蓋壁中古文作杍。倫按古文經傳中李字作杍耳。古文下捝李字。【説文解字六書疏證卷十一】

◉朱歧祥　从木，巳亦聲。巳，象小子形。隸作杞；或即杍，乃李字古文，《説文》：「李。果也。」卜辭借用為武丁時婦姓。

《存2・65》婦示七屯。賓。

《後下33・10》婦示七屯又一く。賓。【殷墟甲骨文字通釋稿】

〔二〕【先秦貨幣文編】

10【包山楚簡文字編】

桃　日甲二四背　五例　日甲三六背【睡虎地秦簡文字編】

左礜桃支　桃鄉侯印　桃光私印　桃護　桃少卿　桃喜　桃宮之印【漢印文字徵】

◉許　慎　桃果也。从木。兆聲。徒刀切。【説文解字卷六】

◉馬敘倫　龔橙曰。古文當為。後加木以别於兆。誤説兆聲。倫按以栗之初文作證之。龔説可立也。蓋凡實物。初文皆象其形作也。後以形變為篆。有所遷就。易與他字相掍。乃易以同聲之字為之聲。而加形旁以定其義。字見急就篇。果也當作木也果名。【説文解字六書疏證卷十一】

楙 楙

◉許　慎　楙冬桃。从木。敄聲。讀若髦。莫候切。【説文解字卷六】

◉馬敘倫　王筠曰。冬桃。釋木文。彼作旄。以同聲之字易之。釋文。旄。字林作楙。乃楙之譌。據釋文玉篇廣韻皆音毛。不應唐韻獨異。鉉音莫候切。蓋據字林作楙。誤加楙字之音。劉秀生曰。矛聲毛聲竝在明紐。故楙從敄聲得讀若髦。詩邶風柏舟。髡彼兩髦。髟部鬏下引作紞彼兩鬏。旄丘釋文。字林作堥。亦云。堥丘。爾雅釋木。旄。冬桃。釋文。字林作楙。楙即楙字。是其證。倫按此字或出字林。楙即今之木瓜。【説文解字六書疏證卷十一】

亲

亲　中伯壺　中伯簋【金文編】

3·994　獨字　6·53　廩匋亲市【古陶文字徵】

布尖　亲城　通新字　晉高　仝上　晉原　刀直　昜亲刀　展啚版肆拾3　布尖　亲城　典四五八　布尖　辛成

省體　典四五九　布尖　亲城　典四二三【古幣文編】

亲青央　亲僉印信【漢印文字徵】

【汗簡】

◉許　慎　果實如小栗。从木。辛聲。春秋傳曰。女摯不過亲栗。側詵切。【說文解字卷六】

◉吳大澂　小篆作。許氏說亲果實如小栗。中白壺亲姬或釋作新。【說文古籀補卷六】

◉徐同柏　亲。古文榛。此當讀若有莘氏之莘。【周中伯壺　從古堂款識學卷十三】

◉吳式芬　許印林說。亲。國名。姬姓。疑即晉之假借。說文。亲。果實如小栗。從木。辛聲。春秋傳曰。女摯不過亲栗。今經典亲栗皆作榛栗。是亲即今榛字也。說文。榗。木也。從木。晉聲。書曰。竹箭如榗。徐楚金曰。案說文無榛字。此即榛字也。今所傳大徐校定說文本卻有榛字云。榛。木也。從木。秦聲。一曰菆也。唐釋元應一切經音義卷十亦引說文榛叢木也。此蓋唐以來流傳別本。唐世說文字林並習合併。淆亂實多。大徐不能別擇。小徐所守猶是古本。據榗下引書竹箭如榗。今書無之。疑書禹貢篠簜箘簵等處傳文。古人引傳亦云書。此或孔氏書傳之僅存者。篠箘簵皆竹箭榗楛類。並矢材。故云竹箭如榗。說文榗字原次當在楛字上。今次亦後人亂之。參考互稽。小徐為優。是榛即古榗字也。劉熙釋名。晉。進也。其地在北。有事于中國則進而南也。又取晉水以為名。其水迅進也。案劉前說不可據。後說以水為名當是也。然水之名晉。義取迅進。恐亦望文生義。竊疑秦以禾。楚以叢木。恐晉國古亦作榗。與秦楚同義。榗榛亲音義悉同。可以榗斯可以亲矣。肊測如是。博考古書或更有證佐。未可知也。【中伯壺蓋　攈古録金文卷二之二】

◉方濬益　說文。亲。果實如小栗。从木。辛聲。春秋傳曰。女摯不過亲栗。曲禮婦人之摯椇榛脯脩棗栗注。榛。古作亲。後世以榛為亲。榛行而亲廢。此亲即孟子伊尹耕有莘之野趙注。莘。國名。漢書外戚傳敘作㜪。古今人表女志緜妃有㜪氏女生禹。又有嫛氏湯中妃生太丁。師古曰。嫛與莘同。説文作姺。女部姺。殷諸侯从女先聲。所臻切。又人部侁下引呂不韋曰。有侁氏以伊尹侁女。蓋古先與辛同聲。廣韻有嫛字。所臻切。與説文姺字同。集韻韻會則云疏臻切。並音莘。疑亲即嫛之本字。【仲伯壺　綴遺齋彝器款識考釋卷十三】

◉劉心源　亲。説文云。果實如小栗。从木。辛聲。春秋傳曰。女摯不過亲栗。案。榛栗字本作亲。後人改用榛而經書乃無亲字。許所見本尚未改也。今左莊二十四年傳作榛。正義先儒㠯為栗。取其戰栗也。棗取其早起也。脩取其自脩也。唯榛無説。蓋㠯榛聲近虔。取其虔於事也。曲禮婦人之摯椇榛脯脩棗栗。釋文榛。古本又作亲。疏榛訓至。又云。榛是虔義之名。孔氏蓋始終不知亲字。故據榛為訓。實肊説也。説文。榛。木名。一曰菆也。菆為蓁譌。衆經音義十引説文一曰蓁木也。是也。是榛為榛荆榛荒字。亲為榛栗之本字。婦摯取其自新耳。此銘亦讀新。【仲伯壺　奇觚室吉金文述卷六】

◉馬叙倫　沈濤曰。齊民要術四御覽九百七十三引。榛。似梓。實如小栗。翟云升曰。韻會引作木名。實如小栗。倫按詩鳲鳩釋文。字林榛木之字從辛木。訓云。似小栗。然則亲字豈出字林耶。或陸據本説文而題為字林耶。若許本有此字。止訓木也。呂忱加果名似梓實如小栗。傳寫併為木名。而此又省存果字。中伯壺作亲。中伯敨作亲。【説文解字六書疏證卷十一】

◉馬叙倫　亲字不見説文。豈以為即説文之亲字與。則此豈省文耶。然則亲蓋即詩纘女維莘之莘。毛傳。莘。太姒國也。【卓白彝　讀金器刻詞】

◉李孝定　古文偏旁「䇂」「辛」每不别，此所收二文，一作「亲」，一作「亲」，以為即説文之亲，似無可疑；徐同柏氏以為即有莘氏之莘，以音求之，其説可從。【金文詁林讀後記卷六】

◉林清源　八年亲城大令韓定戈（邱集8418、嚴集7544）　內末刻銘二行，云：「八年亲（新）城大命（令）𠦝（韓）。定、工帀（師）宋□、冶□」。「年」字泐，據辭例可補。第三字上半稍泐，殘文作「木」形，梁上椿釋為「亲」（巖窟下57）。金文「木」字習見作「木」形，如杜字或作「杜」（杜伯盨），或作「杜」（杜伯鬲）。中伯簋亲字作「亲」，與戈銘殘文相似。故此銘釋「亲（新）」，可從。本戈柯昌泗定為楚器，所據為《戰國策・楚策》載楚王以新城為主郡（巖窟下57引）。然《楚策》下文復載，鄭申為楚使韓，矯以新城予韓太子，是新城復歸於韓。黄盛璋即據此以駁柯説，而改定為韓器。《史記・白起傳》載昭王十三年攻韓之新城，秦本紀載昭王廿五年與韓王會新城，凡此皆為新城屬韓之證。本戈銘文「令、工師、冶」之辭例，三晉兵器銘文習見，而楚兵未見此類題銘，用知此為韓器無疑。【兩周青銅句兵銘文彙考】

楷

◉戴家祥  中伯𣪘 字从辛从木，辛為金質刃屬兵器，吴其昌釋。與木會意，為砍斫之柴薪。後復加斤旁表明辛義，寫作新。後又重復加艸旁表明木義，寫作薪。亲新薪為古今字。柴薪一般都是灌木，即所謂的荆榛。故《説文》六篇「亲，果實如小栗。」《春秋》傳曰「女摯不過亲栗。」今經典「亲栗」皆作「榛栗」，榛通亲。《一切經音義》卷十引《説文》「榛，叢木也。」金文亲或用作國名。【金文大字典中】

天璽紀功碑 李楷 【石刻篆文編】

◉許 慎 楷木也。孔子冢蓋樹之者。从木。皆聲。苦駭切。【説文解字卷六】

◉馬叙倫 沈濤曰。廣韻十四皆引。楷。木名。孔子冢蓋樹也。倫按木名以下字林文。字林每言名也。然疑字出字林。木也蓋本作木名也。或本作木名孔子冢蓋樹之者也。【説文解字六書疏證卷十一】

梫

◉許 慎 梫桂也。从木。侵省聲。七荏切。【説文解字卷六】

◉馬叙倫 當次桂下。此爾雅釋木之木桂。本草謂之牡桂。爾雅釋木釋文引字林。音寑。字或出字林。【説文解字六書疏證卷十一】

桂

259 【包山楚簡文字編】

桂 日甲六七背 【睡虎地秦簡文字編】

桂陽太守章  桂黨私印  紀桂 【漢印文字徵】

◉許 慎 桂江南木。百藥之長。从木。圭聲。古惠切。【説文解字卷六】

◉馬叙倫 鈕樹玉曰。韻會引作江南衆木。非。沈濤曰。御覽九百五十七引。桂。江南之木。百藥之長。丁福保曰。慧琳音義一引江南香木也。蓋古本如是。韻會引作江南衆木。衆係香之誤。倫按江南木百藥之長蓋字林文。本訓木也。今捝矣。字見急就篇。【説文解字六書疏證卷十一】

 3·425 孟棠匋里賞  3·424 孟棠匋里諄  3·426 孟棠匋里人回  3·429 孟棠匋里可  3·430 孟棠匋里

籀【古陶文字徵】

 丁棠【漢印文字徵】

◉許 慎 棠牡曰棠。牝曰杜。从木。尚聲。徒郎切。【說文解字卷六】

◉丁佛言 古匋。孟棠□里人迓。古匋。孟棠匋里人諫。古匋。孟棠匋里人均。【說文古籀補補卷六】

◉馬叙倫 棠杜雙聲。轉注字。後乃以牝牡別之。然此捝本訓。但存校語耳。說解本作木也。牡曰六字蓋字林文。玄應一切經音義引三倉。棠。牡梨也。字見急就篇。古匋作。【說文解字六書疏證卷十一】

◉李 零 不得其棠，帛書第一行適當一道縱的裂痕(此裂痕筆直，與字行不完全重合，當是裝裱後形成)，棠字當中稍殘，林巳奈夫(1966)、嚴一萍、饒宗頤(1967)、唐健垣均隸定作[尚/月]，巴納德隸定作[尚/月]，讀為常(嚴一萍讀為掌)，其實原字當是崇字，從示尚聲，壽縣朱家集、無錫前洲楚器均有之，用為歲嘗之嘗，這裡讀為當。【長沙子彈庫戰國楚帛書研究】

 七卩六七【甲骨文編】

 杜 師虎簋 王在杜空    格伯簋  國名伯爵祁姓左傳在周為唐杜氏注唐杜二國名殷末豕韋國於唐周成王滅唐遷之於杜為杜伯 杜伯鬲   杜伯盨【金文編】

 5·171 杜市  5·172 杜遽  5·384 瓦書「四年周天子使卿大夫……」共一百十八字  5·308 杜亭  9·48

□□杜【古陶文字徵】

 〔一九〕【先秦貨幣文編】

 杜 日甲一四九背【睡虎地秦簡文字編】

2415 1920 从木从土，古文字偏旁常倒置，如杞字，杞伯毁作 1922 1919 1921 【古璽文編】

杜葆之印 杜君都 杜成 杜嵩之印信 杜同 杜緩 杜辟兵 杜孟 王杜印 杜臨私印 【漢印文字徵】

◉許 慎 甘棠也。从木。土聲。徒古切。【説文解字卷六】

◉吴大澂 古杜字。从者省。从土。許氏説。杜。甘棠也。散氏盤。格伯敦。杜木。皆格伯敦異文。【説文古籀補卷六】

◉丁佛言 師虎敢。杜伯簋。古鉨。杜。學。杜字易横豎。古匋。杜。甘棠也。亦訓塞。故從省。【説文古籀補補卷六】

◉馬叙倫 本訓木也。或棠也。甘棠也蓋字林文。或校語也。字見急就篇。師虎敢作。【説文解字六書疏證卷十一】

◉林潔明 説文。「杜。甘棠也。从木。土聲。」爾雅釋木。「杜。甘棠。」注。「杜。今之杜梨。」按金文與小篆同。用為國邑名。左傳襄二十四「在周為唐杜氏。」注。「唐杜二國名。殷末豕韋國於唐。周成王滅唐。遷之於杜。為杜伯。」又路史國名紀。「今永興長安縣南十五里有杜伯冢廟。【金文詁林卷六】

◉徐中舒 七卩六七 從木從土，與《説文》篆文形同。此字僅在《甲骨卜辭七集》中一見，該書係摹本，原拓不可見，暫收於此待考。【甲骨文字典卷六】

◉戴家祥 字亦通土，土為社之本字，卜辭金文象社主形。變而為杜，則為形聲字。豳風鴟鴞「徹彼桑土」，釋文韓詩作桑杜。郭璞方言注引同。大雅緜「自土沮漆」，漢書地理志作「自杜沮漆」。唐韻土讀「它魯切」透母魚部，杜讀「徒古切」定母魚部，透定相為輕濁也。地官大司徒「設其社稷之壝，而樹之田主，各以其野之所宜木，遂以名其社與其野」。墨子明鬼下「聖王建國營都，必擇國之正壇置以為宗廟，必擇木之脩茂者，立以為叢位」。戰國策秦策三應侯謂昭王曰：「恒思有神叢與」，高誘注「叢本之茂者神所憑，故古之社稷恆依樹木」。白虎通社稷篇「社稷所以有樹何？尊而識之，使民望見而敬之，又所以表功也」。獨斷云：「凡樹社者，欲令萬民知肅敬之」。是杜即土之表義加旁字，焯然無疑，故史記秦本紀寧公二年「遺民伐蕩社」，集解「徐廣曰：蕩音湯，社一作杜」。史記封禪書云：「於社亳有三社主之祠」，漢書郊祀志社亳作杜亳。三作五。杜伯盨杜作，象社主豎立在木旁，形像更其逼真。

槢 槢 樿 樿 椲 椲

杜亦國名，國語周語上內史過曰：「周之興也，鸑鷟鳴于岐山，其衰也，杜伯射王於鄗。」韋昭注「杜國伯爵，陶唐氏之後也。周春秋曰：宣王殺杜伯而不辜。後三年，宣王會諸侯田于圃，日中，杜伯起於道左，衣朱衣，冠朱冠，操朱弓朱矢射宣王，中心脊而死也。」故事亦見墨子明鬼篇下。漢書地理志「杜陵故杜伯國，有周右將軍杜主祠四所」，今陝西省西安市東南杜縣即其地也。瓕銘作者不知生于何時，孫詒讓述林卷一唐杜氏考疑宣王殺杜伯未必即絶其祀，或別立支庶為唐杜君，抑朱衣射鄗之後，周人知杜伯無罪，立隰叔兄弟之在他國者以續其祀，使鬼不為厲，皆未可知。【金文大字典中】

◉許　慎　槢木也。从木。習声。似入切。【說文解字卷六】

◉許　慎　樿木也。可以為櫛。从木。單聲。旨善切。【說文解字卷六】

◉高田忠周　上為地名。下為人名。字形明从木單合。說文。樿。木也。可以為櫛。从木單聲是也。劉云戰字。或釋單。非。鏞戈。伐戠大戰作樿。蓋并戈字於單也。或釋樿亦可。并木字於單。後說與鄲攷合。戈文亦借樿為戰。同音通用。與單或與戰通同。樿字見禮記及中山經。亦古字也。【古籀篇八十四】

◉馬叙倫　桂馥曰。集韻引作可以為櫛杓。倫按木之可以為器者甚多。何不俱詳記之。而獨具於數字之下。蓋若此者皆字林文。或校者所加。後校者或存或刪。或唐人寫明字科者所妄節也。【說文解字六書疏證卷十一】

◉戴家祥　樿矢人盤　弄于樿衢　樿矢人盤　嗣馬樿罿　高田忠周曰：按上為地名，下為人名，字形明从木單合。《說文》「樿，木也。可以為櫛。从木單聲。」是也。⊘古籀篇八十四第八葉。按此字結體以單為主，旁生枝節，當不改本義，為單之異文。或如高田忠周所釋，為木單合一，即樿字。【金文大字典下】

◉許　慎　椲木也。可屈為杅者。从木。韋声。于鬼切。【說文解字卷六】

◉馬叙倫　可屈為杅者校語。杅即徐鍇以為即孟子所謂杯棬者也。字當作盂。【說文解字六書疏證卷十一】

楢

楢 2889　楢 2974 【古璽文編】

◉許　慎　楢柔木也。工官以為耎輪。从木。酋聲。讀若糗。以周切。【說文解字卷六】

◉馬叙倫　沈濤曰。玉篇引耎作輭。無讀若糗三字。蓋古本此三字在梂下。毛詩艸木蟲魚疏云。許慎以栲讀為糗。今人言栲。失其聲耳。栲即梂字之別。是其證。劉秀生曰。糗從臭在蕭部。酋聲亦在蕭部。故楢從酋聲得讀若糗。左僖四年傳。一薰一猶。十年尚猶有臭。猶與臭韻。是其證。老子。猶兮其貴言。王弼本作悠兮。犬部。倏。從犬。攸聲。讀若叔。玉部。璹。從玉。𠷎聲。讀若淑。牛部。犨。從牛。𠷎聲。讀若糗糧之糗。亦其證。倫按沈說有據。可從。尻臭聲皆幽類也。然亦或梂下亦有讀若糗耳。柔木也非本訓。蓋柔木二句皆字林文。亦疑此字出字林。【說文解字六書疏證卷十一】

◉唐　蘭　楢字或作楢，前人之釋為梏與楛者，第求與楷書相似耳。篆書音自作音，音自作高，與此絕異，不容比附。容庚以入《金文編》附録下無釋，而摹作楢，遍考諸本，無如此作者。蓋容據《周金文存》本，其𠬞形較大，遂以意增一畫於其上爾。余謂此字右旁當是酋字，古人於字首从八者。書之或連中畫作𠬞，壽縣楚器之𡙇字簠銘有作𡙇者，古鉨鄭字作鄭、鄭，猶字作猶、猶，並可證也。然則此字右旁上當从八，下从音或音者，即音音之變體，蓋作酉字，而略離其下，遂似从口，亦似从甘矣。卜辭之𩞌字，後世變為𩞌，𩞌變為𩞌，變酉从口，其來蓋久。薛氏欵識有師訇簋，訇釋為師薛。郭沫若氏《兩周金文辭大系》改作訇，于省吾《吉金文選》則改釋為訇，其以音為音或為言，與江吴諸家如出一轍，徒以楷書相似，曾不悟篆體之迥殊也。實則音即酉字，訇當為《說文》之酌字，與此正可互證。則此字从木酋聲，當即《說文》訓柔木之楢字矣。【唐蘭先生金文論集】

桏

◉許　慎　桏欙椐木也。从木。邛聲。渠容切。【說文解字卷六】

◉馬叙倫　嚴可均曰。韻譜類篇皆作欙。說文無欙。小徐作櫻。釋木。棪。柜椐。櫻棪形近。恐有一誤。翟云升曰。櫻椐欙椐並誤。當作櫻柜。王筠曰。字書無欙。而櫻椐為木名。於他書亦無徵。爾雅釋木。椐。樻。注。腫節可以為杖。因憶竹譜言竹之堪杖。莫尚於笻。然則腫節可為杖者。在竹為笻。在木為椐。欙或樻之譌耶。特椐樻本兩名。合而一之。頗不詞。倫按王謂欙為樻譌。是也。然樻椐二字。校者據雅文加之。其意蓋以椐當笻矣。或此字林文。字亦或出字林。【說文解字六書疏證卷十一】

棆 棆

◉許 慎 棆母杶也。从木。侖聲。讀若易卦屯。陟倫切。【説文解字卷六】

◉馬叙倫 鈕樹玉曰。繫傳讀作謂。桂馥曰。集韻引作母枇也。段玉裁曰。母杶當作毋疵。釋木。棆。無疵。古毋無通用。無枇木。一名棆。楊雄蜀都賦説木有枇。郭云。棆。楩屬。似豫章。錢坫曰。爾雅。棆。無疵。傳寫之誤也。棆讀為屯。故別名杶耳。郭云。楩屬。似豫章。依義此即楩字。子虚賦。楩枏豫章。徐灝曰。此當作杶。為是。枇乃杶之誤。疵又枇之誤。棆即毋杶之合聲。許書有杶無枇。即其明證。篇韻乃據誤本爾雅收之。當據説文以正之。楊子雲諸賦竝無枇字。左太沖蜀都賦亦無之。惟吳都賦有緜杭杶櫨。不知段氏何以誤也。劉秀生曰。侖聲屯聲竝在痕部。故棆從侖聲得讀若屯。詩小雅雨無正。淪胥以鋪。漢書叙傳。嗚呼史遷。薰胥以刑。晉灼曰。齊韓魯詩作薰。後漢書蔡邕傳李賢注。引詩作勳胥以痛。本部。杶。從木。屯聲。或從熏聲作櫄。侖聲屯聲古竝如熏。是其證。倫按毋杶者。棆之俗名也。棆從侖得聲。侖音來紐。古讀歸泥。毋音微紐。微泥同為邊音。侖屯聲同真類。則徐説至碻。毋杶也蓋字林文。彼所據雅文猶未誤也。字或出字林。【説文解字六書疏證卷十一】

楈 楈

◉許 慎 楈木也。从木。胥聲。讀若芟刈之芟。私閭切。【説文解字卷六】

◉馬叙倫 劉秀生曰。胥得疋聲。古在心紐。芟得殳聲。依小徐本。亦在心紐。故楈從胥聲得讀若芟。禮記喪大記。大胥是斂。衆胥佐之。注。胥當為祝。字之譌也。吅部。喌。呼雞。重言之。從吅。州聲。讀若祝。初學記三十引風俗通。呼雞曰朱朱。俗云。相傳雞本朱氏翁化為之。今呼雞皆朱朱也。朱朱即喌喌。書舜典。殳斨。漢書古今人表作朱斨。女部。姝。好也。從女。朱聲。𡛷。好也。從女。殳聲。詩曰。静女其𡛷。今詩邶風作静女其姝。姝𡛷轉注。實一字也。胥聲如祝。祝聲如州。州聲如朱。朱聲如殳。是其證。倫按胥音心紐。芟音審紐。同為次清摩擦音也。然此為讀若校者所加之證也。若許止言讀若芟可矣。字或出字林。【説文解字六書疏證卷十一】

柍 柍

◉許 慎 柍梅也。从木。央聲。一曰。江南橦材。其實謂之柍。於京切。【説文解字卷六】

◉馬叙倫 鈕樹玉曰。繫傳實作寔。嚴可均曰。梅上脱柍字。釋木。時英梅。英柍同聲。段玉裁曰。橦。帳。極也。與此不相涉。以唐式柴方三尺五寸曰一橦音鐘解之。下文又不屬也。況漢人曰章唐人乃曰木鐘乎。毛際盛曰。意柍是梅枏類。即樊光所云赤楩。橦為帳極。極。棟也。是言柍材可任屋棟。非直謂為帳極也。朱駿聲曰。此非梅杏之梅。南都賦。柍柘檍橦。是木之中材用者。許言一曰江南橦材。其實謂之柍。非別義。或謂梅之實曰柍也。據詩條梅陸疏。梅樹似豫章。子青。不可食。疑柍梅即子青之梅。其材僅中帳棟之用。周木潤曰。柍當是今之鹽梅。釋木。時英梅。稱時者今農民蒔秧以三時雨。謂之三時雨。柍梅適以時熟。故江南謂其時為迎梅送梅。徐灝曰。蜀都賦有橦華。劉逵曰。橦華者樹名。橦。其華柔毳可績為布。此言謂之柍。蓋指橦華之實歟。倫按梅也蓋呂忱文。一曰以下校語。字或出字林也。【說文解字六書疏證卷十一】

楑 ⿰木咎

◉許　慎　楑木也。从木。癸聲。又度也。求癸切。【說文解字卷六】

◉馬叙倫　又度也者校語。此揆字義。【說文解字六書疏證卷十一】

石碣乍邍　□□椶⿰木咎【石刻篆文編】

◉許　慎　⿰木咎木也。从木。咎聲。讀若皓。古老切。【說文解字卷六】

◉趙烈文　⿰木咎。薛作格。潘云音咎。烈按。爾雅。狄臧槔貢綦。釋文引樊光本槔作⿰木咎。音羔。說文。木也。讀若皓。古老反。【石鼓文纂釋】

◉強運開　⿰木咎薛尚功趙古則俱作格。非是。楊升庵作⿰木咎。張德容云。說文⿰木咎从木。咎聲。讀若皓。爾雅作槔。亦未塙。段氏於說文⿰木咎下注云。六書故以烏臼當之。未知是否。按。正字通云。烏柏。木名。本作烏⿰木咎。廻瀾字義亦云⿰木咎。俗作柏。非是。⿰木咎乃柏之本字也。但鼓文椶⿰木咎二字連文。竊疑祇是一木。如梧桐楊柳之類。椶一名栟櫚。說文有栟無櫚。⿰木咎或即櫚之藉字。今人謂椶為椶櫚。亦曰椶柳。櫚柳二音相近。又糸部綹讀若柳。綹从咎得聲。⿰木咎亦从咎得聲。是讀⿰木咎為柳音。固亦可也。【己鼓　石鼓釋文】

◉馬叙倫　嚴可均曰。說文無皓。當作晧。劉秀生曰。咎當從人各聲。各聲在見紐蕭部。晧即晧字。從告聲。告聲亦在見紐蕭部。故⿰木咎從咎聲得讀若晧。葉德輝曰。咎古音同皋。堯典。既皋陶。本書伙部臯下引作臯咎繇。爾雅釋木。狄臧槔。臧文。本作⿰木咎。皋古音同告。左定四年經。盟于臯鼬。穀梁作浩油。周禮春官樂師。詔來鼓臯舞。注。臯當為告。爾雅釋訓。臯臯琄琄。釋文。樊光本作浩。咎聲告聲古並如臯。是其證。稽部。𥡴。從稽省。咎聲。讀若晧。與此同。倫按讀若校者

加之。故作皓也。石鼓作[seal]。【説文解字六書疏證卷十一】

椆 [seal]

◉許　慎　[seal]木也。从木。周聲。讀若丩。職留切。【説文解字卷六】

◉馬叙倫　劉秀生曰。葉德輝曰。椆丩古音同。周禮地官大司徒。使之相賙。注。杜子春云。賙當為糾。史記晉世家。使人迎公子周。集解引徐廣。周。一作糾。按周聲丩聲並在蕭部。故椆從周聲得讀若丩。卣部。卣。讀若調。乃部。卣。從乃。卣聲。讀若攸。目部。脩。從目。攸聲。或從目丩聲作䀏。周聲如卣。卣聲如攸。攸聲如丩。亦其證。【説文解字六書疏證卷十一】

樕 [seal]

◉許　慎　[seal]樸樕。木。从木。欶聲。桑谷切。【説文解字卷六】

◉馬叙倫　鈕樹玉曰。五音韻譜及集韻韻會引木上有小字。玉篇引詩傳。樸樕。小木也。宋本及繫傳無小字。顧廣圻曰。小字恐是依毛傳添耳。詳許書語例。如枇。枇杷木也。梧。梧桐木也。欇。楷欇木也。與此相同。然則小字不必有也。嚴可均曰。樸樕下挩小字。類篇韻會引作小木。小者。心之誤。釋木。樕。樸心。隸書立心似小也。倫按本作木也。今挩。吕忱作木名。樕。樸心。或作樕木名樸心。樕為隸書複舉字。【説文解字六書疏證卷十一】

⿰木⿱𠂉⿱糸夊 [seal]

◉許　慎　[seal]木也。从木。⿱𠂉⿱糸夊聲。羊皮切。【説文解字卷六】

梣 [seal]

◉許　慎　[seal]青皮木。从木。岑聲。子林切。[seal]或从𡨋省。𡨋。籀文寑。【説文解字卷六】

◉馬叙倫　本作木也。校者加青皮木。或此字出字林。

[seal]　嚴可均曰。末四字校語。宋保曰。𡨋省聲。岑𡨋同部。倫按梣音精紐。梫從𡨋得聲。𡨋音清紐。同為舌尖前破裂摩擦音。故梣轉注為梫。或上當有梣字。【説文解字六書疏證卷十一】

棳　棳

◉許　慎　棳木也。从木。叕聲。益州有棳縣。職説切。【説文解字卷六】

◉馬叙倫　嚴可均曰。地理志毋棳縣屬益州。郡國志同。此脱毋字。倫按益州有棳縣非許文。縣名從木者多矣。獨記於數字下者。校者偶記之耳。【説文解字六書疏證卷十一】

椃　椃

◉許　慎　椃木也。从木。號省聲。乎刀切。【説文解字卷六】

◉阮　元　周伯據敦

伯據盧肇作
皇考剌公尊
敦用享用孝萬
年眉壽畯在
位子=孫=永寶

伯下一字木旁虎。余藏商父丁角亦有此文。校。説文木部有椃字。無椃字。然古文明有是字。不得釋為據也。椃下一字乃虘字。説文云。虎不柔不伸也。又木部樝字。從虘聲。此虘乃樝省。竊意椃樝乃作器者名字。【積古齋鐘鼎彝器款識】

◉劉心源　椃。人名。集韻乎刀切。音豪。説文作椃。類編椃或省作椃。凡釋樹釋敔釋虡皆非。【宰椃角　奇觚室吉金文述卷六】

◉柯昌濟　椃疑即説文之椃字。説文。椃。木也。从木。號省聲。段注未詳椃字。又見周棘生敔。从木。从虘。虘字未詳。或虍下所从為□之別體歟。【椃伯彝　韡華閣集古録跋尾】

◉商承祚　説文解字。椃。木也。从木號省聲。集韻或省作椃。宰椃角作＊。麻白敔作＊。皆與此同。其作＊者。又＊之省矣。【殷虚文字類編第六】

◉高田忠周　＊舊釋作格。妄甚。今審明从木。从唬。此椃字也。説文。椃椃。木也。从木。唬聲。是也。但椃册。義未詳。當叚借字。【古籀篇八十四】

棪

◉葉玉森　本辭椃方為國名。【殷虛書契前編集釋卷四】

◉強運開　宰椃角。説文。椃。木也。从木。號省聲。段注云。乎刀切。二部。集韻乍椃。乎刀切。音豪。木名。據此則椃實為古文椃字矣。【説文古籀三補卷六】

◉馬叙倫　王筠曰。食部饕之籀文𩟧下云。從號省。雖不言聲。承上可推知也。然口部唬下云。讀若暠。説文雖無暠。廣韻。暠。古老切。玉篇。唬。呼交切。平仄韻合。即與𩟧音土刀切號音乎刀切者亦無不合。則𩟧號皆云唬聲可矣。而必云號省聲者。唐韻。唬。呼訝切。則其音不同也。可知凡省聲。後人以近世韻書改之者多矣。⊘倫按號唬皆從虎得聲。益知唬聲可矣。作父乙鬲作。吳大澂誤釋楷。【説文解字六書疏證卷十一】

◉饒宗頤　癸酉卜，㱿貞：乎侃取椃于敖亩。（續篇五・七・九，簠室人名六八重。）

按椃見于他辭云：「……方……椃……在爿牧。」（前編四・四・五）集韻：「椃，乎刀切，音豪，木名。」殷文存下二三：「庚申，王在東間。王各（格），宰椃从。錫具五朋，用乍父丁隮彝，在六月。隹王廿祀翌又五。」此宰椃當以椃地得名。周器棘生毀云：「作椃娟媅媵毀」，亦見此字。【殷代貞卜人物通考】

◉李孝定　説文「椃。木也。从木。號省聲。」姚文田嚴可均説文校議云。「當从唬聲。」唬字許雖云「从虎」。亦當以之為聲。是唬聲即虎聲也。栔文正从木虎聲。商説可从。金文亦有此字。作宰椃角。伯椃簋。容氏金文編收入木部之末孫。氏甲骨文編亦然。並以為説文所無字。【甲骨文字集釋第六】

◉徐中舒　一期　續五・七・九　五期　後上一〇・八　周甲　探七〇　從木從虎，木或作屮，同。又為其省形。【甲骨文字典卷六】

◉許　慎　棪遬其也。从木。炎聲。讀若三年導服之導。以冉切。【説文解字卷六】

◉馬叙倫　鈕樹玉曰。繫傳脱其字。無之導二字。劉秀生曰。炎聲之字。如啖談郯倓惔錟皆在定紐。導從道聲亦在定紐。故棪從炎聲得讀若導。儀禮士喪禮。中月而禫。注。古文禫或為導。禮記喪大記。禫而內無哭者。注。禫或皆作道。詩小雅大田。以我覃耜。爾雅釋詁注作以我剡耜。莊子則陽。夫子何不譚我於王。釋文本作談。炎聲如覃。覃聲如道。是其證。倫按本訓木也。遬其也字林文。或字出字林。【説文解字六書疏證卷十一】

◉黃錫全　棪掭　見夏韻掭韻。《説文》「棪，遬其也。从木，炎聲。讀若『三年導服之導』」。此以音近假棪為掭（二字古韻同屬談

椯

部）。【汗簡注釋】

◉許 慎 椯木也。从木。耑聲。市緣切。【說文解字卷六】

◉馬叙倫 錢坫曰。玉篇以為即椯。朱駿聲曰。疑字亦作椴。釋木。椴。木槿。注。或呼曰及。其華名蕣。【說文解字六書疏證卷十一】

椋

椋安國  椋始昌  椋五印【漢印文字徵】

◉許 慎 椋即來也。从木。京聲。吕張切。【說文解字卷六】

◉馬叙倫 段玉裁曰。釋木曰。椋。即棶。釋文曰。棶。埤蒼字林作來。本說文也。絫呼曰即來。單呼曰來。倫按椋以雙聲轉為來。絫呼曰郎來。即為郎之譌。本朱駿聲說。漢書地理志琅邪郡有即來縣。桂馥謂當以木名。然則爾雅之誤久矣。或後人以誤本爾雅改漢志邪。此字蓋出字林。【說文解字六書疏證卷十一】

檍

◉許 慎 檍杶也。从木。意聲。於力切。【說文解字卷六】

◉馬叙倫 鈕樹玉曰。釋木。杻。檍。釋文引說文云。檍。梓屬。蓋以檍當橲。玉篇檍訓木名。嚴可均曰。小徐無此篆。余謂說解與篆誤倒。檍杶也舊本當是杽橲也。檍即俗橲字。詩隰有杻。釋木。杻。檍。毛傳同。則許書不得無杻字。緣舊本說解當行直下。都如部首之例。以至寫倒。而杻近杶。復誤為杶耳。議移杶篆之重文杽於此。云。橲也。从木。丑聲。嚴章福曰。小徐無檍篆。是也。杻俗杽字。手械也。經典假借為木名。廣韻。杽。古文杻。韻會。杻。本作杽。此其證。沈濤曰。爾雅釋木釋文引。檍。梓屬也。今為橲篆之解。段先生曰。心部。意。今作憶。艸部。薏。今作薏。水部。澺。今作澺。人部。儙。今作億。然則經典檍字即說文之橲何疑。韻會云。說文作橲。今作檍。則黃氏所據小徐本未誤也。此篆當删。王筠曰。段謂當删此篆是也。嚴可均說亦足發人思。倫按詩唐風。隰有杻。陸機疏。杻。檍也。葉似杏而尖。白色。皮正赤。為木多曲少直。枝葉茂好。爾雅釋木。杻。檍。釋文。說文云。檍。梓屬。是檍橲一字也。【說文解字六書疏證卷十一】

樻 樻

◉許　慎　樻木也。从木。費聲。房未切。【説文解字卷六】

◉馬叙倫　鍇本無此篆。【説文解字六書疏證卷十一】

檮 檮

◉許　慎　檮木也。从木。虖聲。丑居切。【説文解字卷六】

◉馬叙倫　鍇本無此篆。玉篇訓惡木也。字見急就篇皇象本。顔師古本作樗。【説文解字六書疏證卷十一】

楀 楀

◉許　慎　楀木也。从木。禹聲。王矩切。【説文解字卷六】

◉馬叙倫　翟云升曰。集韻韻會竝引作木名也。倫按蓋本作木也木名。木名字林文。或字出字林也。【説文解字六書疏證卷十一】

蘽 蘽

◉許　慎　蘽木也。从木。藟聲。力軌切。櫐籀文。【説文解字卷六】

◉馬叙倫　櫐　籀文下捝蘽字。【説文解字六書疏證卷十一】

桋 桋

◉許　慎　桋赤楝也。从木。夷聲。詩曰。隰有杞桋。以脂切。【説文解字卷六】

◉馬叙倫　鈕樹玉曰。宋本及五音韻譜繫傳楝作楝。説文無楝。王筠曰。釋木。桋。赤楝。白者楝。釋文。字從朿。桂馥曰。釋木釋文。楝。又作榡。同山戹反。郭霜狄反。馥案本書無楝字。倫按字或出字林。【説文解字六書疏證卷十一】

栟 栟

◉許　慎　栟栟櫚也。从木。并聲。府盈切。【説文解字卷六】

◉馬叙倫　嚴可均曰。櫚當作閭。説文無櫚。上林賦甘泉賦皆作并閭。韻會八庚引作栟櫚椶也。椶字當補。桂馥曰。徐鍇韻譜作閭。倫按下文。椶。栟櫚也。是栟櫚為連緜詞。乃椶之俗名也。字蓋出字林。【説文解字六書疏證卷十一】

椶

椶楷樹【石刻篆文編】

◉許　慎　栟櫚也。可作萆。从木。㚇聲。子紅切。【說文解字卷六】

◉吳大澂　古椶字。石鼓。【說文古籀補卷六】

◉趙烈文　。孫作椶。薛作椉。鄭作椉。潘云。疑古椶字。烈按。近是。【石鼓文纂釋】

◉丁佛言　古鉥椶　古椶字如是。許氏說栟櫚也。可作萆。張揖曰。本高一二丈。旁無枝葉。如車輪。皆萃於木杪。此象其葉與葉之柄。石鼓作　。俗作棕。【說文古籀補補卷六】

◉強運開　薛尚功鄭漁仲趙古則均作椉。潘云疑古椶字。張德容云。按說文。椶。栟櫚也。可作萆。椉。承椉也。鼓文作棫楷等皆木名。椉廁其間。殊不倫類。潘則猶以字形相近疑之耳。容又按。舟部艐下云。从舟。㚇聲。讀若荤。木部梓。从木。宰省聲。又或文作宰。不省。以艐字讀若之例推之。疑此為籀文梓字。但以字形不類。不敢臆定也。運開按。說文木部之椶與舟部之艐。小徐俱作子紅切。是二字本同音矣。又郭注方言云。艐。古屆字。段氏於讀若荤下注云。此音與子紅為雙聲。與屆亦雙聲。漢時語如此。又按。艸部之荤。阻史子亥二切。是讀若荤乃讀若屆音也。張氏疑為籀文梓字。實屬誤會。又按。夊部㚇。斂足也。子紅切。斂足有不行意。故舟著沙不行。从㚇。作艐。㚇艐同為子紅切。是从㚇作椶者為小篆。从艐作欉者為籀文。不過緐省之分耳。斷欉為籀文椶字。可以無疑矣。按此上闕三字。【己鼓　石鼓釋文】

◉馬叙倫　鈕樹玉曰。繫傳及韻會引作椶櫚也。沈濤曰。御覽九百五十九引。椶。一名蒲葵。玉篇亦云。椶櫚。一名蒲葵。廣韻同。皆本許書。是古本有此四字。南方草木狀。蒲葵如栟櫚而柔薄。可為簦笠。出龍川。蓋栟櫚蒲葵同類異名耳。段玉裁曰。可作萆者。艸部。萆。雨衣。一名衰衣。丁佛言曰。石鼓作　。倫按本訓木也。呂忱加木名栟櫚也可作萆。校者加一名蒲葵。椶音精紐。栟從并得聲。并從井得聲。井音亦在精紐。故俗呼椶為栟櫚。【說文解字六書疏證卷十一】

檟

◉許　慎　楸也。从木。賈聲。春秋傳曰。樹六檟於蒲圃。古雅切。【說文解字卷六】

◉馬叙倫　翟云升曰。孟子告子疏引作山楸。是。倫按呂忱加山楸也。傳寫刪本訓。亦或字出字林也。【說文解字六書疏證卷十一】

4127【古璽文編】

◉許　慎　椅梓也。从木。奇聲。於离切。【說文解字卷六】

◉丁佛言　古鉢罟椅。許氏説梓也。【說文古籀補補卷六】

◉馬叙倫　桂馥曰。梓也者。釋木文。舍人云。梓。一名椅。郭云。即楸。釋文云。案椅與楸惟子為異耳。詩定之方中毛傳。椅。梓屬。陸疏。梓實桐皮曰椅。鄭注考工記。梓。檟也。轉注字。本訓木也。呂忱加木名梓屬。椅非梓。不得徑訓梓也。傳寫刪之耳。椅蓋檟之轉注字。檟音見紐。椅音影紐。同為清破裂音。椅從奇得聲。奇音羣紐。古讀歸見也。【說文解字六書疏證卷十一】

梓潼令印　梓童之印　【漢印文字徵】

梓亦李字【汗簡】

古尚書亦作李字　崔希裕纂古亦作李字　汗簡【古文四聲韻】

◉許　慎　梓楸也。从木。宰省聲。即里切。榟或不省。【說文解字卷六】

◉商承祚　杍　説文「李。果也。从木。子聲。杍。古文。」案。此非李之古文。乃梓之古文也。尚書梓材。馬融云。「古文作杍。」大傳橋梓作橋杍。是作杍者。壁中古文也。此誤入。【說文中之古文考】

◉馬叙倫　徐灝曰。辛之聲轉如西。故犀梓等字並用為聲。宰讀如姊。亦從辛聲。倫按徐説是也。辛音心紐。故梓音入精紐。同為舌尖前音也。爾雅釋木釋文引字林。音子。玄應一切經音義引字林。楸也。又曰。梓又作榟。木名也。可為琴瑟。然則本訓木也。呂忱加木名。楸也。可為琴瑟。字見急就篇。

榟　或上當有梓字。【說文解字六書疏證卷十一】

◉楊樹達　說文六篇上木部云：「梓，楸也，从木，宰省聲。」或作榟，从宰不省。即里切。按梓字古人聲訓皆以子字為釋，子與梓古音同也。尚書大傳記「伯禽與康叔見商子，商子曰：南山之陰有木焉，名梓。二三子復往觀之！見梓實晉晉然而俯，反以告商子。商子曰：梓者，子道也。」漢書五行志中之下記王莽之言曰：「梓猶子也。」二文皆以子釋梓。然梓何以受義於子，說不明也。

楸　檍

按詩鄘風定之方中云：「椅桐梓漆。」陸璣詩疏云：「楸之疏理白色而生子者為梓。」據此知梓之受名以其生子也。商子王莽所云皆是此義，特古語簡質，不如陸疏悉言之耳。余三十餘年前家長沙市中清香留老屋，曾手植梓樹一株於庭院，樹長成後，結實纍纍形如豆角，目驗梓之生子，其事如此。大傳所云梓實，及齊民要術種梓法云：「秋末冬初取梓角暴乾播種之」，所稱梓角，皆此物也。梓實形似豆角，故要術名之曰梓角。然角字於義不可通，疑豆角梓角皆莢字音近之誤也。

尚書梓材篇釋文云：「梓本亦作杍。」按說文梓下重文不記此形，而以杍為李字之或體。古文時有異義而同形者，殆不足怪。杍果為梓之或作，則受名之故已明著於字形中矣。說文話或作譮，訓會合善言，受義於會也。柄或作棅，訓柯，受義於秉也。胑或作肢，訓體四胑，受義於樹枝也。此皆一字兩形。一明聲義，一為假音，梓杍正其比類矣。

韓非子解老篇曰：「多費謂之侈」，此以多釋侈也。賈子新書道術篇曰：「廣較自斂謂之儉，反儉為侈」，此以斂釋儉也。此皆古傳記所記聲訓，精審可信，與梓子同例者也。余意吾人欲明文字之語源，必先取前人成說之可信者彙集之，其有不足，則精思以補其缺，庶為得之，不當強相牽附，如章君文始之所為也。【積微居小學述林卷一】

◉黃錫全　杍 梓亦李字　敦、內、雲、薛本梓作杍。古璽李作𣏌，也作𣐈（類編279），《說文》李字古文作杍。李从子聲，梓从宰省聲。《爾雅·釋木》釋文引《字林》「梓，音子。」梓、李古韻同屬之部。此假杍為梓。鄭珍云：「郭云亦李字，則依《說文》言之，《書》無李字也。」【汗簡注釋卷三】

◉許　慎　楸梓也。从木。秋聲。七由切。【說文解字卷六】

◉馬叙倫　梓音精紐。楸音清紐。同為舌尖前破裂摩擦音。轉注字也。【說文解字六書疏證卷十一】

◉許　慎　檍梓屬。大者可為棺椁。小者可為弓材。从木。啻聲。於力切。【說文解字卷六】

◉馬叙倫　詩定之方中毛傳。椅。梓屬。椅檍音同影紐。或轉注字。或語原同也。字或出字林。【說文解字六書疏證卷十一】

柀

柀 柀 秦一三八　十六例　通破　—入內中　封七七　通被　—污頭北及地　封五七　柀 法二六　柀 日乙五八　柀 封五七　四例

【睡虎地秦簡文字編】

◉許　慎　柀檆也。从木。皮聲。一曰折也。甫委切。【說文解字卷六】

◉馬叙倫　嚴可均曰。檆當作煔。說文無檆。釋木。柀。煔。類篇引折字作析。段玉裁曰。折當作析。倫按檆也蓋字林訓。一曰析也者。乃斯字義。斯音心紐。柀音非紐。非心皆次清摩擦音。十四篇。斯。析也。下文。析。破木也。析斯雙聲。方言。東齊聲散曰廝。器破曰披。然則亦破字義也。此校語。字蓋出字林。【說文解字六書疏證卷十一】

◉睡虎地秦墓竹簡整理小組　柀，讀為疲，《莊子・齊物論》簡文注：「病困之狀。」【睡虎地秦墓竹簡】

檆

3・625　丘齊衜杉彫里☑　說文原無徐鍇補徐鉉曰檆今俗作杉非是廣韻檆杉同字　【古陶文字徵】

杉安　杉得　【漢印文字徵】

檆 崔希裕纂古　【古文四聲韻】

◉許　慎　檆木也。从木。煔聲。臣鉉等曰。今俗作杉。非是。所銜切。【說文解字卷六】

◉丁佛言　古匋丘齊□□杉彫里□。許氏說木也。徐鉉曰。檆俗作杉。【說文古籀補補卷六】

◉姚孝遂　杉　按：字可隸作「杉」，卜辭為地名。【甲骨文字詁林第二册】

榛

◉許　慎　榛木也。从木。秦聲。一曰菆也。側詵切。【說文解字卷六】

◉馬叙倫　鈕樹玉曰。繫傳闕菆字。沈濤曰。一切經音義一引作叢木也。十一引。木叢生曰榛。十五引。叢木曰榛。是古本一曰菆也作一曰叢木也。廣雅釋木云。木叢生曰榛。淮南原道訓注曰。藂木曰榛。詩鳲鳩釋文引字林。榛。木叢生。今作菆者。蓋叢字隸變作藂。見韓勅等碑。俗又作藂。傳寫奪其下半。淺人又刪木字耳。桂馥曰。徐鍇本楷下云。說文無榛字。此即榛字徐鉉取加。而其新修字義無榛字。王筠曰。五音韻譜菆作蕪。衆經音義引字林。榛。山榆。一名梗。

有刺。莢可以為蕪荑者也。此説與説文梗字同。然其卷十引説文。榛。叢木也。十一引。木叢生曰榛。十五引。叢木曰榛。兼引廣雅木叢生曰榛。則説文固有榛字。小徐見本捝耳。楊譽龍曰。經傳類借榛為亲。榛之本義蓋即叢木也。原本注無木也之訓。今本當是後人誤改。一切經音義十引説文。榛。叢木也。是其證。倉頡篇玉篇淮南高注漢書服注廣雅釋木及詩鳲鳩釋文亦竝以木叢生為榛。尹相陽曰。一曰菆也者一切經音義引作叢木。秦取清母雙聲。倫按一篇蓁訓艸盛。凡諸書言木盛者。自得以蓁為之。後世以言木則易為榛耳。榛自為木名。字蓋出字林。一曰菆也者。菆字沈説是。即叢字義。榛從秦得聲。秦叢音同從紐也。字或出字林。【説文解字六書疏證卷十一】

梡

梡 【汗簡】

◉許　慎　梡山榑也。从木。尻聲。苦浩切。【説文解字卷六】

◉馬叙倫　鈕樹玉曰。韻會引作山樗也。段玉裁曰。榑當作樗。釋木唐風傳皆曰。栲。山樗。錢大昕曰。梡即栲山樗之栲。王筠曰。上文楢下读若糗。據陆機言許慎以栲讀為糗。今人言栲。失其聲耳。然则此三字當在此下。倫疑此下亦有讀若糗耳。山榑也字林文。字或出字林。且有重文作栲也。【説文解字六書疏證卷十一】

杶

杶 【汗簡】

古尚書【古文四聲韻】

◉許　慎　杶木也。从木。屯聲。夏書曰。杶榦栝柏。敕倫切。櫄或从熏。杻古文杶。【説文解字卷六】

◉商承祚　杻　説文。「杻。古文杶。」案。屯。金文作屯。與篆文近。此作丑。當是屯之横寫而誤。小徐以為从丑。集韻亦作杻。皆非也。【説文中之古文考】

◉馬叙倫　鈕樹玉曰。繫傳韻會柏作栢。倫按鍇本柏下有也字者。蓋本引經以證字。例於經文下有是也二字。此捝是也。其并無是也二字者。或傳寫者删之。急就篇顔師古本作椿。蓋本作杶。傳寫者易之。

櫄　徐鍇曰。熏聲。宋保曰。屯熏同部。倫按或上當有杶字。杶櫄聲同真類轉注字。字見急就篇。蓋本作杶。傳寫者易之。

杻　鈕樹玉曰。廣韻引說文杶下但有橁。注云。說文同上。並無古文。玉篇亦無。疑後人增。跳譌於此。徐灝曰。此古文與小篆摹跡無異。不當別為古文。疑即杻篆之譌。本與橁篆相次。淺人認為杶之古文。因刪其說解而移易之。玉篇杶下正接橁字。此即前橁字下杻誤為杶之故。周兆沅曰。屯聲知紐。轉入徹紐。杻當取丑聲。亦徹紐。倫按徐周二說均可從。或曰。從木。尹聲。古文經傳中杶字如此。⿰木尹為杶之聲同真類轉注字。【說文解字六書疏證卷十一】

◉許慎　橁杶也。从木。筍聲。相倫切。【說文解字卷六】

◉馬叙倫　沈濤曰。五經文字曰。橁。木也。與杶同物而異名。是古本作木不作杶。與杶同物句則張引申之語。倫按橁杶聲同真類轉注字。字或出字林。【說文解字六書疏證卷十一】

◉許慎　桵白桵。棫。从木。妥聲。臣鉉等曰。當从綏省。儒隹切。【說文解字卷六】

◉馬叙倫　鈕樹玉曰。說文無妥。釋木。白桵。棫。釋文。桵。本作椄。字林人隹反。字林當本說文。則說文本作椄。後人改為桵耳。如餒俗作餧也。王筠曰。如此立文。則是說棫而非說桵也。似當云棫也。統言之也。下文棫下曰。桵也。用釋木文。則析言之也。張行孚曰。嚴可均謂妥即女部之婑。妥上之爪即古乑字。王筠謂妥古綏字。□即□之反。□古乑字。妥從乑聲者。如唾從乑而讀湯故切也。綏從妥聲者。則復歸乑之本聲也。按妥之形與音。王說盡之矣。惟綏字從糸訓車中把。而妥字從女。爾雅訓安止。則二字形義似不當并而為一。段氏增之女部。是也。妥當如詩傳禮注訓安坐。倫按妥為桵之初文。今本書無妥耳。白桵棫者。本作木也木名。校者依爾雅釋木加此三字。傳寫者轉刪木也木名。下文。棫。木也。而爾雅釋木作棫白桵。可證。字或出字林。【說文解字六書疏證卷十一】

棫　散盤　【金文編】

李棫　【漢印文字徵】

棫 石碣乍邍　作棫其□　【石刻篆文編】

◉許　慎　棫白桵也。从木。或聲。于逼切。【說文解字卷六】

◉強運開　棫説文。棫。白桵也。散盤作𢦏。易木於下耳。【石鼓釋文】

◉馬叙倫　桵音日紐。棫音喻紐三等。皆舌前音。為轉注字。若以色異。則語原同也。詩緜釋文引字林。于目反。爾雅釋木釋文引字林。于臭反。詩緜釋文引三倉。棫即柞也。然則本訓木也。呂忱加木名。白桵也。石鼓作棫。散盤作𢦏。【說文解字六書疏證卷十一】

◉唐　蘭　棫字原作畗,下从田,即周字。畗林即棫林,大概由於在周原一帶,所以从周。《左傳》襄公十四年記晉國伐秦,「濟涇而次……至于棫林」。是棫林在涇水之西。《漢書・地理志》右扶風雍縣有棫陽宮,昭王起。清《一統志》説:「棫陽宮在今扶風縣東北。」或説在寶雞附近。棫陽宮的名稱,應與棫林有關。那末,棫林舊地當在今扶風、寶雞一帶。當時秦國都在雍,在今鳳翔縣南,寶雞縣北,晉兵本想攻雍,而逗留在棫林,可證。《史記・鄭世家》索隱引《世本》:「桓公居棫林,徙拾。」《漢書・地理志》京兆有鄭縣。注:「周宣王弟鄭桓公邑。」臣瓚注:「周自穆王以下,都于西鄭,不得以封鄭桓公也。」顏師古注則説:「穆王以下,無都西鄭之事,瓚説非也。」按臣瓚曾見《竹書紀年》,所説穆王都西鄭,本不誤。但以京兆的鄭縣(今陝西省華縣)為穆王所都則是錯了。《竹書紀年》説:「穆王所居鄭宮、春宮。」銅器中如免觶、大簋等都説:「王在奠(鄭)」,都證明穆王曾居鄭,但這個鄭並不是後來的京兆鄭縣。《史記・秦本紀》:「德公元年,初居雍城大鄭宮。」正義引《括地志》「岐州雍縣南七里故雍城,秦德公大鄭宮城也。」這個大鄭宮應是穆王鄭宮的舊址。雍縣故城在今鳳翔縣南,那末,西鄭本在鳳翔至扶風一帶,鄭桓公始封之鄭,是在涇西的棫林。後來纔遷到京兆鄭縣,可能就是《世本》所説的「徙拾」。東周後又遷到新鄭,到秦武公「縣杜鄭」時則是以鄭桓公所遷之地為鄭縣,不是始居的棫林了。後人不知道西鄭原在涇水之西,又不知道京兆鄭縣不是鄭桓公始封之地,而誤以鄭縣(今華縣)當作棫林,就和《左傳》所説棫林的地理不合了。【唐蘭先生金文論集】

◉裘錫圭　唐(蘭)先生把「𣊒林」讀為「棫林」。據他考證,棫林在今陝西省涇水以西扶風、寶鷄一帶。因此灘戎就不能是淮夷,而非是西北方的「戎胡」不可了。

「𣊒」字比較怪,但是顯然跟「棫」字一樣,也是從「或」聲的一個形聲字。唐先生把𣊒林讀為棫林,是完全合理的。他認為《左傳・襄公十四年》的棫林應在今扶風、寶鷄一帶,可能也是有道理的。但是他没有注意到,在《左傳》裏,除了在今陝西境内的棫林之外,還有一個在今河南中部的棫林。戜簋的棫林完全有可能是後者而不是前者。

《左傳・襄公十六年》記晉以諸侯之師伐許，「夏六月，次于棫林。庚寅，伐許，次于函氏。」杜注：「棫林，函氏，皆許地。」當時許都于葉（《左傳・成公十五年》「許遷于葉」），在今河南葉縣。《春秋大事表・列國都邑表》認為棫林在葉縣東北，大致可信（近年出版的《中國歷史地圖集》第一冊25—26把棫林畫在今葉縣之東）。淮戎入侵所至的棫林，應該就是這個棫林。

㦰簋銘說「㦰率有司、師氏奔追鄦戎于棫林，搏戎䭾」，可見棫林跟䭾相近。【論㦰簋的兩個地名——棫林和胡　古文字論集（一）】

◉許　慎　槵木也。从木。息聲。相即切。【説文解字卷六】

◉馬叙倫　徐鍇引字書。槵。木名也。疑即字林訓。此字蓋出字林。也為名譌耳。或捝名字。【説文解字六書疏證卷十一】

◉許　慎　椐樻也。从木。居聲。九魚切。【説文解字卷六】

◉馬叙倫　類篇集韻引字林。木名。靈壽也。詩皇矣釋文引字林。紀庶反。本訓木也。呂忱加木名樻也靈壽也。亦或字出字林。【説文解字六書疏證卷十一】

 259【包山楚簡文字編】

◉許　慎　樻椐也。从木。貴聲。求位切。【説文解字卷六】

◉馬叙倫　椐樻古音同在見紐。轉注字也。今江浙讀貴音率如鋸。爾雅釋木釋文引字林。巨位反。【説文解字六書疏證卷十二】

 栩左　 楊栩私印【漢印文字徵】

◉許　慎　栩柔也。从木。羽聲。其皁。一曰様。況羽切。【説文解字卷六】

◉馬叙倫　鈕樹玉曰。繫傳及韻會廣韻引柔作杼。沈濤曰。柔讀若杼。非即杼也。許書柔栩互訓。玉篇亦作柔也。則作柔是。小徐及廣韻引其下有實字。古本當有實字。段玉裁曰。皁即艸部草字。草斗。櫟實也。此言其皁猶言其實也。倫按草下曰。

柔　樣　杙

櫟實也。一曰樣。此下文。樣。栩實。然則此當曰。其皁曰樣。或作其皁樣。或如鍇本作其實皁一曰樣。此校語。爾雅釋木釋文引字林。丑與反。【説文解字六書疏證卷十一】

◉許　慎　柔栩也。从木。予聲。讀若杼。直呂切。【説文解字卷六】

◉馬叙倫　栩柔聲同魚類。又柔從予得聲。予音喻紐四等。栩音曉紐。喻四與曉同為次清摩擦音。故栩柔為轉注字。【説文解字六書疏證卷十一】

◉許　慎　樣栩實。从木。羕聲。徐兩切。【説文解字卷六】

◉馬叙倫　廣雅止訓柔也。莊子齊物論。狙公賦芧。徐無鬼。食芧栗。芧借為柔。柔栗即栩實。然則樣非栩實。乃栩柔之轉注字。樣得聲於羊。羊予音同喻紐四等。栩音曉紐。喻四與曉同為次清摩擦音。栩柔聲同魚類。樣聲陽類。魚陽又對轉也。然則此本訓栩也。呂忱或校者加栩實也。或實字乃上文栩下其實皁之捝譌於此者也。字或出字林。【説文解字六書疏證卷十一】

杙　詩美孟弋矣傳姓也公羊襄四年夫人弋氏金文从木　應侯簋　應侯作生杙姜尊簋　【金文編】

◉許　慎　杙劉。劉杙。从木。弋聲。与職切。【説文解字卷六】

◉高田忠周　説文。杙。劉劉也。从木。弋聲。爾雅釋木。劉劉杙。二書相合。又爾雅釋宮。樴謂之杙。注。橜也。即與許弋下云橜也合。竊謂杙即弋異文。乂象析木衺鋭者。丿象物掛之。元是象形字也。後人依析木義。亦加木作杙。又叚借為木名。蓋所謂託名幖識字耳。【古籀篇八十四】

◉馬叙倫　鈕樹玉曰。劉劉杙本釋木文也。説文無劉。桂馥曰。劉劉杙者。釋木文。郭云。劉子生山中。實如梨。酢甜。核堅。出交趾。上林賦作畱。吳都賦作橊。劉淵林注。橊。橊子樹也。馥按今人食酸猶曰酸劉劉。徐灝曰。單呼曰劉。絫呼劉杙。段以劉劉斷句非是。倫按劉從鐂得聲。鐂得聲於丣。十四篇古文酉作丣。酉杙音同喻紐四等。是劉劉為杙之俗名。此本訓木也。呂忱加木名。校者據雅文加劉劉杙。字或出字林。【説文解字六書疏證卷十一】

◉裘錫圭　甲骨文第一期卜辭裏有□□□□□□等字：

令章以多射衛示乎(呼)□。六月。　後下25・8

叀(惠，用法與「唯」相近)索乎□。　乙807

辛子(巳)卜鼎(貞)：令小吴□旃，甫□疢族。五月。　胡厚宣先生摹本

□□〔卜〕矣鼎：令龏□教。　前7・31・4

辛亥卜殻鼎：乎盜□妻，不□。六月。　寧1・52

丁未卜爭鼎：令𣪊□甫，乎𢦏戈𣪊□。　後下12・10（前6・22・6同文）

甲申卜穷鼎：令家□保弜。　掇二10，京津2178

丁未卜鼎：令韋□𠂤収牛。　安明678

鼎：叀□令□𠂤収牛。四〔月〕。　安明677

庚寅卜爭鼎：叀陕□□。八月。　後下26・4

乎陕□兆。

弓(勿)乎陕□兆。　乙7490

乙酉卜鼎：叀□令□□。十二月。　零拾31

鼎：叀才(在)玆小臣令□。　前4・27・5

□□卜穷〔貞〕：□□𣪊□役。　前4・13・7

這些字的字形和用法都很相近，應該是一字的異體。

甲骨文第一期的□(柲)字多寫作□。從上引□□等形來看，這個字所象的當是一種尖頭的柲狀物。第五期「沁」字所從的□有時寫作□。□□和□的關係，跟□和□的關係相似。□又變作□□等形。這跟□字也可以寫作□，□(黄)字也可以寫作□，□字也可以寫作□□□等形，是同類的現象。

這個字《甲骨文編》當作未識字收在附録裏，其實就是橛杙之「杙」的本字「弋」。

《粹》四九九片有□字：

鼎：𡙇叀(惠)□酒。

郭沫若把這個字隸定為「督」。金文「叔」字作□□等形，跟這個字的上部很相似，郭氏的隸定應該是正確的。「督」字還見于下引卜辭：

叀□酒。　摭續31

叀□酒。　庫1147

第二辭的「沓」當是「督」的省寫。本文所討論的那個字，跟上引這兩個「督」字所從的□顯然是一個字。金文「叔」字所從的□旁是由甲骨文「叔」字所從的□變來的。□旁也可以寫作□，與金文一般「弋」字全同。郭沫若在《釋叔》篇裏指出金文「叔」字從「弋」，是完全正確的。由此可知甲骨文「督」字所從的□，以及本文所討論的那個字，也都是「弋」字。

甲骨文「督」字還可以寫作□□等形，它們和《粹》四九九片「督」字所從的「叔」，寫法都跟上引《摭續》和《庫》的「督」字有些不同。甲骨文「土」字多作□□等形，《粹》四九九等「督」字所從的「叔」，應該是由于在「弋」下加「土」旁而省略了「弋」的下部。郭沫若解釋「叔」字形義說：「《說文》云：『汝南名收芋為叔』。案此當為叔字之本義，以金文字形而言，實乃從『又』持『弋』(杙)以掘芋也。」甲骨文「叔」字或于「弋」下加「土」，以弋掘地之意更為明顯。

金文又有□字，《金文編》收入附録(一〇一一頁)，郭沫若也釋為「弋」，可信。古文字的寫法，填實與勾廓往往不別。金文「才」字既可以寫作□，也可以寫作□，□和□當然也應該是一字異體。

金文「弋」字一般寫作□，這是簡化的形式。甲骨文第五期卜辭有□字：

戊戌王卜鼎：田□，□(往)來亡(無)□(災)。王□(繇?)曰：大吉。才(在)四月。兹□。隻(獲)犷十又三。　前2·27·5

郭沫若、葉玉森都把這個字釋作「弋」，應該是可信的。可見「弋」字簡體在商代就已經出現，周代金文裏的□□二體是各有所承的。

《說文·厂部》：「□(弋)，橜(橛)也，象折木衺鋭者形」，所録篆形是訛變的形體。《說文》還把「弋」跟「柲」的象形初文□混為一字，我們在《釋柲》一文裏已經指出了這個錯誤，這裏就不多說了。

古書多以「杙」為「弋」。《詩·周南·兔罝》毛傳「丁丁，椓杙聲」，所說的是植在地上的較大的木杙。《左傳·襄公十七年》「以杙抉其傷」，所說的是用來抉物的較小的木杙。無論是植在地上的或是用來抉物的杙，其下端都必須是比較尖鋭的。《說文》說「弋」字「象折木衺鋭者形」，雖然有些遷就「弋」字譌變的字形，但並不是毫無根據的。前面已經說過，甲骨文□□等字象一種尖頭的柲狀物，而「柲離戈言，固是木柲」。所以從木杙的特點來看，把這些字釋為「弋」也是很合理的。

本文開頭所引的那些卜辭裏的「弋」字都是動詞，並且往往放在兩個人名或國族名之間。它們似乎都應該讀為替代的「代」。《書・立政》：「帝欽罰之，乃伻我有夏，式商受命，奄甸萬姓」，曾運乾《尚書正讀》讀「式」為「代」(二五一頁)。「式」「代」都從「弋」聲，如果「式」可以借為「代」，「弋」當然也可以借為「代」。《書・多士》：「非我小國敢弋殷命」，這個「弋」字很可能就應該讀為「代」，可以與卜辭互證。

甲骨文裏還有幾個從「弋」的字：

鼎：□不隹(唯)忒。　後下16・7

匕(妣)庚⿰女弋。　乙4677

這個字所從的□舊多釋為「貝」，聽説于省吾先生近來改釋為「心」。那麼這便應該是「忒」字。

這個字應該釋作「⿰女弋」。《説文・女部》：「⿰女弋，婦官也。從女，弋聲。」金文「⿰女弋」字屢見，多用為女姓。

□不其囚凡。　存下393

□□□　鐵152・3

這個字似从「丹」或「井」，从「弋」，音義待考，上引卜辭似用為人名。【釋柲　古文字研究第三輯】

枇 枇

◉許　慎　枇枇杷。木也。从木。比聲。房脂切。【説文解字卷六】

◉馬叙倫　枇杷雙聲連緜詞。本訓木也。呂忱加木名。枇杷也。【説文解字六書疏證卷十一】

桔

桔　日乙二〇四【睡虎地秦簡文字編】

◉許　慎　桔桔梗。藥名。从木。吉聲。一曰。直木。古屑切。【説文解字卷六】

◉馬叙倫　王筠曰。小徐無一曰直木。而繫傳曰。一莖直上。三四葉相對。似人參。故曰直木。然則藥名二字本作直木。校者改之。又有校者謂別本作桔梗直木。記其異文。非兩説也。玉篇廣韻皆無直木之説。倫按本作木也。呂忱加桔梗藥名。一曰直木者。蓋藥名下呂忱或校者尚加如鍇説一莖直上云云。傳寫者删之而譌乙一直字於木字上。後校者因記之也。字見急就篇。【説文解字六書疏證卷十一】

柞

[古文字形] 柞 柞鐘 【金文編】

[篆文字形] 【石刻篆文編】

◉許 慎 柞木也。从木。乍聲。在各切。【說文解字卷六】

◉強運開 [篆文]說文。柞。木也。从木。乍聲。詩大雅柞棫斯拔與鼓文言柞棫其□。文義正相同也。【石鼓釋文】

◉馬叙倫 量矦敦之[古文字形]。甲文之[甲骨字形][甲骨字形]。皆柞字。石鼓作[篆文]。字見急就篇。玉海本作笮。【說文解字六書疏證卷十一】

◉裘錫圭 古代稱除木為柞(《詩・周頌・載芟》毛傳：「除木曰柞」)。《周禮・秋官》有柞氏之官，其主要任務是伐除樹木開闢田地(參看張文99—100頁)。《周頌・載芟》「載芟載柞，其耕澤澤」，講的大概就是開墾荒地的情形。

在甲骨文裏，屬于第一期偏早的《乙》8502有如下兩條對貞卜辭：

乙丑，王：[甲骨字形][甲骨字形]方。

乙丑，王：[甲骨字形][甲骨字形]方。

[甲骨字形]方是方國名。第一條[甲骨字形]上一字疑當釋「柞」。甲骨文字的寫法正反多無別，上引兩條卜辭以「柞」與「農」為對文，「農」應該讀為耨除之「耨」，「柞」就應該當「除木」講。這兩條卜辭大概是商王準備派人到[甲骨字形]方去開荒時占卜的。用柞的方法或耨的方法開荒，其規模可能有所不同。商王時常派人到某個方國去開荒種地，詳上引張文(107—108頁)。

上面提到過的「柞」字，在卜辭裏大多數應該讀為「乍」(作)，如「柞邑」、「柞三師」等等。下引兩版第五期甲骨上的「𢪃」字很可能也應該讀為「柞」：

戊子卜貞：王田𦎫，往來亡災。

□卯卜貞：〔王〕𢪃于𦎫，往來亡災。前2・42・3

癸巳卜，在巖貞：王夗于射，往來亡災。𢪃……十六。前2・8・3

「𢪃……十六」當是附于卜辭的記事之辭。這些柞的活動說不定也跟開闢農田有關。【甲骨文中所見的商代農業 全國商史學術討論會論文集】

◉戴家祥 [金文字形]量矦彝 量矦𧻚作寶尊𣪘 量矦彝[金文字形]字讀為乍。「乍寶隮𣪘」為金文恆語。林義光認為[金文字形]即作字古文，象興構之形。文源。故[金文字形]字从木。柞鐘柞字，唐韻音作，義同。疑柞即乍之加旁字。說文「柞，木也。」金文用作人名。【金文大字典中】

桍

◉許　慎　桍木。出橐山。从木。乎聲。他乎切。【説文解字卷六】

◉馬叙倫　鈕樹玉曰。玉篇無此字。莊有可曰。古樗字。倫按木下捝也字或名字。出橐山者字林説。字林每然也。以此知捝名字。字或出字林。【説文解字六書疏證卷十一】

榗

◉許　慎　榗木也。从木。晉聲。書曰。竹箭如榗。子善切。【説文解字卷六】

◉馬叙倫　鈕樹玉曰。玉篇引木也作木名。嚴可均曰。如榗當作讀若。當在書曰上。竹箭蓋古文説。許往往以經説為經也。夏本紀。竹箭既布。又言。瑶琨竹箭。即此。古箭榗同聲。大射儀注。古文箭為晉。職方氏注。故書箭為晉。吴越春秋。晉竹十廋。即箭竹。議改云讀若書曰竹箭。嚴章福曰。疑如榗二字當作讀若晉。脱讀字。又誤若為如耳。王筠曰。書曰竹箭如榗。小徐作詩曰榛楛濟濟。蓋小徐誤以榗為榛也。大徐引書而書無此語。段玉裁以為疑當作周禮曰竹榗。讀如晉。職方氏。其利金錫竹箭。注曰。故書箭為晉。蓋許所見故書作榗也。梁玉繩曰。許云讀若竹箭。而誤以禮記為書耳。姚文田曰。疑許本引逸書。傳寫有誤。當作逸周書曰竹榗。讀若箭。戚學標曰。細校鉉本。是古榛栗之榛作亲。所謂説文無榛字。此即榛也。乃彼注錯簡。其引詩曰榛楛濟濟。則楛字注文複出。尤文簡得繫傳三館中。稱一半斷爛不可讀。今訛益甚矣。柳榮忠曰。書禹貢。篠簜既敷。瑶琨篠簜。史記夏本記篠簜字竝作竹箭。蓋今文尚書字。許云書曰竹箭。蓋謂是也。周禮職方氏。其利金錫竹箭。則今文尚書與周禮合。其云如榗者。謂今文説竹箭形如榗耳。竹箭如榗四字。蓋今文章句文。陳瑑曰。江徵君曰。此逸文也。玉篇亦偁説文曰書曰。許書止偁書曰。不言何書。今莫能考矣。倫按鍇本作詩曰榛楛濟濟。無一字相干涉。明是楛下所引。鍇本此部多捝譌。則此為錯寫複出無疑。鍇本此下無書曰六字亦捝去矣。然此六字諸家説均未安。雷浚以為當闕疑。要之本非許文。吕忱或校者引漢人經説耳。字或出字林。【説文解字六書疏證卷十一】

檖

◉許　慎　檖羅也。从木。豙聲。詩曰。隰有樹檖。徐醉切。【説文解字卷六】

◉馬叙倫　鈕樹玉曰。繫傳羅作欏。王筠曰。今本爾雅作檖羅。小徐引爾雅。檖。赤羅。晨風傳。檖赤羅也。孔疏亦引爾雅。檖。赤羅。陸機疏亦作赤羅。則許本亦作赤羅。為據爾雅捝本者所删也。倫按本作木也。木名。赤羅也。字亦或出字林。【説文解字六書疏證卷十一】

◉唐　蘭　卜辭習見之𣡕用為紀時者，當釋為𣡕，即説文之檖字。然古文字屮與林通用，則𣏟與𣡕殆本一字也。𣡕又從𣡗作

□，則多以為地名。如菁十・七。

□字從林從豕，而□字從艸從豕，疑本象豕食艸木之葉之意，故穟為禾采之皃，而「挺穟」為艸莖也。然則殷人紀時當以此為本字而□為叚借。卜辭又有□字鐵二二七・三□字拾七・五□字前六・三九・三，俱冠以今字，則均𣡕字之所孳乳，而為紀時之專字矣。□從日𣡕聲，□當為從日從𣡕省聲，而□為從日從椓聲，椓即樣也。

由□字所孳乳而為紀時之專字者，又有□字戩二二・二，當是從日豕聲。【天壤閣甲骨文存考釋】

椵 □

◉許　慎　□木。可作牀几。从木。叚聲。讀若賈。古雅切。【說文解字卷六】

◉馬叙倫　段玉裁曰。牀。鍇本作伏。疑譌。沈濤曰。御覽九百六十一引作可作杖机。小徐作伏。蓋杖之譌。王筠曰。朱筠本作牀不作伏。按繫傳中三言伏。則作伏是也。釋木。櫠。椵。釋文。古雅反。即此矣。上文云。椵。柂。釋文。徒亂反。字林云。木似白楊。案徒亂反則當作椴矣。郭注櫠椵云。柚屬也。子大如盂。皮厚二三寸。中似枳。食之少味。初不言其可用。其注椵柂也。曰。白椵也。樹似白楊。疏云。擅弓云。柂椵。鄭注云。所謂椑棺也。即引此文以證之。然則椵柂以材為用也。玉篇有椵字。說同字林。恐說文本有椵字。以與椵相似。為後人所删也。筠在潁州。見綠椵几。長丈餘。劉秀生曰。叚聲賈聲並在見紐模部。故椵從叚聲得讀若賈。禮記喪記。瑕不謂矣。注。瑕之言胡也。史記十二諸矦年表。宋共公名瑕。春秋作固。論語子罕。求善價而沽諸。石經沽作賈。叚賈聲竝如古。是其證。倫按木下挩也字。下更當有木名可作牀几。字林說也。或出字林。急就篇。簡札檢署槧牘家。顏師古注。家。伏几。林頤山謂顏破家為椵。說文。椵。木可以為伏几。據家從豭省聲也。然急就所列皆器名。椵雖可以為伏几。而是木名。史豈以諸器皆以椵為之。故殿以椵字而借家為之。倉頡無椵字邪。然則此字或出訓纂。或出字林。【說文解字六書疏證卷十一】

櫘 □

◉許　慎　□木也。从木。惠聲。胡計切。【說文解字卷六】

◉許　慎　楛木也。从木。苦聲。詩曰。榛楛濟濟。侯古切。【説文解字卷六】

櫅　牆盤

痶鐘　【金文編】

3·27　昌櫅陳圌南左里敀亳區

3·28　昌櫅陳圌南左里敀亳豆

3·29　昌櫅陳圌南左里敀亳區

3·38　昌櫅陳圌北左里敀亳豆　【古陶文字徵】

◉許　慎　櫅木也。可以為大車軸。从木。齊聲。祖雞切。【説文解字卷六】

◉丁佛言　古匋甘櫅陳國左里敀亳。原書以為齊字。【説文古籀補補卷六】

◉馬叙倫　可以為大車軸材蓋字林文。古匋作。【説文解字六書疏證卷十一】

◉連劭名　「櫅角虋光」一句，各家解釋甚多，幾乎一家一言。我認為二句聯系起來看，「櫅角虋光」應當是指祭祀用的牲牛。櫅，從齊得聲，讀為「齊」，《詩經·小雅·小宛》「人之齊聖」，毛傳：「齊，正也。」又訓「等」，《論語·里仁》「見賢思齊焉」，包成曰：「思與賢者等。」「齊」又與「平」義相通。《漢書·食貨志》「世家子弟富人，或鬬雞走狗馬，弋獵博戲亂齊民。」「齊民」即「平民」。是「齊、等、平」等字古義相近。【史牆盤銘文研究　古文字研究第八輯】

◉唐　蘭　櫅通齊。齊角應是當時吉語。《爾雅·釋畜》：「角一俯一仰，觭；皆踊，觢。」觢或作挈。鄭玄注《周易·睽六三》説：「牛角皆踊曰挈。」按兩角皆踊即齊角，觢齊音近。古人對牛羊角不齊，稱為觭或觤，是畸邪、危害的意思。齊角代表整齊，所以是吉語。痶鐘説：「痶其萬年櫅角虋光」，也是吉語。痶編鐘作「痶其萬年角」。字甲骨文作，像蟲有兩角，不是羊字。《説文》𦍌訓羊角，芇訓「相當也，闕，讀若宀。」相當。應指羊角相當，也是整齊。疑變為芇，芇角與齊角義近。【唐蘭先生金文論集】

◉戴家祥　史牆盤　字从齊从木，爾雅釋木櫅訓白棗。在此讀作齊。「齊角熾光」猶云並耀光芒。【金文大字典中】

朷 𣏾　櫇 𣛢　樲 𣛪　檏 𣝮

◉許　慎　朷木也。从木。乃聲。讀若仍。如乘切。【說文解字卷六】

◉許　慎　櫇木也。从木。頻聲。符真切。【說文解字卷六】

◉許　慎　樲酸棗也。从木。貳聲。而至切。【說文解字卷六】

◉馬叙倫　翟云升曰。孟子告子疏引酸上有小字。倫按本作木也。酸棗也者。蓋呂忱或校者據爾雅釋木加之。或此字出字林。【說文解字六書疏證卷十一】

◉許　慎　檏棗也。从木。僕聲。博木切。【說文解字卷六】

◉馬叙倫　徐鍇曰。爾雅樸枹者。注以詩棫樸言枹櫟也。按爾雅釋木方說諸棗。而連屬云樸枹者。則注解者。自然以此樸為棗也。許慎所引爾雅注在張揖以前。而今學官所列及鍇所引。是晉郭璞注。所有與許慎不同也。桂馥曰。今爾雅檏在梧下。不與諸棗相屬。段玉裁曰。釋木言棗之名十有一。總之言櫬梧。總之言樸枹者。是今爾雅樸不謂棗也。疑許所據有不同。檏樸古今字。大雅毛傳曰。樸。枹木也。方言。檏。盡也。南楚凡物盡生者曰檏生。郭云。今種物皆生曰檏地生也。又曰。檏。聚也。楚謂之檏。郭注。檏屬藂相著皃。按詩爾雅之樸。皆當同方言作檏。檏從僕。附也。考工記樸屬猶附箸。釋木毛傳皆訓樸為枹。許以為棗名。則褊矣。王筠曰。小徐本此字在部末。豈挩佚而校者補之。抑直是後人所增歟。朱駿聲曰。今蘓俗稱御棗為白蒲棗。白蒲即枹樸之轉語。郭慶藩曰。今爾雅樸不訓棗。疑許所據本不同。或棗為叢之誤。倫按字次樲橪之間。自當以棗為本義。蘓俗言白蒲棗者。白蒲即檏之合音。亦可證也。爾雅之樸枹。以枹訓樸。枹非擊鼓杖也。方俗或呼檏如枹耳。若方言之檏訓盡者。字蓋當作醘。訓聚者。借為叢。叢音從紐。古讀歸定。檏得聲於僕。僕音竝紐。竝定同為濁破裂音也。考工記言樸屬者。猶莊子言僕緣。借樸為附。附音奉紐。古讀歸竝也。凡訓詁者。不在能侈援證。而重乎得其條理類屬。明其義趣。斯字雖同形。而義區以別矣。此字或出字林。【說文解字六書疏證卷十一】

橪 𣞵

◉許　慎　𣞵酸小棗。从木。然聲。一曰染也。人善切。【說文解字卷六】

◉馬叙倫　橪蓋樲之雙聲轉注字。説解蓋本作木也。木名。酸小棗也。木名以下字林文。染也鍇本作柔也。十二篇。撚。一曰。蹂也。蹂亦從柔得聲。則此染字自為柔譌。柔橪雙聲。古書借橪為柔耳。然橪染亦雙聲。亦得借橪為染。此校語。字或出字林。【説文解字六書疏證卷十一】

柅 𣏉

◉許　慎　𣏉木也。實如棃。从木。尼聲。女履切。【說文解字卷六】

◉馬叙倫　鈕樹玉曰。韻會引也作名。田吳炤曰。小徐無此篆。按尿下重文作柅。鉉校語。木若梨。此重出。小徐直以為尿重文。遂删橪下柅篆。攷玉篇尿下有㞳。注。同上。是所據説文作㞳。與本篆稍殊。倫按蓋本作木名也實如梨。此字或出字林。【説文解字六書疏證卷十一】

梢 𣐰

◉許　慎　𣐰木也。从木。肖聲。所交切。【說文解字卷六】

◉馬叙倫　翟云升曰。韻會引作木枝末。是。方言二。木細枝謂之杪。注。杪言杪稍也。嚴章福曰。上下文皆木名。如韻會引。或是校者所移。廣韻。梢。枝梢也。倫按木也下當有木名二字。今杭縣上海亦通謂木杪為梢。蓋借梢為杪耳。【説文解字六書疏證卷十一】

𣝗 𣝗

◉許　慎　𣝗木也。从木。隸聲。郎計切。【說文解字卷六】

梤 𣐓

◉許　慎　𣐓木也。从木。寽聲。力輟切。【說文解字卷六】

梫 梫

◉許　慎　梫木也。从木。㑴聲。臣鉉等曰。今人别音穌禾切。以為機杼之屬。私閏切。【説文解字卷六】

◉馬叙倫　鄧廷楨曰。嘉峪關外自哈密至伊犂。道旁多胡桐樹。胡同者。譯言柴也。狀似柳而拳曲擁腫。不中屋材。析以為薪。極易然。而耐久不灰。似内地木炭之佳者。婦人難産。截數寸握手中。胎即下。土人呼為梫梫木。説文梫下曰。木也。是漢時内地原有此木。而今人以其疏散不材。遂易之而人不之識耳。大小徐於此字俱不立説。今人但知梫為織具。無復知為木名矣。倫按今有木質鬆而色紅。匠人劙之為薄片。浸水成赤以染木。名梫木。鄧所舉者恐與此非一木。【説文解字六書疏證卷十一】

⿰木畢 ⿰木畢

◉許　慎　⿰木畢木也。从木。畢聲。卑吉切。【説文解字卷六】

楋 楋

◉許　慎　楋木也。从木。剌聲。盧達切。【説文解字卷六】

◉馬叙倫　朱駿聲曰。王筠曰。楋木。葉似槐而微尖。叢生作長條。一二年者中籠筐之屬。大一柜。而短者中田器柄。長者為槍柄。其質堅而性柔。據其説即吾蘇所謂白蠟杆子也。【説文解字六書疏證卷十一】

枸 枸

枸 97【包山楚簡文字編】

枸 枸　秦一三五　二例　枸 秦一四七【睡虎地秦簡文字編】

◉許　慎　枸木也。可為醬。出蜀。从木。句聲。俱羽切。【説文解字卷六】

◉馬叙倫　錢坫曰。晉灼音矩。鄧廷楨曰。顔師古漢書注曰。枸。緣木而生。非樹也。味辛。似藿。不酢。余巡閲高雷時。親見其枝條蔓生。實藤非木。葉略如桑。徒食之則甚辛。裹檳榔食之則辛味減而微香。然皆不酢。乃知小顔之言信。土人呼為蔞葉。蓋枸即本草之留藤。吳都賦之浮留。枸留蔞音近。遂誤為蔞。特今不聞作醬耳。倫按木也下當有木名二字。可為醬出蜀蓋字林文。此户録注引字林。枸櫞音矩緣。或字出字林也。【説文解字六書疏證卷十一】

◉陳　槃　居延簡：

書到，枸校處實牒，副言遣尉史弘賫。(三三六)三一七·六

按「枸」，當作「拘」。「拘校」一辭，太平經中習見。卷四一件古文名書訣曰：「所言拘校上古、中古、下古道書者，假令衆賢共讀視古今諸道文也，如若得一善字，如得一善訣事，便記書出之。一卷得一善，十卷得十善，……億卷得億善。……書而記之，聚於一間處，諸賢共視古今文章，竟都録出之，以類聚之，各從其家，去中復重，因次其要文字而編之，即已究竟深知古今，天地人萬物之精竟矣；因以為文，成天經矣」。據此經，「拘校」有鉤稽比校之義。「拘」又作「鉤」，國策西周策：「弓撥矢鉤」；注：「鉤或作拘，古通」。按漢書陳萬年傳：「咸皆鉤校，發其姦臧」。「拘」「鉤」字通，故或作「拘校」或作「鉤校」矣。(漢書律歷志上：「鈎校諸曆用狀」。補注：「宋祁曰，鈎校當作鉤校」。按宋説是也。)「校」又與「効」通，易乾元序制記：「鉤効紀録興亡」，(逸書考本頁三。)「鉤効」亦即「鉤校」。

貞一亦釋「枸」為「鉤」，引漢書趙廣漢傳：「尤善為鉤距」；注：「蘇林曰，鉤得其情；晉灼曰，鉤，致」。因記。【漢晉遺簡偶述　歷史語言研究所集刊第十六本】

◉許　慎　㮾木。出發鳩山。从木。庶聲。之夜切。【説文解字卷六】

◉馬叙倫　木下捝名字。字蓋出字林。【説文解字六書疏證卷十一】

枋　日甲六六背　通柄　牡棘|【睡虎地秦簡文字編】

0325  0190【古璽文編】

 郝枋私印  枋奴【漢印文字徵】

◉許　慎　枋木。可作車。从木。方聲。府良切。【説文解字卷六】

◉吳大澂　許氏説枋木可作車。古鉩文。【説文古籀補卷六】

◉馬叙倫　木下捝名字。字蓋出字林。古鉩作。曶鼎。木枋用責。強運開據吳大澂釋彔伯敢四方字為旁。謂枋即榜字。倫謂是枋字也。方即尣字。亦即央字。為四方之方本字也。【説文解字六書疏證卷十一】

橿 樗

◉張守中　枋讀為方。圓壺。一譻百里。【中山王嚳器文字編】

◉戴家祥　枋 好蚉壺　說文六篇「枋，木可作車，从木方聲」。銘文讀作方圓之方，「枋譔全里」即「方數百里」。【金文大字典中】

◉許　慎　橿枋也。从木。畺聲。一曰鉏柄名。居良切。【說文解字卷六】

◉馬叙倫　橿為枋之聲同陽類轉注字。一曰鉏柄名者。借橿為柄。下文。柄。柯也。柯。斧柄也。然此校語。【說文解字六書疏證卷十一】

◉許　慎　樗木也。以其皮裹松脂。从木。雩聲。讀若華。乎化切。檴或从蒦。【說文解字卷六】

◉馬叙倫　鈕樹玉曰。韻會引从作從。裹作裹。竝譌。沈濤曰。御覽九百六十引檴杔狗杶也。蓋今之臭椿。古本或從蒦之下當有一曰狗杶也五字。吳穎芳曰。今以樺皮裹松脂為燭。名樺燭。此松脂下捝為燭二字。槫樗似分二音。許不詳槫為何木。後人則合而為一。邵瑛曰。此即今之樺木。經傳以為惡木者。釋文因敕書反。與樺字音義俱異。爾雅釋木。檴落。郭注。可以為桮器素。又詩大東。無浸穫薪。毛傳。穫。艾也。鄭箋。穫落。木名也。釋文。鄭義字宜作木傍。則亦檴字也。陸機疏。檴。柳榆也。其葉如榆。其皮堅韌。剥之成數丈。可為絙索。其材可為杯器。釋文並音户郭反。與樗音義異。實别一字也。沙木曰。樗當丑居切。讀若樞。與檴别。許誤以檴為樗重文。故諧聲與切讀相背。檴。木名。其皮可貼弓把。從木。蒦聲。讀若話。乎化切。今作樺。倫按段玉裁謂樗下説解當與槫下説解互易。沙意槫樗一字。檴樗異字。與李富孫同。檢段説朱駿聲張文虎從之。然徐承慶王紹蘭王筠皆非之。倫謂玉篇以槫為惡木。而檴下出重文樗。云。同上。則顧時許書已如此。樗從雩得聲。雩如為五篇之雩。從于。雨聲。見雩字下。如為十一篇之雩。則從雨亏聲。音皆喻紐三等。喻三與匣同為次濁摩擦音。則諧聲與切讀並無相背。重文作檴。從木。蒦聲。蒦。從又。萑聲。見蒦字下。萑音亦在匣紐。是樗檴為正重文亦不誤。讀若華者。華亦從于得聲也。以其皮裹松脂下脱為燭二字。然是校語或字林文。字見急就篇。皇象本作槫。

檴　徐鍇曰。蒦聲。倫按或上捝樗字。檴為樗之轉注字。餘見樗下。【說文解字六書疏證卷十一】

檗 梤 樧 槭 楊

檗慶印 【漢印文字徵】

◉許　慎　黄木也。从木。辟聲。博戹切。【説文解字卷六】

◉馬叙倫　本訓木也。黄木也蓋字林文或校語。【説文解字六書疏證卷十一】

◉許　慎　梤香木也。从木。岁聲。撫文切。【説文解字卷六】

◉馬叙倫　王筠曰。小徐作木也。而引字書香木也。蓋大徐據此增之。玉篇此梤作枌。云。白榆也。後文榆下之枌作棻。云。香木也。倫按本訓木也。吕忱加香木也。鍇本無香木也一訓者。不附字林之本也。又疑香木也當作香也木也。香也者。岁字義。校者加之。【説文解字六書疏證卷十一】

◉許　慎　樧似茱萸。出淮南。从木。殺聲。所八切。【説文解字卷六】

◉馬叙倫　沈濤曰。御覽九百六十引出淮南下有荆州有茱萸樹六字蓋庾注。倫按似茱萸出淮南乃字林文。見爾雅釋木釋文引。御覽所引校語。字或出字林。【説文解字六書疏證卷十一】

◉許　慎　槭木。可作大車輮。从木。戚聲。子六切。【説文解字卷六】

◉馬叙倫　木下捝也字及木名二字。木名及可作大車輮字林文。字或出字林。【説文解字六書疏證卷十一】

楊　多友鼎　楊冢地名　【金文編】

3·312　蒦圖楊里☐☐　3·313　蒦圖楊里☐☐　3·310　蒦圖楊里䁅　5·366　楊氏居貲大……　5·344　獨字　3·376　楊氏缶容十斗　【古陶文字徵】

149　192　【包山楚簡文字編】

檉　柳

2392【古璽文編】

丹楊太守章　楊季　楊非子印　楊博　楊林　楊利　楊強　楊蓋之　楊巳根印

楊萬歲　楊駿　楊旂言事　平樂楊得【漢印文字徵】

楊震碑領　石碣汧毆　佳楊及柳　郎邪刻石　五大夫楊樛　楊著碑領　楊馥碑領【石刻篆文編】

雲臺碑　古孝經亦古尚書　崔希裕纂古　同上【古文四聲韻】

◉許　慎　楊木也。從木。昜聲。与章切。【説文解字卷六】

◉吳大澂　石鼓。古鉨文。【説文古籀補】

◉丁佛言　古匋。【説文古籀補補】

◉馬叙倫　沈濤曰。藝文類聚八十九引。楊。蒲柳也。初學記二十八御覽九百五十七引皆同。是古本如是。楊訓蒲柳。與下文檉訓河柳。皆本爾雅釋木。倫按類聚所引或字林訓。文選祭顔光禄文注引三倉解詁。楊。音盈。字見急就篇。【説文解字六書疏證卷十一】

◉戴家祥　多友鼎　説文六篇「楊，木也，从木昜聲。」銘文楊家用作地名。【金文大字典中】

◉許　慎　檉河柳也。从木。聖聲。敕貞切。【説文解字卷六】

◉馬叙倫　許訓木也。呂忱加木名。河柳也。字或出字林。【説文解字六書疏證卷十一】

續3316　徵2·50　徵10·107　京2·19·1【續甲骨文編】

柳　从卯　柳鼎　散盤【金文編】

5·1　咸亭當柳恚器　5·2　咸亭當柳昌器【古陶文字徵】

一：四一 宗盟類參盟人名仁柳剛【侯馬盟書字表】

柳 秦一三二 三例 日甲五七【睡虎地秦簡文字編】

高柳塞尉 魯柳 張柳私印 柳成 張柳私印 柳廣 柳安國【漢印文字徵】

汧殹 隹楊及柳【石刻篆文編】

◉許慎 桺小楊也。从木。丣聲。丣。古文酉。力九切。【説文解字卷六】

◉吴大澂 石鼓。散氏盤。【説文古籀補卷六】

◉王襄 古柳字。散盤柳亦作。【簠室殷契類纂卷六】

◉高田忠周 説文。桺。小楊也。从木。丣聲。此即从卯聲。説文又云。丣。古文酉。古文作丣。非。古音酉卯同部通用。非酉或作丣也。金石聚云。説文丣古文酉。容按。朱茉堂有戼丣偏旁説。謂今本説文丣古文酉數字為後人淺説羼入。桂未谷云。御覽初學記皆引作卯聲。古銅印柳並从卯。蓋丣本从一卯。閉門之象。卯亦聲也。又古華山農云。諸家釋文桺字或作柳。或作桺者从丣。古文酉字。與栖相混矣。此乃今本説文作桺。从木丣。非古文也。案。此始見於漢。知為漢人新造字。許君偶用之。或後人所改。亦未可知。商散氏盤銘即桺从丣。即卯字可證。案。酉从丣从一成文。桺从丣聲。故古通。卯焉得反藉乎酉。是又可證丣為春門萬物已出字。从二戶。桺字从之。桺者春令之木也。酉為秋門。萬物已入字。故从丣。一以閉之。栖字从之。栖者秋令之木也。通作櫄楢。周禮司爟注曰。春取榆柳。秋取柞楢。又可證。明齋王氏曰。凡物之生。陰陽二氣而已。此春秋之所以出火入火得其宜也。納猶入也。此又从丣从丣之别。可證也。丣古亦作。象桺之枝條。故卯柳通。柳又通櫾。貿亦从卯聲也。二家从一卯者為丣。失於穿矣。鐘鼎古文未見酉作丣者。古有卯無丣。丣者譌文耳。【古籀篇八十四】

◉強運開 柳。説文。小楊也。从木。丣聲。丣。古文酉。張德容云。朱茉堂有戼丣偏旁説。謂今本説文丣古文酉數字為後人淺説羼入。桂未谷云。御覽初學記皆引作戼聲。柳並从戼。今觀石本亦確是作戼。知朱桂之説為可信。張燕昌云。按。石本半泐。諸橅本作桺。或作。及見天乙閣本作。乃知橅本之非。説文丣為春門萬物已出。丣為秋門萬物已入。一。閉門象也。此柳字。石本丣旁作。是以一閉在下。所以别於卯字者與。運開按。芑堂此説殊誤。天乙閣本旁中畫相連。實係石紋破裂所致。今據明安桂坡藏本橅拓如上。柳字甚明。毫無破損。中畫並不相連。足證一閉在下之說為無稽。惟所引錢塘梁不翁曰說文以開閉分二字是也。然虞翻傳有字同音異之說。不分開閉。故徐邈讀言采其茆。作柳音。徐鍇繫傳丣字下亦載丣字。注曰。同義。此二字古通用久矣等語。則為通論。與朱桂二氏之說可互相發明矣。又按。散氏盤柳作桺。留鐘留作畱。均係作卯。是同字異音不分開閉之說為可信也。【乙鼓　石鼓釋文】

◉馬叙倫　嚴章福曰。孟子告子疏引作少陽。陽字誤。桂馥曰。丣聲者。御覽初學記竝引作卯聲。石鼓文。佳楊及桺。古印文桺字竝從丣。裴注吳志虞翻傳云。翻奏正鄭玄注經違義云。古大篆卯字讀當為柳。古柳卯同字。而以為昧。此指堯典昧谷。松之竊謂翻言為然。故劉留聊柳同用此字。以從聲故也。與日辰卯字字同音異。然漢書王莽傳論卯金刀。故以為日辰之卯。今未能詳正。然世多亂之。馥案若論從聲。則詩十月之交。卯醜為韻。泮水。言采其茆。釋文云。音卯。徐音柳。本書貿音莫候切。周禮縫人翣柳。故書作接櫝。沈濤曰。玉部珋艸部茆日部昴耳部聊田部畱下皆云卯聲。無丣古文酉之文。此蓋二徐誤讀三國志注。因相竄入。不於他字而於桺字下者。以虞翻有柳卯同字之說也。案翻傳注引翻奏云。古大篆卯字讀當為柳。古柳卯同字而以為昧。裴松之云。竊謂翻言為然。故劉留聊柳同用此以從聲。與日辰卯字字同音異。是翻明云柳卯同字。不云柳丣同字。松之亦云劉留聊柳皆從卯聲。故有字同音異之疑。不云劉留聊柳同用丣字也。許書實本無從丣之字。特松之字同音異之說。則又不然。古日辰卯字。本有柳音。詩。薄采其茆。釋文。徐音柳。周禮。茆菹。釋文。北人音柳。詩。維參與昴。傳。昴。畱也。釋文。一名畱。畱又音柳。是其證也。錢馥曰。古多假桺為酉。如鄭癸字子桺。桺即丣。名癸。字酉。仲尼弟子傳。顏幸。字子桺。桺亦即丣。幸者。辛之譌也。倫按散盤桺字作桺。石鼓作桺。皆從木。從卯得聲。俎子鼎曰辰之卯作卯。甲文作卯卯卯。近出漢簡文亦作卯卯。高田忠周謂三代有卯無丣。許書凡從丣者皆卯聲也。郭沫若謂十四篇酉下古文作丣。丣即骨文之卯之或體。許誤以為古文酉。倫謂桺從寅卯之卯得聲。卯音明紐。故書以柳為昧。而柳音入來紐。古讀來歸泥。明泥同為邊音也。然十四篇酉古文作丣。丣即卯字。古文經傳以為酉字者。聲同幽類也。然酉者。盛酒之器。今紹興所謂酒甏。正似此音。甏字見字彙。音蒲孟切。在竝紐。酉音喻紐四等。古讀歸定。故奠字實從之得聲。金文奠字多作奠。而竝定同為濁破裂音。則音轉耳。竝明同為雙脣音。是又古文經傳所以以丣為酉也。此訓小楊而楊訓蒲柳。楊音亦在喻四。然則楊柳本轉注字。後人分別之。或語原然也。知者。檉訓河柳。而檉從聖得聲。聖從呈得聲。呈音澄紐。古讀亦歸定也。本訓木也。呂忱加木名。小楊也。字見急就篇。【說文解字六書疏證卷十一】

◉李孝定　説文。柳。小楊也。从木。丣聲。丣。古文酉。丣與古文酉字之形迥不相侔。而與古文篆文之卯反近。疑實从卯也。金説可从。金文作[glyph]散盤。石鼓文作[glyph]。並與此同。【甲骨文字集釋第六】

◉程長新　戈胡部正面鑄銘文兩行九字：「宋公差之所貽(造)[glyph]□戈」。

戈銘之宋公差應即宋元公佐。元公佐在公元前531年即位，在位十五年，此戈應是當時所造。劉體智《小校經閣金文拓本》卷十收有「宋公差之所造丕昜族戈」一件，和此戈極為相似，戈銘的排列及寫法也相同。此戈銘中的[glyph]字可釋為柳。按《左傳》昭公十年，宋元公有寺人柳，元公為太子時欲殺之，即位後又加寵信，戈銘之柳，可能就是此人。柳後一字不清，與「宋公差之所造丕昜族戈」相較，此字當為族字。蓋柳等為元公近侍之臣，宋元公命造此戈而由柳、丕昜之部屬執用。則此戈全文可釋為「宋公差之所造柳族戈」。【北京發現商龜魚紋盤及春秋宋公差戈　文物一九八一年第八期】

◉李孝定　柳或从丣，應是筆誤，酉字無作丣之理。卯字金甲文作[glyph]，莫詳其義，許君開門之訓，殊不可信，高田氏春門秋門之説，實為贅辭。又謂許書卯之古文作[glyph]，象柳之枝條，説殊穿鑿，柳但从卯得聲，卯字安得象柳形乎？【金文詁林讀後記卷六】

◉陳邦懷　甲骨文柳字作[glyph]，周金文作[glyph](散氏盤)、[glyph](柳鼎)，戰國文字作[glyph](侯馬盟書)，字皆从卯聲。从卯聲者，《説文》云：「卯，冒也。二月萬物冒地而出。」柳木先於羣木，值二月其枝條皆緑，二月為卯月。此柳从卯之義也。《説文》柳訛作桺。《説文解字・木部》：「桺，小楊也。从木，丣聲。丣，古文酉。」按，許慎解説丣字曰：「丣為秋門。」柳生長於春，於理不得从秋門之丣，《説文》柳字所从之丣，當是與卯形近而訛。【一得集上卷】

◉蔡運章　余扶危　柳　《公羊傳・宣公元年》載：「冬，晉趙穿帥師侵柳。柳者何？天子之邑也」。古代的人們往往以地名來命名天上的列星，以辨別夜裏行走的方位，所以天文二十八宿中便有柳宿。《漢書・地理志》説：「周地，柳，七星，張之分野也。今之河南、雒陽、谷城、平陰、偃師、鞏、緱氏，是其分也」。《史記・天官書・正義》曰：「柳八星、星七星、張六星，為鶉火，于辰在午，皆周之分野」。《後漢書・光武帝紀上》注引《續漢志》曰：「柳，河南也」。可見，柳為天子之邑，地在今洛陽市一帶。【空首布初探　中國錢幣論文集】

◉徐中舒　[glyph]簠地五〇　[glyph]續三・三一・六　《説文》：「桺，小楊也。从木，丣聲。丣古文酉。」甲骨文从木从[glyph]卯，不从丣。西周金文散氏盤銘作[glyph]、柳鼎作[glyph]，从[glyph]與甲骨文同。丣與酉字形相去甚遠，疑即卯字。【甲骨文字典卷六】

樳

樳 秦1241 樳邑書【古陶文字徵】

◉許　慎　大木。可為鉏柄。从木。𢒪聲。詳遵切。【説文解字卷六】

◉馬叙倫　嚴可均曰。玉篇無大字。是。沈濤曰。廣韻十八諄引作大木也。可以為鉏柄。倫按字蓋出字林。大木疑為木名之譌。蓋木誤為大。傳寫刪一名字。上文止言木者可證。而校者據異本注木字。傳寫如今文耳。【説文解字六書疏證卷十一】

欒

欒　不从木　宋公欒戈　䜌字重見【金文編】

欒長卿　欒相　欒綰印　欒朗印　欒信私印　欒賀　欒小孫印　欒崇【漢印文字徵】

◉許　慎　木似欄。从木。䜌聲。禮。天子樹松。諸侯柏。大夫欒。士楊。洛官切。【説文解字卷六】

◉吳大澂　古陶器。欒季。【説文古籀補卷六】

◉馬叙倫　鈕樹玉曰。韻會引欄作欗。沈濤曰。御覽九百六十引。欒。木也。似木蘭。止觀輔行傳九之三引。欒。似木欄。蓋古本如是。本部無欄字。而華嚴音義所引有之。木欄即木蘭。文選子虛賦注郭璞曰。木蘭皮辛。可食。欄正字。蘭假借字。錢坫曰。本書無欄字。即楝字耳。嚴可均曰。禮者。禮緯含文嘉也。見白虎通。士楊當依含文嘉作士槐。庶人楊。轉寫挩耳。倫按木下挩名字。字蓋出字林。古匋作。【説文解字六書疏證卷十一】

◉楊樹達　金文又有宋公䜌戈，銘文作䜌，核之名从主人之例，認宋公為名䜌可矣，經傳作欒者，䜌之同音假字也。本書於言部載䜌字，當矣，而木部又載之，云：「欒不从木。」是認經傳宋公欒之欒為宋公之本名，而彝銘之䜌，為欒之省略也。此先後倒置，於事理不合者也。【金文編書後　積微居小學述林卷七】

栘

◉許　慎　棠棣也。从木。多聲。弋支切。【説文解字卷六】

◉馬叙倫　沈濤曰。齊民要術十引。棠栘。如李而小。子如櫻桃。是古本有如李而小八字。倫按詩常棣。常棣之華。毛傳。常棣。棣也。釋文。本或作常棣栘。陸機毛詩艸木魚蟲疏。常棣。許慎曰。白棣樹也。如李而小。如櫻桃。正白。今官園種之。其如李而小如櫻桃。詞與賈引同。然則賈引亦棣下説解中語也。栘棣實轉注字。栘音喻紐四等。古讀歸定。棣音亦定紐也。詩常棣釋文傳以移釋常棣。是其證。字林亦曰棣。移也。而詩釋文據爾雅唐棣移常棣棣謂毛傳本或作常棣移者為非。不悟唐常通借。常音禪紐。古讀歸定。唐音亦定紐也。唐棣常棣皆為雙聲連緜詞。俗名每如此也。赤白之分亦出後世。而爾雅兩記之者。雅書所記。不出一人。彼見詩傳一本作常棣棣。故復記之。陸德明謅以為雅記出於一人。故以詩傳一本作常棣移者為非。此説解或本作木也木名棠棣也。爾雅釋木釋文引字林。上泥反。五音集韻引字林。常棣。木名。【説文解字六書疏證卷十一】

 傳棣私印  賈棣  孫棣  棣交 【漢印文字徵】

◉許　慎　棣白棣也。从木。隶聲。特計切。【説文解字卷六】

◉馬叙倫　沈濤曰。毛詩艸木蟲魚疏云。常棣。白棣樹也。如李而小。如櫻桃。正白。今官園種之。如李而下不盡許語。然古本當不止白棣也三字。倫按集韻引字林。移也。陳留酸棗縣西南有棣城。詩常棣釋文引字林。大内反。以亲字字林説解例之。則許訓木也或移也。呂忱加白棣樹也。如李而小如櫻桃。正白。今官園種之。陳留酸棗縣西南有棣城。字林已見郭璞爾雅注引。則忱當在南渡以前。據江式請書吏表言。晉世義陽王典祠令任城呂忱表上字林六卷。隋書經籍志。字林七卷。晉弦令呂忱撰。是忱又嘗為弦令。但不知其為弦在先。或為典祠令在先。考晉書地理志東萊國有㡉。則弦是省字。本書七篇。㡉。布也。出東萊。鍇本又有㡉縣在東萊五字。倫疑㡉字即出字林。可證隋志必有所據。典祠令亦見晉書職官志。義陽王望見晉書本傳。望死於武帝泰始七年。若忱即為其典祠令。是忱為晉初人也。則陸機為詩草木蟲魚疏自得引其文。今疏引許慎者。忱書初附説文而行。故或名説文耳。字見急就篇。【説文解字六書疏證卷十一】

枳　日甲一五三背　六例　通支　與—刺艮山之胃離日　日甲四九

日甲四九　二例　【睡虎地秦簡文字編】

枳左尉印　【漢印文字徵】

◉許　慎　枳木。似橘。从木。只聲。諸氏切。【説文解字卷六】

◉馬叙倫　丁福保曰。慧琳音義八十四引作木也。似橘。倫按本作木也。木名。似橘。木名似橘字林文。【説文解字六書疏證

證卷十一】

楓

◉許　慎　楓木也。厚葉弱枝。善搖。一名欇。从木。風聲。方戎切。【説文解字卷六】

◉馬叙倫　鈕樹玉曰。韻會及釋木釋文引無也字。韻會欇作攝。竝重一攝字。倫按厚葉上當有木名二字。木名至善搖字林文。一名欇者。爾雅釋木。楓。欇欇。下文。欇。木葉搖白也。然則俗以楓善搖。故名欇欇。史記司馬相如傳索隱引爾雅舍人注曰。楓為樹。厚葉弱莖。大風則鳴。故曰欇欇。是其證。欇欇即楓鳴聲。故名欇欇。欇非楓也。或曰。楓音非紐。古讀歸封。欇音照紐。古讀歸端。封端皆清破裂音。故楓一名欇。然此蓋校者加之。爾雅釋木釋文引字林。方廉反。【説文解字六書疏證卷十一】

◉白玉崢　：續編釋南六・一二。校編隸定為⿱木几，列於木部末，定為説文所無之字。卷六頁三。審其構形，釋南及隸定為⿱木几均未必為當。檢玉篇有杋字，「水浮木也」，疑即本字之今隸。集韻：「杋，木名，皮曰木桴」，又謂：「杋」，或从風作楓」。説文：「楓，楓木也。」然則，字為今字楓之初形矣。兹據契文之構形隸定為杋，杋，説文雖未録，並見於玉篇及集韻。辭曰「杋雨」，或即「風雨」之意也。【殷虚第十五次發掘所得甲骨校釋　中國文字新十三期】

權

權　封六七　四例　為二七【睡虎地秦簡文字編】

權儨信印　滕權印【漢印文字徵】

◉許　慎　權黄華木。从木。雚聲。一曰反常。巨員切。【説文解字卷六】

◉馬叙倫　鈕樹玉曰。韻會引黄華木下常下各有也字。徐灝曰。繫傳無一曰反常。此鉉增之。倫按爾雅釋木。權。黄英。釋艸。權。黄華。此本訓木也。吕忱加木名。黄華也。黄華者。據雅文而誤記英為華也。然英華之義一也。鍇本無一曰反常四字。倫謂此四字本校語。故鍇本或無也。反常為權者。字借為譎。三篇譎下曰。權。詐也。譎音見紐。權音羣紐。古讀羣歸見也。論語。齊桓公正而不譎。晉文公譎而不正。晉文公召天子于河陽。率諸侯而朝之。故謂之譎也。王筠校鍇本有一曰反常。【説文解字六書疏證卷十一】

◉趙紀彬　今人丁山和馬叙倫兩家，在生前都曾對「權」字作過研究。他們認為：「權」和「錢」的聲音極相近，從「錢」的沿革可以推知「權」的形體和重量；王莽的「十二銖錢」，仿自「周景王寶貨之遺制」，有的象「秦權」作形，清代通用的「權」叫做「稱柁」，其形作、作、作。這樣看來，文獻的記載和器物的形體，兩相吻合；則所謂「秤錘曰權」之説，確然無疑。

《漢書・律歷志》云：「權本起于黄鍾之重。」此説長期以來，為古文字家、古器物學家所共信，咸以為「形似鍾」；而實則「權」「鍾」兩字，既有从「木」从「金」之異，聲音也不相通，則「秤錘」何以名「權」？着實不能無疑；這就可以證明《漢志》所説的「權」的歷史起源，斷難成立。

「鍾」不論是「酒器」或「樂器」，都是帝王宗廟祭神的「禮器」，從理論上講，無論如何，它不會成為當作「秤錘」的「權」字的來源。

科學的工藝史證明：生産勞動中使用的工具，全是人的生理器官的延長；其見于古籍記載者，不勝枚舉。⊘「秤錘」的起源也應作如是觀；亦即應從「權」的字義字形演變的史實中，探求「秤錘」的起源。對此問題，清代的經、傳考證中，曾經提供出一些線索。例如：

第一，馬瑞辰關于《詩・齊風・盧令》「其人美且鬈」句的「鬈」字釋云：

「《箋》：『鬈』當讀為『權』；『權』，勇壯也。瑞辰按：……『權』乃『攓』字之訛。張參《五經文字》『攓』字注云：从手作『攓』，古者拳握字。按：《説文》：捲，氣勢也。引《國語》曰：有捲勇，乃古拳勇字；《詩》『拳』者，亦假借，攓者，拳之異體，古亦假為捲勇字。故《箋》云『鬈當讀為攓』，後人訛寫為『權』。《吳都賦》『覽將帥之攓勇』，今本亦訛作『權』。又按：《説文》『奰，大貌，从大，⿱吅皿聲。或曰：「拳勇」字；一曰：讀若傿』。據《説文》⿱吅皿讀若『書卷』之卷，則奰與鬈亦音近通用。」（《毛詩傳箋通釋》卷九）

第二，陳奐關于《詩・小雅・節南山・巧言》「無拳無勇」句「拳」字疏云：

「《齊語》『天子之鄉，有拳勇股肱之力，秀出于衆者。』《管子・小匡》亦作拳勇。《説文》手部引《國語》作捲勇。《文選》左思《吳都賦》『覽將帥之權勇』，李善注『權與拳同』。段注《説文》云：『《吳都賦》當作攓勇，攓者，捲之異體。』按：『拳』、『捲』、『攓』三字同，傳詁拳為力者，義出《國語》也。拳亦勇也；韋《注》云：「大勇曰拳；拳勇本才力之美稱，所謂好勇而不亂者也。」（《毛詩傳疏》卷十九）

第三，章炳麟關于「權衡」「權力」的本字問題，曾云：

「問曰：《説文》『權，黄蕐木。』諸言『權衡』『權力』，其本字云何？答曰：當為『捲』。《説文》：『捲，氣埶也。』《小雅》『無拳無勇』，《齊語》『有拳勇股肱之力』，皆借為捲；《齊風・簍》字作『攉』，云勇壯也。是故言『捲力』遂以言『錘』。錘者，以埶力挽仰衡，是故錘謂之捲。慧琳《一切經音義》十七，引《古今正字》云：攉者，稱也；从手，萑聲。縟佛藏：『權力』字多作『攉』；經典『權』字，恐本作『捲』，後變作『攉』，隸書『手』『木』相溷，故訛作『權』，未必是假借也。若《郊祀志》言『通權火』，張晏曰：『權火，熢火也』；此正當借為爟火。張晏復云：『狀若井挈皋，其法類稱，故謂之權』，此則不諦。井挈皋乃象稱衡，非象稱錘；若從形似立名，正可呼為衡火，何乃言權火也？稱錘之字，亦書作『卷』；《中庸》『一卷石之多』，『一卷石』者，『一稱錘石』也。孳乳亦為閔，《說文》：閔，試士力錘也，讀若縣；縣、捲聲近。縟古權甚鉅，與試士力錘相去無幾。《晉書・律歷志》言：石勒得王莽權，壯若水碓，銘曰：『律權，石重四鈞，同律度量衡，有辛氏造。』是其制也。」(《章氏叢書・小學問答》)

此外，江聲注《尚書・呂刑》「輕重諸罰有權」，陳立注《春秋》桓十一年《公羊傳》「權者反于經」，所詮字義，大體相同，不再具引。

總此可見：字形字義的演變歷程是：「拳」(卷、捲)→「攉」→「權」。此一史實證明：「稱錘」(權)是人手的延長。《玉篇》以「曲手」為拳，是「權」形作，正象人拳，三字的字音也相同。這和上述量度、車制之「以人之體為法」，事同一律。

章炳麟所說：一卷石就是一稱錘石，所舉有辛氏造的石質律權，以及與權重相去無幾的「試士力錘」(閔)，透露出一點消息：最初的稱錘，可能是考古學上所說的「石拳」、「石錘」一類。它屬于石器的一種；从「金」的「稱錘」，則是青銅器時代以後的產品。這就是說：「稱」這個工具，可能出現于氏族社會末期，它用于氏族間剩餘生產品的交換和氏族成員關于剩餘生產品的分配，借以平息買賣、授受雙方的爭端。

與「權」本同拳相呼應，「衡」亦象「臂」；與「權」懸在「衡」下相配合，「衡」則橫在「權」上。《漢書・食貨志》云：「有勇力者，聚徒而衡擊。」師古注：衡，橫也。朱駿聲云：「懸者為權，橫者曰衡。」是「衡」乃人臂的延長。這個歷史遺留，在力學上還可以看見：杠桿的支點到力作用線的垂直距離，叫「力臂」；支點到阻力作用線的垂直距離，叫「重臂」。

這樣看來，由「權」和「衡」所構成的「稱」，乃是拳的下挽力和臂的橫平力相結合的對立統一體，二者雙言則異，單言則通；例如：「『權』然後知輕重」，實亦兼「衡」而言。章炳麟尚未理解及此，所以指張晏「熢火，狀若井挈皋，其法類稱，故謂之權」之說為「不諦」。實則爟火形作「」：「丨」象衡的豎立，「」象拳在衡上，「權」「衡」接成熢火，舉而燃之以祀天，其法與「稱」的構成確很相類似；呼為「權火」或「衡火」，都不為「不諦」。

總而言之，「權」是拳頭的延長，「衡」是臂膊的延長，二者相結合構成為「稱」，用以測知物體的輕重數量，這一史實，證明了人們在生産勞動中使用的工具，稱的零件權與衡，是起源于人的生理器官手和臂。【釋權 中國哲學第九輯】

267【包山楚簡文字編】

0051【古璽文編】

柜長之印【漢印文字徵】

◉許　慎　柜木也。从木。巨聲。其呂切。【説文解字卷六】

◉商承祚　柜，亦見第一七簡，指鐘鼓架的足柎。柜為木名，質堅實。《説文》：「柜，木也。从木，巨聲。」又：「虡，鐘鼓之柎也。飾為猛獸。从虍，異象其下足。鐻，虡或从金，豦聲。虡，篆文虡省。」《爾雅·釋器》：「木謂之虡。」《詩·大雅·靈臺》：「虡業維樅。」《周禮·春官·磬師》：「掌教擊磬，擊編鐘。」又《典庸器》：「設笱虡……廞笱虡。」《冬官·考工記》：「梓人為笱虡。」《史記·秦始皇本紀》：「收天下兵，聚之咸陽，銷以為鐘鐻。」《漢書·司馬相如傳》中《子虛賦》：「撞千石之鐘，立萬石之虡。」《後漢書·輿服志》：「櫨文畫輈」，以及本簡之柜，皆名同而字異。或从金，或从木，皆言其質，而虡、豦、巨為其聲。柜桼、鄒彖，謂鐘鼓之柎有漆畫紋飾。

玐，字書所無。金玐，當指銅鐘鍵。簡文云鐘㠯大十又三，與墓中所出編鐘十三相符合。【信陽長臺關一號楚墓竹簡第二組遺策考釋　戰國楚竹簡彙編】

5·332　槐里市久　鐵雲68·3【古陶文字徵】

槐里丞印　琅槐丞印　金國辛千夷槐佰右小長　琅槐丞印　王槐之印　橋槐【漢印文字徵】

槐　【汗簡】

義雲章　同上【古文四聲韻】

◉許　慎　槐木也。从木。鬼聲。户恢切。【説文解字卷六】

◉馬叙倫　鈕樹玉曰。韻會引作木名。守宮也。又作木名。花黄可染。恐竝非。倫按木名守宮也花黄可染。蓋字林文。字見急就篇。【説文解字六書疏證卷十一】

◉許　慎　榖楮也。从木。㱿聲。古祿切。【説文解字卷六】

◉馬叙倫　沈濤曰。五經文字。槃。榖。木名。上説文。下經典相承。隸便移木在上。是古本篆文木在下矣。倫按今見唐寫兩殘本篆多不與今本同。鉉鍇兩本亦時或異。則此類不足據也。楮也上疑當有木也木名四字。木名楮也字林文。不然。則此訓楮也楮下當作木也木名榖也。蓋楮從者得聲。者音照紐。古讀歸端。榖音見紐。皆清破裂音。榖聲矦類。楮聲魚類。魚矦近轉。故榖轉注為楮。【説文解字六書疏證卷十一】

149【包山楚簡文字編】

楮　日甲一三〇　二例【睡虎地秦簡文字編】

◉許　慎　楮榖也。从木。者聲。丑呂切。柠楮或从宁。【説文解字卷六】

◉睡虎地秦墓竹簡整理小組　楮讀為佇，站立。【睡虎地秦墓竹簡】

◉許　慎　檵枸杞也。从木。繼省聲。一曰。監木也。古詣切。【説文解字卷六】

◉馬叙倫　嚴可均曰。糸部。繼。一曰反㡭為𢇁。則檵當取𢇁聲。一曰監木也小徐作一曰堅木也。此作監木。誤。王筠曰。朱筠本繫傳堅作監。譌。錢坫曰。爾雅。杞。枸檵。詩傳同。依古訓只當稱枸檵。不言枸杞。此似後人所改。倫按枸檵急言為杞。枸檵即杞之俗名。故經傳有杞無檵。詩毛傳以枸檵釋杞也。枸杞見廣雅及爾雅釋木郭注。是魏晉間通名。一曰堅木也者。未詳。疑此字出字林。【説文解字六書疏證卷十一】

乙八八九五　方國名　前二・八・七　後一・一三・一　後二・三七・五　後一・一一・五　从木从巳唐寫本說文有此字今本無之集韻以為梠或字　後二・三三・一〇　婦杞　存下六五　婦杞　佚四一八　【甲骨文編】

乙8895　佚418　【續甲骨文編】

杞　國名姒姓侯爵武王克商求禹之後封東樓公于杞以奉夏祀春秋後稱伯戰國時為楚所滅　杞婦卣　杞伯鼎　杞伯簋　杞伯壺　亳鼎　【金文編】

杞丘偏　杞人常憙　王杞　【漢印文字徵】

石經僖公　杞伯姬來求婦　開母廟石闕　杞繒□辪　【石刻篆文編】

◉許　慎　杞枸杞也。从木。己聲。墟里切。【說文解字卷六】

◉吳式芬　許印林說。𣏌即杞古文。上形下聲。小篆左形右聲也。【杞伯敦　攈古録金文卷二之二】

◉羅振玉　說文解字。杞。枸杞也。从木。己聲。文从木旁己。杞伯敢作𣏌。从己在木下。與此同。【增訂殷虛書契考釋】

◉陳邦懷　此字从木，从巳。當是杞字。唐寫本說文解字木部有字，音里，或體作梩。莫先生友芝箋異云：「集韻止部象齒切，相梩杞耜𥝦同字，引說文同小徐，疑其所見本有杞重文，唐本與二徐各失其一。詳里象齒即今讀相如杞之音，耜則杞之俗，耜𥝦相之俗也。自唐人經典相承用耜，五經文字遂無相字，僅存二徐說文，廣韻又收耜失杞，而杞相並正字，無有能識之者矣。」卜辭杞字，苟非唐寫說文，將無由識為何字；苟非莫先生考訂，抑且疑為譌文。惜卜辭晚出，不令莫先生見之也。【殷墟書契考釋小箋】

◉商承祚　，从木从巳，唐寫本說文解字木部有字，……今以𣏌字觀之，說文一書為後世傳抄，譌脱之字不知凡幾，而由甲骨文中可增補校正之者，固在在皆是也。𣏌，地名。【殷契佚存】

◉馬叙倫　本訓木也。枸杞也蓋字林訓。杞伯敢作。杞伯鼎作。甲文作。【說文解字六書疏證卷十一】

◉馬叙倫　且乙尊　舊作已祖乙尊。己A

倫按且乙為作器者之名。己亦干支中字。何以書於且乙之上。倫疑己是且乙之姓。為杞之省文。杞為夏後。以國為氏。後世有杞姓。又或此為説文改字之省。詩商頌箋。顧昆吾皆己姓。史記殷本紀。紂愛妲改。玉篇。妲改。晉語。殷伐辛有蘇氏。有蘇氏以妲己女焉。金器有番改齊鬲穌衛改旅鼎。然夏為姒姓。昆吾為夏同姓。當為己姓。箋作己者。傳寫之譌。改則蘇姓也。此殆非以國為氏之己姓。而蘇姓之妃省也。A己卣之己或為名。或為姓。未可定矣。【讀金器刻詞卷上】

◉張秉權　楙，疑即杞字的別體，帚楙即自杞所娶之婦。

楙，或作杞，疑是杞之別體，本編圖版陸・六亦有「帚楙來」之語，或作帚杞：

帚杞示十。爭。(乙編七一二六)

帚杞示十又一。穷。(後下三三・一〇)

與帚楙應是一人。卜辭又有杞侯炽者，例如：

丁酉卜，殻貞：杞侯炽弗其卜凡㞢疾？(後下三七・五；通七八九)

又有地方名杞者：例如：

丙戌卜，(在)豈貞：今(日)王步于□亡𡿧？

庚寅卜。在敨貞：王安于祀王𡿧。

壬辰卜，在杞貞：今日王步于斉亡𡿧？【殷虛文字丙編考釋】

◉王獻唐　杞國氏族是夏代後裔姒姓。為周武王所封。但在商代是否也有杞國。也是姒姓。大戴禮少閑篇。成湯卒受天命。……乃放夏桀散亡其佐。乃遷姒姓于杞。殷敬順。列子天瑞篇釋文引世本。殷湯封夏后于杞。周又封之。史記陳杞世家。杞東樓公者。夏后禹之後苗裔也。殷時或封或絶。周武王克殷紂。求禹之後。得東樓公。封之于杞。以奉夏后氏杞。史記但言或封或絶。知商代曾封禹后。世本則直言封杞。大戴禮言遷姒姓于杞。乃封杞以後。並其王室俱往。這就肯定了商代也有杞國。也是姒姓。

周代封的杞國。最初在今河南杞縣。見世本宋衷注。史記陳杞世家集解引。續漢書郡國志諸書。商代封的杞國。是否也在這個地帶。王國維殷虛卜辭中所見地名考見觀堂集林説杞即河南之杞。並未證實殷虛書契前編二卷八頁七版。一云壬辰卜在杞。貞。今日王步于斉。亡𡿧。一云。癸巳卜。在斉。貞。王徙畾。往來亡𡿧。于自北。這是帝辛期卜辭。金璋氏所藏甲骨文七二八頁甲文曰。癸巳卜。在斉呷岦商鄙。是和上一片癸巳卜辭一天卜的。商鄙就是大邑商——商邱——的郊鄙。統起來看。帝辛于壬辰日在杞。卜往于斉。次日癸巳即到斉。又經過呷岦。到達商鄙。現在商邱和杞縣相距一百餘里。帝辛只走了一天。不是就兩個縣城所在計算。從這一地带到達那一地帶。就有很大的伸縮性。由路綫方面和距離遠近。證明商代杞國確在杞縣一帶。

但是這個杞。也或有人疑為地名。不必就是杞國。殷虚書契後編下卷三十七頁有武丁期卜辭云。丁酉卜㱿貞。杞侯炽。弗其骨同有疾。説明杞為杞國。也是侯爵。它在商代封于杞縣一帶。周初又就地重封。始終是姒姓。

周代杞縣一帶的杞國。後又遷往山東。春秋隱公四年經。莒人伐杞取牟婁。自後經傳所記杞事。統在山東。左氏傳杜注。史記索隱以下俱云後遷。其遷當在春秋以前。這些史實。和後文説的山東杞器書體。以及杞國的東西兩支。都有聯系。

杞國的杞字。又怎樣寫法。前引殷代武丁期卜辭作杞。帝辛期卜辭亦作杞。殷虚書契後編上卷十三頁一版文云。王其田亡巛。在杞。又云。王其步自杞于□。為祖甲期卜辭。這就包括了武丁祖甲帝辛三個時期。所有杞字寫法。都是从木从己聲。把木字寫在己上作⿱木己。從没有一個作㠱的。如何説帝辛時候作㠱。上引杞字。都是杞國的杞。帝辛時候固然有一位㠱侯。又如何證明㠱是杞國的杞。

殷代銅器中有一件杞婦卣。杞也。从木。从己聲。把木字寫在左旁。和今體一樣。到了周代。清道光光緒間。山東新泰出土幾件杞伯媵器。二鼎。一壺。一匜。一盨。所有的杞字。除一鼎作[illegible]。其餘全把木字寫在己上。和卜辭相同。這都是杞國東遷以後春秋時器。還有一件亳鼎為西周作品。杞字也寫成木己的左右反文。

由上可知。周代有杞國。商代也有杞國。通是一家。商周兩代杞國的杞字。從卜辭金文先後見到的寫法。通是从木从己聲。木字寫在己上。或寫在己左。全是一事。作正文也罷。作反文也罷。還是一事。無論怎麽寫。始終和㠱字全不混淆。不但卜辭金文如此。傳世的經傳史籍也都如此。

這就可以得到結論。㠱國是姜姓。杞國是姒姓。兩個氏族不同。卜辭金文及經傳史籍一貫的寫法。前一個字體作㠱。後一個作杞。始終又截然各異。就此便可決定。㠱和杞不是一國。衛宏以下。薛尚功等的説法。均不足信。【黄縣㠱器】

◉李孝定　説文。杞。枸杞也。从木。己聲。此與篆文同。孫氏文編金氏續文編六卷一葉杞下並收作[illegible]形者一文。从[illegible]。乃相字。見下。又陳邦福引簠室類纂八篇三十九葉下考字條下所引一辭有[illegible]字。未著出處。陳云。㠱即杞異。集韻引漢衛宏説云。㠱與杞同。㠱杞並从己聲。自可通叚。然未必即是一字。且單詞孤證亦不足采也。陳説見瑣言四葉上。金文杞作[illegible]杞伯壺。 杞伯簋。杞伯鼎。亳鼎。杞婦卣。卜辭言在杞前・二・八・七。言杞侯後・下・三七・五。為方國之名。當即金文杞伯故國。【甲骨文字集釋第六】

◉張日昇　說文云。「杞。枸杞也。从木。己聲。」陳邦福云。「㠱即杞異。集韻引漢衛宏說云。㠱與杞同。」李孝定謂㠱杞並从己聲。自可通叚。然未必即是一字。並見甲骨文字集釋頁一九四五。陳引衛宏說誤。王獻唐攷證㠱國姜姓。杞國姒姓。兩個氏族不同。其說是也。㠱伯匜云。「㠱白庭父朕姜無須它。」此㠱為姜姓之確證。杞國姒姓。但見文獻。然杞婦卣云。「醜杞婦」。㠱戻父簋云。「㠱戻乍父乙。」醜㠱兩字並分別在亞形中。金文通例。在亞形中者大抵乃氏族徽識。杞為醜族。㠱為㠱族。兩者非一也。

杞。姒姓。金文作娟或鈳。湯封夏於杞。周又封之。清光緒間。有杞伯諸器出土于山東新泰縣。乃杞之故都。屢為魯所迫。東遷淳于。【金文詁林卷六】

◉王獻唐　字近人或釋杞，下从巳，巳已古同字。與己各異；然古音同在之部，每以聲近通讀。如人己之己，即爾雅釋詁訓我之台，台音猶己也。起从巳聲，亦讀若啟，杞或通用為梠，金文己姓之己。作，亦作，以此類推，杞字亦可从巳。【山東古國考】

◉趙儷生　杞既東遷，而其都又屢次遷移。《左傳》杜注曰：「杞國本都陳留雍丘縣。推尋事跡，桓(按此指魯桓)公六年，淳于公亡國，杞似並之，遷都于淳于；僖十四年，又遷緣陵；襄二十九年，晉人城杞之淳于，杞又遷都于淳于。」此處，杜預用二「似」字，以表不確知，按魯桓五——六年當公元前707—706之年，時齊桓尚未登位，「拒宋安杞」等事更在其後，如此，杞東遷年代就有兩個，相差四十年。難道真如王獻唐氏所談，「杞，一支在河南杞縣，一支在山東諸城、安丘一帶，第二支是他們的老根據地」？不過，要確信這兩支之說，是還需要更多的論證的。現在，這糾纏只好暫時置過一邊。

現在讓我們緣着緣陵這個地名去追尋吧。營陵、緣陵、營丘、臨淄，假如不再加進薄姑的話，就這四個地名在《漢書・地理志》及其各家注釋中，在《水經注》的「淄水」條中，在清代人的一些地名考中，簡直可以說糾纏得一塌糊塗！所以，我們實在不能不破功夫來爬梳爬梳。現在，作為爬梳的依據，先將《漢書・地理志》中的有關文字引出：「齊郡，縣十二。臨淄。」應劭曰：「齊獻公自營邱徙此。」臣瓚曰：「臨淄即營丘也。」師古曰：「瓚說是也。」「北海郡，縣二十六。營陵，或曰營丘。」應劭曰：「陵亦丘也。」臣瓚曰：「營丘即臨淄也。營陵，《春秋》謂之緣陵。」

古語說：「盡信書則不如無書。」確乎如此。以前引文段為例，準確的判斷和錯誤的判斷雜廁于一起，有的則是半對半錯。

如薛瓚重複了兩遍的話「臨淄即營丘也」,「營丘即臨淄也」。這話對不對呢?我們回答說:也對,也不對,對了一半。因為他只知其一,不知其二。其一、臨淄確曾曰營丘,《爾雅》謂:「(淄)水出其前左,為營丘」;東晉郭景純謂:「淄水逕其南及東」;齊《詩》(注意:不是毛《詩》)有「子之營兮,遭我乎山農之間兮」,均可為證。但其二、今昌樂縣城東南五十里,濰縣西約五十里,與古北海縣為鄰處,又有一個營丘,也就是「營丘邊萊」的那個營丘。《昌樂縣續志》中云:「今遺址具在,周圍蓋二十餘里云」;《志》中復云明嘉靖十三年兵備僉事康天爵曾有《考證》,大意為營邱、薄姑,三徙至于臨淄。並且我們當代人已接觸很多事例,古人搬家,連地名一塊搬去(如斟鄩、斟灌例),那麼,齊人把昌樂的「營丘」搬到臨淄的「營丘」,使歷史上有兩個營丘,不是也很自然嗎?因此,我們認為,薛瓚只把營丘局限在臨淄只是對了一半。

至于營陵或緣陵,則是截然另一碼事。《漢書·地理志》說:「營陵,或曰營丘。」假如這句話指的是今日之臨淄,那便是絕對地錯了。故薛瓚曰:「營陵,《春秋》謂之緣陵。」意思是營陵不是營丘;酈道元《水經注》說:「瓚以為非,近之。」支持了薛瓚。那麼,營陵或緣陵,其地理方位何在呢?于欽《齊乘》說:「濰州西五十里,古緣陵。《春秋》淮夷病杞,諸侯城緣陵而遷杞。」此所據為《左傳》僖公十四年,只有傳而無經。《乘》又云:「齊侯與之車百乘甲一千。」此所據為《管子·大匡》及《霸形》。元朝居宋朝之後,時《管子》刊本已經流行,故于欽兼收之。《乘》又云:「又南,安丘,北海界上,有起城。『起』即『杞』耳。」

又據《昌樂縣續志》,民國二十年前後,昌樂縣劃分二十個「厂」,其北展厂中村落名稱具「淳于」字樣者七處:曰孟家淳于、趙家淳于、丁家淳于、尹家淳于、龐家淳于,楊家淳于、秦家淳于。總合以上,在今昌樂縣城的東南(距今城五十里,距廢城十里),安丘的東北,元朝濰州北海縣的西南,是一個在古史上非常重要的地域,最早的營丘在這裏;淳于國也在這裏;杞國的都城緣陵也在這裏。秦漢定郡縣,把臨淄定在齊郡十二縣之首,把營陵定在北海郡二十六縣之首,不是偶然的,它們一個是齊人的中心,一個是杞人的中心。前者是太公建國,兼并諸夷的中心;後者是夏禹後裔,遠自雍丘遷來,無力兼并,只好與諸夷相與共居的中心。它無形中成了古民族融合的象徵。【說杞　齊魯學刊一九八九年第四期】

◉戴家祥　杞或作𣏌,偏旁移位之例,本為一字。說文六篇「杞,枸杞也。从木己聲。」金文用作方國名。大戴禮記少閑篇「成湯卒受天命……乃放夏傑散亡其佐,乃遷姒姓于杞」。列子天瑞篇釋文引世本「殷湯封夏后于杞,周又封之」。靜安先生認為:杞即河南之杞。詳見觀堂集林殷墟卜辭中所見地名考。【金文大字典中】

枒 枒

◉許　慎　枒木也。从木。牙聲。一曰車輞會也。五加切。【説文解字卷六】

◉馬叙倫　鈕樹玉曰。繫傳及韻會引輞作軸。恐非。嚴可均曰。説文無輞。字當作网。車部。輮。車网也。徐灝曰。車輞會古祇作牙。考工記輪人。牙也者。以為固抱也。程瑤田曰。牙之名生於衆輻排建。有似牙牀之建牙。是也。作枒者借字。倫按徐説是也。十篇。煣。火煣車輞絶也。周禮煣牙外不煣。亦作牙字。然鄭衆曰。牙。世閒或謂之罔。急就篇。輻輨轅軸與輪輮。以輮為之。釋名則作輞。牙罔魚陽對轉也。本書無輞。而字從罔得聲。罔音得於亡。亡音微紐。牙音疑紐。同為邊音。聲又魚陽對轉。故枒得借為輞。亦或枒為轉注字。【説文解字六書疏證卷十一】

檀 檀

檀 檀壽　檀 檀袞　檀 檀壽【漢印文字徵】

◉許　慎　檀木也。从木。亶聲。徒乾切。【説文解字卷六】

◉馬叙倫　文選南都賦注引倉頡。檀。木名。字見急就篇。【説文解字六書疏證卷十一】

櫟 櫟

櫟 櫟　四年相邦戟【金文編】

櫟 秦368　咸陽高櫟陽重臨晉☐安邑☐　櫟 5·335　獨字【古陶文字徵】

櫟 櫟　效三八【睡虎地秦簡文字編】

櫟 櫟便上印　櫟 櫟陽並印【漢印文字徵】

◉許　慎　櫟木也。从木。樂聲。郎擊切。【説文解字卷六】

◉柯昌濟　櫟　説文。樂。象鼓鞞。木。虡也。此後起誼。此字不从絲从白。頗疑櫟樂古為一字。象櫟樹上結實之形。段為音樂喜樂樂字。【韡華閣集古録跋尾】

◉姚孝遂　櫟　字當釋「櫟」。説文以「櫟」為木名。合集三六七四六辭云：「乙卯卜，在櫟貞。王步亡𡿧」，為地名。【甲骨文字詁林第四冊】

◉許 慎 梂櫟實。一曰鑿首。从木。求聲。巨鳩切。【説文解字卷六】

◉馬叙倫 鈕樹玉曰。繫傳實作寔。非。王筠曰。一曰鑿首者。鑿之首也。用豳風韓詩之説。非用其詞。詩破斧。又缺我銶。毛傳。木屬曰銶。釋文。銶。韓詩云。鑿屬也。許君所據本蓋作又缺我梂。故金部不收銶也。朱駿聲曰。此字當以鑿首為本義。字亦作銶。櫟實者。假借為莍。倫按櫟實爾雅釋木文。上文。櫟。故以梂次之。猶以樣次柔也。一曰鑿首者。自如王説。然非許以梂當銶。乃校者所記。爾雅釋木釋文引字林。梂音求。疑此字出字林。【説文解字六書疏證卷十一】

楝 籀韻【古文四聲韻】

◉許 慎 楝木也。从木。柬聲。郎電切。【説文解字卷六】

檿 檿【汗簡】

◉許 慎 檿山桑也。从木。厭聲。詩曰。其檿其柘。於琰切。【説文解字卷六】

◉馬叙倫 翟云升曰。韻會引山桑下有有點文者四字。倫按本訓木也。校者據詩皇矣傳及爾雅釋木加山桑。山桑檿之俗名也。亦或字出字林。今挩木名二字。韻會引者亦或字林文。【説文解字六書疏證卷十一】

◉許 慎 柘桑也。从木。石聲。之夜切。【説文解字卷六】

◉馬叙倫 嚴可均曰。柘桑者桑之屬。非即桑也。當依小徐補柘字。王筠曰。柘桑二木絶不相似。以蠶生而桑未生。先濟之以柘。故被以桑名。風俗通。柘桑之林。高注淮南。烏號亦曰柘桑。然則柘桑者漢人語。倫按本訓木也。吕忱加木名。桑屬也。傳寫删節如今文。鍇本有柘字者。蓋隸書複舉字。亦或字林作木名柘桑也。柘桑如王説。蓋柘之俗名也。字見急就篇。【説文解字六書疏證卷十一】

⿰木厀　⿰木厀

◉許　慎　⿰木厀木。可為杖。从木。厀聲。親吉切。【說文解字卷六】

◉馬叙倫　字或出字林。木下當有名字。【說文解字六書疏證卷十一】

櫏　櫏

◉許　慎　櫏櫏味。稔棗。从木。還聲。似沿切。【說文解字卷六】

◉馬叙倫　翟云升曰。集韻引稔作棯。張文虎曰。爾雅釋木。還味。棯棗。郭注。還味。短棗。釋文。還。字林作櫏。是陸所見本說文無櫏字。據郭注以短味釋還味。則還非木名。不得加木作櫏。後人依字林補許書耳。王筠曰。廣韻則引說文。章敦彝曰。此篆疑增。釋棗不與棗類聚。可疑一。棯應從木。似增者見說文無棯。可疑二。爾雅釋文云。還字林作櫏。不云出說文也。倫按此字自出字林。廣韻引說文者。字林附於說文而題為說文之證也。【說文解字六書疏證卷十一】

梧　梧

梧成右尉

蒼梧候丞

程番梧【漢印文字徵】

梧臺里石社碑額【石刻篆文編】

梧【汗簡】

汗簡【古文四聲韻】

◉許　慎　梧梧桐木。从木。吾聲。一名櫬。五胡切。【說文解字卷六】

◉馬叙倫　鈕樹玉曰。韻會名作曰。徐灝曰。郝氏曰。古者以桐為棺。因而桐亦名櫬。倫按爾雅釋木。櫬。梧。郭注。今梧桐。梧桐者。梧之俗名。梧乃今所謂桐而不可取油者。古謂之梧。今謂之桐。而晉時累偁之梧桐。蓋桐從同得聲。同從凡得聲。凡音奉紐。梧從吾得聲。吾從五得聲。五為㐅之初文。㐅音匣紐。奉匣同為次濁摩擦音也。此本訓木也。呂忱加木名梧桐也。唐人删之耳。一名櫬者校語。【說文解字六書疏證卷十一】

榮 不从木方濬益以為即榮之古文榮國名成王時卿士有榮伯 井侯簋 王命榮眔內史曰 盂鼎 榮伯鬲 榮有𤔲再鬲 康鼎 同簋 卯簋 封簋 永盂 輔師嫠簋 衛盉 五七字衛簋 弭伯簋 榮子鼎 榮子方彝 从口 榮子盉 榮簋 作公卄榮盉 己侯簋 从糸 以縈為榮 榮伯簋 縈字重見 孳乳為營 五祀衛鼎 于邵大室東逆營二川 孳乳為鎣 強伯盤 自作盤鎣 【金文編】

文字5·50 【古陶文字徵】

榮 日甲八一背 【睡虎地秦簡文字編】

榮廚 榮賀 榮為私印 榮賢私印 【漢印文字徵】

榮 【汗簡】

古老子 王存乂切韻 義雲章 同上 【古文四聲韻】

◉許　慎 榮桐木也。从木。熒省聲。一曰屋梠之兩頭起者為榮。永兵切。【說文解字卷六】

◉孫詒讓 器作。蓋作舊釋為艾。攷此字見前紀侯敢。〔攈古〕二之一。亦見後卯敢作。〔攈古〕三之二。盂鼎作。又盂鼎殘字作。並〔攈古〕三之三。舊釋並同紀侯敢。釋文引徐同柏云艾从兩火燒薙之象。其說殊迂曲。今諦審此文从二火。說文艾隸艸部不當變為炏。竊疑此當為榮之省。說文焱部熒从焱冂。又木部榮从木熒省聲。此篆作者即熒字之省。从二火而交之。審校此字蓋𤇾下並尚有瑑畫。或當為熒。或當為勞。皆未可定。要其非艾字無疑。此𤇾為作器者之名。舊題封敢。非也。凡紀侯敢卯敢及兩盂鼎諸字皆當為𤇾。舊釋並誤。【古籀餘論卷三】

◉馬叙倫 陳瑑曰。許以榮為梧桐。然爾雅。榮。桐木。與許同。而上下文灌木叢木瘣木遒木棧木干木一例。皆泛言木之形。非實指一木。榮。桐木。木之小者。桐與童通。童木。小木也。淮南兵略訓。夫以巨斧擊桐薪。巨斧。斧之大者。桐薪。薪之小者。此桐木義當為小木之明證也。又說文。熒。絕小水也。謍。小聲也。縈。小瓜也。皆從熒得聲。榮為桐木。即榮為小木。非語桐矣。翟云升曰。繫傳作榮省聲。非。徐灝曰。喪大記云。升自東榮降自西榮。上林賦。暴於南榮。然則屋梠通謂之榮。亦不專指東西兩頭軒起者。鄭玄以設洗當東榮。故就屋翼釋之耳。倫按經傳無以榮為梧桐木者。急就篇。桐梓樅榱榆椿樗。顔注。桐即今之白桐木也。一名榮。蓋即本許書。白桐即賈思勰所謂華而不實者。榮音喻紐三等。桐從同得聲。同從凡得聲。凡音奉紐。同為次濁摩擦音。又榮從熒得聲。熒為伯僚尊⿱炏乂之譌文。實燎之初文。詳⿱癶火字爇字下。燎聲宵類。古讀歸幽。凡聲侵類。幽侵對轉。是桐榮聲得通也。疑一曰屋梠之兩頭起者為榮是本義。榮為橑之異文。而俗或以為桐名。許蓋亦據倉頡舊注或俗說以為木名而次諸桐上。然本作木也。呂忱加木名。桐木也。一曰十一字蓋忱列異義或校語。淮南言桐薪者。此桐乃梧也。蓋古多以梧為薪。呂氏春秋去宥。鄰父有枯梧樹者。鄰人請以為薪。是其證。則不得據此以證榮為小木。薪謂柴也。柴是小木。故曰。以巨斧擊桐薪。字見急就篇。【說文解字六書疏證卷十一】

◉于省吾　金文⿱炏乂字習見。作⿱炏乂⿱炏乂⿱炏乂⿱炏乂⿱炏乂⿱炏乂等形。師訇毀及敔毀亦有⿱炏乂字。薛尚功釋艾。清儒因之。金文編入於坿彔。按此字上从二火。與艾字迥殊。當即⿱炏乂字。今隸作𤇾。說文有从𤇾之字而無𤇾字。从𤇾之字凡二十三見。或曰瑩省聲。或曰熒省聲。或曰榮省聲。或曰營省聲。均不可據。又熒下云。屋下燈燭之光。从焱冂。戴侗六書故引說文从冂从焱。一說冂聲。按从焱冂或从焱冂聲均誤。縈伯毀。縈字作縈。其所从之𤇾作⿱炏乂。與公廿𤇾盉之𤇾作⿱炏乂者正同。从同仌。古文字虛廓與填實一也。炏與炏中間斷續一也。如𤇾子鼎。𤇾字作⿱炏乂。邢侯毀。𤇾字作⿱炏乂。𤇾毀。𤇾字作⿱炏乂。可為斷續無別之證。古璽文字徵十三·一。縈字作縈。已開小篆之先河矣。蓋⿱炏乂字之本義。上从二火。下象交縈之形。故从𤇾之字。如熒⿱𤇾林瑩營榮縈等。均有光明交互繁盛之義也。【釋⿱炏乂　雙劍誃古文雜釋】

◉楊樹達　宋人釋⿱炏乂為艾。清儒自阮伯元吳子苾以下以至近日治金文諸家皆從之。余謂艾字从艸从乂。⿱炏乂字形殊不類。其釋非是。方濬益綴遺齋彝器考釋跋⿱炏乂白鬲釋⿱炏乂為榮。廿柒卷廿弍葉下。余按貞松堂集古遺文伍卷陸葉下載縈白毀縈。即今榮字也。蓋古文乂形隸變為冖。以彼證此。⿱炏乂實當釋𤇾。釋榮者得其近似耳。【井侯彝再跋　積微居金文說】

◉方濬益　積古齋款識釋卯敔銘⿱炏乂季⿱炏乂伯為艾。引路史艾為矦爵。蓋本薛氏款識敔敔舊釋也。後來諸家并從其說。今按此字當釋榮。⿱炏乂即榮之古文。說文。榮。从木熒省聲。熒。屋下鐙燭之光。从焱冂。諸部中如瑩營罃縈等十餘文多同。蓋以篆文無𤇾字。故不得不从熒省。今觀此文作⿱炏乂。乃象木枝柯相交之形。其端从炏。木之華也。炏為焱之省。說文焱。火華也。木之華與火同。故从炏以象形。而華之義為榮。爾雅釋木。榮。桐木。郭注即梧桐。郝蘭皋户部曰。說文。榮。桐木也。桐。榮也。是桐一名榮。月令。季春桐始華。桐華尤緐茂。故獨檀榮名矣。說文以榮為熒省聲。豈知古文作⿱炏乂熒。固从⿱炏乂

聲耶。【綴遺齋彝器考釋卷二十七】

◉朱芳圃　按上揭奇字，方濬益釋為榮。綴遺齋彝器考釋二七・二二。楊樹達謂「實當釋𤇾，釋榮者得其近似耳。」金文説四・一〇九。其説是也。惟字之形義，兩家皆無説明。余謂𤇾象兩苣交錯形。載籍假榮為之，釋名釋言語：「榮，猶熒也，熒熒照明貌也」，是其義也。引伸為明顯，呂氏春秋振亂篇：「且辱者也而榮。」高注：「榮，光明也。」又務大篇：「其名無不榮者。」高注：「榮，顯也。」再引伸為寵，為譽，淮南子脩務訓：「生有榮名。」高注：「榮，寵也。」呂氏春秋節喪篇：「侈靡者以為榮。」高注：「榮，譽也。」【殷周文字釋叢卷上】

◉周名煇　艾　此字古金文中歷見之。自宋至今吳子馨輩皆定為艾字。惟艾字从艸从乂。此文作艾。或作乂。其上端作卝、或作艹。皆象火燄上突形。與艸字作屮屮或作艹者大異。余久以為疑。甲申三月。友人潮安饒固庵宗頤告我。謂當是榮字。與余心大合。是古金文同段銘云。艾白伯右同。艾段銘云。王使艾蔑曆。及艾伯鬲諸器。凡作艾乂形者。皆是榮字無疑也。周成王時有榮伯。見書序。馬融云。榮伯。周同姓畿內諸侯。厲王時有榮夷公。為王幸臣。見國語周語。周景王崩于榮錡氏。今河南鞏縣西有榮錡澗。為周榮公食邑。春秋襄公二十八年傳。魯有榮成伯。仲尼弟子。有榮旂。而艾姓為王室卿士者。殊未之見。此文饒氏當有詳論。姑發其端于此。近讀方濬益氏綴遺齋鐘鼎彝器考釋。亦疑為榮字。不虞有先得之者。頗喜臆之偶中也。【新定説文古籀考】

桐 桐

 桐　睘生盨　伐桐  睘生盨二  宜桐盂  蔡侯𩕢殘鐘　【金文編】

 桐　日甲五二背【睡虎地秦簡文字編】

 5335  3983【古璽文編】

 桐過左尉  桐蠪　【漢印文字徵】

 桐【汗簡】

 王存乂切韻  汗簡【古文四聲韻】

◉許　慎　桐榮也。从木。同聲。徒紅切。【說文解字卷六】

◉周慶雲　其銘文云王命師田伐桐。⊘釋考桐有三部。一在舒城。楚東小國。一在扶溝。本鄭地。一在曲沃西南聞喜西南八里。銘云伐桐。而以下文地名審之。當為鄭屬之桐無疑。【周師田敦蓋　夢坡室獲古叢編】

◉馬叙倫　字見急就篇。□桐盂作。【說文解字六書疏證卷十一】

◉戴家祥　麥生盨　字从木从同，疑即桐之偏旁移位字。說文六篇「桐，榮也。从木，同聲。」金文用作地名或人名。【金文大字典中】

橎

◉許　慎　橎木也。从木。番聲。讀若樊。附轅切。【說文解字卷六】

◉馬叙倫　劉秀生曰。番聲樊聲並在竝紐寒部。故橎從番聲得讀若樊。㸚部。棥。藩也。詩曰。營之青蠅。止於棥。今詩小雅青蠅作止于樊。史記滑稽傳作止于蕃。是其證。鼠部。⿰鼠番。從鼠。番聲。讀若樊。見部。⿰樊見。從見。樊聲。讀若幡。幡亦從番聲。竝與此同。【說文解字六書疏證卷十一】

楡

秦490　贛楡得【古陶文字徵】

〔二三〕　〔九〕　〔五三〕　〔三三〕　〔一九〕　〔五三〕　〔九〕　〔一二三〕【先秦貨幣文編】

布方　楡即　反書　晉高　布尖大　楡即　亞三・五　布方　楡即　亞四・四九　布方　楡(即)　反書　亞四・四八

布尖　楡即　反書　亞三・六　布尖　楡即尒　亞三・六　仝上　布尖　楡即尒　亞三・六　仝上　典補一二三

四　仝上　典四五四　布尖　楡即尒　典四五五　仝上　反書　典四五六　布尖　楡即　亞三・六　布尖　楡即尒　亞三・六　布方　楡皀　晉浮　按此種布幣楡字多作、、諸形，皆為之或體，左旁多與幣紋中之中間欄紋相合作，有的不與中間欄文相合作諸形，有的省去（之省體）而作皆（余）字，而楡即之即省作諸形，詳即字條。

布方　楡皀　晉浮

仝上　晉襄　仝上　晉浮　布方　楡皀　晉襄　仝上　晉高　仝上　晉祁　布方　楡皀　晉祁　仝

上　仝上　按此字單獨成形不與幣紋中欄合　布方　榆皀　仝前　晉高　布方　榆皀　晉祁　仝上　布方　榆皀　晉祁　仝上　仝上　省作或諸形　布方　榆皀　晉祁　仝上　仝上　晉高　布方　榆皀　晉高　仝上　晉定　仝上　晉芮　布方　榆皀　晉祁　布方　榆皀　典一三九　仝上　典一四〇　仝上　典一四一　布方　榆皀　典一四二　仝上　亞四・三八　仝上　布方　榆皀　亞四・三八　仝上　仝上　布方　榆皀　亞四・三七　仝上　仝上　亞四・三八　布方　榆皀　亞四・三九　仝上　反書　布方　榆皀　亞四・三九　布方　榆皀　史第八圖3　【古幣文編】

榆　日乙六七　【睡虎地秦簡文字編】

2406　貨幣文榆字同此。　2410　【古璽文編】

榆畜府　楪榆長印　【漢印文字徵】

◉許　慎　榆。白枌。从木。俞聲。羊朱切。【說文解字卷六】

◉馬叙倫　鈕樹玉曰。繫傳作木白枌。廣韻引作白枌也。玉篇注亦無榆字。倫按榆白枌爾雅釋木文。許本訓木也。呂忱加木名白枌也。榆字則隸書複舉者也。字見急就篇。【說文解字六書疏證卷十一】

◉朱歧祥　从木余聲，隸作梌。即《說文》榆字：「榆，白枌。」為第二期以後卜辭中的田獵地名。或即文獻中的徐。《尚書・費誓》序：「魯侯伯禽宅曲阜，徐、夷並興，東郊不開。」《左傳》定公四年引殷民六族，有徐氏。《史記・齊世家》有徐州，在今山東曲阜以南。

《續3・27・1》壬寅卜，兄貞：王往，〼在六〼。

《人2928》乙巳王卜貞，田，往來亡災。王占曰：吉。

《金742》〼王卜貞：田，往〼災。王占曰：吉。兹钟。獲鳥二百十二〼。

《人2082》于☐亡戋。

《甲907》于☐亡戋。

字又叚為痛，病甚也。

《前7・28・1》☐大貞：作辭小☐亡☐。　【殷墟甲骨文字通釋稿】

◉張　頷　以往對「☐☐」（左讀）或「☐☐」（右讀）釋作「貝丘」的「丘」，實則「榆」字的簡化，「俞」字的再簡化「☐」字。我們知道「丘」字在甲骨文中作「☐」，在金文中作「☐」、「☐」，在古□文中有的作「☐」和「☐」，而在篆文中作「☐」、「☐」諸形，原為山丘之象形字，後又加「土」字，故《說文》以為「丘，土之高也」，絕非像前面馬伯昂氏在《貨幣文字考》中所說的四隅之形畢具者。方足布中「☐☐」之「☐」也有多種字形，如☐、☐、☐、☐、☐、☐等，與「丘」（☐）字毫無相類之處。戰國文字書法多樣，往往一字數形，或數十形，有些字常在恍惚相似之間，不必視為同字，任其字形繁複，筆畫變異再多，總有一條線索蹤跡貫串可循而尋，故在大量的「☐」字中偶然發現有作「☐」字者，不必為「文」字。

前面談及，有人也曾釋為「齊貝」者，殆因誤「☐」之字形為「☐」之簡體使然。我們知道「☐」字大多為斜筆而無直畫，乃「☐」字形體☐、☐演變而成，況且「齊」字在古文字中只作☐、☐、☐、☐、☐諸形，從來没有簡化作「☐」者。

值得注意的是有的「☐☐」二字，有的作「☐☐」（見《古錢大辭典》一四二），所以有人以為「貝丘」加「工」便覺費解，如《錢彙》云：「貝丘工，邱字增工旁尤異」。殊不知「☐☐」方足布其中有一大部分作「☐」或「☐」，有人把中間的「☐」誤為貨幣中間的紋飾，從而忽略了它和「☐」字同樣是「榆」和「俞」的簡體字。在大型尖足布中的「榆」字，它的正體作「☐」（見前舉例），有的作「☐」（《東亞錢志》卷四第四八頁），其所從之「俞」字與金文☐、☐、☐同，而「☐」又與《侯馬盟書》之「☐」（盟書一五六・二〇）相同。有的方足布作「☐」（山西浮山出土），有的作「☐」，有的反書作「☐」（《東亞錢志》卷四第三九頁），把「俞」字分作兩部分，一方面以「☐」代「☐」，一方面又把「☐」字左旁的「☐」形簡化作「☐」或「☐」形了，而且絕大多數和貨幣正面中間的一條直線紋飾相依托便成為如下的幣文結構：

①

有的更把中間的「ǂ」形省去，只留下幣面的一條直線紋飾，逕作：

②

「俞邑」就是「榆即」。「榆即」二字以往譜録中多誤釋為「榆鄉」。裘錫圭先生釋為「榆即」而且認為「榆即」就是「榆次」，其論證是令人信服的。但對「◇旻」二字尚未涉及。榆次的地望在戰國時屬于趙國，趙國的布幣大致有這樣一個演變規律，即早期流行一種大型的尖足布，幣面文字比較正規。就以「榆即」布為例，如：

⑧ （《東亞》卷三第五頁）

到早中期又流行一種折半的尖足布，而文字出現簡化字形，作俞邑半，如：

⑨

⑩ （《東亞》卷三第六頁）

同時還流行一種尖足布，其大小如「半」字布，但幣面文字没有「半」字，或未作簡化，這是一種過渡的現象，如：

⑪ （《東亞》卷三第六頁）

⑫ （《大辭典》補遺一二二四）

枌　梗

到了晚期，趙國除了流行刀布之外便大量流行方足布了，這種方足布相當于尖足「半」布，但幣面上一律省去「半」「[glyph]」字，只有簡化再簡化「[glyph]」或「[glyph]」兩字了，如：

⑬

⑭（《東亞》卷四第三八和三九頁）

⑮（《辭典》一三九）

從以上幣形與文字的圖例看，不但可以看到趙國布幣演變的過程，更可以看到「榆即」二字從繁體到簡體遞嬗的跡象。

【「貝丘」布文字辨正　張頷學術文集】

◉許　慎　枌榆也。从木。分聲。扶分切。【説文解字卷六】

◉馬叙倫　枌從分得聲。分音非紐。榆音喻紐四等。皆次清摩擦音。故榆枌為轉注字。【説文解字六書疏證卷十一】

梗

梗　日甲七一背【睡虎地秦簡文字編】

南郭梗【漢印文字徵】

◉許　慎　梗山枌榆。有朿。莢可為蕪荑者。从木。更聲。古杏切。【説文解字卷六】

◉馬叙倫　沈濤曰。御覽九百五十六引作山枌榆有刺莢可以為蕪荑。鈕樹玉曰。莢當作荑。桂馥曰。本書。醔。醔𨡕。榆醬也。醳。擣榆醬也。爾雅釋木。無姑。其實夷。郭注。無姑。姑榆也。生山中。葉圓而厚。剝取皮。合漬之。其味辛香。所謂蕪荑。急就篇。蕪荑鹽豉醯酢醬。倫按梗從更得聲。更從丙得聲。丙音封紐。分從八得聲。八音亦封紐。然則梗枌同語原。而梗非分。此枌字蓋上文枌下隸書複舉字譌入者也。許止訓木也。呂忱加木名。山榆。一名梗。有刺如棘也。山榆十字見玄應一切經音義引字林。其一引作有刺莢可以為蕪荑者也。則有刺一句互有捝譌矣。字見急就篇。【説文解字六書疏證卷十一】

◉許慎　樵散也。从木。焦聲。昨焦切。【説文解字卷六】

◉馬叙倫　沈濤曰。一切經音義十五引作樵。木也。亦薪也。字從木。焦聲。華嚴經音義十三引。樵。薪也。疑古本作樵木也。一曰。薪也。二徐妄删一解。又涉柴字小木散材之訓。誤於木上加散字。廣韻四宵亦引説文。木也。可證。古本原無散字。王筠曰。衆經音義廣韻引皆作木也。緣是古本故在此。倫按木也許訓。薪也字林文。見爾雅釋木釋文引。散也當作散材也。此蕘字義。樵薪字乃借樵為蕘也。此校語。或亦呂忱列異訓。【説文解字六書疏證卷十一】

松　松　鄂君啟舟節　【金文編】

松〔三六〕　松〔六二〕　松〔三六〕　松〔六二〕　松〔六二〕　松〔三六〕　松〔二二〕　松〔六二〕　松〔一九〕

松〔三七〕　松〔六二〕　松〔五〇〕　松〔三九〕　松〔三六〕【先秦貨幣文編】

松　2402【古璽文編】

松　翁松光　松　趙松印信　松　趙松　松　松詩私印　【漢印文字徵】

㮤　松【汗簡】

㮤　古尚書　㮤　崔希裕纂古　【古文四聲韻】

◉許慎　松木也。从木。公聲。祥容切。㮤松或从容。【説文解字卷六】

◉馬叙倫　爾雅釋木釋文引字林。象容反。字見急就篇皇象本。顏師古本作榕。傳寫易之。古鉨作松。

㮤　沈濤曰。初學記廿八引。松。古文榕。从木。容聲。蓋㮤乃松之古文。非或體。篇韻松下皆列㮤字云。古文。古讀松如容。公羊文二年傳注云。松猶容也。此猶頌額同字。倫按七篇。容。從宀。谷聲。𡧍。古文容。從公。公谷見紐雙聲。故容轉注為𡧍。松從公得聲。轉注為㮤。容音喻紐三等。松音邪紐。同為次濁摩擦音。則沈謂古讀松如容。信矣。

【説文解字六書疏證卷十一】

◉戴家祥 説文六篇「松，木也，从木公聲」。鄂君啟節「松昜」為地名。【金文大字典中】

樠 樠

◉許 慎 樠松心木。从木。㒼聲。莫奔切。【説文解字卷六】

◉馬叙倫 段玉裁曰。松心木疑有奪誤。當作松也。一曰樠木也。廣韻廿二元注。松心又木名也。倫按左莊四年傳注。樠。木名。此部文許皆訓木也。呂忱皆訓木名。此字蓋出字林。當作木名。其心似松。漢書西域傳。烏孫國多松樠。顔注。樠。木名。其心似松。蓋本本書。玉篇止訓木名。本字林也。【説文解字六書疏證卷十一】

檜 檜

◉許 慎 檜柏葉松身。从木。會聲。古外切。【説文解字卷六】

◉馬叙倫 本訓木也。校者加柏葉松身。或字林文。或此字出字林。柏葉上當有木名二字。【説文解字六書疏證卷十一】

樅 樅

◉許 慎 樅松葉柏身。从木。從聲。七恭切。【説文解字卷六】

◉馬叙倫 鈕樹玉曰。韻會檜下引作松葉栢身。樅下引作木名。倫按許訓木也。呂忱加木名松葉柏身。字見急就篇。【説文解字六書疏證卷十一】

柏 柏

 佚一九五  京都一九二六 【甲骨文編】

 柏 日甲三五背 通白 令人色—然毋氣 【睡虎地秦簡文字編】

 2396 【古璽文編】

 柏稱  柏癸  柏商私印 【漢印文字徵】

 開母廟石闕 柏鮌稱遂 【石刻篆文編】

◉許 慎 柏鞠也。从木。白聲。博陌切。【説文解字卷六】

机 机 枯 枯 梇 梇 楰 楰 桅 桅

◉馬叙倫　段玉裁曰。釋木。柏。椈。襍記。暢臼以椈。鄭注。椈。柏也。椈者鞠之俗。朱駿聲曰。許書無椈字。文闕奪也。倫按許訓木也。吕忱加木名。鞠也。鞠也者俗或呼柏為鞠。柏音封紐。鞠音見紐。皆清破裂音也。今爾雅釋文鞠字作椈。蓋忱所據為古本矣。字見急就篇。【說文解字六書疏證卷十一】

◉李孝定　杲佚一九五　栔文作杲。古文偏旁位置無定。當即柏字。柏在卜辭為地名。辭云「辛亥☐貞有獲在柏退」。可證。【甲骨文字集釋第六】

◉許　慎　机木也。从木。几声。居履切。【說文解字卷六】

◉許　慎　枯木也。从木。占声。息廉切。【說文解字卷六】

◉馬叙倫　錢坫曰。今杉木字。【說文解字六書疏證卷十一】

◉許　慎　梇木也。从木。弄聲。益州有梇棟縣。盧貢切。【說文解字卷六】

◉馬叙倫　益州有梇棟縣。盖字林文。【說文解字六書疏證卷十一】

◉許　慎　楰鼠梓木。从木。臾聲。詩曰北山有楰。羊朱切。【說文解字卷六】

◉馬叙倫　桂馥曰。集韻引無木字。倫按字或出字林。【說文解字六書疏證卷十一】

◉許　慎　桅黃木可染者。从木。危聲。過委切。【說文解字卷六】

◉馬叙倫　嚴可均曰。韻會四支引篆體作栀。說解作卮聲。按通釋以為貨殖傳千畝卮茜。即此。則小徐本實作栀。玉篇梇楰杒楁之間亦作栀。而桅在部末俗字中。倫按黃栀可染。此染自譌。字或出字林。【說文解字六書疏證卷十一】

杒

◉許　慎　杒桎杒也。从木。刃聲。而震切。【說文解字卷六】

◉馬叙倫　玉篇止訓木名。徐鍇引字書。桎杒。木名。蓋鍇引字書即字林。則字林作木名。桎杒也。字或出字林。【說文解字六書疏證卷十一】

𣟴

◉許　慎　𣟴榙𣟴。木也。从木。遝聲。徒合切。【說文解字卷六】

榙

◉許　慎　榙榙𣟴。果似李。从木。荅聲。讀若嚃。土合切。【說文解字卷六】

◉馬叙倫　鈕樹玉曰。繫傳嚃作遝。是也。說文無嚃有譅。倫按繫傳曰。按字書榙𣟴木果似李。檢埤蒼。榙𣟴。果名。似李。疑此二字皆呂忱據埤蒼增也。讀若遝者。見二篇迨下。【說文解字六書疏證卷十一】

某

 某　禽簋　 諫簋【金文編】

 5·58　咸鄗里某　 陶文編6·40　 陶文編6·40　 4·18　余某都鍴【古陶文字徵】

 一：八六　宗盟類……某之盟定宮平時之命【侯馬盟書字表】

 255【包山楚簡文字編】

 某　秦一六八　四十九例　通謀　—不可遺　為四九　 為四九【睡虎地秦簡文字編】

 某【汗簡】

 說文【古文四聲韻】

◉許　慎　某酸果也。从木。从甘。闕。莫厚切。𣐏古文某从口。【說文解字卷六】

◉徐同柏　某。謀省。猷也。【周禽彝　從古堂款識學卷十】

◉劉心源　楳舊釋作棄。从木呆。即梅之重文。楳亦即某之古文。槑説文某酸果也。古文某从口。知某即梅本字矣。此梅為氏。太平寰宇記。梅伯國。九域志。殷伯。路史國名紀。譙郡南有故梅城。姓纂子姓。梅伯之後。【古文審卷八】

◉丁佛言　某王伐無侯敢。許氏説酸果也。案即古梅字。【古籀補補卷六】

◉高田忠周　禽彝。按元用為謀。古字省文恒例也。亦當叚借為媒為禖。説文。禖祭也。从示某聲。禮記月令。玄鳥至之日。以太牢祠于高禖。注。變媒為禖。神之也。朱駿聲云。變腜為禖也。為佳説矣。腜下曰。婦始孕腜兆也。祭曰禖。人曰腜。【古籀篇九】

◉高田忠周　蓋疑槑為籀文增緐。古文當作某。如下文。又經傳多借梅為某。某梅通用。因亦梅字作楳。已詳見梅下。又某叚借為某名字。書金縢。惟爾元孫某。傳。某名。臣諱君。故曰某。又如銘意。叚借為謀。謀从某聲故也。【古籀篇八十四】

◉林義光　朱氏駿聲云。五味之美皆曰甘。古作某。禽彝。【文源卷十】

◉丁　山　某酸果也。從木。從甘。闕。槑古文某。從口。

繫傳敚從木二字。六書故引李陽冰曰。某此正梅字也。段玉裁亦謂。某。即今梅子正字。然猶有別焉。段于梅字下云。釋木曰梅柟也。毛詩秦風陳風傳皆曰。梅。柟也。與爾雅同。但毛公于召南摽有梅曹風其子在梅小雅四月侯栗侯梅無傳。而秦陳乃訓為柟。此以見召南之梅與秦陳之梅判若二物。召南之梅。今之酸果也。秦陳之梅。今之楠樹也。柟樹見于爾雅者也。酸果之梅不見于爾雅者也。後世取梅為酸果之名。而梅之本義廢矣。以許書律羣經。凡酸果之字作梅。皆假借也。凡某人之字作某。亦皆假借也。至于李富孫說文辨字正俗毛際盛說文述誼承培元廣說文答問。郭慶藩說文經字正誼徐灝等辨之尤詳。而王鳴盛則不以為然。其蛾術編曰。某。許既云酸果。正當從木甘。甘為土味。土寄旺四季。故酸辛苦鹹中皆有甘味。廣韻。柑。木名。似橘。集韻同。竊謂此果酸中帶甘。天下通讀若甘。説文字後人移其位置于上下左右者多。某即柑字。移甘于右耳。更與六證以申其義。而迮鶴壽以為不然。其駁曰。古柑字只作甘。上林賦黄甘橙榛。郭璞曰。黄甘橘屬而味清。周處風土記。甘橘屬。其味甜美時異。此皆借甘字義疏也。至廣韻始有柑字。知木旁係唐以後人所加。不足為典要。朱駿聲亦謂俗柑從木甘聲。與某聲義俱別。則鳴盛之皮傅形聲自不足信。然淮南説林訓嘗有百梅足以為百人酸之語。魏武亦有前有梅林。結子甘酸。可以止渴之令。梅之訓酸果也。蓋不自六朝唐人始。又按爾雅樊光孫炎注並謂。荆州曰梅。揚州曰楳。梅與楳異名而同實也。而今廣州人語楳木也。亦曰酸棗樹。以楳之酸棗。證梅子之甘酸。以梅子之甘酸。證某之酸果。知段氏謂後世借楳梅為酸果某者非是。某古音讀如媒。與梅之音讀全同。某梅今讀雙聲。古韻亦不甚遠。詩泯首以謀媒與絲淇期韻。皇皇者華以謀與騏絲韻。而鳲鳩二章絲騏又與梅韻。謀梅皆從某為聲也。謀媒與騏絲韻。猶某與騏絲韻。騏絲與梅韻。即梅與某韻。故云二字音全同。梅從每而每從母聲也。謀從某聲也。而謀之古文𠱿𢘻皆從母聲。亦可知梅之或體楳即某之或體。某梅通用。蓋不徒音同之故。凡字之音同義近。其偏傍復不甚違異者。求之故書。往往即是一字。秦漢儒生口相授受。聲音弇侈不能齊一。筆之于書。字亦遂異。各就其異字而從之以偏傍也。于是古之一字。後世輒衍為數文。梅之與楳。楳之與某是已。某上從甘與從口同。古文從甘之字有時從甘。曆和字段敢從甘作曆。競卣則從甘作曆。猷足字篆文從甘作猷。毛公鼎則從甘作猷。疑甘口古本一字。蓋果尚未熟之象。既熟則有龜坼紋。字不從甘而從田作果矣。果字卜辭作果殷契卷七第廿六葉果後編下廿六葉者。纍纍樹上兼熟與未熟之果象之也。周人尚別。故別以龜坼之紋。以坼紋之有無象果之熟否。果未熟。其味必酸。然則某訓酸果。乃一切果實未熟之共名也。梅楳果實。雖熟猶酸。此別名也。加偏傍于共名之上。以為某事某物之別名。此事甚易。故求古文之別名而不得。必因後世之別名以求共名。得其共名。斯知其別名。所謂古人一字常兼數用者。此也。所謂六書之轉注者。此也。此而不知。則某之所以孳乳為楳為梅。梅之所以孳乳為楳者。皆茫然矣。【說文闕義】

◉吳其昌　某者。說文。禖。祭也。廣雅釋天。禖。祭也。蔡邕月令章句。禖。祀也。續漢禮儀志上注引。此處恐與詩皇矣是類是禡。爾雅釋天所謂師祭也者同聲義。【禽鼎　金文厤朔疏證卷二】

◉郭沫若　某，謀省，亦可讀為誨。說文謀之古文作𠱿若𢘻。同从母聲，與誨之聲母相同。王孫鐘「誨猷丕飤」。則又叚誨為謀矣。【禽𣪘　兩周金文辭大系考釋】

◉商承祚　某為酸果。不應从甘。洨長不得其義。故闕之也。金文禽𣪘作某。與篆文同。某當為某人之某之本字。从甘殆象未成碩果之形。與孰果从田作有坼裂文者不同。果未孰。其味酸。既孰則甘。在未孰與孰之閒。故有不定義。後以其形象从甘。而逕以為甘字。言其義則是。舉其从則非也。【說文中之古文考】

◉顧廷龍　某某。按禽敢某與此似。【古匋文孴録】

◉馬叙倫　嚴可均曰。此無所闕。蓋舊本闕反切。小徐所見本或作甘聲。故通釋以為甘非聲。然觀古文作槑。恐某字只是從口注其中象形。其甘字是許語否。尚未敢定。嚴章福曰。從口注其象形。諸果皆然。不獨酸果也。果下云。從木。象果形在木之上。此其證。余謂某從木。甘聲。張文虎曰。謀字古文從母。以此推之。疑古某字本作楳。或作栂。栂與梅楳之梅形聲竝近。故後人或以梅當楳。而某又以形近譌為某。倫按張説詖近理。此古文作槑。鍇本作槑。則此從口不從甘。亦不從母也。金文口字亦作㘙。故譌為甘。倫謂從㫗省聲。㫗為謀之古文。梅之或體作楳。可互證也。據鍇説則從木甘聲。校者以甘聲不近。去其聲字而加闕字。後人不悟闕字之故。則於甘上增從字。酸果也者。蓋字林訓。呂忱以後人皆以梅為某。故此加酸果也。以明酸果字當作某也。本訓木也。呂忱加木名。今皆删捝矣。此篆及説解本在柹下。凡果木字皆相次也。後人誤以梅為某。乃以梅篆易某篆。而其説解初未嘗易也。校者以梅是枏木而非果木。乃以梅字説解易之。而復移枏字於梅上。使仍類次。於是某篆與其説解均捝矣。後之校者據一本尚有某字及其説解者。拾補於本名諸文之後耳。【説文解字六書疏證卷十一】

槑鍇篆作槑 朱駿聲曰。此蓋籀文。籀文多茂體。倫按此二山為屾二水為林之例也。从口二字校者加之。

◉楊樹達 郭沫若讀女某否又㫗為女靡鄙又㫗。大系考釋中冊壹壹柒葉。吳闓生釋㫗為勤勞。謂某不有㫗即靡不有勞也。吉金文録叁卷拾玖葉下。余按二君皆讀某為靡。意皆以某為否定詞。是也。余按金文通以母為毋。本銘母敢不善。即其例也。此某字亦當讀與母同。説文三篇上言部載謀字或作㫗。又或作譬。此某與母音同之證。二字並咍部明母。銘文於此句不言母而言某者。以下文已有母字。變文以避複也。又某聲古與無聲互通。詩小雅小旻云。民雖靡膴。釋文引韓詩膴作腜。大雅緜云。周原膴膴。膴膴韓詩作腜腜。此其證也。【諫𣪘跋 積微居金文説】

◉陳夢家 某假作謀或敏。説文曰慮難曰謀。禮記中庸注云敏或為謀。【諫𣪘 西周銅器斷代】

◉高鴻縉 〔某槑楳楳梅〕五字一物。原作呆者。倚木而畫其上有小果之形。由文木生意。故為梅樹之梅。名詞。甘象酸果。非甘字也。前人於説解甘下注一闕字。乃不得甘字之解之謂也。其複文作槑。作槑。其加木為意符者。則作楳。後人另造形聲字。从木每聲。作梅。實皆一字之另構也。【中國字例二篇】

◉周法高 闕於湆字。于氏釋為者是不對的。這字從水從木從甘。當是從水杳聲。而杳字又從木甘聲。説文木部有某字。云。「某。酸果也。從木某。闕。」莫厚切。（陳文隸寫作沫。大概就是釋作某字的緣故。按某隸之部段氏一部。沫隸段氏十五部。韻部亦異。）説文又有。「柟。梅也。可食。從木冉聲。」汝閻切。古音隸談部。「梅。柟也。可食。從木每聲。」莫桮切。古音隸之部。我疑心某字原本從木甘聲。和柟字同（冉聲甘聲通用。例見後。）作莫厚切而在之部的那個字。應該寫作梅字。王鳴盛蛾術篇。「許既云酸果。正當从木甘。……廣韻二十三談。『柑。木名。似橘。』集韻同。……竊謂此果酸中帶甘。天下通讀若甘。説文字後人移其位置于上下左右者多。某即柑字。移甘于右耳。……本當云。从木从甘。甘亦聲。」嚴可均説文校議云。「小徐所見本或作甘聲。故通釋以為甘非聲。據猒或作猒。

叚讀若濇。則某字得取甘聲。」【康侯𣪘考釋　金文零釋】

◉劉彬徽等　某，簡文作。《史梅兄簋》楳字作，《汗簡》某字作，所從之某部與簡文形近。《說文》梅字或作楳。某借作梅。【包山楚簡】

櫾

◉許　慎　櫾崐崘河隅之長木也。从木。繇聲。以周切。【說文解字卷六】

◉馬叙倫　鈕樹玉曰。說文無繇。當從䌛。亦無崐崘。通作昆侖。玉篇止訓木名。倫按本書既無繇字。而崐崘亦非本書所有。且曰崐崘河隅之長木也。與本書詞例尤為不符。玉篇訓木名。則此字出字林無疑。【說文解字六書疏證卷十一】

樹

乙3065　續3·28·6　3·30·2　5·1·6　徵10·39【續甲骨文編】

樹小臣　徐樹　樹充私印【漢印文字徵】

避水　嘉敳則里　說文樹籀文作尌亦即說文尌字【石刻篆文編】

樹　上同【汗簡】

竝古尚書　雲臺碑【古文四聲韻】

◉許　慎　樹生植之總名。从木。尌聲。常句切。籀文。【說文解字卷六】

◉羅振玉　樹與尌當是一字。樹之本誼為樹立。蓋植木為樹。引申之。則凡樹他物使植立皆謂之樹。石鼓文敳字从又。以手植之也。此从力。樹物使植立。必用力。與又同意。許書凡含樹立之誼者。若尌若侸若豎。其字皆為樹之後起字。古文从木之字或省从屮。於是查乃變而為壴。既譌查為壴。遂於壴旁增木。而又譌又為寸。於是樹之本誼不可知矣。【增訂殷虛書契考釋】

◉王國維　案此字殷虛卜辭及[壴力]母卣作[壴力]。从力。石鼓文作敳。从又。此从寸者。从又之變也。羅參事曰。樹與尌當是一字。樹之本義為植木使立。引申之。則凡樹他物使植立皆謂之樹。石鼓从又。以手植之也。卜辭从力。樹物使立。必用力。與又同意。許書凡含樹立之義者。若尌。若侸。若豎。皆為尌之後起字。古人从木之字或省从屮。於是査乃變而為豈。後人於豈傍增木。而又譌又為寸。於是樹之本義不可知矣。【史籀篇疏證 王國維遺書第六册】

◉葉玉森 本辭𡔷為祭名。从壴从又。不从力。羅氏考釋商氏類編及兩家待問編均未録。殆疑與尌非一字。惟卜辭尌作𡔷卷二第七葉𡔷又第八葉𡔷後上第十二葉𡔷又第十三葉。所从之𠂇𠂇竝耒形。亦非从力。蓋尌蓺亦用耒也。【殷虚書契前編集釋】

◉徐協貞 𣎵𣎵等古樹字。𣎵。从手持木於示前。後世以香楮代之。象形。後又為尌。豆亦示器。金文祭亦有加豆作𡔷者。説文樹籀文尌。叔與尌為一字。而樹則由尌遞變也。許書从木尌聲。又誤為形聲矣。亦方名。後魏書涼州刺史史寧曰。樹敦城為吐谷渾巢穴。故城在今青海西南曼頭山北。或即樹方之領域也。又後魏官氏志樹洛為于氏改樹。此説無據。樹應為樹方後。【殷契通釋】

◉強運開 石鼓作𡔷。从又與从寸義同。運開按。尌中敨作𡔷。與鼓文微異。亦可為證。丁佛言云。尌樹豎古通。【石鼓釋文】

◉馬叙倫 樹為木之聲同矦類轉注字。説解當作木也。鍇本生上有木字。則傳寫挩也字。翟云升謂木字衍。非也。然則此本木也二字為傳寫者妄删。由不知樹木為轉注字也。生植五字字林文。字林每言總名也。字見急就篇。

尌 甲文作𡔷𡔷。從力。石鼓作𡔷。從又。籀文下挩樹字。【説文解字六書疏證卷十一】

◉趙 誠 甲骨文有一𡔷字,或作𡔷,即「樹主」之樹的本字。右从力,示植木用力之意。从木从來即樹藝之意。石鼓文作𡔷,从又,示以手植木之意。从又,當即从力之變。説文籀文作尌,从寸當即从又之變。小篆作樹,顯然多一形符。【古文字發展過程中的内部調整 古文字研究第十輯】

◉戴家祥 𢓜盠尊 𢓜毛公鼎 𢓜,説文等字書不載。郭沫若在兩周金文辭大系中釋為「埶者,樹也。」無詳説。疑此當為樹之别體。从木从土从丮,象人手植樹於土之形。樹,説文六篇訓「生植之總名」,从籀文尌分析,當象用手植木形。初義為動詞樹立。以後借為名詞樹木之總名,毛公鼎「𢓜小大楚賦」,字又作𢓜。【金文大字典中】

本 本 本鼎【金文編】

本 秦1189 獨字【古陶文字徵】

〔二〕〔一九〕〔三二〕【先秦貨幣文編】

刀大齊厺化背　十本　典九六三　刀大齊厺化　十本　亞六・一一　【古幣文編】

本　秦三八　封五三　為四七【睡虎地秦簡文字編】

尹本之印　馮本私印【漢印文字徵】

泰山刻石　本原事業　祀三公山碑　本祖其原【石刻篆文編】

本【汗簡】

竝古孝經　古老子　古尚書　竝崔希裕纂古【古文四聲韻】

◉許　慎　木下曰本。从木。一在其下。徐鍇曰。一記其處也。本末朱皆同義。布忖切。古文。【説文解字卷六】

◉馬　昂

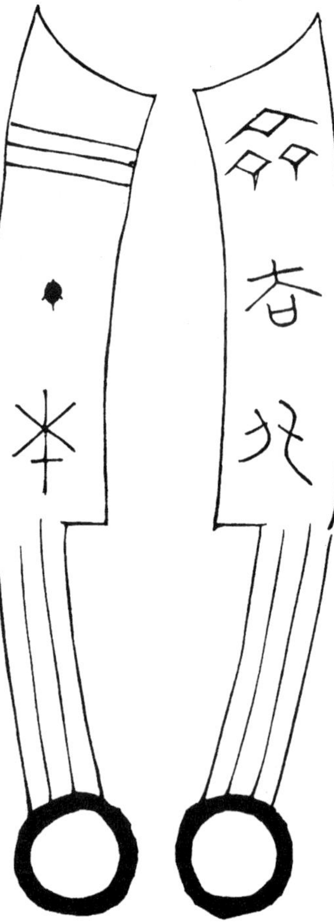

又背文一字曰本。

按本从木从一。一者。始也。木始在下。是為本義。此識曰本。謂才之所由出也。【貨幣文字考】

◉吳式芬　許印林說。本古文作□。六書故引作□。蓋象其豐且厚。非从三口也。此銘下三筆皆豐腹。即古文之三▽。與上體連屬。義視三▽為勝。疑此為正體。三▽其變體也。說文。本。木下曰本。从木。一在其下。朱。赤心木。松柏屬。从木。一在其中。末。木上曰末。从木。一在其上。徐鍇曰。一記其處也。本末朱皆同義。其說甚當。六書故則云。唐本說文曰。本从木。从下。末从木。从上。段氏信之。篆作□□。謬矣。不知本末朱皆指事字。若合木下木上為文。則會意矣。許君以朱閒本末之閒。苦心曉人。段反以為淺人類居傅會。甚矣其喜順非也。【本鼎　攈古録金文卷一】

◉丁佛言　□本肇鼎　許氏說。木下曰本。从木。一在其下。草木之根柢也。案草木根際時作粗圓形。若骨節。然此象其形。原書入附録。【古籀補補卷六】

◉商承祚　□　金文作□本鼎。大木之本多竅。故作▽▽▽以象之。木根或隆起如節。則作□以象之。【說文中之古文考】

◉馬叙倫　徐鍇曰。一記其處也。與末同義。指事也。沈濤曰。六書故引唐本。本從木從丅。末從木從丄。五經文字引同今本。翟云升曰。韻會引無在字。倫按本末二字幾不見於金文。甲文亦未之見。未末一字。未字則金甲文多有。然未木實一字也。然則本末同晚周俗字。故字從木從丅為本。從木從丄為末。此說解作從木一在其下。末字說解作從木一在其上。而韻會引無在字。鍇本末下亦止作一其上也。則鍇本竝無二在字。然一其下一其上皆似校詞。如說解。則與甘刃同例。當為指事。字為許書固有。當訓根也。

□鍇篆作□　徐鍇曰。□固其本也。段玉裁曰。此從木象形也。根多竅似口。故從三口。倫按木之象形文本作□。具根幹枝條之形。則木根自不復能造象形字矣。故根柢字皆形聲也。此亦晚周俗字。本肇鼎作□。則從木而於根上以三・識之。猶得坿於指事之例。然□之下部即其根。固不須識而可識也。故決知此皆俗字也。【說文解字六書疏證卷十一】

◉楊樹達　徐鍇曰：「一記其處也，本末朱皆同意。」樹達按：本末朱皆以木為基字，本之一指木根，為確定有形之物。

□古文　按：木為本形，▽▽▽象根，為特形。本从一在木下，則指事字也。【文字形義學】

◉高鴻縉　徐鍇曰。一記其處也。本末朱皆同義。

按本末朱三字皆屬文字加意象。而意象表假象。假象指部位之指事字。就文字指事而正指其處也。本字就木而以假象指其根處。故為根本之本。音讀亦由木音而轉。名詞。金文本字見本肇鼎。說文所載古文。皆壁經字。乃晚周齊魯之字體。故□殆由金文譌變。【中國字例三篇】

◉張光裕　「天丌其奮本在上，墬地其奮在下。」〇□字于氏釋春，三代十四・八著録白春盉，春字作□，與玉刀珌銘相似。然其字形結構亦自有別。金師祥恆以說文古文「本」作「」，小篆作，謂字所从之或為「」之訛，觀乎文義，春本可互訓，其義亦一，然自字形言之，則以釋「本」之說為長。【玉刀珌銘補釋　中國文字】

◉李孝定　本末朱皆指事，許說不誤，惟以松柏赤心說「朱」字，則為蛇足，蓋「朱」為株幹本字，今言樹之數量猶稱若干株，後以假借為朱赤字，遂更增木旁作「株」耳。「本」字金文下有三點，與篆文下从「一」同為指事符號，非根際多竅或隆起如節也。張日昇氏謂兩旁隆然乃繁飾，似亦可商，「木」下三劃皆示根也。【金文詁林讀後記卷六】

◉商承祚　沓，字書未見，與《說文》古文同意，從陳邦懷說。簡文亦作「根竅似臼」形，當以釋本為是，實乃本之異體。行氣玉銘：「天其本在上，地其本在下。」本作，象根竅似臼。【信陽長臺關一號楚墓竹簡第一組文章考釋　戰國楚竹簡彙編】

◉高　明　「恭民木智，曆以□則毋童」；字過去多釋未，按未字作，此字作，當釋本。【楚繒書研究　古文字研究第十二期】

柢

柢　語一一　通柢　而有冒—之治　【睡虎地秦簡文字編】

◉許　慎　木根也。从木。氐聲。都禮切。【說文解字卷六】

◉馬叙倫　此根之轉注字也。柢音端紐。根音見紐。同為清破裂音。柢聲脂類。根聲真類。脂真對轉也。木字疑衍。或此字林文。字或出字林。集韻類篇引字林。柢。碓衡。蓋呂忱列異義。【說文解字六書疏證卷十一】

朱

珠一二一　地名　【甲骨文編】

珠121　【續甲骨文編】

朱　𢦏鼎　玄衣朱褻　衛簋　載市朱黄　師孰鼎　赤市朱横　彔伯簋　朱虢鞹　輔師嫠簋　寰盤　師兌簋　善夫山鼎　頌壺　頌簋　頌鼎　番生簋　毛公𢉩鼎　吳方彝　此簋　師酉簋

王臣簋　師克盨　蔡侯朱缶　公朱右自鼎　从穴　彔伯簋　虎冟朱裏　【金文編】

6·19　朱器　6·158　獨字　文參1956:4　文物1977:12　齊魯6·11　[illegible]蝕之艸朱☐　【古陶文字徵】

〔三六〕　〔一三〕　〔五六〕　〔二五〕　〔四〕　〔五六〕　〔二九〕　〔三五〕　〔四〕

〔五〇〕　〔七八〕　〔三六〕　〔八三〕　〔四〕　〔四〕　〔一二〕　〔一二〕　〔二五〕　【先秦貨幣文編】

布空大　亞二·一〇四　布圓　背十二朱　典五〇四　布圓　背十二朱　典五〇六　布圓　上尒背十二朱　展貳肆　布圓　安陽背十二朱　展貳貳　圓　重十二朱　展肆貳　【古幣文編】

一九五：八　委質類被誅討人名趙朱　一五六：一九　二十四例　【侯馬盟書字表】

朱　法一四〇　二例　通銖　三一以上　效六　效七　三例　【睡虎地秦簡文字編】

1577　1576　1575　3313　師酉毁朱字與璽文同。　2427　【古璽文編】

朱虛丞印　朱虛丞印　河間私長朱宏　朱聖　朱係　朱亶　朱廣漢印　朱萬歲印　朱冬可印　朱慎　【漢印文字徵】

天璽紀功碑　九江朱☐　開母廟石闕　時大守☐☐朱寵　【石刻篆文編】

朱　王存乂切韻　朱　王庶子碑　【汗簡】

王存乂切韻　【古文四聲韻】

◉許　慎　朱赤心木。松柏屬。从木。一在其中。章俱切。【説文解字卷六】

◉劉心源　朱以上文朱字較之，知此決非朱也。案牧敢寅簋皆云。虎冟熏裏。熏即纁省。攷工記鍾氏染羽以朱湛丹秫。三月而熾之。滈而漬之。三入為纁。爾雅三染謂之纁。注染纁者三入而成。爾雅郭注。纁絳也。儀禮士冠禮。纁裳。注。以朱為四入。疏引詩毛傳朱深纁也。知朱深於纁矣。此从内非穴。乃内之變。而涉於穴者。古文變體如此者甚多。此字蓋从内从朱。内即内古文。内入通用。詳無㠱鼎。是合入朱二字會意。纁三入。朱四入。朱必由纁而入。故入朱者必纁。然則朱即纁之古文矣。【彔伯𢦏敢　奇觚室吉金文述卷四】

◉高田忠周　説文。朱赤心木。松柏屬。从木。一在其中。一者。指事也。作・亦同。此二文可證矣。此字經傳無用本義者。皆用轉義。此銘義亦然。段氏云。朱本木名。引伸叚借為純赤之字。愚謂朱非赤色木之名。謂木心之赤也。轉為丹朱義。又染色曰絑。字亦从糸。又真珠从玉。並皆為後出字。又證物理。凡樹木根柢老堅者。其心多朱色。根株之株。亦當朱字耳。大荒西經。有樹。赤皮朱幹青葉。名曰朱木。此為轉義。

銘朱字兩用。一作朱一作𥥛。从穴。其義未識。朱氏駿聲云。朱字轉義。儀禮士冠禮注。凡染絳。一入謂之縓。再入謂之赬。三入謂之纁。朱則四入歟。詩七月。我朱孔陽。傳。朱深纁也。禮記月令疏。色淺曰赤。深曰朱。按淺于絳而深于纁曰朱。此攷為是。纁朱相近。故他器又多云。虎冟纁裏。可證。而此等義皆不可从穴也。要木心之色。此謂之朱。而染色則當偁絑。説文絑訓純赤也。是也。但禮記郊特牲曰。繡黼丹朱中衣。亦與銘意同。丹本取于磺穴。朱字从穴。或泥丹字而然乎。廣韻集韻有硃字。音朱訓丹砂也。亦朱字異文。猶𥥛从穴。並古俗字也。【古籀篇八十四】

◉林義光　古作朱師兑敦作朱師酉敦。【文源卷七】

◉陳邦懷　朱前編卷二第二十二葉　朱前編卷六第四十三葉　此二文疑皆為朱之初字。上從屮或從㞢。蓋皆為主字之省。從木主省聲。當為朱字。主朱古音同在四部也。此條新補當附考釋杞字條後。【殷虚書契考釋小箋】

◉商承祚　説文解字「朱」，篆文作「朱」，云「赤心木，松柏屬，從木，一在其中」。以為指事字。一，所以指木赤心之處。其意又以為與本末二字誼同，一在木下為本，一在木上為末，一在木中為朱，茲細繹其旨，朱之一與本末之一，形同而誼異。本末之一，乃指物之本末處。朱之一，乃指其木心之色。色空不可指也。或以為朱乃株之本字。一，指一株樹也。理略長於許誼，而猶非朔。予意朱即珠之初字，實象形，非會意也。茲臚列其説，而明證之：——

1. 説文，「王，象三玉之連，丨其貫也」。

2. 金文，乙亥敦「玉」作「丰」。

3. 殷虛甲骨文「玉」作「丰」、「丰」、「丰」。

説文之丨未外露，其組不若殷文金文之露其兩端於誼為明白。所从之丫、丫，則貫後結其緒之形，所以防其脱墜耳。今乃因玉形作丰、丰、丰，遂推而知朱之誼。

金文中若毛公鼎、頌壺、番生敦、彔伯敦，「朱」作「朱」，吴尊作「朱」，與説文同。師酉敦作「朱」，從「二」，與它篆異。古文從一之字，或從二。説文之古文及金文、殷虛文，正字皆從二作正，天字作天，又如殷虛文中之麓作麓，亦從二林作麓，古文中，若此類者，不勝枚舉。或象其形，或通其意，不區區於筆畫之間，雖體重複，其誼一也。

又攷古文凡從一之字可變作「·」，如金文中十干之「丁」，可作「●」、「口」，「丙」作「丙」、「丙」，殷虛文「天」作「天」，金文作「天」，是其例。能實則能空，能·則能一也。故知「朱」之作「朱」，與朱同，當必有作「朱」者矣。「··」正象貫珠之形，珠體圜，易脱佚，故結繫之兩端，以慎防之，其字形與玉顯别之處，在丫與木之間。以此證之，木與巾(木)形同而實非，二字絶對不相涉也。

古人習用琅玕珠、蠙珠，則盛於後世。尚書禹貢「厥貢惟球琳琅玕」。鄭注「琅玕，珠也」。蔡傳「琅玕，石之似玉者。今南海有青琅玕，珊瑚屬也」。山海經西經「槐江之山，其上多琅玕」。注「琅玕石似珠也」。穆天子傳四「琅玕」，注「琅玕，珠也，似玉」。爾雅「西北之美者，有昆侖虛之璆琳琅玕焉」。注「琅玕，狀如珠也」。王充論衡「璆琳琅玕，土地所生真玉珠也」。統上觀之，「琅玕」乃玉之屬。近年來，琅玕已有發見，大小不一，方圜雜出，中穿一孔，可以貫繫，有青白緑紅黄諸色。(古詩「美人贈我青琅玕，何以報之金玉環」。青指其色。)質如石，即經傳所謂琅玕珠及玉珠者是。證此，知金文作朱，言其珠質為玉。作朱，謂其形或圜也。(又説文「璣，珠不圜也，從玉」。殆指琅玕珠之屬。)説文訓蚌中陰精之珠，從玉，於誼則不類，於形則重複，乃後起之字。朱之本誼既失其説，而因其字形與木同，遂以赤心木訓之。千載於兹，牢不可破，若非於古文字中證其形誼，安能一旦豁然貫通乎？

【釋朱　歷史語言研究所集刊一本一分】

◉強運開　朱。番生敢。朱市巿黄。不从糸。説文。絑。純赤也。虞書丹朱如此。段注云凡經傳言朱。皆當作絑。朱其叚借字。朱者赤心木也。【説文古籀三補卷十三】

◉馬叙倫　徐鍇曰。赤心木之總名也。一者記其心。棗木亦然。此亦與本末同意。指事也。鈕樹玉曰。廣韻引作松柏屬也。段玉裁曰。赤心木不可象。故以一識之。倫按古謂赤音如朱。故赤心木為朱。純赤為絑。音轉則赤色為䞓為赬為尌。然赤心木者。今謂之紅木。而赤心木非一。故徐鍇以朱為赤心木之總名。然木亦有黃心者。何不為之造字。且識一於木謂之赤心木。於六書為指事。而物名固鮮以指事之方法溝造者也。倫以為果為赤心木而造字。蓋即下文之株字。從木。朱聲。株下曰木根也者。借株為柢。株音知紐。古讀歸端。柢音端紐也。朱木樹聲皆矦類。而木樹為轉注字。朱音照紐三等。樹音禪紐。同為舌面前音。然則朱實木之異文。木未一字。□之省變即為朱。木可作□。亦可作□。師酉敢朱字作□。邾大宰簠杞伯敢杞伯壺魯伯鬲。鼄字所從之朱亦作□。□蓋□之變也。韓非解老。樹木有曼根。有直根。直根者。書之所謂柢也。柢也者。木之所以建生也。曼根者。木之所以持生也。或據此以為韓所謂曼根即朱。朱本作□。或作□。故小篆作□金文作□也。倫謂若然。亦仍象木形。字見急就篇。毛公鼎作□。吳尊作□。【說文解字六書疏證卷十一】

◉高鴻縉　徐灝曰。戴氏侗曰。朱榦也。木中曰朱。木心紅朱。故因以為朱赤之朱。條以杖數。榦以朱數。別作株。灝案。戴說是也。朱株蓋相承增偏旁。

俞樾曰。一在中。並無赤意。何以為赤心木乎。此篆説解疑為淺人竄改。……蓋朱字與本末同意。……三字一例。於六書為指事。至赤色之朱。許書作絑。……而經傳皆叚朱為之。……木部又有株字。曰。木根也。从木朱聲。夫朱既从木。而株又从木。緟複無理。今按株即朱之或體也。

按朱株一字。原為榦。故从木。而以・或二指明其部位。正指其處也。名詞。【中國字例三篇】

◉楊樹達　一指赤心，為確定有形之物。【文字形義學】

◉馬叙倫　□即説文之朱。説文訓朱為赤心木者。乃株字義。而根株字乃朱字也。金文作□者。由象形文本作□或作□也。知者。韓非解老。樹木有曼根。有直根。直根者。書之所謂柢也。曼根者。本之所以持生也。朱聲矦類。曼聲幽類。幽矦聲近。韓非所謂曼根即朱也。且木之赤心者。非獨今所謂紅木也。故徐鍇有朱為赤心木總名之説。然木亦有黃心者。何不為之製字。識一於木謂之赤心木。六書謂之指事。然物名固鮮以指事之法溝造之。且金文作□。是識之者二矣。故知説文朱株之訓當互易耳。【□討鼎　讀金文刻詞】

◉嚴一萍　□　商氏謂：「未有日月的未作□，此形與之相符。但從上句之青，下二句之黃墨(黑)顏色字看，在此不應作未，當為朱字筆誤。」案據李棪齋先生目驗繒書，此字豎筆中間特粗如今摹，則與未字原有分別。朱，毛公鼎作□，頌鼎作□，師兑簋作□。皆中有點，與此形同，當是朱字無疑。【楚繒書新考　中國文字第二十六冊】

◉郭沫若　金文朱多作□，此毛公鼎文，其它頌器及番生𣪕文與此同。亦作□吳尊若□，師酉𣪕文，邾器之鼄多從此作，眉脒鼎、上樂床鼎亦然。彔伯㦰𣪘兩朱字「朱虢𡨦𣂋」作，「虎冟朱裏」作。近人商承祚謂朱乃珠之初文，其上下出乃貫珠之系，與卜辭玉或作前編六·六十五同例。若然，則是珠玉一字矣，非也。余謂朱乃株之初文，與本末同意。株之言柱也，言木之幹。故杖謂之殳，擊鼓杖謂之枹，門軸謂之樞，柱上柎謂之櫨，均一音之通轉也。段玉裁云「莊列皆有『厥株駒』，株，今俗語云樁」，樁亦柱也。今金文於木中作圓點以示其處，乃指事字之一佳例。其作一横者乃圓點之演變。古文演變之例均如是。作二横者謂截去其上下端而存其中段也，此與洹子孟姜壺折字之作若者同意，左旁中作二横，即示艸本之斷折。又彔伯㦰𣪘之弟二朱字作窠者，亦正表明朱之為柱，蓋示柱以楮穴也。

要之，朱當為株，其轉語為樁為柱，用為赤色字者乃假借也。又説文以根株為互訓，漢人竝多解株為根，非株之古義。

【釋朱　金文叢考】

◉聞一多　合棘與心二字為複合名詞，則曰棘心。

詩邶風凱風篇「凱風自南，吹彼棘心，棘心夭夭，母氏劬勞。」

儀禮特牲饋食禮記「棘心匕刻。」

詩「棘心」，舊皆以為中心之心，惟阮元徐灝知為尖心之心。案如舊説，則心在木內，風安得吹之乎？其誤誠不待辯。然如阮徐二家以心為芒刺，則不知風之所吹，何獨在刺而不及枝葉？且詩曰「棘心夭夭」，夭夭乃屈折之貌，刺受風吹又安得夭夭之狀乎？今讀「棘心」為複合名詞，與下章「棘薪」同例，則二句文義皆安。儀禮之「棘心」，義與詩同。知之者，棘之芒刺，長不盈寸，不中為匕，更無由刻為龍頭也。

棘從並朿，古蓋亦讀如朿，即刺本字。與赤同音，故「棘心」又訛變為「赤心」。

詩小雅大東篇「有捄棘匕」，傳「棘，赤心也。」

案詩之「棘匕」，即儀禮之「棘心匕」，毛以赤心釋棘，猶爾雅以心釋樸樕也。以其叢生，故曰「樸樕」，以其多芒刺，故曰「棘」，一曰「心」，合二名為一名以便稱謂，則曰「棘心」，聲之訛變，又曰「赤心」，其實一而已矣。【釋朱　中國文字】

◉李孝定　朱字説已見上，銘文皆用假借義，或作「窠」，从「穴」無義，證以他銘，仍是「朱」字，劉心源氏以「入朱」二字會意説之，殊覺穿鑿，禮注雖有一入、二入、三入、四入之文，然所入者染料也，「朱」非可入之物，則「窠」安得為「纁」字乎？且它銘言「熏裏」者甚多，何必以此穿鑿之會意字為之？劉氏謂所从非「穴」，乃「內」字之變，其説可从，作銘者蓋以「朱裏」在內，故作字時即增一「內」字作偏旁，此乃作字者當時之心理狀態，蓋亦文字類化現象之一種，不可以六書之常理繩之也。商承祚氏謂「朱」乃「珠」之本字，亦未安，「玉」字古文多从貫三，以示其多，朱果珠之本字，則其形當作「」，不當作「」，且它篆作「」，上下所从「∪」「∩」，筆意圓曲，明明从「木」，非貫珠之系也。郭沫若謂「朱」或作「」，从「」示截斷，亦非，古文筆畫多寡任意，从「」者「一」之繁耳。馬叙倫氏以「根株」説「朱」，殊為牽附。聞一多氏以𣗥心説赤心，其説甚辨，惟「𣗥」若「刺」字見在，許君何心用此「赤」字而勞聞君為之解説乎？【金文詁林讀後記】

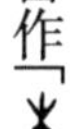

◉曾憲通  朱四畧 甲四·一八 據上下文當是朱字，與未字形同字異。【長沙楚帛書文字編】

棍 

 根 為六 通䆒 —田人邑【睡虎地秦簡文字編】

 雎根私印  彭終根  沐新克根  餘蒲根印  呂遺根印  楊已根印   張根私印【漢印文字徵】

 根【汗簡】

古老子 義雲章【古文四聲韻】

◉許 慎  木株也。从木。艮聲。古痕切。【説文解字卷六】

◉馬叙倫 木株也蓋字林文。許當以聲訓。根本聲同真類。轉注字。字見急就篇。【説文解字六書疏證卷十一】

◉白玉崢 所引二五一·一版，乃龜腹甲右後甲之殘餘，為第三期廩、康二王之遺。玆將原辭今譯如左：

己未卜·貞：侯□兒白其……？右行

：籀廎先生釋共本段。羅振玉氏書契考釋入待問篇三頁。孫海波氏文編入附録三〇，為不識之字。柯昌濟氏釋舞，曰：「象人以手舞形。卜辭之舞侯，疑即許侯。金文作無可證」書契考釋。葉玉森氏釋垂，曰：「象枝葉四垂；卜辭屢言垂侯，垂乃國名。許君解為遠邊，乃引申誼也」前釋一·八八。金祥恆先生續文編从之六·一三。吳其昌氏曰：「其義未詳，似為土地氏族之省」解詁二七四頁。楊樹達氏釋朿，曰：「字，疑為朿字。説文朿部云：『朿，木芒也；象形』。按：字正象木有芒朿之形。金文我作文己甗云：『貝五朋』；字，余釋為朿而讀為賜。此字形與彼同，知亦朿字也」積微居甲文説四〇。張秉權先生丙篇考釋，初从柯昌濟氏之説，隸作舞上二·二六三，於字之構形無説；繼又摹原書作下一·四八四。崢按：前修之解本字者，率多與、、諸文淆混為一；然就字之結構及其在卜辭中之為用審之，區別較然。釋為一字，似有未安。字多見於舊派之卜

辭，至後期有作前五・三九・六版者，亦間有作乙五三九四版者。其在卜辭中之為用，率多為人名，或為方國地名。其字疑即今字根之初文，象木根四佈之形。說文解字：「根，木株也」。說文繫傳：「株，木根也，從木朱聲。臣鍇曰：入土曰根，在土上者曰株」。徐灝箋曰：「戴侗曰：凡木，命根為柢，旁根為根。」正象根在土下，旁根四佈之形，釋根，殆無疑矣。但古之根國或根侯，則前所未聞，闕疑可也。【契文舉例校讀　中國文字第四十三冊】

◉嚴一萍　疑即爾雅釋天「天根」之根。根之篆文作，與形相近，傳寫譌作根。國語周語：「天根見而水涸。」下文言「有淵厥涅」，即水涸之意，與此文義相承。【楚繒書新考　中國文字第二十六冊】

株

117　182【包山楚簡文字編】

2397【古璽文編】

株根私印　單株【漢印文字徵】

◉許　慎　木根也。从木。朱聲。陟輸切。【說文解字卷六】

◉馬叙倫　木根也蓋字林文。株蓋朱之後起字。或為柢根之轉注字。柢音端紐。根音見紐。株音知紐。同為清破裂音也。或此為韓非所謂曼根字。根之岐出者也。音受於柢。字見急就篇。餘見朱下。【說文解字六書疏證卷十一】

末

末　蔡侯□鐘　余唯末小子　末距悍　國差商末【金文編】

布空大　豫孟　仝上【古幣文編】

末　封六五【睡虎地秦簡文字編】

古老子　汗簡【古文四聲韻】

◉許　慎　木上曰末。从木。一在其上。莫撥切。【說文解字卷六】

◉高田忠周 說文。末木上曰末。从木。一在其上。即指事也。故或作末。一 同意也。六書故引唐本說文。本末字作末末。非。但本末字義。主于樹木。左傳云末大必折。又孟子不揣其本而齊其末是也。【說文古籀篇八十四】

◉馬叙倫 徐鍇曰。指事也。鈕樹玉曰。韻會作一其上也。倫按末未一字。詳未字下。末歫悍作末。【說文解字六書疏證卷十一】

◉高鴻縉 末取木梢為意。故就木而指明其梢為末。字音亦由木轉。名詞。新出土蔡昭侯編鎛亦有末字。作末。【中國字例三篇】

◉馬叙倫 末字與說文同。甲文干支中未字有作末者。末未形聲竝是一字。未木亦復一字。甲文干支中未字有作木者。又有𣘩字即妹字。亦從木。木音明紐。未音微紐。同為鼻音次濁音。末音亦明紐。則末亦木之異文。蓋屮木皆象形之文。未末二字以圖畫明之。仍是木字。不見為木枝葉之盛與為木杪也。特以在地下者為本。因謂出地上者為木。音轉為末。又轉為未耳。【距末 讀金器刻詞】

◉楊樹達 末 木上曰末。从木。一在其上。莫撥切。六上木部。一指木上，為確定有形之物。【文字形義學】

◉戴家祥 說文六篇「末，木上曰末。从木一在其上」。一為指示符號，金文或作點，指在木梢，故為「木上」。其造字之意與刃木相同。【金文大字典中】

樓 

◉許 慎 樓細理木也。从木。畟聲。子力切。【說文解字卷六】

◉馬叙倫 王筠曰。樓見西山經。南都賦郭注。樓似松。有刺。細理。此字失次。倫按字或出字林。【說文解字六書疏證卷六】

果 

 乙960  1215  5303  粹1034 【續甲骨文編】

  果 果簋  蔡公子果戈 【金文編】

 188 【包山楚簡文字編】

果　日甲一二九背　二例　通裹　—以賁而遠去之　日甲五六背　日甲三背　五例　【睡虎地秦簡文字編】

0936　3079　2586　【古璽文編】

魏果成　鮑果　果得　菓輔私印　菓意之印　【漢印文字徵】

古老子　同上　崔希裕纂古　【古文四聲韻】

◉許　慎　木實也。从木。象果形在木之上。古火切。【說文解字卷六】

◉王　襄　古果字。婐字重文。【簠室殷契類纂正編第六】

◉羅振玉　、象果生於木之形。卜辭中婐字采字。从此說。詳前婐字後采字注。【增訂殷虛書契考釋】

◉高鴻縉　果簋　字意為果實之果。故倚木上畫田。象果形。為倚文畫物。由物形田生意。名詞。後世借為終結之意。俗或加艸為意符作菓。但文人鮮用之。【中國字例二篇】

◉馬敘倫　徐鍇曰。樹生曰果。故在上也。指事。羅振玉曰。卜辭作。象果生於木之形。倫按指事。象果形在木之上。許當止作象形。呂忱或校者有增改耳。字見急就篇。果穀同語原。【說文解字六書疏證卷十一】

◉楊樹達　甲骨文作，象果生於木之形，較篆文為近真。木為本形，田皆特形。【文字形義學】

◉于省吾　甲骨文果字作或形者常見，也作、、等形。郭沫若同志釋桒(粹考一〇三四)。商承祚同志謂：「象果生于木之形，卜辭中婐字采字从此。」(類編六·一二)又謂：「殆為果字，象果實在樹之形。」(類編一二·五)按商釋果是對的，但既言「殆」則非決定之詞，而又不知道果字的義訓，故仍須加以闡述。甲骨文「大采」的采字作者屢見，象用手采摘木上果實形，其作者乃省體。晚周古鉨文果字作，為說文所本。說文：「果，木實也，从木，象果形在木之上。」甲骨文稱：「乙酉卜，王果令」和「弜果令」(寧滬一·五〇六)，以同版卜辭驗之，乃令三族或族馬出征之占。果字作虛詞用，應訓為能。孟子梁惠王的「君是以不果來也」，公孫丑的「聞王命而遂不果」，趙注並訓果為能。果訓能，典籍常見。前引占卜是說，王能否令三族或族馬出征？又甲骨文稱：「貞，亘不果隹(唯)執〇亘其果隹執。」(乙五三〇三)這是貞問亘能否被執？但是，亘為武丁時重要貞人，不應以執不執為言。甲骨文稱：「己亥卜，爭貞，令弗其隹執亘〇□隹執亘。」(乙四六九三)這也是以亘之執不執為言。其實，以上所稱的亘，乃亘方的省語。這和甲骨文常見的𠙵方也省稱𠙵，召方也省稱召，其例正同。甲骨文有「𠂤及亘方」(綜述圖版貳貳·四)，是說𠂤追及逃走的亘方。而「犬追亘，㞢及」和「犬追亘，亡其及」(綴合三〇二)，亦以亘為亘方的省稱。總之，前引甲骨文是説亘方能否被執，而果字作虛詞能字用，是一新的發現。【甲骨文字釋林下卷】

◉趙　誠　果，甲骨文寫作，也有的寫作，均象果實在樹木之上。本義當為果實之果。卜辭用作副詞，大體有兩種意義。其一是「果然」之義：

貞，亘其果隹執。(丙二〇四)——亘果然被捕。亘，亘方。這裏指亘方之人。隹，表示被動的助詞。執即執，動詞，有執拿，捕捉之義。

其二是「能夠」之義：

乙酉卜，王果令，弜果令。(寧一·五〇六)——是説商王能否命令。「果令」是説「能夠命令」，「弜果令」是説不能命令。商王，作為當時的最高統治者，按照一般人的理解，應該有至高無上的權威，要想命令就命令，不打算命令就不命令，根本就不存在能否命令的問題。但是商代人崇尚鬼神，迷信上帝，認為人間的一切皆決定於上帝鬼神。作為商王，為了鞏固他的統治，就要經常考慮他的一言一行是否符合上帝神靈的意志，因而在商王的觀念中就時時存在一個「可不可以這樣做」、「能不能夠這樣做」的問題。卜辭中大量存在着為一件事反復貞問的事實。就是這種觀念的反映，如「王征呂方」、「勿征呂方」(鐵二四四·二)，「令尹乍大田」、「勿令尹乍大田」(丙七一)。在這些反復貞問中，很顯然包含着「能否這樣」、「可否這樣」的意思，其潛臺詞當然是「做符合天意呢？」還是「不做符合天意呢？」由此來看前面列的「王果令」和「弜果令」這兩條辭以及「果」字的含義，就相當清楚了。「果」這個虛詞的這一種意義，近似於後代的助動詞「能」，但又不盡相同，從和否定副詞「不」、動詞「令」的結合關係來看完全是一個副詞，但又和「果然」義的果不盡相合，所以分列。【甲骨文虛詞探索　古文字研究十五期】

◉朱歧祥　从木，象枝幹上果實。隸作果，《説文》：「木實也。从木。象果形在木之上。」郭沫若《卜通》頁八十九釋作枼葉之初文，無據。卜辭用為地名。

《金369》甲申貞：王于丁亥步。

《粹72》☐卜，又于五山。在☐月卜。

《佚392》弜从于自。

字亦為武丁時人名，與象並稱。

《乙960》丙寅卜，𡆥貞：呼象同☐。

樏 权 枝

復為婦姓。

《前4·41·5》丙午卜，亘貞：婦果娩嘉。三月。

字又假為祼，灌祭也。殷人獻尸求神時有灌以鬱鬯。

《後下7·10》☐申卜，□□，其禖兄辛。

《乙5303》貞：亘不□，唯執。

此卜問亘祭祀時用人牲而不用灌祭是否適宜。【殷墟甲骨文字通釋稿】

◉許　慎　樏木實也。从木。絫聲。力追切。【説文解字卷六】

◉馬叙倫　徐鍇曰。樏即果之一名。此鄭玄云無皮殼曰樏也。鈕樹玉曰。廣韻無。朱駿聲曰。此字後出。倫按當從鍇本作樏。果音轉入來紐。與樏音同紐。故果轉注為樏。猶臝祼之轉注矣。字或出字林。【説文解字六書疏證卷十一】

◉許　慎　权枝也。从木。叉聲。初牙切。【説文解字卷六】

◉馬叙倫　鈕樹玉曰。韻會枝上有权字。倫按权字乃隸書複舉字也。【説文解字六書疏證卷十一】

□ 0287【古璽文編】

□ 枝王私印　□ 枝宜王印　□ 枝文　□ 枝長樂【漢印文字徵】

□ 枝【汗簡】

□ 碧落文【古文四聲韻】

◉許　慎　枝木別生條也。从木。支聲。章移切。【説文解字卷六】

◉張燕昌　□　震澤任文田云。枝為木版以負物者。【石鼓文釋存】

◉馬叙倫　王筠曰。許蓋止訓木別也。今文或是庾注。或後人以許説簡質而增之。倫按廣川書跋引本書。䩭。音奇。木別生也。本書無𣏢。廣韻作𣏢。音渠羈切。木別生也。𣏢蓋枝之譌。字林每收譌俗字也。蓋枝下原有此重文。然則此木別生亦字林文。許止以聲訓。條也者。呂忱或校者依廣雅加之。枝為杈之轉注字。杈音穿紐。古讀歸透。枝音照紐。古讀歸端。同為舌尖前破裂音也。□□釋文引三倉。枝指。手有六指也。玄應一切經音義引三倉。枝。榦也。字亦見急就篇。【説文解字六書疏證卷十一】

◉黃錫全　枝　夏韻支韻注出《碧落文》，今存碑文同，此脱注。从木，从古支，如依今本《説文》，當作。【汗簡注釋卷三】

朴

朴周　【漢印文字徵】

古尚書　竝籀韻　【古文四聲韻】

◉許　慎　朴木皮也。从木。卜聲。匹角切。【説文解字卷六】

◉馬叙倫　沈濤曰。一切經音義十五十六皆引。朴。札也。蓋古本如是。十五注中亦列木皮也之訓。別於引説文之外。是玄應所見本不作木皮也明甚。倫按玄應誤以林為朴耳。朴次枝條間。不得為札義也。文選洞簫賦注引倉頡訓同。字亦見急就篇。【説文解字六書疏證卷十一】

◉戴家祥　説文六篇「朴，木皮也。从木卜聲。」按漢書司馬相如傳「亭柰厚朴」，洞簫賦「秋蜩不食，抱朴以長吟」，均用其本義。金文用作人名。【金文大字典中】

條

條賽　【漢印文字徵】

開母廟石闕　木連理于芊條　祀三公山碑　山三條別　【石刻篆文編】

條　【汗簡】

義雲章　【古文四聲韻】

◉許　慎　□小枝也。从木。攸聲。徒遼切。【說文解字卷六】

◉商承祚　卜辭屢見□□。或省作□□。葉釋春。□。葉釋蟬。謂以蟬鳴夏。□亦夏之別構。□字从日在禾中。當即秋之初文。又有□□□。象枝垂葉落。或餘一二枯葉碩果之形。望而知為冬象。鈞沈二葉。枝譚四葉。□亦見金文。春夏秋三字。所釋未當。且日字于各體書中決無作□形者。董彥堂先生于所著卜辭中所見殷曆。亦主葉氏春夏秋冬之說。然前一・四六・四「丙戌卜今□方其大出五月」。五月為春。于殷曆不可能。董氏知之。乃說曰。「這似是在五月追敘本年春季的事。」若見簠徵之「□□卜。𢦏貞。今□王从𡉘乘伐下□。受出祐。十一月。」征伐二六。則何以置詞邪。束天民世澂先生據五月條及後上・二九・十「丁巳卜今□方其大出三月。」後上・三一・六「丁酉卜。□貞。今□王廾人五千征土方。受出祐。三月。」前・四・五三・四「乙未卜貞。黍在龍囿□受出年。二月。」遂謂殷以三月至五月為春。六月至八月為夏。九月至十一月為秋。十二月至二月為冬。殷商制度考。中央大學半月刊二卷四期第十九葉。而前五・二五・一之□同版有四月五月之文。前五・二二・三□為十月又二即十又二月。甲・二・十八・二□為七月。據此數則不但束氏單詞孤證不能成立。即葉董二家亦難為之說矣。且葉氏所舉之夏秋與今字連文極少。冬則決無于紀時。尤難證明。再推四字之紀月。則一月至十一月可稱□。四月至十二月可稱□。一月至十二月又可稱□□。字雖無月可證。若以上三例例之。當亦無定時。則□□□□之用。決非如後世將一歲分為四季。每季三月也。且□字。見最多約五十以外。□約二十餘。□不及十。□不及五。若四字為紀時。則春事不應如是之多。冬事不應如是之少。□乃終之本字。金文霝終皆如此作。無用為四時之冬。春夏秋冬之稱。金文亦未見其名。殆始于春秋之世。且字皆从日。尤為紀時之證。如春本當作□。于鬯說文職墨說。小篆將□移于上為□。將□抑于下而增一以為从屯聲。遂變作□。魏三字石經古文作□。即□之省。夏古鉢夏矦腃作□。石經省變作□。□秋鉢千秋作□。冬石經作□。說文之古文作□。既皆从日。則由歲時發生為無疑。四時之名既立。故書有春秋之稱。鉢有千秋之文。此其明證也。春夏秋冬于卜辭雖能通其讀而不能通其理。通其一二而不能通其三四也。【殷契佚存】

◉馬敘倫　條音定紐。舌尖前破裂音。亦杈枝之轉注字也。小枝也非本訓。條叔黑臣匜作□。吳大澂釋。【說文解字六書疏證卷十一】

◉于省吾　□象木形。上象其枝條。視而可識。了無可疑者也。而卜辭木字從無如此作者。是雖象木形。其非木字。自不待言。此字之特徵。即上部作枝條彎曲形。按古文字木形之各部分。辨別明晰。如金文末距悍。末字作□。本鼎。本字作

□。毛公鼎。朱字作□。末為木末。故點在上。本為木本。故點在下。朱為木榦。朱即株之本字。戴侗曰。朱。榦也。木中曰朱。徐灝曰。朱株蓋相承增偏旁。故點在中。於六書均為指事字。考古文字者。指事應并入象形。然則□字果象木之何部乎。曰此當象木條形。即條之古文也。說文。條从木攸聲。□本為象形字。孳演已久。加攸為聲符。遂成條字。蓋由象形文演變為形聲字。乃文字遞衍常例。不煩贅言。□字或省作□形。但象其條。下部與木混。故省下而不省上也。或作□□。下从凵。凵於古文字中多象器皿形。郭沫若謂象盆中屮木欣欣向榮之形。是也。

凡卜辭言今條來條。即今秋來秋也。論語微子。以杖荷蓧。釋文。蓧又作莜。按說文。莜亦作□。書禹貢。瑤琨篠簜。說文篠作筱。是又省去木條之形。而但存其聲矣。詩終南。有條有梅。說文。條。小枝也。柚條也。朱駿聲於條字下云。條叚借為楸。於柚字下云。爾雅釋木。柚條。條非條枚之條。亦非條梅之條。條梅之條即楸。柚條之條即由。方音不同。別其字耳。按詩終南有條有梅傳。條槄。陸疏。條。槄也。今山楸也。爾雅釋木。槄。山榎。郭注。今之山楸。又按條與从兆之字古每音近相借。詩七月。蠶月條桑。韓詩條作挑。楚辭王逸九思疾世。閬睄窕兮靡睹。睄窕即蕭條。廣韻二十九篠。窈窕作窈窱。此例習見。漢書律歷志集注引鄭氏。庣音條桑之條。爾雅釋器。斛謂之鍵。釋文。斛郭云古鍬字。方言五。鍫燕之東北朝鮮洌水之閒謂之斛。注。此亦鍫聲轉也。是从兆从秋字亦相通。條既通楸。條又通斛通鍬。是條之讀秋。以音近相借言之。已無疑問矣。前一・四六・四。丙戌卜。今□方其大出。五月。簠室殷契徵文征伐二六。□□卜。曳貞。今□王从望乘伐下卢。受㞢又。十一月。如釋□□為春。不但於字形不符。且於紀月尤相剌謬。董作賓於前一辭。以為五月追叙本年春事。是不得其解而為揣測之詞耳。故商承祚於殷契佚存攷釋舉後一辭駁之。余以為商代紀時。有春秋而無夏冬。唐蘭亦有此說。金文東周以前。未見稱叙四季。薛氏鐘鼎欵識有鳥篆鐘。為春秋時器。有王菁吉日之語。近代出土陳旻壺。為列國時器。有孟冬之語。余疑尚書大誥越茲蠢。越。金文作雩。三體石經作粤。雩。于也。即于今春。今蠢今翼日。即今春今翌日也。是西周之時。當有春秋之名。特未見於已出土之彝銘耳。然則卜辭稱今菁來菁今秋來秋者。菁可以該夏。秋可以該冬。凡事由簡趨繁。乃自然之演進。卜於春而稱秋可也。其辭尾紀月。由一月至六月。均無不合。卜於秋而非春。其辭尾紀月。不得在七月以前也。故前編所載。稱今條而末署五月者。春時預卜秋事也。徵文所載。稱今條而末署十一月者。十一月距十二月末。時間尚有月餘。猶可興師出征也。卜辭稱今條下多云伐某方。以農事既畢。有暇遠征也。鄴中片羽初集下三二稱□雨。□即□。上象條形。不限於三也。疑條讀為攸。久也。攸卣卣字通。攸雨猶天壤閣十九片粹編七九五片之卣雨也。

枚

卜辭有字。亦作。係地名。葉玉森釋條。謂即鳴條之條。按葉既釋為春。又釋為條。是已不能自完其說。與後世从攸聲之條自非同字。姑存以待考。又按卜辭有龜䕬字。象有翼之蟲。郭沫若謂為蟋蟀。待酌。唐蘭謂似龜屬而有兩角。未允。惟唐讀為穮。謂即後世秋字。是也。卜辭既假條為秋。又假龜䕬為秋。後下十二・十四。今龜與㱿貞同版。佚存九九一有㱿貞及來龜之語。餘十三・二有出貞來王其㽕丁之語。㱿係弟一期貞人。出係弟二期貞人。此外斯例罕見。蓋弟一期末年及弟二期。當係條龜互作。自弟二期以後。無以條為秋者。是卜辭先以條為秋。漸演為條龜互作。後又盡以龜䕬為秋矣。【釋條 雙劍誃殷絜駢枝】

◉白玉崢 ，籀廎先生釋采。商承祚氏釋條（類編卷五），王襄氏釋夆（類纂卷五），推於字之結體，皆無說。葉玉森氏釋條：曰：「，本春之省文；象猱猗阿儺形，條意尤顯。疑為條省。」（說契）崢按：字於卜辭中之為用，約有二焉。

其一，有用為動詞者，如：

𢀛亡其條，來自南？允無條。 乙三一一六

……弗條？ 乙八八八

其二，有用為名詞者，如：

貞：帝于條？

勿帝于條？ 合二四四

此條，疑為殷世供祀之神名。【契文舉例校讀十六 中國文字第五十二册】

 粹一〇六〇【甲骨文編】

 粹1060【續甲骨文編】

 枚 父辛簋  父丙卣  父乙鼎  枚家卣【金文編】

◉許 慎 榦也。可為杖。从木。从攴。詩曰。施于條枚。莫桮切。【說文解字卷六】

◉高田忠周 即攴。古文卜字。左右不拘也。說文。榦也。可為杖。从木从攴。又爾雅。枚。條也。釋名。竹曰个。

木曰枚。【古籀篇八十四】

●郭沫若 「庚寅……癸巳卜复枚舟。……貞……𢼸……」

𢼸與枚當是一字,或是字之未全刻者。「枚舟」蓋猶言汎舟或操舟。上片假玫字為之,蓋殷語如是。【殷契粹編】

●馬叙倫 鈕樹玉曰。繫傳作從木攴。攴可為杖。王筠曰。枚字説解甚可疑。説曰。榦也。將依偽孔傳榦柘也説之。則與可為杖句連貫矣。蓋可為杖者。是禹貢杶榦栝栢之榦。傳云。榦。柘也。疏云。柘木惟可用為弓榦。故舉其用也。筠因今人以柘為馬策。而左傳云。以枚數闔。枚以筴馬。故從攴也。知此義以榦為柘也。然許君引詩則枝榦之榦。玉篇。枚。箇也。箇。數之一枚也。木必一榦而後枝分焉。詩。伐其條枚。傳。榦曰枚。是也。且自本字至條凡十三字。皆指木之一端而言。而枚承其下。不應是木名。乃十三字中有櫻字。固木名也。將無二字本在前。脱誤在此邪。將依毛傳榦曰枚説之。則榦即本也。與十三字一例矣。而可為枚句不應承其下。將依小徐本以可為杖遂置從木攴之下。則從木攴會意。何以得榦也之義乎。倫按釋名。竹曰个。木曰枚。竹曰个者。今曰竿。竿為箇之轉注字。玉篇以箇訓枚。則此榦也者。借榦為竿。五篇。竿。竹梃也。此下文。梃。一枚也。從木。攴聲。與梅從每得聲每從母得聲而音莫桮切者同。鍇本傳寫妄删聲字。鉉本則安加從字也。可為杖者引申義。校語。字或出字林。【説文解字六書疏證卷十一】

●龐 樸 最近,周原出土的西周卜骨中,至少便已發現一塊記事甲骨可以印證我們對「枚卜」的解釋。

文曰:王以我枚單兕,勿卜。

此文同左京十七年的「王與葉公枚卜子良以為令尹」句,完全相當。「以」即「與」。「我」系記事者自稱:王以我枚,對「我」是一種無尚榮譽,所以特地記録了下來。「單」,捕也;郭沫若有説。「王以我枚單兕」,用連山、歸藏的説法,就是「王筮單兕,枚占于我」;這樣就清楚多了。「勿卜」二字在此最吃緊,它表明,有了「枚」,就不需「卜」了。有了「枚占」、「枚卜」,就不需要「龜卜」了;「枚」本身是一種占法,而不是「枚數」,于此得到有力證明。

殷契中,也有談到「枚」的,如:

庚寅……癸巳,卜复枚,舟……貞……𢼸……(殷粹一〇六〇)

郭沫若以「枚舟」連讀,謂「蓋猶言泛舟或操舟」;「蓋殷語如是」。痛哉郭老之不及見周原也!「卜复枚」與上引之「枚……勿卜」相對成趣,是「枚」為占法的最好證明,而且透露出枚卜較龜卜享有更大的神靈性。「𢼸」即「枚」字;以「中」代「木」,乃甲骨通例,囿、莫等字常如此。

栞 栞

金文中，枚為氏(見父辛簋、枚家卣等)，可以想見古有枚官，如卜官然，惜已不見于周禮了。……解放前南方許多省份猶有以竹筷二枚，擲地視其向背，以定吉凶者：殆枚卜之孑遺歟？蓋竹筷取自竹榦，故可名為「枚」也。若果然如此，亦「禮失求野」一例。【枚卜新證　歷史研究一九八〇年第一期】

◉朱歧祥　枚　从木从支，隸作枚。《説文》：「榦也。从木支，可為杖也。《詩》曰：施于條枚。」由下二文例比較此疑亦杈字。从又从攴通用。卜辭為外族名。

《金477》貞：勿執枚☐。

《七S81》☐執[illegible]☐。

卜辭習言「枚舟」，或指枚族之舟，或讀如「微舟」，閒舟而行也。

《粹1060》癸巳卜，复枚舟。

《戩4・7》弜从枚舟。【殷墟甲骨文字通釋稿】

◉許　慎　栞槎識也。从木㚘。闕。夏書曰。隨山栞木。讀若刊。苦寒切。栞篆文从幵。【説文解字卷六】

◉林義光　幵聲。开亦幵之變。【文源卷十二】

◉商承祚　栞　説文「栞。槎識也。从木㚘。闕。夏書曰。「隨山栞木。」讀若刊。栞。篆文。从幵。」案後出篆文栞。則此為古文。許君引禹貢。則栞出壁中經。【説文中之古文考】

◉馬叙倫　鈕樹玉曰。繫傳作從木㚘聲。王筠曰。槎字句。小徐韻譜作木。增韻同。然是槎之殘字。以槎説栞。謂其事同也。朱筠本作㚘聲。顧廣圻本改聲為闕。案傳則小徐本亦作闕。商承祚曰。篆文作栞。則此古文矣。許引禹貢。當出壁中經。劉秀生曰。此當依小徐作從木㚘聲。篆文作栞。幵聲。幵㚘一字。幵亦取干聲。嚴可均説。刊亦干聲。隨山栞木。今書禹貢作隨山刊木。是栞刊聲同之證。倫按槎識也當作槎也識也。蓋呂忱或校者列異訓也。栞者以木為識也。從木已明為木識矣。而篆文作栞。明從木幵聲。則此鍇本作㚘聲者是也。然審鍇語。則鍇本亦無聲字。一本有之者。蓋後人據別本改耳。㚘字僅見於此。實幵之異文。詳枅字下。栞是槎木。今南方斫木識界曰打千子。千栞聲近。即此字。從木。幵聲。幵音見紐。刊從干得聲。干音亦見紐。故栞得讀刊。字失次。

栞　從幵二字校者加之。篆文下捝栞字。此蓋江式據石經加之。【説文解字六書疏證卷十一】

欇

◉許　慎　木葉榣白也。从木。聶聲。之涉切。【說文解字卷六】

◉馬叙倫　陳詩庭曰。白當是皃字壞文。謂木葉搖皃。廣韻二十九葉。欇。樹葉動貌。即木葉搖皃也。長孫訥言箋此注暗據說文。知唐時說文皃字猶未壞也。王念孫曰。白也二字乃皃字之譌。倫按下文。栠。弱皃。枖。木少盛皃。與此一例。可為王陳說增一證。然許當止訓木皃。或以聲訓。字或出字林。【說文解字六書疏證卷十一】

栠

◉許　慎　弱皃。从木。任聲。如甚切。【說文解字卷六】

◉馬叙倫　柔栠雙聲。柔為矯揉本字。木柔弱字當作栠。此今言輭弱之輭本字。弱也蓋字林文。【說文解字六書疏證卷十一】

◉林潔明　栠尊　字从人从壬从禾。說文所無。古文从木之字多从禾作。如析字或从禾𪗴侯殷。休字亦或从禾師害殷。當即說文栠字。栠。弱皃。从木任聲。金文用為人名。義無可說。【金文詁林卷八】

枖

◉許　慎　木少盛皃。从木。夭聲。詩曰。桃之枖枖。於喬切。【說文解字卷六】

◉馬叙倫　沈濤曰。廣韻四宵引作木盛皃。無少字。九經字樣及玉篇同。蓋古本無少字。詩桃夭釋文引同今本。疑後人據今本改。鈕樹玉曰。廣韻引曰作云。翟云升曰。韻會引作棘心夭夭。夭當作枖。枖字下云。詩曰。桃之枖枖。此不應重見歧出。韻會多據繫傳。而止引詩曰棘心夭夭六字。知繫傳舊本亦必如是。餘皆後人濫加耳。王筠曰。鍇本此引詩下。又有詩曰。愷風自南。吹彼棘心。棘心夭夭。母氏劬勞。言棘心所以枖枖。二十五字。繫傳之釋之也。則先引愷風。又引書厥草惟夭及桃之夭夭。而韻會之引說文也。自加一語曰通作夭。而後引棘心夭夭。知說文本未引詩也。言棘心所以枖枖。即是棘心所以速長者之誤衍。且未有引詩作夭夭。說詩反作枖枖之理。況女部𡝩下引詩桃之𡝩𡝩。廣雅。𡝩𡝩。茂也。則必三家詩有此文矣。彼既有徵。則此為羼入矣。倫按詩曰。愷風自南以下二十五字。席世昌以為鍇說是也。今檢繫傳。臣鍇曰。謂草木始生未幾得地而漸長大。故詩曰。愷風自南。吹彼棘心。棘心夭夭。母氏劬勞。言棘心所以速長者。以得愷風也。然則此前二十三字乃繫傳語。傳寫誤演於上。枖枖二字乃說解中引詩語。復誤演於鍇語中也。但據鍇說。則引詩本是愷風之棘心枖枖。非桃夭之桃之枖枖。段玉裁說是矣。論謂枖實標杪之聲同宵類轉注字。木盛乃引申義。此字蓋出字林。【說文解字六書疏證卷十一】

槇

◉許　慎　槇木頂也。从木。真聲。一曰仆木也。都季切。【說文解字卷六】

◉馬叙倫　古謂最高者曰天。故蒼蒼在上曰一。天地之天本字。音小轉則人最高處曰顛。又為頂。木頂曰槇。升高曰䙾。語原然也。槇從真得聲。真県一字。詳真字下。県聲當在宵類。是槇亦枖杪之轉注字也。一曰仆木也者。蓋本作仆也。乃⿺走真字義。木字傳寫涉上文而演。此校語。字蓋出字林。【說文解字六書疏證卷十一】

梃

梃 梃 法九〇　梃 法九一 三例　梃 法九二 【睡虎地秦簡文字編】

梃 梃丞　梃 梃中　梃 梃縣左執姦 【漢印文字徵】

開母廟石闕　靈支梃生　梃挺之譌 【石刻篆文編】

◉許　慎　梃一枚也。从木。廷聲。徒頂切。【說文解字卷六】

◉馬叙倫　鈕樹玉曰。韻會作一枝也。錢坫曰。此訓似後人所改。古無此說也。山海經。梃木牙交。桂馥曰。一枚也者。後人亂之。當為杖也。本書。材。木梃也。竿。竹梃也。小爾雅廣服。杖謂之梃。王筠曰。梃指木幹。不兼枝葉而言。今猶有此語。朱駿聲曰。竹曰竿。艸曰莖。木曰梃。倫按梃絛雙聲。疑轉注字。或如王朱之說。艸曰莖。木曰梃。聲同耕類。語原然也。字蓋出字林。【說文解字六書疏證卷十一】

⿱驫木

◉許　慎　⿱驫木眾盛也。从木。驫聲。逸周書曰。疑沮事。闕。所臻切。【說文解字卷六】

◉馬叙倫　鈕樹玉曰。玉篇引疑上有⿱驫木字。無闕字。惠棟曰。⿱驫木疑沮事。見周書文酌篇。極有七事之一。今周書⿱驫木誤聚。宋刻亦然。二徐學問不廣。故加闕字。王筠曰。驫字唐韵甫虬切。曹憲廣雅音曰。香幽必幽二反。廣韵甫烋切。又音標。今周書作聚。則⿱驫木之音非聚即鄹矣。所臻切者。則以與桑形義并近而以其音音之也。倫按眾盛也者。當作眾也盛也。眾也蓋附會驫從三馬之義。盛也以上文枖訓木少盛也而妄補。蓋本部多闕誤。此事說解本闕。觀⿱驫木疑沮事之闕⿱驫木字可證也。所臻切者。疑此上下文尚有一篆今捝去也。但存其音耳。此字從木驫聲。驫音甫虬切。又音標。是此字亦當脣齒音。倫謂此標之轉注字。字蓋出字林。【說文解字六書疏證卷十一】

㯹 㯹

㯹 標必照切 【汗簡】

㯹 王庶子碑 【古文四聲韻】

◉許　慎　㯹木杪末也。从木。㶾聲。敷沼切。【説文解字卷六】

◉馬叙倫　鈕樹玉曰。韻會杪作標。沈濤曰。文選魏都賦注引標末也。無木杪二字。疑古本作木末也。與下文杪字解同。無杪標二字。崇賢所引又節去二字耳。陳詩庭曰。當以標木杪為句。末也為句。王筠曰。木杪斷句。丁福保曰。慧琳音義九十六引。表也。蓋古本一曰以下之奪文。倫按玉篇標杪二字皆訓木末也。標杪皆本末之末本字。標杪又以同脣齒音及聲同宵類轉注。而標之語原蓋即木也。説解本訓表也。木杪末也當作標杪也木末也。標為隸書複舉字。本在表也上也。杪也木末也字林文或校語。【説文解字六書疏證卷十一】

◉黄錫全　㯹標必照切　夏韻宵韻以為「熛」，是，「標」蓋寫誤。鄭珍云：「《説文》㶾熛二文並訓「火飛」，據此知古止有㶾字，因隸變作票，俗人不識下是火，又加火作熛，後乃闌入許書，非原有也。」《説文》正篆作㶾，此形所从之囟當是囟誤，又多一横。【汗簡注釋卷四】

杪 杪

◉許　慎　杪木標末也。从木。少聲。亡沼切。【説文解字卷六】

◉馬叙倫　沈濤曰。文選上林賦注引。杪。末也。陳詩庭曰。木標為句。倫按説解本作杪標也木末也。杪乃隸書複舉字。木末也蓋字林文。亦或字出字林也。【説文解字六書疏證卷十一】

朵 朵

◉許　慎　朵樹木垂朵朵也。从木象形。此與采同意。丁果切。【説文解字卷六】

◉馬叙倫　鈕樹玉曰。繫傳韻會作朵。此與采同意。疑後人加。王筠曰。采當作秀。謂此從乃與秀之從乃同也。秀為光武諱。章炳麟曰。乑之聲變為朵。倫按朵從木而几不能象垂形。實從木乃聲。乃音泥紐。故朵音轉入端紐。皆舌尖前音。石鼓文盈字所從之乃篆正作乃。是其證也。易頤。觀我朵頤。釋文。京朵作椯。椯從耑得聲。本書顓讀若搥擊之搥。土部之埵。從垂得聲。讀若朵。可證朵為乑之轉注字也。然倫亦疑朵者。𢎘之轉注字。為花之未發。即菡萏也。今杭縣謂之花乳頭。言其狀如人乳房也。乳房字當作母。母音明紐。朵音泥紐。同為邊音。是花乳頭字當作朵。杭縣形容語有花花朵朵。

朵謂花之未開者。字正用朵。説解中垂字。疑為𠧪之譌。今菡𢎘音在匣紐者。蓋由泥轉疑而入匣也。頤之轉注字作頷。從今得聲。從今得聲之吟入疑紐。念入泥紐。可參證也。樹木𠧪朵朵也。蓋本作朵。樹木花朵也。朵乃隸書複舉字。此訓蓋字林文。字或出字林。此與五字校語。【説文解字六書疏證卷十一】

◉楊樹達　木為本形，𠃨象下垂之物，為特形。段玉裁云：「凡枝葉華實之垂者皆曰朵朵，今人但謂一華為一朵。」【文字形義學】

桹 □

□ 根　散盤　【金文編】

◉許　慎　□高木也。从木。良聲。魯當切。【説文解字卷六】

◉劉心源　根或釋槁。非。字从良。季良父盉作□。殳季良父壺作□。可證。【奇觚室吉金文述卷八】

◉丁佛言　□散氏槃。案是根字。右為良之反文。阮相國釋榔。原書入附録。【説文古籀補補卷六】

◉高田忠周　□阮氏釋作橰。萃編云。槁字。高父簋高作□。孔云。石鼓碧落。高並作□。樊云稷。誤。三説皆非。彼作□者為良字。作□者為亯字。此明作□。即根字尤顯然。説文。□高木也。从木良聲。俗亦作榔。非。【古籀篇八十四】

◉馬叙倫　也當作皃。然許或以聲訓。或訓木皃。高木皃蓋字林文。高木為根者語原即高。高為樓閣之本字。按根音同來紐也。字或出字林。散盤作□。【説文解字六書疏證卷十一】

◉高鴻縉　□。即根。⊘□。象風箱之留實器。凡穀實之良好者由風箱折經此器而流留。故託以寄良好之意。説文以為从富省亡聲者。形變而説歧也。此處根。即説文。根。高木也。从木良聲。此蓋以高木標道。故曰根木道。【散盤集釋】

橺 □

◉許　慎　□大木皃。从木。閒聲。古限切。【説文解字卷六】

◉馬叙倫　許當止訓木皃。大蓋木字之譌而演者也。或大木皃為字林文。字或出字林。【説文解字六書疏證卷十一】

枵

◉許　慎　枵木根也。从木。号聲。春秋傳曰。歲在玄枵。玄枵。虚也。許嬌切。【説文解字卷六】

◉馬叙倫　鈕樹玉曰。韻會作木皃。當不誤。玉篇。玄枵。虚危之次。亦木皃。嚴可均曰。小徐作木皃。枵不列於本柢根株間。明非木根。翟云升曰。韻會引作左傳歲元枵枵虚也。倫按根即木皃二字之誤合者也。蓋一本皃誤作也。本書皃字誤作也者例甚多。一本木皃誤作根字。校者注其異文。遂如今文。莊子逍遥遊。非不枵然大也。此枵為木空之義之可徵者。其音即演於空。字蓋出字林。【説文解字六書疏證卷十一】

柖

柖　日甲五八　九例　通招　—搖　日甲八四　封八一　二例　【睡虎地秦簡文字編】

李柖印信　【漢印文字徵】

◉許　慎　柖樹搖皃。从木。召聲。止搖切。【説文解字卷六】

◉馬叙倫　王筠曰。搖當依説文韻譜作榣。倫按柖為榣之轉注字。許當止訓木皃。或以聲訓作搖也。吕忱加樹搖動皃。今有挩字。許於木部説解中多作木不作樹。疑柖榣二字竝出字林。古鉩作。【説文解字六書疏證卷十一】

榣

榣　日甲五八　九例　通搖　即置盎水中—之　封八八　為一四　【睡虎地秦簡文字編】

◉許　慎　榣樹動也。从木。䍃聲。余昭切。【説文解字卷六】

◉馬叙倫　也當作皃。柖榣疊韻轉注字。樹動為榣。手動為搖。人病顫為疚。聲皆幽類。語原同也。【説文解字六書疏證卷十一】

樛

樛　四年相邦戟　【金文編】

樛親　樛音私印　樊樛　樛長漢　樛力之印　【漢印文字徵】

瑯琊刻石　五大夫楊樛　【石刻篆文編】

朻

◉許　慎　下句曰樛。从木。翏聲。吉虯切。【説文解字卷六】

◉馬叙倫　鈕樹玉曰。釋木作下句曰樛。玉篇引詩南有樛木。木下曲曰樛。釋文云。木下曲曰樛。馬融韓詩竝作朻。然則朻樛一字。故玉篇以朻為樛之重文。嚴章福曰。此説解與朻下説解互誤。説文從翏聲者廿五字。皆不訓句曲。詩南有樛木釋文引作木高。不誤。爾雅釋木。下句曰朻。則訓句曲字當為朻。樛木傳。木下曲曰樛。此借樛為朻。非樛字本訓。桂馥曰。下句曰樛。與下文朻字訓互誤。此當云高木也。本書。丩。相糾繚也。與下句意合。翏。高飛也。與木高意合。釋木。下句曰朻。釋文云。本又作樛。同。馥案朻樛二字同聲通用。倫按嚴桂二説可從。然下句曰樛校語。本訓挩失矣。詩樛木釋文引字林。樛。九稠反。或此字出字林。韻會引朻字説解作高木下曲也。證以詩釋文引。朻。木高。則樛下本作木高。上句曰樛。朻下則作木曲。下句朻。上句下句皆一明別義。一申本訓。若二字是許原有。則止訓木皃。或以聲訓。餘説均呂忱所加矣。古鉨作。【説文解字六書疏證卷十一】

◉林潔明　樛　四年相邦戟　相邦樛斿之造　字从木从翏。説文所無。疑即説文禾部穋字。説文。穋。疾孰也。从禾翏聲。稑或从翏。金文用為人名。義無可説。【金文詁林卷六】

1·56　獨字　【古陶文字徵】

◉許　慎　高木也。从木。丩聲。吉虯切。【説文解字卷六】

◉馬叙倫　徐鍇曰。爾雅釋木。下句曰朻。上句曰喬。詩樛木則作樛字。按此則爾雅借朻為樛。依詩為正也。鈕樹玉曰。玉篇朻為樛之重文。蓋本説文。此注疑後人增。沈濤曰。廣韻引木作大。蓋傳寫之譌。詩樛木釋文引作木高。嚴可均曰。韻會引作高木下曲也。似小徐原本有朻無樛。按詩樛木傳。木下曲曰樛。釋文引韓詩作朻。引説文云高木。不云下曲。則六朝舊本分樛朻為二篆。韻會非。徐灝曰。玉篇朻為樛之重文。今本説文分為二字二義者。實淺人所竄亂耳。倫按嚴章福謂此説解與上文樛字説解互誤。桂馥據本書丩訓相糾繚。翏訓高飛。謂樛當訓高木朻當訓下句曰朻。皆有根柢。十篇。喬。高而曲也。爾雅釋木。上句曰喬。即以喬為木上句之名。亦可為本無木上句之專名之證。依雅則朻為下句之名。而上句則借喬字為之。依詩則下句之字亦作樛。故毛作樛而韓作朻也。古語凡言曲者。其音在丩句之間。故木之曲者曰朻。語原然也。丩翏聲同幽類。故朻為本字。而依轉注之規律。亦得轉注作樛。轉注字得聲之字。固不必用其義。而但取其聲之得相轉者。此常例也。上句下句。義止重句。未必因上下而各為專字。猶於形雖有左曲右曲之殊。而義止為頭傾。雅之上句曰喬下句曰朻。此本依經作釋之詞。非定義也。上句既無專字。而雅以喬字為之。喬從夭高聲。夭固與丩有同語原之關繫。但非木上句義。雅直是假其聲耳。本書。赳。讀若鐈。然則喬丩古同聲。益明雅雖曰上句曰喬。而喬朻實同義耳。或據喬訓高而曲也。是喬有上義。不悟高而曲也者非許文。許蓋作高也。以聲訓。而喬為夭之轉注字。義止是頭曲也。然則段玉裁以朻樛為一字。雖未知乃轉注字而非即一字。顧其義固無殊。嚴桂則未達轉注之法。遂執翏丩之本義說之。故以詩之作樛者為假借矣。倫謂樛下本作樛。木曲皃。上句曰喬。下句曰朻。上句兩句呂忱或校者據雅文也。此下蓋作樛也或木曲皃。今本由傳寫譌捝樛木曲皃上句曰喬八字。又譌朻為樛。其樛字即隸書複舉字也。此下據韻會引作高木下曲也。朻明不得有高義。而下曲無據。蓋本作木曲皃。而高即上文樛下上句曰喬之捝譌於此也。抑或樛下本作樛木曲皃。而此下則作朻木曲皃上句曰喬下句曰朻。兩字說解轉寫譌乙譌捝如今文耳。玉篇以朻為樛之重文。似即據本書。則此下止作樛或從木丩聲。然詩樛木釋文引字林。朻。已周反。重文例不為音。則非重文也。或所據乃一本與。則亦傳寫之譌并者也。字蓋出字林。【說文解字六書疏證卷十一】

桂

古老子【古文四聲韻】

◉許　慎　桂衺曲也。从木。圭聲。迋往切。【說文解字卷六】

◉馬叙倫　古書皆以枉對直言。枉止是木曲之義。枉音影紐。朻音見紐。同為清破裂音。是朻之轉注字也。說解本作木皃。或以聲訓。衺曲也當作衺也曲也。此蓋字林文。字見急就篇。【說文解字六書疏證卷十一】

橈

籀韻　籀韻　古尚書【古文四聲韻】

◉許　慎　橈曲木。从木。堯聲。女教切。【說文解字卷六】

◉馬叙倫　鈕樹玉曰。韻會作曲也。沈濤曰。玉篇引作曲木也。倫按此樛之轉注字也。樛從翏得聲。翏音來紐。古讀歸泥。撓音娘紐。皆邊音也。樛橈古聲皆在幽類。與朻亦疊韻轉注字。字蓋出字林。【說文解字六書疏證卷十一】

枎 枎柳長印 【漢印文字徵】

◉許　慎　枎枎疏。四布也。从木。夫聲。防無切。【説文解字卷六】

◉馬叙倫　鈕樹玉曰。繫傳作枎。沈濤曰。華嚴經音義一引。枎。疏四布也。蓋古本説解中不重枎字。翟云升曰。文選上林賦注七發注引竝作扶疏。解嘲注引作扶踈。倫按許止訓木皃。或作疏也。以聲訓。故音義引無枎字。蓋疏下捝也字。鍇本枎字則隸書複舉者也。捝疏也字。四布也者。字林文或校語。亦或字林加枎疏四布也。枎疏猶檹下曰檹柂。枎疏為疊韻連語。韓非揚權。為人君者。數披其木。毋使木枝枎疏。呂氏春秋辯土。樹肥。無使枎疏。皆枎疏連語。枎疏蓋專之長言。言樹枝之四布耳。字或出字林。【説文解字六書疏證卷十一】

◉許　慎　檹木檹施。从木。旖聲。賈侍中説。檹即椅木。可作琴。於离切。【説文解字卷六】

◉馬叙倫　鈕樹玉曰。玉篇引施下有也字。椅木作椅也。集韻引施作柂。沈濤曰。廣韻引同玉篇。臧禮堂曰。賈説似四家詩同異中説。檹桐梓漆之文。段玉裁曰。㫃部旖下云。旗旖施也。旗檹施故字從㫃。木如旗之旖施。故字從木旖。形聲包會意。許槤曰。本書無柂字。倫按旗旖施者。謂旗之飄颻袲曲。從㫃。奇聲。而奇實從尢可聲。為尢之轉注字。見奇字下。古凡謂袲曲。其音如尢。尢音音同影紐。明其語原同矣。尢聲入陽類。則枉之語原亦尢也。丩音見紐。見影同為清破裂音。亦同語原也。段每以此類為形聲包會意。非也。由不悟於此耳。檹亦朻枉之同清破裂音轉注字。木檹柂蓋字林文。賈侍中以下校者加之。【説文解字六書疏證卷十一】

◉許　慎　𣏦相高也。从木。小聲。私兆切。【説文解字卷六】

◉馬叙倫　錢坫曰。玉篇云。木忽高。知相為榴之譌。此杪忽字。王筠曰。相為榴譌。榴當句絶。謂二字同義。倫按此為杪之初文。小為少之初文也。𣏦榴轉注字。故訓榴也。榴下捝也字。高也者。當作高皃。此訓校者加之。【説文解字六書疏證卷十一】

榴

◉許　慎　榴高皃。从木。㽕聲。呼骨切。【說文解字卷六】

◉馬叙倫　段玉裁曰。形聲包會意。倫按㽕為出詞气也。榴從㽕得聲耳。安得兼會意也。段說誤謬如此者多矣。不具辯也。朳音心紐。榴音曉紐。心曉皆次清摩擦音。故相轉注。高上挩木字。然非本訓。字或出字林。【說文解字六書疏證卷十二】

槮

◉許　慎　槮木長皃。从木。參聲。詩曰。槮差荇菜。所今切。【說文解字卷六】

◉馬叙倫　王筠曰。篆當作槮。鍇本詩曰槮差荇菜下有是也二字。非也。此引詩說假借耳。倫按木長皃段玉裁據楚詞九辯萷槮之可哀。改為長木皃。是也。下文。梴。長木也。橚。長木也。皆作長木。可證。長木謂木之細直而長者。古語謂細而長者曰籤。見籤字下。因此木之細直而長者曰槮。槮從參得聲。皆次清摩擦音也。十三篇纖下引詩纖纖女手。今詩作摻摻。是其例證。許當止訓木皃。長木皃蓋字林文。此字或出字林。詩曰以下亦或字林文或校語。【說文解字六書疏證卷十一】

梴

◉許　慎　梴長木也。从木。延聲。詩曰。松桷有梴。丑連切。【說文解字卷六】

◉馬叙倫　也當作皃。梴音今在徹紐。然從延得聲。延音喻紐四等。延訓長行。實廴之轉注字。見延字下。然則此訓長木。亦由古語謂長者其音如廴。故木之長為梴。喻四與審皆次清摩擦音。槮音審紐。則梴槮為轉注字。梴音徹紐。古讀審徹同歸於透。又可證也。字或出字林。【說文解字六書疏證卷十一】

橚

◉許　慎　橚長木皃。从木。肅聲。山巧切。【說文解字卷六】

◉馬叙倫　橚音審紐。與槮梴亦轉注字。字或出字林。【說文解字六書疏證卷十一】

杕

杕　杕氏壺　十一年惪鼎【金文編】

杕　秦一四七　二例　秦一三四【睡虎地秦簡文字編】

𣝗

◉許　慎　杕樹皃。从木。大聲。詩曰。有杕之杜。特計切。【說文解字卷六】

◉馬叙倫　鈕樹玉曰。顔氏家訓書證篇引作樹皃也。繫傳不引詩。有臣鍇按詩傳。樹特生也。故曰。有杕之杜。生於道左。是也。田吴炤曰。據鍇說。是鍇本舊有詩曰六字。寫者敓之。倫按杕訓樹皃。而字次槈下。詩傳訓特皃。特直雙聲。特皃即直皃。蓋杕為木之直皃。樹皃當作木皃。或此字林文。字亦或出字林也。【說文解字六書疏證卷十一】

◉郭沫若　林即詩杕杜「有杕之杜」之杕，序釋文「本或作夷狄字」。顔氏家訓書證「詩『有杕之杜』江南本並木旁施大，而河北本皆為夷狄之狄，讀亦如字。」疑此林氏蓋自狄人，諱其字而改書為林也。【杕氏壺　兩周金文辭大系考釋】

籜【汗簡】

◉許　慎　木葉陊也。从木。㲋聲。讀若薄。他各切。【說文解字卷六】

◉馬叙倫　徐鍇曰。詩曰。十月殞籜。古當用此𣝗字。鈕樹玉曰。玉篇𣝗在欃下。注云。同上。說文音託。落也。韻會引陊作墮。劉秀生曰。葉德輝曰。此木葉落之落字。按䨋。雨零也。是雨零落當作䨋。今亦借落為之。落聲模部。薄聲亦在模部。故𣝗為木落字得讀若薄。水經河水注。清水逕皋落城北。世謂之倚亳城。蓋讀聲相近。禮記郊特牲。薄社北牖。釋文。薄。本作亳。荀子議兵。古者湯以薄。注。薄與亳同。落薄聲竝如亳。是其證。倫按𣝗從㲋得聲。㲋音徹紐。故𣝗入透紐。古讀徹歸透也。玉篇謂說文音託。此舊音也。託𣝗正為雙聲。薄從溥得聲。溥音滂紐。滂透皆次清破裂音也。古讀薄如亳。亳從高省。乇聲。倫謂乇即籜之初文。以此相證。古謂凡墮落皆為清破裂音。或次清破裂音。艸落為乇。為籜。木葉陊為𣝗。然𣝗從㲋得聲。音在徹紐。徹禪同為舌面前音。音得相轉。故乑音入禪紐。而乇乑則一字也。古讀禪入定。故隤隊音入定紐。阤音入澄紐。澄亦舌面前音。古讀亦歸定也。由定以同濁破裂音轉入竝紐。則𣝗音讀若薄。亳從乇得聲而讀與薄同矣。木葉陊也蓋字林文。字亦或出字林。【說文解字六書疏證卷十一】

◉郭沫若　石鼓文有㲋字。汧沔石云。其朐孔庶臠之㲋㲋。涇涇趄趄字與庶趄為韻。知其聲在魚部也。

又金文恆語屢見數數𣝗𣝗字。𣝗字舊誤為熊。近已有唐蘭辨正之。唐云字當从泉㲋聲。金文有圖形文字作𣝗爵若子𣝗觶者。即此字。當如𣝗讀若薄。見說文木部。數𣝗乃雙聲連語。今案其說至確。蓋數數𣝗𣝗猶言蓬蓬勃勃或旁旁薄薄也。虢叔鐘亦有此語。𣝗字有作若者。分明㲋之泐文。是則㲋字之音亦當如𣝗。讀若薄矣。薄音在魚部。與數為雙聲。古音輕重脣無別。於石鼓文及金文兩譜。此讀殊無可易也。【季魯毁　金文叢考】

格

甲二五六　卜辭用各為格　重見各下　【甲骨文編】

各之重文　【續甲骨文編】

國名　格伯簋　格伯作晉姬簋　格氏矛　格　不　从木　頌鼎　各字重見

【金文編】

6·46　格氏右司工　6·45　格氏左司工　6·44　格氏　6·43　同上　【古陶文字徵】

格不敬　格農　格金私印　【漢印文字徵】

開母廟石闕　神靈亨而飴格　石經君奭　㣉于上帝　金文用各古文用㣉經典用格　魏克明兩體殘石　【石刻篆文編】

格　格　【汗簡】

義雲章　古尚書　古文　【古文四聲韻】

◉許　慎　格木長皃。从木。各聲。古百切。【說文解字卷六】

◉高田忠周　說文。格木長皃。从木各聲。木能長者。其枝伸展分異別各。故枝與枝。又枝格相當。故轉為扞格義也。說文丯部收挌字云。枝挌也。从丯各聲。固當格字異文耳。上林賦。夭蟜枝格。正作格。【古籀篇八十四】

◉馬叙倫　木長為格。經記未見其義。上文梟為木葉陊。下文槸為木相摩。中間此字。亦不相倫。使此訓為木義。則字失朋。倫謂此枝格之格本字。四篇。挌。枝挌也。挌為丯之轉注字。見挌字下。枝格謂枝柯交相掩蓋。故此次槸上。木長乃引申義。文選司馬相如上林賦注引埤蒼。格。木長皃也。玄應一切經音義引倉頡。格。量度也。埤蒼為張揖作。揖又為三蒼訓詁。然則木長皃蓋呂忱本揖注作訓。格伯敨作。格伯作晉姬敨作。【說文解字六書疏證卷十一】

◉陳夢家　「㣉于官」。玁競卣之「各于官」。㣉各皆假為格。爾雅釋詁「格。至也」。釋言「格。來也」。方言一「假。㣉……至也。邠唐冀兗之間或曰假或曰㣉」。方言二「儀。㣉。來也……周鄭之郊齊魯之間曰㣉。或曰懷」。官假作館。【西周銅器

槷 槸

斷代・䙾尊　金文論文選】

◉李孝定　𢓜𢓜𢓜从彳从各，說文所無。郭說是也。許書與此字音義相當之字作假，解云「至也，从彳，叚聲」。段注云「方言『假𢓜，至也，邠唐冀兖之間曰假，或曰𢓜。』按𢓜，古格字。假，今本方言作假，非也。集韻四十禡可證，毛詩三頌假字或訓『大也』，或訓『至也』。訓至則為『假』之假借，尚書古文作『格』，今文作『假』，如『假于上下』，是也，亦假之假借。」按訓至之假經傳多假「假」字為之。音義與𢓜並同，許書彳部無𢓜有假，或偶失收耳，當於假篆下出重文𢓜，以為假之古文。【甲骨文字集釋卷六】

◉黄錫全　𢓜格　鄭珍云：「𢓜字始見《方言》，有至也、來也、登也三義，是格之別體也。漢費鳳碑『有恥且𢓜』，及『𢓜于大㐬』，皆以𢓜為格。郭氏誤認彳為彡。」甲骨文𢓜作𢓜(輔仁92)，沈子𣪕作𢓜(用𢓜多公)，師虎𣪕作𢓜(𢓜于大室)，三體石經《君奭》古文作𢓜(𢓜于上帝)等。此形同石經。𢓜即格之古體。《說文》無𢓜。金文「格」字多用于姓氏。後格行而𢓜廢。【汗簡注釋卷四】

◉黄錫全　𢦗格　鄭珍云：「薛本同。《玉篇》𢦗，鬭也。是專製格鬥字。《一切經音義》卷九云『格，古文𢦗』，蓋漢後字書有之。」按兵器戟上有字作𢦗(蔡□□戟)、𢦗(滕侯昊戟)，形與此全同，應釋為𢦗(格)，假為戟。格(𢦗)、戟同屬見母鐸部。𢦗字《說文》失收。楊樹達認為𢦗是从戈、各聲，見《積微居金文說》112頁。【汗簡注釋卷五】

◉睡虎地秦墓竹簡整理小組　挌(音格)《說文》：「擊也。」古書也寫作格、𢦗。格殺，見《後漢書・董宣傳》。【睡虎地秦墓竹簡】

◉戴家祥　說文六篇「格，木長皃，从木各聲。」書堯典「格于上下」，傳「格，至也」，爾雅釋詁「格，至也」。郝氏義疏曰「格者假之叚音也，說文『假，至也』，通作𢓜。方言『𢓜，至也』。郭注𢓜，古格字。爾雅釋文亦云格字或作𢓜，又通作假。說文引虞書曰假于上下，今書作格于上下。凡書之來格、格王、格人、格于皇天之格，史記漢書俱作假」。金文格用作方國名或至義。【金文大字典中】

◉許　慎　槸木相摩也。从木。埶聲。魚祭切。蓺槸或从艸。【說文解字卷六】

◉馬叙倫　謂樹木之枝相摩擦耳。疑為格之轉注字。格從各得聲。各為來往之來本字。來音古在泥紐。槸音疑紐。疑泥同為邊音也。字或出字林。

蓺　席世昌曰。槸或從艸者。言槸或不從木而從艸也。既從木又從艸。說文無此例。漢書藝文志作蓺。火部爇字注云。從火。蓺聲。可知此木旁為徐氏誤增。鍇本或從蓺誤。此注是也。鈕樹玉曰。鍇本作或從蓺作蓺。埶蓋艸之譌。倫按蓺當作蓺。或當是槸或从艸作蓺。倫按槸為木相摩也。安得從艸耶。自是本書無蓺字耳。或曰。此從木。爇省聲。餘見埶下。【說文解字六書疏證卷十一】

枯

枯 日甲五五背 【睡虎地秦簡文字編】

4050 4051 4049 4052 【古璽文編】

公孫請枯 龍枯 【漢印文字徵】

◉許 慎 枯槀也。从木。古聲。夏書曰。唯箘輅枯。木名也。苦孤切。【說文解字卷六】

◉馬叙倫 鈕樹玉曰。玉篇韻會引無夏書曰以下十字。繫傳枯作楛。按竹部已引夏書唯箘輅楛。則此引書乃後人增。倫按字見急就篇。古鉨作□。【說文解字六書疏證卷十一】

槀

拾五·一三 从二木 【甲骨文編】

新3456 菁10 拾5·13 【續甲骨文編】

槀常 【漢印文字徵】

義雲章 【古文四聲韻】

◉許 慎 □木枯也。从木。高聲。苦浩切。【說文解字卷六】

◉羅振玉 □ 北征葡有□字。吳中丞釋為周禮槀人之槀。此从林。與从𣏟同。【增訂殷虛書契考釋】

◉馬叙倫 翟云升曰。文選七發注引說文曰。槀與稾古字通。案槀稾各為一字。選注非許書原文。王筠曰。小徐本槀作稾。誤。孫本不誤。倫按槀為枯之雙聲轉注字。木枯也當作枯也。選注所引校語也。玄應一切經音義引字林。槀。木枯也。則

木枯也蓋字林文。許當以聲訓。甲文作。【説文解字六書疏證卷十一】

◉李孝定　拾・五・十三　説文「槀。木枯也。从木高聲」。此从高省。从林與从木得通。孫收作槀。可从。金氏續文編六卷二葉上收作蒿。槀古文从中从木亦得通。本書前已收蒿作蒿。且數字皆為地名。無義可説。姑仍之。【甲骨文字集釋第六】

石碣遊車　遊歐其構　【石刻篆文編】

竝古老子　【古文四聲韻】

◉許　慎　樸木素也。从木。菐聲。匹角切。【説文解字卷六】

◉馬叙倫　木素也蓋字林文。許當以聲訓。石鼓文作。【説文解字六書疏證卷十一】

3・573　豆里楨　3・575　同上　5・572　同上　3・1329　獨字　【古陶文字徵】

楨翰盌部司馬　【漢印文字徵】

◉許　慎　楨剛木也。从木。貞聲。上郡有楨林縣。陟盈切。【説文解字卷六】

◉馬叙倫　王筠曰。剛木也者。泛言之。玉篇。楨。堅木也。即引山海經大山多楨木以申之。是謂楨為堅木之名也。彼郭注以為女楨。丁福保曰。慧琳音義八十三引堅木也。二徐本作剛。義得兩通。倫按剛鍇本作堅。疑本訓堅也。剛木也字林文。楨即剛柔之剛本字。剛木謂木性之堅者。故次柔上。又疑楨即枝榦之榦本字。亦梃之轉注字。楨音知紐。古讀歸端。端定同為舌尖前破裂音。赤從大得聲。大音定紐。而赤之轉注字則作䞓赬。草曰莖。木曰楨。亦其例矣。易曰。貞者事之榦也。貞音知紐。榦音見紐。同為清破裂音。故古或以榦為楨。堅木蓋引申義。上郡有楨林縣。呂忱或校者加之。甲文有字。倫以貞從貝得聲。則楨或可從貝得聲作梖也。集韻引西陽襍俎。梖多木出摩伽佗國。則非中國之木。故疑是楨字也。字見急就篇。古匋作。【説文解字六書疏證卷十一】

◉楊樹達　爾雅釋詁云：「楨，榦也。」書費誓傳云：「題曰楨，旁曰榦。」王引之云：「楨榦皆植立之木」，是也。樹達按貞聲字所以有直立之義者，貞與巠古音同，貞假為巠故也。說文十篇下赤部赬或作䞓，知古貞巠二文可通矣。巠聲字多含直立之義，見前第十九條。【楨　榦　增訂積微居小學金石論叢卷第一】

柔 

柔　為三五　【睡虎地秦簡文字編】

柔猛司馬　【漢印文字徵】

品式石經　咎繇謨　柔而立　【石刻篆文編】

柔見古爾雅及說文　【汗簡】

古老子　　【古文四聲韻】

◉許　慎　木曲直也。从木。矛聲。耳由切。　【說文解字卷六】

◉馬叙倫　徐灝曰。柔疑即古揉字。因為剛柔之義所專。又增手作揉。增火作煣耳。倫按木曲直也者。書洪範。木曰曲直。言木性可曲可直也。此釋字義。若謂使木曲或直為柔。是煣下所謂屈申木也。此言木曲直於意不明。倫謂柔枈蓋轉注字。柔次楨下。楨為堅木。則柔止是木之柔者。故輮鍒腬揉煣皆從以得聲。面和曰腼。亦語原然矣。即肉音之所演也。字見急就篇皇象本。顏師古本作輮。　【說文解字六書疏證卷十一】

◉郭沫若　也用褱䄏我多弟子，我孫克㕚井斆。

䄏殆柔之古字，从𠂇持木，从夭，夭亦聲，示「樸作教刑」之意也。夭聲雖在宵部，與幽部極近。此與褱字連文，懷柔亦成語也。　【沈子簋銘考釋　金文叢考】

◉黃錫全　柔見古爾雅及說文　《說文》「腼，面和也。从頁从肉。讀若柔」。鄭珍云：「即《爾雅》『戚施面柔』本字。郭所見本作腼。」形同《說文》正篆。　【汗簡注釋卷四】

◉姚孝遂　　張亞初釋柔，參字條下。

按：合集八七一四辭云：「貞，勿乎人」，為方國名。　【甲骨文字詁林第二册】

㯩

◉許　慎　㯩判也。从木。㡿聲。易曰。重門擊㯩。他各切。【說文解字卷六】

◉吳　雲　㯩或釋作宅。如左傳丹桓宮之楹。若謂又丹臒其一屋。上言王格于庚羆宮。故又及其屋也。翁藥房中丞云。說文。丹巴越之赤石也。當讀如字。翁叔均云。丹彤省弓矢之飾。書文侯之命。彤弓一彤矢百。傳。諸侯有大功賜弓矢。㯩讀為櫜。說文㯩與櫜音義並同。古老子櫜作杔。從厇與從㡿同。櫜所以盛弓矢。說文。櫜車上大櫜。詩曰。載櫜弓矢。又彤一櫜。言又錫以彤弓矢一櫜也。不言弓矢者省文。猶元黃之幣但言篚厥元黃也。雲按說文。丹古文作彤。㯩。散氏盤三見。釋作㯩。未詳其義。廣韻。櫜同㯩。陸氏曰。櫜即㯩之重文。詩彤弓受言櫜之櫜。韜也。即大櫜也。㯩釋櫜省。櫜自無疑義。【庚羆卣　兩罍軒彝器圖録卷六】

◉高田忠周　朱氏駿聲云。土裂曰㡿。木判曰㯩。是。或叚借為櫜。說文㯩下引易重門擊㯩是也。而如銘意。借㯩為櫜囊字。亦與借㯩為櫜同。均皆古音同部通用也。【古籀篇八十四】

◉于省吾　翁叔均云。㯩讀為櫜。說文㯩與櫜音義並同。【庚嬴卣　雙劍誃吉金文選】

◉馬叙倫　惠棟曰。引易者疑後人所增。古文易作櫜。錢坫曰。㯩義為判。似即拆字。當作讀如易曰重門擊櫜。寫者但知俗本。不知古本。誤刪也。桂馥曰。本書櫜下引易作櫜。晁氏曰。今說文又出此㯩字。非古本說文也。馥案當作讀若易曰重文擊櫜。邵瑛曰。易釋文云。說文作櫜。則㯩字非說文真本也。王筠曰。櫜下既引之矣。且釋文曰。說文作櫜。尤為㯩下不引易之明證。或者本作讀若易曰重門擊櫜。所以區別二字之不同。後人沿今易誤寫為㯩。又有校者刪讀若耶。倫案判也者。謂木之自析裂者。故次柔下朸上。判上當有木字。字蓋出字林。呂校本易已作㯩。故引之耳。或如桂王說也。散盤作㯩。庚羆卣作㯩。【說文解字六書疏證卷十一】

◉李孝定　翁叔均釋為㯩，讀為櫜，讀庚嬴卣銘「丹一㯩」之丹為彤，謂是彤弓一櫜，未免為增字解經；郭沫若謂㯩為丹之量詞，是也，又釋此為柝，認即桿字，乃以竹管盛丹沙，説亦可从。周名煇氏謂此是㡿字，㡿穴義近，丹一㡿為丹一穴，説殊牽附，卣銘言所錫物，首言貝十朋，次始及丹一桿，明其貴賤有差，果如周氏言，則所錫者與巴蜀寡婦所以擅數世之利者相埒，古人賞錫，當不若是其豐也； 周氏又言散氏盤銘「厂」之與「柝」，一用古文，一用籀文，並舉同銘「付」之與「𢦔」為例，其説殊誤，「厂」實「㡿」之古文，象巖岸，「㯩」字明明从「广」，象廬舍，與「厂」字有別； 付則付予字，𢦔為𢦔伐字，皆兩不相涉也。 于省吾氏證成郭氏柝管通假之説，謂即詩之彤管，説益融通。【金文詁林讀後記卷六】

朸 𣏌

𣏌 朸隆私印【漢印文字徵】

◉許　慎　𣏌木之理也。从木。力聲。平原有朸縣。盧則切。【説文解字卷六】

◉馬叙倫　玉篇引韓詩如矢斯朸。木理也。阮元謂考工記以其圜之防捎其數。防當作朸。謂木之理。然則朸謂木之文理。然倫疑朸㮚為轉注字。㮚為木之自然坼裂者。即從其理而㮚。因謂朸為木之理。或古書借朸為理。音同來紐也。㮚從𢌿得聲。而𢌿從𢍁得聲。𢍁音疑紐。古讀來歸泥。泥疑皆邊音也。故㮚朸得相轉注。平原五字字林文或校語。字亦或出字林。故訓木之理也。【説文解字六書疏證卷十一】

◉郭沫若　㔹字羅振玉釋樹，案其字分明从力。余疑朸之𦂳文。漢書地里志平原郡有朸縣，今山東商河縣治也。【卜辭通纂】

材 𣏍

𣏍 材　秦一二〇　十二例　通財　貨—　法二〇九　通裁　—衣　日甲一一四背 𣏍 法二〇九　三例 𣏍 日甲一二一背　三例 𣏍 日甲一〇　三例【睡虎地秦簡文字編】

𣏍 左粱材印【漢印文字徵】

◉許　慎　𣏍木梃也。从木。才聲。昨哉切。【説文解字卷六】

◉馬叙倫　嚴可均曰。梃字誤。宋本作挺。鈕樹玉曰。韻會引梃作挺。誤。倫按木梃也非許文。亦非本義。餘詳柴下。急就篇有温財智。依義似當為材。蓋倉頡無材字。故急就用財字耶。【説文解字六書疏證卷十一】

◉睡虎地秦墓竹簡整理小組　材，古書或作財、裁等，酌量。【睡虎地秦墓竹簡】

柴 𣐈

柴 柴安成【漢印文字徵】

𣐈 古尚書 𥞘 𥞘 竝籀韻【古文四聲韻】

◉許　慎　𣐈小木散材。从木。此聲。臣鉉等曰。師行野次。豎散木為區落。名曰柴籬。後人語譌轉入去聲。又別作寨字。非是。士佳切。【説文解字卷六】

◉屈萬里　⿰屮木，疑是柴字，於此蓋為祭名，然未必為祭天之禮。【殷虛文字甲編考釋】

◉馬叙倫　材柴相次。材從才得聲。才屯一字。屯聲真類。柴從此得聲。此從匕得聲。匕聲脂類。脂真對轉。則材柴為轉注字。謂木已判者也。材杫聲同之類。疑斧斤未發明之時。以木之自㯚裂者為用。因以成屋及器。其後以其成梴可為屋及器者為材。不可為屋及器而以供燔燎者為柴。材柴之用以分。而材杫亦遂異義。其實材杫為轉注字。材柴亦轉注字。小木散材非本訓。亦非本義。字見急就篇。【説文解字六書疏證卷十一】

◉王　輝　三期卜辭有杏字，孫海波釋杳，王襄釋杏，屈萬里已辨其非。屈氏據甲三六二九：「……卜，父甲杏歲既且……」以為杏乃木丁合文，木丁為廩辛康丁諸父之一。（《中國文字》八九頁）李孝定贊成屈説，且又舉遺六三七：「丁未卜，其又杏于父丁滆一牢」一辭，以為屈説之堅證。按屈李之説欠妥，杏在遺六三七中後跟介詞「于」，自當釋為動詞。摭續六〇云：「祖丁杏鬯三卣」，鬯三卣是祭祀所用之物，杏顯然是祭名，祖丁則為祭祀之對象。且杏如釋木丁，便當稱父丁，與摭續六〇之稱武丁與祖丁一樣，不當逕稱木丁。其次，屈説遺六三七之父丁當指木丁，同辭父丁、木丁並稱，不合甲文通例。又慶七云：「乙卯卜，父甲杏勿牛」，杏在該辭中顯然用為動詞，如釋杏為木丁，則該辭無法解釋，我們認為，杏為祭名，是柴的異體字。杏上從木，下從口，口在這裏指地。甲文有昌字，于省吾先生釋旦，謂象日出地平綫上；舍字甲文作⿱亼口，徐中舒老師説上⿱亼丨象柱撐之傘式屋頂，下口象台地（《黄河流域穴居遺俗考》）。杏下從地，正象為壇以祭。《禮記·祭法》：「燔柴於泰壇，祭天也。」先民之所謂壇，最初或者只是掃一塊地，後世才築土為壇。所謂泰壇即是大壇。杏象為壇積木以祭，所以杏實際上是柴祭。用這樣的觀點解釋卜辭中的杏，則隨處可通。如：

丙午卜，祖丁[illegible]杏又鬯。（寧一·一九〇）

丁丑卜，其又杏于父甲。丁丑卜，父甲杏牢。（存二·七六三）

癸酉卜，杏叀羊。（後下三九·一六）

癸巳卜，父甲杏勿牛。（存二·七六二）

卜辭又有⿱林口、⿱艸口字，前人多不釋。疑⿱林口為杏之繁文，⿱艸口則⿱林口之異構。這兩個字也用為祭名，當是柴祭一類：

貞，于祖丁⿱艸口。（甲一二八〇）

于翌日⿱林口。（戩十三·九）

其⿱林口芃……（京四一六）

……卜，祖丁𢆶歲二牢，王受……（粹二六三）【殷人火祭説　古文字研究論文集】

榑 榑

◉許　慎　榑榑桑。神木。日所出也。从木。尃聲。防無切。【説文解字卷六】

◉顧廷龍　𣏌榑。説文所無。按説文有榑字。榑桑。神木。日所出也。从木尃聲。尃本从甫聲。是此即榑字也。潘。𣏌潘。【古匋文孴録】

◉馬叙倫　據説解則榑是木。廁此不類。神木及日出榑桑。説見叒下。此非本訓。榑字或非神木之專字。疑為枎之轉注字。猶簠簋字或作医矣。榑桑或作枎桑。亦其證。古匋𣏌字。吳大澂釋榑。【説文解字六書疏證卷十一】

杲 杲

杲 乙1161　子 4488　杲 佚11【續甲骨文編】

杲 87【包山楚簡文字編】

杲 少—亓☐（丙4:1—10）【長沙子彈庫帛書文字編】

杲 范杲【漢印文字徵】

◉許　慎　杲明也。从日在木上。古老切。【説文解字卷六】

◉商承祚　杲疑為杲。金文皇多从𡴀，象日光芒四射之形。【殷契佚存】

◉馬叙倫　劉秀生曰。小徐有讀若槀三字。頁部。顥。白皃。引楚辭大招。天白顥顥。廣雅釋訓。杲杲。白也。孟子滕文公。皜皜乎不可尚已。趙注。皜皜。甚白也。杲皜竝以聲用為顥白字。是杲讀若槀之證。倫按此實早之初文。從日在木上。會意。詩衛風伯兮。杲杲出日。管子內業。杲乎如登于天。皆其證。【説文解字六書疏證卷十一】

◉楊樹達　日在木上，日為主名，木為處名。又按此類易曉，以下不復逐字説之，學者以類推之可也。【文字形義學】

◉李孝定　説文「杲，明也，从日在木上。」金氏續文編六卷二葉上杲下所收除上列二文外又收乙·四四八八·一文作子，原辭云「☐☐卜㱿貞子夕」，下不从木，疑子之繁文，乙·一一六一辭云「丁杲卜亘貞自今至于戊申其雨貞自今丁巳至于戊申不雨」，杲為子之誤刻，實非杲字，以其誤作杲，故仍金氏之舊收之於此。弟三文商疑杲字是也。辭云「☐杲☐𨑒矦」，其義不明。

 杳

【甲骨文字集釋第六】

◉曾憲通 少杲 丙四・二 錫永先生謂：「日將出為杲」。《詩・伯兮》：「杲杲日出。」《廣雅・釋訓》：「杲杲，白也。」俱其證。選堂先生認為「少杲」意義當如《楚辭・遠遊》「陽杲杲其未光兮。」又說：「少杲見于余月，余月為四月，其氣如初陽之杲杲未光，故於是月提及少杲之名。」曹錦炎則以少杲為少皞。【長沙楚帛書文字編】

後二・三九・一六 甲四二七 甲五七一 甲八五〇 甲三六二九 前四・一六・三 寧滬二・一

○六 戩四二・六 戩四四・一二 粹四七二 鄴三下・四四・九 佚五六三 【甲骨文編】

 陶文編 6・40 □里匋 杳□ 【古陶文字徵】

95 95 【包山楚簡文字編】

杳 杳竝出李商隱字略 【汗簡】

 竝李商隱字略 【古文四聲韻】

◉許 慎 冥也。从日在木下。烏皎切。【說文解字卷六】

◉馬叙倫 翟云升曰。韻會引作莫也。王筠曰。文選兩都賦注引說文。杳杳。寐也。乃寐下說也。江賦注引此注。倫按杳為晚之初文。史記天官書曰。日晡。則反景上照于桑榆間。故從日在木下。會意。亦由日景西徂。遠望似入木下也。杳音影紐。為清破裂喉音。七篇。夜。從夕。亦聲。音在喻紐四等。為次清摩擦喉音。是夜即杳之轉注字。古讀曉歸影。晚音曉紐。是杳晚為轉注字。曉與喻四同為次清摩擦音。或夜音由曉而轉也。以日入言。故杳從日在木下。以月出言。故夜從夕而安亦聲。昏。從日。民聲。民音心紐。心曉喻四同為次清摩擦音。故昏音入曉紐。而昏曉夜亦為轉注字矣。晚從免得聲。免音轉為亡辯切。入微紐。民每一字。每音亦在微紐。古讀來歸泥。微泥同為邊音。而彎音來紐。是昏彎昏晚亦為轉注字。彎聲元類。故又轉注為旰。旰聲元類也。旰音見紐。見影同為清破裂音。則旰杳亦轉注字。杲杳二字以日為主。當入日部。且次於此亦失倫。豈校者迻之邪。或二字皆出字林耶。【說文解字六書疏證卷十一】

𣐿

◉許　慎　𣐿角械也。从木。郄聲。一曰木下白也。其逆切。【說文解字卷六】

◉馬叙倫　洪頤煊曰。𣐿通隙字。白部。𡭴。際見之白也。禮記曾子問。當室之白。鄭注。謂西北隅得户明者也。莊子人間世。虚室生白。崔注。白者。日光所照也。木下白謂木下日光。故次杲後。張文虎曰。一曰六字。疑當在上文杳下。彼解云。冥也。從日在木下。古從日從白之字每互見。白即日光也。倫按角械也者。豈謂梏牛之物耶。則字失次。不然。則角字或校者注以釋𣐿字之音者也。然則𣐿蓋械之音同見紐轉注字。字失次。一曰六字張説可從。此校語。字或出字林。【説文解字六書疏證卷十一】

栽

栽　曹𠰦父鼎　作栽弔寶𢀛鼎　【金文編】

60　206　【包山楚簡文字編】

栽　秦一二五　【睡虎地秦簡文字編】

天台經幢　【古文四聲韻】

◉許　慎　栽築牆長版也。从木。𢦏聲。春秋傳曰。楚圍蔡里而栽。昨代切。【説文解字卷六】

◉林義光　卜辭往來亡災。災字作𢦒。説者以為𢦒即巛字。説文云。巛。害也。从一雝川。春秋傳曰。川雝為澤凶。是巛字本象川有堙塞之形。及觀卜辭𢦒字。則三植屹然而立。與川之紆回象水脈者迥殊。其非巛字可知。余謂𢦒為栽之古文。設版築也。古築牆之法。既度其廣輪。先植楨於前後兩頭。又植榦於兩旁。而後施版其内。以繩束版。實土築之。一版竟則層累而上。書費誓峙乃楨榦。傳云。題曰楨。旁曰榦。馬融云。楨在前。榦在兩旁。爾雅釋詁舍人注。楨。正也。築牆所立兩木也。是其事矣。築牆之植楨榦曰栽。莊二十九年左傳云。水昏正而栽。水謂營室。爾雅營室謂之定。營室昏正。即詩所謂定之方中者也。詩大雅縮版以載。載亦栽字假借。栽從木𢦏聲。乃後出字。其初字蓋作𢦒矣。中一植象楨。楨有兩木。今象牆前一楨者。後蔽於前也。旁兩植象榦。中一横象版。版有四周。兹所見之版在牆之前端。版中二斜。則縮版之繩也。字亦作𢦒。施黑於版之上半者。傾土版中。其土或揚出版外。版上積土至繩而止。繩以下則蔑如。其寫版築之事。情態曲盡如此。余故曰𢦒為栽之初文。與川壅為害之𡿧不同字也。

作室以樹立版榦為先。故栽有始義。周語云。營室之中。土功其始。即左傳之水昏正而栽也。詩大雅文王初載天作之合。舊皆未得其解。余謂載讀曰栽。栽必有兩楨兩榦兩版。是為栽之合。合者謂前後左右兩兩相合也。周之興始於文王。故文王之生以栽為比。然文王未有妃耦。則如栽者之設一楨一榦一版而他無所合。百堵之事無由而興。於是天又生太姒以匹之。是可謂文王初栽天作之合矣。中庸。栽者培之。鄭注云。栽讀如文王初載之栽。是鄭君所見之詩有作栽字者。而箋詩則從毛傳訓載為識。辭義遂不可曉。余近作詩經通解。於文王初載之義亦闕而未說。今以釋栽字並及之。【釋栽畱 國學叢編第三册】

◉馬叙倫　王筠曰。長當作設。左定元年傳曰。庚寅栽。注。設版築。承培元曰。栽非長版之名。築牆必先設楨榦。植兩頭曰楨。植兩旁曰榦。而岐版於其中曰栽。倫按急就篇。榦楨板栽度方圓。顏注。板。牆板也。栽。築牆也。左莊廿九年傳。水昏正而栽。注。於是樹板榦而起首興作。定九年傳。孟懿子會城成周。庚寅栽。此二字亦築義。栽從𢦏得聲。𢦏從才得聲。才屯一字。屯築音同知紐。是栽築為轉注字。孟子告子。傅說舉於版築之間。版築即急就之板栽也。知板栽是二事。板是築時所設之楨榦。李威營造法式看詳引本書。而注云。今謂之膊板。築是擣具。史記秦始皇本紀。身自持築臿。正義。築。牆杵也。左宣十一年傳。稱畚築。正義。築者。築牆之杵。廣雅釋器。築謂之杵。以木為之。字故從木。而栽築取以次榕下也。禮記中庸。栽者培之。栽借為種。為蒔。屯音知紐。種音照紐三等。蒔音禪紐。同為舌面前音。蓋種栽之語原同也。築牆長版也者。蓋本訓築也。吕忱加此文。詞或更有捝譌。左莊廿九年傳釋文引字林。栽。才代反。【説文解字六書疏證卷十一】

◉唐健垣　我認為[古文字]是埋種子的栽，[古文字]是植枝的栽：

1　[古文字]是才字，金文作[古文字]，其中的一點象種子（此前人已有之説，見林義光文源、高鴻縉中國字例第三篇四八頁，均見李氏集釋六卷二〇四九頁引）。説文云：「才：草木之初也。从丨上貫一，將生枝葉。一，地也」。按「十」形可能表示種子所在之處，故其字為栽種之栽的初文，而引申為「在此」之在。很有可能古人埋下種子之後在地面上插樹枝作記號以方便施肥、保護，故字形作[古文字]，目下難以判斷是純象形還是會意字。又中國人慣於以植物之生長比喻時間之流逝，例如「花開花落」喻一年，俗語稱速成之事曰「朝種樹，晚界板」，種子入地未成草木，故引申有「剛才」之義。

2　[古文字][古文字][古文字][古文字]是一字異形，其上半像柔弱初生之植物。下半的[古文字]不是口舌的口，有可能像泥團（現在移植法亦常以禾草包裹一團泥土，保護幼苗），亦可能像培植幼苗的盤皿。這是插種幼枝的「栽」。栽有插義，今插贓嫁禍仍叫栽贓。

結論是：紀時字的□□□□即栽字初文，在卜辭中借為年歲的「載」字（載字从車，原義則是車載之載。）

至於何故以栽為年載之載，則有可能純是音近借用，亦有可能因為樹木一年一落葉一發芽，甚有規律，故從植物之生長引申年載之義。此與年字上半从禾，由禾熟一稔衍生一年之義類似。卜辭中第五期以祀為紀時字，董作賓先生認為在殷末遍祀先公先王一次大致須時一年，故引申以「祀」為紀時字，此說亦可合理解釋何以不見「祀」字在早期卜辭作年祀之義（大約早期遍祭先王一次大大短于一年）。植物之栽種生長自古已有，此亦可以理解何故第一期卜辭已用栽為載；爾雅云「唐虞曰載」雖未必真實，卻是暗合文字發展史的。

卜辭言「今□」的所繫月份自三月至十二月均有之，釋春釋秋均有疑問，今讀為載，乃可文從字順，而且甲骨文𢦏字的結構也得以進一步理解。

甲骨文□□□三形以往均混認為𢦏字，故其結構分析亦未完善（參李孝定氏甲骨文字集釋卷十二頁三七七七）。近年已有人注意到其左上角形稍異，而在卜辭用法亦自有規律，但尚未有人做出全面的研究。據島邦男氏殷墟卜辭綜類三三六至三三八所列的辭例分析，初步可以認為：

1　方名的𢦏必作□，當是从戈才聲。

2　動詞作軍事攻擊意的可作□或□，當是从戈斬草木以寄斬伐方國之意。本文既指出紀時的□是栽種的栽字，則有可能从戈斬□，□亦聲。但此動詞決非从戈才（□）聲之變形。

3　田省而問有𢦏亡𢦏的作□，未見例外（島氏引佚存九五一作亡□是誤摹，實从□。人文二四九二、二五〇一等片貝塚茂樹的摹本作亡□，細審拓本仍是从□）。

近年出土西周牆（墻）盤云：「雩武王既□殷。」此字各家釋讀紛歧。唐蘭釋斬，戴家祥釋裁，李學勤、管燮初釋捷，王顯釋芟，夏淥釋戡，張政烺釋搏（均詳一九八一年古文字研究六期張文），于省吾从卜辭舊釋讀𢦏，訓傷、敗。

以字形言之，釋𢦏是對的。本文既釋甲骨文的□為栽種本字，而卜辭中□□二字通用，則亦可旁證金文該字確應讀𢦏，訓「打敗」。【釋栽載　中國文字第九期】

◉包山墓地竹簡整理小組　莪字，由于字形多樣，產生不同的釋讀。在這批竹簡中有作莪者，从之得聲，故可讀作栽，即栽字。對這批竹簡文字進行深入的研究，將會使我們對楚國文字的認識提高一步。【包山2號墓竹簡概述】

◉劉彬徽等　栽，簡文作□，才聲。【包山楚簡】

䉛 築 子禾子釜【金文編】

築 築 封九七【睡虎地秦簡文字編】

篁 築 𨪐 築出裴光遠集綴【汗簡】

◉許 慎 䉛擣也。从木。筑聲。陟玉切。篁古文。【説文解字卷六】

◉高田忠周 段氏作所㠯擣也。云二字今補。所用築者。謂器也。其器名築。因之人用之。亦曰築。手部曰。擣。築也。是也。築者直舂之器。鄭注周禮引司馬法云。輂一斧一斤一鑿一梩一鉏。周輂。加二版二築。正義曰。築者。築杵也。按古文从土筥聲也。今篆體譌舛。故正之。【古籀篇八十五】

◉商承祚 篁 段氏改作篁。汗簡引作篁。金文子禾子釜作䉛。同篆文。【説文中之古文考】

◉馬叙倫 擣下捝木字。文選注引郭璞三倉解詁。築。杵頭鐵沓也。子禾子釜作䉛。擣木也疑非本訓。

篁鍇篆作篁。 徐鍇曰。從土。筥聲。鈕樹玉曰。繫傳作篁。集韻韻會及玉篇竝作篁。疑當作篁。沈濤曰。玉篇廣韻竝列古文同此。而一切經音義云。古文篁同。疑古本篁篁竝存也。王筠曰。朱筠本作篁。顧廣圻用段玉裁説。私改為篁。倫按鍇説是也。豈以木為之。故築從木。所以擣土。故篁從土耶。抑篁築異字。古文經傳以篁為築耶。汗簡引演説文築作篁。則此字出庾儼默加也。抑庾即本字林獨行之本以加於許書耶。古文下捝築字。【説文解字六書疏證卷十一】

◉嚴一萍 𢿌 築 説文築之古文作篁,段氏改篁為篁,云:「从土筥聲」。案説文毒之古文作𥶺,「从刀萵」。段氏改𥶺作𥶺云:「从刀者,刀所以害人也,从筥為聲。筥,厚也,讀若篤。」箣字鍇本及汗簡古文四聲韻上从竹,不誤。而下譌从副从副。鉉本則竹又誤為艸矣。古文築作篁,亦筥聲。」案段説是。汗簡引裴光遠集綴築作𨪐,鄭氏箋正曰:「左旁當作从篁,古築如此。或元省作篁」。繒書之𢿌,从攴筥聲,築字無疑。【楚繒書新考 中國文字第二十六册】

◉曾憲通 𢿌可㠯出師篙邑 丙二·二 𢿌[不]可㠯篙室 丙八·二 𢿌可㠯篙 丙九·二【長沙楚帛書文字編】

◉曹錦炎 篙字通敦,據《説文通訓定聲》敦訓為擿。謂帛文八月言篙室,二月言篙邑,邑當指封邑也,即公邑;室乃指私室,先秦文獻中所謂「分其室」、「兼其室」、「納其室」即此「篙室」之意。【長沙楚帛書文字編】

榦 

 榦　盗壺　隹邦之榦　【金文編】

 榦　雜二四　三例　 為四二　【睡虎地秦簡文字編】

 榦官泉丞　 榦昌縣徒丞　 榦安私印　 榦都私印　 榦穉翁　【漢印文字徵】

 榦王存乂切韻　【汗簡】

◉許　慎　築牆耑木也。从木。倝聲。臣鉉等曰。今別作幹。非是。矢榦亦同。古案切。【說文解字卷六】

◉吳大澂　。許氏說。榦。築牆耑木也。子禾子釜築桿。桿當即榦。【說文古籀補】

◉高田忠周　古籀補。吳云。桿當即榦。引許氏以為證。按說文。築牆耑木也。从木倝聲。朱氏駿聲云。按古築牆。先度其廣輪。乃樹楨榦。繼施横板于兩邊榦內。以繩束榦。實土築之。一板竣則層絫而上。五板為堵。書費誓。峙乃楨榦。馬注。楨在前。榦在兩旁。轉義。廣雅釋詁。榦。本也。月令章句。大橈作甲乙。以名日。謂之榦。子丑以名辰。謂之枝。俗亦作幹。又禮記月令。羽箭幹。考工記弓人。幹者以為遠也。凡取幹之道七。柘為上。竹為下。禹貢。杶榦栝柏。傳。榦。柘也。字亦作杆。廣雅釋木。杆。柘也。字又作簳作笴。儀禮鄉射禮記。物長如笴。注。矢幹也。此攷精詳。此篆即从木从旱聲。與廣雅作杆略同。說文稈字或體作秆。正為同例。【古籀篇八十五】

◉馬叙倫　鈕樹玉曰。韻會引作倝聲。是也。王筠曰。繫傳幹聲。五音韻譜作倝聲。文選盧子諒贈越石詩注引說文。幹。本也。說文無幹字。恐榦下本有一曰本也之說。而挩去耳。六書故引唐本說文。榦。溼之幹也。恐是李陽冰所改之說文。沈濤曰。文選魏都賦注兩行。榦。本也。左昭二十五年正義引。榦。脅也。蓋榦下當有一曰本也一曰脅也。翟云升曰。倝聲。史記武帝紀索隱引作井橋也。文選魏都賦注引作本也。皆別義。本也見廣雅釋詁。徐灝曰。段氏據文選注引本也補一曰本也四字。是也。本也乃其正義。白虎通。榦者。本。廣雅亦曰。榦。本也。築牆所立木謂之楨。榦者。假借為用耳。章炳麟曰。𠦪。泰部。對轉寒。變為榦。倫按營造法式引耑作端。注曰。今謂之牆師。玉篇。榦。築垣板也。板榦聲同元類。築牆鄣土之木謂之榦。語原然也。築牆四面以版為鄣。兩端直立之。兩邊横立之。或謂之楨。楨音知紐。榦音見紐。同為清破裂音。借楨為榦也。其實築牆耑木既非本訓。亦非本義。榦止是今所謂板耳。故孟子言板築。急就言板栽。書曰。峙乃楨榦。楨榦竝言。廣韻乃有題曰楨旁曰榦之說。然目論同一板而兩端直立之。兩旁横立之耳。詩文王。維周之楨。傳。

構□　檥□

楨。榦也。易文言。楨者。事之榦也。明不以横直而異矣。榦蓋板之轉注字。板音封紐。榦音見紐。同為清破裂音。板榦又聲同元類。亦或榦為楨之轉注字。築牆板即借為板。一曰本也者。根字義。音同見紐也。井橋也者。韓字義。玄應一切經音義引三倉。榦。枝榦也。字見急就篇。古鉨□字。丁佛言釋。【說文解字六書疏證卷十一】

◉張政烺　□好蚉壺　唯邦之榦　毛詩大雅崧高「維申及甫，維周之翰」。傳「翰，榦也。」箋「申，申伯也。甫，甫侯也。皆有賢知，入為周之楨榦之臣。」壺銘仿詩，用以美司馬賈。【中山國胤嗣好蚉壺釋文　古文字研究第一輯】

◉嚴一萍　□商氏謂：「□从韓，璽文韓省作□、□，姚讀青□為青陽，可从。但其字實从木韓聲，而非从倝。」案此字又見本行第三十字。作「墨□」。倘以讀「陽」為是，雖「青陽」可以傅會，不知「墨陽」又將何說。此字疑即子禾子釜築桿之□，楚曾侯鐘之昜字加止作□，則繒書之桿自亦可加止作□。此字說文所無。吳大澂謂即說文之榦，築牆耑木也。【楚繒書新考　中國文字第二十六册】

◉徐中舒　伍仕謙　榦，《詩·大雅·崧高》：「維邦之翰」，毛傳：「翰，幹也」。《詩·大雅·文王》：「維周之楨」，毛傳：「楨，幹也」。故幹楨同義。榦今通作幹。此言先王為國之楨幹。【中山三器釋文及宫室圖説明　中國史研究第四期】

◉曾憲通　□ 倀曰青榦　甲四·一五　□ 四曰□墨榦　甲四·三〇　選堂先生以為帛文青榦、墨榦二榦字皆釋為榦。帛書四神均以木為名，長幼二神則以榦為號，所謂青榦、墨榦者，或與圖中表示四時異色之木有關。【長沙楚帛書文字編】

◉許　慎　□榦也。从木。義聲。魚羈切。【說文解字卷六】

◉馬叙倫　榦檥以同舌根音轉注。榦音見紐檥音疑紐也。【說文解字六書疏證卷十一】

◉許　慎　□蓋也。从木。冓聲。杜林以為椽桷字。古后切。【說文解字卷六】

◉馬叙倫　鄧廷楨曰。構蓋雙聲。徐灝曰。冓構古今字。相承增偏傍。構之聲轉為桷。故杜林以為椽桷字。倫按蓋也以聲訓。冓為構之初文。亦即今所謂架也。冓桷雙聲。故杜林以為椽桷字。此校語。或字林文。【說文解字六書疏證卷十一】

模

素下殘石【石刻篆文編】

◉許　慎　模法也。从木。莫聲。讀若嫫母之嫫。莫胡切。【説文解字卷六】

◉馬叙倫　葉德輝曰。淮南説山訓。嫫母有所美。注。嫫讀模範之模。倫按模蓋造宮室之笵型。故字次栽築榦構之下。桴棟極柱之上。法也者以雙聲為訓。今言法度者。借法為笵或模。【説文解字六書疏證卷十一】

桴

桴　十五年相邦劍　中山王譽鼎　奮桴振鐸【金文編】

◉許　慎　桴棟名。从木。孚聲。附柔切。【説文解字卷六】

◉馬叙倫　鈕樹玉曰。繫傳韻會棟上有眉字。疑屋之譌。廣韻注。齊人云。屋棟曰桴也。玉篇作屋㮰也。嚴可均曰。名當作也。王紹蘭曰。許氏解桴為棟。義本爾雅。當依大徐為長。小徐作眉棟。眉即楣省。即是混棟於楣。倫按桴從呆得聲。見孚字下。呆音封紐。棟音端紐。同為清破裂音。轉注字也。爾雅釋宮。棟謂之桴。釋文引字林。極也。棟也。極音見紐。亦清破裂音。桴極亦轉注字也。棟也當作棟名。此字林文。字林每言名也。棟上蓋有屋字。字或出字林。【説文解字六書疏證卷十一】

◉殷滌非　羅長銘　桴字右旁作孚，是子字的別構。古保字或省作孑，桴從保得聲，此借為浮。毋予浮飤，是不要給他超額供應的意思。【壽縣出土的「鄂君啟金節」　文物一九五八年四期】

◉徐中舒　伍仕謙　桴與枹同。《史記·田叔傳》：「提桴鼓，立軍門」。《司馬穰苴傳》作「枹鼓」。《左傳》成公十二年：「左援桴而鼓」，注：「桴，鼓槌也」。【中山三器釋文及宮室圖説明　中國史研究四期】

◉戴家祥　鄂君啓節　字从木孚聲。古韻孚包同屬幽部，桴當讀為枹，説文六篇「枹，擊鼓杖也。从木包聲。」【金文大字典中】

棟

◉許　慎　棟極也。从木。東聲。多貢切。【説文解字卷六】

◉馬叙倫　鈕樹玉曰。一切經音義六及十四及十五竝引作屋極也。玉篇注亦有屋字。丁福保曰。慧琳音義卅二引。屋極也。二徐本奪屋字。倫按極為亼之後起字。亼象極形。極音羣紐。古讀歸見。見端同為清破裂音。故極轉注為棟。營造法式曰。

棟。其名有九。一曰棟。二曰桴。三曰檼。四曰棼。五曰甍。六曰極。七曰槫。八曰樟。九曰櫋。【説文解字六書疏證卷十二】

極 萬歲無極　極 建明德子千億保萬年治無極　極 王極【漢印文字徵】

極 開母廟石闕 于胥樂而罔極　極 皇極正而降休【石刻篆文編】

極 極【汗簡】

極 竝古老子　極 裴光遠集綴【古文四聲韻】

◉許　慎　極棟也。从木。亟聲。渠力切。【説文解字卷六】

◉高田忠周　遫 孟鼎 遫戡□自乒土　攈古録、恆軒吉金録並作徵，失止形，非。此明从辵从亟，亟蓋字聲也。古籀補云：極疑古殛字。又讀成為「覈三苗」之覈，非。愚謂説文極訓「棟也」。先哲云：極訓至者，至高也。蓋未為詳。今依此篆，爾雅·釋詁「極，至也。」詩崧高「駿極于天」，傳「至也」。易繫辭傳「太極」。又爾雅「東至於泰遠，西至於邠國，南至於濮鈆，北至於祝栗。謂之四極。」皆正字當作遫。行而至其所窮也，故从辵亟聲。亟者，疾也，急也。當兼會意。然則遫與徦同義也。銘意即為至亟境界。【古籀篇六十六】

◉馬叙倫　徐鍇曰。極。屋脊之棟也。桂馥曰。漢書天文志音義引李奇曰。三輔閒名棟為極。玉篘曰。薛徐注西京賦孟康注漢書枚乘傳章懷注後漢書蔡茂傳。皆以梁為極。異説也。倫按極為亼之後起字。亼象棟形。則極為棟之轉注字無可疑者。惟棟梁同為舌尖前音。故古或呼棟為梁矣。猶爾雅釋宮楣謂之梁。以楣為梁。字見急就篇。餘見亼下。【説文解字六書疏證卷十一】

柱 會柱私印　柱 井柱之印　柱 夏柱私印　柱 周柱【漢印文字徵】

◉許　慎　柱楹也。从木。主聲。直主切。【説文解字卷六】

楹

◉馬叙倫 鈕樹玉曰。繫傳作楹也。誤。倫按文選魯靈光殿賦注引倉頡。柱。枝也。誅僂切。營造法式曰。柱。其名有二。一曰楹。二曰柱。字見急就篇。【說文解字六書疏證卷十一】

◉周寶宏 《文物》一九九〇年7期載孫敬明先生、蘇兆慶先生《十年洱陽令戈考》,發表十年洱陽令戈銘文拓片和摹本,並釋為:十年洱陽令長疋司寇(寇)彗(平)相左庫工帀(師)重(董)米(棠)冶明無(模)鈢(鑄)戟(戟)。其中米(棠)字原銘作□形。按:此字當釋為柱字。此字形體从結構上分析當从□,从木。□旁與尚字的古文字各種形體差別很大,因此不當釋為尚字旁。又,《考古》一九八九年一期載楊明珠《山西芮城出土戰國銅戈》銘文照片和摹文,並釋為:十八年,莆反命籥,左工師即,冶□。其中最後一字缺釋,原銘作□形。按:此形與十年洱陽令戈之□字旁相同,皆从宀从主。□即宔字,也就是主字。侯馬盟書中山王銅器銘文等主字皆作□、□、□等形。據此,□字當隸作柱。釋為柱,見《說文》。【讀古文字雜記九則 于省吾教授百年誕辰紀念文集】

◉許慎 楹柱也。从木。盈聲。春秋傳曰。丹桓宮楹。以成切。【說文解字卷六】

◉馬叙倫 楹柱轉注字。柱音澄紐。古讀澄歸定。釋名釋宮室。楹。亭也。亭亭然孤立旁無所依也。亭音定紐。周禮考工記輪人。桯圍倍之。鄭司農注。桯。蓋杠也。借桯為楹。左傳晉欒盈。史記晉世家作欒逞。桯逞皆從呈得聲。呈音亦澄紐。是古亭盈呈音同。楹音喻紐四等。古讀亦歸於定也。【說文解字六書疏證卷十一】

樘

◉許慎 樘衺柱也。从木。堂聲。臣鉉等曰。今俗別作撐。非是。丑庚切。【說文解字卷六】

◉馬叙倫 鈕樹玉曰。韻會衺作邪。一切經音義十四引作柱也。段玉裁曰。文選靈光殿賦長笛賦李注皆引說文。樘。柱也。長門賦李注引字林。柱也。玉篇。樘。柱也。皆無邪字。蓋樘本是柱名。沈濤曰。龍龕手鑑亦無衺字。惟廣韻十二庚引作衺柱也。乃後人據今本改。倫按樘從堂得聲。堂音定紐。柱音澄紐。同為濁破裂音。則樘柱實轉注字。選注一引本書作柱也。一引字林亦作柱也。其實皆字林文。急就篇。蓋橑俾倪枙縛棠。顏師古注。棠。蹤也。在車兩旁以蹂距轅。使不得以崎也。鈕樹玉謂棠借為樘。則倉頡無樘字。此字或出字林。【說文解字六書疏證卷十一】

◉傅熹年 古代屋頂構架上斜置的構件除斜梁、角梁外,還有叉手。叉手古代叫牾。《釋名》:「牾在梁上,兩頭相觸牾也。」又叫樘。《說文》:「樘,斜柱也。」樘即棠。王延壽《魯靈光殿賦》:「枝樘杈枒而斜據」,張載注:「枝樘,梠梁上木也,長三尺。」李善

注：「牚，眉梁之上也，各長三尺。」可知梧指梁上的叉手，樘(或牚)指楣梁(即後代的闌額)上的斜撐或叉手，就是現在習稱為「人字栱」或托腳的前身。斜梁搭在楣或棼上，是壓彎桿件；叉手和托腳抵在梁或楣上，是軸心受壓桿件。二者受力情況不同，《說文》釋叉手、托腳為斜柱，説明古人對這幾種斜置桿件的受力情況是很清楚的。【陝西扶風召、陳西周建築遺址初探 文物一九八一年第三期】

◉陳漢平 古璽文有字作[glyph](2054)，舊不識，《古璽文編》隸定為裳。按此字從長，尚省聲，乃雙重聲符字，欲釋此字，當自從尚從長字中求之。與此相關者有一組異體字：樘、摚、振、敳。《説文》：「樘，觸柱也。從木堂聲。」《廣雅·釋器》：「樘，距也。」字亦通作摚，《何承天纂文》：「摚，觸也。」字亦作振，《字統》：「振，觸也。」字亦作敳，《廣雅·釋詁四》：「敳，揬也。」故此字當釋為樘、摚、振、敳。摚揬字今書作唐突。【古文字釋叢】

榰

◉許 慎 [seal]榰 柱砥。古用木。今以石。从木。耆聲。易。榰恆凶。章移切。【説文解字卷六】

◉馬叙倫 沈濤曰。一切經音義十六引作柱下也。蓋本作柱下砥也。嚴章福曰。柱砥當作柱氐石。校者誤合二字為一。許言柱氐石為榰。又恐學者不解從木之義。故下云。古用木。今以石。王筠曰。竊疑古亦不必用木。許云爾者。以字從木也。倫按古用木六字及引經自非許文。柱砥或柱氐石亦非本訓。爾雅釋言。榰。柱也。榰音照紐三等。與樘音徹紐柱音澄紐同為舌面前音。實轉注字也。書大傳。大夫有石材。庶人有石承。鄭注。石材。柱下質也。石承。當柱下而已。不出外為飾也。石材石承皆所以承柱。但石材更在承上。今杭縣柱下有石鼓以安柱。石鼓下復以方石承之。方石與地平。石鼓則出地上。石材石承乃所謂礎砥也。蓋自古無用木者。此蓋校者以字從木而訓柱砥。故加此説。其實説解蓋本作柱也砥也。柱其本義。砥也者。古或借榰為砥。音皆照紐三等。聲皆脂類。土部坻之重文作渚。是其例證也。字或出字林。【説文解字六書疏證卷十一】

楶

◉許 慎 [seal]楶 欂櫨也。从木。咨聲。子結切。【説文解字卷六】

◉馬叙倫 鈕樹玉曰。顧廣圻云。欂當作薄。本書無欂篆。而欂下云。壁柱。鍇本次欂於楣後。與楶絕遠。明非一物也。漢書王莽傳作薄櫨。鄭注禮記作薄盧。楊雄甘泉賦。擘薄櫨。文選注引説文薄櫨即此。然則許亦原用薄字。徐灝曰。爾雅釋宮。栭謂之楶。釋文。楶。音節。禮器正義引孫炎作節。李巡作楶。鄭注明堂位曰。山節。刻薄盧為山也。藻棁。畫侏儒柱為藻文也。按侏儒柱在梁上負欒。兩頭各一。貫欒而上出。以承檼。上出者謂之節。即格也。在下者謂之棁。字亦作棳。釋名云。棳。梁上短柱也。棳儒猶侏儒。短故以名之。王筠曰。此言欂櫨。是兩字為名也。其欂櫨枅三字下皆不言欂櫨。則是或欂或櫨。一字即是名也。廣雅云。欂謂之枅。五臣注魯靈光殿賦曰。欂。柱頭也。櫨。斗也。皆其明證也。淮南主術訓。短者以為侏儒枅櫨。又合兩名為矣。倫按爾雅釋宮。栭謂之格。釋文引字林。楶。欂櫨也。則此乃字林訓。李戒營造法式曰。枓。其名有五。一曰楶。二曰栭。三曰櫨。四曰楮。五曰枓。蓋由栭而轉為櫨。古音皆在泥紐也。欂櫨則聲同魚類連緜為詞。故以欂櫨訓格也。欂櫨或栭之俗名。故急就止作薄盧。鄭注禮記亦作薄盧也。此蓋字林文。【説文解字六書疏證卷十一】

欂

◉許　慎　欂壁柱。从木。薄省聲。弼戟切。【説文解字卷六】

◉馬叙倫　徐鍇曰。即壁中小柱。今人謂之破閒柱。鈕樹玉曰。玉篇廣韻引作壁柱也。玉篇有欂字。補各弼戟二切。欂櫨。枅也。下即欂字。引説文。音義竝同。廣韻鎛韻作欂。麥韻作欂。引説文。據此。疑説文本作欂。其字義竝後人改。玉篇所引亦後人增。廣韻承之。嚴章福曰。當作欂櫨。柱上枅也。文選魏都賦魯靈光殿賦長門賦注一切經音義一及七及十一及十四及十五引如此。皆欂下説解。倫按壁柱非許文。文選注及玄應一切經音義引倉頡。枅。柱上方木。山東江南皆曰枅。自陝以西曰楮。亦名欂櫨。蕭該漢書音義引字林。欂櫨。柱柎也。營造法式曰。栱。其名有六。一曰閞。二曰槉。三曰欂。四曰曲枅。五曰欒。六曰栱。曲枅即欂。與倉頡合。然則欂櫨二物。但為用相屬。故古或緜連用之。禮記明堂位釋文引字林。平碧反。倫謂欂當作欂。此字出字林。急就篇顏師古本作欂者。傳寫者以字林字易之。【説文解字六書疏證卷十一】

櫨

3・499　王卒左敀甗圖櫨里土　3・503　王卒左敀甗圖櫨里定　3・512　甗圖櫨里淳豆　3・513　甗圖櫨里淳豆

3・514　甗圖櫨里宔　3・516　同上　3・515　同上　3・336　楚章衜櫨里問　3・340　楚章衜櫨里何　3・344　楚章衜櫨里??　3・343　楚章衜櫨里贅　3・333　楚章衜櫨里鹿【古陶文字徵】

◉許　慎　櫨柱上柎也。从木。盧聲。伊尹曰。果之美者。箕山之東。青鳧之所。有櫨橘焉。夏孰也。一曰宅櫨木。出弘農

枅 枅

山也。落胡切。【説文解字卷六】

◉馬叙倫　桂馥曰。集韻引宅櫨木下有名字。沈濤曰。一切經音義一及七及十四及十五文選甘泉賦魯靈光殿賦長門賦注。皆引作欂櫨柱上枅也。魏都賦注引無上字。景福殿賦注引無欂字。是古本皆作枅。不作栭。漢書王莽傳。為銅薄櫨。師古曰。柱上枅也。亦本許書。欂櫨同物。今欂注訓為壁柱。恐亦後人改。丁福保曰。慧琳音義十四及十七及五十二五十九引皆作薄櫨柱上枅也。蓋古本如是。是徐本枅誤作栭。倫按爾雅釋宮釋文引字林。櫨。柱上栭也。蕭該漢書音義引字林。欂櫨。柱栭也。然則此是字林訓。欂櫨聲同魚類。故連緜為詞。玄應一切經音義引倉頡。櫝櫨。三輔舉水具也。舉水具者。即甲文之□字。本書彔字從之得聲。而篆誤為□。櫝櫨為□之長言。蓋□之俗名也。然櫨字雖亦見急就篇顏師古本。而皇象本止作盧。則故書也。而倉頡無櫨字。欂櫨止作薄盧耳。櫝櫨蓋亦本作櫝盧。傳寫者以櫝字從木。因而妄加木於盧旁。此類例證。古書多有也。抑玄應又引三倉。欂櫨。柱上方木也。字林。欂櫨。柱栭也。然則寫三倉者以字林字易之。例證亦多矣。伊尹曰以下廿二字。明是校者所加。説解柱上栭也。則經籍櫨字甚多。何煩獨取伊尹之説。況伊尹之説。乃説果木之櫨。則似當在一曰宅櫨木出弘農山下。蓋亦本在出弘農山之下。傳寫誤乙。一曰宅櫨木者。徐鍇謂山海經所載也。宅字玉篇作秅。然此十字亦校語或字林文。【説文解字六書疏證卷十一】

◉陳夢家　⿰木肩是封地。疑是説文櫨字。音近于鄠。【獻毀　西周銅器斷代】

◉許　慎　枅屋櫨也。从木。幵聲。古兮切。【説文解字卷六】

◉馬叙倫　徐鍇曰。斗上横木承棟者。横之似笄也。趙宧光曰。柱形聯上棟之機關也。嚴章福曰。屋下脱欂字。關下云。門欂櫨也。段玉裁曰。有枅有曲枅。枅者。倉頡篇。柱上方木也。曲枅者。廣雅云。曲枅謂之欒。辥綜西京賦注。欒。柱上曲木。兩頭受櫨者。釋名。欒。攣也。其體上曲。攣拳然也。字亦作栟。桂馥曰。廣韻。枅。承衡木也。莊子齊物論。似枅者。釋文。枅。音雞。又音肩。字林云。柱上方木也。簡文云。欂櫨也。朱駿聲曰。即爾雅關謂之槉也。徐灝曰。櫨之承欒。層疊而上。與幵之名義有合。故通謂之枅。渾而言之。屋櫨者。枅也。欒亦枅也。欒之兩端。曲而向上。故亦謂之枅耳。倫按營造法式曰。拱。其名有六。一曰閞。二曰槉。三曰欂。四曰曲枅。五曰欒。六曰栱。營造則例曰。中國構架中最顯箸且獨有之特徵。便是屋頂立柱間過渡的斗栱。椽出為簷。簷承於簷桁上。為求簷申出深遠。故用重疊的曲木翹向外支出。以承挑簷桁。為求減少桁與翹相交處的剪力。用斗形木塊斗墊托於上下兩層栱或翹之間。這多數曲木與斗形木塊結合在一起。用以支撐申出的簷者。謂之斗栱。但斗栱不限於簷下。建築物內部柱頭上亦多用之。所以斗栱不分內外。實是橫展結構與立柱間最重要的關節。略似弓形。位置與建築物表面平行的叫做栱。在翹的兩端。介於上下兩層間斗形方塊叫做斗。按營造法式為圖如下。

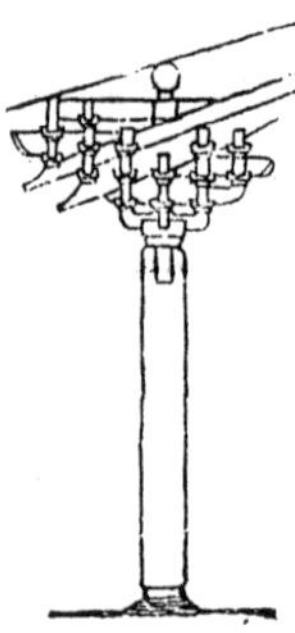

倫謂淮南主術訓。短者以為侏儒枅櫨。侏儒即棁。亦即棳。釋名。棳。梁上短柱也。廣雅。欂謂之枅。營造法式。栱。其名有六。三曰欂。四曰曲枅。玄應引倉頡。枅。柱上方木。山東江南曰枅。自陝以西曰楮。亦名欂櫨。爾雅釋宮釋文引字林。櫨。柱上枅也。營造法式。枓。其名有五。三曰櫨。四曰楮。然則櫨枅為一物。而枓栱為一物。櫨枅枓栱亦竝為一物。營造則例則上圖中之凵為枓栱。而凵為栱。凵為枓。而枓中之短柱即侏儒也。此三物相屬為用。故淮南以之竝舉。而欂櫨所以連緜為偁。亦山東江南所以曰枅而自陝以西所以曰楮也。枅者。高田忠周以為幵之後起字。本書幵下曰。平也。象兩干對構上平。兩干對構上平也。必非許文。且亦望文生義。干為大之県文。篆當作干。然大或作大。故県之或為干。安得對構上平之義乎。倫謂幵篆實當作幵。此上文栞重文作栞。則㚘即幵也。干羊一字。而羊篆作羊。即夫之県文。大夫一字也。然則㚘亦當作㚘。県之為幵。幵為異文。倫謂欂櫨本有象形之文。而與凵盧之凵與凵嫌不可分。乃連枓栱與柱而作𠀤。省變為篆作干。又與県大之干相掍。則茂其體作幵。對構上平或亦因此而生矣。然本無此義。惟幵音古賢切與肩同聲。蓋幵所以肩簷桁。其語原即肩。故字亦作㭊。猶豣之或作豜矣。肩則對峙相平者也。聲轉則轉注為寯為闕。亦或為欒。聲皆元類也。又轉則為古兮切。高注淮南曰音雞。是漢末讀枅已有雞音。幵音見紐。欂得聲於甫。甫音古在封紐。封見同為清破裂音。故又轉注為欂。音轉入竝。竝定同為濁破裂音。而古讀從歸定。栜音從紐。故又轉注為栜。又以音同見紐。借栱為枅。故一義而數名矣。爾雅釋文引字林。枅。柱上方木。【說文解字六書疏證卷十一】

栵 栭 檼 橑

◉許　慎　栵栭也。从木。㓝聲。詩曰。其灌其栵。良薛切。【説文解字卷六】

◉馬叙倫　爾雅釋木釋文引字林。音例。栵櫨音皆來紐。栭音日紐。古讀竝歸於泥。是相為轉注字也。【説文解字六書疏證卷十一】

◉許　慎　栭屋枅上標。从木。而聲。爾雅曰。栭謂之榕。如之切。【説文解字卷六】

◉馬叙倫　沈濤曰。文選魯靈光殿賦王命論注皆引作枅上梁。蓋古本如是。今本屋字亦衍。倫按枅上梁蓋字形文。爾雅釋宮。栭謂之榕。蓋栭轉注為栵。栵榕聲同脂類。轉注字也。栭栵二字蓋皆出字林。【説文解字六書疏證卷十一】

◉許　慎　檼棼也。从木。㥯聲。於靳切。【説文解字卷六】

◉馬叙倫　檼為今之轉注字。見今字下矣。爾雅釋文引字林。棼也。則此字林文。棼非檼也。字或出字林。【説文解字六書疏證卷十一】

橑　灰橑【漢印文字徵】

◉許　慎　橑椽也。从木。尞聲。盧浩切。【説文解字卷六】

◉馬叙倫　王筠曰。御覽引作根也。倫按杭州偁橑椽也。【説文解字六書疏證卷十一】

◉戴家祥　□矢人盤　□字阮元釋「杜」，積古齋鐘鼎彝器款識卷八第六頁。吳大澂説文古籀補六篇第一頁吳式棻據古録三之三第四十頁从之，劉心源釋「楮」，奇觚室吉金文述卷八第廿五頁。静安先生散氏盤考釋第三頁高鴻縉散盤集解第十六頁从之。諦審拓本□字，从木从□，點劃焯然。□伯毁「□于宗周」□作□，麥鼎「用鄉饗多寮友」寮作□，是□當釋橑。集韻下平三蕭尞翏俱音「憐蕭切」來母宵部，音聊，故鐐亦作鏐，嶚嵺同字，亦作嶛嵺。知橑亦同樛。樛為木名，與下平二十幽音「居虯切」者義殊。【金文大字典中】

桷

◉許　慎　桷榱也。椽方曰桷。从木。角聲。春秋傳曰。刻桓宮之桷。古岳切。【說文解字卷六】

◉馬叙倫　鈕樹玉曰。繫傳韻會從木角聲在椽方上。倫按左莊廿四年釋文引字林齊魯謂榱為桷。字或出字林。【說文解字六書疏證卷十一】

◉朱歧祥　从木角聲，隸作桷。《說文》：「榱也。从木角聲。椽方曰桷。《春秋》傳曰：刻桓宮之桷。」段注：「桷之言棱角也。」卜辭為殷地名。

《佚430》☐王其步☐于☐在正☐。【殷墟甲骨文字通釋稿】

椽

◉許　慎　椽榱也。从木。彖聲。直專切。【說文解字卷六】

◉馬叙倫　營造法式曰。椽。其名有四。一曰桷。二曰椽。三曰榱。四曰橑。古鈢作椽。【說文解字六書疏證卷十一】

榱

◉許　慎　榱秦名為屋椽。周謂之榱。齊魯謂之桷。从木。衰聲。所追切。【說文解字卷六】

◉馬叙倫　徐鍇曰。左傳。齊子尾抽桷擊扉三。慶封將死。猶援廟桷。動於甍。以此知齊魯謂之桷。鈕樹玉曰。韻會引無魯字。桂馥曰。爾雅釋宮釋文引同此。易漸卦釋文引作秦曰榱。周謂之椽。齊魯謂之桷。桓十年左傳釋文引。周謂之椽。齊魯謂之桷。莊二十四年經釋文引字林。齊魯謂榱為桷。御覽百八十八引。秦謂之榱。周謂之椽。魯謂之桷。韻會引徐鍇本秦名上有椽也二字。翟云升曰。爾雅釋宮釋文有椽下二字。倫按唐寫本切韻殘卷六脂引。秦名為椽。周謂榱。齊云桷也。然據爾雅釋宮釋文引。則許訓椽也。秦名以下十四字乃字林文。諸引不同者。古書經傳寫。而寫者各就誦記直書。不盡對本文故也。凡橑至榱四名一物。榱聲歌類。椽聲元類。歌元對轉轉注字也。椽從彖得聲。彖音通貫切。在透紐。橑音來紐。古讀歸泥。透泥同為舌尖前音。椽音澄紐。古讀歸定。亦舌尖前音。則橑椽亦轉注字也。橑聲宵類。古讀歸幽。桷聲矦類。幽矦近轉亦轉注字。字見急就篇顏師古本。【說文解字六書疏證卷十一】

古爾雅【古文四聲韻】

楣

◉許　慎　楣秦名屋櫋聯也。齊謂之檐。楚謂之梠。从木。眉聲。武悲切。【說文解字卷六】

梠 𣏾

梍

◉馬叙倫　𣏾鈕樹玉曰。玉篇引名作謂。翟云升曰。文選景福殿賦注引檐下梠上竝有梍字。王筠曰。方言。梠謂之欞。郭注。雀梠即屋檐也。亦呼為連緜。案此即齊謂楣為檐之證。倫按唐寫本切韻殘卷六脂引作秦名屋聯梍。周齊謂之檐。楚謂之梠。倫謂此本作□名秦謂屋聯緜也。櫋聯涉下文櫋字說解而誤。此字林文。齊謂兩句亦字林文。爾雅釋宮釋文引字林。楣。門樞之橫梁。此借楣為楣。或字誤。字或出字林。【說文解字六書疏證卷十一】

梠　中子化盤　用正梠【金文編】

◉許　慎　𣏾梠楣也。从木。吕聲。力舉切。【說文解字卷六】

◉吳榮光　說文。櫓。秦名屋櫋聯也。齊謂之檐。楚謂之梠。此楚器。用楚方言之梠宜矣。但正梠義。終不可曉。不強為說。

【周仲子化盤　筠清館金文卷四】

◉吳大澂　梠从木从二日。或說从吕。疑即古梠字。中子化盤。【說文古籀補附録】

◉馬叙倫　方言。梠謂之欞。借梠為欞。雙聲也。【說文解字六書疏證卷十一】

◉楊樹達　說文六篇上木部云：「梠，楣也。从木，吕聲。」釋名釋宮室云：「梠，旅也，連旅之也。」按吕聲字多含連侶之義，說見前第十四條栟櫚樓下。【增訂積微居小學金石論丛卷第一】

◉許　慎　梍梠也。从木。皀聲。讀若枇杷之枇。房脂切。【說文解字卷六】

◉馬叙倫　丁福保曰。慧琳音義八十三引作屋相也。倫按屋相當是屋楣或屋梠之譌。此蓋字林文。讀若亦校者加之。文選西京賦注引聲類。梍。屋連緜也。此字蓋吕忱據聲類加之。【說文解字六書疏證卷十一】

◉楊樹達　梍　說文六篇上木部云：「梍，梠也。从木，毗聲。」按毗从比聲，比聲孳乳字多含次比之義。說文八篇上比部云：「比，密也。二人為从，反从為比。」又十三篇下土部云：「坒，地相次比也。从土，比聲。」說詳說比篇。【增訂積微居小學金石論叢卷一】

櫋 □

◉許 慎 櫋屋櫋聯也。从木。邊省聲。武延切。【説文解字卷六】

◉馬叙倫 鈕樹玉曰。韻會無聲字。繫傳櫋作榜。誤。嚴可均曰。當作𦣞聲。沈濤曰。廣韻引作屋聯櫋也。桂馥曰。徐鍇韻譜作屋聯櫋。王筠曰。櫋在屋之邊。故曰邊省聲。聲兼意。倫按文選西京賦李注引聲類。梍。屋連緜也。聲類櫋下當亦同訓。字林每本聲類。倫謂此本作櫋。屋聯緜也。櫋乃隸書複舉字。屋聯緜也則字林訓。許當訓邊也。今捝矣。𦣞聲。𦣞為邊垂本字。𦣞聲者。語原然也。後人少見𦣞字。不審其義。改為邊省聲。字見急就篇。傳寫誤為櫋。顏師古本作𨎌。草書車木相近。亦誤也。【説文解字六書疏證卷十一】

檐 □

□檐 从詹省 王命傳賃節 一檐飤之 □ □鄂君啟車節 如檐徒屯廿檐以當一車 【金文編】

◉許 慎 □梍也。从木。詹聲。臣鉉等曰。今俗作簷。非是。余廉切。【説文解字卷六】

◉馬叙倫 丁福保曰。慧琳音義五十八引作梍也。亦名屋相。亦名連緜。二徐本逸亦名二句。又八十三引作屋相也。倫按音義引相字當為楣或梠之譌。此八字必校語也。自楣至檐凡五名一物。楣櫋雙聲。梍音奉紐。與楣櫋同為脣齒音。梠音來紐。古讀歸泥。與楣櫋為同邊音。檐從詹得聲。詹從厃得聲。厃音魚軌切在疑紐。疑亦邊音。故與楣梠櫋相轉注。楣梠櫋亦相為轉注也。爾雅釋天釋文引字林。檐。負也。乃擔字義。營造法式曰。檐。其名有十四。一曰宇。二曰檐。三曰樀。四曰楣。五曰屋垂。六曰梠。七曰櫺。八曰聯櫋。九曰橝。十曰房。十一曰廡。十二曰槾。十三曰檐梍。十四曰庮。【説文解字六書疏證卷十一】

◉唐桂馨 □ 説文無。

按。説文有詹檐而無厃。竊謂厃即檐之本字。屋南北向之正面也。世之治許書者皆知厃為屋檐。又以許書云。詹从言从八。而不知厃實全部象形。非从八也。□象屋上飾。□象屋蔭庇。八象屋檐下飾。□字亦从正面視。與厃字同意。【説文識小録 古學叢刊一九三九年五月第二期】

◉張振林 《鄂君啟節》車節銘文裏有這樣一句：「女(如)□徒，屯廿□台(以)堂(當)一車。」郭沫若先生釋□字為棓，謂「棓疑是背負的東西，猶今俗言背子。」从文義上看，這種解釋是可通的，至于為什麽要那樣解釋？郭氏卻没有作文字學上的說明。⊘對□字的解釋，各家是不一致的，且有很大的分歧。一、江德量釋棓，云「疑借作倍」；二、吳東發釋棓，讀作菴，方濬益、吳大瀓等从之；三、馮云鵬釋天槍天棓之棓，謂「天文紫薇垣外，右為天槍左為天棓，即此棓字」；四、劉心源謂為《公羊·成》二年「踊于棓而闚客」之棓，即今之案板；五、唐蘭先生釋為梄，讀作輶；連同郭、段、羅、流火三説的解釋，便有八種了。⊘那末，棓究竟當為何字？便有重新考慮的必要了。我根據多方面的心得體會，認為是「檐」字，兹提出三點理由，向前輩和讀者們請教。

一、⊘即以此兩節的棓字而論，其聲符就是《國差𦉜》的「𦉜」字之簡。意即是説，由「詹」省而為「咅」；雖然僅省去一、二筆，因筆勢結構已變，便令人一時難于捉摸。這講的是形。

二、檐字在古籍中，除用為建築物上的名詞簷、閻、櫩、檐的訓釋外，還有解作動詞的儋（擔）。《管子·七法篇》：「不明于則，而欲錯儀畫制，猶立朝夕于運均之上，擔竿而欲定其末」的檐字，據《管子集校》説，現在能看到的最古的宋楊忱本和明刻趙用賢本均作从木之「檐」，明刻的劉績本、朱東光本和無注古本改檐為「擔」。可見古代的「檐」字同今天的「擔」字在音義上是相同的。到了王引之，乃將擔字改為「搖」，謂即「搖」字。此後，學者多沿其説（見《管子集校》83頁），我以為那是臆改，不妥當的。《國語·齊語》有「負任擔荷」句，注云：「背曰負，肩曰擔。任，抱也。荷，揭也。」很明顯。《七法篇》該句的比喻，是謂竿檐于肩上，欲其兩端不動是很難的，从而説明「不明于則，而欲錯儀畫制」一定得不到什麽效果。肩不能恆静，其末就不定止，尹知章《管子注》説的「夫欲定其末，必先静其本。」正是這個意思。這講的是音義。

三、《爾雅·釋天》郭璞注：「今荆楚人呼牽牛星為檐鼓。檐者，荷也。」《楚辭·哀時命》：「負檐荷以丈尺兮，欲伸要（腰）而不可得！」王逸注：「背曰負，荷曰檐。……檐一作擔。」洪興祖補注：「檐、擔並都濫切。」這是據楚方言談的。

綜上所言，檐以肩訓荷，是齊語也是楚方言；若按照文字的源流和發展看，先有從木之「檐」，然後才有从手之「擔」；從古今文字形體結構轉變而言，棓即檐字。因此，我認為以楚方言釋楚器上的棓字為檐，再聯係該國人民負重用肩擔而不用背負的習慣（鄂、湘、皖、贛諸省至今仍然如此），所釋是較為恰當的。【「棓徒」與「一棓飤之」新詮　文物1963年第3期】

◉許學仁　就文字形體結構觀之，國差𦉜𦉜字偏旁作詹，齊侯甔甔字偏旁作詹，漢印「儋耳」儋字所从之詹，皆節文㕣字之孳乳。㕣，从八言聲。八象分别相背之形，㕣有分擔之意，義正相承。而从八作ハ，與楚器崇字上半作尚者同意。而所从之言作言言，中省直筆，乃晚周言字之省變，古鉨文字徵信作信，哲言鉨作訛（三卷頁一——二），楚器邵王鼎諻字从言作諻，（三代三·十一·一，又七·十七·四有同銘異笵邵王𣪕一，諻字異構作諻，直筆不省），繒書痞作瘖（甲11·26「民祀不痞」），皆其例也。知㕣為字根，孳乳而為詹儋。棓即檐儋之初文，古籍擔荷字本作檐或儋，漢書蒯通傳：「守儋石之禄者。」注：「一人之所負儋也。」今則作「擔」。

次就其音韻言之，說文：「檐，㮰也。从木詹聲。」而詹字从言从八从厃，段注謂从厃聲，徐灝謂从广聲，皆不主从言聲，于省吾推尋其故，略稱「古韻言屬元部，詹屬談部，二部很少通協，其實言音二字同源異流，金文言字所从之口，往往加之以點或小橫，與音字無別。伯矩鼎用言王出入使人，言應讀作音，通歆，歆謂歆饗。楚王領鐘：『其聿其言』，即『其聿其音』，再以典籍證之，墨子非樂上的『黃(簧)言孔章』，呂氏春秋順說的『而(如)言之與響』，列子說符的『言美則響美』三個言字，並應讀作音。古韻音屬侵部，詹屬談部，侵談通協。」

檐字於古籍之義訓，除說文：「檐，㮰也」之義外，尚有解為「擔」「儋」之義者，楚辭哀時命：「負檐荷以丈尺兮，欲伸要而不可得。」王逸注：「背曰負，荷曰擔」，又云：「檐一作擔」，洪興祖補注，並都鑑切。又爾雅釋天郭璞注：「今荊人呼牽牛星為檐鼓。檐者，荷也。」後者且為楚地方言之音證。

準此，檐徒，亦即檐荷之人。猶今言「挑夫」，節文謂「檐荷之挑夫皆以二十檐以抵一車。」而龍節則描敘驛傳之制，行抵該地，除依常規供館舍，尚須供應「一檐之饌食」。【楚文字考釋　中國文字第七期】

橝

◉許　慎　橝屋梠前也。从木。覃聲。一曰蠶槌。徒含切。【說文解字卷六】

◉馬叙倫　段玉裁曰。方言言蠶槌備矣。獨無橝字。桂馥曰。一曰蠶槌者。疑植字訓。誤入橝下。月令。具曲植籧筐。注云。時所以養蠶器也。植。槌也。一切經音義七。植。縣薄柱也。嚴章福曰。方言注。槌。懸蠶薄柱也。宋魏陳楚江淮之間謂之植。自關而西謂之槌。下文。植。户植也。疑此一曰四字本在植下。朱駿聲曰。此誼與檐略同。橝檐雙聲。蠶槌之誼與梭同。梭橝雙聲。倫按橝為檐之轉注字。檐音喻紐四等。古讀歸定。橝音定紐也。屋梠前也疑本作梠也屋前也。屋前也校語。一曰蠶槌者。蓋借為槌。槌音澄紐。古讀歸定也。餘見槌下。【說文解字六書疏證卷十一】

樀

◉許　慎　樀户樀也。从木。啻聲。爾雅曰。檐謂之樀。讀若滴。都歷切。【說文解字卷六】

◉馬叙倫　鈕樹玉曰。繫傳作樀也蓋譌脱也。嚴可均曰。韻會十二錫引作檐也。小徐檐謂之樀下有樀朝門。按門部。闔謂之樀。樀。廟門也。與此互明。徐灝曰。户字衍。鍇本無之。樀乃檐之譌。楚金云。據許慎指曰。朝門之檐。即其明證。樀朝門三字淺人加之。朝門廟門同一樀字。倫按樀音端紐。然從啻得聲。啻聲支類。檐從厃得聲。厃聲亦支類。故檐亦謂之檜。是轉注字也。與檟亦轉注字。檟音定紐。檜音端紐。同為舌尖前破裂音也。本訓檜也。户檜也蓋字林訓。或户字涉上文檟下屋字而誤衍。檜乃隸書複舉字。傳寫捝本訓。爾雅曰以下校者加之。鍇本有樀朝門三字者。本是繫傳中語。傳文本作臣鍇曰。據許慎字指曰。檜。朝門之檜也。今指上捝字字。曰下捝樀字。則不可通矣。蓋檜朝門三字皆由繫傳中傳寫譌入。故鉉本無之。許慎字指蓋即江式請書吏表所謂陳留邯鄲湻亦與揖同博開古藝。特善倉雅許氏字指之許氏字指也。然非即說文解字。知者。樀。朝門之檜也。詞例不與許書說解相符。而江表後文皆曰許慎說文或許氏說文不復偁字指。倫意江表所舉倉雅不止謂倉頡篇及爾雅。蓋并倉頡故爾雅舍人注等言也。蓋倉頡體似急就及後世千字文。初無訓釋。淳豈但誦倉頡本文如兒童邪。況如凡將急就元尚之類彼時猶存。豈不復習邪。博開古藝自指通故訓。故揖自為三倉訓詁。兼作古今字詁埤蒼也。然則許氏字指亦謂說文及說文注釋。倫謂許慎作說文解字。顧名思義。蓋甚簡單。僅作某。某也。象形。某。某也。從某。象形。某。某也。從某。從某。某。某也。從某聲。此據李燾謂字林甚簡而字林坿託說文。可以推知者也。然則諸書所引字林亦或非盡忱文。抑李見字林亦非完本。故表上行世以後。其弟子或治其學者。即有為之作注者。故名曰許氏字指。本書引賈侍中說數條。昔人以其獨偁官而不名。謂是許慎尊師故然。倫以為此或為許慎弟子所加。或即出許氏字指。漢人箋注於前人偁官而不名者。鄭玄注禮偁鄭司農。即其例矣。隋書經籍志有後漢書太子中庶子郭顯卿雜字指一卷。或謂許氏字指即此書。然隋志言古文官書為後漢議郎衛宏撰。今證得官書實晉衛恆譔。則郭書亦非後漢人為矣。即為漢人所作。亦未必即許氏字指也。【說文解字六書疏證卷十一】

植 植

 陸植  郙植之印 【漢印文字徵】

  植  植 【汗簡】

 裴光遠集綴  古尚書  碧落文 【古文四聲韻】

◉許　慎　植户植也。从木。直聲。常職切。𣗮或从置。【說文解字卷六】

◉馬叙倫　玄應一切經音義引倉頡。户旁柱曰植。文選景福殿賦注引倉頡。種也。乃稙字義。蓋倉頡即以植為稙。無稙字也。倫謂户植也蓋本作植。直也。户旁柱曰植。植為隸書複舉字。户旁柱曰植字林文。呂忱每依張揖三倉訓詁為訓。而郭璞又

樞 [glyph] 槏 [glyph] 樓 [glyph]

每依字林作訓。使玄應所引為訓詁。則呂依張也。如引解詁。則郭依呂也。植為柱之轉注字。植音禅紐。柱音澄紐。同為舌面前音。古讀並歸於定也。字失次。

[glyph] 倫按或上捝植字。【說文解字六書疏證卷十一】

◉黃錫全 [glyph] 夏韻職韻釋為「植」是，此脱注。侯馬盟書植作[glyph]，《說文》或體作[glyph]，此网形省从冈，如同石鼓文罟作[glyph]、侯馬盟書罝作[glyph]等。雲夢秦簡置作[glyph]、[glyph]，長沙馬王堆漢墓帛書《五十二病方》置作[glyph]，並與此「置」形類同。【汗簡古文注釋卷三】

◉許　慎 [glyph]户樞也。从木。區聲。昌朱切。【說文解字卷六】

◉馬叙倫 户樞也蓋字林文。【說文解字六書疏證卷十一】

◉許　慎 [glyph]户也。从木。兼聲。苦減切。【說文解字卷六】

◉馬叙倫 桂馥曰。户也者。疑有闕文。廣韻。槏。牖旁柱也。集韻。牖邊柱謂之槏。通作簾。謝惠連詠牛女詩。升月照簾櫳。倫按户下有捝文。義未詳。以字次及謝詩證之。或為櫳之轉注字。【說文解字六書疏證卷十一】

[glyph] 樓 為二二【睡虎地秦簡文字編】

[glyph] 樓信 [glyph] 樓平私印 [glyph] 樓賢 [glyph] 樓如意印 [glyph] 樓廣漢 [glyph] 樓延年【漢印文字徵】

[glyph] 王惟恭黃庭經【古文四聲韻】

◉許　慎 [glyph]重屋也。从木。婁聲。洛侯切。【說文解字卷六】

◉馬叙倫 丁福保曰。慧琳音義廿五引作重屋覆也。蓋古本如此。倫按今謂重屋曰樓。若加覆字。樓是何物。玄應一切經音義引倉頡。楼閣也。謂重屋覆道者。覆道謂由梯而上下也。然則此蓋呂忱據倉頡訓詁加之。今有捝字。許當止以聲訓。然從木而曰重屋。非本義。重屋者。初文為高。轉注字為廔。此為麗廔之廔本字。櫳之音同來紐轉注字。其聲亦東侯對轉。

可證也。故次龔上。釋名釋宮室。樓言牖户諸射孔婁婁然也。女部。婁。空也。空即樓之引申義。字見急就篇。【說文解字六書疏證卷十一】

龔 [seal]

◉許　慎　[seal]房室之疏也。从木。龍聲。盧紅切。【說文解字卷六】

◉馬叙倫　段玉裁曰。疏當作䟽。䟽者。門户疏窗也。徐灝曰。龔之引申為凡疏通之偁。絫呼曰櫺龔。玉之玲瓏。言其刻畫疏通也。艸木之蔥蘢。言其枝葉扶疏也。櫺龔之聲轉為歷録。重言之曰。歷歷録録。又曰。離離。下文有櫳篆。檻也。戴侗曰。龔櫳實一字。檻鳥獸者。亦以木為交疏。故通謂之櫳也。倫按疏房室之疏也不可通。如段說則龔即䟽。䟽為囱之轉注字。囱為窗之初文也。然則不必有房室之三字。且房室亦不能連文也。此自非許文。即為字林訓。亦有譌挩。七篇。囧。窗牖麗廔闓明也。讀若獷。賈侍中說。讀與明同。明音武兵切則在微紐。龔音來紐。古讀歸泥。同為邊音。囧以透光得明為義。明即其語原。故耳通曰聰。亦得聲於囱。悤為囱之轉注字。轉音為龍。故囱亦曰龔。而獸檻為櫳。鳥檻亦曰籠。燒燭以引路者曰鐙籠。玉之刻畫疏通曰玲瓏。後轉為通。故道之不塞者曰通。由龔復轉為疋。疋為籬之初文。由囧轉為囱。囱音穿紐。古讀穿審竝歸於透。故囱轉為䟽。而女子産子通而無難曰疏。詳疏字下。字盖出字林。【說文解字六書疏證卷十一】

楯 [seal]

◉許　慎　[seal]闌檻也。从木。盾聲。食允切。【說文解字卷六】

◉馬叙倫　嚴可均曰。一切經音義二引。闌。檻也。下有注曰檻横曰楯是也八字。楚詞招魂注亦有此語。丁福保曰。慧琳音義引作欄也檻也。倫按漢書司馬相如傳注。應劭曰。楯。闌檻也。則此作闌檻也。或吕忱本應説作訓。然慧琳所引。或是故書。闌即今所謂門檻之檻本字。故門部闌訓門遮也。楯次龔櫺之閒。不得訓為門遮。若史記索隱引纂要。宮殿四面欄。縱者曰欄。横者曰楯。則宮殿廉上之防人隕隊者也。即今所謂欄杆。亦即欄杆之杆本字。猶盾之或名為干矣。欄之初文甲文作[glyph]。象編木而豎之。轉注作欄。或作楯。欄音來紐。古讀歸泥。楯音牀紐。古讀歸定。定泥同為舌尖前音也。字蓋出字林。【說文解字六書疏證卷十一】

◉賀昌群　第十四簡　承弩⿰巾盾一　按承字，沙書第一一五簡作奉，誤。考釋云：「承弩⿰巾盾，未詳何物。」今按⿰巾盾即楯之或作，楯為漢時五兵之一，續漢志補注引漢官儀云：游徼亭長，皆習設備五兵，五兵：弓、弩、楯、刀、劍之屬。陳湯傳：鹵楯為前，戟弩為後，

是也。【流沙墜簡校補第十四簡　圖書季刊第二卷第一期】

櫺

◉許　慎　櫺楯間子也。从木。霝聲。郎丁切。【說文解字卷六】

◉馬叙倫　沈濤曰。一切經音義十四十八皆引作窗楯間子也。蓋古本如是。窗與楯皆有櫺也。今本奪囱字。卷四引。霝。楯間子也。亦窗櫺子也。乃後人習見今本無窗字。妄改如此。非許原文如此。亦非元應原如是也。又文選西都賦注引同今本。曹植贈徐幹詩注引。櫺。窗間也。當是崇賢節引。故兩處不同。若御覽百八十八引。則後人據今本改矣。又文選曹植褉體詩注引作楯欄也。乃傳寫奪誤。王筠曰。李注曹植贈徐幹詩注引作窗間孔也。孔字似是。但羣書作孔字者少。作子者多。未敢定耳。戚學標曰。繫傳作楯間木。譌。朱駿聲曰。子當作孔。廣雅釋詁三。靈。空也。以靈為之。江淹褉體詩。曲櫺激鮮飈。注。窗間孔也。倫按説解當曰窗孔也。子當為孔之壞文。楯字似上文楯下複舉字誤入。依曹植詩注引則作窗間孔也。然非許文。字亦或出字林。櫺當為龔之音同來紐轉注字。窗孔者。後世窗上精為鏤飾。遂以名之。或曰。本有楯也窗間孔也兩訓。楯也者。借櫺為欄。【説文解字六書疏證卷十一】

杗

前二・一九・五　乙・一四八一【甲骨文編】

前2・19・5【續甲骨文編】

◉許　慎　杗棟也。从木。亡聲。爾雅曰。杗廇謂之梁。武方切。【說文解字卷六】

◉馬叙倫　段玉裁曰。當以爾雅曰八字冠於從木之上而删棟也二字。棟與梁不同物。棟言東西者。梁言南北者。上文言棟為未及梁。故於此補之。嚴章福曰。杗與棟別。杗即梁。不得訓棟。段氏云。棟言東西者。梁言南北者。則此棟疑梁之誤。王筠曰。棟也者。蓋博異語也。上文。極。棟也。古多謂極為梁。薛綜西京賦注曰。三輔名梁為極。孟康注漢書枚乘傳。西方人名屋梁為極。後漢書蔡茂傳。夢坐大殿極上。注。極。殿梁也。然則謂極為梁。則亦謂梁為棟矣。倫按營造法式。梁。其名有三。一曰梁。二曰杗廇。三曰欐。莊子秋水。梁麗可以衝城。而不可以窒穴。梁麗即杗廇之假借字。義與爾雅相應。此棟也上蓋捝一訓。三輔謂梁為極者。極實聲於羊。羊梁聲同陽類。梁音來紐。古讀歸泥。極音見紐。以東聲之闌音入來紐監聲之檻音亦來紐例之。則梁得借為極。蓋方音所限。非通名也。甲文有。疑即杗字。引經校者加之。字或出

字林。【説文解字六書疏證卷十一】

◉李孝定 前二·十九·五 商承祚類編六卷二葉收此作杗。無説。諸家从之。

按説文。杗。楝也。从木亡聲。爾雅曰。杗廇謂之梁。此从木从亡。商釋杗可从。古文偏旁上下左右每無定格。字在卜辭為地名。【甲骨文字集釋第六】

◉許　慎　楝短椽也。从木。束聲。丑録切。【説文解字卷六】

◉馬叙倫　段玉裁曰。此當與桷榱椽為類。而廁此者。亦以補前也。廣雅。楝。椽也。倫按椽音澄紐。楝音徹紐。同為舌面前音。是轉注字也。短椽也者。今杭縣屋椽每有椽口復接一短椽者。故以名與。此非本訓。或字出字林。【説文解字六書疏證卷十一】

◉許　慎　杇所以涂也。秦謂之杇。關東謂之槾。从木。亏聲。哀都切。【説文解字卷六】

◉馬叙倫　鈕樹玉曰。韻會涂作塗。槾作鏝。翟云升曰。後漢書明紀注引作飲器也。別義。見公羊宣十二年傳注。倫按所以以下十三字蓋字林文。本訓挩矣。玉篇。杇。槾也。或本許書。或作涂也。以聲訓。飲器也盂字義。【説文解字六書疏證卷十一】

◉許　慎　槾杇也。从木。曼聲。母官切。【説文解字卷六】

◉馬叙倫　杇槾轉注字。杇聲魚類。槾聲幽類。然杇從于得聲。于丂一字。丂聲亦幽類。則轉注字也。金部以此為鏝之重文。嚴可均謂此重出。倫謂金部重出耳。【説文解字六書疏證卷十一】

◉許　慎　椳門樞謂之椳。从木。畏聲。烏恢切。【説文解字卷六】

◉馬叙倫　段玉裁曰。謂樞所隱謂之椳也。徐灝曰。削木為半弧形。宛中以居門軸也。大射儀曰。以袂順左右椳。鄭注。椳。弓淵也。樞為半弧。與弓淵相似。故謂之椳矣。倫按門下有挩字。樞謂之椳則吕忱或校者據爾雅釋宮加之。樞音穿紐。然歐亦從區得聲而入影紐。古讀樞如歐。故轉注為椳。字蓋出字林。【説文解字六書疏證卷十一】

楣

◉許　慎　楣門樞之横梁。从木。冒聲。莫報切。【説文解字卷六】

◉馬叙倫　鈕樹玉曰。釋宫。楣謂之梁。釋文。楣。或作相。引埤蒼云。梁也。吕伯雍云。門樞之横梁。引説文云。秦名屋櫋联也。是仞楣為楣。倫按字蓋出字林。為宋之音同明紐轉注字。【説文解字六書疏證卷十一】

梱

◉許　慎　梱門橛也。从木。困聲。苦本切。【説文解字卷六】

◉馬叙倫　此以門橜説梱。橜為闑之借字。詳橜字下，十二篇。闑。門梱也。似梱闑為轉注字。然闑為木樹於門者。故禮記曲禮。出入君門。由闑右。注。闑。門橜。又。外言不入於梱。注。梱。門限也。此下文。榍。限也。十二篇。閾。門榍也。閾榍疊韵轉注字。榍限脂真對轉。故以限訓榍。而梱限聲同真類。梱榍梱閾皆脂真對轉。則鄭許雖異義而音皆可通。惟闑以左右分。閾以内外分。故曲禮曰。外言不入於梱。史記張釋之傳。閫以内者。皆以内外言也。史記循吏傳。使高其梱。梱亦謂門限。玄應一切經音義一引三倉。梱。門限也。二引三倉。閫謂門限也。是梱之義以鄭為長。李慈銘謂閫梱異字。閫為門限。梱是門橜。説文偶捝閫字。以致糾葛。似為調停之説耳。不得同涉於門之事。而又地位相近之物。竟為同從困聲之字也。若闑梱聲亦脂真對轉。蓋語原同。門橜也非本訓。或字林文。許當以聲訓。【説文解字六書疏證卷十一】

榍

◉許　慎　榍限也。从木。屑聲。先結切。【説文解字卷六】

◉馬叙倫　自部。限。一曰。門榍也。然門榍即榍字義。限之本義為阻也。榍所以阻出入。語原同也。限音匣紐。榍得聲於屑。屑從佾得聲。佾音曉紐。曉匣同為舌根摩擦音也。故以限訓榍也。【説文解字六書疏證卷十一】

柤

柤　柤城之印【漢印文字徵】

◉許　慎　柤木閑。从木。且聲。側加切。【説文解字卷六】

◉馬叙倫　十二篇。閑。闌也。闌。門遮也。是柤榍同義。轉注字也。柤從且得聲。且音精紐。榍音心紐。同為舌尖前音。又榍得聲於八。音在封紐。而古讀照歸端。柤音照紐也。又皆清破裂音。十四篇限阻之轉注。亦同此理。可互證也。木閑蓋本作柤閑也。有捝誤耳。字蓋出字林。玉篇為樝之重文。唐寫本木部殘卷有此字。莊余切。【説文解字六書疏證卷

十二】

槍 槍 為二三【睡虎地秦簡文字編】

槍 槍忠之印 槍 槍博【漢印文字徵】

◉許 慎 槍歫也。从木。倉聲。一曰。槍。欀也。七羊切。【説文解字卷六】

◉馬叙倫 鈕樹玉曰。欀。繫傳作攘。是也。説文無欀。莫友芝曰。唐寫殘本作一曰。槍。推攘。欀當作攘。手部。推。排也。攘。推也。推攘猶言排擠。倫按三篇。歫。一曰。搶也。搶當為歨。已詳彼文。此訓歫也即歨字義。莊子逍遥遊。槍榆枋而止。漢書司馬遷傳。見獄吏則頭槍地。皆借槍為歨。槍從木無歫義也。槍次柤下楗前。楗下曰。限門也。或此歫下奪門字。歫門在内者為楗。在外者為槍。周禮考工記職金注。用金石者。作槍雷推椁之屬。漢書揚雄傳。木擁槍累以為儲胥。蘇林曰。木擁。柵其外。又以竹槍累為外儲胥也。今杭縣謂壁欲圮以木斜支之曰槍。又謂以竹為籬以拒入者曰槍笆。皆可為證。又杭縣謂壁欲圮以木斜支之亦曰打撐。撐亦從尚得聲。則正借槍為歨之例證。亦足相證。槍以歫門。故拒人之物亦曰槍。玄應一切經音義引倉頡木兩端鋭曰槍。慧苑華嚴經音義引倉頡。槍。謂木兩頭鋭者也。通俗文。剡木傷盜曰槍。槍音清紐。榍音心紐。柤得聲於且。且音精紐。同為舌尖前音。然則語原蓋同矣。一曰槍欀也者。當依唐寫本作一曰槍推攘。今杭縣謂推人向後而己向前曰槍上去。或曰。推為槍之誤。形相近也。槍攘者。疊韻連語。莊子在宥作傖囊。崔譔本作戕囊。云。戕囊。猶槍攘。晉灼漢書注曰。槍攘。亂皃也。槍攘之義生於攘。攘借為㪔。今字作嚷。此校語。唐本作槍。凡从字皆作從。【説文解字六書疏證卷十一】

楗 楗鹽左丞 楗 楗為太守章 楗 楗為太守章【漢印文字徵】

◉許 慎 楗限門也。从木。建聲。其獻切。【説文解字卷六】

◉馬叙倫 鈕樹玉曰。韻會引作門限也。席世昌曰。南都賦注引説文曰。距門也。此作限。乃歫之誤。段玉裁曰。老子釋文亦作距門也。當作歫。倫按唐寫本木部殘卷於注解弟一字僅存止旁。莫友芝謂蓋歫字爛文。文選注引作歫。頭陀寺碑注引

櫼　楔　柵

字林亦曰楗。距門。倫疑本訓限也。距門也字林文。限也以聲訓。【説文解字六書疏證卷十一】

◉許　慎　櫼楔也。从木。韱聲。子廉切。【説文解字卷六】

◉馬叙倫　段玉裁曰。玄應書曰。説文。櫼。子林反。蓋本説文音隱。倫按蓋字林音。唐本作櫼。音子廉。【説文解字六書疏證卷十一】

◉許　慎　楔櫼也。从木。契聲。先結切。【説文解字卷六】

◉馬叙倫　丁福保曰。慧琳音義卅引。開木具也。蓋古本一曰以下之奪文。倫按櫼楔同舌尖前音轉注字。開木具也蓋字林文。唐寫本木部殘卷作楔。可轄先結二音。【説文解字六書疏證卷十一】

柵　後下29·12【續甲骨文編】

◉許　慎　柵編樹木也。从木。从冊。冊亦聲。楚革切。【説文解字卷六】

◉馬叙倫　沈濤曰。一切經音義十四十八皆引作編豎木也。十九又引作編豎木者也。蓋古本作豎不作樹。王筠曰。不取書冊義也。龔橙曰。古文當為冊。後加木以別於冊。葉玉森曰。卜辭有柵字。疑即柵字。象形。倫按唐寫本木部殘卷作柵。音叉白。編豎木也。從木。刪省聲。豎即豎之譌體。刪省聲者。由後不明刪亦從冊聲者所加也。柵從冊得聲者。非書冊字。王筠張文虎諸家沿大徐誤本。謂從冊以取其形。非是。甲文之柵。實柵之初文。象樹木而豎之。篆變為冊則與書冊字不殊。故加木以異之。依後起字例。當為從木冊聲。但楚革叉白二音。均依書冊字為切。本書刪姍諸從冊得聲者。實當從柵得聲。柵為欄之初文也。晉書音義引字林。柵。編豎木也。側白反。字或出字林。餘見侖下。【説文解字六書疏證卷十一】

◉葉玉森　後下二十九有柵字。从三直木。一横木。疑柵之象形文。説文「柵，編樹木也。从木从冊。冊亦聲。」按冊非聲。乃象柵形。前七·十二冊作冊。象四札二編。柵則象三木一編。【殷契鉤沈】

◉李孝定　柵説文。「柵。編樹木也。从木从冊。冊亦聲。」樹或作豎。此正象編樹豎木之形。字形近冊。故篆文變作从冊也。

杝 □　　欜 □

葉說可从。馬氏釋侖。非是。侖訓思。訓理。均與編豎木之形無涉也。此辭殘泐。其義不明。【甲骨文字集釋第六】

◉張亞初　□、□（綜類一八五頁、甲骨文編六四六頁）、□、□（綜類二三五頁，甲骨文編七七一頁）　這兩個字為舊所不識。□、□為柵欄之柵，象插數根樹枝，以橫木編成柵欄之形。此為□之省（綜類一九〇頁）。集篆古文韻海卷五麥韻柵作□，猶存古形。古文字偏旁，从冊之字往往作□，為舊所不解。我們認為，這是偏旁字中冊、柵可以通作的緣故。从柵从鳥的⿰柵鳥字，也就是⿰冊鳥字。這個字也見于春秋時期的魯宰駟夫鬲（考古一九六五年一一期五四一頁），其銘文為：「魯宰駟夫作姬駟媵鬲」，姬駟為人名。卜辭之駟為族氏人名。駟字本義應是一種鳥名。卜辭之柵是與商敵對的方國名。【古文字分類考釋論稿　古文字研究第十七輯】

□ 3334【古璽文編】

◉許　慎　□落也。从木。也聲。讀若他。池尒切。【說文解字卷六】

◉馬叙倫　鈕樹玉曰。趙凡夫鈔本他作陀。嚴可均曰。說文無他字。五音韻譜作阤。嚴章福曰。許說解用字不拘。倫按唐寫本木部殘卷作□。音力支。他字作池。莫友芝謂此解當是兩端讀若池。又讀若陀。如䖤讀若灰。一曰若賄。咠讀若戢又若呶之例。段玉裁謂許時杝為籬字。人人所知。而杝之讀又如或如阤。故箸之。則鈕樹玉糾之矣。且讀若為後人加也。杝為㳄之轉注字。落也以聲訓。【說文解字六書疏證卷十一】

◉許　慎　□夜行所擊者。从木。橐聲。易曰。重門擊欜。他各切。【說文解字卷六】

◉馬叙倫　嚴可均曰。御覽三百卅八引作行夜所擊木也。嚴章福曰。引易校者依篆改。榜下引作擊榜。蓋本在此。校者嫌其與篆體違異。又移彼耳。倫按唐寫本木部殘卷亦作夜行。然據九家易注及周禮宮正注。則作行夜為長。此蓋字林文。易繫詞釋文引字林。他各反。唐寫本作□。【說文解字六書疏證卷十一】

◉蕭　璋　欜，夜行所擊者。从木橐聲。易曰：「重門擊欜。」（他各切。）按詩小雅斯干：「椓之橐橐」，以橐橐狀杵椓之聲。（本集傳說。）欜之聲義疑亦相近。而段氏以其物虛其中而易響，如今之敲梆，故字從橐。（本字注。）章氏以為榜之孳乳，義取判裂。（文始五乇字下。）又各具一說也。【釋至　國立浙江大學文學院集刊第三集】

桓 桓

桓 桓武里附城　桓 漢保塞烏桓率衆長　桓 桓毋害　桓 桓光　【漢印文字徵】

〓 桓見石經　〓 桓　【汗簡】

〓 王存乂切韻　【古文四聲韻】

◉許　慎　桓亭郵表也。从木。亘聲。胡官切。【説文解字卷六】

◉馬叙倫　漢書辥宣傳黄霸傳兩言郵亭。則此亦當作郵亭。且郵為垂之後起字。詳郵字下。亭垂亦不可通也。然桓非專立於郵亭。漢書酷吏傳。瘞寺門桓東。如淳曰。縣所治夾兩邊各一桓。然則桓亦非專訓郵亭表也。此蓋字林文。本訓捝矣。唐寫本作桓。音丸。【説文解字六書疏證卷十一】

◉朱芳圃　〓前一・一九・三　〓前一・四二・一　〓前四・二一・三　〓前五・一六・二　〓前六・六三・六　〓林一・一一・八　〓林一・二一・一〇　〓戩四九・一

桉上揭奇字，象兩弋並植形，當為桓之初文。説文木部：「桓，亭郵表也。从木，亘聲。」戴侗曰：「柱之植立者曰桓。雙植以為門者謂之桓門，亦謂和門，亦謂華表。桓、和、華一聲也。……古者諸侯之葬植桓楹，穿中為鹿盧以縣率下棺。天子之葬，斲石為碑以為鹿盧。記曰『公室視豐碑，三家視桓楹。』後人效之，因刻碑焉以志墓，謂之桓碑也。」六書故二一・五九。徐灝曰：「桉雙植為門謂之桓門。公之命圭瑑為二柱，故曰桓圭。因之四植者亦謂之桓，特立者亦謂之桓矣。」桉戴、徐二説，與字形如形影之相應，〓之為桓，可無疑矣。再從音理證之，殷王有名河亶甲者，卜辭作〓甲。〓即河亶之合音。是〓為桓之初文，不僅形義相符，音亦吻合無間。【殷周文字釋叢卷中】

◉温少峰　袁庭棟　‖。甲文有「‖」字，象二木柱并立之形，當即桓表之「桓」字初文。《説文》：「桓，郵亭表也。」《繫傳》：「表雙立為桓。漢法：亭表四角，建大木，貫以方板，名曰桓表，縣所治兩邊各一。」(《漢書・酷吏・尹賞傳》注引如淳説同。)這種雙表對立的「桓表」不僅是郵亭、縣所的「表識」，同時也應是一種測日影、定方向的「觀測表」。《淮南子・天文訓》中記載了一種使用雙表、多表以測日影、定方向之法：「正朝夕(即測定東西方向)，先樹一表，東方操一表，却去前表十步，以參望日始出北廉。日直入，又樹一表于東方，因西方之表以參望。日方入北廉，則定東方兩表之中，與西方之表則東西之正也。」由此可見，古人雙表并立，仍是用以觀測日影的一種工具。

從卜辭材料看，這種雙表並立的「桓表」，是祭祀對象，這仍是作為觀測工具而被神化的結果。如：

(36) 㞢(侑)于‖？(《前》一・五三・二)

(37) 貞：乎(呼)取無(舞)臣‖？(《乙》二三七三)

而且，還有以‖進行觀測之辭：

(38) 丙戌卜，我貞：我‖？(《前》八・一四・四)

本辭中，‖是動詞，當是以‖進行觀測之事。而且，掌‖以觀測之人亦謂之‖。如：

(39) 貞：叀(惟)‖令？八月。(《京》二二〇三)

于是，設雙表并立以觀測日影之地亦稱‖。如：

(40) ……乙丑，其又以歲于且(祖)乙，白牡？王才(在)‖卜。(《粹》二三五)【科學技術篇 殷墟卜辭研究】

◉黄錫全 □桓見石經 《尚書・牧誓》「尚桓桓」，《説文》引作「尚狟狟」。《隸續》録石經《春秋》「蔡桓侯」之桓字古文作□，鄭珍認為「當是邯鄲氏古文桓字例借桓為之」。出土石經咺字古文作□，猶字古文作□，戾字古文作□，《隸續》所録之□應依此訂正。部末重出□，犬形亦誤，鄭珍誤以為是「元體，此改从篆犬」。【汗簡注釋卷四】

◉許慎 椏木帳也。从木。屋聲。於角切。【説文解字卷六】

◉馬叙倫 沈濤曰。御覽七百引作大帳也。蓋古本如此。周禮幕人注。四合象宫室曰幄。幄即椏也。許書無幄。張文虎曰。唐寫本木部殘卷作從木屋屋亦聲。與二徐本異。蓋以椏形如屋。不專取諧聲。二徐本脱。倫按二徐本是。木帳也者。釋名。幄。屋也。以帛衣板施之形如屋也。若作大帳。則字不必從木矣。不合以御覽誤字改此。此屋之後起字。然疑本作帳也。木字為隸書複舉椏之殘者也。或曰。此字出字林耳。唐寫本作椏。音握。【説文解字六書疏證卷十一】

◉許慎 橦帳柱也。从木。童聲。宅江切。【説文解字卷六】

◉馬叙倫 鈕樹玉曰。玉篇集韵類篇引竝作帳極也。元本玉篇不引。嚴可均曰。一宋本作帳極也。莫友芝曰。唐寫本木部殘卷作帳極也。是。倫按疑棟之後起異文。字出字林也。唐寫本作橦。音丈江。【説文解字六書疏證卷十一】

杠 杠

杠 杠 杠觶 【金文編】

◉許　慎　杠牀前横木也。从木。工聲。古雙切。【説文解字卷六】

◉丁佛言　杠古匋表杠敀□□。説文𣃘下曰。旌旗杠皃。杠下曰。牀前横木。愚案。杠之初義本為植。旌旗之用而牀前横木説為後起。故杠應从㫃。此㫃即㫃之省。其从木者疑木為㫃之譌也。杠古匋蕈里□敀㝢陽表杠。【説文古籀補補卷六】

◉馬叙倫　鈕樹玉曰。初學記引無横字。莫友芝曰。唐寫本木部殘卷無木字。篇韵亦無。按横。闌木也。闌。門遮也。言牀前横。知是木為遮闌。横。唐寫本誤從扌。倫按牀前横木非本訓。古之牀即爿也。爿形如今所謂長櫈。無所謂横木。疑木字乃隸書複舉字之殘文。横下捝几字。徐鍇謂即今人謂之牀桯也。是杠即桯。杠從工得聲。工巨一字。巨音羣紐。桯從呈得聲。呈音澄紐。同為濁破裂音也。唐寫本木部殘卷作杠。音江。字見急就篇。【説文解字六書疏證卷十一】

◉戴家祥　杠杠母甲觶　説文六篇「杠。牀前横木也。从木工聲。」金文用作人名。【金文大字典中】

桯 桯

桯 124 【包山楚簡文字編】

◉許　慎　桯牀前几。从木。呈聲。他丁切。【説文解字卷六】

◉馬叙倫　莫友芝曰。唐寫本几下有也字。篇韵亦有。倫按牀前几非本訓。桯從呈得聲。呈音澄紐。凭音竝紐。竝呈同為濁破裂音。轉注字也。唐寫本木部殘卷作桯。音他形。【説文解字六書疏證卷十一】

◉楊樹達　説文六篇上木部云：「桯，牀前几也。」又云：「桱，桯也。東方謂之蕩。」段注云：「謂之桯者，言其平也。」按段説是也。桯之為言呈也，説文云：「呈，平也。」【增訂積微居小學金石論叢卷第一】

◉劉　雨　2-018:「樂人之器：一槃[glyph]首鐘，小大十又三」;「一槃[glyph](首磬)，小大十又九」。

「[glyph]」應隸定作「呈」，即「桯」之省。《廣雅·釋器》：「虡、桯，几也」，是知「桯」與「虡」皆指「几」類之物。《説文》：「虡，鐘鼓之柎也」，又謂「虡，篆文虡省」，是可知「虡」與「虡」實為一字。《方言》第四：「几，其高者謂之虡」，《注》云「即簡虡也，音巨」。綜上所訓，知「[glyph]」、「桯」、「虡」、「虡」均可解釋為懸掛鐘、磬的架子。《詩·大雅·靈臺》：「虡業維樅」，《孔疏》云：「懸鐘磬之木，植者為虡」，即其證。【信陽楚簡釋文與考釋　信陽楚墓】

266【包山楚簡文字編】

◉許　慎　桱桱桯也。東方謂之蕩。从木。巠聲。古零切。【説文解字卷六】

◉馬叙倫　段玉裁曰。桱乃複舉字之未删者。桂馥曰。類篇引蕩作簜。翟云升曰。集韵引蕩作簜。是。見玉篇。朱駿聲曰。與桯同字。張文虎曰。唐寫本木部殘卷桱次櫺後。倫按桱桯聲同耕類轉注字。東方謂之簜者。桯簜同為舌尖前破裂音通假。然是校語。或字出字林也。唐寫本作桱。公定公令二音。【説文解字六書疏證卷十一】

◉劉　雨　2-220：「彫者二十二足桱」。

「桱」即「桱」，亦即「桯」字。《説文》訓為「牀前几」，《廣雅・釋器》訓為「几也」。故可知此簡的含義是：……有花紋的二十二隻几。【信陽楚簡釋文與考釋　信陽楚墓】

◉劉彬徽等　桱，《説文》：「桯也」。桯，《説文》：「牀前几也」。飤桱即食几，用於放食物，其下有銅足。【包山楚簡】

260【包山楚簡文字編】

牀　日甲一二五【睡虎地秦簡文字編】

◉許　慎　牀安身之坐者。从木。爿聲。徐鍇曰。左傳。薳子馮詐病。掘地下冰而牀焉。至於恭坐則席也。故从爿。爿則𤕫之省。象人衺身有所倚箸。至於牆壯戕狀之屬。竝當从牀省聲。李陽冰言。木右為片左為爿。音牆。且説文無爿字。其書亦異。故知其妄。仕莊切。【説文解字卷六】

◉商承祚　爿　爿字。各家説文無。段玉裁據六書故引晁以道説。唐本有爿部。補入片部。并注其下曰。「反片為爿。讀如牆。」案即牀之初字也。又片爿一字。後世分用。金文師袁毁作爿（穡字偏旁）。與此同。【甲骨文字研究下編】

◉馬叙倫　鈕樹玉曰。韻會引作安身之几坐。沈濤曰。初學記廿五御覽七百六引皆作牀。身之安也。張文虎曰。鍇本作安身之几坐也。唐寫本木部殘卷無几字。玉篇作身所安也。與初學記御覽引違一字。雖不與唐本同。可證不得有几字。龔橙曰。丬見漢隸。字即丌。後加木。倫按唐寫本作牀。安身之坐也。田吳炤謂小徐本几字。涉上桯注牀前几而衍。且桯為牀前几。則牀不得為几可知。倫謂御覽本於初學記。初學記作身之安也。明不可通。蓋安身之具。正牀之所以為用。若曰身之安也。則但屬於身。而不見爿之義矣。玉篇作身所安也盖本許書。然非本訓。初學記之字乃所之譌。或之下捝一所字。亦疑本作身之所安者也。坐几也。本書有從爿得聲之字而無爿字。六書故謂唐本説文有爿字。然別無所徵。孔廣居據吳元滿魏校説。以爿為牀之古文。徐灝章炳麟亦以為古牀字。然則牀乃以木為之。故增木旁耳。爿本作。象形。王廷鼎據通俗文木兩頭鋭為槍。蒼頡篇。剡木為槍。謂古當有兩耑鋭形之丨字。後加一刺一句之乚。以象其鋒。遂作爿。小篆則變從戈作戕。凡説文從爿得聲者十一字。皆從此。未悟爿之形由象形之爿所變也。字見象就篇。餘詳戕下。【説文解字六書疏證卷十一】

◉馬叙倫　非觶　倫按舊釋此為析子孫而以為子抱孫形。蓋據禮有析粟器之文。釋非為析。兼坿會於禮抱孫不抱子之説也。張鳳釋為俘。為獻俘之人。即牀字。在此當釋為几。几者。或為祭時尸或神所憑依者。或為牲俎形。古代殺人以祭之俗然也。倫論金器。凡有形者。或但著此文。或并著且辛父乙等文。最為習見。或更著某作且辛或父乙等彝字。其若祖辛觶則作。乍且辛彝。旂僕鼎作隹八月初吉。辰在乙卯。公易旂僕旂。用乍文父日己寶隩彝。。乙未敨作乙未易小子貝二百。用乍父丁隩敨。父甲鼎。唯正月既望。癸酉。王獸于。王令□執伐譱。用乍父甲齍彝。。小子射鼎。乙亥。易小子。王賞貝十朋。師用乍父己寶隩。。唯父甲鼎有獸伐之義。可為張説附會。然亦未能極成也。且以後舉諸器文論之。實為作器者之族徽。特不易詳其意義。林義光曰。古彝器多作之文。舊釋為析子孫。象人形。伸手上抱子。其孫字甚明。析古作格伯敦。亦非析字。又父丁鬲作。析子鼎作。實皆為牀上抱子形。古以為銘器吉語。與詩乃生男子載寢之牀同意。皆象牀形。自上視之為。旁四注象其四足。旁視之為。見牀半之兩足也。亦變作向尊彝。倫謂林説蕲辯。然以為牀上抱子形。古以為銘器吉語。未可從也。以上舉各圖語比之。如林説。為牀之初文。【讀金器刻詞卷上】

◉王獻唐　若是陽冰音爿為牆，抑又何故。曰音牆之爿，当作，為古文牀字，与爿不同，李氏誤為一字耳。字見于金文者，作齊侯甗瘌字偏旁，字即瘧。作毛伯㪍瘌字偏旁，字即痛，與猶音通。為横視人字，為版，象人斜倚版上，正為牀之指事。説文，疾古文作，从，即从其出也。變為，齊地古陶及秦詔刻辭，从疒之字或如此。鄭氏六書略，爿古文作，是也。鉨文字皆作，十鐘山房印舉，張痨鉨偏旁。作顧氏集古印譜，事疪鉨偏旁。陶文作，陶文諸字偏旁，兩字當釋痜痯。亦為横視人字，象倚于版上，與金文體勢稍異，義則相同。其後字首筆，或移而右行作。十鐘山房印舉，陳瘥鉨偏旁。又或聯寫作。侃疒戈疒字偏旁，疑即瘍字，晚周此類體制甚多。體兩漢印文隸書多沿之，變為楷字之疒。以聯書，誤寫為一筆，與一畫分離，變為小篆之爿，人字之意義失矣。晚周秦漢書體，更或省作爿，作爿，十鐘山房印舉，宋去疾鉨疾作疾，秦詔量文作疾。陶文漢印字从疒者，亦時或如此。隸變為疒，又其失也。疒之古文，既象人倚版上，為牀之本字，其體亦或作爿。故玉篇爿又音牀，廣韵七陽，爿士莊切，亦音牀，士讀若𠤎。皆其本音之猶存者。而凡疾病諸字，均从疒，疾病臥床故也。瘀寐諸字，初亦从疒，瘀寐卧床故也。牀為後起字，从疒得聲，壯狀戕將諸字皆然。疒本為牀，加木已嫌複出，然讀疒為牀，原始之音義猶存。楷書以爿為疒，小篆均作爿，正从爿體省出。漢印狀將諸字偏旁，亦俱从爿。漢狀不侵印及部曲將諸印。六朝人書莊亦作庄，廣韵，俗莊字，非是，以壯為莊耳。而左傳牆作廧，玉篇牀或作床，又从疒省。皆可證也。疒省左方數畫，如徐病已印，病作病，王瘳私印，瘳作瘳，自漢已然。又正字通，痳字，謂為痳訛，疑即床之不省者也。爿既為爿讀牀，以書寫便利，又或省去首筆之彎，作爿。秦詔權量刻辭，狀字偏旁，已間如此。所从之爿，前引陳去疾鉨文亦書作爿，篆隸相承，因利乘便，遂直寫為爿，而音仍讀牀也。然字變為爿，與半木片字反文，形體已無分別。體雖無異，而音義出自古昔，則判然不紊。爿省之爿為牀，故从牀會意之寤寐諸字，从牀得聲之壯狀諸字，皆从之。半木之爿為片，故从爿會意之牐牋牘牖諸字，亦皆從之。歷代相承，音訓各別。玉篇立有片部，見爿省之爿讀牀，別出牀部，以字入之。【周𢧵鉨師比考　那羅延稽古文字】

◉何琳儀　《中山》犀、虎、牛（一二四）和帳橛（一二六）諸器銘文均有「牀嗇夫」職官名。首字或作「牀」形，稍有變異。

案，「牀」从「爿」从「木」，應隸定為「牀」。「爿」，甲骨文作「爿」，象牀竪立形。戰國文字或作「爿」、「爿」等形，亦有作「爿」形者。如：

藏仰天湖簡。

藏《信陽》二·○一一

藏《信陽》二·○一八

尤其信陽簡「桀」字，排除「夅」所餘部分正與上揭「牀」字吻合。另外，《璽彙》三二七七「牀」，亦應釋「牀」。《說文》「牀，安身之几坐也。」《中山》諸銘均應讀「藏」。「牀」、「藏」均从「爿」得聲，例可通假。上揭仰天湖簡「藏」亦讀「藏」即其明證。【戰國文字通論】

枕 枕

枕 雲臺碑 【古文四聲韻】

◉許　慎　枕卧所薦首者。从木。冘聲。章衽切。 【説文解字卷六】

◉馬叙倫　沈濤曰。御覽七百七引曰。卧為所薦首者也。張文虎曰。玉篇作卧頭所薦也。唐寫本木部殘卷作卧頭薦也。蓋挩所字。丁福保曰。慧琳音義七十五引作卧頭薦也。倫按許蓋以聲訓。呂忱加卧所以薦頭者也。今首挩譌。唐寫本作枕。音之甚。字見急就篇。 【説文解字六書疏證卷十一】

◉湖北省文物考古研究所　北京大學中文系　九、四八號簡「一匩紅𩠐」之「𩠐」，原文作[glyph]，上半與戰國貨幣坙（陘）城方足布的「坙」字所从相同。「坙」即「涇」字所从的偏旁。按照《説文》的説法，「涇」从「水」从「土」从「㬎」省聲。疑「涇」本从「坙」聲，「坙」本从「兹」聲。「𩠐」也應从「兹」聲，古音當與「涇」相近。簡文「一匩紅𩠐」位於起居用的莞筵之後，疑「𩠐」應當讀為「枕」。上古音「涇」屬書母緝部，「枕」屬章母侵部。章、書二母都是舌上音，侵、緝二部陽入對轉。故「𩠐」可以讀為「枕」。《説文》：「枕，卧所薦首也。」很可能「𩠐」就是「枕」字的異體，因枕是「薦首」用的，故字从「首」。 【二號墓竹簡考釋補正　望山楚簡】

椷 椷

◉許　慎　椷椷，窬。褻器也。从木。威聲。於非切。 【説文解字卷六】

◉馬叙倫　唐寫本木部殘卷作椷。音威。褻字作褻。椷窬褻器也者。蓋字林文。知者。周禮玉府褻器注。鄭司農云。褻器。清器。虎子之屬。賈逵曰。椷。虎子也。窬。行清也。明非一物。或字出字林。 【説文解字六書疏證卷十一】

櫝 櫝

櫝 櫝　秦一四七　三例　櫝　秦一三五 【睡虎地秦簡文字編】

櫝 【石刻篆文編】

◉許　慎　櫝匱也。从木。賣聲。一曰木名。又曰大梡也。徒谷切。 【説文解字卷六】

◉馬叙倫　翟云升曰。大梡也當作木梾也。梾下云。陳楚謂櫝為梾。莫友芝曰。唐本作一曰木櫝。木名。或曰。櫝。木枕。木部義無可證。木枕大徐作大梡。按玉篇。櫝。匱也。亦木名。又小棺也。當本説文。則木枕大梡皆小棺之譌。左昭廿九年傳。公將為之櫝。釋文。櫝。棺也。本部。櫜。棺櫝也。漢書高帝紀為槥。應劭曰。小棺也。今謂之櫝。楊王孫傳。注。

櫝。小棺也。倫按匵也者。匵字義。櫝牘一字。一曰大梡也唐本作木枕。翟謂當作木桄。是也。然匵也非本訓。一曰以下亦校語。玄應一切經音義引倉頡。櫝。櫨。三輔舉水具也。字亦見急就篇。以為札牘字。顏師古本作牘。唐寫本作。秦詛楚文作。【說文解字六書疏證卷十一】

櫛

前二・一七・三　王國維說此即弟子職櫛之遠近乃承厥火之櫛　地名　前二・一七・四　前四・一七・五　後一・一五・一四　林一・二二・七　【甲骨文編】

獸1・22・7　前2・17・4　新5428　【續甲骨文編】

◉許　慎　梳比之總名也。从木。節聲。阻瑟切。【說文解字卷六】

◉馬叙倫　沈濤曰。類聚七十御覽七百十四白帖十四皆引作梳比總名也。倫按櫛為梳之轉注字。櫛音照紐二等。梳音審紐二等。同為舌尖後音。梳比之總名也字林文。字林每言總名也。唐寫本木部殘卷作。音莊乙。甲文有。王國維謂即弟子職櫛之遠近之櫛。廣韻作㸅者。是也。其字從火。節聲。則古止作楖。此字或出字林。【說文解字六書疏證卷十一】

◉劉彬徽等　楖，讀如櫛，梳篦的總稱。四件梳篦放於一竹笥中。【包山楚簡】

梳

◉許　慎　理髮也。从木。疏省聲。所葅切。【說文解字卷六】

◉馬叙倫　沈濤曰。一切經音義四引作梳。理髮者也。是古本多一者字。張文虎曰。唐寫本作理髮者也。是。倫按廣雅釋器。梳。櫛也。疑本作疏也。以聲訓。且其語原當同也。呂忱加理髮者也。史記匈奴傳索隱引倉頡有比梳。字亦見急就篇。唐寫本木部殘卷作。音疏。【說文解字六書疏證卷十一】

㭘

◉許　慎　劍柙也。从木。合聲。胡甲切。【說文解字卷六】

◉馬叙倫　段玉裁曰。柙當作匣。倫按劍當作檢。下文梜下曰。檢匣也。檢匣也當作檢也匣也。檢㭘梜聲皆談類。又同為舌根音。轉注字也。此字蓋出字林。唐寫本木部殘卷作。音江洽。【說文解字六書疏證卷十一】

槈 槈

鎒 槈出莊子【汗簡】

◉許　慎　槈薅器也。从木。辱聲。奴豆切。鎒或从金。【説文解字卷六】

◉馬叙倫　沈濤曰。一切經音義八及廿一引作除田器也。蓋所據本不同。倫按本作薅也除田器也。除田器也亦疑本作除田艸器也。蓋字林文。槈為器名而得聲於辱。辱為辰之後起字。辰農一字。故農器即名槈也。唐寫本作槈。

鎒　倫按鍇本作或從金作。作者校者加之。或字上捝槈字。唐寫本有搙字。即槈之譌。其篆作鎒。【説文解字六書疏證卷十一】

◉黄錫全　鎒槈出莊子　《詩·臣工》釋文引《字詁》云「鎒，古字也，今作槈同」。鄭珍「疑《説文》亦本是古文」。《莊子·胠篋篇》「耒耨之所刺」字作耨，《外物篇》「草木怒生銚鎒於是乎始脩」作鎒。郭采鎒字，以隸作古。【汗簡注釋卷六】

◉郭沫若　余字乃从亼从木，當即梌之古文，劍匣也。舊誤釋為余。余字古作余，其稍晚者作余，乃梌之古文，玉笏也。古者諸侯執梌，經典叚荼字為之。梌形前屈剡上，中繫玄熏之絇組以備失墜，執時復有繅藉，余字即象其形，與此判然二字也。【旅鼎　兩周金文辭大系攷釋】

東 東

東　散盤【金文編】

◉許　慎　東芣。臿也。从木。入象形。䀠聲。舉朱切。【説文解字卷六】

◉劉心源　東　此字从䀠从癸。舊意䀠為竝目。與目同義。故讀睽。心源疑是東字。説文東。芣臿也。从木。入象形。䀠聲。釋名作欋。云齊魯閒四齒杷為欋。散氏盤𢿘東父作東。亦此字。此亦是人名。今姑仍舊釋而存咼説于此。【古文審卷六】

◉高田忠周　東　散盤　此篆諸家釋各異。阮氏元云界字。王氏昶云眛字。並非。唯劉氏心源云東字為得矣。説文東芣臿也。从木。入象形。䀠聲。芣下曰。兩刃臿也。臿銚通用字。後世俗作鍬。同。其以木造之謂之東。或以金為之名曰钁。钁或借瞿為之。亦作鑺。而鐘鼎作瞾。造字之例。正與此篆相合。此為東字顯然矣。東字亦或借瞿為之。魯商瞿字子木是也。亦當證東钁同物。字亦作欋。釋名四齒杷為欋。別義也。要瞿从䀠聲。字作鑺與椇。並皆省其象形入耳。【説文古

苿

籀篇】

◉馬叙倫　王筠曰。臿借為鍤。下並放此。林義光曰。釋名。齊魯間四齒杷為欋。散氏盤作。〉〉象四齒杷之形。中象其竿柄。下象柎。䀠聲。倫按説解當作苿也。從木。䀠聲。臿也字林文或校語。入象形䀠聲亦校者加之。或此字出字林也。唐寫本木部殘卷作。臿作臿。音几于。散盤從未作。【説文解字六書疏證卷十一】

◉高鴻縉　苿。兩刃臿也。从木丫象形。（互瓜切。）同釪。㮚似苿。其意符為倚文畫物之象形符。非文字。【中國字例五篇】

甲三五〇七　前四·五三·四　前五·一三·五　鄴初下·三二·二　存一三四三　明七一三　燕五六二　佚八九八　乙四九八七或从羊　乙八二八二　明藏一四六【甲骨文編】

乙4987【續甲骨文編】

◉許　慎　苿兩刃臿也。从木。丫象形。宋魏曰苿也。互瓜切。釫或从金。从于。【説文解字卷六】

◉劉心源　鋘説文作苿。云兩刃臿也。从木。丫象形。宋魏曰苿也。重文作釫。云或从金从亐。亦作釫。五瓜切。玉篇。鏵。胡瓜切。鏵。鍫也。釫同鏵。廣韻釫。兩刃鍤也。鋘鍫鏵同。是鋘苿釫鏵同字。皆謂鍤也。吾聞陳氏得此釜及鋘於膠西靈山衛古城。鋘形如半匏。有流銘曰。左關之鋘。佀為飲食之器。博古圖宋君夫人鼎銘曰釪鼎。釪與鼎連文。其非鍤也明矣。【奇觚室吉金文述】

◉羅振玉　説文解字。苿。兩刃臿也。从木。丫象形。宋魏曰苿也。或作釫。與卜辭所載不知同誼否。【增訂殷虛書契考釋上】

◉商承祚　説文。苿。「兩刃臿也。从木丫象形。宋魏曰。『苿也。釫或从金亐』。」此象以刀劈木分其左右。為初誼。【甲骨文字研究下編】

◉馬叙倫　徐鍇曰。兩刃形不成字。此字難以象形。又近於指事。莫友芝曰。二徐苿下衍也字。唐寫本木部殘卷無。倫按方言。臿。宋魏之間謂之鏵。或謂之鍏。高誘淮南精神訓注。臿。三輔謂之鍤。循聲而言。苿。從木。丫聲。非以丫象兩刃

相

也。與柬轉注。丫柬音同見紐也。羊即方言之鏵。下文之㮳。即方言之鍏。金部之鑼。即淮南之鍤。兩刃臿也蓋字林文。本訓捝矣。唐寫本作𦬁。音玄瓜。或此字出字林。羊從丫得聲。丫羊一字。羊以音同喻紐四等。羊為相之轉注字。周禮匠人鄭注。今之相歧頭兩金。即此所謂兩刃也。此下文。相。臿也。王筠謂借為鍤。倫謂臿者相之借。相枱一字。皆從以得聲。以音喻四。臿舂一字。舂音審紐。審與喻四同為次清摩擦音也。然則以臿訓相。以假借字釋本字也。此訓兩刃臿。知羊鋁非異義矣。

釪 徐鍇曰。于聲。嚴可均曰。一切經音義十八引。羊。釪。古文奇字作鋘。兩刃臿也。似二徐尚脫鋘篆。或玄應連引他書。倫按于音喻紐三等。與匣同為次濁摩擦音。故芣轉注為釪。鍇本作從金于。蓋捝聲字。此作從于。後人加從字。唐寫本木部殘卷作釪。或上有𦬁字。此捝。甲文作。【說文解字六書疏證卷十一】

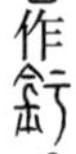

(七九) (四) (五二) (五二) (五六) (七八)【先秦貨幣文編】

布圓(三孔) 亞四・七三  布圓小(三孔) 典四九一【古幣文編】

0079  2466  0305  2465  2469  2468  2472  2470  2471  2413  3701

2414【古璽文編】

槐梩縣侯【漢印文字徵】

◉許 慎  臿也。从木。㠯聲。一曰徙土輂。齊人語也。臣鉉等曰。今俗作耜。詳里切。梩或从里。【說文解字卷六】

◉陳邦懷  鐵雲藏龜弟三十三葉。箋曰。此字從木從巳。當是杞字。唐寫本說文解字木部有字。音里。或體作梩。莫先生友芝箋異云。杞。二徐篆作相里。徐音詳里。集韻止部象齒切。相梩杞耜䎣同字。引說文同小徐。疑其所見本有杞重文。唐本與二徐各失其一。詳里象齒。即今讀相如祀之音。耜則杞之俗。耜䎣。相之俗也。自唐人經典相承用耜。五經文字遂無相字。僅存二徐說文。廣韻又收耜失杞。而杞相並正字。無有能識之者矣。卜辭杞字苟非唐寫說文。將無由識為何字。苟非莫先生考訂。抑且疑為譌文。惜卜辭晚出。不令莫先生見之也。此條新補當附考釋芣字條後。【殷虛書契考釋小箋 略識】

字齋三十以前叢稿之一】

◉馬叙倫　段玉裁曰。方言云。臿。東齊謂之梩。則此齊人語。四字。當在一曰徙土輂之上。桂馥曰。當在臿也之下。莫友芝曰。唐寫本梠椎二篆作杞榫。然梠杞椎榫截然兩體。聲義各是。直是□漏。又此下有讀若駭三字。方言。臿。江淮南楚之間謂之臿。東齊謂之梩。郭璞音駭。説文此訓本方言。得唐本增讀若。乃知郭音即本説文也。駭以皆正喉音。非齒頭音。劉秀生曰。以聲亥聲同在咍部。故梠從㠯聲得讀若駭。釋名釋言語。能。該也。無物不兼該也。能該以聲訓。能從㠯聲。該亦從亥聲。是其證。或從里聲作梩。走部。趩。從走。里聲。讀若小兒孩。亦其證。倫按臿也非本訓。唐寫本作□。音里。㠯聲作巳聲。徙土作徙士。齊下無人字。下有讀若駭。蓋字林文。郭璞本之。一曰以下九字校語。餘見耒下。古鉩有□。

梩　宋保曰。㠯里同部聲相近。莫友芝曰。唐寫本或上有杞字。倫按唐寫本切韻殘卷七之梩下曰。徙土輂。字出六韜。然則梠下一曰徙土輂。乃梩字義。許書本無梩字。故校者注於梠下。今本蓋校者據六韜補梩字。輂字本書所無。或上捝梠字。古鉩作□。唐寫本作□。【説文解字六書疏證卷十一】

◉蕭　璋　梠，臿也。从木㠯聲。一曰徙土輂。齊人語也。（詳里切。）枱。耒耑也。从木台聲。（弋之切。）鈶，或从金。（大徐本耒作黍，小徐本作耒。）王氏云：「梠之言剚也。剚入土中也。耒頭金謂之耜。義亦同也。」（見廣雅疏證釋器「梩，臿也。」）今按小雅大田篇：「以我覃耜」。毛傳云：「覃，利也。」足證耒耜其端鋭利，以便刺翻田土，王説甚是。梠剚二字，古皆為舌音。【釋至　國立浙江大學文學院集刊第三集】

◉唐　蘭　根據徐中舒先生的研究，「耒」字的古文字是手裡拿着一個耒，耒的樣子是□，甲骨文和金文裏的「耤」字是有人扶着耒，一只腳站在地上，一腳踩着耒使它深入土中。可以看出耒的下面原來有兩個頭的。《易經》説：「揉木為耒」，只是把天生的樹木用火烤彎曲了就可以利用，《説文》説「手耕曲木」，基本上是對的。《淮南子·主術訓》説「一人蹠耒而耕，不過十畝，卒歲之取，不過畝四石。」蹠耒是用腳踩耒，所耕不過十畝，可見效力的低。至於耜是要斲和剡的，可以看見耜的頭是削尖了的，這樣就容易刺入土內了。「耜」字無論寫做「梠」、「枱」或「鈶」都是由「㠯」字發展而成的。「㠯」字在甲骨文和金文裡作□或□，是「耜」的象形字，可以看出「耜」的下面只有一個頭，那就跟耒完全是不同的東西了。《管子·海王篇》説「耕者必有一耒、一耜、一銚」，也可以證明耒、耜不是一器。《夏小正》説「正月初歲祭耒，始用暢」。可見「耒」是最原始的農器，在商、周時也已經是歷史上的東西，只是在藉田等時候纔用它。所以《詩經》裡屢次講到「耜」，誇耀它的犀利，卻從來没有説過「耒」。【唐蘭先生金文

梠 枱

論集】

◉李孝定 說文「梠，臿也。从木㠯聲。一曰徙土輂。齊人語也。梩或从里。」陳邦懷氏引莫氏木部箋異。說釋此字為梠。可从。莫氏又云「按里音最古疑是音隱之舊。為唐宋韻書所遺。漢人讀里如以。周禮匠人『里為式』注云『里讀為以。聲之誤也』。可知里是以音。非若今『兩耳切』。古『以』『已』同聲互用。檀弓注以與已字本同。其見經典釋文及漢碑甚衆。亦即梠杞同字之明證。」說以已同音互用尤明。卜辭梠為地名。後・上・十一・六之梠亦然。當為同字。【甲骨文字集釋】

枱

枱 日甲二四背【睡虎地秦簡文字編】

◉許 慎 枱耒耑也。从木。台聲。弋之切。鈶或从金。辝籀文从辝。【說文解字卷六】

◉劉心源 鈶辝。說文枱。籀文作辝。从枱又从辛者。合辝字為之。或釋耔。或釋斿。皆非。【奇觚室吉金文述卷八】

◉劉心源 鈶 鈶从㠯乃台之壞文。非从𠂤从公也。說文枱重文作鈶。耒耑也。耒者犁柄上曲者。其下耑冒㠯金。銳頭可起土。孟子所謂㠯鐵耕。吾楚名為貫頭即鈶也。今㠯尖鋤之耜為之而鈶乃無人識矣。【奇觚室吉金文述卷十七】

◉王國維 說文解字木部枱。耒耑也。从木台聲。辝籀文从辝。案台聲之字古亦通从辝聲。如枲。籀文作𣝗。枱。籀文作辝。石鼓文之𨔻或猶是篆文㝬字而假為駿字者也。台矣俱㠯聲。【史籀篇疏證 王國維遺書第六冊】

◉馬叙倫 鈕樹玉曰。宋本耒作枲。譌。玉篇。耒。端木也。沈濤曰。齊民要術引。耜。即枱之別。經典通用耜字。耒端木也。是古本多一木字。禮記月令注。耜者。耒之金也。周禮匠人注。今之耜。岐頭兩金。象古之耦也。莊子釋文引三蒼。耜。耒頭鐵也。是耜皆用金。許何以云耒耑木。蓋古制器之始。田器皆用木。後乃易之以金。故槈為鉏屬而字從木。耜訓為臿而字從木。芣為兩刃臿而字從木。欘訓為斫而字從木。造字厥初。其義如是。故易稱斲木為耜也。其從金之鎒與鈶皆後起矣。後人疑耜無用木者。遂刪注中木字。誤矣。又本部。梠訓臿也。從木。㠯聲。徐鉉曰。今俗作耜。似耜非枱之別體矣。然耜雖臿屬。淮南氾論訓注。而耒端實為耜之本訓。竊意訓耒耑者。從木。㠯聲。訓臿者從木台聲。後人傳寫。二篆互易。遂將大徐案語移於彼注之下。而其說不可通矣。重文亦當從金㠯矣。廣雅釋器。鉊謂之鋌。即此字也。江沅曰。此耒相字。故曰。耒耑也。今人乃讀此弋之切。而梠讀詳里切。梠者。臿也。其字一作梩。當良止切。非耒耑也。以梠為今耜字。上將耒篆下垂作耒枱。改枱為梠。全失許意。朱駿聲曰。梠枱實同字。倫按唐寫本殘卷作梠。耒耑木也。從枱。枱當作木。台聲。蓋枱為耒端木。易繫詞所謂斲木為耜也。傳寫捝木字耳。枱耜實一字異文。此字蓋出字林。餘見耒下耜下。

鈶 鈶。或从金。鍇本下有台聲二字。倫按或上捝枱字。

辝 徐鍇曰。從木。辝聲。宋保曰。辝台同部。倫按篆當作[illegible]。唐寫本木部殘卷作[illegible]。籒文下有枱字。此捝。從辝校者加之。【說文解字六書疏證卷十一】

楎

◉許 慎 楎 六叉犂。一曰犂上曲木。犂轅。从木。軍聲。讀若渾天之渾。户昆切。【說文解字卷六】

◉馬叙倫 楎 鍇本作讀若緯。或如渾天之渾。户昆切。段玉裁曰。叉當作叉。廣韻廿三魂曰。三爪曰楎。此謂一犂而三爪也。許云六爪犂者。謂為三爪犂者二。而二牛竝耕。如人耦耕也。集韻類篇引皆無犂轅二字。似可删。許云耕上曲木為耒。此云犂上曲木為楎者。正謂耒耑也。故廣韻云。楎。犂頭。玉篇。楎。犂頭。玉篇云。楎。犂轅頭也。鍇本有讀若緯三字。當依補。緯音徽。今篇韻皆云呼歸切。劉秀生曰。軍聲在痕部。韋聲在灰部。灰痕對轉。故楎從軍聲得又讀若緯。易繫詞。日月運行。釋文。姚作違行。淮南覽冥訓。畫隨灰而月運闕。注。運讀連圍之圍也。竝其證。倫按六叉犂蓋字林文。一曰八字校語。十二篇緯緷雙聲轉注。則楎自可讀緯渾二音也。字或出字林。餘見耒下。【說文解字六書疏證卷十一】

◉尤仁德

居楎(圖二,7)

璽文反書。二字《古璽文編》分别收于附録96和99。第一字是居字。古字旁增一畫。與吳樸堂《小璽彙存》收載戰國璽「事居」的居字相同。居簋居字作[illegible]，尸字旁增一畫，與璽文相近。第二字從林從[illegible]，[illegible]是軍字古文，故隸定作楎，讀作楎。古文字中從林與從木相通者不乏其例。如甲骨文稾字作森(《鐵云藏龜拾遺》5·13)；柏字作桺(《殷契佚存》264)；柆字作[illegible](《殷墟文字乙編》5311)；金文楚字作莝(楚王酓肯鼎)，都可為證。《說文解字·車部》：「軍，圜圍也，……從車從包省。」段玉裁注：「包省當作勹，勹，裹也，勹車會意也。」而璽文軍字作[illegible]，與旬字王孫鐘作[illegible]，《說文解字·勹部》旬字古文作旬([illegible])一樣，都是從勻得聲的形聲字。軍聲古韻在諄部，勻聲古韻屬真部，合韻可通。《說文解字·木部》：「楎，六叉犂。一曰犂上曲木，犂轅。從木軍聲。讀若緯，音徽，或如渾天之渾。」

欆　欘　櫡　杷

「居櫂」璽是私名璽。【春秋戰國八璽考釋　考古與文物一九八二年第三期】

◉許　慎　欆摩田器。从木。憂聲。論語曰。欆而不輟。於求切。【說文解字卷六】

◉馬叙倫　鈕樹玉曰。玉篇止引摩田器也。桂馥曰。摩田器者。字林同。許槤曰。婁機漢隸字原引不輟下有或從耒三字。莫友芝曰。唐寫本器下有也字。輟作掇。倫按疑此字出字林。唐寫本木部殘卷作欆。音烏侯。又音憂。【說文解字六書疏證卷十一】

◉許　慎　欘斫也。齊謂之鎡錤。一曰斤柄。性自曲者。从木。屬聲。陟玉切。【說文解字卷六】

◉馬叙倫　鈕樹玉曰。說文無錤。齊民要術一引作鎡基。是也。漢書樊噲傳注一切經音義十九引蒼頡篇作鎡基。沈濤曰。鎡錤俗字。爾雅釋器釋文引作茲箕。御覽八百廿三引作茲基。是古本作茲其。箕即其之重文也。劉毓崧曰。本書無錤。疑原本作基。唐人避玄宗諱改。倫按欘字出蒼頡篇。見周禮考工記注引。斫也以下疑皆非許文。許當止以聲訓。唐寫本木部殘卷作欘。音竹足。餘詳斸下。【說文解字六書疏證卷十一】

◉許　慎　櫡斫謂之櫡。从木。箸聲。張略切。【說文解字卷六】

◉馬叙倫　王筠曰。櫡䃴一字。莫友芝曰。唐寫本櫡下有也字。箸作著。倫按欘櫡雙聲轉注字。斫謂之櫡校語。本訓挩矣。唐寫本木部殘卷作櫡。音竹勺。【說文解字六書疏證卷十一】

杷　杷革【漢印文字徵】

◉許　慎　杷收麥器。从木。巴聲。蒲巴切。【說文解字卷六】

◉馬叙倫　唐寫本木部殘卷作牧麥杷也。篆作杷。音父加。莫友芝曰。牧乃收譌。倫謂杷字乃隸書複舉之誤乙者。麥下挩器字。然許止當以聲訓。或作器也。收麥器蓋字林文。字見急就篇。顏師古本玉海皇象本作把。【說文解字六書疏證卷十一】

𣗖

◉許慎　穜樓也。一曰燒麥柃𣗖。从木。役聲。与辟切。【説文解字卷六】

◉馬叙倫　鈕樹玉曰。韻會作穜𣗖也。段玉裁曰。樓者。今之耬字。廣韻。耬。種具也。莫友芝曰。集韻昔部引穜作橦。張文虎曰。唐寫本作種𣗖也。廣韻無𣗖字。惟二十一麥下革切有炈字。注云。燒麥。蓋即𣗖字之誤。燒麥下當有挩文。玉篇。炈。陶竈窗。説文作投。無燒麥義。倫按鍇本作種𣗖也者。𣗖乃隸書複舉字之誤乙者。挩樓字耳。穜樓也非本訓。字或出字林。一曰以下六字校語。唐寫本木部殘卷作。下卦和臬二音。【説文解字六書疏證卷十一】

柃

◉許慎　木也。从木。令聲。郎丁切。【説文解字卷六】

◉馬叙倫　王筠曰。𣗖下云。柃𣗖。而柃字從其下則曰木也。案木部木名至櫾而止。以下皆木根枝葉之類。自楖以下則器用矣。柃字上下十六字皆田器。安得以木名廁其間。玉篇𣗖字次弟與説文相當。而柃字則在前桔柞之間。蓋後人因柃𣗖之説。妄迻於此。倫按上文𣗖下一曰燒麥柃𣗖。然燒麥義不可解。段玉裁謂燒猶熬也。柃𣗖者。熬麥器名。此肊説耳。倫疑燒麥乃𣗖字古音。蓋𣗖之俗名也。柃則借為樓。後人見柃𣗖二字相連。因迻柃篆於此。且本部字次多亂。唐寫本木部殘卷𣗖下無柃字。惜其前已缺。不可證是否亦在木名之列。如玉篇之次也。鍇本𣗖下有臣鍇按字書又小矛也。倫謂此九字蓋柃下繫傳之文。小矛也實矜字義。【説文解字六書疏證卷十一】

柫

◉許慎　擊禾連枷也。从木。弗聲。敷勿切。【説文解字卷六】

◉馬叙倫　鈕樹玉曰。繫傳禾作木。譌。倫按本訓器也。或以聲訓。擊禾連枷蓋字林文。唐寫本木部殘卷作。音父勿。【説文解字六書疏證卷十一】

枷

◉許慎　柫也。从木。加聲。淮南謂之柍。古牙切。【説文解字卷六】

◉馬叙倫　枷音見紐。柫得聲於八。八音封紐。同為清破裂音。柫音敷紐。古讀歸滂。枷得聲於口。口音溪紐。同為次清破裂音。故枷柫相轉注。或連枷為俗名也。淮南五字校語。字或出字林。唐寫本木部殘卷作。音工亞。又音加。柫作拂。譌。【説文解字六書疏證卷十一】

◉朱芳圃　前五・三二・六　前六・二一・七　天一〇〇　燕二二四乙

上揭奇字，从㔾，从㔾。㔾象首形，革、黃諸字皆从此作，是其證也。當為枷之初文。隋書刑法志：「凡死罪，枷而拲。流罪，枷而梏。徒罪，枷。鞭罪，桎。」梫枷，頸械也，漢書司馬遷傳：「關三木」，顏注：「三木在頸及手足。」此即三木之一。拲乳為鉗，漢書高帝紀下：「郎中田叔孟舒等十人自髡鉗為王家奴」，顏注：「鉗，以鐵束頸也。」【殷周文字釋叢】

杵 杵

杵 杵 日甲五〇背 杵 日甲八背 【睡虎地秦簡文字編】

◉許　慎　杵舂杵也。从木。午聲。昌與切。【說文解字卷六】

◉馬叙倫　唐寫本木部殘卷篆文作杵。舂杵也作舂柄也。音充與。柄字疑譌。舂杵也疑本作杵舂具也。杵為隸書複舉字之誤乙。轉捝具字。此字林文。許當以聲訓。杵為午之後起字。舂音審紐三等。杵音穿紐三等。是語原同也。甲文有杵。或作杵。蓋杵字也。【說文解字六書疏證卷十一】

◉楊樹達　午象杵形，即杵之初文。舂字篆作𦥯，从𠬞持午臨臼，是其證也。許誤分之。【文字形義學】

◉戴家祥　杵 邲其卣 王在杵　說文六篇「杵，舂杵也。从木午聲。」金文用作地名。【金文大字典中】

槩 槩

槩 尹槩 【漢印文字徵】

◉許　慎　槩杚斗斛。从木。既聲。工代切。【說文解字卷六】

◉馬叙倫　鈕樹玉曰。玉篇廣韻注作平斗斛也。疑本說文。一切經音義五引蒼頡篇。平斗斛曰槩也。丁福保曰。慧琳音義四十四引。杚。斗斛平也。即杚也斗斛平也。考廣雅。平斗斛曰杚。荀子注。槩。平斛之木也。今二徐本奪平也二字。文義未完。倫按唐寫本木部殘卷篆作槩。音工内。斗作升。斛下有也字。本作謂平斗斛者也。此字林訓。見玄應一切經音義引。本訓捝矣。今平也二字譌入杚下。杚字乃杚篆下之複舉字譌入者也。槩為斠之音同見紐轉注字。以為斗則從斗。以木為之則從木。玄應引倉頡。平斗斛木也。餘見杚下。【說文解字六書疏證卷十一】

◉阜陽漢簡整理組　饜　饜，即槩，今通作概。《禮記·月令》鄭玄注：「槩，平斗斛者。」【阜陽漢簡《蒼頡篇》　文物一九八三年第二期】

◉許　慎　杚平也。从木。气聲。古沒切。【説文解字卷六】

◉馬叙倫　錢坫曰。玉篇以為槩字。當是槩之重文。寫者誤分之也。鈕樹玉曰。玉篇杚為槩之重文。疑本説文。又引説文。古没切。平也蓋後人增。徐灝曰。槩與杚實一字。因聲轉歧而為二。亦猶乞之轉為匄也。倫按平也二字乃上文槩古説解中字。傳寫誤出於重文下。而此下又挩槩或二字。其隸書複舉之杚字。亦誤入正文下矣。杚為槩之音同見紐轉注字。倫又疑字本作杚。從木。旡聲。實槩之異文。玄應一切經音義引字林。杚。工内反。謂平斗斛者。可證此字林文。明是槩之重文也。唐寫本木部殘卷作杚。音工卒。【説文解字六書疏證卷十一】

◉許　慎　榗木參交以枝炊籅者也。从木。省聲。讀若驪駕。臣鉉等曰。驪駕未詳。所綆切。【説文解字卷六】

◉馬叙倫　徐鉉曰。驪駕未詳。鈕樹玉曰。玉篇楮為杫之重文。杫。思漬切。肉几也。楮注云。同上。又思井切。又有重文樵。廣韻收静。訓俎。几名。錢大昕曰。古灑釃纚字俱有蓰音。省蓰聲相近。故楮取省聲。而讀若驪駕之驪也。嚴可均曰。漢書平紀。立軺併馬。服虔曰。併馬。驪駕也。許蓋言讀若驪駕之併。省併聲相近。嚴章福曰。疑此讀若驪駕之駢。駢下云。駕二馬也。此言讀若。蓋為叚借。其例與嫚下匽下嚾下同。張文虎曰。讀若驪駕四字。當是枷下説解。正與唐本工亞切合。錯簡在此。葉德輝曰。省古音如社。禮記郊特牲。而君親視社。注。省或為社。則省與駕音近。蓋讀若驪駕之駕。倫按唐寫本木部殘卷作榗。音所杏。木參交也。以枝炊籅者。蓋誤寫也字於參交下。此蓋字林文。或此字出字林也。然籅為漉米籔。而籔下曰。炊籅。方言。炊籅謂之縮。縮為籔之借字。朱駿聲謂籅。蘓俗謂之飯籮。字亦作箵。方言謂之縮。王筠謂炊飯將熟。以籅撈其米。頓置於梢。以漉其水。所以舒人力也。王引本字作梢。恐刊誤。王又謂籅與匴同義。即今之笊籬。段玉裁謂今江蘓人呼淘米具曰溲箕。即籅也。倫謂溲箕即杭縣所謂淘籮。然則淅米後置籅於楮。以下其湑。使盡。而後入釜。炊之。楮之為物。所以架籅。今雖不具。然其製以木參交為之。三篇。㸑。所以枝鬲者。從爨省。鬲省。倫謂㸑為所以枝鬲者。則是名詞。安得從爨省從鬲省。且爨字中之冂即鬲之省變。而鬲固有足。豈復待他物以支之。故倫以為此中之鬲即大鼎之鬵字。亦蘇妊鬲魯伯鬲之鬵字。傳寫變譌者也。㸑又傳寫妄增臼耳。鬵從井鬲聲。鬲音見紐。故闠音入羣紐。古讀羣歸見也。大鼎以為鬲字者。以從鬲得聲故也。井為楮之初文。象木參交之形。蓋本作。變為篆文乃成井耳。其作冈者。為交冂文也。冈之語原當與冓同。冓架雙聲。故古言冓今言架矣。冓聲侯類。東侯對轉。故闠聲入東類。此當讀若駕。然楮從省得聲。與加聲絶遠。而得讀若駕者。駕得聲於加。加得聲於口。口音溪紐。楮音審紐。古

柶 桮

讀歸透。透溪同為次清破裂音也。然使冓音本如架。則讀若驪亦可。驪架聲同歌類也。【説文解字六書疏證卷十一】

◉許　慎　柶禮有柶。柶。匕也。从木。四聲。息利切。【説文解字卷六】

◉馬叙倫　嚴可均曰。御覽七百六十引匕也下有所以取飯。王筠曰。柶狀如匕。以角為之。長六寸。兩頭曲屈。見士冠禮。注。倫按説解捝本訓。存者校語耳。字或出字林。餘詳匕下。唐寫本木部殘卷作柶。音四。【説文解字六書疏證卷十一】

桮

桮　封九三　通杯　—器　【睡虎地秦簡文字編】

𠥡　桮並出義雲章　【汗簡】

◉許　慎　桮𩑁也。从木。否聲。布回切。𠥡籀文桮。【説文解字卷六】

◉馬叙倫　張文虎曰。唐本作一𩑁也。案匚部。𩑁。小桮也。疑此當作大𩑁也。大字壞為一。後人以其不可通而删之。倫按桮音封紐。𩑁音見紐。封見皆清破裂音。轉注字也。餘見𥁕下。唐寫本木部殘卷作桮。音方耒。字見急就篇。

𠥡鍇篆作𠥡。嚴可均曰。韻會十灰引作𠥡。倫按唐寫本木部殘卷亦作𠥡。此從籀文匚也。匚凵一字。以木為之。故從木。以為器名。故從匚。【説文解字六書疏證卷十一】

◉金祥恒　杯　杯，説文「桮，𩑁也，从木否聲，𠥡　籀文桮」。段注「説文匚部曰，𩑁，小桮也，析言之；此云桮，𩑁也，渾言之。方言盌、椷、盞、温問、盪、㿿，杯也，桮其通語也」。大戴禮記曾子事父母篇「執觴觚杯豆而不醉」，蓋杯以盛酒也。與項羽本紀「吾翁即若翁，必欲烹而翁，幸分我一杯羹」者同，蓋以杯盛羹也。此簡之杯，即與同時出土之漆耳杯也。【長沙漢簡零釋(三)　中國文字第五十一册】

◉戴家祥　㭗□父丁彝　大保賜氒臣㭗金　柯昌濟曰：㭗，古桮字，今文作杯是也。韡華閣集古録跋尾第二五五葉㭗彝。金文用作人名。【金文大字典中】

戩四五·一 【甲骨文編】

續6·243 甲2101 2630 【續甲骨文編】

槃 不从木 兮甲盤 般字重見 説文籀文从皿 虢季子白盤 殷穀盤 鼂伯盤 者旨𧩋盤 郐王義楚盤

沇兒鐘 㑹肯盤 𠎋勺 㑹忎盤 㑹忎鼎 歸父盤 中子化盤 般中𣎵盤 郧

季宿車盤 蔡侯𪐼盤 䢅伯章盤 説文古文从金 伯侯父盤 【金文編】

97 150 167 265 【包山楚簡文字編】

禪國山碑 玉盤 石經君奭 時則有若甘盤 【石刻篆文編】

槃 【汗簡】

雲臺碑 説文 【古文四聲韻】

◉許　慎　槃承槃也。从木。般聲。薄官切。鎜古文从金。盤籀文从皿。【説文解字卷六】

◉薛尚功　史孫槃　○　銘云。史孫鞖作槃。而鞖則未詳其音讀。槃作○者。象形篆也。猶言槃圓則水圓耳。【歷代鐘鼎彝器款識法帖卷十六】

◉張燕昌　㮽鄭云㮽亦作槃。或作柈。潘云古㮽字。【石鼓釋存】

◉吴式芬　許印林説……𪐼乃盤之同音别體。【攈古録金文卷二】

◉劉心源　[illegible]。許印林云盤之同音别體。自積古中義彝釋彝。遂不可改。案肇䍐一作樊一作緐。曲禮釋文。許説是已。【居彝奇觚室古金文述卷十七】

◉羅振玉　説文解字。槃。承槃也。从木般聲。古文作鎜。籀文作般。古金文作般。此作舟。象形。旁有耳以便手持。或省耳。古者槃與舟相類。故般庚之般从凡。或徑作凡。殆與舟字同。後世从舟。與从凡同意也。又以古金文例之。般庚之

般亦般盂字矣。【增訂殷虚書契考釋上】

●王國維　□　説文解字木部。槃。承槃也。从木般聲。盤。籀文从皿。古金文多以般為盤。惟般仲盤與齊大僕歸父盤盤字與籀文同。【史籀篇疏證　王國維遺書第六册】

●王國維　□疑盤字。从口與从皿同意。古出字作□亦作□。卣字作□亦作□。知口凵□皆象盛物之器也。【戩壽堂所藏甲骨文字考釋】

●丁佛言　□沇兒鐘。□兹女槃。【説文古籀補補卷六】

●商承祚　甲骨文又或作□。則叚般桓字為之。金文王宜人甗作□。兮伯槃作□。兮甲槃作□。同。伯侯父槃从金作鎜。與此同。【説文中之古文攷　金陵大學學報一九三五年十一月第二期】

●郭沫若　「于兮大商。(右行。)𠂤。」商蓋讀為賫賞，𠂤疑盤之異。【殷契粹編】

●馬叙倫　此口凵之後起字。本書無□字。由其字形傳寫已譌與舟同也。般字從之得聲。今亦譌為舟矣。本訓罌也。或以聲訓。承槃也蓋字林文。栝槃同雙脣音轉注字。其語原蓋與船同。亦即與舟同。古讀舟如俞或如船。故轉注字即為俞及船也。船從㕣得聲。㕣音喻紐四等。古讀歸定。槃音並紐。同為濁破裂音也。唐寫本木部殘卷作□。音父安。字見急就篇。餘見豐下。

鎜　商承祚曰。伯侯父槃作鎜。與此同。倫按古文下捝槃字。從金校者加之。唐寫本木部殘卷作鎜。玄應一切經音義引古文官書盤作鎜。則此及下文盤字。皆字林依官書加之。

盤　李杲曰。虢季子白盤作□。按許書殳支之古文皆作□。此及鎜當本從□。今作殳者。後人妄改。作殳者後人增也。倫按籀文下捝槃字。從皿校者加之。唐寫本木部殘卷作□。魏石經古文作□。篆文作□。金文槃字多從皿。囂伯盤作□。沇兒鐘作□。中子化盤作□。歸父盤作□。字見急就篇。蓋急就本作槃。傳寫以通用字易之。【説文解字六書疏證卷十一】

●于省吾　□字羅振玉疑即舟字。王國維謂或方舟之方字。按二説並非。□即洀字。管子小問。意者君乘駮馬而洀桓迎日而馳乎。尹注。洀古盤字。按尹説是也。管子乘馬。蔓山。其木可以為材。可以為軸。斤斧得入焉。九而當一。汎山。其木可以為棺。可以為車。斤斧得入焉。十而當一。按汎即洀即盤。古文从舟从凡一也。汎山即盤山。盤山謂山之盤迴者。蔓山謂山之蔓延者。盤山與蔓山相對為文。旬洀應讀徇盤。國語周語。乃命其旅曰徇。注。徇。行也。説文。徇。行示也。

徇即侚字。亦通巡。爾雅釋言釋文引字詁云。徇。今巡。廣雅釋言。徇。巡也。詳王氏廣雅疏證。然則徇盤即巡盤。謂巡行盤遊也。【釋洀　雙劍誃殷栔駢枝】

◉唐　蘭　盤字從西盤聲，就是盤字。另外一個蔡侯龖之隮盤，字迹很清楚。郭沫若先生因舟旁不清楚而認為鹵，因之釋成盧，是不確的。盤本以盛水，但也可以盛酒漿，所以从酉。【五省出土重要文物展覽圖録序】

◉高鴻縉　槃。古之盥手器。内則注曰。槃。承盥水者是也。甲文作凡者。為盤之象形文。象其上有圈匡。下有圈足。作凡者。羅振玉曰。象形旁有耳。以便手持也。其作𣪘者。為搬之初字。从攴與从殳同。形聲字。動詞。許訓般旋者。其引借意也。般旋之字形當有止或辵等偏旁。今只从攴。故知般旋非其本意。後變作搫。作搬。另詳形聲篇。盤庚之號。為身後之稱。曰庚者。以忌日為廟號也。與太甲之甲。祖乙之乙同。庚上着搬者。謂其搬遷於殷也。本應書為𣪘庚。亦書為凡庚者。用字之通叚也。金文盤字多書為𣪘者。亦用字之通叚也。後世以其為皿也作盤。以其為金製也作鎜。以其為木製也作槃。皆凡之後起字矣。盥盤曰盤。承盤亦曰盤。承盤亦曰承舟。舟與盤物有大小而用絶異。以字形相近。故習用通之。【中國字例二篇】

◉李孝定　説文「槃。承盤也。从木般聲。鎜古文从金。盤籀文从皿。」按羅氏引説文。籀文作「般」。誤。槃从般而般从舟。舟即周禮司尊彝「皆有舟」之舟。實即槃凡之原始象形文。字當作凡。以與古文舟作月者形近。故篆文誤从舟耳。凡字許訓「最括之詞」。語詞類無本字。乃叚象承槃之凡為之。篆作𠘧亦凡之形譌耳。承槃今猶有之。作長方形。與凡字形似。湘人謂之「端槃」。常德土語。即此物也。許書十三卷之𠘧應收入木部槃下。改篆形作凡。解云「古文槃」。別於其下出一解曰「一曰『最括也』」。乃合至「从二。二。偶也。从𠄎。𠄎。古文及」。其説支離。當删。卜辭般庚或作𦨶。可為吾説佐證也。至今本説文古文槃作鎜。从金。例當後起。蓋銅器時代之新出字也。今从許例別收作凡形者入十三卷而附論之於此。【甲骨文字集釋第六】

◉張日昇　凡象槃形。其説是也。然般从凡从攴無義可説。般。説文訓辟。旋舟之象。説本不誤。竊疑凡凡為槃之象形字。後叚般辟字為之。甲骨文槃作凡。般作𣪘。本不相同。盤从皿言其類。鎜从金言其質。並後起形聲字。【金文詁林附録】

◉李孝定　槃字甲骨文作凡，即承槃之象形字，字取俯視，非側視，高鴻縉氏説字形稍誤，蓋以盥盤之意説之也，傳世散氏盤乃盥盤，不宜以凡為象，若為盥盤作象形字，宜與「皿」字無別，曩謂盤、槃、鎜皆凡之後起字，及今思之，後三者蓋為盥盤一義所製

之形聲字也。承槃為受物之器，受、興諸字古文所从者是也，凡即承槃本字，許訓最括之詞乃假借義。【金文詁林讀後記第六卷】

◉王慎行　王汝珍　銘第七行最後一字，應是器名。此字下從皿，上半部右邊從凡，左邊稍有泐痕，但諦審作□形，殆即□（鬯）字之殘。故字可隸定作「⿱⿰鬯凡皿」，當是從皿、從鬯、凡聲之字，于六書中屬會意兼形聲字，實為「盤」字的異構。一九五五年五月安徽壽縣曾出土蔡侯諸器，其中《蔡侯盤》銘云：「用詐（作）大孟姬嬇彝⿱⿰酉般皿」。「⿱⿰酉般皿」字，唐蘭先生謂：「從酉、盤聲（應為盤省聲，或係筆誤——引者注），就是盤字。盤本以盛水，但也可以盛酒漿，所以從酉。」其後，于思泊先生亦贊同並徵引唐説。今案唐先生釋「⿱⿰酉般皿」為「盤」，至為精當，本銘盤字異構「⿱⿰鬯凡皿」之再現，可為唐説作以佳證。本銘「⿱⿰鬯凡皿」字從鬯、皿會意，《周禮·春官·大宗伯·鬯人》孫詒讓《正義》引孫毓云：「鬯是酒名，以黑黍秬一秠二米作之，芬香條鬯，故名曰鬯。」鬯既為香酒之名，正與「⿱⿰酉般皿」字從酉（酒之初文）同義；字又以凡得聲，而古文字偏旁從凡與從舟，因形近易譌，往往互作無別：「般」字，甲骨文均從凡，而金文有從舟作□（《頌盤》）、亦有從凡作□（《般甗》）者，均其例證。故「⿱⿰酉般皿」、「⿱⿰鬯凡皿」形異而義同，均為「盤」字的異構無疑。

此器自銘「盤」，而其形制實為「尊」，這也不足為怪。古時尊與盤係一套器物：《周禮·春官·大宗伯·司尊彝》「秋嘗冬烝，祼用斝彝、黄彝，皆有舟。」鄭司農《注》：「舟，尊下臺，若今時承槃。」《賈疏》：「漢時酒尊下槃，象周時尊下有舟。」孫詒讓《正義》云：「舟，蓋別為槃以承尊」。據此可知，古代酒尊下有承盤，名之曰「舟」，漢時猶存此制，故《説文·木部》云：「槃，承槃也。古文作鎜，籀文作盤。」今案古文字舟、凡形近易譌，疑《周禮·司尊彝》之「舟」當為「凡」之譌字。凡，甲骨金文均作□形，正象盤的側置形狀，可見先民造字之初，「盤」之從「舟」（實為從凡）當有所本。尊與盤既屬一組器物，名實不符，乃古人用語隨意使然。況且金文中自稱器名與實物形制不符者，屢見不鮮：《衛盉》自銘「盤」而器形為「盉」，《𩰫匜》自銘「盉」而其形為「匜」，《江小中母生鼎》自銘「鬲」而其形為「鼎」，《盂卣》自銘「缶」而實為「卣」，《哀成叔豆》自銘「盤（盤）」而實為「豆」等等，不煩備列，均其例證。【乙卯尊銘文通釋譯論　古文字研究一九八六年六月第十三期】

◉戴家祥　許印林曰：鎜乃盤之同音別體，盤彝猶言盤盉。自積古齋中義彝誤釋鎜為彝，遂不可解。攈古録金文卷二之三第八十五葉。按許説是也。鎜字从勹緐聲。左傳成公二年新築人仲叔于奚「請曲縣，繁纓以朝，許之。」陸德明經典釋文「繁。步干反」。同聲通叚，字亦作樊。春官巾車「一曰玉路鍚樊纓十有再就」，鄭玄云「樊讀如鞶帶之鞶，謂今馬大帶也。」釋文「樊，步干反。」説文六篇「槃，承槃也。从木，般聲。古文从金。籀文从皿。」唐韻薄官切。廣韻上平二十六桓。槃盤鎜瘢幋磐⿱髟般般搫鞶⿱般鳥⿱般日媻縏皆音薄官切，與繁同音。步、薄皆並母字，干、官元部，是繁、般不但同母，而且同部。乙毁云「乙自作飲鎜」，沇兒鐘「用盤飲酒」，居簠「余鑄此鎉兒」，楚王酓肯盤「作為鑄盤」，詞義正同。然則鎉兒之為盤兒，飤鎉之為飤盤，豈妄言哉！吳榮光釋匇，筠清館金文卷五第十二葉。高田忠周釋倭，古籀篇三十一第廿六葉。皆臆說，不足據。【金文大字典上】

[篆] 石經 【古文四聲韻】

◉許慎 榹 槃也。从木。虒聲。息移切。【説文解字卷六】

◉馬叙倫 榹為豐之轉注字。豐音敷紐。榹音心紐。同為次清摩擦音也。餘見豐下。字見急就篇。唐寫本木部殘卷作[篆]。音斯。【説文解字六書疏證卷十一】

[篆] 案 語七 【睡虎地秦簡文字編】

[篆] 案負 [篆] 案奢 [篆] 張案兵印 【漢印文字徵】

◉許慎 案几屬。从木。安聲。烏旰切。【説文解字卷六】

◉馬叙倫 張文虎曰。唐寫本木部殘卷作几屬也。篇韻皆有也字。倫按案與几異。今日本舊俗承食器之器。方而上有四垣。局足。高三五寸者是也。蓋本作器也。或以聲訓。几屬乃字林文。唐寫本作[篆]。音口旦。字見急就篇。【説文解字六書疏證卷十一】

◉商承祚 案為承食器之具。《考工記・玉人》：夫人勞諸侯之禮，「案十有二寸，棗栗十有二列」。賈公彦疏謂玉案十有二枚為一列，非是。此節之上列舉祭祀及燕亨禮器，如圭璧琮璋等皆曰幾寸，實指其尺寸大小而言之，此案亦復如是，蓋誤讀下句棗栗十有二列而錯解。列非行列，殆謂盛棗栗之屬十二種。又疑列本作別，列別篆文形近寫訛。別者，別其棗栗凡十二類也。

案有短足，以古人席地而坐，有足便于置取。《急就篇》有案，顏師古注：「有足曰案。」《漢書・外戚傳》之《孝宣霍皇后》云：許后「五日一朝皇太后於長樂宮，親奉案上食」。《楚漢春秋》：「韓信曰：漢王賜臣玉案之食。」《後漢書・梁鴻傳》：「妻為具食，不敢于鴻前仰視，舉案齊眉。」案不但有足，并當有闌，以防食器滑突，否則不可舉矣。據漆案可證明矣。

案，後人有誤以牀訓之。《周禮・掌次》有毡案、重案之文。毡案，注謂「毡案以毡為牀」，疏謂「案謂牀也，牀上著毡即謂之

檈 檈

椷 椷

毡案」。重案，注謂「牀重席也」，疏謂「案則牀也，牀言重謂牀上設重席」。疑此案仍是承食具之器，毡案、重案為禮節之設施，故特書之。以案為牀，於禮無征，鄭説或有誤。

或以盂訓之者，如《廣雅・釋器》：案，「盂也」。又或以碗釋之，則受張之象氏影響。《鹽鐵論・取下篇》「從容房闈之間，垂拱持案而食」，注以為碗。其實持案即據案，無庸曲為之説。曾豐《後耳目志》：「孟光舉桉齊眉，俗直謂几案耳。」呂少衛云：「桉乃古椀，故舉與眉齊。張衡《四愁詩》『何以報之青玉案』，謂玉椀也。據此則《考工記》『案十有二寸』，亦作此解為當。」玉案不必為玉製之案，以玉飾之亦得稱玉案。如前注所説或逕是玉製，以尊為天子貴為諸侯，食用玉案并不足怪，怪乃以玉碗解之，何見之淺也，豈忘周時用盤不用碗，碗為後起之器，與以今釋古，謬莫之甚。

案與几，注釋家皆以類屬，其實非是。據兩器形制，分別甚大。案，長方有周闌，而體平扁，為承食之具。几，高足體狹，為憑倚之器。兩者形與用風馬牛不相及也。《説文》：案，「几屬」，是漢人對案之形狀已不明了，而以當時變形變制之通用器訓之。至徐鍇謂案「所以憑也」，《玉篇》又謂「几屬，食器也」，案與几益不可分。追原其邅遞混淆之迹，案名為几所專有，當在牀產生之世。繼牀之後，又發明匠牀、卧牀。卧牀置于内室，而匠牀則陳于堂，以延賓客，故又名坐牀。牀上不能空無所有，于是變更案制，去闌成平面，易二直足，增高作四隅足，陳于坐牀之間，以承茶具，并可憑肘，遂稱之曰匠几。日久而忘其初，此案几互訓之所由來也。【《楚漆器集》考釋 文物一九九一年十一期】

◉許 慎 檈圜案也。从木。瞏聲。似沿切。【説文解字卷六】

◉馬叙倫 圜案之名。雖見於文選七命。然方圜皆可曰案。猶盡篋之形或方或圜也。不必圜案特與以名也。倫謂圜字乃旁注以表檈字之音。傳寫譌入者也。檈案乃聲同元類之轉注字。史記扁鵲倉公傳。案杌。亦以疊韻連語。索隱乃謂按摩而玩弄身體使調也。望文曲解矣。唐寫本木部殘卷作檈。案作按。音旋。字蓋出字林。【説文解字六書疏證卷十一】

◉許 慎 椷篋也。从木。咸聲。古咸切。【説文解字卷六】

◉馬叙倫 椷匧轉注字。匧音溪紐。椷音見紐。皆舌根破裂音。唐寫本木部殘卷作椷。音與此同。字或出字林。【説文解字六書疏證卷十一】

枓

◉許　慎　勺也。从木。从斗。之庾切。【説文解字卷六】

◉馬叙倫　徐灝曰。升斗與斗勺古無二字。別作枓者。相承增之。實漢時俗體耳。倫按唐寫本木部殘卷作。音主。從斗作斗聲。字蓋出字林。【説文解字六書疏證卷十一】

杓

◉許　慎　料柄也。从木。从勺。臣鉉等曰。今俗作市若切。以為桮杓之杓。甫揺切。【説文解字卷六】

◉馬叙倫　沈濤曰。一切經音義四引作北斗柄也。北字恐誤衍。史記天官書索隱引無北字。可證。錢坫曰。小徐作勺聲。倫按唐寫本木部殘卷。音匹幺。从勺作勺聲。倫謂料杓為斗勺之後起字。斗柄者借杓為柄。杓音轉如標。與柄同為脣音也。蓋當作料也柄也。【説文解字六書疏證卷十一】

杓　日甲一三八背【睡虎地秦簡文字編】

櫑

櫑　不从木　父乙罍　雷字重見　説文或从缶　邳伯罍　説文或从皿　且甲罍　説文籀文作中从缶

函皇父簋　中从金　函皇父盤【金文編】

◉許　慎　龜目酒尊。刻木作雲雷象。象施不窮也。从木。畾聲。魯回切。櫑或从缶。櫑或从皿。籀文櫑。【説文解字卷六】

◉王國維　櫑字函皇父敦作鑘。从金。籀文从缶。蓋金以質言缶以器言也。又此字籀文與靁靁靁三字均从畾。畾。古文靁字。見雨部。其字楚公鐘作。畾甗作。齊侯壺作。史記殷本紀隸定作畾。函皇父敦鑘字所从之。籀文之回。史記之一皆。若之變其形。為回旋形。本屬畾。為一字。許君於篆文靁下曰。从雨畾象回轉形。於籀文下曰。靁間有回。回。靁聲也。以畾為靁形。以回為靁聲。然畾字實不見回轉之形。必如楚公鐘畾甗所作者。始得見之。論衡雷虚篇：圖雷之狀纍纍如連鼓。是漢時畫雷者猶作畾字狀。此許君象回轉形之説也。其字或假為虺。史記仲畾。尚書序與左氏傳諸書皆作仲虺。詩邶風虺虺其雷。是古以虺虺狀雷聲。虺回聲近。此許君回雷聲之説也。鑘字自从靁聲不得云从缶回。許云然者。承上篆文言之。【史籀篇疏證　王國維遺書第六冊】

◉吳大澂　□古罍字。小篆作櫑。或从缶作罍。或从皿作⿱畾皿。籀文作□。與此小異。函皇父敦。【説文古籀補第六】

◉高田忠周　説文□龜目酒尊。刻木作雲靁象。象施不窮也。从木畾聲。𩫖。古文靁。或从缶作□。或从皿作□。籀文作□。蓋或鑄金為此。故此从金。段氏云。五經異義。韓詩説。金罍。大器也。天子以玉。諸侯以金。士以梓。古毛詩説。金罍。酒器也。諸臣之所酢人君。以黃金飾尊。大一碩金飾龜目。蓋刻為雲靁之象。許君曰。謹按韓詩説。天子以玉。經無明文。謂之罍者。取象雲靁博施。故從人君。下及諸臣同。按異義從古毛説。説文同也。爾雅。彝卣。罍。器也。小罍謂之坎。然則櫑有小大。燕禮。罍水在東。則罍亦以盛水。此説至詳。但今見三代罍器皆以銅為之。韓詩所謂諸侯以金者也。而飾以雷電紋。不啻尊罍之類。鼎彝皆然。且金飾龜目。亦無明徵也。要以金制之。故字从金。亦當省文作鑘。許氏脱之屚矣。詩洞酌。可以濯罍。傳。祭器也。禮記明堂位。山罍。夏后氏之尊。周禮鬯人。社壝用大罍。注。瓦罍也。此字所以从缶為意也。又詩卷耳。姑酌彼金罍。傳見上。又蓼莪。維罍之恥。皆當證字義也。【古籀篇八十五】

◉馬叙倫　鈕樹玉曰。韻會不重象字。廣韻象上有之字。沈濤曰。御覽七百六十一引。罍。龜目酒尊也。刻木為雲雷。象其施不窮也。蓋古本不重象字。施上有其字。此文本以雷字絶句。後人誤以象字絶句。以其施不窮語為不詞。妄重象字耳。翟云升曰。韻會引為下有似壺容一斛五字。木上無刻字。倫按唐寫本木部殘卷作□。音力回。尊字作樽。作字作為。亦不重象字。無也字。畾下多畾亦二字。倫謂本作器也。或以聲訓。龜木以下十五字皆校語。亦或字出字林也。

□　倫按唐寫本木部殘卷作□。

□　鈕樹玉曰。罍⿱畾皿二字玉篇廣韻竝無。倫按唐寫本木部殘卷作□。

□𩫖籀文櫑。鍇本有從缶回。倫按唐寫本木部殘卷作□。亦有從缶回。此校者加之。然實從缶從雷之初文得聲。見玉部壨下矣。函皇父敢作□。疑缶為金之譌。【説文解字六書疏證卷十一】

◉于省吾　甲骨文⿱畾皿字作□（甲二八一二），只一見，原辭殘缺。⿱畾皿字，甲骨文編入于附録，續甲骨文編附録于皿部。⿱畾皿字上从□，即靁字的初文（靁字从雨作□，見西周器盞尊），舊也不識。（詳釋靁。）甲骨文「告靁于河」（珠八四〇）的靁字作□，與□形可以互證。□形中从□，乃申作□的變形。商器有父乙□（借為⿱畾皿），□字中从□，也是申字的變形。商器且甲⿱畾皿之⿱畾皿作□，从皿□聲。説文：「櫑，龜目酒尊，刻木作雲雷象，象施不窮也，从木畾聲。罍，櫑或从缶。⿱畾皿，櫑或从皿。𩫖，籀文櫑，从缶回。」按許氏對于櫑字的解釋，以後世的形制來説明初文，殊有未當。總之，近年來所發現的商周時代的銅⿱畾皿和陶⿱畾皿，都是大型的盛酒器。甲骨文僅見的⿱畾皿字，乃舊所不識，故為之略加闡明。【釋⿱畾皿　甲骨文字釋林下卷】

椑

◉戴家祥 函皇父𣪘 說文六篇「櫑，龜目酒尊，刻木作雲靁象，象施不窮也。从木，畾省聲。」罍古文靁，或从缶作罍，或从皿作𥂴，籀文作𣝅。此銘作鑘，从金。說文段注引五經異義韓詩說「金罍，大器也。」古毛詩說「金罍，酒器也。」罍以金鑄，故从金。說文櫑，刻木所作，故从木。木和金旁皆表示器質，例同盤或作鎜、槃，故知鑘亦櫑之異體字。【金文大字典中】

椑 从艸 中山王譻兆域圖 椑棺 萆字重見 【金文編】

椑 為二二 【睡虎地秦簡文字編】

椑復之印 椑功子 椑恭 椑誤 椑彭之印 【漢印文字徵】

◉許慎 椑圜榼也。从木。卑聲。部迷切。【說文解字卷六】

◉馬叙倫 此卑之後起字。許當止作榼也。或器也。或以聲訓。圜榼也字林文。唐寫本木部殘卷作椑。音父迷。字見急就篇。【說文解字六書疏證卷十一】

榼

◉許慎 榼酒器也。从木。盍聲。枯蹋切。【說文解字卷六】

◉馬叙倫 莫友芝曰。唐寫本木部殘卷音榼。乃盍誤。倫按唐寫本作榼。許蓋以聲訓。或作器也。酒器也呂忱所釋耳。此盍之後起字。椑榼聲同談類轉注字。後漢書。美酒一椑。即一榼也。字見急就篇。【說文解字六書疏證卷十一】

◉邵友誠 1572……大案七，小案十……大榏二，小榏二……桱桯二 案，食案也。《說文》：「案，几屬。」大榏小榏之榏字，疑是榼字，原釋作「榷」字，非是。《說文》：「榼，酒器也。」《左傳》成十六年：「行人執榼承飲造于子重。」又貯水器。《淮南子·氾論訓》：「霤水足以溢壺榼，而江河不能實漏巵。」桱桯，即牀前几。《說文》：「桱，桯也，東方謂之蕩。」又曰：「桯，牀前几。」《方言》：「江沔之間曰桯。」《博雅》：「桯牀俎几也。」【居延漢簡劄記 一九六二年第一期】

橢

◉許慎 橢車笭中橢。橢。器也。从木。隋聲。徒果切。【說文解字卷六】

◉馬叙倫 徐灝曰。當讀車笭中橢為句。又云。橢。器也。倫按橢為隸書複舉字。器也是本訓。車笭中橢字林文或校語。傳寫誤乙。當時此類器物宜無不知。急就已云橢杅槃案矣。急就注云。橢。小桶也。玄應一切經音義引倉頡。橢。盛鹽物也。椑音竝紐。橢音定紐。同為濁破裂音。語原同也。唐寫本木部殘卷作橢。音他果。【説文解字六書疏證卷十一】

槌 持 栚

3312 説文所無，廣韻：梠，同槌。【古璽文編】

◉許　慎　槌關東謂之槌。關西謂之持。从木。追聲。直類切。【説文解字卷六】

◉馬叙倫　鈕樹玉曰。繫傳韻會持作持。譌。倫按唐寫本木部殘卷作槌。持亦作持。文追丈位二音。關東以下十一字呂忱或校者所加。本訓捝矣。字或出字林。方言。槌。宋魏陳楚江淮之間謂之植。郭注。槌。縣蠶薄柱也。今杭縣謂擣衣具曰棒槌。紹興謂之棒持。槌音澄紐。持音知紐。同為舌面前音轉注字。【説文解字六書疏證卷十一】

◉許　慎　持槌也。从木。特省聲。陟革切。【説文解字卷六】

◉馬叙倫　戴侗曰。唐本唐記反。段玉裁曰。寺聲。倫按段説是也。紹興音正如持。唐寫本木部殘卷作持。音竹革。【説文解字六書疏證卷十一】

◉許　慎　栚槌之横者也。關西謂之㯉。从木。灷聲。臣鉉等曰。當从朕省。直衽切。【説文解字卷六】

◉馬叙倫　鈕樹玉曰。繫傳㯉作撰。説文無㯉撰。莫友芝曰。唐寫本木部殘卷作栚。而解與二徐本同。惟灷聲作朕聲。關西謂之㯉。㯉字作榺耳。二徐本此下又有滕字。訓機持經者。從木。朕聲。殘卷無滕篆。或在前簡。爛無可證。然栚滕截然二字。殘卷作榺。雖不省。乃形聲左右上下別字。如木部之杍柔龔櫳。而非李杍不別之比。不得致疑榺為滕也。方言。槌。其横。關西謂之榺。是許所本。許書無㯉字。兩篇韻亦不收。其見注中者即引此文。蓋緣灷旁轉寫誤巽耳。倫按錢坫亦謂㯉當作栚。王筠則謂或者此文本作關西謂之栚。所以縣栚謂之撰。今以唐本驗之。則莫説長。呂氏春秋高注曰。三輔謂之栚。關西謂之持。説與楊許異。然槌之横者謂之栚。栚者即受於槌。皆澄紐也。倫謂槌有二形。一作丅一作□。而其為用一也。栚槌本轉注字。栚持亦轉注字。字蓋出字林。【説文解字六書疏證卷十一】

槤

◉許　慎　槤瑚槤也。从木。連聲。臣鉉等曰。今俗作璉。非是。里典切。【説文解字卷六】

◉馬叙倫　王筠曰。混兩器為一。必由後人改易。倫按瑚槤也者。謂此是瑚璉之璉本字也。然璉是聲借之字。瑚璉即左哀十一年傳之胡簋。而胡簋即簠簋。簠簋同器。而有方圓之異。此曰瑚槤也。明是校者不審胡璉之説而妄加。或字出字林。唐寫本木部殘卷作槤。音力善。餘見簋下。【説文解字六書疏證卷十一】

櫎

◉許　慎　櫎所以几器。从木。廣聲。一曰帷屏風之屬。臣鉉等曰。今別作幌。非是。胡廣切。【説文解字卷六】

◉劉心源　芇　帓。舊釋作芇。非。芇字古文小篆皆止作朩。無从艹作芇者。芇蓋俗字。此字从廿亦非艸。今案𡗕乃古文光。見説文。其下从巾為帓。今作幌。説文作櫎。云帷屏風之屬。此朱帓猶伯晨鼎畫幬也。或曰从巾乃木省。加光為桄。與横通。經傳皆㠯衡為之。禮記幽衡為黝衡。葱衡為青衡。此朱桄則朱衡也。毛公鼎葱黃袁盤。朱黃又叚用黃矣。【古文審卷七】

◉馬叙倫　段玉裁曰。文選吳都賦李善注引無風之二字。是也。許文本作一曰帷屏屬。沈濤曰。選注偶奪風之二字。御覽六百九十九引同今本。可證。王筠曰。小徐本一木几作攴。似當作庋。莫友芝曰。几字玉篇作攴。唐寫本木部殘卷器下有也字。帷下亦有也字。無之字。玉篇帷也作帷櫎。此解二徐脱衍。當依唐本及玉篇參正。倫按几攴聲近而誤。然此字林文。字林每言所以也。或此字出字林。一曰帷者。乃帨字義。帨下一曰帨隔。即屏風之屬。此七字校語。故鍇本下有是也二字。唐寫本作櫎。音晃。帷作惟。譌。【説文解字六書疏證卷十一】

㬥

3·418　塙闐棋　里曰淖　説文所無玉篇棋枳棋也　3·422　塙闐棋里曰牆　3·421　塙闐棋里曰臧【古陶文字徵】

258【包山楚簡文字編】

㬥　日乙一五六　日乙二一一　二例【睡虎地秦簡文字編】

㬥瘳【漢印文字徵】

檕 檷

◉許　慎　梮舉食者。从木。具聲。俱燭切。【說文解字卷六】

◉馬叙倫　徐鍇曰。如食牀。兩頭有柄。二人對舉之。若今牀。段玉裁曰。即今榻字。四圍有周。無足。置食物其中。人舁以進。倫按唐寫本木部殘卷作梮。音几足。者下有也字。倫謂此今言棊局之局本字。校者以當時舉食之器為棊。故注舉食者以釋之。字或出字林。古鉩作梮。【說文解字六書疏證卷十一】

◉劉彬徽等　椇，《禮記・內則》：「芝栭蔆椇」，注：「枳，椇也」。疏：「梨之不臧者」。《曲禮》：「婦人之摯椇榛」，疏：「即今之白石李也」。【包山楚簡】

◉許　慎　檕繘耑木也。从木。毄聲。古詣切。【說文解字卷六】

◉馬叙倫　字蓋出字林。唐寫本木部殘卷作檕。音工系。【說文解字六書疏證卷十一】

◉許　慎　檷絡絲檷。从木。爾聲。讀若柅。奴礼切。【說文解字卷六】

◉馬叙倫　錢坫曰。通俗文。張絲曰檷。嚴可均曰。易姤釋文引作絡絲趺也。讀若昵。說文無趺字。玉篇廣韻作柎。桉柎。闌足也。作柎是。沈濤曰。古周易音訓引晁氏曰。陰宏道云。許氏說文呂氏字林曰。檷。絲趺也。乃傳脱絡字。而其作趺不作檷。則同於易姤釋文所引。然其下文云。案絡絲之器。是陰見說文本有絡字。張文虎曰。檷字唐寫本木部殘卷闕。徐灝曰。下文杘篆云。籆柄也。柄乃柎足。則檷非柎矣。且絲絡於架。而不於柎。檷字不誤。讀若柅疑後人所增。劉秀生曰。爾聲古在泥紐。柅從尼聲。亦在泥紐。故檷從爾聲得讀若柅。易姤。繫於金柅。釋文。柅。説文作檷。讀若昵。王肅作柅。子夏作鑈。蜀才作尼。詩邶風泉水。飲餞于禰。釋文。禰。韓詩作坭。音同。釋名釋書契。爾雅。爾。昵也。竝其證。倫按本作檷絡絲趺也。傳寫捝乙。絡絲蓋檷之俗名。檷趺者。疑下文杘字義。檷為爾之後起字。檷杘音同娘紐。而杘音即受於爾。古或以檷為杘。因致譌耳。讀若柅者。柅為杘之重文。重文呂忱所加。知出字林或校者矣。然此當是讀若杘之重文柅。非木名之柅。字或出字林。餘見爾下。【說文解字六書疏證卷十一】

機 縢 杼

機 強弩應機司馬 傳機印信 【漢印文字徵】

王存乂切韻 【古文四聲韻】

◉許　慎 主發謂之機。从木。幾聲。居衣切。【説文解字卷六】

◉馬叙倫 沈濤曰。一切經音義七引。機。射發也。機。主發之機也。九引。機。主發之機也。十一引。主發謂之機也。後漢書光武紀注引。機。主發之器也。皆與今本不同。廣雅引與今本同。蓋古本作機。射發也。主發謂之機。倫按本以聲訓。或作器也。吕忱加射發也主發謂之機。唐寫本木部殘字缺。【説文解字六書疏證卷十一】

◉許　慎 機持經者。从木。朕聲。詩證切。【説文解字卷六】

◉馬叙倫 杼訓機之持緯者。而詩大東釋文引作盛緯器。倫謂此下及杼下椱下本作器也。吕忱分别注以盛緯器及機持經者。機持緯者。機持繒者。杼機持緯者出字林。見玄應一切經音義引字林。轉删本訓。玄應又引倉頡。縢。經所居機曰縢。唐寫本木部殘卷缺。【説文解字六書疏證卷十一】

杼□丞□ 【漢印文字徵】

◉許　慎 機之持緯者。从木。予聲。直吕切。【説文解字卷六】

◉馬叙倫 沈濤曰。一切經音義十五及十七皆引作機持緯者。是古本無之字。上文。縢。機持經者。下文。椱。機持繒者。皆無之字。可證。詩大東正義引作持緯者也。奪一機字。王筠曰。詩大東釋文引作盛緯器。皆通。翟云升曰。機之持緯者。是。見一切經音義十引字林。莫友芝曰。杼即梭字。亦作桫。唐本作機持緯者也。從木。予聲。一曰。柧削木。一曰五字二徐本書按考工記輪人。行澤者欲杼。注。杼謂削薄其踐地者。疏。下文云。是以刀割塗。故知削薄之。又玉人。杼上終葵者。注。杼。閷也。閷即殺減字。柧訓棱。柧削木。蓋即為輪削薄割塗之比。是此一曰五字。許意正據考工記為説。二徐逸之。張文虎曰。唐本有一曰柧削木五字。柧疑柝之譌。集韻去聲四十禡下引廣雅。柝謂之縢。今本廣雅誤作椖謂之縢。辨見疏證。疑當是縢下説解錯簡在此。而削下尚有脱文。徐灝曰。杼。俗作梭。聲轉而異其文也。杼之形。中廣。兩端鋭。凡

榎

物形近杼者皆以杼名之。考工記輪人。行澤者欲杼。鄭注。杼謂削薄其踐地者。玉人云。大圭。長三尺。杼上終葵首。鄭注。杼。閷也。皆謂漸殺而鋭也。丁福保曰。慧琳音義五十八及七十四引作機持緯者。倫按一曰柧削木下有脱文。張説是也。倫疑此皆注文誤入者也。故在予聲之下。而二徐本無之也。且集韻引廣雅柝謂之㬺。今廣雅柝作㮰。㮰為杼之轉注字。杼以持緯。㬺以持經。其意可通。故㮰謂之㬺。若謂柝為柧誤。然廣韻音匹卦切。㬺屬。蜀人以織布。出埤蒼。則自是柝字。柝從𠂢得聲。𠂢音滂紐。㬺音審紐。古讀歸透。滂透皆次清破裂音也。則廣雅自當為柝字。而張以為許本作一曰柝為㬺下錯簡。似可通。然倫仍謂一曰柝者。或乃校者據廣雅旁注誤入正文。而柝又復傳寫誤成柧。遂為後人以削木為柧注之。而復有奪也。至周禮杼字皆借為削。實當為小。杼從予得聲。予音喻紐四等。小音心紐。同為次清破裂音也。甲文有杼。從木。余聲。以予轉注為舒例之。則杼之轉注字也。唐寫本作杼。音丈與。【説文解字六書疏證卷十一】

◉許　慎　榎機持繒者。从木。复聲。扶富切。【説文解字卷六】

◉馬叙倫　嚴可均曰。玉篇作持繪。按繪。會也。謂經緯會合處。作繒誤。段玉裁曰。繒。玉篇作繪。當作會。會者。經與緯之合也。緯與經合。慮其不緊。則有榎入經之間以緊之。王筠曰。廣韻云。卷繒者。繫傳云。榎即軸。是也。吾鄉至今呼之。繒長則㬺去織工遠。故以榎卷之。以鍵轄之。便再織也。段説非。莫友芝曰。唐本木部殘卷作機持繒者也。倫按唐寫本木部殘卷篆作榎。音父又。又音復。餘及㬺下。【説文解字六書疏證卷十一】

◉阜陽漢簡整理組　(12)《説文》:「機,主發謂之機。杼,機之持緯者。㬺,機持經者。榎,機持繒者。」段注認為「機持繒者」的「繒」字不可通,引《玉篇》作「繪」,改「繒」為「繪」,云:「會者經與緯之合也,緯與經合,慮其不緊,則有榎入經之間以緊之。」今按,從段説則《説文》「持」字無着落。經緯會而成繒(繒為絲織品之通稱),有一木軸卷而持之,當即為「榎」。【阜陽漢簡《蒼頡篇》文物一九八三年第二期】

楥

2403 【古璽文編】

楥雲信印 【漢印文字徵】

[古文字]核

◉許　慎　[古文字]履法也。从木。爰聲。讀若指撝。吁券切。【說文解字卷六】

◉馬叙倫　鈕樹玉曰。指疑桓之譌。繫傳作讀若橅。更非。嚴可均曰。小徐作讀若槽。譌。朱駿聲曰。撝楥一聲之轉。苗夔曰。意與楥不同部。當是俗作楦之譌。夏敬觀曰。小徐檍字蓋指字爛文。形近之譌。劉秀生曰。爰聲在影紐寒部。撝從為得聲。為聲古在影紐歌部。歌寒對轉。故楥從爰聲得讀若撝。易謙。撝謙。釋文。撝。指撝也。鄭讀為楦。詩衛風。淇澳。終不可諼兮。禮記大學作終不可諠兮。伯兮。焉得諼草。釋文。諼。本又作萱。爰聲為聲並如宣。是其證。左僖十五年傳。晉於是乎作爰田。國語晉語作轅田。廿七年傳蔿賈。漢書古今人表作薳賈。襄十八年傳。薳子馮。釋文。薳。本作蔿。昭十三年傳。蔿掩。漢書古今人表作薳奄。爰聲為聲並如袁。亦其證。倫按唐寫本木部殘卷作[古文字]。音火刀。莫友芝謂刀為万譌。以万為千萬字。履法也蓋字林文。或此字出字林。【說文解字六書疏證卷十一】

◉馬叙倫　父丁爵[古文字]　倫按舊釋[古文字]為手執杖形。倫以王國維謂金文之[古文字]為爰而甲文之[古文字]即說文之爰。證知[古文字][古文字]一字。此[古文字]即[古文字]。從爪。○聲。○為瑗之初文也。[古文字]則楥之初文。此當讀[古文字][古文字]為一字。即說文之楥。履法也。履法即製履之範型。作此器者。蓋以造楥為業者與。【讀金器刻詞卷中】

◉饒宗頤　[古文字]舟。他辭亦作[古文字]舟（前編二·二六·二）：「乙亥卜，行貞：王其[古文字]舟于河，亡巛。」亦作[古文字]舟（後編上一五·八：「□丑卜，行貞：王其[古文字]舟于滴，亡巛。」）[古文字]字从[古文字]从爰，可釋為楥，與援通。（如植援之援，乃集韻訓籬之楥。）說文：「援，引也。」故援舟即引舟。（參摭續葉四七。）【殷代貞卜人物通考】

◉許　慎　[古文字]蠻夷以木皮為篋。狀如籢尊。从木。亥聲。古哀切。【說文解字卷六】

◉馬叙倫　鈕樹玉曰。繫傳尊作樽。俗。嚴章福曰。言狀如則小徐之形也三字可不贅。張文虎曰。唐本亦無此三字。孫詒讓曰。核訓蠻夷以木皮為篋狀如籢尊。此義古書未見。竹部。籢。鏡籢也。與酒尊絶不同。此尊疑當為竇。竹部。竇。竹器也。讀如纂。其字與籢正相次。經典通作篹。士冠禮作匴。鄭注云。匴。今之冠箱也。冠箱與鏡籢形相似。故許兼舉以況木匧。篹隸書與尊相似。傳寫之誤。倫按孫說是也。尊竇雙聲。傳寫遂譌耳。然核字豈為蠻夷以木皮為匧而造耶。蓋非本義。亦非本訓。字或出字林。唐寫本木部殘卷作[古文字]。籢作籢。工才工亥二音。【說文解字六書疏證卷十一】

棚 棚

棚 崔希裕纂古【古文四聲韻】

◉許　慎　棚棧也。从木。朋聲。薄衡切。【說文解字卷六】

◉馬叙倫　莫友芝曰。唐寫本篆作棚。誤。倫按唐寫本音父萌。玄應一切經音義引三倉。棚。棧閣也。【說文解字六書疏證卷十一】

棧 棧

棧 詛楚文　鞹輸棧輿【石刻篆文編】

◉許　慎　棧棚也。竹木之車曰棧。从木。戔聲。士限切。【說文解字卷六】

◉馬叙倫　沈濤曰。玉篇引棚也下有一曰二字。蓋古本如是。棧棚互訓。廣韻。棧。閣也。通俗文。板閣曰棧。連閣曰棚。皆與竹木之車無涉。故許偁一曰以通其義。文選赭白馬賦注引。棧。櫪也。是又一訓。桂馥曰。詩。有棧之車。正義。棧是車牀。既夕禮。賓奠幣于棧。注。棧謂柩車也。今文棧為輚。周禮巾車。士椉棧車。注。不革鞔而漆之。考工記。棧車欲弇。王莽傳。椉牝馬柴車。顏注。柴車即棧車。通作轏。成二年左傳。丑父寢於轏中。注。士車。王筠曰。字林。轏。仕諫反。卧車也。倫按棧為柵之轉注字。柵音穿紐二等。棧音牀紐二等。同為舌面前破裂摩擦音也。亦棚之轉注字。棚音竝紐。牀紐古讀歸定。竝定同為濁破裂音也。一曰竹木之車者。緣編木為棧。因謂車之似棧者曰棧車。亦曰柴車。此校語。唐寫本木部殘卷作棧。音士眼。【說文解字六書疏證卷十一】

栫 栫

◉許　慎　栫以柴木壅也。从木。存聲。徂悶切。【說文解字卷六】

◉馬叙倫　嚴可均曰。說文無壅。文選江賦注引作以柴木壅水也。水字議補。段玉裁曰。玉篇亦曰。以柴木壅水也。然此不獨施於水。無水字為長也。倫按漢書音義引字林。柴木擁也。在見反。倫謂字蓋出字林。栫為棧之轉注字。棧從戔得聲。戔音從紐。栫音亦從紐也。栫聲之類。棚聲當在蒸類。之蒸對轉也。本書倗讀若陪。陪聲之類。嚴可均謂以之蒸對轉讀倗若陪也。唐寫本木部殘卷作栫。音才寸。壅字作廱。【說文解字六書疏證卷十一】

檲

◉許　慎　檲筐當也。从木。國聲。古悔切。【說文解字卷六】

◉馬叙倫　徐鍇曰。今俗猶有匡當之言。蜀史記諸葛亮遺晉宣帝巾幗以激辱之。然則幗妝匳筐篋之屬也。段玉裁曰。匡當今俗謂物之腔子。桂馥曰。釋名。簂。恢也。恢廓覆髮上也。魯人曰頍。齊人曰帨。續漢書輿服志。夫人紺繒簂。又或作幗。玉篇。幗。帨也。覆髮上也。王筠曰。匡當蓋俗名也。倫按筐當蓋字林訓。字或出字林。倫見清時女子出門適壻時。戴鳳冠。其冠內先以一物覆髮也。物以紅綢裹棉花作籠形。無當。俗名淘羅圈。蓋冠以金屬品為之。先以此物覆首。然後加冠。則首不傷。且冠率非自製。大小不宜。得此則合度也。殆即幗也。明代婦女及日本婦女作髻時。於髮中亦置一物。使髮得恢廓為美觀。亦或是此物也。然此字從木。當非覆髮上者。倫謂此今所謂箍之本字也。唐寫本木部殘卷作檲。音工悔。

【說文解字六書疏證卷十一】

梯

◉許　慎　梯木階也。从木。弟聲。土雞切。【說文解字卷六】

◉馬叙倫　蓋本以聲訓。或作器也。木階也字林文。階梯聲同脂類。語原然也。唐寫本木部殘卷作梯。音他兮。【說文解字六書疏證卷十一】

棖

◉許　慎　棖杖也。从木。長聲。一曰法也。宅耕切。【說文解字卷六】

◉馬叙倫　徐鍇曰。爾雅曰。棖謂之楔。今說文以橖字當之。故以棖為杖。桂馥曰。杖當為枝。謂堂持也。僮約。棖門柱户。一曰法也者。方言。棖。法也。注云。救傾之法。段玉裁曰。杖也未詳。翟云升曰。一切經音義十九引作材也。六書故引作丈也。竝枝之譌。朱駿聲曰。與橖略同。柱也。爾雅釋宮。棖謂之楔。注。門兩旁木也。儀禮聘禮。大夫中棖與闑之閒。論語皇疏。門左右兩樣邊各豎一木。以禦車過。恐觸木也。詩鄭風。俟我乎堂兮。以堂為之。倫按橖訓柱。正今之枝撐字。證以方言注。則橖自是本字。鍇說非是。經傳以棖訓枝柱義借棖為橖耳。論語申棖，史記仲尼弟子作申棠。棠借為橖。是其證。鄭風作堂。省也。棖杖音同澄紐。聲同陽類。是杖之轉注字。字或出字林也。一曰法也者。模字義。魚陽對轉叚借也。尹桐陽謂以徹母雙聲借為程。然此校語。唐寫本木部殘卷作棖。法下無也字。音丈庚。【說文解字六書疏證卷十一】

桊　[篆]

◉許　慎　[篆]牛鼻中環也。从木。𢍏聲。居倦切。【説文解字卷六】

◉馬叙倫　鈕樹玉曰。一切經音義四及十二引並無中字。玉篇亦無。此衍也。倫按本以聲訓。或作噐也。牛鼻環也蓋字林文。桊圈環同語原。唐寫本木部殘卷作[篆]。音己戀。【説文解字六書疏證卷十一】

椯　[篆]

274【包山楚簡文字編】

椯　日甲二五背　二例　通段　以鐵椎|之　日甲四〇背【睡虎地秦簡文字編】

趙椯之印【漢印文字徵】

◉許　慎　[篆]箠也。从木。耑聲。一曰。椯。度也。一曰剟也。兜果切。【説文解字卷六】

◉馬叙倫　桂馥曰。剟當為錣。俗作錣。或以本書無錣字。改為剟。玉篇。錣。針也。集韻。策端有鐵。列子説符。白公勝慮亂。罷朝而立。倒杖策。錣上貫頤。血流至地而弗知也。注云。錣。杖末鋒。淮南道應訓高注。策馬棰。端有針以刺馬。謂之錣。倫按椯音端紐。箠音照紐。古讀歸端。故箠轉注為椯。一曰椯度也者。唐寫本木部殘卷作一曰椯度高下。此揣字義。一曰剟也者即借為剟。剟音知紐。古讀亦歸端也。桂説亦通。然一曰以下九字皆校語。唐寫本作[篆]。多果初委二音。無度下剟下二也字。字見急就篇顔師古本。玉海皇象本作槫。【説文解字六書疏證卷十一】

橜　[篆]

◉許　慎　[篆]弋也。从木。厥聲。一曰門梱也。瞿月切。【説文解字卷六】

◉馬叙倫　鈕樹玉曰。廣韻韻會引弋作杙。沈濤曰。一切經音義引亦作杙。列子釋文引。橜。木本也。是古本有一曰木本也。王筠曰。一曰門梱也蓋後人因梱下云。門橛也。故增此文耳。橜弋轉注。本為凡橜之通名。而梱則為門橜之專名。倫按王筠本繫傳篆從同此。唐寫本木部殘卷作[篆]。音巨月。無梱下也字。王謂橜弋轉注。非也。弋也者。假橜為弋。橜是門梱之類。直者以限左右為橜。横者以限内外為梱。以木為之則從木為橜。以為限門則從門作闑。闑橜聲同脂類轉注字。梱聲真類。脂真對轉。語原同也。上文。梱。門橛也。門部。闑。門梱也。儀禮士喪禮。席于闑西。注。古文闑作槷。士冠禮。布席於門中闑西。注。古文闑為槷。本書無槷。然從執得聲。執聲亦脂類。或謂當作槷。埶聲。亦在脂類。然是借字。本書作槸

檝 杖 柭 棓

也。則槷即檿之轉注異文。周禮匠人。置槷以縣。注。故書槷或作弋。借槷為弋。與此訓弋正同。爾雅釋宮。檿謂之闑。禮記曲禮。士大夫入君門。由闑右。注。闑。門檿。均可證也。此一曰門梱者。校者據一本作門梱也者注之也。然非本訓。弋也亦非本訓。或謂傳寫涉檝下說解而誤羨。或曰。唐寫本無也字。或古讀檿如弋。弋字乃讀者所注以釋音者也。沈謂古本有一曰木本也。尋乑下曰。木本。讀若厥。然亦非乑字本義。蓋柢字義。氏乑厥聲同脂類。故莊子達生借橛為柢。此亦校記也。餘詳乑下。字或出字林。【說文解字六書疏證卷十一】

◉許　慎　檝弋也。从木。戠聲。之弋切。【說文解字卷六】

◉馬叙倫　鈕樹玉曰。韻會引作杙也。倫按唐寫本木部殘卷作檝。之弋又持二音。檝為弋之聲同之類轉注字。爾雅釋宮。檝謂之杙。【說文解字六書疏證卷十一】

◉許　慎　杖持也。从木。丈聲。臣鉉等曰。今俗別作仗。非是。直兩切。【說文解字卷六】

◉馬叙倫　王筠曰。上下文皆靜字。此以持解杖。則是動詞。丁福保曰。慧琳音義四引作手持木也。倫按持也者。丈字義。杖為今所謂棒字。持也或以聲訓。呂忱加手持木也。唐寫本木部殘卷作杖。音丈。字見急就篇。【說文解字六書疏證卷十一】

◉許　慎　柭棓也。从木。犮聲。北末切。【說文解字卷六】

◉馬叙倫　唐寫本木部殘卷作柭。音方。莫友芝謂方為犮誤。急就篇。拔杷。鈕樹玉本作柭。【說文解字六書疏證卷十一】

◉許　慎　棓棁也。从木。咅聲。步項切。【說文解字卷六】

◉馬叙倫　鈕樹玉曰。玉篇棓為桲棒之重文。王筠曰。一切經音義一引有謂大杖也四字。蓋庾注。倫按柭音封紐。棓音竝紐。同雙脣破裂音轉注字。杖音澄紐。與棓為同濁破裂音轉注字。唐寫本木部殘卷作棓。音父頃。【說文解字六書疏證卷十一】

◉流　火　「棓」字郭沫若先生「疑是背負的東西，猶今言揹子」。根據此節上下文「一棓飤之」連起來看，可見「棓」是盛東西的

椎 椎

器具。一棓飤之，意即要給以食宿等的招待。【銅龍節 文物一九六〇年第八、九期】

◉曾憲通 棓 天棓哂乍瀉 乙二・一〇 此字嚴一萍氏疑即《爾雅・釋天》天根之根，因篆文形近，傳寫而譌作根。或以為槍字。選堂先生謂棓之右旁實从豆，下益以口旁，隸寫作梪，乃桓之繁形。音字《說文》或體作豉，《廣韻》豉之異體作敨，故知天梪即天棓。天棓為彗星，見《呂氏春秋・明理篇》及《開元占經》所引《荊州占》。【長沙楚帛書文字編】

◉戴家祥 棓 鄂君啟節字从木，从ㅂ、咅。ㅂ，古文凡。大徐凡讀「浮芝切」，并母之部，否讀「方九切」，幫母之部。玉篇五十六否音蒲鄙切，不但與凡同部，而且同母。是凡否皆表音聲符字也。說文六篇「棓，棁也」。公羊傳成公二年「踊于棓以窺客」。何休注「凡無高下有絶加躡板曰棓，齊人語」。在此皆不成義。以聲義求之，字當讀䍌。說文五篇「䍌，小缶也。从缶音聲」。玉篇二四三䍌亦作瓿。方言五「缶謂之瓿甌」。䍌瓿更旁作棓，亦猶罍之篆文為櫑也。【金文大字典中】

椎 椎 日甲三六背 二例 椎 日甲四〇背 【睡虎地秦簡文字編】

椎 椎斧司馬 【漢印文字徵】

◉許 慎 椎 擊也。齊謂之終葵。从木。隹聲。直追切。【說文解字卷六】

◉馬叙倫 沈濤曰。御覽七百六十三引終葵作柊楑。又小字注其下云。音終。音葵。則舊本作柊楑。然本書無終楑。廣雅釋器。柊楑。椎也。是柊楑乃晉以後俗字。朱駿聲曰。終葵之合音為椎。倫按唐寫本木部殘卷作𣙙。音丈追。隹聲作隼聲。齊謂之終葵作齊謂終葵也。唐寫本切韻殘卷六脂引擊也同此。椎訓擊也者。以名詞為動詞後而以動詞之義為訓也。椎是擊具。戰國策齊策。秦遣連環。君王后引椎椎破之。是其證。爾雅釋訓釋文引字林。擊也。則此字林文。齊謂之終葵亦呂忱語。玄應一切經音義引倉頡。椎。用打物者也。一引三倉。作打也。【說文解字六書疏證卷十一】

◉蕭 璋 椎之訓擊，即有刺義。因之尖銳之物能㭬刺者亦名曰椎。（淮南子汜論訓：「後世為之耒耜耰鉏。」高注：「耰，㭬塊椎也。」鏊為半箠端有箴，所以刺馬者，亦謂之椎。廣雅釋詁：「鏊，椎也。」）而大圭之首，杆上無所屈，亦謂之終葵首，終葵即椎之反語也。（見周禮考工記及鄭注。）又椎訓擊，有搗築之義。鄭玄所謂「槍雷椎椁」是也。（見周禮職金注。原文椁作椁，段氏以為應作椁，說見周禮漢讀考。）故築地之鼛亦可名椎。（說文：「鼛，下來也。一曰千金椎。」段注曰：「今衆舉以築地者是也。」）【釋至 國立浙江大學文學院集刊第三集】

◉柯 孫柯之印 柯 朱柯 【漢印文字徵】

◉許　慎　柯斧柄也。从木。可聲。古俄切。【說文解字卷六】

◉馬叙倫　丁福保曰。慧琳音義四十引作樹枝也。二徐本無此句。蓋古本一曰以下文。倫按音義所引蓋校語。樹枝也者。格字義。柯格雙聲。古多借柯為格。柯字出蒼頡篇。見周禮考工記注引。斧柄也非本訓。此吕忱用詩伐柯毛傳文耳。唐寫本木部殘卷作柯。音工何。【說文解字六書疏證卷十一】

◉許　慎　棁木杖也。从木。兑聲。他活切。又之說切。【說文解字卷六】

◉馬叙倫　鈕樹玉曰。韻會引木作大。沈濤曰。後漢書禰衡傳注引作大杖也。蓋古本如此。上文。棓。棁也。淮南詮言訓。羿死於桃棓。御覽三百五十七引許慎注。棓。大杖。是棓棁皆為大杖。翟云升曰。六書故引杖作丈。王筠曰。穀梁宣十八年傳釋文引字林同。一本作大杖。非也。顔注急就篇。棁。小杖也。今呼袖棁。言可藏於懷袖之中也。後漢書禰衡傳。手持三尺棁杖。經典用為梁上短柱之棳。莫友芝曰。唐寫本作大杖。韻會及一切經音義十六竝引作大杖。倫按六書故引作木丈。則本訓杖也。傳寫譌析為木丈。校者以木杖正之。木又譌為大耳。亦或許作杖也。吕忱增大杖也。六書故引者。木為隸書複舉棁字之爛文。而杖又譌捝木旁也。棁從兑得聲。兑音定紐。棓音定紐。同為濁破裂音。棓從音得聲。音音透紐。同為舌尖前破裂音。是轉注字也。拔從犮得聲。犮音亦定紐。杖音澄紐。古讀歸定。則皆轉注字也。大杖小杖乃後世以方言之故而分別之。唐寫本木部殘卷作棁。止他活一音。字次棓後。【說文解字六書疏證卷十一】

◉蕭　璋　棁訓大杖，亦訓棁殺，亦訓朾橦。(春秋宣十八年穀梁傳：「邾人戕繒子于繒，戕猶殘也，棁猶殺也。」范甯集解曰：「棁謂捶打，殘賊而殺地于繒。」今本棁均作捝。阮校記引嚴傑云：「石經初刻捝作棁，後改從手，非也。棁殺謂以杖殺之。後漢書禰衡傳曰『手持三尺棁杖』是也。」又引錢大昕曰：「晉唐人書木旁字多作手旁，此必朾之譌。說文：「朾，橦也。」朾與檇㭬連文，知橦亦兼有橦擊也。」竊按釋文捝字下并引字林曰：「木杖也。」知本作棁字。)又與槍戕對文見義。(史記天官書：「左三星曰天槍，右五星曰天棓。」索隱引詩緯云：「槍三星，棓五星，主槍人棓人。」說文：「棓，棁也。」說文：「戕，槍也。」玄應一切經音義卷四引通俗文曰：「剡木傷盗曰槍。」詩緯之槍棓對文，正如穀梁戕棁對文，以是知棓棁之義與戕槍相近也。)皆與刺擊之義相近也。【釋至　國立浙江大學文學院集刊第三集】

柄 柄

◉許　慎　柄柯也。从木。丙聲。陂病切。棅或从秉。【説文解字卷六】

◉馬叙倫　柄音封紐。柯音見紐。封見同為清破裂音。是轉注字也。唐寫本作柄。音方命。

棅　段玉裁曰。丙聲秉聲並在古音十部也。倫按唐寫本木部殘卷作棅。柄或從秉。此捝柄字。秉音亦封紐。故柄轉注為棅。左傳邴意兹。史記齊世家作秉意兹。儀禮士昏禮以病吾子。注。古文病為秉。是其例證。【説文解字六書疏證卷十二】

柲 柲

◉許　慎　柲欑也。从木。必聲。兵媚切。【説文解字卷六】

[seal] 柲尊私印　[seal] 柲不識　【漢印文字徵】

◉郭沫若　劉則以「必」為柲之省，曰：「説文：柲，欑也。欑，積竹杖也。」此釋較之釋韠釋縪者實大有進境，然劉之失亦不免再轉而流於「迂曲」。其由柲再轉云：「許解『殳』字云：『殳，以積竹，八觚，長丈二尺，建于兵車，旅賁以先驅。』是柲即殳也。積竹者如今軍中矛桿，聚竹為之，縛以繩，韜以帛，而油漆之。既堅且韌，勝於木柄易折也。」然柲自柲，殳自殳，柲以積竹為之，殳亦積竹為之，非「柲即殳」也。

考工記：「廬人為廬器，戈柲六尺有六寸，殳長尋有四尺，車戟常，酋矛常有四尺，夷矛三尋。」鄭注「柲猶柄也」，古人戈戟矛柄與殳均為「廬器」，鄭云：「廬讀為纑，謂矛戟柄竹欑柲」（見「秦無廬」下注），又云：「廬，矛戟矜柲也。國語曰：『侏儒扶廬』。」許書作「籚」，曰：「積竹矛戟矜也。从竹盧聲。春秋國語曰：『朱儒扶籚』。」是可知戈戟矛之柄皆以積竹為之，其法與殳同，然柲自柲而殳自殳也。更詳言之，則殳乃無刃之竹杖，柲乃戈矛之柄，何得云「柲即殳」耶？故劉釋亦未得其正解。

余謂必乃柲之本字。字乃象形，八聲。必即戈柲之象形，許書以為從八弋者，非也。其訓「必」為「分極」乃後起之義，從木作之柲字，則後起之字也。【戈琱㦸駭必彤沙説　殷周青銅器銘文研究卷二】

◉馬叙倫　下文。欑。積竹杖也。則柲亦柭之轉注字。音同封紐也。徒疑欑非本義。欑也亦非本訓。周禮考工記注。柲猶柄也。廣雅釋器。柲。柄也。柲蓋柄之音同封紐轉注字。唐寫本木部殘卷作柲。音方位。晉書音義引字林。柲。椎。毗必反。字見急就篇。【説文解字六書疏證卷十一】

◉裘錫圭　甲骨文裏有一個寫作[甲骨文]等形的字。在《甲骨文編》裏，它們有的被釋作「壬」字（三五四頁），有的被當作未識字收在附録裏(七九二、八六二頁)。我們認為這個字是「柲」的象形初文。參看《史牆盘銘解釋》,《文物》一九七八年三期32頁注㉚。

古代戈、戟、矛等武器的柄稱柲。「柲」字从「木」「必」聲。金文無「柲」字,「必」字作□□等形。《金文編》41頁。《説文・八部》:「□(必),分極也。從八、弋,弋亦聲。」金文、小篆「戈」字作□□等形,如果去掉象戈頭的一横,剩下來的象戈柲的部分,正與金文「必」字所從的□同形。郭沫若在《金文叢考・釋弋》篇裏指出,金文的「必」字應該讀為戈柲之「柲」,並認為「必」字所從的□就是「柲」的象形初文。他説:「必即柲也,弋象柲形,八聲。然形聲之字後于象形,則弋又古必字,必其後起者矣。」(二二八頁)這是很精闢的見解。但是《説文》認為「必」字所從的□就是「弋」字,是有問題的。這一點郭氏卻没有覺察。

《説文》説「必」字從「弋」聲。「弋」「必」二字古韻不同部,聲母又遠隔,無從相諧。《説文》「弋」字篆文作□,與金文「必」字所從的□比較接近。但是金文「弋」字作□□等形,同上638頁。秦漢金石篆文「弋」字作□□等形,《漢印文字徵》12・16上。《秦漢瓦當文字》1・13。金文和秦漢金石篆文中用作偏旁的「弋」字作□□等形,《金文編》626頁「㚤」字,310頁「杙」字,《漢印文字徵》8・6上「代」字。都跟「必」字所從的□有相當明顯的區别。關於甲骨文「弋」字詳附録《釋「弋」》。可見「弋」和「柲」的象形初文□是兩個字,《説文》「弋」字篆形以及「必」字從「弋」的説法是有問題的。西周金文「弋」字多用作虚詞,郭沫若讀為「必」,其實應該讀為從「弋」聲的「式」。我們在《史牆盘銘解釋》中已經談過這個問題,《文物》一九七八年三期30頁。這裏就不重複了。【釋柲 古文字研究第三輯】

□ 欑石經 【汗簡】

□ 石經 【古文四聲韻】

◉許 慎 欑積竹杖也。从木。贊聲。一曰穿也。一曰叢木。在丸切。【説文解字卷六】

◉馬叙倫 積竹杖也蓋本訓杖也。吕忱加積竹杖以釋之。欑從贊得聲。贊從兟得聲。詳贊字下。兟聲真類。兑聲脂類。脂真對轉。欑為棁之轉注字。欑音從紐。古讀歸定。棓音竝紐。竝定同為濁破裂音。亦轉注字。唐寫本木部殘卷作欑。音才丸。穿下無也字。叢作藂。穿也者。徐鍇以為鑽字義。十四篇。鑽。所以穿也。然則是其引申義也。倫疑欑鑽二字皆訓穿也。此校者記異本也。一曰叢木者。即叢字義。叢為丵之轉注字。丵為叢木也。玄應一切經音義引蒼頡。欑。聚也。禮記喪大記注。欑猶菆也。菆為麻烝。蓋借為叢。叢。艸叢生皃。實即叢之俗字。史記河渠書。集解引尸子。行塗用楯。行險以樶。

栖㯰即喪大記君殯用輴欑之輴欑。此贊叢聲通之證。欑叢音同從紐。一曰八字校語。【說文解字六書疏證卷十一】

尿 尿

◉許　慎　尿籆柄也。从木。尸聲。女履切。柅尿或从木。尼聲。臣鉉等曰。柅。女氏切。木若棃。此重出。【說文解字卷六】

◉馬叙倫　段玉裁曰。籆即絡車。所以轉絡車者。此與檷異物。昔人謂檷柅一字。依許則尿者今時籆車之柄。檷者。今時籆絲於上之架子。以受籆者也。故曰絡絲柎。桂馥曰。廣雅釋器。尿。柄也。又曰。榱謂之籆。其尿謂之隸。倫按籆柄之訓似出廣雅。蓋字林文。字亦或出字林。竹部籆笪為轉注字。本書。軖。紡車也。廣雅釋器。軖謂之笪。通俗文。繅車曰軖。軖。笪也。軖即軠也。軠籆亦為轉注字。而籆爾音同日紐。爾為檷之初文。爾從㒼尒聲。㒼為絡絲器之象形文。然則籆爾亦轉注字。而㒼者并冂象輪。以丨象軸。輪音來紐。古讀來日竝歸於泥。則爾輪之語原實同。爾者。今謂之日子。固并輪軸而為偁。軸即此所謂籆柄也。而尿爾音又同紐。然則尿爾實一物。即檷柅為一物。皆轉注字。尿蓋從木。乀聲。乀為夷居之夷本字。音在喻紐四等。古讀歸定。廣雅榱謂之籆。其尿謂之隸。籆以音同喻紐三等轉注為榱。隸則以音同定紐假借為尿。唐寫本木部殘卷作尿。籆誤為籆。音丑利。丑亦女之誤。古匋有尿字。強運開據居匠之居作□釋此為尿。明從乀聲矣。餘見爾下。【說文解字六書疏證卷十一】

榜 榜

榜 說文【古文四聲韻】

◉許　慎　榜所以輔弓弩。从木。旁聲。補盲切。臣鉉等案。李舟切韻一音北孟切。進船也。又音北朗切。木片也。今俗作牓。非。【說文解字卷六】

◉劉心源　□ 榜。舊釋枝。非。录伯𢦏敦四旁之旁作□。此从木从□。是榜字也。木榜者。㠯木標識地界。周禮職金注所謂楬櫫也。【奇觚室吉金文述卷二】

◉馬叙倫　鈕樹玉曰。玉篇廣韻引弩下有也字。徐灝曰。禮既夕。有柲。鄭釋柲為弓檠。許訓檠為榜。則榜即柲也。聲之轉耳。倫按唐寫本木部殘卷作榜。音父庚。弩下有也字。儀禮借柄為弜。詳弜字下。弜即所以輔弓弩之本字。弜音羣紐。古讀歸見。故轉注為檠。檠從敬得聲。敬音見紐。見封皆清破裂音。又弜榜聲同陽類。故弜轉注為榜。所以輔弓弩校語或字林文。許蓋止作輔也。字見急就篇。【說文解字六書疏證卷十一】

檄　櫽　栝

◉戴家祥　曶鼎　諸家均釋榜，但對於銘文中的用意衆説紛紜。劉心源曰：「木榜」者，以木標識地界，周禮職金注所謂楬橥也。奇觚室吉金文述卷二・二六葉曶鼎。強運開曰：古刑法有榜笞榜掠之稱，「木榜用責」，殆即榜笞之謂也。説文古籀三補一卷六第二葉。譚戒甫曰：集韻「榜或作㮄。木片也。」按古時契約寫在木版上，故書木榜與書于方句意全同。中華文史論叢三輯第七九葉西周曶器銘文綜合研究。【金文大字典中】

◉許　慎　榜也。从木。敬聲。巨京切。【説文解字卷六】

◉丁福保　檠所以正弓。案此字所以正弓為本義。借用為鐙檠。説文作檄。無檠字。玉篇檄檠竝闕。廣韻上聲三十八梗作檄。注云。亦作檠。平聲。十二庚。去聲。四十三映竝作檠。周伯琦六書正譌曰。檄。俗作檠。非。【説文解字詁林後編】

◉馬叙倫　檄為弜之轉注字。弜下曰。彊也。以聲訓也。彊音羣紐。故弜音其兩切。檄得聲於羊。彊羊聲又同陽類也。字見急就篇。顔師古本作極。唐寫本木部殘卷作檄。音同此。【説文解字六書疏証卷十】

◉許　慎　櫽栝也。从木。隱省聲。於謹切。【説文解字卷六】

◉馬叙倫　沈濤曰。玉篇廣韵引皆作櫽。不省心字。韵會亦作櫽。引作隱聲。倫按櫽栝為矯柔之器。其用與榜檠同。故櫽之音亦由檠轉。檠得聲於敬。敬音見紐。櫽音影紐。同為破裂清音也。唐寫本木部殘卷作櫽。音於近。【説文解字六書疏證卷十】

方栝之印【漢印文字徵】

◉許　慎　櫽也。从木。𠯑聲。一曰。矢栝。築弦處。古活切。【説文解字卷六】

◉馬叙倫　鈕樹玉曰。玉篇作櫽也。段玉裁曰。矢栝築弦處不可通。築當為檃。釋名。矢末曰栝。栝。會也。與弦會也。云檃弦處者。弦可隱其間也。桂馥曰。矢栝檃弦處者。文有闕誤。築當為檃。春秋決獄。弩檃機郭。弦軸異處。馥案。檃。弩牙也。本書。矢。象鏑栝羽之形。釋名。矢。其末曰栝。栝。會也。與弦會也。魯語。肅慎氏貢楛矢石砮。銘其栝曰。肅慎氏之貢矢。韋注。栝。箭羽之閒。考工記。矢人為矢。夾其陰陽以設其比。夾其比以設其羽。鄭司農云。比謂栝也。

顔師古曰。岐山兩岐。俗呼箭栝嶺。王筠曰。廣韵字作筈。云。箭筈。受弦處。依此而改築為受。庶可通也。莫友芝曰。唐本檃也作隱也。矢栝築弦處作矢頭也。疑當作矢頭築弦處。倫按唐寫本木部殘卷作〓。一曰矢栝築弦處者。疑本作栝矢頭隱弦處或作矢頭隱弦處為栝也。栝為矢末會弦處。以其兩岐夾弦。故曰矢隱弦處。蓋此本在檃也之上。傳寫捝之。校者拾補也。檃栝古音同紐。盖同語原。字見急就篇。檃音影紐。栝音見紐。同為清破裂音。轉注字也。【說文解字六書疏證卷十】

◉何琳儀　鄭家相舉橋形布屬韓國者有「呆」（頴）、「京」、「鄩氏」、「分（汾）布」，屬趙國者有「堯」。凡此釋讀及國別均有可商。因此有必要對現有橋形布銘文地名做一番整理。⊘

⿰木氒二釿　1311

⿰木氒一釿　1314

⿰木氒半釿　1326

首字舊釋頗為分歧，諸如釋「呆」（頴）、「棣」、「⿱刅木」（梁）、「禾」（利）、「乘」等（《辭典》下編11頁），《古幣》則載入附録（280～281）。諸說之中以釋「潁」定為韓幣影响最廣。其實據《說文》偏旁分析，「潁」从「水」从「頃」，「頃」从「頁」从「匕」。然而幣文 ⊂ 偏旁并非「匕」字，故釋〓為「呆」殊不可據。

按，〓由「木」和〓兩部分構成，且共用中間豎筆。下文所舉「⿱刅木釿」橋形布「⿱刅木」作〓，从「木」从「刅」，亦共用中間豎筆，可資佐證。〓與楚公逆鎛之〓形體密合，均應釋「氒」。《古幣》「氒」及从「氒」字習見：

89　90

141「⿰阝卒」　90

這類文字形體正反無別的現象，在春秋銅器銘文「氒」字中已有所反映：

都公簋　都公鼎

上引「⿱刅木」作〓，或作〓（《古幣》113），亦可類比。值得注意的是，上揭橋形布「釿」字亦往往反書，故將〓理解為〓未嘗不可。〓，从「木」从「氒」，應隸定「⿰木氒」。《說文》从「氒」的字，均隸變作「舌昏」（非「口舌」之「舌」）。故「⿰木氒」即「桰」字。《說文》「桰，檃也。从木昏聲。」或謂「氒」象弓桰形，可備一說。

方足布有一从「邑」的「⿰木氒」，應隸定為「⿰⿰木氒阝」，見《古幣》：

265 　267

「乎」(舌)與「元」音近可通。舌，見紐月部；元，疑紐元部。見疑均屬見系，月元對轉。《禮記・檀弓》上「華而睆」，注「睆字或作刮」。《周禮・考工記》「刮摩之工五」，注「故書刮作捖。鄭司農云，捖讀為刮」。是其確證。

「⿰木乎」讀「元」這類以陰陽對轉方式通假者，在貨幣銘文中并非孤例。參見三孔幣銘文「亡終」讀「無終」，「余亡」讀「余無」。其中「無」與「亡」均屬陰陽對轉。

橋形布「⿰木乎」和方足布「⿰木⿰乎阝」，分別讀作「元」和「邧」。《左・文四》「晉侯伐秦，圍邧、新城。」沈欽韓云「邧即元里也，在同州府東北。《魏世家》文侯十六年，伐秦築臨晉、元里。」在今陝西澄城南，戰國前期屬魏。其後屬秦，見《魏世家》惠王「十七年，與秦戰元里，秦取我少梁。」50年代，在距元里古邑不遠的華陰戰國早期遺址中，發現「⿰木乎半釿」橋形布。這從考古學方面提供「⿰木乎」布時代和國別的佳證。【橋形布幣考　吉林大學社會科學學報一九九二年第二期】

棊

前二・一八・六　唐蘭釋棊　【甲骨文編】

前2・18・6　【續甲骨文編】

棊　說文所無　為三六　二例 　封七八　三例　【睡虎地秦簡文字編】

◉許　慎　棊博棊。从木。其聲。渠之切。【說文解字卷六】

◉葉玉森 　羅振玉氏以為之異體。謂說文解字。糞。棄除也。从廾推華糞采也。官溥說。似米非米者。矢字。今卜辭之即糞字。从。象糞薉形。即官溥所謂似米非米者。从𠀠即許書所从之華。廾以推棄之。埽糞薉于𠀠中。而推棄之。糞之誼瞭然矣。其省廾从土从𠀠者。从且旁加帚者。殆亦糞字。增訂書契考釋中四十七葉。森桉。卜辭字為地名。从木。顯然竝非从似米非米之采。疑古文棊字。為方。國名。厥上是否从土尚覺懷疑。似國與地不能名糞也。其一手持𠀠一手持帚埽薉者。仍不能即認為糞字。或之別構。此持二帚。彼兼持一𠀠也。【殷虛書契前編集釋卷二】

◉唐　蘭　字羅振玉釋作糞，不知就是「棊」字，原文云：「在棊」，地名。【古文字學導論下】

◉馬叙倫　唐寫本木部殘卷作。音其。說解作簙棊也。簙盖簙之譌。本書。簙。局戲也。今省作博。博棊非本訓。亦非本

義。倫疑此杞之轉注字。猶己之轉注為曩也。甲文有。羅振玉釋冀。葉玉森釋綦。倫謂葉釋為長。然則博綦豈已行於殷代耶。於卜辭為地名。蓋即杞矣。字見急就篇。【說文解字六書疏證卷十一】

◉朱歧祥　象雙手持箕棄木之形，隸作棋，《說文》：「簿棊也，从木其聲。」卜辭用為地名，與臭地同辭，僅一見。

《前2·18·6》壬申卜貞：呼☐御在臭☐在。【殷虛甲骨文字通釋稿】

椄

椄　為三三　通接　夜以一日【睡虎地秦簡文字編】

露椄　椄福印　商椄私印　椄儒　筦椄　【漢印文字徵】

◉許　慎　續木也。从木。妾聲。子葉切。【說文解字卷六】

◉馬叙倫　唐寫本木部殘卷作。音椄。椄盖接之譌。椄接語原同也。續木也非許文。字或出字林。【說文解字六書疏證卷十一】

◉裘錫圭　大灣所出506·1號簡是一枚「守禦器簿」，其上所記各種守禦器名称排成六横列。第五横列共有七行，《居》1635釋作：

狗龐(籠)二
狗二少一
户關二
樓楪三
木椎二
門戊二
篇一

上舉「守禦器簿」上記于「户關」和「户戊」之間的「樓楪」和「木椎」，無疑也是與關閉門户有關的東西。細按圖版，「樓」實為「椄」的誤釋(《甲》也誤釋為「樓」)。這種與門關聯繫在一起的椄楪也見于下引二簡：

(上略)門關椄偞不事用　(82·1，《甲》475)

栙 栙

☐ 户關椎、椄葉各二不事用 ☐ （194·1，《甲》1144）

「椄偞」、「椄葉」都應該讀為「椄楪」。上一簡的「椄偞」，《居》5241誤釋作「□備」，《甲》誤釋作「按接」。下一簡的「椄葉」，《居》5219釋作「接葉」，基本正確，《甲》釋作「穜□」則大誤。這一簡的椎也就是守禦器簿的木椎。徐元邦、曹延尊同志《居延出土的「候史廣德坐不循行部」檄》一文（以下簡称徐文）引用了新出的「橐他莫當燧始建國二年五月守禦器簿」，其中第(20)簡有「樓楪四」一項，「樓」大概也是「椄」的誤釋。此簿第(15)簡也有「木椎二」。《玉篇·片部》：「⿰片妾牒，小契。」《集韻·帖韻》：「⿰片妾牒，小楔。」「椄楪」和「⿰片妾牒」顯然是同一詞的不同寫法。用關、牡關閉的門户，要使它關得緊，必須在門户、關牡之間打上木楔。這就是在簡文中經常跟門關或户關聯繫在一起的椄楪的用途。至于跟門關和椄楪有密切關係的木椎，究竟是開關門户時所用的一種工具，还是與椄楪起類似作用的東西，还有待研究。

《莊子·在宥》：「吾未知聖知之不為桁楊椄槢也，仁義之不為桎梏鑿枘也。」「椄槢」與「椄楪」音近。成玄英疏：「椄槢，械楔也（此襲司馬彪注，見《釋文》）。……械不楔不牢……。」械楔與門楔的作用相近。《莊子釋文》：「（槢）崔本作槢，云讀為牒。」依崔説，「椄槢」和「椄楪」就可以看作同一個詞的不同寫法了（《釋文》所引「槢」字向、徐音為「徒燮反」，亦與「牒」同）。

「椄楪」是疊韻連綿詞。漢簡有時簡稱椄楪為楪：

☐不，户關、椎、楪皆故，有新未？非子曰：故燧長有新關、椎、楪在三塢燧，未作，毋（無）累舉 （46·29，《甲》342）

☐户關、楪辟，皆以蒲□☐ （136·23，《居》7191）

☐戊（？）一、楪三、椎一（下略） （《流》器物類32）

据《集韻》，「⿰片妾」字或体作「楪」，不知道與椄楪也可稱「楪」的現象有無關係。 【漢簡零拾 文史十二輯】

◉許 慎 栙栙雙也。从木。夅聲。讀若鴻。下江切。 【説文解字卷六】

◉馬叙倫 栙雙也非本訓。五篇。筡。栙雙也。栙雙即筡。筡即帆㠶。以木為之。則曰栙雙。以竹為之。則曰筡。然亦疑栙雙非栙之本義。讀若鴻者。劉秀生曰。夅聲在冬部。鴻從江聲。江從工聲。在東部。東冬近旁轉。故栙從夅聲得讀若鴻。水部。洪。洚水也。從水。共聲。洚。水不遵道。從水。夅聲。孟子滕文公。洚水者。洪水也。洚洪轉注。書益稷。洪水滔天。史記夏本紀作鴻水滔天。洪範史記作鴻範。瓦部。瓨。從瓦。工聲。讀若洪。夅聲如洪。工聲亦如洪。是其證。倫按工音見紐。夅音匣紐。皆舌根音。故洚亦得讀若鴻。唐寫本作栙。餘見筡下。 【説文解字六書疏證卷十一】

栝

◉許　慎　栝炊竈木。从木。舌聲。臣鉉等曰。當从𠯑省乃得聲。他念切。【説文解字卷六】

◉馬叙倫　鈕樹玉曰。廣韻引作炊竈也。嚴可均曰。韻會引篆作𣐈。舌聲作占聲。又引徐曰。添竈木也。蓋小徐原本篆作𣐈。而無柏机下之枯。今彼有者。張次立以大徐補耳。添俗沾字。承培元曰。添竈本當作栝。竈桥也。廣韻。桥。火杖也。倫按炊竈所用之火杖。今以鐵為之。鐵可以入火。以木則與柴俱然矣。疑非本訓。字亦或出字林。然篆從舌不譌。唐寫本木部殘卷作𣐈。竈作竈。譌。音他玷。韻會引作枯。莫友芝見明本韻會作枯者皆譌字。【説文解字六書疏證卷十一】

槽

◉許　慎　槽畜獸之食器。从木。曹聲。昨牢切。【説文解字卷六】

◉馬叙倫　桂馥曰。集韻引無獸字。王筠曰。蓋本作嘼。因誤為獸。校者又增畜字也。張文虎曰。唐本作獸食器也。案獸當為嘼。即畜字。倫按畜之食器非本訓。唐寫本作槽。音曹。【説文解字六書疏證卷十一】

臬

前五·一三·六【甲骨文編】

外9·7　前5·13·6【續甲骨文編】

◉許　慎　臬射準的也。从木。从自。李陽冰曰。自非聲。从劓省。五結切。【説文解字卷六】

◉林義光　説文云。臬射埻的也。从木自聲。按自非聲。古作辛器劓字偏旁。自者。鼻也。立木如鼻形也。闑為門橛。亦鼻形之木。疑古亦只作臬。【文源卷十】

◉羅振玉　説文解字臬射埻的也。从木。从自。卜辭有此字。但不知與許書同誼否。【增訂殷虛書契考釋卷中】

◉商承祚　説文臬。「射準的也。从木自聲。」李陽冰曰。「自非聲」。是也。【甲骨文字研究下編】

◉馬叙倫　鈕樹玉曰。韻會引作射的。蓋脱。的當作旳。自下有聲字。是也。沈濤曰。文選東京賦注引。臬。射埻的也。蓋古本如是。土部。埻。射臬也。二字互訓。今本作準。誤。又大徐引李陽冰曰。自非聲。從劓省。是古本作自聲矣。莫友芝曰。許書無的。從自唐本作自聲。倫按唐寫本木部殘卷作臬。音牛列。射作䠶。尋土部埻讀若準。故傳寫以準易埻。射埻的也當作埻也射的也。射的也盖字林文。【説文解字六書疏證卷十一】

◉李孝定　説文「臬。射準的也。从木从自」。栔文與小篆全同。辭云「乙酉卜。爭貞。徃复从臬。卒方。二月。」前五·十三·

六。似為人名。「从臬」者。臬从也。「王卜在臬亡禍王囚。」外九七。地名。均無義。【甲骨文字集釋第六】

◉于省吾 甲骨文稱：「乙酉卜，爭貞，圭复从臬。卒呂方。□月。」（前五·一三·五）又：「貞，涉⿰氵臬。」（續三·二七·四）以上兩條均屬第一期。前一條以臬為地名，後一條以⿰氵臬為水名。甲骨文第五期言「才⿰氵臬貞」者屢見，臬當為⿰氵臬之省文，甲骨文的水名有的省去水旁。⿰氵臬字不見于早期典籍，集韻十六屑：「⿰氵臬，水名。」⿰氵臬水當即後世的涅水，二字音近通用。古化文「涅金」常見，以涅為地名。集韻又謂「臬或作槷」，臬與槷古通用。周禮考工記匠人鄭注：「槷。古文臬」。又輪人鄭注：「槷。讀如涅」。漢書地理志上党郡涅氏注：「涅，水也。」師古注：「涅水出焉，故以名縣也。」一統志：「故城今武鄉縣西五十五里。」水經注濁漳水：「有涅水，西出覆甑山而東流。」又：「涅水又東南流注于漳水。」按武鄉縣在今山西省東南部，在安陽西北方，這和前引甲骨文的卒呂方地望相符。【釋⿰氵臬 甲骨文字釋林】

◉温少峰 袁庭棟 臬，甲文中作[glyph]。《説文》訓：「射準的也。」即樹立木竿以為箭靶，字从木从自（自為鼻之初文）會意。古人樹八尺之木為箭靶，其高略與人之鼻等（即「以身為度」之意），其「的」（靶心）又有如人面部中心之鼻，故臬字从木从自而出「射準的」義。古代文化簡樸，一器多用，故直立的木竿箭靶同時又用為測影之器，即「表」。《周禮·考工記·匠人》：「置槷以縣，眡以景。」鄭玄注：「槷，古文臬，假借字。于所平之地中央，樹八尺之臬，以縣正之，眡之以其景，將以正四方也。」孫詒讓《正義》在徵引諸家論證之後結論稱：「臬，即大司徒測景之表。」《文選·陸倕石闕銘》：「陳圭置臬，瞻星揆地。」此皆為「臬」即測影之「表」的力證。卜辭云：

乙酉卜，爭貞：往复从臬，卒舌方？二月。（《前》五·一三·五）

此詞之「臬」，是人名，亦是地名（卜辭中人名、地名、國名同一者甚多，此即後世的「氏」）。當是此人為「司臬」之職，故其人稱「臬」，其地亦可稱「臬」。此辭中卒作[glyph]，象手械之形，引申有捉獲（即執）和打擊（即撻）之義。全辭大義是：乙酉日卜，爭（人名，乃貞人）問道：隨从臬前往打擊舌方，可以去嗎？

由于「臬」為「射準的」，又是「測影之表」，故而置臬之地可稱「臬」，臬地附近之水遂亦稱「⿰氵臬」：

貞：涉⿰氵臬？（《續》三·二七·四）

癸未卜，才（在）⿰氵臬貞：王旬亡畎（繇）？（《前》二·四·七）

由以上辭例可知，殷人有司「臬」之專人，亦有置「臬」之專地。【科學技術篇 殷墟卜辭研究】

桶 桶

◉許　慎　桶木方。受六升。从木。甬聲。他奉切。【説文解字卷六】

◉馬叙倫　王筠曰。木方句意不完。諸本或作木器。或作木方器。似脱器字。莫友芝曰。唐本作木方器也。受十六升。段玉裁謂疑當作方斛受六斗。廣雅方斛謂之桶。月令。角。斗角。注。桶。呂覽仲春紀。角斗桶。故知始於秦。按據段説證唐本。則更十六為六十。即協其義。俟更考。倫按本訓器也。木字盖複舉桶字之爛文。方受六十升校語。盖猶有捝字。唐寫本木部殘卷作桶。音他孔。【説文解字六書疏證卷十一】

櫓 櫓

櫓 櫓 櫓　陳侯壺　嬀櫓人名【金文編】

◉許　慎　櫓大盾也。从木。魯聲。郎古切。樐或从卤。【説文解字卷六】

◉馬叙倫　沈濤曰。史記陳涉世家索隱引作大楯也。乃傳寫誤加木旁。倫按大盾也盖字林文。字亦或出字林。唐寫本木部殘卷作櫓。音魯。櫓音古在泥紐。盾音古在定紐。定泥同為舌尖前音。轉注字也。

樐　徐鍇曰。卤聲。宋保曰。猶蕃字重文作薗。卤聲也。倫按唐本作樐。櫓或從卤聲。此捝櫓字。據唐本則或文從某下盖皆有聲字。魯卤雙聲亦疊韻。轉注字也。【説文解字六書疏證卷十一】

◉戴家祥　櫓陳侯壺　从木从魯，隸定作櫓。金文用作人名，義不可考。【金文大字典中】

◉裘錫圭　櫓，大盾也。從木，魯聲。樐，或從卤。

此字在古書中有時假借「卤」字為之，「卤」、「虜」古通，《説文・七上・毌部》謂「虜」從「虍」聲，可知「櫓」「虎」二字古音極近。「虍」象虎頭，實即「虎」之省形。《説文》訓為「虎文」，不確。△字當從盾之側面形，從「虍」聲，即「櫓」之初文。

《合集》20397也有△字：

□亥卜，王令□伐肯方

疑此△字當讀為「虜」。此辭似是卜問征伐肯方是否能有虜獲的，釋文「方」字後可加逗號。

殷墟甲骨卜辭中屢見寫作虢等形的一個字，《甲骨文編》隸定為「虢」(頁225)。由於此字的字形和用法都與「執」相似，很多人將它逕釋為「執」，但對此字從「虎」的現象没有作出解釋。夏淥先生釋此字為「虜」，認為字形象「從幸(桎梏)夾住虎足」。他對字形的分析恐有問題，但釋此字為「虜」則可從。此字右旁下部大概是兼象被執人形和「虎」的下部的，全字可分析為從

「幸」(依《說文》當作「𡴘」)或「執」,「虎」聲。金文中見於小盂鼎等銘的、一般認為通「皋」的「𥜽」字,外形雖與此字相似,其實并非一字。△字右旁下部也可能是兼象執盾人形和「虎」的下部的,其構造與此字同一機杼。【說「揜函」——兼釋甲骨文「櫓」字　華學一九九五年一期】

樂

前五・一・二　地名　後一・一〇・四　後一・一〇・五　菁九・三　續三・二八・五　京津三七二八　掇二・四八九　金五八三　【甲骨文編】

續3・28・5　京2・15・1　新3728　【續甲骨文編】

樂　樂鼎　𤸪鐘　邵鐘　邾公釛鐘　邾公華鐘　命瓜君壺　召樂父匜　洹子孟姜壺　王孫鐘　子璋鐘　沇兒鐘　齊鞄氏鐘　𠷃兒鐘　郘王子旃鐘　姑□句鑃　王孫真鐘　樂子敬豧匠　上樂鼎　从水从樂省　𧆞鐘　用樂好賓　濼字重見　【金文編】

2・4　令嗣樂乍太室塤　3・804　樂𠇚　3・823　𠇚樂　【古陶文字徵】

一：一〇四　宗盟類參盟人名　【侯馬盟書字表】

261　【包山楚簡文字編】

樂　日甲四二　十二例　日乙九二　二例　日乙一三三　日乙二四一　【睡虎地秦簡文字編】

1379　1374　1372　1385　1380　1381　1369　1368　1376　1377　1375　1373　1367　1371　5314　1382　【古璽文編】

陽樂侯相　齊樂府印　樂陵　熊樂私印　張樂　季樂　田樂　樂之印　長樂　樂

青私印　陳樂　賓樂　樂雲私印　樂小伯　長樂　開樂成　樂仁私印　董樂哉　長樂

娟樂成　長樂　長樂　長樂　皃樂安　【漢印文字徵】

石碣田車石　君子逌樂　開母廟石闕　于胥樂而罔極　魯王墓石人題字　【石刻篆文編】

竝古孝經　古老子　【古文四聲韻】

◉許　慎　五聲八音總名。象鼓鞞。木。虡也。玉角切。【説文解字卷六】

◉劉心源　樂。从倒絲。異文也。攷工記。梟氏兩欒謂之銑。注。故書欒作樂。曾伯霖簠叚繠即假樂。觀此銘樂字。知其相捉之由。【奇觚室吉金文述卷一】

◉羅振玉　从絲坿木上。琴瑟之象也。或增白以象調弦之器。猶今彈琵琶阮咸者之有撥矣。虘鐘作。借濼為樂。亦从。許君謂象鼓鞞木虡者。誤也。【增訂殷虛書契考釋卷中】

◉林義光　説文云。象鼓鼙木虡簴也。按古作沇兒鐘。作洹子器。象簴形。或作邾公華鐘。亦象簴。【文源卷一】

◉高田忠周　説文。五聲八音總名。象鼓鼙。木。虡也。然白即鼓壴之省文。8以象鼙。以木為虡形。其實元象形作為正文。或作作。木火皆此謂。象形叚借也。【古籀篇八十六】

◉商承祚　説文。樂。「五聲八音總名。象鼓鼙。木。虡也。」此象以絲附木上。琴瑟之象也。金文作(樂鼎)(邾公釛鐘)。从白。象撥也。後變作(王孫鐘)(沇兒鐘)。失之。虘鐘又叚濼字為之。从則與甲骨文同。【甲骨文字研究下編】

◉郭沫若　象鑠者，呂氏仲夏紀古樂篇「商人服象，為虐于東夷，周公遂以師逐之，至于江南，乃為三象以嘉其德。」韋注云「三象周公所作樂名」。鑠即樂之緐文，猶文王武王乃先王，而文武字或从王作玟珷也。言「甫象鑠二」者蓋三象本有三章，此撫其二章也。「在射盧作象舞」與內則言相應，而作象舞須撫象樂，則為古禮所闕佚者矣。【匡卣　兩周金文辭大系攷釋】

◉强運開　[古字]　説文。五聲八音總名。象鼓鞞。木。虡也。段注云。象鼓鞞謂𢆶也。鼓大鞞小。中象鼓兩旁象鞞也。樂器多矣。獨象此者。鼓者。春分之音。易曰。雷出地奮。先王以作樂崇德。是其意也。又云引申為哀樂之樂。運開按。邵鐘及奄公釗鐘作[古字]。與鼓文同。王孫鐘作[古字]。沇兒鐘作[古字]。齊鞪氏鐘作[古字]。下均不从木。蓋亦象虡形。所謂筆迹小異者也。

【丙鼓　石鼓釋文】

◉顧廷龍　[古字]樂周□樂。[古字]吴大澂釋樂。潘令嗣樂乍太室塤。【古匋文孴録卷六】

◉馬叙倫　段玉裁曰。鞞當作鞞。沈濤曰。爾雅釋樂釋文云。樂。説文云。總五聲八音之名。象鼓鞞之形。木其虡也。蓋古本如是。總五聲八音之名。疑當作五聲八音之總名。一切經音義六亦引作五聲八音總名樂也。知總字不得在五字之上。吴善述曰。本作[古字]。[古字]象鐘在縣之形。木其虡。[古字]其縣也。莫友芝曰。唐本作五聲八音總名。象鼓鞞之形。木其虡也。惟虡譌為虛耳。丁福保曰。慧琳音義一引作象鼓鞞之形。木其虡也。倫按許以小篆作[古字]。故入木部。然言木其虡也。木非屮木字。邵鐘樂字同此。而其上文曰。喬喬其龍。既壽鬯虡。喬喬其龍。猶書言鳥獸蹌蹌百獸率舞。謂虡飾也。壽借為鑄。虡而言鑄。則不盡用木。故其轉注字作鐻。從金豦聲矣。王孫鐘作[古字]。子璋鐘作[古字]。沇兒鐘作[古字]。甲文作[古字][古字]。竝可證木象虡形。然樂字不可虛作。徐鍇謂樂彌廣則備鼓鞞。故於文木𢆶為樂。白象鼓形。非白黑字。[古字]者。左右之應鞞也。羅振玉謂從絲坿木上。琴瑟之象也。或增[古字]以象調弦之器。猶今彈琵琶阮咸者之有撥。倫檢禮記樂記。昔者舜作五弦之琴。以歌南風。夔始制樂。以賞諸侯。則羅説非是。徐説似成。而鞞鼓實自為物。非必縣於大鼓之旁。且鼓須枹擊。鞞以手搖。不應縣於鼓旁。倫謂[古字]本是鼓之初文作壴豆者之異文。[古字]本作○。故樂鼎樂字作[古字]。可證也。○為正面俛視之形。或對面正視之形。若縣鼓而小俛其面。則為○形。故變為○。姑口句鑃樂字作[古字]。可證。[古字]其虡也。樂。從[古字]。𢆶聲。樂鼎樂字從[古字]得聲。虘鐘。用樂好賔。樂字借濼為之。而寫作[古字]。從水。𢇁聲。𢇁字與甲文同。甲文有作[古字]者。皆從[古字]省。𢆶聲。幽從火𢆶聲。而樂聲正在幽類。可證也。樂者。合五聲八音而作之。非一器之謂。故不得以象形指事會意之法造字。禮記學記。鼓無當於五聲。五聲弗得不和。五經要義。鼓所以檢樂。為羣音之長也。然則樂之從[古字]。以鼓所以和五聲。而為羣音之長。今作樂皆先以鼓。其證也與。今説解為字林文。字林每言總名也。唐寫本木部殘卷作[古字]。音五角。玄應一切經音義引倉頡。樂。喜也。字亦見急就篇。【説文解字六書疏證卷十一】

◉王獻唐　説文釋樂曰，樂，五聲八音總名，象鼓鞞，木，虡也。注家謂白象鼓，𢆶象鞞，形既不合，僅象鼓鞞，亦不足為五聲八音總名。契文字作[古字]，前五・三二，作[古字]，後上・十・五，從樂之濼作[古字]前四・十三・七。周代較早金文作[古字]樂作旅鼎。從樂之譒作[古字]

謙季獻盨。濼作□虘鐘。是僅有應和小鞞，無中堅大鼓，又何以為樂。字明從丝，從木，近人以許誼難通，又釋為琴瑟之象，從白為調弦器。殷虚書契考釋。若然，契金文不從白，弦無可調，將不能起樂矣。

余意樂即纏掛絲綿之木義，從丝木會意。丝之下端，且皆合連木上，形義尤顯。古音樂隸宵部，讀若躍若勞，與繞繚聲同。以絲綿繞繚義上得名，猶今語纏子。絡意同纏，與樂古不同部，今讀相同，乃一聲之轉。所謂樂者，蓋即絡子矣。音樂愉樂諸義，以同音借樂為用，行久為其所奪，本誼寖失。然如樂字正從樂聲，集韻訓治絲。同部音通之字，有繅字，亦作繰。說文訓繹繭出絲。例屬引申，而聲義相貫，本為治絲或出絲之器故也。

小篆樂字從白作□，金文如郘公華鐘、邵鐘、齊侯壺等已然。大抵從白之字，多東周器，時次較晚。不從白只從丝木者，多西周器，時次較早。蓋沿殷商舊體而來，後又變化，小篆隨之。白作□，似白而非，乃木叉上絲綿纏頸象形，其證有三。一為樂鼎，字作□，不□而○，知非白，別為象形物事。一為大司樂鉨，字作□，見頤素齋印景，說文古籀補補樂下亦引此文。知其所象者為絲。□形說為糸木合文固可，說為□乃木變亦可，要皆纏絲形。一為上樂鼎，字又作□。從□從□，皆重文之二，表示為□重文。⊘其本體當為□，以左右之□當□，知中間之□亦為□，正即大司樂鉨□字。上從三□，知□字確屬絲纏矣，此絲纏之狀作□固可，作□亦可，□象其形，□兼其義。上樂鼎為戰國時器，大司樂鉨同。字雖變□變□，而原意未失，由□可以知□，由□可以知□。再前則□□兩從作□，□或作○，樂鼎時次較早，作○尚未為定型。更前則祇從兩□，後時小篆樂字乃從第二期沿出。其第一期者，入東周後已被淘汰。第三期者，殆在始皇統一書體時，遭擯棄矣。

外此復有一體：周代王孫鐘，樂復作□，子璋鐘作□：下不從木，似與木叉義不合。曰此乃爍字，假為樂：下從火，與木合文耳。書者亦或省火兩點，變為沇兒鐘之□，齊鞷氏鐘之□，猶金文火作□，亦可作□。凡此借字，皆用於列國鐘銘。而列國鉨文，亦作□作□，均說文古籀補補引。筆畫愈省。由其從□從□，亦可推證□象絲纏形矣。

商歷周契金樂字各體，前引略備。以形義言之，與線叉合，以聲讀言之，與線叉稱絡子亦合。體制雖多，皆能疏通無間，相印相證。以線叉當樂字，至此似可確定。殷代既有線錘線穗，復有樂字，見於契文，是亦有線叉。合此三物，正與今日撻線者用具類同，其方法亦殆相同。時歷三千年，尚綿綿流傳，無許多出入也。由撚線搓線，而撻線，而以車紡線，此為第二期產物。三期不能截然劃分，迄今尚并行。則在商代撻線之時，同時亦可有紡車，或撚線搓線。而在商代遺物中，見有線錘，在文字中，見有線錘、線穗、線叉，亦不能謂為始於商代。城子崖之下文化層即掘出紡塼廿枚，尚在石器時期。何時發明布帛，撚線搓線之車必先布帛而生，撻線亦容與相隨俱來。線以成布，布以護體，為人生要事。其撻線之物品，亦視為要具。各有專名而各造專字，其線叉且為音樂愉樂諸重要字所假借實不足怪。時代環境不同，未能以今日紡織技術卑為瑣細謂不值書署也。【説撻線中國文字第三十四册】

◉周谷城　玩的小鼓。用繩繫起來。縣在架上曰樂。説文職墨云。案𢆶象兩鼓縣系之形。木部樂象鼓鞞。段注。鞞當作鼙。鼓大鼙小。中象鼓兩旁象鼙也。然統言則象五鼓耳。樂字兩旁之𢆶即玄字。中作白者。今篆文作白。亦差誤也。縣當以玄為正字。玄本象鼓。詩有瞽篇所謂應田縣鼓是也。廣其義。則凡鐘磬之屬亦稱縣。縣行而玄字之本義晦。本義晦乃遂為別義所專。惟釋名釋天釋親屬並云。玄。縣也。則玄字之義僅存者矣。職墨發現了縣系之義是不錯的。但把所縣之物一概稱之為縣。那就講不通了。首云玄象兩鼓縣系之形。繼謂玄本象鼓。前後未免矛盾。玄如果象鼓。則應田縣鼓云云不成了應田鼓鼓嗎。鐘磬之屬都是一件一件的東西。為什麼要稱縣。分析不清。弄出錯誤。我們這裏祇能取其縣系之義。【古代對天地的認識　古史零證】

◉屈萬里　𣪠，當是樂字之繁文。集韻有𣪠字，音鑠，云：「㸌𣪠，不定貌。」乃後起之義。此處𣪠為地名。【殷墟文字甲編考釋】

◉李孝定　説文。「樂。五聲八音總名。象鼓鞞。木。虡也。」栔文作上出之形。羅説是也。本象琴瑟。許訓云云引申之義也。字在卜辭為地名。辭言「在樂」後·上·十·四及五。言「今夕步于樂」續·三·二八·五。可證。【甲骨文字集釋第六】

◉田倩君　説文中的樂字並不是原始形象。其最古形象應求諸最古的文字。最古文字便是先期金文。舉例如下。

欒鼎

其次便是殷甲骨文

後上·十·五　菁九·三　後上十·四

新三七二八　京二·一五·一　前五·一·二

殷金文是圖畫。是象形文字。它早於甲骨文。甲骨文是殷代通行的符號文字。從殷金文和殷甲骨文中。則可以知道樂字在初造時其中間並没有白字。只是木上附以絲。到周朝的大篆才有白字。如下例。

命瓜君壺　齊侯壺　邾公釛鐘

齊鞄氏鐘　召樂父匜　上樂鼎

白字兩邊的幺。也就是古文樂字的上部。𢆶本是絲的象徵。説文解作幺。是小鼓。幺的本義固然是微小的意思。却並未含有鼓意。況且幺和絲有相通之處。説文幺部。幺。小也。象子初生之形。凡是從幺的字樣都含有微小之意。例如。

𢆶微也。从二幺。　幽隱也。　幼少也。从幺从力。　幾微也。所以這幾個從幺的字都是含有微小之意。幺是個形容詞。含有比較的意思。它不能代表一個名物。不管是用言語或文字。若只説一個小或僅寫一個小字。誰也不能知道它是指何而言。它必須落在一個事物上才能發生作用。所以它不能代表小鼓。下面再看幺和絲的關係。

幺。小也。絲。小也。細。亦小也。這些代表小的字眼究竟小到若何程度。據人眼所能看見小的事物之中莫過於絲。絲小(應該説細)到何種程度。可以實際去察看一根蠶絲蛛絲或藕絲。所以絲在數目字中則居毫忽之間。

幺和絲的形象。有的竟寫成完全相同。説文中的幺幺。上端伸出一短線。下端是平的。但在邾公華鐘上面的幺幺。一端也伸出一短線。和古文絲絲毫無二樣。章太炎先生説。

説文。幺。小也。象子初生之形。案幺之為小。猶絲之為細絲。古文絶字作𢇍。其中象絲正作四幺。幺蓋象束絲而引伸為子初生。然胤從幺。已取斯義。……幺重之。則為𢆶。微也。(文始)

説文玄。幽遠也。黑而有赤色者為玄。象幽而入覆之也。古文玄鐘鼎字源。金文玄師奎父鼎。幺與玄為一字。小篆始加亠。

説文。弦。弓弦也。从弓。象絲軫之形。幺即弦之古文。淮南子注。弦絲急戾。施於弓則直。弛則盤曲。幺象其盤曲之形。段注。弓弦以絲為之。張於弓。因之張於琴瑟者。亦曰弦。

説文。幽。隱也。从山中𢆶。𢆶亦聲。金文幽伯𢧐簋　幽召伯簋。从火从絲省。

以上諸例證明了幺與絲在形象上意義上相同之處。由此即可證明樂字上面的兩個幺是絲的象徵。下面再看樂字上部𢆶中間的白字。

説文。白西方色也。陰用事物色白。从入合二。二。陰數。下面試舉甲金文白字如下。

白甲二・九・十一　白甲二十五・十四　白續一・八・八

白盂鼎　白克鐘　白杞伯簋

就上列白字的形象來看。並無从入合二之意。爾雅釋樂注疏。白。譋也。若作譋解亦甚牽強。白字的解釋甚多。其引申義尤多。却都未含有鼓的意思。白字既沒有鼓的意思。那麽樂字之中的白便不是鼓了。殷虚文字類編謂从絲坿木上。琴瑟之象也。或增白以象調弦之器。這是説樂字初造乃是象徵弦樂器的文字。白字是調弦之器。可見起初是以弦樂器代表樂之總義。郭氏説樂中的白字是拇指之意。此二説均甚切合。因為樂中白字既不是鼓。又不是譋。若謂調弦之器。此器當以手指為宜。甲金文中的白極象拇指形。樂中白字是周金石文才加上的。殷甲金文樂字中原没有白字。據文字之初造。一部份則取象人體之各部。説文序曰。古者庖羲氏之王天下也。仰則觀象於天。俯則觀法於地。視鳥獸之文。與地之宜。近取諸身。遠取諸物。于是始作八卦。所謂近取諸身。即取身體各部之形象作為造字的依據。猶記業師高亨晉生先生講課時。説到白字便伸一拇指説。白即拇指也。觀以上諸説。樂字中的白字象徵拇指是没有問題的了。【樂字的形音義　中國文字叢釋】

◉張日昇　説文云。「樂。五聲八音總名。象鼓鞞。木。虡也。」殷甲骨文不从白。樂鼎亦作樂。羅振玉謂从絲附木上。琴瑟之象。或增 θ 以象調弦之器。田倩君謂 θ 是拇指。説並可从。高田忠周謂王孫鐘之□下从火形。當為爍字。其説誤甚。樂下作□。乃□之繁變。字原从□。譌作大。繁作□。旁增兩畫。金文屢見。如魯所从魚本作□。繁作□。余之作□。變作□之類也。樂為樂器。説文訓五聲八音總名。蓋其引申義也。象鼓鞞木虡之説則誤。【金文詁林卷六】

◉李孝定　□藥　藥鼎　此字似非从艸，恐仍是「樂」字。【金文詁林讀後記卷一】

◉李孝定　□王孫鐘　□沇兒鐘　□子璋鐘　三文，下从「火」，當是寫誤，其銘意皆當用「樂」字，無作「爍」之理，高田氏之説，稍失之鑿，鑠金之「鑠」，亦不必从「火」也。説文解樂字字形為鼓鞞木虡，其字實無鼓鞞之象，从丝，明是絲字，羅振玉氏以為木上施弦，琴瑟之象，其説是也。周谷城氏説所从之「8」為「玄」，固誤，謂「玄」為「縣」之正字，尤非，「縣」字古文象以繩繫倒首，乃梟首之象，與「玄」字何涉乎？【金文詁林讀後記卷六】

◉商承祚　第二四簡

□，即樂。簡文下从火，不从木，與王孫鐘、沇兒鐘、子璋鐘同。甲骨文已从木，金文絶大多數亦从木。【江陵望山一號楚墓竹簡疾病雜事劄記考釋　戰國楚竹簡彙編】

◉徐中舒　□前五・一・三　從88丝從木。羅振玉云：「此字從絲附木上，琴瑟之象也。」增訂殷虚書契考釋中。按羅説可備一説。早期金文樂鼎作□，與甲骨文同，晚周金文從□作□，與《説文》篆文同。《説文》：「樂，五聲八音總名，象鼓鞞木虡也。」卜辭中樂無用作音樂義之辭例。又有從木從樂之□，與□實為一字，從木乃踵事增繁。【甲骨文字典卷六】

◉戴家祥　羅振玉所釋可備一説。然 θ 象調弦之器一説，似屬牽附。疑 θ 象鼓形，置丝間以節樂，丝為琴瑟之象。沇兒鐘等器作爍，乃樂之譌。藥鼎作□，前人釋藥，藥字从艸，形聲字，本義為草藥，而此銘不从草，顯非藥字。樂字諸家釋為从丝，此銘□即丝形之異，□當為樂之異體。

□匡卣　匡甫象樂二　字从象从樂。同器銘文除「象樂」外，又有「象舞」，疑樂字當為樂之繁，所从象旁是由上文象字類化來的。與金文「□市」𢦏殷兩字或作「□市」揚殷、鬼神兩字或作「䰠神」陳肪殷之例同。

說文六篇「樂，五聲八音總名，象鼓鞞木虡也。」卜辭作□，羅振玉謂「其字从絲附木上，琴瑟之象也，或增□以象調絃之器，猶今彈琵琶阮咸者之有撥矣，虘鐘作□，借濼為樂，亦从□，許君謂象鼓鞞木虡者，誤也。」增補殷虛書契考釋中第四十一葉。按樂之本義為彈絃樂器，猶龠之本義為吹孔樂器，引而伸之為音樂之樂，釋名釋言語「樂，樂也。使人好樂之也。」後世分樂為「五角切」，音岳，「五聲八音之總名也。」亦讀「盧各切」，音洛，即「仁者樂山，智者樂水」論語雍也之樂。又讀「弋灼切」音龠，讀如「洵訏且樂」鄭風溱洧之樂。先秦古韻宵部韻位第三，侯部第四，魚部第五，國風及諧聲字中，每有通韻借韻，例如晨風「山有苞櫟，隰有六駮，未見君子，憂心靡樂」。秦風。以櫟、駮、樂押韻。唐韻櫟讀「以灼切」，韻在宵部，駮讀「北角切」，韻在侯部，樂讀「盧各切」，韻在魚部，此一證也。許書濼从樂聲，十一篇水部。唐韻「盧谷切」韻在侯部，金文虘鐘「用濼好宗」借用為樂，樂韻魚部，集韻入聲十八藥濼⿰氵藥同字，⿰氵藥从藥聲，韻在宵部，此二證也。陳風衡門「泌之洋洋，可以樂饑」。毛傳樂「音洛」，鄭箋「音⿸疒樂」，經典釋文卷六。⿸疒樂或作療，讀「力召切」韻在霄部。樂聲同龠，故爍亦作爚，集韻入聲十八藥。此三證也。以是而知樂龠兩字聲韻俱近，義亦相同。金文⿰樂力字所以加旁从力者，明其聲為舌音來紐，而非喉音喻紐而已矣。士父鐘銘「⿰樂力于永令」當讀樂于永命。永，長也，令命同字。猶齊景公云：「古而無死，其樂若何？」左傳昭公二十年。大克鼎銘「⿰樂力克王服」，意謂樂任王事。釋名釋言語：克，刻也。刻物有常處，人所克念有常心也。番生殷銘「⿰樂力于大服」，猶周書多方云：「有服在大僚」，爾雅釋詁「服，事也。」古漢語康與樂義同字異，分言之曰康，或曰樂，逸周書謚法解豐年好樂曰康，樂撫其民曰康，令民安樂曰康。淮南子原道訓「是故不以康為樂」，爾雅釋詁「康，樂也。」是皆分別康與樂二字而言之者也，連言之則曰康樂。唐韻康讀「苦岡切」溪母陽部，樂讀「盧各切」來母魚部，先秦古語每以字之溪紐與字之來紐者組合成詞。小雅魚藻「豈樂飲酒」，春官大司樂「則令奏愷樂」，夏官大司馬「以先愷樂獻于社」，豈愷都音「苦亥切」，國語周語「棄伉儷妃嬪」，左傳昭公三年「未有伉儷」，伉音「苦岡切」，儷音「郎計切」。楚辭九辯「愴懭悢兮」，懭音「口廣切」，悢音「力讓切」。又曰「坎廩兮，貧士失職」，坎音「苦感切」，廩音「力甚切」，是其例也。康樂二字韻部又是魚陽陰陽對轉，秋官小行人「其康樂和親、安平為一書」，賈公彥疏云：「其康樂一條，專陳安泰之事。」禮記樂記「嘽諧慢易繁文簡節之音作，而民康樂」。孔穎達疏云：「善樂感人，則人化之為善。」淮南子・要略「康樂沈湎」，高誘注康樂「樂也」。史記孔子世家於是「選齊國中女子好者八十人，皆文衣而舞康樂」，索隱王肅曰：「康樂，舞曲也」。晚周金文郭子壺銘云：「康樂我家」。是皆組合康樂二字而為詞者也。由是而知康⿰樂力之為康樂，不但聲同、韻同，而且義同，⿰樂力為樂之或體，蓋昭昭然。【金文大字典下】

柎

□ 張山柎印　□ 陳山柎印　【漢印文字徵】

◉許　慎　□闌足也。从木。付聲。甫無切。【説文解字卷六】

◉馬叙倫　嚴章福曰。闌足誤。韻會七虞引作鄂足也。亦非。按言鄂足。不當厠此。上文。樂。象鼓鞞。下文。枹。擊鼓杖也。椌柷皆樂器。則此乃鼓柎也。明堂位。夏后氏之鼓足。鄭云。足謂四足也。左宣四年傳。伯棼射王。汰輈及鼓跗。説文無跗。蓋即柎也。鼓柎疊韻。小徐鄂足。蓋依常棣箋改。倫按闌疑樂字之譌。柎為樂器之足。殆與虡一字。且聲同魚類。蓋亦轉注字也。疑此字出字林。唐寫本木部殘卷作□。音方于。【説文解字六書疏證卷十一】

◉李旦丘　沈子毁銘云：「也(人名)用褱□我多弟子」。郭沫若氏隸化為稄，讀為柔(兩周，第四十八頁)。從文誼上説起來，郭説可通，故于省吾氏亦引用其説(雙，上三，第二頁)。然而此字確非柔字。

此字的癥結，在於所从之□。□究竟是什麼東西？

⊘現在我們已經知道□字所表示的為人的動態，故不應隸化為夭，而應隸化為□。不過，兩千年來，根本上就没有這樣的隸定方式，現在姑且循俗而隸定為大罷。□大象人的正面，而□人則象人的側面，故从大與从人同意，因而从大之字，亦可从人。例如：

奓　秦詛楚文：「宣奓競從」。奓即侈字。

□　別作佛。廣韻集韻謂與拂、弼通。

今□从木从又从大，亦即从人，實為权字。説文云：「权，同拊，凡篆文寸皆作又」。詩小雅云：「拊我畜我」。左宣十二年：「王巡三軍，拊而勉之」。注云：「拊，撫也」。

毁銘云：「也用褱权我多弟子」。褱权即褱撫的意思。又從這句話的辭意説起來，也應該是褱撫，而不是褱柔。緣褱柔二字頗含有政策的意味，缺乏誠意，雖可用之於敵人或異族，但對於自家人自以使用懷撫二字為得體。【金文研究一册】

枹

◉許　慎　□擊鼓杖也。从木。包聲。甫無切。【説文解字卷六】

◉馬叙倫　沈濤曰。文選西京賦注引。枹。擊鼓椎也。王元長曲水詩序注引。枹。鼓柄也。一切經音義卷三卷四。桴。擊鼓柄也。卷十八及左氏成二年正義又引同今本。桴即枹之假借。椎杖義得兩通。柄字恐傳寫有譌。王筠曰。諸鼓惟鼗有柄。

然擊之者是耳非柄。齊策。乃援枹鼓之。鮑注亦曰。擊鼓杖。段玉裁依各書引改杖為柄。而不删擊字。為不可通矣。一切經音義三引作擊鼓柄也。又云謂鼓椎也。莫友芝曰。唐本作繫鼓柄也。繫為擊字之譌。柄字與李善元應合。倫按此字林訓也。左成二年傳釋文漢書音義引字林。擊鼓柄也。音義引字林音浮。國語補音引字林。擊鼓槌也。唐寫本木部殘卷作枹。音浮。倫謂蓋本訓杖也或以聲訓。若以聲訓。則呂忱或校者加擊鼓杖也。杖槌古音同在定紐。傳寫者易杖為槌。槌椎音近。椎柄形近。又致譌耳。若本作杖也。則呂忱或校者加謂擊鼓槌也。今杭縣謂鼓杖曰鼓槌。左成二年疏引作説文者。字林附於説文也。玄應一切經音義引倉頡。林皮也。蓋朴字義。枹當依玉篇縛謀切。今音甫無切者。胡玉縉謂慧琳音義八十四又音桴。唐本音浮。釋名釋言語。浮。孚也。倫謂玄應因古文官書枹桴二形同體。則枹音得即如桴。然上文柎亦音甫無切。則疑此涉柎字音切而誤加。轉捝本字之音切耳。【説文解字六書疏證卷十一】

椌 椌

◉許　慎　椌柷樂也。从木。空聲。苦江切。【説文解字卷六】

◉馬叙倫　王筠曰。椌柷句絶。謂其一器兩名。張文虎曰。唐本作柷。樂器也。次樂篆後。蓋誤寫。倫按唐本樂下有器字。當依補。當讀為椌柷樂器也。然倫疑本訓器也。呂忱加樂器也。傳寫誤羨柷字。蓋本下文柷下之複舉字也。段玉裁謂謂之椌者。其中空也。王筠曰。此聲兼義。倫謂此由空之語原所演耳。於冓造仍是形聲。唐寫本木部殘卷作椌。音口江。【説文解字六書疏證卷十一】

柷 柷

◉許　慎　柷樂木空也。所以止音為節。从木。祝省聲。昌六切。【説文解字卷六】

◉馬叙倫　王筠曰。樂木空也當作椌樂也。與椌下云柷樂也轉注。今本分椌為木空。而又移樂在上也。翟云升曰。韻會引作樂也。木音工用柷聲音為亨。案祝。柷之譌。亨。号之譌。當作樂木椌也。木音作樂工用柷聲為号。從木。祝省聲。莫友芝曰。唐本作樂木椌也。工用柷止音為節。從木。祝省。小徐作樂木工用柷聲音為亨。韻會引作樂也。木音工用柷聲音為亨。按此解各本岐異。遽難訂正。唐本差善。亦漏譌。木椌與周頌毛傳合。足正大徐。工善止誤。止者鼓柷之椎。止上當脱中有椎三字。中有椎止。言中有椎名止也。用柷止音為節者。言樂作以柷領衆音。使各得所止。使音得所止。即是為之節。此以柷之用釋名止義。非謂止音為終樂也。爾雅。所以鼓柷謂之止。注。柷如漆桶。方二尺四寸。深一尺八寸。中有椎柄。連底挏之。令左右擊。止者其椎名。段玉裁謂鉉本大誤。柷以始樂。非以止音。由誤解止音為終樂耳。張文虎曰。

段玉裁桂馥均據有瞽傳謂空當作椌。與唐本合。楚金本雖有誤字。而工用柷三字與唐本同。皆與風俗通引樂記合。疑是許書原文。鼎臣見楚金本舛亂。故以意改之。案爾雅云。所以鼓柷謂之止。柷自以止為義。而白虎通云。柷。始也。敔。終也。故段氏斷改所以止音為以止作音。竊意今俗樂音。小頓。起板。有頭板底板。中又有要板。古用柷亦如此。皋陶謨曰。合止柷敔。合人聲與樂聲也。止者其節也。一篇有一篇之節。一章有一章之節。一句有一句之節。乃至曼聲則一字有一字之節。節者合終始而言之也。此文當以唐本為正。倫按木空雖與毛傳合。然疑本作柷椌也。樂字傳寫涉上文椌下説解誤羨。蓋柷椌是一物。椌音溪紐。柷音穿紐。古讀歸透。同為次清破裂音。故椌轉注為柷。許書轉注大例。於先出本字下。説明其義。於次出轉注字下。即以先出之本字釋之。則此上文椌是本字。以此器空木為之也。椌為樂器。則柷下曰椌也。義無不明。今許書木部錯亂最甚。此文亦然。遂起諸家紛紜之説矣。所以止音為節。似未有誤。即鉉所改亦可從。鍇本則錯亂不可讀。唐本工字亦須加釋而後明。必非原文。然此句為校語。或字林文。此椌柷二字亦或出字林。唐寫本木部殘卷作[古文字形]。音充六之六二音。【説文解字六書疏證卷十一】

槧

◉許　慎　[古文字形]牘樸也。从木。斬聲。自琰切。【説文解字卷六】

◉馬叙倫　沈濤曰。御覽六百六引作牘牒也。蓋誤。牘樸者。書版之未書者耳。倫按槧牒聲同談類。轉注字也。説解本作牒也。牘樸也字林文或校語。唐寫本木部殘卷作[古文字形]。自斂才冄才敢三音。字見急就篇。【説文解字六書疏證卷十一】

札

[古文字形]　札　效四一　三例【睡虎地秦簡文字編】

◉許　慎　[古文字形]牒也。从木。乙聲。側八切。【説文解字卷六】

◉馬叙倫　鈕樹玉曰。後漢書循吏傳注引同。一切經音義十五引作削朴也。王筠曰。左昭十九年釋文。札。字林作𣧑。壯列反。云。夭死也。集韻引字林。作𣧑。倫按片部。牒。札也。是札牒為轉注字。札聲脂類。牒從枼得聲。枼從世得聲。世聲亦當在脂類也。玄應引者校語。唐寫本木部殘卷作[古文字形]。音莊列。左傳釋文引字林作𣧑者。謂夭札字字林作𣧑也。其字當在歺部。今出之矣。札字見急就篇。【説文解字六書疏證卷十一】

◉湯餘惠　[古文字形]　笍・竽(札)　引从弓作，雲夢秦簡作[古文字形]、[古文字形]。此字下从子省，即孑(孑、孓古本一字，後世分化。詳拙作《〈説文〉中的省形分化字》，許慎與說文學國際學術研討會論文，1991年，油印本）。笋从孑聲，疑即簡札之本字。孑、札古音同屬月部，孑與截古音近，古書截、札互通，《釋名・釋天》：「札，截也，氣傷人有如斷截也。」是笋可釋札之旁證。笋(札)是寫在竹簡上的官方文書，《詩・小雅・出車》：「豈不懷歸？畏此簡書。」《毛傳》：「簡書，戒命也。」《正義》：「古者無紙，有事書之于簡，謂之簡書。」80簡：「既發笋，執勿遊。」是說拘捕令發出之後，要立即拘捕人犯，勿使走脫。85反：「既發笋，逕以廷。」則是讓人犯和證人接到傳喚的通知後，馬上到法庭去聽審。　【包山楚簡讀後記　考古與文物】

◉周鳳五　(18)札：此字《包山楚簡》釋「孔」而無說。按，當釋「孑」，讀為「札」，即簡文的省體訛變。省竹為，再稍訛變，即成。，《包山楚簡》釋「笂」，湯餘惠釋「笋」云：「孑、札古音同屬月部，笋從孑聲，疑節簡札的本字。古書截、札互通，是笋可釋札的旁證。80簡：『既發笋，執勿遊』，是說拘捕令發出後，要立即拘捕人犯，使勿脫走。85反：『既發笋，逕以廷』則可能是讓人犯或證人接到傳喚的通知以後，馬上到法庭上來的意思。」見湯餘惠《包山楚簡讀後記》，中國古文字研究會第九屆學術研討會論文，稿文。另外，簡一二五反：「既發笋，廷疋陽之酷倌之客」，則是因疋陽之酷倌黃齊、黃鼈二人死亡，所以發出公文，要疋陽酷倌的主管官員到上級官署報告詳情。客：楚官名。見於金文如：《鑄客鼎》：「鑄客為王后六室為之」，鑄客是職司鑄器之官。簡文酤客是職司釀酒之官。下文與煮鹽有關的客，自屬職司製鹽之官無疑。至於「辵廩」之客，應該就是掌辵廩的官員。另外還有掌管「宣王之坾市」的客，見簡五八。又有戠客，似為捕盜之官，見簡一三三、簡一三四。楚國之外，三晉也有「冶客」，見《又爯壺三》：「四年・冶客・五」。又，簡一四八：「客發笋」則記陳□、宋獻二人奉王命煮鹽於海，沿途由驛傳供食，主管官員發出公文為憑證。又，簡一五〇：「客發笋」則記「辵廩」的官員收回貸款後，發出公文為憑證。簡文「執場賈」，即札執場賈，也就是行文拘捕場賈。

(19)返札：回覆公文，為對於「札執場賈」的答覆。又作「謏札」，即「復札」，復與返同義。簡九〇：「競得訟繁丘之南里人龔惑、龔酉，謂殺其兄。九月甲辰之日，繁丘少司敗遠□謏札言謂：『繁丘之南里信有龔酉，……無有龔惑。』」此簡記繁丘少司敗對於競得控訴龔惑、龔酉殺其兄一案的回復。讀謏為復，明白通順，毫無扞格。此處作「返札」，文意相同。《包山楚簡》誤以札為「孔」字，不得其解，句讀多誤。其實「札執場賈」的受文者是地方官員「里公郯紳、士尹紬譔」，而他們「返札」即回覆的公文是，場賈事先已經畏罪逃亡，「札弗及」即公文來遲，未能捉到嫌犯。以下簡文三處「返札」皆當如此理解，「返札」的主詞是里公某與加公某，他們是奉命捕人的地方官吏，不是被指名逮捕的共犯。　【《會署命案文書》箋釋　包山楚簡司法文書研究之一】

檢

檢　檢　法二〇二　二例　【睡虎地秦簡文字編】

檢　檢非之印　【漢印文字徵】

◉許　慎　檢書署也。从木。僉聲。居奄切。【説文解字卷六】

◉馬叙倫　書署謂儲書之具。署借為宁。猶楮或作柠也。書宁。今之書匣也。七篇。帖。帛書署也。木帛之異耳。檢聲談類。帖聲侵類。侵談最近。蓋轉注字。然疑書署也非本訓。亦非本義。檢與椷柃梜匧皆轉注字。書署即帖字義。蓋古書於簡。皆編而紮之。書於帛者亦然。故以帛為囊宁之。所謂書囊也。檢為藏物之器之通名。第其語原同耳。文選陸士衡連珠注引倉頡。檢。法度也。蓋借為笵。笵聲侵類也。字亦見急就篇。唐寫本木部殘卷作檢。音己儉。【説文解字六書疏證卷六】

◉金祥恆　檢　説文：「檢，書署也，从木僉聲。」段注：「書署謂表署書函也。後漢祭祀志：『尚書令奉玉牒檢，皇帝以二分璽親封之訖，太常命人發壇上石。尚書令藏玉牒已，復石覆訖，尚書令以五寸印封石檢，按上云玉牒檢者，玉牒之玉函也，所謂玉檢也；下云石檢者，上文云石覆訖是也。檢以盛之，又加以璽印。周禮注曰：璽節印章，如今斗檢封矣。廣韻云：書檢者，印窠封題也，則通謂印封為檢矣。公孫瓚傳曰：袁紹矯刻金玉以為印璽，每有所下，輒皁囊施檢。章懷曰：檢今俗謂之排，排如今言標簽耳。』」居延漢簡第六八三云「肩水候官建昭三年五月」(三一·一七)第六四八「肩水金關」(二八八·二)等為書囊之檢署，如第一〇一一六「緱氏金奉卿」(一二七·一)。檢有齒，封固書囊，需要時，可封之以泥，否則從其便。軑侯家墓出土有「軑侯家丞」封泥檢署亦同。簡文二檢者，稻食六器，即糧食六種，以六器盛之，器有封檢者二也。【長沙漢簡零釋　中國文字四十六册】

檄

◉許　慎　檄二尺書。从木。敫聲。胡狄切。【説文解字卷六】

◉馬叙倫　鈕樹玉曰。藝文類聚引同。玉篇作二尺書也。韻會引作尺二書。恐誤。後漢書光武紀注引説文曰。檄以木簡為書。長尺二寸。謂之檄。以檄召也。恐非説文。史記張耳傳。又作尺一之檄。然顏師古注急就篇云。檄者以木為書。長二尺。莫友芝曰。唐本作檄。張文虎曰。二尺書。玉篇廣韻集韻類篇史記索隱玄應書十引並同。唐本亦同。後漢書光武紀注引作尺二寸。其文亦異。韻會所援楚金本亦作尺二寸。疑即依章懷改也。沈乾一曰。龍龕手鑑引説文。二尺書也。俗本作三尺。慧琳音義廿及四十九五音集韻五錫引皆同。今二徐本奪也字。倫按唐寫本木部殘卷音下的二尺書下有也字。玉篇藝文類聚引同今本。是梁唐間本均作二尺。且檄者。曉百姓之書。猶今官府告示。體特長大。則是二尺為長。後漢書注引是校語。

今之説解。乃後之校者約先校語為之。字見急就篇。【説文解字六書疏證卷十一】

棨

◉許　慎　棨傳信也。从木。啟省聲。康礼切。【説文解字卷六】

◉馬叙倫　王筠曰。鍇本傳信也同大徐。顧本作傳書也。傳字當句。謂棨一名傳也。丁福保曰。慧琳音義九十八引傳信也。唐寫本木部殘卷同。小徐作傳書也。義得兩通。然非古本如此也。倫按甲文𢼄即啟門之啟本字。則從𢼄聲可也。許書無𢼄。故校者以為啟省聲。傳信也當作傳也信也。漢書文帝紀。除關無用傳。張晏曰。傳。信也。李奇曰。傳。棨也。本書。遽。傳也。緊下校語曰。徽幟信也。信也即此字義。此今之書啟字。古今注。凡傳皆以木為之。長五寸。書符信於上。又以一板封之。皆封以御史印章。所以為信也。如今之過所。漢律。諸當乘傳及發駕置傳者。皆持尺五寸木傳信。封以御史大夫印章。然則傳所持以為信者棨也。傳音得於叀。叀音穿紐。古讀歸透。棨音溪紐。透溪同為次清破裂音。棨遽則同為舌根音。蓋以行言謂之遽。以人言謂之傳。以所持以為信者言謂之棨。同一語原矣。字或出字林。唐寫本木部殘卷作棨。音羌禮。【説文解字六書疏證卷十一】

楘

楘　説文所無　秦一三二　通柔　令縣及都官取柳及木—可用書者方之以書【睡虎地秦簡文字編】

楘䛐居【漢印文字徵】

◉許　慎　楘車歷録束文也。从木。敄聲。詩曰。五楘梁輈。莫卜切。【説文解字卷十一】

◉馬叙倫　鈕樹玉曰。集韻類篇引文作交。玉篇引作車歷録也。王筠曰。鮑本繫傳亦作文。嚴可均曰。韻會引亦作文。倫按唐本文作交。倫按此校語。字從木當為名詞。本義亡矣。字或出字林。唐寫本木部殘卷作楘。音亡篤。餘見鞪下。【説文解字六書疏證卷十一】

◉徐同柏　詩小戎傳。楘。歷録也。梁輈輈上句衡也。一輈五束。束有歷録。此从束从𠃉。𠃉。句衡之象。【周毛公鼎　從古堂款識學卷十六】

桓 梐 极

◉許慎 桓行馬也。从木。亙聲。周禮曰。設梐桓再重。胡誤切。【説文解字卷六】

◉馬叙倫 嚴章福曰。依説文大例。當先梐後桓。梐下當言梐桓行馬也。从木。坒聲。韻會八齊引作坒聲。周禮曰。設梐桓再重。桓下當言梐桓也。今此校者互誤。倫按唐寫本作桓。音胡固。再重下有也字。此五之轉注字。或本作柦。乃五之後起字。行馬也非本訓。字或出字林。【説文解字六書疏證卷十一】

◉許慎 梐 梐桓也。从木。陛省聲。邊兮切。【説文解字卷六】

◉馬叙倫 段玉裁曰。當作坒聲。倫按坒音竝紐。轉脣齒音入奉紐。奉匣同為次濁摩擦音。故梐桓相轉注或聯語也。如轉注字。止當訓桓也。梐蓋複舉字也。唐寫本木部殘卷作梐。音父奚。【説文解字六書疏證卷十一】

石碣霝雨 极湥吕□ 借為舟楫字 【石刻篆文編】

裴光遠集綴 【古文四聲韻】

◉許慎 极 驢上負也。从木。及聲。或讀若急。其輒切。【説文解字卷六】

◉張燕昌 极 极。薛作枝。鄭云。即楫字。梁云。按吕覽。其筆有若水之波。有若山之楫。高誘注。楫。林木也。則枝與楫有可通之理。【石鼓文釋存】

◉羅振玉 极 音訓。鄭氏云。即楫字。箋曰。説文。极。驢上負也。與此文義不洽。鄭釋楫。以形義考之為得。疑极楫古今字。驢上負乃後起之義也。【石鼓文考釋】

◉強運開 极 鄭漁仲趙古則均釋作楫。薛尚功作枝。非是。運開按。説文。极。驢上負也。从木。及聲。或讀若急。廣韻云。驢上負版。蓋极訓驢上負是其本義。极楫音近。古或叚為楫字。故鄭趙均釋為楫也。【戊鼓 石鼓釋文】

◉馬叙倫 唐寫本木部殘卷作极。音巨輒。無或字。驢上負也非本訓。或字出字林也。今北方驢背左右各置一器。器以木條編成。用以盛者也。石鼓作极。【説文解字六書疏證卷十一】

⿰木去

⿰木去 柭字 【汗簡】

◉許 慎 ⿰木去极也。从木。去聲。去魚切。【説文解字卷六】

◉馬叙倫 极音羣紐。⿰木去音溪紐。同為舌根破裂音。故⿰木去极為轉注字。唐寫本木部殘卷作⿰木去。音同此。【説文解字六書疏證卷十一】

◉黄錫全 ⿰木去 此脱注,應是⿰木去字,夏韻業韻釋為极。今本《説文》⿰木去訓极(或云板,誤),段注:「《廣韻》曰,版置驢上負物。」「极,驢上負也」。是⿰木去极二字音義均近。【汗簡注釋卷三】

槅

◉許 慎 槅大車枙。从木。鬲聲。古覈切。【説文解字卷六】

◉馬叙倫 趙宧光曰。説文無枙。當是軶。王筠曰。五音韻譜作槅。是。張文虎曰。唐本作大車軛也。與玉篇合。倫按唐寫本木部殘卷作槅。音工戹。槅音見紐。軶音影紐。同為清破裂音轉注字也。以車言故從車。以木為故從木。手部搹重文作扼。是其例證。大車軶非本訓。字或出字林。【説文解字六書疏證卷十一】

◉何琳儀

「槅」,舊釋「㼌」,殊誤。按,字从「木」,从「鬲」省。「鬲」,空首布作□(《大系》333),可資旁證。《説文》「槅,大車軛,从木鬲聲。」「槅」與「核」雙聲可通。《文選·蜀都賦》「肴槅四陳」,注「《毛詩》曰,肴核惟旅。槅與核義同。」《集韻》「核,果中核,或作槅。」均其確證。橋形布「槅」應讀「郂」。《説文》「郂,陳留鄉。从邑,亥聲。」在今河南開封東南,戰國屬魏。【橋形布幣考】

橾

橾 橾安之印 【漢印文字徵】

◉許 慎 橾車轂中空也。从木。喿聲。讀若藪。山樞切。【説文解字卷六】

◉馬叙倫 鈕樹玉曰。玉篇闕。廣韻引同。考工記作藪。急就篇作轈。碑本作桑。與衡棠為韻。據此疑橾字當為槡字。形近傳寫或為橾也。藪聲近桑不近喿。段玉裁曰。橾藪𨏔雙聲。劉秀生曰。喿聲數聲竝在心紐。故橾從喿聲得讀若藪。周禮考工記輪人。以其圍之防捎其藪。注。鄭司農云。藪謂轂空壺中也。藪讀為蜂藪之藪。藪即橾之聲借。是其證。倫按本訓捝矣。但存校語。且如輪人注。則轂空不必言車矣。蓋車中二字。乃下文楇字說解中字。傳寫誤羨於此。急就篇碑本作桑。故書也。其與衡棠為韻。則鈕說可從。其作𨏔者。傳寫以其屬車言而加車旁。亦或本作橾。草書車木二字相似。傳寫誤木為車。此則誤桑為喿耳。然以下文為楇字。而調謕為轉注字。則此篆不誤。蓋槡橾自為二字。亦轉注也。或字本作橾。而古讀為桑。故急就以桑為橾。車轂中空也。非本訓。字或出字林。唐寫本木部殘卷作𣘤。轂作穀。竝譌。音山于。橾樞蓋同語原。餘詳楇下。【說文解字六書疏證卷十一】

楇

◉許　慎　楇盛膏器。从木。咼聲。讀若過。乎臥切。【說文解字卷六】

◉馬叙倫　王筠曰。盛膏器。此語不完。莫友芝曰。唐本作盛膏器也。張文虎曰。玉篇。楇。車缸。盛膏者。又車部。輠。盛膏器。亦作楇。是盛膏器上當有車字。倫按盛上捝車中二字。蓋譌演於上文橾下耳。過亦咼聲。史記孟子荀卿傳。炙轂過髡。即借過為之。楇為橾之轉注字。猶調謕為轉注字也。橾下曰。轂空。正是車缸。受膏處也。盛膏器非本訓。唐寫本木部作楇。音弋。莫友芝謂弋戈之誤。急就篇。鐵錘楇杖梲柲杸。顏師古本。本書無檛。或為楇之異文。急就故書蓋作楇。傳寫易之。或故書作過。傳寫因杖梲柲杸而加木旁。【說文解字六書疏證卷十一】

枊

◉許　慎　枊馬柱。从木。卬聲。一曰堅也。吾浪切。【說文解字卷六】

◉馬叙倫　張文虎曰。唐本作馬柱也。一曰竪。堅疑竪譌。桂本作竪。臤部。竪。竪立也。竪柱音義竝近。倫按馬柱蓋字林訓或校語。本訓捝矣。堅當作竪。而借為臤。竪為臣之轉注字也。見竪字下。臤蓋馬柱之引申義。此校語。字或出字林。唐寫本作枊。音午盎。【說文解字六書疏證卷十一】

棝

◉許　慎　棝棝斗。可射鼠。从木。固聲。古慕切。【說文解字卷六】

◉馬叙倫　莫友芝曰。唐本作棝升可以射鼠也。升乃斗譌。以也二字玉篇亦有。倫按許當以聲訓。或作器也。棝斗可以射鼠也蓋字林文。或此字出字林。唐寫本作棝。音固。【說文解字六書疏證卷十一】

欙 [seal]　榷 [seal]

[seal]

◉許　慎　[seal]山行所乘者。从木。纍聲。虞書曰。予乘四載。水行乘舟。陸行乘車。山行乘欙。澤行乘䡅。力追切。【説文解字卷六】

欙 秦 一三五 三例 【睡虎地秦簡文字編】

◉馬叙倫　桂馥曰。四載諸書所言各異。書傳謂水行乘舟。陸乘車。泥乘輴。山乘欙。文子自然篇。水用舟。沙用鉥。泥用輴。山用欙。淮南齊俗訓。譬若舟車楯肆窮廬各有所宜也。高注。水宜舟。陸宜車。沙宜肆。泥宜楯。馥案肆即鉥之譌。倫按文子釋音。鉥。乃鳥切。則字當作鉥。故吕氏春秋作鳩。九未聲皆幽類也。本書無鉥字。吕氏春秋慎勢篇。水用舟。陸用車。塗用輴。沙用鳩。山用欙。淮南脩務訓。禹乘四載。高云。山行用虆。水行用舟。陸行用車。澤行用蕝。史記夏本紀。陸行乘車。水行乘船。泥行乘橇。山行乘檋。河渠書。禹抑洪水。陸行載車。水行載舟。泥行蹈毳。山行即橋。徐廣曰。橋。近遥反。一作檋。檋。直轅車也。音己足反。尸子曰。山行乘欙。音力追反。尸子又曰。行途以楯。行險以樶。行沙以軌。漢書溝洫志。陸行載車。水行載舟。泥行乘毳。山行則梮。如淳曰。梮謂以鐵如椎頭。長半寸。施之履下。以上山不蹉跌也。閻若璩曰。韋昭曰。梮。木器也。如今轝牀。人轝以行。此説詖近之。史記作橋。橋即今轎也。若如淳之説。不可謂之載乘也。翟云升曰。韻會引欙作檋。莫友芝曰。唐本者作也。纍作累。陸行句下山行一句。䡅作軘。倫按檋字本書無之。車部。輂。大車駕馬也。則不可以行山。盖山行所乘顯以便上下也。倫謂檋本輂。輂為轝譌。輂轝二字竝居玉切。亦或借輂為轝。本書。轝。直轅車也。故徐廣以直轅車訓檋。直如車正如今之轎子。惟轎子人舉以行。故韋昭謂如今轝牀人轝以行也。轝橋梮音竝見紐。故或作橋或作梮矣。欙音來紐。欙轝音聲遠隔。而尸子及吕覽皆先秦古書。史記夏本記亦非司馬遷自創。則古自亦名轝為欙。盖轝從具得聲。具從貝得聲。纍貝聲皆脂類。是欙轝實轉注字也。以木為之。則欙從木。以名車製。故轝從車。字或出字林。唐寫本木部殘卷作[seal]。音力侯。【説文解字六書疏證卷十一】

[seal]

酒榷 【漢印文字徵】

◉許　慎　[seal]水上横木。所以渡者也。从木。隺聲。江岳切。【説文解字卷六】

◉馬叙倫　沈濤曰。御覽七十三引説文。水上横木所以渡也。倫按唐本與御覽引同。其篆作[seal]。音工學。木隺作水隺。誤。榷即孟子歲十月徒杠成之杠本字。為橋之同舌根破裂音。又古聲同幽類。轉注字也。水上九字蓋字林文。玉篇作水上横木

渡夯之略彴也。漢書武帝紀注引。榷。步度。韋昭說。以木渡水曰榷。字或出字林。【說文解字六書疏證卷十一】

橋 橋

鄒滕58 【古陶文字徵】

橋 為一四 二例 通驕 —悍 封三七 通矯 正以—之 為二一 封三七 【睡虎地秦簡文字編】

橋澤 橋明私印 橋之異印 橋充國 橋時 橋庚私印 橋捐之 橋武私印 橋護

橋就 【漢印文字徵】

◉許　慎　橋水梁也。从木。喬聲。巨驕切。【說文解字卷六】

◉葉玉森　華學涑氏釋𣑓。華埃文字比較表。森桉。此字象橋梁形。疑橋之初文。【殷虛書契前編集釋】

◉馬叙倫　翟云升曰。藝文類聚引作木橋也。非。倫按水字誤演。玉篇無。或此是字林訓。唐寫本作橋。音巨嬌。莫友芝謂妖為娭隸省字。字見急就篇。【說文解字六書疏證卷十一】

梁 梁

梁　不从木國名嬴姓伯爵見于左傳者　有梁伯秦穆公滅之　梁伯戈　沙字重見　从邑　大梁鼎　【金文編】

〔四一〕〔三六〕〔五二〕〔五〇〕〔三六〕〔二五〕〔二〇〕〔四二〕〔二〇〕〔五五〕〔四七〕〔四二〕〔三六〕〔二三〕〔五二〕〔五三〕〔一六〕〔二五〕〔四〕〔二〕〔四二〕〔一九〕〔三二〕〔四二〕〔七八〕〔三七〕〔七八〕〔三六〕〔一二〕〔三九〕〔一九〕〔二三〕〔三二〕〔五四〕〔三六〕〔五二〕〔一九〕〔四〕【先秦貨幣文編】

布方 晉高 按通于梁字古鉨梁字多从邑大梁鼎銘文梁字與此同 布方 晉朔 布方 晉高 布方 晉芮 布方 晉高 布方 晉高 布方 晉左 布方 晉高 布方 晉祁 布方 晉祁 布方 典二一五 布方 反書 典二一六 仝上 典二一七 布方 典補一二一二 布方 典二一二 布方 典二一三 布方 亞四・一九 仝上 布方 反書 亞四・一九 布方 展圖版拾玖3 【古幣文編】

一六：九 五例 宗盟類參盟人名剛梁 【侯馬盟書字表】

1699 1700 0814 2949 2779 2919 1701 或从邑 與大梁鼎梁字同。 1705 1706 1713 1702 1704 1703 1712 1710 1709 1707 3229 與貨幣文梁字形近。【古璽文編】

卑梁國丞 梁廄丞印 梁嘉 梁破胡 蘇梁私印 【漢印文字徵】

蘇君神道闕 石碣霝雨 盈渫濟〃 【石刻篆文編】

古老子 崔希裕纂古 【古文四聲韻】

◉許慎 水橋也。从木。从水。刅聲。呂張切。古文。【説文解字卷六】

◉阮元 説文。梁字从米。梁省聲。此从刀。从米形。古从刅之字有从刀者。是古文梁字。張簠梁字微異者。从刃从米耳。仲梁與梁。古每通作。此即春秋之梁國也。【積古齋鐘鼎彝器款識卷六】

◉馬昂 是古梁字。从。為古文化。見齊貨刀背文。从木。木體本直。化之為横。即梁義也。故葷卣銘作。見錢獻之古器圖。薛氏梁山鋗作。偏旁从水。亦取平準之義。古文省而孳字繁也。曰梁。大梁。魏惠王都此。史記。惠王三十一年。因安邑近秦。於是徙事大梁。【貨布文字考】

◉吳大澂 古梁字。見古幣文。【釋文賸稿 愙齋集古録】

◉林義光 說文云。水橋也。从木水。刅聲。按古作叔家父匡。象榷木兩涯之閒。為橋梁形。刅省聲。或作仲𣕛父鬲。變為丰。亦象形。▲象小阜。示其為岸上地也。刅聲。或作弡伯尊彝。作師虎敦。變丰為井。亦象形。與井字混。又作仲𣪘父盤。从水。轉注。作陳公子甗。从水。刅聲。梁字从此得聲。說文云。𣕛。造法𣕛業也。从井。刅聲。讀若創。按創業之義。經傳以創為之。𣕛實與梁同字。𣕛梁皆从刅聲。本同音也。【文源卷二】

◉高田忠周 說文。水橋也。从木。从水。刅聲。古文作。二木亦與一木同意也。其从一未詳焉。此等諸篆。从水。刅聲。省木耳。方言。艁舟謂之浮梁。莊子秋水。梁麗可以衝城。司馬注。小船也。皆謂以舟為之。然依字从木。元當編木為之。與泭相似者也。【古籀篇八十六】

◉商承祚 說文。「梁。水橋也。从木。从水。刅聲。滦。古文。」案。金文梁伯戈作。不从木。鉢文作。此从二木。當是寫失。【說文中之古文考】

◉馬叙倫 沈濤曰。白帖十引。梁。欂櫨也。蓋一曰以下之奪文。王煦曰。水部。汈。乃見切。廣韵集韵竝音商。依六書當作水旁刅。篆文缺筆。遂為刃耳。梁字當從木汈聲。梁放此。王筠曰。橋字見儀禮禮記者。皆不謂梁。而梁亦不當以橋為正義。恐後人改。以鄙説迻之此也。商承祚曰。梁伯戈字不從木。倫按梁聲陽類。榷從隺得聲。隺從霍得聲。霍聲魚類。則是魚陽對轉轉注字也。水橋也蓋字林文。唐寫本作。音梁。莫友芝謂梁乃粱誤。字見急就篇。古鉩作。

商承祚曰。從二木誤。倫按唐寫本木部殘卷作。古文下有梁字。此挩。【說文解字六書疏證卷十一】

◉楊樹達 古文梁从水，从二木，二木之間一其際也。字形二木不在水上，故許不言。然以事實考之，則橋梁非在水上不可也。【文字形義學】

◉高鴻縉 說文。水橋也。从木。从水。刅聲。古文。呂張切。按梁伯戈作。此津梁之梁也。水匽之土梗。从水。刅聲。梁邑幣作。此橋梁之初字也。从木。刅聲。大梁鼎作。地名之專字。後造。从邑。梁聲。皆先後用為邑名國名。【字例五篇】

◉朱芳圃 汈其鐘 伯汈其盨 梁伯戈 陳公子甗 上揭奇字，从水，刅聲，當為梁之本字。說文木部：「梁，水橋也。从木，从水，刅聲。」按梁為汈之後起字，橋以木為之，故增木為形符。當云从木，汈聲。陳公子甗銘借為稻粱之粱。【殷周文字釋叢】

◉劉彬徽 彭 浩等 郛，簡文作，字又作梁。《竹書紀年》：「梁惠王九年四月甲寅，徙於大梁。」此後，魏國也稱作梁。出

土的魏國銅器自銘為梁，如：「梁廿七年鼎」等。梁人即遷都大梁之後的魏人。【包山楚簡】

◉劉信芳　包山簡一五七「大⿱刅木之戠舊之客」，「大⿱刅木」即「大梁」，魏國都城。《史記・魏世家》：「（魏惠王三十一年）安邑近秦，於是徙治大梁。」

簡一六三「⿰⿱刅米阝人⿰米吉慶」，同例又見一六九、一七九，又一六五「⿰⿱刅米阝人⿰米吉宜」，原報告釋云：「梁人即遷都大梁之後的魏人。」

按此釋大誤。簡文「⿱刅木」、「⿰⿱刅米阝」有別，若是魏大梁人，依楚簡例應稱「魏客」，或直稱「大梁之客」，簡一四五「郹（魏）客公孫哀」，上引例「大梁之戠舊之客」俱其證。而稱某地人俱是楚人，僅一八四簡有「鄴人」、「鄵人」、「淀昜人」、「鄗人」，無例外。據此「⿰⿱刅米阝」應是楚地名，《國語・楚語下》：「惠王以梁與魯陽文子，文子辭曰：『梁險而在境，懼子孫之有貳者也。……』與之魯陽。」韋昭注：「梁，楚北境也。」今河南魯山北有地名「梁洼」，即其地。

「⿱刅木」、「⿰⿱刅米阝」二字後世俱作「梁」，然於楚簡則不可相混，「⿱刅木」謂魏大梁，「⿰⿱刅米阝」謂楚梁縣，真可謂差之毫釐，失之千里。【包山楚簡近似之字辨析】

◉張日昇　梁。金文或作沙。嬴姓。春秋大事表云。「今陝西同州府韓城縣南二十二里有少梁城。」【金文詁林卷六】

◉張光裕　3467號錢文的第一字是「□」，舊釋「隶」或「乘」，更以乘馬幣來解說，那是不對的，從古文字的比較和分析，它只是「⿰⿱刅米阝」字的省變。廿七年鼎（三代三・四三）銘稱「梁」和「大梁」，字皆作「□」，即梁國的本字。現在我們俗寫的「梁」字，說文云：

水橋也，从木、从水，刅聲。□，古文。

它的意義和⿰⿱刅米阝國字根本無涉，只是因為「⿰⿱刅米阝」字亦从刅（呂張切）聲，所以後人假「梁」為「⿰⿱刅米阝」罷了。錢文的「□」，其實就是从刅从木，只是由於筆勢的關係，「刅」字的擺置轉了方向，中間的斜畫竟然訛成豎畫而與「木」字連了起來，同時也沒有加上邑旁，於是便被誤釋為「隶」、為「乘」了。在晚期的方足布中有一種錢文曰「□邑」的：

「□邑」可以說即「□」的合文，它和廿七年鼎的「⿰⿱刅米阝」字相當。鼎銘因為有「大梁」一辭，所以知道其「⿰⿱刅米阝」字是指戰國時的梁（魏）國而言，（魏惠王九年「公元前三六二年」遷都大梁，魏國遂稱梁國，魏惠王亦更稱為梁惠王。大梁地在今河南省開封縣。）但是在先秦文獻上稱梁的還有少梁和南梁，少梁在今陝西韓城縣境，原為周一小國，魯僖公十九年為秦所滅；南梁亦稱上梁，在今河南省臨汝縣

境，汝水之旁，本屬周邑，魯哀公四年亦為楚所奪。那麼布錢上的「梁」應該是指那一個呢？從地理位置而言，少梁和南梁處地偏狹，且早為秦楚所併，而戰國初年的魏國却是東接齊邦，西鄰秦土，北交趙域，南通楚境，正居天下之中。國都大梁更是控制着黄河與江淮的水上交通要道，以它的經濟地理位置如此重要和國勢亦足與齊楚抗衡而論，擁有本身國定的鑄幣是必然的。因此我們判斷「當爰」布上的「梁」，指的是「大梁」。而且这種方足布也很可能是梁惠王九年遷都大梁以後的鑄幣。【刀布背文及其相關問題的探討　中國文字第三十六册】

梭

◉許　慎　梭船總名。从木。夋聲。臣鉉等曰。今俗别作艘。非是。穌遭切。【説文解字卷六】

◉馬叙倫　沈濤曰。初學記引總名船曰艐。即臣鉉等所謂今别作艐也。翟云升曰。文選吳都賦注從軍詩注引竝作艘。倫按唐本作梭。音山幺。船惣名也。然漢書溝洫志。發河南以東漕船五百梭。則梭似非船總名。顏注。一船為一梭。倫謂船惣名者。舟是也。梭舟聲同幽類。然則梭是舟之轉注字。梭音心紐。俞音喻紐四等。同為次清摩擦音。亦轉注字也。船總名字林訓。字亦或出字林也。【説文解字六書疏證卷十一】

橃

◉許　慎　橃海中大船。从木。發聲。臣鉉等曰。今俗别作筏。非是。房越切。【説文解字卷六】

◉馬叙倫　鈕樹玉曰。韵會作撥省聲。倫按唐寫本作橃。音符月。海中大船也。此即論語乘桴浮於海之桴字。玄應一切經音義引通俗文。吳船曰艑。晉船曰舶。長二十丈。載六七百人。則橃亦即艑舶之轉注字。音義又引通俗文。橃。扶月反。謂編竹木浮於河以運物者也。又引韵集。橃。扶月反。編竹木於河以運物者也。則𦪇橃實異文。為今所謂木排竹排之排本字。亦古所謂筏。字蓋出字林。【説文解字六書疏證卷十一】

楫

◉許　慎　楫舟擢也。从木。咠聲。子葉切。【説文解字卷六】

◉馬叙倫　鈕樹玉曰。詩棫樸釋文引作舟棹也。櫂棹説文竝無。段玉裁曰。許書無櫂字。當作擢。手部。擢。引也。楫所以引舟而行。桂馥曰。易釋文引同。御覽引作舟楫也。嚴可均曰。釋訓釋文御覽七百七十一引作舟棹也。王筠曰。增韵濯下

檝 楫 並義雲章【古文四聲韻】

云。説文櫂字。或所據水部濯下有一曰舟濯也之文。則此文作舟濯矣。漢書鄧通傳。以濯船為黃頭郎。百官表有輯濯丞。輯同楫。莫友芝曰。唐本作舟櫂也。倫按作棹者。傳寫者以其時通用字易之。舟櫂也非本訓。字或出字林。唐寫本作。音子葉。【説文解字六書疏證卷十一】

欐 

◉許　慎　江中大船名。从木。蠡聲。盧啓切。【説文解字卷六】

◉馬叙倫　沈濤曰。初學記廿五引江中舟曰艬。艬亦欐之俗字。倫按唐寫本作。音力第。江中大舩也。從木。蠡聲。江中大船也非本訓。字或出字林。欐得聲於豕。豕音審紐。橃得聲於發。發音非紐。俞音喻紐四等。非審喻四同為次清摩擦音。是相為轉注字。【説文解字六書疏證卷十一】

校 

 5·282　右校　【古陶文字徵】

 校　效五六　三例　 法一七九　【睡虎地秦簡文字編】

 左校丞印　 校司馬印　 校尉之印　 校尉司馬丞　 校長 　 司校光印　 武猛校尉　【漢印文字徵】

 袁敞碑　捧步兵校尉　 樊敏碑額　 天璽紀功碑　西部校尉姜□　【石刻篆文編】

 王存乂切韻　【古文四聲韻】

◉許　慎　木囚也。从木。交聲。古孝切。【説文解字卷六】

◉馬叙倫　沈濤曰。漢書趙充國傳注引。校。木囚也。亦謂以木相貫遮闌禽獸也。是古本有一曰以木相貫云云。王筠曰。繫傳云。木缶者。謂以木為缶形相連接也。則囚當作缶。囚字鉉所改也。然缶亦誤字。倫按唐本篆作。音下校。囚作田。莫友芝始以田字為誤。後以田字為是。謂田即周禮大司馬蒐田苗田獮田狩之田。木田謂編木為校以供田事。惟木字當有交字。其詞乃完。張文虎謂如莫説。則田當為毌字之譌。毌即以木相貫之貫。木毌也當作毌木也。傳寫倒誤。李慈銘從張説。倫謂據顔引蓋有捝譌。然囚字顔所據本已如此。亦謂以下蓋庾注。倫謂木囚也不譌。校即舊時刑具中之枷。易所謂何校滅

樔　采

耳者。倫疑古讀校如效。音在匣紐。唐本音下校切。其明證也。校與囚異者。校但囚其首。而囚則既囚其首復囚其身也。校形為[form]或[form]。囚形為☐。而囚音邪紐。邪匣同為次濁摩擦音。然則其形既類。而音亦相受。明囚校或為轉注字。校械同舌根音轉注字。【説文解字六書疏證卷十一】

◉許　慎　樔澤中守艸樓。从木。巢聲。鉏交切。【説文解字卷六】

◉馬叙倫　唐寫本作[form]。音助交。樓下有也字。然艸樓則字不當從木。守艸之樓。則不可通。徐鍇謂其高若鳥巢。今田中守稻屋然。然則艸或稻譌。倫謂今江南漁者亦多於水中以竹為屋以守魚。藝文類聚艸字作竹。然則或本作樔水中守魚竹樓也。傳寫譌挩耳。此非本訓。字或出字林。【説文解字六書疏證卷十一】

乙一二　大采日各雲自北　乙一一六　大采雨自北　乙二一〇　乙四七八　鐵二四二・一　前四・四五・四　佚二七六　粹四九二　粹八三八　通别二・七・八　京都三一〇〇　前五・三六・一　或从茱　前七・四〇・一　粹一〇四三　【甲骨文編】

乙12　16　478　珠766　粹838　1043　【續甲骨文編】

采　趞尊　趞卣　【金文編】

鐵雲271　☐采　【古陶文字徵】

〔二〕　〔六八〕　〔一〕　〔三三〕　〔六八〕　【先秦貨幣文編】

279　【包山楚簡文字編】

采　秦一七九　六例　通菜　—羹　秦一七九　法七　【睡虎地秦簡文字編】

采勝　采田　【漢印文字徵】

禪國山碑　文采明發　【石刻篆文編】

雲臺碑　【古文四聲韻】

◉許　慎　捋取也。从木。从爪。倉宰切。【説文解字卷六】

◉劉心源　采。采地。今俗作寀。【奇觚室吉金文述】

◉孫詒讓　「」或為「爪」，如云：「□貝夫□于」，七十七之三。此當是「采」字。《説文・木部》：「采，从木爪。」此以「」為「爪」。又云：「庚辰馬大」，二百四十二之一。此亦「采」字，則正从「爪」，與前異。龜文「𦀚」、「再」諸字从「爪」者並作「」，詳後。唯此變从，亦可見其無定例也。【契文舉例】

◉羅振玉　象取果於木之形。故从爪果。或省果从木。取果為采。引申而為樵采及凡采擇字。【增訂殷虚書契考釋】

◉陳邦懷　卜辭言大采者一，文曰：「庚辰□大采。」言采者二，文皆曰：「采雨王」。(三條皆見類纂二十九葉。)邦懷案：國語魯語云：「是故天子大采朝日，」又云：「少采夕月」，韋注云：「禮，天子以春分朝日，示有尊也。虞説曰：『大采，袞職也。』昭謂禮玉藻『天子玄冕以朝日。』冕服之下，則大采，非袞職也。周禮『王者搢大圭執鎮圭，藻五采五就以朝日。』則大采謂此也。夕月以秋分，或云：『少采，黼衣也。』昭謂朝日以五采，則夕月其三采也。」韋説極是。周禮鄭注云：「繅，有五采文，所以薦玉，繅讀為藻率之藻。」知韋本鄭説也。卜辭所言大采，當為朝日之禮，且知周之大采，因於殷也。卜辭采雨之采當同少采夕月之禮，夕月三采韋説得之。采雨之采，其亦三采也歟？三采者，朱白蒼，亦見周禮鄭注。【殷虚書契考釋小箋】

◉高田忠周　説文。。捋取也。从木。从爪。詩芣苢。薄言采之。傳曰。取也。然字从木。本義當謂取柴也。爾雅釋木所謂采薪是也。轉為采艸之義。或謂木取于色采。禮記月令。命婦官染采。注。五色也。虞書。以五采彰施於五色。鄭注。未用謂之采。葢元采用也。从木猶从染省也。朱駿聲云。字俗作採。詩芣苢。薄言采之。傳。取也。【古籀篇八十六】

◉商承祚　爪在果葉上。故曰采。又或省从木。金文作(遣卣)。【甲骨文字研究】

◉商承祚　卜辭有云「大采雨」，陳邦懷先生謂大采當為朝日之禮。案魯語之少采，即卜辭之小采。古文小少相通，盂鼎少學作小學。叔弓鎛小心小子小臣皆作少，可證。卜辭之大采雨小采雨當為祭雨之禮，至周則有所更變矣。【殷契佚存】

◉孫海波　國語魯語云「天子大采朝日」，又云「少采朝夕月」，韋注引「虞説曰，大采，衮職也，或云，少采，黼服也」，而韋氏復本鄭説以非之，云「朝日以五采，夕月其三采」，蓋以大采少采為朝日夕月之禮。卜辭前編卷四第四十五葉一版文云：「□象□大采」，卷五第三十六葉一版文云：「□采雨王□」，卷七第四十葉一版文云：「□采雨王□」，佚存□□文云：「壬戌卜雨今日小采允大雨延匕戊着日隹啟」，綜上各辭，所云大采、采、小采，皆與卜雨連文，陳邦懷先生曾據以申韋説。（見殷虛書契攷釋小箋采字條。）竊疑采乃舞雨所著之服，與朝日夕月説有別。

先民媚神，其俗尚舞。説文：「巫，祝也，女能事無形以降神，故象兩人褎舞之形」，沿習而祈雨亦用舞樂。夏祭樂于赤帝以祈甘雨，其樂名雩，字或從羽，取舞羽之誼。周禮司巫：「若國大旱，則帥巫而舞雩，女巫旱暵則舞雩。」卜辭云：「乙未卜今夕[illegible]舞之從雨」（前三・二十・四）、「庚申卜貞[illegible]舞從雨」（同上）、「貞烄奴之從雨」（五・三三・二），是皆殷人舞雨之證。又盧江劉善齋（據契齋師藏拓本）藏契文云：

翊日庚其[illegible]
乃[illegible][illegible]
至來庚又大雨

來庚
[illegible]乃
[illegible]亾大雨

翊日庚
其[illegible]乃
[illegible][illegible]至來庚亾大雨

[illegible]字從雨從舞，自來著録未見。海波按即舞雨之專字，象人在雨下褎舞之形。其第一辭云，自翊日庚其[illegible]乃[illegible][illegible]，至來庚方有大雨，二三辭並云，來庚亾大雨，則[illegible]為舞雨之義，益顯明矣。

大采小采者，乃褎舞時所箸之衣也。采古訓衣亦訓帛。詩曹風：「采采衣服」，儀禮士冠禮：「將冠者采衣」，注「未冠者所服。」雜記：「麻不加于采」，注「元纁之衣。」漢書貨殖傳：「文采千匹」，注「帛之有色者曰采。」申引之，凡衣服有文飾者皆曰采，必采服而後可以舞神，故余謂大采小采，皆舞服之稱也。昔呂氏春秋稱「湯禱雨於桑林」，尸子曰：「湯之救旱也，素車白馬布衣，身嬰白茅」，蓋桑林本舞樂，（淮南言「桑林生臂手」，高誘注「神名」，蓋桑林為人名，殁祀為神，降神以舞，故樂舞即名桑林。或言桑林為地名，非。）布衣嬰茅，亦即采服，所以舞神之事。而世人不察，謂為以身代牲，不亦傎乎。【卜辭文字小記　考古學社社刊第三期】

◉郭沫若　「大采」見國語魯語，曰「天子大采朝日，少采夕月。」卜辭既有日出入之祭，則自有大小采之禮。唯大小采之本義未可知。韋昭引虞説曰「大采衮職」，又或云「少采黼衣」。昭自為説，則以藻五采五就為大采，三采為少采。然卜辭大采若采均作動詞用，似舊解均未為得。【殷契粹編】

◉馬叙倫　鈕樹玉曰。韵會爪上無從字。沈濤曰。五經文字作從爪下木。王筠曰。此字當入爪部。説當云。從爪木。宋保曰。

采從爪得聲。古音采讀若杞。爪讀若帚。采在止海。帚在有黝。相近故通。莫友芝曰。唐本作從爪木。說會意為長。羅振玉曰。卜辭作[illegible]。象取果于木之形。倫按捋取也當作捋也取也。一訓校者加之。亦或竝出字林。而許止以聲訓。唐寫本作[illegible]。捋也。從爪木。音七在。爪音照紐二等。轉穿紐二等以入清紐。則從木爪聲。然不能得取義。豈從爪從果。聲即得於爪邪。遺尊作[illegible]。遺卣作[illegible]。【說文解字六書疏證卷十一】

◉董作賓　區分一日之時間，舊派較為完備，茲以武丁及文武丁兩世之卜辭為例。其紀時之法：曰明、曰大采、曰大食、曰中日、曰昃、曰小食、曰小采，一日之間分七段，夜則總稱之曰夕也。……大采小采，亦稱大采日、小采日。其時間，一在大食之前，一在小食之後，大采略當于朝，小采略當于暮也。卜辭中如「乙卯卜，㱿貞：『今日王徃于𦎫？』之日，大采，雨，王不步。」(日譜一・辭一一・武丁時)「癸酉卜，貞旬，二月。大采日，格雲自北，䨓風。茲雨，不延隹好。」(日譜二・辭四・文武丁時)「壬戌卜雨，今日小采，允大雨，延伐，昔日隹啟。」(佚二七六・文武丁時)「癸亥卜，鼎旬，三月。乙丑，夕雨。丁卯，明，雨。戊，小采日，雨，風。己明，啟。壬申，大風自北。」(日譜二・辭六・文武丁時)第一例，「之日」以下，乃乙卯以後所追記，蓋乙卯卜王徃𦎫，因雨未能成行，故追記云：「是日大采時落雨，故王不步也。」大采在大食之前，是王將出發，已落雨，乃決定不行，否則落雨稍晚，必于途中遭遇之矣。第二例，壬戌卜雨所得兆必為有雨，至小采時果有大雨，故追記稱「允」，言「今日」，是大雨之時，猶在日間，可知小采為日暮傍晚之時。大采、小采，舊不得其解。國語魯語載公父文伯之母訓文伯語，舉天子、諸侯、卿、大夫、士、庶人每日之行事，云：「是故天子：大采朝日，與三公九卿祖識地德，日中考政，與百官之政事，師尹維旅牧相，宣序民事，少采夕月，與大史司載，糾虔天刑；日入監九御，使潔奉禘郊之粢盛，而後即安。諸侯：朝修天子之業命，晝考其國職，夕省其典刑，夜儆百工，使無慆淫；而後即安。卿、大夫：朝考其職，晝講其庶政，夕序其業，夜庀其家事；而後即安。士：朝受業，晝而講貫，夕而習復，夜而計過無憾，而後即安。自庶人以下：明而動，晦而休，無日以怠。」此少采即小采。此「夕」，相當於少采及暮，在殷代則以夕為夜也。……韋注以五采說大采，三采說少采，又泥于春分朝日，秋分夕月，均未允當。蓋原文固明言天子一日間之行事也。今試就原文作一比較……則可知「大采」相當於「朝」，而「少采」相當於「夕」；於殷代則為「小采」與「暮」也。大采、小采之時間，於此可以確知。惟其命名之義，或為「朝日」「夕月」時，五采三采之服章？或為日初出，日將没時，光采之強弱？今已不可詳矣。【殷曆譜上編卷一】

◉于省吾　前四・四五・四：「☐大采☐。」五・三六・一：「☐采雨，王不☐(步)。」七・二六・三：「☐采㚼云自北西單靁。」七・四十・一：「☐采雨，王不☐(步)。」藏二四二・一：「貞，翌庚辰不雨，庚辰雇大采。」粹八三八：「☐采各云自☐。」一〇四三：

「之日大采雨，王不步。」珠七六六：「☐雈☐采雨。」佚二七六：「壬戌卜，雨，今日小采，允大雨。」……按以卜辭文理揆之，大采小采與朝日夕月無涉。卜辭出入日之祭，無言大采小采者，陳説誤矣。商謂「小少相通」，郭謂「舊解均未為得」，是也。周禮典瑞：「王晉大圭，執鎮圭，繅藉五采五就以朝日。公執桓圭，侯執信圭，伯執躬圭，繅皆三采三就。子執穀璧，男執蒲璧，繅皆二采再就。」注：「三采朱白蒼，二采朱緑也。」左桓二年傳：「藻率鞞鞛。」注：「王五采，公侯伯三采，子男二采。」疏：「凡言五采者，皆謂玄黃朱白蒼。」左昭二十五年傳：「為九文六采五章以奉五色。」注：「畫繢之事，雜用天地四方之色，青與白，赤與黑，玄與黃，皆相次，謂之六色。」按周禮考工記：「畫繢之事，雜五色，東方謂之青，南方謂之赤，西方謂之白，北方謂之黑，天謂之玄，地謂之黃。」卜辭有三云、三啬云、四云、六云，均謂雲之色也，與經傳言二采、三采、五采、六采可互徵矣。要之，卜辭之大采小采，就雲色言之。三色以上，四色、五色、六色謂之大采。其二色、三色者，謂之小采。分言之，則以紀數字識雲之色。以大別言之，則但曰大采或小采。卜辭言大小采，或與靁雨連稱，或與雈連稱，（郭沫若謂雈當是㬎之古文。見粹考八六。）或與各云連稱，（各亦作狢，應讀為格，謂來至也。）是大采小采就雲色為言，殆無可疑。雖與周制朝日夕月之禮無涉，而言色之多少，以大小采為區分，則周因於殷，其詞原語例，由來尚矣。【釋大采小采　雙劍誃殷契駢枝三編】

◉陳夢家　康誥。采叙于侯。甸邦之後。采。字書或作寀。爾雅釋詁。「尸。采也」。注云。「謂采地」。又曰。「采。寮官也」。注云。「官地為采。同官為寮」。郝疏云。「下文云。采。事也。能其事者食其地。亦謂之采。禮運。大夫有采。以處其子孫。韓詩外傳。古者天子為諸侯受封。謂之采地。然則尸訓采者。蓋為此地之主因食此土之毛。采為采地。而後世九服之名亦有采。王制曰。「千里之內曰甸。千里之外曰采。曰流」。此器之采為采地采邑。故著采地之名曰某。中方鼎（嘯一・一〇）曰。「王曰中。兹福人入史易于于武王乍臣。今兄畀女福土乍乃采。」是以某土為采地。【趞卣　西周銅器斷代　金文論文選】

◉楊樹達　采捋取也。从木，从爪。倉宰切。六上木部。

𥝩禾成秀也。人所以收。从爪禾。徐醉切。七上禾部。

按：上二字，爪為能名，木禾為所名。【文字形義學】

◉李孝定　説文。「采。捋取也。从木。从爪。」又手部。「捋。取易也。从手。寽聲。」詩桑柔。「捋采其劉。」當為捋采之本義。捋下段注云。「按捋與寽二篆義別。寽見𠬪部。云。『五指寽也。』五指寽者。如用指取禾采之穀是也。捋則訓取易而義不同。詩。『薄言捋之』。『捋采其劉』。傳曰。『捋。取也。』此捋之本義也。中畧。寽下云。『五指捋也』。宋本云。『五指持也』。皆未是。廣韵六術云。『孚。持取。今孚禾是。』是則許當本作『五指持取也』。五指持而取之。於義乃合。」段氏説兩字分別之義。失之於泥。徐灝段注箋曰。「孚捋本一字。相承增偏旁。許以孚从受而捋从手。故分屬二部耳。」其説甚允。是則捋字之義亦當如孚之訓五指。孚即段所云「如用指取禾采之穀」。其所取者。當為較小之穀粒或較柔之樹葉。始便捋取。若較大之果實。則無由捋取之矣。契文采字或从[glyph]。或釋果。或釋桒。見下。以采字訓捋取占之。則釋桒是也。至卜辭之大采小采。實與朝日夕月無涉。卜辭別有日出入之祭。實為周禮朝日夕月之所因。至大采小采之辭未見有與日出入之祭連言者。知二者無涉也。就其辭例觀之。實為紀時之專名。董先生之説堝不可易。至何以名之曰大采小采。竊謂當以日出入時光采之強弱及雲色變幻之多寡別之。董先生之後説與于氏之説是也。金文作[glyph]遣尊[glyph]遣卣。【甲骨文字集釋第六】

◉考古所　[glyph]：[glyph]之異構，當釋采。采，殷記時之專名(見董作賓殷曆譜上一：四——五頁)。然此未注明是「大采」還是「小采」，當是刻辭時有所省略。【小屯南地甲骨】

◉白玉崢　[glyph]，籀廎先生釋采。羅振玉氏曰：「象取果于木之形；或省果从木。取果為采，引申而為樵采，及凡采擇字」(考釋中六一頁)。崢按：字蓋象以手採取木之枝葉之形；準之六書之類例，當為會意。【契文舉例校讀十六　中國文字第五十二册】

◉朱歧祥　[glyph]　从爪採木，隸作采。《説文》：「捋取也。」《爾雅·釋詁》：「采，事也。」卜辭用為節令名稱，有「大采」、「小采」之別。卜辭中的時節，由日「啟」而「大采」而日「昃」而「小采」，可推知大、小采分別為朝、夕間的時令。董作賓《殷曆譜》上編卷一頁四：「紀時之法，曰明、曰大采、曰大食、曰中日、曰昃、曰小食、曰小采。一日之間分七段。夜則總稱之曰夕也。……大采略當于朝，小采略當于暮也。」

《粹1043》乙卯卜，㱿貞：今日王往于𦎫。此日大[glyph]雨，王不往。

《遺767》雨⍁霧⍁[glyph]雨。

《乙75》⍁啟，大[glyph]⍁允啟。

《合78》癸亥卜貞：旬乙丑夕雨。丁卯明雨⍁小[glyph]日雨⍁風，己明啟。

《合79》丁未卜，翌日昃雨，小[glyph]雨東。【殷墟甲骨文字通釋稿】

◉劉樂賢　《香港中文大學文物館藏印集》(1980年初版)213號「[glyph]遂成」，第一字原書隸定為桒。按此即采字。江陵一六七號漢墓簡七三有采字作[glyph]，馬王堆一號墓竹簡一五有菜字作[glyph](見《秦漢魏晉篆隸字形表》392頁、49頁)。采為古璽及漢印中常見的姓氏。【秦漢文字釋叢】

柿

◉戴家祥　采趞卣　字从爪从木，即采字。説文六篇「采，捋取也。」詩芣苢「薄言采之」，傳曰「取也」。然字从木，本義當謂取柴也，後加手旁作採，乃形符重複字。【金文大字典中】

◉許　慎　柿削木札樸也。从木。巿聲。陳楚謂櫝為柿。芳吠切。【説文解字卷六】

◉馬叙倫　鈕樹玉曰。繫傳作市聲。韻會作陳楚謂之札柿。沈濤曰。一切經音義十三引削朴。十五十六引削朴也。十八引作削木朴也。以十八所引為完具。樸皆作朴。蓋古本如是。柿之義為木皮。於字當作朴。樸。木素也。非此之用。今本札字亦衍。文選馬汧督誄注。引作削柿也。恐傳寫有誤。玄應書十八引木朴也下有江南名柿。中國曰札。山東名朴。十二字當是庾注。王筠曰。玄應引三倉。柿。札也。今江南謂斫削木片為柿。關中謂之札。或曰柿札。晉書。王濬造船。木柿蔽江而下。知柿即今鉋花耳。莫友芝曰。小徐作削木札朴也。唐本作削木朴也。文選注引作削柿也。一切經音義凡四引。一作削朴。兩作削朴也。朴札也。一與唐本同。段玉裁依玄應復引説之曰。朴者。木皮也。樸者。木素也。柿安得有素。則作朴是矣。知札為衍文者。玄應引蒼頡曰。柿。札也。倫按玄應引尚有謂削木柿也一句。此下文云。陳楚謂之札柿。玄應曰。江南名柿。中國曰札。山東名朴豆。廣韻柿注曰斫木札。然則札以札牒之義。乃柿之一名耳。許以札柿系諸陳楚方言。則此云削木已足。晉書。王濬造船。木柿蔽江而下。柿之證也。按段説見唐本精善。勝二徐矣。徐灝曰。柿者。木外浮皮。故中山靖王等傳謂之柿附。王濬造船。木柿。楊由傳之風吹削柿。皆是物也。陳楚謂櫝為柿者。當作陳楚謂削牘為柿。今誤牘為櫝。又脱削字。許云。削木札朴也。謂削木與札之朴皆謂之柿也。而恐讀者有未明。故下文又云。陳楚謂削牘為柿耳。倫按以玄應諸引及選注引及唐本及倉頡證之。此説有竄誤。本作削木餘也朴也札也三訓。然皆非本訓。削木餘則其義也。然是校者或吕忱之文。削木餘者。詩伐木。伐木滸滸。毛傳。滸滸。柿貌也。後漢書楊由傳。風吹削胏。顔之推謂此是削札牘之胏耳。胏即柿也。道光象山縣志。斧斤之殘本曰秭。音廢。秭字或譌或借。今杭縣謂之劉花。朴也者。後校者以朴釋柿也。柿音敷紐。其音益衍於朴。朴為凡木之浮皮。猶人之膚也。其語原同。札也者。陳楚謂櫝為柿。借柿為櫝。柿古音或如僕。以同濁破裂音也。櫝牘一字。唐本無為字。為小徐作陳楚謂之札柿。王筠謂鉉以鍇有札即木櫝之説。因改曰陳楚謂牘為柿。今本又誤牘為櫝。倫謂據唐本則非鉉改明矣。七篇。牘。書板也。牒。札也。牒牘雙聲轉注。是牘亦札也。此校者引方言以證柿字。而方言實借櫝為柿。作樸字者。傳寫者以樸朴音同易之。唐寫本作[篆]。音胏。【説文解字六書疏證卷十二】

横 横

横横海候印 横程横 横李横 横編横 【漢印文字徵】

□横 【汗簡】

□義雲章 □義雲章 【古文四聲韻】

◉許 慎 横闌木也。从木。黄聲。户盲切。【説文解字卷六】

◉馬叙倫 沈濤曰。後漢書儒林傳注引説文曰。黌。學也。黌與横同。今許書無黌字。疑古本黌為横之古文。王玉樹曰。誤以他書當説文也。玉篇當無黌字。倫按闌木也非本義。亦非本訓。横盖桄之異文。黌字盖出新字林。注明横字當作黌字耳。唐寫本作横。音户萌。字見急就篇。【説文解字六書疏證卷十一】

◉林潔明 金文編收横字。曰。不从木。黄字重見。按字在本銘中。當為玉之一種。郭沫若説詳黄字條下。並無横字之意。故容氏收黄字在横字下。實為重複。可去之。【金文詁林卷六】

◉黄錫全 □横 《説文》黄字古文作□，此从黄省，與《義雲章》□剫形類似。夏韻敬韻録《義雲章》横作□，與此同。而庚韻録《義雲章》又作□，从古文黄。鄭珍認為此形是「更篆，从古文黄省」。【汗簡注釋卷三】

梜 梜

◉許 慎 梜檢柙也。从木。夾聲。古洽切。【説文解字卷六】

◉馬叙倫 柙當作匣。借字也。檢柙也寫作檢也匣也。一訓校語。梜檢音同見紐轉注字。匧梜一字。此字或出字林。唐寫本作梜。音工洽。【説文解字六書疏證卷十一】

桄 桄

◉許 慎 桄充也。从木。光聲。古曠切。【説文解字卷六】

◉馬叙倫 爾雅釋言。桄。充也。然非本義。古書以桄為横。横音亦得於光也。其本義待證。此字盖出字林。唐寫本作桄。音工曠。【説文解字六書疏證卷十一】

檇

◉許　慎　檇以木有所擣也。从木。雋聲。春秋傳曰。越敗吳於檇李。遵為切。【説文解字卷六】

◉馬叙倫　錢坫曰。玉篇作檇。按從雋聲不近。當從巂。倫按桂馥亦謂當作檇。倫謂當作欈。從木。從子規鳥之巂得聲。本書無巂字。然可藉此而得一證。或曰。雋音從紐。精從同為舌尖前破裂摩擦音。故檇音入精紐。是雋聲也。唐本作檇。音子惟。以字作從。於字作于。以木有所擣為檇。於古無證。陳詩庭以為即追物之追本字。然追物之追。即上文之椎。以名詞為動詞也。蓋此非本訓。其義亡矣。【説文解字六書疏證卷十一】

椓

◉許　慎　椓擊也。从木。豖聲。竹角切。【説文解字卷六】

椓 椓池私印【漢印文字徵】

◉馬叙倫　沙木曰。致椓一字。倫按致㱿一字。彼字從殳。殳即今所謂打。故有擊義。此從木不見擊義。廣雅釋詁。椓。椎也。倫謂椓為椎之轉注字。椎音澄紐。椓音知紐。同為舌面前破裂音也。唐寫本作椓。音竹木。【説文解字六書疏證卷十二】

朾

◉許　慎　朾橦也。从木。丁聲。宅耕切。【説文解字卷六】

◉馬叙倫　嚴可均曰。橦。帳極也。非字次。一切經音義六引説文。打。以杖擊之也。手部無打。據言以杖。知必從木。廣雅。打。擊也。棓也。棓即杖。議依改。莫友芝曰。唐本作撞也。嚴蓋不審橦是撞誤耳。徐灝曰。朾即俗釘字。又俗打字即朾之聲轉而引申其義也。倫按殳即毆打之打初文。此從木丁聲。不見毆擊之義。唐寫本橦作撞。蓋傳寫之譌。朾蓋橦之雙聲轉注字。廣雅打訓擊也棓也。從手無棓義。蓋雅文本作朾。棓也者。以同宅耕切借為棖。或古亦借朾為棖。亦得借朾為杖。杖棓義同。本書無打。字蓋出字林。唐寫本作朾。音亭。爾雅釋器釋文引字林音丁。字出字林耳。【説文解字六書疏證卷十一】

柧

◉許　慎　柧棱也。从木。瓜聲。又柧棱。殿堂上最高之處也。古胡切。【説文解字卷六】

◉馬叙倫　莫友芝曰。柧棱以下十字見後漢書班固傳注引。然唐本無。蓋挩。倫按此校語耳。又字以上尚有文也。柧棱當為名詞。盖本器名。急就篇以觚為之。是柧字不出倉頡。定出訓纂。故棱下訓柧也。或字出字林。棱下許止以聲訓。柧也亦字林文邪。唐寫本作。音同此。餘見棱下。【説文解字六書疏證卷十一】

棱

3·6 華門陳棱叁左里敀亳豆　3·14 陳棱左敀亳區　3·61 東古棱之圖里人亳【古陶文字徵】

3127　3813【古璽文編】

◉許　慎　柧也。从木。夌聲。魯登切。【説文解字卷六】

◉馬叙倫　唐寫本作。音六曾。柧木也。莫友芝謂木字衍文。倫檢玄應一切經音義引三倉。棱。四方也。通俗文。木四方為棱。盖此亦本有木四方曰棱一句。今木字誤入柧下。而挩四方曰棱四字。二徐本則並挩此一句。棱柧轉注字。柧從瓜得聲。瓜𤓰一字。𤓰棱音同來紐也。古鉩作。【説文解字六書疏證卷十一】

欁

甲2121　乙305　5915　佚721　960　續2·5·1　2·23·6　續5·23·5　6·19·6【續甲骨文編】

櫱　上同【汗簡】

古文　古尚書　古文【古文四聲韻】

◉許　慎　伐木餘也。从木。獻聲。商書曰。若顛木之有甹欁。五葛切。櫱欁或从木。辥聲。古文欁。从木無頭。亦古文欁。【説文解字卷六】

◉馬叙倫　唐本作。音牛末。伐誤為代。甹欁作由櫱。櫱即欁之或體也。伐木之餘者。謂伐木去枝榦而其根猶生萌櫱也。國語魯語。山不槎櫱。韋昭曰。从株生曰櫱。廣雅以櫱訓芽。其語原同也。庶子曰櫱。語原亦同。伐木餘也非本訓。或字出字林。

唐寫本此字亦在榫後。唐本作。欁從獻得聲。獻得聲於虍。虍音曉紐。櫱得聲於辥。辥音心紐。心曉同為次清摩擦音。故巘轉注為櫱。詩碩人。庶姜孼孼。釋文。韓詩作巘。是其例證。

𣎴徐鍇曰。指事。倫按玄應一切經音義引古文官書巘櫱𣎴三形。今作櫱。同。足明此二古文皆呂忱依官書加之。然初文木止畫成一樹。象形文本作[glyph]。若伐木之餘。則當作[glyph]而後可。從木無頭作𣎴。非伐木之餘也。蓋是俗字。唐寫本作𣏂。

𣕍 段玉裁曰。從木。辛聲。辛為辠之或字。倫按辠聲脂類。則與櫱為轉注字。唐寫本作𣕍。【說文解字六書疏證卷十一】

◉商承祚 𣎴象伐木餘。故禿頂而存根株。粤巘。今般庚篇作「由櫱」。釋文。「櫱。本又作枿。」枿。或即栓之別構。𣎴栓櫱枿巘。皆古文。而互其用也。【說文中之古文考】

◉楊樹達 𣎴為象形，巘櫱皆形聲字。【文字形義學】

枰 [seal]

[glyph] 3419【古璽文編】

◉許 慎 [seal]平也。从木。从平。平亦聲。蒲兵切。【說文解字卷六】

◉馬叙倫 鈕樹玉曰。韻會引作從木平聲。倫按唐寫本作[glyph]。音防柄。亦作從木平聲。枰訓平也者。段玉裁謂此門聞也户護也之例。謂木器之平者偁枰。如今言棊枰是也。王筠謂義聲互相備。倫謂此以疊韻為訓。而其義當從語原求之。釋名。枰。平也。以板作以體平正也。玄應一切經音義引埤蒼。枰。榻也。謂獨坐板牀也。通俗文。牀。三尺五曰榻。板。獨坐曰枰。八尺曰牀。廣雅。榻。枰也。然則枰即今所謂櫈也。為凥之轉注字。枰音竝紐。凥音定紐。同為濁破裂音也。平為于之轉注字。與枰為木器無干。不得兼義。當依小徐作從木平聲。其語原蓋與定同。字或出字林。【說文解字六書疏證卷十一】

柆 [seal]

◉許 慎 [seal]折木也。从木。立聲。盧合切。【說文解字卷六】

◉馬叙倫 莫友芝曰。唐本作折聲也。文選羽獵賦。猋拉雷厲。注。拉。風聲也。風聲與此折聲義合。與手摧之拉不契。疑楊賦正作柆。此解宜互補。云。折木聲也。徐灝曰。拉柆與搖榣同。此漢世俗字。朱駿聲曰。疑字亦作苙。孟子。既入其苙。注。欄也。按謂木柵。倫按風聲字借拉為颯。若此訓則為動詞。似不當從木。若唐寫本則為形容詞。檢本書。拉。摧也。摧。折也。廣韻。拉。折也。然則蓋本作拉折也。拉為隸書複舉字。傳寫爛脱立旁。傳寫又誤乙折下。折也則拉字義。唐本聲字。亦傳聲寫因下文立聲而誤演也。柆或如朱説。則為欄之轉注字。音同來紐也。字蓋出字林。唐本作柆。音力帀。【説文解字六書疏證卷十一】

槎 

◉許　慎　槎衺斫也。从木。差聲。春秋傳曰。山不槎。側下切。【説文解字卷六】

◉馬叙倫　鈕樹玉曰。繫傳韻會衺作邪。桂馥曰。春秋傳曰。山木不槎者。左傳無此文。魯語。山不槎櫱。倫按唐寫本作槎。音莊下。邪斫也。從木。差聲。春秋國語曰。山不槎桻。文選西京賦注引賈逵國語注曰。槎。邪斫也。莫友芝謂許所本也。倫謂此呂忱用賈説耳。字蓋出字林。此今所謂樹杆杈之杈字。與䈉齹同語原。【説文解字六書疏證卷十一】

柮 

◉許　慎　柮斷也。从木。出聲。讀若爾雅貀無前足之貀。女滑切。【説文解字卷六】

◉馬叙倫　鈕樹玉曰。玉篇引説文五滑切。沈濤曰。玉篇引作斷也。一曰給也。蓋古本尚四字。嚴章福曰。依説文大例。當先檮後柮。檮下當言檮柮。斷木也。柮下當言檮柮也。倫按依大例當作斷木也。今此訓誤在下文檮下矣。唐爈音同疑紐。或轉注字。或語原同也。唐寫本作柮。音午滑。讀若句下有一曰絡。張文虎謂給絡二字疑皆有誤。倫謂蓋絀之誤。讀若以下竝校語。本書無貀。若有貀字亦不須引雅矣。【説文解字六書疏證卷十一】

檮 

 258【包山楚簡文字編】

 石經  同上【古文四聲韻】

◉許　慎　檮斷木也。从木。𠷎聲。春秋傳曰。檮柮。徒刀切。【説文解字卷六】

◉馬叙倫　鈕樹玉曰。左文十八年傳作檮杌。説文無杌。倫按檮音定紐。杌音娘紐。同為舌尖前音。轉注字也。杌則柮之同邊音轉注字。唐寫本作檮。音大牢。𠷎聲作壽聲。檮柮作檮柮。下有也字。檮柮二字或竝出字林。【説文解字六書疏證卷十一】

析

乙二一八二　乙一五六八　河七二一地名　河七二三　河七三五　河八二八　掇二・一五八　東方

曰析風曰𦐑　中大一六八　金四七二　京都三二四〇　【甲骨文編】

乙1182　1481　1568　4548　佚430　録721　723　724　735　828　鄴

38・11新4377　六中168　新520　【續甲骨文編】

析　格伯簋　从禾　𨛜侯簋　【金文編】

3・694　薛☐自析　【古陶文字徵】

析　封六〇　通晳　一色　封六〇　編九　【睡虎地秦簡文字編】

2399　2398　【古璽文編】

析丞之印　析野　公𦵔析　【漢印文字徵】

析先列切　【汗簡】

◉許　慎　破木也。一曰折也。从木。从斤。先激切。【說文解字卷六】

◉薛尚功　上鬲　銘作卜者。季氏所藏。父己卣有非字。此乃其半耳。蓋析字也。析有貽厥子孫之義。旁一字奇古。未可攷。【歷代鐘鼎彝器款識法帖卷五】

◉唐　蘭　从。當是桒字。斲就是析的異文。【古文字學導論下】

◉馬叙倫　鈕樹玉曰。繫傳作一曰析也。韻會作從木斤。無一曰句。張文虎曰。從木斤會意。鍇本作從木斤聲誤。倫按唐寫本作。音先狄。一曰折下無也字。斤上無從字。伐木卣之。倫謂即析字。然乃匠人之徽幟。則從斤從木會伐木義。而聲則得於斤。非斤無以伐木。斤音見紐。故轉注字作斯。斯得聲於其。其音羣紐。古讀歸見也。一曰折也者。沈濤據文選魏都賦注引說文。析。量也。謂此折字為析之譌。又挩一量字耳。倫謂此校語。折從斤得聲。古或借析為折。量也未詳。

格伯𣪘作。鄦𥎦𣪘作。從禾蓋誤。猶甲文秝字或作林也。或别有析字。【説文解字六書疏證卷十一】

◉馬叙倫　伐木卣　舊作節鉞卣。見同上。倫按舊釋節鉞卣。非也。倫謂為斧斤之斧。斧為斤之轉注字。斧音非紐。古讀歸封。斤音見紐。封見同為清破裂音也。斤字金文率作。甲文則作。此與甲文形同。孟子。斧斤以時入山林。則材木不可勝用矣。今木工所用斧皆作形。而浙東所用斫柴之具。則作形。即此也。為木之初文。以斤向木。是伐木也。此蓋即説文之析字。卣文作此者。蓋製器者為木工也。【讀金器刻詞卷上】

◉胡厚宣　廬江劉晦之善齋所藏甲骨文字有一片曰：「東方曰析，鳳(風)曰劦。南方曰夾，鳳曰𠷎。西方曰，鳳曰彝。□(北)□(方)□(曰)□，鳳曰殴。」牛骨大字，直行下行。郭沫若氏撰殷契粹編未收，當以為偽。但其字體遒整，應屬於武丁時期，又文理通達，亦與杜撰拼湊之偽品不同。故余獨疑其不偽。⊘其後果在中央研究院第十三次發掘殷墟所得武丁時龜甲文中，發現有下之一片：「貞帝禘于東方曰析，鳳曰劦。□(貞)□(帝)□(于)□(南)□(方)□(曰)□(夾)，□(鳳)□(曰)□(𠷎)。貞帝于西方曰彝，鳳□(曰)□(東)。□□□(卜)，內□(貞)，帝□(于)北□(方)□(曰)□，□(鳳)□(曰)□(殴)。」除干支貞人祭名較前片為多之外，其四方風名，大體相同。金璋所藏甲骨卜辭出書，其第四七二片武文時之牛骨卜辭言：「卯于東方析，三牛，三羊，青三。」亦稱「東方析」，則余之所疑有明驗矣。⊘總之，殷武丁時於四方及四方之風。各有專名，則由此三片可以明知之也。此甲骨文之四方名與風名者，亦可於經藉徵之：山海經曰「東方曰折，來風曰俊，處東極以出入風。」(大荒東經)「南方曰因。乎誇風曰乎民，處南極以出入風。」(大荒南經)「有人名曰石夷，來風曰韋，處西北隅以司日月長短。」(大荒西經)「北方曰鳧，來之風曰狻，是處東極隅以止日月，使無相間出没，司其短長。」(大荒東經)此某方曰某，來風曰某者，實與甲骨文之四方名及風名相合。大荒東經言：「東方曰折」，甲骨文言「東方曰析」。説文「析，破木也。一曰折也。」廣雅「析，折分也。」蓋析折義同，且形亦近也。大荒東經言「來風曰俊」，甲骨文言「鳳曰劦」。説文「劦，同力也。从三力。」又：「俊，材過千人也。」禮運疏引辨名記云：「十人曰選，倍選曰俊。」堯典「克明俊德」，鄭注「俊，德，才兼人者。」蓋必同心合力，其材乃可以兼人，是「劦」與「俊」義可相通。【甲骨文四方風名考證　甲骨學商史論叢】

◉楊樹達　析者。周禮天官小宰云。聽稱責以傅别。聽賣買以質劑。司農注云。别。别為兩。兩家各得一也。康成注云。傅别。謂為文手書於一札。中字别之。質劑謂兩書一札。同而别之。傅别質劑皆今之券書也。事異異其名耳。史記司馬相如傳曰。析珪而爵。索隱引如淳云。析。中分也。【格伯𣪘跋　積微居金文説】

◉楊樹達　東方曰析，析大荒東經作折，胡君以析説文亦訓折，廣雅析折二字同訓分，謂析折義同。余謂折字从斤斷艸，析字从斤破木，甲文艸木不分，二字大可附合。然甲骨為古代實物，未經譌變。而堯典原本甲文，文作厥民析，則當以析字為正。山海經作折者，乃緣析折形近，傳寫致誤，非原本如是也。說文析訓破木，而通訓則為分，廣雅釋詁一。為解。漢書禮樂志注引應劭及淮南子俶真篇註。東方曰析者，此殆謂草木甲坼之事也。易解彖傳云：「天地解而雷雨作，雷雨作而百果草木皆甲坼，解之時大矣哉！」易以百果草木甲坼說解卦之象，而坼說文訓裂，廣雅釋詁卷一訓分，卷三訓開，與析之訓破訓分訓解者正合。堯典言平秩東作，日中星鳥以殷仲春，蓋東為春方，春為草木甲坼之時，故殷人名其神曰析也。【積微居甲文說卷下】

◉饒宗頤　析者，他辭云：「卯于東方析」(金璋四七二)，「東方曰析」(拾掇二·一五八)。析為東方區域之總名，奎星之封豕，出見於析之地帶，知析即指析津；後人謂之析木，爾雅釋天：「析木謂之津，在箕斗之間。」析木在寅宮為十二次之一，即所謂Scorpio-sagittarius，衡之西法十二宮，應在人馬宮♐之間。析字从木，後人稱為析木，箕宿亦曰天津，離騷所云：「朝發軔于天津兮」是也。晉書天文志：「自尾十度至南斗十一度為析木，于辰在寅，燕之分野，屬幽州。」由右辭記有封豕星在析出現，知析木之名殷已有之，即十二次之說所由起也。【殷代貞卜人物通考】

◉李孝定　說文。析。破木也。一曰折也。从木。从斤。栔文作□。象以斤伐木形。破木與折。均其義也。金氏續文編析下收作□。作□錄七二三。原拓作此形。乃从人。金書誤摹作□者數文。乃从木从人。非析字。胡氏所舉中研院第十三次發掘之一辭。即乙四五四八片辭。言東方曰析。胡氏所論是也。金文作□□格伯簋□𨟻戻簋。【甲骨文字集釋第六】

◉張日昇　說文云。「析。破木也。一曰折也。从木。从斤。」破木為析。斷艸為折。並有分義。廣雅。「析。折。分也。」析或从禾。𨟻戻簋。與休字金文或从禾同。【金文詁林卷八】

◉于省吾　甲骨文析字作□或□，為人所易知。其作□者，則為舊所不識。按此字左从□，乃木字的異構。這和來之作□(乙七二〇三)，未之作□(福三〇)，東之作□(珠三一九)，可以互證。今將甲骨文有關析舟⊘錄之于下，然後加以闡述。

一、□午卜，叀大□(事字之省體)析舟○叀小□析舟○叀吴令析舟(鄴三下三九·三)。

以上第一條析字三見，均作□。析字應訓為解，漢書禮樂志的「泰尊柘漿析朝酲」，應劭注訓析為解，淮南子俶真訓的「析才士之脛」，高注也訓析為解。古代繫舟以索，後世謂之纜。玉篇糸部訓纜為維舟。這一條是以大事析舟和小事析舟對貞。析舟即解舟，是說解纜以行舟。其言叀吴令析舟，吴是商王的臣僚。這是說叫吴令人解舟以待用。⊘總之，甲骨文的析舟，應釋為解舟。【釋「析舟」　甲骨文字釋林卷中】

◉李孝定　析為破木，从斤从木會意；與折字義近，而許書「折」入艸部，殊誤，折字篆作□，似从艸而不然，其字當作□，从斤斷木，沿譌為[篆文]，遂以為从艸耳，艸質荏弱，不待施以斧斤也，字又从手，則沿「[篆文]」形而誤。析蓋縱判，折則橫斷，此兩字之別也。【金文詁林讀後記卷六】

◉徐中舒 從木從[篆文]，[篆文]即斤，為曲柄斧。甲骨文析象以斤伐木之形。【甲骨文字典卷六】

◉戴家祥 説文六篇「析，破木也。一曰折也，从木从斤。」按：破木為析，字从木為破的對象，从斤為破的器具。作為動詞，表示動作器具和動作對象的偏旁常可更換。如玉篇贄或作摯，帓或作拭。説文𧝓或作攧，廣韻抽或作紬等。析和折作為訓破之義完全相同，故廣韻「析，折分也。」析折古本一字，故説文折字籀文作[篆文]，中山王譽鼎作[篆文]。从艸與从木通。[篆文][篆文]所从之二，疑為指事符號，表示折斷之處。[篆文]在鼎銘中讀作哲。説文二篇「哲，知也。」【金文大字典中】

棷

[篆文]棸元 [篆文]棸少孺 [篆文]棸克國 【漢印文字徵】

◉許慎 [篆文]木薪也。从木。取聲。側鳩切。【説文解字卷六】

◉馬叙倫 唐寫本作[篆文]。又逅側溝二音。棷為木薪。菆為麻蒸。蒸為析麻中幹。黀訓麻藍。則菆為麻薪也。菆棷皆從取得聲。取從耳得聲。耳音日紐。古讀歸泥。蕘從堯得聲。堯音疑紐。泥疑同為邊音。是語原同。抑艸木雖異而為薪同。亦轉注字也。棷音照紐二等。柴音牀紐二等。同為舌尖後音。亦轉注字。取音清紐。材音從紐。同為舌尖前破裂摩擦音。亦轉注字。字或出字林。陳逆匜作[篆文]。【説文解字六書疏證卷十一】

梡

◉許慎 [篆文]棞木薪也。从木。完聲。胡本切。【説文解字卷六】

◉馬叙倫 木薪二字涉上文棷字説解而譌羨。棞下轉捝也字。唐寫本作[篆文]。音下短。梡棞雙聲轉注字。【説文解字六書疏證卷十一】

棞

◉許慎 [篆文]梡。木未析也。从木。圂聲。胡昆切。【説文解字卷六】

◉馬叙倫 唐寫本作[篆文]。梡。木未析也。音下昆。倫謂梡下捝也字。木未析也字林文。【説文解字六書疏證卷十一】

◉許慎　楄部。方木也。从木。扁聲。春秋傳曰。楄部薦榦。部田切。【說文解字卷六】

◉馬叙倫　沈濤曰。左昭廿五年傳正義引。楄。方木也。是古本無楄部二字。今本乃涉傳文而誤。莫友芝曰。唐本榦下有者字。二徐脱。張文虎曰。左傳曰。唯是楄柎所以藉榦者。疑尚有所以二字。徐灝曰。下文。枼。楄也。則楄是似言方木。倫按楄牑一字。此字蓋出字林。或曰。楄為扁之後起字。方木也者。謂榜木也。廣雅釋水。榜。船也。即借榜為方。今人言榜狀者。借榜為版。此言方木。言版木也。唐寫本作楄。音父千。【說文解字六書疏證卷十一】

◉許慎　楅以木有所逼束也。从木。畐聲。詩曰。夏而楅衡。彼即切。【說文解字卷六】

◉馬叙倫　鈕樹玉曰。韻會引逼作畐。說文無逼。莫友芝曰。唐本作迫。倫按十篇。稫。以皮乾肉。從火。畐聲。楅亦畐聲。是楅稫同一語原也。逼迫雙聲。故迫今或作逼。迫訓近也。相逼則近。故以體近地為勹。轉注為匐。此本訓逼也。吕忱或校者加以木有所逼束也。然字次枼上。疑與楅一字。唐寫本作楅。音万力。【說文解字六書疏證卷十一】

乙九六〇　地名　乎象凡枼　乙二〇八一　乙二一一六反　乙四〇七二反　乙五三〇三　前四・四一・五　婦枼　前七・二六・四　後二・二一・一五　後二・二六・五　林一・二三・一六　輔仁一〇五　明藏二八〇　粹一〇三四　【甲骨文編】

枼　孳乳為葉詩長發昔在中葉傳云世也𪏆鎛　枼萬至於辥孫子勿或俞改　拍敦蓋　王孫鐘　郘王子旃鐘　南彊鉦　屬羌鐘　欒書缶　萬枼是寶　𨱁壺　十三枼　【金文編】

一：八五　宗盟委質類參盟人名　一八五：七　【侯馬盟書字表】

130　【包山楚簡文字編】

枼　日乙一八〇　三例　通世　三—之後　為二〇　為二〇　【睡虎地秦簡文字編】

枼 1986 與齊鎛枼字同。孳乳為葉。【古璽文編】

枼 詛楚文 【石刻篆文編】

◉許　慎　枼楄也。枼。薄也。从木。世聲。臣鉉等曰。當从卉乃得聲。卉。穌合切。与涉切。【説文解字卷六】

◉吳大澂　枼即葉。詩長發傳云。葉。世也。陳碩父師謂葉从枼聲。枼从世聲。故葉世同訓。【齊侯鎛　愙齋積古録】

◉劉心源　枼。葉省。後裔也。陳医曰資敢。枼萬子孫。即世世萬子孫也。【奇觚室古金文述卷四】

◉王國維　楄伯敦[glyph][glyph]之[glyph]，先生釋為「枼」字，至當不易，趩尊世字作[glyph]，其鐵證也。【致羅振玉　書信　王國維全集】

◉高田忠周　説文。枼楄也。枼。薄也。从木世聲。葢是葉字。析言。木曰枼。艸曰葉也。轉義為札也。字亦作牒。是也。枼牒古今字也。如銘意。經傳以葉為之。詩長發。昔在中葉。傳。世也。是也。或謂葉世通用。【古籀篇八十六】

◉郭沫若　[glyph]字羅釋為果，謂「象果生於木之形」。類編六・二。案當是枼、葉之初文也，象木之枝頭著葉。金文陳侯午錞有枼字作[glyph]，同此，僅實筆與空筆微異，是猶[glyph]之作[glyph]，[glyph]之作[glyph]矣。黏鎛作[glyph]，拍盤作[glyph]，南彊鉦作[glyph]，厵羌鐘作[glyph]，均稍稍變易，後竟譌而從世矣。唯此字似采之殘文，采字卜辭作[glyph]前五・三六，从枼，言采取樹葉也，羅説為「象取果於木之形」，亦失。此枼字上端似尚有[glyph]之殘痕可辨，決為采字。【卜辭通纂】

◉馬叙倫　鈕樹玉曰。繫傳枼作葉。恐非。玉篇止訓薄也。桂馥曰。楄也當作牑也。類篇。枼。牀簀。玉篇。枼。牑也。牑即牑之譌。承培元曰。錢鈔小徐本作編也。錢是。張文虎曰。唐本作牑也。與桂説合。倫按枼為牒之初文。故訓薄也。薄當為簿。簿字本書所無。篰即簿也。枼為隸書複舉字。楄牑一字。楄即板也。此吕忱所列異訓。傳寫譌乙於上耳。字蓋出字林。唐寫本作[glyph]。音弋涉。齊鎛作[glyph]。陳侯午敢作[glyph]。【説文解字六書疏證卷十一】

◉陳夢家　武丁時又有一紀時之字作[glyph][glyph][glyph][glyph]四形。今釋為世、枼、萅、旹。此字唐蘭修改葉玉森之説，以為是旾字，即春字。于省吾釋條，以為即秋字。我們以前釋載，楊樹達亦有此説。卜辭凡稱「今世」者有三、四、五、十一、十二諸月，所以世似非季名。武丁之世已有芚字，與農事有關。此稱「今世」諸辭則多與征伐有關。凡此「世」字似是年歲之義，字象枝葉之形，枝葉一年之凋，故一世為一年，曲禮下「去國三世」，釋文引盧(植)王(肅)云「世，歲也。」世之訓歲，僅此一見，未足為證。卜辭「今世」「來世」，究其上下文，似有今時來時之義，吕氏春秋誣徒篇「世，時也。」要之，「今春」「今秋」有關乎農事，「今世」或「今時」則無關。此是兩者的區別。【殷墟卜辭綜述】

◉劉　節　吳大澂曰。枼古葉字。齊矦鎛。枼萬世至於辞孫勿或俞改。陳矦午錞。永枼□忘。字作［字形］。詩長發。昔在中葉。古枼葉牒皆相通。即傳世之稱。永枼毋忘者。永世毋忘也。【釐氏編鐘考　古史考存】

◉高鴻縉　［［字形］］字（通纂釋葉）原倚木畫葉形。名詞。由物形［字形］生意。故其意為葉。周秦間葉形聲化。變為从木。世聲。秦人又加艸為意符作［字形］。隸楷本之。【中國字例二篇】

◉李孝定　説文。「枼。楄也。枼。薄也。从木。世聲。」段注云。「凡木片之薄者謂之枼。故葉牒鍱箕偞等字皆用以會意。」實則枼即葉之初文。故有薄義。木片之薄者曰枼。其引申誼也。絜文此字即枼之本字。郭説是也。羅謂是果字。而以許説果字之田象果形為非。不知古文每於一字之見意部分特加誇大。如［字形］［字形］［字形］等字。世人又寧有如此大目大頭大耳乎。且采字从此。亦可以知其為葉而非果。說見上采字條。又金文果作［字形］果簋［字形］蔡公子果戈。與篆文同。金文枼字見郭文引。不贅與此同。更可證郭是而羅非矣。卜辭枼為地名。辭云。「☐步自枼隹［字形］［字形］。」後·下·二六·五。「辛巳貞王叀癸未步自枼隹。」粹·一〇三四。「貞王勿徃於枼京。」乙·一二一五是也。又或為人名。「丙寅卜缶貞乎象同葉☐宁。」乙·九六〇。「丙午卜亘貞帚枼娩嘉三月。」前·四·四一·五是也。又云。「枼姳云自北西單［字形］［字形］星三月。」前·七·二六·四。枼姳云不可解。郭疑為采之殘文。卜通·八九·下。當是。此紀天象之辭也。【甲骨文字集釋第六】

◉白玉崢　［字形］　字从女从［字形］，［字形］，羅氏釋果，并謂：與婐為一字；立説無據，自不能采信。今考金文陳侯午錞有［字形］字，其文曰：「永［字形］勿忘」；［字形］，金文編釋枼，為葉之本字。枼字於金文屢見，是［字形］字至戰國末期之田齊仍在通用。説文解字：「葉，艸木之葉也；从艸枼聲」，又曰：「枼，楄也；枼薄也，从木世聲」。小篆作［字形］，形失，許氏據以為説，故有「从木世聲」之説，「楄也」之訓。然非字之初義，故又以「枼薄也」之詁搪塞之，而以後起之形聲字「葉」説解之，遂誤以本字為孳乳字之音，非是。字蓋象枝葉繁茂、層疊舒發之狀。本字當从女从枼，隸書為媟。媟，説文解字：「嬻也，从女枼聲」，典籍中皆以嬻嫚為訓；然就字形觀之，典籍之訓非其初義。史記五帝本紀：「黄帝居軒轅之丘，而娶於西陵氏之女，是為嫘祖」。路史注：「西陵氏始養蠶」。相傳嫘祖教民育蠶繅絲，以供衣服，後世祀為蠶神。緣斯之故，天子親耕，皇后親蠶，成了歷代的故事。且也，民國十五年曾於山西省夏縣之西蔭村，於新石器之遺址中，發現蠶繭。甲骨文字中之蠶、桑、絲三字，及从絲之字，所在多有，確證殷世育蠶、繅絲之發達，農業之興盛矣。斯時女必育蠶繅絲，男必力田耕作，故造字取象於采枼也。甲文，故為殷世王室之貞卜文字，然文字之肇造，并非殷王及其臣僚；造字之取象，亦必於群衆之生活中，取其形，記其事，模其意，而為圖以記録。媟之取象，更未必肇造於殷世，即或如此，亦必前有所因；積之漸久，約定俗成，始有其字之作。詩曰：「女執懿筐，爰求柔桑」。山海經亦有：「歐絲之野有一女子，跪樹而歐絲」；媟字，正其象也。是媟字之初義，蓋乃跪樹歐絲也。經典諸訓，乃後世引申、假借之義也。【契文舉例校讀九　中國文字第四十三册】

◉李學勤　全文為：「十四苿(葉)，右徒車(庫)嗇夫邑(郝)痹，工簡(籌)，冢(重)二宷(百)六十二斤(釿)之冢(重)。止貣(府)𦰡。」

這是一件中山國的銅鼎，其形製及銘文格式都與河北平山中七汲中山王墓所出相同。

苿，或釋為年字，是没有根據的。字應釋為枼，讀為世，假借為歲字。《禮記·曲禮》：「去國三世。」《釋文》引虞王注：「世，歲也。」以若干世紀年，是中山器銘特有的用法。十四歲，中山王𠑋的十四年。【中山鼎與平安君鼎　秦國文物的新認識三　文物一九八〇年第九期】

◉李孝定　枼字許君以為从木，世聲，此就篆文立説也，字在卜辭作[字形]，象形，其上半象葉形者填寫則作[字形]，與三十字作[字形]又作[字形]者形近，[字形]字又變而為[字形]則為世，小篆遂變為「世聲」矣，三十年為一世，卅世一字也，而枼實不从此；至以一葉為一世者，聲近通假耳，周名煇氏之説，尚為未的。【金文詁林讀後記卷六】

◉周名煇　[字形]字从木从[字形]。當為枼字無疑。説文木部云。枼。楄也。枼薄也。从木世聲。古金文如齊叔弓鐘舊題齊侯鎛鐘。或題叔夷鐘銘云。至於□萬枼。又仲姜鎛銘云。枼萬至於辝嗣孫子。王孫鐘銘云。枼萬孫子。永保鼓之。周蛟篆鐘郭鼎堂改題曰越王諸咎鐘。未碻。故仍舊題銘云。烏余孫子。萬枼無疆。枼字與世字義同。後人或作葉。詩長發篇云。昔在中葉。毛傳。葉。世也。𪒠白彝銘云。十枼不諲者。諲讀如忘同。十枼與萬枼。文法不異。不諲猶不忘者。縣改彝銘云。其自今日。孫孫子子。毋敢望伯休。又㝨彝銘云。㝨弗敢朢公伯休。皆可比證。望忘古音同在陽部。蓋説文以形為主。爾雅以義為主。同義字相附。雅故之例也。丁氏補説文古籀補。則此文當入木部。可增注云。與世葉通用。【新定説文古籀考卷中】

◉周名煇　[字形]齊侯鎛　枼萬至於辝孫子。舊釋葉世為一字。竊謂金文枼字皆係古世字。證以𪒠伯段。十世不諲作[字形]。木字在旁與在下蓋無分也。强氏定為世字。今考定乃枼字。當入木部。

名煇案。説文木部。分明有从木世聲之枼。葉字从枼。二字皆孳乳於世。謂其聲義同原於世字。可也。謂為一字。則説文葉枼世三字互立。如父生子。子又生孫。謂子孫與父祖血𠂢相關。可也。合父子孫為一人。不可也。依文字孳乳之大律。當先有世。然後有从世从木之枼。有枼。然後再有从枼从艸之葉。此一𠂢原流之説也。强氏反以枼為古世字。則顛矣。世葉同義。詩長發篇云。昔在中葉。毛傳。葉。世也。【新定説文古籀考卷下】

◉于省吾　銘文的[字形]字，金文編入於附録，實則[字形]即古文枼字。伯𣪘簋「世子孫寶用」的世字作[字形]，字與枼字所從之[字形]，其不同之處，只是⿰字上部圓圈中加一小點，而⿰字又從反止而已。其實，古文字的構形，有時乘隙加點和有時反正無別者習見。比如契文旋即旋，旋字從疋，其他旋字從疋。而周代金文的旋字則均從止。這不僅證明了有點無點之無別，而且也證明了從疋（正）從止也有時無別。周代金文的世字作⿱或⿱，在止字的上部加上一點或三點，乃指事字（詳拙著《釋古文字中附劃因聲指事字的一例》）。但是，周代金文的止與世有時互作，比如伯作蔡姬尊以止為世，徐王鼎以反止之少為世。這是因為世從止聲，故通用。本諸上述，則⿰為從木世聲的枼字，是明確無疑的。【關於商周時代對於「禾」「積」或土地有限度的賞賜 中國考古學會第一次年會論文集】

◉戴家祥 甲骨文金文無葉有枼，枼作⿱乙編九六零、⿱齊鎛、⿱王孫鐘等形，从木从世，世象葉形，亦為枼之聲符。世，舒制切，審母三等，諧聲為枼，穌合切，心母，同為齒音。世、枼、葉古音同讀無疑。从世的古文字形態看，都是樹葉象形，世或為葉之初文。詩商頌長發「昔在中葉」，毛傳「葉，世也」。文選吳都賦「雖累葉百疊，而富疆相繼」，李善注「葉猶世也」。淮南子修務「稱譽葉語」，注「葉，世也」。由此可證世枼葉古本一字。金文枼亦均作世用。許慎訓枼為「楄也」，顯非本義。【金文大字典中】

槱 籒韻 【古文四聲韻】

◉許 慎 槱積火燎之也。从木。从火。酉聲。詩曰。薪之槱之。周禮。以槱燎祠司中司命。余救切。禉柴祭天神。或从示。【說文解字卷六】

◉葉玉森 ⿰《說文》「槱，積火燎之也，古文作禉。」卜辭从示从酉，疑即是禉字。禉為繁文。【殷墟書契前編集釋】

◉馬叙倫 唐寫本作槱。音酉。積木燎之也。从木火。酉聲。詩曰。薪之槱之。周禮曰。以槱燎祠司中司命。玉篇五經文字並言積木燎之為槱。此作積火。譌。此從炏酉聲。炏為燎之初文。字見金甲文而本書無之。燎聲宵類。酉聲幽類。古讀宵歸出也。本書。酉。古文作丣。而聊畱諸文竝從丣得聲。音皆來紐。與燎雙聲。然則槱為燎之轉注字。當立炏為部首而屬之。字或出字林。

禉 唐寫本作禉。槱。柴祭天神之名。此捝槱字之名二字。此與槱實異字。蓋祐之轉注字也。祐從隋得聲。隋音定紐。酉音喻紐四等。古讀歸定。然曾子□簠則永祜酉。祜酉即祐福也。甲文作⿰⿰。豈後人誤認禉為槱邪。周禮大宗伯釋文。槱。羊如反。本亦作槱。疑禉為槱譌。柴祭天神之名。正是祐義。然此校者所加。古鉩作⿱。【說文解字六書

疏證卷十二】

◉饒宗頤　庚申卜㱿貞：王禫於妣庚。……毌……（前編四・二・八）

按「禫」字，卜辭除用作「福」外，有時作動詞。可讀為「酒」，說文酒為「槱」之或體。周禮春官：「以槱燎祀司中、司命、飌師、雨師。」詩：「薪之槱之。」風俗通祀典：「槱者，積薪燔柴也。」則薪及酒，義與燎同。【殷代貞卜人物通考卷三】

◉商承祚　⧄不見票，毋㠯亓古敚之，遴□亓𦣻禱之，兼䙓寶䙓」末句完整，有總結句號。

票，从示、酉聲。《說文》槱，又作酒，「柴祭天神，或从示」。《詩・大雅・棫樸》：「薪之槱之。」傳「槱，積也。」箋：「豫砍以薪，至祭皇天上帝及三辰，則聚積以燎之。」《周禮・春官・大宗伯》：「以槱燎祀司中，司命，飌師，雨師」。此簡云「不見票，毋㠯亓古敚之」與第九簡「[illegible]祱，㠯亓古敚之」之意相反，似謂有祱祭，則以其故告神祇先君為之解脱。無酒，則不必以其故告神祇先君。由此推測，於時私人祱祭，亦可用薪燎。【江陵望山一號楚墓竹簡疾病雜事札記考釋　戰國楚竹簡彙編】

休

甲五五　乙四八四　乙四七七九　乙六五三二　河五六〇　河八五二　前五・二六・二　前五二六・三　後一・一二・六　後一・一二・七　後一・一二・八　後一・一五・五　林一・二三・一五　林二・五・四　續三・二七・二　粹一二五二　王其敢休於西方東鄉　京津四五六　京津一五四二　文管五八　明一三九六　金六九九【甲骨文編】

甲55　乙484　6532　續3・27・2　徵10・37　録560　852　粹1252　新456【續甲骨文編】

休　大保簋　令鼎　矢簋　師楂鼎　㝬伯簋　彔尊　沈子它簋　史獸鼎　彔伯簋　易大簋　昜鼎　趞尊　靜簋　伯晨鼎　縣妃簋　斿伯簋　免簋二　剌鼎

牆盤　效父簋　同卣　舍父鼎　休盤　宂鼎　師奎父鼎　員鼎　盧鐘　師虎簋
師酉簋　公貿鼎　師嫠簋　師遽簋　師寰簋　咢侯鼎　禹鼎　曶壺　克鐘
善夫克鼎　虢弔鐘　畢鮮簋　頌鼎　頌簋　史頌簋　元年師兑簋　番生簋　毛
公厝鼎　不嬰簋　者沪鐘　中山王嚳鼎　中山王嚳壺　無𣪕簋　朐簋　貉子卣
師害簋　季受尊　叨孳簋　叨孳𣏟休于王　【金文編】

6·204　獨字　【古陶文字徵】

1277　1702　4089　0833　【古璽文編】

漢休著胡佰長　尹休　【漢印文字徵】

開母廟石闕　皇極正而降休　石經多方　乃大降顯休命于成湯　【石刻篆文編】

◉許　慎　休息止也。从人依木。許尤切。庥休或从广。【説文解字卷六】

◉薛尚功　休　曰休。字畫極古。得於向巨源傳本。休者。美也。善也。息也。爵名曰休。未詳何義。【歷代鐘鼎彝器款識法帖卷三】

◉林義光　古作休格伯敦。作休史頌制彝。作休頌敦。作休公貿彝。从人。求省聲。或作休使曾鼎。【文源卷十一】

◉高田忠周　休訓善也美也者。即喜字叚借固當然矣。但其字元有二。一為息義。从木人。休字是也。假為喜。而訓善美之義。又一元為善美義。从人禾。休字是也。説文有休無休。漢時失其傳也。今據金文。休休分别明顯。而其義相同。因謂休从人禾會意。禾即龢也。禾龢通用字。龢是調美之意也。然初借休為喜。此為喜字轉義轉音。後别製休字。以為善美訓之專字。亦所以孳乳益多。此亦今依电申𦘒韋之例。析休休為别字云。【古籀篇卷三十一】

◉高田忠周　説文。休。息止也。从人依木是也。又或體从广作庥。蓋太古民人艸居。亦或息於樹蔭。所謂人依木也。後世家居。故字亦从广。从广猶从宀也。朱駿聲云。休字叚借為喜。休喜一聲之轉。爾雅釋詁。休。美也。易大有。順天休命。鄭注。美也。又釋言。休。慶也。是也。此説逾前人矣。然依三代真古文。凡訓善美義。休字別有正文。作休。从人从禾。今收于人部。休休形音近通用也。【古籀篇卷八十六】

◉郭沫若　「敢揚明公尹氒宦」：宦字以金文常例按之當是休字。令𣪘亦兩見此字，一作「令敢揚皇王宦」，一作「令敢展皇王宦」，均當是休字之義。攈古録一之三第七葉有「父丁鼎」，其銘曰：「宰儀宦父丁」。惟銘文過簡，不能有所推證。然釋為休字亦無不可。許書休字重文作庥，從广與從宀同意。【令彝令𣪘與其它諸器物之綜合研究　殷周青銅器銘文研究】

◉商承祚　□□　説文休「息止也。从人依木。庥休或从广」。此象人倚木而息。【甲骨文字研究（下編）】

◉郭沫若　宦字兩見，當是休之異文，休字金文作休，从禾从人，言人於稻草上休息也。許書重文作庥，復从广。从广與此从宀同意，此之亙蓋象卧榻。又「對揚王休」乃古人恆語，此言「揚皇王宦」，例正相合。釋宦為休，則本銘後半適成韻語，宦、報、報、宦、𣪘、造、寶均幽部字，此決非偶然者也。【令𣪘　兩周金文辭大系攷釋】

◉郭沫若　休善亦當讀為休膳。膳者牲肉也。周禮膳夫鄭注。言既錫之以猛犬。又休之以牲肉。【員鼎　兩周金文辭大系考釋】

◉馬叙倫　翟云升曰。當入人部。倫按唐寫本作□。音許牛。息止也作止息也。倫謂當作息也止也。爾雅釋詁詩廣雅毛傳易否釋文左襄廿八年傳注皆曰。休。息也。呂氏春秋觀表。未嘗休也。注。休。止也。惟詩民勞。訖可小休。箋。休。止息也。然止息通訓義同。則不必複。別訓義異。則不宜複。是知鄭止釋經。隨文複説。如訓字義。舉一可明。然此或呂忱加之。許當止以聲訓。字從人依木。如今行者苦倦依樹而暫息。然行倦者豈必皆依樹而後止。金文毛公鼎作□。史頌𣪘作□。師害𣪘作□。師遽𣪘作□。皆從禾。亦有作木者。如彔伯𣪘𢐗侯鼎是也。甲文作□□。豈有從木從禾者兩字。從禾者秀省聲。從木者槈省聲。猶薅之或作茠矣。轉注字也。倫謂從卧寐之卧本字作□者。非從人也。卧為休息。義自更明。卧音疑紐。休音曉紐。同為舌根音。槈音日紐，古讀歸泥。泥疑同為邊音。秀從㐫得聲。㐫為乃之轉注字。乃音亦在泥紐。秀槈聲同幽類。然則休休皆卧之本字作□者之轉注字。可相為轉注字也。

　庥　王筠曰。玉篇庥在广部。不言同休。按庥字義重广。似後人以説文無庥而附於此。倫按庥休蓋異字。庥為爾雅釋言庥蔭也之庥。從广。休聲。蓋舍或庿之轉注字。唐寫本作□。【説文解字六書疏證卷十一】

◉楊樹達　廣雅釋詁一云。「休。善也。」休善同義連文。意猶師害𣪘言休又有成事也。又字从孫詒讓校。吳大澂方濬益郭沫若並讀善為膳。【鼒鼎跋　積微居金文説】

◉楊樹達　休於小臣。休字蓋賜予之義。然經傳未見此訓。蓋假為好字也。左傳昭公七年云。楚子享公於新臺。好以大屈。猶言賂以大屈也。周禮天官內饔云。凡王之好賜肉脩。則饔人共之。好賜連言。好亦賜也。注説好賜為王所善而賜。誤矣。説文一篇下辱部。薅从好省聲。或體作茠。此休與好古同音之證也。效卣云。王易公貝五十朋。公易氒涉子效王休貝二十朋。王休貝即上文王錫之貝也。【小臣𣪘跋　積微居金文説】

◉楊樹達　盂卣器銘云。兮公室盂鬯□貝十朋。盂對揚公休。用乍父丁寶障彝。按作册大齋云。大𥃳揚皇天尹大保宮。宮與此室字蓋是一字。特文繁簡異耳。合勘二銘。似皆作休字用。謂賜與也。【盂卣再跋　積微居金文説】

◉李亞農　詩商頌長發。向天之休。鄭箋。休。美也。休美是形容詞。同時也是動詞和名詞。作為形容詞用。其義為善美的。如對揚天子之休命。作為動詞用。其義為稱美誇獎。如詩衛風淇奧。毛傳。美武公之德也。作為名詞用。其義為誇獎褒獎。如對揚天子之丕顯休。【長甶盉銘釋文注解　考古學報第九册】

◉高鴻縉　休之本意應為美好。从人得禾會意。並列。狀詞。亦用為名詞。後人借作休息意。許以之為本意。又依變形説為人依木。【中國字例四篇】

◉唐　蘭　過去把銘中休王兩字連起來當成一個專名，説休王就是孝王，因而把這兩件器放在孝王時代是不合適的。休是動詞，召誥曰：「今休王不敢後，用顧畏於民嵒。」可證。古人多有此例，如云魯天子之命，魯亦動詞也。揚天子或王之魯休而稱休王或魯天子，其義一也。縣改彝云：「縣改每揚白屖父休，曰休白罘珏卹縣白室」。休白亦猶休王也。休字也可以作形容詞，如尚書洪範的「休征」是用休來形容征。在金文裡一般用為名詞，如對揚王休之類是很常見的。把休字作動詞用不常見，但如果我們能仔細分析，就可以看到它在銘刻中是有慣例的。召卣説：「休王自穀使賁畢土方五十里，𥃝弗敢譔(忘)王休異」。前一個休字是動詞，後一個休字是名詞。召所不敢忘記的王的休異的，就是他所休美的王賞給他的畢土方五十里。同樣，縣改簋説「伯屖父休於縣改曰」的休字是動詞，縣改「敏揚伯屖父休」的休字是名詞，「休伯罘珏卹縣伯室」的休字又是動詞。伯是伯屖父。銘文最後説：「孫孫子子毋敢望(忘)伯休」的休字又是名詞。只要把銘文上下仔細加以分析，就可以知道休王或休伯并不是人的名號了。金文還有虘簋説：「虘拜稽首，休朕匋君公伯，錫厥臣弟虘井五桒」。這個休字也是動詞。但由於它説。「休朕匋君公伯」，動詞的性質就更加清楚了。銘末説「虘弗敢望(忘)公伯休，對揚伯休」。這兩個休字又都是名詞。另外還有尹姞鼎(商周金文録遺九七)説：「休天君弗望(忘)穆公聖粦明□」，後面又説：「搽稽首對揚天子休」，也是前一個休字是動詞，後一個休字是名詞。而休天君也是不可能當作一個人的名號來講的，這些銘詞體例都差不多，可以證明休王決非孝王。【西周銅器斷代中的

康宮問題　考古學報第二九册】

◉李孝定　説文「休。息止也。从人依木。」契文與篆文同字。在卜辭為地名。佚・四三〇以下數文金氏續文編收作析。非是。此數字亦為地名。且亦从木从人。惟增繪手形耳。實非从斤。如依字形隸定當作杋。且休字皆象人倚樹而息之形。人形背樹而立。而此則象人手拊木。二者似應有別。惟許書無杋字。且杋與休同為地名。姑附於此以待考。金文休字多見。如□毛公鼎□頌鼎□頌簋□同卣□貉子卣□師害簋□令鼎□不嬰簋□虢叔鐘□□□無㠱簋□䡇侯鼎□季受尊□效父簋。皆衆人倚木而休之形。或譌从禾。或譌从□。或譌从□。【甲骨文字集釋第六】

◉張日昇　説文云。「休。息止也。从人依木。庥。休或从广。」金文或从禾。高田忠周謂从人木為休息字。而从人禾別為一字。禾通龢。有調美之意。高鴻縉謂休从人得禾會意。本義為美好。借作休息。从木為變形。从人依木乃依變形為説。二氏之説恐非。禾木兩字。形近互用。如金文桌作集。析或作析鄘侯簋。簠或作𩞁兮仲鐘。穌作穌。曆或作曆。鉌(盉)所从和作和子禾子釜。皆是。且休休於金文中意義毫無區別。不當強分為二。楊樹達謂休叚為好。其説可从。休好古音同在幽部喉音。周禮天官內饔。「凡王之好賜肉脩」。易鼎。「休錫小臣金」。好賜即休錫也。□父甗。「休王易□父貝」。效父𣪘。「休王易效父□三」。𩰫卣。「旋徙事皇辟君休王自穀吏商畢土方五十里。」休王兩字連言。或謂休叚作孝。名詞。唐蘭釋作動詞。休王云云與魯天子云云其義一也。唐説甚是。𩰫卣銘文。唐氏於君字斷句。郭沫若以休為一字句。兩周金文辭大系增訂本頁九三。𩰫尊商周金文録遺二〇五與此𩰫卣同是一人之器。𩰫尊云。「白懋父賜𩰫白馬」。白懋父乃成王時人。則𩰫亦當在孝王之前。讀休王為孝王者非是。【金文詁林卷六】

◉何琳儀　山西文水新出一件燕國銅壺，其銘「永用□浧」。

第三字或釋「析」，或釋「札」。按，郾侯載𣪘銘「□台(以)馬(百)醻」。首字舊釋「休」，與壺銘「□」顯然是一字。「休」从「人」从「木」，但二者位置互易，與一般形體有別，當是燕文字特點。⊘壺銘「休浧」讀「休澄」，即「休美之沈齊(醻)」，這與壺為酒器正相吻合。【戰國文字通論】

◉戴家祥　五經文字「休，象人息木陰。」周南漢廣「南有喬木，不可休息。」此即休字从人、从木之本義。爾雅釋言「庥，蔭也。」郭璞注「今俗呼樹蔭為庥。」舍人曰：庥，依止也。通作㑶。」淮南子・精神訓「得㑶越下越同樾，玉篇楚謂兩木交陰之下曰樾。則脱然而喜矣。」高誘注「㑶，蔭也」。㑶蔭表義加旁字。更旁作庥，爾雅釋詁「庇庥，廕也。」庥廕以庇字从广而類化者。同聲通假，字亦讀喜，國語周語為晉休戚，不背本也。韋昭注「休，喜也」。唐韻休讀「許尤切」，曉母之部，喜讀「虛里切」，不但同母，而且同部。好

讀「呼皓切」，曉母幽部，之幽韻近。楊氏讀休為好，聲韻可通。【金文大字典卷上】

◉許慎 㮓竟也。从木。恆聲。古鄧切。亙古文㮓。【説文解字卷六】

◉林義光 説文云。㮓。竟也。从木恆聲。亙。古文㮓。恆常也。从心从舟。在二之閒。上下一心。似舟旋恆也。按恆當从亙得聲。亙。竟也。古作亙伯晨鼎絚字偏旁。从月在二之閒。月。物也。見外開散盟各條。二。兩界也。【文源卷十二】

◉高田忠周 亙字形从月在二之閒。曶鼎恆字所从亙亦如此。因謂此亙與从舟亙字別。而為弦月。為恆之本字也。詩天保。如月之恆。傳。弦也。箋。月上弦而就盈。然恆訓常也。義與月豪無涉。而如此篆。从月義尤明矣。二疑工省聲。古音工亙轉通也。故恆亙通用。説文。恆。古文亙。亦為亙字也。【古籀篇二十四】

◉商承祚 亙 説文「㮓。竟也。从木恆聲。亙。古文㮓。」案恆㮓皆由亙字所孳乳也。【説文中之古文攷 金陵大學學報五卷二期】

◉郭沫若 此王亙字作亙从弓。王國維云「詩小雅『如月之恆』(天保)，毛傳『恆，絃也』。弦本弓上物，故字又从弓。」【殷契粹編第七七片】

◉馬叙倫 竟也非本義。字或出字林。唐寫本作㮓。音工隥。

亙 顏之推曰。彌亙字從二閒舟。今之隸書轉舟為日。而何法盛中興書。乃以舟在二間為舟航字。謬也。倫按亙為亙之譌。由亙變而為亙。又譌為亙也。亙字見甲文。從夕從二。為恆之初文。古文經傳借為㮓耳。唐寫本作亙。餘詳恆下。【説文解字六書疏證卷十一】

◉林潔明 説文「㮓。竟也。从木恆聲。亙。古文㮓。」金文字从月。不从舟。甲骨文有亙藏一九九・三亙後上九・十。亦从月在二之閒。王國維曰。「卜辭有王亙……案亙即恆字。説文解字二部恆常也。从心从舟在二之閒。上下心以舟施恆也。外古文恆从月。詩曰如月之恆。案許君既云古文恆从月。復引詩以釋从月之意。而今古文乃作亙。从二从古文外。蓋傳寫之譌字。當作亙。又説文木部㮓。竟也。从木恆聲。亙古文㮓。案古从月之字後或變从舟。殷虛卜辭朝莫之朝作𣎵後下三。从日月在茻間。與莫从日在茻間同意。而篆文作𦩍。不从月而从舟。以此例之。亙本當作亙。曶鼎有亙字。从心與篆文之恆从亙者同。即恆之初字。可知亙亙一字。卜辭亙字从二从亙。其為亙亙二字或恆字之省無疑。」見先公先王考。觀堂集林卷九第五一七頁。按王氏說此字形義極是。再蓋亙之譌變。高田忠周謂「亙為弦月為恆之本字。是也。董彥堂曰「恆字之作𠄨即說文古文从月之義。詩小雅如月之恆。毛傳。恆。弦也。殆亦半月稱弦之初誼矣。」見殷曆譜。甲骨文集釋頁三九七一引。其說甚是。恆訓常。蓋月之象唯十五為圓月。餘皆為缺月弦月。故月象當以半月弦月為常。殆即亙从月。而訓恆之意也。說文云。上下一心似舟旋恆也。蓋以篆文从舟而强為之釋。不可通也。【金文詁林卷八】

械 械

◉許　慎　械桎梏也。从木。戒聲。一曰。器之總名。一曰持也。一曰有盛為械。無盛為器。胡戒切。【說文解字卷六】

◉馬叙倫　沈濤曰。文選馬融長笛賦注引。持也。作治也。今作持。乃後人避唐諱改。猶治書侍御史作持書侍御史耳。詩小雅車攻釋文引作無所盛曰械。是古本下二句作有所盛曰器無所盛曰械。楊倞荀子榮辱篇注引與今本同。義得兩通。六書故廿二引唐本作或說內盛為器外盛為械。翟云升曰。左隱五年傳疏引作器械之總名。尹相陽曰。一曰持也者。謂借為持。疊韻也。倫按桎梏也非本訓。蓋許以聲訓。呂忱加器之總名。一曰桎梏也一曰持也一曰有盛為械無盛為器者。或亦字林文。或校者所加。禮記釋文引郭璞三倉解詁。械。器之總名。郭注爾雅每引字林。或郭即本忱說。械為器之總名者。器械同為舌根音。故古書或以器械連文。如孟子言。以粟易器械者。或借械為器。實借為凵。如呂氏春秋貴因。竫立安坐而至者。因其械也。淮南本經。人械不足。是也。一曰桎梏也者。蓋械即桁也。桁械雙聲。本書無桁。械即桁矣。倫謂械即今所加於辠人之枷也。然使械為器之總名。即今所謂器之本字。則桎梏也者。借械為桁。一曰持也者。唐寫本無之。據選注引作治也。列女傳。臧孫母曰。吾子枸有木治矣。似治也當作木治也。謂如桎梏之類。即謂桁矣。如此本作持也。莊子天地釋文。械。字林作械。任大椿據集韻類篇有搣字。訓持也。與械俱下介反。疑釋文所引字本作搣。傳寫譌為械耳。然則持也乃搣字義。一曰有盛為械無盛為器者。當作有所盛為器無所盛為械。蓋桎梏之類。為無所盛也。或由借械為器。因而分別之。唐寫本作械。音下戒。總作惣。【說文解字六書疏證卷十一】

杽 杽

◉許　慎　杽械也。从木。从手。手亦聲。敕九切。【說文解字卷六】

◉馬叙倫　鈕樹玉曰。韻會引作從木在手。恐非。桂馥曰。從木。手聲。倫按唐寫本作杽。從木手。手亦聲。讀若丑。而篆下亦注丑字。謂音丑也。朱駿聲謂杽為丑之或體。因丑為借義所專。故製此字。倫謂丑為今作扭者之初文。故羞字從之。此字次械桎之間而訓械也。廣雅小爾雅竝言。杽謂之梏。則與丑異。字從木手聲。音在徹紐。桎音照紐三等。同為舌面前

音。蓋桎之轉注字。亦校之聲同幽類轉注字。【說文解字六書疏證卷十一】

◉楊樹達　□　以木梏手，木為具名，手為賓名。【文字形義學】

桎　□

□ 144【包山楚簡文字編】

□ 四時嘉至磬【石刻篆文編】

◉許　慎　桎足械也。从木。至聲。之日切。【說文解字卷六】

◉楊樹達　說文六篇上木部云：「桎，足械也，所以質地，四字段氏據周禮秋官掌囚釋文引補。按慧琳一切經音義太平御覽六百四十四及唐本說文本部並同，則說文原有此四字也。从木，至聲。」太平御覽卷六百四十四引風俗通云：「桎，實也，言其下垂至地，然後吐情首實。」樹達按許君說桎之語源為質，應劭溯源於實，質與至古同音，實與至古音亦相近，三字皆在古韻屑部。然其說實皆皮傅無理，非正義也。愚謂桎从至聲，至之為言疐也。至疐古音同在屑部。說文四篇下叀部云：「疐，礙不行也，从叀引而止之也。叀者，如叀牛之鼻，从冂，此與牽同意。詩曰：載疐其尾。」夫以木械加於人之足使之礙止不行故謂之桎也。詩小雅節南山箋曰：「氐當作桎鎋之桎。」釋文云：「桎，礙也。」按說文云：「礙，止也」，是其義也。說文九篇下广部云：「庢，礙止也，从广，至聲。」庢从至聲而訓為礙止，亦假至為疐也。礙不行謂之疐，礙止謂之庢，足械謂之桎，字形雖殊，音義固一貫也。【釋桎杈梏　積微居小學述林卷二】

◉馬叙倫　沈濤曰。周禮掌囚釋文引。梏。手械也。所以告天。桎。足械也。所以質地。御覽六百四十四引同。是古本有所以告天所以質地八字。錢坫曰。詩節南山正義引。桎。車鎋也。或此下脫文。丁福保曰。慧琳音義十三及八十引說文。桎。足械也。所以質地也。梏。手械也。所以告天也。唐寫本同。倫按唐寫本作□。音質。倫謂本訓械也。足械也所以質地蓋字林文。桎音照紐三等。古讀歸端。械從戒得聲。戒音見紐。同為清破裂音。械若為桎梏義。則是轉注字也。甲文有□□。高田忠周釋桎。倫目譣清代刑具。足械與手械異者。足械視手械為巨。而活動以便行。然物相似。玄應一切經音義引蒼頡有桎梏。【說文解字六書疏證卷十一】

◉朱芳圃　□藏一四五・四　□藏二七一・二　□前四三三・一　□前五・三二・六　□菁五・一　上揭奇字，从□，从止，當為桎之初文。說文木部：「桎，足械也。所以質地。从木，至聲。」按桎為足械，故从止；止，足趾也。孳乳為鈦，漢書食貨志：「私鑄鐵器鬻鹽者鈦左趾」，顏注：「鈦，足鉗也。」陳萬年傳：「或私解脱鉗鈦」，顏注：「鉗在頸，鈦在足，以鐵為之。」【殷周文字釋叢卷下】

◉張桂光　對于□、□、□等字，朱芳圃分別釋為桎、枷、拲，實已得其要領，可惜未能理順幸梏二字的關係，甚至將□附會為告，以至在字形上無法作出合理的解釋，未能引起人們的重視。其實，準幸梏關係之例，釋从止从幸的□為脚鐐的會意字，為「桎」字之表意初文，應該也是可信的。而文例方面，《山海經・海內西經》「帝乃梏之疏屬之山，桎其右足」的桎，《周禮・秋官・大司寇》「桎梏而坐諸嘉石」《漢書・刑法志》「中罪梏桎」的桎梏或梏桎，與「𡴘□」《合集》568「𡴘自林圉」《英》540的𡴘及「幸𡴘芻自宂」《合集》136「□幸𡴘」846、847的幸𡴘的用法也是一脈相承的。「幸多臣𡴘羌」《合集》627理解為手械多臣足械羌當然要比理解為執多臣執羌合理的。【古文字考釋六則　于省吾教授百年誕辰紀念文集】

梏　□

□　粹1305【續甲骨文編】

□　方梏之印【漢印文字徵】

◉許慎　□手械也。从木。告聲。古沃切。【説文解字卷六】

◉郭沫若　「中刜□□」，□疑梏之奇文，象有械在人手。遶从尧作，與鞈鎛同，謂徒役之刑也。周官掌囚「中罪桎梏」。【子禾子釜　兩周金文辭大系考釋】

◉郭沫若　「辛巳卜王勿□。」勿下一字象人着手械之形，殆即梏之初文，讀為告。【殷契粹編考釋】

◉馬叙倫　鈕樹玉曰。韻會引有所以告天四字。倫按唐寫本作□。手械所以告天。從木。告聲。音古屋。梏為人械手者。其從告得聲者。原告之最初文作□。以木繫牛角。所以告人。故衍其聲耳。桎梏初無手足之別。梏音見紐。桎音照紐。古讀歸端。皆破裂清音。故梏轉注為桎。後乃以手足別之。卒爵之□。唐蘭以為梏之初文。甲文之□或□。葉玉森以為象梏。皆是也。甲文之□形近於十篇卒之初文作□者。故執實從丮從桎之初文作□者得聲。詳執字下。而本書误入於卒部。蓋變為篆文。傳寫不別也。甲文有□□□。葉玉森釋執。倫以為此從□而□其手。乃拲之初文。兩手同械也。又有□字。從又從□。即報字。以此相明。□為桎之初文。象形。手械也者字林文。所以告天也者。盖作告也。故吕忱或校者以釋

櫪 [glyph]

之也。桎下盖亦本作質也。足械所以質地也。【說文解字六書疏證卷十一】

◉馬叙倫　[glyph]爵　[glyph]　舊釋車字。非也。此或六亯之異文。然子[glyph]卣之[glyph]所從之[glyph]。實即說文𠬝之重文作𢹂者之初文。兩手同械也。[glyph]為兩手同械。其義必為有辠者。故甲文[glyph]字從之。[glyph]即說文之報也。甲文有[glyph][glyph]即說文之圉字。金文之[glyph]。盖為[glyph]之異文。以此相證。[glyph]為桎梏之初文也。清代手梏及今嬉中所用之手械猶似此形也。爵文作此。盖作器者造此為業者也。【讀金器刻詞卷上】

◉楊樹達　說文六篇上木部云：「梏，手械也。从木，告聲。」按二篇上告部云：「牛觸人，角著橫木，所以告人也。」按人加械於手，猶牛之加木於角，故梏字从告。【增訂積微居小學金石論叢卷一】

◉朱芳圃　[glyph]前四·二五·八　[glyph]前七·一九·三　[glyph]後下二四·一三　[glyph]林二·一三·二　[glyph]戩四七·五　[glyph]戩四七·六

上揭奇字，王襄釋㚔。簠室殷契類纂正編四八。葉玉森謂「象梏形」。殷契枝譚六。按王說非，葉說是也。說文木部：「梏，手械也。所以告天。从木，告聲。」殷虛出土匋俑有作左揭形者：

象人械其兩手。[glyph]為正面形，其側面當作[glyph]，中有二孔，以容兩手，上下用繩束之，上繩繫於頸，下繩繫於腰。字形與實物，恰如形影相應。【殷周文字釋叢卷下】

◉許　慎　[glyph]櫪櫪。椑指也。从木。歷聲。郎擊切。【說文解字卷六】

◉馬叙倫　段玉裁曰。椑當作柙。嚴可均曰。一切經音義十二引字林。櫪㯕。柙其指也。戚學標曰。衆經音義引通俗文。考曰具謂之櫪㯕。字林。柙指也。玄應累引通俗文。無考字。但曰具亦不知何物。考字當連具為文。曰即囚字之譌。盖考囚之具。如今指刑。字林所謂柙其指者。朱駿聲曰。櫪㯕疊韻連語。倫按唐寫本作[glyph]。音力狄。柙作押。本書無押。字盖出字林。【說文解字六書疏證卷十一】

◉楊樹達　說文六篇上木部云：「櫪，櫪㯕，柙指也，从木，歷聲。」郎擊切。又云：「㯕，櫪㯕也，从木，斯聲。」先稽切。一切經音義十二引通俗文云：「考具謂之櫪㯕。」考今言考供。莊子天地篇云：「罪人交臂歷指。」呂氏春秋順民篇云：「於是剪其髮，磿其手，以身為犧牲。」按莊子之歷，呂覽之磿，皆櫪之假借字。綜合諸文證觀之，知櫪㯕者刑具，用木為械，以束罪人之指者也。

今推求二字之語源：説文七篇上秝部云：「秝，稀疏適秝也，从二禾。」秝孳乳為磿，為歷，皆有分離之義，稀疏與分離義相因也。墨子非攻中篇云：「禹既至，克有三苗，焉磿為山川，別物上下。」磿別對文，磿亦別也。大戴禮記五帝德篇云：「歷離日月星辰。」歷離連文，歷亦離也。故漢書東方朔傳注云：「歷，離也」，是也。此歷字之義也。説文十四篇上斤部云：「斯，析也，从斤，其聲。詩曰：斧以斯之。」息移切。此斯字之義也。歷訓離，二字音近；歷離皆來母，歷錫部，為支部之入聲，離歌部，支錫與歌古多通。斯訓析，二字音亦近。斯析皆心母，斯支部，析錫部，二字為平入。以木離析罪人之手指而束之，故謂之櫪㯕，櫪㯕之為言猶離析也。論語季氏篇曰：「邦分崩離析而莫之知也。」彼以離析為連文，猶此以櫪㯕為一物矣。【釋櫪㯕　積微居小學述林卷一】

㯕

◉許　慎　㯕櫪㯕也。从木。斯聲。先稽切。【説文解字卷六】

◉馬叙倫　㯕莊子天地。則是罪人交臂歷指而虎豹在於囊檻。亦可以為得矣。交為校省。歷為櫪省。然則櫪㯕亦可獨用櫪字。櫪㯕蓋以之支聲類通轉為連語。字當出字林。唐寫本作㯕。音素兮。【説文解字六書疏證卷十一】

檻

◉許　慎　檻櫳也。从木。監聲。一曰圈。胡黯切。【説文解字卷六】

◉馬叙倫　嚴可均曰。論語季氏疏引。一曰圈下有以藏虎兕。嚴章福曰。疏引説文云。柙。檻也。檻。櫳也。一曰圈以藏虎兕。此但取兩篆下説解合注之。以藏虎兕未必专屬檻下。倫按唐寫本作檻。音户斬。一曰圈也者。囗部。圈。養畜之閑也。圈音溪紐。檻音匣紐。然圈從卷得聲。檻從監得聲。卷監音皆見紐。是圈檻語原同。蓋檻人與檻畜初本不別也。然此校語。宋祁漢書谷永傳校本引字林。檻。櫳也。一曰圈也。則此四字乃字林文。字見急就篇。今言監牢者實當作檻櫳。【説文解字六書疏證卷十一】

櫳

◉許　慎　櫳檻也。从木。龍聲。盧紅切。【説文解字卷六】

◉馬叙倫　沈濤曰。華嚴經音義引。櫳。牢也。一切經音義十四引。櫳。牢也。一曰圈。蓋古本如是。段玉裁曰。蘢與櫳皆言横直為窗櫺通明。不嫌同偁。如檻亦為闌檻。許於楯下云。闌檻。是也。此字疑後人增。王筠曰。鸚鵡賦。順櫳檻以俯仰。李注引説文。欜。房室之疏也。不引此檻也之説。亦可疑也。或後人因檻下云。欜也。與龒字形異。所用又不同。因增此文也。倫按玄應一切經音義引三倉解詁。欜。所以盛禽獸欄檻。慧琳華嚴經音義引三倉。欜亦所以藏禽獸也。是本書固有欜字。欜音來紐。檻古讀蓋如濫。音亦來紐。字從監得聲。監從皿得聲。皿音微紐。古讀來歸泥。微泥同為邊音。是轉注字也。今杭縣謂檻人者為囚欜即此字。其語原與籠龒囹同。唐寫本作☐。音力工。【説文解字六書疏證卷十一】

☐ 柙

☐ 秦1053 安柙 説文柙古文作☐ 【古陶文字徵】

☐ 柙見説文【汗簡】

◉許　慎　柙檻也。以藏虎兕。从木。甲聲。烏匣切。☐古文柙。【説文解字卷六】

◉吴式芬　許印林説。☐舊釋田。瀚謫審乃柙之古文也。説文。柙。檻也。以藏虎兕。从木。甲聲。唐韻烏匣切。古文作☐。案柙以藏猛獸而開其上口。非所以藏。心竊疑之。汗簡作☐。在口部。然説文口部自有☐。訓下取物縮藏之。讀若聶。唐韻汝洽切。若柙又作☐。二字不幾無别乎。六書統作☐。云。盛虎兕。象其形。其中屮者。鎖繫之具也。案柙義主關閉。不主鎖繫。開其口而鎖繫之。豈有當本義乎。今得見此銘。乃悟説文☐葢本作☐而上脱去一横畫。汗簡所據尚未脱。而誤去其一之兩端。故與☐無别。六書統所據則已脱。求其説而不得。乃變屮為☐。强釋以鎖繫而終無當也。柙與牢義相關。識牢即識柙。牢篆文作☐。説文。牢。閑養牛馬圈也。从牛冬省。取其四周帀也。案取四周帀是也。从冬省恐不其然。牢無取於冬也。或云當作☐聲。☐古終字。案終牢音不諧。且許明言取四周帀。非諧聲必矣。類篇引作从匌省。案匌與四周帀義合。然匌从☐。與☐異形。☐下又有一以關之。非匌所有。何得言省。今取☐☐二字比類觀之。☐之下即☐之上。其一。則皆所以關之。上下别耳。牢俯覆而關其下。不動者也。宫室之類也。☐仰載而關其上。可以移動者也。檻車之屬也。説文酉古文作☐。云。从☐。☐為春門。萬物已出。酉為秋門。萬物已入。一。閉門象也。此☐之一即☐之一也。其中之十。或象所柙物攀援之狀。或即諧古甲字聲。未敢遽定。【柙盉　攈古録卷二】

◉孫詒讓　「戊午☐其禽□鹿□」，四十二之一。「☐」字奇古難識，疑當為古文「柙」字。《説文·木部》：「柙，檻也，所以臧虎兕也，从木、甲聲。古文作☐。」與此相近。此作「☐」似从到☐字兼象闌檻之形，與形聲亦正合。【契文舉例卷下】

◉高田忠周　許[印林]氏考甚妙。然牢鐘鼎古文作☐。☐即四周閑。而有出入口。象形也。不必从一指事。然則柙作☐。

亦必不為誤寫。𠙹田並古文無疑矣。但古文甲多作十。與九十之十同形。此从十者即甲聲。亦奚疑乎。【古籀篇卷八十六】

◉商承祚　𠙹　説文「柙。檻也。以臧虎兕。从木甲聲。𠙹。古文柙。」案汗簡引作囦。不應與説文口部囦字同。當是囦之寫譌。𠙹乃乎甲之本字。屮象子葉形。子葉在中。有臧誼。故得叚作柙也。石經古文作𠙹。【説文中之古文攷　金陵大學學報五卷二期】

◉馬叙倫　鈕樹玉曰。廣韻引以上有所字。兕下有也字。沈濤曰。一切經音義六引。柙。檻也。下有論語虎兕出於柙是也九字。而無以藏虎兕四字。王筠曰。當依五音集韻引作所以藏虎兕也。周雲青曰。唐寫本唐韻廿五柙引。檻也。可以盛藏虎兕。與唐寫本説文木部殘卷合。倫按唐寫本作柙。音柙。檻音匣紐。柙從甲得聲。甲從十得聲。十音禪紐。禪匣同為次濁摩擦音。檻從監得聲。監甲音同見紐。是轉注字也。以藏虎兕蓋字林文。或字出字林也。

𠙹　鈕樹玉曰。繫傳作𠙹。玉篇廣韻並無。一切經音義六以柙為古文匣字。引説文。柙。檻也。則𠙹乃匣之別體。疑後人增。許瀚曰。汗簡作囦。柙盉作田。蓋説文本作𠙹也。柙義主關閉。不當開口。𠙹之下即𠙹之下。一皆以關之。屮象所柙物。盉文從十。或諧古甲字聲也。商承祚曰。汗簡引作囦。不應與口部囦字同。當是囦之譌。李杲曰。書契甲字作田。甲盤作田。石經甲之古文變為𠙹。𠙹乃甲乙之甲。本義為檻。即柙之初文。為象形字。許説甚迂。不可據。此作𠙹。屮由十變也。倫按唐寫本作古文柙從口。與鍇本同。其篆文已損。盉文田字為人名。其形似即𠙹之異文。石經則譌十為屮耳。𠙹實甲胄之甲本字。從衣。十聲。古文經傳借為柙字。此其譌也。餘詳甲下。【説文解字六書疏證卷十二】

◉楊樹達　𠙹　古文柙。

吴承仕曰：「屮為牛之省，與牢字同意。樹達按：凵象檻，外形。屮象牛，為內形。

𠙹　甲，魏三體石經古文作𠙹，與柙古文略同，知甲即柙之初文，甲加木旁為柙耳，許誤分之，説詳餘釋甲篇。【文字形義學】

◉孫　機　湖北江陵鳳凰山一六七號漢墓所出第三十二號遺册簡云：「大柙一枚」。案柙字《説文》訓「檻也」，並非隨葬用的器物，所以顯係同音假借之字。《文物》1976年第10期所載《考釋》謂大柙即大榼，接近正確。榼字《説文》木部謂「酒器也，从木，盍聲」；而口部「从口，盍聲」的嗑字，「讀若甲」，因知榼字亦當讀若甲。但就一六七號墓出土器物與簡文相對照，「大柙」指的是一件漆扁壺。案《廣雅・釋器》：「匾榼謂之椑」。因而更準確些説，此「大柙」當為「大椑」之假字。《説文》木部：椑「从木，卑聲」；而𠂇部：卑「从𠂇，甲聲」。可見柙、椑讀音全同。依漢代視為正體字的小篆，柙字作[篆文]，椑字作[篆文]，亦僅僅略去二「𠂇」字而已。而《廣雅》釋之為匾榼，也正與出土漆扁壺的器形相符。同時椑字本身就包括橢圓形的含義。《考工記・廬人》説「句兵椑」，句兵指戈，椑指戈柲的形制。漢鄭衆注：「齊人謂柯斧柄為椑，則椑，隋(橢)圜也。」戈柲的斷面為橢圓形，出土實物所見已多。故柙與椑形、音、義均合，二者互相通假是沒有問題的。這不僅為鳳凰山一六七號墓所出漆扁壺所證實，同時也為浙江金壇所出銘為「⿰石甲」的青瓷扁壺和江西九江徵集的銘為「銅鉀」的銅扁壺所證實。故可知榼是包括圓、方、扁各類器形的酒器，而椑則專指匾榼即通稱之扁壺而言。至于柙、⿰石甲、鉀等字形，既可以看作是假借字，也可以認為它們就是椑字在當時通行的簡化的寫法；然而如果不證明它們就是椑字，則同古文獻中與其有關之記事聯繫不起來，此物在當時的用途也就不容易進一步闡明了。【説「柙」　文物一九八〇年十期】

◉孫　機　1975年在湖北江陵楚紀南故城内發掘的鳳凰山一六七號西漢墓中，出土了由七十四枚木簡組成的一套遣册。由于此墓的隨葬品基本上保持原來的位置，且與遣册所記大體相符，所以簡文與實物可以互相對應。其中第三十二號簡文云「大柙一枚」，發掘簡報以為指的就是隨葬品中的扁壺。《鳳凰山一六七號漢墓遣策考釋》一文則謂：「『柙』與『榼』音同。『大柙』即『大榼』。《説文》：『榼，酒器也。』榼有方、圓、扁、横四形。此墓出漆扁壺一，即榼之扁形者。」其後筆者在《文物》1980年第10期發表短文《説「柙」》，從形、音、義三方面加以論證，認為「大柙」當為「大椑」之假。後讀黄盛璋同志文，他仍主柙為榼字異體之説，認為柙與椑在字義上「毫無相干」。他並强调指出：「『柙』與『椑』不論古今音讀皆相差很遠：古音『柙』在葉部，『椑』在佳部，主元音與收音皆異，聲母更是牙(柙)、脣(椑)有别，説『柙、椑讀音全同』，從字音上全屬誤解。」的確，兩個字的讀音如互不相關，通假關係是難以建立的。至于字義，黄盛璋同志亦曾確認「扁壺形扁圓，亦即橢圓，所以也用『椑』或『錍』為名」，因此關於這一點似可不再討論。現在主要從字音方面進一步作些説明。

誠然，漢代將酒器稱為榼，但它僅指小口的盛酒之器。《説文・酉部》：「茜，榼上塞也。」段注：「榼，酒器也。以草窒其上孔曰茜。」榼類器物的上孔既然能用草塞住，可知其口不大。同時，從《淮南子・氾論訓》「霤水足以溢壺榼」的提法中，又可知此器當與壺為類。所以像尊、杅等大口的盛酒之器不能歸到榼類中去。黄文認為「『椑』、『扁』音近義通」，並引王念孫《廣雅疏證》中之説：「匾與椑一聲之轉，故盆之大口而卑者謂之甂。」可是榼，包括這裏討論的扁壺，都不屬于「大口而卑」的器型，因此王説與本題無涉。不過扁壺雖然可以歸入榼類，如古樂浪出土的陽朔二年漆扁壺，銘文中稱為「髹汧畫木黄釦榼」，用的就是這一通稱，但此外它還有自己的專名。鳳凰山出土的這一件，銘文中稱為柙。柙亦作鉀，見于江西九江徵集的漢代「于蘭家」銅扁壺銘文。而山西太原揀選到的戰國銅扁壺「土勻錍」的銘文中則稱為錍。同為銅扁壺，一件銘文作鉀，另一件銘文作錍，它們很可能是互相通假之字。但錍字的本義與壺類無關，而椑字卻是壺類的名稱之一。《廣雅·釋器》：「扁榼謂之椑。」扁壺正是榼類中之扁橢者，與椑的定義完全相符，故錍實為椑字之異體。同時，《考工記·廬人》鄭衆注：「椑，隋圜也。」則椑字本身就包含有橢圓形之義，所以用它作為扁壺的名稱，非常切合。那麼，上舉遣册中的柙字，也可能就是椑的假借字了。【江陵鳳凰山漢墓簡文「大柙」考實　文物一九八六年十二期】

◉陳　雍　江陵鳳凰山一六七號漢墓遣策三十二簡云：「大柙一枚」。《鳳凰山一六七號漢墓遣策考釋》認為簡文所記的就是隨葬的漆扁壺，「柙」即《説文》訓酒器的榼。此説不誤，唯缺乏例證。

江西省博物館一九五九年曾在九江地區收集到一件漢代銅扁壺，其銘曰：「于蘭家銅鉀一，容四斗三升重廿斤八兩」。這件自銘「鉀」的銅扁壺，為遣策「柙」即漆扁壺，即「榼」提供了物證。昔西安東北鄉出土的漢代陶竈殘片上有方壺圖形，壺中有「榼」字，此又是一證。榼字寫法與鳳凰山八號漢墓遣策相同。長沙馬王堆三號漢墓帛書《六十四卦·餘》「備甲讒」之「甲」，通行本作「盍」；帛書《繫辭》之「筮蓋」與「筮閘」，通行本作「筮嗑」，甲、蓋、盍，上古同屬葉部。此為「柙」即「榼」提供了文字方面的例證。【秦漢文字札叢　史學集刊一九八六年四期】

棺 

棺　从官省　中山王譻兆域圖　草棺【金文編】

詛楚文　窴諸冥室櫝棺之中【石刻篆文編】

汗簡【古文四聲韻】

◉許　慎　棺關也。所以掩尸。从木。官聲。古丸切。【説文解字卷六】

◉馬敍倫　鈕樹玉曰。繫傳尸作屍。譌。廣韵引作所以掩屍也。沈濤曰。初學記十四御覽五百五十一皆引作可以掩屍。倫按唐寫本木部殘卷作棺。尸作屍。音同此。棺為柩之音同見紐轉注字。所以掩尸字林文。字見急就篇。【説文解字六書疏證卷十一】

櫬 

槥 

槨 

◉朱德熙 裘錫圭 夫人堂說明云：夫人堂方百五十乇(尺)，其葬⿰木𠂤中⿰木𠂤眡(視)悫(哀)后，其提跣張(長)三乇(尺)。

⿰木𠂤字右旁跟上引記王命銘文裏「官」字所從的「𠂤」同形。戰國時期「官」字可以省作「𠂤」，古印中「綰」、「館」、「輨」、「棺」等從「官」的字可以寫成「⿰糸𠂤」「⿰食𠂤」「⿰車𠂤」「⿰木𠂤」。此銘「⿰木𠂤」字也是「棺」字的簡化。「葬棺」當讀為「椑棺」，《禮記·檀弓上》「君即位而為椑」，鄭注：「謂杝棺親尸者。椑，堅著之言也。」「中棺」當是第二層棺。【平山中山王墓銅器銘文的初步研究 文物一九七九年一期】

◉許 慎 櫬棺也。从木。親聲。春秋傳曰。士輿櫬。初僅切。【說文解字卷六】

◉馬叙倫 沈濤曰。御覽五百五十一引作附身棺也。是古本有坿身二字。玉篇云。親身棺也。親身亦坿身之義。倫按唐寫本作櫬。音叉刃。輿作舁。倫謂本作親也親身之棺也。親也吕聲訓。親身之棺也吕忱或校者加之。然疑字出字林。櫬者。槿之轉注字。爾雅釋艸。櫬木。槿。本書無槿。而櫬訓棺。而以木槿之義誤入蘳下矣。棺也者。蓋借為槥。或曰。爾雅借櫬為槿。櫬為槥之脂真對轉轉注字。【說文解字六書疏證卷十一】

◉許 慎 槥棺櫝也。从木。彗聲。祥歲切。【說文解字卷六】

◉馬叙倫 沈濤曰。御覽五百五十一引無棺字。初學記十四引。小棺曰槥。蓋一曰以下文。倫按唐寫本作𥢌。音息芮。槥音邪紐。櫬從親得聲。親音心紐。同為舌尖前摩擦音。又聲為脂真對轉轉注字也。棺櫝也當作棺也櫝也。一訓校者或吕忱加之。字見急就篇。顏師古本空海本宋太宗本作蔧。【說文解字六書疏證卷十一】

 4·163 棺瘞 朱德熙釋  9·44  棺【古陶文字徵】

 槨【汗簡】

 古孝經  義雲章【古文四聲韻】

◉許 慎 葬有木章也。从木。章聲。古博切。【說文解字卷六】

◉馬叙倫　唐本𩫏作椁。篆音皆殘挩。説解本作𩫏也。以聲訓。今挩。存者字林文或校語。棺椁音同見紐轉注字。孟子。古者有棺而無椁。椁為後世之奢侈品。猶城外之復有城。因名为𩫏。語原同也。字見急就篇。【説文解字六書疏證卷十一】

◉朱德熙　璽印文字裏有一個从木从亯的字，用為姓氏字。字形變化不大，摘引二例如下：

徵附三一下　同上

这個姓鉨印中屢見，《古璽文字徵》就引了𣗳閒、𣗳暲等十三例，可見是個大姓。

邾公釛鐘云「陸蟑之孫邾公釛乍(作)氒(厥)禾(龢)鐘」，王國維説：

蟑字从蚰𩫏聲。𩫏古墉字。以聲類求之，當是螽。陸螽即陸終也。《大戴記》帝繫篇「陸終娶于鬼方氏，鬼方氏之妹謂之女隤氏，産六子，其五曰安，是為曹姓。曹姓者邾氏也。」《史記·楚世家》語同。其説蓋出於《世本》。此邾器而云陸蟑之孫，其為陸終無疑也。

案長沙帛書有一個从蚰从𣗳的字：。帛書説「炎帝乃命祝𧕋」，饒宗頤讀祝𧕋為祝融，甚是。參照邾公釛鐘陸蟑之為陸終，𧕋和蟑顯然是同一個字。𣗳字所从的亯實際上是𩫏字，只是把下邊一部分省去了。這種省略的辦法在戰國文字裏是很常見的。據此我們可以確定璽印文的𣗳字从木从𩫏省，應釋為椁，讀作郭。

《説文》於部首𩫏字下云：「度也，民所度居也。从回，象城𩫏之重，兩亭相對也。」許慎用聲訓的辦法説「𩫏，度也」，可見他是把𩫏讀作城郭之郭的。此外，木部「椁」字注云「葬有木𩫏也，从木𩫏聲。」又邑部「郭」下云「从邑𩫏聲」。凡此都證明𩫏讀如郭。但許慎在土部墉字下又説𩫏是墉字的古文。案𩫏可以讀為庸，這在古文字材料裏有不少證據。上引邾公釛鐘的陸蟑應讀為陸終就是一例。此外如毛公鼎「余非𩫏又昏」，𩫏讀為昏庸的庸，召伯簋「僕𩫏土田」就是《詩·魯頌》的「土田附庸」。段玉裁《説文解字注》墉字下云：

《玉篇》曰：𩫏，度也，民所度居也。字音古博切。此云古文墉者，蓋古讀如庸，秦以後讀如郭。

如果𩫏字真象段氏所説的那樣秦以前讀如庸，秦以後讀如郭，那末凡是直接或間接从𩫏得聲的字先秦也必然讀如庸，不可能讀如郭。可是在《詩經》裏，「廓」、「鞹」等从𩫏得聲的字都跟魚部字叶韻，例如《大雅·皇矣》一章廓字叶赫、莫、獲、度、宅，《齊風·載驅》一章鞹字叶薄、夕。而且段氏自己也没有貫徹他的主張，在《十七部諧聲表》裏，他仍把郭聲歸入魚部(段氏第五部)，可見段氏的説法是站不住的。我們認為𩫏字在先秦就有庸和郭兩種讀法。因為墉和郭意義相近，所以古人就用同一個𩫏字代表這兩個來源不同的詞。

璽印文字的稾除了用作姓氏字之外，還有假借為城郭之郭的例子。北京大學考古專業藏戰國官印照片，文曰：

釋為左稾司馬。「左稾」當讀為左郭。

璽印文字裏還有一個从邑从𩫏的字，用為姓氏字。

徵六　同上 　同上

這個字上从𩫏，下从邑。中間的○形公用。𩫏字璽印文字一般寫作，○形中有一橫畫。這裏省去橫畫，是為了要讓它跟下端的合起來成為邑字。我們認為這個字所从的𩫏，實際上也是章字的省略。字應釋為郭。

從甲骨金文一直到小篆，𩫏和章的寫法始終是有區別的。戰國文字才開始把从章的字簡化為从𩫏。今隸椁、郭、𪨊等原來从章的字省為从𩫏，就是承襲了戰國文字的寫法。戰國時期𩫏字的寫法和金文還是一致的，漢代在𩫏字下邊加了一豎筆。

新嘉量　同上

以後又因為要區別𩫏字薦神和飪物兩種意義，在豎筆上加一橫畫，把𩫏字分化為享和亨兩個字。而「享」這個字形除了代表𩫏本字和章字(僅作偏旁用)之外，還代表「章」字(淳、錞、熟等字偏旁)，這個形體的職能就更加紛繁了。【釋椁　古文字考釋四篇　古文字研究第八輯】

楬

1046 汗簡揭字作，所从曷字與璽文近似，是知此為楬字。【古璽文編】

◉許　慎　楬櫫也。从木。曷聲。春秋傳曰。楬而書之。其謁切。【説文解字卷六】

◉馬叙倫　鈕樹玉曰。廣韻引作桀也。韻會引作楬櫫也。説文無櫫。春秋傳竝無此文。當作周禮曰。沈濤曰。一切經音義十四引作楬櫫杙也。蓋古本如此。周禮職金注。今時之書有所表著謂之楬櫫。廣雅釋器。楬櫫。杙也。楬櫫連文。漢書酷吏傳。楬著其姓名。楬著即楬櫫。師古注云。楬。杙也。正本許書為説。嚴可均曰。楬。桀也。當作楬豬弋也。許書無櫫有豬。隸省豬為著。漢書酷吏傳。楬著其姓名。春秋傳當作周禮。一切經音義引正作周禮。鈕樹玉曰。廣韻。楬。桀也。則桀字不譌。作櫫者盖後人因周禮注改。翟云升曰。韻會引作杙也。櫫也。王筠曰。當依廣韻删楬字。桀者。弋也。王風。

雞棲于桀。傳。雞棲於杙為桀。李善注謝靈運擬劉楨詩引王風。而曰桀與榤音義同。是也。一引說文。橥。杙也。一引。榤。橥也。一引。杙也。橥也。皆非也。說文無橥。此以周禮職金注改之也。朱駿聲曰。榤桀疊韻連語。莫友芝曰。唐本作榤橥也。春秋傳作周禮。張文虎曰。疑說解以桀訓榤。衍一榤字耳。倫按張說是也。榤乃隸書複舉字也。榤桀音同羣紐。又聲同脂類。實轉注字。桀為磔人張其尸。所以示眾。故榤之義為榤示。蓋始作張尸以示眾。而後僅榤其姓名以示眾。故桀為專名而榤為通名矣。古書言榤橥或榤著者。謂榤書也。玄應引榤橥杙也者。蓋呂忱或校者加之。據廣雅也。榤橥為杙之俗名。唐寫本作[seal]。音巨伐。古鉩作[seal]。【說文解字六書疏證卷十一】

梟 [seal]

◉許慎 [seal]不孝鳥也。日至捕梟磔之。从鳥頭在木上。古堯切。【說文解字卷六】

◉馬叙倫 鈕樹玉曰。繫傳及韻會引梟磔作磔梟。北户録引作不孝鳥至日捕梟磔之。韻會頭作首。嚴可均曰。釋鳥疏引作冬至。一切經音義十一及十三及十七及廿引冬至日鳥頭作木上。釋鳥疏及韻會二蕭引鳥頭作鳥首。沈濤曰。一切經音義十二及廿日至二字皆引作冬至日。御覽九百廿七引作至日。奪一冬字。廣韻三蕭引作故至日。故乃冬誤。可見古本無作日至者。翟云升曰。嶺表録異引不孝鳥也。下有食母而後能飛六字。倫按不孝鳥食母而後能飛者即鴟也。此從木鳥聲。實與蔦之重文作樢者同字。五經文字云。從鳥在木上。以梟為隸省。然唐本無此篆。玄應一切經音義引字林。梟。鸋鴂也。形似鴞而青白。出于山。即惡聲鳥也。楚人謂之鵩鳥。亦鴟類也。山車名鸋鴂。俗名巧婦。倫謂此字盖出字林。急就篇有梟字。依義當是鴞字。蓋傳寫易之。【說文解字六書疏證卷十一】

◉曾憲通 [seal]又梟内于上下 丙七·三 此字从鳥頭在木上，正是梟字。金文鳴字鳥旁蔡侯鐘作[seal]、王孫真鐘作[seal]、王孫遺者鐘作[seal]。曾侯乙編鐘鴃字鳥旁作[seal]，與帛書鳥形尤近。據此，帛文[seal]字當釋為戱，[seal]字當釋為鸌，[seal]則是梟字。《說文》：「梟，不孝鳥也，日至捕梟磔之。从鳥頭在木上。」楚人忌梟，以為不祥，故在日至捕而磔之。《漢書·郊祀志》：「祠黃帝，用一梟」；帛文謂邦有不訓(順)，則用梟為祭祀，納于上下神祇。【長沙楚帛書文字編】

棐 [seal]

◉許慎 [seal]輔也。从木。非聲。敷尾切。【說文解字卷六】

◉孫詒讓 說文木部云。棐。輔也。此棐之正義。輔者。榜也。以木為之。匡矯弓弩使不弧刺者。說文榜字注云。所以輔弓弩。廣雅。榜。輔也。衆經音義。榜。弓輔也。鹽鐵論。若檃栝輔檠之。正弧刺也。並其義。輔亦為車輔。即車箱也。方言。箱謂之棐。廣雅。棐。

梔 榭

箱也。說文有輩字無輫字。古亦當以棐為之。許以輔訓棐。蓋謂棐輔同物。荀子性惡篇。繁弱鉅黍。古之良弓也。然不得棐檠。則不能自正。楊注。排檠。輔正弓弩之器。管子輕重甲十鈞之弩。不得棊檠。不能自正。排棊並即棐之變體。皆足證許義。其引伸之義則為俌。即輔弼之正字。經傳多借輔為之。見爾雅釋詁。漢以後說尚書者習用之。而不知書義與雅訓固絕不相當也。蓋棐字之見于書者凡十有一。據今文二十八篇言之。偽古文不論。皆當為匪之借字。其義為非。為不。為不可。為未及。⊘凡尚書匪非字。今文疑皆作棐。其義易明者。漢時師讀或已校改為匪非。故今書匪非棐錯出。如禹貢凡厥篚字。漢書地理志皆作棐。則為匚匪之假字。篚即匪之俗。義與今書諸棐字異。而其以棐為匪亦同。又漢書燕王旦傳策文云。毋棐德。史記三王世家棐作俷。集解徐廣曰。一作菲。此亦用盤庚之予亦不敢動用非德也。尚書自經秦火。文字展轉譌互。殆不可讀。非以前後復重之文互相推校。無由得其塙詁。棐匪通假。本經左證甚多。【釋棐 國粹學報第五十六期】

◉馬叙倫 徐鍇曰。輔即弓檠也。故從木。倫按棐蓋榜之轉注字。輔也以聲訓。唐寫本作𣏐。音匪。【說文解字六書疏證卷十一】

◉徐 鉉 梔木實可染。从木。巵聲。章移切。【說文解字卷六新附】

榭 說文新附 榭父辛觶【金文編】

◉徐 鉉 榭臺有屋也。从木。䠶聲。詞夜切。【說文解字卷六新附】

◉薛尚功 宣射宣榭。蓋宣王之廟也。榭。射堂之制也。其文作射。古射字。執弓矢以射之象。因名其室曰射。音謝。後从木。其堂無室。以便射事。故凡無室者謂之榭。【邾敦 歷代鐘鼎彝器款識法帖卷十四】

◉吳式芬 張石匏說。⊘⿸广射見毛伯敦。王格于宣射。薛釋榭。⿸广射見石鼓文。从广與廟同義。說文無榭字。惟見于徐氏新附。宣榭。講武屋。春秋宣十六年。成周宣榭火。正義服虔曰。宣。宣揚威武之意。

陳壽卿說。⊘宣廟即宣榭。爾雅。榭亦謂之序。唐韻。古者序榭同。故从广从射。春秋宣公十六年夏。成周宣榭火。杜預曰。宣榭。講武屋。孔穎達曰。楚語云。先王之為臺榭也。榭不過講軍實。知榭是講武屋也。公羊傳。宣謝者何。宣宮之謝也。何言乎。成周宣謝災。樂器藏焉爾。注遂以宣宮為宣王之廟。藏宣王中興所作樂器。穀梁傳亦以宣榭為藏樂器之所。漢書五行志亦曰。榭者所以藏樂器宣其名也。案説文。宣。天子宣室也。史記賈誼傳。孝文帝方受。釐坐宣室。蘇林曰。宣室。未央前正室也。漢書刑法志上。帝幸宣室。齋居而決事。東方朔傳。夫宣室者。先帝之正處也。非法度之政不得入焉。宣榭宣宮宣室。其訓當同。月令。仲夏可以居高明處臺榭。榭之名宣。蓋取明揚。可證服虔宣揚威武之説。且公羊止言宣宮。未言宣廟。不知註何以遽定為宣王之廟。並以所藏樂器為宣王中興所作也。榭。杜預曰。無室曰榭。謂屋歇前。李巡曰。臺上有屋謂之榭。則榭是臺上之屋。居臺而臨觀講武。故無室而歇前。歇前者。無壁也。夫以無壁之榭而為樂器所藏。則公穀所云未可盡信。而此之成功告廟。以講軍實。楚語為可徵矣。【虢季子盤　攈古録金文卷三】

◉方濬益　⿸广射古榭字。春秋成周宣榭災。杜注為講武屋。公羊何注則以為宣王廟。今以此文證之。是宣榭在廟中。爾雅釋宮。無室曰榭。郭注榭即今堂堭。放曰宣榭。非謂宣王廟。邵公誤也。【虢季子白盤　綴遺齋彝器款識考釋卷七】

◉吳大澂　即宣榭。爾雅釋宮。有木者謂之榭。李注。上有屋謂之榭。左氏宣十六年傳。成周宣謝火。釋文謝本作榭。此从𠆢。正象有屋之形。下从射。知⿸广射為習射之地。左氏成十七年傳。三郤將謀于榭。注。榭。講武堂。故字从射也。

【虢季子白盤　愙齋積古録十六册】

◉劉心源　⿸广射从广。與㢊鼎㢊字同意。毛伯敢王格于宣。㠯射為之。經傳用謝。亦作榭。説文無榭。新附收入木部。

【虢季子白盤　奇觚室吉金文述卷八】

◉高田忠周　説文木部無榭字。小篆不必从木。吳説非是。又某氏説云。爾雅釋宮。闍謂之臺。有木者謂之榭。又無室曰榭。此即漢人改字。左傳宣十六年。成周宣謝火。荀子王霸。臺謝甚高。皆作謝。此為古文正字。蓋古初無專字。唯借謝為此。其後或亦依有木之語改作榭字。是孳乳益多之理也。此説亦未是矣。今依此銘。古有⿸广射字以為專字。臺謝亦人所居。故从广。與庭字从广同意。許氏不收。所見經傳不作⿸广射故也。其實為逸脱也。今補之。从广。从射。射亦聲。【古籀篇卷七十三】

◉唐　蘭　公羊學家把宣謝當作周宣王的宗廟是十分錯誤的。春秋宣公十六年夏，成周宣榭災。（災字左傳作火）。公羊傳説：「宣謝者何，宣宮之謝也。」何休注：「宣宮，周宣王之廟也。」這是由于他看見别的宫廟用王號而推測出來的。其實謝的本身并不是宫廟，不是祭祖考的地方，因之不能援用宫廟的通例。淮南子本經訓：「武王⊘破紂牧野，殺之于宣室。」漢書賈誼傳：「受釐坐宣室。」注：「未央前正室也。」宣謝的稱為宣，跟宣室的稱為宣有同樣的意義。但宣榭還是在宗廟範圍裡面。鄁簋：「維二年正月初吉，王在周邵宮，丁亥，王格于宣射(謝)。」可見宣謝在昭宮裡面。虢季子白盤說：「王格周廟，宣廟爰饗。」虢季子白是宣王時人，所以周廟不會是周宣王的廟，但宣廟是在周廟裡面的。左傳正義引服虔說：「宣謝是宣揚威武之處。」漢書五行志上引左氏說：「榭者，講武之坐屋。」都同公羊傳不同。但左傳杜預注說「講武屋別在洛陽」者，放在宮廟外去是不對的。爾雅釋宮：「室有東西廂曰廟，無東西廂有室曰寢，無室曰榭。」又說：「闍謂之臺，有木者謂之榭。」禮記月令正義引李巡注：「但有大殿無室名曰榭。」尚書太誓正義引孫炎注：「榭但有堂也。」郭璞注也說：「榭即今堂堭也。」杜預左傳注說：「榭是屋歇前。」正義說：「歇前者，無壁也。」如今廳是也。廳事就是堂皇。(漢書胡建傳注。室無四壁曰皇。)可見榭的特點就是只有楹柱而沒有牆壁的。它的所以稱為宣，跟桓的意思是差不多的。禮記檀弓說：「三家視桓楹。」注：「四植謂之桓」，就是四根柱子。榭字在鄦簋裡還只寫做射字，虢季子白盤加上广旁，寫做廚，表示是屋宇的意思。廚字在古書裡又寫做序，周禮地官州長：「以禮會民而射于州序」，(儀禮鄉射禮寫做豫。)可見是射箭的地方。趞曹鼎說：「龏王在周新宮，王射于射廬。」師湯父鼎說：「王在周新宮，在射廬。」匡卣說：「懿王在射廬作象舞。」更可以證明宗廟裡是可以行射禮作樂舞的。昭宮裡的宣榭，跟新宮裡的射廬，性質是差不多的。【西周銅器斷代中的康宮問題　考古學報第二九册】

◉周法高　□廚。說文所無。新附从木作榭。經典譌作序。禮記鄉飲酒義疏。無室謂之序。爾雅釋宮。無室曰榭。序榭古音同在遇韻。聲訓皆同。故知序為廚之譌。而周禮地官州長以禮會民而射于州序。孟子序者射也之序。皆當作廚。唐韻云。古者序榭同蓋久矣。相沿而莫辨矣。又叚用謝。左宣十六年傳。成周宣榭火。公穀作謝。鄦簋。王各于宣射。省广。虢季子白盤。王各周廟宣廚。【金文詁林卷十一】

◉鍾柏生　卜辭云：

(1)大乙事(□)王鄉于□？(《合集》二七一二四)

(2)王各……从小□(？)？

弜从？(《合集》二七八一八)

例(2)之「□」字下臨骨版斷口，此字全形如何，今尚不能斷定，但此字所從之「□」形則相當清晰。「□」字，《殷虛甲骨刻辭摹釋總集》《合集》二七一二四條下只摹其甲骨字形並無隸定；而《殷墟卜辭綜類》檢字索引「∩」類下，查無此字字形。今於此先釋「□」字之形，再通釋例(1)卜辭。⊘

「射」字字形有「□」「□」「□」「□」「□」「□」「□」諸種變化，⊘比較「□」「□」與「□」的字形，便可知曉「□」字應隸

槊　椸

定為「⿱宀射」。⊘至於「⿱宀射」，筆者認為即是後來的「榭」字。《爾雅·釋宮》：「闍，謂之臺。有木謂之榭。」《爾雅注》釋「榭」云：「臺上起屋。」郝疏云：「榭者，謂臺上架木為屋名之為榭。古無榭字，借謝為之。……書泰誓正義引李巡曰：……臺上有屋謂之榭。……又云：無室曰榭。」《左傳》宣公十六年經文：「夏成周宣榭火。」虢季子白盤銘文：「王各周廟宣⿸广射。」秦以前古文字中，「宀」與「广」偏旁往往可以互換，⊘卜辭之「⿱宀射」即金文之「⿸广射」，也就是後來的「榭」字。古書中記載商代的建築，如《史記·殷本紀》云：「（帝辛）益廣沙丘苑臺。」《古本竹書紀年輯校》：「王（武王）親禽帝受于南單之臺。」假若《史記》《古本竹書紀年》所記都是正確的話，殷末帝王所居是包含有臺的建築，臺上架木為屋，即是「榭」了。因此例(1)卜辭大意是卜問：「為了進行大乙祭祀之事，王在⿱宀射舉行饗祭是否合適？」【釋「⿱宀射」　中國文字新十七期】

◉徐　鉉　矛也。从木。朔聲。所角切。【說文解字卷六新附】

◉徐　鉉　衣架也。从木。施聲。以支切。【說文解字卷六新附】

◉于省吾　甲骨文稱：「庚申卜，⿰酉彡自甲一牛，至示癸一牛。自大乙九示一牢。椸示一牛。」（京都二九七九）按自大乙九示一牢，即自大乙至仲丁九示一牢。椸字作□，舊不識，隸定應作椸。椸从木施聲，施从也聲。椸字既以也為基本音符，和現在用語「其他」之他音符同。說文的「杝从木也聲，讀若他」是其證。說文無椸字，新附有之。錢大昭說文新補新附考證：「案曲禮內則俱有男女不同椸枷之文，鄭云，椸可以枷衣者。又云，竿謂之椸。爾雅釋器竿謂之箷，是椸箷同物，說文無此二字，陸氏釋文內則篇本作杝。說文杝訓落，其字承栅之下，當解為藩落之落，非虛字也。李巡本爾雅作箷，箷是叚借字。」鄭珍說文新附考：「經典多以杝為之，知本加𠂉作㫊，作椸尤後出。」按錢鄭二氏之說殊不可信。自來說文學家多株守許說，甚至把文字之不見于說文者，一概認為後人所造，鄭珍謂「作椸尤後出」，就是這個緣故。總之，椸字之見于甲骨文，不僅說明不是後起字，而更重要的是，第三稱謂代名詞的他字，甲骨文本作椸，椸與他為古今字。【釋椸　甲骨文字釋林】

榻 櫍 櫂 槔 樁 櫻 栜

◉徐 鉉 榻牀也。从木。𦐇聲。土盍切。【說文解字卷六新附】

◉徐 鉉 櫍柎也。从木。質聲。之日切。【說文解字卷六新附】

◉徐 鉉 櫂所以進船也。从木。翟聲。或从卓。史記通用濯。直教切。【說文解字卷六新附】

◉徐 鉉 槔桔槔。汲水器也。从木。皋聲。古牢切。【說文解字卷六新附】

◉徐 鉉 樁橛杙也。从木。舂聲。啄江切。【說文解字卷六新附】

◉徐 鉉 櫻果也。从木。嬰聲。烏莖切。【說文解字卷六新附】

栜 鄒滕1・54 獨字【古陶文字徵】

◉徐 鉉 栜桋也。从木。策省聲。所厄切。【說文解字卷六新附】